ܕܝܬܩܐ ܚܕܬܐ ܀
܀ ܕܡܪܢ ܝܫܘܥ ܡܫܝܚܐ

THE NEW TESTAMENT IN SYRIAC

WIPF & STOCK · Eugene, Oregon

Wipf and Stock Publishers
199 W 8th Ave, Suite 3
Eugene, OR 97401

The New Testament in Syriac
By Kilgour, R.

Softcover ISBN-13: 979-8-3852-5328-9
Hardcover ISBN-13: 979-8-3852-5329-6
eBook ISBN-13: 979-8-3852-5330-2
Publication date 5/5/2025
Previously published by British and Foreign Bible Society, 1950.

This edition is a scanned facsimile of the original edition published in 1920.

PREFACE

In 1905 the British and Foreign Bible Society published an edition of the Gospels in Syriac, reprinted by permission from a revised text of the Peshitta Version which had been prepared by the late Rev. G. H. Gwilliam, B.D., with a Latin translation and critical apparatus, and issued by the Clarendon Press in 1901. To these have now been added the books from Acts to Revelation, thus completing the New Testament.

By special arrangement with the Delegates of the Clarendon Press, the text of the Acts of the Apostles, the General Epistle of James, the First Epistle General of Peter, the First Epistle General of John, and the Pauline Epistles (including Hebrews), follows a critical revision of the Peshitta originally undertaken by Mr. Gwilliam for the Clarendon Press as a completion of his edition of the Gospels (1901), and prepared on similar lines. In the collation of manuscripts at the British Museum Library, and in the correction of the proofs, the editor received assistance from the Rev. J. Pinkerton, B.D., who carried on and completed this work after Mr. Gwilliam's death in 1913.[1] The eighteen books mentioned above are arranged in the order which is found in many of the oldest Syriac manuscripts; and the text is divided into the larger sections of the ancient Syriac system, numbering thirty-two in the Acts and the three Major Catholic Epistles, which are reckoned as forming one series, and fifty-five in the fourteen Pauline Epistles.

In an appendix, in order to complete the New Testament, are added the four Minor Catholic Epistles—2 Peter, 2 and 3 John, and Jude—and Revelation, which were not included in the Canon of the Peshitta.

[1] Mr. Pinkerton was killed in action in the Balkans, on Oct. 1, 1916. The proofs of the remaining sheets were read by the Rev. A. S. Tritton, M.A., D.Litt.

The text of Revelation is taken by permission from an edition issued in 1897, which was prepared by the late Rev. John Gwynn, D.D., Regius Professor of Divinity at the University of Dublin, from a manuscript formerly in the possession of the Earl of Crawford and Balcarres, but now preserved in the John Rylands Library, Manchester. The text of the four Epistles follows the Philoxenian Version, as given in Dr. Gwynn's edition of *Remnants of the later Syriac Versions of the Bible*, published in 1909. For the use of these two texts the Bible Society is indebted to the kindness of Dr. Gwynn, and of the owners of the copyrights, the Board of Trinity College, Dublin, and the Council of the Text and Translation Society.

R. KILGOUR,
Editorial Superintendent.

THE BIBLE HOUSE, LONDON,
December, 1919.

܀ ܐܘܢܓܠܝܘܢ ܩܕܝܫܐ ܀

܀ ܦܘܫܩܗ ܘܡܦܩܬܐ ܬܠܝܬܝܬܐ ܩܕܡܝܬܐ
ܘܫܘܠܡܐ

ܘܡܦܩܬܐ ܕܬܪܬܝܢ ܕܡܫܝܚܐ ܒ̄ ܕܡܫܝܚܐ ܒ̄ ܕܡܫܝܚܐ ܠ̄
܀ ܕܝܘܢܝܐ ܘܫܢܝܐ ܕܡܫܝܚܐ ܀

TABLE OF CONTENTS

PART I. THE GOSPELS

PART II. ACTS—REVELATION

ܐܘܢܓܠܝܘܢ ܩܕܝܫܐ ܟܪܘܙܘܬܐ ܕܡܬܝ

Cap. i.

¹ ܟܬܒܐ ܕܝܠܝܕܘܬܗ ܕܝܫܘܥ ܡܫܝܚܐ. ܒܪܗ ܕܕܘܝܕ. ܒܪܗ ܕܐܒܪܗܡ ܀
² ܐܒܪܗܡ ܐܘܠܕ ܠܐܝܣܚܩ. ܐܝܣܚܩ ܐܘܠܕ ܠܝܥܩܘܒ. ܝܥܩܘܒ ܐܘܠܕ ܠܝܗܘܕܐ ܙܘܣܣܐ ܐ.
ܘܠܐܚܘܗܝ. ³ ܝܗܘܕܐ ܐܘܠܕ ܠܦܪܨ ܘܠܙܪܚ ܡܢ ܬܡܪ. ܦܪܨ ܐܘܠܕ ܠܚܨܪܘܢ. ܚܨܪܘܢ ܐܘܠܕ
ܠܐܪܡ. ⁴ ܐܪܡ ܐܘܠܕ ܠܥܡܝܢܕܒ. ܥܡܝܢܕܒ ܐܘܠܕ ܠܢܚܫܘܢ. ܢܚܫܘܢ ܐܘܠܕ ܠܣܠܡܘܢ.
⁵ ܣܠܡܘܢ ܐܘܠܕ ܠܒܥܙ ܡܢ ܪܚܒ. ܒܥܙ ܐܘܠܕ ܠܥܘܒܝܕ ܡܢ ܪܥܘܬ. ܥܘܒܝܕ ܐܘܠܕ
ܠܐܝܫܝ. ⁶ ܐܝܫܝ ܐܘܠܕ ܠܕܘܝܕ ܡܠܟܐ. ܕܘܝܕ ܐܘܠܕ ܠܫܠܝܡܘܢ ܡܢ ܐܢܬܬܗ ܕܐܘܪܝܐ.
⁷ ܫܠܝܡܘܢ ܐܘܠܕ ܠܪܚܒܥܡ. ܪܚܒܥܡ ܐܘܠܕ ܠܐܒܝܐ. ܐܒܝܐ ܐܘܠܕ ܠܐܣܐ. ⁸ ܐܣܐ ܐܘܠܕ
ܠܝܗܘܫܦܛ. ܝܗܘܫܦܛ ܐܘܠܕ ܠܝܘܪܡ. ܝܘܪܡ ܐܘܠܕ ܠܥܘܙܝܐ. ⁹ ܥܘܙܝܐ ܐܘܠܕ ܠܝܘܬܡ.
ܝܘܬܡ ܐܘܠܕ ܠܐܚܙ. ܐܚܙ ܐܘܠܕ ܠܚܙܩܝܐ. ¹⁰ ܚܙܩܝܐ ܐܘܠܕ ܠܡܢܫܐ. ܡܢܫܐ ܐܘܠܕ ܠܐܡܘܢ.
ܐܡܘܢ ܐܘܠܕ ܠܝܘܫܝܐ. ¹¹ ܝܘܫܝܐ ܐܘܠܕ ܠܝܘܟܢܝܐ ܘܠܐܚܘܗܝ ܒܓܠܘܬܐ ܕܒܒܠ. ¹² ܡܢ
ܒܬܪ ܓܠܘܬܐ ܕܝܢ ܕܒܒܠ. ܝܘܟܢܝܐ ܐܘܠܕ ܠܫܠܝܬܐܝܠ. ܫܠܝܬܐܝܠ ܐܘܠܕ ܠܙܘܪܒܒܠ.
¹³ ܙܘܪܒܒܠ ܐܘܠܕ ܠܐܒܝܘܕ. ܐܒܝܘܕ ܐܘܠܕ ܠܐܠܝܩܝܡ. ܐܠܝܩܝܡ ܐܘܠܕ ܠܥܙܘܪ. ¹⁴ ܥܙܘܪ
ܐܘܠܕ ܠܨܕܘܩ. ܨܕܘܩ ܐܘܠܕ ܠܐܟܝܢ. ܐܟܝܢ ܐܘܠܕ ܠܐܠܝܘܕ. ¹⁵ ܐܠܝܘܕ ܐܘܠܕ ܠܐܠܝܥܙܪ.
ܐܠܝܥܙܪ ܐܘܠܕ ܠܡܛܢ. ܡܛܢ ܐܘܠܕ ܠܝܥܩܘܒ. ¹⁶ ܝܥܩܘܒ ܐܘܠܕ ܠܝܘܣܦ ܓܒܪܗ
ܕܡܪܝܡ. ܕܡܢܗ ܐܬܝܠܕ ܝܫܘܥ ܕܡܬܩܪܐ ܡܫܝܚܐ ܀ ¹⁷ ܟܠܗܝܢ ܗܟܝܠ ܫܪܒܬܐ ܡܢ ܐܒܪܗܡ
ܥܕܡܐ ܠܕܘܝܕ. ܫܪܒܬܐ ܐܪܒܥܣܪܐ. ܘܡܢ ܕܘܝܕ ܥܕܡܐ ܠܓܠܘܬܐ ܕܒܒܠ. ܫܪܒܬܐ
ܐܪܒܥܣܪܐ. ܘܡܢ ܓܠܘܬܐ ܕܒܒܠ ܥܕܡܐ ܠܡܫܝܚܐ. ܫܪܒܬܐ ܐܪܒܥܣܪܐ ܀
¹⁸ ܠܝܫܘܥ ܕܝܢ ܡܫܝܚܐ ܗܟܢܐ ܗܘܬ ܝܠܝܕܘܬܗ. ܟܕ ܡܟܝܪܐ ܗܘܬ ܡܪܝܡ ܐܡܗ ܠܝܘܣܦ. ܥܕܠܐ
ܢܫܬܘܬܦܘܢ. ܐܫܬܟܚܬ ܒܛܢܐ ܡܢ ܪܘܚܐ ܕܩܘܕܫܐ. ¹⁹ ܝܘܣܦ ܕܝܢ ܒܥܠܗ ܟܐܢܐ ܗܘܐ.
ܘܠܐ ܨܒܐ ܕܢܦܪܣܝܗ. ܘܐܬܪܢܝ ܗܘܐ ܕܒܛܠܝܘܬ ܢܫܪܝܗ. ²⁰ ܟܕ ܗܠܝܢ ܕܝܢ ܐܬܪܢܝ.
ܐܬܚܙܝ ܠܗ ܡܠܐܟܐ ܕܡܪܝܐ ܒܚܠܡܐ ܘܐܡܪ ܠܗ. ܝܘܣܦ ܒܪܗ ܕܕܘܝܕ. ܠܐ ܬܕܚܠ
ܠܡܣܒ ܠܡܪܝܡ ܐܢܬܬܟ. ܗܘ ܓܝܪ ܕܡܬܝܠܕ ܒܗ. ܡܢ ܪܘܚܐ ܗܘ ܕܩܘܕܫܐ. ²¹ ܬܐܠܕ
ܕܝܢ ܒܪܐ. ܘܬܩܪܐ ܫܡܗ ܝܫܘܥ. ܗܘ ܓܝܪ ܢܚܝܘܗܝ ܠܥܡܗ ܡܢ ܚܛܗܝܗܘܢ.
²² ܗܕܐ ܕܝܢ ܟܠܗ ܕܗܘܬ. ܕܢܬܡܠܐ ܡܕܡ ܕܐܬܐܡܪ ܡܢ ܡܪܝܐ ܒܝܕ ܢܒܝܐ. ²³ ܕܗܐ ܒܬܘܠܬܐ

ܬܒܛܢ ܘܬܐܠܕ ܒܪܐ: ܘܢܩܪܘܢ ܫܡܗ ܥܡܢܘܐܝܠ ܕܡܬܬܪܓܡ ܥܡܢ ܐܠܗܢ. [24] ܟܕ ܩܡ
ܕܝܢ ܝܘܣܦ ܡܢ ܫܢܬܗ. ܥܒܕ ܐܝܟ ܡܐ ܕܦܩܕܗ ܡܠܐܟܗ ܕܡܪܝܐ. ܘܕܒܪܗ ܠܐܢܬܬܗ.
[25] ܘܠܐ ܚܟܡܗ. ܥܕܡܐ ܕܝܠܕܬܗ ܠܒܪܗ ܒܘܟܪܐ: ܘܩܪܬ ܫܡܗ ܝܫܘܥ ∴

[1] ܟܕ ܕܝܢ ܐܬܝܠܕ ܝܫܘܥ ܒܒܝܬ ܠܚܡ ܕܝܗܘܕܐ: ܒܝܘܡܝ ܗܪܘܕܣ ܡܠܟܐ. Cap. ii.
ܐܬܘ ܡܓܘܫܐ ܡܢ ܡܕܢܚܐ ܠܐܘܪܫܠܡ. [2] ܘܐܡܪܝܢ. ܐܝܟܘ ܡܠܟܐ ܕܝܗܘܕܝܐ ܕܐܬܝܠܕ. ܚܙܝܢ
ܓܝܪ ܟܘܟܒܗ ܒܡܕܢܚܐ. ܘܐܬܝܢ ܠܡܣܓܕ ܠܗ. [3] ܫܡܥ ܕܝܢ ܗܪܘܕܣ ܡܠܟܐ ܘܐܬܬܙܝܥ.
ܘܟܠܗ ܐܘܪܫܠܡ ܥܡܗ. [4] ܘܟܢܫ ܠܟܠܗܘܢ ܪܒܝ ܟܗܢܐ ܘܣܦܪܐ ܕܥܡܐ. ܘܡܫܬܐܠ ܗܘܐ
ܠܗܘܢ. ܕܐܝܟܐ ܡܫܝܚܐ ܡܬܝܠܕ. [5] ܗܢܘܢ ܕܝܢ ܐܡܪܘ. ܒܒܝܬ ܠܚܡ ܕܝܗܘܕܐ. ܗܟܢܐ ܓܝܪ
ܟܬܝܒ ܒܢܒܝܐ. [6] ܐܦ ܐܢܬܝ ܒܝܬ ܠܚܡ ܕܝܗܘܕܐ. ܠܐ ܗܘܝܬܝ ܒܨܝܪܐ ܒܡܠܟܐ ܕܝܗܘܕܐ.
ܡܢܟܝ ܓܝܪ ܢܦܘܩ ܡܠܟܐ. ܕܗܘ ܢܪܥܝܘܗܝ ܠܥܡܝ ܐܝܣܪܝܠ. [7] ܗܝܕܝܢ ܗܪܘܕܣ
ܒܛܠܝܘܬܐ ܩܪܐ ܠܡܓܘܫܐ. ܘܝܠܦ ܡܢܗܘܢ ܒܐܝܢܐ ܙܒܢܐ ܐܬܚܙܝ ܠܗܘܢ ܟܘܟܒܐ.
[8] ܘܫܕܪ ܐܢܘܢ ܠܒܝܬ ܠܚܡ. ܘܐܡܪ ܠܗܘܢ. ܙܠܘ ܒܥܘ ܥܠ ܛܠܝܐ ܒܚܦܝܛܘܬ. ܘܡܐ
ܕܐܫܟܚܬܘܢܝܗܝ. ܬܘ ܚܘܐܘܢܝ. ܕܐܦ ܐܢܐ ܐܬܐ ܐܣܓܘܕ ܠܗ. [9] ܗܢܘܢ ܕܝܢ ܟܕ ܫܡܥܘ
ܡܢ ܡܠܟܐ ܐܙܠܘ. ܘܗܐ ܟܘܟܒܐ ܗܘ ܕܚܙܘ ܒܡܕܢܚܐ ܐܙܠ ܗܘܐ ܩܕܡܝܗܘܢ. ܥܕܡܐ ܕܐܬܐ
ܩܡ ܠܥܠ ܡܢ ܐܝܟܐ ܕܐܝܬܘܗܝ ܛܠܝܐ. [10] ܟܕ ܕܝܢ ܚܙܐܘܗܝ ܠܟܘܟܒܐ. ܚܕܝܘ ܚܕܘܬܐ
ܪܒܬܐ ܛܒ. [11] ܘܥܠܘ ܠܒܝܬܐ. ܘܚܙܐܘܗܝ ܠܛܠܝܐ ܥܡ ܡܪܝܡ ܐܡܗ. ܘܢܦܠܘ ܣܓܕܘ
ܠܗ. ܘܦܬܚܘ ܣܝܡܬܗܘܢ. ܘܩܪܒܘ ܠܗ ܩܘܪܒܢܐ. ܕܗܒܐ ܘܡܘܪܐ ܘܠܒܘܢܬܐ. [12] ܘܐܬܚܙܝ
ܠܗܘܢ ܒܚܠܡܐ. ܕܠܐ ܢܗܦܟܘܢ ܠܘܬ ܗܪܘܕܣ. ܘܒܐܘܪܚܐ ܐܚܪܬܐ ܐܙܠܘ ܠܐܬܪܗܘܢ ∴

[13] ܟܕ ܕܝܢ ܐܙܠܘ. ܐܬܚܙܝ ܡܠܐܟܐ ܕܡܪܝܐ ܒܚܠܡܐ ܠܝܘܣܦ ܘܐܡܪ ܠܗ. ܩܘܡ ܕܒܪ
ܠܛܠܝܐ ܘܠܐܡܗ ܘܥܪܘܩ ܠܡܨܪܝܢ. ܘܗܘܝ ܬܡܢ ܥܕܡܐ ܕܐܡܪ ܐܢܐ ܠܟ. ܥܬܝܕ ܗܘ
ܓܝܪ ܗܪܘܕܣ ܠܡܒܥܝܗ ܠܛܠܝܐ. ܐܝܟ ܕܢܘܒܕܝܘܗܝ. [14] ܝܘܣܦ ܕܝܢ. ܩܡ ܫܩܠܗ
ܠܛܠܝܐ ܘܠܐܡܗ ܒܠܠܝܐ ܘܥܪܩ ܠܡܨܪܝܢ. [15] ܘܗܘܐ ܬܡܢ. ܥܕܡܐ ܠܡܘܬܗ ܕܗܪܘܕܣ.
ܕܢܬܡܠܐ ܡܕܡ ܕܐܬܐܡܪ ܡܢ ܡܪܝܐ ܒܢܒܝܐ ܕܐܡܪ: ܕܡܢ ܡܨܪܝܢ ܩܪܝܬ ܠܒܪܝ ∴

[16] ܗܝܕܝܢ ܗܪܘܕܣ ܟܕ ܚܙܐ ܕܐܬܒܙܚ ܡܢ ܡܓܘܫܐ. ܐܬܚܡܬ ܛܒ. ܘܫܕܪ ܩܛܠ ܠܛܠܝܐ
ܟܠܗܘܢ ܕܒܒܝܬ ܠܚܡ. ܘܒܟܠܗܘܢ ܬܚܘܡܝܗ. ܡܢ ܒܪ ܬܪܬܝܢ ܫܢܝܢ ܘܠܬܚܬ. ܐܝܟ ܙܒܢܐ
ܕܝܠܦ ܡܢ ܡܓܘܫܐ. [17] ܗܝܕܝܢ ܐܬܡܠܝ ܡܕܡ ܕܐܬܐܡܪ ܒܝܕ ܐܪܡܝܐ ܢܒܝܐ ܕܐܡܪ. [18] ܩܠܐ
ܐܫܬܡܥ ܒܪܡܬܐ. ܒܟܝܐ ܘܐܠܝܐ ܣܓܝܐܐ. ܪܚܝܠ ܒܟܝܐ ܥܠ ܒܢܝܗ. ܘܠܐ ܨܒܝܐ
ܠܡܬܒܝܐܘ. ܡܛܠ ܕܠܐ ܐܝܬܝܗܘܢ ∴

[19] ܟܕ ܡܝܬ ܕܝܢ ܗܪܘܕܣ ܡܠܟܐ. ܐܬܚܙܝ ܡܠܐܟܐ ܕܡܪܝܐ ܒܚܠܡܐ ܠܝܘܣܦ ܒܡܨܪܝܢ. ܣܐ ܕ
[20] ܘܐܡܪ ܠܗ. ܩܘܡ. ܕܒܪ ܠܛܠܝܐ ܘܠܐܡܗ. ܘܙܠ ܠܐܪܥܐ ܕܐܝܣܪܝܠ. ܡܝܬܘ ܠܗܘܢ

ܓܝܪ ܗܢܘܢ ܕܒܥܝܢ ܗܘܘ ܢܦܫܗ ܕܛܠܝܐ. 21 ܘܩܡ ܝܘܣܦ ܕܒܪ ܠܛܠܝܐ ܘܠܐܡܗ. ܘܐܬܐ
ܠܐܪܥܐ ܕܐܝܣܪܝܠ. 22 ܟܕ ܕܝܢ ܫܡܥ ܕܐܪܟܠܐܘܣ ܗܘܐ ܡܠܟܐ ܒܝܗܘܕ܆ ܚܠܦ ܗܪܘܕܣ
ܐܒܘܗܝ. ܕܚܠ ܕܢܐܙܠ ܠܬܡܢ. ܘܐܬܚܙܝ ܠܗ ܒܚܠܡܐ. ܕܢܐܙܠ ܠܐܬܪܐ ܕܓܠܝܠܐ. 23 ܘܐܬܐ
ܥܡܪ ܒܡܕܝܢܬܐ ܕܡܬܩܪܝܐ ܢܨܪܬ. ܐܝܟ ܕܢܬܡܠܐ ܡܕܡ ܕܐܬܐܡܪ ܒܢܒܝܐ ܕܢܨܪܝܐ ܢܬܩܪܐ ܀

Cap. iii. 1 ܒܗܘܢ ܕܝܢ ܒܝܘܡܬܐ ܗܢܘܢ: ܐܬܐ ܝܘܚܢܢ ܡܥܡܕܢܐ: ܘܡܟܪܙ ܗܘܐ ܒܡܕܒܪܐ ܕܝܗܘܕ܆
2 ܘܐܡܪ ܬܘܒܘ. ܩܪܒܬ ܠܗ ܡܠܟܘܬܐ ܕܫܡܝܐ܀ 3 ܗܢܘ ܓܝܪ ܗܘ ܕܐܬܐܡܪ ܒܝܕ ܐܫܥܝܐ
ܢܒܝܐ: ܩܠܐ ܕܩܪܐ ܒܡܕܒܪܐ: ܛܝܒܘ ܐܘܪܚܗ ܕܡܪܝܐ. ܘܐܫܘܘ ܫܒܝܠܘܗܝ܀ 4 ܗܘ ܕܝܢ
ܝܘܚܢܢ. ܠܒܘܫܗ ܗܘܐ ܡܢ ܣܥܪܐ ܕܓܡܠܐ. ܘܐܣܪ ܚܨܐ ܕܡܫܟܐ ܥܠ ܚܨܘܗܝ.
ܘܬܘܪܣܝܬܗ ܩܡܨܐ ܘܕܒܫܐ ܕܒܪܐ܀ 5 ܗܝܕܝܢ ܢܦܩܐ ܗܘܬ ܠܘܬܗ ܐܘܪܫܠܡ. ܘܟܠܗ ܝܗܘܕ܆
ܘܟܠܗ ܐܬܪܐ ܕܚܕܪܝ ܝܘܪܕܢܢ. 6 ܘܥܡܕܝܢ ܗܘܘ ܡܢܗ ܒܝܘܪܕܢܢ ܢܗܪܐ. ܟܕ ܡܘܕܝܢ
ܒܚܛܗܝܗܘܢ܀ 7 ܟܕ ܚܙܐ ܕܝܢ ܣܓܝܐܐ ܡܢ ܦܪܝܫܐ ܘܡܢ ܙܕܘܩܝܐ. ܕܐܬܝܢ ܠܡܥܡܕ. ܐܡܪ
ܠܗܘܢ. ܝܠܕܐ ܕܐܟܕܢܐ. ܡܢܘ ܚܘܝܟܘܢ ܠܡܥܪܩ ܡܢ ܪܘܓܙܐ ܕܐܬܐ. 8 ܥܒܕܘ ܗܟܝܠ
ܦܐܪܐ ܕܫܘܝܢ ܠܬܝܒܘܬܐ. 9 ܘܠܐ ܬܣܒܪܘܢ ܘܬܐܡܪܘܢ ܒܢܦܫܟܘܢ܆ ܕܐܒܐ ܐܝܬ ܠܢ ܐܒܪܗܡ.
ܐܡܪ ܐܢܐ ܠܟܘܢ ܓܝܪ܆ ܕܡܫܟܚ ܐܠܗܐ ܡܢ ܗܠܝܢ ܟܐܦܐ ܠܡܩܡܘ ܒܢܝܐ ܠܐܒܪܗܡ.
10 ܗܐ ܕܝܢ ܢܪܓܐ ܣܝܡ ܥܠ ܥܩܪܐ ܕܐܝܠܢܐ. ܟܠ ܐܝܠܢܐ ܗܟܝܠ ܕܦܐܪܐ ܛܒܐ ܠܐ ܥܒܕ܆
ܡܬܦܣܩ ܘܢܦܠ ܒܢܘܪܐ܀ 11 ܐܢܐ ܡܥܡܕ ܐܢܐ ܠܟܘܢ ܒܡܝܐ ܠܬܝܒܘܬܐ. ܗܘ ܕܝܢ
ܕܒܬܪܝ ܐܬܐ ܚܝܠܬܢ ܗܘ ܡܢܝ. ܗܘ ܕܠܐ ܫܘܐ ܐܢܐ ܡܣܐܢܘܗܝ ܠܡܫܩܠ. ܗܘ ܡܥܡܕ
ܠܟܘܢ ܒܪܘܚܐ ܕܩܘܕܫܐ ܘܒܢܘܪܐ܀ 12 ܗܘ ܕܪܦܫܐ ܒܐܝܕܗ. ܘܡܕܟܐ ܐܕܪܘܗܝ. ܘܚܛܐ ܟܢܫ
ܠܐܘܨܪܘܗܝ. ܘܬܒܢܐ ܡܘܩܕ ܒܢܘܪܐ ܕܠܐ ܕܥܟܐ܀

13 ܗܝܕܝܢ ܐܬܐ ܝܫܘܥ ܡܢ ܓܠܝܠܐ ܠܝܘܪܕܢܢ. ܠܘܬ ܝܘܚܢܢ. ܕܢܥܡܕ ܡܢܗ܀ 14 ܗܘ ܕܝܢ
ܝܘܚܢܢ ܟܠܐ ܗܘܐ ܠܗ. ܘܐܡܪ. ܐܢܐ ܣܢܝܩ ܐܢܐ ܕܡܢܟ ܐܬܥܡܕ܆ ܘܐܢܬ ܠܘܬܝ ܐܬܝܬ.
15 ܗܘ ܕܝܢ ܝܫܘܥ ܥܢܐ ܘܐܡܪ ܠܗ. ܫܒܘܩ ܗܫܐ. ܗܟܢܐ ܓܝܪ ܝܐܐ ܠܢ ܕܢܡܠܐ ܟܠܗ
ܟܐܢܘܬܐ. ܘܗܝܕܝܢ ܫܒܩܗ܀ 16 ܟܕ ܥܡܕ ܕܝܢ ܝܫܘܥ܆ ܡܚܕܐ ܣܠܩ ܡܢ ܡܝܐ ܘܐܬܦܬܚܘ
ܠܗ ܫܡܝܐ. ܘܚܙܐ ܪܘܚܐ ܕܐܠܗܐ ܕܢܚܬܐ ܐܝܟ ܝܘܢܐ ܘܐܬܬ ܥܠܘܗܝ܀ 17 ܘܗܐ ܩܠܐ ܡܢ
ܫܡܝܐ ܕܐܡܪ. ܗܢܘ ܒܪܝ ܚܒܝܒܐ ܕܒܗ ܐܨܛܒܝܬ܀

Cap. iv. 1 ܗܝܕܝܢ ܝܫܘܥ ܐܬܕܒܪ ܡܢ ܪܘܚܐ ܕܩܘܕܫܐ ܠܡܕܒܪܐ. ܕܢܬܢܣܐ ܡܢ ܐܟܠܩܪܨܐ܀
2 ܘܨܡ ܐܪܒܥܝܢ ܝܘܡܝܢ ܘܐܪܒܥܝܢ ܠܠܝܘܢ. ܐܚܪܝܢ ܕܝܢ ܟܦܢ. 3 ܘܩܪܒ ܗܘ ܕܡܢܣܐ
ܘܐܡܪ ܠܗ. ܐܢ ܒܪܗ ܐܢܬ ܕܐܠܗܐ. ܐܡܪ ܕܗܠܝܢ ܟܐܦܐ ܢܗܘܝܢ ܠܚܡܐ. 4 ܗܘ ܕܝܢ ܥܢܐ
ܘܐܡܪ. ܟܬܝܒ. ܕܠܐ ܗܘܐ ܒܠܚܡܐ ܒܠܚܘܕ ܚܝܐ ܒܪܢܫܐ. ܐܠܐ ܒܟܠ ܡܠܐ ܕܢܦܩܐ ܡܢ
ܦܘܡܗ ܕܐܠܗܐ܀ 5 ܗܝܕܝܢ ܕܒܪܗ ܐܟܠܩܪܨܐ ܠܡܕܝܢܬܐ ܩܕܝܫܬܐ. ܘܐܩܝܡܗ ܥܠ ܟܢܦܐ

ܕܗܝܟܠܐ. ⁶ ܘܐܡܪ ܠܗ. ܐܢ ܒܪܗ ܐܢܬ ܕܐܠܗܐ. ܫܕܝ ܢܦܫܟ ܠܬܚܬ. ܟܬܝܒ ܓܝܪ.
ܕܠܡܠܐܟܘܗܝ ܢܦܩܕ ܥܠܝܟ. ܘܥܠ ܐܝܕܝܗܘܢ ܢܛܥܢܘܢܟ. ܕܠܐ ܬܬܩܠ ܒܟܐܦܐ ܪܓܠܟ.
7 ܐܡܪ ܠܗ ܝܫܘܥ. ܬܘܒ ܟܬܝܒ. ܕܠܐ ܬܢܣܐ ܠܡܪܝܐ ܐܠܗܟ܀ 8 ܬܘܒ ܕܒܪܗ ܐܟܠܩܪܨܐ
ܠܛܘܪܐ ܕܪܡ ܛܒ. ܘܚܘܝܗ ܟܠܗܝܢ ܡܠܟܘܬܐ ܕܥܠܡܐ ܘܫܘܒܚܗܝܢ. 9 ܘܐܡܪ ܠܗ.
ܗܠܝܢ ܟܠܗܝܢ ܠܟ ܐܬܠ. ܐܢ ܬܦܠ ܬܣܓܘܕ ܠܝ. 10 ܗܝܕܝܢ ܐܡܪ ܠܗ ܝܫܘܥ. ܙܠ
ܠܟ ܣܛܢܐ܃ ܟܬܝܒ ܓܝܪ. ܕܠܡܪܝܐ ܐܠܗܟ ܬܣܓܘܕ. ܘܠܗ ܒܠܚܘܕܘܗܝ ܬܦܠܘܚ܀
11 ܗܝܕܝܢ ܫܒܩܗ ܐܟܠܩܪܨܐ. ܘܗܐ ܡܠܐܟܐ ܩܪܒܘ ܘܡܫܡܫܝܢ ܗܘܘ ܠܗ܀܀
12 ܟܕ ܫܡܥ ܕܝܢ ܝܫܘܥ ܕܐܫܬܠܡ ܝܘܚܢܢ. ܫܢܝ ܠܗ ܠܓܠܝܠܐ. 13 ܘܫܒܩܗ ܠܢܨܪܬ.
ܘܐܬܐ ܥܡܪ ܒܟܦܪܢܚܘܡ ܥܠ ܝܕ ܝܡܐ. ܒܬܚܘܡܐ ܕܙܒܘܠܘܢ ܘܕܢܦܬܠܝ܀ 14 ܕܢܬܡܠܐ
ܡܕܡ ܕܐܬܐܡܪ ܒܝܕ ܐܫܥܝܐ ܢܒܝܐ ܕܐܡܪ. 15 ܐܪܥܐ ܕܙܒܘܠܘܢ: ܐܪܥܐ ܕܢܦܬܠܝ. ܐܘܪܚܐ
ܕܝܡܐ. ܥܒܪܘܗܝ ܕܝܘܪܕܢܢ: ܓܠܝܠܐ ܕܥܡܡܐ. 16 ܥܡܐ ܕܝܬܒ ܒܚܫܘܟܐ ܢܘܗܪܐ ܪܒܐ ܚܙܐ.
ܘܐܝܠܝܢ ܕܝܬܒܝܢ ܒܐܬܪܐ ܘܒܛܠܠܐ ܕܡܘܬܐ. ܢܘܗܪܐ ܕܢܚ ܠܗܘܢ܀܀
17 ܡܢ ܗܝܕܝܢ ܫܪܝ ܝܫܘܥ ܠܡܟܪܙܘ. ܘܠܡܐܡܪ. ܬܘܒܘ ܩܪܒܬ ܠܗ ܓܝܪ ܡܠܟܘܬܐ
ܕܫܡܝܐ܀ 18 ܘܟܕ ܡܗܠܟ ܥܠ ܝܕ ܝܡܐ ܕܓܠܝܠܐ. ܚܙܐ ܬܪܝܢ ܐܚܝܢ: ܫܡܥܘܢ
ܕܐܬܩܪܝ ܟܐܦܐ ܘܐܢܕܪܐܘܣ ܐܚܘܗܝ: ܕܪܡܝܢ ܡܨܝܕܬܐ ܒܝܡܐ. ܐܝܬܝܗܘܢ ܗܘܘ ܓܝܪ ܨܝܕܐ.
19 ܘܐܡܪ ܠܗܘܢ ܝܫܘܥ. ܬܘ ܒܬܪܝ. ܘܐܥܒܕܟܘܢ ܕܬܗܘܘܢ ܨܝܕܐ ܕܒܢܝ ܐܢܫܐ. 20 ܗܢܘܢ
ܕܝܢ ܡܚܕܐ ܫܒܩܘ ܡܨܝܕܬܗܘܢ. ܘܐܙܠܘ ܒܬܪܗ܀ 21 ܘܟܕ ܥܒܪ ܡܢ ܬܡܢ. ܚܙܐ ܐܚܪܢܐ
ܬܪܝܢ ܐܚܝܢ. ܝܥܩܘܒ ܒܪ ܙܒܕܝ ܘܝܘܚܢܢ ܐܚܘܗܝ: ܒܐܠܦܐ ܥܡ ܙܒܕܝ ܐܒܘܗܘܢ:
ܕܡܬܩܢܝܢ ܡܨܝܕܬܗܘܢ. ܘܩܪܐ ܐܢܘܢ. 22 ܗܢܘܢ ܕܝܢ ܡܚܕܐ ܫܒܩܘ ܠܐܠܦܐ ܘܠܐܒܘܗܘܢ:
ܘܐܙܠܘ ܒܬܪܗ܀ 23 ܘܡܬܟܪܟ ܗܘܐ ܝܫܘܥ ܒܟܠܗ ܓܠܝܠܐ. ܘܡܠܦ ܗܘܐ ܒܟܢܘܫܬܗܘܢ:
ܘܡܟܪܙ ܣܒܪܬܐ ܕܡܠܟܘܬܐ. ܘܡܐܣܐ ܟܠ ܟܐܒ ܘܟܘܪܗܢ ܒܥܡܐ܀ 24 ܘܐܫܬܡܥ ܛܒܗ
ܒܟܠܗ ܣܘܪܝܐ. ܘܩܪܒܘ ܠܗ ܟܠܗܘܢ ܐܝܠܝܢ ܕܒܝܫ ܒܝܫ ܒܟܘܪܗܢܐ ܡܫܚܠܦܐ.
ܘܐܚܝܕܝܢ ܒܬܫܢܝܩܐ ܕܟܐܒܐ. ܘܕܝܘܢܐ ܘܕܒܪ ܐܓܪܐ ܘܡܫܪܝܐ. ܘܐܣܝ ܐܢܘܢ. 25 ܘܐܙܠܘ
ܒܬܪܗ ܟܢܫܐ ܣܓܝܐܐ: ܡܢ ܓܠܝܠܐ. ܘܡܢ ܥܣܪܐ ܡܕܝܢܬܐ ܘܡܢ ܐܘܪܫܠܡ ܘܡܢ ܝܗܘܕ.
ܘܡܢ ܥܒܪܐ ܕܝܘܪܕܢܢ܀܀܀

1 ܟܕ ܚܙܐ ܕܝܢ ܝܫܘܥ ܠܟܢܫܐ. ܣܠܩ ܠܛܘܪܐ. ܘܟܕ ܝܬܒ. ܩܪܒܘ ܠܘܬܗ ܬܠܡܝܕܘܗܝ. Cap. v.
2 ܘܦܬܚ ܦܘܡܗ. ܘܡܠܦ ܗܘܐ ܠܗܘܢ ܘܐܡܪ܀ 3 ܛܘܒܝܗܘܢ ܠܡܣܟܢܐ ܒܪܘܚ:
ܕܕܝܠܗܘܢ ܗܝ ܡܠܟܘܬܐ ܕܫܡܝܐ܀ 4 ܛܘܒܝܗܘܢ ܠܐܒܝܠܐ. ܕܗܢܘܢ ܢܬܒܝܐܘܢ܀ 5 ܛܘܒܝܗܘܢ
ܠܡܟܝܟܐ. ܕܗܢܘܢ ܢܐܪܬܘܢ ܠܐܪܥܐ܀ 6 ܛܘܒܝܗܘܢ ܠܐܝܠܝܢ ܕܟܦܢܝܢ ܘܨܗܝܢ ܠܟܐܢܘܬܐ.
ܕܗܢܘܢ ܢܣܒܥܘܢ܀ 7 ܛܘܒܝܗܘܢ ܠܡܪܚܡܢܐ. ܕܥܠܝܗܘܢ ܢܗܘܘܢ ܪܚܡܐ܀ 8 ܛܘܒܝܗܘܢ

ܠܐܝܠܝܢ ܕܕܟܝܢ ܒܠܒܗܘܢ. ܕܗܢܘܢ ܢܚܙܘܢ ܠܐܠܗܐ܀ [9] ܛܘܒܝܗܘܢ ܠܥܒ̈ܕܝ ܫܠܡܐ.
ܕܒ̈ܢܘܗܝ ܕܐܠܗܐ ܢܬܩܪܘܢ܀ [10] ܛܘܒܝܗܘܢ ܠܐܝܠܝܢ ܕܐܬܪܕܦܘ ܡܛܠ ܟܐܢܘܬܐ. ܕܕܝܠܗܘܢ
ܗܝ ܡܠܟܘܬܐ ܕܫܡܝܐ܀ [11] ܛܘܒܝܟܘܢ ܐܡܬܝ ܕܢܚܣܕܘܢܟܘܢ ܘܢܪܕܦܘܢܟܘܢ ܘܢܐܡܪܘܢ
ܥܠܝܟܘܢ ܟܠ ܡܠܐ ܒܝܫܐ ܡܛܠܬܝ ܒܕܓܠܘܬܐ. [12] ܗܝܕܝܢ ܚܕܘ ܘܪܘܙܘ. ܕܐܓܪܟܘܢ
ܣܓܝ ܒܫܡܝܐ. ܗܟܢܐ ܓܝܪ ܪܕܦܘ ܠܢܒ̈ܝܐ ܕܡܢ ܩܕܡܝܟܘܢ܀ [13] ܐܢܬܘܢ ܐܢܘܢ ܡܠܚܗ
ܕܐܪܥܐ. ܐܢ ܕܝܢ ܡܠܚܐ ܬܦܟܗ. ܒܡܢܐ ܬܬܡܠܚ. ܠܡܕܡ ܠܐ ܚܫܚܐ. ܐܠܐ ܕܬܫܬܕܐ ܠܒܪ.
ܘܬܬܕܝܫ ܡܢ ܒܢܝܢܫܐ܀ [14] ܐܢܬܘܢ ܐܢܘܢ ܢܘܗܪܗ ܕܥܠܡܐ. ܠܐ ܡܫܟܚܐ ܕܬܛܫܐ ܡܕܝܢܬܐ
ܕܥܠ ܛܘܪܐ ܒܢܝܐ. [15] ܘܠܐ ܡܕܠܩܝܢ ܫܪܓܐ ܘܣܝܡܝܢ ܠܗ ܬܚܝܬ ܣܐܬܐ. ܐܠܐ ܥܠ ܡܢܪܬܐ.
ܘܡܢܗܪ ܠܟܠܗܘܢ ܐܝܠܝܢ ܕܒܒܝܬܐ ܐܢܘܢ. [16] ܗܟܢܐ ܢܢܗܪ ܢܘܗܪܟܘܢ ܩܕܡ ܒܢܝܢܫܐ ܕܢܚܙܘܢ
ܥܒ̈ܕܝܟܘܢ ܛܒ̈ܐ. ܘܢܫܒܚܘܢ ܠܐܒܘܟܘܢ ܕܒܫܡܝܐ܀ [17] ܠܐ ܬܣܒܪܘܢ ܕܐܬܝܬ ܕܐܫܪܐ ܢܡܘܣܐ
ܐܘ ܢܒ̈ܝܐ. ܠܐ ܐܬܝܬ ܕܐܫܪܐ ܐܠܐ ܕܐܡܠܐ. [18] ܐܡܝܢ ܓܝܪ ܐܡܪ ܐܢܐ ܠܟܘܢ. ܕܥܕܡܐ ܕܢܥܒܪܘܢ
ܫܡܝܐ ܘܐܪܥܐ. ܝܘܕ ܚܕܐ ܐܘ ܚܕ ܣܪܛܐ. ܠܐ ܢܥܒܪ ܡܢ ܢܡܘܣܐ ܥܕܡܐ ܕܟܠ ܢܗܘܐ܀
[19] ܟܠ ܡܢ ܗܟܝܠ ܕܢܫܪܐ ܚܕ ܡܢ ܦܘܩܕܢܐ ܗܠܝܢ ܙܥܘܪܐ. ܘܢܠܦ ܗܟܢܐ ܠܒܢܝܢܫܐ.
ܒܨܝܪܐ ܢܬܩܪܐ ܒܡܠܟܘܬܐ ܕܫܡܝܐ. ܟܠ ܕܝܢ ܕܢܥܒܕ ܘܢܠܦ. ܗܢܐ ܪܒܐ ܢܬܩܪܐ ܒܡܠܟܘܬܐ
ܕܫܡܝܐ. [20] ܐܡܪ ܐܢܐ ܠܟܘܢ ܓܝܪ. ܕܐܠܐ ܬܬܝܬܪ ܟܐܢܘܬܟܘܢ ܝܬܝܪ ܡܢ ܕܣܦܪ̈ܐ ܘܕܦܪ̈ܝܫܐ.
ܠܐ ܬܥܠܘܢ ܠܡܠܟܘܬܐ ܕܫܡܝܐ܀ [21] ܫܡܥܬܘܢ ܕܐܬܐܡܪ ܠܩܕܡܝ̈ܐ ܠܐ ܬܩܛܘܠ. ܘܟܠ
ܕܩܛܠ ܡܚܝܒ ܗܘ ܠܕܝܢܐ. [22] ܐܢܐ ܕܝܢ ܐܡܪ ܐܢܐ ܠܟܘܢ. ܕܟܠ ܡܢ ܕܢܪܓܙ ܥܠ
ܐܚܘܗܝ ܣܪܝܩܐܝܬ. ܡܚܝܒ ܗܘ ܠܕܝܢܐ. ܘܟܠ ܕܢܐܡܪ ܠܐܚܘܗܝ ܪܩܐ. ܡܚܝܒ ܗܘ
ܠܟܢܘܫܬܐ. ܘܡܢ ܕܢܐܡܪ ܠܠܐ. ܡܚܝܒ ܗܘ ܠܓܗܢܐ ܕܢܘܪܐ. [23] ܐܢ ܗܘ ܗܟܝܠ ܕܡܩܪܒ
ܐܢܬ ܩܘܪܒܢܟ ܥܠ ܡܕܒܚܐ. ܘܬܡܢ ܬܬܕܟܪ ܕܐܚܘܟ ܢܛܪ ܥܠܝܟ ܡܕܡ. [24] ܫܒܘܩ
ܬܡܢ ܩܘܪܒܢܟ ܩܕܡ ܡܕܒܚܐ. ܘܙܠ ܠܘܩܕܡ ܐܬܪܥܐ ܥܡ ܐܚܘܟ. ܘܗܝܕܝܢ ܬܐܬܐ ܩܪܒ
ܩܘܪܒܢܟ܀ [25] ܗܘܝܬ ܡܫܬܝܢ ܥܡ ܒܥܠ ܕܝܢܟ ܥܓܠ. ܥܕ ܟܕ ܥܡܗ ܐܢܬ ܒܐܘܪܚܐ.
ܕܠܡܐ ܢܫܠܡܟ ܒܥܠ ܕܝܢܟ ܠܕܝܢܐ. ܘܕܝܢܐ ܢܫܠܡܟ ܠܐܣܛܘܢܩܐ. ܘܬܦܠ ܒܝܬ ܐܣܝܪ̈ܐ.
[26] ܘܐܡܝܢ ܐܡܪ ܐܢܐ ܠܟ. ܕܠܐ ܬܦܘܩ ܡܢ ܬܡܢ ܥܕܡܐ ܕܬܬܠ ܫܡܘܢܐ ܐܚܪܝܐ܀
[27] ܫܡܥܬܘܢ ܕܐܬܐܡܪ. ܕܠܐ ܬܓܘܪ. [28] ܐܢܐ ܕܝܢ ܐܡܪ ܐܢܐ ܠܟܘܢ. ܕܟܠ ܡܢ ܕܚܙܐ
ܐܢܬܬܐ ܐܝܟ ܕܢܪܓܝܗ. ܡܚܕܐ ܓܪܗ ܒܠܒܗ. [29] ܐܢ ܕܝܢ ܥܝܢܟ ܕܝܡܝܢܐ ܡܟܫܠܐ ܠܟ.
ܚܨܝܗ ܘܫܕܝܗ ܡܢܟ. ܦܩܚ ܠܟ ܓܝܪ ܕܬܐܒܕ ܚܕ ܗܕܡܝܟ. ܘܠܐ ܟܠܗ ܦܓܪܟ ܢܦܠ ܒܓܗܢܐ.
[30] ܘܐܢ ܐܝܕܟ ܕܝܡܝܢܐ ܡܟܫܠܐ ܠܟ. ܦܣܘܩܝܗ ܫܕܝܗ ܡܢܟ. ܦܩܚ ܠܟ ܓܝܪ ܕܢܐܒܕ ܚܕ ܡܢ
ܗܕܡܝܟ. ܘܠܐ ܟܠܗ ܦܓܪܟ ܢܦܠ ܒܓܗܢܐ. [31] ܐܬܐܡܪ. ܕܡܢ ܕܫܪܐ ܐܢܬܬܗ. ܢܬܠ ܠܗ
ܟܬܒܐ ܕܫܘܒܩܢܐ. [32] ܐܢܐ ܕܝܢ ܐܡܪ ܐܢܐ ܠܟܘܢ. ܕܟܠ ܡܢ ܕܫܪܐ ܐܢܬܬܗ. ܠܒܪ ܡܢ

ܡܠܬܐ ܕܙܢܝܘܬܐ. ܗܘ ܥܒܕ ܠܗ ܕܬܓܘܪ. ܘܡܢ ܕܫܩܠ ܫܒܝܩܬܐ ܓܐܪ܀ 33 ܬܘܒ ܫܡܥܬܘܢ
ܕܐܬܐܡܪ ܠܩܕܡܝܐ. ܕܠܐ ܬܕܓܠ ܒܡܘܡܬܟ. ܬܫܠܡ ܕܝܢ ܠܡܪܝܐ ܡܘܡܬܟ. 34 ܐܢܐ
ܕܝܢ ܐܡܪ ܐܢܐ ܠܟܘܢ. ܠܐ ܬܐܡܘܢ ܟܠܗ. ܠܐ ܒܫܡܝܐ ܕܟܘܪܣܝܐ ܗܘ ܕܐܠܗܐ. 35 ܘܠܐ
ܒܐܪܥܐ ܕܟܘܒܫܐ ܗܝ ܕܪܓܠܘܗܝ. ܘܐܦܠܐ ܒܐܘܪܫܠܡ. ܕܡܕܝܢܬܗ ܗܝ ܕܡܠܟܐ
ܪܒܐ. 36 ܐܦܠܐ ܒܪܫܟ ܬܐܡܐ. ܕܠܐ ܡܫܟܚ ܐܢܬ ܠܡܥܒܕ ܒܗ ܡܢܬܐ ܚܕܐ ܕܣܥܪܐ ܐܘܟܡܬܐ.
ܐܘ ܚܘܪܬܐ. 37 ܐܠܐ ܢܗܘܐ ܡܠܬܟܘܢ. ܐܝܢ ܐܝܢ. ܘܠܐ ܠܐ. ܡܕܡ ܕܡܢ ܗܠܝܢ ܝܬܝܪ. ܡܢ
ܒܝܫܐ ܗܘ܀ 38 ܫܡܥܬܘܢ ܕܐܬܐܡܪ. ܕܥܝܢܐ ܚܠܦ ܥܝܢܐ. ܘܫܢܐ ܚܠܦ ܫܢܐ. 39 ܐܢܐ ܕܝܢ
ܐܡܪ ܐܢܐ ܠܟܘܢ. ܕܠܐ ܬܩܘܡܘܢ ܠܘܩܒܠ ܒܝܫܐ. ܐܠܐ ܡܢ ܕܡܚܐ ܠܟ ܥܠ ܦܟܟ
ܕܝܡܝܢܐ. ܩܪܒ ܠܗ ܐܦ ܐܚܪܢܐ. 40 ܘܡܢ ܕܨܒܐ ܕܢܕܘܢ ܥܡܟ. ܘܢܣܒ ܟܘܬܝܢܟ.
ܫܒܘܩ ܠܗ ܐܦ ܡܪܛܘܛܟ. 41 ܡܢ ܕܡܫܚܪ ܠܟ ܡܝܠܐ ܚܕ. ܙܠ ܥܡܗ ܬܪܝܢ܀ 42 ܡܢ
ܕܫܐܠ ܠܟ. ܗܒ ܠܗ. ܘܡܢ ܕܨܒܐ ܕܢܙܦ ܡܢܟ. ܠܐ ܬܟܠܝܘܗܝ܀ 43 ܫܡܥܬܘܢ ܕܐܬܐܡܪ.
ܕܬܪܚܡ ܠܩܪܝܒܟ. ܘܬܣܢܐ ܠܒܥܠܕܒܒܟ. 44 ܐܢܐ ܕܝܢ ܐܡܪ ܐܢܐ ܠܟܘܢ. ܐܚܒܘ
ܠܒܥܠܕܒܒܝܟܘܢ. ܘܒܪܟܘ ܠܡܢ ܕܠܐܛ ܠܟܘܢ. ܘܥܒܕܘ ܕܫܦܝܪ ܠܡܢ ܕܣܢܐ ܠܟܘܢ.
ܘܨܠܘ ܥܠ ܐܝܠܝܢ ܕܕܒܪܝܢ ܠܟܘܢ ܒܩܛܝܪܐ ܘܪܕܦܝܢ ܠܟܘܢ. 45 ܐܝܟܢܐ ܕܬܗܘܘܢ ܒܢܘܗܝ
ܕܐܒܘܟܘܢ ܕܒܫܡܝܐ. ܗܘ ܕܡܕܢܚ ܫܡܫܗ ܥܠ ܛܒܐ ܘܥܠ ܒܝܫܐ. ܘܡܚܬ ܡܛܪܗ ܥܠ
ܟܐܢܐ ܘܥܠ ܥܘܠܐ. 46 ܐܢ ܓܝܪ ܡܚܒܝܢ ܐܢܬܘܢ ܠܐܝܠܝܢ ܕܡܚܒܝܢ ܠܟܘܢ. ܡܢܐ ܐܓܪܐ ܐܝܬ
ܠܟܘܢ. ܠܐ ܗܐ ܐܦ ܡܟܣܐ ܗܢܘܢ ܗܕܐ ܥܒܕܝܢ. 47 ܘܐܢ ܫܐܠܝܢ ܐܢܬܘܢ ܒܫܠܡܐ ܕܐܚܝܟܘܢ
ܒܠܚܘܕ. ܡܢܐ ܝܬܝܪܐ ܥܒܕܝܢ ܐܢܬܘܢ. ܠܐ ܗܐ ܐܦ ܡܟܣܐ ܗܢܘܢ ܗܕܐ ܥܒܕܝܢ. 48 ܗܘܘ
ܗܟܝܠ ܐܢܬܘܢ ܓܡܝܪܐ. ܐܝܟܢܐ ܕܐܒܘܟܘܢ ܕܒܫܡܝܐ ܓܡܝܪ ܗܘ܀

1 ܚܘܪܘ ܕܝܢ ܒܙܕܩܬܟܘܢ. ܕܠܐ ܬܥܒܕܘܢܗ ܩܕܡ ܒܢܝܢܫܐ ܐܝܟ ܕܬܬܚܙܘܢ ܠܗܘܢ. ܘܐܠܐ ܐܓܪܐ Cap. vi.
ܠܝܬ ܠܟܘܢ ܠܘܬ ܐܒܘܟܘܢ ܕܒܫܡܝܐ. 2 ܐܡܬܝ ܗܟܝܠ ܕܥܒܕ ܐܢܬ ܙܕܩܬܐ. ܠܐ ܬܩܪܐ ܩܪܢܐ
ܩܕܡܝܟ: ܐܝܟ ܕܥܒܕܝܢ ܢܣܒܝ ܒܐܦܐ ܒܟܢܘܫܬܐ ܘܒܫܘܩܐ: ܐܝܟ ܕܢܫܬܒܚܘܢ ܡܢ ܒܢܝ
ܐܢܫܐ. ܘܐܡܝܢ ܐܡܪ ܐܢܐ ܠܟܘܢ. ܕܢܣܒܘ ܐܓܪܗܘܢ. 3 ܐܢܬ ܕܝܢ ܡܐ ܕܥܒܕ ܐܢܬ ܙܕܩܬܐ.
ܠܐ ܬܕܥ ܣܡܠܟ ܡܢܐ ܥܒܕܐ ܝܡܝܢܟ. 4 ܐܝܟ ܕܬܗܘܐ ܙܕܩܬܟ ܒܟܣܝܐ. ܘܐܒܘܟ ܕܚܙܐ ܒܟܣܝܐ.
ܗܘ ܢܦܪܘܥܟ ܒܓܠܝܐ. 5 ܘܡܐ ܕܡܨܠܐ ܐܢܬ. ܠܐ ܬܗܘܐ ܐܝܟ ܢܣܒܝ ܒܐܦܐ. ܕܪܚܡܝܢ ܠܡܩܡ
ܒܟܢܘܫܬܐ ܘܒܙܘܝܬܐ ܕܫܘܩܐ ܠܡܨܠܝܘ: ܕܢܬܚܙܘܢ ܠܒܢܝ ܐܢܫܐ. ܘܐܡܝܢ ܐܡܪ ܐܢܐ
ܠܟܘܢ. ܕܢܣܒܘ ܐܓܪܗܘܢ. 6 ܐܢܬ ܕܝܢ ܡܐ ܕܡܨܠܐ ܐܢܬ. ܥܘܠ ܠܬܘܢܟ: ܘܐܚܘܕ
ܬܪܥܟ: ܘܨܠܝ ܠܐܒܘܟ ܕܒܟܣܝܐ. ܘܐܒܘܟ ܕܚܙܐ ܒܟܣܝܐ ܗܘ ܢܦܪܘܥܟ ܒܓܠܝܐ. 7 ܘܡܐ ܕܡܨܠܝܢ
ܐܢܬܘܢ. ܠܐ ܗܘܝܬܘܢ ܡܦܩܩܝܢ ܐܝܟ ܚܢܦܐ. ܣܒܪܝܢ ܓܝܪ ܕܒܡܡܠܠܐ ܣܓܝܐܐ
ܡܫܬܡܥܝܢ. 8 ܠܐ ܗܟܝܠ ܬܬܕܡܘܢ ܠܗܘܢ. ܐܒܘܟܘܢ ܓܝܪ ܝܕܥ ܡܢܐ ܡܬܒܥܐ ܠܟܘܢ.

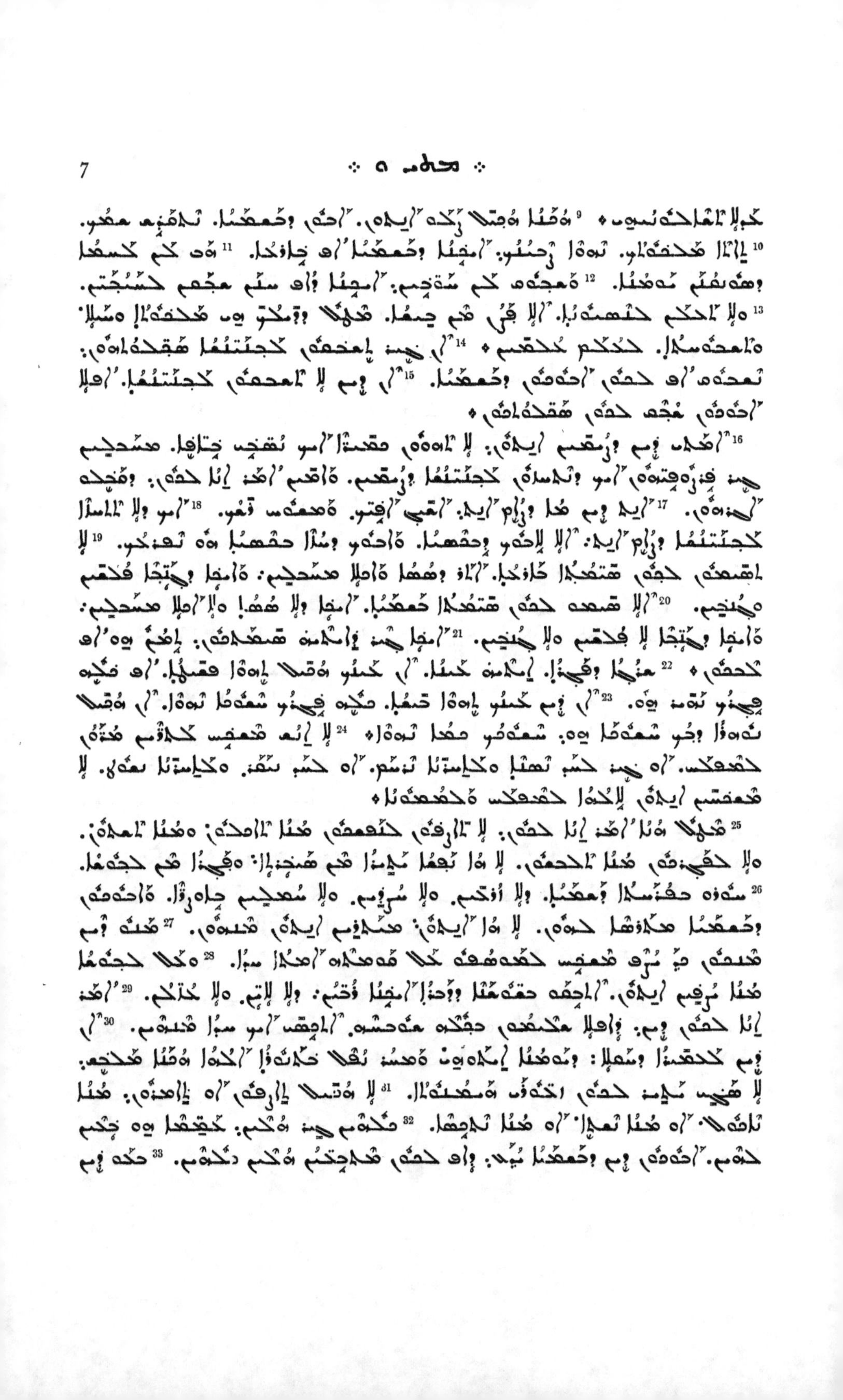

[illegible] ◆ 9 [illegible]
10 [illegible] 11 [illegible]
[illegible] 12 [illegible]
13 [illegible]
[illegible] ◆ 14 [illegible]
[illegible] 15 [illegible]
[illegible] ◆

16 [illegible]
[illegible]
[illegible] 17 [illegible] 18 [illegible]
[illegible] 19 [illegible]
[illegible]
[illegible] 20 [illegible]
[illegible]
[illegible] 21 [illegible]
[illegible] ◆ 22 [illegible]
[illegible] 23 [illegible]
[illegible] 24 [illegible]
[illegible]
[illegible] ◆

25 [illegible]
[illegible]
26 [illegible]
[illegible] 27 [illegible]
[illegible] 28 [illegible]
[illegible] 29 [illegible]
[illegible] 30 [illegible]
[illegible]
[illegible] 31 [illegible]
[illegible] 32 [illegible]
[illegible] 33 [illegible]

ܠܘܩܕܡ ܡܠܟܘܬܗ ܕܐܠܗܐ ܘܙܕܝܩܘܬܗ. ܘܟܠܗܝܢ ܗܠܝܢ ܡܬܬܘܣܦܢ ܠܟܘܢ. 34 ܠܐ
ܗܟܝܠ ܬܐܨܦܘܢ ܕܡܚܪ. ܗܘ ܓܝܪ ܡܚܪ ܢܐܨܦ ܕܝܠܗ. ܣܦܩ ܠܗ ܠܝܘܡܐ ܒܝܫܬܗ ::
1 ܠܐ ܬܕܘܢܘܢ ܕܠܐ ܬܬܕܝܢܘܢ. 2 ܒܕܝܢܐ ܓܝܪ ܕܕܐܢܝܢ ܐܢܬܘܢ ܬܬܕܝܢܘܢ. ܘܒܟܝܠܬܐ Cap. vii.
ܕܟܝܠܝܢ ܐܢܬܘܢ. ܡܬܬܟܝܠ ܠܟܘܢ. 3 ܡܢܐ ܕܝܢ ܚܙܐ ܐܢܬ ܓܠܐ ܕܒܥܝܢܗ ܕܐܚܘܟ.
ܘܩܪܝܬܐ ܕܒܥܝܢܟ ܠܐ ܡܬܒܩܐ ܐܢܬ. 4 ܐܘ ܐܝܟܢܐ ܐܡܪ ܐܢܬ ܠܐܚܘܟ. ܫܒܘܩ ܐܦܩ ܓܠܐ ܡܢ
ܥܝܢܟ. ܘܗܐ ܩܪܝܬܐ ܒܥܝܢܟ. 5 ܢܣܒ ܒܐܦܐ. ܐܦܩ ܠܘܩܕܡ ܩܪܝܬܐ ܡܢ ܥܝܢܟ. ܘܗܝܕܝܢ
ܬܬܚܙܐ ܠܟ ܠܡܦܩܘ ܓܠܐ ܡܢ ܥܝܢܗ ܕܐܚܘܟ. 6 ܠܐ ܬܬܠܘܢ ܩܘܕܫܐ ܠܟܠܒܐ. ܘܠܐ
ܬܪܡܘܢ ܡܪܓܢܝܬܟܘܢ ܩܕܡ ܚܙܝܪܐ. ܕܠܡܐ ܢܕܘܫܘܢ ܐܢܝܢ ܒܪܓܠܝܗܘܢ. ܘܢܬܗܦܟܘܢ
ܢܒܙܥܘܢܟܘܢ. 7 ܫܐܠܘ ܘܢܬܝܗܒ ܠܟܘܢ. ܒܥܘ ܘܬܫܟܚܘܢ. ܢܩܘܫܘ ܘܢܬܦܬܚ ܠܟܘܢ.
8 ܟܠ ܓܝܪ ܕܫܐܠ ܢܣܒ. ܘܕܒܥܐ ܡܫܟܚ. ܘܠܡܢ ܕܢܩܫ ܡܬܦܬܚ ܠܗ. 9 ܐܘ ܡܢܘ
ܡܢܟܘܢ ܓܒܪܐ ܕܢܫܐܠܝܘܗܝ ܒܪܗ ܠܚܡܐ. ܠܡܐ ܟܐܦܐ ܡܘܫܛ ܠܗ. 10 ܘܐܢ ܢܘܢܐ
ܢܫܐܠܝܘܗܝ. ܠܡܐ ܚܘܝܐ ܡܘܫܛ ܠܗ. 11 ܐܢ ܗܟܝܠ ܐܢܬܘܢ ܕܒܝܫܐ ܐܢܬܘܢ. ܝܕܥܝܢ
ܐܢܬܘܢ ܡܘܗܒܬܐ ܛܒܬܐ ܠܡܬܠ ܠܒܢܝܟܘܢ. ܟܡܐ ܝܬܝܪܐܝܬ ܐܒܘܟܘܢ ܕܒܫܡܝܐ.
ܢܬܠ ܛܒܬܐ ܠܐܝܠܝܢ ܕܫܐܠܝܢ ܠܗ. 12 ܟܠ ܡܐ ܕܨܒܝܢ ܐܢܬܘܢ ܕܢܥܒܕܘܢ ܠܟܘܢ ܒܢܝ ܐܢܫܐ.
ܗܟܢܐ ܐܦ ܐܢܬܘܢ ܥܒܕܘ ܠܗܘܢ. ܗܢܘ ܓܝܪ ܢܡܘܣܐ ܘܢܒܝܐ ::

13 ܥܘܠܘ ܒܬܪܥܐ ܐܠܝܨܐ. ܕܦܬܝܐ ܗܝ ܬܪܥܐ ܘܪܘܝܚܐ ܐܘܪܚܐ ܐܝܕܐ ܕܡܘܒܠܐ ܠܐܒܕܢܐ. ܘܣܓܝܐܐ
ܐܢܘܢ ܐܝܠܝܢ ܕܐܙܠܝܢ ܒܗ. 14 ܡܐ ܙܥܘܪ ܬܪܥܐ ܘܐܠܝܨܐ ܐܘܪܚܐ ܕܡܘܒܠܐ ܠܚܝܐ. ܘܙܥܘܪܐ ܐܢܘܢ
ܐܝܠܝܢ ܕܡܫܟܚܝܢ ܠܗ ܀ 15 ܐܙܕܗܪܘ ܡܢ ܢܒܝܐ ܕܓܠܐ. ܕܐܬܝܢ ܠܘܬܟܘܢ ܒܠܒܘܫܐ ܕܐܡܪܐ.
ܡܢ ܠܓܘ ܕܝܢ ܐܝܬܝܗܘܢ ܕܐܒܐ ܚܛܘܦܐ. 16 ܡܢ ܦܐܪܝܗܘܢ ܕܝܢ ܬܫܬܘܕܥܘܢ ܐܢܘܢ. ܠܡܐ
ܡܠܩܛܝܢ ܡܢ ܟܘܒܐ ܥܢܒܐ. ܐܘ ܡܢ ܐܡܙܘܪܩܐ ܬܐܢܐ. 17 ܗܟܢܐ ܟܠ ܐܝܠܢܐ ܛܒܐ ܦܐܪܐ ܛܒܐ
ܥܒܕ. ܐܝܠܢܐ ܕܝܢ ܒܝܫܐ ܦܐܪܐ ܒܝܫܐ ܥܒܕ. 18 ܠܐ ܡܫܟܚ ܐܝܠܢܐ ܛܒܐ ܦܐܪܐ ܒܝܫܐ ܠܡܥܒܕ.
ܘܠܐ ܐܝܠܢܐ ܒܝܫܐ ܦܐܪܐ ܛܒܐ ܠܡܥܒܕ. 19 ܟܠ ܐܝܠܢܐ ܕܠܐ ܥܒܕ ܦܐܪܐ ܛܒܐ. ܡܬܦܣܩ ܘܒܢܘܪܐ
ܢܦܠ. 20 ܡܟܝܠ ܡܢ ܦܐܪܝܗܘܢ ܬܫܬܘܕܥܘܢ ܐܢܘܢ. 21 ܠܐ ܗܘܐ ܟܠ ܕܐܡܪ ܠܝ ܡܪܝ ܡܪܝ.
ܥܐܠ ܠܡܠܟܘܬܐ ܕܫܡܝܐ. ܐܠܐ ܡܢ ܕܥܒܕ ܨܒܝܢܗ ܕܐܒܝ ܕܒܫܡܝܐ. 22 ܣܓܝܐܐ ܢܐܡܪܘܢ
ܠܝ ܒܗܘ ܝܘܡܐ. ܡܪܝ ܡܪܝ. ܠܐ ܒܫܡܟ ܐܬܢܒܝܢ: ܘܒܫܡܟ ܫܐܕܐ ܐܦܩܢ: ܘܒܫܡܟ ܚܝܠܐ
ܣܓܝܐܐ ܥܒܕܢ. 23 ܘܗܝܕܝܢ ܐܘܕܐ ܠܗܘܢ. ܕܡܢ ܡܬܘܡ ܠܐ ܝܕܥܬܟܘܢ. ܐܪܚܩܘ ܠܟܘܢ
ܡܢܝ. ܦܠܚܝ ܥܘܠܐ. 24 ܟܠ ܗܟܝܠ ܕܫܡܥ ܡܠܝ ܗܠܝܢ. ܘܥܒܕ ܠܗܝܢ. ܢܬܕܡܐ
ܠܓܒܪܐ ܚܟܝܡܐ. ܗܘ ܕܒܢܐ ܒܝܬܗ ܥܠ ܫܘܥܐ. 25 ܘܢܚܬ ܡܛܪܐ ܘܐܬܘ ܢܗܪܘܬܐ ܘܢܫܒ
ܪܘܚܐ ܘܐܬܬܩܦܘ ܒܗ ܒܒܝܬܐ ܗܘ. ܘܠܐ ܢܦܠ. ܫܬܐܣܘܬܗ ܓܝܪ ܥܠ ܫܘܥܐ ܣܝܡܢ ܗܘܝ.
26 ܘܟܠ ܡܢ ܕܫܡܥ ܡܠܝ ܗܠܝܢ. ܘܠܐ ܥܒܕ ܠܗܝܢ. ܢܬܕܡܐ ܠܓܒܪܐ ܣܟܠܐ. ܕܒܢܐ

ܒܝܬܗ ܥܠ ܚܠܐ܂ 27 ܘܢܚܬ ܡܛܪܐ ܘܐܬܘ ܢܗܪ̈ܘܬܐ ܘܢܫܒ ܪ̈ܘܚܐ ܘܐܬܛܪܝܘ ܒܒܝܬܐ ܗܘ܂
ܘܢܦܠ܂ ܘܗܘܬ ܡܦܘܠܬܗ ܪܒܐ܀

28 ܘܗܘܐ ܕܟܕ ܫܠܡ ܝܫܘܥ ܡ̈ܠܐ ܗܠܝܢ܂ ܡܬܕܡܪܝܢ ܗܘܘ ܟܢ̈ܫܐ ܥܠ ܡܠܦܢܘܬܗ܂ 29 ܡܠܦ
ܗܘܐ ܠܗܘܢ ܓܝܪ ܐܝܟ ܡܫܠܛܐ܂ ܘܠܐ ܐܝܟ ܤܦܪ̈ܝܗܘܢ ܘܦܪ̈ܝܫܐ܀

Cap. viii. 1 ܟܕ ܢܚܬ ܕܝܢ ܡܢ ܛܘܪܐ܂ ܢܩܦܘܗܝ ܟܢ̈ܫܐ ܤ̈ܓܝܐܐ܂ 2 ܘܗܐ ܓܪܒܐ ܚܕ ܐܬܐ ܤܓܕ ܠܗ ܘܐܡܪ܂
ܡܪܝ܂ ܐܢ ܨܒܐ ܐܢܬ ܡܫܟܚ ܐܢܬ ܠܡܕܟܝܘܬܝ܂ 3 ܘܦܫܛ ܐܝܕܗ ܝܫܘܥ ܩܪܒ ܠܗ܂ ܘܐܡܪ܂
ܨܒܐ ܐܢܐ ܐܬܕܟܐ܂ ܘܡܢ ܫܥܬܗ ܐܬܕܟܝ ܓܪܒܗ܂ 4 ܘܐܡܪ ܠܗ ܝܫܘܥ܂ ܚܙܝ ܠܐܢܫ ܠܐ ܬܐܡܪ܂
ܐܠܐ ܙܠ ܚܘܐ ܢܦܫܟ ܠܟܗ̈ܢܐ܂ ܘܩܪܒ ܩܘܪܒܢܐ ܐܝܟ ܕܦܩܕ ܡܘܫܐ ܠܤܗܕܘܬܗܘܢ܀

5 ܟܕ ܥܠ ܕܝܢ ܝܫܘܥ ܠܟܦܪܢܚܘܡ܂ ܩܪܒ ܠܗ ܩܢܛܪܘܢܐ ܚܕ܂ ܘܒܥܐ ܗܘܐ ܡܢܗ܂
6 ܘܐܡܪ܂ ܡܪܝ܂ ܛܠܝܝ ܪܡܐ ܒܒܝܬܐ܂ ܘܡܫܪܝܐ܂ ܘܒܝܫܐܝܬ ܡܫܬܢܩ܂ 7 ܐܡܪ ܠܗ
ܝܫܘܥ܂ ܐܢܐ ܐܬܐ ܘܐܤܝܘܗܝ܂ 8 ܥܢܐ ܩܢܛܪܘܢܐ ܗܘ ܘܐܡܪ܂ ܡܪܝ܂ ܠܐ ܫܘܐ ܐܢܐ ܕܬܥܘܠ
ܬܚܝܬ ܡܛܠܠܝ܂ ܐܠܐ ܒܠܚܘܕ ܐܡܪ ܒܡܠܬܐ܂ ܘܢܬܐܤܐ ܛܠܝܝ܂ 9 ܐܦ ܐܢܐ ܓܝܪ ܓܒܪܐ ܐܢܐ
ܕܬܚܝܬ ܫܘܠܛܢܐ܂ ܘܐܝܬ ܬܚܝܬ ܐܝܕܝ ܐܤܛܪ̈ܛܝܘܛܐ܂ ܘܐܡܪ ܐܢܐ ܠܗܢܐ ܕܙܠ܂ ܘܐܙܠ܂
ܘܠܐܚܪܢܐ ܕܬܐ ܘܐܬܐ܂ ܘܠܥܒܕܝ ܕܥܒܕ ܗܕܐ ܘܥܒܕ܂ 10 ܟܕ ܫܡܥ ܕܝܢ ܝܫܘܥ܂ ܐܬܕܡܪ܂
ܘܐܡܪ ܠܕܐܬܝܢ ܒܬܪܗ܂ ܐܡܝܢ ܐܡܪ ܐܢܐ ܠܟܘܢ܂ ܕܐܦ ܠܐ ܒܐܝܤܪܝܠ ܐܫܟܚܬ ܐܝܟ
ܗܕܐ ܗܝܡܢܘܬܐ܂ 11 ܐܡܪ ܐܢܐ ܠܟܘܢ ܕܝܢ܂ ܕܤ̈ܓܝܐܐ ܢܐܬܘܢ ܡܢ ܡܕܢܚܐ ܘܡܢ ܡܥܪܒܐ܂
ܘܢܤܬܡܟܘܢ ܥܡ ܐܒܪܗܡ ܘܐܝܤܚܩ ܘܝܥܩܘܒ܂ ܒܡܠܟܘܬܐ ܕܫܡܝܐ܂ 12 ܒ̈ܢܘܗܝ ܕܝܢ
ܕܡܠܟܘܬܐ ܢܦܩܘܢ ܠܚܫܘܟܐ ܒܪܝܐ܂ ܬܡܢ ܢܗܘܐ ܒܟܝܐ ܘܚܘܪܩ ܫ̈ܢܐ܂ 13 ܘܐܡܪ ܝܫܘܥ
ܠܩܢܛܪܘܢܐ ܗܘ܂ ܙܠ܂ ܐܝܟܢܐ ܕܗܝܡܢܬ ܢܗܘܐ ܠܟ܂ ܘܐܬܐܤܝ ܛܠܝܗ ܒܗ ܒܫܥܬܐ܀

14 ܘܐܬܐ ܝܫܘܥ ܠܒܝܬܗ ܕܫܡܥܘܢ܂ ܘܚܙܐ ܠܚܡܬܗ ܕܪܡܝܐ ܘܐܚܝܕܐ ܠܗ ܐܫܬܐ܂
15 ܘܩܪܒ ܠܐܝܕܗ܂ ܘܫܒܩܬܗ ܐܫܬܐ܂ ܘܩܡܬ܂ ܘܡܫܡܫܐ ܗܘܬ ܠܗ܂ 16 ܟܕ ܗܘܐ ܕܝܢ ܪܡܫܐ܂
ܩܪܒܘ ܩܕܡܘܗܝ ܕܝܘ̈ܢܐ ܤ̈ܓܝܐܐ܂ ܘܐܦܩ ܕܝܘ̈ܗܘܢ ܒܡܠܬܐ܂ ܘܠܟܠܗܘܢ ܐܝܠܝܢ
ܕܒܝܫܐܝܬ ܥܒܝܕܝܢ ܗܘܘ ܐܤܝ܂ 17 ܐܝܟ ܕܢܬܡܠܐ ܡܕܡ ܕܐܬܐܡܪ ܒܝܕ ܐܫܥܝܐ ܢܒܝܐ
ܕܐܡܪ܂ ܕܗܘ ܢܤܒ ܟܐܒܝܢ܂ ܘܟܘܪ̈ܗܢܝܢ ܛܥܢ܀

18 ܟܕ ܚܙܐ ܕܝܢ ܝܫܘܥ ܟܢ̈ܫܐ ܤ̈ܓܝܐܐ ܕܚܕܝܪܝܢ ܠܗ܂ ܦܩܕ ܕܢܐܙܠܘܢ ܠܥܒܪܐ܀ 19 ܘܩܪܒ
ܤܦܪܐ ܚܕ ܘܐܡܪ ܠܗ܂ ܪܒܝ܂ ܐܬܐ ܒܬܪܟ ܠܐܬܪ ܕܐܙܠ ܐܢܬ܂ 20 ܐܡܪ ܠܗ ܝܫܘܥ܂ ܠܬܥܠܐ
ܢܩܥܐ ܐܝܬ ܠܗܘܢ܂ ܘܠܦܪܚܬܐ ܕܫܡܝܐ ܡܛܠܠܐ܂ ܠܒܪܗ ܕܝܢ ܕܐܢܫܐ܂ ܠܝܬ ܠܗ ܐܝܟܐ
ܕܢܤܡܘܟ ܪܫܗ܂ 21 ܐܚܪܢܐ ܕܝܢ ܡܢ ܬܠܡܝܕܘܗܝ ܐܡܪ ܠܗ܂ ܡܪܝ܂ ܐܦܤ ܠܝ ܠܘܩܕܡ
ܐܙܠ ܐܩܒܘܪ ܐܒܝ܂ 22 ܝܫܘܥ ܕܝܢ ܐܡܪ ܠܗ܂ ܬܐ ܒܬܪܝ܂ ܘܫܒܘܩ ܠܡܝ̈ܬܐ ܠܡܩܒܪ
ܡܝ̈ܬܝܗܘܢ܀ 23 ܘܟܕ ܤܠܩ ܝܫܘܥ ܠܤܦܝܢܬܐ܂ ܤܠܩܘ ܥܡܗ ܬܠܡܝܕܘܗܝ܂

24 ܘܗܐ ܐܘܦܠ ܪܒ ܗܘܐ ܒܝܡܐ. ܐܝܟܢ ܕܐܠܦܐ ܐܬܟܣܝܐ ܡܢ ܓܠܠܝܐ. ܗܘ ܕܝܢ ܝܫܘܥ ܕܡܟ
ܗܘܐ. 25 ܘܩܪܒܘ ܬܠܡܝܕܘܗܝ ܐܬܥܝܪܘܗܝ ܘܐܡܪܝܢ ܠܗ. ܡܪܢ ܦܨܢ. ܐܒܕܝܢ ܚܢܢ. 26 ܐܡܪ
ܠܗܘܢ ܝܫܘܥ. ܠܡܐ ܕܚܠܝܢ ܐܢܬܘܢ. ܙܥܘܪܝ ܗܝܡܢܘܬܐ. ܗܝܕܝܢ ܩܡ ܘܟܐܐ
ܒܪܘܚܐ ܘܒܝܡܐ. ܘܗܘܐ ܫܠܝܐ ܪܒܐ. 27 ܓܒܪܝܐ ܕܝܢ ܐܬܕܡܪܘ ܘܐܡܪܝܢ. ܡܢܘ ܗܢܐ ܕܪܘܚܐ
ܘܝܡܐ ܡܫܬܡܥܝܢ ܠܗ ✤✤
28 ܘܟܕ ܐܬܐ ܝܫܘܥ ܠܥܒܪܐ. ܠܐܬܪܐ ܕܓܕܪܝܐ. ܐܪܥܘܗܝ ܬܪܝܢ ܕܝܘܢܝܢ ܕܢܦܩܝܢ ܡܢ ܒܝܬ
ܩܒܘܪܐ ܒܝܫܝܢ ܛܒ. ܐܝܟ ܕܠܐ ܐܢܫ ܡܫܟܚ ܠܡܥܒܪ ܒܗܝ ܐܘܪܚܐ. 29 ܘܩܥܘ ܘܐܡܪܝܢ. ܡܐ
ܠܢ ܘܠܟ ܝܫܘܥ ܒܪܗ ܕܐܠܗܐ. ܐܬܝܬ ܠܟܐ ܩܕܡ ܙܒܢܐ ܠܡܫܢܩܘ ܠܢ. 30 ܐܝܬ ܗܘܐ ܕܝܢ
ܠܘܬ ܪܚܝܩ ܡܢܗܘܢ. ܒܥܪܐ ܕܚܙܝܪܐ ܣܓܝܐܐ ܕܪܥܝܐ. 31 ܗܢܘܢ ܕܝܢ ܫܐܕܐ ܒܥܝܢ ܗܘܘ ܡܢܗ.
ܘܐܡܪܝܢ. ܐܢ ܡܦܩ ܐܢܬ ܠܢ. ܐܦܣ ܠܢ ܕܢܐܙܠ ܠܒܥܪܐ ܕܚܙܝܪܐ. 32 ܐܡܪ ܠܗܘܢ
ܝܫܘܥ. ܐܙܠܘ. ܘܢܦܩܘ ܘܐܙܠܘ ܒܚܙܝܪܐ. ܘܕܠܩ ܒܥܪܐ ܟܠܗ ܠܫܩܝܦܐ.
ܘܢܦܠܘ ܒܝܡܐ. ܘܡܝܬܘ ܒܡܝܐ ✤✤✤✤
33 ܗܢܘܢ ܕܝܢ ܕܪܥܝܢ ܗܘܘ. ܥܪܩܘ ܘܐܙܠܘ ܠܡܕܝܢܬܐ. ܘܚܘܝܘ ܟܠܡܕܡ ܕܗܘܐ. ܚܣܐ ܘ.
ܘܕܗܢܘܢ ܕܫܐܕܐ. 34 ܘܢܦܩܬ ܟܠܗ ܡܕܝܢܬܐ ܠܐܘܪܥܗ ܕܝܫܘܥ. ܘܟܕ ܚܙܐܘܗܝ.
ܒܥܘ ܡܢܗ ܕܢܫܢܐ ܡܢ ܬܚܘܡܗܘܢ. 1 ܘܣܠܩ ܠܐܠܦܐ. ܘܥܒܪ ܘܐܬܐ ܠܡܕܝܢܬܗ ✤ Cap. ix.
2 ܘܩܪܒܘ ܠܗ ܡܫܪܝܐ ܕܪܡܐ ܥܠ ܥܪܣܐ. ܘܚܙܐ ܝܫܘܥ ܗܝܡܢܘܬܗܘܢ. ܘܐܡܪ ܠܗܘ
ܡܫܪܝܐ. ܐܬܠܒܒ ܒܪܝ. ܡܫܒܩܝܢ ܠܟ ܚܛܗܝܟ. 3 ܓܒܪܝܐ ܕܝܢ ܡܢ ܣܦܪܐ ܐܡܪܘ ܒܢܦܫܗܘܢ.
ܗܢܐ ܡܓܕܦ. 4 ܝܫܘܥ ܕܝܢ ܚܙܐ ܡܚܫܒܬܗܘܢ. ܘܐܡܪ ܠܗܘܢ. ܡܢܐ ܡܬܚܫܒܝܢ ܐܢܬܘܢ
ܒܝܫܬܐ ܒܠܒܟܘܢ. 5 ܡܢܐ ܓܪ ܦܫܝܛ ܠܡܐܡܪ. ܕܡܫܒܩܝܢ ܠܟ ܚܛܗܝܟ. ܐܘ ܠܡܐܡܪ.
ܩܘܡ ܗܠܟ. 6 ܕܬܕܥܘܢ ܕܝܢ ܕܫܘܠܛܢܐ ܐܝܬ ܠܒܪܗ ܕܐܢܫܐ ܒܐܪܥܐ ܠܡܫܒܩ ܚܛܗܐ.
ܐܡܪ ܠܗܘ ܡܫܪܝܐ. ܩܘܡ ܫܩܘܠ ܥܪܣܟ. ܘܐܙܠ ܠܒܝܬܟ. 7 ܘܩܡ ܐܙܠ ܠܒܝܬܗ ✤
8 ܟܕ ܚܙܘ ܕܝܢ ܟܢܫܐ ܗܢܘܢ. ܕܚܠܘ. ܘܫܒܚܘ ܠܐܠܗܐ ܕܝܗܒ ܫܘܠܛܢܐ ܕܐܟ ܗܢܐ ܠܒܢܝ ܐܢܫܐ ✤✤
9 ܘܟܕ ܥܒܪ ܝܫܘܥ ܡܢ ܬܡܢ. ܚܙܐ ܓܒܪܐ ܕܝܬܒ ܒܝܬ ܡܟܣܐ ܕܫܡܗ ܡܬܝ. ܘܐܡܪ
ܠܗ. ܬܐ ܒܬܪܝ. ܘܩܡ ܐܙܠ ܒܬܪܗ ✤ 10 ܘܟܕ ܣܡܝܟܝܢ ܒܒܝܬܐ. ܐܬܘ ܡܟܣܐ ܘܚܛܝܐ
ܣܓܝܐܐ ܐܣܬܡܟܘ ܥܡ ܝܫܘܥ ܘܥܡ ܬܠܡܝܕܘܗܝ. 11 ܘܟܕ ܚܙܘ ܦܪܝܫܐ. ܐܡܪܝܢ
ܠܬܠܡܝܕܘܗܝ. ܠܡܢܐ ܥܡ ܡܟܣܐ ܘܚܛܝܐ ܐܟܠ ܪܒܟܘܢ ✤ 12 ܝܫܘܥ ܕܝܢ ܟܕ ܫܡܥ
ܐܡܪ ܠܗܘܢ. ܠܐ ܣܢܝܩܝܢ ܚܠܝܡܐ ܠܐܣܝܐ. ܐܠܐ ܐܝܠܝܢ ܕܒܝܫܐܝܬ ܥܒܝܕܝܢ. 13 ܐܙܠܘ
ܝܠܦܘ ܡܢܘ. ܚܢܢܐ ܨܒܐ ܐܢܐ ܘܠܐ ܕܒܚܬܐ. ܠܐ ܓܪ ܐܬܝܬ ܕܐܩܪܐ ܠܙܕܝܩܐ ܐܠܐ ܠܚܛܝܐ ✤
14 ܗܝܕܝܢ ܩܪܒܘ ܠܗ ܬܠܡܝܕܘܗܝ ܕܝܘܚܢܢ. ܘܐܡܪܝܢ. ܠܡܢܐ ܚܢܢ ܘܦܪܝܫܐ ܨܝܡܝܢ ܣܓܝ
ܫܒܝܢ. ܘܬܠܡܝܕܝܟ ܠܐ ܨܝܡܝܢ. 15 ܐܡܪ ܠܗܘܢ ܝܫܘܥ. ܕܠܡܐ ܡܫܟܚܝܢ ܒܢܘܗܝ ܕܓܢܘܢܐ

ܠܡܥܒܕ ܐܒܠܐ ܟܡܐ ܕܚܬܢܐ ܥܡܗܘܢ. ܐܬܝܢ ܕܝܢ ܝܘܡܬܐ. ܡܐ ܕܢܫܬܩܠ ܡܢܗܘܢ ܚܬܢܐ: ܘܗܝܕܝܢ
ܢܨܘܡܘܢ. 16 ܠܐ ܐܢܫ ܪܡܐ ܐܨܛܠܐ ܚܕܬܐ ܥܠ ܢܚܬܐ ܒܠܝܐ. ܕܠܐ ܢܫܩܘܠ ܡܠܝܘܬܗ
ܡܢ ܗܘ ܢܚܬܐ. ܘܢܗܘܐ ܨܪܝܐ ܪܒܐ. 17 ܘܠܐ ܪܡܝܢ ܚܡܪܐ ܚܕܬܐ ܒܙܩܐ ܒܠܝܐ. ܕܠܐ
ܢܨܛܪܝܢ ܙܩܐ. ܘܚܡܪܐ ܡܬܐܫܕ: ܘܙܩܐ ܐܒܕܝܢ. ܐܠܐ ܪܡܝܢ ܚܡܪܐ ܚܕܬܐ ܒܙܩܐ ܚܕܬܐ.
ܘܬܪܝܗܘܢ ܡܬܢܛܪܝܢ. 18 ܟܕ ܕܝܢ ܗܠܝܢ ܡܡܠܠ ܗܘܐ ܥܡܗܘܢ: ܐܬܐ ܐܪܟܘܢܐ ܚܕ ܩܪܒ
ܣܓܕ ܠܗ ܘܐܡܪ. ܒܪܬܝ ܗܫܐ ܡܝܬܬ. ܐܠܐ ܬܐ ܣܝܡ ܐܝܕܟ ܥܠܝܗ. ܘܬܚܐ. 19 ܘܩܡ ܝܫܘܥ
ܘܬܠܡܝܕܘܗܝ ܘܐܙܠ ܒܬܪܗ. 20 ܘܗܐ ܐܢܬܬܐ ܕܕܘܒܐ ܗܘܐ ܕܡܗ ܫܢܝܢ ܬܪܬܥܣܪܐ. ܐܬܬ
ܡܢ ܒܣܬܪܗ. ܘܩܪܒܬ ܠܟܢܦܐ ܕܠܒܘܫܗ. 21 ܐܡܪܐ ܗܘܬ ܓܝܪ ܒܢܦܫܗ. ܐܦܢ ܒܠܚܘܕ
ܠܠܒܘܫܗ ܩܪܒܐ ܐܢܐ ܡܬܐܣܝܐ ܐܢܐ. 22 ܝܫܘܥ ܕܝܢ ܐܬܦܢܝ ܚܙܗ. ܘܐܡܪ ܠܗ. ܐܬܠܒܒܝ
ܒܪܬܝ. ܗܝܡܢܘܬܟܝ ܐܚܝܬܟܝ. ܘܐܬܐܣܝܬ ܐܢܬܬܐ ܗܝ ܡܢ ܗܝ ܫܥܬܐ.
23 ܘܐܬܐ ܝܫܘܥ ܠܒܝܬܗ ܕܐܪܟܘܢܐ. ܘܚܙܐ ܙܡܪܐ ܘܟܢܫܐ ܕܡܫܬܓܫܝܢ. 24 ܘܐܡܪ ܠܗܘܢ.
ܦܘܩܘ ܠܟܘܢ. ܛܠܝܬܐ ܓܝܪ ܠܐ ܡܝܬܬ. ܐܠܐ ܕܡܟܐ ܗܝ. ܘܓܚܟܝܢ ܗܘܘ ܥܠܘܗܝ. 25 ܘܟܕ
ܐܦܩ ܠܟܢܫܐ. ܥܠ ܐܚܕܗ ܒܐܝܕܗ. ܘܩܡܬ ܛܠܝܬܐ. 26 ܘܢܦܩ ܛܒܐ ܗܢܐ ܒܟܠܗ
ܐܪܥܐ ܗܝ.

27 ܘܟܕ ܥܒܪ ܝܫܘܥ ܡܢ ܬܡܢ. ܢܩܦܘܗܝ ܬܪܝܢ ܣܡܝܐ ܟܕ ܩܥܝܢ ܘܐܡܪܝܢ. ܐܬܪܚܡ ܥܠܝܢ.
ܒܪܗ ܕܕܘܝܕ. 28 ܘܟܕ ܐܬܐ ܠܒܝܬܐ. ܩܪܒܘ ܠܗ ܗܢܘܢ ܣܡܝܐ. ܐܡܪ ܠܗܘܢ ܝܫܘܥ.
ܡܗܝܡܢܝܢ ܐܢܬܘܢ ܕܡܫܟܚ ܐܢܐ ܗܕܐ ܠܡܥܒܕ. ܐܡܪܝܢ ܠܗ. ܐܝܢ ܡܪܢ. 29 ܗܝܕܝܢ ܩܪܒ
ܠܥܝܢܝܗܘܢ. ܘܐܡܪ. ܐܝܟ ܕܗܝܡܢܬܘܢ ܢܗܘܐ ܠܟܘܢ. 30 ܘܡܚܕܐ ܐܬܦܬܚ ܥܝܢܝܗܘܢ. ܘܟܐܐ
ܒܗܘܢ ܝܫܘܥ ܘܐܡܪ. ܚܙܘ ܠܐ ܐܢܫ ܢܕܥ. 31 ܗܢܘܢ ܕܝܢ ܢܦܩܘ ܐܟܪܙܘܗܝ ܒܟܠܗ
ܐܪܥܐ ܗܝ.

32 ܘܟܕ ܢܦܩ ܝܫܘܥ. ܩܪܒܘ ܠܗ ܚܪܫܐ ܕܐܝܬ ܒܗ ܫܐܕܐ. 33 ܘܡܢ ܕܢܦܩ ܫܐܕܐ
ܡܠܠ ܗܘ ܚܪܫܐ. ܘܐܬܕܡܪܘ ܟܢܫܐ ܘܐܡܪܝܢ. ܠܐ ܡܡܬܘܡ ܐܬܚܙܝ ܗܟܢܐ ܒܐܝܣܪܝܠ.
34 ܦܪܝܫܐ ܕܝܢ ܐܡܪܝܢ ܗܘܘ. ܒܪܫܐ ܕܫܐܕܐ ܡܦܩ ܫܐܕܐ.

35 ܘܡܗܠܟ ܗܘܐ ܝܫܘܥ ܒܡܕܝܢܬܐ ܟܠܗܝܢ ܘܒܩܘܪܝܐ. ܘܡܠܦ ܗܘܐ ܒܟܢܘܫܬܗܘܢ.
ܘܡܟܪܙ ܣܒܪܬܐ ܕܡܠܟܘܬܐ. ܘܡܐܣܐ ܟܠ ܟܘܪܗܢܝܢ ܘܟܠ ܟܐܒܝܢ. 36 ܟܕ ܚܙܐ ܕܝܢ ܝܫܘܥ
ܠܟܢܫܐ. ܐܬܪܚܡ ܥܠܝܗܘܢ. ܕܫܠܝܢ ܗܘܘ ܘܫܪܝܢ. ܐܝܟ ܥܢܐ ܕܠܝܬ ܠܗܘܢ ܪܥܝܐ. 37 ܘܐܡܪ
ܠܬܠܡܝܕܘܗܝ. ܚܨܕܐ ܣܓܝ. ܘܦܥܠܐ ܙܥܘܪܝܢ. 38 ܒܥܘ ܗܟܝܠ ܡܢ ܡܪܐ ܚܨܕܐ. ܕܢܦܩ
Cap. x. ܦܥܠܐ ܠܚܨܕܗ. 1 ܘܩܪܐ ܠܬܪܥܣܪܬܐ ܬܠܡܝܕܘܗܝ. ܘܝܗܒ ܠܗܘܢ ܫܘܠܛܢܐ ܥܠ ܪܘܚܐ
ܛܢܦܬܐ ܕܢܦܩܘܢ. ܘܠܡܐܣܝܘ ܟܠ ܟܐܒ ܘܟܘܪܗܢ. 2 ܕܬܪܥܣܪ ܕܝܢ ܫܠܝܚܝܢ.
ܫܡܗܝܗܘܢ ܐܝܬܝܗܘܢ ܗܠܝܢ.

ܡܫܘܒܚܝ. ܫܪܪܐܝܬ ܕܡܫܬܪܐ ܩܒܠܐ. ܘܐܢܝ̈ܐ ܐܝܠܗܘܢ. ܘܐܡܬܝ ܕܝܢ ܐܟܝܢ ܘܟܘܠܗ
ܐܝܠܗܘܢ. 3 ܘܩܒܝܠܗ ܘܟܢ ܠܐܢܫܐ. ܘܐܢܐ ܡܛܠ ܘܡܨܢܐ ܡܚܫܒܐ. ܘܡܬܚܫܒ ܕܝܢ ܡܢܟ.
ܘܟܕ ܕܐܬܝ ܠܐ. 4 ܘܫܪܪܐ ܡܢܢܐ. ܘܐܒܘܟ ܕܚܙܐ ܒܟܣܝܐ ܗܘ
ܕܦܪܥܠܗ ܠܟ ܒܓܠܝܐ ⁘

5 ܘܐܡܬܝ ܕܡܨܠܝܬ ܠܐ ܗܘܝܬ ܐܝܟ ܢܣܒܝ ܒܐܦܐ. ܘܐܡܪܝ ܕܪܚܡܝܢ ܕܩܝܡܝ ܘܡܨܠܝ
ܒܟܢܘܫܬܐ ܘܒܙܘܝ̈ܬܐ ܕܫܘ̈ܩܐ. 6 ܐܢܬ ܕܝܢ ܐܡܬܝ ܕܡܨܠܝܬ. ܥܘܠ ܠܬܘܢܟ ܘܐܚܘܕ
ܬܪܥܟ ܘܨܠܝ. 7 ܘܟܕ ܡܨܠܝܬܘܢ. ܘܐܒܘܟ ܕܚܙܐ ܒܟܣܝܐ ܢܦܪܥܠܟ ܒܓܠܝܐ.
8 ܠܐ ܗܘܝܬܘܢ ܕܡܝܐ ܠܗܘܢ. ܝܕܥ ܐܒܘܟܘܢ ܡܕܡ ܕܣܢܝܩܝܬܘܢ. 9 ܗܟܢܐ
ܨܠܘ ܐܢܬܘܢ: ܐܒܘܢ ܕܒܫܡܝܐ. ܢܬܩܕܫ ܫܡܟ. 10 ܬܐܬܐ ܡܠܟܘܬܟ. ܢܗܘܐ ܨܒܝܢܟ:
ܐܝܟܢܐ ܕܒܫܡܝܐ ܐܦ ܒܐܪܥܐ. 11 ܗܒ ܠܢ ܠܚܡܐ ܕܣܘܢܩܢܢ ܝܘܡܢܐ. 12 ܘܫܒܘܩ ܠܢ
ܚܘܒܝ̈ܢ ܘܚܛܗ̈ܝܢ ܐܝܟܢܐ ܕܐܦ ܚܢܢ ܫܒܩܢ ܠܚܝܒ̈ܝܢ. 13 ܘܠܐ ܬܥܠܢ ܠܢܣܝܘܢܐ
ܐܠܐ ܦܨܢ ܡܢ ܒܝܫܐ. ܡܛܠ ܕܕܝܠܟ ܗܝ ܡܠܟܘܬܐ ܘܚܝܠܐ ܘܬܫܒܘܚܬܐ ܠܥܠܡ ܥܠܡܝܢ. 14 ܐܢ
ܓܝܪ ܫܒܩܝܬܘܢ ܠܒ̈ܢܝܢܫܐ ܣܟܠܘܬܗܘܢ. ܫܒܩ ܐܦ ܠܟܘܢ ܐܒܘܟܘܢ ܕܒܫܡܝܐ. 15 ܐܢ ܕܝܢ
ܠܐ ܫܒܩܝܬܘܢ ܠܒ̈ܢܝܢܫܐ ܣܟܠܘܬܗܘܢ. ܐܦܠܐ ܐܒܘܟܘܢ ܫܒܩ ܠܟܘܢ ܣܟܠܘܬܟܘܢ ⁘

16 ܐܡܬܝ ܕܝܢ ܕܨܝܡܝܬܘܢ. ܠܐ ܗܘܝܬܘܢ ܟܡܝܪ̈ܐ ܐܝܟ ܢܣܒܝ ܒܐܦܐ. ܡܚܒܠܝܢ ܓܝܪ
ܦܪ̈ܨܘܦܝܗܘܢ ܕܢܬܚܙܘܢ ܠܒ̈ܢܝܢܫܐ ܕܨܝܡܝܢ. ܘܐܡܝܢ ܐܡܪ ܐܢܐ ܠܟܘܢ ܕܢܣܒܘ
ܐܓܪܗܘܢ. 17 ܐܢܬ ܕܝܢ ܡܐ ܕܨܐܡ ܐܢܬ ܐܫܝܓ ܐܦܝܟ ܘܡܫܘܚ ܪܫܟ. 18 ܐܝܟ ܕܠܐ
ܬܬܚܙܐ ܠܒ̈ܢܝܢܫܐ ܕܨܐܡ ܐܢܬ. ܐܠܐ ܠܐܒܘܟ ܕܒܟܣܝܐ. ܘܐܒܘܟ ܕܚܙܐ ܒܟܣܝܐ ܗܘ ܢܦܪܥܟ. 19 ܠܐ
ܬܣܝܡܘܢ ܠܟܘܢ ܣܝ̈ܡܬܐ ܒܐܪܥܐ. ܐܝܟܐ ܕܣܣܐ ܘܐܟܠܬܐ ܡܚܒܠܝܢ. ܘܐܝܟܐ ܕܓܢ̈ܒܐ ܦܠܫܝܢ ܘܓܢܒܝܢ.
20 ܐܠܐ ܣܝܡܘ ܠܟܘܢ ܣܝ̈ܡܬܐ ܒܫܡܝܐ. ܐܝܟܐ ܕܠܐ ܣܣܐ ܘܠܐ ܐܟܠܬܐ ܡܚܒܠܝܢ. 21 ܐܝܟܐ ܓܝܪ
ܕܐܝܬ ܣܝܡܬܟܘܢ. ܬܡܢ ܢܗܘܐ ܐܦ ܠܒܟܘܢ. 22 ܫܪܓܐ ܕܦܓܪܐ ܗܝ ܥܝܢܐ. ܐܢ ܥܝܢܟ
ܗܝ ܦܫܝܛܐ. 23 ܟܠܗ ܦܓܪܟ ܢܗܝܪ ܗܘ. ܐܢ ܕܝܢ ܥܝܢܟ ܒܝܫܐ ܬܗܘܐ. ܟܠܗ ܦܓܪܟ ܚܫܘܟܐ
ܢܗܘܐ. ܐܢ ܗܟܝܠ ܢܘܗܪܐ ܕܒܟ ܚܫܘܟܐ ܗܘ. ܚܫܘܟܟ ܟܡܐ ܢܗܘܐ. ܠܐ ܐܢܫ ܡܫܟܚ ܠܬܪܝܢ
ܡܪ̈ܘܢ ܠܡܦܠܚܘ. 24 ܐܘ ܓܝܪ ܠܚܕ ܢܣܢܐ ܘܠܐܚܪܢܐ ܢܪܚܡ. ܐܘ ܠܚܕ ܢܝܩܪ ܘܠܐܚܪܢܐ ܢܫܘܛ. 25 ܠܐ
ܡܫܟܚܝܬܘܢ ܠܡܦܠܚ ܠܐܠܗܐ ܘܠܡܡܘܢܐ. ܡܛܠ ܗܢܐ ܐܡܪ ܐܢܐ ܠܟܘܢ. ܠܐ ܬܐܨܦܘܢ ܠܢܦܫܟܘܢ
ܡܢܐ ܬܐܟܠܘܢ ܘܡܢܐ ܬܫܬܘܢ. ܘܠܐ ܠܦܓܪܟܘܢ ܡܢܐ ܬܠܒܫܘܢ. 26 ܚܘܪܘ ܒܦܪ̈ܚܬܐ ܕܫܡܝܐ.
ܕܠܐ ܙܪܥܝܢ ܘܠܐ ܚܨܕܝܢ. ܘܐܒܘܟܘܢ ܕܒܫܡܝܐ ܡܬܪܣܐ ܠܗܘܢ. 27 ܡܢܘ ܓܝܪ ܡܢܟܘܢ ܟܕ ܝܨܦ.

ܐܡܪܘܗܝ ܐܢܬܘܢ ܒܢܘܗܪܐ. ܘܡܕܡ ܕܒܐܕܢܝܟܘܢ ܫܡܥܝܬܘܢ ܐܢܬܘܢ: ܐܟܪܙܘ ܥܠ ܐܓܪ̈ܐ.
28 ܘܠܐ ܬܕܚܠܘܢ ܡܢ ܐܝܠܝܢ ܕܩܛܠܝܢ ܦܓܪܐ. ܢܦܫܐ ܕܝܢ ܠܐ ܡܫܟܚܝܢ ܠܡܩܛܠ. ܕܚܠܘ
ܕܝܢ ܝܬܝܪܐܝܬ ܡܢ ܗܘ ܕܡܫܟܚ ܕܢܦܫܐ ܘܠܦܓܪܐ ܢܘܒܕ ܒܓܗܢܐ. 29 ܠܐ ܬܪܬܝܢ
ܨܦܪ̈ܝܢ ܡܙܕܒܢܢ ܒܐܣܪ. ܘܚܕܐ ܡܢܗܝܢ ܒܠܥܕ ܡܢ ܐܒܘܟܘܢ. ܠܐ ܢܦܠܐ ܥܠ ܐܪܥܐ.
30 ܕܝܠܟܘܢ ܕܝܢ ܐܦ ܡ̈ܢܬܐ ܕܪܝܫܟܘܢ ܟܠܗܝܢ ܡܢܝܢ ܐܢܝܢ. 31 ܠܐ ܗܟܝܠ ܬܕܚܠܘܢ. ܡܢ
ܨܦܪ̈ܐ ܣܓܝܐܬܐ ܡܝܬܪܝܢ ܐܢܬܘܢ. 32 ܟܠ ܗܟܝܠ ܕܢܘܕܐ ܒܝ ܩܕܡ ܒܢܝ̈ܢܫܐ. ܐܘܕܐ ܒܗ
ܐܦ ܐܢܐ ܩܕܡ ܐܒܝ ܕܒܫܡܝܐ. 33 ܡܢ ܕܝܢ ܕܢܟܦܘܪ ܒܝ ܩܕܡ ܒܢܝ̈ܢܫܐ. ܐܟܦܘܪ ܒܗ ܐܦ
ܐܢܐ ܩܕܡ ܐܒܝ ܕܒܫܡܝܐ܀ 34 ܠܐ ܬܣܒܪܘܢ ܕܐܬܝܬ ܕܐܪܡܐ ܫܝܢܐ ܒܐܪܥܐ. ܠܐ ܐܬܝܬ ܕܐܪܡܐ
ܫܝܢܐ. ܐܠܐ ܚܪܒܐ. 35 ܐܬܝܬ ܓܝܪ ܕܐܦܠܘܓ ܓܒܪܐ ܥܠ ܐܒܘܗܝ. ܘܒܪܬܐ ܥܠ ܐܡܗ.
ܘܟܠܬܐ ܥܠ ܚܡܬܗ. 36 ܘܒܥܠܕܒܒ̈ܘܗܝ ܕܓܒܪܐ ܒܢܝ̈ ܒܝܬܗ܀ 37 ܡܢ ܕܪܚܡ ܐܒܐ
ܐܘ ܐܡܐ. ܝܬܝܪ ܡܢ ܕܠܝ. ܠܐ ܫܘܐ ܠܝ. ܘܡܢ ܕܪܚܡ ܒܪܐ ܐܘ ܒܪܬܐ. ܝܬܝܪ ܡܢ ܕܠܝ.
ܠܐ ܫܘܐ ܠܝ. 38 ܘܟܠ ܕܠܐ ܫܩܠ ܙܩܝܦܗ ܘܐܬܐ ܒܬܪܝ ܠܐ ܫܘܐ ܠܝ. 39 ܡܢ ܕܐܫܟܚ
ܢܦܫܗ ܢܘܒܕܝܗ. ܘܡܢ ܕܢܘܒܕ ܢܦܫܗ ܡܛܠܬܝ. ܢܫܟܚܝܗ܀ 40 ܡܢ ܕܡܩܒܠ ܠܟܘܢ.
ܠܝ ܡܩܒܠ. ܘܡܢ ܕܠܝ ܡܩܒܠ. ܠܡܢ ܕܫܠܚܢܝ ܡܩܒܠ. 41 ܡܢ ܕܡܩܒܠ ܢܒܝܐ
ܒܫܡ ܢܒܝܐ. ܐܓܪܐ ܕܢܒܝܐ ܢܣܒ. ܘܡܢ ܕܡܩܒܠ ܙܕܝܩܐ ܒܫܡ ܙܕܝܩܐ. ܐܓܪܐ ܕܙܕܝܩܐ ܢܣܒ.
42 ܘܟܠ ܕܢܫܩܐ ܠܚܕ ܡܢ ܗܠܝܢ ܙܥܘܪ̈ܐ ܟܣܐ ܕܩܪ̈ܝܪܐ ܒܠܚܘܕ. ܒܫܡܐ ܕܬܠܡܝܕܐ. ܐܡܝܢ
ܐܡܪ ܐܢܐ ܠܟܘܢ: ܕܠܐ ܢܐܒܕ ܐܓܪܗ܀

Cap. xi. 1 ܘܗܘܐ ܕܟܕ ܫܠܡ ܝܫܘܥ ܠܡܦܩܕܘ ܠܬܪܥܣܪ ܬܠܡܝܕܘܗܝ. ܫܢܝ ܡܢ ܬܡܢ.
ܠܡܠܦܘ ܘܠܡܟܪܙܘ ܒܡܕܝ̈ܢܬܗܘܢ܀ 2 ܝܘܚܢܢ ܕܝܢ. ܟܕ ܫܡܥ ܒܝܬ ܐܣܝܪ̈ܐ ܒܥܒ̈ܕܘܗܝ
ܕܡܫܝܚܐ. ܫܕܪ ܒܝܕ ܬܠܡܝܕܘܗܝ 3 ܘܐܡܪ ܠܗ. ܐܢܬ ܗܘ ܗܘ ܕܐܬܐ. ܐܘ ܠܐܚܪܝܢ ܗܘ
ܡܣܟܝܢܢ. 4 ܥܢܐ ܝܫܘܥ ܘܐܡܪ ܠܗܘܢ. ܙܠܘ ܐܫܬܥܘ ܠܝܘܚܢܢ ܐܝܠܝܢ ܕܫܡܥܝܢ
ܐܢܬܘܢ ܘܚܙܝܢ. 5 ܣ̈ܡܝܐ ܚܙܝܢ. ܘܚ̈ܓܝܪܐ ܡܗܠܟܝܢ. ܘܓܪ̈ܒܐ ܡܬܕܟܝܢ. ܘܚ̈ܪܫܐ
ܫܡܥܝܢ. ܘܡ̈ܝܬܐ ܩܝܡܝܢ. ܘܡܣ̈ܟܢܐ ܡܣܬܒܪܝܢ. 6 ܘܛܘܒܘܗܝ ܠܡܢ ܕܠܐ ܢܬܟܫܠ ܒܝ.
7 ܟܕ ܕܝܢ ܐܙܠܘ. ܫܪܝ ܝܫܘܥ ܠܡܐܡܪ ܠܟܢ̈ܫܐ ܥܠ ܝܘܚܢܢ. ܡܢܐ ܢܦܩܬܘܢ ܠܡܕܒܪܐ
ܠܡܚܙܐ. ܩܢܝܐ ܕܡܢ ܪܘܚܐ ܡܬܬܙܝܥ. 8 ܘܐܠܐ ܡܢܐ ܢܦܩܬܘܢ ܠܡܚܙܐ. ܓܒܪܐ ܕܢܚ̈ܬܐ
ܪ̈ܟܝܟܐ ܠܒܝܫ. ܗܐ ܐܝܠܝܢ ܕܪ̈ܟܝܟܐ ܠܒܝܫܝܢ ܒܝܬ ܡܠ̈ܟܐ ܐܢܘܢ. 9 ܘܐܠܐ ܡܢܐ ܢܦܩܬܘܢ
ܠܡܚܙܐ. ܢܒܝܐ: ܐܝܢ ܐܡܪ ܐܢܐ ܠܟܘܢ. ܘܝܬܝܪ ܡܢ ܢܒܝܐ. 10 ܗܢܘ ܓܝܪ ܕܥܠܘܗܝ
ܟܬܝܒ: ܕܗܐ ܐܢܐ ܡܫܕܪ ܐܢܐ ܡܠܐܟܝ ܩܕܡ ܦܪܨܘܦܟ. ܕܢܬܩܢ ܐܘܪܚܐ ܩܕܡܝܟ. . ⁘ . .
11 ܐܡܝܢ ܐܡܪ ܐܢܐ ܠܟܘܢ. ܕܠܐ ܩܡ ܒܝܠܝܕܝ ܢܫ̈ܐ ܕܪܒ ܡܢ ܝܘܚܢܢ ܡܥܡܕܢܐ. ܙܥܘܪܐ ܕܝܢ
ܒܡܠܟܘܬܐ ܕܫܡܝܐ ܪܒ ܗܘ ܡܢܗ. 12 ܡܢ ܝܘܡ̈ܝ ܕܝܢ ܝܘܚܢܢ ܡܥܡܕܢܐ: ܘܥܕܡܐ

ܠܗܫܐ. ܡܠܟܘܬܐ ܕܫܡܝܐ ܒܩܛܝܪܐ ܡܬܕܒܪܐ. ܘܩܛܝܪ̈ܢܐ ܚܛܦܝܢ ܠܗ. 13 ܟܠܗܘܢ ܓܝܪ
ܢܒܝ̈ܐ ܘܐܘܪܝܬܐ. ܥܕܡܐ ܠܝܘܚܢܢ ܐܬܢܒܝܘ. 14 ܘܐܢ ܨܒܝܢ ܐܢܬܘܢ ܩܒܠܘ. ܕܗܘܝܘ ܐܠܝܐ
ܕܥܬܝܕ ܠܡܐܬܐ. 15 ܡܢ ܕܐܝܬ ܠܗ ܐܕܢ̈ܐ ܕܢܫܡܥ ܢܫܡܥ. 16 ܠܡܢ ܕܝܢ ܐܕܡܝܘܗܝ
ܠܫܪܒܬܐ ܗܕܐ. ܕܡܝܐ ܠܛܠܝ̈ܐ ܕܝܬܒܝܢ ܒܫܘܩܐ. ܘܩܪܝܢ ܠܚܒܪܝܗܘܢ. 17 ܘܐܡܪܝܢ. ܙܡܪܢ
ܠܟܘܢ. ܘܠܐ ܪܩܕܬܘܢ. ܐܠܝܢ ܠܟܘܢ. ܘܠܐ ܐܪܩܕܬܘܢ. 18 ܐܬܐ ܓܝܪ ܝܘܚܢܢ ܠܐ ܐܟܠ ܘܠܐ
ܫܬܐ. ܘܐܡܪܝܢ. ܕܝܘܐ ܐܝܬ ܒܗ. 19 ܐܬܐ ܒܪܗ ܕܐܢܫܐ ܐܟܠ ܘܫܬܐ. ܘܐܡܪܝܢ. ܗܐ ܓܒܪܐ
ܐܟܘܠܐ ܘܫܬܐ ܚܡܪܐ. ܘܪܚܡܐ ܕܡܟܣ̈ܐ ܘܕܚܛܝ̈ܐ. ܘܐܙܕܕܩܬ ܚܟܡܬܐ ܡܢ ܥܒܕܝܗ ܀

20 ܗܝܕܝܢ ܫܪܝ ܝܫܘܥ ܠܡܚܣܕܘ ܠܡܕܝܢ̈ܬܐ. ܐܝܠܝܢ ܕܗܘܘ ܒܗܝܢ ܚܝܠܘܗܝ ܣܓܝܐ̈ܐ
ܘܠܐ ܬܒܘ. 21 ܘܐܡܪ ܗܘܐ. ܘܝ ܠܟܝ ܟܘܪܙܝܢ. ܘܝ ܠܟܝ ܒܝܬ ܨܝܕܐ. ܕܐܠܘ ܒܨܘܪ
ܘܒܨܝܕܢ ܗܘܘ ܚܝܠ̈ܐ ܐܝܠܝܢ ܕܗܘܘ ܒܟܝܢ. ܟܒܪ ܡܢ ܒܣܩ̈ܐ ܘܒܩܛܡܐ ܬܒܘ. 22 ܒܪܡ
ܐܡܪ ܐܢܐ ܠܟܝܢ. ܕܠܨܘܪ ܘܠܨܝܕܢ. ܢܗܘܐ ܢܝܚ ܒܝܘܡܐ ܕܕܝܢܐ. ܐܘ ܠܟܝܢ. 23 ܘܐܢܬܝ
ܟܦܪܢܚܘܡ. ܗܝ ܕܥܕܡܐ ܠܫܡܝܐ ܐܬܪܝܡܬܝ. ܥܕܡܐ ܠܫܝܘܠ ܬܬܚܬܝܢ. ܕܐܠܘ
ܒܣܕܘܡ ܗܘܘ ܚܝܠ̈ܐ ܐܝܠܝܢ ܕܗܘܘ ܒܟܝ. ܡܩܘܝܐ ܗܘܬ ܥܕܡܐ ܠܝܘܡܢܐ. 24 ܒܪܡ ܐܡܪ ܐܢܐ
ܠܟܝ. ܕܠܐܪܥܐ ܕܣܕܘܡ ܢܗܘܐ ܢܝܚ ܒܝܘܡܐ ܕܕܝܢܐ ܐܘ ܠܟܝ ܀

25 ܒܗܘ ܙܒܢܐ. ܥܢܐ ܝܫܘܥ ܘܐܡܪ. ܡܘܕܐ ܐܢܐ ܠܟ ܐܒܝ ܡܪܐ ܕܫܡܝܐ ܘܕܐܪܥܐ.
ܕܟܣܝܬ ܗܠܝܢ ܡܢ ܚܟܝܡ̈ܐ ܘܡܣܬܟܠܢ̈ܐ. ܘܓܠܝܬ ܐܢܝܢ ܠܝܠܘܕ̈ܐ. 26 ܐܝܢ ܐܒܝ.
ܕܗܟܢܐ ܗܘܐ ܨܒܝܢܐ ܩܕܡܝܟ. 27 ܟܠ ܡܕܡ ܐܫܬܠܡ ܠܝ ܡܢ ܐܒܝ. ܘܠܐ ܐܢܫ ܝܕܥ
ܠܒܪܐ ܐܠܐ ܐܢ ܐܒܐ. ܐܦ ܠܐ ܠܐܒܐ ܐܢܫ ܝܕܥ ܐܠܐ ܐܢ ܒܪܐ. ܘܠܡܢ ܕܨܒܐ ܒܪܐ ܕܢܓܠܐ. 28 ܬܘ
ܠܘܬܝ ܟܠܟܘܢ ܠܐܝ̈ܐ ܘܫܩܝܠܝ ܡܘܒܠ̈ܐ. ܘܐܢܐ ܐܢܝܚܟܘܢ. 29 ܫܩܘܠܘ ܢܝܪܝ ܥܠܝܟܘܢ.
ܘܝܠܦܘ ܡܢܝ. ܕܢܝܚ ܐܢܐ ܘܡܟܝܟ ܐܢܐ ܒܠܒܝ. ܘܡܫܟܚܝܢ ܐܢܬܘܢ ܢܝܚܐ ܠܢܦܫܬܟܘܢ.
30 ܢܝܪܝ ܓܝܪ ܒܣܝܡ ܗܘ. ܘܡܘܒܠܝ ܩܠܝܠ ܗܘ ܀

1 ܒܗܘ ܙܒܢܐ. ܡܗܠܟ ܗܘܐ ܝܫܘܥ ܒܫܒܬܐ ܒܝܬ ܙܪ̈ܥܐ. ܘܬܠܡܝܕܘܗܝ ܟܦܢܘ. Cap. xii.
ܘܫܪܝܘ ܡܠܩܛܝܢ ܫܒ̈ܠܐ ܘܐܟܠܝܢ. 2 ܦܪ̈ܝܫܐ ܕܝܢ ܟܕ ܚܙܘ ܐܢܘܢ. ܐܡܪܝܢ ܠܗ. ܗܐ
ܬܠܡܝܕܝܟ ܥܒܕܝܢ ܡܕܡ ܕܠܐ ܫܠܝܛ ܠܡܥܒܕ ܒܫܒܬܐ. 3 ܗܘ ܕܝܢ ܐܡܪ ܠܗܘܢ. ܠܐ
ܩܪܝܬܘܢ. ܡܢܐ ܥܒܕ ܕܘܝܕ. ܟܕ ܟܦܢ ܘܐܝܠܝܢ ܕܥܡܗ: 4 ܐܝܟܢܐ ܥܠ ܠܒܝܬܗ ܕܐܠܗܐ:
ܘܠܚܡܐ ܕܦܬܘܪܗ ܕܡܪܝܐ ܐܟܠ. ܗܘ ܕܠܐ ܫܠܝܛ ܗܘܐ ܠܗ ܠܡܐܟܠܗ. ܘܠܐ ܠܐܝܠܝܢ ܕܥܡܗ.
ܐܠܐ ܠܟܗ̈ܢܐ ܒܠܚܘܕ. 5 ܐܘ ܠܐ ܩܪܝܬܘܢ ܒܐܘܪܝܬܐ. ܕܟܗ̈ܢܐ ܒܗܝܟܠܐ ܡܚܠܝܢ ܠܗ
ܠܫܒܬܐ. ܘܕܠܐ ܥܘܠܐ ܐܢܘܢ. 6 ܐܡܪ ܐܢܐ ܕܝܢ ܠܟܘܢ. ܕܪܒ ܡܢ ܗܝܟܠܐ ܐܝܬ ܗܪܟܐ.
7 ܐܠܘ ܕܝܢ ܝܕܥܝܢ ܗܘܝܬܘܢ ܡܢܘ: ܚܢܢܐ ܨܒܐ ܐܢܐ ܘܠܐ ܕܒܚܬܐ. ܠܐ ܡܚܝܒܝܢ ܗܘܝܬܘܢ
ܠܐܝܠܝܢ ܕܠܐ ܥܘܠܐ ܐܢܘܢ. 8 ܡܪܗ ܓܝܪ ܕܫܒܬܐ ܐܝܬܘܗܝ ܒܪܗ ܕܐܢܫܐ ܀

9 ܘܫܢܐ ܡܢ ܬܡܢ ܝܫܘܥ. ܘܐܬܐ ܠܟܢܘܫܬܗܘܢ. 10 ܘܓܒܪܐ ܚܕ ܐܝܬ ܗܘܐ ܬܡܢ
ܕܝܕܗ ܝܒܝܫܐ. ܘܡܫܐܠܝܢ ܗܘܘ ܠܗ. ܘܐܡܪܝܢ ܕܐܢ ܫܠܝܛ ܒܫܒܬܐ ܠܡܐܤܝܘ. ܐܝܟ
ܕܢܐܟܠܘܢ ܩܪܨܘܗܝ. 11 ܗܘ ܕܝܢ ܐܡܪ ܠܗܘܢ. ܡܢܘ ܡܢܟܘܢ ܓܒܪܐ ܕܐܝܬ ܠܗ ܥܪܒܐ
ܚܕ. ܘܐܢ ܢܦܠ ܒܝܘܡܐ ܕܫܒܬܐ ܒܓܘܡܨܐ. ܠܐ ܐܚܕ ܘܡܩܝܡ ܠܗ. 12 ܟܡܐ ܕܝܢ ܝܬܝܪ
ܒܪܢܫܐ ܡܢ ܥܪܒܐ. ܡܟܝܠ ܫܠܝܛ ܗܘ ܒܫܒܬܐ ܠܡܥܒܕ ܕܫܦܝܪ. 13 ܗܝܕܝܢ ܐܡܪ ܠܗܘ
ܓܒܪܐ: ܦܫܘܛ ܐܝܕܟ. ܘܦܫܛ ܐܝܕܗ. ܘܬܩܢܬ ܐܝܟ ܚܒܪܬܗ. 14 ܘܢܦܩܘ ܦܪܝܫܐ. ܘܡܠܟܐ
ܢܤܒܘ ܥܠܘܗܝ ܐܝܟ ܕܢܘܒܕܘܢܝܗܝ. 15 ܝܫܘܥ ܕܝܢ ܝܕܥ. ܘܫܢܐ ܠܗ ܡܢ ܬܡܢ.
ܘܐܙܠܘ ܒܬܪܗ ܟܢܫܐ ܤܓܝܐܐ. ܘܐܤܝ ܠܟܠܗܘܢ. 16 ܘܟܐܐ ܒܗܘܢ. ܕܠܐ ܢܓܠܘܢܝܗܝ.
17 ܕܢܫܬܡܠܐ ܡܕܡ ܕܐܬܐܡܪ ܒܝܕ ܐܫܥܝܐ ܢܒܝܐ ܕܐܡܪ: 18 ܗܐ ܥܒܕܝ ܕܐܨܛܒܝܬ ܒܗ. ܚܒܝܒܝ
ܕܗܘܝܬ ܒܗ ܢܦܫܝ. ܪܘܚܝ ܐܤܝܡ ܥܠܘܗܝ. ܘܕܝܢܐ ܠܥܡܡܐ ܢܟܪܙ. 19 ܠܐ ܢܬܚܪܐ. ܘܠܐ
ܢܩܥܐ. ܘܠܐ ܐܢܫ ܢܫܡܥ ܩܠܗ ܒܫܘܩܐ. 20 ܩܢܝܐ ܪܥܝܥܐ ܠܐ ܢܬܒܪ. ܘܫܪܓܐ ܕܡܛܦܛܦ
ܠܐ ܢܕܥܟ. ܥܕܡܐ ܕܢܦܩ ܕܝܢܐ ܠܙܟܘܬܐ: 21 ܘܒܫܡܗ ܠܥܡܡܐ ܢܤܒܪܘܢ.

22 ܗܝܕܝܢ ܩܪܒܘ ܠܗ ܕܝܘܢܐ ܚܕ ܕܚܪܫ ܘܤܡܐ. ܘܐܤܝܗ. ܐܝܟܢܐ ܕܚܪܫܐ ܘܤܡܝܐ
ܢܡܠܠ ܘܢܚܙܐ. 23 ܘܡܬܕܡܪܝܢ ܗܘܘ ܟܠܗܘܢ ܟܢܫܐ. ܘܐܡܪܝܢ. ܕܠܡܐ: ܗܢܘ ܒܪܗ
ܕܕܘܝܕ. 24 ܦܪܝܫܐ ܕܝܢ ܟܕ ܫܡܥܘ ܐܡܪܝܢ. ܗܢܐ ܠܐ ܡܦܩ ܫܐܕܐ: ܐܠܐ ܒܒܥܠܙܒܘܒ
ܪܫܐ ܕܫܐܕܐ. 25 ܝܫܘܥ ܕܝܢ ܝܕܥ ܡܚܫܒܬܗܘܢ: ܘܐܡܪ ܠܗܘܢ. ܟܠ ܡܠܟܘ ܕܬܬܦܠܓ
ܥܠ ܢܦܫܗ. ܬܚܪܒ. ܘܟܠ ܒܝܬ ܘܡܕܝܢܐ ܕܬܬܦܠܓ ܥܠ ܢܦܫܗ. ܠܐ ܬܩܘܡ. 26 ܘܐܢ ܤܛܢܐ
ܠܤܛܢܐ ܡܦܩ. ܥܠ ܢܦܫܗ ܐܬܦܠܓ. ܐܝܟܢܐ ܗܟܝܠ ܩܝܡܐ ܡܠܟܘܬܗ. 27 ܘܐܢ ܐܢܐ
ܒܒܥܠܙܒܘܒ ܡܦܩ ܐܢܐ ܫܐܕܐ. ܒܢܝܟܘܢ ܒܡܢܐ ܡܦܩܝܢ ܠܗܘܢ: ܡܛܠ ܗܢܐ ܗܢܘܢ
ܢܗܘܘܢ ܠܟܘܢ ܕܝܢܐ. 28 ܘܐܢ ܒܪܘܚܐ ܕܐܠܗܐ ܐܢܐ ܡܦܩ ܐܢܐ ܫܐܕܐ. ܩܪܒܬ ܠܗ ܠܘܬܟܘܢ
ܡܠܟܘܬܐ ܕܐܠܗܐ. 29 ܐܘ ܐܝܟܢܐ ܐܢܫ ܡܫܟܚ ܕܢܥܘܠ ܠܒܝܬܗ ܕܥܫܝܢܐ ܘܡܐܢܘܗܝ ܢܒܘܙ.
ܐܠܐ ܐܢ ܠܘܩܕܡ ܢܐܤܘܪܝܘܗܝ ܠܥܫܝܢܐ: ܘܗܝܕܝܢ ܒܝܬܗ ܢܒܘܙ. 30 ܡܢ ܕܠܐ ܗܘܐ ܥܡܝ
ܠܘܩܒܠܝ ܗܘ. ܘܡܢ ܕܠܐ ܟܢܫ ܥܡܝ ܡܒܕܪܘ ܡܒܕܪ.

31 ܡܛܠ ܗܢܐ ܐܡܪ ܐܢܐ ܠܟܘܢ. ܕܟܠ ܚܛܗܝܢ ܘܓܘܕܦܝܢ. ܢܫܬܒܩܘܢ ܠܒܢܝܢܫܐ. ܪܝܫܐ ܝܛ.
ܓܘܕܦܐ ܕܝܢ ܕܥܠ ܪܘܚܐ ܠܐ ܢܫܬܒܩ ܠܒܢܝܢܫܐ. 32 ܘܟܠ ܡܢ ܕܢܐܡܪ ܡܠܬܐ ܥܠ ܒܪܗ
ܕܐܢܫܐ ܢܫܬܒܩ ܠܗ. ܟܠ ܕܝܢ ܕܥܠ ܪܘܚܐ ܕܩܘܕܫܐ ܢܐܡܪ. ܠܐ ܢܫܬܒܩ ܠܗ. ܠܐ ܒܥܠܡܐ
ܗܢܐ ܘܠܐ ܒܥܠܡܐ ܕܥܬܝܕ. 33 ܐܘ ܥܒܕܘ ܐܝܠܢܐ ܫܦܝܪܐ: ܘܦܐܪܘܗܝ ܫܦܝܪܐ. ܐܘ ܥܒܕܘ
ܐܝܠܢܐ ܒܝܫܐ: ܘܦܐܪܘܗܝ ܒܝܫܐ. ܡܢ ܦܐܪܘܗܝ ܓܝܪ ܡܬܝܕܥ ܐܝܠܢܐ. 34 ܝܠܕܐ
ܕܐܟܕܢܐ. ܐܝܟܢܐ ܡܫܟܚܝܢ ܐܢܬܘܢ ܛܒܬܐ ܠܡܡܠܠܘ ܟܕ ܒܝܫܐ ܐܝܬܝܟܘܢ. ܡܢ ܬܘܬܪ ܠܒܐ
ܓܝܪ ܡܡܠܠ ܦܘܡܐ. 35 ܓܒܪܐ ܛܒܐ ܡܢ ܤܝܡܬܐ ܛܒܬܐ ܡܦܩ ܛܒܬܐ. ܘܓܒܪܐ ܒܝܫܐ

ܡܢ ܣܝܡܬܐ ܒܝܫܬܐ ܡܦܩ ܒܝܫܬܐ ܀ 36 ܐܡܪ ܐܢܐ ܠܟܘܢ ܓܝܪ. ܕܟܠ ܡܠܐ ܒܛܠܬܐ
ܕܢܐܡܪܘܢ ܒܢܝ ܐܢܫܐ. ܢܬܠܘܢ ܦܬܓܡܗ ܒܝܘܡܐ ܕܕܝܢܐ. 37 ܡܢ ܡܠܝܟ ܓܝܪ ܬܙܕܕܩ
ܘܡܢ ܡܠܝܟ ܬܬܚܝܒ ܀

38 ܗܝܕܝܢ ܥܢܘ ܐܢܫܐ ܡܢ ܣܦܪܐ ܘܡܢ ܦܪܝܫܐ ܘܐܡܪܝܢ ܠܗ. ܡܠܦܢܐ. ܨܒܝܢ ܚܢܢ ܕܢܚܙܐ
ܡܢܟ ܐܬܐ ܀ 39 ܗܘ ܕܝܢ ܥܢܐ ܘܐܡܪ ܠܗܘܢ. ܫܪܒܬܐ ܒܝܫܬܐ ܘܓܝܪܬܐ ܐܬܐ ܒܥܝܐ. ܘܐܬܐ
ܠܐ ܬܬܝܗܒ ܠܗ. ܐܠܐ ܐܬܐ ܕܝܘܢܢ ܢܒܝܐ. 40 ܐܝܟܢܐ ܓܝܪ ܕܗܘܐ ܝܘܢܢ ܒܟܪܣܗ ܕܢܘܢܐ ܬܠܬܐ
ܐܝܡܡܝܢ ܘܬܠܬܐ ܠܠܘܬܐ. ܗܟܢܐ ܢܗܘܐ ܒܪܗ ܕܐܢܫܐ ܒܠܒܗ ܕܐܪܥܐ. ܬܠܬܐ ܐܝܡܡܝܢ
ܘܬܠܬܐ ܠܠܘܬܐ. 41 ܓܒܪܐ ܢܝܢܘܝܐ ܢܩܘܡܘܢ ܒܕܝܢܐ ܥܡ ܫܪܒܬܐ ܗܕܐ ܘܢܚܝܒܘܢܗ.
ܕܗܢܘܢ ܬܒܘ ܒܟܪܘܙܘܬܗ ܕܝܘܢܢ. ܘܗܐ ܕܝܬܝܪ ܡܢ ܝܘܢܢ ܬܢܢ. 42 ܡܠܟܬܐ ܕܬܝܡܢܐ ܬܩܘܡ
ܒܕܝܢܐ ܥܡ ܫܪܒܬܐ ܗܕܐ ܘܬܚܝܒܝܗ. ܕܐܬܬ ܡܢ ܥܒܪܝܗ ܕܐܪܥܐ ܕܬܫܡܥ ܚܟܡܬܗ
ܕܫܠܝܡܘܢ. ܘܗܐ ܕܝܬܝܪ ܡܢ ܫܠܝܡܘܢ ܬܢܢ ܀

43 ܡܐ ܕܝܢ ܕܪܘܚܐ ܛܢܦܬܐ ܬܦܘܩ ܡܢ ܒܪܢܫܐ. ܡܬܟܪܟܐ ܒܕܘܟܝܬܐ ܕܠܝܬ ܒܗܝܢ
ܡܝܐ. ܘܒܥܝܐ ܢܝܚܐ ܘܠܐ ܡܫܟܚܐ. 44 ܗܝܕܝܢ ܐܡܪܐ. ܐܗܦܘܟ ܠܒܝܬܝ ܡܢ ܐܝܟܐ ܕܢܦܩܬ.
ܘܐܬܝܐ ܡܫܟܚܐ ܠܗ ܕܣܪܝܩ ܘܡܟܢܫ ܘܡܨܒܬ. 45 ܗܝܕܝܢ ܐܙܠܐ ܕܒܪܐ ܥܡܗ ܫܒܥ ܪܘܚܝܢ
ܐܚܪܢܝܢ ܕܒܝܫܢ ܡܢܗ. ܘܥܐܠܢ ܘܥܡܪܢ ܒܗ. ܘܗܘܝܐ ܚܪܬܗ ܕܓܒܪܐ ܗܘ ܒܝܫܐ ܡܢ
ܩܕܡܝܬܗ. ܗܟܢܐ ܢܗܘܐ ܠܗ ܠܫܪܒܬܐ ܗܕܐ ܒܝܫܬܐ ܀

46 ܥܕ ܗܘ ܕܝܢ ܡܡܠܠ ܠܟܢܫܐ. ܐܬܘ ܐܡܗ ܘܐܚܘܗܝ ܩܝܡܝܢ ܠܒܪ. ܘܒܥܝܢ ܕܢܡܠܠܘܢ
ܥܡܗ. 47 ܐܡܪ ܠܗ ܕܝܢ ܐܢܫ. ܗܐ ܐܡܟ ܘܐܚܝܟ ܩܝܡܝܢ ܠܒܪ. ܘܒܥܝܢ ܕܢܡܠܠܘܢ
ܥܡܟ. 48 ܗܘ ܕܝܢ ܥܢܐ ܘܐܡܪ ܠܡܢ ܕܐܡܪ ܠܗ. ܡܢܘ ܗܝ ܐܡܝ ܘܡܢܘ ܐܢܘܢ ܐܚܝ.
49 ܘܦܫܛ ܐܝܕܗ ܠܘܬ ܬܠܡܝܕܘܗܝ ܘܐܡܪ. ܗܐ ܐܡܝ ܘܗܐ ܐܚܝ. 50 ܟܠ ܡܢ ܓܝܪ ܕܥܒܕ
ܨܒܝܢܗ ܕܐܒܝ ܕܒܫܡܝܐ. ܗܘܝܘ ܐܚܝ ܘܚܬܝ ܘܐܡܝ ܀

1 ܒܗܘ ܕܝܢ ܝܘܡܐ ܢܦܩ ܝܫܘܥ ܡܢ ܒܝܬܐ. ܘܝܬܒ ܥܠ ܝܕ ܝܡܐ. 2 ܘܐܬܟܢܫܘ ܠܘܬܗ Cap. xiii.
ܟܢܫܐ ܣܓܝܐܐ. ܐܝܟ ܕܢܚܘܬ ܢܬܒ ܠܗ ܒܐܠܦܐ. ܘܟܠܗ ܟܢܫܐ ܩܐܡ ܗܘܐ ܥܠ ܣܦܪ ܝܡܐ.
3 ܘܣܓܝܐܬܐ ܡܡܠܠ ܗܘܐ ܥܡܗܘܢ ܒܦܠܐܬܐ ܘܐܡܪ. ܗܐ ܢܦܩ ܙܪܘܥܐ ܕܢܙܪܘܥ. 4 ܘܟܕ ܙܪܥ.
ܐܝܬ ܕܢܦܠ ܥܠ ܝܕ ܐܘܪܚܐ. ܘܐܬܬ ܦܪܚܬܐ ܘܐܟܠܬܗ. 5 ܘܐܚܪܢܐ ܢܦܠ ܥܠ ܫܘܥܐ
ܐܝܟܐ ܕܠܝܬ ܗܘܐ ܡܪܕܝܬܐ ܣܓܝܐܬܐ. ܘܡܚܕܐ ܝܥܐ. ܡܛܠ ܕܠܝܬ ܗܘܐ ܥܘܡܩܐ
ܕܐܪܥܐ. 6 ܟܕ ܕܢܚ ܕܝܢ ܫܡܫܐ ܚܡ. ܘܡܛܠ ܕܠܝܬ ܗܘܐ ܠܗ ܥܩܪܐ ܝܒܫ. 7 ܘܐܚܪܢܐ
ܢܦܠ ܒܝܬ ܟܘܒܐ. ܘܣܠܩܘ ܟܘܒܐ ܘܚܢܩܘܗܝ. 8 ܘܐܚܪܢܐ ܢܦܠ ܒܐܪܥܐ ܛܒܬܐ. ܘܝܗܒ
ܦܐܪܐ. ܐܝܬ ܕܡܐܐ ܘܐܝܬ ܕܫܬܝܢ ܘܐܝܬ ܕܬܠܬܝܢ. 9 ܡܢ ܕܐܝܬ ܠܗ ܐܕܢܐ ܕܢܫܡܥ.
ܢܫܡܥ ܀

10 ܘܩܪܒܘ ܬܠܡܝ̈ܕܘܗܝ ܘܐܡܪܝܢ ܠܗ. ܠܡܢܐ ܒܦ̈ܠܐܬܐ ܡܡܠܠ ܐܢܬ ܥܡܗܘܢ.
11 ܗܘ ܕܝܢ ܥܢܐ ܘܐܡܪ ܠܗܘܢ. ܕܠܟܘܢ ܗܘ ܝܗܝܒ ܠܡܕܥ ܐ̈ܪܙܐ ܕܡܠܟܘܬܐ ܕܫܡܝܐ.
ܠܗܢܘܢ ܕܝܢ ܠܐ ܝܗܝܒ. 12 ܠܡܢ ܓܝܪ ܕܐܝܬ ܠܗ ܢܬܝܗܒ ܠܗ. ܘܢܬܝܬܪ ܠܗ.
13 ܘܠܡܢ ܕܠܝܬ ܠܗ· ܘܗܘ ܕܐܝܬ ܠܗ. ܢܣܬܩܠ ܡܢܗ. ܡܛܠ ܗܢܐ ܒܦ̈ܠܐܬܐ ܡܡܠܠ
ܐܢܐ ܥܡܗܘܢ. ܡܛܠ ܕܚܙܝܢ. ܘܠܐ ܚܙܝܢ. ܘܫܡܥܝܢ· ܘܠܐ ܫܡܥܝܢ. ܘܠܐ ܡܣܬܟܠܝܢ.
14 ܘܡܫܬܡܠܝܐ ܒܗܘܢ ܢܒܝܘܬܗ ܕܐܫܥܝܐ ܕܐܡܪ. ܕܡܫܡܥ ܬܫܡܥܘܢ. ܘܠܐ ܬܣܬܟܠܘܢ܆ ܘܡܚܙܐ
ܬܚܙܘܢ. ܘܠܐ ܬܕܥܘܢ. 15 ܐܬܥܒܝ ܠܗ ܓܝܪ ܠܒܗ ܕܥܡܐ ܗܢܐ. ܘܒܐܕ̈ܢܝܗܘܢ ܝܩܝܪܐܝܬ
ܫܡܥܘ. ܘܥܝ̈ܢܝܗܘܢ ܥܡܨܘ. ܕܠܐ ܢܚܙܘܢ ܒܥܝ̈ܢܝܗܘܢ. ܘܢܫܡܥܘܢ ܒܐܕ̈ܢܝܗܘܢ܆
ܘܢܣܬܟܠܘܢ ܒܠܒܗܘܢ܆ ܘܢܬܦܢܘܢ. ܘܐܣܐ ܐܢܘܢ܀ 16 ܕܝܠܟܘܢ ܕܝܢ ܛܘܒܝܗܝܢ ܠܥܝ̈ܢܝܟܘܢ
ܕܚܙܝܢ. ܘܠܐܕ̈ܢܝܟܘܢ ܕܫܡܥܢ. 17 ܐܡܝܢ ܓܝܪ ܐܡܪ ܐܢܐ ܠܟܘܢ. ܕܣܓܝܐܐ ܢܒ̈ܝܐ ܘܙܕ̈ܝܩܐ
ܐܬܪܓܪܓܘ ܕܢܚܙܘܢ ܡܕܡ ܕܚܙܝܢ ܐܢܬܘܢ. ܘܠܐ ܚܙܘ܆ ܘܠܡܫܡܥ ܡܕܡ ܕܫܡܥܝܢ ܐܢܬܘܢ.
ܘܠܐ ܫܡܥܘ܀ 18 ܐܢܬܘܢ ܕܝܢ ܫܡܥܘ ܡܬܠܐ ܕܙܪܘܥܐ. 19 ܟܠ ܕܫܡܥ ܡܠܬܐ ܕܡܠܟܘܬܐ·
ܘܠܐ ܡܣܬܟܠ ܒܗ. ܐܬܐ ܒܝܫܐ ܘܚܛܦ ܡܠܬܐ ܕܙܪܝܥܐ ܒܠܒܗ. ܗܢܘ ܗܘ ܕܥܠ ܝܕ ܐܘܪܚܐ
ܐܙܕܪܥ. 20 ܗܘ ܕܝܢ ܕܥܠ ܫܘܥܐ ܐܙܕܪܥ. ܗܘ ܗܘ ܕܫܡܥ ܡܠܬܐ. ܘܡܚܕܐ ܒܚܕܘܬܐ
ܡܩܒܠ ܠܗ. 21 ܠܝܬ ܠܗ ܕܝܢ ܥܩܪܐ ܒܗ. ܐܠܐ ܕܙܒܢܐ ܗܘ. ܘܡܐ ܕܗܘܬ ܐܘܠܨܢܐ ܐܘ
ܪܕܘܦܝܐ܆ ܡܛܠ ܡܠܬܐ ܥܓܠ ܡܬܟܫܠ. 22 ܗܘ ܕܝܢ ܕܒܝܬ ܟܘ̈ܒܐ ܐܙܕܪܥ. ܗܘ ܗܘ ܕܫܡܥ
ܡܠܬܐ܆ ܘܪܢܝܐ ܕܥܠܡܐ ܗܢܐ. ܘܛܘܥܝܝ ܕܥܘܬܪܐ. ܚܢܩܝܢ ܠܗ ܠܡܠܬܐ. ܘܕܠܐ ܦܐܪ̈ܐ ܗܘܐ.
23 ܗܘ ܕܝܢ ܕܥܠ ܐܪܥܐ ܛܒܬܐ ܐܙܕܪܥ. ܗܘ ܗܘ ܕܫܡܥ ܡܠܬܝ. ܘܡܣܬܟܠ ܘܝܗܒ ܦܐܪ̈ܐ.
ܘܥܒܕ. ܐܝܬ ܕܡܐܐ܆ ܘܐܝܬ ܕܫܬܝܢ. ܘܐܝܬ ܕܬܠܬܝܢ .܀..
24 ܐܚܪܢܐ ܡܬܠܐ ܐܡܬܠ ܠܗܘܢ. ܘܐܡܪ. ܕܕܡܝܐ ܡܠܟܘܬܐ ܕܫܡܝܐ. ܠܓܒܪܐ ܕܙܪܥ ܘܣܐ ܒ.
ܙܪܥܐ ܛܒܐ ܒܩܪܝܬܗ. 25 ܘܟܕ ܕܡܟܘ ܐܢܫܐ. ܐܬܐ ܒܥܠܕܒܒܗ ܘܙܪܥ ܙܝܙܢܐ ܒܝܢܬ ܚܛܐ.
ܘܐܙܠ. 26 ܟܕ ܕܝܢ ܝܥܐ ܥܣܒܐ. ܘܥܒܕ ܦܐܪ̈ܐ. ܗܝܕܝܢ ܐܬܚܙܝܘ ܐܦ ܙܝܙܢܐ. 27 ܘܩܪܒܘ
ܥܒ̈ܕܘܗܝ ܕܡܪܐ ܒܝܬܐ ܘܐܡܪܘ ܠܗ. ܡܪܢ ܠܐ ܗܐ ܙܪܥܐ ܛܒܐ ܙܪܥܬ ܒܩܪܝܬܟ. ܡܢ
ܐܝܟܐ ܐܝܬ ܒܗ ܙܝܙܢܐ. 28 ܗܘ ܕܝܢ ܐܡܪ ܠܗܘܢ. ܓܒܪܐ ܒܥܠܕܒܒܐ ܥܒܕ ܗܕܐ. ܐܡܪܝܢ
ܠܗ ܥܒ̈ܕܘܗܝ. ܨܒܐ ܐܢܬ܆ ܢܐܙܠ ܢܓܒܐ ܐܢܘܢ. 29 ܗܘ ܕܝܢ ܐܡܪ ܠܗܘܢ. ܕܠܡܐ ܟܕ
ܡܓܒܝܢ ܐܢܬܘܢ ܙܝܙܢܐ܆ ܬܥܩܪܘܢ ܥܡܗܘܢ ܐܦ ܚܛܐ. 30 ܫܒܘܩܘ ܪܒܝܢ ܬܪܬܝܗܘܢ ܐܟܚܕܐ
ܥܕܡܐ ܠܚܨܕܐ. ܘܒܙܒܢܐ ܕܚܨܕܐ ܐܡܪ ܐܢܐ ܠܚܨܘ̈ܕܐ܆ ܓܒܘ ܠܘܩܕܡ ܙܝܙܢܐ. ܘܐܣܘܪܘ ܐܢܘܢ
ܡܐܣܪ̈ܬܐ ܕܢܐܩܕܘܢ܆ ܚܛܐ ܕܝܢ. ܟܢܫܘ ܐܢܘܢ ܠܐܘܨܪܝ܀
31 ܐܚܪܢܐ ܡܬܠܐ ܐܡܬܠ ܠܗܘܢ. ܘܐܡܪ. ܕܕܡܝܐ ܡܠܟܘܬܐ ܕܫܡܝܐ. ܠܦܪܕܬܐ ܕܚܪܕܠܐ.
ܕܢܣܒ ܓܒܪܐ ܙܪܥܗ ܒܩܪܝܬܗ. 32 ܘܗܝ ܙܥܘܪܐ ܗܝ ܡܢ ܟܠܗܘܢ ܙܪ̈ܥܘܢܐ. ܡܐ ܕܝܢ

ܙܪ̈ܥܘܢܐ. ܟܕ ܕܝܢ ܪܒܐ ܪܒ ܡܢ ܟܠܗܘܢ ܝܪ̈ܩܘܢܐ. ܘܗܘܐ ܐܝܠܢܐ. ܐܝܟ ܕܬܐܬܐ ܦܪܚܬܐ ܕܫܡܝܐ ܘܬܩܢܢ
ܒܣܘܟܘܗܝ.
33 ܐܚܪܢܐ ܡܬܠܐ ܐܡܪ ܠܗܘܢ. ܕܡܝܐ ܡܠܟܘܬܐ ܕܫܡܝܐ. ܠܚܡܝܪܐ ܗܘ ܕܫܩܠܬ ܐܢܬܬܐ
ܛܡܪܬ ܒܬܠܬ ܣܐܝܢ ܕܩܡܚܐ. ܥܕܡܐ ܕܟܠܗ ܚܡܥ.
34 ܗܠܝܢ ܟܠܗܝܢ ܡܠܠ ܝܫܘܥ ܒܡܬܠܐ ܠܟܢ̈ܫܐ. ܘܕܠܐ ܡܬܠܐ ܠܐ ܡܡܠܠ ܗܘܐ
ܥܡܗܘܢ. 35 ܐܝܟ ܕܢܬܡܠܐ ܡܕܡ ܕܐܬܐܡܪ ܒܝܕ ܢܒܝܐ ܕܐܡܪ. ܐܦܬܚ ܦܘܡܝ ܒܡܬܠܐ.
ܘܐܒܥ ܟܣܝܬܐ ܕܡܢ ܩܕܡ ܬܪܡܝܬܗ ܕܥܠܡܐ.
36 ܗܝܕܝܢ ܫܒܩ ܝܫܘܥ ܠܟܢ̈ܫܐ. ܘܐܬܐ ܠܒܝܬܐ. ܘܩܪܒܘ ܠܘܬܗ ܬܠܡܝ̈ܕܘܗܝ. ܘܐܡܪܝܢ
ܠܗ. ܦܫܘܩ ܠܢ ܡܬܠܐ ܗܘ ܕܙܝܙܢܐ ܘܕܚܩܠܐ. 37 ܗܘ ܕܝܢ ܥܢܐ ܘܐܡܪ ܠܗܘܢ. ܗܘ
ܕܙܪܥ ܙܪܥܐ ܛܒܐ. ܐܝܬܘܗܝ ܒܪܗ ܕܐܢܫܐ. 38 ܘܚܩܠܐ ܐܝܬܘܗܝ ܥܠܡܐ. ܙܪܥܐ ܕܝܢ ܛܒܐ.
ܒܢ̈ܝܗ ܐܢܘܢ ܕܡܠܟܘܬܐ. ܙܝܙܢܐ ܕܝܢ ܐܝܬܝܗܘܢ ܒ̈ܢܘܗܝ ܕܒܝܫܐ. 39 ܒܥܠܕܒܒܐ ܕܝܢ ܕܙܪܥ
ܐܢܘܢ ܐܝܬܘܗܝ ܣܛܢܐ. ܚܨܕܐ ܕܝܢ ܐܝܬܘܗܝ ܫܘܠܡܗ ܕܥܠܡܐ. ܚܨܘ̈ܕܐ ܕܝܢ ܡܠܐܟ̈ܐ.
40 ܐܝܟܢܐ ܕܡܠܩܛܝܢ ܙܝܙܢܐ ܘܝܩܕܝܢ ܒܢܘܪܐ. ܗܟܢܐ ܢܗܘܐ ܒܫܘܠܡܗ ܕܥܠܡܐ
ܗܢܐ. 41 ܢܫܕܪ ܒܪܗ ܕܐܢܫܐ ܡܠܐܟ̈ܘܗܝ. ܘܢܓܒܘܢ ܡܢ ܡܠܟܘܬܗ ܟܠܗܘܢ ܡܟܫܘܠܐ.
ܘܟܠܗܘܢ ܥܒ̈ܕܝ ܥܘܠܐ. 42 ܘܢܪܡܘܢ ܐܢܘܢ ܒܐܬܘܢܐ ܕܢܘܪܐ. ܬܡܢ ܢܗܘܐ ܒܟܝܐ ܘܚܘܪܩ
ܫ̈ܢܐ. 43 ܗܝܕܝܢ ܙܕܝ̈ܩܐ ܢܢܗܪܘܢ ܐܝܟ ܫܡܫܐ ܒܡܠܟܘܬܗ ܕܐܒܘܗܘܢ. ܡܢ ܕܐܝܬ ܠܗ ܐܕܢܐ
ܕܢܫܡܥ ܢܫܡܥ.
44 ܬܘܒ ܕܡܝܐ ܡܠܟܘܬܐ ܕܫܡܝܐ. ܠܣܝܡܬܐ ܕܡܛܫܝܐ ܒܚܩܠܐ. ܗܝ ܕܐܫܟܚܗ ܓܒܪܐ
ܘܛܫܝܗ. ܘܡܢ ܚܕܘܬܗ ܐܙܠ ܙܒܢ ܟܠ ܕܐܝܬ ܠܗ. ܘܙܒܢܗ ܠܚܩܠܐ ܗܘ.
45 ܬܘܒ ܕܡܝܐ ܡܠܟܘܬܐ ܕܫܡܝܐ. ܠܓܒܪܐ ܬܓܪܐ ܕܒܥܐ ܗܘܐ ܡܪ̈ܓܢܝܬܐ ܛܒ̈ܬܐ.
46 ܟܕ ܕܝܢ ܐܫܟܚ ܡܪܓܢܝܬܐ ܚܕܐ ܝܩܝܪܬ ܕܕܡܝܐ. ܐܙܠ ܙܒܢ ܟܠ ܡܐ ܕܐܝܬ ܠܗ. ܘܙܒܢܗ.
47 ܬܘܒ ܕܡܝܐ ܡܠܟܘܬܐ ܕܫܡܝܐ. ܠܡܨܝܕܬܐ ܕܢܦܠܬ ܒܝܡܐ. ܘܡܢ ܟܠ ܓܢܣ ܟܢܫܬ.
48 ܘܟܕ ܡܠܝܬ ܐܣܩܘܗ ܠܣܦܬ ܝܡܐ. ܘܝܬܒܘ ܓܒܘ. ܘܛܒ̈ܐ ܐܪܡܝܘ ܒܡܐܢ̈ܐ. ܘܒܝ̈ܫܐ
ܫܕܘ ܠܒܪ. 49 ܗܟܢܐ ܢܗܘܐ ܒܫܘܠܡܗ ܕܥܠܡܐ. ܢܦܩܘܢ ܡܠܐܟ̈ܐ ܘܢܦܪܫܘܢ ܒܝ̈ܫܐ ܡܢ
ܒܝܬ ܙܕܝ̈ܩܐ. 50 ܘܢܪܡܘܢ ܐܢܘܢ ܒܐܬܘܢܐ ܕܢܘܪܐ. ܬܡܢ ܢܗܘܐ ܒܟܝܐ ܘܚܘܪܩ ܫ̈ܢܐ.
51 ܐܡܪ ܠܗܘܢ ܝܫܘܥ. ܐܣܬܟܠܬܘܢ ܟܠܗܝܢ ܗܠܝܢ. ܐܡܪܝܢ ܠܗ ܐܝܢ ܡܪܢ. 52 ܐܡܪ
ܠܗܘܢ. ܡܛܠ ܗܢܐ ܟܠ ܣܦܪܐ ܕܡܬܬܠܡܕ ܠܡܠܟܘܬܐ ܕܫܡܝܐ. ܕܡܐ ܠܓܒܪܐ ܡܪܐ ܒܝܬܐ.
ܕܡܦܩ ܡܢ ܣܝܡܬܗ ܚܕ̈ܬܐ ܘܥܬܝ̈ܩܬܐ.
53 ܘܗܘܐ ܕܟܕ ܫܠܡ ܝܫܘܥ ܡܬܠܐ ܗܠܝܢ. ܫܢܝ ܡܢ ܬܡܢ. 54 ܘܐܬܐ ܠܡܕܝܢܬܗ.
ܘܡܠܦ ܗܘܐ ܠܗܘܢ ܒܟܢܘܫܬܗܘܢ. ܐܝܟ ܕܢܬܕܡܪܘܢ ܘܢܐܡܪܘܢ. ܡܢܐܝܟܐ ܠܗ ܠܗܢܐ

ܚܟܡܬܐ ܗܕܐ ܘܚܝܠܐ. 55 ܠܐ ܗܘܐ ܗܢܐ ܒܪܗ ܕܢܓܪܐ. ܠܐ ܐܡܗ ܡܬܩܪܝܐ ܡܪܝܡ: ܘܐܚܘܗܝ
ܝܥܩܘܒ ܘܝܘܣܐ ܘܫܡܥܘܢ ܘܝܗܘܕܐ. 56 ܘܐܚܘܬܗ ܟܠܗܝܢ: ܠܐ ܗܐ ܠܘܬܢ ܐܝܬܝܗܝܢ. ܡܢܐܝܟܐ
ܠܗ ܗܟܝܠ ܠܗܢܐ ܗܠܝܢ ܟܠܗܝܢ. 57 ܘܡܬܟܫܠܝܢ ܗܘܘ ܒܗ. ܗܘ ܕܝܢ ܝܫܘܥ ܐܡܪ
ܠܗܘܢ: ܠܝܬ ܢܒܝܐ ܕܫܝܛ. ܐܠܐ ܒܡܕܝܢܬܗ. ܘܒܒܝܬܗ. 58 ܘܠܐ ܥܒܕ ܬܡܢ ܚܝܠܐ ܣܓܝܐܐ.
ܡܛܠ ܠܐ ܗܝܡܢܘܬܗܘܢ ܀

Cap. xiv. 1 ܒܗܘ ܕܝܢ ܙܒܢܐ. ܫܡܥ ܗܪܘܕܣ ܛܛܪܪܟܐ ܫܡܥܗ ܕܝܫܘܥ. 2 ܘܐܡܪ ܠܥܒܕܘܗܝ.
ܗܢܘ ܝܘܚܢܢ ܡܥܡܕܢܐ. ܗܘ ܩܡ ܡܢ ܒܝܬ ܡܝܬܐ. ܡܛܠ ܗܢܐ ܚܝܠܐ ܡܬܥܒܕܝܢ ܒܗ ܀
3 ܗܘ ܓܝܪ ܗܪܘܕܣ ܐܚܕ ܗܘܐ ܠܝܘܚܢܢ. ܘܐܣܪܗ ܘܐܪܡܝܗ ܒܒܝܬ ܐܣܝܪܐ. ܡܛܠ ܗܪܘܕܝܐ.
ܐܢܬܬ ܦܝܠܝܦܘܣ ܐܚܘܗܝ. 4 ܐܡܪ ܗܘܐ ܠܗ ܓܝܪ ܝܘܚܢܢ. ܕܠܐ ܫܠܝܛ ܕܬܗܘܐ ܠܟ
ܐܢܬܬܐ. 5 ܘܨܒܐ ܗܘܐ ܠܡܩܛܠܗ. ܘܕܚܠ ܗܘܐ ܡܢ ܥܡܐ. ܕܐܝܟ ܕܠܢܒܝܐ ܐܚܝܕܝܢ
ܗܘܘ ܠܗ ܀ 6 ܟܕ ܗܘܐ ܕܝܢ ܒܝܬ ܝܠܕܗ ܕܗܪܘܕܣ. ܪܩܕܬ ܒܪܬܗ ܕܗܪܘܕܝܐ ܩܕܡ ܣܡܟܐ.
ܘܫܦܪܬ ܠܗ ܠܗܪܘܕܣ. 7 ܡܛܠ ܗܢܐ ܒܡܘܡܬܐ ܝܡܐ ܠܗ. ܕܢܬܠ ܠܗ ܡܕܡ ܕܫܐܠܐ.
8 ܗܝ ܕܝܢ ܡܛܠ ܕܡܠܦܐ ܗܘܬ ܡܢ ܐܡܗ. ܐܡܪܬ. ܗܒ ܠܝ ܗܪܟܐ ܒܦܝܢܟܐ. ܪܫܗ
ܕܝܘܚܢܢ ܡܥܡܕܢܐ. 9 ܘܟܪܝܬ ܠܗ ܠܡܠܟܐ. ܡܛܠ ܕܝܢ ܡܘܡܬܐ ܘܣܡܝܟܐ. ܦܩܕ
ܕܢܬܠܘܢ ܠܗ. 10 ܘܫܕܪ ܦܣܩܗ ܪܫܗ ܕܝܘܚܢܢ. ܒܒܝܬ ܐܣܝܪܐ. 11 ܘܐܝܬܝܘ ܪܫܗ ܒܦܝܢܟܐ.
ܘܐܬܝܗܒ ܠܛܠܝܬܐ. ܘܐܘܒܠܬܗ ܠܐܡܗ. 12 ܘܩܪܒܘ ܬܠܡܝܕܘܗܝ. ܫܩܠܘ ܫܠܕܗ ܩܒܪܘܗܝ.
ܘܐܬܘ ܚܘܝܘ ܠܝܫܘܥ ܀܀܀

13 ܝܫܘܥ ܕܝܢ ܟܕ ܫܡܥ. ܫܢܝ ܡܢ ܬܡܢ ܒܣܦܝܢܬܐ ܠܐܬܪܐ ܚܪܒܐ ܠܒܠܚܘܕܘܗܝ. ܘܟܕ
ܫܡܥܘ ܟܢܫܐ. ܐܙܠܘ ܒܬܪܗ ܒܪܓܠܐ ܡܢ ܡܕܝܢܬܐ. 14 ܘܢܦܩ ܝܫܘܥ. ܚܙܐ ܟܢܫܐ ܣܓܝܐܐ.
ܘܐܬܪܚܡ ܥܠܝܗܘܢ. ܘܐܣܝ ܟܪܝܗܝܗܘܢ ܀ 15 ܟܕ ܗܘܐ ܕܝܢ ܪܡܫܐ. ܩܪܒܘ ܠܘܬܗ
ܬܠܡܝܕܘܗܝ. ܘܐܡܪܘ ܠܗ. ܐܬܪܐ ܚܪܒܐ ܗܘ. ܘܥܕܢܐ ܥܒܪ ܠܗ. ܫܪܝ ܟܢܫܐ ܕܢܐܙܠܘܢ
ܠܩܘܪܝܐ. ܘܢܙܒܢܘܢ ܠܗܘܢ ܡܐܟܘܠܬܐ ܀ 16 ܗܘ ܕܝܢ ܐܡܪ ܠܗܘܢ. ܠܐ ܡܬܒܥܝܐ
ܠܗܘܢ ܠܡܐܙܠ. ܗܒܘ ܠܗܘܢ ܐܢܬܘܢ ܠܡܐܟܠ. 17 ܗܢܘܢ ܕܝܢ ܐܡܪܝܢ ܠܗ. ܠܝܬ
ܠܢ ܬܢܢ. ܐܠܐ ܚܡܫ ܠܚܡܝܢ. ܘܬܪܝܢ ܢܘܢܝܢ. 18 ܐܡܪ ܠܗܘܢ ܝܫܘܥ. ܐܝܬܘ ܐܢܘܢ ܠܝ
ܠܗܪܟܐ. 19 ܘܦܩܕ ܠܟܢܫܐ ܠܡܣܬܡܟܘ ܥܠ ܐܪܥܐ. ܘܢܣܒ ܗܢܘܢ ܚܡܫܐ ܠܚܡܝܢ
ܘܬܪܝܢ ܢܘܢܝܢ. ܘܚܪ ܒܫܡܝܐ. ܘܒܪܟ ܘܩܨܐ ܘܝܗܒ ܠܬܠܡܝܕܘܗܝ. ܘܗܢܘܢ ܬܠܡܝܕܐ
ܣܡܘ ܠܟܢܫܐ. 20 ܘܐܟܠܘ ܟܠܗܘܢ. ܘܣܒܥܘ. ܘܫܩܠܘ ܬܘܬܪܐ ܕܩܨܝܐ. ܬܪܬܥܣܪ ܩܘܦܝܢ
ܟܕ ܡܠܝܢ. 21 ܗܢܘܢ ܕܝܢ ܕܐܟܠܘ. ܐܝܬܝܗܘܢ ܗܘܘ ܓܒܪܐ ܚܡܫܐ ܐܠܦܝܢ. ܣܛܪ ܡܢ ܢܫܐ
ܘܛܠܝܐ ܀ 22 ܘܡܚܕܐ ܐܠܨ ܠܬܠܡܝܕܘܗܝ. ܕܢܣܩܘܢ ܠܣܦܝܢܬܐ. ܘܢܩܕܡܘܢܝܗܝ
ܠܥܒܪܐ. ܥܕ ܗܘ ܫܪܐ ܠܟܢܫܐ. 23 ܘܟܕ ܫܪܐ ܠܟܢܫܐ. ܣܠܩ ܠܛܘܪܐ ܠܒܠܚܘܕܘܗܝ

ܠܡܨܠܝܘ܀ ܘܟܕ ܗܘܐ ܪܡܫܐ. ܒܠܚܘܕܘܗܝ ܗܘܐ ܬܡܢ. 24 ܘܐܠܦܐ ܪܚܝܩܐ ܗܘܬ ܡܢ ܐܪܥܐ܂
ܐܣܛܕܘܬܐ ܣܓܝܐܬܐ. ܟܕ ܡܫܬܢܕܐ ܗܘܬ ܡܢ ܓܠܠܐ. ܘܪܘܚܐ ܓܝܪ ܠܩܘܒܠܗ ܗܘܬ.
25 ܒܡܛܪܬܐ ܕܝܢ ܪܒܝܥܝܬܐ ܕܠܠܝܐ. ܐܬܐ ܠܘܬܗܘܢ ܝܫܘܥ. ܟܕ ܡܗܠܟ ܥܠ ܡܝܐ.
26 ܘܚܙܐܘܗܝ ܬܠܡܝܕܘܗܝ ܕܡܗܠܟ ܥܠ ܡܝܐ. ܘܐܬܬܙܝܥܘ. ܘܐܡܪܝܢ ܗܘܘ܂ ܕܚܙܘܐ ܗܘ
ܕܓܠܐ. ܘܡܢ ܕܚܠܬܗܘܢ ܩܥܘ. 27 ܗܘ ܕܝܢ ܝܫܘܥ ܒܪܫܥܬܗ ܡܠܠ ܥܡܗܘܢ. ܘܐܡܪ.
ܐܬܠܒܒܘ܂ ܐܢܐ ܐܢܐ ܠܐ ܬܕܚܠܘܢ܀ 28 ܘܥܢܐ ܟܐܦܐ ܘܐܡܪ ܠܗ. ܡܪܝ: ܐܢ ܐܢܬ ܗܘ.
ܦܩܘܕ ܠܝ ܐܬܐ ܠܘܬܟ ܥܠ ܡܝܐ. 29 ܝܫܘܥ ܕܝܢ ܐܡܪ ܠܗ. ܬܐ. ܘܢܚܬ ܟܐܦܐ ܡܢ
ܐܠܦܐ. ܘܗܠܟ ܥܠ ܡܝܐ ܕܢܐܬܐ ܠܘܬ ܝܫܘܥ. 30 ܘܟܕ ܚܙܐ ܪܘܚܐ ܕܩܫܝܐ ܕܚܠ. ܘܫܪܝ
ܠܡܛܒܥ. ܘܐܪܝܡ ܩܠܗ ܘܐܡܪ. ܡܪܝ ܦܪܘܩܝܢܝ. 31 ܘܒܪ ܫܥܬܗ ܦܫܛ ܐܝܕܗ ܡܪܢ:
ܘܐܚܕܗ. ܘܐܡܪ ܠܗ. ܒܨܝܪ ܗܝܡܢܘܬܐ ܠܡܢܐ ܐܬܦܠܓܬ܀
32 ܘܟܕ ܣܠܩܘ ܠܐܠܦܐ ܫܠܝܬ ܪܘܚܐ. 33 ܘܐܬܘ ܗܢܘܢ ܕܒܐܠܦܐ ܣܓܕܘ ܠܗ. ܘܐܡܪܘ.
ܫܪܝܪܐܝܬ ܒܪܗ ܐܢܬ ܕܐܠܗܐ܀ 34 ܘܥܒܪܘ ܘܐܬܘ ܠܐܪܥܐ ܕܓܢܣܪ. 35 ܘܐܫܬܘܕܥܘܗܝ ܐܢܫܐ
ܕܐܬܪܐ ܗܘ. ܘܫܕܪܘ ܠܟܠܗܘܢ ܩܘܪܝܐ ܕܚܕܪܝܗܘܢ. ܘܩܪܒܘ ܠܗ ܟܠܗܘܢ ܐܝܠܝܢ ܕܒܝܫ
ܥܒܝܕ ܒܟܘܪܗܢܝܢ. 36 ܘܒܥܝܢ ܗܘܘ ܡܢܗ ܕܢܬܩܪܒܘܢ. ܐܦ ܠܟܢܦܐ ܕܠܒܘܫܗ ܕܢܩܪܒܘܢ.
ܘܐܝܠܝܢ ܕܩܪܒܘ. ܐܬܐܣܝܘ܀

1 ܗܝܕܝܢ ܩܪܒܘ ܠܘܬ ܝܫܘܥ ܦܪܝܫܐ ܘܣܦܪܐ ܕܡܢ ܐܘܪܫܠܡ ܘܐܡܪܝܢ. 2 ܠܡܢܐ Cap. xv.
ܬܠܡܝܕܝܟ ܥܒܪܝܢ ܥܠ ܡܫܠܡܢܘܬܐ ܕܩܫܝܫܐ: ܘܠܐ ܡܫܝܓܝܢ ܐܝܕܝܗܘܢ. ܡܐ ܕܐܟܠܝܢ
ܠܚܡܐ. 3 ܥܢܐ ܝܫܘܥ ܘܐܡܪ ܠܗܘܢ. ܠܡܢܐ ܐܦ ܐܢܬܘܢ ܥܒܪܝܢ ܐܢܬܘܢ ܥܠ ܦܘܩܕܢܗ
ܕܐܠܗܐ: ܡܛܠ ܡܫܠܡܢܘܬܟܘܢ. 4 ܐܠܗܐ ܓܝܪ ܐܡܪ. ܝܩܪ ܠܐܒܘܟ ܘܠܐܡܟ. ܘܡܢ ܕܡܨܚܐ
ܠܐܒܘܗܝ ܘܠܐܡܗ. ܡܡܬ ܢܡܘܬ. 5 ܐܢܬܘܢ ܕܝܢ ܐܡܪܝܢ ܐܢܬܘܢ. ܟܠ ܡܢ ܕܢܐܡܪ ܠܐܒܐ ܐܘ
ܠܐܡܐ ܩܘܪܒܢܝ ܡܕܡ ܕܬܬܗܢܐ ܡܢܝ. ܘܠܐ ܢܝܩܪ ܠܐܒܘܗܝ ܐܘ ܠܐܡܗ܂ 6 ܘܒܛܠܬܘܢ ܡܠܬܗ
ܕܐܠܗܐ ܡܛܠ ܡܫܠܡܢܘܬܐ ܕܝܠܟܘܢ. 7 ܢܣܒܝ ܒܐܦܐ. ܫܦܝܪ ܐܬܢܒܝ ܥܠܝܟܘܢ ܐܫܥܝܐ.
ܘܐܡܪ. 8 ܕܥܡܐ ܗܢܐ ܒܣܦܘܬܗ ܗܘ ܡܝܩܪ ܠܝ. ܠܒܗܘܢ ܕܝܢ ܪܚܝܩ ܦܝܫ ܡܢܝ.
9 ܘܣܪܝܩܐܝܬ ܕܚܠܝܢ ܠܝ ܟܕ ܡܠܦܝܢ ܝܘܠܦܢܐ ܕܦܘܩܕܢܐ ܕܒܢܝܢܫܐ. 10 ܘܩܪܐ ܠܟܢܫܐ.
ܘܐܡܪ ܠܗܘܢ. ܫܡܥܘ ܘܐܣܬܟܠܘ. 11 ܠܐ ܗܘܐ ܡܕܡ ܕܥܐܠ ܠܦܘܡܐ ܡܣܝܒ ܠܒܪܢܫܐ.
ܐܠܐ ܡܕܡ ܕܢܦܩ ܡܢ ܦܘܡܐ. ܗܘ ܗܘ ܡܣܝܒ ܠܒܪܢܫܐ܀ 12 ܗܝܕܝܢ ܩܪܒܘ ܬܠܡܝܕܘܗܝ.
ܘܐܡܪܝܢ ܠܗ. ܝܕܥ ܐܢܬ: ܕܦܪܝܫܐ ܕܫܡܥܘ ܡܠܬܐ ܗܕܐ ܐܬܟܫܠܘ. 13 ܗܘ ܕܝܢ ܥܢܐ
ܘܐܡܪ ܠܗܘܢ. ܟܠ ܢܨܒܬܐ ܐܝܕܐ ܕܠܐ ܢܨܒܗ ܐܒܝ ܕܒܫܡܝܐ. ܬܬܥܩܪ. 14 ܫܒܘܩܘ ܠܗܘܢ.
ܣܡܝܐ ܐܢܘܢ ܢܓܘܕܐ ܕܣܡܝܐ. ܣܡܝܐ ܕܝܢ ܠܣܡܝܐ ܐܢ ܢܕܒܪ: ܬܪܝܗܘܢ. ܒܓܘܡܨܐ
ܢܦܠܝܢ܀ 15 ܘܥܢܐ ܫܡܥܘܢ ܟܐܦܐ ܘܐܡܪ ܠܗ. ܡܪܝ. ܦܫܘܩ ܠܢ ܡܬܠܐ ܗܢܐ. 16 ܗܘ

ܕܝܢ ܐܡܪ ܠܗܘܢ: ܥܕܡܐ ܠܗܫܐ ܐܦ ܐܢܬܘܢ ܠܐ ܡܣܬܟܠܝܢ ܐܝܬܝܟܘܢ: 17 ܠܐ ܝܕܥܝܢ ܐܝܬܝܟܘܢ
ܕܡܕܡ ܕܥܐܠ ܠܦܘܡܐ. ܠܟܪܣܐ ܗܘ ܐܙܠ: ܘܡܢ ܬܡܢ ܒܡܕܒܪܝܬܐ ܡܫܬܕܐ ܠܒܪ:
18 ܡܕܡ ܕܝܢ ܕܡܢ ܦܘܡܐ ܢܦܩ. ܡܢ ܠܒܐ ܢܦܩ. ܘܗܘܝܘ ܡܣܝܒ ܠܗ ܠܒܪܢܫܐ.
19 ܡܢ ܠܒܐ ܗܘ ܓܝܪ ܢܦܩܢ ܡܚܫܒ̈ܬܐ ܒܝܫ̈ܬܐ. ܓܘܪܐ. ܩܛܠܐ. ܙܢܝܘܬܐ. ܓܢܒܘܬܐ. ܣܗܕܘܬܐ
ܕܫܘܩܪܐ. ܓܘܕܦܐ. 20 ܗܠܝܢ ܐܢܝܢ ܕܡܣܝܒܢ ܠܒܪܢܫܐ. ܠܡܐܟܠ ܕܝܢ ܟܕ ܠܐ
ܡܫܝܓܢ ܐܝ̈ܕܘܗܝ ܠܐ ܡܣܝܒ ܠܗ܀ 21 ܘܢܦܩ ܡܢ ܬܡܢ ܝܫܘܥ: ܘܐܬܐ ܠܬܚܘܡܐ ܕܨܘܪ
ܘܕܨܝܕܢ. 22 ܘܗܐ ܐܢܬܬܐ ܟܢܥܢܝܬܐ ܡܢ ܬܚܘܡܐ ܗܢܘܢ: ܢܦܩܬ ܟܕ ܩܥܝܐ ܘܐܡܪܐ. ܐܬܪܚܡ
ܥܠܝ ܡܪܝ.. ܒܪܗ ܕܕܘܝܕ. ܒܪܬܝ ܒܝܫܐܝܬ ܡܫܬܢܩܐ ܡܢ ܫܐܕܐ. 23 ܗܘ ܕܝܢ ܠܐ ܦܢܝܗ̇
ܦܬܓܡܐ. ܘܩܪܒܘ ܬܠܡܝ̈ܕܘܗܝ ܒܥܘ ܡܢܗ. ܘܐܡܪܝܢ: ܫܪܝܗ̇ ܕܩܥܝܐ ܒܬܪܢ. 24 ܗܘ
ܕܝܢ ܥܢܐ ܘܐܡܪ ܠܗܘܢ: ܠܐ ܐܫܬܠܚܬ. ܐܠܐ ܠܘܬ ܥܪ̈ܒܐ ܕܐܒܕܘ ܡܢ ܒܝܬ ܐܝܣܪܝܠ.
25 ܗܝ ܕܝܢ ܐܬܬ ܣܓܕܬ ܠܗ. ܘܐܡܪܐ. ܡܪܝ ܥܕܪܝܢܝ. 26 ܐܡܪ ܠܗ̇. ܠܐ ܫܦܝܪ ܠܡܣܒ
ܠܚܡܐ ܕܒܢ̈ܝܐ. ܘܠܡܪܡܝܘ ܠܟܠܒ̈ܐ. 27 ܗܝ ܕܝܢ ܐܡܪܐ. ܐܝܢ ܡܪܝ.. ܐܦ ܟܠܒ̈ܐ
ܐܟܠܝܢ ܡܢ ܦܬܘ̈ܬܐ ܕܢܦܠܝܢ ܡܢ ܦܬܘܪ̈ܐ ܕܡܪ̈ܝܗܘܢ. ܘܚܝܝܢ. 28 ܗܝܕܝܢ ܐܡܪ ܠܗ̇
ܝܫܘܥ. ܐܘ ܐܢܬܬܐ ܪܒܐ ܗܝ ܗܝܡܢܘܬܟܝ. ܢܗܘܐ ܠܟܝ ܐܝܟ ܕܨܒܝܐ ܐܢܬܝ. ܘܐܬܐܣܝܬ ܒܪܬܗ̇
ܡܢ ܗܝ ܫܥܬܐ.܀.܀.

29 ܘܫܢܝ ܡܢ ܬܡܢ ܝܫܘܥ. ܘܐܬܐ ܠܘܬ ܝܡܐ ܕܓܠܝܠܐ܀ ܘܣܠܩ ܠܛܘܪܐ. ܕܚܕ ܒܫ
ܘܝܬܒ ܬܡܢ. 30 ܘܩܪܒܘ ܠܘܬܗ ܟܢ̈ܫܐ ܣܓܝ̈ܐܐ: ܕܐܝܬ ܗܘܐ ܥܡܗܘܢ: ܚܓܝܪ̈ܐ. ܘܣܡܝ̈ܐ.
ܘܚܪ̈ܫܐ. ܘܡܟܐܒ̈ܐ: ܘܐܚܪ̈ܢܐ ܣܓܝ̈ܐܐ. ܘܐܪܡܝܘ ܐܢܘܢ ܥܠ ܪ̈ܓܠܘܗܝ ܕܝܫܘܥ. ܘܐܣܝ
ܐܢܘܢ. 31 ܐܝܟ ܕܢܬܕܡܪܘܢ ܟܢ̈ܫܐ ܗܢܘܢ ܕܚܙܘ: ܚܪ̈ܫܐ ܕܡܡܠܠܝܢ: ܘܡܟܐܒ̈ܐ
ܕܡܬܚܠܡܝܢ: ܘܚܓܝܪ̈ܐ ܕܡܗܠܟܝܢ: ܘܣܡܝ̈ܐ ܕܚܙܝܢ. ܘܫܒܚܘ ܠܐܠܗܐ ܕܐܝܣܪܝܠ܀

32 ܗܘ ܕܝܢ ܝܫܘܥ ܩܪܐ ܠܬܠܡܝ̈ܕܘܗܝ. ܘܐܡܪ ܠܗܘܢ. ܡܬܪܚܡ ܐܢܐ ܥܠ ܟܢܫܐ
ܗܢܐ: ܕܗܐ ܠܗ̇ ܬܠܬܐ ܝܘ̈ܡܝܢ ܩܘܝܢ ܠܘܬܝ: ܘܠܝܬ ܠܗܘܢ ܡܐ ܕܢܐܟܠܘܢ. ܘܠܡܫܪܐ ܐܢܘܢ
ܟܕ ܨܝܡܝܢ. ܠܐ ܨܒܐ ܐܢܐ. ܕܠܡܐ ܢܬܡܚܠܘܢ ܒܐܘܪܚܐ. 33 ܐܡܪܝܢ ܠܗ ܬܠܡܝ̈ܕܘܗܝ.
ܐܝܟܢܐ ܠܢ ܒܚܘܪܒܐ ܠܚܡܐ ܕܢܣܒܥ ܟܢܫܐ ܗܢܐ ܟܠܗ. 34 ܐܡܪ ܠܗܘܢ ܝܫܘܥ: ܟܡܐ
ܠܚܡ̈ܝܢ ܐܝܬ ܠܟܘܢ. ܐܡܪܝܢ ܠܗ ܫܒܥܐ. ܘܩܠܝܠ ܢܘܢ̈ܐ ܙܥܘܪ̈ܐ. 35 ܘܦܩܕ ܠܟܢ̈ܫܐ
ܕܢܣܬܡܟܘܢ ܥܠ ܐܪܥܐ. 36 ܘܢܣܒ ܠܗܢܘܢ ܫܒܥܐ ܠܚܡ̈ܝܢ ܘܢܘܢ̈ܐ. ܘܒܪܟ ܘܩܨܐ
ܘܝܗܒ ܠܬܠܡܝ̈ܕܘܗܝ ܘܬܠܡܝ̈ܕܐ ܝܗܒܘ ܠܟܢ̈ܫܐ. 37 ܘܐܟܠܘ ܟܠܗܘܢ. ܘܣܒܥܘ.
ܘܫܩܠܘ ܝܘܬܪܢܐ ܕܩܨܝ̈ܐ: ܡܠܐ ܫܒܥܐ ܐܣ̈ܦܪܝܕܝܢ. 38 ܗܢܘܢ ܕܝܢ ܕܐܟܠܘ: ܗܘܘ ܗܘܘ
ܐܪܒܥܐ ܐܠܦܝܢ ܓܒܪ̈ܐ. ܣܛܪ ܡܢ ܢܫ̈ܐ ܘܛܠ̈ܝܐ. 39 ܘܟܕ ܫܪܐ ܠܟܢ̈ܫܐ. ܣܠܩ ܠܐܠܦܐ.
ܘܐܬܐ ܠܬܚܘܡܐ ܕܡܓܕܘ܀

¹ ܘܩܪܒܘ ܦܪ̈ܝܫܐ ܘܙܕ̈ܘܩܝܐ· ܡܢܣܝܢ ܠܗ. ܘܫܐܠܝܢ ܠܗ ܐܬܐ ܡܢ ܫܡܝܐ. ܕܢܚܘܐ ܐܢܘܢ܀ Cap. xvi.
² ܗܘ ܕܝܢ ܥܢܐ. ܘܐܡܪ ܠܗܘܢ. ܡܐ ܕܗܘܐ ܪܡܫܐ· ܐܡܪܝܢ ܐܢܬܘܢ. ܨܚܘܐ ܗܘ. ܣܡܩ
ܓܝܪ ܫܡܝܐ. ³ ܘܒܨܦܪܐ ܐܡܪܝܢ ܐܢܬܘܢ: ܝܘܡܢܐ ܣܬܘܐ ܗܘ. ܣܡܩ ܓܝܪ ܫܡܝܐ.
ܥܡܝܛܐܝܬ. ܢܣܒܝ ܒܐܦܐ·· ܦܪܨܘܦܗ ܕܫܡܝܐ ܝܕܥܝܢ ܐܢܬܘܢ ܕܬܦܪܫܘܢ· ܐܬܘܬܐ ܕܙܒܢܐ ܗܢܐ:
ܠܐ ܝܕܥܝܢ ܐܢܬܘܢ ܕܬܦܪܫܘܢ. ⁴ ܫܪܒܬܐ ܒܝܫܬܐ ܘܓܝܪܬܐ. ܐܬܐ ܒܥܝܐ. ܘܐܬܐ ܠܐ ܡܬܝܗܒܐ
ܠܗ: ܐܠܐ ܐܬܐ ܕܝܘܢܢ ܢܒܝܐ. ܘܫܒܩ ܐܢܘܢ ܘܐܙܠ. ⁵ ܘܟܕ ܐܬܘ ܬܠܡܝܕܘܗܝ ܠܥܒܪܐ.
ܛܥܘ ܕܢܣܒܘܢ ܠܚܡܐ ܠܡܐܟܠ. ⁶ ܗܘ ܕܝܢ ܐܡܪ ܠܗܘܢ. ܚܙܘ· ܐܙܕܗܪܘ ܡܢ ܚܡܝܪܐ
ܕܦܪ̈ܝܫܐ ܘܕܙܕ̈ܘܩܝܐ. ⁷ ܗܢܘܢ ܕܝܢ ܡܬܚܫܒܝܢ ܗܘܘ ܒܢܦܫܗܘܢ. ܘܐܡܪܝܢ· ܕܠܚܡܐ ܠܐ
ܢܣܒܢ. ⁸ ܝܫܘܥ ܕܝܢ ܝܕܥ. ܘܐܡܪ ܠܗܘܢ: ܡܢܐ ܡܬܚܫܒܝܢ ܐܢܬܘܢ ܒܢܦܫܟܘܢ: ܙܥܘܪ̈ܝ
ܗܝܡܢܘܬܐ·· ܕܠܚܡܐ ܠܐ ܢܣܒܬܘܢ. ⁹ ܠܐ ܥܕܡܐ ܠܗܫܐ: ܡܣܬܟܠܝܢ ܐܢܬܘܢ. ܠܐ ܥܗܕܝܢ ܐܢܬܘܢ
ܠܗܢܘܢ ܚܡܫܐ ܠܚܡ̈ܝܢ ܕܚܡܫܐ ܐܠܦܝܢ. ܘܟܡܐ ܩܘܦ̈ܝܢܝܢ ܫܩܠܬܘܢ: ¹⁰ ܘܠܐ ܠܗܢܘܢ
ܫܒܥܐ ܠܚܡ̈ܝܢ. ܕܐܪܒܥܐ ܐܠܦܝܢ. ܘܟܡܐ ܐܣܦܪ̈ܝܕܝܢ ܫܩܠܬܘܢ: ¹¹ ܐܝܟܢ ܠܐ ܡܣܬܟܠܝܢ ܐܢܬܘܢ:
ܕܠܐ ܗܘܐ ܥܠ ܠܚܡܐ ܐܡܪܬ ܠܟܘܢ: ܐܠܐ ܕܬܙܕܗܪܘܢ ܡܢ ܚܡܝܪܐ ܕܦܪ̈ܝܫܐ ܘܕܙܕ̈ܘܩܝܐ܀
¹² ܗܝܕܝܢ ܐܣܬܟܠܘ· ܕܠܐ ܐܡܪ ܕܢܙܕܗܪܘܢ ܡܢ ܚܡܝܪܐ ܕܠܚܡܐ. ܐܠܐ ܡܢ ܝܘܠܦܢܐ ܕܦܪ̈ܝܫܐ
ܘܕܙܕ̈ܘܩܝܐ܀܀

¹³ ܟܕ ܕܝܢ ܐܬܐ ܝܫܘܥ ܠܐܬܪܐ ܕܩܣܪܝܐ ܕܦܝܠܝܦܘܣ. ܡܫܐܠ ܗܘܐ ܠܬܠܡܝܕܘܗܝ ܘܐܡܪ.
ܡܢܘ ܐܡܪܝܢ ܥܠܝ ܐܢܫܐ ܕܐܝܬܝ ܒܪܗ ܕܐܢܫܐ. ¹⁴ ܗܢܘܢ ܕܝܢ ܐܡܪܘ. ܐܝܬ ܕܐܡܪܝܢ.
ܝܘܚܢܢ ܡܥܡܕܢܐ. ܐܚܪ̈ܢܐ ܕܝܢ ܐܠܝܐ. ܘܐܚܪ̈ܢܐ ܐܪܡܝܐ· ܐܘ ܚܕ ܡܢ ܢܒܝ̈ܐ. ¹⁵ ܐܡܪ ܠܗܘܢ:
ܐܢܬܘܢ ܕܝܢ. ܡܢܘ ܐܡܪܝܢ ܐܢܬܘܢ ܕܐܝܬܝ܀ ¹⁶ ܥܢܐ ܫܡܥܘܢ ܟܐܦܐ ܘܐܡܪ. ܐܢܬ ܗܘ
ܡܫܝܚܐ ܒܪܗ ܕܐܠܗܐ ܚܝܐ܀ ¹⁷ ܥܢܐ ܝܫܘܥ. ܘܐܡܪ ܠܗ. ܛܘܒܝܟ ܫܡܥܘܢ ܒܪܗ ܕܝܘܢܐ:
ܕܒܣܪܐ ܘܕܡܐ· ܠܐ ܓܠܐ ܠܟ: ܐܠܐ ܐܒܝ ܕܒܫܡܝܐ. ¹⁸ ܐܦ ܐܢܐ ܐܡܪ ܐܢܐ ܠܟ. ܕܐܢܬ ܗܘ
ܟܐܦܐ. ܘܥܠ ܗܕܐ ܟܐܦܐ ܐܒܢܝܗ ܠܥܕܬܝ. ܘܬܪ̈ܥܐ ܕܫܝܘܠ. ܠܐ ܢܚܣܢܘܢܗ. ¹⁹ ܠܟ ܐܬܠ
ܩܠܝ̈ܕܐ ܕܡܠܟܘܬܐ ܕܫܡܝܐ. ܘܟܠ ܡܕܡ ܕܬܐܣܘܪ ܒܐܪܥܐ ܢܗܘܐ ܐܣܝܪ ܒܫܡܝܐ. ܘܡܕܡ
ܕܬܫܪܐ ܒܐܪܥܐ ܢܗܘܐ ܫܪܐ ܒܫܡܝܐ܀

²⁰ ܗܝܕܝܢ ܦܩܕ ܠܬܠܡܝܕܘܗܝ. ܕܠܐܢܫ ܠܐ ܢܐܡܪܘܢ. ܕܗܘܝܘ ܡܫܝܚܐ. ²¹ ܘܡܢ ܗܝܕܝܢ
ܫܪܝ ܝܫܘܥ ܠܡܚܘܝܘ ܠܬܠܡܝܕܘܗܝ. ܕܥܬܝܕ ܗܘ ܕܢܐܙܠ ܠܐܘܪܫܠܡ. ܘܢܚܫ ܣܓܝ
ܡܢ ܩܫܝ̈ܫܐ· ܘܡܢ ܪ̈ܒܝ ܟܗܢ̈ܐ. ܘܣܦܪ̈ܐ. ܘܢܬܩܛܠ· ܘܠܝܘܡܐ ܕܬܠܬܐ ܢܩܘܡ܀
²² ܘܕܒܪܗ ܟܐܦܐ. ܘܫܪܝ ܠܡܟܐܐ ܒܗ. ܘܐܡܪ. ܚܘܣ ܠܟ ܡܪܝ· ܕܠܐ ܬܗܘܐ ܠܟ ܗܕܐ.
²³ ܗܘ ܕܝܢ ܐܬܦܢܝ ܘܐܡܪ ܠܟܐܦܐ. ܙܠ ܠܟ ܠܒܣܬܪܝ ܣܛܢܐ·· ܬܘܩܠܬܐ ܐܢܬ ܠܝ. ܕܠܐ
ܡܬܪܥܐ ܐܢܬ ܕܐܠܗܐ· ܐܠܐ ܕܒܢܝ̈ܢܫܐ܀ ²⁴ ܗܝܕܝܢ ܐܡܪ ܝܫܘܥ ܠܬܠܡܝܕܘܗܝ. ܡܢ ܕܨܒܐ

ܕܢܐܬܐ ܒܬܪܝ ܢܟܦܘܪ ܒܢܦܫܗ. ܘܢܫܩܘܠ ܙܩܝܦܗ. ܘܢܐܬܐ ܒܬܪܝ. 25 ܡܢ ܕܨܒܐ ܓܝܪ ܕܢܚܐ
ܢܦܫܗ ܢܘܒܕܝܗ. ܘܡܢ ܕܢܘܒܕ ܢܦܫܗ ܡܛܠܬܝ ܢܫܟܚܝܗ. 26 ܡܢܐ ܓܝܪ ܡܬܗܢܐ ܒܪܢܫܐ.
ܐܢ ܥܠܡܐ ܟܠܗ ܢܩܢܐ. ܘܢܦܫܗ ܢܚܣܪ. ܐܘ ܡܢܐ ܢܬܠ ܒܪܢܫܐ ܚܠܘܦܐ ܕܢܦܫܗ.
27 ܥܬܝܕ ܗܘ ܓܝܪ ܒܪܗ ܕܐܢܫܐ ܕܢܐܬܐ ܒܫܘܒܚܐ ܕܐܒܘܗܝ ܥܡ ܡܠܐܟܘܗܝ ܩܕܝܫܐ.
ܘܗܝܕܝܢ ܢܦܪܘܥ ܠܐܢܫ ܐܢܫ ܐܝܟ ܥܒܕܘܗܝ. 28 ܐܡܝܢ ܐܡܪ ܐܢܐ ܠܟܘܢ: ܕܐܝܬ ܐܢܫܐ
ܕܩܝܡܝܢ ܠܗܪܟܐ: ܕܠܐ ܢܛܥܡܘܢ ܡܘܬܐ: ܥܕܡܐ ܕܢܚܙܘܢ ܠܒܪܗ ܕܐܢܫܐ ܕܐܬܐ ܒܡܠܟܘܬܗ.
Cap. xvii. 1 ܘܒܬܪ ܫܬܐ ܝܘܡܝܢ: ܕܒܪ ܝܫܘܥ ܠܟܐܦܐ. ܘܠܝܥܩܘܒ. ܘܠܝܘܚܢܢ ܐܚܘܗܝ: ܘܐܣܩ
ܐܢܘܢ ܠܛܘܪܐ ܪܡܐ ܒܠܚܘܕܝܗܘܢ. 2 ܘܐܫܬܚܠܦ ܝܫܘܥ ܩܕܡܝܗܘܢ. ܘܢܗܪ ܦܪܨܘܦܗ
ܐܝܟ ܫܡܫܐ. ܢܚܬܘܗܝ ܕܝܢ ܚܘܪܘ ܐܝܟ ܢܘܗܪܐ. 3 ܘܐܬܚܙܝܘ ܠܗܘܢ ܡܘܫܐ ܘܐܠܝܐ. ܟܕ
ܡܡܠܠܝܢ ܥܡܗ. 4 ܥܢܐ ܕܝܢ ܟܐܦܐ ܘܐܡܪ ܠܝܫܘܥ. ܡܪܝ: ܫܦܝܪ ܗܘ ܠܢ. ܕܗܪܟܐ
ܢܗܘܐ. ܘܐܢ ܨܒܐ ܐܢܬ: ܢܥܒܕ ܬܠܬ ܡܛܠܝܢ: ܠܟ ܚܕܐ: ܘܠܡܘܫܐ ܚܕܐ: ܘܚܕܐ
ܠܐܠܝܐ. 5 ܘܟܕ ܗܘ ܡܡܠܠ: ܗܐ ܥܢܢܐ ܢܗܝܪܬܐ ܐܛܠܠܬ ܥܠܝܗܘܢ: ܘܩܠܐ ܗܘܐ ܡܢ
ܥܢܢܐ ܕܐܡܪ. ܗܢܘ ܒܪܝ ܚܒܝܒܐ: ܕܒܗ ܐܨܛܒܝܬ. ܠܗ ܫܡܥܘ.
6 ܘܟܕ ܫܡܥܘ ܬܠܡܝܕܐ. ܢܦܠܘ ܥܠ ܐܦܝܗܘܢ. ܘܕܚܠܘ ܛܒ. 7 ܘܐܬܩܪܒ ܠܘܬܗܘܢ
ܝܫܘܥ: ܘܩܪܒ ܒܗܘܢ. ܘܐܡܪ. ܩܘܡܘ. ܠܐ ܬܕܚܠܘܢ. 8 ܘܐܪܝܡܘ ܥܝܢܝܗܘܢ: ܘܠܐܢܫ ܠܐ
ܚܙܘ. ܐܠܐ ܠܝܫܘܥ ܒܠܚܘܕܘܗܝ. 9 ܘܟܕ ܢܚܬܝܢ ܡܢ ܛܘܪܐ. ܦܩܕ ܐܢܘܢ ܝܫܘܥ. ܘܐܡܪ
ܠܗܘܢ: ܠܐܢܫ ܠܐ ܬܐܡܪܘܢ ܚܙܘܐ ܗܢܐ: ܥܕܡܐ ܕܢܩܘܡ ܒܪܗ ܕܐܢܫܐ ܡܢ ܒܝܬ ܡܝܬܐ.
10 ܘܫܐܠܘܗܝ ܬܠܡܝܕܘܗܝ ܘܐܡܪܝܢ ܠܗ. ܡܢܐ ܗܟܝܠ ܣܦܪܐ ܐܡܪܝܢ: ܕܐܠܝܐ ܘܠܐ
ܕܢܐܬܐ ܠܘܩܕܡ. 11 ܥܢܐ ܝܫܘܥ ܘܐܡܪ. ܐܠܝܐ ܐܬܐ ܠܘܩܕܡ: ܘܟܠ ܡܕܡ ܢܫܠܡ. 12 ܐܡܪ
ܐܢܐ ܠܟܘܢ ܕܝܢ: ܕܗܐ ܐܠܝܐ ܐܬܐ. ܘܠܐ ܝܕܥܘܗܝ. ܘܥܒܕܘ ܒܗ ܟܠ ܡܐ ܕܨܒܘ. ܗܟܢܐ ܐܦ
ܒܪܗ ܕܐܢܫܐ ܥܬܝܕ ܕܢܚܫ ܡܢܗܘܢ. 13 ܗܝܕܝܢ ܐܣܬܟܠܘ ܬܠܡܝܕܐ: ܕܥܠ ܝܘܚܢܢ ܡܥܡܕܢܐ
ܐܡܪ ܠܗܘܢ.
14 ܘܟܕ ܐܬܘ ܠܘܬ ܟܢܫܐ. ܩܪܒ ܠܗ ܓܒܪܐ. ܘܒܪܟ ܥܠ ܒܘܪܟܘܗܝ. 15 ܘܐܡܪ
ܠܗ. ܡܪܝ: ܐܬܪܚܡ ܥܠܝ. ܒܪܝ ܕܐܝܬ ܠܗ ܒܪ ܐܓܪܐ. ܘܒܝܫܐܝܬ ܡܬܕܒܪ. ܙܒܢܐ
ܓܝܪ ܣܓܝܐܢ ܒܢܘܪܐ ܢܦܠ. ܘܙܒܢܐ ܣܓܝܐܢ ܒܡܝܐ. 16 ܘܩܪܒܬܗ ܠܬܠܡܝܕܝܟ. ܘܠܐ
ܐܫܟܚܘ ܠܡܐܣܝܘܬܗ. 17 ܥܢܐ ܝܫܘܥ ܘܐܡܪ. ܐܘ ܫܪܒܬܐ ܕܠܐ ܗܝܡܢܘܬܐ ܘܡܥܩܡܬܐ.
ܥܕܡܐ ܠܐܡܬܝ ܐܗܘܐ ܠܘܬܟܘܢ: ܘܥܕܡܐ ܠܐܡܬܝ ܐܣܝܒܪܟܘܢ: ܐܝܬܝܘܗܝ ܠܝ ܠܗܪܟܐ.
18 ܘܟܐܐ ܒܗ ܝܫܘܥ. ܘܢܦܩ ܡܢܗ ܫܐܕܐ. ܘܐܬܐܣܝ ܛܠܝܐ ܡܢ ܗܝ ܫܥܬܐ.
19 ܗܝܕܝܢ ܩܪܒܘ ܬܠܡܝܕܐ ܠܘܬ ܝܫܘܥ ܒܠܚܘܕܝܗܘܢ. ܘܐܡܪܘ ܠܗ. ܠܡܢܐ ܚܢܢ ܠܐ
ܐܫܟܚܢ ܠܡܐܣܝܘܬܗ. 20 ܐܡܪ ܠܗܘܢ ܝܫܘܥ. ܡܛܠ ܠܐ ܗܝܡܢܘܬܟܘܢ. ܐܡܝܢ ܓܝܪ

ܐܡܪ ܐܢܐ ܠܟܘܢ: ܕܐܢ ܬܗܘܐ ܠܟܘܢ ܗܝܡܢܘܬܐ ܐܝܟ ܦܪܕܬܐ ܕܚܪܕܠܐ. ܬܐܡܪܘܢ ܠܛܘܪܐ
ܗܢܐ: ܕܫܢܐ ܡܟܐ ܘܢܫܢܐ. ܘܡܕܡ ܠܐ ܢܬܚܣܢܟܘܢ. 21 ܗܢܐ ܕܝܢ ܓܢܣܐ ܠܐ ܢܦܩ. ܐܠܐ ܒܨܘܡܐ
ܘܒܨܠܘܬܐ ✣

22 ܟܕ ܡܬܗܦܟܝܢ ܕܝܢ ܒܓܠܝܠܐ. ܐܡܪ ܠܗܘܢ ܝܫܘܥ. ܥܬܝܕ ܗܘ ܒܪܗ ܕܐܢܫܐ ܕܢܫܬܠܡ
ܒܐܝܕܝ ܒܢܝ ܐܢܫܐ. 23 ܘܢܩܛܠܘܢܝܗܝ ܘܠܝܘܡܐ ܕܬܠܬܐ ܢܩܘܡ. ܘܟܪܝܬ ܠܗܘܢ ܛܒ ✣✣
24 ܘܟܕ ܐܬܘ ܠܟܦܪܢܚܘܡ. ܩܪܒܘ ܗܢܘܢ ܕܢܣܒܝܢ ܐܣܬܪܝܢ ܕܪܫܐ ܠܘܬ
ܟܐܦܐ. ܘܐܡܪܘ ܠܗ. ܪܒܟܘܢ ܠܐ ܝܗܒ ܐܣܬܪܝܗ. 25 ܐܡܪ ܠܗܘܢ ܐܝܢ. ܘܟܕ ܥܠ
ܟܐܦܐ ܠܒܝܬܐ. ܩܕܡܗ ܝܫܘܥ. ܘܐܡܪ ܠܗ. ܡܢܐ ܡܬܚܙܐ ܠܟ ܫܡܥܘܢ: ܡܠܟܝܗ
ܕܐܪܥܐ. ܡܢ ܡܢ ܢܣܒܝܢ ܡܟܣܐ ܘܟܣܦ ܪܫܐ. ܡܢ ܒܢܝܗܘܢ. ܐܘ ܡܢ ܢܘܟܪܝܐ. 26 ܐܡܪ
ܠܗ ܫܡܥܘܢ. ܡܢ ܢܘܟܪܝܐ. ܐܡܪ ܠܗ ܝܫܘܥ. ܡܕܝܢ ܒܢܝܐ ܚܐܪܐ ܐܢܘܢ. 27 ܕܠܐ ܕܝܢ
ܢܟܫܠ ܐܢܘܢ: ܙܠ ܠܝܡܐ. ܘܐܪܡܐ ܒܠܘܩܐ. ܘܢܘܢܐ ܩܕܡܝܐ ܕܣܠܩ. ܦܬܚ ܦܘܡܗ.
ܘܬܫܟܚ ܐܣܬܪܐ. ܗܘ ܣܒ. ܘܗܒ ܚܠܦܝ. ܘܚܠܦܝܟ ✣

1 ܒܗܝ ܫܥܬܐ. ܩܪܒܘ ܬܠܡܝܕܐ ܠܘܬ ܝܫܘܥ. ܘܐܡܪܝܢ. ܡܢܘ ܟܝ ܪܒ ܒܡܠܟܘܬܐ Cap. xviii.
ܕܫܡܝܐ. 2 ܘܩܪܐ ܝܫܘܥ ܛܠܝܐ. ܘܐܩܝܡܗ ܒܡܨܥܬܗܘܢ. 3 ܘܐܡܪ. ܐܡܝܢ ܐܡܪ ܐܢܐ ܠܟܘܢ:
ܕܐܠܐ ܬܬܗܦܟܘܢ: ܘܬܗܘܘܢ ܐܝܟ ܛܠܝܐ. ܠܐ ܬܥܠܘܢ ܠܡܠܟܘܬܐ ܕܫܡܝܐ. 4 ܡܢ ܗܘ ܗܟܝܠ
ܕܡܡܟܟ ܢܦܫܗ. ܐܝܟ ܗܢܐ ܛܠܝܐ. ܗܘ ܢܗܘܐ ܪܒ ܒܡܠܟܘܬܐ ܕܫܡܝܐ. 5 ܘܡܢ ܕܢܩܒܠ
ܐܝܟ ܛܠܝܐ ܗܢܐ: ܒܫܡܝ ܠܝ ܡܩܒܠ. 6 ܘܟܠ ܕܢܟܫܠ ܠܚܕ ܡܢ ܗܠܝܢ ܙܥܘܪܐ
ܕܡܗܝܡܢܝܢ ܒܝ. ܦܩܚ ܗܘܐ ܠܗ ܕܬܬܬܠܐ ܪܚܝܐ ܕܚܡܪܐ ܒܨܘܪܗ: ܘܢܛܒܥ
ܒܥܘܡܩܘܗܝ ܕܝܡܐ ✣ 7 ܘܝ ܠܥܠܡܐ ܡܢ ܡܟܫܘܠܐ. ܐܢܢܩܐ ܓܝܪ ܕܢܐܬܘܢ ܡܟܫܘܠܐ.
ܘܝ ܕܝܢ ܠܓܒܪܐ ܕܒܐܝܕܗ ܢܐܬܘܢ ܡܟܫܘܠܐ ✣ 8 ܐܢ ܕܝܢ ܐܝܕܟ. ܐܘ ܪܓܠܟ. ܡܟܫܠܐ ܠܟ:
ܦܣܘܩܝܗ ܘܫܕܝܗ ܡܢܟ. ܛܒ ܗܘ ܠܟ ܕܬܥܘܠ ܠܚܝܐ: ܟܕ ܚܓܝܣ ܐܝܬܝܟ ܐܘ ܟܕ ܦܫܝܓ:
ܘܠܐ ܟܕ ܐܝܬ ܠܟ ܬܪܬܝܢ ܐܝܕܝܢ ܐܘ ܬܪܬܝܢ ܪܓܠܝܢ: ܬܦܠ ܒܢܘܪܐ ܕܠܥܠܡ. 9 ܘܐܢ ܗܝ
ܕܥܝܢܟ ܡܟܫܠܐ ܠܟ: ܚܨܝܗ ܘܫܕܝܗ ܡܢܟ. ܛܒ ܗܘ ܠܟ ܕܒܚܕܐ ܥܝܢܐ ܬܥܘܠ ܠܚܝܐ.
ܘܠܐ ܟܕ ܐܝܬ ܠܟ ܬܪܬܝܢ ܥܝܢܝܢ ܬܦܠ ܒܓܗܢܐ ܕܢܘܪܐ ✣

10 ܚܙܘ ܠܐ ܬܒܣܘܢ ܥܠ ܚܕ ܡܢ ܗܠܝܢ ܙܥܘܪܐ. ܐܡܪ ܐܢܐ ܠܟܘܢ ܓܝܪ. ܕܡܠܐܟܝܗܘܢ
ܒܫܡܝܐ. ܒܟܠܙܒܢ ܚܙܝܢ ܦܪܨܘܦܗ ܕܐܒܝ ܕܒܫܡܝܐ. 11 ܐܬܐ ܓܝܪ ܒܪܗ ܕܐܢܫܐ. ܕܢܚܐ ܡܕܡ
ܕܐܒܝܕ ܗܘܐ ✣

12 ܡܢܐ ܡܬܚܙܐ ܠܟܘܢ. ܐܢ ܢܗܘܘܢ ܠܓܒܪ ܡܐܐ ܥܢܝܢ: ܘܬܛܥܐ ܚܕܐ ܡܢܗܝܢ: ܠܐ ܫܒܩ
ܬܫܥܝܢ ܘܬܫܥܐ ܒܛܘܪܐ: ܘܐܙܠ ܒܥܐ ܠܗܝ ܕܛܥܬ. 13 ܘܐܢ ܢܫܟܚܝܗ. ܐܡܝܢ ܐܡܪ ܐܢܐ
ܠܟܘܢ: ܕܚܕܐ ܒܗ ܝܬܝܪ ܡܢ ܬܫܥܝܢ ܘܬܫܥܐ ܕܠܐ ܛܥܝ ✣ 14 ܗܟܢܐ: ܠܝܬ ܨܒܝܢܐ ܩܕܡ

ܐܒܘܟܘܢ ܕܒܫܡܝܐ. ܕܢܐܒܕ ܚܕ ܡܢ ܗܠܝܢ ܙܥܘܪܐ܀ 15 ܐܢ ܕܝܢ ܢܣܟܠ ܒܟ ܐܚܘܟ. ܙܠ
ܐܟܣܝܘܗܝ ܒܝܢܝܟ ܘܠܗ ܒܠܚܘܕܘܗܝ. ܐܢ ܫܡܥܟ. ܝܬܪܬ ܐܚܘܟ. 16 ܘܐܠܐ ܫܡܥܟ. ܕܒܪ
ܥܡܟ. ܚܕ ܐܘ ܬܪܝܢ. ܕܥܠ ܦܘܡ ܬܪܝܢ ܐܘ ܬܠܬܐ ܣܗܕܝܢ܆ ܬܩܘܡ ܟܠ ܡܠܐ. 17 ܐܢ ܕܝܢ
ܐܦ ܠܐ ܠܗܘܢ ܢܫܡܥ. ܐܡܪ ܠܥܕܬܐ. ܐܢ ܕܝܢ ܐܦ ܠܐ ܠܥܕܬܐ ܢܫܡܥ. ܢܗܘܐ ܠܟ ܐܝܟ
ܡܟܣܐ. ܘܐܝܟ ܚܢܦܐ܀ 18 ܘܐܡܝܢ ܐܡܪ ܐܢܐ ܠܟܘܢ. ܕܟܠ ܡܐ ܕܬܐܣܪܘܢ ܒܐܪܥܐ. ܢܗܘܐ
ܐܣܝܪ ܒܫܡܝܐ. ܘܡܕܡ ܕܬܫܪܘܢ ܒܐܪܥܐ. ܢܗܘܐ ܫܪܐ ܒܫܡܝܐ܀ 19 ܬܘܒ ܐܡܪ ܐܢܐ ܠܟܘܢ.
ܕܐܢ ܬܪܝܢ ܡܢܟܘܢ ܢܫܬܘܘܢ ܒܐܪܥܐ ܥܠ ܟܠ ܨܒܘ ܕܢܫܐܠܘܢ. ܢܗܘܐ ܠܗܘܢ ܡܢ
ܠܘܬ ܐܒܝ ܕܒܫܡܝܐ. 20 ܐܝܟܐ ܓܝܪ ܕܐܝܬܝܗܘܢ ܬܪܝܢ ܐܘ ܬܠܬܐ ܟܢܝܫܝܢ ܒܫܡܝ. ܬܡܢ ܐܢܐ
ܒܡܨܥܬܗܘܢ܀

21 ܗܝܕܝܢ ܩܪܒ ܠܘܬܗ ܟܐܦܐ ܘܐܡܪ. ܡܪܝ. ܟܡܐ ܙܒܢܝܢ. ܐܢ ܢܣܟܠ ܒܝ ܐܚܝ. ܐܫܒܘܩ
ܠܗ. ܥܕܡܐ ܠܫܒܥ ܙܒܢܝܢ: 22 ܐܡܪ ܠܗ ܝܫܘܥ. ܠܐ ܐܡܪ ܐܢܐ ܠܟ ܥܕܡܐ ܠܫܒܥ܆
ܐܠܐ ܥܕܡܐ ܠܫܒܥܝܢ ܙܒܢܝܢ ܫܒܥ ܫܒܥ܀

23 ܡܛܠ ܗܢܐ ܐܬܕܡܝܬ ܡܠܟܘܬܐ ܕܫܡܝܐ. ܠܓܒܪܐ ܡܠܟܐ. ܕܨܒܐ ܕܢܣܒ ܚܘܫܒܢܐ ܕܚܕ ܒ
ܡܢ ܥܒܕܘܗܝ. 24 ܘܟܕ ܫܪܝ ܠܡܣܒ. ܩܪܒܘ ܠܗ ܚܕ ܕܚܝܒ ܪܒܘ ܟܢܟܪܝܢ.
25 ܘܟܕ ܠܝܬ ܠܗ ܠܡܦܪܥ. ܦܩܕ ܡܪܗ ܕܢܙܕܒܢ ܗܘ ܘܐܢܬܬܗ ܘܒܢܘܗܝ. ܘܟܠ ܡܕܡ
ܕܐܝܬ ܠܗ. ܘܢܦܪܘܥ. 26 ܘܢܦܠ ܗܘ ܥܒܕܐ ܣܓܕ ܠܗ. ܘܐܡܪ. ܡܪܝ. ܐܓܪ ܪܘܚܟ
ܥܠܝ. ܘܟܠ ܡܕܡ ܦܪܥ ܐܢܐ ܠܟ. 27 ܘܐܬܪܚܡ ܡܪܗ ܕܥܒܕܐ ܗܘ. ܘܫܪܝܗܝ. ܘܚܘܒܬܗ
ܫܒܩ ܠܗ. 28 ܢܦܩ ܕܝܢ ܥܒܕܐ ܗܘ. ܘܐܫܟܚ ܠܚܕ ܡܢ ܟܢܘܬܗ ܕܚܝܒ ܗܘܐ ܠܗ.
ܡܐܐ ܕܝܢܪܝܢ. ܘܐܚܕܗ. ܘܚܢܩ ܗܘܐ ܠܗ. ܘܐܡܪ ܠܗ. ܗܒ ܠܝ ܡܕܡ ܕܚܝܒ ܐܢܬ ܠܝ.
29 ܘܢܦܠ ܗܘ ܟܢܬܗ ܥܠ ܪܓܠܘܗܝ. ܒܥܐ ܡܢܗ. ܘܐܡܪ ܠܗ. ܐܓܪ ܪܘܚܟ ܥܠܝ. ܘܦܪܥ
ܐܢܐ ܠܟ. 30 ܗܘ ܕܝܢ ܠܐ ܨܒܐ. ܐܠܐ ܐܙܠ ܐܪܡܝܗ ܒܝܬ ܐܣܝܪܐ. ܥܕܡܐ ܕܢܬܠ ܠܗ ܡܐ
ܕܚܝܒ ܠܗ. 31 ܟܕ ܚܙܘ ܕܝܢ ܟܢܘܬܗ ܡܕܡ ܕܗܘܐ. ܟܪܝܬ ܠܗܘܢ ܛܒ. ܘܐܬܘ. ܐܘܕܥܘ
ܠܡܪܗܘܢ ܟܠ ܕܗܘܐ. 32 ܗܝܕܝܢ ܩܪܝܗܝ ܡܪܗ. ܘܐܡܪ ܠܗ. ܥܒܕܐ ܒܝܫܐ. ܟܠܗ
ܚܘܒܐ ܫܒܩܬ ܠܟ. ܕܒܥܝܬ ܡܢܝ: 33 ܠܐ ܘܠܐ ܗܘܐ ܠܟ ܐܦ ܐܢܬ ܕܬܪܚܡ ܠܟܢܬܟ.
ܐܝܟܢܐ ܕܐܢܐ ܪܚܡܬܟ. 34 ܘܪܓܙ ܡܪܗ. ܘܐܫܠܡܗ ܠܡܫܢܩܢܐ. ܥܕܡܐ ܕܢܦܪܘܥ ܟܠ
ܡܕܡ ܕܚܝܒ ܠܗ. 35 ܗܟܢܐ ܢܥܒܕ ܠܟܘܢ ܐܒܝ ܕܒܫܡܝܐ. ܐܠܐ ܬܫܒܩܘܢ ܐܢܫ ܠܐܚܘܗܝ
ܡܢ ܠܒܟܘܢ ܣܟܠܘܬܗ܀

Cap. xix. 1 ܘܗܘܐ ܕܟܕ ܫܠܡ ܝܫܘܥ ܡܠܐ ܗܠܝܢ. ܫܢܝ ܡܢ ܓܠܝܠܐ. ܘܐܬܐ ܠܬܚܘܡܐ ܕܝܗܘܕ.
ܠܥܒܪܐ ܕܝܘܪܕܢܢ. 2 ܘܐܬܘ ܒܬܪܗ ܟܢܫܐ ܣܓܝܐܐ. ܘܐܣܝ ܐܢܘܢ ܬܡܢ. 3 ܘܩܪܒܘ ܠܘܬܗ
ܦܪܝܫܐ. ܘܡܢܣܝܢ ܗܘܘ ܠܗ ܘܐܡܪܝܢ. ܐܢ ܫܠܝܛ ܠܐܢܫ ܕܢܫܪܐ ܐܢܬܬܗ ܒܟܠ ܥܠܐ.

⁴ ܗܘ ܕܝܢ ܥܢܐ ܘܐܡܪ ܠܗܘܢ. ܠܐ ܩܪܝܬܘܢ. ܕܗܘ ܕܥܒܕ ܡܢ ܒܪܫܝܬ: ܕܟܪܐ ܘܢܩܒܬܐ
ܥܒܕ ܐܢܘܢ. ⁵ ܘܐܡܪ. ܡܛܠ ܗܢܐ ܢܫܒܘܩ ܓܒܪܐ ܠܐܒܘܗܝ ܘܠܐܡܗ. ܘܢܩܦ ܠܐܢܬܬܗ.
ܘܢܗܘܘܢ ܬܪܝܗܘܢ. ܚܕ ܒܣܪ. ⁶ ܡܟܝܠ ܠܐ ܗܘܘ ܬܪܝܢ. ܐܠܐ ܚܕ ܦܓܪ. ܡܕܡ ܗܟܝܠ
ܕܐܠܗܐ ܙܘܓ: ܒܪܢܫܐ ܠܐ ܢܦܪܫ. ⁷ ܐܡܪܝܢ ܠܗ. ܠܡܢܐ ܗܟܝܠ ܡܘܫܐ ܦܩܕ: ܕܢܬܠ
ܟܬܒܐ ܕܫܘܒܩܢܐ ܘܢܫܪܝܗ. ⁸ ܐܡܪ ܠܗܘܢ. ܡܘܫܐ ܠܘܩܒܠ ܩܫܝܘܬ ܠܒܟܘܢ ܐܦܣ ܠܟܘܢ
ܕܬܫܪܘܢ ܢܫܝܟܘܢ. ܡܢ ܒܪܫܝܬ ܕܝܢ. ܠܐ ܗܘܐ ܗܟܢܐ. ⁹ ܐܡܪ ܐܢܐ ܠܟܘܢ ܕܝܢ. ܕܡܢ
ܕܫܒܩ ܐܢܬܬܗ ܕܠܐ ܒܙܢܝܘܬܐ: ܘܢܣܒ ܐܚܪܬܐ ܓܐܪ. ܘܡܢ ܕܢܣܒ ܫܒܝܩܬܐ ܓܐܪ. ¹⁰ ܐܡܪܝܢ
ܠܗ ܬܠܡܝܕܘܗܝ. ܐܢ ܗܟܢܐ ܐܝܬ ܥܠܬܐ: ܒܝܢܬ ܓܒܪܐ ܠܐܢܬܬܐ. ܠܐ ܦܩܚ ܠܡܣܒ
ܐܢܬܬܐ. ¹¹ ܗܘ ܕܝܢ ܐܡܪ ܠܗܘܢ. ܠܐ ܟܠܢܫ ܣܦܩ ܠܗ ܠܡܠܬܐ ܗܕܐ: ܐܠܐ ܡܢ ܕܝܗܝܒܐ
ܠܗ. ¹² ܐܝܬ ܓܝܪ ܡܗܝܡܢܐ ܕܡܢ ܟܪܣܐ ܕܐܡܗܘܢ ܐܬܝܠܕܘ ܗܟܢܐ. ܘܐܝܬ ܡܗܝܡܢܐ
ܕܡܢ ܒܢܝܢܫܐ ܗܘܘ ܡܗܝܡܢܐ. ܘܐܝܬ ܡܗܝܡܢܐ. ܕܗܢܘܢ ܥܒܕܘ ܢܦܫܗܘܢ ܡܗܝܡܢܐ.
ܡܛܠ ܡܠܟܘܬܐ ܕܫܡܝܐ. ܡܢ ܕܡܫܟܚ ܕܢܣܒ. ܢܣܒ.

¹³ ܗܝܕܝܢ ܩܪܒܘ ܠܗ ܛܠܝܐ ܕܢܣܝܡ ܐܝܕܗ ܥܠܝܗܘܢ. ܘܢܨܠܐ. ܘܟܐܐ ܒܗܘܢ ܬܠܡܝܕܘܗܝ.
¹⁴ ܗܘ ܕܝܢ ܝܫܘܥ ܐܡܪ ܠܗܘܢ. ܫܒܘܩܘ ܛܠܝܐ ܢܐܬܘܢ ܠܘܬܝ. ܘܠܐ ܬܟܠܘܢ ܐܢܘܢ.
ܕܕܐܝܠܝܢ ܓܝܪ ܕܐܝܟ ܗܠܝܢ ܐܢܘܢ. ܐܝܬܝܗ ܡܠܟܘܬܐ ܕܫܡܝܐ. ¹⁵ ܘܣܡ ܐܝܕܗ ܥܠܝܗܘܢ.
ܘܐܙܠ ܡܢ ܬܡܢ.

¹⁶ ܘܐܬܐ ܚܕ ܩܪܒ ܘܐܡܪ ܠܗ. ܡܠܦܢܐ ܛܒܐ. ܡܢܐ ܕܛܒ ܐܥܒܕ ܕܢܗܘܘܢ ܠܝ ܚܝܐ
ܕܠܥܠܡ. ¹⁷ ܗܘ ܕܝܢ ܐܡܪ ܠܗ. ܡܢܐ ܩܪܐ ܐܢܬ ܠܝ ܛܒܐ. ܠܝܬ ܛܒܐ ܐܠܐ ܐܢ ܚܕ
ܐܠܗܐ. ܐܢ ܕܝܢ ܨܒܐ ܐܢܬ ܕܬܥܘܠ ܠܚܝܐ ܛܪ ܦܘܩܕܢܐ. ¹⁸ ܐܡܪ ܠܗ ܐܝܠܝܢ. ܗܘ ܕܝܢ
ܝܫܘܥ ܐܡܪ ܠܗ. ܕܠܐ ܬܩܛܘܠ. ܘܠܐ ܬܓܘܪ. ܘܠܐ ܬܓܢܘܒ. ܘܠܐ ܬܣܗܕ ܣܗܕܘܬܐ ܕܓܠܐ.
¹⁹ ܘܝܩܪ ܠܐܒܘܟ ܘܠܐܡܟ. ܘܐܚܒ ܠܩܪܝܒܟ. ܐܝܟ ܢܦܫܟ. ²⁰ ܐܡܪ ܠܗ ܗܘ ܥܠܝܡܐ.
ܗܠܝܢ ܟܠܗܝܢ ܢܛܪܬ ܐܢܝܢ ܡܢ ܛܠܝܘܬܝ. ܡܢܐ ܚܣܝܪ ܐܢܐ. ²¹ ܐܡܪ ܠܗ ܝܫܘܥ.
ܐܢ ܨܒܐ ܐܢܬ ܓܡܝܪܐ ܠܡܗܘܐ. ܙܠ ܙܒܢ ܩܢܝܢܟ. ܘܗܒ ܠܡܣܟܢܐ. ܘܬܗܘܐ ܠܟ
ܣܝܡܬܐ ܒܫܡܝܐ. ܘܬܐ ܒܬܪܝ. ²² ܫܡܥ ܕܝܢ ܗܘ ܥܠܝܡܐ ܡܠܬܐ ܗܕܐ. ܘܐܙܠ.
ܟܕ ܟܪܝܐ ܠܗ. ܐܝܬ ܗܘܐ ܠܗ ܓܝܪ ܩܢܝܢܐ ܣܓܝܐܐ. ²³ ܝܫܘܥ ܕܝܢ ܐܡܪ
ܠܬܠܡܝܕܘܗܝ. ܐܡܝܢ ܐܡܪ ܐܢܐ ܠܟܘܢ. ܕܥܛܠܐ ܗܝ ܠܥܬܝܪܐ ܕܢܥܘܠ
ܠܡܠܟܘܬܐ ܕܫܡܝܐ. ²⁴ ܬܘܒ ܕܝܢ ܐܡܪܢܐ ܠܟܘܢ. ܕܦܫܝܩ ܗܘ ܠܓܡܠܐ ܠܡܥܠ
ܒܚܪܘܪܐ ܕܡܚܛܐ. ܐܘ ܥܬܝܪܐ ܕܢܥܘܠ ܠܡܠܟܘܬܐ ܕܐܠܗܐ. ²⁵ ܬܠܡܝܕܐ ܕܝܢ ܟܕ
ܫܡܥܘ. ܬܡܝܗܝܢ ܗܘܘ ܛܒ. ܘܐܡܪܝܢ. ܡܢܘ ܟܝ ܡܫܟܚ ܕܢܚܐ. ²⁶ ܚܪ ܒܗܘܢ ܝܫܘܥ.
ܘܐܡܪ ܠܗܘܢ. ܠܘܬ ܒܢܝܢܫܐ ܗܕܐ ܠܐ ܡܫܟܚܐ. ܠܘܬ ܐܠܗܐ ܕܝܢ ܟܠܡܕܡ ܡܫܟܚܐ.

27 ܗܝܕܝܢ ܥܢܐ ܟܐܦܐ ܘܐܡܪ ܠܗ. ܗܐ ܐܚܢܢ ܫܒܩܢ ܟܠܡܕܡ ܘܐܬܝܢ ܒܬܪܟ. ܡܢܐ ܟܝ
ܢܗܘܐ ܠܢ ܀ 28 ܐܡܪ ܠܗܘܢ ܝܫܘܥ. ܐܡܝܢ ܐܡܪ ܐܢܐ ܠܟܘܢ ܕܐܝܠܝܢ ܕܐܬܝܬܘܢ ܒܬܪܝ.
ܒܥܠܡܐ ܚܕܬܐ. ܡܐ ܕܝܬܒ ܒܪܗ ܕܐܢܫܐ ܥܠ ܬܪܘܢܘܣ ܕܫܘܒܚܗ. ܬܬܒܘܢ ܐܦ ܐܢܬܘܢ
ܥܠ ܬܪܥܣܪ ܟܘܪܣܘܢ. ܘܬܕܘܢܘܢ ܠܬܪܥܣܪ ܫܒܛܐ ܕܐܝܣܪܝܠ. 29 ܘܟܠܢܫ ܕܫܒܩ
ܒܬܐ: ܐܘ ܐܚܐ ܐܘ ܐܚܘܬܐ: ܐܘ ܐܒܐ ܐܘ ܐܡܐ: ܐܘ ܐܢܬܬܐ ܐܘ ܒܢܝܐ: ܐܘ ܩܘܪܝܐ ܡܛܠ
ܫܡܝ. ܚܕ ܒܡܐܐ ܢܩܒܠ. ܘܚܝܐ ܕܠܥܠܡ ܢܐܪܬ ܀ 30 ܣܓܝܐܐ ܕܝܢ ܩܕܡܝܐ ܕܢܗܘܘܢ
ܐܚܪܝܐ. ܘܐܚܪܝܐ ܩܕܡܝܐ ܀

Cap. xx.
1 ܕܕܡܝܐ ܓܝܪ ܡܠܟܘܬܐ ܕܫܡܝܐ. ܠܓܒܪܐ. ܡܪܐ ܒܝܬܐ: ܕܢܦܩ ܒܨܦܪܐ ܕܢܐܓܘܪ ܦܥܠܐ
ܠܟܪܡܗ. 2 ܩܨ ܕܝܢ ܥܡ ܦܥܠܐ ܡܢ ܕܝܢܪܐ ܒܝܘܡܐ. ܘܫܕܪ ܐܢܘܢ ܠܟܪܡܗ. 3 ܘܢܦܩ
ܒܬܠܬ ܫܥܝܢ. ܘܚܙܐ ܐܚܪܢܐ ܕܩܝܡܝܢ ܒܫܘܩܐ. ܘܒܛܝܠܝܢ. 4 ܘܐܡܪ ܠܗܘܢ. ܙܠܘ.
ܐܦ ܐܢܬܘܢ ܠܟܪܡܐ. ܘܡܕܡ ܕܙܕܩ ܝܗܒ ܐܢܐ ܠܟܘܢ. 5 ܗܢܘܢ ܕܝܢ ܐܙܠܘ. ܘܢܦܩ
ܬܘܒ ܒܫܬ. ܘܒܬܫܥ ܫܥܝܢ. ܘܥܒܕ ܗܟܘܬ. 6 ܘܠܦܢܝ ܚܕܥܣܪܐ ܫܥܝܢ. ܢܦܩ ܘܐܫܟܚ
ܐܚܪܢܐ ܕܩܝܡܝܢ ܘܒܛܝܠܝܢ. ܘܐܡܪ ܠܗܘܢ. ܡܢܐ ܩܝܡܝܢ ܐܢܬܘܢ ܝܘܡܐ ܟܠܗ. ܘܒܛܝܠܝܢ.
7 ܐܡܪܝܢ ܠܗ. ܕܠܐ ܐܢܫ ܐܓܪܢ. ܐܡܪ ܠܗܘܢ. ܙܠܘ ܐܦ ܐܢܬܘܢ ܠܟܪܡܐ. ܘܡܕܡ ܕܙܕܩ
ܢܣܒܝܢ ܐܢܬܘܢ. 8 ܟܕ ܗܘܐ ܕܝܢ ܪܡܫܐ. ܐܡܪ ܡܪܐ ܟܪܡܐ ܠܪܒܝܬܗ. ܩܪܝ ܦܥܠܐ. ܘܗܒ
ܠܗܘܢ ܐܓܪܗܘܢ. ܘܫܪܝ ܡܢ ܐܚܪܝܐ ܘܥܕܡܐ ܠܩܕܡܝܐ. 9 ܘܐܬܘ ܗܢܘܢ ܕܚܕܥܣܪܐ
ܫܥܝܢ. ܢܣܒܘ ܕܝܢܪ ܕܝܢܪ. 10 ܘܟܕ ܐܬܘ ܩܕܡܝܐ. ܣܒܪܘ ܕܝܬܝܪ ܢܣܒܝܢ. ܘܢܣܒܘ
ܕܝܢܪ ܕܝܢܪ ܐܦ ܗܢܘܢ. 11 ܘܟܕ ܢܣܒܘ. ܪܛܢܘ ܥܠ ܡܪܐ ܒܝܬܐ. 12 ܘܐܡܪܝܢ. ܗܠܝܢ
ܐܚܪܝܐ ܚܕܐ ܫܥܬܐ ܥܒܕܘ: ܘܐܫܘܝܬ ܐܢܘܢ ܠܢ: ܕܫܩܠܢ ܝܘܩܪܗ ܕܝܘܡܐ ܘܚܘܡܗ.
13 ܗܘ ܕܝܢ ܥܢܐ. ܘܐܡܪ ܠܚܕ ܡܢܗܘܢ. ܚܒܪܝ ܠܐ ܡܥܘܠ ܐܢܐ ܠܟ. ܠܐ ܗܘܐ ܒܕܝܢܪ ܩܨܬ
ܥܡܝ. 14 ܣܒ ܕܝܠܟ ܘܙܠ. ܨܒܐ ܐܢܐ ܕܝܢ ܕܠܗܢܐ ܐܚܪܝܐ ܐܬܠ ܐܝܟ ܕܠܟ. 15 ܐܘ ܠܐ
ܫܠܝܛ ܠܝ. ܕܡܕܡ ܕܨܒܐ ܐܢܐ ܐܥܒܕ ܒܕܝܠܝ. ܐܘ ܥܝܢܟ ܒܝܫܐ ܕܐܢܐ ܛܒ ܐܢܐ. 16 ܗܟܢܐ
ܢܗܘܘܢ ܐܚܪܝܐ ܩܕܡܝܐ: ܘܩܕܡܝܐ ܐܚܪܝܐ. ܣܓܝܐܝܢ ܐܢܘܢ ܓܝܪ ܩܪܝܐ. ܘܙܥܘܪܝܢ
ܓܒܝܐ ܀ ܀ ܀

17 ܟܕ ܣܠܩ ܗܘܐ ܕܝܢ ܝܫܘܥ. ܕܢܐܙܠ ܠܐܘܪܫܠܡ ܀ ܘܕܒܪ ܠܬܪܥܣܪ ܬܠܡܝܕܘܗܝ [illegible]
ܒܝܢܘܗܝ ܠܚܘܕܝܗܘܢ ܒܐܘܪܚܐ. ܘܐܡܪ ܠܗܘܢ. 18 ܗܐ ܣܠܩܝܢ ܚܢܢ ܠܐܘܪܫܠܡ. ܘܒܪܗ
ܕܐܢܫܐ ܡܫܬܠܡ ܠܪܒܝ ܟܗܢܐ ܘܠܣܦܪܐ. ܘܢܚܝܒܘܢܝܗܝ ܠܡܘܬܐ. 19 ܘܢܫܠܡܘܢܝܗܝ
ܠܥܡܡܐ. ܘܢܒܙܚܘܢ ܒܗ. ܘܢܢܓܕܘܢܝܗܝ ܘܢܙܩܦܘܢܝܗܝ. ܘܠܝܘܡܐ ܕܬܠܬܐ ܢܩܘܡ ܀
20 ܗܝܕܝܢ ܩܪܒܬ ܠܗ ܐܡܗܘܢ ܕܒܢܝ ܙܒܕܝ. ܗܝ ܘܒܢܝܗ ܘܣܓܕܬ ܠܗ. ܘܫܐܠܐ ܗܘܬ
ܠܗ ܡܕܡ. 21 ܗܘ ܕܝܢ ܐܡܪ ܠܗ. ܡܢܐ ܨܒܝܐ ܐܢܬܝ. ܐܡܪܐ ܠܗ. ܐܡܪ ܕܢܬܒܘܢ ܗܠܝܢ

ܬܪܝܢ ܒܢܝ: ܚܕ ܡܢ ܝܡܝܢܟ ܘܚܕ ܡܢ ܣܡܠܟ ܒܡܠܟܘܬܟ. 22 ܥܢܐ ܝܫܘܥ. ܘܐܡܪ.
ܠܐ ܝܕܥܝܢ ܐܢܬܘܢ ܡܢܐ ܫܐܠܝܢ ܐܢܬܘܢ. ܡܫܟܚܝܢ ܐܢܬܘܢ ܠܡܫܬܐ ܟܣܐ ܕܐܢܐ ܥܬܝܕ
ܠܡܫܬܐ. ܐܘ ܡܥܡܘܕܝܬܐ ܕܐܢܐ ܥܡܕ ܐܢܐ ܠܡܥܡܕܘ: ܐܡܪܝܢ ܠܗ. ܡܫܟܚܝܢ ܚܢܢ.
23 ܐܡܪ ܠܗܘܢ. ܟܣܝ ܬܫܬܘܢ. ܘܡܥܡܘܕܝܬܐ ܕܐܢܐ ܥܡܕ ܐܢܐ ܬܥܡܕܘܢ. ܕܬܬܒܘܢ
ܕܝܢ ܡܢ ܝܡܝܢܝ ܘܡܢ ܣܡܠܝ. ܠܐ ܗܘܬ ܕܝܠܝ ܕܐܬܠ: ܐܠܐ ܠܐܝܠܝܢ ܕܡܛܝܒܐ ܡܢ ܐܒܝ܀
24 ܟܕ ܕܝܢ ܫܡܥܘ ܥܣܪܐ. ܐܬܚܡܬܘ ܥܠ ܗܢܘܢ ܬܪܝܢ ܐܚܝܢ. 25 ܘܩܪܐ ܐܢܘܢ ܝܫܘܥ.
ܘܐܡܪ ܠܗܘܢ. ܝܕܥܝܢ ܐܢܬܘܢ ܕܪܫܝܗܘܢ ܕܥܡܡܐ ܡܪܝܗܘܢ ܐܢܘܢ. ܘܪܘܪܒܢܝܗܘܢ
ܫܠܝܛܝܢ ܥܠܝܗܘܢ. 26 ܠܐ ܗܟܢܐ ܬܗܘܐ ܒܝܢܬܟܘܢ. ܐܠܐ ܡܢ ܕܨܒܐ ܒܟܘܢ ܕܢܗܘܐ ܪܒܐ.
ܢܗܘܐ ܠܟܘܢ ܡܫܡܫܢܐ. 27 ܘܡܢ ܕܨܒܐ ܒܟܘܢ ܕܢܗܘܐ ܩܕܡܝܐ. ܢܗܘܐ ܠܟܘܢ ܥܒܕܐ.
28 ܐܝܟܢܐ ܕܒܪܗ ܕܐܢܫܐ. ܠܐ ܐܬܐ ܕܢܫܬܡܫ: ܐܠܐ ܕܢܫܡܫ. ܘܢܬܠ ܢܦܫܗ ܦܘܪܩܢܐ ܚܠܦ
ܣܓܝܐܐ܀

29 ܘܟܕ ܢܦܩ ܝܫܘܥ ܡܢ ܐܝܪܝܚܘ: ܐܬܐ ܗܘܐ ܒܬܪܗ ܟܢܫܐ ܣܓܝܐܐ. 30 ܘܗܐ ܣܡܝܐ
ܬܪܝܢ ܝܬܒܝܢ ܗܘܘ ܥܠ ܝܕ ܐܘܪܚܐ. ܘܟܕ ܫܡܥܘ ܕܝܫܘܥ ܥܒܪ: ܩܥܘ ܘܐܡܪܝܢ.
ܐܬܪܚܡ ܥܠܝܢ ܡܪܢ܀ ܒܪܗ ܕܕܘܝܕ. 31 ܟܢܫܐ ܕܝܢ ܟܐܐ ܗܘܐ ܒܗܘܢ. ܕܢܫܬܩܘܢ. ܗܢܘܢ
ܕܝܢ ܝܬܝܪܐܝܬ ܐܪܝܡܘ ܩܠܗܘܢ. ܘܐܡܪܝܢ. ܡܪܢ ܐܬܪܚܡ ܥܠܝܢ: ܒܪܗ ܕܕܘܝܕ܀ 32 ܘܩܡ ܝܫܘܥ:
ܘܩܪܐ ܐܢܘܢ. ܘܐܡܪ. ܡܢܐ ܨܒܝܢ ܐܢܬܘܢ ܕܐܥܒܕ ܠܟܘܢ. 33 ܐܡܪܝܢ ܠܗ. ܡܪܢ:
ܕܢܬܦܬܚܢ ܥܝܢܝܢ. 34 ܘܐܬܪܚܡ ܥܠܝܗܘܢ ܝܫܘܥ. ܘܩܪܒ ܠܥܝܢܝܗܘܢ. ܘܒܪ ܫܥܬܗ
ܐܬܦܬܚ ܥܝܢܝܗܘܢ. ܘܐܙܠܘ ܒܬܪܗ܀

1 ܘܟܕ ܩܪܒ ܠܐܘܪܫܠܡ: ܘܐܬܐ ܠܒܝܬ ܦܓܐ: ܥܠ ܓܢܒ ܛܘܪܐ ܕܙܝܬܐ. ܫܕܪ ܝܫܘܥ Cap. xxi.
ܬܪܝܢ ܡܢ ܬܠܡܝܕܘܗܝ 2 ܘܐܡܪ ܠܗܘܢ. ܙܠܘ ܠܩܪܝܬܐ ܗܕܐ ܕܠܘܩܒܠܟܘܢ. ܘܡܚܕܐ
ܡܫܟܚܝܢ ܐܢܬܘܢ ܚܡܪܐ ܕܐܣܝܪܐ. ܘܥܝܠܐ ܥܡܗ. ܫܪܘ ܐܝܬܘ ܠܝ. 3 ܘܐܢ ܐܢܫ ܢܐܡܪ
ܠܟܘܢ ܡܕܡ: ܐܡܪܘ ܠܗ. ܕܠܡܪܢ ܡܬܒܥܝܢ. ܘܡܚܕܐ ܡܫܕܪ ܠܗܘܢ ܠܗܪܟܐ܀ 4 ܗܕܐ ܕܝܢ
ܕܗܘܬ. ܕܢܬܡܠܐ ܡܕܡ ܕܐܬܐܡܪ ܒܝܕ ܢܒܝܐ ܕܐܡܪ: 5 ܐܡܪܘ ܠܒܪܬ ܨܗܝܘܢ: ܗܐ ܡܠܟܟܝ
ܐܬܐ ܠܟܝ: ܡܟܝܟ ܘܪܟܝܒ ܥܠ ܚܡܪܐ ܘܥܠ ܥܝܠܐ ܒܪ ܐܬܢܐ. 6 ܘܐܙܠܘ ܬܠܡܝܕܐ.
ܘܥܒܕܘ ܐܝܟܢܐ ܕܦܩܕ ܠܗܘܢ ܝܫܘܥ. 7 ܘܐܝܬܝܘ ܠܚܡܪܐ ܘܠܥܝܠܐ. ܘܣܡܘ ܥܠ
ܥܝܠܐ ܢܚܬܝܗܘܢ: ܘܪܟܒ ܥܠܘܗܝ ܝܫܘܥ܀ 8 ܘܣܘܓܐܐ ܕܟܢܫܐ. ܡܫܘܝܢ ܗܘܘ ܢܚܬܝܗܘܢ
ܒܐܘܪܚܐ. ܐܚܪܢܐ ܕܝܢ ܦܣܩܝܢ ܗܘܘ ܣܘܟܐ ܡܢ ܐܝܠܢܐ. ܘܡܫܘܝܢ ܒܐܘܪܚܐ. 9 ܟܢܫܐ ܕܝܢ
ܐܝܠܝܢ ܕܐܙܠܝܢ ܗܘܘ ܩܕܡܘܗܝ: ܘܐܝܠܝܢ ܕܒܬܪܗ: ܩܥܝܢ ܗܘܘ. ܘܐܡܪܝܢ. ܐܘܫܥܢܐ ܠܒܪܗ
ܕܕܘܝܕ. ܒܪܝܟ ܗܘ ܕܐܬܐ ܒܫܡܗ ܕܡܪܝܐ. ܐܘܫܥܢܐ ܒܡܪܘܡܐ܀ 10 ܘܟܕ ܥܠ ܠܐܘܪܫܠܡ.
ܐܬܬܙܝܥܬ ܟܠܗ ܡܕܝܢܬܐ. ܘܐܡܪܝܢ ܗܘܘ. ܡܢܘ ܗܢܐ. 11 ܟܢܫܐ ܕܝܢ ܐܡܪܝܢ ܗܘܘ:

ܗܘܢܘ ܝܫܘܥ· ܕܝܢܐ ܕܡܢ ܢܦܫܐ ܕܟܫܝܠܐ܀ 12 ܘܟܠ ܝܫܘܥ ܠܗܘܡܚܠܐ ܘܐܬܪܘܬܐ. ܘܐܦܩ
ܒܟܢܘܫܬܗܘܢ، ܕܐܠܦܝܢ ܘܡܐܠܦܝܢ ܠܗܘܡܚܠܐ. ܘܡܟܪܙ ܦܬܓܡܐ ܕܡܠܟܘܬܐ. ܘܒܣܘܣܬܐ ܕܗܘܘ
ܕܡܐܠܦܝܢ ܡܢܐ. 13 ܘܐܡܪ ܠܗܘܢ. ܟܠܗ ܗܘܐ ܕܚܙܐ ܟܢܫܐ ܕܟܠܗܘܢ ܢܫܐ. ܐܝܟܘ
ܕܡܢ ܒܬܪܐܘܢܝܘܢ ܡܟܢܫܐ ܕܟܠܗܘܢ܀ 14 ܘܩܪܐ ܠܗ ܠܗܘܡܚܠܐ· ܩܫܝܫܐ ܘܣܟܠܘܬܐ
ܘܐܦܣ ܐܢܘܢ܀

15 ܡܢ ܒܬܪ ܕܡܢ ܐܬܝ ܬܠܡܝܕܐ ܕܝܘܚܢܢ· ܠܥܒܝܕܬܐ ܕܒܥܒܪ: ܘܠܟܬܒܐ ܕܐܟܠܝܢ ܠܗܘܡܚܠܐ ܘܐܡܪܝܢ:
ܐܘܡܟܢܐ ܠܟܒܪܗ ܕܨܘܡܝ: ܐܬܠܡܝܕ ܠܗܘܢ. 16 ܘܐܡܪܝܢ ܠܗ. ܡܫܠܡ ܐܝܟ: ܡܢܐ ܐܡܪܝܢ
ܗܟܝܢ. ܐܡܪ ܠܗܘܢ ܝܫܘܥ· ܐܝܢ. ܡܢ ܡܠܬܐ ܠܐ ܡܢܟܘܢ: ܕܡܢ ܦܘܡܐ ܕܠܟܬܒܐ
ܘܡܚܠܘܕܐ. ܠܦܫܛ ܠܡܟܘܣܬܐ܀ 17 ܘܡܟܬܒ ܐܢܘܢ: ܘܢܦܩ ܠܒܪ ܡܢ ܡܕܝܢܬܐ ܠܒܝܬ
ܟܢܫܐ. ܘܟܠܗ ܠܐܡܪ. 18 ܟܪܘܙܐ ܕܡܢ ܡܢ ܗܘܦܟ ܠܡܕܝܢܬܐ. ܡܢܗ. 19 ܘܚܙܐ ܐܬܐ ܚܕܐ
ܠܐܘܪܚܐ. ܘܐܬܐ ܠܘܬܗ. ܘܠܐ ܐܫܟܚ ܡܢܗ ܡܢܗܘܢ. ܐܠܐ ܗܢܘܢ ܟܠܗܘܢ. ܘܐܡܪ ܠܗ.
ܠܐ ܢܗܘܘܢ ܡܢ ܬܘܒ ܦܠܐܘܬ ܒܠܒܟܘܢ. ܘܡܚܝܐ ܡܚܠܦ ܠܬܐ ܗܘ. 20 ܘܚܙܐ ܠܟܘܡܪܐ
ܘܠܗܘܢ. ܘܐܡܪܝܢ: ܐܡܝܢܐ ܒܪ ܡܠܟܗ ܡܚܠܦ ܠܬܐ. 21 ܟܕ ܝܫܘܥ ܘܐܡܪ ܠܗܘܢ.
ܐܝܟܢ ܐܡܪ ܐܢܐ ܠܟܘܢ: ܕܠܐ ܬܗܘܐ ܠܟܘܢ ܗܝܡܢܘܬܐ· ܘܠܐ ܬܬܦܠܓܘܢ: ܠܐ ܒܠܒܟܘܢ ܗܘܐ
ܕܬܬܐ ܬܐܠܦܘܢ: ܐܠܐ ܐܦ ܠܡܘܬܐ ܗܢܐ ܬܐܡܪܘܢ: ܕܐܬܥܩܪ· ܘܦܠ ܒܝܡܐ ܬܗܘܐ. 23 ܘܟܠ
ܡܢܗܘܢ ܕܬܐܠܦܘܢ ܒܨܠܘܬܐ· ܘܬܗܝܡܢܘܢ. ܬܣܒܘܢ܀

23 ܘܟܕ ܐܬܐ ܝܫܘܥ ܠܗܘܡܚܠܐ. ܡܪܗ ܠܗ ܐܬܝ ܬܠܡܝܕܐ· ܘܡܩܪܒܝܢ ܘܟܠܗܐ· ܡܢ ܡܠܟܐ. ܚܝܐ ܕܘ
ܘܐܡܪܝܢ ܠܗ. ܕܐܝܬܐ ܡܘܠܟܐ ܗܟܢ ܟܠܒ ܐܝܬ. ܘܡܚܝܐ ܡܢܗ ܟܠ· ܡܘܠܟܢܐ ܗܘܐ.
24 ܟܕ ܝܫܘܥ ܘܐܡܪ ܠܗܘܢ. ܐܬܦܠܓܘܢ ܐܘ ܐܢܐ ܡܫܠܡܐ ܚܝܐ. ܘܐܝ ܬܐܡܪܘܢ ܡܢ. ܘܐܦ
ܐܢܐ ܐܡܪ ܐܢܐ ܠܟܘܢ. ܕܐܝܬܐ ܡܘܠܟܢܐ ܗܟܢ ܟܠܒ ܐܢܐ. 25 ܡܟܡܫܬܘܕܝܬܐ ܕܡܘܫܐ.
ܐܡܪܝܢ ܐܢܐ ܡܢ ܡܫܝܚܐ ܝܘܒ ܐܘ ܡܢ ܫܡܝܐ. ܗܢܘܢ ܕܡܢ ܡܬܚܫܒܝܢ ܗܘܘ
ܒܢܦܫܗܘܢ. ܘܐܡܪܝܢ. ܕܐܢ ܢܐܡܪ ܡܢ ܫܡܝܐ. ܐܡܪ ܠܢ: ܘܡܛܠ ܡܢܐ ܠܐ ܗܝܡܢܬܘܢ.
26 ܘܕܢܐܡܪ ܡܢ ܒܢܝ̈ܢܫܐ. ܕܚܠܝܢ ܐܢܚܢ ܡܢ ܥܡܐ. ܡܛܠ ܕܟܠܗܘܢ ܐܝܟ ܢܒܝܐ· ܐܚܝܕܝܢ
ܗܘܘ ܠܗ ܠܝܘܚܢܢ. 27 ܥܢܘ ܘܐܡܪܝܢ ܠܗ. ܠܐ ܝܕܥܝܢܢ. ܐܡܪ ܠܗܘܢ ܝܫܘܥ. ܐܦ ܠܐ
ܐܢܐ· ܐܡܪ ܐܢܐ ܠܟܘܢ. ܕܐܝܬܐ ܡܘܠܟܢܐ ܗܟܢ ܟܠܒ ܐܢܐ܀

28 ܡܢܐ ܕܡܢ ܡܬܚܙܐ ܠܟܘܢ. ܓܒܪܐ ܚܕ ܐܝܬ ܗܘܐ ܠܗ· ܬܪܝܢ ܒܢܝܢ. ܘܩܪܒ ܠܗܘ
ܩܕܡܝܐ ܘܐܡܪ ܠܗ. ܒܪܝ ܙܠ ܝܘܡܢܐ ܦܠܘܚ ܒܟܪܡܐ. 29 ܗܘ ܕܡܢ ܥܢܐ ܘܐܡܪ. ܠܐ
ܨܒܐ ܐܢܐ: ܒܚܪܬܐ ܕܡܢ ܐܬܬܘܝ ܘܐܙܠ. 30 ܘܩܪܒ ܠܗܘ ܐܚܪܢܐ. ܘܐܡܪ ܠܗ ܗܟܘܬ. ܗܘ
ܕܡܢ ܥܢܐ ܘܐܡܪ. ܐܢܐ ܡܪܝ ܘܠܐ ܐܙܠ. 31 ܡܢܘ ܡܢ ܗܠܝܢ ܐܬܪܝܗܘܢ ܥܒܕ ܨܒܝܢܐ
ܕܐܒܘܗܝ. ܐܡܪܝܢ ܠܗ· ܗܘ ܩܕܡܝܐ. ܐܡܪ ܠܗܘܢ ܝܫܘܥ. ܐܡܝܢ ܐܡܪ ܐܢܐ ܠܟܘܢ:

ܕܡܟܣܐ ܘܙܢܝܬܐ ܩܕܡܝܢ ܠܟܘܢ ܠܡܠܟܘܬܗ ܕܐܠܗܐ. 32 ܐܬܐ ܓܝܪ ܠܘܬܟܘܢ ܝܘܚܢܢ
ܒܐܘܪܚܐ ܕܟܐܢܘܬܐ. ܘܠܐ ܗܝܡܢܬܘܢܝܗܝ. ܡܟܣܐ ܕܝܢ ܘܙܢܝܬܐ ܗܝܡܢܘܗܝ. ܐܢܬܘܢ ܕܝܢ
ܐܦ ܠܐ ܟܕ ܚܙܝܬܘܢ ܐܬܬܘܝܬܘܢ ܒܚܪܬܐ ܕܬܗܝܡܢܘܢ ܒܗ܀
33 ܫܡܥܘ ܐܚܪܢܐ ܡܬܠܐ. ܓܒܪܐ ܚܕ ܐܝܬ ܗܘܐ ܡܪܐ ܒܝܬܐ. ܘܢܨܒ ܟܪܡܐ. ܘܐܚܕܪܗ
ܣܝܓܐ. ܘܚܦܪ ܒܗ ܡܥܨܪܬܐ. ܘܒܢܐ ܒܗ ܡܓܕܠܐ. ܘܐܘܚܕܗ ܠܦܠܚܐ ܘܐܙܠ. 34 ܟܕ ܕܝܢ
ܡܛܐ ܙܒܢܐ ܕܦܐܪܐ. ܫܕܪ ܠܥܒܕܘܗܝ ܠܘܬ ܦܠܚܐ. ܕܢܫܕܪܘܢ ܠܗ ܡܢ ܦܐܪܐ ܕܟܪܡܗ.
35 ܘܐܚܕܘ ܦܠܚܐ ܠܥܒܕܘܗܝ. ܐܝܬ ܕܡܚܐܘܗܝ ܘܐܝܬ ܕܩܛܠܘܗܝ ܘܐܝܬ ܕܪܓܡܘܗܝ.
36 ܘܬܘܒ ܫܕܪ ܥܒܕܐ ܐܚܪܢܐ ܕܣܓܝܐܝܢ ܡܢ ܩܕܡܝܐ. ܘܥܒܕܘ ܠܗܘܢ ܗܟܘܬ. 37 ܐܚܪܝܬ
ܕܝܢ ܫܕܪ ܠܘܬܗܘܢ ܠܒܪܗ. ܟܕ ܐܡܪ. ܢܒܗܬܘܢ ܡܢ ܒܪܝ. 38 ܦܠܚܐ ܕܝܢ ܟܕ
ܚܙܐܘܗܝ ܠܒܪܐ ܐܡܪܘ ܒܢܦܫܗܘܢ. ܗܢܘ ܝܪܬܐ. ܬܘ ܢܩܛܠܝܘܗܝ ܘܢܐܚܘܕ ܝܪܬܘܬܗ.
39 ܘܐܚܕܘܗܝ ܐܦܩܘܗܝ ܠܒܪ ܡܢ ܟܪܡܐ ܘܩܛܠܘܗܝ. 40 ܡܐ ܕܐܬܐ ܗܟܝܠ ܡܪܗ ܕܟܪܡܐ.
ܡܢܐ ܢܥܒܕ ܠܦܠܚܐ ܗܢܘܢ. 41 ܐܡܪܝܢ ܠܗ. ܕܒܝܫܐ ܒܒܝܫ ܢܘܒܕ ܐܢܘܢ: ܘܟܪܡܐ ܢܘܚܕ
ܠܐܚܪܢܐ ܦܠܚܐ: ܐܝܠܝܢ ܕܝܗܒܝܢ ܠܗ ܦܐܪܐ ܒܙܒܢܝܗܘܢ. 42 ܐܡܪ ܠܗܘܢ ܝܫܘܥ. ܠܐ
ܩܪܝܬܘܢ ܡܢܡܬܘܡ ܒܟܬܒܐ: ܕܟܐܦܐ ܕܐܣܠܝܘ ܒܢܝܐ: ܗܝ ܗܘܬ ܠܪܝܫ ܙܘܝܬܐ. ܡܢ
ܠܘܬ ܡܪܝܐ ܗܘܬ ܗܕܐ. ܘܐܝܬܝܗ ܬܕܡܘܪܬܐ ܒܥܝܢܝܢ܀ 43 ܡܛܠ ܗܢܐ ܐܡܪ ܐܢܐ ܠܟܘܢ.
ܕܬܫܬܩܠ ܡܢܟܘܢ ܡܠܟܘܬܗ ܕܐܠܗܐ. ܘܬܬܝܗܒ ܠܥܡܐ ܕܥܒܕ ܦܐܪܐ. 44 ܘܡܢ ܕܢܦܠ
ܥܠ ܟܐܦܐ ܗܕܐ. ܢܬܪܥܥ. ܘܟܠ ܡܢ ܕܗܝ ܬܦܠ ܥܠܘܗܝ ܬܕܪܝܘܗܝ܀ 45 ܘܟܕ ܫܡܥܘ
ܪܒܝ ܟܗܢܐ ܘܦܪܝܫܐ ܡܬܠܘܗܝ. ܝܕܥܘ ܕܥܠܝܗܘܢ ܐܡܪ. 46 ܘܒܥܘ ܠܡܐܚܕܗ.
ܘܕܚܠܘ ܡܢ ܟܢܫܐ. ܡܛܠ ܕܐܝܟ ܕܠܢܒܝܐ ܐܚܝܕܝܢ ܗܘܘ ܠܗ܀
1 ܘܥܢܐ ܬܘܒ ܝܫܘܥ ܒܡܬܠܐ. ܘܐܡܪ. 2 ܐܬܕܡܝܬ ܡܠܟܘܬܐ ܕܫܡܝܐ. ܠܓܒܪܐ Cap. xxii
ܡܠܟܐ ܕܥܒܕ ܡܫܬܘܬܐ ܠܒܪܗ. 3 ܘܫܕܪ ܠܥܒܕܘܗܝ ܕܢܩܪܘܢ ܠܡܙܡܢܐ ܠܡܫܬܘܬܐ.
ܘܠܐ ܨܒܘ ܠܡܐܬܐ. 4 ܘܬܘܒ ܫܕܪ ܥܒܕܐ ܐܚܪܢܐ. ܘܐܡܪ. ܐܡܪܘ ܠܡܙܡܢܐ. ܕܗܐ ܫܪܘܬܝ
ܡܛܝܒܐ. ܘܬܘܪܝ ܘܡܦܛܡܝ ܢܟܝܣܝܢ. ܘܟܠ ܡܕܡ ܡܛܝܒ. ܬܘ ܠܡܫܬܘܬܐ. 5 ܗܢܘܢ
ܕܝܢ ܒܣܘ. ܘܐܙܠܘ. ܐܝܬ ܕܠܩܪܝܬܗ. ܘܐܝܬ ܕܠܐܬܬܓܪܘܬܗ. 6 ܫܪܟܐ ܕܝܢ ܐܚܕܘ
ܠܥܒܕܘܗܝ ܘܨܥܪܘ ܘܩܛܠܘ. 7 ܟܕ ܫܡܥ ܕܝܢ ܡܠܟܐ ܪܓܙ. ܘܫܕܪ ܚܝܠܘܬܗ ܘܐܘܒܕ
ܠܩܛܘܠܐ ܗܢܘܢ: ܘܠܡܕܝܢܬܗܘܢ ܐܘܩܕ. 8 ܗܝܕܝܢ ܐܡܪ ܠܥܒܕܘܗܝ. ܡܫܬܘܬܐ ܡܛܝܒܐ.
ܘܗܢܘܢ ܕܡܙܡܢܝܢ ܗܘܘ. ܠܐ ܫܘܝܢ ܗܘܘ. 9 ܙܠܘ ܗܟܝܠ ܠܡܦܩܢܐ ܕܐܘܪܚܬܐ. ܘܟܠ
ܡܢ ܕܡܫܟܚܝܢ ܐܢܬܘܢ. ܩܪܘ ܠܡܫܬܘܬܐ. 10 ܘܢܦܩܘ ܥܒܕܐ ܗܢܘܢ ܠܐܘܪܚܬܐ. ܘܟܢܫܘ
ܟܠ ܕܐܫܟܚܘ. ܒܝܫܐ ܘܛܒܐ. ܘܐܬܡܠܝ ܒܝܬ ܡܫܬܘܬܐ ܣܡܝܟܐ܀ 11 ܘܥܠ ܡܠܟܐ
ܕܢܚܙܐ ܣܡܝܟܐ. ܘܚܙܐ ܬܡܢ ܓܒܪܐ. ܕܠܐ ܠܒܝܫ ܠܒܘܫܐ ܕܡܫܬܘܬܐ. 12 ܘܐܡܪ ܠܗ.

ܚܒܪܝ. ܐܝܟܢܐ ܥܠܬ ܠܟܐ: ܟܕ ܢܚܬܐ ܕܡܫܬܘܬܐ ܠܝܬ ܠܟ. ܗܘ ܕܝܢ ܐܫܬܬܩ.
13 ܗܝܕܝܢ ܐܡܪ ܡܠܟܐ ܠܡܫܡܫܢܐ. ܐܣܘܪܘ ܐܝܕܘܗܝ ܘܪܓܠܘܗܝ. ܘܐܦܩܘܗܝ ܠܚܫܘܟܐ
ܒܪܝܐ. ܬܡܢ ܢܗܘܐ ܒܟܝܐ ܘܚܘܪܩ ܫܢܐ. 14 ܣܓܝܐܝܢ ܐܢܘܢ ܓܝܪ ܩܪܝܐ. ܘܙܥܘܪܝܢ
ܓܒܝܐ܀

15 ܗܝܕܝܢ ܐܙܠܘ ܦܪܝܫܐ ܡܠܟܘ ܡܠܟܐ. ܕܐܝܟܢܐ ܢܨܝܕܘܢܝܗܝ ܒܡܠܬܐ. 16 ܘܫܕܪܘ
ܠܘܬܗ ܬܠܡܝܕܝܗܘܢ: ܥܡ ܕܒܝܬ ܗܪܘܕܣ. ܘܐܡܪܝܢ ܠܗ. ܡܠܦܢܐ. ܝܕܥܝܢ ܚܢܢ ܕܫܪܝܪ
ܐܢܬ. ܘܐܘܪܚܐ ܕܐܠܗܐ ܒܩܘܫܬܐ ܡܠܦ ܐܢܬ. ܘܠܐ ܡܒܛܠ ܐܢܬ ܡܕܡ ܕܐܢܫ. ܠܐ ܓܝܪ
ܢܣܒ ܐܢܬ ܒܐܦܐ ܕܐܢܫܐ. 17 ܐܡܪ ܠܢ ܗܟܝܠ ܐܝܟܢܐ ܡܬܚܙܐ ܠܟ. ܫܠܝܛ ܠܡܬܠ
ܟܣܦ ܪܫܐ ܠܩܣܪ. ܐܘ ܠܐ. 18 ܝܕܥ ܕܝܢ ܝܫܘܥ ܒܝܫܘܬܗܘܢ. ܘܐܡܪ. ܡܢܐ ܡܢܣܝܢ
ܐܢܬܘܢ ܠܝ ܢܣܒܝ ܒܐܦܐ. 19 ܚܘܐܘܢܝ ܕܝܢܪܐ ܕܟܣܦ ܪܫܐ. ܗܢܘܢ ܕܝܢ ܩܪܒܘ ܠܗ
ܕܝܢܪܐ. 20 ܘܐܡܪ ܠܗܘܢ ܝܫܘܥ. ܕܡܢܘ ܨܠܡܐ ܗܢܐ ܘܟܬܒܐ. 21 ܐܡܪܝܢ. ܕܩܣܪ. ܐܡܪ
ܠܗܘܢ. ܗܒܘ ܗܟܝܠ ܕܩܣܪ ܠܩܣܪ. ܘܕܐܠܗܐ ܠܐܠܗܐ. 22 ܘܟܕ ܫܡܥܘ. ܐܬܕܡܪܘ.
ܘܫܒܩܘܗܝ ܘܐܙܠܘ܀

23 ܒܗܘ ܝܘܡܐ ܩܪܒܘ ܙܕܘܩܝܐ ܘܐܡܪܝܢ ܠܗ. ܠܝܬ ܚܝܐ ܡܢ ܒܝܬ ܡܝܬܐ. ܘܫܐܠܘܗܝ ܕܚܡܫܐ ܡܐ
24 ܘܐܡܪܝܢ ܠܗ. ܡܠܦܢܐ. ܡܘܫܐ ܐܡܪ ܠܢ. ܕܐܢ ܐܢܫ ܢܡܘܬ. ܟܕ ܠܝܬ ܠܗ ܒܢܝܐ.
ܢܣܒ ܐܚܘܗܝ ܐܢܬܬܗ. ܘܢܩܝܡ ܙܪܥܐ ܠܐܚܘܗܝ. 25 ܐܝܬ ܗܘܘ ܕܝܢ ܠܘܬܢ ܫܒܥܐ ܐܚܐ.
ܩܕܡܝܐ ܢܣܒ ܐܢܬܬܐ ܘܡܝܬ. ܘܟܕ ܠܝܬ ܗܘܐ ܠܗ ܒܢܝܐ. ܫܒܩܗ ܐܢܬܬܗ ܠܐܚܘܗܝ.
26 ܗܟܘܬ ܐܦ ܗܘ ܕܬܪܝܢ. ܐܦ ܗܘ ܕܬܠܬܐ. ܘܥܕܡܐ ܠܫܒܥܬܝܗܘܢ. 27 ܒܚܪܬܐ ܕܝܢ
ܕܟܠܗܘܢ ܡܝܬܬ. ܐܦ ܐܢܬܬܐ. 28 ܒܩܝܡܬܐ ܗܟܝܠ ܠܐܝܢܐ ܡܢ ܗܠܝܢ ܫܒܥܐ ܬܗܘܐ ܐܢܬܬܐ.
ܟܠܗܘܢ ܓܝܪ ܢܣܒܘܗ. 29 ܥܢܐ ܝܫܘܥ ܘܐܡܪ ܠܗܘܢ. ܛܥܝܢ ܐܢܬܘܢ. ܕܠܐ ܝܕܥܝܢ
ܐܢܬܘܢ ܟܬܒܐ. ܘܠܐ ܚܝܠܗ ܕܐܠܗܐ. 30 ܒܩܝܡܬܐ ܓܝܪ ܕܡܝܬܐ ܠܐ ܢܣܒܝܢ ܢܫܐ. ܘܐܦܠܐ
ܢܫܐ ܗܘܝ ܠܓܒܪܐ. ܐܠܐ ܐܝܟ ܡܠܐܟܐ ܕܐܠܗܐ ܒܫܡܝܐ ܐܝܬܝܗܘܢ. 31 ܥܠ ܩܝܡܬܐ ܕܝܢ
ܕܡܝܬܐ: ܠܐ ܩܪܝܬܘܢ ܡܕܡ ܕܐܬܐܡܪ ܠܟܘܢ. ܡܢ ܐܠܗܐ ܕܐܡܪ. 32 ܕܐܢܐ ܐܢܐ ܐܠܗܗ
ܕܐܒܪܗܡ: ܐܠܗܗ ܕܐܝܣܚܩ ܘܐܠܗܗ ܕܝܥܩܘܒ. ܘܐܠܗܐ ܠܐ ܗܘܐ ܕܡܝܬܐ. ܐܠܐ ܕܚܝܐ.
33 ܘܟܕ ܫܡܥܘ ܟܢܫܐ. ܡܬܬܕܡܪܝܢ ܗܘܘ ܒܝܘܠܦܢܗ܀

34 ܦܪܝܫܐ ܕܝܢ. ܟܕ ܫܡܥܘ ܕܣܟܪ ܠܙܕܘܩܝܐ. ܐܬܟܢܫܘ ܐܟܚܕܐ. 35 ܘܫܐܠܗ ܚܕ ܡܢܗܘܢ:
ܕܝܕܥ ܢܡܘܣܐ. ܟܕ ܡܢܣܐ ܠܗ. 36 ܡܠܦܢܐ ܐܝܕܐ ܦܘܩܕܢܐ ܪܒ ܒܢܡܘܣܐ. 37 ܝܫܘܥ
ܕܝܢ ܐܡܪ ܠܗ. ܕܬܪܚܡ ܠܡܪܝܐ ܐܠܗܟ. ܡܢ ܟܠܗ ܠܒܟ. ܘܡܢ ܟܠܗ ܢܦܫܟ. ܘܡܢ
ܟܠܗ ܚܝܠܟ. ܘܡܢ ܟܠܗ ܪܥܝܢܟ. 38 ܗܢܘ ܦܘܩܕܢܐ ܪܒܐ ܘܩܕܡܝܐ. 39 ܘܕܬܪܝܢ ܕܕܡܐ ܠܗ:
ܕܬܪܚܡ ܠܩܪܝܒܟ. ܐܝܟ ܢܦܫܟ. 40 ܒܗܠܝܢ ܬܪܬܝܢ ܦܘܩܕܢܝܢ. ܬܠܝܐ ܐܘܪܝܬܐ ܘܢܒܝܐ܀

41 ܟܕ ܡܟܢܫܝܢ ܕܝܢ ܦܪ̈ܝܫܐ. ܫܐܠ ܐܢܘܢ ܝܫܘܥ 42 ܘܐܡܪ. ܡܢܐ ܐܡܪܝܢ ܐܢܬܘܢ ܥܠ
ܡܫܝܚܐ. ܒܪ ܡܢܘ. ܐܡܪܝܢ ܠܗ. ܒܪ ܕܘܝܕ. 43 ܐܡܪ ܠܗܘܢ. ܘܐܝܟܢܐ ܕܘܝܕ ܒܪܘܚ. ܩܪܐ
ܠܗ ܡܪܝܐ. ܐܡܪ ܓܝܪ. 44 ܕܐܡܪ ܡܪܝܐ ܠܡܪܝ. ܬܒ ܠܟ ܡܢ ܝܡܝܢܝ. ܥܕܡܐ ܕܐܣܝܡ
ܒܥܠܕܒܒܝܟ ܟܘܒܫܐ ܬܚܝܬ ܪ̈ܓܠܝܟ. 45 ܐܢ ܗܟܝܠ ܕܘܝܕ ܩܪܐ ܠܗ ܡܪܝܐ. ܐܝܟܢܐ ܒܪܗ ܗܘ.
46 ܘܠܐ ܐܢܫ ܐܫܟܚ ܕܢܬܠ ܠܗ ܦܬܓܡܐ. ܘܠܐ ܐܢܫ ܐܡܪܚ ܬܘܒ ܡܢ ܗܘ ܝܘܡܐ
ܠܡܫܐܠܘܬܗ.

1 ܗܝܕܝܢ ܝܫܘܥ ܡܠܠ ܥܡ ܟܢܫܐ ܘܥܡ ܬܠܡܝܕܘܗܝ 2 ܘܐܡܪ ܠܗܘܢ. ܥܠ Cap. xxi
ܟܘܪܣܝܐ ܕܡܘܫܐ ܝܬܒܘ ܣܦܪ̈ܐ ܘܦܪ̈ܝܫܐ. 3 ܟܠ ܡܕܡ ܕܢܐܡܪܘܢ ܠܟܘܢ ܕܬܛܪܘܢ.
ܛܪܘ ܘܥܒܕܘ. ܐܝܟ ܥܒ̈ܕܝܗܘܢ ܕܝܢ ܠܐ ܬܥܒܕܘܢ. ܐܡܪܝܢ ܓܝܪ. ܘܠܐ ܥܒܕܝܢ. 4 ܘܐܣܪܝܢ
ܡܘܒܠܐ ܝܩܝܪ̈ܐ. ܘܣܝܡܝܢ ܥܠ ܟܬܦܬܐ ܕܒܢܝ̈ ܐܢܫܐ. ܗܢܘܢ ܕܝܢ ܒܨܒܥܗܘܢ. ܠܐ ܨܒܝܢ
ܕܢܩܪܒܘܢ ܠܗܘܢ. 5 ܘܟܠܗܘܢ ܥܒ̈ܕܝܗܘܢ ܥܒܕܝܢ. ܕܢܬܚܙܘܢ ܠܒܢܝ̈ ܐܢܫܐ. ܡܦܬܝܢ
ܓܝܪ ܬܦܠܝܗܘܢ. ܘܡܘܪܟܝܢ ܬܟܠܬܐ ܕܡܪ̈ܛܘܛܝܗܘܢ. 6 ܘܪܚܡܝܢ ܪܝܫ ܡܣܡܟܐ ܒܚܫܡܝܬܐ.
ܘܪܝܫ ܡܘܬܒܐ ܒܟܢܘܫܬܐ. 7 ܘܫܠܡܐ ܒܫܘܩܐ. ܘܕܢܬܩܪܘܢ ܡܢ ܒܢܝ̈ ܐܢܫܐ ܪܒܝ.
8 ܐܢܬܘܢ ܕܝܢ. ܠܐ ܬܬܩܪܘܢ ܪܒܝ. ܚܕ ܗܘ ܓܝܪ ܪܒܟܘܢ. ܐܢܬܘܢ ܕܝܢ ܟܠܟܘܢ. ܐܚܐ ܐܢܬܘܢ.
9 ܘܐܒܐ ܠܐ ܬܩܪܘܢ ܠܟܘܢ ܒܐܪܥܐ. ܚܕ ܗܘ ܓܝܪ ܐܒܘܟܘܢ ܕܒܫܡܝܐ. 10 ܘܠܐ ܬܬܩܪܘܢ
ܡܕܒܪ̈ܢܐ. ܡܛܠ ܕܚܕ ܗܘ ܡܕܒܪܢܟܘܢ. ܡܫܝܚܐ. 11 ܗܘ ܕܝܢ ܕܪܒ ܒܟܘܢ. ܢܗܘܐ ܠܟܘܢ
ܡܫܡܫܢܐ. 12 ܡܢ ܓܝܪ ܕܢܪܝܡ ܢܦܫܗ. ܢܬܡܟܟ. ܘܡܢ ܕܢܡܟ ܢܦܫܗ. ܢܬܬܪܝܡ.

13 ܘܝ ܠܟܘܢ ܣܦܪ̈ܐ ܘܦܪ̈ܝܫܐ ܢܣܒܝ ܒܐܦ̈ܐ. ܕܐܟܠܝܢ ܐܢܬܘܢ ܒ̈ܬܐ ܕܐܪ̈ܡܠܬܐ ܒܥܠܬܐ
ܕܡܘܪܟܝܢ ܐܢܬܘܢ ܨܠܘܬܟܘܢ. ܡܛܠ ܗܢܐ ܬܩܒܠܘܢ ܕܝܢܐ ܝܬܝܪܐ.

14 ܘܝ ܠܟܘܢ ܣܦܪ̈ܐ ܘܦܪ̈ܝܫܐ ܢܣܒܝ ܒܐܦ̈ܐ. ܕܐܚܕܝܢ ܐܢܬܘܢ ܡܠܟܘܬܐ ܕܫܡܝܐ
ܩܕܡ ܒܢܝ̈ ܐܢܫܐ. ܐܢܬܘܢ ܓܝܪ ܠܐ ܥܐܠܝܢ ܐܢܬܘܢ. ܘܠܐܝܠܝܢ ܕܥܐܠܝܢ ܠܐ ܫܒܩܝܢ ܐܢܬܘܢ
ܠܡܥܠ.

15 ܘܝ ܠܟܘܢ ܣܦܪ̈ܐ ܘܦܪ̈ܝܫܐ ܢܣܒܝ ܒܐܦ̈ܐ. ܕܡܟܪܟܝܢ ܐܢܬܘܢ ܝܡܐ ܘܝܒܫܐ.
ܠܡܥܒܕ ܚܕ ܓܝܘܪܐ. ܘܡܐ ܕܗܘܐ. ܥܒܕܝܢ ܐܢܬܘܢ ܠܗ ܒܪܗ ܕܓܗܢܐ ܐܥܦܐ
ܥܠܝܟܘܢ.

16 ܘܝ ܠܟܘܢ ܡܗܕܝ̈ܢܐ ܣܡܝ̈ܐ. ܕܐܡܪܝܢ ܐܢܬܘܢ. ܕܡܢ ܕܝܡܐ ܒܗܝܟܠܐ. ܠܐ ܗܘܐ ܡܕܡ.
ܡܢ ܕܝܢ ܕܝܡܐ ܒܕܗܒܐ ܕܒܗܝܟܠܐ. ܚܐܒ. 17 ܣܟ̈ܠܐ ܘܣܡܝ̈ܐ. ܡܢܐ ܓܝܪ ܪܒ. ܕܗܒܐ. ܐܘ
ܗܝܟܠܐ ܕܗܘ ܡܩܕܫ ܠܗ ܠܕܗܒܐ. 18 ܘܡܢ ܕܝܡܐ ܒܡܕܒܚܐ. ܠܐ ܗܘܐ ܡܕܡ. ܡܢ ܕܝܢ
ܕܝܡܐ ܒܩܘܪܒܢܐ ܕܠܥܠ ܡܢܗ. ܚܐܒ. 19 ܣܟ̈ܠܐ ܘܣܡܝ̈ܐ. ܡܢܐ ܪܒ. ܩܘܪܒܢܐ. ܐܘ
ܡܕܒܚܐ ܕܡܩܕܫ ܠܩܘܪܒܢܐ. 20 ܡܢ ܕܝܡܐ ܗܟܝܠ ܒܡܕܒܚܐ. ܝܡܐ ܒܗ. ܘܒܟܠ ܡܐ

ܕܐܝܬ ܠܥܠ ܡܢܗ. 21 ܘܡܢ ܕܝܡܐ ܒܗܝܟܠܐ. ܝܡܐ ܒܗ. ܘܒܡܢ ܕܥܡܪ ܒܗ. 22 ܘܡܢ
ܕܝܡܐ ܒܫܡܝܐ. ܝܡܐ ܒܟܘܪܣܝܗ ܕܐܠܗܐ. ܘܒܡܢ ܕܝܬܒ ܠܥܠ ܡܢܗ܀
23 ܘܝ ܠܟܘܢ ܣܦܪܐ ܘܦܪܝܫܐ ܢܣܒܝ ܒܐܦܐ. ܕܡܥܣܪܝܢ ܐܢܬܘܢ ܢܥܢܥܐ
ܘܫܒܬܐ ܘܟܡܘܢܐ. ܘܫܒܩܬܘܢ ܝܩܝܪܬܗ ܕܢܡܘܣܐ. ܕܝܢܐ ܘܚܢܢܐ ܘܗܝܡܢܘܬܐ.
ܗܠܝܢ ܕܝܢ ܘܠܐ ܗܘܐ ܕܬܥܒܕܘܢ. ܘܗܠܝܢ ܠܐ ܬܫܒܩܘܢ܀ 24 ܡܕܒܪܢܐ ܣܡܝܐ. ܕܡܨܠܝܢ
ܒܩܐ. ܘܒܠܥܝܢ ܓܡܠܐ܀
25 ܘܝ ܠܟܘܢ ܣܦܪܐ ܘܦܪܝܫܐ ܢܣܒܝ ܒܐܦܐ. ܕܡܕܟܝܢ ܐܢܬܘܢ ܒܪܗ ܕܟܣܐ ܘܕܦܢܝܟܐ.
ܠܓܘ ܕܝܢ ܡܠܝܢ ܚܛܘܦܝܐ ܘܥܘܠܐ. 26 ܦܪܝܫܐ ܣܡܝܐ. ܕܟܝ ܠܘܩܕܡ ܓܘܗ ܕܟܣܐ
ܘܕܦܢܝܟܐ. ܕܢܗܘܐ ܐܦ ܒܪܗܘܢ ܕܟܐ܀
27 ܘܝ ܠܟܘܢ ܣܦܪܐ ܘܦܪܝܫܐ ܢܣܒܝ ܒܐܦܐ. ܕܕܡܝܢ ܐܢܬܘܢ ܠܩܒܪܐ ܡܟܠܫܐ. ܕܡܢ
ܠܒܪ ܡܬܚܙܝܢ ܫܦܝܪܐ. ܡܢ ܠܓܘ ܕܝܢ ܡܠܝܢ ܓܪܡܐ ܕܡܝܬܐ. ܘܟܠܗ ܛܢܦܘܬܐ.
28 ܗܟܢܐ ܐܦ ܐܢܬܘܢ. ܡܢ ܠܒܪ ܡܬܚܙܝܢ ܐܢܬܘܢ ܠܒܢܝ ܐܢܫܐ ܐܝܟ ܟܐܢܐ. ܘܡܢ ܠܓܘ
ܡܠܝܢ ܐܢܬܘܢ ܥܘܠܐ ܘܢܣܒ ܒܐܦܐ܀
29 ܘܝ ܠܟܘܢ ܣܦܪܐ ܘܦܪܝܫܐ ܢܣܒܝ ܒܐܦܐ. ܕܒܢܝܢ ܐܢܬܘܢ ܩܒܪܐ ܕܢܒܝܐ. ܘܡܨܒܬܝܢ
ܐܢܬܘܢ ܒܝܬ ܩܒܘܪܐ ܕܙܕܝܩܐ. 30 ܘܐܡܪܝܢ ܐܢܬܘܢ. ܕܐܠܘ ܗܘܝܢ ܒܝܘܡܝ ܐܒܗܬܢ. ܠܐ ܗܘܝܢ
ܗܘܝܢ ܠܗܘܢ ܫܘܬܦܐ ܒܕܡܐ ܕܢܒܝܐ. 31 ܡܟܝܠ ܡܣܗܕܝܢ ܐܢܬܘܢ ܥܠ ܢܦܫܟܘܢ. ܕܒܢܝܐ
ܐܢܬܘܢ ܕܗܢܘܢ ܕܩܛܠܘ ܠܢܒܝܐ܀ 32 ܘܐܦ ܐܢܬܘܢ. ܡܠܘ ܡܫܘܚܬܐ ܕܐܒܗܝܟܘܢ.
33 ܚܘܘܬܐ ܝܠܕܐ ܕܐܟܕܢܐ. ܐܝܟܢܐ ܬܥܪܩܘܢ ܡܢ ܕܝܢܗ ܕܓܗܢܐ܀
34 ܡܛܠ ܗܢܐ ܗܐ ܐܢܐ ܡܫܕܪ ܐܢܐ ܠܘܬܟܘܢ. ܢܒܝܐ ܘܚܟܝܡܐ ܘܣܦܪܐ. ܡܢܗܘܢ ܩܛܠܝܢ ܙܩܦܝܢ ܡܢ
ܐܢܬܘܢ ܘܙܩܦܝܢ ܐܢܬܘܢ. ܘܡܢܗܘܢ ܡܢܓܕܝܢ ܐܢܬܘܢ ܒܟܢܘܫܬܟܘܢ. ܘܬܪܕܦܘܢ
ܐܢܘܢ ܡܢ ܡܕܝܢܐ ܠܡܕܝܢܐ. 35 ܐܝܟܢܐ ܕܢܐܬܐ ܥܠܝܟܘܢ ܟܠܗ ܕܡܐ ܕܙܕܝܩܐ ܕܐܬܐܫܕ ܥܠ
ܐܪܥܐ. ܡܢ ܕܡܗ ܕܗܒܝܠ ܙܕܝܩܐ. ܘܥܕܡܐ ܠܕܡܗ ܕܙܟܪܝܐ ܒܪ ܒܪܟܝܐ. ܗܘ ܕܩܛܠܬܘܢ
ܒܝܬ ܗܝܟܠܐ ܠܡܕܒܚܐ. 36 ܐܡܝܢ ܐܡܪ ܐܢܐ ܠܟܘܢ. ܕܢܐܬܝܢ ܗܠܝܢ ܟܠܗܝܢ ܥܠ
ܫܪܒܬܐ ܗܕܐ܀ 37 ܐܘܪܫܠܡ ܐܘܪܫܠܡ. ܩܛܠܬ ܢܒܝܐ. ܘܪܓܡܬ ܠܐܝܠܝܢ ܕܫܠܝܚܝܢ
ܠܘܬܗ. ܟܡܐ ܙܒܢܝܢ ܨܒܝܬ ܠܡܟܢܫܘ ܒܢܝܟܝ. ܐܝܟ ܕܡܟܢܫܐ ܬܪܢܓܘܠܬܐ ܦܪܘܓܝܗ ܬܚܝܬ
ܓܦܝܗ. ܘܠܐ ܨܒܝܬܘܢ. 38 ܗܐ ܡܫܬܒܩ ܠܟܘܢ ܒܝܬܟܘܢ ܚܪܒܐ. 39 ܐܡܪ ܐܢܐ ܠܟܘܢ ܓܝܪ.
ܕܠܐ ܬܚܙܘܢܢܝ ܡܢ ܗܫܐ. ܥܕܡܐ ܕܬܐܡܪܘܢ. ܒܪܝܟ ܗܘ ܕܐܬܐ ܒܫܡܗ ܕܡܪܝܐ܀
Cap. xxiv. 1 ܘܢܦܩ ܝܫܘܥ ܡܢ ܗܝܟܠܐ ܠܡܐܙܠ. ܘܩܪܒܘ ܬܠܡܝܕܘܗܝ ܡܚܘܝܢ ܗܘܘ ܠܗ
ܒܢܝܢܗ ܕܗܝܟܠܐ. 2 ܗܘ ܕܝܢ ܐܡܪ ܠܗܘܢ. ܠܐ ܗܐ ܚܙܝܢ ܐܢܬܘܢ ܗܠܝܢ ܟܠܗܝܢ. ܐܡܝܢ
ܐܡܪ ܐܢܐ ܠܟܘܢ. ܕܠܐ ܬܫܬܒܩ ܗܪܟܐ ܟܐܦ ܥܠ ܟܐܦ. ܕܠܐ ܬܫܬܪܐ܀

3 ܘܟܕ ܝܬܒ ܝܫܘܥ ܥܠ ܛܘܪܐ ܕܙܝܬܐ. ܩܪܒܘ ܠܬܠܡܝܕܘܗܝ. ܘܐܡܪܝܢ ܒܝܢܝܗܘܢ ܠܗ.
ܐܡܪ ܠܢ ܐܡܬܝ ܗܠܝܢ ܢܗܘܝܢ. ܘܡܢܐ ܗܝ ܐܬܐ ܕܡܐܬܝܬܟ ܘܕܫܘܠܡܗ ܕܥܠܡܐ.
4 ܥܢܐ ܝܫܘܥ ܘܐܡܪ ܠܗܘܢ. ܐܙܕܗܪܘ ܠܐ ܐܢܫ ܢܛܥܝܟܘܢ. 5 ܣܓܝܐܐ ܓܝܪ ܢܐܬܘܢ ܒܫܡܝ.
ܘܢܐܡܪܘܢ. ܕܐܢܐ ܐܢܐ ܡܫܝܚܐ. ܘܣܓܝܐܐ ܢܛܥܘܢ. 6 ܥܬܝܕܝܢ ܐܢܬܘܢ ܕܝܢ ܠܡܫܡܥ
ܩܪܒܐ ܘܫܡܥܐ ܕܩܪܒܐ. ܚܙܘ ܠܐ ܬܬܕܘܕܘܢ. ܘܠܐ ܓܝܪ ܕܟܠܗܝܢ ܢܗܘܝܢ. ܐܠܐ ܠܐ ܥܕܟܝܠ
ܫܘܠܡܐ. 7 ܢܩܘܡ ܓܝܪ ܥܡܐ ܥܠ ܥܡܐ. ܘܡܠܟܘܬܐ ܥܠ ܡܠܟܘܬܐ. ܘܢܗܘܘܢ
ܟܦܢܐ ܘܡܘܬܢܐ ܘܙܘܥܐ. ܒܕܘܟ ܕܘܟ. 8 ܗܠܝܢ ܕܝܢ ܟܠܗܝܢ ܪܫܐ ܐܢܝܢ ܕܚܒܠܐ.
9 ܗܝܕܝܢ ܢܫܠܡܘܢܟܘܢ ܠܐܘܠܨܢܐ ܘܢܩܛܠܘܢܟܘܢ. ܘܬܗܘܘܢ ܣܢܝܐܝܢ ܡܢ ܟܠܗܘܢ ܥܡܡܐ.
ܡܛܠ ܫܡܝ. 10 ܗܝܕܝܢ ܢܬܟܫܠܘܢ ܣܓܝܐܐ. ܘܢܫܠܡܘܢ ܚܕ ܠܚܕ. ܘܢܣܢܘܢ ܚܕ ܠܚܕ.
11 ܘܣܓܝܐܐ ܢܒܝܐ ܕܓܠܐ ܢܩܘܡܘܢ. ܘܢܛܥܘܢ ܠܣܓܝܐܐ. 12 ܘܡܛܠ ܣܓܝܐܘܬܐ ܕܥܘܠܐ.
ܢܦܘܓ ܚܘܒܐ ܕܣܓܝܐܐ. 13 ܡܢ ܕܢܣܝܒܪ ܕܝܢ ܥܕܡܐ ܠܚܪܬܐ ܗܘ ܢܚܐ. 14 ܘܬܬܟܪܙ
ܗܕܐ ܣܒܪܬܐ ܕܡܠܟܘܬܐ ܒܟܠܗ ܥܠܡܐ. ܠܣܗܕܘܬܐ ܕܟܠܗܘܢ ܥܡܡܐ. ܘܗܝܕܝܢ
ܬܐܬܐ ܫܘܠܡܐ.

15 ܡܐ ܕܝܢ ܕܚܙܝܬܘܢ ܐܬܐ ܛܢܦܬܐ ܕܚܘܪܒܐ. ܕܐܬܐܡܪ ܒܕܢܝܐܝܠ ܢܒܝܐ. ܕܩܝܡܐ ܒܕܘܟܬܐ
ܩܕܝܫܬܐ. ܡܢ ܕܩܪܐ ܢܣܬܟܠ. 16 ܗܝܕܝܢ ܐܝܠܝܢ ܕܒܝܗܘܕ ܐܢܘܢ. ܢܥܪܩܘܢ ܠܛܘܪܐ.
17 ܘܡܢ ܕܥܠ ܐܓܪܐ ܗܘ. ܠܐ ܢܚܘܬ ܠܡܫܩܠ ܕܒܒܝܬܗ. 18 ܘܡܢ ܕܒܚܩܠܐ ܗܘ. ܠܐ ܢܬܗܦܟ
ܠܒܣܬܪܗ ܠܡܫܩܠ ܠܒܘܫܗ. 19 ܘܝ ܕܝܢ ܠܒܛܢܬܐ. ܘܠܐܝܠܝܢ ܕܡܝܢܩܢ ܒܗܢܘܢ
ܝܘܡܬܐ. 20 ܨܠܘ ܕܝܢ ܕܠܐ ܬܗܘܐ ܥܪܘܩܝܟܘܢ ܒܣܬܘܐ. ܘܠܐ ܒܫܒܬܐ. 21 ܬܗܘܐ ܓܝܪ
ܗܝܕܝܢ ܐܘܠܨܢܐ ܪܒܐ. ܐܝܟܢܐ ܕܠܐ ܗܘܐ ܡܢ ܪܫܝܬܗ ܕܥܠܡܐ. ܘܥܕܡܐ ܠܗܫܐ. ܘܠܐ ܬܗܘܐ.
22 ܘܐܠܘ ܠܐ ܐܬܟܪܝܘ ܝܘܡܬܐ ܗܢܘܢ. ܠܐ ܚܝܐ ܗܘܐ ܟܠ ܒܣܪ. ܡܛܠ ܓܒܝܐ ܕܝܢ. ܢܬܟܪܘܢ
ܝܘܡܬܐ ܗܢܘܢ. 23 ܗܝܕܝܢ ܐܢ ܐܢܫ ܢܐܡܪ ܠܟܘܢ. ܗܐ ܗܪܟܐ ܗܘ ܡܫܝܚܐ. ܐܘ ܗܪܟܐ
ܠܐ ܬܗܝܡܢܘܢ. 24 ܢܩܘܡܘܢ ܓܝܪ ܡܫܝܚܐ ܕܓܠܐ ܘܢܒܝܐ ܕܓܠܐ. ܘܢܬܠܘܢ ܐܬܘܬܐ
ܪܘܪܒܬܐ. ܐܝܟ ܕܢܛܥܘܢ. ܐܢ ܡܫܟܚܐ. ܐܦ ܠܓܒܝܐ. 25 ܗܐ ܩܕܡܬ ܐܡܪܬ ܠܟܘܢ.
26 ܐܢ ܢܐܡܪܘܢ ܠܟܘܢ. ܗܐ ܒܡܕܒܪܐ ܗܘ. ܠܐ ܬܦܩܘܢ. ܐܘ ܕܗܐ ܒܬܘܢܐ ܗܘ. ܠܐ
ܬܗܝܡܢܘܢ. 27 ܐܝܟܢܐ ܓܝܪ ܕܒܪܩܐ ܢܦܩ ܡܢ ܡܕܢܚܐ. ܘܡܬܚܙܐ ܥܕܡܐ ܠܡܥܪܒܐ.
ܗܟܢܐ ܬܗܘܐ ܡܐܬܝܬܗ ܕܒܪܗ ܕܐܢܫܐ. 28 ܐܝܟܐ ܕܐܝܬ ܬܗܘܐ ܫܠܕܐ. ܬܡܢ ܢܬܟܢܫܘܢ ܢܫܪܐ.

29 ܡܚܕܐ ܕܝܢ ܒܬܪ ܐܘܠܨܢܐ ܕܝܘܡܬܐ ܗܢܘܢ. ܫܡܫܐ ܢܚܫܟ. ܘܣܗܪܐ ܠܐ ܢܚܘܐ ܢܘܗܪܗ.
ܘܟܘܟܒܐ ܢܦܠܘܢ ܡܢ ܫܡܝܐ. ܘܚܝܠܐ ܕܫܡܝܐ ܢܬܬܙܝܥܘܢ. 30 ܘܗܝܕܝܢ ܬܬܚܙܐ ܢܝܫܗ
ܕܒܪܗ ܕܐܢܫܐ ܒܫܡܝܐ. ܘܗܝܕܝܢ ܢܪܩܕܘܢ ܟܠܗܘܢ ܫܪܒܬܐ ܕܐܪܥܐ. ܘܢܚܙܘܢ ܠܒܪܗ ܕܐܢܫܐ
ܕܐܬܐ ܥܠ ܥܢܢܝ ܫܡܝܐ. ܥܡ ܚܝܠܐ ܘܫܘܒܚܐ ܣܓܝܐܐ. 31 ܘܢܫܕܪ ܡܠܐܟܘܗܝ ܥܡ ܩܪܢܐ ܪܒܬܐ

ܪܒܐ. ܘܢܟܢܫܘܢ ܠܓܒܝܐ ܕܝܠܗ. ܡܢ ܐܪܒܥ ܪ̈ܘܚܐ. ܡܢ ܪ̈ܝܫܝܗܘܢ ܕܫܡܝܐ ܘܥܕܡܐ
ܠܪ̈ܝܫܝܗܘܢ܀ 32 ܡܢ ܬܐܬܐ ܕܝܢ ܝܠܦܘ ܡܬܠܐ. ܕܡܚܕܐ ܕܢܥܒܝܢ ܣܘܟܝܗ ܘܢܦܩܢ ܛܪ̈ܦܝܗ.
ܝܕܥܝܢ ܐܢܬܘܢ ܕܡܛܐ ܩܝܛܐ. 33 ܗܟܢܐ ܐܦ ܐܢܬܘܢ ܡܐ ܕܚܙܝܬܘܢ ܗܠܝܢ ܟܠܗܝܢ.
ܕܥܘ ܕܡܛܐ ܠܗ ܥܠ ܬܪ̈ܥܐ. 34 ܐܡܝܢ ܐܡܪ ܐܢܐ ܠܟܘܢ. ܕܠܐ ܬܥܒܪ ܫܪܒܬܐ ܗܕܐ.
ܥܕܡܐ ܕܗܠܝܢ ܟܠܗܝܢ ܢܗܘ̈ܝܢ. 35 ܫܡܝܐ ܘܐܪܥܐ ܢܥܒܪܘܢ. ܘܡ̈ܠܝ ܠܐ ܢܥܒܪ̈ܢ܀
36 ܥܠ ܝܘܡܐ ܕܝܢ ܗܘ ܘܥܠ ܫܥܬܐ ܗܝ. ܐܢܫ ܠܐ ܝܕܥ. ܐܦܠܐ ܡܠܐܟ̈ܐ ܕܫܡܝܐ. ܐܠܐ ܐܒܐ
ܒܠܚܘܕܘܗܝ܀ 37 ܐܝܟܢܐ ܕܝܢ ܕܒܝܘܡܝ ܢܘܚ. ܗܟܢܐ ܬܗܘܐ ܡܐܬܝܬܗ ܕܒܪܗ ܕܐܢܫܐ. 38 ܐܝܟܢܐ
ܓܝܪ ܕܐܝܬܝܗܘܢ ܗܘܘ ܩܕܡ ܛܘܦܢܐ. ܐܟܠܝܢ ܘܫܬܝܢ. ܘܢܣܒܝܢ ܢܫ̈ܐ ܘܝܗܒܝܢ ܠܓܒܪ̈ܐ:
ܥܕܡܐ ܠܝܘܡܐ ܕܥܠ ܢܘܚ ܠܟܘܝܠܐ: 39 ܘܠܐ ܝܕܥܘ. ܥܕܡܐ ܕܐܬܐ ܛܘܦܢܐ. ܘܕܒܪ
ܠܟܠܗܘܢ. ܗܟܢܐ ܬܗܘܐ ܡܐܬܝܬܗ ܕܒܪܗ ܕܐܢܫܐ܀

40 ܗܝܕܝܢ ܬܪ̈ܝܢ ܢܗܘܘܢ ܒܚܩܠܐ. ܚܕ ܢܬܕܒܪ. ܘܚܕ ܢܫܬܒܩ. 41 ܘܬܪ̈ܬܝܢ ܢܗܘ̈ܝܢ ܛܚ̈ܢܢ
ܒܪܚܝܐ. ܚܕܐ ܡܬܕܒܪܐ. ܘܚܕܐ ܡܫܬܒܩܐ. 42 ܐܬܬܥܝܪܘ ܗܟܝܠ. ܕܠܐ ܝܕܥܝܢ ܐܢܬܘܢ
ܒܐܝܕܐ ܫܥܬܐ ܐܬܐ ܡܪܟܘܢ܀ 43 ܗܕܐ ܕܝܢ ܕܥܘ. ܕܐܠܘ ܝܕܥ ܗܘܐ ܡܪܐ ܒܝܬܐ ܒܐܝܕܐ
ܡܛܪܬܐ ܐܬܐ ܓܢܒܐ. ܡܬܬܥܝܪ ܗܘܐ. ܘܠܐ ܫܒܩ ܗܘܐ ܕܢܬܦܠܫ ܒܝܬܗ. 44 ܡܛܠ ܗܢܐ
ܐܦ ܐܢܬܘܢ ܗܘܘ ܡܛܝܒܝܢ. ܕܒܫܥܬܐ ܕܠܐ ܡܣܒܪܝܢ ܐܢܬܘܢ. ܐܬܐ ܒܪܗ ܕܐܢܫܐ܀܀܀܀

45 ܡܢܘ ܟܝ ܐܝܬܘܗܝ ܥܒܕܐ ܡܗܝܡܢܐ ܘܚܟܝܡܐ. ܕܐܩܝܡܗ ܡܪܗ ܥܠ ܒܢܝ ܒܝܬܗ: ܙܒܢܐ ܡܗ
ܕܢܬܠ ܠܗܘܢ ܡܝܣܪܬܐ ܒܙܒܢܗ. 46 ܛܘܒܘܗܝ ܠܥܒܕܐ ܗܘ. ܕܢܐܬܐ ܡܪܗ ܢܫܟܚܝܘܗܝ
ܕܥܒܕ ܗܟܢܐ. 47 ܐܡܝܢ ܐܡܪ ܐܢܐ ܠܟܘܢ. ܕܥܠ ܟܠ ܕܐܝܬ ܠܗ ܢܩܝܡܝܘܗܝ. 48 ܐܢ
ܕܝܢ ܢܐܡܪ ܥܒܕܐ ܗܘ ܒܝܫܐ ܒܠܒܗ. ܕܡܘܚܪ ܡܪܝ ܠܡܐܬܐ: 49 ܘܢܫܪܐ ܠܡܡܚܐ
ܠܟܢܘܬܗ: ܘܢܗܘܐ ܐܟܠ ܘܫܬܐ ܥܡ ܪ̈ܘܝܐ. 50 ܢܐܬܐ ܡܪܗ ܕܥܒܕܐ ܗܘ ܒܝܘܡܐ ܕܠܐ ܡܣܟܐ.
ܘܒܫܥܬܐ ܕܠܐ ܝܕܥ. 51 ܘܢܦܠܓܝܘܗܝ ܘܢܣܝܡ ܡܢܬܗ ܥܡ ܢܣܒܝ ܒܐܦ̈ܐ. ܬܡܢ ܢܗܘܐ
ܒܟܝܐ ܘܚܘܪܩ ܫܢ̈ܐ܀

Cap. xxv. 1 ܗܝܕܝܢ ܬܬܕܡܐ ܡܠܟܘܬܐ ܕܫܡܝܐ ܠܥܣܪ ܒܬܘܠܢ. ܗܠܝܢ ܕܢܣܒ ܠܡܨܒܥܬܗܝܢ
ܘܢܦܩ ܠܐܘܪܥ ܚܬܢܐ ܘܟܠܬܐ. 2 ܚܡܫ ܕܝܢ ܡܢܗܝܢ ܚܟܝܡܢ ܗܘܝ ܘܚܡܫ ܣܟܠ̈ܢ.
3 ܘܗܠܝܢ ܣܟܠ̈ܬܐ ܢܣܒ ܠܡܨܒܥܬܗܝܢ. ܘܠܐ ܢܣܒ ܥܡܗܝܢ ܡܫܚܐ. 4 ܗܠܝܢ ܕܝܢ
ܚܟܝܡܬܐ. ܢܣܒ ܡܫܚܐ ܒܡܐܢܐ ܥܡ ܠܡܨܒܥܬܗܝܢ. 5 ܟܕ ܐܘܚܪ ܕܝܢ ܚܬܢܐ. ܢܡ ܟܠܗܝܢ
ܘܕܡܟ. 6 ܘܒܦܠܓܗ ܕܠܠܝܐ ܗܘܬ ܩܥܬܐ. ܗܐ ܚܬܢܐ ܐܬܐ ܦܘܩܘ ܠܐܘܪܥܗ. 7 ܗܝܕܝܢ ܩܡ
ܟܠܗܝܢ ܒܬܘܠܬܐ ܗܠܝܢ. ܘܬܩܢ ܠܡܨܒܥܬܗܝܢ. 8 ܐܡܪ̈ܢ ܕܝܢ ܗܠܝܢ ܣܟܠ̈ܬܐ ܠܚܟܝܡܬܐ.
ܗܒ̈ܝܢ ܠܢ ܡܢ ܡܫܚܟܝܢ. ܕܗܐ ܕܥܟܘ ܠܗܘܢ ܠܡܨܒܥܬܢ. 9 ܥܢܝ ܗܠܝܢ
ܚܟܝܡܬܐ ܘܐܡܪ̈ܢ. ܕܠܡܐ ܠܐ ܢܣܦܩ ܠܢ ܘܠܟܝܢ. ܐܠܐ ܙܠܝܢ ܠܘܬ ܐܝܠܝܢ ܕܡܙܒܢܝܢ.

ܘܙܒܢܝܢ ܠܟܝܢ. 10 ܘܟܕ ܐܙܠ ܠܡܙܒܢ܆ ܐܬܐ ܚܬܢܐ. ܘܐܝܠܝܢ ܕܡܛܝܒܢ ܗܘܝ. ܥܠ
ܥܡܗ܂ ܠܒܝܬ ܡܫܬܘܬܐ. ܘܐܬܐܚܕ ܬܪܥܐ. 11 ܒܚܪܬܐ ܕܝܢ ܐܬܝ ܐܦ ܗܢܝܢ ܒܬܘܠܬܐ
ܐ̱ܚܪܢܝܬܐ. ܘܐܡܪܢ: ܡܪܢ ܡܪܢ܂ ܦܬܚ ܠܢ. 12 ܗܘ ܕܝܢ ܥܢܐ ܘܐܡܪ ܠܗܝܢ. ܐܡܝܢ ܐܡܪ
ܐܢܐ ܠܟܝܢ. ܕܠܐ ܝܕܥ ܐܢܐ ܠܟܝܢ. 13 ܐܬܬܥܝܪܘ ܗܟܝܠ. ܕܠܐ ܝܕܥܝܢ ܐܢܬܘܢ ܠܫܥܬܐ ܗ̇ܝ.
ܘܠܐ ܠܝܘܡܐ܀ 14 ܐܝܟ ܓܒܪܐ ܓܝܪ ܕܪܚܩ܂ ܩܪܐ ܠܥܒܕܘܗܝ ܘܐܫܠܡ ܠܗܘܢ ܩܢܝܢܗ.
15 ܐܝܬ ܕܝܗܒ ܠܗ ܚܡܫ ܟܟܪܝܢ܂ ܘܐܝܬ ܕܬܪܬܝܢ. ܘܐܝܬ ܕܚܕܐ. ܐ̱ܢܫ ܐ̱ܢܫ ܐܝܟ ܚܝܠܗ.
ܘܪܚܩ ܡܚܕܐ܀ 16 ܐܙܠ ܕܝܢ ܗܘ ܕܢܣܒ ܚܡܫ ܟܟܪܝܢ܂ ܐܬܬܓܪ ܒܗܝܢ. ܘܥܒܕ ܚܡܫ
ܐ̱ܚܪܢܝܢ. 17 ܘܗܟܢܐ ܐܦ ܗܘ ܕܬܪܬܝܢ܂ ܐܬܬܓܪ. ܐܘܬܪ ܐ̱ܚܪܢܝܢ. 18 ܗܘ ܕܝܢ ܕܢܣܒ ܚܕܐ
ܐܙܠ ܚܦܪ ܒܐܪܥܐ. ܘܛܫܝ ܟܣܦܐ ܕܡܪܗ܀ 19 ܒܬܪ ܕܝܢ ܙܒܢܐ ܣܓܝܐܐ. ܐܬܐ ܡܪܗܘܢ
ܕܥܒܕܐ ܗܢܘܢ. ܘܢܣܒ ܡܢܗܘܢ ܚܘܫܒܢܐ. 20 ܘܩܪܒ ܗܘ ܕܢܣܒ ܗܘܐ ܚܡܫ ܟܟܪܝܢ܆
ܘܩܪܒ ܚܡܫ ܐ̱ܚܪܢܝܢ ܘܐܡܪ. ܡܪܝ܃ ܚܡܫ ܟܟܪܝܢ ܝܗܒܬ ܠܝ. ܗܐ ܚܡܫ ܐ̱ܚܪܢܝܢ
ܐܬܬܓܪܬ ܒܗܝܢ. 21 ܐܡܪ ܠܗ ܡܪܗ. ܐܘ ܥܒܕܐ ܛܒܐ ܘܡܗܝܡܢܐ. ܥܠ ܩܠܝܠ
ܡܗܝܡܢ ܗܘܝܬ. ܥܠ ܣܓܝ ܐܩܝܡܟ. ܥܘܠ ܠܚܕܘܬܗ ܕܡܪܟ. 22 ܘܩܪܒ ܗܘ ܕܬܪܬܝܢ
ܟܟܪܝܢ ܘܐܡܪ. ܡܪܝ܃ ܬܪܬܝܢ ܟܟܪܝܢ ܝܗܒܬ ܠܝ. ܗܐ ܬܪܬܝܢ ܐ̱ܚܪܢܝܢ ܐܬܬܓܪܬ ܒܗܝܢ.
23 ܐܡܪ ܠܗ ܡܪܗ. ܐܘ ܥܒܕܐ ܛܒܐ ܘܡܗܝܡܢܐ. ܥܠ ܩܠܝܠ ܡܗܝܡܢ ܗܘܝܬ. ܥܠ
ܣܓܝ ܐܩܝܡܟ. ܥܘܠ ܠܚܕܘܬܗ ܕܡܪܟ. 24 ܩܪܒ ܕܝܢ ܐܦ ܗܘ ܕܢܣܒ ܚܕܐ ܟܟܪܐ ܘܐܡܪ.
ܡܪܝ܃ ܝܕܥ ܗܘܝܬ ܠܟ. ܕܓܒܪܐ ܐܢܬ ܩܫܝܐ. ܘܚܨܕ ܐܢܬ ܐܝܟܐ ܕܠܐ ܙܪܥܬ. ܘܡܟܢܫ ܐܢܬ
ܡܢ ܐܝܟܐ ܕܠܐ ܒܕܪܬ. 25 ܘܕܚܠܬ. ܘܐܙܠܬ ܛܫܝܬܗ ܠܟܟܪܟ ܒܐܪܥܐ. ܗܐ ܐܝܬ ܠܟ ܕܝܠܟ.
26 ܥܢܐ ܡܪܗ. ܘܐܡܪ ܠܗ. ܥܒܕܐ ܒܝܫܐ ܘܚܒܢܢܐ: ܝܕܥ ܗܘܝܬ ܕܚܨܕ ܐܢܐ ܐܝܟܐ ܕܠܐ ܙܪܥܬ:
ܘܡܟܢܫ ܐܢܐ ܡܢ ܐܝܟܐ ܕܠܐ ܒܕܪܬ. 27 ܘܠܐ ܗܘܐ ܠܟ ܕܬܪܡܐ ܟܣܦܝ ܥܠ ܬܪܘܬܐ. ܘܐܬܐ
ܗܘܝܬ ܐܢܐ ܘܬܒܥ ܗܘܝܬ ܕܝܠܝ ܥܡ ܪܒܝܬܗ. 28 ܫܩܘ ܗܟܝܠ ܡܢܗ ܟܟܪܐ ܘܗܒܘܗ
ܠܗܘ ܕܐܝܬ ܠܗ ܥܣܪ ܟܟܪܝܢ. 29 ܠܡܢ ܓܝܪ ܕܐܝܬ ܠܗ. ܢܬܝܗܒ ܠܗ. ܘܢܬܝܬܪ
ܠܗ. ܘܗܘ ܕܝܢ ܕܠܝܬ ܠܗ. ܐܦ ܗܘ ܕܐܝܬ ܠܗ. ܢܫܬܩܠ ܡܢܗ. 30 ܘܠܥܒܕܐ ܒܛܝܠܐ.
ܐܦܩܘܗܝ ܠܚܫܘܟܐ ܒܪܝܐ. ܬܡܢ ܢܗܘܐ ܒܟܝܐ ܘܚܘܪܩ ܫܢܐ܀
31 ܡܐ ܕܐܬܐ ܕܝܢ ܒܪܗ ܕܐ̱ܢܫܐ ܒܫܘܒܚܗ: ܘܟܠܗܘܢ ܡܠܐܟܘܗܝ ܩܕܝܫܐ ܥܡܗ. ܗܝܕܝܢ
ܢܬܒ ܥܠ ܬܪܘܢܘܣ ܕܫܘܒܚܗ. 32 ܘܢܬܟܢܫܘܢ ܩܕܡܘܗܝ ܟܠܗܘܢ ܥܡܡܐ. ܘܢܦܪܫ
ܐܢܘܢ ܚܕ ܡܢ ܚܕ. ܐܝܟ ܪܥܝܐ ܕܡܦܪܫ ܥܪܒܐ ܡܢ ܓܕܝܐ. 33 ܘܢܩܝܡ ܥܪܒܐ ܡܢ ܝܡܝܢܗ.
ܘܓܕܝܐ ܡܢ ܣܡܠܗ. 34 ܗܝܕܝܢ ܢܐܡܪ ܡܠܟܐ ܠܗܢܘܢ ܕܡܢ ܝܡܝܢܗ. ܬܘ ܒܪܝܟܘܗܝ
ܕܐܒܝ. ܐܪܬܘ ܡܠܟܘܬܐ: ܕܡܛܝܒܐ ܗܘܬ ܠܟܘܢ ܡܢ ܬܪܡܝܬܗ ܕܥܠܡܐ. 35 ܟܦܢܬ ܓܝܪ.
ܘܝܗܒܬܘܢ ܠܝ ܠܡܐܟܠ. ܘܨܗܝܬ. ܘܐܫܩܝܬܘܢܢܝ. ܐܟܣܢܝܐ ܗܘܝܬ. ܘܟܢܫܬܘܢܢܝ.

36 ܥܪܛܠܝܐ ܗܘܝܬ ܘܟܤܝܬܘܢܢܝ. ܟܪܝܗ ܗܘܝܬ ܘܤܥܪܬܘܢܢܝ. ܘܒܒܝܬ ܐܤܝܪܐ ܗܘܝܬ
ܘܐܬܝܬܘܢ ܠܘܬܝ. 37 ܗܝܕܝܢ ܢܐܡܪܘܢ ܠܗ ܗܢܘܢ ܙܕܝܩܐ. ܡܪܢ. ܐܡܬܝ ܚܙܝܢܟ ܕܟܦܢ
ܐܢܬ ܘܬܪܤܝܢܟ. ܐܘ ܕܨܗܐ ܐܢܬ ܘܐܫܩܝܢܟ. 38 ܘܐܡܬܝ ܚܙܝܢܟ ܕܐܟܤܢܝܐ ܐܢܬ ܘܟܢܫܢܟ.
ܐܘ ܕܥܪܛܠܝܐ ܐܢܬ ܘܟܤܝܢܟ. 39 ܘܐܡܬܝ ܚܙܝܢܟ ܟܪܝܗܐ. ܐܘ ܒܒܝܬ ܐܤܝܪܐ. ܘܐܬܝܢ
ܠܘܬܟ. 40 ܘܥܢܐ ܡܠܟܐ ܘܐܡܪ ܠܗܘܢ. ܐܡܝܢ ܐܡܪ ܐܢܐ ܠܟܘܢ. ܕܡܕܡ ܕܥܒܕܬܘܢ
ܠܚܕ ܡܢ ܗܠܝܢ ܐܚܝ ܙܥܘܪܐ. ܠܝ ܗܘ ܥܒܕܬܘܢ. 41 ܗܝܕܝܢ ܢܐܡܪ ܐܦ ܠܗܢܘܢ ܕܡܢ
ܤܡܠܗ. ܐܙܠܘ ܠܟܘܢ ܡܢܝ ܠܝܛܐ. ܠܢܘܪܐ ܕܠܥܠܡ. ܗܝ ܕܡܛܝܒܐ ܠܐܟܠܩܪܨܐ
ܘܠܡܠܐܟܘܗܝ. 42 ܟܦܢܬ ܓܝܪ. ܘܠܐ ܝܗܒܬܘܢ ܠܝ ܠܡܐܟܘܠ. ܘܨܗܝܬ. ܘܠܐ ܐܫܩܝܬܘܢܢܝ.
43 ܘܐܟܤܢܝܐ ܗܘܝܬ. ܘܠܐ ܟܢܫܬܘܢܢܝ. ܘܥܪܛܠܝܐ ܗܘܝܬ. ܘܠܐ ܟܤܝܬܘܢܢܝ. ܘܟܪܝܗܐ
ܗܘܝܬ. ܘܒܒܝܬ ܐܤܝܪܐ ܗܘܝܬ. ܘܠܐ ܤܥܪܬܘܢܢܝ. 44 ܗܝܕܝܢ ܢܥܢܘܢ ܐܦ ܗܢܘܢ. ܘܢܐܡܪܘܢ.
ܡܪܢ. ܐܡܬܝ ܚܙܝܢܟ ܟܦܢܐ. ܐܘ ܨܗܝܐ. ܐܘ ܐܟܤܢܝܐ. ܐܘ ܥܪܛܠܝܐ. ܐܘ ܟܪܝܗܐ. ܐܘ ܒܒܝܬ
ܐܤܝܪܐ. ܘܠܐ ܫܡܫܢܟ. 45 ܗܝܕܝܢ ܢܥܢܐ ܘܢܐܡܪ ܠܗܘܢ. ܐܡܝܢ ܐܡܪ ܐܢܐ ܠܟܘܢ. ܕܡܕܡ
ܕܠܐ ܥܒܕܬܘܢ ܠܚܕ ܡܢ ܗܠܝܢ ܙܥܘܪܐ. ܐܦ ܠܐ ܠܝ ܥܒܕܬܘܢ. 46 ܘܢܐܙܠܘܢ ܗܠܝܢ
ܠܬܫܢܝܩܐ ܕܠܥܠܡ. ܘܙܕܝܩܐ ܠܚܝܐ ܕܠܥܠܡ ܀

Cap. xxvi. 1 ܘܗܘܐ ܕܟܕ ܫܠܡ ܝܫܘܥ ܟܠܗܘܢ ܡܠܐ ܗܠܝܢ. ܐܡܪ ܠܬܠܡܝܕܘܗܝ. 2 ܝܕܥܝܢ
ܐܢܬܘܢ ܕܒܬܪ ܬܪܝܢ ܝܘܡܝܢ ܗܘܐ ܦܨܚܐ. ܘܒܪܗ ܕܐܢܫܐ ܡܫܬܠܡ ܕܢܙܕܩܦ ܀
3 ܗܝܕܝܢ ܐܬܟܢܫܘ ܪܒܝ ܟܗܢܐ. ܘܤܦܪܐ. ܘܩܫܝܫܐ ܕܥܡܐ. ܠܕܪܬܗ ܕܪܒ ܟܗܢܐ ܕܡܬܩܪܐ
ܩܝܦܐ. 4 ܘܐܬܡܠܟܘ ܥܠ ܝܫܘܥ. ܕܒܢܟܠܐ ܢܐܚܕܘܢܝܗܝ. ܘܢܩܛܠܘܢܝܗܝ. 5 ܘܐܡܪܝܢ
ܗܘܘ. ܠܐ ܒܥܐܕܐ. ܕܠܐ ܢܗܘܐ ܫܓܘܫܝܐ ܒܥܡܐ ܀
6 ܘܟܕ ܗܘܐ ܝܫܘܥ ܒܒܝܬ ܥܢܝܐ ܒܒܝܬܗ ܕܫܡܥܘܢ ܓܪܒܐ. 7 ܩܪܒܬ ܠܗ ܐܢܬܬܐ.
ܕܐܝܬ ܥܡܗ ܫܛܝܦܬܐ ܕܡܫܚܐ ܕܒܤܡܐ ܤܓܝ ܕܡܘܗܝ. ܘܐܫܦܟܬܗ ܥܠ ܪܫܗ ܕܝܫܘܥ. ܟܕ
ܤܡܝܟ ܀ 8 ܚܙܘ ܕܝܢ ܬܠܡܝܕܘܗܝ. ܘܐܬܒܐܫ ܠܗܘܢ. ܘܐܡܪܝܢ. ܠܡܢܐ ܐܒܕܢܐ ܗܢܐ. 9 ܡܫܟܚ
ܗܘܐ ܓܝܪ ܕܢܙܕܒܢ ܗܢܐ ܒܤܓܝ. ܘܢܬܝܗܒ ܠܡܤܟܢܐ ܀ 10 ܝܫܘܥ ܕܝܢ ܝܕܥ ܘܐܡܪ
ܠܗܘܢ. ܡܢܐ ܡܗܪܝܢ ܐܢܬܘܢ ܠܗ ܠܐܢܬܬܐ. ܥܒܕܐ ܫܦܝܪܐ ܥܒܕܬ ܠܘܬܝ. 11 ܒܟܠܙܒܢ
ܓܝܪ ܡܤܟܢܐ ܐܝܬ ܠܟܘܢ ܥܡܟܘܢ. ܠܝ ܕܝܢ. ܠܐ ܒܟܠܙܒܢ ܐܝܬ ܠܟܘܢ. 12 ܗܕܐ ܕܝܢ
ܕܐܪܡܝܬ ܒܤܡܐ ܗܢܐ ܥܠ ܦܓܪܝ. ܐܝܟ ܕܠܡܩܒܪܢܝ ܥܒܕܬ. 13 ܘܐܡܝܢ ܐܡܪ ܐܢܐ
ܠܟܘܢ. ܕܐܝܟܐ ܕܬܬܟܪܙ ܤܒܪܬܝ ܗܕܐ ܒܟܠܗ ܥܠܡܐ. ܢܬܡܠܠ ܐܦ ܡܕܡ ܕܥܒܕܬ ܗܕܐ.
ܠܘܘܕܟܪܢܗ ܀
14 ܗܝܕܝܢ ܐܙܠ ܚܕ ܡܢ ܬܪܥܤܪ. ܕܡܬܩܪܐ ܝܗܘܕܐ ܤܟܪܝܘܛܐ. ܠܘܬ ܪܒܝ ܟܗܢܐ.
15 ܘܐܡܪ ܠܗܘܢ. ܡܢܐ ܨܒܝܢ ܐܢܬܘܢ ܠܡܬܠ ܠܝ. ܘܐܢܐ ܡܫܠܡ ܐܢܐ ܠܗ ܠܟܘܢ ܀

ܗܿܘܝܼ ܕܝܼܢ ܐܲܩܒܸܠܗ ܥܲܡܹܗ ܠܚܲܨܹܪ ܕܟ݂ܘܼܡܪܵܐ. 16 ܘܫܸܡܥܘܿܢ ܗܿܘܝܼ ܟܠܝܵܐ ܝܘܹܐ ܥܲܠ ܬܲܪܥܵܐ
ܕܬܲܠܡܝܼܕܘܼܗܝ ܀܀

17 ܒܲܪܬܵܐ ܕܝܼܢ ܢܵܛܘܿܪܬܵܐ ܕܬܲܪܥܵܐ. ܐܡܪܐ ܠܬܲܠܡܝܼܕܵܐ ܗܿܘ ܫܸܡܥܘܿܢ ܘܐܡܪܐ ܠܗ. ܠܵܐ ܓܲܒ݂ܪܵܐ ܐܝܼܬ
ܕܐܲܢܬ݂ ܗܘܝܬ. ܕܐܠܗܐ ܦܪܝܫܐ. 18 ܗܘ ܕܝܢ ܐܡܪ ܠܗܘܢ. ܐܢܐ ܠܬܠܡܝܕܝܗ݀ ܗܘܝܬ ܦܠܢ. ܘܐܡܪܘ
ܠܗ. ܘܟܡ ܐܡܪ. ܐܢܫ ܡܢܐ ܠܗ. ܗܘ ܐܝܟ ܟܕ ܐܢܐ ܦܪܝܫܐ. ܟܡ ܬܠܡܝܕܐ. 19 ܘܬܠܡܝܕܘܗܝ
ܒܕܝܘ ܐܢܫܐ ܕܦܫܝ ܠܗܘܢ ܫܡܥܘܢ ܘܩܝܡܝܢ ܦܪܝܫܐ. 20 ܘܟܕ ܗܘܐ ܪܫܐ ܫܩܠܘ
ܗܘܐ ܟܡ ܬܪܥܐ ܬܠܡܝܕܘܗܝ. 21 ܘܟܕ ܠܟܠܗܘܢ. ܐܡܪ. ܐܢܫܝܢ ܐܡܪ ܐܢܐ
ܠܗܘܢ: ܕܐܢܐ ܡܢܗܘܢ ܡܫܟܚ ܐܢܐ ܀ 22 ܘܩܪܒ ܠܗܘܢ. ܠܒ. ܘܡܚܝܗ ܠܥܠܡܐ
ܠܗ ܡܢ ܚܕ ܡܢܗܘܢ. ܠܟܠܐ: ܐܢܐ ܗܘܝܬ܀܀ 23 ܗܘ ܕܝܢ ܥܢܐ ܘܐܡܪ. ܡܢ ܕܐܟܠ
ܐܝܟܢܐ ܠܟܠܢ ܟܠܟܠܢܐ ܗܘ ܬܠܡܝܕܐ. 24 ܘܥܢܘܗ ܕܐܢܫܐ ܐܠܐ ܐܢܫܐ ܕܟܬܒ
ܠܟܠܗܘܢ. ܗܢ ܠܗ ܕܝܢ ܠܟܦܐ. ܗܘ ܕܟܠܝܗ ܒܢܘ ܕܐܢܫܐ ܡܫܬܠܡ. ܦܩܕ ܗܘܐ ܠܗ
ܠܟܦܐ ܗܘ. ܐܠܗ ܠܐ ܐܬܡܠܟ܀ 25 ܒܢܐ ܬܘܒ ܡܠܬܐ ܘܐܡܪ. ܕܠܟܠܐ: ܐܢܐ ܗܘ
ܕܝܢ܀܀ ܐܡܪ ܠܗ ܫܡܥܘܢ ܐܝܬ ܐܡܪܐ܀ 26 ܟܕ ܕܝܢ ܠܟܠܗܘܢ: ܟܠ ܫܡܥܘܢ ܠܥܠܡܐ:
ܘܟܕ: ܘܡܪܐ ܘܩܘܡ ܠܬܠܡܝܕܘܗܝ: ܘܐܡܪ. ܫܒܩ ܐܦܠܗ. ܗܘܢ ܦܪܝܫܐ܀ 27 ܘܟܠ
ܦܫܐ: ܘܐܘܪܝ: ܘܩܘܡ ܠܗܘܢ. ܘܐܡܪ. ܫܒܩ ܐܢܫܘ ܡܢܗ. ܦܠܚܘܗܝ. 28 ܗܘܢ ܕܝܢ
ܕܡܫܬܠܡܐ ܚܝܠܐ: ܕܝܠܗ ܩܪܝܒܐ ܡܫܬܠܡ ܠܥܘܠܡܢܐ ܕܬܫܥܝܬܐ܀ 29 ܐܡܪ ܐܢܐ ܠܟܘܢ ܕܝܢ:
ܕܠܐ ܐܢܫܐ ܡܢ ܗܘܐ ܡܢ ܗܢܐ ܡܠܐ ܕܦܫܬܐ: ܠܥܠܡܐ ܠܒܪܢܫܐ ܕܡܢ ܐܢܫܘܗܝ ܠܟܠܟܘܢ
ܚܝܠܐ. ܠܡܫܠܡܘܬܗ ܕܐܝܟ܀ 30 ܘܡܚܝܘ: ܘܐܦܩܘ ܠܗܘܢ ܐܬܪܐ܀

31 ܗܘܢ ܕܝܢ ܐܡܪ ܠܗܘܢ ܫܡܥܘܢ. ܐܝܟܢ ܐܢܬܘܢ ܕܐܡܪܝܢ ܐܢܬܘܢ ܟܕ ܗܘܝܬ ܒܚܝܠܐ. ܩܕܡ
ܟܢܫܐ ܕܐܢܫܐ ܠܒܪܢܫܐ. ܘܠܫܡܥܘܢ ܒܪܬܐ ܕܠܒܪܐ. 32 ܡܢ ܒܬܪ ܕܡܠܐ ܐܢܐ ܕܝܢ: ܐܝܟ
ܐܢܐ ܠܟܘܢ ܠܟܠܟܘܢ܀ 33 ܒܢܐ ܩܪܝܒܐ. ܘܐܡܪ ܠܗ. ܐܝܟ ܦܪܝܫܐ ܠܥܠܡܐ ܕܝܢ: ܐܢܐ
ܡܫܬܠܡ. ܠܐ ܐܬܡܠܟ ܕܝܢ. 34 ܐܡܪ ܠܗ ܫܡܥܘܢ. ܐܢܫܝܢ ܐܡܪ ܐܢܐ ܠܟ. ܕܗܘܝܬ ܒܚܝܠܐ:
ܡܢ ܕܢܫܐ ܐܬܢܨܚ. ܠܟܠ ܐܢܫܝܢ ܐܦܠܘ ܕܝܢ. 35 ܐܡܪ ܠܗ ܩܪܝܒܐ. ܠܐ ܢܗܘܐ ܕܝܢ ܠܥܠܡܐ
ܠܟܠܟ. ܠܐ ܐܡܪܘ ܕܝܢ. ܘܗܘܝܬ. ܐܘ ܦܠܢ ܕܐܢܫܐ ܐܡܪܘ܀܀

36 ܗܘܢ ܐܠܐ ܠܥܠܡܐ ܫܡܥܘܢ: ܒܗܘܢ ܕܡܫܬܠܡܢܐ ܕܝܠܗ. ܘܐܡܪ ܠܬܠܡܝܕܘܗܝ:
ܐܝܟ ܗܘܦܟܐ ܟܡ ܐܠܐ ܐܪܥܐ. 37 ܘܐܢܫ ܠܩܪܝܒܐ. ܘܠܬܫܒܘܚܬܗ ܒܢܝ ܐܢܫܐ. ܘܡܢ
ܠܡܫܠܡܢܘܬܗ. ܘܠܫܡܥܘܢ. 38 ܘܐܡܪ ܠܗܘܢ. ܒܢܐ ܗܘ ܠܗ ܠܟܠܗܘܢ. ܒܪܬܐ ܠܥܠܡܐ.
ܗܘ ܟܕ ܗܘܦܟܐ ܘܫܡܥܘܢ ܠܥܠܡ܀ 39 ܘܐܢܫ ܡܫܟܚ ܘܦܠܚ ܟܠ ܐܦܝܗܘܢ. ܘܡܛܠ ܗܘܐ
ܘܐܡܪ. ܐܝܟ: ܠܝ ܡܫܬܠܡܐ ܠܟܠܟܘܢ ܦܫܐ ܗܘܐ. ܒܟܠ ܠܐ ܐܝܟ ܕܐܢܐ ܪܒܐ ܐܢܐ܀ ܐܠܐ. ܐܝܟ
ܕܐܝܬ܀ 40 ܘܐܠܐ ܠܗܘܢ ܬܠܡܝܕܘܗܝ. ܘܐܦܩܘ ܐܢܘܢ. ܟܕ ܕܡܫܬܠܡ. ܘܐܡܪ ܠܩܪܝܒܐ. ܗܘܢ:

ܠܐ ܐܫܟܚܬܘܢ. ܚܕܐ ܫܥܐ: ܕܬܬܥܝܪܘܢ ܥܡܝ. 41 ܐܬܬܥܝܪܘ. ܘܨܠܘ. ܕܠܐ ܬܥܠܘܢ
ܠܢܣܝܘܢܐ: ܪܘܚܐ ܡܛܝܒܐ. ܦܓܪܐ ܕܝܢ ܟܪܝܗ. 42 ܬܘܒ ܐܙܠ ܕܬܪܬܝܢ ܨܠܝ.
ܘܐܡܪ. ܐܒܝ: ܐܢ ܠܐ ܡܫܟܚܐ ܗܕܐ ܟܣܐ ܕܬܥܒܪ: ܐܠܐ ܐܢ ܐܫܬܝܬܗ. ܢܗܘܐ ܨܒܝܢܟ.
43 ܘܐܬܐ ܬܘܒ. ܐܫܟܚ ܐܢܘܢ ܕܕܡܟܝܢ. ܡܛܠ ܕܥܝܢܝܗܘܢ ܝܩܝܪܢ ܗܘܝ. 44 ܘܫܒܩ ܐܢܘܢ.
ܘܐܙܠ ܬܘܒ. ܨܠܝ ܕܬܠܬ ܙܒܢܝܢ: ܘܡܠܬܐ ܗܝ ܐܡܪ. 45 ܗܝܕܝܢ ܐܬܐ ܠܘܬ
ܬܠܡܝܕܘܗܝ. ܘܐܡܪ ܠܗܘܢ. ܕܡܟܘ ܡܟܝܠ ܘܐܬܬܢܝܚܘ. ܗܐ ܡܛܬ ܫܥܬܐ. ܘܒܪܗ
ܕܐܢܫܐ ܡܫܬܠܡ ܒܐܝܕܝܗܘܢ ܕܚܛܝܐ. 46 ܩܘܡܘ: ܢܐܙܠ. ܗܐ ܡܛܝ ܗܘ ܕܡܫܠܡ ܠܝ.
47 ܘܥܕ ܗܘ ܡܡܠܠ: ܗܐ ܝܗܘܕܐ ܡܫܠܡܢܐ: ܚܕ ܡܢ ܬܪܥܣܪܬܐ ܐܬܐ. ܘܥܡܗ ܟܢܫܐ
ܣܓܝܐܐ. ܥܡ ܣܦܣܪܐ ܘܚܘܛܪܐ. ܡܢ ܠܘܬ ܪܒܝ ܟܗܢܐ ܘܩܫܝܫܐ ܕܥܡܐ. 48 ܘܝܗܒ
ܗܘܐ ܠܗܘܢ ܐܬܐ ܗܘ ܡܫܠܡܢܐ. ܘܐܡܪ. ܠܗܘ ܕܢܫܩ ܐܢܐ ܗܘܝܘ. ܠܗ ܐܚܘܕܘܗܝ.
49 ܘܡܚܕܐ ܩܪܒ ܠܘܬ ܝܫܘܥ ܘܐܡܪ. ܫܠܡ ܪܒܝ: ܘܢܫܩܗ. 50 ܗܘ ܕܝܢ ܝܫܘܥ ܐܡܪ
ܠܗ. ܥܠ ܗܝ ܕܐܬܝܬ ܚܒܪܝ. ܗܝܕܝܢ ܩܪܒܘ. ܐܪܡܝܘ ܐܝܕܝܗܘܢ ܥܠ ܝܫܘܥ
ܘܐܚܕܘܗܝ. 51 ܘܗܐ ܚܕ ܡܢ ܗܠܝܢ ܕܥܡ ܝܫܘܥ: ܐܘܫܛ ܐܝܕܗ. ܘܫܡܛ ܣܦܣܪܐ.
ܘܡܚܝܗܝ ܠܥܒܕܗ ܕܪܒ ܟܗܢܐ. ܘܫܩܠܗ ܐܕܢܗ. 52 ܗܝܕܝܢ ܐܡܪ ܠܗ ܝܫܘܥ. ܐܗܦܟ
ܣܦܣܪܐ ܠܕܘܟܬܗ. ܟܠܗܘܢ ܓܝܪ ܕܢܣܒܘ ܣܦܣܪܐ. ܒܣܦܣܪܐ ܢܡܘܬܘܢ. 53 ܐܘ ܣܒܪ
ܐܢܬ ܕܠܐ ܡܫܟܚ ܐܢܐ ܕܐܒܥܐ ܡܢ ܐܒܝ: ܘܢܩܝܡ ܠܝ ܗܫܐ ܝܬܝܪ ܡܢ ܬܪܬܥܣܪܐ
ܠܓܝܘܢܝܢ ܕܡܠܐܟܐ. 54 ܐܝܟܢܐ ܗܟܝܠ ܢܫܬܠܡܘܢ ܟܬܒܐ: ܕܗܟܢܐ ܘܠܐ ܕܢܗܘܐ.
55 ܒܗ ܒܫܥܬܐ ܐܡܪ ܝܫܘܥ ܠܟܢܫܐ. ܐܝܟ ܕܥܠ ܓܝܣܐ ܢܦܩܬܘܢ: ܒܣܦܣܪܐ ܘܒܚܘܛܪܐ.
ܕܬܐܚܕܘܢܢܝ: ܟܠܝܘܡ ܠܘܬܟܘܢ ܒܗܝܟܠܐ: ܝܬܒ ܗܘܝܬ ܘܡܠܦ. ܘܠܐ ܐܚܕܬܘܢܢܝ. 56 ܗܕܐ
ܕܝܢ ܗܘܬ. ܕܢܫܬܠܡܘܢ ܟܬܒܐ ܕܢܒܝܐ. ܗܝܕܝܢ ܬܠܡܝܕܐ ܟܠܗܘܢ: ܫܒܩܘܗܝ. ܘܥܪܩܘ.
57 ܘܗܢܘܢ ܕܐܚܕܘܗܝ ܠܝܫܘܥ: ܐܘܒܠܘܗܝ ܠܘܬ ܩܝܦܐ ܪܒ ܟܗܢܐ: ܐܝܟܐ ܕܣܦܪܐ ܘܩܫܝܫܐ
ܟܢܝܫܝܢ ܗܘܘ. 58 ܫܡܥܘܢ ܕܝܢ ܟܐܦܐ ܐܙܠ ܗܘܐ ܒܬܪܗ ܡܢ ܪܘܚܩܐ. ܥܕܡܐ ܠܕܪܬܗ
ܕܪܒ ܟܗܢܐ. ܘܥܠ ܝܬܒ ܠܓܘ ܥܡ ܕܚܫܐ: ܕܢܚܙܐ ܚܪܬܐ.
59 ܪܒܝ ܟܗܢܐ ܕܝܢ ܘܩܫܝܫܐ: ܘܟܢܘܫܬܐ ܟܠܗ: ܒܥܝܢ ܗܘܘ ܥܠ ܝܫܘܥ ܣܗܕܘܬܐ: ܐܝܟ ܙܝܦܐ ܚܠ.
ܕܢܡܝܬܘܢܝܗܝ. 60 ܘܠܐ ܐܫܟܚܘ. ܘܐܬܘ ܣܓܝܐܐ ܣܗܕܐ ܕܫܘܩܪܐ. ܒܚܪܬܐ ܕܝܢ ܐܬܘ ܬܪܝܢ.
61 ܘܐܡܪܝܢ. ܗܢܐ ܐܡܪ. ܕܡܫܟܚ ܐܢܐ ܕܐܫܪܐ ܗܝܟܠܗ ܕܐܠܗܐ. ܘܠܬܠܬܐ ܝܘܡܝܢ ܐܒܢܝܘܗܝ.
62 ܘܩܡ ܪܒ ܟܗܢܐ. ܘܐܡܪ ܠܗ. ܠܐ ܡܦܢܐ ܐܢܬ ܦܬܓܡܐ. ܡܢܐ ܡܣܗܕܝܢ ܥܠܝܟ
ܗܠܝܢ. 63 ܝܫܘܥ ܕܝܢ. ܫܬܝܩ ܗܘܐ. ܘܥܢܐ ܪܒ ܟܗܢܐ ܘܐܡܪ ܠܗ. ܡܘܡܐ ܐܢܐ ܠܟ
ܒܐܠܗܐ ܚܝܐ. ܕܬܐܡܪ ܠܢ. ܐܢ ܐܢܬ ܗܘ ܡܫܝܚܐ ܒܪܗ ܕܐܠܗܐ. 64 ܐܡܪ ܠܗ ܝܫܘܥ.
ܐܢܬ ܐܡܪܬ. ܐܡܪ ܐܢܐ ܠܟܘܢ ܕܝܢ: ܕܡܢ ܗܫܐ ܬܚܙܘܢ ܠܒܪܗ ܕܐܢܫܐ: ܕܝܬܒ ܡܢ

ܝܡܝܢܐ ܕܚܝܠܐ. ܘܐܬܐ ܥܠ ܥܢܢܝ ܫܡܝܐ܀ 65 ܗܝܕܝܢ ܟܗܢܐ ܪܒܐ ܨܪܐ ܢܚܬܘܗܝ ܘܐܡܪ.
ܗܐ ܓܕܦ. ܡܢܐ ܬܘܒ ܡܬܒܥܝܢ ܠܢ ܣܗܕܐ. ܗܐ ܗܫܐ ܫܡܥܬܘܢ ܓܘܕܦܗ. 66 ܡܢܐ
ܨܒܝܢ ܐܢܬܘܢ. ܥܢܘ ܘܐܡܪܝܢ. ܚܝܒ ܗܘ ܡܘܬܐ܀ 67 ܗܝܕܝܢ ܪܩܘ ܒܐܦܘܗܝ ܘܡܩܦܚܝܢ
ܗܘܘ ܠܗ. ܐܚܪܢܐ ܕܝܢ ܡܚܝܢ ܗܘܘ ܠܗ. 68 ܘܐܡܪܝܢ. ܐܬܢܒܐ ܠܢ ܡܫܝܚܐ. ܡܢܘ ܗܘ
ܕܡܚܝܟ܀ 69 ܟܐܦܐ ܕܝܢ ܝܬܒ ܗܘܐ ܠܒܪ ܒܕܪܬܐ. ܘܩܪܒܬ ܠܘܬܗ ܐܡܬܐ ܚܕܐ. ܘܐܡܪܐ ܠܗ.
ܐܦ ܐܢܬ ܥܡ ܝܫܘܥ ܗܘܝܬ ܢܨܪܝܐ. 70 ܗܘ ܕܝܢ ܟܦܪ ܩܕܡ ܟܠܗܘܢ. ܘܐܡܪ. ܠܐ ܝܕܥ ܐܢܐ
ܡܢܐ ܐܡܪܐ ܐܢܬܝ. 71 ܘܟܕ ܢܦܩ ܠܬܪܥܐ. ܚܙܬܗ ܐܚܪܬܐ. ܘܐܡܪܐ ܠܗܘܢ. ܕܐܦ ܗܢܐ ܬܡܢ ܗܘܐ
ܥܡ ܝܫܘܥ ܢܨܪܝܐ. 72 ܘܬܘܒ ܟܦܪ ܒܡܘܡܬܐ. ܕܠܐ ܝܕܥ ܐܢܐ ܠܗ ܠܓܒܪܐ.
73 ܒܬܪ ܩܠܝܠ ܕܝܢ ܩܪܒܘ ܗܢܘܢ ܕܩܝܡܝܢ. ܘܐܡܪܘ ܠܟܐܦܐ. ܫܪܝܪܐܝܬ ܐܦ ܐܢܬ
ܡܢܗܘܢ ܐܢܬ. ܐܦ ܡܡܠܠܟ ܓܝܪ ܡܘܕܥ ܠܟ. 74 ܗܝܕܝܢ ܫܪܝ ܠܡܚܪܡܘ ܘܠܡܐܡܐ.
ܕܠܐ ܝܕܥ ܐܢܐ ܠܗ ܠܓܒܪܐ. ܘܒܗ ܒܫܥܬܐ ܩܪܐ ܬܪܢܓܠܐ. 75 ܘܐܬܕܟܪ ܟܐܦܐ ܡܠܬܗ ܕܝܫܘܥ.
ܕܐܡܪ ܠܗ. ܕܥܕܠܐ ܢܩܪܐ ܬܪܢܓܠܐ ܬܠܬ ܙܒܢܝܢ ܬܟܦܘܪ ܒܝ. ܘܢܦܩ ܠܒܪ. ܒܟܐ ܡܪܝܪܐܝܬ܀
1 ܟܕ ܕܝܢ ܗܘܐ ܨܦܪܐ. ܡܠܟܐ ܢܣܒܘ ܥܠ ܝܫܘܥ. ܟܠܗܘܢ ܪ̈ܒܝ ܟܗܢܐ ܘܩܫܝܫܐ Cap. xxvii
ܕܥܡܐ. ܐܝܟ ܕܢܡܝܬܘܢܝܗܝ. 2 ܘܐܣܪܘܗܝ ܘܐܘܒܠܘܗܝ. ܘܐܫܠܡܘܗܝ ܠܦܝܠܛܘܣ
ܗܓܡܘܢܐ܀ 3 ܗܝܕܝܢ ܝܗܘܕܐ ܡܫܠܡܢܐ. ܟܕ ܚܙܐ ܕܐܬܚܝܒ ܝܫܘܥ ܐܬܬܘܝ. ܘܐܗܦܟ
ܐܢܘܢ ܠܗܠܝܢ ܬܠܬܝܢ ܕܟܣܦܐ. ܠܪ̈ܒܝ ܟܗܢܐ ܘܠܩܫܝܫܐ. 4 ܘܐܡܪ. ܣܟܠܬ. ܕܐܫܠܡܬ
ܕܡܐ ܙܟܝܐ. ܗܢܘܢ ܕܝܢ ܐܡܪܘ ܠܗ. ܠܢ ܡܢܐ ܠܢ. ܐܢܬ ܝܕܥ ܐܢܬ. 5 ܘܫܕܝܗܝ ܠܟܣܦܐ
ܒܗܝܟܠܐ ܘܫܢܝ. ܘܐܙܠ ܚܢܩ ܢܦܫܗ܀
6 ܪ̈ܒܝ ܟܗܢܐ ܕܝܢ ܢܣܒܘܗܝ ܠܟܣܦܐ. ܘܐܡܪܘ. ܠܐ ܫܠܝܛ ܕܢܪܡܝܘܗܝ ܒܝܬ ܩܘܪܒܢܐ.
ܡܛܠ ܕܛܝܡܝ ܕܡܐ ܗܘ. 7 ܘܡܠܟܐ ܢܣܒܘ. ܘܙܒܢܘ ܒܗ ܠܐܓܘܪܣܐ ܕܦܚܪܐ. ܠܒܝܬ
ܩܒܘܪܐ ܕܐܟ̈ܣܢܝܐ. 8 ܡܛܠ ܗܢܐ ܐܬܩܪܝ ܐܓܘܪܣܐ ܗܘ. ܩܪܝܬܐ ܕܕܡܐ. ܥܕܡܐ ܠܝܘܡܢܐ܀
9 ܗܝܕܝܢ ܐܫܬܠܡ ܡܕܡ ܕܐܬܐܡܪ ܒܝܕ ܢܒܝܐ. ܕܐܡܪ. ܕܢܣܒܬ ܬܠܬܝܢ ܕܟܣܦܐ ܛܝܡܗ ܕܝܩܝܪܐ
ܕܦܣܩܘ ܡܢ ܒܢܝ ܐܝܣܪܝܠ. 10 ܘܝܗܒܬ ܐܢܘܢ ܠܐܓܘܪܣܐ ܕܦܚܪܐ ܐܝܟ ܕܦܩܕ
ܠܝ ܡܪܝܐ܀
11 ܗܘ ܕܝܢ ܝܫܘܥ ܩܡ ܩܕܡ ܗܓܡܘܢܐ. ܘܫܐܠܗ ܗܓܡܘܢܐ. ܘܐܡܪ ܠܗ. ܐܢܬ ܗܘ
ܡܠܟܐ ܕܝܗܘܕܝܐ. ܐܡܪ ܠܗ ܝܫܘܥ. ܐܢܬ ܐܡܪܬ܀ 12 ܘܟܕ ܐܟܠܝܢ ܗܘܘ ܩܪܨܘܗܝ.
ܪ̈ܒܝ ܟܗܢܐ ܘܩܫܝܫܐ. ܦܬܓܡܐ ܗܘ ܠܐ ܦܢܝ܀ 13 ܗܝܕܝܢ ܐܡܪ ܠܗ ܦܝܠܛܘܣ.
ܠܐ ܫܡܥ ܐܢܬ. ܟܡܐ ܡܣܗܕܝܢ ܠܘܩܒܠܟ܀ 14 ܘܠܐ ܝܗܒ ܠܗ ܦܬܓܡܐ. ܘܠܐ ܒܚܕܐ ܡܠܐ.
ܘܥܠ ܗܕܐ ܐܬܕܡܪ ܛܒ܀ 15 ܒܟܠ ܥܐܕܐ ܕܝܢ. ܡܥܕܐ ܗܘܐ ܗܓܡܘܢܐ ܕܢܫܪܐ ܐܣܝܪܐ ܚܕ
ܠܥܡܐ. ܐܝܢܐ ܕܗܢܘܢ ܨܒܝܢ ܗܘܘ. 16 ܐܣܝܪ ܗܘܐ ܠܗܘܢ ܕܝܢ ܐܣܝܪܐ ܝܕܝܥܐ. ܕܡܬܩܪܐ

ܒܪ ܐܒܐ. 17 ܘܟܕ ܟܢܝܫܝܢ. ܐܡܪ ܠܗܘܢ ܦܝܠܛܘܣ. ܠܡܢ ܨܒܝܢ ܐܢܬܘܢ ܕܐܫܪܐ ܠܟܘܢ:
ܠܒܪ ܐܒܐ. ܐܘ ܠܝܫܘܥ ܕܡܬܩܪܐ ܡܫܝܚܐ. 18 ܝܕܥ ܗܘܐ ܓܝܪ ܦܝܠܛܘܣ. ܕܡܢ ܚܣܡܐ
ܐܫܠܡܘܗܝ. 19 ܟܕ ܝܬܒ ܕܝܢ ܗܓܡܘܢܐ ܥܠ ܒܝܡ ܕܝܢܗ. ܫܠܚܬ ܠܗ ܐܢܬܬܗ.
ܘܐܡܪܐ ܠܗ. ܠܐ ܠܟ ܘܠܗܘ ܙܕܝܩܐ. ܣܓܝ ܓܝܪ ܚܫܬ ܒܚܠܡܝ ܝܘܡܢܐ ܡܛܠܬܗ.
20 ܪܒܝ ܟܗܢܐ ܕܝܢ ܘܩܫܝܫܐ ܐܦܝܣܘ ܠܟܢܫܐ. ܕܢܫܐܠܘܢ. ܠܒܪ ܐܒܐ. ܠܝܫܘܥ ܕܝܢ.
ܢܘܒܕܘܢ. 21 ܘܥܢܐ ܗܓܡܘܢܐ ܘܐܡܪ ܠܗܘܢ. ܠܡܢ ܨܒܝܢ ܐܢܬܘܢ ܕܐܫܪܐ ܠܟܘܢ.
ܡܢ ܬܪܝܗܘܢ. ܗܢܘܢ ܕܝܢ ܐܡܪܘ. ܠܒܪ ܐܒܐ. 22 ܐܡܪ ܠܗܘܢ ܦܝܠܛܘܣ. ܘܠܝܫܘܥ
ܕܡܬܩܪܐ ܡܫܝܚܐ. ܡܢܐ ܐܥܒܕ ܠܗ. ܐܡܪܝܢ ܟܠܗܘܢ. ܢܙܕܩܦ. 23 ܐܡܪ ܠܗܘܢ
ܗܓܡܘܢܐ. ܡܢܐ ܓܝܪ ܒܝܫܬܐ ܥܒܕ. ܗܢܘܢ ܕܝܢ ܝܬܝܪܐܝܬ ܩܥܘ ܘܐܡܪܘ. ܢܙܕܩܦ.
24 ܦܝܠܛܘܣ ܕܝܢ. ܟܕ ܚܙܐ ܕܡܕܡ ܠܐ ܡܘܬܪ: ܐܠܐ ܝܬܝܪܐܝܬ ܫܓܫܐ ܗܘܐ. ܫܩܠ ܡܝܐ.
ܐܫܝ ܐܝܕܘܗܝ ܠܥܝܢܝ ܥܡܐ. ܘܐܡܪ. ܡܚܣܝ ܐܢܐ ܡܢ ܕܡܗ ܕܗܢܐ ܙܕܝܩܐ. ܐܢܬܘܢ
ܬܕܥܘܢ. 25 ܘܥܢܘ ܟܠܗ ܥܡܐ ܘܐܡܪܘ. ܕܡܗ ܥܠܝܢ. ܘܥܠ ܒܢܝܢ. 26 ܗܝܕܝܢ ܫܪܐ
ܠܗܘܢ ܠܒܪ ܐܒܐ. ܘܢܓܕ ܒܦܪܓܠܐ ܠܝܫܘܥ. ܘܐܫܠܡܗ ܕܢܙܕܩܦ. 27 ܗܝܕܝܢ
ܐܣܛܪܛܝܘܛܐ ܕܗܓܡܘܢܐ. ܕܒܪܘܗܝ ܠܝܫܘܥ ܠܦܪܛܘܪܝܢ. ܘܟܢܫܘ ܥܠܘܗܝ ܠܟܠܗ
ܐܣܦܝܪ. 28 ܘܐܫܠܚܘܗܝ. ܘܐܠܒܫܘܗܝ ܟܠܡܝܣ ܕܙܚܘܪܝܬܐ. 29 ܘܓܕܠܘ ܟܠܝܠܐ ܕܟܘܒܐ.
ܘܣܡܘ ܒܪܫܗ. ܘܩܢܝܐ ܒܝܡܝܢܗ. ܘܒܪܟܘ ܥܠ ܒܘܪܟܝܗܘܢ ܩܕܡܘܗܝ. ܘܡܒܙܚܝܢ
ܗܘܘ ܒܗ. ܘܐܡܪܝܢ. ܫܠܡ ܠܟ ܡܠܟܐ ܕܝܗܘܕܝܐ. 30 ܘܪܩܘ ܒܐܦܘܗܝ. ܘܫܩܠܘ
ܩܢܝܐ. ܘܡܚܝܢ ܗܘܘ ܠܗ ܥܠ ܪܫܗ. 31 ܘܟܕ ܒܙܚܘ ܒܗ. ܐܫܠܚܘܗܝ ܟܠܡܝܣ.
ܘܐܠܒܫܘܗܝ ܢܚܬܘܗܝ. ܘܐܘܒܠܘܗܝ ܕܢܙܕܩܦ.

32 ܘܟܕ ܢܦܩܝܢ ܐܫܟܚܘ ܓܒܪܐ ܩܘܪܝܢܝܐ ܕܫܡܗ ܫܡܥܘܢ. ܠܗܢܐ ܫܚܪܘ ܕܢܫܩܘܠ
ܙܩܝܦܗ. 33 ܘܐܬܘ ܠܕܘܟܬܐ ܕܡܬܩܪܝܐ ܓܓܘܠܬܐ. ܗܝ ܕܡܬܬܪܓܡܐ ܩܪܩܦܬܐ.
34 ܘܝܗܒܘ ܠܗ ܕܢܫܬܐ ܚܠܐ ܕܡܙܝܓ ܒܡܪܪܬܐ. ܘܛܥܡ. ܘܠܐ ܨܒܐ ܠܡܫܬܝܗ .....
35 ܘܟܕ ܙܩܦܘܗܝ. ܦܠܓܘ ܢܚܬܘܗܝ ܒܦܨܐ. 36 ܘܝܬܒܝܢ ܗܘܘ. ܘܢܛܪܝܢ ܠܗ [illegible]
ܬܡܢ. 37 ܘܣܡܘ ܠܥܠ ܡܢ ܪܫܗ ܥܠܬܗ ܕܡܘܬܗ. ܒܟܬܒܐ. ܗܢܘ ܝܫܘܥ. ܡܠܟܐ
ܕܝܗܘܕܝܐ. 38 ܘܐܙܕܩܦܘ ܥܡܗ. ܬܪܝܢ ܓܝܣܝܢ. ܚܕ ܡܢ ܝܡܝܢܗ. ܘܚܕ ܡܢ ܣܡܠܗ.
39 ܐܝܠܝܢ ܕܝܢ ܕܥܒܪܝܢ ܗܘܘ. ܡܓܕܦܝܢ ܗܘܘ ܥܠܘܗܝ. ܘܡܢܝܕܝܢ ܪܫܝܗܘܢ. 40 ܘܐܡܪܝܢ.
ܫܪܐ ܗܝܟܠܐ ܘܒܢܐ ܠܗ ܠܬܠܬܐ ܝܘܡܝܢ. ܦܪܘܩ ܢܦܫܟ. ܐܢ ܒܪܗ ܐܢܬ ܕܐܠܗܐ. ܘܚܘܬ ܡܢ
ܙܩܝܦܐ. 41 ܗܟܘܬ ܐܦ ܪܒܝ ܟܗܢܐ ܡܓܚܟܝܢ ܗܘܘ. ܥܡ ܣܦܪܐ ܘܩܫܝܫܐ. ܘܦܪܝܫܐ.
42 ܘܐܡܪܝܢ. ܠܐܚܪܢܐ ܐܚܝ: ܢܦܫܗ ܠܐ ܡܫܟܚ ܠܡܚܝܘ. ܐܢ ܡܠܟܗ ܗܘ ܕܐܝܣܪܝܠ.
ܢܚܘܬ ܗܫܐ ܡܢ ܙܩܝܦܐ ܘܢܗܝܡܢ ܒܗ. 43 ܬܟܝܠ ܥܠ ܐܠܗܐ ܢܦܪܩܝܘܗܝ ܗܫܐ ܐܢ ܨܒܐ

ܒܗ. ܐܡܪ ܓܝܪ. ܕܒܪܗ ܐܢܐ ܕܐܠܗܐ܀ 44 ܗܟܘܬ ܐܦ ܠܣܛܝܐ ܗܢܘܢ ܕܐܙܕܩܦܘ ܥܡܗ.
ܡܚܣܕܝܢ ܗܘܘ ܠܗ܀ 45 ܡܢ ܫܬ ܫܥܝܢ ܕܝܢ. ܗܘܐ ܚܫܘܟܐ ܥܠ ܟܠܗ ܐܪܥܐ.
ܥܕܡܐ ܠܫܥܝܢ ܬܫܥ. 46 ܘܠܐܦܝ ܬܫܥ ܫܥܝܢ. ܩܥܐ ܝܫܘܥ ܒܩܠܐ ܪܡܐ ܘܐܡܪ. ܐܝܠ
ܐܝܠ ܠܡܢܐ ܫܒܩܬܢܝ. 47 ܐܢܫܝܢ ܕܝܢ ܡܢ ܗܢܘܢ ܕܩܝܡܝܢ ܗܘܘ ܬܡܢ. ܟܕ ܫܡܥܘ.
ܐܡܪܝܢ ܗܘܘ. ܗܢܐ ܠܐܠܝܐ ܩܪܐ. 48 ܘܒܗ ܒܫܥܬܐ. ܪܗܛ ܚܕ ܡܢܗܘܢ. ܘܢܣܒ ܐܣܦܘܓܐ.
ܘܡܠܝܗ ܚܠܐ. ܘܣܡܗ ܒܩܢܝܐ. ܘܡܫܩܐ ܗܘܐ ܠܗ܀ 49 ܫܪܟܐ ܕܝܢ ܐܡܪܝܢ ܗܘܘ. ܫܒܘܩ.
ܢܚܙܐ ܐܢ ܐܬܐ ܐܠܝܐ ܠܡܦܪܩܗ܀ 50 ܗܘ ܕܝܢ ܝܫܘܥ ܬܘܒ ܩܥܐ ܒܩܠܐ ܪܡܐ. ܘܫܒܩ
ܪܘܚܗ܀ 51 ܘܡܚܕܐ ܐܦܝ ܬܪܥܐ ܕܗܝܟܠܐ. ܐܨܛܪܝ ܠܬܪܬܝܢ. ܡܢ ܠܥܠ. ܥܕܡܐ ܠܬܚܬ.
ܘܐܪܥܐ ܐܬܬܙܝܥܬ. ܘܟܐ̈ܦܐ ܐܨܛܪܝ. 52 ܘܩܒܪ̈ܐ ܐܬܦܬܚܘ. ܘܦܓܪ̈ܐ ܣܓܝܐ̈ܐ ܕܩܕܝ̈ܫܐ
ܕܫܟܝܒܝܢ ܗܘܘ ܩܡܘ. 53 ܘܢܦܩܘ. ܘܒܬܪ ܩܝܡܬܗ ܥܠܘ ܠܡܕܝܢܬܐ ܩܕܝܫܬܐ. ܘܐܬܚܙܝܘ
ܠܣܓܝܐ̈ܐ܀ 54 ܩܢܛܪܘܢܐ ܕܝܢ ܘܕܥܡܗ. ܕܢܛܪܝܢ ܗܘܘ ܠܝܫܘܥ. ܟܕ ܚܙܘ ܙܘܥܐ. ܘܐܝܠܝܢ
ܕܗܘܝ. ܕܚܠܘ ܛܒ. ܘܐܡܪܘ. ܫܪܝܪܐܝܬ ܗܢܐ ܒܪܗ ܗܘܐ ܕܐܠܗܐ܀ 55 ܐܝܬ ܗܘܝ ܕܝܢ
ܐܦ ܬܡܢ. ܢܫ̈ܐ ܣܓܝܐ̈ܬܐ. ܕܚܙܝܢ ܗܘܝ ܡܢ ܪܘܚܩܐ. ܗܠܝܢ ܕܐܬܝ̈ ܗܘܝ ܒܬܪܗ ܕܝܫܘܥ
ܡܢ ܓܠܝܠܐ. ܘܡܫܡܫܢ ܗܘܝ ܠܗ. 56 ܕܚܕܐ ܡܢܗܝܢ. ܡܪܝܡ ܡܓܕܠܝܬܐ. ܘܡܪܝܡ
ܐܡܗ ܕܝܥܩܘܒ ܘܕܝܘܣܐ. ܘܐܡܗܘܢ ܕܒܢ̈ܝ ܙܒܕܝ܀

57 ܟܕ ܗܘܐ ܕܝܢ ܪܡܫܐ. ܐܬܐ ܓܒܪܐ ܥܬܝܪܐ ܡܢ ܪܡܬܐ. ܕܫܡܗ ܝܘܣܦ. ܕܐܦ ܗܘ
ܐܬܬܠܡܕ ܗܘܐ ܠܝܫܘܥ. 58 ܗܢܐ ܩܪܒ ܠܘܬ ܦܝܠܛܘܣ. ܘܫܐܠ ܦܓܪܗ ܕܝܫܘܥ. ܘܦܩܕ
ܦܝܠܛܘܣ ܕܢܬܝܗܒ ܠܗ ܦܓܪܐ܀ 59 ܘܢܣܒܗ ܝܘܣܦ ܠܦܓܪܐ. ܘܟܪܟܗ ܒܣܕܘܢܐ ܕܟܬܢܐ
ܢܩܕܐ. 60 ܘܣܡܗ ܒܩܒܪܐ ܚܕܬܐ ܕܝܠܗ. ܕܢܩܪ ܒܫܘܥܐ. ܘܥܓܠܘ ܟܐܦܐ ܪܒܬܐ.
ܐܣܓܘ ܥܠ ܬܪܥܐ ܕܩܒܪܐ. ܘܐܙܠܘ܀ 61 ܐܝܬ ܗܘܝ ܕܝܢ ܬܡܢ ܡܪܝܡ ܡܓܕܠܝܬܐ.
ܘܡܪܝܡ ܐܚܪܬܐ. ܕܝܬܒܢ ܗܘܝ ܠܘܩܒܠܗ ܕܩܒܪܐ܀

62 ܠܝܘܡܐ ܕܝܢ ܕܒܬܪ ܥܪܘܒܬܐ. ܐܬܟܢܫܘ ܪ̈ܒܝ ܟܗܢܐ ܘܦܪ̈ܝܫܐ ܠܘܬ
ܦܝܠܛܘܣ. 63 ܘܐܡܪܝܢ ܠܗ. ܡܪܢ. ܐܬܕܟܪܢ. ܕܗܘ ܡܛܥܝܢܐ ܐܡܪ ܗܘܐ ܟܕ ܚܝ. ܕܡܢ
ܒܬܪ ܬܠܬܐ ܝܘܡܝܢ ܩܐܡ ܐܢܐ. 64 ܦܩܘܕ ܗܟܝܠ ܢܙܕܗܪܘܢ ܒܩܒܪܐ. ܥܕܡܐ ܠܬܠܬܐ
ܝܘܡܝܢ. ܕܠܡܐ ܢܐܬܘܢ ܬܠܡܝܕܘܗܝ ܢܓܢܒܘܢܝܗܝ ܒܠܠܝܐ. ܘܢܐܡܪܘܢ ܠܥܡܐ ܕܡܢ
ܒܝܬ ܡܝܬܐ ܩܡ. ܘܬܗܘܐ ܛܘܥܝܝ ܐܚܪܝܬܐ ܒܝܫܐ ܡܢ ܩܕܡܝܬܐ. 65 ܐܡܪ ܠܗܘܢ
ܦܝܠܛܘܣ. ܐܝܬ ܠܟܘܢ ܩܣܛܘܢܪ̈ܐ. ܙܠܘ ܐܙܕܗܪܘ. ܐܝܟܢܐ ܕܝܕܥܝܢ ܐܢܬܘܢ. 66 ܗܢܘܢ
ܕܝܢ ܐܙܠܘ. ܐܙܕܗܪܘ ܒܩܒܪܐ. ܘܚܬܡܘ ܟܐܦܐ ܗܝ ܥܡ ܩܣܛܘܢܪ̈ܐ܀

1 ܒܪܡܫܐ ܕܝܢ ܕܫܒܬܐ. ܕܢܓܗ ܚܕ ܒܫܒܐ. ܐܬܬ ܡܪܝܡ ܡܓܕܠܝܬܐ. ܘܡܪܝܡ ܐܚܪܬܐ. Cap. xxvi
ܕܢܚܙܝܢ ܩܒܪܐ. 2 ܘܗܐ ܙܘܥܐ ܪܒܐ ܗܘܐ. ܡܠܐܟܐ ܓܝܪ ܕܡܪܝܐ. ܢܚܬ ܡܢ ܫܡܝܐ. ܘܩܪܒ

ܥܓܠ ܟܐܦܐ ܡܢ ܬܪܥܐ ܘܝܬܒ ܗܘܐ ܥܠܝܗ. 3 ܐܝܬܘܗܝ ܗܘܐ ܕܝܢ ܚܙܘܗ. ܐܝܟ
ܒܪܩܐ. ܘܠܒܘܫܗ ܚܘܪ ܗܘܐ ܐܝܟ ܬܠܓܐ. 4 ܘܡܢ ܕܚܠܬܗ. ܐܬܬܙܝܥܘ ܐܝܠܝܢ ܕܢܛܪܝܢ
ܗܘܘ. ܘܗܘܘ ܐܝܟ ܡܝܬܐ܀ 5 ܥܢܐ ܕܝܢ ܡܠܐܟܐ ܘܐܡܪ ܠܢܫܐ. ܐܢܬܝܢ ܠܐ ܬܕܚܠܝܢ. ܝܕܥ
ܐܢܐ ܓܝܪ. ܕܠܝܫܘܥ ܕܐܙܕܩܦ ܒܥܝܢ ܐܢܬܝܢ. 6 ܠܐ ܗܘܐ ܗܪܟܐ. ܩܡ ܠܗ ܓܝܪ. ܐܝܟܢܐ
ܕܐܡܪ. ܬܝܢ ܚܙܝܝܢ ܕܘܟܬܐ ܕܣܝܡ ܗܘܐ ܒܗ ܡܪܢ: 7 ܘܐܙܠܝܢ ܒܥܓܠ. ܐܡܪܝܢ
ܠܬܠܡܝܕܘܗܝ ܕܩܡ ܡܢ ܒܝܬ ܡܝܬܐ. ܘܗܐ ܩܕܡ ܠܟܘܢ ܠܓܠܝܠܐ. ܬܡܢ ܬܚܙܘܢܗܝ.
ܗܐ ܐܡܪܬ ܠܟܝܢ܀ 8 ܘܐܙܠ ܒܥܓܠ ܡܢ ܩܒܪܐ ܒܕܚܠܬܐ ܘܒܚܕܘܬܐ ܪܒܬܐ. ܘܪܗܛܝ
ܕܢܐܡܪܢ ܠܬܠܡܝܕܘܗܝ܀ 9 ܘܗܐ ܝܫܘܥ ܦܓܥ ܒܗܝܢ. ܘܐܡܪ ܠܗܝܢ. ܫܠܡ ܠܟܝܢ.
ܗܢܝܢ ܕܝܢ ܩܪܒ. ܐܚܕ ܪܓܠܘܗܝ. ܘܣܓܕ ܠܗ܀ 10 ܗܝܕܝܢ ܐܡܪ ܠܗܝܢ ܝܫܘܥ.
ܠܐ ܬܕܚܠܝܢ. ܐܠܐ ܐܙܠܝܢ ܐܡܪܝܢ ܠܐܚܝ. ܕܢܐܙܠܘܢ ܠܓܠܝܠܐ. ܘܬܡܢ ܢܚܙܘܢܢܝ܀
11 ܟܕ ܐܙܠܝܢ ܕܝܢ. ܐܬܘ ܐܢܫܐ ܡܢ ܩܣܛܘܢܪܐ ܗܢܘܢ ܠܡܕܝܢܬܐ. ܘܐܡܪܘ ܠܪܒܝ ܟܗܢܐ
ܟܠ ܡܕܡ ܕܗܘܐ. 12 ܘܐܬܟܢܫܘ ܥܡ ܩܫܝܫܐ. ܘܢܣܒܘ ܡܠܟܐ. ܘܝܗܒܘ ܟܣܦܐ ܠܐ ܙܥܘܪ
ܠܩܣܛܘܢܪܐ. 13 ܘܐܡܪܝܢ ܠܗܘܢ. ܐܡܪܘ. ܕܬܠܡܝܕܘܗܝ ܐܬܘ ܓܢܒܘܗܝ ܒܠܠܝܐ. ܟܕ
ܕܡܟܝܢ ܚܢܢ. 14 ܘܐܢ ܐܫܬܡܥܬ ܗܕܐ ܩܕܡ ܗܓܡܘܢܐ. ܚܢܢ ܡܦܝܣܝܢ ܚܢܢ ܠܗ.
ܘܠܟܘܢ. ܕܠܐ ܒܨܝܪܐ ܥܒܕܝܢ ܚܢܢ. 15 ܗܢܘܢ ܕܝܢ ܟܕ ܢܣܒܘ ܟܣܦܐ ܥܒܕܘ ܐܝܟ ܕܐܠܦܘ
ܐܢܘܢ. ܘܢܦܩܬ ܡܠܬܐ ܗܕܐ ܒܝܢܝ ܝܗܘܕܝܐ. ܥܕܡܐ ܠܝܘܡܢܐ܀
16 ܬܠܡܝܕܐ ܕܝܢ ܚܕܥܣܪ. ܐܙܠܘ ܠܓܠܝܠܐ ܠܛܘܪܐ ܐܝܟܐ ܕܘܥܕ ܐܢܘܢ ܝܫܘܥ. 17 ܘܟܕ
ܚܙܐܘܗܝ ܣܓܕܘ ܠܗ. ܡܢܗܘܢ ܕܝܢ ܐܬܦܠܓܘ ܗܘܘ. 18 ܘܩܪܒ ܝܫܘܥ ܡܠܠ ܥܡܗܘܢ.
ܘܐܡܪ ܠܗܘܢ. ܐܬܝܗܒ ܠܝ ܟܠ ܫܘܠܛܢ ܒܫܡܝܐ ܘܒܐܪܥܐ. ܘܐܝܟܢܐ ܕܫܕܪܢܝ ܐܒܝ.
ܡܫܕܪ ܐܢܐ ܠܟܘܢ܀ 19 ܙܠܘ ܗܟܝܠ ܬܠܡܕܘ ܟܠܗܘܢ ܥܡܡܐ. ܘܥܡܕܘ ܐܢܘܢ. ܒܫܡ
ܐܒܐ ܘܒܪܐ. ܘܪܘܚܐ ܕܩܘܕܫܐ. 20 ܘܐܠܦܘ ܐܢܘܢ. ܕܢܛܪܘܢ ܟܠ ܡܐ ܕܦܩܕܬܟܘܢ. ܘܗܐ ܐܢܐ
ܥܡܟܘܢ ܐܢܐ ܟܠܗܘܢ ܝܘܡܬܐ. ܥܕܡܐ ܠܫܘܠܡܗ ܕܥܠܡܐ. ܐܡܝܢ܀܀܀

⁘ ܫܠܡ ܐܘܢܓܠܝܘܢ ܩܕܝܫܐ ܟܪܘܙܘܬܐ ܕܡܬܝ ܫܠܝܚܐ ܕܡܠܠ
ܥܒܪܐܝܬ ܒܦܠܣܛܝܢܐ ⁘

ܐܘܢܓܠܝܘܢ ܩܕܝܫܐ ܟܪܘܙܘܬܐ ܕܡܪܩܘܣ

Cap. i.

1 ܫܘܪܝܐ ܕܐܘܢܓܠܝܘܢ ܕܝܫܘܥ ܡܫܝܚܐ. ܒܪܗ ܕܐܠܗܐ܀
2 ܐܝܟ ܕܟܬܝܒ ܒܐܫܥܝܐ ܢܒܝܐ. ܗܐ ܡܫܕܪ ܐܢܐ ܡܠܐܟܝ ܩܕܡ ܦܪܨܘܦܟ. ܕܢܛܝܒ ܐܘܪܚܟ܀
3 ܩܠܐ ܕܩܪܐ ܒܡܕܒܪܐ. ܛܝܒܘ ܐܘܪܚܗ ܕܡܪܝܐ ܘܐܫܘܘ ܫܒܝܠܘܗܝ܀ 4 ܗܘܐ ܝܘܚܢܢ ܡܥܡܕ ܒܡܕܒܪܐ.
ܘܡܟܪܙ ܡܥܡܘܕܝܬܐ ܕܬܝܒܘܬܐ ܠܫܘܒܩܢܐ ܕܚܛܗܐ܀ 5 ܘܢܦܩܐ ܗܘܬ ܠܘܬܗ ܟܠܗ
ܐܬܪܐ ܕܝܗܘܕ. ܘܟܠܗܘܢ ܒܢܝ ܐܘܪܫܠܡ. ܘܡܥܡܕ ܗܘܐ ܠܗܘܢ ܒܝܘܪܕܢܢ ܢܗܪܐ. ܟܕ ܡܘܕܝܢ
ܒܚܛܗܝܗܘܢ܀ 6 ܗܘ ܕܝܢ ܝܘܚܢܢ܆ ܠܒܝܫ ܗܘܐ ܠܒܘܫܐ ܕܡܥܙܠܐ ܕܓܡܠܐ. ܘܐܣܝܪ ܗܘܐ ܥܪܩܐ
ܕܡܫܟܐ ܒܚܨܘܗܝ. ܘܡܐܟܘܠܬܗ܆ ܩܡܨܐ ܗܘܐ ܘܕܒܫܐ ܕܒܪܐ܀ 7 ܘܡܟܪܙ
ܗܘܐ ܘܐܡܪ. ܗܐ ܐܬܐ ܒܬܪܝ ܕܚܝܠܬܢ ܡܢܝ. ܗܘ ܕܠܐ ܫܘܐ ܐܢܐ ܕܐܬܟܦܦ ܐܫܪܐ ܥܪܩܐ
ܕܡܣܢܘܗܝ܀ 8 ܐܢܐ ܐܥܡܕܬܟܘܢ ܒܡܝܐ. ܗܘ ܕܝܢ ܢܥܡܕܟܘܢ ܒܪܘܚܐ ܕܩܘܕܫܐ܀
9 ܘܗܘܐ ܒܗܘܢ ܒܝܘܡܬܐ. ܐܬܐ ܝܫܘܥ ܡܢ ܢܨܪܬ ܕܓܠܝܠܐ. ܘܐܥܡܕ ܒܝܘܪܕܢܢ ܡܢ
ܝܘܚܢܢ܀ 10 ܘܡܚܕܐ ܕܣܠܩ ܡܢ ܡܝܐ. ܚܙܐ ܫܡܝܐ ܕܐܬܦܬܚܘ. ܘܪܘܚܐ ܐܝܟ ܝܘܢܐ ܕܢܚܬܬ
ܥܠܘܗܝ܀ 11 ܘܩܠܐ ܗܘܐ ܡܢ ܫܡܝܐ. ܐܢܬ ܗܘ ܒܪܝ ܚܒܝܒܐ ܒܟ ܐܨܛܒܝܬ܀ 12 ܘܡܚܕܐ
ܐܦܩܬܗ ܪܘܚܐ ܠܡܕܒܪܐ܀ 13 ܘܗܘܐ ܬܡܢ ܒܡܕܒܪܐ ܐܪܒܥܝܢ ܝܘܡܝܢ ܟܕ ܡܬܢܣܐ ܡܢ
ܣܛܢܐ. ܘܥܡ ܚܝܘܬܐ ܗܘܐ. ܘܡܠܐܟܐ ܡܫܡܫܝܢ ܗܘܘ ܠܗ܀
14 ܒܬܪ ܕܐܫܬܠܡ ܕܝܢ ܝܘܚܢܢ. ܐܬܐ ܝܫܘܥ ܠܓܠܝܠܐ. ܘܡܟܪܙ ܗܘܐ ܣܒܪܬܐ
ܕܡܠܟܘܬܗ ܕܐܠܗܐ܆ 15 ܘܐܡܪ. ܕܫܠܡ ܠܗ ܙܒܢܐ ܘܡܛܬ ܡܠܟܘܬܐ ܕܐܠܗܐ. ܬܘܒܘ.
ܘܗܝܡܢܘ ܒܣܒܪܬܐ܀ 16 ܘܟܕ ܡܗܠܟ ܥܠ ܝܕ ܝܡܐ ܕܓܠܝܠܐ. ܚܙܐ ܠܫܡܥܘܢ ܘܠܐܢܕܪܐܘܣ
ܐܚܘܗܝ ܕܪܡܝܢ ܡܨܝܕܬܐ ܒܝܡܐ. ܐܝܬܝܗܘܢ ܗܘܘ ܓܝܪ ܨܝܕܐ܀ 17 ܘܐܡܪ ܠܗܘܢ ܝܫܘܥ.
ܬܘ ܒܬܪܝ. ܘܐܥܒܕܟܘܢ ܕܬܗܘܘܢ ܨܝܕܐ ܕܒܢܝܢܫܐ܀ 18 ܘܡܚܕܐ ܫܒܩܘ ܡܨܝܕܬܗܘܢ. ܘܐܙܠܘ ܒܬܪܗ܀
19 ܘܟܕ ܥܒܪ ܩܠܝܠ. ܚܙܐ ܠܝܥܩܘܒ ܒܪ ܙܒܕܝ ܘܠܝܘܚܢܢ ܐܚܘܗܝ. ܘܐܦ ܠܗܘܢ
ܕܒܣܦܝܢܬܐ ܕܡܬܩܢܝܢ ܡܨܝܕܬܗܘܢ܀ 20 ܘܩܪܐ ܐܢܘܢ. ܘܡܚܕܐ ܫܒܩܘ ܠܙܒܕܝ ܐܒܘܗܘܢ
ܒܣܦܝܢܬܐ ܥܡ ܐܓܝܪܐ. ܘܐܙܠܘ ܒܬܪܗ܀
21 ܘܟܕ ܥܠܘ ܠܟܦܪܢܚܘܡ܆ ܡܚܕܐ ܡܠܦ ܗܘܐ ܒܫܒܬܐ ܒܟܢܘܫܬܗܘܢ܀ 22 ܘܬܡܗܝܢ
ܗܘܘ ܒܝܘܠܦܢܗ. ܡܠܦ ܗܘܐ ܠܗܘܢ ܓܝܪ ܐܝܟ ܡܫܠܛ. ܘܠܐ ܐܝܟ ܣܦܪܝܗܘܢ܀ 23 ܘܐܝܬ
ܗܘܐ ܒܟܢܘܫܬܗܘܢ ܓܒܪܐ ܕܐܝܬ ܒܗ ܪܘܚܐ ܛܢܦܬܐ. ܘܩܥܐ 24 ܘܐܡܪ. ܡܐ ܠܢ ܘܠܟ܆

ܝܫܘܥ ܢܨܪܝܐ. ܐܬܝܬ ܠܡܘܒܕܘ ܠܢ. ܝܕܥ ܐܢܐ ܠܟ ܡܢܘ ܐܢܬ ܩܕܝܫܗ ܕܐܠܗܐ. 25 ܘܟܐܐ
ܒܗ ܝܫܘܥ. ܘܐܡܪ. ܣܟܘܪ ܦܘܡܟ ܘܦܘܩ ܡܢܗ. 26 ܘܫܚܠܬܗ ܪܘܚܐ ܛܢܦܬܐ. ܘܩܥܬ
ܒܩܠܐ ܪܡܐ. ܘܢܦܩܬ ܡܢܗ. 27 ܘܐܬܕܡܪܘ ܟܠܗܘܢ. ܘܒܥܝܢ ܗܘܘ ܚܕ ܥܡ ܚܕ ܘܐܡܪܝܢ.
ܕܡܢܐ ܗܝ ܗܕܐ. ܘܡܢܘ ܝܘܠܦܢܐ ܗܢܐ ܚܕܬܐ. ܕܒܫܘܠܛܢܐ ܐܦ ܠܪܘܚܐ ܛܢܦܬܐ ܦܩܕ.
ܘܡܫܬܡܥܢ ܠܗ. 28 ܘܢܦܩ ܫܡܥܗ ܒܟܠܗ ܐܬܪܐ ܕܓܠܝܠܐ ✣
29 ܘܢܦܩܘ ܡܢ ܟܢܘܫܬܐ. ܘܐܬܘ ܠܒܝܬܗ ܕܫܡܥܘܢ ܘܕܐܢܕܪܐܘܣ. ܥܡ ܝܥܩܘܒ
ܘܝܘܚܢܢ. 30 ܘܚܡܬܗ ܕܫܡܥܘܢ ܪܡܝܐ ܗܘܬ ܒܐܫܬܐ. ܘܐܡܪܘ ܠܗ ܥܠܝܗ. 31 ܘܩܪܒ
ܐܚܕܗ ܒܐܝܕܗ. ܘܐܩܝܡܗ. ܘܫܒܩܬܗ ܐܫܬܗ. ܘܡܫܡܫܐ ܗܘܬ ܠܗܘܢ ✣✣
32 ܒܪܡܫܐ ܕܝܢ ܒܡܥܪܒ ܫܡܫܐ. ܐܝܬܝܘ ܠܘܬܗ ܟܠܗܘܢ ܐܝܠܝܢ ܕܒܝܫܐܝܬ ܥܒܝܕܝܢ.
ܘܕܝܘܢܐ. 33 ܘܡܕܝܢܬܐ ܟܠܗ. ܟܢܝܫܐ ܗܘܬ ܠܘܬ ܬܪܥܐ. 34 ܘܐܣܝ ܠܣܓܝܐܐ ܕܒܝܫܐܝܬ
ܥܒܝܕܝܢ ܗܘܘ ܒܟܘܪܗܢܐ ܡܫܚܠܦܐ. ܘܫܐܕܐ ܣܓܝܐܐ ܐܦܩ. ܘܠܐ ܫܒܩ ܗܘܐ ܠܗܘܢ ܠܫܐܕܐ
ܕܢܡܠܠܘܢ. ܕܝܕܥܝܢ ܗܘܘ ܠܗ ✣
35 ܘܒܨܦܪܐ ܩܕܡ ܩܡ ܛܒ. ܘܐܙܠ ܠܐܬܪܐ ܚܘܪܒܐ. ܘܬܡܢ ܡܨܠܐ ܗܘܐ. 36 ܘܒܥܝܢ ܗܘܘ
ܠܗ ܫܡܥܘܢ ܘܕܥܡܗ. 37 ܘܟܕ ܐܫܟܚܘܗܝ ܐܡܪܝܢ ܠܗ. ܟܠܗܘܢ ܐܢܫܐ ܒܥܝܢ ܠܟ.
38 ܐܡܪ ܠܗܘܢ. ܗܠܟܘ ܠܩܘܪܝܐ ܘܠܡܕܝܢܬܐ ܕܩܪܝܒܢ. ܕܐܦ ܬܡܢ ܐܟܪܙ. ܠܗܕܐ ܓܝܪ
ܐܬܝܬ. 39 ܘܡܟܪܙ ܗܘܐ ܒܟܢܘܫܬܗܘܢ ܒܟܠܗ ܓܠܝܠܐ. ܘܫܐܕܐ ܡܦܩ ✣ 40 ܘܐܬܐ
ܠܘܬܗ ܓܪܒܐ. ܘܢܦܠ ܥܠ ܪܟܒܘܗܝ. ܘܒܥܐ ܗܘܐ ܡܢܗ. ܘܐܡܪ ܠܗ. ܐܢ ܨܒܐ ܐܢܬ.
ܡܫܟܚ ܐܢܬ ܠܡܕܟܝܘܬܢܝ. 41 ܗܘ ܕܝܢ ܝܫܘܥ ܐܬܪܚܡ ܥܠܘܗܝ. ܘܦܫܛ ܐܝܕܗ ܩܪܒ
ܠܗ. ܘܐܡܪ. ܨܒܐ ܐܢܐ ܐܬܕܟܐ. 42 ܘܒܗ ܒܫܥܬܐ ܐܙܠ ܓܪܒܗ ܡܢܗ. ܘܐܬܕܟܝ. 43 ܘܟܐܐ
ܒܗ ܘܐܦܩܗ. 44 ܘܐܡܪ ܠܗ. ܚܙܝ ܠܐܢܫ ܠܐ ܬܐܡܪ. ܐܠܐ ܙܠ ܚܘܐ ܢܦܫܟ
ܠܟܗܢܐ. ܘܩܪܒ ܩܘܪܒܢܐ ܚܠܦ ܬܕܟܝܬܟ. ܐܝܟܢܐ ܕܦܩܕ ܡܘܫܐ. ܠܣܗܕܘܬܗܘܢ ✣
45 ܗܘ ܕܝܢ ܟܕ ܢܦܩ. ܫܪܝ ܗܘܐ ܡܟܪܙ ܣܓܝܐܬܐ. ܘܐܦܪܣ ܡܠܬܐ. ܐܝܟܢܐ ܕܠܐ ܢܫܟܚ
ܗܘܐ ܝܫܘܥ ܓܠܝܐܝܬ ܕܢܥܘܠ ܠܡܕܝܢܬܐ. ܐܠܐ ܒܪ ܗܘܐ ܒܐܬܪܐ ܚܘܪܒܐ. ܘܐܬܝܢ ܗܘܘ
ܠܘܬܗ. ܡܢ ܟܠ ܕܘܟ ✣
1 ܘܥܠ ܬܘܒ ܝܫܘܥ ܠܟܦܪܢܚܘܡ. ܠܝܘܡܬܐ. ܘܟܕ ܫܡܥܘ ܕܒܒܝܬܐ ܗܘ. 2 ܐܬܟܢܫܘ Cap. ii.
ܣܓܝܐܐ. ܐܝܟܢܐ ܕܠܐ ܢܫܟܚ ܐܢܫ ܐܦܠܐ ܩܕܡ ܬܪܥܐ. ܘܡܡܠܠ ܗܘܐ ܥܡܗܘܢ
ܡܠܬܐ ✣ 3 ܘܐܬܘ ܠܘܬܗ. ܘܐܝܬܝܘ ܠܗ ܡܫܪܝܐ. ܟܕ ܫܩܝܠܝܢ ܠܗ ܒܝܢ ܐܪܒܥܐ. 4 ܘܟܕ ܠܐ
ܐܫܟܚܘ ܠܡܬܩܪܒܘ ܠܘܬܗ ܡܛܠ ܟܢܫܐ. ܣܠܩܘ ܠܗܘܢ ܠܐܓܪܐ. ܘܦܫܥܘ ܛܛܠܝܠܐ
ܐܝܟܐ ܕܐܝܬܘܗܝ ܗܘܐ ܝܫܘܥ. ܘܫܒܩܘܗܝ ܠܥܪܣܐ ܕܪܡܐ ܗܘܐ ܒܗ ܡܫܪܝܐ ✣ 5 ܟܕ ܚܙܐ ܕܝܢ
ܝܫܘܥ ܗܝܡܢܘܬܗܘܢ. ܐܡܪ ܠܗܘ ܡܫܪܝܐ. ܒܪܝ ܫܒܝܩܝܢ ܠܟ ܚܛܗܝܟ. 6 ܐܝܬ ܗܘܘ

ܬܡܢ ܐܢܫ ܡܢ ܣܦܪܐ ܘܦܪܝܫܐ ܕܝܬܒܝܢ. ܘܡܬܚܫܒܝܢ ܗܘܘ ܒܠܒܗܘܢ: 7 ܕܡܢܐ ܗܢܐ
ܡܡܠܠ ܓܘܕܦܐ. ܡܢܘ ܡܫܟܚ ܠܡܫܒܩ ܚܛܗܐ: ܐܠܐ ܐܢ ܚܕ ܐܠܗܐ. 8 ܝܫܘܥ ܕܝܢ
ܝܕܥ ܒܪܘܚܗ. ܕܗܠܝܢ ܡܬܚܫܒܝܢ ܒܢܦܫܗܘܢ: ܘܐܡܪ ܠܗܘܢ. ܡܢܐ ܡܬܚܫܒܝܢ ܐܢܬܘܢ
ܗܠܝܢ ܒܠܒܟܘܢ. 9 ܐܝܢܐ ܦܫܝܩܐ ܠܡܐܡܪ ܠܡܫܪܝܐ. ܕܡܫܬܒܩܝܢ ܠܟ ܚܛܗܝܟ: ܐܘ
ܠܡܐܡܪ. ܕܩܘܡ ܫܩܘܠ ܥܪܣܟ. ܘܗܠܟ. 10 ܕܬܕܥܘܢ ܕܝܢ ܕܫܠܝܛ ܗܘ ܒܪܗ ܕܐܢܫܐ
ܒܐܪܥܐ ܠܡܫܒܩ ܚܛܗܐ. ܐܡܪ ܠܡܫܪܝܐ. 11 ܠܟ ܐܡܪ ܐܢܐ. ܩܘܡ ܫܩܘܠ ܥܪܣܟ.
ܘܙܠ ܠܒܝܬܟ. 12 ܘܩܡ ܒܪ ܫܥܬܗ. ܘܫܩܠ ܥܪܣܗ. ܘܢܦܩ ܠܥܝܢ ܟܠܗܘܢ.
ܐܝܟܢܐ ܕܬܗܪܘܢ ܟܠܗܘܢ: ܘܢܫܒܚܘܢ ܠܐܠܗܐ ܟܕ ܐܡܪܝܢ. ܕܠܐ ܡܡܬܘܡ ܚܙܝܢ
ܗܟܢܐ . ܀ . ܀ .

13 ܘܢܦܩ ܬܘܒ ܠܘܬ ܝܡܐ. ܘܟܠܗ ܟܢܫܐ ܐܬܐ ܗܘܐ ܠܘܬܗ. ܘܡܠܦ ܗܘܐ ܠܗܘܢ ܀ ܩܢܘܢܐ ܒ.
14 ܘܟܕ ܥܒܪ: ܚܙܐ ܠܠܘܝ ܒܪ ܚܠܦܝ. ܕܝܬܒ ܒܝܬ ܡܟܣܐ. ܘܐܡܪ ܠܗ. ܬܐ ܒܬܪܝ.
ܘܩܡ ܐܙܠ ܒܬܪܗ ܀ 15 ܘܗܘܐ ܕܟܕ ܣܡܝܟ ܒܒܝܬܗ. ܣܓܝܐܐ ܡܟܣܐ ܘܚܛܝܐ ܣܡܝܟܝܢ
ܗܘܘ ܥܡ ܝܫܘܥ ܘܥܡ ܬܠܡܝܕܘܗܝ. ܐܝܬܝܗܘܢ ܗܘܘ ܓܝܪ ܣܓܝܐܐ. ܘܐܬܘ ܒܬܪܗ.
16 ܘܣܦܪܐ ܘܦܪܝܫܐ: ܟܕ ܚܙܐܘܗܝ ܕܐܟܠ ܥܡ ܡܟܣܐ ܘܥܡ ܚܛܝܐ. ܐܡܪܘ ܠܬܠܡܝܕܘܗܝ.
ܡܢܐ ܥܡ ܡܟܣܐ ܘܚܛܝܐ ܐܟܠ ܘܫܬܐ ܀ 17 ܟܕ ܫܡܥ ܕܝܢ ܝܫܘܥ ܐܡܪ ܠܗܘܢ. ܠܐ
ܣܢܩܝܢ ܚܠܝܡܐ ܠܐܣܝܐ ܐܠܐ ܐܝܠܝܢ ܕܒܝܫ ܥܒܕܝܢ. ܠܐ ܐܬܝܬ ܕܐܩܪܐ ܠܙܕܝܩܐ.
ܐܠܐ ܠܚܛܝܐ ܀

18 ܬܠܡܝܕܘܗܝ ܕܝܢ ܕܝܘܚܢܢ ܘܕܦܪܝܫܐ ܨܝܡܝܢ ܗܘܘ. ܘܐܬܘ ܘܐܡܪܝܢ ܠܗ.
ܠܡܢܐ ܬܠܡܝܕܘܗܝ ܕܝܘܚܢܢ ܘܕܦܪܝܫܐ ܨܝܡܝܢ: ܘܬܠܡܝܕܝܟ ܕܝܠܟ ܠܐ ܨܝܡܝܢ.
19 ܐܡܪ ܠܗܘܢ ܝܫܘܥ. ܠܡܐ ܡܫܟܚܝܢ ܒܢܝ ܓܢܘܢܐ: ܥܕܡܐ ܕܚܬܢܐ ܥܡܗܘܢ
ܗܘ ܕܢܨܘܡܘܢ: ܠܐ. 20 ܢܐܬܘܢ ܕܝܢ ܝܘܡܬܐ ܕܡܐ ܕܐܫܬܩܠ ܡܢܗܘܢ ܚܬܢܐ.
ܗܝܕܝܢ ܢܨܘܡܘܢ ܒܗܘ ܝܘܡܐ. 21 ܠܐ ܐܢܫ ܪܡܐ ܪܩܥܬܐ ܚܕܬܐ ܘܚܐܛ ܥܠ ܡܐܢܐ ܒܠܝܐ.
ܕܠܐ ܢܫܩܘܠ ܡܠܝܘܬܗ ܗܘ ܚܕܬܐ ܡܢ ܒܠܝܐ. ܘܗܘܐ ܨܪܝܐ ܪܒܐ. 22 ܘܠܐ ܐܢܫ ܪܡܐ
ܚܡܪܐ ܚܕܬܐ ܒܙܩܐ ܒܠܝܐ. ܕܠܐ ܚܡܪܐ ܨܪܐ ܠܙܩܐ. ܘܚܡܪܐ ܡܬܐܫܕ. ܘܙܩܐ ܐܒܕܝܢ.
ܐܠܐ ܪܡܝܢ ܚܡܪܐ ܚܕܬܐ ܒܙܩܐ ܚܕܬܐ ܀

23 ܘܗܘܐ ܕܟܕ ܥܒܪ ܝܫܘܥ ܒܫܒܬܐ: ܒܝܬ ܙܪܥܐ. ܬܠܡܝܕܘܗܝ ܡܗܠܟܝܢ ܗܘܘ.
ܘܡܠܩܛܝܢ ܫܒܠܐ. 24 ܘܐܡܪܝܢ ܠܗ ܦܪܝܫܐ. ܚܙܝ ܡܢܐ ܥܒܕܝܢ ܒܫܒܬܐ: ܡܕܡ ܕܠܐ ܫܠܝܛ.
25 ܐܡܪ ܠܗܘܢ ܝܫܘܥ. ܠܐ ܡܡܬܘܡ ܩܪܝܬܘܢ ܡܢܐ ܥܒܕ ܕܘܝܕ: ܟܕ ܐܣܬܢܩ ܘܟܦܢ
ܗܘ ܘܕܥܡܗ: 26 ܐܝܟܢܐ ܥܠ ܠܒܝܬܗ ܕܐܠܗܐ: ܟܕ ܐܒܝܬܪ ܪܒ ܟܘܡܪܐ: ܘܠܚܡܐ
ܕܦܐܬܘܪܐ ܕܡܪܝܐ ܐܟܠ: ܗܘ ܕܠܐ ܫܠܝܛ ܠܡܐܟܠ. ܐܠܐ ܠܟܘܡܪܐ. ܘܝܗܒ ܐܦ ܠܐܝܠܝܢ

ܕܥܡܗ ܗܘܘ. 27 ܘܐܡܪ ܠܗܘܢ: ܫܒܬܐ ܡܛܠ ܒܪܢܫܐ ܐܬܒܪܝܬ. ܘܠܐ ܗܘܐ ܒܪܢܫܐ
ܡܛܠ ܫܒܬܐ. 28 ܡܪܗ ܗܘ ܗܟܝܠ ܐܦ ܕܫܒܬܐ ܒܪܗ ܕܐܢܫܐ ܀

1 ܘܥܠ ܬܘܒ ܝܫܘܥ ܠܟܢܘܫܬܐ. ܘܐܝܬ ܗܘܐ ܬܡܢ ܓܒܪܐ ܚܕ ܕܝܒܝܫܐ ܐܝܕܗ. 2 ܘܢܛܪܝܢ Cap. iii.
ܗܘܘ ܠܗ ܕܐܢ ܡܐܣܐ ܠܗ ܒܫܒܬܐ ܢܐܟܠܩܪܨܘܗܝ. 3 ܘܐܡܪ ܠܗܘ ܓܒܪܐ ܕܝܒܝܫܐ ܐܝܕܗ.
ܩܘܡ ܒܡܨܥܬܐ. 4 ܘܐܡܪ ܐܦ ܠܗܘܢ. ܫܠܝܛ ܒܫܒܬܐ ܠܡܥܒܕ ܕܛܒ. ܐܘ ܕܒܝܫ.
ܢܦܫܐ ܠܡܚܝܘ. ܐܘ ܠܡܘܒܕܘ. ܗܢܘܢ ܕܝܢ ܫܬܝܩܝܢ ܗܘܘ. 5 ܘܚܪ ܒܗܘܢ ܒܚܡܬܐ.
ܟܕ ܟܪܝܐ ܠܗ ܥܠ ܩܫܝܘܬ ܠܒܗܘܢ: ܘܐܡܪ ܠܗܘ ܓܒܪܐ. ܦܫܘܛ ܐܝܕܟ. ܘܦܫܛ. ܘܐܬܬܩܢܬ
ܐܝܕܗ ܀ 6 ܘܢܦܩܘ ܦܪ̈ܝܫܐ ܒܗ ܒܫܥܬܐ. ܥܡ ܕܒܝܬ ܗܪܘܕܣ. ܘܡܠܟܐ ܢܣܒܘ ܥܠܘܗܝ.
ܐܝܟܢܐ ܕܢܘܒܕܘܢܝܗܝ. 7 ܘܝܫܘܥ ܥܡ ܬܠܡܝܕܘܗܝ. ܐܙܠ ܠܗ ܠܘܬ ܝܡܐ. ܘܟܢܫܐ
ܣܓܝܐܐ ܡܢ ܓܠܝܠܐ ܢܩܦܗ ܗܘܐ. ܘܡܢ ܝܗܘܕ. 8 ܘܡܢ ܐܘܪܫܠܡ. ܘܡܢ ܐܕܘܡ. ܘܡܢ
ܥܒܪܐ ܕܝܘܪܕܢܢ. ܘܡܢ ܨܘܪ. ܘܡܢ ܨܝܕܢ: ܟܢܫ̈ܐ ܣܓܝ̈ܐܐ. ܕܫܡܥܘ ܗܘܘ ܟܠ ܕܥܒܕ. ܐܬܘ
ܠܘܬܗ. 9 ܘܐܡܪ ܠܬܠܡܝܕܘܗܝ ܕܢܩܪܒܘܢ ܠܗ ܣܦܝܢܬܐ: ܡܛܠ ܟܢܫ̈ܐ ܕܠܐ ܢܚܒܨܘܢܝܗܝ.
10 ܣܓܝܐܐ ܓܝܪ ܡܐܣܐ ܗܘܐ. ܥܕܡܐ ܕܢܗܘܘܢ ܢܦܠܝܢ ܥܠܘܗܝ. ܡܛܠ ܕܢܬܩܪܒܘܢ ܠܗ.
11 ܘܐܝܠܝܢ ܕܐܝܬ ܗܘܬ ܠܗܘܢ ܡܚܘܬܐ ܕܪܘܚܐ ܛܢܦܬܐ. ܡܐ ܕܚܙܐܘܗܝ. ܢܦܠܝܢ ܗܘܘ
ܘܩܥܝܢ ܘܐܡܪܝܢ. ܐܢܬ ܗܘ ܒܪܗ ܕܐܠܗܐ. 12 ܘܡܟܐܐ ܗܘܐ ܒܗܘܢ. ܕܠܐ ܢܓܠܘܢܝܗܝ ܀

13 ܘܣܠܩ ܠܛܘܪܐ. ܘܩܪܐ ܠܐܝܠܝܢ ܕܨܒܐ. ܘܐܬܘ ܠܘܬܗ. 14 ܘܓܒܐ ܬܪܥܣܪ ܕܢܗܘܘܢ
ܥܡܗ. ܘܕܢܫܕܪ ܐܢܘܢ ܕܢܟܪܙܘܢ: 15 ܘܕܢܗܘܘܢ ܫܠܝܛܝܢ ܕܢܐܣܘܢ ܟܘܪ̈ܗܢܐ ܘܢܦܩܘܢ
ܕܫܐܕ̈ܐ ܀ 16 ܘܫܡܝ ܠܫܡܥܘܢ ܫܡܐ ܟܐܦܐ. 17 ܘܠܝܥܩܘܒ ܒܪ ܙܒܕܝ. ܘܠܝܘܚܢܢ
ܐܚܘܗܝ ܕܝܥܩܘܒ: ܫܡ ܠܗܘܢ ܫܡܐ ܒܢܝ ܪܓܫܝ: ܕܐܝܬܘܗܝ ܒܢܝ ܪܥܡܐ.
18 ܘܠܐܢܕܪܐܘܣ ܘܦܝܠܝܦܘܣ. ܘܠܒܪ ܬܘܠܡܝ ܘܡܬܝ. ܘܬܐܘܡܐ. ܘܝܥܩܘܒ ܒܪ ܚܠܦܝ ܘܬܕܝ
ܘܫܡܥܘܢ ܩܢܢܝܐ. 19 ܘܝܗܘܕܐ ܣܟܪܝܘܛܐ. ܗܘ ܕܐܫܠܡܗ ܀ ܘܐܬܘ ܠܒܝܬܐ. 20 ܘܐܬܟܢܫܘ
ܟܢܫ̈ܐ ܬܘܒ. ܐܝܟܢܐ ܕܠܐ ܢܫܟܚܘܢ ܗܘܘ ܠܡܐܟܠ ܠܚܡܐ. 21 ܘܫܡܥܘ ܐܚܝ̈ܢܘܗܝ ܘܢܦܩܘ
ܠܡܐܚܕܗ. ܐܡܪܝܢ ܗܘܘ ܓܝܪ. ܕܡܢ ܗܘܢܗ ܢܦܩ ܀ 22 ܘܣܦܪ̈ܐ ܐܝܠܝܢ ܕܡܢ ܐܘܪܫܠܡ
ܢܚܬܘ. ܐܡܪܝܢ ܗܘܘ. ܕܒܥܠܙܒܘܒ ܐܝܬ ܒܗ. ܘܒܪܝܫܐ ܕܫܐܕ̈ܐ ܡܦܩ ܫܐܕ̈ܐ ܀ 23 ܘܩܪܐ ܐܢܘܢ
ܝܫܘܥ. ܘܒܡܬ̈ܠܐ ܐܡܪ ܠܗܘܢ. ܐܝܟܢܐ ܡܫܟܚ ܣܛܢܐ ܠܣܛܢܐ ܠܡܦܩܘ. 24 ܐܢ ܡܠܟܘܬܐ
ܓܝܪ ܥܠ ܢܦܫܗ ܬܬܦܠܓ. ܠܐ ܡܫܟܚܐ ܠܡܩܡ ܡܠܟܘܬܐ ܗܝ. 25 ܘܐܢ ܒܝܬܐ ܥܠ ܢܦܫܗ
ܢܬܦܠܓ. ܠܐ ܡܫܟܚ ܒܝܬܐ ܗܘ ܠܡܩܡ. 26 ܘܐܢ ܗܘ ܕܣܛܢܐ ܩܡ ܥܠ ܢܦܫܗ ܘܐܬܦܠܓ:
ܠܐ ܡܫܟܚ ܠܡܩܡ. ܐܠܐ ܫܘܠܡܗ ܗܘ. 27 ܠܐ ܐܢܫ ܡܫܟܚ ܕܢܥܘܠ ܠܒܝܬܗ ܕܚܣܝܢܐ. ܘܢܒܘܙ
ܡܐܢܘܗܝ: ܐܠܐ ܐܢ ܠܘܩܕܡ ܠܚܣܝܢܐ ܢܐܣܘܪ: ܘܗܝܕܝܢ ܒܝܬܗ ܢܒܘܙ ܀ 28 ܐܡܝܢ ܐܡܪ
ܐܢܐ ܠܟܘܢ. ܕܟܠܗܘܢ ܚܛܗ̈ܐ ܘܓܘܕܦ̈ܐ ܕܢܓܕܦܘܢ ܒܢܝ̈ ܐܢܫܐ ܢܫܬܒܩܘܢ ܠܗܘܢ. 29 ܡܢ

ܡܢ ܕܝܢ ܕܢܓܕܦ ܥܠ ܪܘܚܐ ܕܩܘܕܫܐ. ܠܝܬ ܠܗ ܫܘܒܩܢܐ ܠܥܠܡ. ܐܠܐ ܡܚܝܒ ܗܘ ܠܕܝܢܐ
ܕܠܥܠܡ. 30 ܡܛܠ ܕܐܡܪܝܢ ܗܘܘ. ܕܪܘܚܐ ܛܢܦܬܐ ܐܝܬ ܒܗ ܀ 31 ܘܐܬܘ ܐܡܗ ܘܐܚܘܗܝ:
ܩܡܘ ܠܒܪ. ܘܫܕܪܘ ܕܢܩܪܘܢܝܗܝ ܠܗܘܢ: 32 ܝܬܒ ܗܘܐ ܕܝܢ ܥܡܗ ܟܢܫܐ. ܘܐܡܪܝܢ
ܠܗ. ܗܐ ܐܡܟ ܘܐܚܝܟ ܠܒܪ ܒܥܝܢ ܠܟ. 33 ܘܥܢܐ ܘܐܡܪ ܠܗܘܢ. ܡܢܘ ܗܝ ܐܡܝ
ܘܡܢܘ ܐܢܘܢ ܐܚܝ. 34 ܘܚܪ ܒܐܝܠܝܢ ܕܝܬܒܝܢ ܠܘܬܗ. ܘܐܡܪ. ܗܐ ܐܡܝ ܘܗܐ ܐܚܝ.
35 ܡܢ ܕܢܥܒܕ ܓܝܪ ܨܒܝܢܗ ܕܐܠܗܐ. ܗܘܝܘ ܐܚܝ. ܘܚܬܝ ܘܐܡܝ ܀

Cap. iv. 1 ܘܬܘܒ ܫܪܝ ܗܘܐ ܡܠܦ. ܥܠ ܝܕ ܝܡܐ. ܘܐܬܟܢܫܘ ܠܘܬܗ ܟܢܫܐ ܣܓܝܐܐ. ܐܝܟ
ܕܢܣܩ ܢܬܒ ܠܗ ܒܣܦܝܢܬܐ ܒܝܡܐ. ܘܟܠܗ ܟܢܫܐ ܩܐܡ ܗܘܐ ܥܠ ܐܪܥܐ ܥܠ ܝܕ ܝܡܐ.
2 ܘܡܠܦ ܗܘܐ ܠܗܘܢ ܒܡܬܠܐ ܣܓܝܐܐ. ܘܐܡܪ ܗܘܐ ܒܝܘܠܦܢܗ. 3 ܫܡܥܘ. ܗܐ ܢܦܩ
ܙܪܘܥܐ ܠܡܙܪܥ. 4 ܘܟܕ ܙܪܥ. ܐܝܬ ܕܢܦܠ ܥܠ ܝܕ ܐܘܪܚܐ. ܘܐܬܬ ܦܪܚܬܐ. ܘܐܟܠܬܗ.
5 ܘܐܚܪܢܐ ܕܝܢ ܢܦܠ ܥܠ ܫܘܥܐ ܐܝܟܐ ܕܠܝܬ ܐܪܥܐ ܣܓܝܐܐ. ܘܒܪ ܫܥܬܗ. ܝܥܐ. ܡܛܠ
ܕܠܝܬ ܗܘܐ ܥܘܡܩܐ ܠܐܪܥܐ. 6 ܟܕ ܕܢܚ ܕܝܢ ܫܡܫܐ ܫܚܢ. ܘܡܛܠ ܕܠܝܬ ܗܘܐ ܠܗ
ܥܩܪܐ ܝܒܫ. 7 ܘܐܚܪܢܐ ܢܦܠ ܒܝܬ ܟܘܒܐ. ܘܣܠܩܘ ܟܘܒܐ ܘܚܢܩܘܗܝ. ܘܦܐܪܐ ܠܐ ܝܗܒ.
8 ܘܐܚܪܢܐ ܕܝܢ ܢܦܠ ܥܠ ܐܪܥܐ ܛܒܬܐ. ܘܣܠܩ ܘܪܒܐ ܘܝܗܒ ܦܐܪܐ. ܐܝܬ ܕܠܬܠܬܝܢ ܘܐܝܬ
ܕܠܫܬܝܢ. ܘܐܝܬ ܕܠܡܐܐ. 9 ܘܐܡܪ ܗܘܐ. ܡܢ ܕܐܝܬ ܠܗ ܐܕܢܐ ܕܢܫܡܥ ܢܫܡܥ ܀

10 ܟܕ ܗܘܘ ܕܝܢ ܒܠܚܘܕܝܗܘܢ. ܫܐܠܘܗܝ ܗܢܘܢ ܕܥܡܗ ܥܡ ܬܪܥܣܪܬܗ. ܥܠ ܡܬܠܐ ܗܘ.
11 ܘܐܡܪ ܠܗܘܢ ܝܫܘܥ. ܠܟܘܢ ܝܗܝܒ ܠܡܕܥ ܐܪܙܐ ܕܡܠܟܘܬܗ ܕܐܠܗܐ. ܠܒܪܝܐ ܕܝܢ
ܟܠ ܡܕܡ ܒܡܬܠܐ ܗܘܐ. 12 ܕܟܕ ܚܝܪܝܢ ܢܚܙܘܢ ܘܠܐ ܢܚܙܘܢ. ܘܟܕ ܫܡܥܝܢ ܢܫܡܥܘܢ
ܘܠܐ ܢܣܬܟܠܘܢ. ܕܠܡܐ ܢܬܦܢܘܢ. ܘܢܫܬܒܩ ܠܗܘܢ ܣܟܠܘܬܗܘܢ ܀ 13 ܘܐܡܪ ܠܗܘܢ.
ܠܐ ܝܕܥܝܢ ܐܢܬܘܢ ܠܗ ܠܡܬܠܐ ܗܢܐ. ܘܐܝܟܢܐ ܟܠܗܘܢ ܡܬܠܐ ܬܕܥܘܢ ܀ 14 ܙܪܘܥܐ ܕܙܪܥ
ܡܠܬܐ ܙܪܥ. 15 ܗܠܝܢ ܕܝܢ ܕܥܠ ܝܕ ܐܘܪܚܐ. ܗܠܝܢ ܐܢܘܢ ܕܡܙܕܪܥܐ ܒܗܘܢ ܡܠܬܐ.
ܘܡܐ ܕܫܡܥܘ. ܡܚܕܐ ܐܬܐ ܣܛܢܐ. ܘܫܩܠ ܠܗ ܠܡܠܬܐ ܕܙܪܝܥܐ ܒܠܒܗܘܢ.
16 ܘܗܠܝܢ ܕܥܠ ܫܘܥܐ ܐܙܕܪܥܘ. ܗܠܝܢ ܐܢܘܢ ܕܡܐ ܕܫܡܥܘ ܡܠܬܐ. ܡܚܕܐ ܒܚܕܘܬܐ
ܡܩܒܠܝܢ ܠܗ. 17 ܘܠܝܬ ܠܗܘܢ ܥܩܪܐ ܒܩܢܘܡܗܘܢ. ܐܠܐ ܕܙܒܢܐ ܐܢܘܢ. ܘܡܐ ܕܗܘܐ
ܐܘܠܨܢܐ ܐܘ ܪܕܘܦܝܐ ܡܛܠ ܡܠܬܐ. ܒܥܓܠ ܡܬܟܫܠܝܢ. 18 ܘܗܠܝܢ ܕܒܝܬ ܟܘܒܐ
ܐܙܕܪܥܘ. ܗܠܝܢ ܐܢܘܢ ܗܢܘܢ ܕܫܡܥܘ ܡܠܬܐ: 19 ܘܪܢܝܐ ܕܥܠܡܐ ܗܢܐ. ܘܛܘܥܝܝ
ܕܥܘܬܪܐ: ܘܫܪܟܐ ܕܪܓܝܓܬܐ ܐܚܪܢܝܬܐ ܥܐܠܢ ܚܢܩܢ ܠܗ ܠܡܠܬܐ: ܘܕܠܐ ܦܐܪܐ ܗܘܝܐ.
20 ܘܗܠܝܢ ܕܒܐܪܥܐ ܛܒܬܐ ܐܙܕܪܥܘ. ܗܠܝܢ ܐܢܘܢ ܕܫܡܥܝܢ ܡܠܬܐ: ܘܡܩܒܠܝܢ ܘܝܗܒܝܢ
ܦܐܪܐ: ܒܬܠܬܝܢ ܘܒܫܬܝܢ ܘܒܡܐܐ ܀ 21 ܘܐܡܪ ܠܗܘܢ. ܕܠܡܐ ܫܪܓܐ ܐܬܐ: ܕܬܚܝܬ
ܣܐܬܐ ܢܬܬܣܝܡ: ܐܘ ܬܚܝܬ ܥܪܣܐ. ܠܐ ܗܘܐ: ܕܥܠ ܡܢܪܬܐ ܢܬܬܣܝܡ. 22 ܠܝܬ ܓܝܪ ܡܕܡ

ܕܡܟܣܝܐ ܕܠܐ ܢܬܓܠܐ. ܘܠܐ ܗܘܐ ܒܡܛܫܝܐ ܕܠܐ ܢܬܓܠܐ܀ 23 ܐܢ ܐܢܫ ܐܝܬ ܠܗ ܐܕܢܐ ܕܢܫܡܥ
ܢܫܡܥ܀

24 ܘܐܡܪ ܠܗܘܢ. ܚܙܘ ܡܢܐ ܫܡܥܝܢ ܐܢܬܘܢ. ܒܗܝ ܟܝܠܬܐ ܕܟܝܠܝܢ ܐܢܬܘܢ.
ܡܬܟܝܠ ܠܟܘܢ؛ ܘܡܬܬܘܣܦ ܠܟܘܢ. ܠܐܝܠܝܢ ܕܫܡܥܝܢ. 25 ܡܢ ܕܐܝܬ ܠܗ ܓܝܪ.
ܢܬܝܗܒ ܠܗ. ܘܡܢ ܕܠܝܬ ܠܗ. ܐܦ ܗܘ ܕܐܝܬ ܠܗ. ܢܫܬܩܠ ܡܢܗ܀ 26 ܘܐܡܪ ܗܘܐ.
ܗܟܢܐ ܗܝ ܡܠܟܘܬܐ ܕܐܠܗܐ. ܐܝܟ ܓܒܪܐ ܕܢܪܡܐ ܙܪܥܐ ܒܐܪܥܐ: 27 ܘܢܕܡܟ ܘܢܩܘܡ
ܒܠܠܝܐ ܘܒܐܝܡܡܐ: ܘܙܪܥܐ ܢܐܒ ܘܢܪܒܐ. ܟܕ ܗܘ ܠܐ ܝܕܥ. 28 ܐܪܥܐ ܓܝܪ ܡܝܬܝܐ ܠܗ
ܦܐܪܐ. ܘܠܘܩܕܡ ܗܘܐ ܥܣܒܐ. ܘܒܬܪܗ ܫܒܠܐ. ܐܚܪܝܬ ܕܝܢ ܚܛܬܐ ܡܫܡܠܝܬܐ.
ܒܫܒܠܐ. 29 ܡܐ ܕܐܫܡܢ ܕܝܢ ܦܐܪܐ. ܡܚܕܐ ܐܬܐ ܡܓܠܐ. ܕܡܛܝ ܚܨܕܐ܀ 30 ܘܐܡܪ. ܠܡܢܐ
ܢܕܡܐ ܠܡܠܟܘܬܐ ܕܐܠܗܐ. ܘܒܐܝܢܐ ܡܬܠܐ ܢܡܬܠܝܗ̇. 31 ܐܝܟ ܦܪܕܬܐ ܗܝ ܕܚܪܕܠܐ.
ܗܝ ܕܡܐ ܕܐܙܕܪܥܬ ܒܐܪܥܐ: ܙܥܘܪܐ ܗܝ ܡܢ ܟܠܗܘܢ ܙܪ̈ܥܘܢܐ ܕܒܐܪܥܐ. 32 ܘܡܐ
ܕܐܙܕܪܥܬ. ܣܠܩܐ ܘܗܘܝܐ ܪܒܐ܁ ܡܢ ܟܠܗܘܢ ܝܪ̈ܩܘܢܐ. ܘܥܒܕܐ ܣܘ̈ܟܐ ܪܘܪ̈ܒܐ. ܐܝܟ
ܕܡܫܟܚܐ܁ ܕܒܛܠܠܗ̇ ܦܪܚܬܐ ܢܓܢܢ܀ 33 ܒܡ̈ܬܠܐ ܕܐܝܟ ܗܠܝܢ ܡܡܠܠ ܗܘܐ ܝܫܘܥ
ܥܡܗܘܢ ܡܠܬܐ: ܐܝܟ ܕܡܫܟܚܝܢ ܗܘܘ ܠܡܫܡܥ. 34 ܘܕܠܐ ܡܬܠܐ. ܠܐ ܡܡܠܠ ܗܘܐ
ܥܡܗܘܢ. ܠܬܠܡܝܕܘܗܝ ܕܝܢ. ܒܝܢܝܗܘܢ ܘܠܗܘܢ ܡܦܫܩ ܗܘܐ ܟܠܡܕܡ܀

35 ܘܐܡܪ ܠܗܘܢ ܒܗܘ ܝܘܡܐ ܒܪܡܫܐ܁ ܢܥܒܪ ܠܗ ܠܥܒܪܐ܀ 36 ܘܫܒܩܘ ܠܟܢܫܐ. ܘܕܒܪܘܗܝ
ܟܕ ܒܣܦܝܢܬܐ ܗܘ. ܘܣܦܝ̈ܢܐ ܐܚܪ̈ܢܝܬܐ ܐܝܬ ܗܘ̈ܝ ܥܡܗܘܢ. 37 ܘܗܘܐ ܥܠܥܠܐ ܪܒܐ܁
ܕܪܘܚܐ. ܘܓ̈ܠܠܐ ܢܦܠܝܢ ܗܘܘ ܒܣܦܝܢܬܐ. ܘܩܪܝܒܐ ܗܘܬ ܕܬܬܡܠܐ. 38 ܗܘ ܕܝܢ ܝܫܘܥ
ܥܠ ܒܣܕܝܐ ܕܡܟ ܗܘܐ ܒܚܪܬܗ̇ ܕܣܦܝܢܬܐ. ܘܐܬܘ ܐܩܝܡܘܗܝ ܘܐܡܪܝܢ ܠܗ. ܪܒܢ ܠܐ
ܒܛܝܠܐ ܠܟ ܕܐܒܕܝܢ ܚܢܢ. 39 ܘܩܡ ܘܟܐܐ ܒܪܘܚܐ. ܘܐܡܪ ܠܝܡܐ. ܫܠܝ܁ ܐܣܬܟܪ.
ܘܫܠܝܬ ܪܘܚܐ. ܘܗܘܐ ܫܠܝܐ ܪܒܐ. 40 ܘܐܡܪ ܠܗܘܢ. ܠܡܢܐ ܕܚܘܠܬܢܝܢ ܐܝܬܝܟܘܢ ܗܟܢܐ
ܘܠܡܢܐ ܠܝܬ ܒܟܘܢ ܗܝܡܢܘܬܐ. 41 ܘܕܚܠܘ ܕܚܠܬܐ ܪܒܬܐ. ܘܐܡܪܝܢ ܗܘܘ ܚܕ ܠܚܕ.
ܡܢܘ ܟܝ ܗܢܐ܁ ܕܪܘܚܐ ܘܝܡܐ ܡܫܬܥܒܕܝܢ ܠܗ܀܀

1 ܘܐܬܘ ܠܥܒܪܐ ܕܝܡܐ ܠܐܬܪܐ ܕܓܕܪ̈ܝܐ. 2 ܘܟܕ ܢܦܩ ܡܢ ܣܦܝܢܬܐ. ܦܓܥ ܒܗ ܡܢ Cap. v.
ܒܝܬ ܩܒܘܪܐ ܓܒܪܐ ܕܐܝܬ ܒܗ ܪܘܚܐ ܛܢܦܬܐ. 3 ܘܥܡܪ ܗܘܐ ܒܝܬ ܩܒܘܪܐ. ܘܒܫܫܠܬܐ
ܐܢܫ ܠܐ ܡܫܟܚ ܗܘܐ ܠܡܐܣܪܗ. 4 ܡܛܠ ܕܟܠ ܐܡܬܝ ܕܒܟܒ̈ܠܐ ܘܒܫܫ̈ܠܬܐ ܡܬܐܣܪ
ܗܘܐ. ܫܫ̈ܠܬܐ ܡܦܣܩ ܗܘܐ ܘܟܒ̈ܠܐ ܡܫܩܦ ܗܘܐ. ܘܠܐ ܐܢܫ ܡܫܟܚ ܗܘܐ ܠܡܟܒܫܗ.
5 ܘܒܟܠ ܥܕܢ ܒܠܠܝܐ ܘܒܐܝܡܡܐ. ܒܒܝܬ ܩܒܘܪܐ ܘܒܛܘܪ̈ܐ ܐܝܬܘܗܝ ܗܘܐ. ܘܩܥܐ ܗܘܐ
ܘܡܪܓܡ ܢܦܫܗ ܒܟܐ̈ܦܐ. 6 ܟܕ ܚܙܐ ܕܝܢ ܠܝܫܘܥ ܡܢ ܪܘܚܩܐ. ܪܗܛ ܣܓܕ ܠܗ.
7 ܘܩܥܐ ܒܩܠܐ ܪܡܐ ܘܐܡܪ. ܡܐ ܠܝ ܘܠܟ ܝܫܘܥ܆ ܒܪܗ ܕܐܠܗܐ ܡܪܝܡܐ. ܡܘܡܐ

ܐܢܐ ܠܟ ܒܐܠܗܐ ܕܠܐ ܬܫܢܩܢܝ. ⁸ ܐܡܪ ܗܘܐ ܠܗ ܓܝܪ. ܦܘܩ ܡܢ ܒܪܢܫܐ· ܪܘܚܐ ܛܢܦܬܐ.
⁹ ܘܫܐܠܗ. ܐܝܢܐ ܫܡܟ. ܐܡܪ ܠܗ ܠܓܝܘܢ ܫܡܢ. ܡܛܠ ܕܣܓܝܐܐ ܚܢܢ. ¹⁰ ܘܒܥܐ
ܗܘܐ ܡܢܗ ܣܓܝ. ܕܠܐ ܢܫܕܪܝܘܗܝ ܠܒܪ ܡܢ ܐܬܪܐ. ¹¹ ܐܝܬ ܗܘܐ ܕܝܢ ܬܡܢ ܠܘܬ ܛܘܪܐ.
ܒܩܪܐ ܪܒܐ ܕܚܙܝܪܐ ܕܪܥܝܐ: ¹² ܘܒܥܘ ܗܘܘ ܡܢܗ ܗܢܘܢ ܫܐܕܐ ܘܐܡܪܝܢ. ܫܕܪܝܢ ܥܠ
ܗܢܘܢ ܚܙܝܪܐ. ܕܒܗܘܢ ܢܥܘܠ. ¹³ ܘܐܦܣ ܠܗܘܢ. ܘܢܦܩ ܪܘܚܐ ܗܠܝܢ ܛܢܦܬܐ ܘܥܠ
ܒܚܙܝܪܐ. ܘܪܗܛ ܗܘ ܒܩܪܐ ܠܫܩܝܦܐ. ܘܢܦܠܘ ܒܝܡܐ· ܐܝܟ ܬܪܝܢ ܐܠܦܝܢ. ܘܐܬܚܢܩܘ
ܒܡܝܐ· • ◆ • ◆ •
¹⁴ ܘܗܢܘܢ ܕܪܥܝܢ ܗܘܘ ܠܗܘܢ: ܥܪܩܘ ܘܐܡܪܘ ܒܡܕܝܢܬܐ ܘܐܦ ܒܩܘܪܝܐ. ܘܢܦܩܘ ܢܣܚܐ ܕ.
ܠܡܚܙܐ ܡܢܐ ܕܗܘܐ. ¹⁵ ܘܐܬܘ ܠܘܬ ܝܫܘܥ. ܘܚܙܘܗܝ ܠܗܘ ܕܫܐܕܐ ܒܗ. ܕܠܒܝܫ
ܘܡܢܟܦ. ܘܝܬܒ: ܗܘ ܕܐܝܬ ܗܘܐ ܒܗ ܠܓܝܘܢ: ܘܕܚܠܘ. ¹⁶ ܘܐܫܬܥܝܘ ܠܗܘܢ ܗܢܘܢ
ܕܚܙܘ. ܐܝܟܢܐ ܗܘܐ ܠܗܘ ܕܫܐܕܐ ܒܗ. ܘܐܦ ܥܠ ܗܢܘܢ ܚܙܝܪܐ. ¹⁷ ܘܫܪܝܘ ܒܥܝܢ ܡܢܗ
ܕܢܐܙܠ ܠܗ ܡܢ ܬܚܘܡܗܘܢ. ¹⁸ ܘܟܕ ܣܠܩ ܠܣܦܝܢܬܐ. ܒܥܐ ܗܘܐ ܡܢܗ ܗܘ
ܕܫܐܕܐ ܗܘܘ ܒܗ. ܕܥܡܗ ܢܗܘܐ. ¹⁹ ܘܠܐ ܫܒܩܗ. ܐܠܐ ܐܡܪ ܠܗ: ܙܠ ܠܒܝܬܟ ܠܘܬ ܐܢܫܝܟ:
ܘܐܫܬܥܐ ܠܗܘܢ ܡܢܐ ܕܥܒܕ ܠܟ ܡܪܝܐ ܘܐܬܪܚܡ ܥܠܝܟ. ²⁰ ܘܐܙܠ ܘܫܪܝ ܡܟܪܙ
ܒܥܣܪ ܡܕܝܢܢ ܡܢܐ ܕܥܒܕ ܠܗ ܝܫܘܥ. ܘܟܠܗܘܢ ܡܬܕܡܪܝܢ ܗܘܘ ⁘
²¹ ܘܟܕ ܥܒܪ ܝܫܘܥ ܒܣܦܝܢܬܐ ܠܗܘ ܥܒܪܐ. ܬܘܒ ܐܬܟܢܫܘ ܠܘܬܗ ܟܢܫܐ ܣܓܝܐܐ:
ܟܕ ܐܝܬܘܗܝ ܥܠ ܝܕ ܝܡܐ. ²² ܘܐܬܐ ܚܕ ܡܢ ܪܒܝ ܟܢܘܫܬܐ. ܕܫܡܗ ܝܐܝܪܘܣ. ܘܟܕ
ܚܙܝܗܝ ܢܦܠ ܥܠ ܪܓܠܘܗܝ. ²³ ܘܒܥܐ ܗܘܐ ܡܢܗ ܣܓܝ. ܘܐܡܪ ܠܗ. ܒܪܬܝ
ܡܣܟܝܐ ܠܡܡܬ. ܬܐ ܣܝܡ ܐܝܕܟ ܥܠܝܗ: ܘܬܚܐ ܘܬܚܐ. ²⁴ ܘܐܙܠ ܥܡܗ ܝܫܘܥ.
ܘܕܒܝܩ ܗܘܐ ܠܗ ܟܢܫܐ ܣܓܝܐܐ. ܘܚܒܨܝܢ ܗܘܘ ܠܗ ⁘ ²⁵ ܐܢܬܬܐ ܕܝܢ ܚܕܐ: ܕܐܝܬ
ܗܘܐ ܠܗ ܬܪܬܥܣܪܐ ܫܢܝܢ ܕܕܡܐ ܪܕܐ ܗܘܐ ܠܗ. ²⁶ ܐܝܕܐ ܕܣܓܝ ܐܘܠܨܢܐ ܣܒܠܬ ܡܢ ܐܣܘܬܐ ܣܓܝܐܐ:
ܘܐܘܚܕܬ ܟܠ ܡܕܡ ܕܐܝܬ ܗܘܐ ܠܗ: ܘܡܕܡ ܠܐ ܐܬܥܕܪܬ. ܐܠܐ ܐܦ ܝܬܝܪܐܝܬ ܐܬܡܚܠܬ.
²⁷ ܟܕ ܫܡܥܬ ܥܠ ܝܫܘܥ: ܐܬܬ ܒܐܘܠܨܢܐ ܕܟܢܫܐ ܡܢ ܒܣܬܪܗ. ܘܩܪܒܬ ܠܠܒܘܫܗ.
²⁸ ܐܡܪܐ ܗܘܬ ܓܝܪ. ܕܐܦܢ ܠܠܒܘܫܗ ܐܩܪܘܒ ܚܝܐ ܐܢܐ: ²⁹ ܘܡܚܕܐ ܝܒܫ ܡܒܘܥܐ
ܕܕܡܗ. ܘܐܪܓܫܬ ܒܦܓܪܗ ܕܐܬܐܣܝܬ ܡܢ ܡܚܘܬܗ. ³⁰ ܝܫܘܥ ܕܝܢ ܡܚܕܐ ܝܕܥ
ܒܢܦܫܗ. ܕܚܝܠܐ ܢܦܩ ܡܢܗ. ܘܐܬܦܢܝ ܠܟܢܫܐ ܘܐܡܪ. ܡܢܘ ܩܪܒ ܠܢܚܬܝ.
³¹ ܘܐܡܪܝܢ ܠܗ ܬܠܡܝܕܘܗܝ. ܚܙܐ ܐܢܬ ܟܢܫܐ ܕܚܒܨܝܢ ܠܟ. ܘܐܡܪ ܐܢܬ: ܡܢܘ ܩܪܒ
ܠܝ. ³² ܘܡܚܝܪ ܗܘܐ ܕܢܚܙܐ ܡܢ ܗܝ ܕܗܕܐ ܥܒܕܬ. ³³ ܗܝ ܕܝܢ ܐܢܬܬܐ ܟܕ ܕܚܝܠܐ ܘܪܬܝܬܐ:
ܕܝܕܥܐ ܗܘܬ ܡܕܡ ܕܗܘܐ ܠܗ. ܐܬܬ ܢܦܠܬ ܩܕܡܘܗܝ ܘܐܡܪܬ ܠܗ ܟܠܗ ܫܪܪܐ. ³⁴ ܗܘ ܕܝܢ
ܐܡܪ ܠܗ. ܒܪܬܝ ܗܝܡܢܘܬܟܝ ܐܚܝܬܟܝ. ܙܠܝ ܒܫܠܡܐ. ܘܗܘܝ ܚܠܝܡܐ ܡܢ

ܡܫܬܐܠܝܢ ܀ 35 ܘܥܕ ܗܘ ܡܡܠܠ. ܐܬܘ ܡܢ ܕܒܝܬ ܪܒ ܟܢܘܫܬܐ ܘܐܡܪܝܢ. ܕܒܪܬܟ
ܡܝܬܬ. ܠܡܢܐ ܡܫܢܐ ܐܢܬ ܠܡܠܦܢܐ. 36 ܝܫܘܥ ܕܝܢ ܫܡܥ ܠܡܠܬܐ
ܕܐܡܪܝܢ. ܘܐܡܪ ܠܗ ܠܪܒ ܟܢܘܫܬܐ. ܠܐ ܬܕܚܠ. ܒܠܚܘܕ ܗܝܡܢ. 37 ܘܠܐ ܫܒܩ ܠܐܢܫ
ܕܢܐܙܠ ܥܡܗ. ܐܠܐ ܠܫܡܥܘܢ ܟܐܦܐ: ܘܠܝܥܩܘܒ· ܘܠܝܘܚܢܢ ܐܚܘܗܝ ܕܝܥܩܘܒ.
38 ܘܐܬܘ ܠܒܝܬܗ ܕܗܘ ܪܒ ܟܢܘܫܬܐ. ܘܚܙܐ ܕܡܬܪܗܒܝܢ ܘܒܟܝܢ. ܘܡܝܠܠܝܢ. 39 ܘܥܠ.
ܘܐܡܪ ܠܗܘܢ. ܡܢܐ ܡܬܪܗܒܝܢ ܐܢܬܘܢ ܘܒܟܝܢ. ܛܠܝܬܐ ܠܐ ܡܝܬܬ. ܐܠܐ ܕܡܟܐ ܗܝ.
40 ܘܓܚܟܝܢ ܗܘܘ ܥܠܘܗܝ. ܗܘ ܕܝܢ ܐܦܩ ܠܟܠܗܘܢ. ܘܕܒܪ ܠܐܒܘܗ ܕܛܠܝܬܐ ܘܠܐܡܗ.
ܘܠܗܢܘܢ ܕܥܡܗ. ܘܥܠ ܠܐܝܟܐ ܕܪܡܝܐ ܗܘܬ ܛܠܝܬܐ. 41 ܘܐܚܕ ܒܐܝܕܗ ܕܛܠܝܬܐ ܘܐܡܪ
ܠܗ. ܛܠܝܬܐ ܩܘܡܝ. 42 ܘܡܚܕܐ ܩܡܬ ܛܠܝܬܐ ܘܡܗܠܟܐ ܗܘܬ. ܐܝܬܝܗ ܗܘܬ
ܓܝܪ ܒܪܬ ܫܢܝܢ ܬܪܬܥܣܪܐ. ܘܡܬܕܡܪܝܢ ܗܘܘ ܕܘܡܪܐ ܪܒܐ. 43 ܘܦܩܕ ܐܢܘܢ ܕܐܢܫ ܠܐ
ܢܕܥ ܗܕܐ. ܘܐܡܪ ܕܢܬܠܘܢ ܠܗ ܠܡܐܟܠ ܀

Cap. vi.

1 ܘܢܦܩ ܡܢ ܬܡܢ. ܘܐܬܐ ܠܡܕܝܢܬܗ. ܘܢܩܝܦܝܢ ܗܘܘ ܠܗ ܬܠܡܝܕܘܗܝ. 2 ܘܟܕ ܗܘܬ
ܫܒܬܐ. ܫܪܝ ܠܡܠܦܘ ܒܟܢܘܫܬܐ. ܘܣܓܝܐܐ ܕܫܡܥܘ ܐܬܕܡܪܘ. ܘܐܡܪܝܢ ܗܘܘ.
ܡܢܐܝܟܐ ܠܗ ܗܠܝܢ ܠܗܢܐ. ܘܡܢܐ ܗܝ ܚܟܡܬܐ ܕܐܬܝܗܒܬ ܠܗ. ܕܚܝܠܐ ܕܐܝܟ ܗܠܝܢ
ܒܐܝܕܘܗܝ ܢܗܘܘܢ. 3 ܠܐ ܗܘܐ ܗܢܐ ܢܓܪܐ ܒܪܗ ܕܡܪܝܡ. ܘܐܚܘܗܝ ܕܝܥܩܘܒ ܘܕܝܘܣܐ.
ܘܕܫܡܥܘܢ ܘܕܝܗܘܕܐ. ܘܠܐ ܗܐ ܚܘܬܗ ܐܝܟ ܠܘܬܢ. ܘܡܬܟܫܠܝܢ ܗܘܘ ܒܗ ܀ 4 ܘܐܡܪ
ܠܗܘܢ ܝܫܘܥ. ܠܝܬ ܢܒܝܐ ܕܫܛܝܪ. ܐܠܐ ܒܡܕܝܢܬܗ. ܘܒܝܬ ܐܚܝܢܘܗܝ. ܘܒܒܝܬܗ.
5 ܘܠܐ ܡܫܟܚ ܗܘܐ ܕܢܥܒܕ ܬܡܢ. ܐܦ ܠܐ ܚܕ ܚܝܠܐ. ܐܠܐ ܐܢ ܕܥܠ ܟܪܝܗܐ ܩܠܝܠ.
ܣܡ ܐܝܕܗ. ܘܐܣܝ. 6 ܘܡܬܕܡܪ ܗܘܐ ܒܚܣܝܪܘܬܐ ܕܗܝܡܢܘܬܗܘܢ ܀ ܘܡܟܪܟ ܗܘܐ
ܒܩܘܪܝܐ ܟܕ ܡܠܦ ܀

7 ܘܩܪܐ ܠܬܪܬܥܣܪܬܗܘܢ. ܘܫܪܝ ܕܢܫܕܪ ܐܢܘܢ. ܬܪܝܢ ܬܪܝܢ. ܘܝܗܒ ܠܗܘܢ ܫܘܠܛܢܐ
ܥܠ ܪܘܚܐ ܛܢܦܬܐ ܕܢܦܩܘܢ. 8 ܘܦܩܕ ܐܢܘܢ. ܕܠܐ ܢܫܩܠܘܢ ܡܕܡ ܠܐܘܪܚܐ. ܐܠܐ ܚܘܛܪܐ
ܒܠܚܘܕ. ܠܐ ܬܪܡܠܐ ܘܠܐ ܠܚܡܐ. ܘܠܐ ܢܚܫܐ ܒܩܡܝܪܝܗܘܢ. 9 ܐܠܐ ܢܣܐܢܘܢ ܡܣܢܐ. ܘܠܐ
ܢܠܒܫܘܢ ܬܪܬܝܢ ܟܘܬܝܢܝܢ ܀ 10 ܘܐܡܪ ܠܗܘܢ. ܕܠܐܝܢܐ ܒܝܬܐ ܕܥܐܠܝܢ ܐܢܬܘܢ. ܬܡܢ
ܗܘܘ. ܥܕܡܐ ܕܢܦܩܝܢ ܐܢܬܘܢ ܡܢ ܬܡܢ. 11 ܘܟܠ ܡܢ ܕܠܐ ܢܩܒܠܘܢܟܘܢ. ܘܠܐ
ܢܫܡܥܘܢܟܘܢ. ܟܕ ܢܦܩܝܢ ܐܢܬܘܢ ܡܢ ܬܡܢ. ܦܨܘ ܚܠܐ ܕܒܪܓܠܝܟܘܢ ܥܠܝܗܘܢ
ܠܣܗܕܘܬܗܘܢ. ܘܐܡܝܢ ܐܡܪ ܐܢܐ ܠܟܘܢ. ܕܢܗܘܐ ܢܝܚ ܠܣܕܘܡ ܘܠܥܡܘܪܐ ܒܝܘܡܐ
ܕܕܝܢܐ ܐܘ ܠܡܕܝܢܬܐ ܗܝ ܀ 12 ܘܢܦܩܘ ܗܘܘ. ܘܐܟܪܙܘ ܕܢܬܘܒܘܢ. 13 ܘܫܐܕܐ ܣܓܝܐܐ
ܡܦܩܝܢ ܗܘܘ. ܘܡܫܚܝܢ ܗܘܘ ܒܡܫܚܐ ܠܟܪܝܗܐ ܣܓܝܐܐ ܘܡܬܐܣܝܢ ܗܘܘ ܀

14 ܘܫܡܥ ܗܪܘܕܣ ܡܠܟܐ ܥܠ ܝܫܘܥ. ܐܬܝܕܥ ܗܘܐ ܠܗ ܓܝܪ ܫܡܗ. ܘܐܡܪ ܗܘܐ.

ܝܘܣܦ ܡܕܒܪܢܐ ܗܘ ܡܢ ܩܕܡ ܡܠܟܐ. ܡܛܠ ܗܢܐ ܣܓܝ ܡܫܬܒܚܝܢ ܒܗ܀
15 ܐܢܬܬܐ ܐܚܪܢܝܢ ܗܘܘ. ܕܐܝܟܢܐ ܗܘ. ܘܐܢܬܬܐ ܕܒܝܬܐ ܗܘ܂ ܐܝܟ ܡܢ ܡܢ ܒܬܝܐ. 16 ܟܕ ܫܡܥ
ܕܝܢ ܦܪܥܘܢ. ܐܡܪ. ܝܘܣܦ ܗܘ ܕܐܢܐ ܦܫܩܬ ܚܠܡܗ. ܗܘ ܡܢ ܩܕܡ ܡܠܟܐ܀
17 ܗܘ ܕܝܢ ܦܪܥܘܢ ܫܕܪ ܗܘܐ ܐܚܘܗܝ ܠܝܘܣܦ. ܘܐܡܪܗ ܩܕܡ ܐܢܫܐ. ܡܛܠ ܦܪܥܘܢ
ܐܝܟ ܕܒܥܝܬܝܗ ܐܚܘܗܝ. ܗܘ ܕܫܡܥ. 18 ܐܡܪ ܗܘܐ ܕܝܢ ܝܘܣܦ ܠܦܪܥܘܢ. ܕܠܐ
ܬܚܝܠ ܠܟ ܕܐܬܬܒ ܐܝܟ ܐܚܘܟ. 19 ܗܝ ܕܝܢ ܦܪܥܘܢ ܠܚܣܕܐ ܗܘܬ ܠܗ. ܘܪܚܡܐ ܗܘܬ
ܠܥܡܠܗ. ܘܠܐ ܡܬܡܨܝܐ ܗܘܬ. 20 ܦܪܥܘܢ ܕܝܢ ܕܚܠ ܗܘܐ ܡܢ ܝܘܣܦ. ܡܛܠ ܕܝܕܥ
ܗܘܐ ܕܓܒܪܐ ܗܘ ܐܠܗܝܐ ܘܢܒܝܐ. ܘܡܫܡܫ ܗܘܐ ܠܗ. ܘܡܠܐܟܐ ܡܫܡܫ ܗܘܐ ܠܗ. ܘܒܢܝ.
ܘܡܫܡܫܝܢ ܡܫܡܫ ܗܘܐ ܠܗ ܀܀܀

21 ܘܗܘܐ ܟܘܦܢܐ ܪܒܐ. ܟܕ ܦܪܥܘܢ ܒܝܘܡܝ ܡܠܟܘܬܗ. ܫܒܥܬܐ ܒܥܝ ܗܘܐ ܠܦܪܥܘܢ܂ ܢܝܫܢ ܗ.
ܘܠܦܠܫܬܝܐ܂ ܘܠܟܢܥܢܝܐ ܕܚܝܠܐ: 22 ܘܐܬܐ ܒܢܝܗ ܕܦܪܥܘܢ. ܐܡܪܐ: ܘܡܠܟܐ ܠܗ
ܠܦܪܥܘܢ. ܘܠܐ ܐܝܬ ܕܡܫܟܚ ܠܡܐܟܠ. ܘܐܡܪ ܡܠܟܐ ܠܝܘܣܦ. ܐܙܠ ܥܒܕ ܬܩܢ
ܕܪܚܡܐ ܐܢܬ. ܘܐܙܠ ܠܗܝܢ. 23 ܘܡܠܐ ܠܗܘܢ ܕܬܩܢ ܕܐܬܐܡܪܝܢ܂ ܐܝܟ ܠܗܝܢ. ܠܒܪܐ
ܠܒܢܝܗ ܘܡܠܟܘܬܗ. 24 ܗܝ ܕܝܢ ܕܝܘܡܐ ܘܐܡܪ ܠܝܘܣܦ. ܡܢܐ ܐܬܐܡܪܬܘܢ. ܐܡܪܐ ܠܗ.
ܩܕܡ ܕܝܘܣܦ ܡܕܒܪܢܐ. 25 ܘܡܫܝܚܐ ܐܬܐ ܒܥܠܡܐ܂ ܠܘܬ ܡܠܟܐ ܘܐܡܪ ܠܗ.
ܪܚܡܐ ܐܢܐ ܠܘܬ ܡܠܟܐ. ܕܐܝܠܝܢ ܗܢܘܢ ܟܠ ܦܘܪܩܢܐ ܕܩܕܡ ܝܘܣܦ ܡܕܒܪܢܐ. 26 ܘܦܪܥܘܢ
ܠܗ ܡܠܟܐ ܠܡܠܟܐ. ܡܛܠ ܕܝܢ ܡܠܟܘܬܐ܂ ܘܡܛܠ ܡܫܝܚܐ. ܠܐ ܪܚܡ ܕܢܣܓܘܕܘܢ.
27 ܐܠܐ ܡܫܝܚܐ ܫܕܪ ܡܠܟܐ ܐܣܝܐ ܠܡܠܟܘܬܐ. ܘܒܥܐ ܕܢܐܬܐ ܩܕܡ ܝܘܣܦ. ܘܐܙܠ ܦܨܚܘ
ܩܕܡ ܝܘܣܦ ܩܕܡ ܐܩܢܝܐ. 28 ܘܐܬܐ ܒܥܠܕܒܒܐ ܘܝܗܒ ܠܡܠܟܘܬܐ. ܘܗܝ ܠܡܠܟܘܬܐ ܢܬܠ
ܠܝܘܣܦ. 29 ܘܫܡܥܘ ܐܚܘܗܝ. ܘܐܬܘ ܫܡܥܘ ܡܠܟܘܬܗ. ܘܫܡܥܘ ܕܫܕܪ ܡܠܟܐ܀
30 ܘܐܬܝܒܘ ܡܛܠ ܠܘܬܗ ܢܦܫܗ. ܘܐܡܪܘ ܠܗ ܟܠ ܡܐ ܕܥܒܕܘ. ܘܟܠ ܡܐ ܕܐܬܚܙܝ.
31 ܘܐܡܪ ܠܗܘܢ. ܐܘ ܠܗܘܢ ܬܐܬܘܢ ܠܡܨܪܝܢ ܠܟܠܗܘܢ. ܘܐܬܐܬܘ ܡܨܪܝܐ. ܐܝܟ ܗܘܘ
ܕܝܢ ܡܫܝܚܐ ܕܐܬܝܢ ܘܐܬܝܢ: ܘܠܟܠ ܗܘܐ ܠܗܘܢ ܐܬܐ. ܐܦ ܠܐ ܠܡܬܚܙܝܘ܀ 32 ܘܐܬܘ
ܠܐܬܪܐ ܣܘܓܐܐ ܒܡܫܝܚܐ ܠܟܠܗܘܢ. 33 ܘܚܙܐ ܐܢܘܢ ܡܫܝܚܐ ܟܕ ܐܬܝܢ. ܘܐܬܦܢܝ ܠܗ
ܐܢܘܢ. ܘܒܟܝܐ ܕܐܝܬܘ ܡܢ ܩܕܡ ܡܫܬܕܪܐ. ܦܪܫܘܗܝ ܠܟܠܗܘܢ܀ 34 ܘܢܦܩ ܢܦܫܗ
ܚܙܐ ܒܢܝܐ ܡܫܝܚܐ. ܘܐܬܦܢܝ ܠܟܠܗܘܢ. ܕܩܕܡ ܗܘܘ ܠܟܠܗܝܢ. ܕܟܠܗ ܠܗܘܢ ܪܚܡܐ.
ܘܡܛܠ ܗܘܐ ܠܟܠܗܘܢ ܐܝܟ ܡܫܝܚܐ܀ 35 ܘܟܕ ܗܘܐ ܠܒܝܬܐ ܡܫܝܚܐ. ܡܛܠ ܠܟܠܗ
ܐܠܗܝܐ ܘܐܡܪܝܢ ܠܗ. ܕܗܢܐ ܐܬܐ. ܣܘܓܐܐ ܗܘ. ܘܠܒܢܝܐ ܡܫܝܚ. 36 ܥܕܡܐ ܐܝܟ
ܕܬܐܬܘܢ ܠܡܬܚܙܝܘ ܕܝܠܗܘܢ. ܘܠܗܘܢ ܘܬܒܥܘܢ ܠܗܘܢ ܠܚܣܕܐ. ܠܟܠ ܠܗܘܢ ܕܝܢ
ܡܢ ܠܡܬܐܡܠ. 37 ܗܘ ܕܝܢ ܐܡܪ ܠܗܘܢ. ܗܠܝܢ ܠܗܘܢ ܐܝܬܝܢ ܠܡܠܟܘܬܐ. ܐܚܪܢܝܢ

ܠܗ. ܢܐܙܠ ܢܙܒܢ: ܕܡܐܬܝܢ ܕܝܢܪܝܢ ܠܚܡܐ ܘܢܬܠ ܠܗܘܢ ܠܡܐܟܠ. 38 ܗܘ ܕܝܢ
ܐܡܪ ܠܗܘܢ. ܙܠܘ ܚܙܘ ܟܡܐ ܠܚܡܐ ܐܝܬ ܠܟܘܢ ܗܪܟܐ. ܘܟܕ ܚܙܘ. ܐܡܪܝܢ ܠܗ.
ܚܡܫܐ ܠܚܡܝܢ. ܘܬܪܝܢ ܢܘܢܝܢ. 39 ܘܦܩܕ ܠܗܘܢ ܕܢܣܡܟܘܢ ܠܟܠܗܘܢ: ܣܡܟܝܢ
ܣܡܟܝܢ. ܥܠ ܥܣܒܐ. 40 ܘܐܣܬܡܟܘ. ܣܡܟܝܢ ܣܡܟܝܢ. ܕܡܐܐ ܡܐܐ ܘܕܚܡܫܝܢ
ܚܡܫܝܢ. 41 ܘܢܣܒ ܗܘܐ ܚܡܫܐ ܠܚܡܝܢ ܘܬܪܝܢ ܢܘܢܝܢ. ܘܚܪ ܒܫܡܝܐ. ܘܒܪܟ ܘܩܨܐ
ܠܚܡܐ. ܘܝܗܒ ܠܬܠܡܝܕܘܗܝ ܕܢܣܝܡܘܢ ܠܗܘܢ. ܘܦܠܓܘ ܠܬܪܝܢ ܢܘܢܝܢ ܠܟܠܗܘܢ
ܠܟܠܗܘܢ. 42 ܘܐܟܠܘ ܟܠܗܘܢ. ܘܣܒܥܘ. 43 ܘܫܩܠܘ ܩܨܝܐ ܬܪܥܣܪ ܩܘܦܝܢ ܟܕ
ܡܠܝܢ. ܘܡܢ ܢܘܢܐ. 44 ܐܝܬܝܗܘܢ ܗܘܘ ܕܝܢ ܕܐܟܠܘ ܠܚܡܐ. ܚܡܫܐ ܐܠܦܝܢ ܓܒܪܝܢ ܀
45 ܘܡܚܕܐ ܐܠܨ ܠܬܠܡܝܕܘܗܝ ܕܢܣܩܘܢ ܠܣܦܝܢܬܐ. ܘܢܐܙܠܘܢ ܩܕܡܘܗܝ ܠܥܒܪܐ
ܠܒܝܬ ܨܝܕܐ: ܥܕ ܫܪܐ ܗܘ ܠܟܢܫܐ ܀ 46 ܘܟܕ ܫܪܐ ܐܢܘܢ. ܐܙܠ ܠܛܘܪܐ ܠܡܨܠܝܘ ܀
47 ܟܕ ܗܘܐ ܕܝܢ ܪܡܫܐ. ܣܦܝܢܬܐ ܐܝܬܝܗ ܗܘܬ ܒܡܨܥܬ ܝܡܐ. ܘܗܘ ܒܠܚܘܕܘܗܝ ܥܠ
ܐܪܥܐ. 48 ܘܚܙܐ ܐܢܘܢ ܕܡܫܬܢܩܝܢ ܟܕ ܪܕܝܢ. ܪܘܚܐ ܓܝܪ ܠܘܩܒܠܗܘܢ ܗܘܬ. ܘܒܡܛܪܬܐ
ܪܒܝܥܝܬܐ ܕܠܠܝܐ. ܐܬܐ ܠܘܬܗܘܢ ܝܫܘܥ ܟܕ ܡܗܠܟ ܥܠ ܡܝܐ: ܘܨܒܐ ܗܘܐ ܕܢܥܒܪ
ܐܢܘܢ. 49 ܗܢܘܢ ܕܝܢ ܚܙܐܘܗܝ ܕܡܗܠܟ ܥܠ ܡܝܐ. ܘܣܒܪܘ ܠܗܘܢ. ܕܚܙܬܐ ܗܘ
ܕܓܠܐ. ܘܩܥܘ. 50 ܟܠܗܘܢ ܓܝܪ ܚܙܐܘܗܝ ܘܐܬܕܠܚܘ. ܘܡܚܕܐ ܡܠܠ ܥܡܗܘܢ. ܘܐܡܪ
ܠܗܘܢ: ܐܬܠܒܒܘ. ܐܢܐ ܐܢܐ ܠܐ ܬܕܚܠܘܢ ܀ 51 ܘܣܠܩ ܠܘܬܗܘܢ ܠܣܦܝܢܬܐ ܘܫܠܝܬ
ܪܘܚܐ. ܘܛܒ ܣܓܝ ܡܬܕܡܪܝܢ ܗܘܘ. ܘܬܡܗܝܢ ܒܢܦܫܗܘܢ. 52 ܠܐ ܓܝܪ ܐܣܬܟܠܘ ܗܘܘ ܡܢ
ܠܚܡܐ ܗܘ. ܡܛܠ ܕܠܒܗܘܢ ܡܥܒܝܐ ܗܘܐ ܀
53 ܘܟܕ ܥܒܪܘ ܠܥܒܪܐ. ܐܬܘ ܠܐܪܥܐ ܕܓܢܣܪ. 54 ܘܟܕ ܢܦܩܘ ܡܢ ܣܦܝܢܬܐ. ܒܪ ܫܥܬܗ
ܐܫܬܘܕܥܘܗܝ ܐܢܫܐ ܕܐܬܪܐ. 55 ܘܪܗܛܘ ܒܟܠܗ ܐܪܥܐ ܗܝ. ܘܫܪܝܘ ܡܩܪܒܝܢ ܠܗ ܠܐܝܠܝܢ
ܕܒܝܫܐܝܬ ܥܒܝܕܝܢ: ܟܕ ܫܩܝܠܝܢ ܠܗܘܢ ܒܥܪ̈ܣܬܐ ܠܐܝܟܐ ܕܫܡܥܝܢ ܗܘܘ ܕܐܝܬܘܗܝ.
56 ܘܐܝܟܐ ܕܥܐܠ ܗܘܐ ܠܩܘܪܝܐ ܘܠܡܕܝܢܬܐ. ܒܫܘܩܐ ܣܝܡܝܢ ܗܘܘ ܟܪܝܗܐ. ܘܒܥܝܢ
ܗܘܘ ܡܢܗ. ܕܐܦܢ ܠܟܢܦܐ ܕܠܒܘܫܗ ܢܬܩܪܒܘܢ. ܘܐܝܠܝܢ ܕܩܪܒܝܢ ܗܘܘ ܠܗ.
ܡܬܐܣܝܢ ܗܘܘ ܀
1 ܘܐܬܟܢܫܘ ܠܘܬܗ ܦܪܝܫܐ ܘܣܦܪܐ ܕܐܬܘ ܡܢ ܐܘܪܫܠܡ. 2 ܘܚܙܘ ܐܢܫܝܢ ܡܢ Cap. vii.
ܬܠܡܝܕܘܗܝ ܕܐܟܠܝܢ ܠܚܡܐ ܟܕ ܠܐ ܡܚܠܠܢ ܐܝܕܝܗܘܢ. ܘܐܬܚܪܝܘ. 3 ܟܠܗܘܢ ܓܝܪ
ܝܗܘܕܝܐ ܘܦܪܝܫܐ. ܐܢ ܗܘ ܕܠܐ ܚܦܝܛܐܝܬ ܡܫܝܓܝܢ ܐܝܕܝܗܘܢ. ܠܐ ܠܥܣܝܢ. ܡܛܠ
ܕܐܚܝܕܝܢ ܡܫܠܡܢܘܬܐ ܕܩܫܝܫܐ. 4 ܘܡܢ ܫܘܩܐ ܐܠܐ ܡܥܡܕܝܢ. ܠܐ ܠܥܣܝܢ. ܘܣܓܝܐܬܐ
ܐܚܪ̈ܢܝܬܐ ܐܝܬ ܐܝܠܝܢ ܕܩܒܠܘ ܕܢܛܪܘܢ: ܡܥܡܘܕܝܬܐ ܕܟܣܐ ܘܕܩܣܛܐ: ܘܕܡܐܢܝ
ܢܚܫܐ: ܘܕܥܪ̈ܣܬܐ ܀

5 ܘܫܐܠܘܗܝ ܣܦܪܐ ܘܦܪܝܫܐ. ܠܡܢܐ ܬܠܡܝܕܝܟ ܠܐ ܡܗܠܟܝܢ ܐܝܟ ܡܫܠܡܢܘܬܐ
ܕܩܫܝܫܐ: ܐܠܐ ܟܕ ܠܐ ܫܝܓܢ ܐܝܕܝܗܘܢ. ܐܟܠܝܢ ܠܚܡܐ. 6 ܗܘ ܕܝܢ ܐܡܪ ܠܗܘܢ. ܫܦܝܪ
ܐܬܢܒܝ ܥܠܝܟܘܢ ܐܫܥܝܐ ܢܒܝܐ. ܢܣܒܝ ܒܐܦܐ: ܐܝܟ ܕܟܬܝܒ. ܕܥܡܐ ܗܢܐ ܒܣܦܘܬܗ ܗܘ
ܡܝܩܪ ܠܝ. ܠܒܗܘܢ ܕܝܢ. ܣܓܝ ܪܚܝܩ ܡܢܝ. 7 ܘܣܪܝܩܐܝܬ ܕܚܠܝܢ ܠܝ. ܟܕ ܡܠܦܝܢ
ܝܘܠܦܢܐ ܕܦܘܩܕܢܐ ܕܒܢܝ ܐܢܫܐ. 8 ܫܒܩܬܘܢ ܓܝܪ ܦܘܩܕܢܐ ܕܐܠܗܐ. ܘܐܚܝܕܝܢ ܐܢܬܘܢ
ܡܫܠܡܢܘܬܐ ܕܒܢܝ ܐܢܫܐ. ܡܥܡܘܕܝܬܐ ܕܩܣܛܐ ܘܕܟܣܐ. ܘܣܓܝܐܬܐ ܐܚܪܢܝܬܐ ܕܐܟܘܬܗܝܢ
ܥܒܕܝܢ. 9 ܐܡܪ ܠܗܘܢ: ܫܦܝܪ ܡܣܠܝܢ ܐܢܬܘܢ ܦܘܩܕܢܐ ܕܐܠܗܐ. ܕܬܩܝܡܘܢ
ܡܫܠܡܢܘܬܟܘܢ. 10 ܡܘܫܐ ܓܝܪ ܐܡܪ. ܝܩܪ ܠܐܒܘܟ ܘܠܐܡܟ. ܘܡܢ ܕܡܨܚܐ ܠܐܒܐ ܘܠܐܡܐ
ܡܘܬܐ ܢܡܘܬ. 11 ܐܢܬܘܢ ܕܝܢ ܐܡܪܝܢ ܐܢܬܘܢ. ܐܢ ܢܐܡܪ ܓܒܪܐ ܠܐܒܘܗܝ ܐܘ ܠܐܡܗ:
ܩܘܪܒܢܝ ܡܕܡ ܕܬܬܗܢܐ ܡܢܝ. 12 ܘܠܐ ܫܒܩܝܢ ܐܢܬܘܢ ܠܗ. ܕܢܥܒܕ ܡܕܡ ܠܐܒܘܗܝ
ܐܘ ܠܐܡܗ. 13 ܘܡܣܠܝܢ ܐܢܬܘܢ ܡܠܬܐ ܕܐܠܗܐ. ܡܛܠ ܡܫܠܡܢܘܬܐ ܕܐܫܠܡܬܘܢ.
ܘܕܐܟܘܬ ܗܠܝܢ ܣܓܝܐܬܐ ܥܒܕܝܢ ܐܢܬܘܢ ⁘ 14 ܘܩܪܐ ܝܫܘܥ ܠܟܢܫܐ ܟܠܗ ܘܐܡܪ
ܠܗܘܢ: ܫܡܥܘܢܝ ܟܠܟܘܢ. ܘܐܣܬܟܠܘ. 15 ܠܝܬ ܡܕܡ ܕܠܒܪ ܡܢ ܒܪܢܫܐ ܗܘ.
ܘܥܐܠ ܠܗ: ܕܡܫܟܚ ܡܣܝܒ ܠܗ. ܐܠܐ ܡܕܡ ܕܢܦܩ ܡܢܗ. ܗܘ ܗܘ ܡܣܝܒ ܠܒܪ
ܐܢܫܐ. 16 ܡܢ ܕܐܝܬ ܠܗ ܐܕܢܐ ܕܢܫܡܥ ܢܫܡܥ ⁘⁘
17 ܟܕ ܕܝܢ ܥܠ ܝܫܘܥ ܠܒܝܬܐ ܡܢ ܟܢܫܐ. ܫܐܠܘܗܝ ܬܠܡܝܕܘܗܝ ܥܠ ܡܬܠܐ ܗܘ. ܕܢܣܠ ܘ.
18 ܐܡܪ ܠܗܘܢ. ܗܟܢܐ ܐܦ ܐܢܬܘܢ ܣܟܠܝܢ ܐܢܬܘܢ. ܠܐ ܝܕܥܝܢ ܐܢܬܘܢ: ܕܟܠ ܡܕܡ ܕܡܢ
ܠܒܪ ܥܐܠ ܠܒܪܢܫܐ: ܠܐ ܡܫܟܚ ܡܣܝܒ ܠܗ. 19 ܕܠܐ ܗܘܐ ܠܠܒܗ ܥܐܠ. ܐܠܐ
ܠܟܪܣܗ. ܘܡܫܬܕܐ ܒܡܦܩܬܐ ܕܡܕܟܝܐ ܠܟܠܗ ܡܐܟܘܠܬܐ. 20 ܡܕܡ ܕܝܢ ܕܢܦܩ ܡܢ
ܒܪܢܫܐ. ܗܘ ܗܘ ܡܣܝܒ ܠܒܪܢܫܐ. 21 ܡܢ ܠܓܘ ܓܝܪ ܡܢ ܠܒܐ ܕܒܢܝ ܐܢܫܐ. ܢܦܩܢ
ܡܚܫܒܬܐ ܒܝܫܬܐ. ܙܢܝܘܬܐ. ܓܢܒܘܬܐ. ܩܛܠܐ. 22 ܓܘܪܐ. ܥܘܠܬܐ. ܢܟܠܐ.
ܛܢܦܘܬܐ. ܥܝܢܐ ܒܝܫܬܐ. ܓܘܕܦܐ. ܫܘܒܗܪܐ. ܫܛܝܘܬܐ. 23 ܗܠܝܢ ܟܠܗܝܢ ܒܝܫܬܐ ܡܢ
ܠܓܘ ܗܘ ܢܦܩܢ. ܘܡܣܝܒܢ ܠܗ ܠܒܪܢܫܐ ⁘
24 ܡܢ ܬܡܢ ܩܡ ܝܫܘܥ. ܘܐܬܐ ܠܬܚܘܡܐ ܕܨܘܪ ܘܕܨܝܕܢ. ܘܥܠ ܠܒܝܬܐ ܚܕ: ܘܠܐ ܨܒܐ
ܗܘܐ ܕܐܢܫ ܢܕܥ ܒܗ. ܘܠܐ ܐܫܟܚ ܕܢܛܫܐ. 25 ܡܚܕܐ ܓܝܪ ܫܡܥܬ ܐܢܬܬܐ ܚܕܐ ܥܠܘܗܝ:
ܕܐܝܬ ܗܘܬ ܠܒܪܬܗ ܪܘܚܐ ܛܢܦܬܐ: ܘܐܬܬ ܢܦܠܬ ܩܕܡ ܪܓܠܘܗܝ. 26 ܗܝ ܕܝܢ ܐܢܬܬܐ
ܐܝܬܝܗ ܗܘܬ ܚܢܦܬܐ ܡܢ ܦܘܢܝܩܐ ܕܣܘܪܝܐ. ܘܒܥܝܐ ܗܘܬ ܡܢܗ. ܕܢܦܩ ܫܐܕܐ ܡܢ
ܒܪܬܗ. 27 ܘܐܡܪ ܠܗ ܝܫܘܥ. ܫܒܘܩ ܠܘܩܕܡ ܕܢܣܒܥܘܢ ܒܢܝܐ. ܠܐ ܗܘܐ ܓܝܪ ܫܦܝܪܐ
ܕܢܣܒ ܠܚܡܐ ܕܒܢܝܐ. ܘܢܪܡܐ ܠܟܠܒܐ. 28 ܗܝ ܕܝܢ ܥܢܬ. ܘܐܡܪܐ ܠܗ. ܐܝܢ ܡܪܝ.
ܐܦ ܟܠܒܐ ܡܢ ܬܚܝܬ ܦܬܘܪܐ ܐܟܠܝܢ ܦܪܬܘܬܐ ܕܒܢܝܐ. 29 ܐܡܪ ܠܗ ܝܫܘܥ. ܙܠܝ

ܡܛܠ ܗܕܐ ܡܠܬܐ ܢܦܩ ܠܗ̇ ܫܐܕܐ ܡܢ ܒܪܬܟܝ. 30 ܘܐܙܠܬ ܠܒܝܬܗ̇. ܘܐܫܟܚܬ
ܒܪܬܗ̇ ܟܕ ܪܡܝܐ ܥܠ ܥܪܤܐ ܘܢܦܝܩ ܡܢܗ̇ ܫܐܕܐ.
31 ܬܘܒ ܢܦܩ ܝܫܘܥ ܡܢ ܬܚܘܡܐ ܕܨܘܪ ܘܕܨܝܕܢ. ܘܐܬܐ ܠܝܡܐ ܕܓܠܝܠܐ. ܠܡܨܥܬ ܬܚܘܡܐ
ܕܥܤܪܐ ܡܕܝܢ̈ܢ. 32 ܘܐܝܬܝܘ ܠܗ ܚܪܫܐ ܚܕ ܦܩܐ. ܘܒܥܝܢ ܗܘܘ ܡܢܗ. ܕܢܤܝܡ
ܥܠܘܗܝ ܐܝܕܐ. 33 ܘܢܓܕܗ ܡܢ ܟܢܫܐ ܠܒܠܚܘܕܘܗܝ. ܘܐܪܡܝ ܨܒ̈ܥܬܗ ܒܐܕ̈ܢܘܗܝ. ܘܪܩ.
ܘܩܪܒ ܠܠܫܢܗ. 34 ܘܚܪ ܒܫܡܝܐ ܘܐܬܬܢܚ. ܘܐܡܪ ܠܗ. ܐܬܦܬܚ. 35 ܘܒܗ̇ ܒܫܥܬܐ
ܐܬܦܬܚ ܐܕ̈ܢܘܗܝ. ܘܐܫܬܪܝ ܐܤܪܐ ܕܠܫܢܗ. ܘܡܡܠܠ ܦܫܝܛܐܝܬ. 36 ܘܐܙܗܪ ܐܢܘܢ. ܕܠܐܢܫ
ܠܐ ܢܐܡܪܘܢ. ܘܟܡܐ ܕܗܘ ܡܙܗܪ ܗܘܐ ܠܗܘܢ. ܗܢܘܢ ܝܬܝܪ ܡܟܪܙܝܢ ܗܘܘ. 37 ܘܡܬܡܗܝܢ
ܡܬܕܡܪܝܢ ܗܘܘ. ܘܐܡܪܝܢ ܕܟܠ ܡܕܡ ܫܦܝܪ ܥܒܕ. ܠܚܪ̈ܫܐ ܥܒܕ ܕܢܫܡܥܘܢ. ܘܠܐ
ܡܡܠܠܝܢ ܕܢܡܠܠܘܢ.

1 ܒܗܘܢ ܕܝܢ ܒܝܘܡܬܐ. ܟܕ ܟܢܫܐ ܤܓܝܐܐ ܐܝܬ ܗܘܐ: ܘܠܐ ܐܝܬ ܗܘܐ ܡܕܡ ܕܢܐܟܠܘܢ. Cap. viii
ܩܪܐ ܠܬܠܡܝܕ̈ܘܗܝ ܘܐܡܪ ܠܗܘܢ. 2 ܡܬܪܚܡ ܐܢܐ ܥܠ ܟܢܫܐ ܗܢܐ: ܕܗܐ ܬܠܬܐ
ܝܘܡܝܢ ܩܘܝܘ ܠܘܬܝ. ܘܠܝܬ ܠܗܘܢ ܡܕܡ ܕܢܐܟܠܘܢ. 3 ܘܐܢ ܐܫܪܐ ܐܢܐ ܠܗܘܢ ܟܕ
ܨܝܡܝܢ ܠܒ̈ܬܝܗܘܢ. ܡܬܡܚܝܢ ܒܐܘܪܚܐ. ܐܢܫܐ ܓܝܪ ܡܢܗܘܢ. ܡܢ ܪܘܚܩܐ ܐܬܝܢ. 4 ܐܡܪܝܢ
ܠܗ ܬܠܡܝܕ̈ܘܗܝ. ܡܢܐ ܡܫܟܚ ܐܢܫ ܗܪܟܐ ܒܚܘܪܒܐ: ܕܢܤܒܥ ܠܚܡܐ ܠܗܠܝܢ
ܟܠܗܘܢ. 5 ܘܫܐܠ ܐܢܘܢ ܝܫܘܥ. ܟܡܐ ܠܚܡܝܢ ܐܝܬ ܠܟܘܢ: ܐܡܪܝܢ ܠܗ. ܫܒܥܐ.
6 ܘܦܩܕ ܠܟܢܫܐ ܕܢܤܬܡܟܘܢ ܥܠ ܐܪܥܐ. ܘܢܤܒ ܗܢܘܢ ܫܒܥܐ ܠܚܡܝܢ: ܘܒܪܟ ܘܩܨܐ.
ܘܝܗܒ ܠܬܠܡܝܕ̈ܘܗܝ ܕܢܤܝܡܘܢ. ܘܤܡܘ ܠܟܢܫܐ. 7 ܘܐܝܬ ܗܘܐ ܬܡܢ ܩܠܝܠ ܢܘܢܐ: ܘܐܦ
ܥܠܝܗܘܢ ܒܪܟ. ܘܐܡܪ ܕܢܤܝܡܘܢ ܐܦ ܗܢܘܢ. 8 ܘܐܟܠܘ. ܘܤܒܥܘ. ܘܫܩܠܘ ܬܘܬܪܐ ܕܩܨܝܐ
ܫܒܥܐ ܐܤܦܪ̈ܝܕܝܢ. 9 ܐܝܬܝܗܘܢ ܗܘܘ ܕܝܢ ܐܢܫܐ ܕܐܟܠܘ: ܐܝܟ ܐܪܒܥܐ ܐܠܦܝܢ. 10 ܘܫܪܐ
ܐܢܘܢ. ܘܤܠܩ ܠܤܦܝܢܬܐ ܥܡ ܬܠܡܝܕ̈ܘܗܝ. ܘܐܬܐ ܠܐܬܪܐ ܕܕܠܡܢܘܬܐ.
11 ܘܢܦܩܘ ܦܪ̈ܝܫܐ. ܘܫܪܝܘ ܠܡܒܥܐ ܥܡܗ. ܘܡܫܐܠܝܢ ܗܘܘ ܠܗ ܐܬܐ ܡܢ ܫܡܝܐ. ܟܕ
ܡܢܤܝܢ ܠܗ. 12 ܘܐܬܬܢܚ ܒܪܘܚܗ. ܘܐܡܪ. ܡܢܐ ܫܪܒܬܐ ܗܕܐ ܡܒܥܝܐ ܐܬܐ. ܐܡܝܢ ܐܡܪ ܐܢܐ
ܠܟܘܢ. ܕܠܐ ܬܬܝܗܒ ܠܗ̇ ܐܬܐ ܠܫܪܒܬܐ ܗܕܐ. 13 ܘܫܒܩ ܐܢܘܢ. ܘܤܠܩ ܠܤܦܝܢܬܐ.
ܘܐܙܠ ܠܗ ܠܥܒܪܐ. 14 ܘܛܥܘ ܕܢܤܒܘܢ ܠܚܡܐ. ܘܐܠܐ ܚܕܐ ܓܪܝܨܐ ܠܝܬ ܗܘܐ ܥܡܗܘܢ
ܒܤܦܝܢܬܐ. 15 ܘܦܩܕ ܐܢܘܢ. ܘܐܡܪ ܠܗܘܢ. ܚܙܘ ܐܙܕܗܪܘ ܡܢ ܚܡܝܪܐ ܕܦܪ̈ܝܫܐ ܘܡܢ
ܚܡܝܪܗ ܕܗܪܘܕܤ. 16 ܘܡܬܚܫܒܝܢ ܗܘܘ ܚܕ ܥܡ ܚܕ ܘܐܡܪܝܢ: ܕܠܚܡܐ ܠܝܬ ܠܢ.
17 ܝܫܘܥ ܕܝܢ ܝܕܥ ܘܐܡܪ ܠܗܘܢ. ܡܢܐ ܡܬܚܫܒܝܢ ܐܢܬܘܢ: ܕܠܚܡܐ ܠܝܬ ܠܟܘܢ. ܠܐ ܥܕܡܐ
ܠܗܫܐ ܝܕܥܝܢ ܐܢܬܘܢ: ܘܠܐ ܡܤܬܟܠܝܢ ܐܢܬܘܢ. ܥܕܟܝܠ ܩܫܝܐ ܐܝܬ ܠܒܟܘܢ.
18 ܘܥܝ̈ܢܐ ܐܝܬ ܠܟܘܢ. ܘܠܐ ܚܙܝܢ ܐܢܬܘܢ: ܘܐܕ̈ܢܐ ܐܝܬ ܠܟܘܢ. ܘܠܐ ܫܡܥܝܢ ܐܢܬܘܢ: ܘܠܐ

ܥܗܕܝܢ ܐܢܬܘܢ܂ 19 ܟܕ ܗܠܝܢ ܚܡܫܐ ܠܚܡܝܢ ܩܨܝܬ ܠܚܡܫܐ ܐܠܦܝܢ܂ ܟܡܐ ܩܘܦܝܢܝܢ
ܕܩܨܝܐ ܟܕ ܡܠܝܢ ܫܩܠܬܘܢ܂ ܐܡܪܝܢ ܠܗ ܬܪܬܥܣܪܐ܂ 20 ܐܡܪ ܠܗܘܢ܂ ܘܟܕ ܫܒܥܐ
ܠܐܪܒܥܐ ܐܠܦܝܢ܂ ܟܡܐ ܐܣܦܪܝܕܝܢ ܕܩܨܝܐ ܟܕ ܡܠܝܢ ܫܩܠܬܘܢ܂ ܐܡܪܝܢ ܫܒܥܐ܂
21 ܐܡܪ ܠܗܘܢ܂ ܐܝܟܢܐ ܠܐ ܥܕܟܝܠ ܡܣܬܟܠܝܢ ܐܢܬܘܢ܀

22 ܘܐܬܐ ܠܒܝܬ ܨܝܕܐ܂ ܘܐܝܬܝܘ ܠܗ ܣܡܝܐ܂ ܘܒܥܝܢ ܗܘܘ ܡܢܗ܂ ܕܢܬܩܪܒ ܠܗ܂
23 ܘܐܚܕ ܒܐܝܕܗ ܕܣܡܝܐ܂ ܘܐܦܩܗ ܠܒܪ ܡܢ ܩܪܝܬܐ܂ ܘܪܩ ܒܥܝܢܘܗܝ܂ ܘܣܡ ܐܝܕܗ
ܥܠܘܗܝ܂ ܘܫܐܠܗ ܕܡܢܐ ܚܙܐ܂ 24 ܘܚܪ ܘܐܡܪ܂ ܚܙܐ ܐܢܐ ܒܢܝ ܐܢܫܐ ܐܝܟ ܐܝܠܢܐ ܕܡܗܠܟܝܢ܂
25 ܘܬܘܒ ܣܡ ܐܝܕܗ ܥܠ ܥܝܢܘܗܝ܂ ܘܐܬܬܩܢ܂ ܘܚܙܐ ܗܘܐ ܟܠ ܡܕܡ ܢܗܝܪܐܝܬ܂ 26 ܘܫܕܪܗ
ܠܒܝܬܗ܂ ܘܐܡܪ܂ ܐܦ ܠܐ ܠܩܪܝܬܐ ܬܥܘܠ܂ ܘܠܐ ܬܐܡܪ ܠܐܢܫ ܒܩܪܝܬܐ܀

27 ܘܢܦܩ ܝܫܘܥ ܘܬܠܡܝܕܘܗܝ ܠܩܘܪܝܐ ܕܩܣܪܝܐ ܕܦܝܠܝܦܘܣ܀ ܘܡܫܐܠ ܗܘܐ
ܠܬܠܡܝܕܘܗܝ ܒܐܘܪܚܐ܂ ܘܐܡܪ ܠܗܘܢ܂ ܡܢܘ ܐܡܪܝܢ ܥܠܝ ܐܢܫܐ ܕܐܝܬܝ܂ 28 ܗܢܘܢ
ܕܝܢ ܐܡܪܘ܂ ܕܝܘܚܢܢ ܡܥܡܕܢܐ܂ ܘܐܚܪܢܐ ܕܐܠܝܐ܂ ܘܐܚܪܢܐ ܚܕ ܡܢ ܢܒܝܐ܂ 29 ܐܡܪ ܠܗܘܢ
ܝܫܘܥ܂ ܐܢܬܘܢ ܕܝܢ܂ ܡܢܘ ܐܡܪܝܢ ܐܢܬܘܢ ܥܠܝ ܕܐܝܬܝ܂ ܥܢܐ ܫܡܥܘܢ܂ ܘܐܡܪ ܠܗ܂
ܐܢܬ ܗܘ ܡܫܝܚܐ܂ ܒܪܗ ܕܐܠܗܐ ܚܝܐ܂ 30 ܘܟܐܐ ܒܗܘܢ܂ ܕܠܐܢܫ ܠܐ ܢܐܡܪܘܢ ܥܠܘܗܝ܂
31 ܘܫܪܝ ܗܘܐ ܠܡܠܦܘ ܐܢܘܢ܂ ܕܥܬܝܕ ܗܘ ܒܪܗ ܕܐܢܫܐ ܕܣܓܝ ܢܚܫ܂ ܘܢܣܬܠܐ ܡܢ
ܩܫܝܫܐ܂ ܘܡܢ ܪܒܝ ܟܗܢܐ܂ ܘܡܢ ܣܦܪܐ܂ ܘܢܬܩܛܠ܂ ܘܠܝܘܡܐ ܕܬܠܬܐ ܢܩܘܡ܂
32 ܘܥܡܗܘܢ ܓܠܝܐܝܬ ܡܡܠܠ ܗܘܐ܂ ܘܕܒܪܗ ܟܐܦܐ ܘܫܪܝ ܠܡܟܐܝܘ܂ 33 ܗܘ ܕܝܢ
ܐܬܦܢܝ܂ ܘܚܪ ܒܬܠܡܝܕܘܗܝ܂ ܘܟܐܐ ܒܫܡܥܘܢ܂ ܘܐܡܪ܂ ܙܠ ܠܟ ܠܒܣܬܪܝ ܣܛܢܐ܂
ܕܠܐ ܐܢܬ ܪܢܐ ܕܐܠܗܐ܂ ܐܠܐ ܕܒܢܝ ܐܢܫܐ܀

34 ܘܩܪܐ ܝܫܘܥ ܠܟܢܫܐ ܥܡ ܬܠܡܝܕܘܗܝ܂ ܘܐܡܪ ܠܗܘܢ܂ ܡܢ ܕܨܒܐ ܕܢܐܬܐ ܒܬܪܝ܂ ܙܘܥܐ ܐ.
ܢܟܦܘܪ ܒܢܦܫܗ܂ ܘܢܫܩܘܠ ܙܩܝܦܗ܂ ܘܢܐܬܐ ܒܬܪܝ܂ 35 ܟܠ ܡܢ ܕܨܒܐ ܓܝܪ ܕܢܚܐ ܢܦܫܗ܂
ܢܘܒܕܝܗ܂ ܘܟܠ ܕܢܘܒܕ ܢܦܫܗ ܡܛܠܬܝ ܘܡܛܠ ܣܒܪܬܝ܂ ܢܚܝܗ܂ 36 ܡܢܐ ܓܝܪ ܢܬܗܢܐ
ܒܪܢܫܐ܂ ܐܢ ܢܩܢܐ ܥܠܡܐ ܟܠܗ ܘܢܚܣܪ ܢܦܫܗ܂ 37 ܐܘ ܡܢܐ ܢܬܠ ܒܪܢܫܐ ܚܠܘܦܐ
ܕܢܦܫܗ܂ 38 ܟܠ ܓܝܪ ܕܢܒܗܬ ܒܝ ܘܒܡܠܝ ܒܫܪܒܬܐ ܗܕܐ ܚܛܝܬܐ ܘܓܝܪܬܐ܂ ܐܦ ܒܪܗ
Cap. ix. ܕܐܢܫܐ ܢܒܗܬ ܒܗ܂ ܡܐ ܕܐܬܐ ܒܫܘܒܚܐ ܕܐܒܘܗܝ ܥܡ ܡܠܐܟܘܗܝ ܩܕܝܫܐ܀ 1 ܘܐܡܪ ܗܘܐ
ܠܗܘܢ܂ ܐܡܝܢ ܐܡܪ ܐܢܐ ܠܟܘܢ܂ ܕܐܝܬ ܐܢܫܐ ܕܩܝܡܝܢ ܗܪܟܐ܂ ܕܠܐ ܢܛܥܡܘܢ ܡܘܬܐ܂ ܥܕܡܐ
ܕܢܚܙܘܢ ܡܠܟܘܬܗ ܕܐܠܗܐ ܕܐܬܝܐ ܒܚܝܠܐ܀

2 ܘܒܬܪ ܫܬܐ ܝܘܡܝܢ܂ ܕܒܪ ܝܫܘܥ ܠܟܐܦܐ܂ ܘܠܝܥܩܘܒ܂ ܘܠܝܘܚܢܢ܂ ܘܐܣܩ ܐܢܘܢ
ܠܛܘܪܐ ܪܡܐ ܠܒܠܚܘܕܝܗܘܢ܂ ܘܐܫܬܚܠܦ ܠܥܝܢܝܗܘܢ܂ 3 ܘܡܒܪܩܝܢ ܗܘܘ ܠܒܘܫܘܗܝ܂ ܘܡܚܘܪܝܢ
ܛܒ ܐܝܟ ܬܠܓܐ܂ ܐܝܟܢܐ ܕܒܢܝ ܐܢܫܐ ܠܐ ܡܫܟܚܝܢ ܠܡܚܘܪܘ ܥܠ ܐܪܥܐ܂ 4 ܘܐܬܚܙܝܘ ܠܗܘܢ

ܐܠܝܐ ܘܡܘܫܐ ܟܕ ܡܡܠܠܝܢ ܥܡ ܝܫܘܥ. 5 ܘܐܡܪ ܠܗ ܟܐܦܐ. ܪܒܝ. ܫܦܝܪ ܗܘ ܠܢ.
ܕܠܗܪܟܐ ܢܗܘܐ. ܘܢܥܒܕ ܬܠܬ ܡܛܠܢ. ܠܟ ܚܕܐ. ܘܠܡܘܫܐ ܚܕܐ. ܘܠܐܠܝܐ ܚܕܐ. 6 ܠܐ ܓܝܪ
ܝܕܥ ܗܘܐ ܡܢܐ ܐܡܪ. ܐܬܬܙܝܥܘ ܗܘܘ ܓܝܪ ܒܕܚܠܬܐ. 7 ܘܗܘܬ ܥܢܢܐ ܘܡܛܠܐ ܗܘܬ
ܥܠܝܗܘܢ. ܘܩܠܐ ܡܢ ܥܢܢܐ ܕܐܡܪ. ܗܢܘ ܒܪܝ ܚܒܝܒܐ: ܠܗ ܫܡܥܘ. 8 ܘܡܢ ܫܠܝܐ.
ܟܕ ܚܪܘ ܠܐܢܫ ܠܐ ܚܙܘ. ܐܠܐ ܠܝܫܘܥ ܒܠܚܘܕܘܗܝ ܥܡܗܘܢ. 9 ܘܟܕ ܢܚܬܝܢ
ܡܢ ܛܘܪܐ. ܡܦܩܕ ܗܘܐ ܠܗܘܢ. ܕܠܐܢܫ ܠܐ ܢܐܡܪܘܢ ܡܕܡ ܕܚܙܘ: ܐܠܐ ܡܐ ܕܩܡ ܒܪܗ
ܕܐܢܫܐ ܡܢ ܒܝܬ ܡܝܬܐ. 10 ܘܐܚܕܘܗ ܠܡܠܬܐ ܒܢܦܫܗܘܢ. ܘܒܥܝܢ ܗܘܘ. ܕܡܢܐ ܗܝ ܗܕܐ
ܡܠܬܐ. ܕܐܡܪ ܕܩܡ ܡܢ ܒܝܬ ܡܝܬܐ. 11 ܘܡܫܐܠܝܢ ܗܘܘ ܠܗ. ܘܐܡܪܝܢ. ܡܢܐ ܗܘ ܕܩܒܠ
ܐܡܪܝܢ ܣܦܪܐ: ܕܐܠܝܐ ܘܠܐ ܕܢܐܬܐ ܠܘܩܕܡ. 12 ܐܡܪ ܠܗܘܢ. ܐܠܝܐ ܐܬܐ ܠܘܩܕܡ.
ܘܡܬܩܢ ܟܠܡܕܡ. ܘܐܝܟܢܐ ܕܟܬܝܒ ܥܠ ܒܪܗ ܕܐܢܫܐ. ܕܣܓܝܐܬܐ ܢܚܫ. ܘܢܫܬܛܐ. 13 ܐܠܐ ܐܡܪ
ܐܢܐ ܠܟܘܢ. ܕܐܦ ܐܠܝܐ ܐܬܐ. ܘܥܒܕܘ ܒܗ. ܟܠ ܡܐ ܕܨܒܘ. ܐܝܟܢܐ ܕܟܬܝܒ ܥܠܘܗܝ.
14 ܘܟܕ ܐܬܐ ܠܘܬ ܬܠܡܝܕܘܗܝ. ܚܙܐ ܠܘܬܗܘܢ ܟܢܫܐ ܣܓܝܐܐ. ܘܣܦܪܐ ܕܒܥܝܢ ܥܡܗܘܢ.
15 ܘܡܚܕܐ ܚܙܝܘܗܝ ܟܠܗ ܟܢܫܐ ܐܬܕܡܪܘ. ܘܪܗܛܘ ܫܐܠܝܢ ܒܫܠܡܗ. 16 ܘܡܫܐܠ
ܗܘܐ ܠܣܦܪܐ. ܡܢܐ ܕܒܥܝܢ ܐܢܬܘܢ ܥܡܗܘܢ. 17 ܘܥܢܐ ܚܕ ܡܢ ܟܢܫܐ ܘܐܡܪ. ܡܠܦܢܐ.
ܐܝܬܝܬ ܒܪܝ ܠܘܬܟ: ܕܐܝܬ ܠܗ ܪܘܚܐ ܕܠܐ ܡܡܠܠܐ. 18 ܘܐܝܟܐ ܕܡܕܪܟܐ ܠܗ. ܡܛܪܦܐ
ܠܗ. ܘܡܪܥܐ. ܘܡܚܪܩ ܫܢܘܗܝ. ܘܝܒܫ. ܘܐܡܪܬ ܠܬܠܡܝܕܝܟ. ܕܢܦܩܘܢܝܗ. ܘܠܐ
ܐܫܟܚܘ. 19 ܥܢܐ ܝܫܘܥ. ܘܐܡܪ ܠܗ. ܐܘ ܫܪܒܬܐ ܕܠܐ ܡܗܝܡܢܐ. ܥܕܡܐ ܠܐܡܬܝ ܐܗܘܐ
ܠܘܬܟܘܢ. ܘܥܕܡܐ ܠܐܡܬܝ ܐܣܝܒܪܟܘܢ: ܐܝܬܘܗܝ ܠܘܬܝ. 20 ܘܐܝܬܝܘܗܝ ܠܘܬܗ. ܘܟܕ
ܚܙܬܗ ܪܘܚܐ. ܒܗ ܒܫܥܬܗ ܫܓܫܬܗ. ܘܢܦܠ ܥܠ ܐܪܥܐ. ܘܡܬܦܠܦܠ ܗܘܐ. ܘܡܪܥܐ.
21 ܘܫܐܠ ܝܫܘܥ ܠܐܒܘܗܝ. ܕܡܟܐ ܠܗ ܐܡܬܝ. ܗܘ ܡܢ ܕܗܕܐ ܗܘܬ ܠܗ. ܐܡܪ ܠܗ:
ܗܐ ܡܢ ܛܠܝܘܬܗ. 22 ܘܙܒܢܝܢ ܣܓܝܐܢ: ܐܦܝܠܬܗ ܒܢܘܪܐ ܘܒܡܝܐ. ܕܬܘܒܕܝܘܗܝ.
ܐܠܐ ܡܕܡ ܕܡܫܟܚ ܐܢܬ. ܥܕܪܝܢܝ. ܘܐܬܪܚܡ ܥܠܝ. 23 ܐܡܪ ܠܗ ܝܫܘܥ. ܐܢ ܡܫܟܚ ܐܢܬ
ܕܬܗܝܡܢ. ܟܠ ܡܕܡ ܡܫܟܚ ܕܢܗܘܐ ܠܡܢ ܕܡܗܝܡܢ. 24 ܘܡܚܕܐ ܩܥܐ ܐܒܘܗܝ
ܕܛܠܝܐ ܒܒܟܝܐ ܘܐܡܪ. ܡܗܝܡܢ ܐܢܐ ܡܪܝ. ܥܕܪ ܠܚܣܝܪܘܬ ܗܝܡܢܘܬܝ. 25 ܟܕ ܚܙܐ
ܕܝܢ ܝܫܘܥ ܕܪܗܛ ܟܢܫܐ. ܘܡܬܟܢܫܝܢ ܥܠܘܗܝ. ܟܐܐ ܒܗ ܒܪܘܚܐ ܛܢܦܬܐ. ܘܐܡܪ ܠܗ.
ܪܘܚܐ ܚܪܫܬܐ ܘܕܠܐ ܡܡܠܠܐ. ܐܢܐ ܦܩܕ ܐܢܐ ܠܟܝ. ܦܘܩܝ ܡܢܗ. ܘܬܘܒ. ܠܐ ܬܥܠܝܢ ܠܗ.
26 ܘܩܥܬ ܣܓܝ. ܘܫܓܫܬܗ: ܘܢܦܩܬ. ܘܗܘܐ ܐܝܟ ܡܝܬܐ. ܐܝܟ ܕܣܓܝܐܐ ܢܐܡܪܘܢ.
ܕܡܝܬ ܠܗ. 27 ܗܘ ܕܝܢ ܝܫܘܥ ܐܚܕܗ ܒܐܝܕܗ. ܘܐܩܝܡܗ. 28 ܟܕ ܥܠ ܕܝܢ ܠܒܝܬܐ
ܝܫܘܥ. ܫܐܠܘܗܝ ܬܠܡܝܕܘܗܝ ܒܠܚܘܕܝܗܘܢ. ܠܡܢܐ ܚܢܢ ܠܐ ܐܫܟܚܢ ܠܡܐܣܝܘܬܗ.
29 ܐܡܪ ܠܗܘܢ. ܗܢܐ ܓܢܣܐ ܒܡܕܡ ܠܐ ܡܫܟܚ ܠܡܦܩ. ܐܠܐ ܒܨܘܡܐ ܘܒܨܠܘܬܐ.

30 ܘܟܕ ܢܦܩܘ ܡܢ ܬܡܢ. ܥܒܪܝܢ ܗܘܘ ܒܓܠܝܠܐ. ܘܠܐ ܨܒܐ ܗܘܐ ܕܐܢܫ ܢܕܥ ܒܗ.
31 ܡܠܦ ܗܘܐ ܓܝܪ ܠܬܠܡܝܕܘܗܝ. ܘܐܡܪ ܠܗܘܢ. ܕܒܪܗ ܕܐܢܫܐ ܡܫܬܠܡ ܒܐܝܕܝ
ܐܢܫܐ. ܘܢܩܛܠܘܢܗ. ܘܡܐ ܕܐܬܩܛܠ ܒܝܘܡܐ ܕܬܠܬܐ ܢܩܘܡ. 32 ܗܢܘܢ ܕܝܢ. ܠܐ ܡܣܬܟܠܝܢ
ܗܘܘ ܠܗ ܠܡܠܬܐ. ܘܕܚܠܝܢ ܗܘܘ ܕܢܫܐܠܘܢܝܗܝ. 33 ܘܐܬܘ ܠܟܦܪܢܚܘܡ. ܘܟܕ ܥܠܘ
ܠܒܝܬܐ. ܡܫܐܠ ܗܘܐ ܠܗܘܢ. ܕܡܢܐ ܡܬܚܫܒܝܢ ܗܘܝܬܘܢ ܒܐܘܪܚܐ ܒܝܢܬܟܘܢ. 34 ܗܢܘܢ
ܕܝܢ ܫܬܝܩܝܢ ܗܘܘ. ܐܬܕܪܫܘ ܗܘܘ ܓܝܪ ܒܐܘܪܚܐ ܥܡ ܚܕ̈ ܠܚܕ. ܕܡܢܘ ܪܒ ܒܗܘܢ.
35 ܘܝܬܒ ܝܫܘܥ ܘܩܪܐ ܠܬܪܥܣܪܬܗܘܢ. ܘܐܡܪ ܠܗܘܢ. ܡܢ ܕܨܒܐ ܕܢܗܘܐ ܩܕܡܝܐ. ܢܗܘܐ ܐܚܪܝܐ
ܕܟܠ ܐܢܫ. ܘܡܫܡܫܢܐ ܕܟܠ ܐܢܫ. 36 ܘܢܣܒ ܛܠܝܐ ܚܕ ܘܐܩܝܡܗ ܒܡܨܥܬܐ. ܘܓܦܦܗ
ܥܠ ܕܪ̈ܥܘܗܝ ܘܐܡܪ ܠܗܘܢ. 37 ܟܠ ܡܢ ܕܢܩܒܠ ܐܝܟ ܗܢܐ ܛܠܝܐ ܒܫܡܝ. ܠܝ ܗܘ
ܡܩܒܠ. ܘܡܢ ܕܠܝ ܡܩܒܠ. ܠܐ ܗܘܐ ܠܝ ܡܩܒܠ. ܐܠܐ ܠܡܢ ܕܫܕܪܢܝ. 38 ܐܡܪ
ܠܗ ܝܘܚܢܢ. ܪܒܢ. ܚܙܝܢ ܐܢܫ ܕܡܦܩ ܫܐܕܐ ܒܫܡܟ. ܘܟܠܝܢܝܗܝ. ܡܛܠ ܕܠܐ ܢܩܦ ܠܢ.
39 ܐܡܪ ܠܗܘܢ ܝܫܘܥ. ܠܐ ܬܟܠܘܢܝܗܝ. ܠܝܬ ܓܝܪ ܐܢܫ ܕܥܒܕ ܚܝܠܐ ܒܫܡܝ. ܘܡܫܟܚ
ܥܓܠ ܐܡܪ ܥܠܝ ܒܝܫܬܐ. 40 ܡܢ ܕܠܐ ܗܘܐ ܠܘܩܒܠܟܘܢ. ܚܠܦܝܟܘܢ ܗܘ.
41 ܟܠ ܐܢܫ ܓܝܪ ܕܢܫܩܝܟܘܢ ܟܣܐ ܕܡܝܐ ܒܠܚܘܕ: ܒܫܡܐ ܕܡܫܝܚܝܐ ܐܝܬܝܟܘܢ. ܐܡܝܢ ܐܡܪ ܐܢܐ
ܠܟܘܢ. ܕܠܐ ܢܐܒܕ ܐܓܪܗ. 42 ܘܟܠ ܡܢ ܕܢܟܫܠ ܚܕ ܡܢ ܗܠܝܢ ܙܥܘܪ̈ܐ ܕܡܗܝܡܢܝܢ
ܒܝ. ܦܩܚ ܗܘܐ ܠܗ. ܐܠܘ ܪܚܝܐ ܕܚܡܪܐ ܬܠܝܐ ܗܘܬ ܒܨܘܪܗ. ܘܡܫܬܕܐ ܗܘܐ ܒܝܡܐ. 43 ܘܐܢ
ܡܟܫܠܐ ܠܟ ܐܝܕܟ. ܦܣܘܩܝܗ. ܦܩܚ ܗܘ ܠܟ ܕܚܓܝܣܐ ܬܐܥܘܠ ܠܚܝܐ. ܐܘ ܕܝܢ ܐܝܬ
ܠܟ ܬܪܬܝܢ ܐܝ̈ܕܝܢ. ܬܐܙܠ ܠܓܗܢܐ. 44 ܐܝܟܐ ܕܬܘܠܥܬܗܘܢ. ܠܐ ܡܝܬܐ. ܘܢܘܪܗܘܢ. ܠܐ ܕܥܟܐ.
45 ܘܐܢ ܪܓܠܟ ܡܟܫܠܐ ܠܟ. ܦܣܘܩܝܗ. ܦܩܚ ܗܘ ܠܟ ܕܬܐܥܘܠ ܠܚܝܐ ܟܕ ܚܓܝܣܬ. ܐܘ ܕܝܢ
ܐܝܬ ܠܟ ܬܪܬܝܢ ܪ̈ܓܠܝܢ. ܬܦܠ ܒܓܗܢܐ. 46 ܐܝܟܐ ܕܬܘܠܥܬܗܘܢ. ܠܐ ܡܝܬܐ. ܘܢܘܪܗܘܢ.
ܠܐ ܕܥܟܐ. . . . .
ܕܣܢܐ ܣ. 47 ܘܐܢ ܥܝܢܟ ܡܟܫܠܐ ܠܟ. ܚܨܝܗ. ܦܩܚ ܗܘ ܠܟ. ܕܒܚܕܐ ܥܝܢܟ ܬܐܥܘܠ ܠܡܠܟܘܬܗ
ܕܐܠܗܐ. ܐܘ ܕܝܢ ܐܝܬ ܠܟ ܬܪܬܝܢ ܥܝ̈ܢܝܢ. ܬܦܠ ܒܓܗܢܐ ܕܢܘܪܐ. 48 ܐܝܟܐ ܕܬܘܠܥܬܗܘܢ.
ܠܐ ܡܝܬܐ. ܘܢܘܪܗܘܢ. ܠܐ ܕܥܟܐ. 49 ܟܠ ܓܝܪ ܒܢܘܪܐ ܢܬܡܠܚ. ܘܟܠ ܕܒܚܐ ܒܡܠܚܐ
ܢܬܡܠܚ. 50 ܛܒ ܗܘ ܡܠܚܐ. ܐܢ ܕܝܢ ܡܠܚܐ ܬܦܟܗ. ܒܡܢܐ ܬܬܡܠܚ. ܢܗܘܐ
ܒܟܘܢ ܡܠܚܐ. ܘܫܝܢܐ ܗܘܘ ܚܕ ܥܡ ܚܕ.

Cap. x. 1 ܘܩܡ ܡܢ ܬܡܢ. ܘܐܬܐ ܠܬܚܘܡܐ ܕܝܗܘܕ. ܠܥܒܪܐ ܕܝܘܪܕܢܢ. ܘܐܙܠܘ ܠܘܬܗ
ܬܘܒ ܟܢ̈ܫܐ ܣܓܝܐܐ. ܘܡܠܦ ܗܘܐ ܠܗܘܢ ܬܘܒ. ܐܝܟ ܕܡܥܕ ܗܘܐ. 2 ܘܩܪܒܘ ܦܪ̈ܝܫܐ.
ܡܢܣܝܢ ܠܗ ܘܡܫܐܠܝܢ. ܕܐܢ ܫܠܝܛ ܠܓܒܪܐ ܕܢܫܒܘܩ ܐܢܬܬܗ. 3 ܐܡܪ ܠܗܘܢ.
ܡܢܐ ܦܩܕܟܘܢ ܡܘܫܐ. 4 ܗܢܘܢ ܕܝܢ ܐܡܪܝܢ. ܡܘܫܐ ܐܦܣ ܠܢ. ܕܢܟܬܘܒ ܟܬܒܐ

ܕܡܬܚܙܝܐ ܘܢܬܢܐ. ⁵ ܥܢܐ ܝܫܘܥ ܘܐܡܪ ܠܗܘܢ. ܟܘܡܫܒܚ ܡܫܝܚܐ ܠܒܢܝ ܢܫܐ ܦܬܚ ܦܘܡܗ
ܦܘܡܝܐ ܗܘܐ. 6 ܡܢ ܒܬܪ ܫܬܐ ܕܝܢ. ܝܘܡܝܢ ܘܕܒܪ ܠܟܐܦܐ ܐܠܝܐ. 7 ܘܗܘܐ ܗܘܐ
ܢܗܘܢ ܒܛܘܪܐ ܠܥܠܡܐ ܘܠܐܢܫܐ. ܘܢܦܩ ܠܐܘܪܚܐ. 8 ܘܢܗܘܘܢ ܠܐܒܘܗܝ. ܚܕ ܒܪܢܫܐ. ܡܫܝܚܐ
ܠܐ ܗܘܐ ܠܘܩܒܠ ܐܠܐ ܚܕ ܒܪܢܫܐ. 9 ܡܢܗܘܢ ܕܐܠܗܐ ܗܘܠܝܢ ܐܘܢ. ܒܪܢܫܐ ܠܐ ܢܦܫܗ.
10 ܘܫܐܠܘܗܝ ܠܗ ܬܠܡܝܕܘܗܝ ܒܕܡܘܬܐ ܗܕܐ ܗܘܐ. 11 ܘܐܡܪ ܠܗܘܢ. ܟܠ ܡܢ
ܕܢܫܐ ܐܝܬܝܗ. ܘܢܦܩ ܠܐܘܪܚܐ ܠܗ. 12 ܘܐܦ ܐܝܬܝܗ ܐܢܫܐ ܒܥܠܡܐ. ܘܗܘܐ ܠܐܘܪܚܐ
ܓܢܙܐ ◆

13 ܘܡܫܬܪܝܢ ܗܘܘ ܠܗ ܒܢܝܐ ܕܢܫܐ ܠܗܘܢ: ܠܬܠܡܝܕܘܗܝ ܕܝܢ. ܚܙܝܢ ܗܘܘ
ܠܗܘܢ ܕܡܫܬܪܝܢ ܠܗܘܢ. 14 ܝܫܘܥ ܕܝܢ ܚܙܐ ܘܐܬܦܢܝ ܠܗ. ܘܐܡܪ ܠܗܘܢ. ܒܪܢܫܐ
ܒܢܝܐ ܐܢܫ ܠܗܘܢ. ܘܠܐ ܐܒܘܗܝ ܐܢܘܢ. ܕܐܬܝܠܝܢ ܠܗ: ܕܐܝܟ ܗܠܝܢ ܐܢܘܢ. ܐܝܬܝܗ
ܡܠܟܘܬܐ ܕܐܠܗܐ. 15 ܐܡܝܢ ܐܡܪ ܐܢܐ ܠܟܘܢ. ܕܟܠ ܕܠܐ ܢܩܒܠ ܡܠܟܘܬܐ ܕܐܠܗܐ ܐܝܟ
ܛܠܝܐ ܠܐ ܢܥܘܠ ܠܗ. 16 ܘܫܩܠ ܐܢܘܢ ܥܠ ܕܪܥܘܗܝ. ܘܣܡ ܐܝܕܗ ܥܠܝܗܘܢ.
ܘܒܪܟ ܐܢܘܢ ◆

17 ܘܟܕ ܢܦܩ ܠܐܘܪܚܐ. ܪܗܛ ܚܕ. ܢܦܠ ܥܠ ܒܘܪܟܘܗܝ: ܘܫܐܠܗ ܗܘܐ ܠܗ. ܘܐܡܪ.
ܡܠܦܢܐ ܛܒܐ: ܡܢܐ ܐܥܒܕ ܕܐܪܬ ܚܝܐ ܕܠܥܠܡ. 18 ܐܡܪ ܠܗ ܝܫܘܥ. ܡܢܐ ܩܪܐ ܐܢܬ
ܠܝ ܛܒܐ. ܠܝܬ ܛܒܐ ܐܠܐ ܐܢ ܚܕ ܐܠܗܐ. 19 ܦܘܩܕܢܐ ܝܕܥ ܐܢܬ. ܠܐ ܬܓܘܪ. ܠܐ ܬܩܛܘܠ.
ܠܐ ܬܓܢܘܒ. ܘܠܐ ܬܣܗܕ ܣܗܕܘܬܐ ܕܫܘܩܪܐ. ܠܐ ܬܛܠܘܡ. ܝܩܪ ܠܐܒܘܟ. ܘܠܐܡܟ. 20 ܗܘ ܕܝܢ
ܥܢܐ ܘܐܡܪ ܠܗ. ܡܠܦܢܐ. ܗܠܝܢ ܟܠܗܝܢ ܢܛܪܬ ܐܢܝܢ. ܡܢ ܛܠܝܘܬܝ. 21 ܝܫܘܥ ܕܝܢ
ܚܪ ܒܗ. ܘܐܚܒܗ. ܘܐܡܪ ܠܗ. ܚܕܐ ܚܣܝܪܐ ܠܟ. ܙܠ ܙܒܢ ܟܠ ܡܕܡ ܕܐܝܬ ܠܟ. ܘܗܒ
ܠܡܣܟܢܐ: ܘܬܗܘܐ ܠܟ ܣܝܡܬܐ ܒܫܡܝܐ. ܘܫܩܘܠ ܨܠܝܒܟ. ܘܬܐ ܒܬܪܝ ◆ 22 ܗܘ ܕܝܢ
ܐܬܟܡܪ ܥܠ ܡܠܬܐ ܗܝ. ܘܐܙܠ ܟܕ ܟܪܝܐ ܠܗ. ܐܝܬ ܗܘܐ ܠܗ ܓܝܪ ܢܟܣܐ ܣܓܝܐܐ.
23 ܚܪ ܕܝܢ ܝܫܘܥ ܒܬܠܡܝܕܘܗܝ ܘܐܡܪ ܠܗܘܢ. ܡܛܠ ܟܡܐ ܥܛܠܐ ܠܐܝܠܝܢ ܕܐܝܬ ܠܗܘܢ
ܢܟܣܐ: ܕܢܥܠܘܢ ܠܡܠܟܘܬܐ ܕܐܠܗܐ. 24 ܬܠܡܝܕܘܗܝ ܕܝܢ ܡܬܕܡܪܝܢ ܗܘܘ ܥܠ
ܡܠܘܗܝ. ܘܥܢܐ ܬܘܒ ܝܫܘܥ ܘܐܡܪ ܠܗܘܢ. ܒܢܝ. ܟܡܐ ܥܛܝܠܐ ܠܐܝܠܝܢ ܕܬܟܝܠܝܢ ܥܠ
ܢܟܣܝܗܘܢ. ܕܢܥܠܘܢ ܠܡܠܟܘܬܗ ܕܐܠܗܐ. 25 ܦܫܝܩ ܗܘ ܠܓܡܠܐ ܕܒܥܘܠ ܒܚܪܘܪܐ
ܕܡܚܛܐ. ܐܘ ܥܬܝܪܐ ܠܡܠܟܘܬܗ ܕܐܠܗܐ ܠܡܥܠ. 26 ܗܢܘܢ ܕܝܢ ܝܬܝܪܐܝܬ ܡܬܕܡܪܝܢ
ܗܘܘ. ܘܐܡܪܝܢ ܒܝܢܝܗܘܢ. ܡܢܘ ܡܫܟܚ ܠܡܚܐ. 27 ܚܪ ܕܝܢ ܒܗܘܢ ܝܫܘܥ ܘܐܡܪ
ܠܗܘܢ. ܠܘܬ ܒܢܝ ܐܢܫܐ ܗܕܐ ܠܐ ܡܫܟܚܐ. ܐܠܐ ܠܘܬ ܐܠܗܐ. ܟܠ ܡܕܡ ܓܝܪ. ܡܫܟܚܐ
ܠܘܬ ܐܠܗܐ ◆ 28 ܘܫܪܝ ܟܐܦܐ ܠܡܐܡܪ. ܗܐ ܚܢܢ ܫܒܩܢ ܟܠ ܡܕܡ. ܘܐܬܝܢ ܒܬܪܟ.
29 ܥܢܐ ܝܫܘܥ ܘܐܡܪ. ܐܡܝܢ ܐܡܪ ܐܢܐ ܠܟܘܢ. ܕܠܝܬ ܐܢܫ ܕܫܒܩ ܒܬܐ ܐܘ ܐܚܐ ܐܘ

ܐܚܘܬܐ ܐܘ ܐܒܐ ܐܘ ܐܡܐ ܐܘ ܐܢܬܬܐ ܐܘ ܒܢܝܐ ܐܘ ܩܘܪܝܐ ܡܛܠܬܝ ܘܡܛܠ
ܣܒܪܬܝ. 30 ܘܠܐ ܢܩܒܠ ܚܕ ܒܡܐܐ ܗܫܐ ܒܙܒܢܐ ܗܢܐ ܒܬܐ ܘܐܚܐ ܘܐܚܘܬܐ ܘܐܡܗܬܐ
ܘܒܢܝܐ ܘܩܘܪܝܐ ܥܡ ܪܕܘܦܝܐ. ܘܒܥܠܡܐ ܕܐܬܐ ܚܝܐ ܕܠܥܠܡ. 31 ܣܓܝܐܐ ܕܝܢ
ܩܕܡܝܐ ܕܢܗܘܘܢ ܐܚܪܝܐ. ܘܐܚܪܝܐ ܩܕܡܝܐ.

32 ܟܕ ܡܣܩܝܢ ܗܘܘ ܕܝܢ ܒܐܘܪܚܐ ܠܐܘܪܫܠܡ. ܗܘ ܝܫܘܥ ܩܕܝܡ ܗܘܐ ܠܗܘܢ. ܘܡܬܕܡܪܝܢ
ܗܘܘ. ܘܐܙܠܝܢ ܗܘܘ ܒܬܪܗ ܟܕ ܕܚܝܠܝܢ. ܘܕܒܪ ܬܪܥܣܪܬܗܘܢ. ܘܫܪܝ ܠܡܐܡܪ ܠܗܘܢ
ܡܕܡ ܕܥܬܝܕ ܕܢܗܘܐ ܠܗ. 33 ܕܗܐ ܡܣܩܝܢܢ ܠܐܘܪܫܠܡ. ܘܒܪܗ ܕܐܢܫܐ ܡܫܬܠܡ
ܠܪܒܝ ܟܗܢܐ ܘܠܣܦܪܐ. ܘܢܚܝܒܘܢܝܗܝ ܠܡܘܬܐ. ܘܢܫܠܡܘܢܝܗܝ ܠܥܡܡܐ.
34 ܘܢܒܙܚܘܢ ܒܗ. ܘܢܢܓܕܘܢܝܗܝ. ܘܢܪܩܘܢ ܒܐܦܘܗܝ. ܘܢܩܛܠܘܢܝܗܝ. ܘܠܝܘܡܐ ܕܬܠܬܐ
ܢܩܘܡ.

35 ܘܩܪܒܘ ܠܘܬܗ ܝܥܩܘܒ ܘܝܘܚܢܢ ܒܢܝ ܙܒܕܝ ܘܐܡܪܝܢ ܠܗ. ܡܠܦܢܐ. ܨܒܝܢ ܚܢܢ
ܕܟܠ ܕܢܫܐܠܟ ܬܥܒܕ ܠܢ. 36 ܐܡܪ ܠܗܘܢ. ܡܢܐ ܨܒܝܢ ܐܢܬܘܢ ܕܐܥܒܕ ܠܟܘܢ. 37 ܐܡܪܝܢ
ܠܗ. ܗܒ ܠܢ ܕܚܕ ܢܬܒ ܡܢ ܝܡܝܢܟ. ܘܚܕ ܡܢ ܣܡܠܟ ܒܫܘܒܚܟ. 38 ܗܘ ܕܝܢ ܐܡܪ
ܠܗܘܢ. ܠܐ ܝܕܥܝܢ ܐܢܬܘܢ ܡܢܐ ܫܐܠܝܢ ܐܢܬܘܢ. ܫܟܚܝܢ ܐܢܬܘܢ ܠܡܫܬܐ ܟܣܐ ܕܐܢܐ
ܫܬܐ ܐܢܐ. ܘܡܥܡܘܕܝܬܐ ܕܐܢܐ ܥܡܕ ܐܢܐ ܠܡܥܡܕ. 39 ܐܡܪܝܢ ܠܗ. ܡܫܟܚܝܢܢ. ܐܡܪ
ܠܗܘܢ ܝܫܘܥ. ܟܣܐ ܕܫܬܐ ܐܢܐ ܬܫܬܘܢ. ܘܡܥܡܘܕܝܬܐ ܕܥܡܕ ܐܢܐ ܬܥܡܕܘܢ.
40 ܕܬܬܒܘܢ ܕܝܢ ܡܢ ܝܡܝܢܝ ܘܡܢ ܣܡܠܝ. ܠܐ ܗܘܐ ܕܝܠܝ ܠܡܬܠ. ܐܠܐ ܠܐܝܠܝܢ
ܕܡܛܝܒ ܠܗܘܢ. 41 ܟܕ ܫܡܥܘ ܕܝܢ ܥܣܪܐ. ܫܪܝܘ ܠܡܪܛܢ ܥܠ ܝܥܩܘܒ ܘܝܘܚܢܢ. 42 ܘܩܪܐ
ܐܢܘܢ ܝܫܘܥ ܘܐܡܪ ܠܗܘܢ. ܝܕܥܝܢ ܐܢܬܘܢ ܕܐܝܠܝܢ ܕܡܬܚܫܒܝܢ ܪܫܐ ܕܥܡܡܐ
ܡܪܝܢ ܐܢܘܢ. ܘܪܘܪܒܢܝܗܘܢ ܫܠܝܛܝܢ ܥܠܝܗܘܢ. 43 ܠܐ ܕܝܢ ܗܟܢܐ ܢܗܘܐ
ܒܝܢܬܟܘܢ. ܐܠܐ ܡܢ ܕܨܒܐ ܒܟܘܢ ܕܢܗܘܐ ܪܒܐ. ܢܗܘܐ ܠܟܘܢ ܡܫܡܫܢܐ. 44 ܘܐܝܢܐ
ܡܢܟܘܢ ܕܨܒܐ ܕܢܗܘܐ ܩܕܡܝܐ. ܢܗܘܐ ܥܒܕܐ ܠܟܠܢܫ. 45 ܐܦ ܒܪܗ ܓܝܪ ܕܐܢܫܐ.
ܠܐ ܐܬܐ ܕܢܫܬܡܫ. ܐܠܐ ܕܢܫܡܫ. ܘܢܬܠ ܢܦܫܗ ܦܘܪܩܢܐ ܚܠܦ ܣܓܝܐܐ. 46 ܘܐܬܘ
ܠܐܝܪܝܚܘ.

ܘܟܕ ܢܦܩ ܝܫܘܥ ܡܢ ܐܝܪܝܚܘ ܗܘ ܘܬܠܡܝܕܘܗܝ ܘܟܢܫܐ ܣܓܝܐܐ. ܛܝܡܝ ܒܪ ܛܝܡܝ.
ܣܡܝܐ ܡܫܟܝܢܐ. ܝܬܒ ܗܘܐ ܥܠ ܝܕ ܐܘܪܚܐ ܘܡܫܐܠ. 47 ܘܫܡܥ ܕܝܫܘܥ ܗܘ ܢܨܪܝܐ.
ܘܫܪܝ ܠܡܩܥܐ ܘܠܡܐܡܪ. ܒܪܗ ܕܕܘܝܕ ܐܬܪܚܡ ܥܠܝ. 48 ܘܟܐܝܢ ܗܘܘ ܒܗ ܣܓܝܐܐ
ܕܢܫܬܘܩ. ܗܘ ܕܝܢ ܝܬܝܪܐܝܬ ܩܥܐ ܗܘܐ ܘܐܡܪ. ܒܪܗ ܕܕܘܝܕ ܐܬܪܚܡ ܥܠܝ. 49 ܘܩܡ
ܝܫܘܥ ܘܐܡܪ ܕܢܩܪܘܢܝܗܝ. ܘܩܪܘܗܝ ܠܣܡܝܐ ܘܐܡܪܝܢ ܠܗ. ܐܬܠܒܒ ܩܘܡ. ܩܪܐ ܠܟ.
50 ܗܘ ܕܝܢ ܣܡܝܐ ܫܕܐ ܠܒܘܫܗ ܘܩܡ ܐܬܐ ܠܘܬ ܝܫܘܥ. 51 ܐܡܪ ܠܗ ܝܫܘܥ. ܡܢܐ

ܨܒܐ ܐܢܬ ܕܐܥܒܕ ܠܟ. ܗܘ ܕܝܢ ܣܡܝܐ ܐܡܪ ܠܗ. ܪܒܝ ܕܐܬܚܙܐ. 52 ܘܝܫܘܥ ܐܡܪ ܠܗ.
ܚܙܝ. ܗܝܡܢܘܬܟ ܐܚܝܬܟ. ܘܡܚܕܐ ܚܙܐ ܘܐܙܠ ܗܘܐ ܒܐܘܪܚܐ ܀
1 ܘܟܕ ܩܪܒ ܠܐܘܪܫܠܡ: ܠܘܬ ܒܝܬ ܦܓܐ ܘܒܝܬ ܥܢܝܐ ܠܘܬ ܛܘܪܐ ܕܒܝܬ ܙܝܬܐ. ܫܕܪ Cap. xi.
ܬܪܝܢ ܡܢ ܬܠܡܝܕܘܗܝ. 2 ܘܐܡܪ ܠܗܘܢ. ܙܠܘ ܠܩܘܪܝܬܐ ܗܝ ܕܠܘܩܒܠܢ. ܘܡܐ ܕܥܠܬܘܢ
ܠܗ̇ ܡܫܟܚܝܢ ܐܢܬܘܢ ܥܝܠܐ ܕܐܣܝܪ. ܕܐܢܫ ܡܢ ܒܢܝܢܫܐ ܠܐ ܪܟܒܗ. ܫܪܘ
ܐܝܬܘܗܝ. 3 ܘܐܢ ܐܢܫ ܢܐܡܪ ܠܟܘܢ: ܡܢܐ ܥܒܕܝܢ ܐܢܬܘܢ ܗܢܐ. ܐܡܪܘ ܠܗ. ܕܠܡܪܢ
ܡܬܒܥܐ. ܘܡܚܕܐ ܡܫܕܪ ܠܗ ܠܗܪܟܐ ܀ 4 ܘܐܙܠܘ ܐܫܟܚܘ ܥܝܠܐ ܕܐܣܝܪ ܥܠ ܬܪܥܐ.
ܠܒܪ ܒܫܘܩܐ. ܘܟܕ ܫܪܝܢ ܠܗ. 5 ܐܢܫܝܢ ܡܢ ܐܝܠܝܢ ܕܩܝܡܝܢ. ܐܡܪܘ ܠܗܘܢ.
ܡܢܐ ܥܒܕܝܢ ܐܢܬܘܢ. ܕܫܪܝܢ ܐܢܬܘܢ ܥܝܠܐ. 6 ܗܢܘܢ ܕܝܢ ܐܡܪܘ ܠܗܘܢ: ܐܝܟ ܕܦܩܕ
ܐܢܘܢ ܝܫܘܥ. ܘܫܒܩܘ ܐܢܘܢ. 7 ܘܐܝܬܝܘܗܝ ܠܥܝܠܐ ܠܘܬ ܝܫܘܥ. ܘܐܪܡܝܘ
ܥܠܘܗܝ ܡܐܢܝܗܘܢ: ܘܪܟܒ ܥܠܘܗܝ ܝܫܘܥ ܀ 8 ܣܓܝܐܐ ܕܝܢ. ܡܫܘܝܢ ܗܘܘ ܢܚܬܝܗܘܢ
ܒܐܘܪܚܐ. ܘܐܚܪܢܐ ܦܣܩܝܢ ܗܘܘ ܣܘܟܐ ܡܢ ܐܝܠܢܐ ܘܡܫܘܝܢ ܒܐܘܪܚܐ. 9 ܘܗܢܘܢ
ܕܩܕܡܘܗܝ ܘܗܢܘܢ ܕܒܬܪܗ. ܩܥܝܢ ܗܘܘ. ܘܐܡܪܝܢ. ܐܘܫܥܢܐ. ܒܪܝܟ ܗܘ ܕܐܬܐ ܒܫܡܗ
ܕܡܪܝܐ. 10 ܘܒܪܝܟܐ ܗܝ ܡܠܟܘܬܐ ܕܐܬܝܐ ܕܐܒܘܢ ܕܘܝܕ. ܐܘܫܥܢܐ ܒܡܪܘܡܐ ܀ 11 ܘܥܠ
ܝܫܘܥ ܠܐܘܪܫܠܡ ܠܗܝܟܠܐ. ܘܚܙܐ ܟܠܡܕܡ. ܟܕ ܗܘܐ ܕܝܢ ܥܕܢܐ ܕܪܡܫܐ. ܢܦܩ ܠܒܝܬ
ܥܢܝܐ ܥܡ ܬܪܥܣܪ. 12 ܘܠܝܘܡܐ ܐܚܪܢܐ ܟܕ ܢܦܩ ܡܢ ܒܝܬ ܥܢܝܐ ܟܦܢ. 13 ܘܚܙܐ
ܬܬܐ ܚܕܐ ܡܢ ܪܘܚܩܐ ܕܐܝܬ ܒܗ̇ ܛܪܦܐ. ܘܐܬܐ ܠܘܬܗ̇ ܕܠܡܐ ܢܫܟܚ ܒܗ̇ ܡܕܡ. ܘܟܕ ܐܬܐ.
ܠܐ ܐܫܟܚ ܒܗ̇ ܐܠܐ ܐܢ ܛܪܦܐ. ܙܒܢܐ ܓܝܪ ܠܐ ܗܘܐ ܗܘܐ ܕܬܐܢܐ. 14 ܘܐܡܪ ܠܗ̇. ܡܟܝܠ
ܘܠܥܠܡ ܐܢܫ ܡܢܟܝ ܦܐܪܐ ܠܐ ܢܐܟܘܠ. ܘܫܡܥܘ ܬܠܡܝܕܘܗܝ. ܘܐܬܘ ܠܐܘܪܫܠܡ ܀
15 ܘܥܠ ܝܫܘܥ ܠܗܝܟܠܐ ܕܐܠܗܐ. ܘܫܪܝ ܕܢܦܩ ܠܐܝܠܝܢ ܕܙܒܢܝܢ ܘܡܙܒܢܝܢ ܒܗܝܟܠܐ. ܘܦܬܘܪܐ
ܕܡܥܪܦܢܐ ܘܟܘܪܣܘܬܐ ܕܗܢܘܢ ܕܡܙܒܢܝܢ ܝܘܢܐ ܗܦܟ. 16 ܘܠܐ ܫܒܩ ܗܘܐ ܕܐܢܫ ܢܥܒܪ
ܡܐܢܐ ܒܓܘ ܗܝܟܠܐ. 17 ܘܡܠܦ ܗܘܐ. ܘܐܡܪ ܠܗܘܢ. ܠܐ ܟܬܝܒ: ܕܒܝܬܝ ܒܝܬ ܨܠܘܬܐ
ܢܬܩܪܐ ܠܟܠܗܘܢ ܥܡܡܐ. ܐܢܬܘܢ ܕܝܢ ܥܒܕܬܘܢܝܗܝ ܡܥܪܬܐ ܕܓܝܣܐ ܀ 18 ܘܫܡܥܘ
ܪܒܝ ܟܗܢܐ ܘܣܦܪܐ. ܘܒܥܝܢ ܗܘܘ ܕܐܝܟܢܐ ܢܘܒܕܘܢܝܗܝ. ܕܚܠܝܢ ܗܘܘ ܓܝܪ ܡܢܗ. ܡܛܠ
ܕܟܠܗ ܥܡܐ ܬܡܝܗܝܢ ܗܘܘ ܒܝܘܠܦܢܗ ܀
19 ܘܟܕ ܗܘܐ ܪܡܫܐ. ܢܦܩܘ ܠܒܪ ܡܢ ܡܕܝܢܬܐ ܀ 20 ܘܒܨܦܪܐ ܟܕ ܥܒܪܝܢ. ܚܙܘ ܬܬܐ
ܗܝ ܕܝܒܫܐ ܡܢ ܥܩܪܝܗ̇. 21 ܘܐܬܕܟܪ ܫܡܥܘܢ. ܘܐܡܪ ܠܗ. ܪܒܝ. ܗܐ ܬܬܐ ܗܝ
ܕܠܛܬ ܝܒܫܬ. 22 ܘܥܢܐ ܝܫܘܥ ܘܐܡܪ ܠܗܘܢ: ܬܗܘܐ ܒܟܘܢ ܗܝܡܢܘܬܐ ܕܐܠܗܐ.
23 ܐܡܝܢ ܓܝܪ ܐܡܪ ܐܢܐ ܠܟܘܢ. ܕܡܢ ܕܢܐܡܪ ܠܛܘܪܐ ܗܢܐ. ܕܐܫܬܩܠ ܘܦܠ ܒܝܡܐ:
ܘܠܐ ܢܬܦܠܓ ܒܠܒܗ. ܐܠܐ ܢܗܝܡܢ ܕܗܘܐ ܗܘ ܡܕܡ ܕܐܡܪ. ܢܗܘܐ ܠܗ ܡܕܡ ܕܐܡܪ ܀

24 ܡܛܠ ܗܢܐ ܐܡܪ ܐܢܐ ܠܟܘܢ. ܕܟܠ ܡܕܡ ܕܡܨܠܝܢ ܐܢܬܘܢ ܘܫܐܠܝܢ ܐܢܬܘܢ. ܗܝܡܢܘ
ܕܢܣܒܝܢ ܐܢܬܘܢ. ܘܢܗܘܐ ܠܟܘܢ܀ 25 ܘܡܐ ܕܩܝܡܝܢ ܐܢܬܘܢ ܠܡܨܠܝܘ. ܫܒܘܩܘ ܡܕܡ
ܕܐܝܬ ܠܟܘܢ ܥܠ ܐܢܫ. ܕܐܦ ܐܒܘܟܘܢ ܕܒܫܡܝܐ ܢܫܒܘܩ ܠܟܘܢ ܣܟܠܘܬܟܘܢ. 26 ܐܢ ܕܝܢ
ܐܢܬܘܢ ܠܐ ܫܒܩܝܢ ܐܢܬܘܢ. ܐܦܠܐ ܐܒܘܟܘܢ ܕܒܫܡܝܐ ܢܫܒܘܩ ܠܟܘܢ ܣܟܠܘܬܟܘܢ܀

27 ܘܐܬܘ ܬܘܒ ܠܐܘܪܫܠܡ. ܘܟܕ ܡܗܠܟ ܗܘܐ ܒܗܝܟܠܐ. ܐܬܘ ܠܘܬܗ ܪܒܝ ܟܗܢܐ ܘܣܦܪܐ
ܘܩܫܝܫܐ 28 ܘܐܡܪܝܢ ܠܗ. ܒܐܝܢܐ ܫܘܠܛܢܐ ܗܠܝܢ ܥܒܕ ܐܢܬ. ܘܡܢܘ ܝܗܒ ܠܟ
ܫܘܠܛܢܐ ܗܢܐ ܕܗܠܝܢ ܬܥܒܕ. 29 ܗܘ ܕܝܢ ܝܫܘܥ ܐܡܪ ܠܗܘܢ. ܐܫܐܠܟܘܢ ܐܦ ܐܢܐ
ܡܠܬܐ ܚܕܐ ܕܬܐܡܪܘܢ ܠܝ. ܘܐܢܐ ܐܡܪ ܐܢܐ ܠܟܘܢ. ܒܐܝܢܐ ܫܘܠܛܢܐ ܗܠܝܢ ܥܒܕ ܐܢܐ.
30 ܡܥܡܘܕܝܬܗ ܕܝܘܚܢܢ ܡܢ ܐܝܟܐ ܗܝ. ܡܢ ܫܡܝܐ ܐܘ ܡܢ ܒܢܝ ܐܢܫܐ. ܐܡܪܘ ܠܝ.
31 ܘܐܬܚܫܒܘ ܒܢܦܫܗܘܢ. ܘܐܡܪܘ. ܕܐܢ ܢܐܡܪ ܠܗ ܕܡܢ ܫܡܝܐ. ܐܡܪ ܠܢ. ܘܠܡܢܐ ܠܐ
ܗܝܡܢܬܘܢܝܗܝ. 32 ܘܕܢܐܡܪ ܡܢ ܒܢܝ ܐܢܫܐ. ܕܚܠܝܢ ܗܘܘ ܡܢ ܥܡܐ. ܡܛܠ ܕܟܠܗܘܢ ܐܝܟ
ܐܚܝܕܝܢ ܗܘܘ ܠܗ ܠܝܘܚܢܢ. ܕܫܪܝܪܐܝܬ ܢܒܝܐ ܗܘ. 33 ܘܥܢܘ. ܘܐܡܪܝܢ ܠܗ ܠܝܫܘܥ.
ܠܐ ܝܕܥܝܢܢ. ܐܡܪ ܠܗܘܢ. ܐܦ ܠܐ ܐܢܐ ܐܡܪ ܐܢܐ ܠܟܘܢ. ܒܐܝܢܐ ܫܘܠܛܢܐ ܗܠܝܢ ܥܒܕ ܐܢܐ܀

Cap. xii. 1 ܘܫܪܝ ܠܡܡܠܠܘ ܥܡܗܘܢ ܒܡܬܠܐ. ܟܪܡܐ ܚܕ ܢܨܒ ܓܒܪܐ. ܘܐܚܕܪܗ ܣܝܓܐ. ܘܚܦܪ
ܒܗ ܡܥܨܪܬܐ. ܘܒܢܐ ܒܗ ܡܓܕܠܐ. ܘܐܘܚܕܗ ܠܦܠܚܐ ܘܫܢܝ. 2 ܘܫܕܪ ܠܘܬ ܦܠܚܐ ܥܒܕܗ
ܒܙܒܢܐ: ܕܢܣܒ ܡܢ ܦܐܪܐ ܕܟܪܡܐ ܢܫܕܪ. 3 ܗܢܘܢ ܕܝܢ ܡܚܐܘܗܝ. ܘܫܕܪܘܗܝ ܟܕ ܣܦܝܩ. 4 ܘܫܕܪ
ܬܘܒ ܠܘܬܗܘܢ ܥܒܕܐ ܐܚܪܢܐ. ܘܐܦ ܠܗܘ ܪܓܡܘܗܝ ܘܦܨܥܘܗܝ ܘܫܕܪܘܗܝ ܒܨܥܪܐ. 5 ܘܫܕܪ
ܬܘܒ ܐܚܪܢܐ. ܘܐܦ ܠܗܘ ܩܛܠܘܗܝ. ܘܠܣܓܝܐܐ ܥܒܕܐ ܐܚܪܢܐ ܫܕܪ. ܘܡܢܗܘܢ ܡܚܘ. ܘܡܢܗܘܢ
ܩܛܠܘ. 6 ܐܚܪܝܐ ܕܝܢ. ܚܕ ܒܪܐ ܚܒܝܒܐ ܐܝܬ ܗܘܐ ܠܗ. ܘܫܕܪܗ ܠܘܬܗܘܢ ܐܚܪܝܬ.
ܐܡܪ ܓܝܪ. ܢܒܗܬܘܢ ܡܢ ܒܪܝ. 7 ܗܢܘܢ ܕܝܢ ܦܠܚܐ. ܐܡܪܘ ܒܢܦܫܗܘܢ.
ܗܢܘ ܝܪܬܐ. ܬܘ ܢܩܛܠܝܘܗܝ. ܘܬܗܘܐ ܕܝܠܢ ܝܪܬܘܬܐ. 8 ܘܢܣܒܘ ܩܛܠܘܗܝ ܘܐܦܩܘܗܝ
ܠܒܪ ܡܢ ܟܪܡܐ. 9 ܡܢܐ ܗܟܝܠ ܢܥܒܕ ܡܪܐ ܟܪܡܐ. ܢܐܬܐ ܢܘܒܕ ܠܗܢܘܢ ܦܠܚܐ.
ܘܢܬܠܝܘܗܝ ܟܪܡܐ ܠܐܚܪܢܐ. 10 ܘܐܦܠܐ ܟܬܒܐ ܗܢܐ ܩܪܝܬܘܢ: ܕܟܐܦܐ ܕܐܣܠܝܘ ܒܢܝܐ:
ܗܝ ܗܘܬ ܠܪܫܐ ܕܙܘܝܬܐ. 11 ܡܢ ܠܘܬ ܡܪܝܐ ܗܘܬ ܗܕܐ. ܘܐܝܬܝܗ ܬܕܡܘܪܬܐ ܒܥܝܢܝܢ܀
12 ܘܒܥܘ ܗܘܘ ܠܡܐܚܕܗ. ܘܕܚܠܘ ܡܢ ܥܡܐ. ܝܕܥܘ ܓܝܪ ܕܥܠܝܗܘܢ ܐܡܪ ܡܬܠܐ
ܗܢܐ. ܘܫܒܩܘܗܝ ܘܐܙܠܘ܀ ܀ ܀

ܪܫܐ ܒ. 13 ܘܫܕܪܘ ܠܘܬܗ ܐܢܫܐ ܡܢ ܣܦܪܐ ܘܡܢ ܕܒܝܬ ܗܪܘܕܤ. ܕܢܨܕܘܢܝܗܝ ܒܡܠܬܐ.
14 ܗܢܘܢ ܕܝܢ ܐܬܘ. ܘܡܫܐܠܝܢ ܠܗ. ܡܠܦܢܐ. ܝܕܥܝܢ ܚܢܢ ܕܫܪܝܪ ܐܢܬ. ܘܠܐ ܚܫܚܐ ܐܝܬ ܕܦܣܐ
ܠܐܢܫ. ܠܐ ܓܝܪ ܚܐܪ ܐܢܬ ܒܦܪܨܘܦܐ ܕܒܢܝ ܐܢܫܐ. ܐܠܐ ܒܩܘܫܬܐ ܐܘܪܚܐ ܕܐܠܗܐ ܡܠܦ ܐܢܬ.
ܫܠܝܛ ܠܡܬܠ ܟܣܦ ܪܫܐ ܠܩܣܪ. ܐܘ ܠܐ. ܢܬܠ. ܐܘ ܠܐ ܢܬܠ. 15 ܗܘ ܕܝܢ ܝܕܥ

ܢܟܠܗܘܢ. ܘܐܡܪ ܠܗܘܢ. ܡܢܐ ܡܢܤܝܢ ܐܢܬܘܢ ܠܝ. ܐܝܬܘ ܠܝ ܕܝܢܪܐ ܐܚܙܐ. 16 ܘܐܝܬܝܘ
ܠܗ. ܐܡܪ ܠܗܘܢ. ܕܡܢܘ ܨܠܡܐ ܗܢܐ ܘܟܬܒܐ. ܗܢܘܢ ܕܝܢ ܐܡܪܝܢ. ܕܩܤܪ. 17 ܐܡܪ
ܠܗܘܢ ܝܫܘܥ. ܕܩܤܪ ܗܒܘ ܠܩܤܪ. ܘܕܐܠܗܐ ܠܐܠܗܐ. ܘܐܬܕܡܪܘ ܗܘܘ ܒܗ܀
18 ܘܐܬܘ ܙܕܘܩܝܐ ܠܘܬܗ: ܗܢܘܢ ܕܐܡܪܝܢ ܕܩܝܡܬܐ ܠܝܬ. ܘܡܫܐܠܝܢ ܗܘܘ ܠܗ
ܘܐܡܪܝܢ. 19 ܡܠܦܢܐ ܡܘܫܐ ܟܬܒ ܠܢ: ܕܐܢ ܢܡܘܬ ܐܚܘܗܝ ܕܐܢܫ: ܘܢܫܒܘܩ ܐܢܬܬܐ. ܘܒܢܝܐ
ܠܐ ܢܫܒܘܩ. ܢܤܒ ܐܚܘܗܝ ܐܢܬܬܗ. ܘܢܩܝܡ ܙܪܥܐ ܠܐܚܘܗܝ. 20 ܫܒܥܐ ܐܚܝܢ ܐܝܬ ܗܘܘ.
ܩܕܡܝܐ ܢܤܒ ܐܢܬܬܐ. ܘܡܝܬ. ܘܠܐ ܫܒܩ ܙܪܥܐ. 21 ܘܕܬܪܝܢ ܢܤܒܗ ܘܡܝܬ. ܟܕ ܐܦ ܠܐ
ܗܘ ܫܒܩ ܙܪܥܐ. ܘܕܬܠܬܐ ܗܟܘܬ. 22 ܘܫܒܥܬܝܗܘܢ ܢܤܒܘܗ. ܘܠܐ ܫܒܩܘ ܙܪܥܐ.
ܐܚܪܝܬ ܕܟܠܗܘܢ ܡܝܬܬ ܐܦ ܗܝ ܐܢܬܬܐ. 23 ܒܩܝܡܬܐ ܗܟܝܠ ܕܐܝܢܐ ܡܢܗܘܢ ܬܗܘܐ ܐܢܬܬܐ.
ܕܫܒܥܬܝܗܘܢ ܢܤܒܘܗ. 24 ܐܡܪ ܠܗܘܢ ܝܫܘܥ. ܠܐ ܗܘܐ ܡܛܠ ܗܕܐ ܛܥܝܢ ܐܢܬܘܢ:
ܕܠܐ ܝܕܥܝܢ ܐܢܬܘܢ ܟܬܒܐ: ܘܠܐ ܚܝܠܗ ܕܐܠܗܐ. 25 ܡܛܠ ܕܡܐ ܕܩܡܘ ܡܢ ܡܝܬܐ. ܠܐ
ܢܤܒܝܢ ܢܫܐ. ܐܦ ܠܐ ܢܫܐ ܗܘܝܢ ܠܓܒܪܐ. ܐܠܐ ܐܝܬܝܗܘܢ. ܐܝܟ ܡܠܐܟܐ ܕܒܫܡܝܐ. 26 ܥܠ
ܡܝܬܐ ܕܝܢ ܕܡܬܩܝܡܝܢ: ܠܐ ܩܪܝܬܘܢ ܒܟܬܒܐ ܕܡܘܫܐ: ܐܝܟ ܡܢ ܤܢܝܐ ܐܡܪ ܠܗ ܐܠܗܐ:
ܐܢܐ ܐܢܐ ܐܠܗܗ ܕܐܒܪܗܡ. ܘܐܠܗܗ ܕܐܝܤܚܩ. ܘܐܠܗܗ ܕܝܥܩܘܒ. 27 ܘܠܐ ܗܘܐ ܐܠܗܐ
ܕܡܝܬܐ. ܐܠܐ ܕܚܝܐ. ܐܢܬܘܢ ܗܟܝܠ ܤܓܝ ܛܥܝܢ ܐܢܬܘܢ܀ 28 ܘܩܪܒ ܚܕ ܡܢ ܤܦܪܐ.
ܘܫܡܥ ܐܢܘܢ ܕܕܪܫܝܢ. ܘܚܙܐ ܕܫܦܝܪ ܐܦܢܝ ܠܗܘܢ ܦܬܓܡܐ. ܘܫܐܠܗ. ܐܝܢܐ ܦܘܩܕܢܐ
ܩܕܡܝܐ ܕܟܠܗܘܢ. 29 ܐܡܪ ܠܗ ܝܫܘܥ. ܩܕܡܝܐ ܡܢ ܟܠܗܘܢ ܦܘܩܕܢܐ. ܫܡܥ ܐܝܤܪܝܠ:
ܡܪܝܐ ܐܠܗܢ: ܡܪܝܐ ܚܕ ܗܘ. 30 ܘܬܪܚܡ ܠܡܪܝܐ ܐܠܗܟ. ܡܢ ܟܠܗ ܠܒܟ. ܘܡܢ
ܟܠܗ ܢܦܫܟ. ܘܡܢ ܟܠܗ ܪܥܝܢܟ. ܘܡܢ ܟܠܗ ܚܝܠܟ. ܗܢܘ ܦܘܩܕܢܐ ܩܕܡܝܐ. 31 ܘܕܬܪܝܢ
ܕܕܡܐ ܠܗ. ܕܬܪܚܡ ܠܩܪܝܒܟ. ܐܝܟ ܢܦܫܟ. ܦܘܩܕܢܐ ܐܚܪܢܐ ܕܪܒ ܡܢ ܗܠܝܢ ܠܝܬ܀
32 ܐܡܪ ܠܗ ܗܘ ܤܦܪܐ. ܫܦܝܪ ܪܒܝ. ܒܩܘܫܬܐ ܐܡܪܬ. ܕܚܕ ܗܘ. ܘܠܝܬ ܐܚܪܢ ܠܒܪ
ܡܢܗ. 33 ܘܕܢܪܚܡܝܘܗܝ ܐܢܫ ܡܢ ܟܠܗ ܠܒܐ. ܘܡܢ ܟܠܗ ܪܥܝܢܐ. ܘܡܢ ܟܠܗ ܢܦܫܐ.
ܘܡܢ ܟܠܗ ܚܝܠܐ. ܘܕܢܪܚܡ ܩܪܝܒܗ ܐܝܟ ܢܦܫܗ. ܝܬܝܪܐ ܗܘ ܡܢ ܟܠܗܘܢ ܝܩܕܐ ܘܕܒܚܐ.
34 ܝܫܘܥ ܕܝܢ ܚܙܝܗܝ ܕܬܪܝܨܐܝܬ ܡܦܢܐ ܦܬܓܡܐ. ܥܢܐ ܘܐܡܪ ܠܗ. ܠܐ ܗܘܝܬ ܪܚܝܩ
ܡܢ ܡܠܟܘܬܗ ܕܐܠܗܐ. ܘܠܐ ܐܢܫ ܬܘܒ ܐܡܪܚ ܗܘܐ ܕܢܫܐܠܝܘܗܝ܀
35 ܘܥܢܐ ܝܫܘܥ ܘܐܡܪ ܟܕ ܡܠܦ ܒܗܝܟܠܐ. ܐܝܟܢܐ ܐܡܪܝܢ ܤܦܪܐ: ܕܡܫܝܚܐ ܒܪܗ ܗܘ
ܕܕܘܝܕ. 36 ܗܘ ܓܝܪ ܕܘܝܕ ܐܡܪ ܒܪܘܚܐ ܕܩܘܕܫܐ. ܕܐܡܪ ܡܪܝܐ ܠܡܪܝ. ܬܒ ܠܟ ܡܢ
ܝܡܝܢܝ. ܥܕܡܐ ܕܐܤܝܡ ܒܥܠܕܒܒܝܟ ܟܘܒܫܐ ܬܚܝܬ ܪܓܠܝܟ. 37 ܗܘ ܗܟܝܠ ܕܘܝܕ ܩܪܐ
ܠܗ ܡܪܝܐ. ܘܐܝܟܢܐ ܒܪܗ ܐܝܬܘܗܝ. ܘܟܠܗ ܟܢܫܐ ܫܡܥ ܗܘܐ ܠܗ ܒܒܤܝܡܘܬܐ܀
38 ܘܒܝܘܠܦܢܗ ܐܡܪ ܗܘܐ ܠܗܘܢ. ܐܙܕܗܪܘ ܡܢ ܤܦܪܐ: ܕܨܒܝܢ ܕܒܐܤܛܠܐ ܢܗܠܟܘܢ:

ܘܫܐܠܝܢ ܫܠܡܐ ܒܫܘܩܐ܂ 39 ܘܪܫ ܡܘܬܒܐ ܒܟܢܘܫܬܐ܂ ܘܪܫ ܣܡܟܐ ܒܐܚܫܡܝܬܐ܂
40 ܗܢܘܢ ܕܐܟܠܝܢ ܒܬܐ ܕܐܪܡܠܬܐ܂ ܒܥܠܬܐ ܕܡܘܪܟܝܢ ܨܠܘܬܗܘܢ܂ ܗܢܘܢ ܢܩܒܠܘܢ
ܕܝܢܐ ܝܬܝܪܐ܀ 41 ܘܟܕ ܝܬܒ ܝܫܘܥ ܠܘܩܒܠ ܒܝܬ ܓܙܐ܂ ܚܙܐ ܗܘܐ ܐܝܟܢܐ ܟܢܫܐ ܪܡܝܢ
ܠܓܙܐ ܙܘܙܐ܂ ܘܣܓܝܐܐ ܥܬܝܪܐ ܪܡܝܢ ܗܘܘ ܣܓܝ܂ 42 ܘܐܬܬ ܚܕܐ ܐܪܡܠܬܐ
ܡܣܟܢܬܐ܂ ܘܪܡܬ ܬܪܬܝܢ ܡܢܝܢ܂ ܕܐܝܬܝܗܝܢ ܫܡܘܢܐ܂ 43 ܘܩܪܐ ܝܫܘܥ ܠܬܠܡܝܕܘܗܝ
ܘܐܡܪ ܠܗܘܢ܂ ܐܡܝܢ ܐܡܪ ܐܢܐ ܠܟܘܢ܂ ܕܗܕܐ ܐܪܡܠܬܐ ܡܣܟܢܬܐ܂ ܪܡܬ ܡܢ ܟܠܗܘܢ
ܐܢܫܐ ܕܪܡܝܢ ܒܝܬ ܓܙܐ܂ 44 ܟܠܗܘܢ ܓܝܪ܂ ܡܢ ܡܕܡ ܕܝܬܪ ܠܗܘܢ ܪܡܝܘ܂
ܗܕܐ ܕܝܢ ܡܢ ܚܣܝܪܘܬܗ܂ ܟܠ ܡܕܡ ܕܐܝܬ ܗܘܐ ܠܗ ܪܡܬ܂ ܟܠܗ ܩܢܝܢܗ܀

Cap. xiii. 1 ܘܟܕ ܢܦܩ ܝܫܘܥ ܡܢ ܗܝܟܠܐ܂ ܐܡܪ ܠܗ ܚܕ ܡܢ ܬܠܡܝܕܘܗܝ܂ ܡܠܦܢܐ܂ ܗܐ ܚܙܝ
ܐܝܠܝܢ ܟܐܦܐ ܘܐܝܠܝܢ ܒܢܝܢܐ܂ 2 ܝܫܘܥ ܕܝܢ ܐܡܪ ܠܗ܂ ܚܙܐ ܐܢܬ ܗܠܝܢ ܒܢܝܢܐ ܪܘܪܒܐ܂
ܠܐ ܡܫܬܒܩܐ ܗܪܟܐ ܟܐܦ ܥܠ ܟܐܦ ܕܠܐ ܡܫܬܪܝܐ܀

3 ܘܟܕ ܝܬܒ ܝܫܘܥ ܒܛܘܪܐ ܕܙܝܬܐ܂ ܠܘܩܒܠ ܗܝܟܠܐ܂ ܫܐܠܘܗܝ ܟܐܦܐ ܘܝܥܩܘܒ
ܘܝܘܚܢܢ ܘܐܢܕܪܐܘܣ܂ ܒܝܢܝܗܘܢ܂ 4 ܐܡܪ ܠܢ ܐܡܬܝ ܗܠܝܢ ܢܗܘܝܢ܂ ܘܡܢܐ ܐܬܐ܂
ܡܐ ܕܩܪܝܒܢ ܗܠܝܢ ܟܠܗܝܢ ܠܡܫܬܠܡܘ܂ 5 ܗܘ ܕܝܢ ܝܫܘܥ ܫܪܝ ܠܡܐܡܪ ܠܗܘܢ܂
ܚܙܘ ܕܠܡܐ ܐܢܫ ܢܛܥܝܟܘܢ܂ 6 ܣܓܝܐܐ ܓܝܪ ܢܐܬܘܢ ܒܫܡܝ܂ ܘܢܐܡܪܘܢ ܕܐܢܐ ܐܢܐ܂
ܘܠܣܓܝܐܐ ܢܛܥܘܢ܂ 7 ܡܐ ܕܝܢ ܕܫܡܥܬܘܢ ܩܪܒܐ ܘܫܘܥܐ ܕܩܪܒܐ܂ ܠܐ ܬܬܕܘܕܘܢ܂ ܘܠܐ ܓܝܪ
ܗܘ ܕܢܗܘܐ܂ ܐܠܐ ܠܐ ܥܕܟܝܠ ܫܘܠܡܐ܂ 8 ܢܩܘܡ ܓܝܪ ܥܡܐ ܥܠ ܥܡܐ܂ ܘܡܠܟܘ ܥܠ
ܡܠܟܘ܂ ܘܢܗܘܘܢ ܙܘܥܐ ܒܕܘܟ ܕܘܟ܂ ܘܢܗܘܘܢ ܟܦܢܐ ܘܫܓܘܫܝܐ܂ ܗܠܝܢ ܕܝܢ ܪܫܐ ܐܢܝܢ
ܕܚܒܠܐ܂ 9 ܚܙܘ ܕܝܢ ܐܢܬܘܢ ܢܦܫܟܘܢ܂ ܢܫܠܡܘܢܟܘܢ ܓܝܪ ܠܒܝܬ ܕܝܢܐ܂ ܘܒܟܢܘܫܬܗܘܢ
ܬܬܢܓܕܘܢ܂ ܘܩܕܡ ܡܠܟܐ ܘܗܓܡܘܢܐ ܬܩܘܡܘܢ ܡܛܠܬܝ܂ ܠܣܗܕܘܬܗܘܢ܀ 10 ܠܟܠܗܘܢ
ܕܝܢ ܥܡܡܐ ܠܘܩܕܡ ܘܠܐ ܕܬܬܟܪܙ ܣܒܪܬܝ܂ 11 ܡܐ ܕܡܩܪܒܝܢ ܠܟܘܢ ܕܝܢ
ܕܢܫܠܡܘܢܟܘܢ܂ ܠܐ ܬܩܕܡܘܢ ܬܐܨܦܘܢ ܡܢܐ ܬܡܠܠܘܢ܂ ܘܠܐ ܬܪܢܘܢ܂ ܐܠܐ ܡܕܡ ܕܡܬܝܗܒ
ܠܟܘܢ ܒܗܝ ܫܥܬܐ ܗܘ ܡܠܠܘ܂ ܠܐ ܗܘܐ ܓܝܪ ܐܢܬܘܢ ܡܡܠܠܝܢ܂ ܐܠܐ ܪܘܚܐ ܕܩܘܕܫܐ܂
12 ܢܫܠܡ ܕܝܢ ܐܚܐ ܠܐܚܘܗܝ ܠܡܘܬܐ܂ ܘܐܒܐ ܠܒܪܗ܂ ܘܢܩܘܡܘܢ ܒܢܝܐ ܥܠ ܐܒܗܝܗܘܢ܂
ܘܢܡܝܬܘܢ ܐܢܘܢ܂ 13 ܘܬܗܘܘܢ ܣܢܝܐܝܢ ܡܢ ܟܠܢܫ ܡܛܠ ܫܡܝ܂ ܡܢ ܕܝܢ ܕܢܣܝܒܪ
ܥܕܡܐ ܠܚܪܬܐ܂ ܗܘ ܢܚܐ܀

14 ܡܐ ܕܝܢ ܕܚܙܝܬܘܢ ܐܬܐ ܛܢܦܬܐ ܕܚܘܪܒܐ܂ ܗܝ ܕܐܬܐܡܪܬ ܒܝܕ ܕܢܝܐܝܠ ܢܒܝܐ܂ ܕܩܝܡܐ ܕܢܣܒ ܗܘ܂
ܐܝܟܐ ܕܠܐ ܘܠܐ܂ ܗܘ ܕܩܪܐ ܢܣܬܟܠ܂ ܗܝܕܝܢ ܐܝܠܝܢ ܕܒܝܗܘܕ ܢܥܪܩܘܢ ܠܛܘܪܐ܂ 15 ܘܡܢ
ܕܥܠ ܐܓܪܐ ܗܘ܂ ܠܐ ܢܚܘܬ܂ ܘܠܐ ܢܥܘܠ ܠܡܫܩܠ ܡܕܡ ܡܢ ܒܝܬܗ܂ 16 ܘܡܢ ܕܒܚܩܠܐ ܗܘ܂
ܠܐ ܢܬܗܦܟ ܠܒܣܬܪܗ ܕܢܫܩܘܠ ܠܒܫܗ܀ 17 ܘܝ ܕܝܢ ܠܒܛܢܬܐ ܘܠܐܝܠܝܢ ܕܡܝܢܩܢ

ܒܗܘܢ ܝܘܡܬܐ܀ 18 ܨܠܘ ܕܝܢ ܕܠܐ ܢܗܘܐ ܥܪܘܩܝܟܘܢ ܒܣܬܘܐ. 19 ܢܗܘܐ ܓܝܪ
ܒܝܘܡܬܐ ܗܢܘܢ ܐܘܠܨܢܐ. ܕܠܐ ܗܘܐ ܐܟܘܬܗ܂ ܡܢ ܪܫܗ ܕܒܪܝܬܐ ܕܒܪܐ ܐܠܗܐ ܘܥܕܡܐ
ܠܗܫܐ. ܘܠܐ ܢܗܘܐ. 20 ܘܐܠܘ ܠܐ ܡܪܝܐ ܟܪܝ ܝܘܡܬܐ ܗܢܘܢ. ܠܐ ܚܝܐ ܗܘܐ ܟܠ ܒܣܪ.
ܐܠܐ ܡܛܠ ܓܒܝܐ ܕܓܒܐ. ܟܪܝ ܝܘܡܬܐ ܗܢܘܢ܀ 21 ܗܝܕܝܢ ܐܢ ܐܢܫ ܢܐܡܪ ܠܟܘܢ: ܕܗܐ
ܗܪܟܐ ܗܘ ܡܫܝܚܐ: ܘܗܐ ܗܪܝܟ. ܠܐ ܬܗܝܡܢܘܢ. 22 ܢܩܘܡܘܢ ܓܝܪ ܡܫܝܚܐ ܕܓܠܐ
ܘܢܒܝܐ ܕܕܓܠܘܬܐ. ܘܢܬܠܘܢ ܐܬܘܬܐ ܘܬܕܡܪܬܐ. ܘܢܛܥܘܢ ܐܢ ܡܫܟܚܐ ܐܦ ܠܓܒܝܐ.
23 ܐܢܬܘܢ ܕܝܢ ܐܙܕܗܪܘ. ܗܐ ܩܕܡܬ ܐܡܪܬ ܠܟܘܢ ܟܠ ܡܕܡ܀ 24 ܒܗܘܢ ܕܝܢ ܝܘܡܬܐ
ܒܬܪ ܐܘܠܨܢܐ ܗܘ. ܫܡܫܐ ܢܚܫܟ. ܘܣܗܪܐ ܠܐ ܢܬܠ ܢܘܗܪܗ. 25 ܘܟܘܟܒܐ ܢܦܠܘܢ ܡܢ
ܫܡܝܐ. ܘܚܝܠܘܬܐ ܕܫܡܝܐ ܢܬܬܙܝܥܘܢ. 26 ܘܗܝܕܝܢ ܢܚܙܘܢܝܗܝ ܠܒܪܗ ܕܐܢܫܐ ܕܐܬܐ
ܒܥܢܢܐ: ܥܡ ܚܝܠܐ ܣܓܝܐܐ ܘܥܡ ܫܘܒܚܐ. 27 ܗܝܕܝܢ ܢܫܕܪ ܡܠܐܟܘܗܝ. ܘܢܟܢܫ ܠܓܒܝܘܗܝ
ܡܢ ܐܪܒܥܐ ܪܘܚܝܢ. ܡܢ ܪܫܗ ܕܐܪܥܐ ܘܥܕܡܐ ܠܪܫܗ ܕܫܡܝܐ܀ 28 ܡܢ ܬܬܐ ܕܝܢ
ܝܠܦܘ ܦܠܐܬܐ. ܕܡܐ ܕܪܟܟܘ ܣܘܟܝܗ܂ ܘܦܪܥܘ ܛܪܦܝܗ. ܝܕܥܝܢ ܐܢܬܘܢ. ܕܡܛܐ ܩܝܛܐ.
29 ܗܟܢܐ ܐܦ ܐܢܬܘܢ ܡܐ ܕܚܙܝܬܘܢ ܗܠܝܢ ܕܗܘܝܢ. ܕܥܘ܂ ܕܩܪܝܒܐ ܗܝ ܠܬܪܥܐ.
30 ܐܡܝܢ ܐܡܪ ܐܢܐ ܠܟܘܢ. ܕܠܐ ܬܥܒܪ ܫܪܒܬܐ ܗܕܐ: ܥܕܡܐ ܕܗܠܝܢ ܟܠܗܝܢ ܢܗܘܝܢ.
31 ܫܡܝܐ ܘܐܪܥܐ ܢܥܒܪܘܢ. ܘܡܠܝ ܠܐ ܢܥܒܪܢ܀ 32 ܥܠ ܝܘܡܐ ܕܝܢ ܗܘ܂ ܘܥܠ ܫܥܬܐ
ܗܝ: ܐܢܫ ܠܐ ܝܕܥ. ܐܦܠܐ ܡܠܐܟܐ ܕܫܡܝܐ. ܘܠܐ ܒܪܐ. ܐܠܐ ܐܢ ܐܒܐ܀ 33 ܚܙܘ܂ ܐܬܬܥܝܪܘ.
ܘܨܠܘ. ܠܐ ܓܝܪ ܝܕܥܝܢ ܐܢܬܘܢ ܐܡܬܝ ܗܘ ܙܒܢܐ܀ 34 ܐܝܟ ܓܒܪܐ ܗܘ ܓܝܪ ܕܫܢܝ.
ܘܫܒܩ ܒܝܬܗ. ܘܝܗܒ ܫܘܠܛܢܐ ܠܥܒܕܘܗܝ. ܘܠܐܢܫ ܐܢܫ ܥܒܕܗ. ܘܠܬܪܥܐ ܦܩܕ.
ܕܢܗܘܐ ܥܝܪ. 35 ܐܬܬܥܝܪܘ ܗܟܝܠ. ܕܠܐ ܝܕܥܝܢ ܐܢܬܘܢ ܐܡܬܝ ܐܬܐ ܡܪܗ ܕܒܝܬܐ.
ܒܪܡܫܐ܂ ܐܘ ܒܦܠܓܗ ܕܠܠܝܐ. ܐܘ ܒܩܪܝܐ ܬܪܢܓܠܐ܂ ܐܘ ܒܨܦܪܐ. 36 ܕܠܡܐ ܢܐܬܐ ܡܢ
ܫܠܝ. ܘܢܫܟܚܟܘܢ ܟܕ ܕܡܟܝܢ ܐܢܬܘܢ. 37 ܡܕܡ ܕܠܟܘܢ ܕܝܢ ܐܡܪ ܐܢܐ. ܠܟܠܟܘܢ ܗܘ
ܐܡܪ ܐܢܐ. ܗܘܝܬܘܢ ܥܝܪܝܢ܀
1 ܒܬܪ ܕܝܢ ܬܪܝܢ ܝܘܡܝܢ. ܦܨܚܐ ܗܘܐ ܕܦܛܝܪܐ. ܘܒܥܝܢ ܗܘܘ ܪܒܝ ܟܗܢܐ ܘܣܦܪܐ. Cap. xiv.
ܐܝܟܢܐ ܒܢܟܠܐ ܢܐܚܕܘܢܝܗܝ ܘܢܩܛܠܘܢܝܗܝ. 2 ܘܐܡܪܝܢ ܗܘܘ܂ ܠܐ ܒܥܐܕܐ. ܕܠܡܐ ܢܗܘܐ
ܫܓܘܫܝܐ ܒܥܡܐ܀
3 ܘܟܕ ܗܘ ܐܝܬܘܗܝ ܒܒܝܬ ܥܢܝܐ: ܒܒܝܬܗ ܕܫܡܥܘܢ ܓܪܒܐ. ܟܕ ܣܡܝܟ:
ܐܬܬ ܐܢܬܬܐ ܕܐܝܬ ܠܘܬܗ ܫܛܝܦܬܐ ܕܒܣܡܐ ܕܢܪܕܝܢ ܪܫܝܐ ܣܓܝ ܕܡܝܐ.
ܘܦܬܚܬܗ. ܘܐܫܦܟܬܗ ܥܠ ܪܫܗ ܕܝܫܘܥ܀ 4 ܐܝܬ ܗܘܘ ܕܝܢ ܐܢܫܐ ܡܢ ܬܠܡܝܕܐ܂
ܕܐܬܐܚܕܘ ܒܗܘܢ ܒܢܦܫܗܘܢ. ܘܐܡܪܘ. ܕܠܡܢܐ ܗܘܐ ܐܒܕܢܐ ܕܗܢܐ ܒܣܡܐ. 5 ܡܫܟܚ
ܗܘܐ ܓܝܪ ܠܡܙܕܒܢܘ܂ ܝܬܝܪ ܡܢ ܬܠܬܡܐܐ ܕܝܢܪܝܢ. ܘܠܡܬܝܗܒܘ ܠܡܣܟܢܐ.

ܘܡܬܚܪܝܢ ܗܘܘ ܒܗ ✦ 6 ܗܘ ܕܝܢ ܝܫܘܥ ܐܡܪ. ܫܒܘܩܘܗ̇. ܡܢܐ ܡܗܪܝܢ ܐܢܬܘܢ
ܠܗ̇. ܥܒܕܐ ܫܦܝܪܐ ܥܒܕܬ ܠܘܬܝ. 7 ܒܟܠܙܒܢ ܓܝܪ ܡܣܟܢܐ ܐܝܬ ܠܟܘܢ ܥܡܟܘܢ.
ܘܐܡܬܝ ܕܨܒܝܢ ܐܢܬܘܢ. ܡܫܟܚܝܢ ܐܢܬܘܢ ܠܡܥܒܕ ܠܗܘܢ ܛܒܬܐ. ܠܝ ܕܝܢ ܠܐ
ܒܟܠܙܒܢ ܐܝܬ ܠܟܘܢ. 8 ܗܕܐ ܕܐܝܬ ܗܘܐ ܠܗ̇ ܗܕܐ ܥܒܕܬ. ܘܩܕܡܬ ܐܝܟ
ܕܠܡܩܒܪܢܘܬܝ ܒܣܡܬ ܦܓܪܝ. 9 ܘܐܡܝܢ ܐܡܪ ܐܢܐ ܠܟܘܢ. ܕܟܠ ܐܝܟܐ ܕܬܬܟܪܙ ܣܒܪܬܝ
ܗܕܐ ܒܟܠܗ ܥܠܡܐ. ܐܦ ܡܕܡ ܕܥܒܕܬ ܗܕܐ ܬܬܡܠܠ ܠܕܘܟܪܢܗ̇ ✦

10 ܝܗܘܕܐ ܕܝܢ ܣܟܪܝܘܛܐ ܚܕ ܡܢ ܬܪܥܣܪ. ܐܙܠ ܠܘܬ ܪܒܝ ܟܗܢܐ ܐܝܟ ܕܢܫܠܡܝܘܗܝ
ܠܗܘܢ ܠܝܫܘܥ ✦ 11 ܗܢܘܢ ܕܝܢ ܟܕ ܫܡܥܘ ܚܕܝܘ. ܘܐܫܬܘܕܝܘܗܝ ܕܟܣܦܐ ܢܬܠܘܢ
ܠܗ. ܘܒܥܐ ܗܘܐ ܠܗ ܦܠܛܐ ܕܢܫܠܡܝܘܗܝ ✦

12 ܘܒܝܘܡܐ ܩܕܡܝܐ ܕܦܛܝܪܐ: ܕܒܗ ܕܒܚܝܢ ܝܗܘܕܝܐ ܦܨܚܐ. ܐܡܪܝܢ ܠܗ ܬܠܡܝܕܘܗܝ.
ܐܝܟܐ ܨܒܐ ܐܢܬ ܕܢܐܙܠ ܢܛܝܒ ܠܟ ܕܬܐܟܘܠ ܦܨܚܐ. 13 ܘܫܕܪ ܬܪܝܢ ܡܢ ܬܠܡܝܕܘܗܝ.
ܘܐܡܪ ܠܗܘܢ: ܙܠܘ ܠܡܕܝܢܬܐ. ܘܗܐ ܦܓܥ ܒܟܘܢ: ܓܒܪܐ ܕܫܩܝܠ ܡܐܢܐ ܕܡܝܐ. ܙܠܘ
ܒܬܪܗ. 14 ܘܠܐܝܟܐ ܕܥܐܠ ܐܡܪܘ ܠܡܪܐ ܒܝܬܐ. ܪܒܢ ܐܡܪ: ܐܝܟܐ ܒܝܬ ܡܫܪܝܐ: ܐܝܟܐ
ܕܐܟܘܠ ܥܡ ܬܠܡܝܕܝ ܦܨܚܐ. 15 ܘܗܘ ܡܚܘܐ ܠܟܘܢ ܥܠܝܬܐ ܪܒܬܐ ܕܡܫܘܝܐ ܘܡܛܝܒܐ.
ܬܡܢ ܛܝܒܘ ܠܢ. 16 ܘܢܦܩܘ ܬܠܡܝܕܘܗܝ. ܘܐܬܘ ܠܡܕܝܢܬܐ. ܘܐܫܟܚܘ ܐܝܟܢܐ ܕܐܡܪ
ܠܗܘܢ: ܘܛܝܒܘ ܦܨܚܐ ✦✦

17 ܘܟܕ ܗܘܐ ܪܡܫܐ ܐܬܐ ܥܡ ܬܪܥܣܪܬܗܘܢ ✦ 18 ܘܟܕ ܣܡܝܟܝܢ ܘܠܥܣܝܢ. ܐܡܪ ܝܫܘܥ.
ܐܡܝܢ ܐܡܪ ܐܢܐ ܠܟܘܢ. ܕܚܕ ܡܢܟܘܢ ܕܐܟܠ ܥܡܝ. ܗܘ ܢܫܠܡܢܝ ✦ 19 ܗܢܘܢ ܕܝܢ
ܫܪܝܘ ܡܬܬܥܝܩܝܢ. ܘܐܡܪܝܢ ܠܗ. ܚܕ ܚܕ. ܠܡܐ ܐܢܐ ✦ 20 ܗܘ ܕܝܢ ܐܡܪ ܠܗܘܢ.
ܚܕ ܡܢ ܬܪܥܣܪ. ܕܨܒܥ ܥܡܝ ܒܠܓܢܬܐ. 21 ܘܒܪܗ ܕܐܢܫܐ ܐܙܠ ܐܝܟܢܐ ܕܟܬܝܒ
ܥܠܘܗܝ. ܘܝ ܕܝܢ ܠܓܒܪܐ ܗܘ ܕܒܐܝܕܗ ܡܫܬܠܡ ܒܪܗ ܕܐܢܫܐ. ܦܩܚ ܗܘܐ ܠܗ
ܠܓܒܪܐ ܗܘ. ܐܠܘ ܠܐ ܐܬܝܠܕ ✦

22 ܘܟܕ ܗܢܘܢ ܠܥܣܝܢ. ܢܣܒ ܝܫܘܥ ܠܚܡܐ. ܘܒܪܟ. ܘܩܨܐ ܘܝܗܒ ܠܗܘܢ. ܘܐܡܪ
ܠܗܘܢ. ܣܒܘ. ܗܢܐ ܐܝܬܘܗܝ ܦܓܪܝ ✦ 23 ܘܢܣܒ ܟܣܐ. ܘܐܘܕܝ ܘܒܪܟ. ܘܝܗܒ ܠܗܘܢ.
ܘܐܫܬܝܘ ܡܢܗ ܟܠܗܘܢ. 24 ܘܐܡܪ ܠܗܘܢ. ܗܢܘ ܕܡܝ ܕܕܝܬܩܐ ܚܕܬܐ: ܕܚܠܦ ܣܓܝܐܐ
ܡܬܐܫܕ. 25 ܐܡܝܢ ܐܡܪ ܐܢܐ ܠܟܘܢ. ܕܬܘܒ ܠܐ ܐܫܬܐ ܡܢ ܝܠܕܐ ܕܓܦܬܐ: ܥܕܡܐ ܠܝܘܡܐ
ܗܘ ܕܒܗ ܐܫܬܝܘܗܝ ܚܕܬܐ ܒܡܠܟܘܬܗ ܕܐܠܗܐ ✦ 26 ܘܫܒܚܘ. ܘܢܦܩܘ ܠܛܘܪ
ܙܝܬܐ ✦✦✦✦

27 ܘܐܡܪ ܠܗܘܢ ܝܫܘܥ. ܕܟܠܟܘܢ ܬܬܟܫܠܘܢ ܒܝ ܒܗܢܐ ܠܠܝܐ. ܟܬܝܒ ܓܝܪ: ܕܐܡܚܐ ܠܪܥܝܐ ܙܟܪܝܐ ܝܓ
ܘܢܬܒܕܪܘܢ ܥܪܒܘܗܝ. 28 ܐܠܐ ܡܐ ܕܩܡܬ. ܩܕܡ ܐܢܐ ܠܟܘܢ ܠܓܠܝܠܐ ✦ 29 ܐܡܪ

ܠܗ ܟܐܦܐ. ܐܢ ܟܠܗܘܢ ܢܬܟܫܠܘܢ. ܐܠܐ ܠܐ ܐܢܐ. 30 ܐܡܪ ܠܗ ܝܫܘܥ. ܐܡܝܢ ܐܡܪ ܐܢܐ
ܠܟ. ܕܐܢܬ ܝܘܡܢܐ ܒܠܠܝܐ ܗܢܐ. ܩܕܡ ܕܬܪܬܝܢ ܙܒܢܝܢ ܢܩܪܐ ܬܪܢܓܠܐ. ܬܠܬ ܬܟܦܘܪ ܒܝ܀
31 ܗܘ ܕܝܢ ܝܬܝܪܐܝܬ ܐܡܪ ܗܘܐ. ܕܐܢ ܢܗܘܐ ܠܝ ܠܡܡܬ ܥܡܟ. ܠܐ ܐܟܦܘܪ ܒܟ.
ܡܪܝ. ܘܐܦ ܟܠܗܘܢ ܐܡܪܘ܀ 32 ܘܐܬܘ ܠܕܘܟܬܐ ܐܝܕܐ ܕܡܬܩܪܝܐ ܓܕܣܡܢ.
ܘܐܡܪ ܠܬܠܡܝܕܘܗܝ. ܬܒܘ ܗܪܟܐ ܥܕ ܡܨܠܐ ܐܢܐ. 33 ܘܕܒܪ ܥܡܗ ܠܟܐܦܐ ܘܠܝܥܩܘܒ.
ܘܠܝܘܚܢܢ. ܘܫܪܝ ܠܡܬܡܗܘ ܘܠܡܬܥܩܘ. 34 ܘܐܡܪ ܠܗܘܢ. ܟܪܝܐ ܗܝ ܠܗ ܠܢܦܫܝ
ܥܕܡܐ ܠܡܘܬܐ. ܩܘܘ ܗܪܟܐ ܘܐܬܬܥܝܪܘ܀ 35 ܘܩܪܒ ܩܠܝܠ ܘܢܦܠ ܥܠ ܐܪܥܐ. ܘܡܨܠܐ
ܗܘܐ ܕܐܢ ܡܫܟܚܐ ܬܥܒܪ ܡܢܗ ܫܥܬܐ. 36 ܘܐܡܪ. ܐܒܐ ܐܒܝ. ܟܠ ܡܕܡ ܡܫܟܚ ܐܢܬ. ܐܥܒܪ
ܡܢܝ ܟܣܐ ܗܢܐ. ܐܠܐ ܠܐ ܐܝܟ ܕܨܒܐ ܐܢܐ. ܐܠܐ ܐܝܟ ܕܐܢܬ܀ 37 ܘܐܬܐ ܐܫܟܚ ܐܢܘܢ ܟܕ ܕܡܟܝܢ.
ܘܐܡܪ ܠܟܐܦܐ. ܫܡܥܘܢ ܕܡܟ ܐܢܬ. ܠܐ ܐܫܟܚܬ ܚܕܐ ܫܥܐ ܠܡܬܬܥܝܪܘ.
38 ܐܬܬܥܝܪܘ ܘܨܠܘ. ܕܠܐ ܬܥܠܘܢ ܠܢܣܝܘܢܐ. ܪܘܚܐ ܨܒܝܐ. ܘܡܛܝܒܐ. ܐܠܐ ܦܓܪܐ
ܟܪܝܗ܀ 39 ܘܐܙܠ ܬܘܒ ܨܠܝ. ܘܗܝ ܡܠܬܐ ܐܡܪ. 40 ܘܗܦܟ ܐܬܐ ܬܘܒ. ܐܫܟܚ
ܐܢܘܢ ܟܕ ܕܡܟܝܢ. ܡܛܠ ܕܥܝܢܝܗܘܢ ܝܩܝܪܢ ܗܘܝ. ܘܠܐ ܝܕܥܝܢ ܗܘܘ ܡܢܐ
ܢܐܡܪܘܢ ܠܗ܀ 41 ܘܐܬܐ ܕܬܠܬ ܙܒܢܝܢ. ܘܐܡܪ ܠܗܘܢ. ܕܡܟܘ ܡܟܝܠ ܘܐܬܢܝܚܘ. ܡܛܬ
ܫܥܬܐ. ܘܐܬܐ ܡܫܠܡ. ܘܗܐ ܡܫܬܠܡ ܒܪܗ ܕܐܢܫܐ ܒܐܝܕܝ ܚܛܝܐ܀ 42 ܩܘܡܘ ܢܐܙܠ.
ܗܐ ܡܛܐ ܗܘ ܕܡܫܠܡ ܠܝ܀

43 ܘܥܕ ܗܘ ܡܡܠܠ. ܐܬܐ ܝܗܘܕܐ ܣܟܪܝܘܛܐ ܚܕ ܡܢ ܬܪܥܣܪ. ܘܥܡܗ ܟܢܫܐ ܣܓܝܐܐ ܥܡ
ܣܦܣܪܐ ܘܚܘܛܪܐ. ܡܢ ܠܘܬ ܪܒܝ ܟܗܢܐ ܘܣܦܪܐ ܘܩܫܝܫܐ܀ 44 ܘܝܗܒ ܠܗܘܢ ܐܬܐ
ܡܫܠܡܢܐ ܗܘ ܕܡܫܠܡ ܗܘܐ ܘܐܡܪ. ܗܘ ܕܢܫܩ ܐܢܐ ܗܘܝܘ. ܐܚܘܕܘܗܝ ܙܗܝܪܐܝܬ.
ܘܐܘܒܠܘܗܝ܀ 45 ܘܡܚܕܐ ܩܪܒ ܘܐܡܪ ܠܗ. ܪܒܝ ܪܒܝ. ܘܢܫܩܗ܀ 46 ܗܢܘܢ ܕܝܢ
ܐܪܡܝܘ ܐܝܕܝܗܘܢ ܥܠܘܗܝ ܘܐܚܕܘܗܝ܀ 47 ܚܕ ܕܝܢ ܡܢ ܗܢܘܢ ܕܩܝܡܝܢ. ܫܡܛ ܣܦܣܪܐ.
ܘܡܚܝܗܝ ܠܥܒܕܗ ܕܪܒ ܟܗܢܐ ܘܫܩܠܗ ܐܕܢܗ܀ 48 ܗܘ ܕܝܢ ܝܫܘܥ ܥܢܐ ܘܐܡܪ ܠܗܘܢ.
ܐܝܟ ܕܥܠ ܓܝܣܐ ܢܦܩܬܘܢ. ܒܣܦܣܪܐ ܘܒܚܘܛܪܐ ܕܬܐܚܕܘܢܢܝ. 49 ܟܠܝܘܡ ܠܘܬܟܘܢ ܗܘܝܬ
ܟܕ ܡܠܦ ܐܢܐ ܒܗܝܟܠܐ. ܘܠܐ ܐܚܕܬܘܢܢܝ. ܐܠܐ ܕܢܫܠܡܘܢ ܟܬܒܐ ܗܘܐ ܗܕܐ܀ 50 ܗܝܕܝܢ
ܫܒܩܘܗܝ ܬܠܡܝܕܘܗܝ ܘܥܪܩܘ܀ 51 ܘܥܠܝܡܐ ܚܕ ܐܬܐ ܗܘܐ ܒܬܪܗ. ܘܡܥܛܦ ܣܕܘܢܐ
ܥܪܛܠܝܐܝܬ ܘܐܚܕܘܗܝ. 52 ܗܘ ܕܝܢ ܫܒܩ ܣܕܘܢܐ. ܘܥܪܩ ܥܪܛܠܝ܀ 53 ܘܐܘܒܠܘܗܝ ܠܝܫܘܥ
ܠܘܬ ܩܝܦܐ ܪܒ ܟܗܢܐ. ܘܐܬܟܢܫܘ ܠܘܬܗ ܟܠܗܘܢ ܪܒܝ ܟܗܢܐ ܘܣܦܪܐ ܘܩܫܝܫܐ܀

54 ܫܡܥܘܢ ܕܝܢ ܡܢ ܪܘܚܩܐ ܐܬܐ ܗܘܐ ܒܬܪܗ. ܥܕܡܐ ܠܕܪܬܐ ܕܪܒ ܟܗܢܐ. ܘܝܬܒ
ܗܘܐ ܥܡ ܡܫܡܫܢܐ ܘܫܚܢ ܠܘܩܒܠ ܢܘܪܐ܀ 55 ܪܒܝ ܟܗܢܐ ܕܝܢ ܘܟܠܗ ܟܢܘܫܬܗܘܢ.
ܒܥܝܢ ܗܘܘ ܥܠ ܝܫܘܥ ܣܗܕܘܬܐ ܕܢܡܝܬܘܢܝܗܝ. ܘܠܐ ܐܫܟܚܘ܀ 56 ܟܕ ܣܓܝܐܐ ܓܝܪ

ܣܗܕܝܢ ܗܘܘ ܥܠܘܗܝ. ܠܐ ܫܘܝܢ ܗܘܝ ܣܗܕܘܬܗܘܢ. 57 ܐܢܫܝܢ ܕܝܢ ܩܡܘ ܥܠܘܗܝ.
ܣܗܕܐ ܕܫܘܩܪܐ ܘܐܡܪܝܢ. 58 ܕܚܢܢ ܫܡܥܢܝܗܝ ܕܐܡܪ. ܕܐܢܐ ܫܪܐ ܐܢܐ ܗܝܟܠܐ ܗܢܐ ܕܥܒܝܕ
ܒܐܝܕܝܐ. ܘܠܬܠܬܐ ܝܘܡܝܢ ܒܢܐ ܐܢܐ ܐܚܪܢܐ ܕܠܐ ܥܒܝܕ ܒܐܝܕܝܐ. 59 ܘܐܦܠܐ ܗܟܢܐ ܫܘܝܐ
ܗܘܬ ܣܗܕܘܬܗܘܢ. 60 ܘܩܡ ܪܒ ܟܗܢܐ ܒܡܨܥܬܐ. ܘܫܐܠܗ ܠܝܫܘܥ. ܘܐܡܪ. ܠܐ ܡܦܢܐ
ܐܢܬ ܦܬܓܡܐ: ܡܢܐ ܣܗܕܝܢ ܥܠܝܟ ܗܠܝܢ. 61 ܗܘ ܕܝܢ ܫܬܝܩ ܗܘܐ. ܘܡܕܡ ܠܐ
ܥܢܝܗ ܀ ܘܬܘܒ ܫܐܠܗ ܪܒ ܟܗܢܐ ܘܐܡܪ. ܐܢܬ ܗܘ ܡܫܝܚܐ ܒܪܗ ܕܡܒܪܟܐ. 62 ܗܘ ܕܝܢ
ܝܫܘܥ ܐܡܪ ܠܗ. ܐܢܐ ܐܢܐ. ܘܬܚܙܘܢ ܠܒܪܗ ܕܐܢܫܐ ܕܝܬܒ ܡܢ ܝܡܝܢܐ ܕܚܝܠܐ. ܘܐܬܐ
ܥܠ ܥܢܢܝ ܫܡܝܐ ܀ 63 ܪܒ ܟܗܢܐ ܕܝܢ ܨܪܐ ܟܘܬܝܢܗ. ܘܐܡܪ. ܡܢܐ ܡܬܒܥܝܢ
ܠܢ ܣܗܕܐ. 64 ܗܐ ܡܢ ܦܘܡܗ ܫܡܥܬܘܢ ܓܘܕܦܐ. ܡܢܐ ܡܬܚܙܐ ܠܟܘܢ. ܗܢܘܢ ܕܝܢ
ܟܠܗܘܢ ܚܝܒܘܗܝ ܕܚܝܒ ܗܘ ܡܘܬܐ ܀ 65 ܘܫܪܝܘ ܐܢܫܝܢ ܪܩܝܢ ܒܦܪܨܘܦܗ. ܘܡܚܦܝܢ
ܐܦܘܗܝ. ܘܡܩܦܚܝܢ ܠܗ. ܘܐܡܪܝܢ. ܐܬܢܒܐ. ܘܕܚܫܐ ܡܚܝܢ ܗܘܘ ܠܗ ܥܠ
ܦܟܘܗܝ ܀

66 ܘܟܕ ܫܡܥܘܢ ܠܬܚܬ ܒܕܪܬܐ. ܐܬܬ ܥܠܝܡܬܐ ܚܕܐ ܕܪܒ ܟܗܢܐ. 67 ܚܙܬܗ ܕܫܚܢ.
ܘܚܪܬ ܒܗ. ܘܐܡܪܐ ܠܗ. ܐܦ ܐܢܬ ܥܡ ܝܫܘܥ ܗܘܝܬ ܢܨܪܝܐ. 68 ܗܘ ܕܝܢ ܟܦܪ. ܘܐܡܪ.
ܠܐ ܝܕܥ ܐܢܐ ܡܢܐ ܐܡܪܐ ܐܢܬܝ. ܘܢܦܩ ܠܒܪ ܠܦܪܘܕܐ. ܘܩܪܐ ܬܪܢܓܠܐ. 69 ܘܚܙܬܗ ܬܘܒ
ܥܠܝܡܬܐ ܗܝ. ܘܫܪܝܬ ܠܡܐܡܪ ܠܐܝܠܝܢ ܕܩܝܡܝܢ: ܕܐܦ ܗܢܐ ܡܢܗܘܢ ܗܘ. 70 ܗܘ ܕܝܢ
ܬܘܒ ܟܦܪ. ܘܒܬܪ ܩܠܝܠ. ܬܘܒ ܗܢܘܢ ܕܩܝܡܝܢ ܐܡܪܘ ܠܟܐܦܐ. ܫܪܝܪܐܝܬ ܡܢܗܘܢ
ܐܢܬ. ܐܦ ܓܝܪ ܓܠܝܠܝܐ ܐܢܬ. ܘܡܡܠܠܟ ܕܡܐ. 71 ܗܘ ܕܝܢ ܫܪܝ ܗܘܐ ܡܚܪܡ ܘܝܡܐ:
ܕܠܐ ܝܕܥ ܐܢܐ ܠܓܒܪܐ ܗܢܐ ܕܐܡܪܝܢ ܐܢܬܘܢ. 72 ܘܒܗ ܒܫܥܬܐ. ܩܪܐ ܬܪܢܓܠܐ ܕܬܪܬܝܢ
ܙܒܢܝܢ ܀ ܘܐܬܕܟܪ ܫܡܥܘܢ ܡܠܬܗ ܕܝܫܘܥ. ܕܐܡܪ ܗܘܐ ܠܗ: ܕܥܕܠܐ ܢܩܪܐ ܬܪܢܓܠܐ
ܬܪܬܝܢ ܙܒܢܝܢ. ܬܠܬ ܬܟܦܘܪ ܒܝ. ܘܫܪܝ ܕܢܒܟܐ ܀

Cap. xv. 1 ܘܡܚܕܐ ܒܨܦܪܐ. ܥܒܕܘ ܡܠܟܐ ܪܒܝ ܟܗܢܐ. ܥܡ ܩܫܝܫܐ ܘܥܡ ܣܦܪܐ. ܘܥܡ ܟܠܗ
ܟܢܘܫܬܐ. ܘܐܣܪܘܗܝ ܠܝܫܘܥ ܘܐܘܒܠܘܗܝ. ܘܐܫܠܡܘܗܝ ܠܦܝܠܛܘܣ ܀ 2 ܘܫܐܠܗ
ܦܝܠܛܘܣ. ܐܢܬ ܗܘ ܡܠܟܐ ܕܝܗܘܕܝܐ. ܗܘ ܕܝܢ ܥܢܐ. ܘܐܡܪ ܠܗ. ܐܢܬ ܐܡܪܬ ܀
3 ܘܐܟܠܝܢ ܗܘܘ ܩܪܨܘܗܝ ܪܒܝ ܟܗܢܐ ܒܣܓܝܐܬܐ. 4 ܗܘ ܕܝܢ ܦܝܠܛܘܣ ܬܘܒ ܫܐܠܗ.
ܘܐܡܪ ܠܗ. ܠܐ ܡܦܢܐ ܐܢܬ ܦܬܓܡܐ. ܚܙܝ ܟܡܐ ܣܗܕܝܢ ܥܠܝܟ ܀ 5 ܗܘ ܕܝܢ ܝܫܘܥ.
ܡܕܡ ܦܬܓܡܐ ܠܐ ܝܗܒ. ܐܝܟܢܐ ܕܢܬܕܡܪ ܦܝܠܛܘܣ ܀

6 ܡܫܪܐ ܗܘܐ ܕܝܢ ܠܗܘܢ ܒܟܠ ܥܐܕܐ: ܐܣܝܪܐ ܚܕ. ܐܝܢܐ ܕܫܐܠܝܢ. 7 ܘܐܝܬ
ܗܘܐ ܚܕ ܕܡܬܩܪܐ ܒܪ ܐܒܐ. ܕܐܣܝܪ ܗܘܐ ܥܡ ܥܒܘܕܝ ܐܣܛܣܝܣ. ܗܢܘܢ ܕܩܛܠܐ ܒܐܣܛܣܝܣ
ܥܒܕܘ. 8 ܘܩܥܐ ܥܡܐ. ܘܫܪܝܘ ܠܡܫܐܠ ܐܝܟ ܕܡܥܒܕ ܗܘܐ ܥܒܕ ܠܗܘܢ. 9 ܗܘ ܕܝܢ

ܦܝܠܛܘܣ ܚܢܐ. ܘܐܡܪ. ܪܚܡ ܐܝܠܗ̇: ܐܡܪܐ ܚܡܘܝ ܡܚܟܐ ܕܡܗܘܘܪܐ. 10 ܡܓܪ ܗܘܐ
ܠܗ ܦܝܠܛܘܣ ܕܡܢ ܣܡܥܐ ܐܡܚܡܘܗܝ ܦܪܢܝ ܦܘܬܐ.:.
11 ܦܪܢܝ ܦܘܬܐ ܕܝܢ. ܡܓܝܪܐܝܬ ܣܓܝܗ ܚܢܝܬܐ. ܕܚܟܢ ܐܢܐ ܢܡܪܐ ܚܘܝ.:. 12 ܗܘ ܕܝܢ ܡܣܠܝ
ܦܝܠܛܘܣ ܐܡܪ ܚܘܝ: ܡܢܐ ܗܩܠܐ ܪܚܡ ܐܝܠܗ̇ ܐܚܢܝ ܚܘܢܐ: ܕܡܢܡ ܐܝܠܗ̇ ܡܚܟܐ
ܕܡܗܘܘܪܐ. 13 ܗܢܘܢ ܕܝܢ ܠܘܒ ܡܚܘ. ܐܡܨܒܝܘܢ.:. 14 ܗܘ ܕܝܢ ܦܝܠܛܘܣ ܐܡܪ ܚܘܝ:
ܡܢܐ ܠܗ ܕܥܒܕ ܚܟܝ. ܘܗܢܘܢ ܡܓܝܪܐܝܬ ܡܚܝܡ ܗܘܘ. ܐܡܨܒܝܘܢ.:. 15 ܦܝܠܛܘܣ ܕܝܢ
ܪܚܐ. ܕܢܕܟܐ ܪܚܢܐ ܚܢܝܬܐ. ܘܡܪܐ ܚܘܝ ܚܟܢ ܐܢܐ. ܘܐܡܚܡ ܚܘܝ ܚܢܡܘܢ. ܟܒ
ܡܢܟܐ: ܦܬܐܘܚܒ.:.
16 ܐܡܓܪܓܬܘܬܐ ܕܝܢ ܐܘܚܚܘܗܝ ܚܢܗ ܕܦܐܪܐ. ܕܐܡܓܡܢ ܦܪܛܘܪܡ. ܘܡܪܘ ܚܓܠܢ
ܐܡܝܪ. 17 ܘܐܚܚܡܘܗܝ ܐܩܓܘܬܐ. ܘܓܒܚܗ ܡܥܗ ܟܗ ܡܓܠܐ ܕܦܬܟܐ. 18 ܘܡܬܡܗ
ܚܩܪܐܠܐ ܕܡܟܩܒܗ: ܡܟܡ ܡܚܟܐ ܕܡܗܘܘܪܐ: 19 ܘܡܓܚܡ ܗܘܘ ܟܗ ܟܠܐ ܕܡܗ ܚܡܢܐ.
ܘܦܩܡ ܗܘܘ ܓܐܦܩܝܘܢ. ܘܕܓܝܡ ܗܘܘ ܟܠܐ ܚܘܩܝܡܘܢ. ܘܡܓܙܡ ܟܗ.:. 20 ܘܡܝ ܓܐܡܗ
ܟܗ. ܐܡܚܣܘܝܘܢ ܐܩܓܘܬܐ ܘܐܚܚܡܘܗܝ ܡܐܢܬܘܢ. ܘܐܦܡܘܗܝ ܕܬܐܡܩܘܢܝܘܢ.:.
21 ܘܡܣܢܗ ܡܝ ܕܟܕܢ ܗܘܐ. ܡܚܚܘܝ ܡܘܩܡܢܐ: ܕܐܐܐ ܗܘܐ ܡܡ ܡܬܓܐ: ܐܚܘܗܝ
ܕܐܚܡܡܢܐܘܦ ܘܕܘܦܘܡ. ܕܢܡܩܘܠܐ ܐܩܒܩܗ.:. 22 ܘܐܡܓܡܘܗܝ ܚܓܝܓܘܚܓܐ. ܘܦܓܐ
ܕܡܓܦܡܐ. ܡܢܡܒܐ.:. 23 ܘܡܝܚܗ ܟܗ ܚܡܡܢܓܐ. ܣܡܢܐ ܕܣܓܝ ܟܗ ܡܘܐ. ܗܘ ܕܝܢ
ܠܐ ܢܡܒ.:. 24 ܘܟܒ ܐܡܩܘܝܘܢ. ܦܟܝܗ ܡܐܢܬܘܢ. ܘܐܘܩܗ ܚܟܣܘܝ ܦܝܡܐ: ܡܢܗ ܡܢܐ
ܢܡܒ.:. 25 ܐܝܟ ܗܘܐ ܕܝܢ ܡܓܐ ܠܟܐ. ܟܒ ܐܡܩܘܝܘܢ.:. 26 ܘܒܓܡܓܐ ܗܘܐ ܟܚܓܐ
ܕܡܘܐܗ. ܟܚܒܓܐ. ܗܢܐ ܗܘ ܡܚܟܐ ܕܡܗܘܘܪܐ.:. 27 ܘܐܡܡܗ ܟܡܒܗ ܠܩܡ ܟܩܓܡܐ. ܡܝ
ܡܡ ܡܩܣܢܗ. ܘܡܒ ܡܡ ܡܡܟܚܗ. 28 ܘܡܟܡ ܕܠܟܐ ܕܐܡܪ. ܕܟܡ ܟܓܠܐ ܐܡܣܒ.:.
29 ܘܐܦ ܐܡܟܡ ܕܝܢ ܕܟܚܢܡ ܗܘܘ. ܡܓܒܩܡ ܗܘܘ ܚܟܘܝܘܢ. ܘܡܬܢܝܡ ܡܬܡܘܝ.
ܘܐܦܢܡ. ܠܘܝ ܡܢܐ ܗܡܓܠܐ. ܘܟܢܬܐ ܟܗ ܟܠܟܒܐ ܢܘܩܬܡ: 30 ܦܗܐ ܢܡܒܘ. ܘܣܘܒܐ ܡܡ
ܐܩܒܩܐ.:. 31 ܘܗܘܓܢܐ ܐܦ ܦܪܢܝ ܦܘܬܐ ܓܣܓܡ ܗܘܘ ܡܒ ܟܡ ܡܒ ܘܡܘܩܬܐ. ܘܐܦܢܡ. ܐܬܢܐ
ܐܬܢ: ܢܡܒܗ: ܠܐ ܡܡܦܣ ܚܡܣܢܐ. 32 ܡܡܩܣܢܐ ܡܟܓܝܗ ܕܐܡܢܐܠܐ. ܢܣܘܐ ܗܘܐ ܡܡ
ܐܩܣܩܐ: ܕܢܣܐܐ. ܘܢܗܘܣܡ ܟܗ.:. ܘܐܦ ܗܢܘܢ ܕܝܢ ܕܐܩܒܩܡ ܗܘܘ ܟܡܒܗ: ܡܣܡܝܡ
ܗܘܘ ܟܗ.:.
33 ܘܡܒ ܗܘܬ ܡܟ ܡܬܢܡ: ܗܘܐ ܢܡܘܡܐ ܟܠܐ ܩܟܢ ܐܦܟܐ. ܚܝܡܐ ܚܡܓܐ ܠܡܟ.
34 ܘܟܓܡܟ ܡܬܢܡ. ܡܟܐ ܢܡܘܟ ܚܡܠܐ ܕܡܒ ܘܐܡܪ. ܐܝܠܐ ܐܝܠܐ: ܚܡܢܐ ܡܓܡܓܝܣ.
ܕܐܡܓܡܢ ܐܟܘܝ: ܐܟܘܝ. ܚܡܢܐ ܡܟܡܓܝܣ.:. 35 ܘܐܢܬܡ ܕܡܟܚܗ ܡܡ ܗܢܘܢ ܕܡܡܩܡ:
ܐܦܢܡ ܗܘܘ. ܠܐܓܝܐ ܡܢܐ. 36 ܦܘܠ ܕܝܢ ܡܒ ܘܡܓܠܐ ܐܡܡܘܓܐ ܣܠܐ. ܘܐܡܪ ܟܡܝܢܐ

ܕܢܫܩܝܘܗܝ. ܘܐܡܪ. ܫܒܘܩܘ. ܢܚܙܐ ܐܢ ܐܬܐ ܐܠܝܐ ܠܡܚܬܘܬܗ ܀ 37 ܗܘ ܕܝܢ ܝܫܘܥ ܝܗܒ
ܩܠܐ ܪܡܐ ܘܫܠܡ ܀ 38 ܘܐܦܝ ܬܪܥܐ ܕܗܝܟܠܐ ܐܨܛܪܝ ܠܬܪܝܢ. ܡܢ ܠܥܠ ܥܕܡܐ ܠܬܚܬ ܀
39 ܟܕ ܚܙܐ ܕܝܢ ܩܢܛܪܘܢܐ ܗܘ ܕܩܐܡ ܗܘܐ ܠܘܬܗ: ܕܗܟܢܐ ܩܥܐ ܘܫܠܡ. ܐܡܪ. ܫܪܝܪܐܝܬ
ܗܢܐ ܓܒܪܐ ܒܪܗ ܗܘܐ ܕܐܠܗܐ ܀ 40 ܐܝܬ ܗܘܝ ܕܝܢ ܐܦ ܢܫܐ ܕܡܢ ܪܘܚܩܐ ܚܙܝܢ ܗܘܝ.
ܡܪܝܡ ܡܓܕܠܝܬܐ. ܘܡܪܝܡ ܐܡܗ ܕܝܥܩܘܒ ܙܥܘܪܐ ܘܕܝܘܣܐ. ܘܫܠܘܡ. 41 ܗܠܝܢ ܕܟܕ
ܗܘܐ ܒܓܠܝܠܐ ܢܩܝܦܢ ܗܘܝ ܠܗ. ܘܡܫܡܫܢ ܠܗ. ܘܐܚܪܢܝܬܐ ܣܓܝܐܬܐ ܕܣܠܩ ܗܘܝ
ܥܡܗ ܠܐܘܪܫܠܡ ܀

42 ܘܟܕ ܗܘܐ ܪܡܫܐ ܕܥܪܘܒܬܐ ܕܐܝܬܝܗ ܩܕܡ ܫܒܬܐ. 43 ܐܬܐ ܝܘܣܦ. ܗܘ ܕܡܢ
ܪܡܬܐ ܡܝܩܪܐ ܒܘܠܘܛܐ: ܐܝܢܐ ܕܐܦ ܗܘ ܡܣܟܐ ܗܘܐ ܠܡܠܟܘܬܐ ܕܐܠܗܐ. ܘܐܡܪܚ.
ܘܥܠ ܠܘܬ ܦܝܠܛܘܣ. ܘܫܐܠ ܦܓܪܗ ܕܝܫܘܥ. 44 ܦܝܠܛܘܣ ܕܝܢ ܐܬܕܡܪ. ܕܐܦ ܡܢ
ܟܕܘ ܡܝܬ. ܘܩܪܐ ܠܩܢܛܪܘܢܐ. ܘܫܐܠܗ: ܕܐܢ ܡܢ ܩܕܡ ܙܒܢܐ ܡܝܬ. 45 ܘܟܕ ܝܠܦ.
ܝܗܒ ܦܓܪܗ ܠܝܘܣܦ ܀ 46 ܘܙܒܢ ܝܘܣܦ ܟܬܢܐ. ܘܐܚܬܗ. ܘܟܪܟܗ ܒܗ. ܘܣܡܗ ܒܩܒܪܐ
ܕܢܩܝܪ ܗܘܐ ܒܫܘܥܐ. ܘܥܓܠ ܟܐܦܐ ܥܠ ܬܪܥܗ ܕܩܒܪܐ ܀
Cap. xvi. 47 ܡܪܝܡ ܕܝܢ ܡܓܕܠܝܬܐ ܘܡܪܝܡ ܗܝ ܕܝܘܣܐ. ܚܙܝ ܐܝܟܐ ܕܐܬܬܣܝܡ ܀ 1 ܘܟܕ ܥܒܪܬ
ܫܒܬܐ. ܡܪܝܡ ܡܓܕܠܝܬܐ ܘܡܪܝܡ ܕܝܥܩܘܒ ܘܫܠܘܡ. ܙܒܢ ܗܪܘܡܐ ܕܢܐܬܝܢ
ܢܫܘܚܢܝܗܝ ܀

2 ܒܨܦܪܐ ܕܝܢ ܒܚܕ ܒܫܒܐ. ܐܬܝ ܠܒܝܬ ܩܒܘܪܐ. ܟܕ ܕܢܚ ܫܡܫܐ. 3 ܘܐܡܪܢ ܗܘܝ
ܒܢܦܫܗܝܢ. ܡܢ ܕܝܢ ܢܥܓܠ ܠܢ ܟܐܦܐ ܡܢ ܬܪܥܐ ܕܒܝܬ ܩܒܘܪܐ. 4 ܘܚܪ ܚܙܝ. ܕܡܬܥܓܠܐ
ܗܝ ܟܐܦܐ. ܪܒܐ ܗܘܬ ܓܝܪ ܛܒ ܀ 5 ܘܥܠܝܢ ܠܒܝܬ ܩܒܘܪܐ. ܘܚܙܝ ܠܥܠܝܡܐ. ܕܝܬܒ
ܡܢ ܝܡܝܢܐ: ܘܥܛܝܦ ܐܣܛܠܐ ܚܘܪܬܐ. ܘܐܬܗܪ. 6 ܗܘ ܕܝܢ ܐܡܪ ܠܗܝܢ. ܠܐ ܬܬܕܚܠܢ.
ܠܝܫܘܥ ܢܨܪܝܐ ܒܥܝܢ ܐܢܬܝܢ ܗܘ ܕܐܙܕܩܦ. ܩܡ ܠܗ. ܠܐ ܗܘܐ ܬܢܢ. ܗܐ ܕܘܟܬܐ ܐܝܟܐ
ܕܣܝܡ ܗܘܐ. 7 ܐܠܐ ܐܙܠܝܢ ܐܡܪܝܢ ܠܬܠܡܝܕܘܗܝ ܘܠܟܐܦܐ. ܕܗܐ ܩܕܡ ܠܟܘܢ ܠܓܠܝܠܐ.
ܬܡܢ ܬܚܙܘܢܝܗܝ ܐܝܟܢܐ ܕܐܡܪ ܠܟܘܢ ܀ 8 ܘܟܕ ܫܡܥܝ. ܥܪܩ. ܘܢܦܩ ܡܢ ܩܒܪܐ. ܐܚܝܕ
ܗܘܐ ܠܗܝܢ ܓܝܪ ܬܗܪܐ ܘܪܬܝܬܐ. ܘܠܐܢܫ ܡܕܡ ܠܐ ܐܡܪܝ. ܕܚܝܠܢ ܗܘܝ ܓܝܪ ܀

9 ܒܨܦܪܐ ܕܝܢ ܒܚܕ ܒܫܒܐ. ܩܡ ܘܐܬܚܙܝ ܠܘܩܕܡ. ܠܡܪܝܡ ܡܓܕܠܝܬܐ. ܗܝ ܕܫܒܥܐ
ܫܐܕܝܢ ܐܦܩ ܗܘܐ ܡܢܗ. 10 ܘܗܝ ܐܙܠܬ. ܣܒܪܬ ܠܗܘܢ ܕܥܡܗ ܗܘܘ: ܕܐܒܝܠܝܢ
ܗܘܘ. ܘܒܟܝܢ. 11 ܘܗܢܘܢ ܟܕ ܫܡܥܘ ܕܐܡܪܢ. ܕܚܝ. ܘܐܬܚܙܝ ܠܗܝܢ. ܠܐ ܗܝܡܢܘ ܐܢܝܢ ܀

12 ܒܬܪ ܗܠܝܢ. ܐܬܚܙܝ ܠܬܪܝܢ ܡܢܗܘܢ. ܒܕܡܘܬܐ ܐܚܪܬܐ. ܟܕ ܡܗܠܟܝܢ. ܘܐܙܠܝܢ
ܠܩܪܝܬܐ. 13 ܘܗܢܘܢ ܐܙܠܘ. ܐܡܪܘ ܠܫܪܟܐ. ܐܦ ܠܐ ܠܗܢܘܢ ܗܝܡܢܘ ܀ 14 ܐܚܪܝܬ ܕܝܢ
ܐܬܚܙܝ ܠܚܕܥܣܪ ܟܕ ܣܡܝܟܝܢ. ܘܚܣܕ ܠܚܣܝܪܘܬ ܗܝܡܢܘܬܗܘܢ ܘܠܩܫܝܘܬ ܠܒܗܘܢ.

ܕܚܙܐܘܗܝ ܕܩܡ ܠܐ ܗܝܡܢܘ ⁜ 15 ܘܐܡܪ ܠܗܘܢ. ܙܠܘ ܠܥܠܡܐ ܟܠܗ܂ ܘܐܟܪܙܘ
ܣܒܪܬܝ. ܒܟܠܗ ܒܪܝܬܐ. 16 ܐܝܢܐ ܕܡܗܝܡܢ ܘܥܡܕ܂ ܚܝܐ. ܘܐܝܢܐ ܕܠܐ ܡܗܝܡܢ.
ܡܬܚܝܒ. 17 ܐܬܘܬܐ ܕܝܢ ܠܐܝܠܝܢ ܕܡܗܝܡܢܝܢ ܗܠܝܢ ܢܩܦܢ. ܒܫܡܝ ܫܐܕܐ ܢܦܩܘܢ܂
ܘܒܠܫܢܐ ܚܕܬܐ ܢܡܠܠܘܢ. 18 ܘܚܘܘܬܐ ܢܫܩܠܘܢ. ܘܐܢ ܣܡܐ ܕܡܘܬܐ ܢܫܬܘܢ܂ ܠܐ ܢܗܪ
ܐܢܘܢ. ܘܐܝܕܝܗܘܢ ܢܣܝܡܘܢ ܥܠ ܟܪܝܗܐ ܘܢܬܚܠܡܘܢ ⁜
19 ܝܫܘܥ ܕܝܢ ܡܪܢ ܡܢ ܒܬܪ ܕܡܠܠ ܥܡܗܘܢ. ܠܫܡܝܐ ܣܠܩ܂ ܘܝܬܒ ܡܢ ܝܡܝܢܐ
ܕܐܠܗܐ. 20 ܗܢܘܢ ܕܝܢ ܢܦܩܘ܂ ܘܐܟܪܙܘ ܒܟܠ ܕܘܟ. ܘܡܪܢ ܡܥܕܪ ܗܘܐ ܠܗܘܢ܂ ܘܡܫܪܪ
ܡܠܝܗܘܢ. ܒܐܬܘܬܐ ܕܥܒܕܝܢ ܗܘܘ ⁜⁜⁜

⁜ ܫܠܡ ܐܘܢܓܠܝܘܢ ܩܕܝܫܐ ܟܪܘܙܘܬܐ ܕܡܪܩܘܣ ܕܡܠܠ
ܪܗܘܡܐܝܬ ܒܪܗܘܡܐ ⁜

ܐܘܢܓܠܝܘܢ ܩܕܝܫܐ ܕܟܪܘܙܘܬܐ ܕܠܘܩܐ

¹ ܡܛܠ ܕܣܓܝܐܐ ܨܒܘ. ܕܢܟܬܒܘܢ ܬܫܥܝܬܐ ܕܣܘܥܪܢܐ. ܗܠܝܢ ܕܡܦܝܣܝܢ ܚܢܢ Cap. i.
ܒܗܘܢ: ² ܐܝܟ ܕܐܫܠܡܘ ܠܢ ܗܢܘܢ. ܕܡܢ ܩܕܝܡ ܗܘܘ ܚܙܝܐ ܘܡܫܡܫܢܐ ܕܡܠܬܗ ܩܦܠܐܘܢ ܐ.
ܕܡܠܬܐ. ³ ܐܬܚܙܝ ܐܦ ܠܝ ܡܛܠ ܕܩܪܝܒ ܗܘܝܬ ܒܚܦܝܛܘܬ ܠܟܠܗܘܢ: ܕܟܠ ܡܕܡ
ܒܫܪܪܗ ܐܟܬܘܒ ܠܟ ܢܨܝܚܐ ܬܐܘܦܝܠܐ. ⁴ ܕܬܕܥ ܫܪܪܐ ܕܡܠܐ ܕܐܬܬܠܡܕܬ ܒܗܝܢ ܀
⁵ ܗܘܐ ܒܝܘܡܬܗ ܕܗܪܘܕܣ ܡܠܟܐ ܕܝܗܘܕܐ. ܟܗܢܐ ܚܕ ܕܫܡܗ ܗܘܐ ܙܟܪܝܐ. ܡܢ
ܬܫܡܫܬܐ ܕܒܝܬ ܐܒܝܐ. ܘܐܢܬܬܗ ܡܢ ܒܢܬܗ ܕܐܗܪܘܢ. ܫܡܗ ܗܘܐ ܐܠܝܫܒܥ. ⁶ ܘܬܪܝܗܘܢ
ܟܐܢܝܢ. ܐܝܬܝܗܘܢ ܗܘܘ ܩܕܡ ܐܠܗܐ. ܘܡܗܠܟܝܢ ܒܟܠܗܘܢ ܦܘܩܕܢܘܗܝ ܘܒܟܐܢܘܬܗ ܕܡܪܝܐ
ܘܠܐ ܥܕܠܐ. ⁷ ܒܪܐ ܕܝܢ ܠܝܬ ܗܘܐ ܠܗܘܢ. ܡܛܠ ܕܐܠܝܫܒܥ ܥܩܪܐ ܗܘܬ. ܘܬܪܝܗܘܢ
ܣܓܝܘ ܒܝܘܡܬܗܘܢ ܗܘܘ ܀
⁸ ܗܘܐ ܕܝܢ ܟܕ ܡܟܗܢ ܗܘܐ ܒܬܫܡܫܬܐ ܕܐܬܡܛܝܬܗ ܩܕܡ ܐܠܗܐ. ⁹ ܒܥܝܕܐ
ܕܟܗܢܘܬܐ. ܡܛܝܗܝ ܕܢܣܝܡ ܒܣܡܐ. ܘܥܠ ܠܗܝܟܠܗ ܕܡܪܝܐ. ¹⁰ ܘܟܠܗ ܟܢܫܐ ܕܥܡܐ
ܡܨܠܐ ܗܘܐ ܠܒܪ ܒܥܕܢܐ ܕܒܣܡܐ. ¹¹ ܘܐܬܚܙܝ ܠܗ ܠܙܟܪܝܐ ܡܠܐܟܗ ܕܡܪܝܐ: ܕܩܐܡ
ܡܢ ܝܡܝܢܐ ܕܡܕܒܚܐ ܕܒܣܡܐ. ¹² ܘܐܫܬܓܫ ܙܟܪܝܐ ܟܕ ܚܙܝܗܝ. ܘܕܚܠܬܐ ܢܦܠܬ
ܥܠܘܗܝ. ¹³ ܘܐܡܪ ܠܗ ܡܠܐܟܐ. ܠܐ ܬܕܚܠ ܙܟܪܝܐ. ܡܛܠ ܕܐܫܬܡܥܬ ܨܠܘܬܟ. ܘܐܢܬܬܟ
ܐܠܝܫܒܥ ܬܐܠܕ ܠܟ ܒܪܐ. ܘܬܩܪܐ ܫܡܗ ܝܘܚܢܢ. ¹⁴ ܘܬܗܘܐ ܠܟ ܚܕܘܬܐ ܘܪܘܙܐ.
ܘܣܓܝܐܐ ܢܚܕܘܢ ܒܡܘܠܕܗ. ¹⁵ ܢܗܘܐ ܓܝܪ ܪܒ ܩܕܡ ܡܪܝܐ. ܘܚܡܪܐ ܘܫܟܪܐ ܠܐ ܢܫܬܐ.
ܘܪܘܚܐ ܕܩܘܕܫܐ ܢܬܡܠܐ ܟܕ ܗܘ ܒܟܪܣܐ ܕܐܡܗ. ¹⁶ ܘܣܓܝܐܐ ܡܢ ܒܢܝ ܐܝܣܪܝܠ ܢܦܢܐ
ܠܘܬ ܡܪܝܐ ܐܠܗܗܘܢ. ¹⁷ ܘܗܘ ܢܐܙܠ ܩܕܡܘܗܝ ܒܪܘܚܐ ܘܒܚܝܠܐ ܕܐܠܝܐ ܢܒܝܐ. ܕܢܦܢܐ
ܠܒܐ ܕܐܒܗܬܐ ܥܠ ܒܢܝܐ. ܘܠܐܝܠܝܢ ܕܠܐ ܡܬܛܦܝܣܝܢ. ܠܝܕܥܬܐ ܕܟܐܢܐ. ܘܢܛܝܒ ܠܡܪܝܐ
ܥܡܐ ܓܡܝܪܐ. ¹⁸ ܘܐܡܪ ܙܟܪܝܐ ܠܡܠܐܟܐ. ܐܝܟܢܐ ܐܕܥ ܗܕܐ. ܐܢܐ ܓܝܪ ܐܣܒܝܬ ܗܘܝܬ.
ܘܐܢܬܬܝ ܣܓܝܐܬ ܒܝܘܡܬܗ ܗܝ. ¹⁹ ܘܥܢܐ ܡܠܐܟܐ ܘܐܡܪ ܠܗ. ܐܢܐ ܐܢܐ ܓܒܪܝܐܝܠ ܕܩܐܡ
ܐܢܐ ܩܕܡ ܐܠܗܐ. ܘܐܫܬܠܚܬ ܕܐܡܠܠ ܥܡܟ. ܘܐܣܒܪܟ ܗܠܝܢ. ²⁰ ܡܟܝܠ ܬܗܘܐ
ܫܬܝܩ ܘܠܐ ܬܫܟܚ ܠܡܡܠܠܘ: ܥܕܡܐ ܠܝܘܡܐ ܕܗܠܝܢ ܢܗܘܝܢ. ܡܛܠ ܕܠܐ ܗܝܡܢܬ
ܠܡܠܝ ܗܠܝܢ ܕܡܬܡܠܝܢ ܒܙܒܢܗܝܢ. ²¹ ܥܡܐ ܕܝܢ ܩܐܡ ܗܘܐ ܘܡܣܟܐ ܠܙܟܪܝܐ.
ܘܬܡܝܗܝܢ ܗܘܘ ܥܠ ܐܘܚܪܢܗ ܕܒܗܝܟܠܐ. ²² ܟܕ ܢܦܩ ܕܝܢ ܙܟܪܝܐ. ܠܐ ܡܫܟܚ ܗܘܐ

ܕܢܡܠܠ ܥܡܗܘܢ. ܘܐܣܬܟܠܘ ܕܚܙܘܐ ܚܙܐ ܒܗܝܟܠܐ. ܘܗܘ ܡܪܡܙ ܪܡܙ ܗܘܐ ܠܗܘܢ.
ܘܦܫ ܟܕ ܚܪܫ. 23 ܘܟܕ ܐܬܡܠܝܘ ܝܘܡܬܐ ܕܬܫܡܫܬܗ ܐܙܠ ܠܒܝܬܗ. 24 ܘܗܘܐ
ܡܢ ܒܬܪ ܝܘܡܬܐ ܗܠܝܢ. ܒܛܢܬ ܐܠܝܫܒܥ ܐܢܬܬܗ. ܘܡܛܫܝܐ ܗܘܬ ܢܦܫܗ ܝܪܚܐ ܚܡܫܐ.
ܘܐܡܪܐ ܗܘܬ. 25 ܕܗܠܝܢ ܥܒܕ ܠܝ ܡܪܝܐ: ܒܝܘܡܬܐ ܕܚܪ ܒܝ: ܠܡܥܒܪ ܚܣܕܝ ܕܒܝܬ
ܒܢܝ ܐܢܫܐ܀
26 ܒܝܪܚܐ ܕܝܢ ܕܫܬܐ. ܐܫܬܠܚ ܓܒܪܝܐܝܠ ܡܠܐܟܐ ܡܢ ܠܘܬ ܐܠܗܐ ܠܓܠܝܠܐ:
ܠܡܕܝܢܬܐ ܕܫܡܗ ܢܨܪܬ. 27 ܠܘܬ ܒܬܘܠܬܐ ܕܡܟܝܪܐ ܠܓܒܪܐ ܕܫܡܗ ܝܘܣܦ. ܡܢ
ܒܝܬܗ ܕܕܘܝܕ. ܘܫܡܗ ܕܒܬܘܠܬܐ ܡܪܝܡ. 28 ܘܥܠ ܠܘܬܗ ܡܠܐܟܐ ܘܐܡܪ ܠܗ.
ܫܠܡ ܠܟܝ ܡܠܝܬ ܛܝܒܘܬܐ. ܡܪܢ ܥܡܟܝ ܒܪܝܟܬ ܒܢܫܐ. 29 ܗܝ ܕܝܢ ܟܕ ܚܙܬ.
ܐܬܕܠܚܬ ܒܡܠܬܗ. ܘܡܬܚܫܒܐ ܗܘܬ. ܕܡܢܐ ܗܝ ܫܠܡܐ ܗܢܐ. 30 ܘܐܡܪ ܠܗ ܡܠܐܟܐ.
ܠܐ ܬܕܚܠܝܢ ܡܪܝܡ. ܐܫܟܚܬܝ ܓܝܪ ܛܝܒܘܬܐ ܠܘܬ ܐܠܗܐ. 31 ܗܐ ܓܝܪ ܡܩܒܠܐ ܐܢܬܝ ܒܛܢܐ
ܘܝܠܕܐ ܐܢܬܝ ܒܪܐ. ܘܬܩܪܝܢ ܫܡܗ ܝܫܘܥ. 32 ܗܢܐ ܢܗܘܐ ܪܒܐ. ܘܒܪܗ ܕܥܠܝܐ ܢܬܩܪܐ.
ܘܢܬܠ ܠܗ ܡܪܝܐ ܐܠܗܐ ܟܘܪܣܝܐ ܕܕܘܝܕ ܐܒܘܗܝ. 33 ܘܢܡܠܟ ܥܠ ܒܝܬܗ ܕܝܥܩܘܒ
ܠܥܠܡ. ܘܠܡܠܟܘܬܗ ܣܘܟܐ ܠܐ ܢܗܘܐ. 34 ܐܡܪܐ ܡܪܝܡ ܠܡܠܐܟܐ. ܐܝܟܢܐ ܬܗܘܐ ܗܕܐ.
ܕܓܒܪܐ ܠܐ ܝܕܝܥ ܠܝ. 35 ܥܢܐ ܡܠܐܟܐ ܘܐܡܪ ܠܗ. ܪܘܚܐ ܕܩܘܕܫܐ ܬܐܬܐ. ܘܚܝܠܗ
ܕܥܠܝܐ ܢܓܢ ܥܠܝܟܝ. ܡܛܠ ܗܢܐ ܗܘ ܕܡܬܝܠܕ ܡܢܟܝ ܩܕܝܫܐ ܗܘ: ܘܒܪܗ ܕܐܠܗܐ
ܢܬܩܪܐ. 36 ܘܗܐ ܐܠܝܫܒܥ ܐܚܝܢܬܟܝ. ܐܦ ܗܝ ܒܛܢܬ ܒܪܐ ܒܣܝܒܘܬܗ. ܘܗܢܐ ܝܪܚܐ
ܫܬܝܬܝܐ ܠܗ ܠܗܝ ܕܡܬܩܪܝܐ ܥܩܪܬܐ. 37 ܡܛܠ ܕܠܐ ܥܛܠ ܠܐܠܗܐ ܡܕܡ. 38 ܐܡܪܐ
ܡܪܝܡ. ܗܐ ܐܢܐ ܐܡܬܗ ܕܡܪܝܐ. ܢܗܘܐ ܠܝ ܐܝܟ ܡܠܬܟ. ܘܐܙܠ ܡܠܐܟܐ ܡܢ ܠܘܬܗ܀
39 ܩܡܬ ܕܝܢ ܡܪܝܡ ܒܝܘܡܬܐ ܗܠܝܢ. ܘܐܙܠܬ ܒܛܘܠܢܐ ܠܛܘܪܐ ܠܡܕܝܢܬܐ
ܕܝܗܘܕ. 40 ܘܥܠܬ ܠܒܝܬܗ ܕܙܟܪܝܐ. ܘܫܐܠܬ ܒܫܠܡܗ ܕܐܠܝܫܒܥ. 41 ܘܗܘܐ ܕܟܕ
ܫܡܥܬ ܐܠܝܫܒܥ ܫܠܡܗ ܕܡܪܝܡ. ܕܨ ܥܘܠܐ ܒܟܪܣܗ. ܘܐܬܡܠܝܬ ܐܠܝܫܒܥ ܪܘܚܐ
ܕܩܘܕܫܐ. 42 ܘܩܥܬ ܒܩܠܐ ܪܡܐ ܘܐܡܪܐ ܠܡܪܝܡ. ܡܒܪܟܬܐ ܐܢܬܝ ܒܢܫܐ. ܘܡܒܪܟ ܗܘ
ܦܐܪܐ ܕܒܟܪܣܟܝ. 43 ܡܢܐ ܠܝ ܗܕܐ. ܕܬܐܬܐ ܐܡܗ ܕܡܪܝ ܠܘܬܝ. 44 ܗܐ ܓܝܪ ܟܕ
ܢܦܠ ܩܠ ܫܠܡܟܝ ܒܐܕܢܝ. ܒܚܕܘܬܐ ܪܒܬܐ ܕܨ ܥܘܠܐ ܒܟܪܣܝ. 45 ܘܛܘܒܝܗ ܠܗܝ
ܕܗܝܡܢܬ: ܕܢܗܘܐ ܫܘܠܡܐ ܠܗܠܝܢ ܕܐܬܡܠܠ ܥܡܗ ܡܢ ܠܘܬ ܡܪܝܐ܀ 46 ܘܐܡܪܐ ܡܪܝܡ.
ܡܘܪܒܐ ܢܦܫܝ ܠܡܪܝܐ. 47 ܘܚܕܝܬ ܪܘܚܝ ܒܐܠܗܐ ܡܚܝܢܝ. 48 ܕܚܪ ܒܡܘܟܟܐ ܕܐܡܬܗ.
ܗܐ ܓܝܪ ܡܢ ܗܫܐ. ܢܛܘܒܢܢܝ ܟܠܗܘܢ ܫܪܒܬܐ. 49 ܕܥܒܕ ܠܘܬܝ ܪܘܪܒܬܐ.
ܗܘ ܕܚܝܠܬܢ. ܘܩܕܝܫ ܗܘ ܫܡܗ. 50 ܘܚܢܢܗ ܠܕܪܐ ܘܫܪܒܬܐ ܥܠ ܐܝܠܝܢ ܕܕܚܠܝܢ ܠܗ.
51 ܥܒܕ ܙܟܘܬܐ ܒܕܪܥܗ. ܘܒܕܪ ܫܒܗܪܢܐ ܒܬܪܥܝܬܐ ܕܠܒܗܘܢ. 52 ܣܚܦ ܥܫܝܢܐ ܡܢ

ܟܘܪ̈ܣܘܬܐ. ܘܐܪܝܡ ܡܟܝܟ̈ܐ. 53 ܟܦܢ̈ܐ ܐܤܒܥ ܛܒ̈ܬܐ. ܘܥܬܝܪ̈ܐ ܫܪܐ ܣܦܝܩܐܝܬ. 54 ܥܕܪ
ܠܐܝܣܪܝܠ ܥܒܕܗ. ܘܐܬܕܟܪ ܚܢܢܗ. 55 ܐܝܟ ܕܡܠܠ ܥܡ ܐܒܗ̈ܬܢ: ܥܡ ܐܒܪܗܡ ܘܥܡ
ܙܪܥܗ ܠܥܠܡ܀ 56 ܩܘܝܬ ܕܝܢ ܡܪܝܡ ܠܘܬ ܐܠܝܫܒܥ. ܐܝܟ ܝܪ̈ܚܐ ܬܠܬܐ. ܘܗܦܟܬ
ܠܒܝܬܗ̇ ․․․․․

57 ܐܠܝܫܒܥ ܕܝܢ ܡܠܝ ܗܘܐ ܙܒܢܗ̇ ܕܬܐܠܕ. ܘܝܠܕܬ ܒܪܐ. 58 ܘܫܡܥܘ ܫܒܒ̈ܝܗ̇ ܘܣܐ ܒ.
ܘܒܢ̈ܝ ܫܪܒܬܗ̇: ܕܐܣܓܝ ܡܪܝܐ ܚܢܢܗ ܥܡܗ̇. ܘܚܕܝܢ ܗܘܘ ܥܡܗ̇܀ 59 ܘܗܘܐ
ܒܝܘܡܐ ܕܬܡܢܝܐ ܐܬܘ ܠܡܓܙܪܗ ܠܛܠܝܐ. ܘܩܪܝܢ ܗܘܘ ܠܗ ܒܫܡܐ ܕܐܒܘܗܝ ܙܟܪܝܐ.
60 ܘܥܢܬ ܐܡܗ. ܘܐܡܪܐ ܠܗܘܢ. ܠܐ ܗܟܢܐ. ܐܠܐ ܢܬܩܪܐ ܝܘܚܢܢ. 61 ܘܐܡܪܘ ܠܗ̇. ܕܠܝܬ
ܐ̱ܢܫ ܒܫܪܒܬܟܝ ܕܡܬܩܪܐ ܒܫܡܐ ܗܢܐ. 62 ܘܪܡܙܘ ܠܐܒܘܗܝ ܕܐܝܟܢܐ ܨܒܐ ܕܢܫܡܝܘܗܝ.
63 ܘܫܐܠ ܦܢܩܝܬܐ. ܘܟܬܒ ܘܐܡܪ. ܝܘܚܢܢ ܗܘ ܫܡܗ. ܘܐܬܕܡܪܘ ܟܠܗܘܢ. 64 ܘܡܚܕܐ
ܐܬܦܬܚ ܦܘܡܗ. ܘܠܫܢܗ. ܘܡܠܠ ܘܒܪܟ ܠܐܠܗܐ. 65 ܘܗܘܬ ܕܚܠܬܐ ܥܠ ܟܠܗܘܢ
ܫܒܒ̈ܝܗܘܢ. ܘܒܟܠܗ ܛܘܪܐ ܕܝܗܘܕ. ܗܠܝܢ ܡܬܡܠܠܢ ܗܘܝ̈. 66 ܘܟܠܗܘܢ ܕܫܡܥܘ.
ܡܬܚܫܒܝܢ ܗܘܘ ܒܠܒܗܘܢ. ܘܐܡܪܝܢ. ܡܢܐ ܟܝ ܢܗܘܐ ܛܠܝܐ ܗܢܐ. ܘܐܝܕܗ ܕܡܪܝܐ ܐܝܬ
ܗܘܬ ܥܡܗ܀

67 ܘܐܬܡܠܝ ܙܟܪܝܐ ܐܒܘܗܝ ܪܘܚܐ ܕܩܘܕܫܐ. ܘܐܬܢܒܝ ܘܐܡܪ. 68 ܡܒܪܟ ܗܘ ܡܪܝܐ
ܐܠܗܗ ܕܐܝܣܪܝܠ: ܕܣܥܪ ܥܡܗ. ܘܥܒܕ ܠܗ ܦܘܪܩܢܐ: 69 ܘܐܩܝܡ ܠܢ ܩܪܢܐ ܕܦܘܪܩܢܐ
ܒܒܝܬܗ ܕܕܘܝܕ ܥܒܕܗ: 70 ܐܝܟ ܕܡܠܠ ܒܦܘܡܐ ܕܢܒܝ̈ܘܗܝ ܩܕܝ̈ܫܐ ܕܡܢ ܥܠܡ:
71 ܕܢܦܪܩܢ ܡܢ ܒܥܠܕܒܒܝܢ: ܘܡܢ ܐܝܕܐ ܕܟܠܗܘܢ ܣܢܐܝܢ. 72 ܘܥܒܕ ܚܢܢܗ ܥܡ
ܐܒܗ̈ܬܢ. ܘܐܬܕܟܪ ܩܝܡܘܗܝ ܩܕܝܫܐ. 73 ܘܡܘܡܬܐ ܕܝܡܐ ܠܐܒܪܗܡ ܐܒܘܢ: ܕܢܬܠ
ܠܢ. 74 ܕܢܬܦܪܩ ܡܢ ܐܝܕܐ ܕܒܥܠܕܒܒܝܢ. ܘܕܠܐ ܕܚܠܐ ܢܦܠܘܚ ܩܕܡܘܗܝ 75 ܟܠܗܘܢ
ܝܘܡܝܢ: ܒܟܐܢܘܬܐ ܘܒܙܕܝܩܘܬܐ. 76 ܘܐܢܬ ܛܠܝܐ ܢܒܝܗ ܕܥܠܝܐ ܬܬܩܪܐ. ܬܐܙܠ ܓܝܪ ܩܕܡ
ܦܪܨܘܦܗ ܕܡܪܝܐ ܕܬܛܝܒ ܐܘܪܚܗ. 77 ܕܬܬܠ ܝܕܥܬܐ ܕܚ̈ܝܐ ܠܥܡܗ. ܒܫܘܒܩܢܐ
ܕܚܛܗ̈ܝܗܘܢ: 78 ܒܪ̈ܚܡܐ ܕܚܢܢܐ ܕܐܠܗܢ: ܕܒܗܘܢ ܢܣܥܪܢ ܕܢܚܐ ܡܢ ܪܘܡܐ. 79 ܠܡܢܗܪܘ
ܠܐܝܠܝܢ ܕܒܚܫܘܟܐ ܘܒܛܠܠܐ ܕܡܘܬܐ ܝܬܒܝܢ. ܕܢܬܪܘܨ ܪ̈ܓܠܝܢ ܒܐܘܪܚܐ ܕܫܠܡܐ܀
80 ܛܠܝܐ ܕܝܢ ܪܒܐ ܗܘܐ ܘܡܬܚܝܠ ܒܪܘܚܐ. ܘܒܚܘܪܒܐ ܐܝܬܘܗܝ ܗܘܐ. ܥܕܡܐ ܠܝܘܡܐ
ܕܐܬܚܘܝ ܠܥܡܗ ܕܐܝܣܪܝܠ܀

Cap. ii. 1 ܗܘܐ ܕܝܢ ܒܝܘܡܬܐ ܗܢܘܢ. ܘܢܦܩ ܦܘܩܕܢܐ ܡܢ ܐܓܘܣܛܘܣ ܩܣܪ: ܕܢܬܟܬܒ
ܟܠܗ ܥܡܐ ܕܐܘܚܕܢܗ. 2 ܗܢܐ ܡܟܬܒܢܘܬܐ ܩܕܡܝܬܐ ܗܘܬ. ܒܗܓܡܘܢܘܬܐ ܕܩܘܪܝܢܘܣ
ܒܣܘܪܝܐ. 3 ܘܐܙܠ ܗܘܐ ܟܠܢܫ ܕܢܬܟܬܒ ܒܡܕܝܢܬܗ. 4 ܣܠܩ ܗܘܐ ܕܝܢ ܐܦ ܝܘܣܦ
ܡܢ ܢܨܪܬ ܡܕܝܢܬܐ ܕܓܠܝܠܐ ܠܝܗܘܕ. ܠܡܕܝܢܬܗ ܕܕܘܝܕ ܕܡܬܩܪܝܐ ܒܝܬ ܠܚܡ. ܡܛܠ

ܕܐܝܬܘܗܝ ܗܘܐ ܡܢ ܒܝܬܗ. ܘܡܢ ܫܪܒܬܗ ܕܕܘܝܕ. 5 ܥܡ ܡܪܝܡ ܡܟܝܪܬܗ ܟܕ ܒܛܢܐ
ܕܬܬܟܬܒ ܬܡܢ܀

6 ܘܗܘܐ ܕܟܕ ܬܡܢ ܐܢܘܢ. ܐܬܡܠܝܘ ܝܘܡܝܗ ܕܬܐܠܕ. 7 ܘܝܠܕܬ ܒܪܗ ܒܘܟܪܐ.
ܘܟܪܟܬܗ ܒܥܙܪܘܪܐ ܘܐܪܡܝܬܗ ܒܐܘܪܝܐ. ܡܛܠ ܕܠܝܬ ܗܘܐ ܠܗܘܢ ܕܘܟܬܐ ܐܝܟܐ ܕܫܪܝܢ
ܗܘܘ܀ 8 ܪ̈ܥܘܬܐ ܕܝܢ ܐܝܬ ܗܘܘ ܒܗ ܒܐܬܪܐ: ܕܫܪܝܢ ܗܘܘ ܬܡܢ. ܘܢܛܪܝܢ ܡܛܪ̈ܬܐ
ܕܠܠܝܐ ܥܠ ܡܪ̈ܥܝܬܗܘܢ. 9 ܘܗܐ ܡܠܐܟܐ ܕܐܠܗܐ ܐܬܐ ܠܘܬܗܘܢ. ܘܐܫܬܘܚܪܗ ܕܡܪܝܐ
ܐܢܗܪ ܥܠܝܗܘܢ. ܘܕܚܠܘ ܕܚܠܬܐ ܪܒܬܐ. 10 ܘܐܡܪ ܠܗܘܢ ܡܠܐܟܐ. ܠܐ ܬܕܚܠܘܢ. ܗܐ
ܓܝܪ ܡܣܒܪ ܐܢܐ ܠܟܘܢ ܚܕܘܬܐ ܪܒܬܐ. ܕܬܗܘܐ ܠܟܠܗ ܥܠܡܐ. 11 ܐܬܝܠܕ ܠܟܘܢ
ܓܝܪ ܝܘܡܢܐ ܦܪܘܩܐ. ܕܐܝܬܘܗܝ ܡܪܝܐ ܡܫܝܚܐ ܒܡܕܝܢܬܗ ܕܕܘܝܕ. 12 ܘܗܕܐ ܠܟܘܢ
ܐܬܐ. ܡܫܟܚܝܢ ܐܢܬܘܢ ܥܘܠܐ. ܕܟܪܝܟ ܒܥܙܪܘܪܐ ܘܣܝܡ ܒܐܘܪܝܐ. 13 ܘܡܢ ܫܠܝ ܐܬܚܙܝܘ
ܥܡ ܡܠܐܟܐ ܚ̈ܝܠܘܬܐ ܣܓܝ̈ܐܐ ܕܫܡܝܐ: ܟܕ ܡܫܒܚܝܢ ܠܐܠܗܐ ܘܐܡܪܝܢ. 14 ܬܫܒܘܚܬܐ
ܠܐܠܗܐ ܒܡܪ̈ܘܡܐ. ܘܥܠ ܐܪܥܐ ܫܠܡܐ ܘܣܒܪܐ ܛܒܐ ܠܒܢ̈ܝܢܫܐ܀

15 ܘܗܘܐ ܕܟܕ ܐܙܠܘ ܡܢ ܠܘܬܗܘܢ ܡܠܐܟܐ ܠܫܡܝܐ. ܡܡܠܠܝܢ ܪ̈ܥܘܬܐ ܚܕ ܥܡ ܚܕ.
ܘܐܡܪܝܢ. ܢܪܕܐ ܥܕܡܐ ܠܒܝܬܠܚܡ. ܘܢܚܙܐ ܠܡܠܬܐ ܗܕܐ ܕܗܘܬ. ܐܝܟ ܕܡܪܝܐ ܐܘܕܥ
ܠܢ. 16 ܘܐܬܘ ܡܣܪܗܒܐܝܬ. ܘܐܫܟܚܘ ܠܡܪܝܡ ܘܠܝܘܣܦ. ܘܠܥܘܠܐ ܕܣܝܡ ܒܐܘܪܝܐ.
17 ܘܟܕ ܚܙܘ. ܐܘܕܥܘ ܠܡܠܬܐ ܕܐܬܡܠܠܬ ܥܡܗܘܢ ܥܠܘܗܝ ܥܠ ܛܠܝܐ. 18 ܘܟܠܗܘܢ
ܕܫܡܥܘ. ܐܬܕܡܪܘ ܥܠ ܐܝܠܝܢ ܕܐܬܡܠܠ ܠܗܘܢ ܡܢ ܪ̈ܥܘܬܐ. 19 ܡܪܝܡ ܕܝܢ. ܢܛܪܐ
ܗܘܬ ܡܠܝܢ ܟܠܗܝܢ ܗܠܝܢ. ܘܡܦܚܡܐ ܒܠܒܗ. 20 ܘܗܦܟܘ ܪ̈ܥܘܬܐ ܗܠܝܢ. ܟܕ ܡܫܒܚܝܢ
ܘܡܗܠܠܝܢ ܠܐܠܗܐ: ܥܠ ܟܠ ܕܚܙܘ ܘܫܡܥܘ. ܐܝܟܢܐ ܕܐܬܡܠܠ ܥܡܗܘܢ܀

21 ܘܟܕ ܡܠܘ ܬܡܢܝܐ ܝܘܡܝܢ ܕܢܬܓܙܪ ܛܠܝܐ. ܐܬܩܪܝ ܫܡܗ ܝܫܘܥ. ܕܐܬܩܪܝ ܡܢ
ܡܠܐܟܐ ܩܕܡ ܕܢܬܒܛܢ ܒܟܪܣܐ. 22 ܘܟܕ ܐܬܡܠܝܘ ܝܘ̈ܡܬܐ ܕܬܕܟܝܬܗܘܢ: ܐܝܟ ܢܡܘܣܐ
ܕܡܘܫܐ. ܐܣܩܘܗܝ ܠܐܘܪܫܠܡ ܕܢܩܝܡܘܢܝܗܝ ܩܕܡ ܡܪܝܐ. 23 ܐܝܟ ܕܟܬܝܒ ܒܢܡܘܣܐ
ܕܡܪܝܐ. ܕܟܠ ܕܟܪܐ ܦܬܚ ܡܪ̈ܒܥܐ. ܩܕܝܫܐ ܕܡܪܝܐ ܢܬܩܪܐ. 24 ܘܕܢܬܠܘܢ ܕܒܚܬܐ ܐܝܟܢܐ
ܕܐܡܝܪ ܒܢܡܘܣܐ ܕܡܪܝܐ. ܙܘܓܐ ܕܫܘܦܢܢܝܢ ܐܘ ܬܪܝܢ ܦܪܘܓܐ ܕܝܘܢܐ܀ 25 ܓܒܪܐ ܕܝܢ ܚܕ
ܐܝܬ ܗܘܐ ܒܐܘܪܫܠܡ. ܫܡܗ ܗܘܐ ܫܡܥܘܢ. ܘܓܒܪܐ ܗܢܐ ܟܐܢ ܗܘܐ ܘܙܕܝܩ. ܘܡܣܟܐ
ܗܘܐ ܠܒܘܝܐܗ ܕܐܝܣܪܝܠ. ܘܪܘܚܐ ܕܩܘܕܫܐ ܐܝܬ ܗܘܬ ܥܠܘܗܝ. 26 ܘܐܡܝܪ ܗܘܐ ܠܗ
ܡܢ ܪܘܚܐ ܕܩܘܕܫܐ. ܕܠܐ ܢܚܙܐ ܡܘܬܐ: ܥܕܡܐ ܕܢܚܙܐ ܠܡܫܝܚܗ ܕܡܪܝܐ. 27 ܗܘ ܗܢܐ
ܐܬܐ ܗܘܐ ܒܪܘܚܐ ܠܗܝܟܠܐ. ܘܟܕ ܡܥܠܝܢ ܠܗ ܐܒܗܘܗܝ ܠܝܫܘܥ ܛܠܝܐ: ܕܢܥܒܕܘܢ
ܚܠܦܘܗܝ ܐܝܟܢܐ ܕܦܩܝܕ ܒܢܡܘܣܐ. 28 ܫܩܠܗ ܥܠ ܕܪ̈ܥܘܗܝ. ܘܒܪܟ ܠܐܠܗܐ ܘܐܡܪ.
29 ܡܟܝܠ ܫܪܐ ܐܢܬ ܠܗ ܠܥܒܕܟ ܡܪܝ. ܐܝܟ ܡܠܬܟ ܒܫܠܡܐ. 30 ܕܗܐ ܚܙܝ ܥܝ̈ܢܝ

ܚܢܢܟ܂ 31 ܗܘ ܕܛܝܒܬ ܠܥܘܪܒܐ ܕܟܠܗܘܢ ܥܡܡܐ܂ 32 ܢܘܗܪܐ ܠܓܠܝܢܐ ܕܥܡܡܐ
ܘܫܘܒܚܐ ܠܥܡܟ ܐܝܣܪܝܠ܀ 33 ܝܘܣܦ ܕܝܢ ܘܐܡܗ܂ ܬܡܝܗܝܢ ܗܘܘ ܥܠ ܐܝܠܝܢ
ܕܡܬܡܠܠܢ ܗܘܝ ܥܠܘܗܝ܂ 34 ܘܒܪܟ ܐܢܘܢ ܫܡܥܘܢ܂ ܘܐܡܪ ܠܡܪܝܡ ܐܡܗ܂ ܗܐ
ܗܢܐ ܣܝܡ ܠܡܦܘܠܬܐ ܘܠܡܩܝܡܬܐ ܕܣܓܝܐܐ ܒܐܝܣܪܝܠ܂ ܘܠܐܬܐ ܕܚܪܝܢܐ܂ 35 ܘܒܢܦܫܟܝ
ܕܝܢ ܕܝܠܟܝ ܬܥܒܪ ܪܘܡܚܐ܂ ܐܝܟ ܕܢܬܓܠܝܢ ܡܚܫܒܬܐ ܕܠܒܘܬܐ ܕܣܓܝܐܐ܀
36 ܘܚܢܐ ܕܝܢ ܢܒܝܬܐ ܒܪܬ ܦܢܘܐܝܠ܂ ܡܢ ܫܒܛܐ ܕܐܫܝܪ܂ ܐܦ ܗܝ ܩܫܝܫܐ ܒܝܘܡܬܗ ܕܫܠܘ.
ܗܘܬ܂ ܘܥܡܪܬ ܫܢܝܢ ܫܒܥ ܥܡ ܒܥܠܗ ܡܢ ܒܬܘܠܘܬܗ܂ 37 ܘܗܘܬ ܐܪܡܠܬܐ܂ ܐܝܟ ܫܢܝܢ
ܬܡܢܐܝܢ ܘܐܪܒܥ܂ ܘܠܐ ܦܪܫܐ ܗܘܬ ܡܢ ܗܝܟܠܐ܂ ܘܒܨܘܡܐ܂ ܘܒܨܠܘܬܐ ܦܠܚܐ ܗܘܬ܂
ܒܐܝܡܡܐ ܘܒܠܠܝܐ܂ 38 ܘܐܦ ܗܝ ܩܡܬ ܒܗ ܒܫܥܬܐ܂ ܘܐܘܕܝܬ ܠܡܪܝܐ܂ ܘܡܡܠܠܐ
ܗܘܬ ܥܠܘܗܝ ܥܡ ܟܠܢܫ܂ ܕܡܣܟܐ ܗܘܐ ܠܦܘܪܩܢܗ ܕܐܘܪܫܠܡ܂ 39 ܘܟܕ ܫܠܡܘ ܟܠ
ܡܕܡ ܐܝܟ ܕܒܢܡܘܣܗ ܕܡܪܝܐ܂ ܗܦܟܘ ܠܓܠܝܠܐ܂ ܠܢܨܪܬ ܡܕܝܢܬܗܘܢ܂ 40 ܛܠܝܐ ܕܝܢ
ܪܒܐ ܗܘܐ ܘܡܬܥܫܢ ܒܪܘܚܐ܂ ܘܡܬܡܠܐ ܚܟܡܬܐ܂ ܘܛܝܒܘܬܐ ܕܐܠܗܐ ܐܝܬ ܗܘܬ ܥܠܘܗܝ܂
41 ܘܐܢܫܘܗܝ ܒܟܠ ܫܢܐ ܐܙܠܝܢ ܗܘܘ ܠܐܘܪܫܠܡ ܒܥܐܕܐ ܕܦܨܚܐ܀
42 ܘܟܕ ܗܘܐ ܒܪ ܬܪܬܥܣܪܐ ܫܢܝܢ܂ ܣܠܩܘ ܐܝܟ ܕܡܥܕܝܢ ܗܘܘ ܠܥܐܕܐ܂ 43 ܘܟܕ
ܫܠܡܘ ܝܘܡܬܐ ܗܦܟܘ ܠܗܘܢ܂ ܦܫ ܠܗ ܕܝܢ ܛܠܝܐ ܝܫܘܥ ܒܐܘܪܫܠܡ܂ ܘܝܘܣܦ
ܘܐܡܗ ܠܐ ܝܕܥܘ܂ 44 ܣܒܪܝܢ ܗܘܘ ܓܝܪ ܕܥܡ ܒܢܝ ܠܘܝܬܗܘܢ ܗܘ܂ ܘܟܕ ܐܬܘ ܡܪܕܐ
ܝܘܡܐ ܚܕ܂ ܒܥܐܘܗܝ ܠܘܬ ܐܢܫܝܗܘܢ ܘܠܘܬ ܡܢ ܕܝܕܥ ܠܗܘܢ܂ 45 ܘܠܐ ܐܫܟܚܘܗܝ܂
ܘܗܦܟܘ ܠܗܘܢ ܬܘܒ ܠܐܘܪܫܠܡ ܘܒܥܝܢ ܗܘܘ ܠܗ܂ 46 ܘܡܢ ܒܬܪ ܬܠܬܐ ܝܘܡܝܢ܂
ܐܫܟܚܘܗܝ ܒܗܝܟܠܐ܂ ܟܕ ܝܬܒ ܡܨܥܬ ܡܠܦܢܐ܂ ܘܫܡܥ ܡܢܗܘܢ܂ ܘܡܫܐܠ ܠܗܘܢ܂
47 ܘܬܡܝܗܝܢ ܗܘܘ ܟܠܗܘܢ ܐܝܠܝܢ ܕܫܡܥܝܢ ܗܘܘ ܠܗ܂ ܒܚܟܡܬܗ ܘܒܦܬܓܡܘܗܝ܀
48 ܘܟܕ ܚܙܐܘܗܝ ܬܡܗܘ܂ ܘܐܡܪܬ ܠܗ ܐܡܗ܂ ܒܪܝ܂ ܠܡܢܐ ܥܒܕܬ ܠܢ ܗܟܢܐ܂ ܗܐ
ܐܒܘܟ ܘܐܢܐ ܒܬܘܠܬܐ ܣܓܝܐܐ ܒܥܝܢ ܗܘܝܢ ܠܟ܂ 49 ܐܡܪ ܠܗܘܢ܂ ܡܢܐ ܒܥܝܢ ܗܘܝܬܘܢ
ܠܝ܂ ܠܐ ܝܕܥܝܢ ܐܢܬܘܢ ܕܒܒܝܬ ܐܒܝ ܘܠܐ ܠܝ ܠܡܗܘܐ܂ 50 ܗܢܘܢ ܕܝܢ ܠܐ ܐܣܬܟܠܘ
ܒܡܠܬܐ ܕܐܡܪ ܠܗܘܢ܂ 51 ܘܢܚܬ ܥܡܗܘܢ܂ ܘܐܬܐ ܠܢܨܪܬ܂ ܘܡܫܬܥܒܕ ܗܘܐ ܠܗܘܢ܂
ܐܡܗ ܕܝܢ ܢܛܪܐ ܗܘܬ ܟܠܗܘܢ ܡܠܐ ܒܠܒܗ܂ 52 ܝܫܘܥ ܕܝܢ ܪܒܐ ܗܘܐ܂ ܒܩܘܡܬܗ܂
ܘܒܚܟܡܬܗ܂ ܘܒܛܝܒܘܬܐ ܠܘܬ ܐܠܗܐ ܘܒܢܝܢܫܐ܀

Cap. iii.

1 ܒܫܢܬ ܚܡܫܥܣܪܐ ܕܝܢ ܕܡܠܟܘܬܗ ܕܛܝܒܪܝܘܣ ܩܣܪ܂ ܒܗܓܡܘܢܘܬܐ ܕܦܢܛܝܘܣ
ܦܝܠܛܘܣ ܒܝܗܘܕ܂ ܟܕ ܪܫܐ ܕܬܪܥܐ ܗܪܘܕܣ ܒܓܠܝܠܐ܂ ܘܦܝܠܝܦܘܣ ܐܚܘܗܝ܂ ܪܫܐ
ܕܬܪܥܐ܂ ܒܐܝܛܘܪܝܐ܂ ܘܒܐܬܪܐ ܕܛܪܟܘܢܐ܂ ܘܠܘܣܢܝܐ ܪܫܐ ܕܬܪܥܐ܂ ܕܐܒܝܠܝܢܐ܂ 2 ܒܪܒܘܬ
ܟܘܡܪܘܬܐ ܕܚܢܢ ܘܕܩܝܦܐ܂ ܗܘܐ ܡܠܬܐ ܕܐܠܗܐ ܥܠ ܝܘܚܢܢ ܒܪ ܙܟܪܝܐ ܒܚܘܪܒܐ܂ 3 ܘܐܬܐ

ܒܟܠܗ ܐܬܪܐ ܕܚܕܪܝܗ ܕܝܘܪܕܢܢ. ܟܕ ܡܟܪܙ ܡܥܡܘܕܝܬܐ ܕܬܝܒܘܬܐ ܠܫܘܒܩܢܐ ܕܚܛܗ̈ܐ܀
4 ܐܝܟ ܕܟܬܝܒ ܒܟܬܒܐ ܕܡ̈ܠܐ ܕܐܫܥܝܐ ܢܒܝܐ ܕܐܡܪ. ܩܠܐ ܕܩܪܐ ܒܡܕܒܪܐ. ܛܝܒܘ ܐܘܪܚܗ
ܕܡܪܝܐ. ܘܐܬܪܨܘ ܒܦܫܝܛܘܬܐ ܫܒܝ̈ܠܐ ܠܐܠܗܢ. 5 ܟܠܗܘܢ ܢܚ̈ܠܐ ܢܬܡܠܘܢ. ܘܟܠܗܘܢ ܛܘ̈ܪܐ
ܘܪ̈ܡܬܐ ܢܬܡܟܟܘܢ. ܘܢܗܘܐ ܠܥܪܡܐ ܫܦܝܐ. ܘܐܬܪܐ ܥܣܩܐ ܠܦܩܥܬܐ. 6 ܘܢܚܙܐ ܟܠ
ܒܣܪ ܚܝܐ ܕܐܠܗܐ܀ 7 ܘܐܡܪ ܗܘܐ ܠܟܢܫ̈ܐ ܐܝܠܝܢ ܕܐܬܝܢ ܗܘܘ ܠܘܬܗ ܠܡܥܡܕ. ܝܠܕܐ
ܕܐܟܕܢ̈ܐ. ܡܢܘ ܚܘܝܟܘܢ ܠܡܥܪܩ ܡܢ ܪܘܓܙܐ ܕܥܬܝܕ. 8 ܥܒܕܘ ܗܟܝܠ ܦܐܪ̈ܐ ܕܫܘܝܢ
ܠܬܝܒܘܬܐ. ܘܠܐ ܬܫܪܘܢ ܠܡܐܡܪ ܒܢܦܫܟܘܢ: ܕܐܒܐ ܐܝܬ ܠܢ ܐܒܪܗܡ. ܐܡܪ ܐܢܐ ܠܟܘܢ
ܓܝܪ. ܕܡܢ ܗܠܝܢ ܟܐܦ̈ܐ ܡܫܟܚ ܐܠܗܐ ܠܡܩܡܘ ܒܢ̈ܝܐ ܠܐܒܪܗܡ. 9 ܗܐ ܕܝܢ ܢܪܓܐ
ܣܝܡ ܥܠ ܥܩܪܐ ܕܐܝܠܢ̈ܐ. ܟܠ ܐܝܠܢܐ ܗܟܝܠ ܕܦܐܪ̈ܐ ܛܒ̈ܐ ܠܐ ܥܒܕ. ܡܬܦܣܩ. ܘܒܢܘܪܐ
ܢܦܠ܀ 10 ܘܡܫܐܠܝܢ ܗܘܘ ܠܗ ܟܢ̈ܫܐ ܘܐܡܪܝܢ. ܡܢܐ ܗܟܝܠ ܢܥܒܕ. 11 ܥܢܐ ܘܐܡܪ
ܠܗܘܢ. ܡܢ ܕܐܝܬ ܠܗ ܬܪܬܝܢ ܟܘܬܝܢ̈ܝܢ. ܢܬܠ ܠܡܢ ܕܠܝܬ ܠܗ. ܘܡܢ ܕܐܝܬ ܠܗ
ܡܐܟܘܠܬܐ. ܗܟܢܐ ܢܥܒܕ. 12 ܘܐܬܘ ܐܦ ܡܟ̈ܣܐ ܠܡܥܡܕ. ܘܐܡܪܝܢ ܠܗ. ܡܠܦܢܐ ܡܢܐ
ܢܥܒܕ. 13 ܗܘ ܕܝܢ ܐܡܪ ܠܗܘܢ. ܠܐ ܬܬܒܥܘܢ ܡܕܡ ܝܬܝܪ ܥܠ ܡܐ ܕܦܩܝܕ ܠܟܘܢ
ܠܡܬܒܥ. 14 ܘܡܫܐܠܝܢ ܗܘܘ ܠܗ ܦܠܚܝ ܐܣܛܪܛܝܘܬܐ ܘܐܡܪܝܢ. ܡܢܐ ܢܥܒܕ ܐܦ ܚܢܢ.
ܐܡܪ ܠܗܘܢ. ܠܐ ܬܬܥܠܘܢ ܠܐܢܫ. ܘܠܐ ܬܥܫܩܘܢ. ܘܢܣܦܩܢ ܠܟܘܢ ܐܦܣܘܢܝܬܟܘܢ܀܀
15 ܟܕ ܕܝܢ ܡܣܟܐ ܗܘܐ ܥܡܐ ܥܠ ܝܘܚܢܢ: ܘܟܠܗܘܢ ܡܬܚܫܒܝܢ ܗܘܘ ܒܠܒܗܘܢ:
ܕܠܡܐ ܗܘܝܘ ܡܫܝܚܐ. 16 ܥܢܐ ܝܘܚܢܢ ܘܐܡܪ ܠܗܘܢ. ܐܢܐ ܗܐ ܡܥܡܕ ܐܢܐ ܠܟܘܢ
ܒܡ̈ܝܐ. ܐܬܐ ܕܝܢ ܗܘ ܕܚܝܠܬܢ ܡܢܝ. ܗܘ ܕܠܐ ܫܘܐ ܐܢܐ ܕܐܫܪܐ ܥܪ̈ܩܐ ܕܡܣܐܢܘܗܝ.
ܗܘ ܢܥܡܕܟܘܢ ܒܪܘܚܐ ܕܩܘܕܫܐ ܘܒܢܘܪܐ܀ 17 ܗܘ ܕܐܚܝܕ ܪܦܫܐ ܒܐܝܕܗ. ܘܡܕܟܐ ܐܕܪ̈ܘܗܝ.
ܘܚܛܐ ܠܐܘܨܪ̈ܘܗܝ. ܘܬܒܢܐ ܢܘܩܕ ܒܢܘܪܐ ܕܠܐ ܕܥܟܐ܀ 18 ܐܦ ܐܚܪ̈ܢܝܬܐ ܕܝܢ ܣܓܝ̈ܐܬܐ
ܡܠܦ ܗܘܐ ܘܡܣܒܪ ܠܥܡܐ܀ 19 ܗܪܘܕܣ ܕܝܢ ܛܛܪܪܟܐ: ܡܛܠ ܕܡܬܟܣܣ ܗܘܐ
ܡܢ ܝܘܚܢܢ ܥܠ ܗܪܘܕܝܐ ܐܢܬܬ ܦܝܠܝܦܘܣ ܐܚܘܗܝ: ܘܥܠ ܟܠܗܝܢ ܒܝ̈ܫܬܐ ܕܥܒܕ
ܗܘܐ. 20 ܐܘܣܦ ܐܦ ܗܕܐ ܥܠ ܟܠܗܝܢ. ܘܚܒܫܗ ܠܝܘܚܢܢ ܒܝܬ ܐܣܝܪ̈ܐ܀ 21 ܗܘܐ ܕܝܢ
ܟܕ ܥܡܕ ܟܠܗ ܥܡܐ. ܐܦ ܝܫܘܥ ܥܡܕ. ܘܟܕ ܡܨܠܐ ܐܬܦܬܚܘ ܫܡܝܐ. 22 ܘܢܚܬܬ
ܪܘܚܐ ܕܩܘܕܫܐ ܥܠܘܗܝ ܒܕܡܘܬ ܓܘܫܡܐ ܕܝܘܢܐ. ܘܩܠܐ ܗܘܐ ܡܢ ܫܡܝܐ ܕܐܡܪ. ܐܢܬ
ܗܘ ܒܪܝ ܚܒܝܒܐ. ܕܒܟ ܐܨܛܒܝܬ܀

23 ܗܘ ܕܝܢ ܝܫܘܥ ܐܝܬܘܗܝ ܗܘܐ ܐܝܟ ܒܪ ܫܢ̈ܝܢ ܬܠܬܝܢ. ܘܡܣܬܒܪ ܗܘܐ. ܒܪ
ܝܘܣܦ. ܒܪ ܗܠܝ. 24 ܒܪ ܡܛܬܬ. ܒܪ ܠܘܝ. ܒܪ ܡܠܟܝ. ܒܪ ܝܐܢܝ. ܒܪ ܝܘܣܦ.
25 ܒܪ ܡܛܬܝܐ. ܒܪ ܥܡܘܨ. ܒܪ ܢܚܘܡ. ܒܪ ܚܣܠܝ. ܒܪ ܢܓܝ. 26 ܒܪ ܡܐܬ. ܒܪ ܡܛܬܝܐ.
ܒܪ ܫܡܥܝ. ܒܪ ܝܘܣܦ. ܒܪ ܝܗܘܕܐ. 27 ܒܪ ܝܘܚܢܢ. ܒܪ ܪܣܐ. ܒܪ ܙܘܪܒܒܠ. ܒܪ

ܫܠܬܐܝܠ. ܒܪ ܢܪܝ. 28 ܒܪ ܡܠܟܝ. ܒܪ ܐܕܝ. ܒܪ ܩܘܣܡ. ܒܪ ܐܠܡܘܕܕ. ܒܪ ܥܝܪ.
29 ܒܪ ܝܘܣܐ. ܒܪ ܐܠܝܥܙܪ. ܒܪ ܝܘܪܡ. ܒܪ ܡܬܬܐܝܠ. ܒܪ ܠܘܝ. 30 ܒܪ ܫܡܥܘܢ. ܒܪ
ܝܗܘܕܐ. ܒܪ ܝܘܣܦ. ܒܪ ܝܘܢܢ. ܒܪ ܐܠܝܩܝܡ. 31 ܒܪ ܡܠܝܐ. ܒܪ ܡܐܢܝ. ܒܪ ܡܬܬܐ.
ܒܪ ܢܬܢ. ܒܪ ܕܘܝܕ. 32 ܒܪ ܐܝܫܝ. ܒܪ ܥܘܒܝܕ. ܒܪ ܒܥܙ. ܒܪ ܣܠܡܘܢ. ܒܪ ܢܚܫܘܢ.
33 ܒܪ ܥܡܝܢܕܒ. ܒܪ ܐܪܡ. ܒܪ ܚܨܪܘܢ. ܒܪ ܦܪܨ. ܒܪ ܝܗܘܕܐ. 34 ܒܪ ܝܥܩܘܒ. ܒܪ ܐܝܣܚܩ.
ܒܪ ܐܒܪܗܡ. ܒܪ ܬܪܚ. ܒܪ ܢܚܘܪ. 35 ܒܪ ܫܪܘܓ. ܒܪ ܐܪܥܘ. ܒܪ ܦܠܓ. ܒܪ ܥܒܪ.
ܒܪ ܫܠܚ. 36 ܒܪ ܩܝܢܢ. ܒܪ ܐܪܦܟܫܕ. ܒܪ ܫܝܡ. ܒܪ ܢܘܚ. ܒܪ ܠܡܟ. 37 ܒܪ ܡܬܘܫܠܚ.
ܒܪ ܚܢܘܟ. ܒܪ ܝܪܕ. ܒܪ ܡܗܠܠܐܝܠ. ܒܪ ܩܝܢܢ. 38 ܒܪ ܐܢܘܫ. ܒܪ ܫܝܬ. ܒܪ ܐܕܡ
ܕܡܢ ܐܠܗܐ ܀ ܀ ܀

Cap. iv. 1 ܝܫܘܥ ܕܝܢ܇ ܟܕ ܡܠܐ ܪܘܚܐ ܕܩܘܕܫܐ ܗܦܟ ܡܢ ܝܘܪܕܢܢ. ܘܕܒܪܬܗ ܪܘܚܐ ܠܡܕܒܪܐ
2 ܝܘܡܝܢ ܐܪܒܥܝܢ. ܕܢܬܢܣܐ ܡܢ ܐܟܠܩܪܨܐ ܀ ܘܠܐ ܠܥܣ ܡܕܡ ܒܗܘܢ ܝܘܡܬܐ. ܘܟܕ ܙܣܚܠ ܘ.
ܫܠܡܘ ܐܢܘܢ. ܒܚܪܬܐ ܟܦܢ. 3 ܘܐܡܪ ܠܗ ܐܟܠܩܪܨܐ. ܐܢ ܒܪܗ ܐܢܬ ܕܐܠܗܐ. ܐܡܪ ܠܟܐܦܐ
ܗܕܐ ܕܬܗܘܐ ܠܚܡܐ. 4 ܥܢܐ ܝܫܘܥ. ܘܐܡܪ ܠܗ. ܟܬܝܒ ܗܘ. ܕܠܐ ܗܘܐ ܒܠܚܡܐ ܒܠܚܘܕ
ܚܝܐ ܒܪܢܫܐ. ܐܠܐ ܒܟܠ ܡܠܬܐ ܕܐܠܗܐ ܀ 5 ܘܐܣܩܗ ܣܛܢܐ ܠܛܘܪܐ ܪܡܐ. ܘܚܘܝܗ ܟܠܗܝܢ
ܡܠܟܘܬܐ ܕܐܪܥܐ ܒܙܒܢܐ ܙܥܘܪܐ. 6 ܘܐܡܪ ܠܗ ܐܟܠܩܪܨܐ. ܠܟ ܐܬܠ ܫܘܠܛܢܐ ܗܢܐ
ܟܠܗ ܘܫܘܒܚܗ. ܕܠܝ ܡܫܠܡ܇ ܘܠܡܢ ܕܨܒܐ ܐܢܐ ܝܗܒ ܐܢܐ ܠܗ. 7 ܐܢ ܗܟܝܠ ܬܣܓܘܕ
ܩܕܡܝ. ܕܝܠܟ ܬܗܘܐ ܟܠܗ. 8 ܥܢܐ ܝܫܘܥ. ܘܐܡܪ ܠܗ. ܟܬܝܒ ܗܘ ܕܠܡܪܝܐ ܐܠܗܟ
ܬܣܓܘܕ. ܘܠܗ ܒܠܚܘܕܘܗܝ ܬܦܠܘܚ ܀ 9 ܘܐܝܬܝܗ ܠܐܘܪܫܠܡ. ܘܐܩܝܡܗ ܥܠ ܟܢܦܐ
ܕܗܝܟܠܐ. ܘܐܡܪ ܠܗ. ܐܢ ܒܪܗ ܐܢܬ ܕܐܠܗܐ. ܐܪܡܐ ܢܦܫܟ ܡܢ ܠܬܚܬ. 10 ܟܬܝܒ
ܓܝܪ. ܕܠܡܠܐܟܘܗܝ. ܢܦܩܕ ܥܠܝܟ ܕܢܛܪܘܢܟ. 11 ܘܥܠ ܕܪ̈ܥܝܗܘܢ ܢܫܩܠܘܢܟ. ܕܠܐ
ܬܬܩܠ ܪܓܠܟ ܒܟܐܦܐ. 12 ܥܢܐ ܕܝܢ ܝܫܘܥ. ܘܐܡܪ ܠܗ. ܐܡܝܪ ܗܘ. ܕܠܐ ܬܢܣܐ ܠܡܪܝܐ
ܐܠܗܟ ܀ 13 ܘܟܕ ܫܠܡ ܐܟܠܩܪܨܐ ܟܠܗܘܢ ܢܣܝܘܢܘܗܝ. ܦܪܩ ܡܢ ܠܘܬܗ ܥܕ ܙܒܢ ܀
14 ܘܗܦܟ ܝܫܘܥ ܒܚܝܠܐ ܕܪܘܚܐ ܠܓܠܝܠܐ. ܘܢܦܩ ܫܡܥܐ ܥܠܘܗܝ ܒܟܠܗ ܐܬܪܐ ܕܚܕܪ̈ܝܗܘܢ.
15 ܘܗܘ ܡܠܦ ܗܘܐ ܒܟܢܘܫܬܗܘܢ. ܘܡܫܬܒܚ ܗܘܐ ܡܢ ܟܠ ܐܢܫ ܀ 16 ܘܐܬܐ ܠܢܨܪܬ.
ܐܝܟܐ ܕܐܬܪܒܝ. ܘܥܠ ܐܝܟܢܐ ܕܡܥܕ ܗܘܐ ܠܒܝܬ ܟܢܘܫܬܐ ܒܝܘܡܐ ܕܫܒܬܐ. ܘܩܡ ܠܡܩܪܐ.
17 ܘܐܬܝܗܒ ܠܗ ܟܬܒܐ ܕܐܫܥܝܐ ܢܒܝܐ. ܘܦܬܚ ܝܫܘܥ ܟܬܒܐ. ܘܐܫܟܚ ܕܘܟܬܐ ܐܝܟܐ
ܕܟܬܝܒ. 18 ܪܘܚܗ ܕܡܪܝܐ ܥܠܝ. ܘܡܛܠ ܗܢܐ ܡܫܚܢܝ. ܠܡܣܒܪܘ ܠܡܣܟܢ̈ܐ.
ܘܫܠܚܢܝ ܠܡܐܣܝܘ ܠܬܒܝܪ̈ܝ ܠܒܐ. ܘܠܡܟܪܙܘ ܠܫܒܝ̈ܐ ܫܘܒܩܢܐ. ܘܠܥܘܝܪ̈ܐ ܚܙܝܐ.
ܘܠܡܫܪܐ ܠܬܒܝܪ̈ܐ ܒܫܘܒܩܢܐ. 19 ܘܠܡܟܪܙܘ ܫܢܬܐ ܡܩܒܠܬܐ ܠܡܪܝܐ. 20 ܘܟܪܟ
ܟܬܒܐ ܘܝܗܒܗ ܠܡܫܡܫܢܐ ܘܐܙܠ ܝܬܒ. ܟܠܗܘܢ ܕܝܢ ܕܒܒܝܬ ܟܢܘܫܬܐ. ܥܝܢܝ̈ܗܘܢ ܚܝܪ̈ܢ

ܗܘܝ ܒܗ. 21 ܘܫܪܝ ܠܡܐܡܪ ܠܗܘܢ. ܕܝܘܡܢܐ ܐܫܬܡܠܝ ܟܬܒܐ ܗܢܐ ܒܐܕܢܝܟܘܢ.
22 ܘܣܗܕܝܢ ܗܘܘ ܠܗ ܟܠܗܘܢ. ܘܡܬܕܡܪܝܢ ܗܘܘ ܒܡܠܐ ܕܛܝܒܘܬܐ ܕܢܦܩܢ ܗܘܝ ܡܢ
ܦܘܡܗ. ܘܐܡܪܝܢ ܗܘܘ. ܠܐ ܗܘܐ ܗܢܐ ܒܪ ܝܘܣܦ. 23 ܐܡܪ ܠܗܘܢ ܝܫܘܥ. ܕܒܪ
ܐܡܪܝܢ ܠܝ ܡܬܠܐ ܗܢܐ. ܐܣܝܐ ܐܣܐ ܢܦܫܟ. ܘܟܠ ܕܫܡܥܢ ܕܥܒܕܬ ܒܟܦܪܢܚܘܡ. ܥܒܕ
ܐܦ ܗܪܟܐ ܒܡܕܝܢܬܟ. 24 ܗܘ ܕܝܢ ܐܡܪ. ܐܡܝܢ ܐܡܪ ܐܢܐ ܠܟܘܢ. ܕܠܝܬ ܢܒܝܐ
ܕܡܬܩܒܠ ܒܡܕܝܢܬܗ. 25 ܒܫܪܪܐ ܓܝܪ ܐܡܪ ܐܢܐ ܠܟܘܢ. ܕܣܓܝܐܢ ܐܪܡܠܬܐ ܐܝܬ ܗܘܝ
ܒܐܝܣܪܝܠ. ܒܝܘܡܝ ܐܠܝܐ ܢܒܝܐ. ܟܕ ܐܬܐܚܕܘ ܫܡܝܐ ܫܢܝܢ ܬܠܬ ܘܝܪܚܐ ܫܬܐ. ܘܗܘܐ
ܟܦܢܐ ܪܒܐ ܒܟܠܗ ܐܪܥܐ. 26 ܘܠܘܬ ܚܕܐ ܡܢܗܝܢ ܠܐ ܐܫܬܕܪ ܐܠܝܐ. ܐܠܐ ܠܨܪܦܬ ܕܨܝܕܢ.
ܠܘܬ ܐܢܬܬܐ ܐܪܡܠܬܐ. 27 ܘܣܓܝܐܐ ܓܪܒܐ ܐܝܬ ܗܘܘ ܒܗ ܒܐܝܣܪܝܠ. ܒܝܘܡܝ ܐܠܝܫܥ
ܢܒܝܐ. ܘܐܦ ܚܕ ܡܢܗܘܢ ܠܐ ܐܬܕܟܝ. ܐܠܐ ܐܢ ܢܥܡܢ ܐܪܡܝܐ. 28 ܘܟܕ ܫܡܥܘ ܗܠܝܢ ܗܢܘܢ
ܕܒܟܢܘܫܬܐ. ܐܬܡܠܝܘ ܚܡܬܐ ܟܠܗܘܢ. 29 ܘܩܡܘ ܐܦܩܘܗܝ ܠܒܪ ܡܢ ܡܕܝܢܬܐ.
ܘܐܝܬܝܘܗܝ ܠܓܒܐ ܕܛܘܪܐ ܕܥܠܘܗܝ. ܗܝ ܕܡܕܝܢܬܗܘܢ ܒܢܝܐ ܗܘܬ. ܐܝܟ ܕܢܫܕܘܢܝܗܝ
ܡܢ ܡܫܩܦܐ. 30 ܗܘ ܕܝܢ ܥܒܪ ܒܝܢܬܗܘܢ ܘܐܙܠ. 31 ܘܢܚܬ ܠܟܦܪܢܚܘܡ ܡܕܝܢܬܐ
ܕܓܠܝܠܐ. ܘܡܠܦ ܗܘܐ ܠܗܘܢ ܒܫܒܬܐ. 32 ܘܬܡܝܗܝܢ ܗܘܘ ܒܡܘܠܦܢܗ. ܕܫܘܠܛܢܐ ܗܘܐ
ܡܠܬܗ. 33 ܘܐܝܬ ܗܘܐ ܒܟܢܘܫܬܐ ܓܒܪܐ ܕܐܝܬ ܗܘܐ ܒܗ. ܪܘܚܐ ܕܫܐܕܐ ܛܢܦܐ. ܘܐܩܥܐ
ܒܩܠܐ ܪܡܐ 34 ܘܐܡܪ. ܫܒܘܩܝܢ. ܡܢܐ ܠܢ ܘܠܟ ܝܫܘܥ ܢܨܪܝܐ. ܐܬܝܬ ܠܡܘܒܕܘܬܢ.
ܝܕܥ ܐܢܐ ܠܟ ܡܢ ܐܢܬ. ܩܕܝܫܗ ܕܐܠܗܐ. 35 ܘܟܐܐ ܒܗ ܝܫܘܥ ܘܐܡܪ. ܣܟܘܪ ܦܘܡܟ.
ܘܦܘܩ ܡܢܗ. ܘܫܕܝܗܝ ܫܐܕܐ ܒܡܨܥܬܐ. ܘܢܦܩ ܡܢܗ. ܟܕ ܠܐ ܗܪܗ ܒܗ ܡܕܡ.
36 ܘܐܚܕܬ ܬܗܪܐ ܠܟܠܢܫ. ܘܡܡܠܠܝܢ ܗܘܘ ܥܡ ܚܕܕܐ ܘܐܡܪܝܢ. ܡܢܐ ܗܝ ܟܝ
ܡܠܬܐ ܗܕܐ. ܕܒܫܘܠܛܢܐ ܘܒܚܝܠܐ ܦܩܕܐ ܠܪܘܚܐ ܛܢܦܬܐ ܘܢܦܩܝܢ. 37 ܘܢܦܩ ܠܗ ܛܒܗ
ܒܟܠܗ ܐܬܪܐ ܕܚܕܪܝܗܘܢ. 38 ܘܟܕ ܢܦܩ ܝܫܘܥ ܡܢ ܟܢܘܫܬܐ. ܥܠ ܠܒܝܬܗ
ܕܫܡܥܘܢ. ܘܚܡܬܗ ܕܫܡܥܘܢ. ܐܚܝܕܐ ܗܘܬ ܒܐܫܬܐ ܪܒܬܐ. ܘܒܥܘ ܡܢܗ ܡܛܠܬܗ.
39 ܘܩܡ ܠܥܠ ܡܢܗ. ܘܟܐܐ ܒܐܫܬܗ. ܘܫܒܩܬܗ. ܘܡܚܕܐ ܩܡܬ. ܘܡܫܡܫܐ ܗܘܬ
ܠܗܘܢ. 40 ܡܥܪܒ ܫܡܫܐ ܕܝܢ. ܟܠܗܘܢ ܐܝܠܝܢ ܕܐܝܬ ܗܘܐ ܠܗܘܢ ܟܪܝܗܐ ܕܟܘܪܗܢܝܢ
ܡܫܚܠܦܐ ܐܝܬܝܘ ܐܢܘܢ ܠܘܬܗ. ܗܘ ܕܝܢ ܥܠ ܚܕ ܚܕ ܡܢܗܘܢ ܐܝܕܗ ܣܐܡ
ܗܘܐ ܘܡܐܣܐ ܗܘܐ ܠܗܘܢ. 41 ܘܢܦܩܝܢ ܗܘܘ ܐܦ ܫܐܕܐ ܡܢ ܣܓܝܐܐ. ܟܕ ܡܩܥܝܢ
ܘܐܡܪܝܢ. ܕܐܢܬ ܗܘ ܡܫܝܚܐ ܒܪܗ ܕܐܠܗܐ. ܘܟܐܐ ܗܘܐ ܒܗܘܢ. ܘܠܐ ܫܒܩ ܗܘܐ ܠܗܘܢ
ܕܢܐܡܪܘܢ. ܕܝܕܥܝܢ ܕܗܘܝܘ ܡܫܝܚܐ. 42 ܘܒܨܦܪܗ ܕܝܘܡܐ ܢܦܩ ܐܙܠ ܠܗ ܠܐܬܪܐ ܚܘܪܒܐ.
ܘܟܢܫܐ ܒܥܝܢ ܗܘܘ ܠܗ. ܘܐܬܘ ܠܘܬܗ ܘܐܚܝܕܝܢ ܗܘܘ ܠܗ ܕܠܐ ܢܐܙܠ ܠܗ ܡܢ
ܠܘܬܗܘܢ. 43 ܗܘ ܕܝܢ ܝܫܘܥ ܐܡܪ ܠܗܘܢ. ܕܐܦ ܠܡܕܝܢܬܐ ܐܚܪܢܝܬܐ ܘܠܐ ܠܝ

ܠܡܣܒܪܘ ܡܠܟܘܬܗ ܕܐܠܗܐ. ܕܥܠ ܗܕܐ ܗܘ ܐܫܬܕܪܬ. 44 ܘܗܘܐ ܡܟܪܙ ܗܘܐ ܒܟܢܘܫܬܐ
ܕܓܠܝܠܐ܀

Cap. v. 1 ܗܘܐ ܕܝܢ ܟܕ ܥܡܐ ܥܠܘܗܝ ܩܝܡܐ ܠܡܫܡܥܘ ܡܠܬܐ ܕܐܠܗܐ. ܘܗܘ ܩܐܡ ܗܘܐ
ܥܠ ܝܕ ܝܡܬܐ ܕܓܢܣܪ. 2 ܚܙܐ ܣܦܝܢܬܐ ܬܪܬܝܢ ܕܩܝܡܢ ܥܠ ܓܢܒ ܝܡܬܐ. ܘܨܝܕܐ
ܕܢܦܩܘ ܡܢܗܝܢ. ܘܡܫܝܓܝܢ ܡܨܝܕܬܗܘܢ. 3 ܘܚܕܐ ܡܢܗܝܢ. ܕܫܡܥܘܢ ܗܘܬ ܟܐܦܐ.
ܘܣܠܩ ܝܫܘܥ ܝܬܒ ܒܗ. ܘܐܡܪ ܕܢܪܚܩܘܢܗ ܩܠܝܠ ܡܢ ܝܒܫܐ ܠܡܝܐ. ܘܝܬܒ ܗܘܐ
ܘܡܠܦ ܡܢ ܣܦܝܢܬܐ ܠܟܢܫܐ. 4 ܘܟܕ ܫܠܡ ܡܢ ܡܡܠܠܘ. ܐܡܪ ܠܫܡܥܘܢ.
ܕܒܪܘ ܠܥܘܡܩܐ. ܘܐܪܡܘ ܡܨܝܕܬܟܘܢ ܠܨܝܕܐ. 5 ܥܢܐ ܫܡܥܘܢ. ܘܐܡܪ ܠܗ. ܪܒܝ:
ܟܠܗ ܠܠܝܐ ܠܐܝܢ ܘܡܕܡ ܠܐ ܐܚܕܢ. ܥܠ ܡܠܬܟ ܕܝܢ. ܪܡܐ ܐܢܐ ܡܨܝܕܬܐ܀

6 ܘܟܕ ܗܕܐ ܥܒܕܘ. ܚܒܫܘ ܢܘܢܐ ܣܓܝܐܐ ܕܛܒ. ܘܡܬܨܪܝܐ ܗܘܬ ܡܨܝܕܬܗܘܢ. ܙܘܥܐ ܗ.
7 ܘܪܡܙܘ ܠܚܒܪܝܗܘܢ ܕܒܣܦܝܢܬܐ ܐܚܪܬܐ. ܕܢܐܬܘܢ ܢܥܕܪܘܢ ܐܢܘܢ. ܘܟܕ ܐܬܘ. ܡܠܘ
ܐܢܝܢ ܣܦܝܢܬܐ ܬܪܬܝܗܝܢ. ܐܝܟ ܕܩܪܝܒܢ ܗܘܝ ܠܡܛܒܥ܀ 8 ܟܕ ܚܙܐ ܕܝܢ ܫܡܥܘܢ ܟܐܦܐ.
ܢܦܠ ܩܕܡ ܪܓܠܘܗܝ ܕܝܫܘܥ. ܘܐܡܪ ܠܗ. ܒܥܐ ܐܢܐ ܡܢܟ ܡܪܝ: ܦܪܘܩ ܠܟ ܡܢܝ.
ܕܓܒܪܐ ܐܢܐ ܚܛܝܐ. 9 ܬܡܗܐ ܓܝܪ ܐܚܕܗ ܗܘܐ ܘܠܟܠܗܘܢ ܕܥܡܗ: ܥܠ ܨܝܕܐ ܗܘ
ܕܢܘܢܐ ܕܨܕܘ. 10 ܗܟܢܐ ܕܝܢ ܐܦ ܠܝܥܩܘܒ ܘܠܝܘܚܢܢ. ܒܢܝ ܙܒܕܝ: ܕܐܝܬܝܗܘܢ ܗܘܘ
ܫܘܬܦܐ ܕܫܡܥܘܢ܀ ܐܡܪ ܕܝܢ ܝܫܘܥ ܠܫܡܥܘܢ. ܠܐ ܬܕܚܠ. ܡܢ ܗܫܐ ܓܝܪ ܐܢܫܐ ܬܗܘܐ
ܨܐܕ ܠܚܝܐ. 11 ܘܩܪܒܘ ܐܢܝܢ ܣܦܝܢܬܐ ܠܝܒܫܐ. ܘܫܒܩܘ ܟܠ ܡܕܡ ܘܐܬܘ ܒܬܪܗ܀

12 ܘܟܕ ܗܘܐ ܝܫܘܥ ܒܚܕܐ ܡܢ ܡܕܝܢܬܐ. ܐܬܐ ܓܒܪܐ ܕܡܠܐ ܟܠܗ ܓܪܒܐ. ܚܙܐ ܠܝܫܘܥ:
ܘܢܦܠ ܥܠ ܐܦܘܗܝ. ܘܒܥܐ ܗܘܐ ܡܢܗ. ܘܐܡܪ ܠܗ. ܡܪܝ: ܐܢ ܨܒܐ ܐܢܬ. ܡܫܟܚ
ܐܢܬ ܠܡܕܟܝܘܬܝ. 13 ܘܦܫܛ ܐܝܕܗ ܝܫܘܥ ܩܪܒ ܠܗ. ܘܐܡܪ ܠܗ. ܨܒܐ ܐܢܐ: ܐܬܕܟܐ.
ܘܡܚܕܐ ܐܙܠ ܡܢܗ ܓܪܒܗ. ܘܐܬܕܟܝ. 14 ܘܦܩܕܗ. ܕܠܐܢܫ ܠܐ ܬܐܡܪ. ܐܠܐ ܙܠ ܚܘܐ
ܢܦܫܟ ܠܟܗܢܐ. ܘܩܪܒ ܥܠ ܕܐܬܕܟܝܬ: ܐܝܟܢܐ ܕܦܩܕ ܡܘܫܐ ܠܣܗܕܘܬܗܘܢ܀ 15 ܘܢܦܩ
ܥܠܘܗܝ ܛܒܐ ܝܬܝܪܐܝܬ. ܘܡܬܟܢܫܝܢ ܗܘܘ ܟܢܫܐ ܣܓܝܐܐ: ܠܡܫܡܥܘ ܡܢܗ. ܘܠܡܬܐܣܝܘ
ܡܢ ܟܘܪܗܢܝܗܘܢ܀ 16 ܗܘ ܕܝܢ ܡܫܢܐ ܗܘܐ ܠܚܘܪܒܐ ܘܡܨܠܐ܀

17 ܘܗܘܐ ܒܚܕ ܡܢ ܝܘܡܬܐ ܟܕ ܡܠܦ ܗܘܐ ܝܫܘܥ: ܝܬܒܝܢ ܗܘܘ ܦܪܝܫܐ ܘܡܠܦܝ
ܢܡܘܣܐ: ܕܐܬܘ ܗܘܘ ܡܢ ܟܠ ܩܘܪܝܐ ܕܓܠܝܠܐ ܘܕܝܗܘܕ ܘܕܐܘܪܫܠܡ. ܘܚܝܠܐ ܕܡܪܝܐ
ܐܝܬܘܗܝ ܗܘܐ ܠܡܐܣܝܘܬܗܘܢ܀ 18 ܘܐܢܫܐ ܐܝܬܝܘ ܒܥܪܣܐ ܓܒܪܐ ܚܕ ܡܫܪܝܐ. ܘܒܥܝܢ
ܗܘܘ ܕܢܥܠܘܢܝܗܝ. ܢܣܝܡܘܢܝܗܝ ܩܕܡܘܗܝ. 19 ܘܟܕ ܠܐ ܐܫܟܚܘ ܕܐܝܟܢܐ ܢܥܠܘܢܝܗܝ:
ܡܛܠ ܣܘܓܐܐ ܕܥܡܐ. ܣܠܩܘ ܠܗܘܢ ܠܐܓܪܐ. ܘܫܒܩܘܗܝ ܥܡ ܥܪܣܗ: ܡܢ ܛܛܝܠܐ
ܠܡܨܥܬܐ. ܩܕܡܘܗܝ ܕܝܫܘܥ܀ 20 ܟܕ ܚܙܐ ܕܝܢ ܝܫܘܥ ܗܝܡܢܘܬܗܘܢ. ܐܡܪ ܠܗܘ

ܠܡܫܪܝܐ. ܓܒܪܐ ܫܒܝܩܝܢ ܠܟ ܚܛܗܝܟ. 21 ܘܫܪܝܘ ܣܦܪܐ ܘܦܪܝܫܐ ܡܬܚܫܒܝܢ. ܘܐܡܪܝܢ.
ܡܢܘ ܗܢܐ ܕܡܡܠܠ ܓܘܕܦܐ. ܡܢܘ ܡܫܟܚ ܠܡܫܒܩ ܚܛܗܐ: ܐܠܐ ܐܢ ܐܠܗܐ ܒܠܚܘܕܘܗܝ.
22 ܝܫܘܥ ܕܝܢ ܝܕܥ ܡܚܫܒܬܗܘܢ. ܘܥܢܐ ܘܐܡܪ ܠܗܘܢ. ܡܢܐ ܡܬܚܫܒܝܢ ܐܢܬܘܢ
ܒܠܒܟܘܢ. 23 ܐܝܕܐ ܦܫܝܩܐ ܠܡܐܡܪ. ܕܡܫܬܒܩܝܢ ܠܟ ܚܛܗܝܟ: ܐܘ ܠܡܐܡܪ. ܩܘܡ ܗܠܟ.
24 ܕܬܕܥܘܢ ܕܝܢ ܕܫܠܝܛ ܗܘ ܒܪܗ ܕܐܢܫܐ ܒܐܪܥܐ ܕܢܫܒܘܩ ܚܛܗܐ. ܐܡܪ ܠܡܫܪܝܐ.
ܠܟ ܐܡܪ ܐܢܐ. ܩܘܡ: ܫܩܘܠ ܥܪܣܟ. ܘܙܠ ܠܒܝܬܟ. 25 ܘܡܚܕܐ ܩܡ ܠܥܝܢܝܗܘܢ:
ܘܫܩܠ ܥܪܣܗ. ܘܐܙܠ ܠܒܝܬܗ. ܟܕ ܡܫܒܚ ܠܐܠܗܐ. 26 ܘܬܗܪܐ ܐܚܕ ܠܟܠܢܫ.
ܘܡܫܒܚܝܢ ܗܘܘ ܠܐܠܗܐ. ܘܐܬܡܠܝܘ ܕܚܠܬܐ ܘܐܡܪܝܢ. ܕܚܙܝܢ ܝܘܡܢܐ ܬܕܡܪܬܐ.
27 ܒܬܪ ܗܠܝܢ ܢܦܩ ܝܫܘܥ. ܘܚܙܐ ܡܟܣܐ ܕܫܡܗ ܠܘܝ. ܕܝܬܒ ܒܝܬ ܡܟܣܐ. ܘܐܡܪ ܠܗ.
ܬܐ ܒܬܪܝ. 28 ܘܫܒܩ ܟܠ ܡܕܡ. ܘܩܡ ܐܙܠ ܒܬܪܗ. 29 ܘܥܒܕ ܠܗ ܠܘܝ ܒܒܝܬܗ
ܡܩܒܠܬܐ ܪܒܬܐ. ܘܗܘܐ ܗܘܐ ܟܢܫܐ ܪܒܐ ܕܡܟܣܐ ܘܕܐܚܪܢܐ ܕܣܡܝܟܝܢ ܗܘܘ ܠܘܬܗܘܢ.
30 ܘܪܛܢܝܢ ܗܘܘ ܣܦܪܐ ܘܦܪܝܫܐ ܘܐܡܪܝܢ ܠܬܠܡܝܕܘܗܝ. ܠܡܢܐ ܥܡ ܡܟܣܐ ܘܚܛܝܐ
ܐܟܠܝܢ ܐܢܬܘܢ ܘܫܬܝܢ. 31 ܘܥܢܐ ܝܫܘܥ ܘܐܡܪ ܠܗܘܢ. ܠܐ ܡܬܒܥܐ ܐܣܝܐ ܠܚܠܝܡܐ.
ܐܠܐ ܠܐܝܠܝܢ ܕܒܝܫ ܥܒܝܕ ܠܗܘܢ. 32 ܠܐ ܐܬܝܬ ܕܐܩܪܐ ܠܙܕܝܩܐ. ܐܠܐ ܠܚܛܝܐ ܠܬܝܒܘܬܐ.
33 ܗܢܘܢ ܕܝܢ ܐܡܪܝܢ ܠܗ. ܠܡܢܐ ܬܠܡܝܕܘܗܝ ܕܝܘܚܢܢ ܨܝܡܝܢ ܐܟܝܢܐܝܬ ܘܡܨܠܝܢ.
ܐܦ ܕܦܪܝܫܐ: ܕܝܠܟ ܕܝܢ ܐܟܠܝܢ ܘܫܬܝܢ. 34 ܗܘ ܕܝܢ ܐܡܪ ܠܗܘܢ. ܠܐ ܡܫܟܚܝܢ ܐܢܬܘܢ
ܠܒܢܝ ܓܢܘܢܐ: ܥܕ ܚܬܢܐ ܥܡܗܘܢ. ܠܡܥܒܕ ܕܢܨܘܡܘܢ. 35 ܢܐܬܘܢ ܕܝܢ
ܝܘܡܬܐ: ܡܐ ܕܐܫܬܩܠ ܚܬܢܐ ܡܢܗܘܢ. ܗܝܕܝܢ ܢܨܘܡܘܢ ܒܗܢܘܢ ܝܘܡܬܐ. 36 ܘܐܡܪ
ܠܗܘܢ ܡܬܠܐ. ܕܠܐ ܐܢܫ ܡܒܙܥ ܐܘܪܩܥܬܐ ܡܢ ܡܐܢܐ ܚܕܬܐ: ܘܪܡܐ ܥܠ ܡܐܢܐ ܒܠܝܐ. ܕܠܐ
ܚܕܬܐ ܡܒܙܥ. ܘܠܒܠܝܐ ܠܐ ܫܠܡܐ ܐܘܪܩܥܬܐ ܕܡܢ ܚܕܬܐ. 37 ܘܠܐ ܐܢܫ ܪܡܐ ܚܡܪܐ ܚܕܬܐ
ܒܙܩܐ ܒܠܝܬܐ. ܘܐܠܐ ܕܝܢ ܠܐ. ܡܨܪܐ ܚܡܪܐ ܚܕܬܐ ܙܩܐ. ܘܗܘ ܚܡܪܐ ܡܬܐܫܕ. ܘܙܩܐ
ܐܒܕܝܢ. 38 ܐܠܐ ܚܡܪܐ ܚܕܬܐ ܒܙܩܐ ܚܕܬܬܐ ܪܡܝܢ. ܘܬܪܝܗܘܢ ܡܬܢܛܪܝܢ. 39 ܘܠܐ ܐܢܫ ܫܬܐ
ܚܡܪܐ ܥܬܝܩܐ: ܘܡܚܕܐ ܨܒܐ ܚܕܬܐ. ܐܡܪ ܓܝܪ. ܥܬܝܩܐ ܒܣܝܡ.

1 ܗܘܐ ܕܝܢ ܒܫܒܬܐ ܟܕ ܡܗܠܟ ܝܫܘܥ ܒܝܬ ܙܪܥܐ. ܬܠܡܝܕܘܗܝ ܡܠܩܛܝܢ ܗܘܘ Cap. vi.
ܫܒܠܐ. ܘܦܪܟܝܢ ܒܐܝܕܝܗܘܢ. ܘܐܟܠܝܢ. 2 ܐܢܫܝܢ ܕܝܢ ܡܢ ܦܪܝܫܐ ܐܡܪܝܢ ܠܗܘܢ. ܡܢܐ
ܥܒܕܝܢ ܐܢܬܘܢ ܡܕܡ ܕܠܐ ܫܠܝܛ ܠܡܥܒܕ ܒܫܒܬܐ. 3 ܥܢܐ ܝܫܘܥ ܘܐܡܪ ܠܗܘܢ.
ܘܠܐ ܗܕܐ ܩܪܝܬܘܢ ܡܕܡ ܕܥܒܕ ܕܘܝܕ. ܟܕ ܟܦܢ ܗܘ ܘܐܝܠܝܢ ܕܥܡܗ: 4 ܕܥܠ ܠܒܝܬܗ
ܕܐܠܗܐ: ܘܠܚܡܐ ܕܦܬܘܪܗ ܕܡܪܝܐ ܐܟܠ. ܘܝܗܒ ܠܐܝܠܝܢ ܕܥܡܗ. ܗܘ ܕܠܐ
ܫܠܝܛ ܗܘܐ ܠܡܐܟܠ: ܐܠܐ ܠܟܗܢܐ ܒܠܚܘܕܝܗܘܢ. 5 ܘܐܡܪ ܠܗܘܢ. ܕܡܪܗ ܗܘ ܕܫܒܬܐ
ܒܪܗ ܕܐܢܫܐ. 6 ܗܘܐ ܕܝܢ ܒܫܒܬܐ ܐܚܪܬܐ. ܕܥܠ ܠܟܢܘܫܬܐ ܘܡܠܦ ܗܘܐ. ܘܐܝܬ ܗܘܐ

ܬܡܢ ܓܒܪܐ ܕܐܝܕܗ ܕܝܡܝܢܐ ܝܒܝܫܐ ܗܘܬ. 7 ܘܣܦܪܐ ܘܦܪܝܫܐ ܢܛܪܝܢ ܗܘܘ ܠܗ ܕܐܢ
ܗܘ ܕܡܐܣܐ ܒܫܒܬܐ ܕܢܫܟܚܘܢ ܠܡܐܟܠ ܩܪܨܘܗܝ. 8 ܗܘ ܕܝܢ ܝܕܥ ܗܘܐ ܡܚܫܒܬܗܘܢ.
ܘܐܡܪ ܠܗܘ ܓܒܪܐ ܕܝܒܝܫܐ ܐܝܕܗ. ܩܘܡ ܬܐ ܠܟ ܠܡܨܥܬܗ ܕܟܢܘܫܬܐ. ܘܟܕ ܐܬܐ ܘܩܡ.
9 ܐܡܪ ܠܗܘܢ ܝܫܘܥ. ܐܫܐܠܟܘܢ. ܡܢܐ ܫܠܝܛ ܒܫܒܬܐ. ܕܛܒ ܠܡܥܒܕ ܐܘ ܕܒܝܫ.
ܢܦܫܐ ܠܡܚܝܘ ܐܘ ܠܡܘܒܕܘ. 10 ܘܚܪ ܒܗܘܢ. ܒܟܠܗܘܢ. ܘܐܡܪ ܠܗ ܦܫܘܛ ܐܝܕܟ.
ܘܦܫܛ. ܘܐܬܬܩܢܬ ܐܝܕܗ. ܐܝܟ ܚܒܪܬܗ. 11 ܗܢܘܢ ܕܝܢ ܐܬܡܠܝܘ ܚܣܡܐ. ܘܡܡܠܠܝܢ
ܗܘܘ ܚܕ ܥܡ ܚܕ. ܕܡܢܐ ܢܥܒܕܘܢ ܠܗ ܠܝܫܘܥ.
12 ܗܘܐ ܕܝܢ ܒܗܠܝܢ ܝܘܡܬܐ. ܢܦܩ ܝܫܘܥ ܠܛܘܪܐ ܠܡܨܠܝܘ. ܘܬܡܢ ܐܓܗ ܗܘܐ ܩܦܠ ܘ.
ܒܨܠܘܬܗ ܕܐܠܗܐ. 13 ܘܟܕ ܢܓܗ ܩܪܐ ܠܬܠܡܝܕܘܗܝ. ܘܓܒܐ ܡܢܗܘܢ. ܬܪܥܣܪ. ܗܠܝܢ
ܕܫܠܝܚܐ ܩܪܐ ܐܢܘܢ. 14 ܫܡܥܘܢ ܗܘ ܕܩܪܐ ܟܐܦܐ. ܘܐܢܕܪܐܘܣ ܐܚܘܗܝ. ܘܝܥܩܘܒ.
ܘܝܘܚܢܢ. ܘܦܝܠܝܦܘܣ. ܘܒܪ ܬܘܠܡܝ. 15 ܘܡܬܝ. ܘܬܐܘܡܐ. ܘܝܥܩܘܒ ܒܪ ܚܠܦܝ.
ܘܫܡܥܘܢ ܕܡܬܩܪܐ ܩܢܢܝܐ. 16 ܘܝܗܘܕܐ ܒܪ ܝܥܩܘܒ. ܘܝܗܘܕܐ ܣܟܪܝܘܛܐ. ܗܘ ܕܗܘܐ
ܡܫܠܡܢܐ. 17 ܘܢܚܬ ܥܡܗܘܢ ܝܫܘܥ ܘܩܡ ܒܦܩܥܬܐ. ܘܟܢܫܐ ܣܓܝܐܐ ܕܬܠܡܝܕܘܗܝ.
ܘܣܘܓܐܐ ܕܟܢܫܐ ܕܥܡܐ. ܡܢ ܟܠܗ ܝܗܘܕ. ܘܡܢ ܐܘܪܫܠܡ. ܘܡܢ ܣܦܪ ܝܡܐ ܕܨܘܪ
ܘܕܨܝܕܢ. 18 ܕܐܬܘ ܕܢܫܡܥܘܢ ܡܠܬܗ. ܘܢܬܐܣܘܢ ܡܢ ܟܘܪܗܢܝܗܘܢ. ܘܐܝܠܝܢ
ܕܡܬܐܠܨܝܢ ܡܢ ܪܘܚܐ ܛܢܦܬܐ. ܘܡܬܐܣܝܢ ܗܘܘ. 19 ܘܟܠܗ ܟܢܫܐ ܒܥܝܢ ܗܘܘ
ܠܡܬܩܪܒܘ ܠܗ. ܚܝܠܐ ܓܝܪ ܢܦܩ ܗܘܐ ܡܢܗ. ܘܠܟܠܗܘܢ ܡܐܣܐ ܗܘܐ.
20 ܘܐܪܝܡ ܥܝܢܘܗܝ ܥܠ ܬܠܡܝܕܘܗܝ ܘܐܡܪ. ܛܘܒܝܟܘܢ ܡܣܟܢܐ ܕܕܝܠܟܘܢ ܗܝ
ܡܠܟܘܬܐ ܕܐܠܗܐ. 21 ܛܘܒܝܟܘܢ ܐܝܠܝܢ ܕܟܦܢܝܢ ܗܫܐ ܕܬܣܒܥܘܢ. ܛܘܒܝܟܘܢ ܠܕܒܟܝܢ
ܗܫܐ ܕܬܓܚܟܘܢ. 22 ܛܘܒܝܟܘܢ ܡܐ ܕܣܢܝܢ ܠܟܘܢ ܒܢܝܢܫܐ. ܘܡܦܪܫܝܢ ܠܟܘܢ.
ܘܡܚܣܕܝܢ ܠܟܘܢ. ܘܡܦܩܝܢ ܫܡܟܘܢ ܐܝܟ ܒܝܫܐ ܚܠܦ ܒܪܗ ܕܐܢܫܐ. 23 ܚܕܘ ܒܗܘ
ܝܘܡܐ ܘܪܘܙܘ. ܕܐܓܪܟܘܢ ܣܓܝ ܒܫܡܝܐ. ܗܟܢܐ ܓܝܪ ܥܒܕܝܢ ܗܘܘ ܐܒܗܝܗܘܢ ܠܢܒܝܐ.
24 ܒܪܡ ܘܝ ܠܟܘܢ ܥܬܝܪܐ. ܕܩܒܠܬܘܢ ܒܘܝܐܟܘܢ. 25 ܘܝ ܠܟܘܢ ܣܒܝܥܐ. ܕܬܟܦܢܘܢ.
ܘܝ ܠܟܘܢ ܠܓܚܘܟܝܢ ܗܫܐ. ܕܬܒܟܘܢ ܘܬܬܐܒܠܘܢ. 26 ܘܝ ܠܟܘܢ. ܟܕ ܢܗܘܘܢ ܐܡܪܝܢ
ܠܟܘܢ ܒܢܝ ܐܢܫܐ ܕܫܦܝܪ. ܗܟܢܐ ܓܝܪ ܥܒܕܝܢ ܗܘܘ ܠܢܒܝܐ ܕܓܠܬܐ ܐܒܗܝܗܘܢ.
27 ܠܟܘܢ ܕܝܢ ܐܡܪ ܐܢܐ ܠܕܫܡܥܝܢ. ܐܚܒܘ ܠܒܥܠܕܒܒܝܟܘܢ. ܘܥܒܕܘ ܕܫܦܝܪ ܠܐܝܠܝܢ
ܕܣܢܝܢ ܠܟܘܢ. 28 ܘܒܪܟܘ ܠܐܝܠܝܢ ܕܠܝܛܝܢ ܠܟܘܢ. ܘܨܠܘ ܥܠ ܐܝܠܝܢ ܕܕܒܪܝܢ ܠܟܘܢ
ܒܩܛܝܪܐ. 29 ܘܠܕܡܚܐ ܠܟ ܥܠ ܦܟܟ. ܩܪܘܒ ܠܗ ܐܚܪܬܐ. ܘܡܢ ܡܢ ܕܫܩܠ ܡܪܛܘܛܟ.
ܠܐ ܬܟܠܐ ܐܦ ܟܘܬܝܢܟ. 30 ܠܟܠ ܕܫܐܠ ܠܟ. ܗܒ ܠܗ. ܘܡܢ ܡܢ ܕܫܩܠ ܕܝܠܟ. ܠܐ
ܬܬܒܥ. 31 ܘܐܝܟܢܐ ܕܨܒܝܢ ܐܢܬܘܢ ܕܢܥܒܕܘܢ ܠܟܘܢ ܒܢܝ ܐܢܫܐ. ܗܟܢܐ ܥܒܕܘ ܠܗܘܢ.

ܐܦ ܐܢܬܘܢ ✣ 32 ܐܢ ܓܝܪ ܡܚܒܝܢ ܐܢܬܘܢ ܠܐܝܠܝܢ ܕܡܚܒܝܢ ܠܟܘܢ܂ ܐܝܢܐ ܗܝ
ܛܝܒܘܬܟܘܢ܂ ܐܦ ܓܝܪ ܚܛܝܐ ܠܐܝܠܝܢ ܕܡܚܒܝܢ ܠܗܘܢ ܪܚܡܝܢ܂ 33 ܘܐܢ ܡܛܒܝܢ ܐܢܬܘܢ
ܠܐܝܠܝܢ ܕܡܛܒܝܢ ܠܟܘܢ܂ ܐܝܢܐ ܗܝ ܛܝܒܘܬܟܘܢ܂ ܐܦ ܚܛܝܐ ܓܝܪ ܗܟܢܐ ܥܒܕܝܢ܂
34 ܘܐܢ ܡܘܙܦܝܢ ܐܢܬܘܢ ܠܡܢ ܕܡܣܒܪܝܢ ܐܢܬܘܢ ܕܬܬܦܪܥܘܢ ܡܢܗ܂ ܐܝܢܐ ܗܝ ܛܝܒܘܬܟܘܢ܂
ܐܦ ܚܛܝܐ ܓܝܪ ܠܚܛܝܐ ܡܘܙܦܝܢ܂ ܕܗܟܘܬ ܢܬܦܪܥܘܢ܂ 35 ܒܪܡ ܐܚܒܘ ܠܒܥܠܕܒܒܝܟܘܢ܂
ܘܐܛܒܘ ܠܗܘܢ܂ ܘܐܘܙܦܘ܂ ܘܠܐ ܬܦܣܩܘܢ ܣܒܪܐ ܕܐܢܫ܂ ܘܢܗܘܐ ܣܓܝ ܐܓܪܟܘܢ܂ ܘܬܗܘܘܢ
ܒܢܘܗܝ ܕܪܡܐ܂ ܕܗܘ ܒܣܝܡ ܗܘ ܥܠ ܒܝܫܐ ܘܥܠ ܟܦܘܪܐ ✣ 36 ܗܘܘ ܗܟܝܠ ܡܪܚܡܢܐ܂
ܐܝܟܢܐ ܕܐܦ ܐܒܘܟܘܢ ܡܪܚܡܢܐ ܗܘ ✣ 37 ܠܐ ܬܕܘܢܘܢ܂ ܘܠܐ ܡܬܕܝܢܝܢ ܐܢܬܘܢ܂ ܠܐ ܬܚܝܒܘܢ܂
ܘܠܐ ܡܬܚܝܒܝܢ ܐܢܬܘܢ܂ ܫܪܘ܂ ܘܬܫܬܪܘܢ܂ 38 ܗܒܘ܂ ܘܡܬܝܗܒ ܠܟܘܢ܂ ܒܟܝܠܬܐ ܛܒܬܐ
ܘܪܟܝܟܬܐ ܘܡܫܦܥܬܐ ܢܪܡܘܢ ܒܥܘܒܝܟܘܢ܂ ܒܗܘ ܓܝܪ ܟܝܠܐ ܕܟܝܠܝܢ ܐܢܬܘܢ܂
ܡܬܟܝܠ ܠܟܘܢ ✣ 39 ܘܐܡܪ ܗܘܐ ܠܗܘܢ ܡܬܠܐ܂ ܠܡܐ ܡܫܟܚ ܣܡܝܐ ܠܣܡܝܐ
ܠܡܕܒܪܘ܂ ܠܐ ܬܪܝܗܘܢ ܒܓܘܡܨܐ ܢܦܠܝܢ ✣ 40 ܠܝܬ ܬܠܡܝܕܐ ܕܝܬܝܪ ܡܢ ܪܒܗ܂ ܟܠܢܫ
ܓܝܪ ܕܓܡܝܪ ܢܗܘܐ ܐܝܟ ܪܒܗ ✣ 41 ܡܢܐ ܕܝܢ ܚܙܐ ܐܢܬ ܓܠܐ ܕܒܥܝܢܗ ܕܐܚܘܟ܂ ܩܪܝܬܐ
ܕܝܢ ܕܒܥܝܢܟ ܠܐ ܡܬܚܙܝܐ ܠܟ܂ 42 ܐܘ ܐܝܟܢܐ ܡܫܟܚ ܐܢܬ ܠܡܐܡܪ ܠܐܚܘܟ܂ ܐܚܝ ܫܒܘܩ
ܐܦܩ ܓܠܐ ܡܢ ܥܝܢܟ܂ ܘܗܐ ܩܪܝܬܐ ܕܒܥܝܢܟ ܠܐ ܡܬܚܙܝܐ ܠܟ܂ ܢܣܒ ܒܐܦܐ܂ ܐܦܩ
ܠܘܩܕܡ ܩܪܝܬܐ ܡܢ ܥܝܢܟ܂ ܘܗܝܕܝܢ ܬܬܚܙܐ ܠܟ ܠܡܦܩܘ ܓܠܐ ܡܢ ܥܝܢܗ ܕܐܚܘܟ ✣
43 ܠܐ ܐܝܬ ܐܝܠܢܐ ܛܒܐ ܕܥܒܕ ܦܐܪܐ ܒܝܫܐ܂ ܐܦ ܠܐ ܐܝܠܢܐ ܒܝܫܐ ܕܥܒܕ ܦܐܪܐ ܛܒܐ܂
44 ܟܠ ܐܝܠܢܐ ܓܝܪ ܡܢ ܦܐܪܘܗܝ ܗܘ ܡܬܝܕܥ܂ ܠܐ ܓܝܪ ܠܩܛܝܢ ܡܢ ܟܘܒܐ ܬܐܢܐ܂ ܐܦ
ܠܐ ܡܢ ܣܢܝܐ ܩܛܦܝܢ ܥܢܒܐ ✣ 45 ܓܒܪܐ ܛܒܐ ܡܢ ܣܝܡܬܐ ܛܒܬܐ ܕܒܠܒܗ ܡܦܩ
ܛܒܬܐ܂ ܘܓܒܪܐ ܒܝܫܐ ܡܢ ܣܝܡܬܐ ܒܝܫܬܐ ܕܒܠܒܗ ܡܦܩ ܒܝܫܬܐ܂ ܡܢ ܝܬܝܪܘܬ ܠܒܐ
ܓܝܪ ܡܡܠܠܢ ܤܦܘܬܐ ✣ 46 ܡܢܐ ܩܪܝܢ ܐܢܬܘܢ ܠܝ ܡܪܝ ܡܪܝ܂ ܘܡܕܡ ܕܐܡܪ ܐܢܐ ܠܐ
ܥܒܕܝܢ ܐܢܬܘܢ ✣ 47 ܟܠ ܐܢܫ ܕܐܬܐ ܠܘܬܝ܂ ܘܫܡܥ ܡܠܝ ܘܥܒܕ ܠܗܝܢ܂ ܐܚܘܝܟܘܢ
ܠܡܢܐ ܕܡܐ܂ 48 ܕܡܐ ܠܓܒܪܐ ܕܒܢܐ ܒܝܬܐ܂ ܘܚܦܪ ܘܐܥܡܩ܂ ܘܣܡ ܫܬܐܤܝܗ ܥܠ ܫܘܥܐ܂
ܟܕ ܗܘܐ ܕܝܢ ܡܠܐܐ܂ ܐܬܬܪܝܡ ܢܗܪܐ ܒܒܝܬܐ ܗܘ܂ ܘܠܐ ܐܫܟܚ ܕܢܙܝܥܝܘܗܝ܂ ܫܦܝܪ ܗܘܐ
ܓܝܪ ܫܬܐܤܝܗ܂ ܥܠ ܫܘܥܐ ✣ 49 ܘܗܘ ܕܫܡܥ ܘܠܐ ܥܒܕ܂ ܕܡܐ ܠܓܒܪܐ ܕܒܢܐ ܒܝܬܗ
ܥܠ ܥܦܪܐ ܕܠܐ ܫܬܐܤܝܢ܂ ܘܟܕ ܐܬܬܪܝܡ ܒܗ ܢܗܪܐ ܡܚܕܐ ܢܦܠ܂ ܘܗܘܬ ܡܦܘܠܬܗ
ܪܒܐ ܕܒܝܬܐ ܗܘ ✣

1 ܘܟܕ ܫܠܡ ܟܠܗܝܢ ܡܠܘܗܝ ܠܡܫܡܥܬܗ ܕܥܡܐ܂ ܥܠ ܠܟܦܪܢܚܘܡ܂ Cap. vii.
2 ܥܒܕܗ ܕܝܢ ܕܩܢܛܪܘܢܐ ܚܕ ܕܒܝܫ ܗܘܐ ܒܝܫܐܝܬ܂ ܐܝܢܐ ܕܝܩܝܪ ܗܘܐ ܠܘܬܗ܂ ܘܩܪܝܒ
ܗܘܐ ܠܡܡܬ܂ 3 ܘܫܡܥ ܥܠ ܝܫܘܥ܂ ܘܫܕܪ ܠܘܬܗ ܩܫܝܫܐ ܕܝܗܘܕܝܐ܂ ܘܒܥܐ ܗܘܐ

ܡܢܗ. ܐܝܟ ܕܬܐܬܐ ܬܚܐ ܠܥܒܕܗ. ⁴ ܗܢܘܢ ܕܝܢ ܟܕ ܐܬܘ ܠܘܬ ܝܫܘܥ. ܒܥܝܢ ܗܘܘ
ܡܢܗ ܒܚܦܝܛܘ. ܘܐܡܪܝܢ. ܫܘܐ ܗܘ ܕܬܥܒܕ ܠܗ ܗܕܐ. ⁵ ܪܚܡ ܓܝܪ ܠܥܡܢ. ܘܐܦ
ܒܝܬ ܟܢܘܫܬܐ ܗܘ ܒܢܐ ܠܢ. ⁶ ܝܫܘܥ ܕܝܢ ܐܙܠ ܗܘܐ ܥܡܗܘܢ. ܟܕ ܕܝܢ ܠܐ ܣܓܝ
ܪܚܝܩ ܡܢ ܒܝܬܐ. ܫܕܪ ܠܘܬܗ ܩܢܛܪܘܢܐ ܪ̈ܚܡܘܗܝ ܘܐܡܪ ܠܗ. ܡܪܝ. ܠܐ ܬܬܥܡܠ.
ܠܐ ܓܝܪ ܫܘܐ ܐܢܐ ܕܬܥܘܠ ܬܚܝܬ ܡܛܠܠܝ. ⁷ ܡܛܠ ܗܕܐ ܐܢܐ ܠܐ ܫܘܝܬ ܕܠܘܬܟ ܐܬܐ.
ܐܠܐ ܐܡܪ ܒܡܠܬܐ ܘܢܬܐܣܐ ܛܠܝܝ܀
⁸ ܐܦ ܐܢܐ ܓܝܪ ܓܒܪܐ ܐܢܐ ܕܡܫܥܒܕ ܐܢܐ ܠܫܘܠܛܢܐ. ܘܐܝܬ ܬܚܝܬ ܐܝܕܝ ܙܘܚܐ ܐ.
ܐܣܛܪܛܝܘܛܐ. ܘܐܡܪ ܐܢܐ ܠܗܢܐ ܕܙܠ ܘܐܙܠ. ܘܠܐܚܪܢܐ ܕܬܐ ܘܐܬܐ. ܘܠܥܒܕܝ ܥܒܕ
ܗܕܐ ܘܥܒܕ. ⁹ ܟܕ ܫܡܥ ܕܝܢ ܝܫܘܥ ܗܠܝܢ. ܐܬܕܡܪ ܒܗ. ܘܐܬܦܢܝ ܘܐܡܪ ܠܟܢܫܐ
ܕܐܬܐ ܒܬܪܗ. ܐܡܪ ܐܢܐ ܠܟܘܢ. ܕܐܦ ܠܐ ܒܝܬ ܐܝܣܪܝܠ ܐܫܟܚܬ ܐܝܟ ܗܕܐ ܗܝܡܢܘܬܐ܀
¹⁰ ܘܗܦܟܘ ܗܢܘܢ ܕܐܫܬܕܪܘ ܠܒܝܬܐ. ܘܐܫܟܚܘ ܠܥܒܕܐ ܗܘ ܕܟܪܝܗ ܗܘܐ ܟܕ ܚܠܝܡ܀
¹¹ ܘܗܘܐ ܒܝܘܡܐ ܕܒܬܪܗ. ܐܙܠ ܗܘܐ ܠܡܕܝܢܬܐ ܕܫܡܗ ܢܐܝܢ. ܘܬܠܡܝܕܘܗܝ
ܥܡܗ. ܘܟܢܫܐ ܣܓܝܐܐ. ¹² ܘܟܕ ܡܛܐ ܠܬܪܥܐ ܕܡܕܝܢܬܐ. ܚܙܐ ܕܝ ܡܦܩܝܢ ܡܝܬܐ
ܕܝܚܝܕܝܐ ܗܘܐ ܠܐܡܗ. ܘܗܝ ܐܪܡܠܬܐ ܗܘܬ. ܘܟܢܫܐ ܣܓܝܐܐ ܕܒܢ̈ܝ ܡܕܝܢܬܐ
ܥܡܗ. ¹³ ܚܙܗ ܕܝܢ ܝܫܘܥ. ܘܐܬܪܚܡ ܥܠܝܗ. ܘܐܡܪ ܠܗ. ܠܐ ܬܒܟܝܢ. ¹⁴ ܘܐܙܠ ܡܛܐ
ܠܥܪܣܐ. ܘܗܢܘܢ ܕܫܩܝܠܝܢ ܗܘܘ ܠܗ ܩܡܘ. ܘܐܡܪ. ܥܠܝܡܐ ܠܟ ܐܡܪ ܐܢܐ ܩܘܡ.
¹⁵ ܘܝܬܒ ܗܘ ܡܝܬܐ ܘܫܪܝ ܠܡܡܠܠܘ. ܘܝܗܒܗ ܠܐܡܗ. ¹⁶ ܘܐܚܕܬ ܕܚܠܬܐ ܠܐܢܫܐ
ܟܠܗܘܢ. ܘܡܫܒܚܝܢ ܗܘܘ ܠܐܠܗܐ ܘܐܡܪܝܢ. ܕܢܒܝܐ ܪܒܐ ܩܡ ܒܢ: ܘܣܥܪ ܐܠܗܐ
ܠܥܡܗ. ¹⁷ ܘܢܦܩܬ ܥܠܘܗܝ ܡܠܬܐ ܗܕܐ ܒܟܠܗ ܝܗܘܕ. ܘܒܟܠܗ ܐܬܪܐ ܕܣܚܪܢܘܗܝ܀
¹⁸ ܘܐܘܕܥܘܗܝ ܠܝܘܚܢܢ ܬܠܡܝܕܘܗܝ ܗܠܝܢ ܟܠܗܝܢ. ¹⁹ ܘܩܪܐ ܝܘܚܢܢ ܬܪܝܢ ܡܢ
ܬܠܡܝܕܘܗܝ. ܘܫܕܪ ܐܢܘܢ ܠܘܬ ܝܫܘܥ. ܘܐܡܪ. ܐܢܬ ܗܘ ܗܘ ܕܐܬܐ. ܐܘ ܠܐܚܪܝܢ ܗܘ
ܡܣܟܝܢܢ. ²⁰ ܘܐܬܘ ܠܘܬ ܝܫܘܥ. ܘܐܡܪܝܢ ܠܗ. ܝܘܚܢܢ ܡܥܡܕܢܐ ܫܕܪܢ ܠܘܬܟ.
ܘܐܡܪ. ܐܢܬ ܗܘ ܗܘ ܕܐܬܐ. ܐܘ ܠܐܚܪܝܢ ܗܘ ܡܣܟܝܢܢ. ²¹ ܒܗ ܕܝܢ ܒܗ ܫܥܬܐ.
ܣܓܝܐܐ ܐܣܝ ܡܢ ܟܘܪܗܢܐ: ܘܡܢ ܡܚܘܬܐ ܘܡܢ ܪܘܚܐ ܒܝܫܬܐ. ܘܠܣܓܝܐܐ ܣܡܝܐ
ܝܗܒ ܗܘܐ ܠܡܚܙܐ. ²² ܘܥܢܐ ܝܫܘܥ ܘܐܡܪ ܠܗܘܢ. ܐܙܠܘ ܐܡܪܘ ܠܝܘܚܢܢ. ܟܠܡܕܡ
ܕܚܙܝܬܘܢ. ܘܫܡܥܬܘܢ. ܕܣܡܝܐ ܚܙܝܢ. ܘܚܓܝܪܐ ܡܗܠܟܝܢ. ܘܓܪ̈ܒܐ ܡܬܕܟܝܢ. ܘܚܪ̈ܫܐ
ܫܡܥܝܢ. ܘܡܝ̈ܬܐ ܩܝܡܝܢ. ܘܡܣܟܢ̈ܐ ܡܬܣܒܪܝܢ. ²³ ܘܛܘܒܘܗܝ ܠܡܢ ܕܠܐ
ܢܬܟܫܠ ܒܝ܀
²⁴ ܟܕ ܕܝܢ ܐܙܠܘ ܬܠܡܝܕܘܗܝ ܕܝܘܚܢܢ. ܫܪܝ ܠܡܐܡܪ ܠܟܢܫܐ ܥܠ ܝܘܚܢܢ. ܡܢܐ
ܢܦܩܬܘܢ ܠܡܕܒܪܐ ܠܡܚܙܐ. ܩܢܝܐ ܕܡܢ ܪܘܚܐ ܡܬܬܙܝܥ. ²⁵ ܘܐܠܐ ܡܢܐ ܢܦܩܬܘܢ

ܠܡܚܙܐ. ܓܒܪܐ ܕܢܚܬܐ ܪܟܝܟܐ ܠܒܝܫ. ܗܐ ܐܝܠܝܢ ܕܒܠܒܘܫܐ ܡܫܒܚܐ ܘܒܦܘܢܩܐ
ܐܝܬܝܗܘܢ. ܒܒܝܬ ܡܠܟܐ ܐܢܘܢ. 26 ܘܐܠܐ ܡܢܐ ܢܦܩܬܘܢ ܠܡܚܙܐ. ܢܒܝܐ. ܐܝܢ ܐܡܪ ܐܢܐ
ܠܟܘܢ. ܘܝܬܝܪ ܡܢ ܢܒܝܐ. 27 ܗܢܘ ܕܥܠܘܗܝ ܟܬܝܒ. ܕܗܐ ܐܢܐ ܡܫܕܪ ܐܢܐ ܡܠܐܟܝ
ܩܕܡ ܦܪܨܘܦܟ. ܕܢܛܝܒ ܐܘܪܚܐ ܩܕܡܝܟ. 28 ܐܡܪ ܐܢܐ ܠܟܘܢ. ܕܠܝܬ ܢܒܝܐ ܒܝܠܝܕܝ
ܢܫܐ ܕܪܒ ܡܢ ܝܘܚܢܢ ܡܥܡܕܢܐ. ܙܥܘܪܐ ܕܝܢ ܒܡܠܟܘܬܐ ܕܐܠܗܐ ܪܒ ܗܘ ܡܢܗ.
29 ܘܟܠܗ ܥܡܐ ܕܫܡܥܗ. ܐܦ ܡܟܣܐ. ܙܕܩܘ ܠܐܠܗܐ. ܕܐܥܡܕܘ ܡܥܡܘܕܝܬܗ ܕܝܘܚܢܢ.
30 ܦܪܝܫܐ ܕܝܢ ܘܣܦܪܐ. ܛܠܡܘ ܒܢܦܫܗܘܢ ܨܒܝܢܐ ܕܐܠܗܐ. ܕܠܐ ܐܬܥܡܕܘ ܡܢܗ.
31 ܠܡܢ ܗܟܝܠ ܐܕܡܐ ܠܐܢܫܐ ܕܫܪܒܬܐ ܗܕܐ. ܘܠܡܢ ܕܡܝܢ. 32 ܕܡܝܢ ܠܛܠܝܐ ܕܝܬܒܝܢ
ܒܫܘܩܐ. ܘܩܥܝܢ ܠܚܒܪܝܗܘܢ. ܘܐܡܪܝܢ. ܙܡܪܢ ܠܟܘܢ. ܘܠܐ ܪܩܕܬܘܢ. ܘܐܠܝܢ ܠܟܘܢ.
ܘܠܐ ܒܟܝܬܘܢ. 33 ܐܬܐ ܓܝܪ ܝܘܚܢܢ ܡܥܡܕܢܐ. ܠܐ ܐܟܠ ܠܚܡܐ. ܘܠܐ ܫܬܐ ܚܡܪܐ. ܘܐܡܪܬܘܢ
ܫܐܕܐ ܐܝܬ ܒܗ. 34 ܐܬܐ ܒܪܗ ܕܐܢܫܐ ܐܟܠ ܘܫܬܐ. ܘܐܡܪܬܘܢ ܗܐ. ܗܐ ܓܒܪܐ
ܐܟܘܠܐ. ܘܫܬܐ ܚܡܪܐ. ܘܪܚܡܐ ܕܡܟܣܐ ܘܕܚܛܝܐ. 35 ܘܐܙܕܕܩܬ ܚܟܡܬܐ ܡܢ ܟܠܗܘܢ
ܒܢܝܗ.

36 ܒܥܐ ܗܘܐ ܕܝܢ ܡܢܗ ܚܕ ܡܢ ܦܪܝܫܐ ܕܢܠܥܤ ܥܡܗ. ܘܥܠ ܠܒܝܬܗ ܕܦܪܝܫܐ
ܗܘ. ܘܐܣܬܡܟ. 37 ܘܐܢܬܬܐ ܚܛܝܬܐ ܐܝܬ ܗܘܬ ܒܡܕܝܢܬܐ ܗܝ. ܘܟܕ ܝܕܥܬ ܕܒܒܝܬܗ
ܕܦܪܝܫܐ ܗܘ ܣܡܝܟ. ܢܣܒܬ ܫܛܝܦܬܐ ܕܒܣܡܐ. 38 ܘܩܡܬ ܒܣܬܪܗ ܠܘܬ ܪܓܠܘܗܝ
ܘܒܟܝܐ ܗܘܬ. ܘܫܪܝܬ ܒܕܡܥܝܗ ܡܨܒܥܐ ܪܓܠܘܗܝ. ܘܒܣܥܪܐ ܕܪܫܗ ܡܫܝܐ ܠܗܝܢ.
ܘܡܢܫܩܐ ܗܘܬ ܪܓܠܘܗܝ ܘܡܫܚܐ ܒܒܣܡܐ. 39 ܟܕ ܚܙܐ ܕܝܢ ܦܪܝܫܐ ܗܘ ܕܩܪܝܗ.
ܐܬܚܫܒ ܒܢܦܫܗ. ܘܐܡܪ. ܗܢܐ ܐܠܘ ܢܒܝܐ ܗܘܐ. ܝܕܥ ܗܘܐ ܡܢܘ ܗܝ ܘܡܢܐ ܛܒܗ.
ܕܚܛܝܬܐ ܗܝ ܐܢܬܬܐ ܗܝ ܕܩܪܒܬ ܠܗ. 40 ܥܢܐ ܕܝܢ ܝܫܘܥ ܘܐܡܪ ܠܗ. ܫܡܥܘܢ.
ܡܕܡ ܐܝܬ ܠܝ ܕܐܡܪ ܠܟ. ܗܘ ܕܝܢ ܐܡܪ ܠܗ. ܐܡܪ ܪܒܝ. ܐܡܪ ܠܗ ܝܫܘܥ.
41 ܬܪܝܢ ܚܝܒܐ ܐܝܬ ܗܘܘ ܠܚܕ ܡܪܐ ܚܘܒܐ. ܚܕ ܚܐܒ ܗܘܐ ܕܝܢܪܐ ܚܡܫܡܐܐ. ܘܐܚܪܢܐ
ܕܝܢܪܐ ܚܡܫܝܢ. 42 ܘܟܠܡܐ ܗܘܐ ܠܗܘܢ ܠܡܦܪܥ. ܠܬܪܝܗܘܢ ܫܒܩ. ܐܝܢܐ ܗܟܝܠ
ܡܢܗܘܢ ܝܬܝܪ ܢܚܒܝܘܗܝ. 43 ܥܢܐ ܫܡܥܘܢ ܘܐܡܪ. ܣܒܪ ܐܢܐ ܕܗܘ ܕܐܫܬܒܩ ܠܗ
ܣܓܝ. ܐܡܪ ܠܗ ܝܫܘܥ. ܬܪܝܨܐܝܬ ܕܢܬ. 44 ܘܐܬܦܢܝ ܠܘܬ ܗܝ ܐܢܬܬܐ ܘܐܡܪ ܠܫܡܥܘܢ.
ܚܙܐ ܐܢܬ ܐܢܬܬܐ ܗܕܐ. ܠܒܝܬܟ ܥܠܬ. ܡܝܐ ܠܪܓܠܝ ܠܐ ܝܗܒܬ. ܗܕܐ ܕܝܢ ܒܕܡܥܝܗ
ܪܓܠܝ ܨܒܥܬ. ܘܒܣܥܪܗ ܫܘܝܬ ܐܢܝܢ. 45 ܐܢܬ ܠܐ ܢܫܩܬܢܝ. ܗܕܐ ܕܝܢ ܗܐ ܡܢ ܕܥܠܬ.
ܠܐ ܫܠܝܬ ܡܢ ܢܫܩ ܪܓܠܝ. 46 ܐܢܬ ܡܫܚܐ ܠܪܫܝ ܠܐ ܡܫܚܬ. ܗܕܐ ܕܝܢ ܒܡܫܚܐ
ܕܒܣܡܐ ܪܓܠܝ ܡܫܚܬ. 47 ܚܠܦ ܗܕܐ ܐܡܪ ܐܢܐ ܠܟ. ܕܫܒܝܩܝܢ ܠܗ ܚܛܗܝܗ ܣܓܝܐܬܐ.
ܡܛܠ ܕܐܚܒܬ ܣܓܝ. ܗܘ ܕܝܢ ܕܩܠܝܠ ܡܫܬܒܩ ܠܗ. ܩܠܝܠ ܡܚܒ. 48 ܘܐܡܪ

ܠܗ̇ ܐܢܬܬܐ. ܡܫܬܒܩܝܢ ܠܟܝ ܚܛܗ̈ܝܟܝ. 49 ܫܪܝܘ ܕܝܢ ܗܢܘܢ ܕܣܡܝܟܝܢ ܐܡܪܝܢ
ܒܢܦܫܗܘܢ. ܡܢܘ ܗܢܐ ܕܐܦ ܚܛܗ̈ܐ ܫܒܩ. 50 ܝܫܘܥ ܕܝܢ ܐܡܪ ܠܗ̇ ܐܢܬܬܐ.
ܗܝܡܢܘܬܟܝ ܐܚܝܬܟܝ. ܙܠܝ ܒܫܠܡܐ܀

Cap. viii. 1 ܘܗܘܐ ܡܢ ܒܬܪ ܗܠܝܢ. ܡܟܪܙ ܗܘܐ ܝܫܘܥ ܒܡܕ̈ܝܢܬܐ ܘܒܩܘܪ̈ܝܐ. ܘܡܣܒܪ ܗܘܐ
ܘܡܟܪܙ ܡܠܟܘܬܐ ܕܐܠܗܐ. ܘܬܪܥܣܪ̈ܬܗ ܥܡܗ. 2 ܘܢܫ̈ܐ ܗܠܝܢ ܕܐܬܐܣܝ ܡܢ ܟܘܪ̈ܗܢܐ
ܘܡܢ ܪ̈ܘܚܐ ܒܝ̈ܫܬܐ. ܡܪܝܡ ܕܡܬܩܪܝܐ ܡܓܕܠܝܬܐ. ܗܝ ܕܫܒܥܐ ܫܐ̈ܕܐ ܢܦܩܘ ܡܢܗ̇.
3 ܘܝܘܚܢ ܐܢܬܬܗ ܕܟܘܙܐ ܪܒ ܒܝܬܗ ܕܗܪܘܕܣ. ܘܫܘܫܢ. ܘܐܚܪ̈ܢܝܬܐ ܣܓܝ̈ܐܬܐ. ܗܠܝܢ ܕܡܫܡܫܢ
ܗܘ̈ܝ ܠܗܘܢ ܡܢ ܩܢܝܢܗܝܢ܀

4 ܘܟܕ ܟܢܫܐ ܣܓܝܐܐ ܟܢܝܫ ܗܘܐ: ܘܡܢ ܟܠ ܡܕ̈ܝܢܬܐ ܐܬܝܢ ܗܘܘ ܠܘܬܗ. ܐܡܪ ܒܡܬܠܐ. ܙܘܚܐ ܣ.
5 ܢܦܩ ܙܪܘܥܐ ܠܡܙܪܥ ܙܪܥܗ. ܘܟܕ ܙܪܥ. ܐܝܬ ܕܢܦܠ ܥܠ ܝܕ ܐܘܪܚܐ. ܘܐܬܕܝܫ.
ܘܐܟܠܬܗ ܦܪܚܬܐ. 6 ܘܐܚܪܢܐ ܢܦܠ ܥܠ ܫܘܥܐ. ܘܒܪ ܫܥܬܗ ܝܥܐ. ܘܕܠܝܬ ܗܘܐ ܠܗ
ܠܚܘܬܐ ܝܒܫ. 7 ܘܐܚܪܢܐ ܢܦܠ ܒܝܬ ܟܘܒ̈ܐ. ܘܝܥܘ ܥܡܗ ܟܘܒ̈ܐ ܘܚܢܩܘܗܝ.
8 ܘܐܚܪܢܐ ܢܦܠ ܒܐܪܥܐ ܛܒܬܐ ܘܫܦܝܪܬܐ. ܘܝܥܐ ܘܥܒܕ ܦܐܪ̈ܐ ܚܕ ܒܡܐܐ. ܗܠܝܢ ܟܕ
ܐܡܪ. ܩܥܐ ܗܘܐ. ܕܐܝܬ ܠܗ ܐܕܢܐ ܕܢܫܡܥ ܢܫܡܥ܀ 9 ܘܫܐܠܘܗܝ ܬܠܡ̈ܝܕܘܗܝ
ܕܡܢܘ ܡܬܠܐ ܗܢܐ. 10 ܗܘ ܕܝܢ ܐܡܪ ܠܗܘܢ. ܠܟܘܢ ܗܘ ܝܗܝܒ ܠܡܕܥ ܐܪ̈ܙܐ
ܕܡܠܟܘܬܗ ܕܐܠܗܐ. ܠܗܠܝܢ ܕܝܢ ܕܠܒܪ ܒܡܬܠܐ ܡܬܐܡܪ. ܕܟܕ ܚܙܝܢ. ܠܐ ܢܚܙܘܢ. ܘܟܕ
ܫܡܥܝܢ. ܠܐ ܢܣܬܟܠܘܢ܀ 11 ܗܢܘ ܕܝܢ ܡܬܠܐ. ܙܪܥܐ ܐܝܬܘܗܝ ܡܠܬܗ ܕܐܠܗܐ. 12 ܗܠܝܢ
ܕܝܢ ܕܥܠ ܝܕ ܐܘܪܚܐ. ܐܝܠܝܢ ܐܢܘܢ ܕܫܡܥܝܢ ܡܠܬܐ: ܘܐܬܐ ܒܥܠܕܒܒܐ ܫܩܠ
ܡܠܬܐ ܡܢ ܠܒܗܘܢ: ܕܠܐ ܢܗܝܡܢܘܢ ܘܢܚܘܢ. 13 ܗܠܝܢ ܕܝܢ ܕܥܠ ܫܘܥܐ. ܗܠܝܢ
ܐܢܘܢ ܕܡܐ ܕܫܡܥܘ. ܒܚܕܘܬܐ ܡܩܒܠܝܢ ܠܗ ܠܡܠܬܐ: ܘܥܩܪܐ ܠܝܬ ܠܗܘܢ. ܐܠܐ
ܕܙܒܢܐ ܗܝ ܗܝܡܢܘܬܗܘܢ. ܘܒܥܕܢܐ ܕܢܣܝܘܢܐ ܡܬܟܫܠܝܢ. 14 ܗܘ ܕܝܢ ܕܢܦܠ ܒܝܬ ܟܘܒ̈ܐ.
ܗܠܝܢ ܐܢܘܢ. ܐܝܠܝܢ ܕܫܡܥܝܢ ܡܠܬܐ: ܘܒܪ̈ܢܝܬܐ ܘܒܥܘܬܪܐ ܘܒܪ̈ܓܝܓܬܗ ܕܥܠܡܐ
ܡܬܚܢܩܝܢ: ܘܦܐܪ̈ܐ ܠܐ ܝܗܒܝܢ. 15 ܗܘ ܕܝܢ ܕܒܐܪܥܐ ܛܒܬܐ. ܗܠܝܢ ܐܢܘܢ. ܐܝܠܝܢ ܕܒܠܒܐ
ܫܦܝܪܐ ܘܛܒܐ ܫܡܥܝܢ ܡܠܬܐ: ܘܐܚܝܕܝܢ. ܘܝܗܒܝܢ ܦܐܪ̈ܐ ܒܡܣܝܒܪܢܘܬܐ܀ 16 ܠܐ ܐܢܫ
ܡܢܗܪ ܫܪܓܐ. ܘܡܟܣܐ ܠܗ ܒܡܐܢܐ: ܐܘ ܣܐܡ ܠܗ ܠܬܚܝܬ ܥܪܣܐ. ܐܠܐ ܣܐܡ ܠܗ ܥܠ
ܡܢܪܬܐ. ܕܟܠ ܕܥܐܠ. ܢܚܙܐ ܢܘܗܪܗ. 17 ܠܝܬ ܓܝܪ ܡܕܡ ܕܡܟܣܐ ܕܠܐ ܢܬܓܠܐ. ܘܠܐ
ܡܛܫܝܐ. ܕܠܐ ܢܬܝܕܥ ܘܢܐܬܐ ܠܓܠܝܐ. 18 ܚܙܘ ܐܝܟܢܐ ܫܡܥܝܢ ܐܢܬܘܢ. ܡܢ ܕܐܝܬ ܠܗ
ܓܝܪ. ܢܬܝܗܒ ܠܗ. ܘܡܢ ܕܠܝܬ ܠܗ. ܐܦ ܗܘ ܕܣܒܪ ܕܐܝܬ ܠܗ. ܢܣܬܩܠ ܡܢܗ܀
19 ܐܬܘ ܕܝܢ ܠܘܬܗ ܐܡܗ ܘܐܚܘܗܝ. ܘܠܐ ܡܫܟܚܝܢ ܗܘܘ ܕܢܬܡܠܠܘܢ ܥܡܗ. ܡܛܠ
ܟܢܫܐ. 20 ܘܐܡܪܘ ܠܗ. ܐܡܟ ܘܐܚܝܟ ܩܝܡܝܢ ܠܒܪ. ܘܨܒܝܢ ܠܡܚܙܝܟ. 21 ܗܘ ܕܝܢ

ܥܢܐ ܘܐܡܪ ܠܗܘܢ. ܐܡܝ ܘܐܚܝ ܐܢܘܢ ܐܝܠܝܢ ܕܫܡܥܝܢ ܡܠܬܗ ܕܐܠܗܐ
ܘܥܒܕܝܢ ܠܗ܀
22 ܗܘܐ ܕܝܢ ܒܚܕ ܡܢ ܝܘܡܬܐ. ܣܠܩ ܝܫܘܥ ܝܬܒ ܒܣܦܝܢܬܐ ܗܘ
ܘܬܠܡܝܕܘܗܝ. ܘܐܡܪ ܠܗܘܢ. ܢܥܒܪ ܠܥܒܪܐ ܕܝܡܬܐ܀ 23 ܘܟܕ ܪܕܝܢ. ܕܡܟ ܠܗ
ܗܘ ܝܫܘܥ. ܘܗܘܐ ܥܠܥܠܐ ܕܪܘܚܐ ܒܝܡܬܐ. ܘܡܩܪܒܐ ܗܘܬ ܣܦܝܢܬܐ ܠܡܛܒܥ.
24 ܘܩܪܒܘ ܐܥܝܪܘܗܝ ܘܐܡܪܝܢ ܠܗ. ܪܒܢ ܪܒܢ. ܐܒܕܝܢܢ. ܗܘ ܕܝܢ ܩܡ ܘܟܐܐ ܒܪܘܚܐ
ܘܒܡܚܫܘܠܐ ܕܡܝܐ ܘܢܚܘ. ܘܗܘܐ ܫܠܝܐ. 25 ܘܐܡܪ ܠܗܘܢ. ܐܝܟܐ ܗܘ ܗܝܡܢܘܬܟܘܢ.
ܗܢܘܢ ܕܝܢ ܟܕ ܕܚܠܝܢ. ܡܬܕܡܪܝܢ ܗܘܘ ܘܐܡܪܝܢ ܚܕ ܠܚܕ. ܡܢܘ ܟܝ ܗܢܐ ܕܐܦ
ܠܪܘܚܐ ܦܩܕ ܘܠܓܠܠܐ ܘܠܝܡܐ. ܘܡܫܬܡܥܝܢ ܠܗ܀ 26 ܘܪܕܘ ܘܐܬܘ ܠܐܬܪܐ ܕܓܕܪܝܐ.
ܕܐܝܬܘܗܝ ܠܥܒܪܐ. ܠܘܩܒܠ ܓܠܝܠܐ. 27 ܘܟܕ ܢܦܩ ܠܐܪܥܐ. ܦܓܥ ܒܗ ܓܒܪܐ ܚܕ ܡܢ
ܡܕܝܢܬܐ. ܕܐܝܬ ܒܗ ܫܐܕܐ. ܡܢ ܙܒܢܐ ܣܓܝܐܐ. ܘܡܐܢܐ ܠܐ ܠܒܫ ܗܘܐ. ܘܒܒܝܬܐ ܠܐ ܥܡܪ
ܗܘܐ. ܐܠܐ ܒܒܝܬ ܩܒܘܪܐ. 28 ܟܕ ܚܙܐ ܕܝܢ ܠܝܫܘܥ. ܩܥܐ. ܘܢܦܠ ܩܕܡܘܗܝ. ܘܒܩܠܐ
ܪܡܐ ܐܡܪ. ܡܐ ܠܝ ܘܠܟ. ܝܫܘܥ܆ ܒܪܗ ܕܐܠܗܐ ܡܪܝܡܐ. ܒܥܐ ܐܢܐ ܡܢܟ. ܠܐ ܬܫܢܩܢܝ.
29 ܦܩܕ ܗܘܐ ܠܗ ܓܝܪ ܝܫܘܥ ܠܪܘܚܐ ܛܢܦܬܐ. ܕܬܦܘܩ ܡܢ ܒܪܢܫܐ. ܣܓܝ ܗܘܐ ܓܝܪ
ܙܒܢܐ ܡܢ ܕܫܒܐ ܗܘܐ ܠܗ. ܘܡܬܐܣܪ ܗܘܐ ܒܫܫܠܬܐ. ܘܒܥܩܠܬܐ ܡܬܢܛܪ ܗܘܐ. ܘܡܦܣܩ
ܗܘܐ ܐܣܘܪܘܗܝ. ܘܡܬܕܒܪ ܗܘܐ ܡܢ ܫܐܕܐ ܠܚܘܪܒܐ. 30 ܫܐܠܗ ܕܝܢ ܝܫܘܥ. ܡܢ
ܫܡܟ. ܐܡܪ ܠܗ. ܠܓܝܘܢ: ܡܛܠ ܕܣܓܝܐܝܢ ܫܐܕܐ ܥܠܝܠܝܢ ܗܘܘ ܒܗ. 31 ܘܒܥܝܢ
ܗܘܘ ܡܢܗ. ܕܠܐ ܢܦܩܘܕ ܠܗܘܢ. ܕܢܐܙܠܘܢ ܠܬܗܘܡܐ. 32 ܐܝܬ ܗܘܐ ܕܝܢ ܬܡܢ. ܒܩܪܐ
ܕܚܙܝܪܐ ܣܓܝܐܐ. ܕܪܥܝܐ ܒܛܘܪܐ. ܘܒܥܝܢ ܗܘܘ ܡܢܗ. ܕܢܦܣ ܠܗܘܢ. ܕܒܚܙܝܪܐ ܢܥܠܘܢ.
ܘܐܦܣ ܠܗܘܢ. 33 ܘܢܦܩܘ ܫܐܕܐ ܡܢ ܓܒܪܐ ܘܥܠܘ ܒܚܙܝܪܐ. ܘܐܪܗܛ ܒܩܪܐ ܗܘ ܟܠܗ
ܠܫܩܝܦܐ. ܘܢܦܠܘ ܒܝܡܬܐ ܘܐܬܚܢܩܘ. 34 ܟܕ ܚܙܘ ܕܝܢ ܪܥܘܬܐ ܡܕܡ ܕܗܘܐ. ܥܪܩܘ.
ܘܐܫܬܥܝܘ ܒܡܕܝܢܬܐ ܘܒܩܘܪܝܐ. 35 ܘܢܦܩܘ ܐܢܫܐ ܕܢܚܙܘܢ ܡܕܡ ܕܗܘܐ. ܘܐܬܘ ܠܘܬ
ܝܫܘܥ. ܘܐܫܟܚܘܗܝ ܠܓܒܪܐ ܗܘ ܕܢܦܩܘ ܫܐܕܘܗܝ. ܟܕ ܠܒܝܫ ܘܡܢܟܦ. ܘܝܬܒ ܠܘܬ
ܪ̈ܓܠܘܗܝ ܕܝܫܘܥ. ܘܕܚܠܘ. 36 ܘܐܫܬܥܝܘ ܠܗܘܢ ܐܝܠܝܢ ܕܚܙܘ. ܐܝܟܢܐ ܐܬܐܣܝ ܓܒܪܐ
ܗܘ ܕܫܐܕܐ. 37 ܘܒܥܝܢ ܗܘܘ ܡܢܗ ܟܠܗ ܥܡܐ ܕܓܕܪܝܐ ܕܢܐܙܠ ܠܗ ܡܢ ܠܘܬܗܘܢ.
ܡܛܠ ܕܕܚܠܬܐ ܪܒܬܐ ܐܚܝܕܐ ܐܢܘܢ. ܗܘ ܕܝܢ ܝܫܘܥ ܣܠܩ ܠܣܦܝܢܬܐ ܘܗܦܟ ܡܢ
ܠܘܬܗܘܢ܀ 38 ܗܘ ܕܝܢ ܓܒܪܐ ܕܢܦܩܘ ܡܢܗ ܫܐܕܐ. ܒܥܐ ܗܘܐ ܡܢܗ. ܕܢܗܘܐ ܥܡܗ.
ܘܫܪܝܗܝ ܝܫܘܥ. ܘܐܡܪ ܠܗ. 39 ܗܦܘܟ ܠܒܝܬܟ. ܘܐܫܬܥܐ ܡܢܐ ܕܥܒܕ ܠܟ ܐܠܗܐ.
ܘܐܙܠ. ܘܡܟܪܙ ܗܘܐ ܒܟܠܗ ܡܕܝܢܬܐ ܡܢܐ ܕܥܒܕ ܠܗ ܝܫܘܥ܀
40 ܟܕ ܗܦܟ ܕܝܢ ܝܫܘܥ. ܩܒܠܗ ܟܢܫܐ ܣܓܝܐܐ. ܟܠܗܘܢ ܓܝܪ ܠܗ ܚܝܪܝܢ ܗܘܘ.

41 ܘܓܒܪܐ ܚܕ ܕܫܡܗ ܝܘܐܪܫ. ܪܒ ܟܢܘܫܬܐ. ܢܦܠ ܩܕܡ ܪܓܠܘܗܝ ܕܝܫܘܥ. ܘܒܥܐ
ܗܘܐ ܡܢܗ ܕܢܥܘܠ ܠܒܝܬܗ. 42 ܒܪܬܐ ܓܝܪ ܝܚܝܕܝܬܐ ܐܝܬ ܗܘܬ ܠܗ. ܐܝܟ ܒܪܬ
ܫܢܝܢ ܬܪܬܥܣܪܐ. ܘܩܪܝܒܐ ܗܘܬ ܠܡܡܬ. ܘܟܕ ܐܙܠ ܥܡܗ ܗܘ ܝܫܘܥ. ܟܢܫܐ ܣܓܝܐܐ
ܚܒܨܝܢ ܗܘܘ ܠܗ܀ 43 ܐܢܬܬܐ ܕܝܢ ܚܕܐ. ܕܐܝܬ ܗܘܐ ܒܗ ܪܕܝܐ ܕܕܡܐ ܬܪܬܥܣܪܐ ܫܢܝܢ: ܗܝ ܕܒܐܣܘܬܐ
ܐܘܒܕܬ ܟܠܗ ܢܟܣܝܗ: ܘܠܐ ܐܫܟܚܬ ܕܡܢ ܐܢܫ ܬܬܐܣܐ. 44 ܐܬܩܪܒܬ ܡܢ ܒܣܬܪܗ.
ܘܩܪܒܬ ܠܟܢܦܐ ܕܡܐܢܘܗܝ. ܘܡܚܕܐ ܩܡ ܡܒܘܥܐ ܕܕܡܗ. 45 ܘܐܡܪ ܝܫܘܥ. ܡܢܘ
ܩܪܒ ܠܝ. ܘܟܕ ܟܠܗܘܢ ܟܦܪܝܢ: ܐܡܪ ܠܗ ܫܡܥܘܢ ܟܐܦܐ ܘܕܥܡܗ. ܪܒܢ. ܟܢܫܐ
ܐܠܨܝܢ ܠܟ ܘܚܒܨܝܢ. ܘܐܡܪ ܐܢܬ: ܡܢܘ ܩܪܒ ܠܝ. 46 ܗܘ ܕܝܢ ܐܡܪ. ܐܢܫ ܩܪܒ
ܠܝ. ܐܢܐ ܓܝܪ ܝܕܥܬ ܕܚܝܠܐ ܢܦܩ ܡܢܝ. 47 ܗܝ ܕܝܢ ܐܢܬܬܐ ܟܕ ܚܙܬ ܕܠܐ ܛܫܬ. ܐܬܬ
ܟܕ ܪܬܝܬܐ. ܘܢܦܠܬ ܣܓܕܬ ܠܗ. ܘܐܡܪܬ ܠܥܝܢܝ ܟܠܗ ܥܡܐ. ܡܛܠ ܐܝܕܐ ܥܠܬܐ
ܩܪܒܬ. ܘܐܝܟܢܐ ܡܚܕܐ ܐܬܐܣܝܬ. 48 ܗܘ ܕܝܢ ܝܫܘܥ ܐܡܪ ܠܗ. ܐܬܠܒܒܝ ܒܪܬܝ.
ܗܝܡܢܘܬܟܝ ܐܚܝܬܟܝ ܙܠܝ ܒܫܠܡܐ܀

49 ܘܥܕ ܗܘ ܡܡܠܠ. ܐܬܐ ܐܢܫ ܡܢ ܕܒܝܬ ܪܒ ܟܢܘܫܬܐ ܘܐܡܪ ܠܗ. ܡܝܬܬ ܠܗ ܪܡܫܐ ܘ.
ܒܪܬܟ. ܠܐ ܬܗܠܟ ܠܡܠܦܢܐ. 50 ܝܫܘܥ ܕܝܢ ܫܡܥ ܘܐܡܪ ܠܐܒܘܗ ܕܛܠܝܬܐ. ܠܐ ܬܕܚܠ.
ܒܠܚܘܕ ܗܝܡܢ. ܘܚܝܐ. 51 ܐܬܐ ܕܝܢ ܝܫܘܥ ܠܒܝܬܐ. ܘܠܐ ܫܒܩ ܠܐܢܫ ܕܢܥܘܠ ܥܡܗ:
ܐܠܐ ܠܫܡܥܘܢ ܘܠܝܥܩܘܒ. ܘܠܝܘܚܢܢ. ܘܠܐܒܘܗ ܕܛܠܝܬܐ. ܘܠܐܡܗ. 52 ܘܟܠܗܘܢ ܕܝܢ
ܒܟܝܢ ܗܘܘ. ܘܡܪܩܕܝܢ ܥܠܝܗ. ܝܫܘܥ ܕܝܢ ܐܡܪ. ܠܐ ܬܒܟܘܢ. ܠܐ ܓܝܪ ܡܝܬܬ. ܐܠܐ ܕܡܟܐ
ܗܝ. 53 ܘܓܚܟܝܢ ܗܘܘ ܥܠܘܗܝ. ܕܝܕܥܝܢ ܕܡܝܬܬ ܠܗ. 54 ܗܘ ܕܝܢ ܐܦܩ ܠܟܠܗܘܢ
ܠܒܪ. ܘܐܚܕܗ ܒܐܝܕܗ. ܘܩܪܝܗ. ܘܐܡܪ. ܛܠܝܬܐ. ܩܘܡܝ. 55 ܘܗܦܟܬ ܪܘܚܗ. ܘܡܚܕܐ
ܩܡܬ. ܘܦܩܕ ܕܢܬܠܘܢ ܠܗ ܠܡܐܟܠ. 56 ܘܐܬܕܡܪܘ ܐܒܗܝܗ. ܗܘ ܕܝܢ ܐܙܗܪ ܐܢܘܢ:
ܕܠܐܢܫ ܠܐ ܢܐܡܪܘܢ ܡܐ ܕܗܘܐ܀

Cap. ix. 1 ܘܩܪܐ ܝܫܘܥ ܠܬܪܥܣܪܬܗ. ܘܝܗܒ ܠܗܘܢ ܚܝܠܐ ܘܫܘܠܛܢܐ: ܥܠ ܟܠܗܘܢ ܫܐܕܐ
ܘܠܡܐܣܝܘ ܟܘܪܗܢܐ. 2 ܘܫܕܪ ܐܢܘܢ ܠܡܟܪܙܘ ܡܠܟܘܬܗ ܕܐܠܗܐ ܘܠܡܐܣܝܘ ܟܪܝܗܐ܀
3 ܘܐܡܪ ܠܗܘܢ. ܡܕܡ ܠܐ ܬܫܩܠܘܢ ܠܐܘܪܚܐ. ܠܐ ܚܘܛܪܐ ܘܠܐ ܬܪܡܠܐ. ܘܠܐ ܠܚܡܐ ܘܠܐ ܟܣܦܐ.
ܘܠܐ ܬܗܘܝܢ ܠܟܘܢ ܬܪܬܝܢ ܟܘܬܝܢ. 4 ܘܠܐܝܢܐ ܒܝܬܐ ܕܥܐܠܝܢ ܐܢܬܘܢ ܠܗ: ܬܡܢ ܗܘܘ.
ܘܡܢ ܬܡܢ ܦܘܩܘ. 5 ܘܐܝܠܝܢ ܕܠܐ ܡܩܒܠܝܢ ܠܟܘܢ: ܟܕ ܢܦܩܝܢ ܐܢܬܘܢ ܡܢ ܡܕܝܢܬܐ
ܗܝ. ܐܦ ܚܠܐ ܡܢ ܪܓܠܝܟܘܢ. ܦܨܘ ܥܠܝܗܘܢ ܠܣܗܕܘܬܐ܀ 6 ܘܢܦܩܘ ܫܠܝܚܐ.
ܘܡܬܟܪܟܝܢ ܗܘܘ ܒܩܘܪܝܐ ܘܒܡܕܝܢܬܐ. ܘܡܣܒܪܝܢ ܗܘܘ. ܘܡܐܣܝܢ ܒܟܠ ܕܘܟ܀

7 ܫܡܥ ܕܝܢ ܗܪܘܕܣ ܛܛܪܪܟܐ ܟܠܗܝܢ ܕܗܘܝܢ ܗܘܝ ܒܐܝܕܗ. ܘܡܬܕܡܪ ܗܘܐ. ܡܛܠ
ܕܐܡܪܝܢ ܗܘܘ ܐܢܫܝܢ. ܕܝܘܚܢܢ ܩܡ ܡܢ ܒܝܬ ܡܝܬܐ. 8 ܐܚܪܢܐ ܕܝܢ ܐܡܪܝܢ ܗܘܘ.

ܕܐܠܝܐ ܐܬܚܙܝ. ܘܐܚܪ̈ܢܐ ܕܢܒܝܐ ܡܢ ܢܒܝ̈ܐ ܩܕܡܝ̈ܐ ܩܡ. 9 ܘܐܡܪ ܗܪܘܕܣ. ܪܫܗ ܕܝܘܚܢܢ
ܐܢܐ ܦܣܩܬ. ܡܢܘ ܕܝܢ ܗܢܐ ܕܫܡܥ ܐܢܐ ܥܠܘܗܝ ܗܠܝܢ. ܘܪܥܐ ܗܘܐ ܕܢܚܙܝܘܗܝ ܀
10 ܘܟܕ ܗܦܟܘ ܫܠܝ̈ܚܐ. ܐܫܬܥܝܘ ܠܝܫܘܥ ܟܠܡܐ ܕܥܒܕܘ. ܘܕܒܪ ܐܢܘܢ ܒܠܚܘܕܝܗܘܢ.
ܠܐܬܪܐ ܚܘܪܒܐ ܕܒܝܬ ܨܝܕܐ. 11 ܟܢܫܐ ܕܝܢ ܟܕ ܝܕܥܘ. ܐܙܠܘ ܒܬܪܗ. ܘܩܒܠ ܐܢܘܢ.
ܘܡܡܠܠ ܗܘܐ ܥܡܗܘܢ ܥܠ ܡܠܟܘܬܐ ܕܐܠܗܐ. ܘܠܐܝܠܝܢ ܕܣܢܝܩܝܢ ܗܘܘ ܥܠ
ܐܣܝܘܬܐ. ܡܐܣܐ ܗܘܐ. 12 ܟܕ ܕܝܢ ܪܟܢ ܝܘܡܐ ܠܡܥܪܒ. ܩܪܒܘ ܬܠܡܝܕܘܗܝ ܘܐܡܪܝܢ
ܠܗ. ܫܪܝ ܠܟܢܫ̈ܐ ܕܢܐܙܠܘܢ ܠܩܘܪܝܐ ܕܚܕܪܝܗܘܢ ܘܠܡܕ̈ܝܪܬܐ. ܘܢܫܪܘܢ ܒܗܘܢ: ܘܢܫܟܚܘܢ
ܠܗܘܢ ܙܘܕܐ. ܡܛܠ ܕܒܐܬܪܐ ܚܘܪܒܐ ܐܝܬܝܢ. 13 ܐܡܪ ܠܗܘܢ ܝܫܘܥ. ܗܒܘ ܠܗܘܢ
ܐܢܬܘܢ ܠܡܐܟܠ. ܗܢܘܢ ܕܝܢ ܐܡܪܝܢ. ܠܝܬ ܠܢ ܝܬܝܪ ܡܢ ܚܡܫܐ ܠܚܡܝܢ ܘܬܪܝܢ
ܢܘ̈ܢܝܢ. ܐܠܐ ܐܢ ܐܙܠܝܢ ܙܒܢܝܢܢ ܡܐܟܘܠܬܐ ܠܟܠܗ ܥܡܐ ܗܢܐ. 14 ܐܝܬܝܗܘܢ ܗܘܘ ܓܝܪ ܐܝܟ
ܚܡܫܐ ܐܠܦܝܢ ܓܒܪ̈ܝܢ. ܐܡܪ ܠܗܘܢ ܝܫܘܥ. ܐܪܒܥܘ ܐܢܘܢ ܣܡܟ̈ܐ. ܚܡܫܝܢ ܐܢܫ̈ܝܢ
ܒܣܡܟܐ. 15 ܘܥܒܕܘ ܬܠܡܝܕܐ ܗܟܢܐ. ܘܐܪܒܥܘ ܠܟܠܗܘܢ. 16 ܘܢܣܒ ܝܫܘܥ ܗܠܝܢ
ܚܡܫܐ ܠܚܡܝܢ ܘܬܪܝܢ ܢܘ̈ܢܝܢ. ܘܚܪ ܒܫܡܝܐ. ܘܒܪܟ ܥܠܝܗܘܢ ܘܩܨܐ ܘܝܗܒ ܠܬܠܡܝܕܘܗܝ
ܕܢܣܝܡܘܢ ܠܟܢܫ̈ܐ. 17 ܘܐܟܠܘ ܟܠܗܘܢ ܘܣܒܥܘ. ܘܫܩܠܘ ܩܨ̈ܝܐ ܕܝܬܪܘ ܠܗܘܢ. ܬܪܬܥܣܪ
ܩܘܦ̈ܝܢ ܀
18 ܘܟܕ ܡܨܠܐ ܗܘܐ ܒܠܚܘܕܘܗܝ ܘܬܠܡܝܕܘܗܝ ܥܡܗ. ܫܐܠ ܐܢܘܢ ܘܐܡܪ. ܡܢܘ ܐܡܪܝܢ
ܥܠܝ ܟܢܫ̈ܐ ܕܐܝܬܝ. 19 ܥܢܘ ܘܐܡܪܝܢ ܠܗ. ܝܘܚܢܢ ܡܥܡܕܢܐ. ܘܐܚܪ̈ܢܐ ܐܠܝܐ. ܘܐܚܪ̈ܢܐ
ܕܢܒܝܐ ܚܕ ܡܢ ܢܒܝ̈ܐ ܩܕܡܝ̈ܐ ܩܡ. 20 ܐܡܪ ܠܗܘܢ. ܐܢܬܘܢ ܕܝܢ ܡܢܘ ܐܡܪܝܢ
ܐܢܬܘܢ ܕܐܝܬܝ. ܥܢܐ ܫܡܥܘܢ ܘܐܡܪ. ܡܫܝܚܐ ܕܐܠܗܐ. 21 ܗܘ ܕܝܢ ܟܐܐ ܒܗܘܢ:
ܘܐܘܨܝ ܐܢܘܢ. ܕܠܐ ܠܐܢܫ ܢܐܡܪܘܢ ܗܕܐ. 22 ܘܐܡܪ ܠܗܘܢ. ܕܥܬܝܕ ܗܘ ܒܪܗ ܕܐܢܫܐ
ܕܣ̈ܓܝܐܬܐ ܢܚܫ. ܘܢܣܬܠܐ ܡܢ ܩܫܝܫ̈ܐ ܘܪ̈ܒܝ ܟܗܢ̈ܐ ܘܣܦܪ̈ܐ. ܘܢܬܩܛܠ. ܘܠܝܘܡܐ
ܬܠܝܬܝܐ ܢܩܘܡ ܀
23 ܘܐܡܪ ܗܘܐ ܩܕܡ ܟܠܗܘܢ. ܡܢ ܕܨܒܐ ܕܢܐܬܐ ܒܬܪܝ. ܢܟܦܘܪ ܒܢܦܫܗ. ܘܢܫܩܘܠ
ܙܩܝܦܗ ܟܠܝܘܡ ܘܢܐܬܐ ܒܬܪܝ. 24 ܡܢ ܓܝܪ ܕܨܒܐ ܕܢܚܝܐ ܢܦܫܗ ܢܘܒܕܝܗ. ܡܢ ܕܝܢ
ܕܢܘܒܕ ܢܦܫܗ ܡܛܠܬܝ. ܗܘ ܢܚܝܝܗ. 25 ܡܢܐ ܓܝܪ ܢܬܝܬܪ ܒܪܢܫܐ. ܕܢܩܢܐ ܥܠܡܐ
ܟܠܗ: ܢܦܫܗ ܕܝܢ ܢܘܒܕ. ܐܘ ܢܚܣܪ. 26 ܡܢ ܕܢܒܗܬ ܒܝ ܕܝܢ ܘܒܡ̈ܠܝ. ܢܒܗܬ ܒܗ
ܒܪܗ ܕܐܢܫܐ: ܡܐ ܕܐܬܐ ܒܫܘܒܚܐ ܕܐܒܘܗܝ. ܥܡ ܡܠܐܟܘ̈ܗܝ ܩܕܝ̈ܫܐ. 27 ܫܪܝܪܐܝܬ ܐܡܪ ܐܢܐ
ܠܟܘܢ: ܕܐܝܬ ܐܢܫܐ ܕܩܝܡܝܢ ܗܪܟܐ. ܕܠܐ ܢܛܥܡܘܢ ܡܘܬܐ: ܥܕܡܐ ܕܢܚܙܘܢ ܡܠܟܘܬܗ
ܕܐܠܗܐ ܀
28 ܗܘܐ ܕܝܢ ܒܬܪ ܡ̈ܠܐ ܗܠܝܢ ܐܝܟ ܝܘܡ̈ܬܐ ܬܡܢܝܐ: ܘܕܒܪ ܝܫܘܥ ܠܫܡܥܘܢ ܘܠܝܥܩܘܒ

ܘܠܝܘܚܢܢ. ܘܣܠܩ ܠܛܘܪܐ ܠܡܨܠܝܘ. [29] ܘܟܕ ܗܘ ܡܨܠܐ. ܐܫܬܚܠܦ ܚܙܘܐ ܕܐܦ̈ܘܗܝ.
ܘܢܚܬ̈ܘܗܝ ܚܘܪܘ. ܘܡܒܪܩܝܢ ܗܘܘ. [30] ܘܗܐ ܬܪܝܢ ܓܒܪܝܢ ܡܡܠܠܝܢ ܗܘܘ ܥܡܗ.
ܕܐܝܬܝܗܘܢ ܡܘܫܐ ܘܐܠܝܐ [31] ܕܐܬܚܙܝܘ ܒܫܘܒܚܐ. ܐܡܪܝܢ ܗܘܘ ܕܝܢ ܥܠ ܡܦܩܬܗ:
ܕܥܬܝܕ ܗܘܐ ܕܢܫܬܠܡ ܒܐܘܪܫܠܡ. [32] ܝܩܝܪܝܢ ܗܘܘ ܒܫܢܬܐ ܫܡܥܘܢ ܘܗܢܘܢ
ܕܥܡܗ. ܘܟܕ ܐܬܬܥܝܪܘ· ܚܙܘ ܫܘܒܚܗ: ܘܠܬܪܝܢ ܓܒܪܝܢ ܕܩܝܡܝܢ ܗܘܘ
ܠܘܬܗ. ◦◦◦◦◦

[33] ܘܟܕ ܫܪܝܘ ܠܡܦܪܫ ܡܢܗ: ܐܡܪ ܫܡܥܘܢ ܠܝܫܘܥ. ܪܒܝ: ܫܦܝܪ ܗܘ ܠܢ ܕܗܪܟܐ ܙܫܡܫܐ ܒ.
ܢܗܘܐ. ܘܢܥܒܕ ܬܠܬ ܡܛܠܝܢ. ܠܟ ܚܕܐ· ܘܠܡܘܫܐ ܚܕܐ. ܘܠܐܠܝܐ ܚܕܐ. ܘܠܐ ܝܕܥ ܗܘܐ
ܡܢܐ ܐܡܪ. [34] ܘܟܕ ܐܡܪ ܗܠܝܢ: ܗܘܐ ܥܢܢܐ ܘܐܛܠܠ ܥܠܝܗܘܢ. ܘܕܚܠܘ ܟܕ ܚܙܘ
ܠܡܘܫܐ ܘܠܐܠܝܐ ܕܥܠܘ ܒܥܢܢܐ. [35] ܘܩܠܐ ܗܘܐ ܡܢ ܥܢܢܐ ܕܐܡܪ: ܗܢܘ ܒܪܝ ܓܒܝܐ.
ܠܗ ܫܡܥܘ. [36] ܘܟܕ ܗܘܐ ܩܠܐ: ܐܫܬܟܚ ܝܫܘܥ ܒܠܚܘܕܘܗܝ. ܘܗܢܘܢ ܫܬܩܘ. ܘܠܐܢܫ
ܠܐ ܐܡܪܘ ܒܗܢܘܢ ܝܘܡܬܐ ܡܕܡ ܕܚܙܘ ⁘

[37] ܘܗܘܐ ܒܝܘܡܐ ܕܒܬܪܗ· ܟܕ ܢܚܬܘ ܡܢ ܛܘܪܐ. ܦܓܥ ܒܗܘܢ ܟܢܫܐ ܣܓܝܐܐ ⁘
[38] ܘܓܒܪܐ ܚܕ ܡܢ ܟܢܫܐ ܗܘ ܩܥܐ ܘܐܡܪ. ܡܠܦܢܐ. ܒܥܐ ܐܢܐ ܡܢܟ ܐܦܢܐ ܠܒܪܝ.
ܕܝܚܝܕܝܐ ܗܘ ܠܝ. [39] ܘܪܘܚܐ ܐܚܕܐ ܠܗ. ܘܡܢ ܫܠܝ ܩܥܐ· ܘܡܚܪܩ ܫܢ̈ܘܗܝ
ܘܡܪܥܠܐ. ܘܒܥܡܠܐ ܦܪܩܐ ܡܢܗ· ܟܕ ܡܫܚܩܐ ܠܗ. [40] ܘܒܥܝܬ ܡܢ ܬܠܡܝܕܝܟ
ܕܢܦܩܘܢܝܗ ܘܠܐ ܐܫܟܚܘ. [41] ܥܢܐ ܕܝܢ ܝܫܘܥ ܘܐܡܪ. ܐܘ ܫܪܒܬܐ ܕܠܐ ܡܗܝܡܢܘܬܐ
ܘܡܥܩܡܬܐ·· ܥܕܡܐ ܠܐܡܬܝ ܐܗܘܐ ܠܘܬܟܘܢ. ܘܐܣܝܒܪܟܘܢ. ܩܪܒܝܗܝ ܠܟܐ ܠܒܪܟ.
[42] ܘܟܕ ܡܩܪܒ ܠܗ. ܐܪܡܝܗܝ ܫܐܕܐ ܗܘ ܘܚܒܛܗ. ܘܟܐܐ ܝܫܘܥ ܒܪܘܚܐ ܗܝ ܛܢܦܬܐ.
ܘܐܣܝܗ ܠܛܠܝܐ ܘܡܫܠܡܗ ܠܐܒܘܗܝ ⁘ [43] ܘܐܬܕܡܪܘ ܟܠܗܘܢ ܒܪܒܘܬܗ ܕܐܠܗܐ ⁘

ܘܟܕ ܟܠܗܘܢ ܡܬܕܡܪܝܢ ܗܘܘ ܥܠ ܟܠ ܕܥܒܕ ܝܫܘܥ. ܐܡܪ ܠܬܠܡܝܕܘܗܝ.
[44] ܣܝܡܘ ܐܢܬܘܢ ܡܠܐ ܗܠܝܢ ܒܐܕܢܝܟܘܢ. ܒܪܗ ܓܝܪ ܕܐܢܫܐ ܥܬܝܕ ܕܢܫܬܠܡ ܒܐܝܕܝ̈
ܒܢܝ̈ ܐܢܫܐ. [45] ܗܢܘܢ ܕܝܢ ܠܐ ܐܣܬܟܠܘܗ ܠܡܠܬܐ ܗܕܐ. ܡܛܠ ܕܡܟܣܝܐ ܗܘܬ ܡܢܗܘܢ.
ܕܠܐ ܢܕܥܘܢܗ. ܘܕܚܠܝܢ ܗܘܘ ܕܢܫܐܠܘܢܝܗܝ ܥܠ ܡܠܬܐ ܗܕܐ ⁘ [46] ܘܥܠܬ
ܒܗܘܢ ܡܚܫܒܬܐ ܕܡܢܘ ܪܒ ܒܗܘܢ. [47] ܝܫܘܥ ܕܝܢ ܝܕܥ ܡܚܫܒܬܐ ܕܠܒܗܘܢ:
ܘܢܣܒ ܛܠܝܐ· ܘܐܩܝܡܗ ܠܘܬܗ. [48] ܘܐܡܪ ܠܗܘܢ. ܡܢ ܕܡܩܒܠ ܛܠܝܐ ܐܝܟ ܗܢܐ·
ܒܫܡܝ ܠܝ ܗܘ ܡܩܒܠ. ܘܡܢ ܕܠܝ ܡܩܒܠ. ܡܩܒܠ ܠܡܢ ܕܫܕܪܢܝ. ܐܝܢܐ ܓܝܪ
ܕܒܥܘܪ ܒܟܠܟܘܢ. ܗܢܐ ܢܗܘܐ ܪܒ ⁘ [49] ܘܥܢܐ ܝܘܚܢܢ ܘܐܡܪ. ܪܒܢ. ܚܙܝܢ ܐܢܫ ܕܡܦܩ
ܫܐܕܐ ܒܫܡܟ. ܘܟܠܝܢܝܗܝ ܥܠ ܕܠܐ ܐܬܐ ܒܬܪܟ ܥܡܢ. [50] ܐܡܪ ܠܗܘܢ ܝܫܘܥ. ܠܐ
ܬܟܠܘܢ. ܡܢ ܓܝܪ ܕܠܐ ܗܘܐ ܠܘܩܒܠܟܘܢ. ܚܠܦܝܟܘܢ ܗܘ ⁘

51 ܘܗܘܐ ܕܟܕ ܡܫܬܡܠܝܢ ܝܘܡܬܐ ܕܣܘܠܩܗ. ܐܬܩܢ ܦܪܨܘܦܗ ܕܢܐܙܠ ܠܐܘܪܫܠܡ.
52 ܘܫܕܪ ܐܝܙܓܕܐ ܩܕܡ ܦܪܨܘܦܗ. ܘܐܙܠܘ ܥܠܘ ܠܩܪܝܬܐ ܕܫܡܪܝܐ. ܐܝܟ ܕܢܛܝܒܘܢ ܠܗ.
53 ܘܠܐ ܩܒܠܘܗܝ. ܡܛܠ ܕܦܪܨܘܦܗ. ܠܐܘܪܫܠܡ ܫܕܝܪ ܗܘܐ ܠܡܐܙܠ. 54 ܘܟܕ ܚܙܘ
ܝܥܩܘܒ ܘܝܘܚܢܢ ܬܠܡܝܕܘܗܝ ܐܡܪܝܢ ܠܗ. ܡܪܢ. ܨܒܐ ܐܢܬ ܕܢܐܡܪ: ܘܬܚܘܬ ܢܘܪܐ
ܡܢ ܫܡܝܐ ܘܬܫܝܨܐ ܐܢܘܢ: ܐܝܟ ܕܐܦ ܐܠܝܐ ܥܒܕ. 55 ܘܐܬܦܢܝ ܘܟܐܐ ܒܗܘܢ. ܘܐܡܪ. ܠܐ
ܝܕܥܝܢ ܐܢܬܘܢ ܕܐܝܕܐ ܐܝܬܝܟܘܢ ܪܘܚܐ. 56 ܒܪܗ ܓܝܪ ܕܐܢܫܐ. ܠܐ ܐܬܐ ܠܡܘܒܕܘ ܢܦܫܬܐ.
ܐܠܐ ܠܡܚܝܘ. ܘܐܙܠܘ ܠܗܘܢ ܠܩܪܝܬܐ ܐܚܪܬܐ. 57 ܘܟܕ ܐܙܠܝܢ ܒܐܘܪܚܐ ܐܡܪ ܠܗ
ܐܢܫ. ܐܬܐ ܐܢܐ ܒܬܪܟ ܠܐܬܪ ܕܐܙܠ ܐܢܬ. ܡܪܝ. 58 ܐܡܪ ܠܗ ܝܫܘܥ. ܠܬܥܠܐ ܢܩܥܐ ܐܝܬ
ܠܗܘܢ. ܘܠܦܪܚܬܐ ܕܫܡܝܐ ܡܛܠܠܐ. ܠܒܪܗ ܕܝܢ ܕܐܢܫܐ ܠܝܬ ܠܗ ܐܝܟܐ ܕܢܣܡܘܟ
ܪܫܗ. 59 ܘܐܡܪ ܠܐܚܪܢܐ: ܬܐ ܒܬܪܝ. ܗܘ ܕܝܢ ܐܡܪ ܠܗ. ܡܪܝ. ܐܦܣ ܠܝ ܠܘܩܕܡ
ܐܙܠ ܐܩܒܘܪ ܐܒܝ. 60 ܐܡܪ ܠܗ ܝܫܘܥ. ܫܒܘܩ ܡܝܬܐ: ܩܒܪܝܢ ܡܝܬܝܗܘܢ. ܘܐܢܬ
ܐܙܠ ܣܒܪ ܡܠܟܘܬܗ ܕܐܠܗܐ. 61 ܐܡܪ ܠܗ ܐܚܪܢܐ. ܐܬܐ ܒܬܪܟ ܡܪܝ. ܠܘܩܕܡ ܕܝܢ
ܐܦܣ ܠܝ: ܐܙܠ ܐܫܠܡ ܠܒܢܝ ܒܝܬܝ ܘܐܬܐ. 62 ܐܡܪ ܠܗ ܝܫܘܥ. ܠܐ ܐܢܫ ܪܡܐ
ܐܝܕܗ ܥܠ ܚܪܒܐ ܕܦܕܢܐ. ܘܚܐܪ ܠܒܣܬܪܗ: ܘܚܫܚ ܠܡܠܟܘܬܗ ܕܐܠܗܐ.
1 ܒܬܪ ܗܠܝܢ. ܦܪܫ ܝܫܘܥ ܡܢ ܬܠܡܝܕܘܗܝ ܐܚܪܢܐ ܫܒܥܝܢ. ܘܫܕܪ ܐܢܘܢ ܬܪܝܢ Cap. x.
ܬܪܝܢ ܩܕܡ ܦܪܨܘܦܗ: ܠܟܠ ܐܬܪ ܘܡܕܝܢܐ ܕܥܬܝܕ ܗܘܐ ܠܡܐܙܠ. 2 ܘܐܡܪ ܠܗܘܢ.
ܚܨܕܐ ܣܓܝ: ܘܦܥܠܐ ܙܥܘܪܝܢ. ܒܥܘ ܗܟܝܠ ܡܢ ܡܪܐ ܚܨܕܐ. ܕܢܦܩ ܦܥܠܐ ܠܚܨܕܗ.
3 ܙܠܘ. ܗܐ ܐܢܐ ܡܫܕܪ ܐܢܐ ܠܟܘܢ. ܐܝܟ ܐܡܪܐ ܒܝܢܝ ܕܐܒܐ. 4 ܠܐ ܬܫܩܠܘܢ ܠܟܘܢ
ܟܝܣܐ. ܘܠܐ ܬܪܡܠܐ. ܘܠܐ ܡܣܢܐ. ܘܒܫܠܡܐ ܕܐܢܫ ܒܐܘܪܚܐ ܠܐ ܬܫܐܠܘܢ. 5 ܘܠܐܝܢܐ ܒܝܬܐ
ܕܥܐܠܝܢ ܐܢܬܘܢ. ܠܘܩܕܡ ܐܡܪܘ. ܫܠܡܐ ܠܒܝܬܐ ܗܢܐ. 6 ܘܐܢ ܐܝܬ ܬܡܢ ܒܪ ܫܠܡܐ.
ܢܬܬܢܝܚ ܥܠܘܗܝ ܫܠܡܟܘܢ. ܘܐܢ ܕܝܢ ܠܐ. ܥܠܝܟܘܢ ܢܗܦܘܟ. 7 ܒܗ ܕܝܢ ܒܒܝܬܐ
ܗܘܘ. ܟܕ ܐܟܠܝܢ ܐܢܬܘܢ ܘܫܬܝܢ ܡܢ ܕܝܠܗܘܢ. ܫܘܐ ܗܘ ܓܝܪ ܦܥܠܐ ܐܓܪܗ.
ܘܠܐ ܬܫܢܘܢ ܡܢ ܒܝܬܐ ܠܒܝܬܐ. 8 ܘܠܐܝܕܐ ܡܕܝܢܬܐ ܕܥܐܠܝܢ ܐܢܬܘܢ: ܘܡܩܒܠܝܢ ܠܟܘܢ:
ܐܟܘܠܘ ܡܕܡ ܕܡܬܬܣܝܡ ܠܟܘܢ. 9 ܘܐܣܘ ܠܐܝܠܝܢ ܕܟܪܝܗܝܢ ܒܗ. ܘܐܡܪܘ ܠܗܘܢ.
ܩܪܒܬ ܠܘܬܟܘܢ ܡܠܟܘܬܗ ܕܐܠܗܐ. 10 ܠܐܝܕܐ ܡܕܝܢܬܐ ܕܝܢ ܕܥܐܠܝܢ ܐܢܬܘܢ: ܘܠܐ
ܡܩܒܠܝܢ ܠܟܘܢ. ܦܘܩܘ ܠܟܘܢ ܠܫܘܩܐ ܘܐܡܪܘ. 11 ܐܦ ܚܠܐ ܕܕܒܩ ܠܢ ܒܪܓܠܝܢ ܡܢ
ܡܕܝܢܬܟܘܢ. ܢܦܨܝܢ ܚܢܢ ܠܟܘܢ. ܒܪܡ ܗܕܐ ܕܥܘ. ܕܩܪܒܬ ܠܗ ܠܘܬܟܘܢ ܡܠܟܘܬܗ
ܕܐܠܗܐ. 12 ܐܡܪ ܐܢܐ ܠܟܘܢ. ܕܠܣܕܘܡ ܢܗܘܐ ܢܝܚ ܒܝܘܡܐ ܗܘ. ܐܘ ܠܡܕܝܢܬܐ ܗܝ.
13 ܘܝ ܠܟܝ ܟܘܪܙܝܢ.. ܘܝ ܠܟܝ ܒܝܬ ܨܝܕܐ. ܕܐܠܘ ܒܨܘܪ ܘܒܨܝܕܢ ܗܘܘ ܚܝܠܐ ܕܗܘܘ
ܒܟܝܢ. ܟܒܪ ܕܝܢ ܒܣܩܐ ܘܒܩܛܡܐ ܬܒܘ. 14 ܒܪܡ ܠܨܘܪ ܘܠܨܝܕܢ. ܢܗܘܐ ܢܝܚ ܒܕܝܢܐ

ܐܘ ܠܟܘܢ. 15 ܘܐܢܬܝ ܟܦܪܢܚܘܡ ܗܝ ܕܥܕܡܐ ܠܫܡܝܐ ܐܬܬܪܝܡܬܝ. ܥܕܡܐ ܠܫܝܘܠ
ܬܬܚܬܝܢ ❖ 16 ܡܢ ܕܠܟܘܢ ܫܡܥ. ܠܝ ܫܡܥ. ܘܡܢ ܕܠܟܘܢ ܛܠܡ. ܠܝ ܗܘ ܛܠܡ.
ܘܡܢ ܕܠܝ ܛܠܡ. ܛܠܡ ܠܡܢ ܕܫܕܪܢܝ ·⁘·⁘·

17 ܘܗܦܟܘ ܗܢܘܢ ܫܒܥܝܢ ܕܫܕܪ ܒܚܕܘܬܐ ܪܒܬܐ. ܘܐܡܪܝܢ ܠܗ. ܡܪܢ. ܐܦ ܫܐܕܐ ܕܫܡܫܐ ܣܐ.
ܡܫܬܥܒܕܝܢ ܠܢ ܒܫܡܟ. 18 ܗܘ ܕܝܢ ܐܡܪ ܠܗܘܢ. ܚܙܐ ܗܘܝܬ ܠܗ ܠܣܛܢܐ. ܕܢܦܠ
ܐܝܟ ܒܪܩܐ ܡܢ ܫܡܝܐ. 19 ܗܐ ܝܗܒ ܐܢܐ ܠܟܘܢ ܫܘܠܛܢܐ. ܕܬܗܘܘܢ ܕܝܫܝܢ ܚܘܘܬܐ
ܘܥܩܪܒܐ. ܘܟܠܗ ܚܝܠܗ ܕܒܥܠܕܒܒܐ. ܘܡܕܡ ܠܐ ܢܗܪܟܘܢ. 20 ܒܪܡ ܒܗܕܐ ܠܐ ܬܚܕܘܢ.
ܕܫܐܕܐ ܡܫܬܥܒܕܝܢ ܠܟܘܢ. ܐܠܐ ܚܕܘ ܕܫܡܗܝܟܘܢ ܐܬܟܬܒܘ ܒܫܡܝܐ ❖ 21 ܒܗ ܒܫܥܬܐ
ܪܘܙ ܝܫܘܥ ܒܪܘܚܐ ܕܩܘܕܫܐ ܘܐܡܪ. ܡܘܕܐ ܐܢܐ ܠܟ ܐܒܝ.. ܡܪܐ ܕܫܡܝܐ ܘܕܐܪܥܐ. ܕܛܫܝܬ
ܗܠܝܢ ܡܢ ܚܟܝܡܐ ܘܡܢ ܣܟܘܠܬܢܐ. ܘܓܠܝܬ ܐܢܝܢ ܠܝܠܘܕܐ. ܐܝܢ ܐܒܝ.. ܕܗܟܢܐ ܗܘܐ
ܨܒܝܢܐ ܩܕܡܝܟ ❖ 22 ܘܐܬܦܢܝ ܠܘܬ ܬܠܡܝܕܘܗܝ ܘܐܡܪ ܠܗܘܢ. ܟܠ ܡܕܡ ܐܫܬܠܡ ܠܝ
ܡܢ ܐܒܝ. ܘܠܐ ܐܢܫ ܝܕܥ ܡܢܘ ܒܪܐ. ܐܠܐ ܐܢ ܐܒܐ: ܘܡܢܘ ܐܒܐ. ܐܠܐ ܐܢ ܒܪܐ. ܘܠܡܢ ܕܐܢ
ܨܒܐ ܒܪܐ ܕܢܓܠܐ ❖ 23 ܘܐܬܦܢܝ ܠܘܬ ܬܠܡܝܕܘܗܝ ܒܠܚܘܕܝܗܘܢ. ܘܐܡܪ. ܛܘܒܝܗܝܢ
ܠܥܝܢܐ ܕܚܙܝܢ ܡܕܡ ܕܚܙܝܢ ܐܢܬܘܢ. 24 ܐܡܪ ܐܢܐ ܠܟܘܢ ܓܝܪ. ܕܣܓܝܐܐ ܢܒܝܐ ܘܡܠܟܐ
ܨܒܘ ܕܢܚܙܘܢ ܡܕܡ ܕܚܙܝܢ ܐܢܬܘܢ. ܘܠܐ ܚܙܘ: ܘܠܡܫܡܥ ܡܕܡ ܕܫܡܥܝܢ ܐܢܬܘܢ. ܘܠܐ
ܫܡܥܘ ❖

25 ܘܗܐ ܣܦܪܐ ܚܕ ܩܡ ܕܢܢܣܝܘܗܝ. ܘܐܡܪ. ܡܠܦܢܐ ܡܢܐ ܐܥܒܕ ܕܐܐܪܬ ܚܝܐ ܕܠܥܠܡ.
26 ܝܫܘܥ ܕܝܢ ܐܡܪ ܠܗ. ܒܢܡܘܣܐ ܐܝܟܢܐ ܟܬܝܒ. ܐܝܟܢ ܩܪܐ ܐܢܬ. 27 ܥܢܐ
ܘܐܡܪ ܠܗ. ܕܬܪܚܡ ܠܡܪܝܐ ܐܠܗܟ. ܡܢ ܟܠܗ ܠܒܟ. ܘܡܢ ܟܠܗ ܢܦܫܟ. ܘܡܢ ܟܠܗ
ܚܝܠܟ. ܘܡܢ ܟܠܗ ܪܥܝܢܟ. ܘܠܩܪܝܒܟ ܐܝܟ ܢܦܫܟ. 28 ܐܡܪ ܠܗ ܝܫܘܥ. ܬܪܝܨܐܝܬ
ܐܡܪܬ. ܗܕܐ ܥܒܕ. ܘܬܚܐ. 29 ܗܘ ܕܝܢ ܟܕ ܨܒܐ ܠܡܙܕܕܩܘ ܢܦܫܗ. ܐܡܪ ܠܗ. ܘܡܢܘ
ܩܪܝܒܝ ❖ 30 ܐܡܪ ܠܗ ܝܫܘܥ. ܓܒܪܐ ܚܕ ܢܚܬ ܗܘܐ ܡܢ ܐܘܪܫܠܡ ܠܐܝܪܝܚܘ. ܘܢܦܠܘ
ܥܠܘܗܝ ܠܣܛܝܐ. ܘܫܠܚܘܗܝ. ܘܡܚܐܘܗܝ. ܘܫܒܩܘܗܝ ܟܕ ܒܨܝܪ ܩܠܝܠ ܡܢ ܕܢܡܘܬ
ܘܐܙܠܘ. 31 ܘܓܕܫ ܟܗܢܐ ܚܕ ܢܚܬ ܗܘܐ ܒܐܘܪܚܐ ܗܝ. ܘܚܙܝܗܝ ܘܥܒܪ. 32 ܘܗܟܢܐ ܐܦ
ܠܘܝܐ. ܐܬܐ ܡܛܐ ܠܗܘ ܕܘܟܬܐ. ܘܚܙܝܗܝ. ܘܥܒܪ. 33 ܐܢܫ ܕܝܢ ܫܡܪܝܐ. ܟܕ ܪܕܐ ܗܘܐ.
ܐܬܐ ܠܕܘܟ ܕܐܝܬܘܗܝ ܗܘܐ. ܘܚܙܝܗܝ ܘܐܬܪܚܡ ܥܠܘܗܝ. 34 ܘܐܬܩܪܒ. ܘܐܣܪ ܡܚܘܬܗ.
ܘܐܪܡܝ ܥܠܝܗܝܢ ܚܡܪܐ ܘܡܫܚܐ. ܘܐܪܟܒܗ ܥܠ ܚܡܪܗ. ܘܐܝܬܝܗ ܠܦܘܬܩܐ. ܘܐܬܒܛܠ
ܠܗ ܒܗ. 35 ܘܠܨܦܪܗ ܕܝܘܡܐ. ܐܦܩ ܬܪܝܢ ܕܝܢܪܝܢ. ܝܗܒ ܠܦܘܬܩܝܐ ܘܐܡܪ ܠܗ.
ܐܬܒܛܠ ܒܗ. ܘܐܢ ܡܕܡ ܬܘܣܦ. ܡܐ ܕܗܦܟ ܐܢܐ ܦܪܥ ܐܢܐ ܠܟ. 36 ܡܢܘ ܗܟܝܠ
ܡܢ ܗܠܝܢ ܬܠܬܐ. ܡܬܚܙܐ ܠܟ: ܕܗܘܐ ܩܪܝܒܐ ܠܗܘ ܕܢܦܠ ܒܐܝܕܝ ܓܝܣܐ. 37 ܗܘ

ܕܝܢ ܐܡܪ. ܗܘ ܕܐܬܪܚܡ ܥܠܘܗܝ. ܐܡܪ ܠܗ ܝܫܘܥ. ܙܠ. ܐܦ ܐܢܬ ܗܟܢܐ ܗܘܝܬ
ܥܒܕ.

38 ܘܗܘܐ ܕܟܕ ܗܢܘܢ ܪܕܝܢ ܒܐܘܪܚܐ. ܥܠ ܠܚܕܐ ܩܪܝܬܐ. ܘܐܢܬܬܐ ܕܫܡܗ ܡܪܬܐ. ܩܒܠܬܗ
ܒܒܝܬܗ. 39 ܘܐܝܬ ܗܘܬ ܠܗ ܚܬܐ ܕܫܡܗ ܡܪܝܡ. ܘܐܬܬ ܝܬܒܬ ܠܗ ܠܘܬ ܪܓܠܘܗܝ
ܕܡܪܢ. ܘܫܡܥܐ ܗܘܬ ܡܠܘܗܝ. 40 ܡܪܬܐ ܕܝܢ ܥܠܝܠܐ ܗܘܬ ܒܬܫܡܫܬܐ ܣܓܝܐܬܐ. ܘܐܬܬ
ܐܡܪܐ ܠܗ. ܡܪܝ. ܠܐ ܒܛܝܠ ܠܟ ܕܚܬܝ ܫܒܩܬܢܝ ܒܠܚܘܕܝ ܠܡܫܡܫܘ. ܐܡܪܝ ܠܗ
ܕܬܥܕܪܢܢܝ. 41 ܥܢܐ ܕܝܢ ܝܫܘܥ ܘܐܡܪ ܠܗ. ܡܪܬܐ ܡܪܬܐ. ܝܨܦܬܝ ܘܫܓܝܫܬܝ ܥܠ
ܣܓܝܐܬܐ. 42 ܚܕܐ ܗܝ ܕܝܢ ܕܡܬܒܥܝܐ. ܡܪܝܡ ܕܝܢ ܡܢܬܐ ܛܒܬܐ ܓܒܬ ܠܗ. ܗܝ ܕܠܐ
ܬܫܬܩܠ ܡܢܗ.

Cap. xi. 1 ܘܗܘܐ ܕܟܕ ܗܘ ܡܨܠܐ ܒܕܘܟܬܐ ܚܕܐ. ܟܕ ܫܠܡ. ܐܡܪ ܠܗ ܚܕ ܡܢ ܬܠܡܝܕܘܗܝ.
ܡܪܢ. ܐܠܦܝܢ ܠܡܨܠܝܘ: ܐܝܟܢܐ ܕܐܦ ܝܘܚܢܢ ܐܠܦ ܠܬܠܡܝܕܘܗܝ. 2 ܐܡܪ ܠܗܘܢ
ܝܫܘܥ. ܐܡܬܝ ܕܡܨܠܝܢ ܐܢܬܘܢ. ܗܟܢܐ ܗܘܝܬܘܢ ܐܡܪܝܢ. ܐܒܘܢ ܕܒܫܡܝܐ. ܢܬܩܕܫ
ܫܡܟ. ܬܐܬܐ ܡܠܟܘܬܟ. ܢܗܘܐ ܨܒܝܢܟ. ܐܝܟܢܐ ܕܒܫܡܝܐ ܐܦ ܒܐܪܥܐ. 3 ܗܒ ܠܢ ܠܚܡܐ
ܕܣܘܢܩܢܢ ܟܠܝܘܡ. 4 ܘܫܒܘܩ ܠܢ ܚܛܗܝܢ. ܐܦ ܐܢܚܢܢ ܓܝܪ ܫܒܩܝܢ ܠܟܠ ܕܚܝܒܝܢ
ܠܢ. ܘܠܐ ܬܥܠܢ ܠܢܣܝܘܢܐ. ܐܠܐ ܦܨܢ ܡܢ ܒܝܫܐ. 5 ܘܐܡܪ ܠܗܘܢ. ܡܢܘ ܡܢܟܘܢ
ܕܐܝܬ ܠܗ ܪܚܡܐ: ܘܢܐܙܠ ܠܘܬܗ ܒܦܠܓܗ ܕܠܠܝܐ ܘܢܐܡܪ ܠܗ. ܪܚܡܝ. ܐܘܙܦܝܢܝ
ܬܠܬ ܓܪܝܨܢ. 6 ܡܛܠ ܕܪܚܡܐ ܐܬܐ ܠܘܬܝ ܡܢ ܐܘܪܚܐ. ܘܠܝܬ ܠܝ ܡܕܡ ܕܐܣܝܡ
ܠܗ. 7 ܘܗܘ ܪܚܡܗ ܡܢ ܠܓܘ ܢܥܢܐ ܘܢܐܡܪ ܠܗ. ܠܐ ܬܗܪܘܢܢܝ. ܗܐ ܬܪܥܐ ܐܚܝܕ ܗܘ.
ܘܒܢܝ ܥܡܝ ܒܥܪܣܐ. ܠܐ ܡܫܟܚ ܐܢܐ ܕܐܩܘܡ ܘܐܬܠ ܠܟ. 8 ܐܡܪ ܐܢܐ ܠܟܘܢ. ܕܐܢ
ܡܛܠ ܪܚܡܘܬܐ: ܠܐ ܢܬܠ ܠܗ. ܡܛܠ ܚܨܝܦܘܬܗ ܢܩܘܡ ܘܢܬܠ ܠܗ. ܟܡܐ ܕܡܬܒܥܐ
ܠܗ. 9 ܐܦ ܐܢܐ ܐܡܪ ܐܢܐ ܠܟܘܢ. ܫܐܠܘ. ܘܢܬܝܗܒ ܠܟܘܢ. ܒܥܘ. ܘܬܫܟܚܘܢ. ܩܘܫܘ.
ܘܢܬܦܬܚ ܠܟܘܢ. 10 ܟܠ ܓܝܪ ܕܫܐܠ. ܢܣܒ. ܘܕܒܥܐ ܡܫܟܚ. ܘܕܢܩܫ. ܡܬܦܬܚ
ܠܗ. 11 ܐܝܢܐ ܓܝܪ ܡܢܟܘܢ ܐܒܐ: ܕܢܫܐܠܝܘܗܝ ܒܪܗ ܠܚܡܐ: ܠܡܐ: ܟܐܦܐ ܡܘܫܛ
ܠܗ. ܘܐܢ ܢܘܢܐ ܢܫܐܠܝܘܗܝ: ܠܡܐ: ܚܠܦ ܢܘܢܐ ܚܘܝܐ ܡܘܫܛ ܠܗ. 12 ܘܐܢ ܒܝܥܬܐ
ܢܫܐܠܝܘܗܝ: ܠܡܐ: ܥܩܪܒܐ ܡܘܫܛ ܠܗ. 13 ܘܐܢ ܐܢܬܘܢ ܕܒܝܫܐ ܐܢܬܘܢ.
ܝܕܥܝܢ ܐܢܬܘܢ ܡܘܗܒܬܐ ܛܒܬܐ ܠܡܬܠ ܠܒܢܝܟܘܢ. ܟܡܐ ܝܬܝܪܐܝܬ ܐܒܘܟܘܢ ܡܢ
ܫܡܝܐ: ܢܬܠ ܪܘܚܐ ܕܩܘܕܫܐ ܠܐܝܠܝܢ ܕܫܐܠܝܢ ܠܗ.

14 ܘܟܕ ܡܦܩ ܫܐܕܐ ܕܐܝܬܘܗܝ ܚܪܫܐ. ܗܘܐ ܕܟܕ ܢܦܩ ܗܘ ܫܐܕܐ. ܡܠܠ ܗܘ ܚܪܫܐ.
ܘܐܬܕܡܪܘ ܟܢܫܐ. 15 ܐܢܫܐ ܕܝܢ ܡܢܗܘܢ. ܐܡܪܘ. ܒܒܥܠܙܒܘܒ ܪܫܐ ܕܫܐܕܐ ܡܦܩ ܗܘܐ ܕܝܘܐ.
16 ܐܚܪܢܐ ܕܝܢ ܟܕ ܡܢܣܝܢ ܠܗ. ܐܬܐ ܡܢ ܫܡܝܐ ܫܐܠܝܢ ܗܘܘ ܠܗ. 17 ܝܫܘܥ ܕܝܢ ܝܕܥ

ܗܘܐ ܡܫܬܒܚܝܢ ܗܘܘ. ܐܡܪ ܠܗܘܢ. ܟܠ ܡܠܘܗܝ ܕܐܠܗܐ ܥܠ ܢܦܫܗ. ܐܡܪܬ. ܘܟܡܐ ܕܥܠ
ܡܢܗܘܢ ܡܫܬܐܠܝܢ. ܢܦܠ. 18 ܩܐܡ ܗܝܕܝܢ ܥܠ ܢܦܫܗ ܐܠܗܐ: ܐܡܝܢܐ ܠܡܘܫܐ ܡܠܘܗܝ:
ܕܐܡܪܬ ܐܝܟܘ. ܕܒܒܠܒܘܬܗܘܢ ܡܢܗܘܢ ܐܢܐ ܕܝܗܒܬ. 19 ܩܐܡ ܐܢܐ ܒܒܠܒܘܬܗܘܢ ܡܢܗܘܢ ܐܢܐ
ܕܝܗܒܬ. ܠܒܢܝܟܘܢ. ܠܚܝܐ ܡܠܝܫܝܢ. ܡܛܠ ܗܢܐ. ܗܘܝܢ. ܢܗܘܘܢ ܠܟܘܢ ܕܝܢܐ. 20 ܐܦ ܕܝܢ
ܕܟܠܐ ܕܐܠܗܐ. ܡܢܗܘܢ ܐܢܐ ܕܝܗܒܬ. ܡܬܚܫܒ ܠܗ ܠܠܒܗܘܢ ܡܠܘܗܝ ܕܐܠܗܐ. 21 ܐܡܪܝܢ
ܕܚܫܝܢܐ ܕܝܢ ܡܠܐܟܐ ܢܐܡܪ ܕܗܐ. ܠܚܝܐ ܗܘ ܡܛܠܬܗ. 22 ܐܦ ܕܝܢ ܬܠܬܐ ܡܢ ܕܚܫܝܢ ܡܛܠܬܗ.
ܢܬܒܥܘܢ. ܡܠܘܗܝ ܐܢܘܢ ܡܛܠ ܗܢܐ ܕܐܬܩܒܠ ܗܘܐ ܠܠܒܗܘܢ ܘܟܠܗܘܢ ܡܫܬܠܝܢ....
23 ܡܢ ܕܠܐ ܗܘܐ ܠܟܘܢ. ܠܗܘܢܟܘܢ ܗܘ. ܘܡܢ ܕܠܐ ܝܗܒ ܠܟܘܢ. ܡܬܝܗܒ ܡܢܟܘܢ. ܡܢ ܕܣܝܐ
24 ܗܘܝܐ ܡܫܬܒܚܐ ܡܢܐ ܕܢܬܩܛܠ ܡܢ ܒܪ ܐܢܫܐ. ܐܠܐ ܡܬܚܫܒܐ ܠܐܠܗܘܬܐ ܕܡܢܐ ܠܟܠ ܠܗܘܢ.
ܕܐܬܝܠܐ ܠܗ ܚܝܐ. ܘܡܢܐ ܕܠܐ ܐܬܚܫܒ ܐܡܪܐ. ܐܘܟܝܬ ܠܒܢܝܗ ܐܡܪܬܐ ܕܢܬܩܛܠ.
25 ܩܐܡ ܐܢܐ ܐܬܚܫܒܬܗ ܕܚܫܝܢ ܘܡܬܪܚܡ. 26 ܗܝܕܝܢ ܐܠܐ ܕܒܪܐ ܚܒܝܒ ܩܘܫܝܢ ܐܬܪܥܝܢ.
ܕܫܡܥܝܢ ܡܠܘܗܝ. ܩܠܝܠܝܢ. ܘܠܒܢܝܟܘܢ ܐܝܟܢ. ܘܗܘܝܐ ܚܝܠܗ ܕܒܪܢܫܐ ܗܘ. ܢܝܫܐ ܡܢ ܡܬܚܫܒܬܗ.
27 ܘܟܕ ܗܠܝܢ ܡܫܬܠܠ ܗܘܐ. ܐܬܚܙܝ ܐܝܟܐ ܚܝܐ ܠܟܠܗ ܡܢ ܢܝܫܐ ܘܐܡܪܬܐ ܠܗ. ܠܗܘܢ
ܒܪܢܫܐ ܕܠܒܢܝܟܘܢ. ܘܠܡܕܝܢܬܐ ܕܐܬܚܫܒܘ. 28 ܐܡܪ ܠܗ ܗܘ. ܠܗܘܢܝܗܘܢ. ܠܐܢܫܝܢ ܕܫܡܥܘܗ
ܡܠܬܗ ܕܐܠܗܐ ܘܢܛܪܝܢ ܠܗ. 29 ܘܟܕ ܡܬܟܢܫܝܢ ܗܘܘ ܟܢܫܐ. ܫܪܝ ܠܡܐܡܪ. ܫܪܒܬܐ
ܗܕܐ ܒܝܫܬܐ. ܐܝܬ ܠܗ. ܘܐܬܐ ܠܐ ܬܬܝܗܒ ܠܗ. ܐܠܐ ܐܬܐ ܕܝܘܢܢ ܢܒܝܐ. 30 ܐܝܟܢܐ ܓܝܪ
ܕܗܘܐ ܝܘܢܢ ܐܬܐ ܠܢܝܢܘܝܐ. ܗܟܢܐ ܢܗܘܐ ܐܦ ܒܪܗ ܕܐܢܫܐ ܠܫܪܒܬܐ ܗܕܐ. 31 ܡܠܟܬܐ
ܕܬܝܡܢܐ ܬܩܘܡ ܒܕܝܢܐ ܥܡ ܐܢܫܐ ܕܫܪܒܬܐ ܗܕܐ ܘܬܚܝܒ ܐܢܘܢ. ܕܐܬܬ ܡܢ ܥܒܪܝܗ ܕܐܪܥܐ.
ܕܬܫܡܥ ܚܟܡܬܗ ܕܫܠܝܡܘܢ: ܘܗܐ ܕܝܬܝܪ ܡܢ ܫܠܝܡܘܢ ܬܢܢ. 32 ܓܒܪܐ ܢܝܢܘܝܐ
ܢܩܘܡܘܢ ܒܕܝܢܐ ܥܡ ܫܪܒܬܐ ܗܕܐ. ܘܢܚܝܒܘܢܗ. ܕܬܒܘ ܒܟܪܘܙܘܬܗ ܕܝܘܢܢ. ܘܗܐ ܕܝܬܝܪ
ܡܢ ܝܘܢܢ ܬܢܢ. 33 ܠܐ ܐܢܫ ܡܢܗܪ ܫܪܓܐ: ܘܣܐܡ ܠܗ ܒܛܫܝܐ: ܐܘ ܬܚܝܬ ܣܐܬܐ. ܐܠܐ
ܥܠ ܡܢܪܬܐ. ܕܐܝܠܝܢ ܕܥܐܠܝܢ. ܢܚܙܘܢ ܢܘܗܪܗ. 34 ܫܪܓܐ ܕܦܓܪܟ ܐܝܬܘܗܝ
ܥܝܢܟ. ܐܡܬܝ ܗܟܝܠ ܕܥܝܢܟ ܦܫܝܛܐ. ܐܦ ܟܠܗ ܦܓܪܟ ܢܗܘܐ ܢܗܝܪ. ܐܦ ܕܝܢ ܕܬܗܘܐ
ܒܝܫܐ. ܐܦ ܦܓܪܟ ܢܗܘܐ ܚܫܘܟ. 35 ܐܙܕܗܪ ܗܟܝܠ ܕܠܡܐ ܢܘܗܪܐ ܕܒܟ ܚܫܘܟܐ ܗܘ.
36 ܐܢ ܕܝܢ ܦܓܪܟ ܟܠܗ ܢܗܝܪ: ܘܠܝܬ ܒܗ ܡܢܬܐ ܡܕܡ ܚܫܘܟܐ. ܢܗܘܐ ܟܠܗ ܢܗܝܪ.
ܐܝܟ ܕܫܪܓܐ ܒܙܠܝܩܘܗܝ ܡܢܗܪ ܠܟ. 37 ܟܕ ܕܝܢ ܡܡܠܠ. ܒܥܐ ܡܢܗ ܦܪܝܫܐ ܚܕ ܕܢܫܬܪܐ
ܠܘܬܗ. ܘܥܠ ܐܣܬܡܟ. 38 ܗܘ ܕܝܢ ܦܪܝܫܐ ܟܕ ܚܙܐ. ܐܬܕܡܪ. ܕܠܐ ܠܘܩܕܡ ܠܡܐ
ܡܢ ܩܕܡ ܠܚܡܐ. 39 ܐܡܪ ܠܗ ܕܝܢ ܝܫܘܥ. ܗܫܐ ܐܢܬܘܢ ܦܪܝܫܐ. ܓܒܗ ܕܟܣܐ
ܘܕܦܝܢܟܐ ܡܕܟܝܢ ܐܢܬܘܢ. ܓܘܗ ܕܝܢ ܕܝܠܟܘܢ ܡܠܐ ܚܛܘܦܝܐ ܘܒܝܫܘܬܐ. 40 ܚܣܝܪܝ ܪܥܝܢܐ:
ܠܐ ܗܘܐ ܡܢ ܕܥܒܕ ܕܒܪ: ܘܕܓܘܗ ܗܘ ܥܒܕ. 41 ܒܪܡ ܡܕܡ ܕܐܝܬ ܗܒܘ ܙܕܩܬܐ.

ܘܗܐ ܟܠܡܕܡ ܕܟܐ ܗܘ ܠܟܘܢ܀ 42 ܐܠܐ ܘܝ ܠܟܘܢ ܦܪܝܫܐ܂ ܕܡܥܣܪܝܢ ܐܢܬܘܢ ܢܥܢܥܐ
ܘܦܝܓܢܐ ܘܟܠ ܝܪܩܐ܂ ܘܥܒܪܝܢ ܐܢܬܘܢ ܥܠ ܕܝܢܐ ܘܥܠ ܚܘܒܗ ܕܐܠܗܐ܂ ܗܠܝܢ ܕܝܢ
ܘܠܐ ܗܘܐ ܕܬܥܒܕܘܢ܂ ܘܗܠܝܢ ܠܐ ܬܫܒܩܘܢ܀ 43 ܘܝ ܠܟܘܢ ܦܪܝܫܐ܂ ܕܪܚܡܝܢ ܐܢܬܘܢ ܪܝܫ
ܡܘܬܒܐ ܒܟܢܘܫܬܐ܂ ܘܫܠܡܐ ܒܫܘܩܐ܀ 44 ܘܝ ܠܟܘܢ ܣܦܪܐ ܘܦܪܝܫܐ ܢܣܒܝ ܒܐܦܐ܂
ܕܐܝܬܝܟܘܢ ܐܝܟ ܩܒܪܐ ܕܠܐ ܡܬܝܕܥܝܢ܂ ܘܒܢܝ ܐܢܫܐ ܡܗܠܟܝܢ ܥܠܝܗܘܢ܂ ܘܠܐ ܝܕܥܝܢ܀
45 ܘܥܢܐ ܚܕ ܡܢ ܣܦܪܐ ܘܐܡܪ ܠܗ܂ ܡܠܦܢܐ܂ ܟܕ ܗܠܝܢ ܐܡܪ ܐܢܬ܂ ܐܦ ܠܢ ܡܨܥܪ
ܐܢܬ܀ 46 ܗܘ ܕܝܢ ܐܡܪ܂ ܐܦ ܠܟܘܢ ܣܦܪܐ ܘܝ܂ ܕܡܛܥܢܝܢ ܐܢܬܘܢ ܠܒܢܝ ܐܢܫܐ ܡܘܒܠܐ
ܝܩܝܪܬܐ܂ ܘܐܢܬܘܢ ܒܚܕܐ ܡܢ ܨܒܥܬܟܘܢ܂ ܠܐ ܩܪܒܝܢ ܐܢܬܘܢ ܠܗܝܢ ܠܡܘܒܠܐ܀
47 ܘܝ ܠܟܘܢ܂ ܕܒܢܝܢ ܐܢܬܘܢ ܩܒܪܐ ܕܢܒܝܐ܂ ܘܐܒܗܝܟܘܢ ܩܛܠܘ ܐܢܘܢ܂ 48 ܣܗܕܝܢ ܐܢܬܘܢ
ܗܟܝܠ ܘܨܒܝܢ ܐܢܬܘܢ ܒܥܒܕܐ ܕܐܒܗܝܟܘܢ܂ ܕܗܢܘܢ ܩܛܠܘ ܐܢܘܢ܂ ܘܐܢܬܘܢ ܒܢܝܢ ܐܢܬܘܢ
ܩܒܪܝܗܘܢ܀ 49 ܡܛܠ ܗܢܐ ܐܦ ܚܟܡܬܗ ܕܐܠܗܐ ܐܡܪܬ܂ ܕܗܐ ܐܢܐ ܫܠܚ ܠܗܘܢ ܢܒܝܐ
ܘܫܠܝܚܐ܂ ܡܢܗܘܢ ܢܩܛܠܘܢ܂ ܘܢܪܕܦܘܢ܀ 50 ܕܢܬܬܒܥ ܕܡܐ ܕܟܠܗܘܢ ܢܒܝܐ ܕܐܬܐܫܕ ܡܢ
ܕܐܬܒܪܝ ܥܠܡܐ܂ ܡܢ ܫܪܒܬܐ ܗܕܐ܀ 51 ܡܢ ܕܡܗ ܕܗܒܝܠ܂ ܘܥܕܡܐ ܠܕܡܗ ܕܙܟܪܝܐ܂
ܗܘ ܕܐܬܩܛܠ ܒܝܬ ܡܕܒܚܐ ܠܒܝܬܐ܂ ܐܝܢ ܐܡܪ ܐܢܐ ܠܟܘܢ܂ ܕܬܬܒܥ ܡܢ ܫܪܒܬܐ
ܗܕܐ܀ 52 ܘܝ ܠܟܘܢ ܣܦܪܐ܂ ܕܫܩܠܬܘܢ ܩܠܝܕܐ ܕܝܕܥܬܐ܂ ܐܢܬܘܢ ܠܐ ܥܠܬܘܢ܂ ܘܠܐܝܠܝܢ
ܕܥܐܠܝܢ ܟܠܝܬܘܢ܀ 53 ܘܟܕ ܗܠܝܢ ܐܡܪ ܗܘܐ ܠܗܘܢ܂ ܫܪܝܘ ܣܦܪܐ ܘܦܪܝܫܐ ܡܬܚܪܝܢ
ܠܗܘܢ܂ ܘܡܬܚܡܬܝܢ ܘܡܬܬܟܣܝܢ ܥܠܘܗܝ܀ 54 ܘܒܥܝܢ ܠܗ ܥܠܬܐ܂ ܕܢܫܟܚܘܢ
ܠܡܐܚܕ ܡܕܡ ܡܢ ܦܘܡܗ܂ ܕܢܫܟܚܘܢ ܢܐܟܠܘܢ ܩܪܨܘܗܝ܀܀
1 ܘܟܕ ܐܬܟܢܫܘ ܪܒܘܬܐ ܕܟܢܫܐ ܣܓܝܐܐ܂ ܐܝܟܢܐ ܕܢܕܝܫܘܢ ܚܕ ܠܚܕ܂ ܫܪܝ ܝܫܘܥ ܠܡܐܡܪ Cap. xii.
ܠܬܠܡܝܕܘܗܝ܂ ܠܘܩܕܡ ܐܙܕܗܪܘ ܠܟܘܢ ܡܢ ܚܡܝܪܐ ܕܦܪܝܫܐ܂ ܕܐܝܬܘܗܝ ܡܣܒ
ܒܐܦܐ܀ 2 ܠܝܬ ܓܝܪ ܡܕܡ ܕܟܣܐ ܕܠܐ ܢܬܓܠܐ܂ ܘܠܐ ܕܡܛܫܝ ܕܠܐ ܢܬܝܕܥ܀ 3 ܟܠ ܓܝܪ
ܕܒܚܫܘܟܐ ܐܡܪܬܘܢ܂ ܒܢܘܗܪܐ ܢܫܬܡܥ܂ ܘܡܕܡ ܕܒܬܘܢܐ ܠܚܫܬܘܢ ܒܐܕܢܝܟܘܢ܂ ܥܠ ܐܓܪܐ
ܢܬܟܪܙ܀ 4 ܐܡܪ ܐܢܐ ܠܟܘܢ ܕܝܢ ܪܚܡܝ܂ ܠܐ ܬܕܚܠܘܢ ܡܢ ܐܝܠܝܢ ܕܩܛܠܝܢ ܦܓܪܐ܂
ܘܡܢ ܒܬܪܟܢ ܠܝܬ ܠܗܘܢ ܡܕܡ ܝܬܝܪ ܠܡܥܒܕ܀ 5 ܐܚܘܝܟܘܢ ܕܝܢ ܡܢ ܡܢ ܬܕܚܠܘܢ܂
ܡܢ ܗܘ ܕܡܢ ܒܬܪ ܕܩܛܠ܂ ܐܝܬ ܠܗ ܫܘܠܛܢܐ ܠܡܪܡܐ ܒܓܗܢܐ܂ ܐܝܢ ܐܡܪ ܐܢܐ ܠܟܘܢ܂ ܕܡܢ
ܗܢܐ ܕܚܠܘ܀ 6 ܠܐ ܚܡܫܐ ܨܦܪܝܢ ܡܙܕܒܢܝܢ ܒܬܪܬܝܢ ܐܣܪܝܢ܂ ܘܚܕܐ ܡܢܗܝܢ܂ ܠܐ ܛܥܝܐ ܩܕܡ
ܐܠܗܐ܀ 7 ܕܝܠܟܘܢ ܕܝܢ ܐܦ ܡܢܝܢܐ ܕܣܥܪܐ ܕܪܫܟܘܢ܂ ܟܠܗܘܢ ܡܢܝܢ ܐܢܘܢ܂ ܠܐ ܗܟܝܠ
ܬܕܚܠܘܢ܂ ܕܡܢ ܨܦܪܐ ܣܓܝܐܐ ܡܝܬܪܝܢ ܐܢܬܘܢ܀ 8 ܐܡܪ ܐܢܐ ܠܟܘܢ ܕܝܢ܂ ܕܟܠ ܕܢܘܕܐ
ܒܝ ܩܕܡ ܒܢܝ ܐܢܫܐ܂ ܐܦ ܒܪܗ ܕܐܢܫܐ ܢܘܕܐ ܒܗ ܩܕܡ ܡܠܐܟܘܗܝ ܕܐܠܗܐ܀ 9 ܐܝܢܐ ܕܝܢ
ܕܢܟܦܘܪ ܒܝ ܩܕܡ ܒܢܝ ܐܢܫܐ܂ ܢܬܟܦܪ ܒܗ ܩܕܡ ܡܠܐܟܘܗܝ ܕܐܠܗܐ܀ 10 ܘܟܠ ܕܢܐܡܪ ܡܠܬܐ

ܥܠ ܒܪܗ ܕܐܢܫܐ ܢܫܬܒܩ ܠܗ. ܡܢ ܕܥܠ ܪܘܚܐ ܕܝܢ ܕܩܘܕܫܐ ܢܓܕܦ. ܠܐ ܢܫܬܒܩ ܠܗ܀
11 ܡܐ ܕܡܩܪܒܝܢ ܠܟܘܢ ܕܝܢ ܠܒܝܬ ܟܢܘܫܬܐ܆ ܩܕܡ ܪ̈ܫܐ ܘܫܠܝܛܢܐ. ܠܐ ܬܐܨܦܘܢ ܐܝܟܢܐ ܬܦܩܘܢ
ܪܘܚܐ ܐܘ ܡܢܐ ܬܐܡܪܘܢ. 12 ܪܘܚܐ ܓܝܪ ܕܩܘܕܫܐ ܬܠܦܟܘܢ ܒܗܝ ܫܥܬܐ. ܡܕܡ ܕܘܠܐ
ܕܬܐܡܪܘܢ܀ 13 ܐܡܪ ܠܗ ܕܝܢ ܐܢܫ ܡܢ ܗܘ ܟܢܫܐ. ܡܠܦܢܐ. ܐܡܪ ܠܐܚܝ ܢܦܠܓ ܥܡܝ
ܝܪܬܘܬܐ. 14 ܝܫܘܥ ܕܝܢ ܐܡܪ ܠܗ. ܓܒܪܐ. ܡܢܘ ܐܩܝܡܢܝ ܥܠܝܟܘܢ ܕܝܢܐ ܘܡܦܠܓܢܐ.
15 ܘܐܡܪ ܠܬܠܡܝܕܘܗܝ. ܐܙܕܗܪܘ ܡܢ ܟܠܗ ܥܠܘܒܘܬܐ. ܡܛܠ ܕܠܐ ܗܘܐ ܒܡܘܬܪܘܬܐ
ܕܩ̈ܢܝܢܐ ܐܝܬ ܚܝ̈ܐ܀
16 ܘܐܡܪ ܡܬܠܐ ܠܘܬܗܘܢ. ܓܒܪܐ ܚܕ ܥܬܝܪܐ. ܐܥܠܬ ܠܗ ܐܪܥܗ ܥܠܠܬܐ ܣܓܝܐܬܐ.
17 ܘܡܬܚܫܒ ܗܘܐ ܒܢܦܫܗ. ܘܐܡܪ. ܡܢܐ ܐܥܒܕ. ܕܠܝܬ ܠܝ ܐܝܟܐ ܕܐܟܢܫ ܥܠܠܬܝ.
18 ܘܐܡܪ. ܗܕܐ ܐܥܒܕ. ܐܣܬܘܪ ܒܝܬ ܐܘܨܪ̈ܝ. ܘܐܒܢܐ ܘܐܘܪܒ ܐܢܘܢ. ܘܐܟܢܫ ܬܡܢ
ܟܠܗ ܥܠܠܬܝ ܘܛܒܬܝ. 19 ܘܐܡܪ ܠܢܦܫܝ. ܢܦܫܝ. ܐܝܬ ܠܟܝ ܛܒܬܐ ܣܓܝܐܬܐ܆ ܕܣܝ̈ܡܢ
ܠܫܢ̈ܝܐ ܣܓܝܐܬܐ. ܐܬܬܢܝܚܝ. ܐܟܘܠܝ. ܐܫܬܝ. ܐܬܒܣܡܝ. 20 ܐܡܪ ܠܗ ܕܝܢ ܐܠܗܐ.
ܚܣܝܪ ܪܥܝܢܐ. ܒܗܢܐ ܠܠܝܐ ܢܦܫܟ. ܬܒܥܝܢ ܠܗ ܡܢܟ. ܗܠܝܢ ܕܛܝܒܬ ܠܡܢ ܢܗܘܝܢ.
21 ܗܟܢܐ ܗܘ ܡܢ ܕܣܐܡ ܠܗ ܣܝ̈ܡܬܐ܆ ܘܒܐܠܗܐ ܠܐ ܥܬܪ܀ 22 ܘܐܡܪ ܠܬܠܡܝܕܘܗܝ.
ܡܛܠ ܗܢܐ ܠܟܘܢ ܐܡܪ ܐܢܐ. ܠܐ ܬܐܨܦܘܢ ܠܢܦܫܟܘܢ. ܡܢܐ ܬܐܟܠܘܢ܆ ܘܠܐ ܠܦܓܪܟܘܢ.
ܡܢܐ ܬܠܒܫܘܢ. 23 ܢܦܫܐ ܓܝܪ ܝܬܝܪܐ ܡܢ ܣܝܒܪܬܐ. ܘܦܓܪܐ ܡܢ ܠܒܘܫܐ. 24 ܐܬܒܩܘ
ܒܥܘܪ̈ܒܐ. ܕܠܐ ܙܪܥܝܢ. ܘܠܐ ܚܨܕܝܢ. ܘܠܝܬ ܠܗܘܢ ܐܘܨܪܐ ܘܒܝܬ ܩܦܣܐ. ܘܐܠܗܐ ܡܬܪܣܐ
ܠܗܘܢ. ܟܡܐ ܗܟܝܠ ܐܢܬܘܢ ܡܝܬܪܝܢ ܡܢ ܦܪ̈ܚܬܐ. 25 ܡܢܘ ܕܝܢ ܡܢܟܘܢ ܟܕ
ܝܨܦ܆ ܡܫܟܚ ܠܡܘܣܦܘ ܥܠ ܩܘܡܬܗ ܐܡܬܐ ܚܕܐ. 26 ܐܢ ܕܝܢ ܐܦ ܠܐ ܠܗܕܐ ܙܥܘܪܬܐ
ܡܫܟܚܝܢ ܐܢܬܘܢ܆ ܡܢܐ ܥܠ ܫܪܟܐ ܝܨܦܝܢ ܐܢܬܘܢ. 27 ܐܬܒܩܘ ܒܫܘܫܢ̈ܐ ܐܝܟܢܐ ܪܒܝܢ.
ܕܠܐ ܠܐܝܢ ܘܠܐ ܥܙܠܢ. ܐܡܪ ܐܢܐ ܠܟܘܢ ܕܝܢ܆ ܕܐܦܠܐ ܫܠܝܡܘܢ ܒܟܠܗ ܫܘܒܚܗ. ܐܬܟܣܝ
ܐܝܟ ܚܕܐ ܡܢ ܗܠܝܢ. 28 ܐܢ ܕܝܢ ܠܥܡܝܪܐ ܕܝܘܡܢܐ ܐܝܬܘܗܝ ܒܚܩܠܐ܆ ܘܡܚܪ ܢܦܠ
ܒܬܢܘܪܐ܆ ܐܠܗܐ ܗܟܢܐ ܡܠܒܫ. ܟܡܐ ܝܬܝܪ ܠܟܘܢ ܙܥܘܪܝ ܗܝܡܢܘܬܐ܀ 29 ܘܐܢܬܘܢ ܠܐ
ܬܒܥܘܢ. ܡܢܐ ܬܐܟܠܘܢ. ܘܡܢܐ ܬܫܬܘܢ. ܘܠܐ ܢܦܠܓ ܪܥܝܢܟܘܢ ܒܗܠܝܢ. 30 ܗܠܝܢ ܓܝܪ
ܟܠܗܝܢ. ܥܡ̈ܡܐ ܗܘ ܕܥܠܡܐ ܒܥܝܢ. ܐܦ ܠܟܘܢ ܕܝܢ ܐܒܘܟܘܢ ܝܕܥ ܕܡܬܒܥܝܢ ܠܟܘܢ
ܗܠܝܢ. 31 ܒܪܡ ܒܥܘ ܡܠܟܘܬܗ ܕܐܠܗܐ. ܘܗܠܝܢ ܟܠܗܝܢ ܡܬܬܘܣܦܢ ܠܟܘܢ܀
32 ܠܐ ܬܕܚܠ ܓܙܪܐ ܙܥܘܪܐ. ܕܨܒܐ ܐܒܘܟܘܢ ܕܢܬܠ ܠܟܘܢ ܡܠܟܘܬܐ܀ 33 ܙܒܢܘ ܩܢܝܢܟܘܢ.
ܘܗܒܘ ܙܕܩܬܐ. ܥܒܕܘ ܠܟܘܢ ܟܝ̈ܣܐ ܕܠܐ ܒܠܝܢ܆ ܘܣܝܡܬܐ ܕܠܐ ܚܣܪܐ ܒܫܡܝܐ. ܐܝܟܐ
ܕܓܢܒܐ ܠܐ ܩܪܒ. ܘܣܣܐ ܠܐ ܡܚܒܠ. 34 ܐܝܟܐ ܓܝܪ ܕܐܝܬ ܣܝܡܬܟܘܢ. ܬܡܢ ܢܗܘܐ
ܐܦ ܠܒܟܘܢ܀ 35 ܢܗܘܝܢ ܚܨܝ̈ܟܘܢ ܐܣܝܪܝܢ. ܘܫܪ̈ܓܝܟܘܢ ܡܢܗܪܝܢ. 36 ܘܗܘܘ ܕܡܝܢ

ܠܐܢܫܐ ܕܡܣܟܝܢ ܠܡܪܗܘܢ. ܕܐܡܬܝ ܢܗܦܘܟ ܡܢ ܒܝܬ ܡܫܬܘܬܐ. ܕܡܐ ܕܐܬܐ ܘܢܩܫ. ܡܚܕܐ
ܢܦܬܚܘܢ ܠܗ. 37 ܛܘܒܝܗܘܢ ܠܥܒܕܐ ܗܢܘܢ. ܐܝܠܝܢ ܕܢܐܬܐ ܡܪܗܘܢ ܘܢܫܟܚ ܐܢܘܢ ܟܕ
ܥܝܪܝܢ. ܐܡܝܢ ܐܡܪ ܐܢܐ ܠܟܘܢ. ܕܢܐܣܘܪ ܚܨܘܗܝ. ܘܢܣܡܟ ܐܢܘܢ. ܘܢܥܒܪ ܢܫܡܫ
ܐܢܘܢ. 38 ܘܐܢ ܒܡܛܪܬܐ ܕܬܪܬܝܢ ܐܘ ܕܬܠܬ ܢܐܬܐ. ܘܢܫܟܚ ܗܟܢܐ. ܛܘܒܝܗܘܢ ܠܥܒܕܐ
ܗܢܘܢ. 39 ܗܕܐ ܕܝܢ ܕܥܘ. ܕܐܠܘ ܝܕܥ ܗܘܐ ܡܪܐ ܒܝܬܐ ܒܐܝܢܐ ܫܥܬܐ ܐܬܐ ܓܢܒܐ.
ܡܬܬܥܝܪ ܗܘܐ ܘܠܐ ܫܒܩ ܗܘܐ ܕܢܬܦܠܫ ܒܝܬܗ. 40 ܐܦ ܐܢܬܘܢ ܗܘܘ ܡܛܝܒܝܢ.
ܕܒܫܥܬܐ ܕܠܐ ܡܣܒܪܝܢ ܐܢܬܘܢ. ܐܬܐ ܒܪܗ ܕܐܢܫܐ. 41 ܐܡܪ ܠܗ ܫܡܥܘܢ ܟܐܦܐ. ܡܪܝ.
ܠܢ ܐܡܪ ܐܢܬ ܗܢܐ ܡܬܠܐ. ܐܘ ܐܦ ܠܟܠܢܫ. 42 ܐܡܪ ܠܗ ܝܫܘܥ. ܡܢܘ
ܟܝ ܐܝܬܘܗܝ ܪܒ ܒܝܬܐ ܡܗܝܡܢܐ ܘܚܟܝܡܐ. ܕܢܩܝܡܝܘܗܝ ܡܪܗ ܥܠ ܬܫܡܫܬܗ. ܕܢܬܠ
ܦܣܬܐ ܒܙܒܢܗ. 43 ܛܘܒܘܗܝ ܠܗܘ ܥܒܕܐ ܕܢܐܬܐ ܡܪܗ ܢܫܟܚܝܘܗܝ. ܕܥܒܕ ܗܟܢܐ.
44 ܫܪܝܪܐܝܬ ܐܡܪ ܐܢܐ ܠܟܘܢ. ܕܥܠ ܟܠܗ ܩܢܝܢܗ ܢܩܝܡܝܘܗܝ. 45 ܐܢ ܕܝܢ ܢܐܡܪ
ܥܒܕܐ ܗܘ ܒܠܒܗ: ܕܡܘܚܪ ܡܪܝ ܠܡܐܬܐ: ܘܢܫܪܐ ܠܡܡܚܐ ܠܥܒܕܐ ܘܠܐܡܗܬܐ ܕܡܪܗ:
ܘܢܫܪܐ ܠܡܐܟܠ ܘܠܡܫܬܐ ܘܠܡܪܘܐ. 46 ܢܐܬܐ ܡܪܗ ܕܥܒܕܐ ܗܘ ܒܝܘܡܐ ܕܠܐ ܡܣܟܐ.
ܘܒܫܥܬܐ ܕܠܐ ܝܕܥ. ܘܢܦܠܓܝܘܗܝ. ܘܢܣܝܡ ܡܢܬܗ ܥܡ ܗܢܘܢ ܕܠܐ ܡܗܝܡܢܝܢ܀
47 ܥܒܕܐ ܕܝܢ ܐܝܢܐ ܕܝܕܥ ܨܒܝܢܐ ܕܡܪܗ: ܘܠܐ ܛܝܒ ܠܗ ܐܝܟ ܨܒܝܢܗ. ܢܬܢܓܕ ܣܓܝܐܬܐ.
48 ܗܘ ܕܝܢ ܕܠܐ ܝܕܥ. ܘܥܒܕ ܡܕܡ ܕܫܘܐ ܠܡܚܘܬܐ. ܢܬܢܓܕ ܡܚܘܬܐ ܒܨܝܪܬܐ. ܟܠ
ܓܝܪ ܕܐܬܝܗܒ ܠܗ ܣܓܝ. ܣܓܝ ܢܬܒܥܐ ܡܢܗ. ܘܠܗܘ ܕܐܓܥܠܘ ܠܗ ܣܓܝ. ܝܬܝܪܐܝܬ
ܢܬܒܥܘܢ ܡܢܗ܀ 49 ܢܘܪܐ ܐܬܝܬ ܕܐܪܡܐ ܒܐܪܥܐ. ܘܨܒܐ ܐܢܐ ܐܠܘ ܡܢ ܟܕܘ ܕܠܩܬ.
50 ܘܡܥܡܘܕܝܬܐ ܐܝܬ ܠܝ ܕܐܥܡܕ. ܘܣܓܝ ܐܠܝܨ ܐܢܐ ܥܕܡܐ ܕܬܫܬܠܡ. 51 ܡܣܒܪܝܢ
ܐܢܬܘܢ ܕܫܝܢܐ ܐܬܝܬ ܕܐܪܡܐ ܒܐܪܥܐ. ܐܡܪ ܐܢܐ ܠܟܘܢ. ܠܐ: ܐܠܐ ܦܠܓܘܬܐ. 52 ܡܢ ܗܫܐ
ܓܝܪ ܢܗܘܘܢ ܚܡܫܐ ܒܒܝܬܐ ܚܕ. ܦܠܝܓܝܢ ܬܠܬܐ ܥܠ ܬܪܝܢ. ܘܬܪܝܢ ܥܠ ܬܠܬܐ.
53 ܢܬܦܠܓܘܢ ܓܝܪ ܐܒܐ ܥܠ ܒܪܗ. ܘܒܪܐ ܥܠ ܐܒܘܗܝ. ܐܡܐ ܥܠ ܒܪܬܗ. ܘܒܪܬܐ ܥܠ
ܐܡܗ. ܚܡܬܐ ܥܠ ܟܠܬܗ. ܘܟܠܬܐ ܥܠ ܚܡܬܗ܀ 54 ܘܐܡܪ ܠܟܢܫܐ. ܡܐ ܕܚܙܝܬܘܢ
ܥܢܢܐ ܕܕܢܚ ܡܢ ܡܥܪܒܐ. ܡܚܕܐ ܐܡܪܝܢ ܐܢܬܘܢ. ܕܡܛܪܐ ܐܬܐ. ܘܗܘܐ ܗܟܢܐ. 55 ܘܡܐ
ܕܢܫܒܐ ܬܝܡܢܐ. ܐܡܪܝܢ ܐܢܬܘܢ. ܕܫܘܒܐ ܗܘܐ: ܘܗܘܐ. 56 ܢܣܒܝ ܒܐܦܐ. ܐܦܘܗܝ ܕܐܪܥܐ
ܘܕܫܡܝܐ ܝܕܥܝܢ ܐܢܬܘܢ ܠܡܒܩܐ. ܙܒܢܐ ܕܝܢ ܗܢܐ ܠܐ ܒܩܝܢ ܐܢܬܘܢ܀ 57 ܠܡܢܐ
ܕܝܢ ܡܢ ܢܦܫܟܘܢ ܠܐ ܕܐܢܝܢ ܐܢܬܘܢ ܟܐܢܘܬܐ. 58 ܡܐ ܕܐܙܠ ܐܢܬ ܓܝܪ ܥܡ ܒܥܠ ܕܝܢܟ
ܠܘܬ ܐܪܟܘܢܐ. ܥܕ ܐܢܬ ܒܐܘܪܚܐ ܗܒ ܥܒܕܐ ܘܐܫܬܪܐ ܡܢܗ. ܕܠܡܐ ܢܓܪܟ ܠܘܬ
ܕܝܢܐ: ܘܕܝܢܐ ܢܫܠܡܟ ܠܐܣܛܪܛܝܘܛܐ: ܘܐܣܛܪܛܝܘܛܐ ܢܪܡܝܟ ܒܝܬ ܐܣܝܪܐ. 59 ܘܐܡܪ ܐܢܐ ܠܟ. ܕܠܐ
ܬܦܘܩ ܡܢ ܬܡܢ. ܥܕܡܐ ܕܬܬܠ ܫܡܘܢܐ ܐܚܪܝܐ܀

Cap. xiii. 1 ܒܗܘ ܕܝܢ ܙܒܢܐ ܐܬܘ ܐܢܫܝܢ ܐܡܪܘ ܠܗ܂ ܥܠ ܓܠܝܠܝܐ܂ ܗܢܘܢ ܕܦܝܠܛܘܣ ܚܠܛ
ܕܡܗܘܢ ܥܡ ܕܒܚܝܗܘܢ܂ 2 ܘܥܢܐ ܝܫܘܥ܂ ܘܐܡܪ ܠܗܘܢ܂ ܣܒܪܝܢ ܐܢܬܘܢ܂ ܕܗܠܝܢ
ܓܠܝܠܝܐ܂ ܚܛܝܐ ܗܘܘ ܝܬܝܪ ܡܢ ܟܠܗܘܢ ܓܠܝܠܝܐ ܕܗܟܢܐ ܗܘܐ ܠܗܘܢ܂ 3 ܠܐ܂ ܐܡܪ
ܐܢܐ ܠܟܘܢ܂ ܐܠܐ ܐܦ ܟܠܟܘܢ܂ ܐܢ ܠܐ ܬܬܘܒܘܢ܂ ܗܟܢܐ ܬܐܒܕܘܢ܂ 4 ܐܘ ܗܢܘܢ ܬܡܢܬܥܣܪ
ܕܢܦܠ ܥܠܝܗܘܢ ܡܓܕܠܐ ܒܫܝܠܘܚܐ ܘܩܛܠ ܐܢܘܢ܂ ܣܒܪܝܢ ܐܢܬܘܢ ܕܚܛܝܐ ܗܘܘ ܝܬܝܪ
ܡܢ ܟܠܗܘܢ ܒܢܝܢܫܐ ܕܥܡܪܝܢ ܒܐܘܪܫܠܡ܂ 5 ܠܐ܂ ܐܡܪ ܐܢܐ ܠܟܘܢ܂ ܐܠܐ ܐܢ ܠܐ ܬܬܘܒܘܢ܂
ܟܠܟܘܢ ܐܟܘܬܗܘܢ ܬܐܒܕܘܢ܀ 6 ܘܐܡܪ ܡܬܠܐ ܗܢܐ܂ ܬܐܢܬܐ ܐܝܬ ܗܘܬ ܠܐܢܫ܂ ܕܢܨܝܒܐ ܒܟܪܡܗ܂
ܘܐܬܐ ܒܥܐ ܒܗ ܦܐܪܐ܂ ܘܠܐ ܐܫܟܚ܂ 7 ܘܐܡܪ ܠܦܠܚܐ܂ ܗܐ ܬܠܬ ܫܢܝܢ ܐܬܐ ܐܢܐ ܒܥܐ ܐܢܐ
ܦܐܪܐ ܒܬܐܢܬܐ ܗܕܐ܂ ܘܠܐ ܡܫܟܚ ܐܢܐ܂ ܦܣܘܩܝܗ܂ ܠܡܢܐ ܡܒܛܠܐ ܠܐܪܥܐ܂ 8 ܐܡܪ ܠܗ
ܦܠܚܐ܂ ܡܪܝ܂ ܫܒܘܩܝܗ ܐܦ ܗܕܐ ܫܢܬܐ܂ ܥܕ ܐܥܙܩܝܗ ܘܐܙܒܠܝܗ܂ 9 ܘܐܢ ܥܒܕܐ ܦܐܪܐ܂
ܘܐܠܐ ܠܫܢܬܐ ܬܦܣܩܝܗ܀

ܕܚܕ ܒܫܒ܂ 10 ܟܕ ܕܝܢ ܡܠܦ ܝܫܘܥ ܒܫܒܬܐ ܒܚܕܐ ܡܢ ܒܬܝ ܟܢܘܫܬܐ܂ 11 ܐܝܬ ܗܘܬ ܬܡܢ ܐܢܬܬܐ܂
ܕܐܝܬ ܗܘܐ ܠܗ ܪܘܚܐ ܕܟܘܪܗܢܐ ܫܢܝܢ ܬܡܢܥܣܪܐ܂ ܘܟܦܝܦܐ ܗܘܬ܂ ܘܠܐ ܡܫܟܚܐ ܗܘܬ
ܕܬܬܦܫܛ ܠܓܡܪ܂ 12 ܚܙܐ ܕܝܢ ܝܫܘܥ܂ ܘܩܪܐ܂ ܘܐܡܪ ܠܗ܂ ܐܢܬܬܐ ܫܪܝܐ ܐܢܬܝ ܡܢ
ܟܘܪܗܢܟܝ܂ 13 ܘܣܡ ܐܝܕܗ ܥܠܝܗ܂ ܘܡܚܕܐ ܐܬܦܫܛܬ܂ ܘܫܒܚܬ ܠܐܠܗܐ܂ 14 ܥܢܐ ܕܝܢ
ܪܝܫ ܟܢܘܫܬܐ ܟܕ ܡܬܚܡܬ܂ ܥܠ ܕܐܣܝ ܒܫܒܬܐ ܝܫܘܥ܂ ܘܐܡܪ ܠܟܢܫܐ܂ ܫܬܐ ܐܢܘܢ
ܝܘܡܝܢ ܕܒܗܘܢ ܘܠܐ ܠܡܦܠܚ܂ ܒܗܘܢ ܗܘܝܬܘܢ ܐܬܝܢ ܡܬܐܣܝܢ܂ ܘܠܐ ܒܝܘܡܐ ܕܫܒܬܐ܀
15 ܝܫܘܥ ܕܝܢ ܥܢܐ܂ ܘܐܡܪ ܠܗ܂ ܢܣܒܝ ܐܦܐ܂ ܠܐ ܟܠ ܚܕ ܡܢܟܘܢ ܒܫܒܬܐ܂ ܫܪܐ ܬܘܪܗ
ܐܘ ܚܡܪܗ ܡܢ ܐܘܪܝܐ܂ ܘܐܙܠ ܡܫܩܐ܂ 16 ܗܕܐ ܕܝܢ ܕܒܪܬܗ ܗܝ ܕܐܒܪܗܡ܂ ܘܐܣܪܗ
ܣܛܢܐ ܗܐ ܬܡܢܥܣܪܐ ܫܢܝܢ܂ ܠܐ ܘܠܐ ܗܘܐ ܕܬܫܬܪܐ ܡܢ ܗܢܐ ܐܣܘܪܐ܂ ܒܝܘܡܐ ܕܫܒܬܐ܂
17 ܘܟܕ ܗܠܝܢ ܐܡܪ ܗܘܐ܂ ܒܗܬܝܢ ܗܘܘ ܟܠܗܘܢ ܐܝܠܝܢ ܕܩܝܡܝܢ ܗܘܘ ܠܘܩܒܠܗ܂
ܘܟܠܗ ܥܡܐ ܚܕܐ ܗܘܐ ܒܟܠܗܝܢ ܬܕܡܪܬܐ ܕܡܬܥܒܕܢ ܗܘܝ ܒܐܝܕܗ܀ 18 ܐܡܪ ܗܘܐ ܕܝܢ
ܝܫܘܥ܂ ܠܡܢܐ ܕܡܝܐ ܡܠܟܘܬܗ ܕܐܠܗܐ܂ ܘܠܡܢܐ ܐܕܡܝܗ܂ 19 ܕܡܝܐ ܠܦܪܕܬܐ ܕܚܪܕܠܐ܂
ܗܝ ܕܢܣܒ ܓܒܪܐ ܐܪܡܝ ܒܓܢܬܗ܂ ܘܪܒܬ ܘܗܘܬ ܐܝܠܢܐ ܪܒܐ܂ ܘܦܪܚܬܐ ܕܫܡܝܐ ܐܓܢܬ
ܒܣܘܟܝܗ܀ 20 ܬܘܒ ܐܡܪ ܝܫܘܥ܂ ܠܡܢܐ ܐܕܡܝܗ ܠܡܠܟܘܬܐ ܕܐܠܗܐ܂ 21 ܕܡܝܐ
ܠܚܡܝܪܐ ܕܢܣܒܬ ܐܢܬܬܐ܂ ܛܫܬ ܒܩܡܚܐ ܕܬܠܬ ܣܐܝܢ܂ ܥܕܡܐ ܕܟܠܗ ܚܡܥ܀
22 ܘܡܬܟܪܟ ܗܘܐ ܒܡܕܝܢܬܐ ܘܒܩܘܪܝܐ ܟܕ ܡܠܦ܂ ܘܐܙܠ ܠܐܘܪܫܠܡ܀ 23 ܫܐܠܗ ܕܝܢ ܐܢܫ܂
ܕܐܢ ܩܠܝܠܝܢ ܐܢܘܢ ܐܝܠܝܢ ܕܚܝܝܢ܀ 24 ܝܫܘܥ ܕܝܢ ܐܡܪ ܠܗܘܢ܂ ܐܬܟܬܫܘ ܠܡܥܠ
ܒܬܪܥܐ ܐܠܝܨܐ܂ ܐܡܪ ܐܢܐ ܠܟܘܢ ܓܝܪ܂ ܕܣܓܝܐܐ ܢܒܥܘܢ ܠܡܥܠ܂ ܘܠܐ ܢܫܟܚܘܢ܂
25 ܡܢ ܫܥܬܐ ܕܢܩܘܡ ܡܪܐ ܒܝܬܐ ܘܢܐܚܘܕ ܬܪܥܐ܂ ܘܬܗܘܘܢ ܩܝܡܝܢ ܠܒܪ܂ ܘܢܩܫܘܢ

ܠܬܪܥܐ. ܘܬܫܪܘܢ ܠܡܐܡܪ. ܡܪܢ ܡܪܢ. ܦܬܚ ܠܢ. ܘܢܥܢܐ ܗܘ. ܘܢܐܡܪ. ܐܡܪ ܐܢܐ
ܠܟܘܢ. ܕܠܐ ܝܕܥ ܐܢܐ ܠܟܘܢ. ܡܢܐ ܐܝܬܝܟܘܢ. 26 ܘܬܫܪܘܢ ܠܡܐܡܪ. ܩܕܡܝܟ ܐܟܠܢ.
ܘܐܫܬܝܢ. ܘܒܫܘܩܝܢ ܐܠܦܬ. 27 ܘܢܐܡܪ ܠܟܘܢ. ܕܠܐ ܝܕܥ ܐܢܐ ܠܟܘܢ. ܡܢܐ ܐܝܬܝܟܘܢ.
ܦܪܘܩܘ ܠܟܘܢ ܡܢܝ ܦܠܚܝ ܥܘܠܐ. 28 ܬܡܢ ܢܗܘܐ ܒܟܝܐ ܘܚܘܪܩ ܫܢܐ. ܡܐ ܕܬܚܙܘܢ
ܠܐܒܪܗܡ ܘܠܐܝܣܚܩ ܘܠܝܥܩܘܒ. ܘܠܟܠܗܘܢ ܢܒܝܐ ܒܡܠܟܘܬܗ ܕܐܠܗܐ. ܐܢܬܘܢ ܕܝܢ
ܕܗܘܝܬܘܢ ܡܫܬܕܝܢ ܠܒܪ. 29 ܘܢܐܬܘܢ ܡܢ ܡܕܢܚܐ ܘܡܢ ܡܥܪܒܐ. ܘܡܢ ܓܪܒܝܐ ܘܡܢ
ܬܝܡܢܐ. ܘܢܣܬܡܟܘܢ ܒܡܠܟܘܬܗ ܕܐܠܗܐ. 30 ܘܗܐ ܐܝܬ ܐܚܪܝܐ ܕܢܗܘܘܢ ܩܕܡܝܐ.
ܘܐܝܬ ܩܕܡܝܐ ܕܢܗܘܘܢ ܐܚܪܝܐ.

31 ܒܗ ܒܝܘܡܐ. ܩܪܒܘ ܐܢܫܐ ܡܢ ܦܪܝܫܐ ܘܐܡܪܝܢ ܠܗ. ܦܘܩ ܙܠ ܠܟ ܡܟܐ.
ܡܛܠ ܕܗܪܘܕܣ ܨܒܐ ܠܡܩܛܠܟ. 32 ܐܡܪ ܠܗܘܢ ܝܫܘܥ. ܙܠܘ ܐܡܪܘ ܠܬܥܠܐ ܗܢܐ.
ܕܗܐ ܡܦܩ ܐܢܐ ܫܐܕܐ. ܘܐܣܘܬܐ ܥܒܕ ܐܢܐ ܝܘܡܢܐ ܘܡܚܪ. ܘܠܝܘܡܐ ܕܬܠܬܐ ܡܫܬܡܠܐ
ܐܢܐ. 33 ܒܪܡ ܘܠܐ ܠܝ. ܕܝܘܡܢܐ ܘܡܚܪ ܐܗܠܟ. ܘܠܝܘܡܐ ܐܚܪܢܐ ܐܙܠ. ܡܛܠ ܕܠܐ
ܡܫܟܚܐ ܕܢܒܝܐ ܢܐܒܕ ܠܒܪ ܡܢ ܐܘܪܫܠܡ. 34 ܐܘܪܫܠܡ ܐܘܪܫܠܡ. ܩܛܠܬ ܢܒܝܐ.
ܘܪܓܡܬ ܠܐܝܠܝܢ ܕܫܠܝܚܝܢ ܠܘܬܗ. ܟܡܐ ܙܒܢܝܢ ܨܒܝܬ ܠܡܟܢܫܘ ܒܢܝܟܝ: ܐܝܟ
ܬܪܢܓܘܠܬܐ ܕܟܢܫܐ ܦܪܘܓܝܗ ܬܚܝܬ ܓܦܝܗ: ܘܠܐ ܨܒܝܬܘܢ. 35 ܗܐ ܡܫܬܒܩ ܠܟܘܢ
ܒܝܬܟܘܢ ܚܪܒܐ. ܐܡܪ ܐܢܐ ܠܟܘܢ ܓܝܪ. ܕܠܐ ܬܚܙܘܢܢܝ ܥܕܡܐ ܕܬܐܡܪܘܢ: ܒܪܝܟ ܗܘ ܕܐܬܐ
ܒܫܡܗ ܕܡܪܝܐ.

1 ܘܗܘܐ ܕܟܕ ܥܠ ܠܒܝܬܐ ܕܚܕ ܡܢ ܪܫܐ ܕܦܪܝܫܐ. ܕܢܐܟܘܠ ܠܚܡܐ ܒܝܘܡܐ ܕܫܒܬܐ. Cap. xiv.
ܘܗܢܘܢ ܢܛܪܝܢ ܗܘܘ ܠܗ. 2 ܘܗܐ ܓܒܪܐ ܚܕ ܕܡܟܪܗ ܗܘܐ ܡܝܐ. ܐܝܬ ܗܘܐ ܩܕܡܘܗܝ.
3 ܘܥܢܐ ܝܫܘܥ. ܘܐܡܪ ܠܣܦܪܐ ܘܠܦܪܝܫܐ. ܕܠܡܐ ܫܠܝܛ ܒܫܒܬܐ ܠܡܐܣܝܘ. 4 ܗܢܘܢ ܕܝܢ
ܫܬܩܘ. ܘܐܚܕܗ ܗܘ. ܘܐܣܝܗ. ܘܫܪܝܗ. 5 ܘܐܡܪ ܠܗܘܢ. ܡܢܘ ܡܢܟܘܢ. ܕܢܦܠ ܒܪܗ.
ܐܘ ܬܘܪܗ. ܒܓܘܒܐ ܒܝܘܡܐ ܕܫܒܬܐ: ܘܠܐ ܡܚܕܐ ܕܠܐ ܡܫܩ ܠܗ. 6 ܘܠܐ ܐܫܟܚܘ ܠܡܬܠ
ܠܗ ܦܬܓܡܐ ܥܠ ܗܕܐ. 7 ܘܐܡܪ ܗܘܐ ܡܬܠܐ ܠܘܬ ܗܢܘܢ ܕܩܪܝܢ ܗܘܘ ܬܡܢ: ܥܠ ܕܚܙܐ
ܗܘܐ ܠܗܘܢ ܕܓܒܝܢ ܕܘܟܝܬܐ ܕܪܝܫ ܣܡܟܐ. 8 ܐܡܬܝ ܕܡܬܩܪܐ ܐܢܬ ܡܢ ܐܢܫ ܠܒܝܬ
ܡܫܬܘܬܐ. ܠܐ ܬܐܙܠ ܬܣܬܡܟ ܠܟ ܒܪܫ ܣܡܟܐ. ܕܠܡܐ ܢܗܘܐ ܡܙܡܢ ܬܡܢ ܐܢܫ
ܕܡܝܩܪ ܡܢܟ: 9 ܘܢܐܬܐ ܗܘ ܡܢ ܕܠܟ ܘܠܗ ܩܪܐ: ܘܢܐܡܪ ܠܟ. ܕܗܒ ܕܘܟܬܐ ܠܗܢܐ:
ܘܬܒܗܬ ܟܕ ܩܐܡ ܐܢܬ ܘܐܚܕ ܕܘܟܬܐ ܐܚܪܝܬܐ. 10 ܐܠܐ ܡܐ ܕܡܬܩܪܐ ܐܢܬ. ܙܠ ܐܣܬܡܟ
ܠܟ ܒܚܪܬܐ. ܕܡܐ ܕܐܬܐ ܗܘ ܕܩܪܟ ܢܐܡܪ ܠܟ. ܪܚܡܝ. ܐܬܥܠܝ ܠܥܠ. ܘܐܣܬܡܟ. ܘܢܗܘܐ
ܠܟ ܫܘܒܚܐ ܩܕܡ ܟܠܗܘܢ ܕܡܣܬܡܟܝܢ ܥܡܟ. 11 ܡܛܠ ܕܟܠ ܕܡܪܝܡ ܢܦܫܗ ܢܬܡܟܟ.
ܘܟܠ ܕܡܟܟ ܢܦܫܗ ܢܬܬܪܝܡ. 12 ܐܡܪ ܕܝܢ ܐܦ ܠܗܘ ܕܩܪܝܗܝ. ܡܐ ܕܥܒܕ ܐܢܬ ܫܪܘܬܐ

ܐܘ ܐܚܫܡܝܬܐ. ܠܐ ܬܗܘܐ ܩܪܐ ܠܪ̈ܚܡܝܟ. ܐܦܠܐ ܐ̈ܚܝܟ. ܐܘ ܐܚܝܢ̈ܝܟ. ܘܠܐ ܫܒܒ̈ܝܟ ܥܬܝܪ̈ܐ.
ܕܠܡܐ ܐܦ ܗܢܘܢ ܢܩܪܘܢܟ: ܘܢܗܘܐ ܠܟ ܦܘܪܥܢܐ ܗܢܐ. [13] ܐܠܐ ܡܐ ܕܥܒܕ ܐܢܬ ܡܫܬܘܬܐ.
ܩܪܝ ܠܡܣܟܢ̈ܐ ܡܚ̈ܒܠܐ ܚܓܝ̈ܪܐ ܣܡ̈ܝܐ. [14] ܘܛܘܒܝܟ. ܕܠܝܬ ܠܗܘܢ ܕܢܦܪܥܘܢܟ.
ܢܗܘܐ ܓܝܪ ܦܘܪܥܢܟ. ܒܩܝܡܬܐ ܕܙܕܝ̈ܩܐ. [15] ܟܕ ܫܡܥ ܕܝܢ ܚܕ ܡܢ ܗܢܘܢ ܕܣܡܝܟܝܢ
ܗܘܘ: ܐܡܪ ܠܗ. ܛܘܒܘܗܝ ܠܡܢ ܕܢܐܟܘܠ ܠܚܡܐ ܒܡܠܟܘܬܗ ܕܐܠܗܐ. [16] ܐܡܪ
ܠܗ ܝܫܘܥ. ܓܒܪܐ ܚܕ ܥܒܕ ܐܚܫܡܝܬܐ ܪܒܬܐ ܘܩܪܐ ܠܣܓܝܐܐ. [17] ܘܫܕܪ ܥܒܕܗ ܒܥܕܢܐ
ܕܐܚܫܡܝܬܐ ܕܢܐܡܪ ܠܐܝܠܝܢ ܕܩܪܝܢ: ܗܐ ܡܛܝܒܝܢ ܟܠܗܝܢ. ܬܘ. [18] ܘܫܪܝܘ ܡܢ
ܚܕ ܟܠܗܘܢ ܠܡܫܬܐܠܘ. ܐܡܪ ܠܗ ܩܕܡܝܐ. ܩܪܝܬܐ ܙܒܢܬ. ܘܐܠܝܨ ܐܢܐ ܕܐܦܘܩ ܐܚܙܝܗ̇.
ܒܥܐ ܐܢܐ ܡܢܟ. ܫܒܘܩܝܢܝ ܕܡܫܬܐܠ ܐܢܐ. [19] ܐܚܪܢܐ ܐܡܪ. ܚܡܫܐ ܙܘܓܝܢ ܬܘܪܐ ܙܒܢܬ.
ܘܐܙܠ ܐܢܐ ܕܐܒܩܐ ܐܢܘܢ. ܒܥܐ ܐܢܐ ܡܢܟ. ܫܒܘܩܝܢܝ ܕܡܫܬܐܠ ܐܢܐ.
[20] ܘܐܚܪܢܐ ܐܡܪ. ܐܢܬܬܐ ܢܣܒܬ. ܘܡܛܠ ܗܕܐ ܠܐ ܡܫܟܚ ܐܢܐ ܕܐܬܐ. [21] ܘܐܬܐ ܗܘ ܕܡܣܒܐ ܗܘ
ܥܒܕܐ. ܘܐܡܪ ܠܡܪܗ ܗܠܝܢ. ܗܝܕܝܢ ܪܓܙ ܡܪܐ ܒܝܬܐ. ܘܐܡܪ ܠܥܒܕܗ. ܦܘܩ ܒܥܓܠ
ܠܫܘ̈ܩܐ ܘܠܒܪ̈ܝܬܐ ܕܡܕܝܢܬܐ. ܘܐܥܠ ܠܟܐ ܠܡܣܟܢ̈ܐ ܘܠܡܚ̈ܒܠܐ. ܘܠܡܚܓܪ̈ܐ
ܘܠܣܡ̈ܝܐ. [22] ܘܐܡܪ ܥܒܕܐ. ܡܪܝ. ܗܘܐ ܐܝܟ ܕܦܩܕܬ. ܘܬܘܒ ܐܝܬ ܐܬܪܐ. [23] ܘܐܡܪ
ܡܪܐ ܠܥܒܕܗ. ܦܘܩ ܠܐܘܪ̈ܚܬܐ. ܘܠܒܝܬ ܣܝ̈ܓܐ. ܘܐܠܘܨ ܕܢܥܠܘܢ. ܕܢܬܡܠܐ ܒܝܬܝ.
[24] ܐܡܪ ܐܢܐ ܠܟܘܢ ܓܝܪ. ܕܚܕ ܡܢ ܗܢܘܢ ܐܢܫ̈ܐ ܕܩܪܝܢ ܗܘܘ. ܠܐ ܢܛܥܡܘܢܝ ܡܢ
ܐܚܫܡܝܬܝ.

[25] ܘܟܕ ܐܙܠܝܢ ܗܘܘ ܥܡܗ ܟܢܫ̈ܐ ܣܓܝ̈ܐܐ. ܐܬܦܢܝ. ܘܐܡܪ ܠܗܘܢ. [26] ܡܢ ܕܐܬܐ ܠܘܬܝ.
ܘܠܐ ܣܢܐ ܠܐܒܘܗܝ ܘܠܐܡܗ: ܘܠܐܚ̈ܘܗܝ ܘܠܐܚ̈ܘܬܗ: ܘܠܐܢܬܬܗ ܘܠܒܢ̈ܘܗܝ. ܐܘܦ ܠܢܦܫܗ.
ܬܠܡܝܕܐ. ܠܐ ܡܫܟܚ ܕܢܗܘܐ ܠܝ. [27] ܘܡܢ ܕܠܐ ܫܩܠ ܙܩܝܦܗ ܘܐܬܐ ܒܬܪܝ. ܬܠܡܝܕܐ ܠܐ
ܡܫܟܚ ܕܢܗܘܐ ܠܝ. [28] ܡܢܘ ܓܝܪ ܡܢܟܘܢ ܕܨܒܐ ܕܢܒܢܐ ܡܓܕܠܐ: ܘܠܐ ܠܘܩܕܡ ܝܬܒ
ܚܫܒ ܢܦܩܬܗ: ܐܢ ܐܝܬ ܠܗ ܠܡܫܡܠܝܘܬܗ. [29] ܕܠܐ ܟܕ ܢܣܝܡ ܫܬܐܣܬܐ: ܘܠܐ ܢܫܟܚ
ܠܡܫܡܠܝܘ. ܟܠ ܕܚܙܝܢ ܢܗܘܘܢ ܡܒܙܚܝܢ ܒܗ. [30] ܘܐܡܪܝܢ. ܕܗܢܐ ܓܒܪܐ ܫܪܝ ܠܡܒܢܐ.
ܘܠܐ ܐܫܟܚ ܠܡܫܡܠܝܘ. [31] ܐܘ ܡܢܘ ܡܠܟܐ ܕܐܙܠ ܠܩܪܒܐ ܠܡܬܟܬܫܘ ܥܡ ܡܠܟܐ
ܚܒܪܗ: ܘܠܐ ܠܘܩܕܡ ܡܬܪܥܐ: ܕܐܢ ܡܫܟܚ ܕܒܥܣܪܐ ܐܠܦܝܢ ܠܡܐܪܥ ܠܗܘ ܕܐܬܐ
ܠܘܬܗ ܒܥܣܪܝܢ ܐܠܦܝܢ. [32] ܘܐܢ ܕܝܢ ܠܐ. ܥܕ ܗܘ ܪܚܝܩ ܡܢܗ. ܡܫܕܪ ܐܝܙܓܕܐ
ܘܒܥܐ ܥܠ ܫܠܡܐ. [33] ܗܟܢܐ ܟܠܢܫ ܡܢܟܘܢ. ܕܠܐ ܫܒܩ ܟܠܗ ܩܢܝܢܗ. ܠܐ ܡܫܟܚ
ܕܢܗܘܐ ܠܝ ܬܠܡܝܕܐ. [34] ܫܦܝܪܐ ܗܝ ܡܠܚܐ. ܐܢ ܕܝܢ ܐܦ ܡܠܚܐ ܬܦܟܗ. ܒܡܢܐ ܬܬܡܠܚ.
[35] ܠܐ ܠܐܪܥܐ. ܘܠܐ ܠܙܒܠܐ ܐܙܠܐ. ܠܒܪ ܫܕܝܢ ܠܗ. ܡܢ ܕܐܝܬ ܠܗ ܐܕܢܐ ܕܢܫܡܥ ܢܫܡܥ.

Cap. xv. [1] ܡܬܩܪܒܝܢ ܗܘܘ ܕܝܢ ܠܘܬܗ ܡܟ̈ܣܐ ܘܚܛܝ̈ܐ ܕܢܫܡܥܘܢܝܗܝ. [2] ܘܪܛܢܝܢ

ܘܣܦܪ̈ܐ ܪܛܢܝܢ ܗܘܘ. ܘܐܡܪܝܢ. ܗܢܐ ܠܚܛܝ̈ܐ ܡܩܒܠ. ܘܐܟܠ ܥܡܗܘܢ܀
3 ܘܐܡܪ ܠܗܘܢ ܝܫܘܥ ܡܬܠܐ ܗܢܐ. 4 ܡܢܘ ܡܢܟܘܢ ܓܒܪܐ ܕܐܝܬ ܠܗ ܡܐܐ ܥܪ̈ܒܝܢ܆
ܘܐܢ ܬܐܒܕ ܚܕ ܡܢܗܘܢ܆ ܠܐ ܫܒܩ ܬܫܥܝܢ ܘܬܫܥܐ ܒܡܕܒܪܐ܇ ܘܐܙܠ ܒܥܐ ܠܗܘ ܕܐܒܕ
ܥܕܡܐ ܕܢܫܟܚܝܘܗܝ. 5 ܘܡܐ ܕܐܫܟܚܗ. ܚܕܐ ܘܫܩܠ ܠܗ ܥܠ ܟܬܦ̈ܬܗ. 6 ܘܐܬܐ
ܠܒܝܬܗ. ܘܩܪܐ ܠܪ̈ܚܡܘܗܝ ܘܠܫܒ̈ܒܘܗܝ. ܘܐܡܪ ܠܗܘܢ܆ ܚܕܘ ܥܡܝ ܕܐܫܟܚܬ ܥܪܒܝ
ܕܐܒܝܕ ܗܘܐ. 7 ܐܡܪ ܐܢܐ ܠܟܘܢ. ܕܗܟܢܐ ܬܗܘܐ ܚܕܘܬܐ ܒܫܡܝܐ ܥܠ ܚܕ ܚܛܝܐ ܕܬܐܒ܆
ܐܘ ܥܠ ܬܫܥܝܢ ܘܬܫܥܐ ܙܕܝܩܝܢ ܕܠܐ ܡܬܒܥܝܐ ܠܗܘܢ ܬܝܒܘܬܐ܀ 8 ܐܘ ܐܝܕܐ ܗܝ ܐܢܬܬܐ
ܕܐܝܬ ܠܗ ܥܣܪܐ ܙܘܙܝܢ. ܘܬܐܒܕ ܚܕ ܡܢܗܘܢ܆ ܘܠܐ ܡܢܗܪܐ ܫܪܓܐ ܘܡܟܢܫܐ ܒܝܬܐ܆ ܘܒܥܝܐ
ܠܗ ܒܚܬܝܬܐܝܬ. ܥܕܡܐ ܕܬܫܟܚܝܘܗܝ. 9 ܘܡܐ ܕܐܫܟܚܬܗ. ܩܪܝܐ ܠܪ̈ܚܡܬܗ
ܘܠܫܒ̈ܒܬܗ. ܘܐܡܪܐ ܠܗܝܢ. ܚܕ̈ܝܢ ܥܡܝ܆ ܕܐܫܟܚܬ ܙܘܙܝ ܕܐܒܝܕ ܗܘܐ. 10 ܐܡܪ ܐܢܐ
ܠܟܘܢ. ܕܗܟܢܐ ܬܗܘܐ ܚܕܘܬܐ ܩܕܡ ܡܠܐܟܘ̈ܗܝ ܕܐܠܗܐ܆ ܥܠ ܚܕ ܚܛܝܐ ܕܬܐܒ܀ 11 ܘܐܡܪ
ܗܘܐ ܠܗܘܢ ܬܘܒ ܝܫܘܥ. ܓܒܪܐ ܚܕ ܐܝܬ ܗܘܐ ܠܗ ܬܪܝܢ ܒܢܝܢ. 12 ܘܐܡܪ ܠܗ ܒܪܗ
ܙܥܘܪܐ. ܐܒܝ. ܗܒ ܠܝ ܦܠܓܘܬܐ ܕܡܛܝܐ ܠܝ ܡܢ ܩܢܝܢܟ. ܘܦܠܓ ܠܗܘܢ ܩܢܝܢܗ.
13 ܘܡܢ ܒܬܪ ܝܘܡܬܐ ܩܠܝܠ. ܟܢܫ ܗܘ ܒܪܗ ܙܥܘܪܐ ܟܠ ܡܕܡ ܕܡܛܝܗ. ܘܐܙܠ ܠܐܬܪܐ
ܪܚܝܩܐ. ܘܬܡܢ ܒܕܪ ܩܢܝܢܗ. ܟܕ ܚܝܐ ܒܐܣܘܛܘܬܗ. 14 ܘܟܕ ܓܡܪ ܟܠ ܡܕܡ ܕܐܝܬ ܗܘܐ
ܠܗ܇ ܗܘܐ ܟܦܢܐ ܪܒܐ ܒܐܬܪܐ ܗܘ. ܘܫܪܝ ܚܣܪ ܠܗ. 15 ܘܐܙܠ ܢܩܦ ܠܗ ܠܚܕ ܡܢ
ܒܢܝ ܡܕܝܢܬܐ ܕܐܬܪܐ ܗܘ. ܘܗܘ ܫܕܪܗ ܠܩܪܝܬܐ ܠܡܪܥܐ ܚܙܝܪ̈ܐ. 16 ܘܡܬܪܓܪܓ ܗܘܐ
ܠܡܡܠܐ ܟܪܣܗ ܡܢ ܚܪ̈ܘܒܐ ܗܢܘܢ܆ ܕܐܟܠܝܢ ܗܘܘ ܚܙܝܪ̈ܐ. ܘܠܐ ܐܢܫ ܝܗܒ ܗܘܐ ܠܗ.
17 ܘܟܕ ܐܬܐ ܠܘܬ ܢܦܫܗ. ܐܡܪ. ܟܡܐ ܗܫܐ ܐܓܝܪ̈ܐ ܐܝܬ ܒܒܝܬ ܐܒܝ ܕܝܬܝܪ ܠܗܘܢ ܠܚܡܐ܆
ܘܐܢܐ ܗܪܟܐ ܒܟܦܢܐ ܐܒܕ ܐܢܐ. 18 ܐܩܘܡ ܐܙܠ ܠܘܬ ܐܒܝ. ܘܐܡܪ ܠܗ. ܐܒܝ. ܚܛܝܬ
ܒܫܡܝܐ ܘܩܕܡܝܟ. 19 ܘܠܐ ܡܟܝܠ ܫܘܐ ܐܢܐ ܕܒܪܟ ܐܬܩܪܐ. ܥܒܕܝܢܝ ܐܝܟ ܚܕ ܡܢ ܐܓܝܪ̈ܝܟ.
20 ܘܩܡ ܐܬܐ ܠܘܬ ܐܒܘܗܝ. ܘܥܕ ܗܘ ܪܚܝܩ. ܚܙܝܗܝ ܐܒܘܗܝ. ܘܐܬܪܚܡ ܥܠܘܗܝ.
ܘܪܗܛ ܢܦܠ ܥܠ ܨܘܪܗ. ܘܢܫܩܗ. 21 ܘܐܡܪ ܠܗ ܒܪܗ. ܐܒܝ. ܚܛܝܬ ܒܫܡܝܐ ܘܩܕܡܝܟ.
ܘܠܐ ܫܘܐ ܐܢܐ ܕܒܪܟ ܐܬܩܪܐ. 22 ܐܡܪ ܕܝܢ ܐܒܘܗܝ ܠܥܒܕܘ̈ܗܝ. ܐܦܩܘ ܐܣܛܠܐ ܪܫܝܬܐ
ܐܠܒܫܘܗܝ. ܘܣܝܡܘ ܥܙܩܬܐ ܒܐܝܕܗ. ܘܐܣܐܢܘܗܝ ܡܣܐܢ̈ܐ. 23 ܘܐܝܬܘ ܩܛܘܠܘ ܬܘܪܐ
ܕܦܛܡܐ. ܘܢܐܟܘܠ ܘܢܬܒܣܡ. 24 ܕܗܢܐ ܒܪܝ ܡܝܬܐ ܗܘܐ ܘܚܝܐ. ܘܐܒܝܕܐ ܗܘܐ. ܘܐܫܬܟܚ.
ܘܫܪܝܘ ܠܡܬܒܣܡܘ. 25 ܗܘ ܕܝܢ ܒܪܗ ܩܫܝܫܐ ܒܚܩܠܐ ܗܘܐ. ܘܟܕ ܐܬܐ ܘܩܪܒ ܠܘܬ
ܒܝܬܐ. ܫܡܥ ܩܠ ܙܡܪܐ ܕܣܓܝܐ̈ܐ. 26 ܘܩܪܐ ܠܚܕ ܡܢ ܛܠܝ̈ܐ. ܘܫܐܠܗ. ܡܢܘ ܗܢܐ.
27 ܐܡܪ ܠܗ. ܐܚܘܟ ܐܬܐ. ܘܩܛܠ ܐܒܘܟ ܬܘܪܐ ܕܦܛܡܐ. ܕܟܕ ܚܠܝܡ ܐܩܒܠܗ. 28 ܘܪܓܙ
ܘܠܐ ܨܒܐ ܗܘܐ ܠܡܥܠ. ܘܢܦܩ ܐܒܘܗܝ ܒܥܐ ܡܢܗ. 29 ܗܘ ܕܝܢ ܐܡܪ ܠܐܒܘܗܝ. ܗܐ

ܫܢܝܐ ܣܓܝܐܢ· ܦܠܚ ܐܢܐ ܠܟ ܒܥܒܕܘܬܐ. ܘܠܐ ܡܬܘܡ ܥܒܪܬ ܦܘܩܕܢܟ. ܘܡܢ ܡܬܘܡ
ܓܕܝܐ ܠܐ ܝܗܒܬ ܠܝ ܕܐܬܒܣܡ ܥܡ ܪ̈ܚܡܝ. 30 ܠܗܢܐ ܕܝܢ ܒܪܟ. ܟܕ ܒܙܒܙ ܢܟܣܝܟ ܥܡ
ܙܢܝܬܐ ܘܐܬܐ. ܢܟܣܬ ܠܗ ܬܘܪܐ ܕܦܛܡܐ. 31 ܐܡܪ ܠܗ ܐܒܘܗܝ. ܒܪܝ. ܐܢܬ ܒܟܠܙܒܢ
ܠܘܬܝ ܐܢܬ. ܘܟܠܡܕܡ ܕܝܠܝ. ܕܝܠܟ ܗܘ. 32 ܠܡܬܒܣܡܘ ܕܝܢ ܘܠܐ ܗܘܐ ܠܢ. ܘܠܡܚܕܐ.
ܕܗܢܐ ܐܚܘܟ ܡܝܬܐ ܗܘܐ ܘܚܝܐ. ܘܐܒܝܕܐ ܗܘܐ ܘܐܫܬܟܚ ·····
Cap. xvi. 1 ܘܐܡܪ ܡܬܠܐ ܠܗܘܢ ܠܬܠܡܝܕܘܗܝ. ܓܒܪܐ ܚܕ ܐܝܬ ܗܘܐ ܥܬܝܪܐ. ܘܐܝܬ ܗܘܐ ܠܗ
ܘܫܒܥܐ ܗܘ ܪܒܝܬܐ. ܘܐܬܐܟܠܘ ܠܗ ܩܪ̈ܨܘܗܝ. ܕܩܢܝܢܗ ܡܒܕܪ. 2 ܘܩܪܝܗܝ ܡܪܗ. ܘܐܡܪ ܠܗ. ܡܢܐ
ܗܢܐ ܕܫܡܥ ܐܢܐ ܠܟ. ܗܒ ܠܝ ܚܘܫܒܢܐ ܕܪܒܝܬܘܬܟ. ܠܐ ܓܝܪ ܡܫܟܚ ܐܢܬ
ܡܟܝܠ ܪܒܝܬܐ ܕܬܗܘܐ ܠܝ. 3 ܐܡܪ ܗܘ ܪܒܝܬܐ ܒܢܦܫܗ. ܡܢܐ ܐܥܒܕ. ܕܡܪܝ ܫܩܠ
ܠܗ ܡܢܝ ܪܒܝܬܘܬܐ. ܕܐܚܦܘܪ ܠܐ ܡܫܟܚ ܐܢܐ. ܘܠܡܫܐܠ ܒܗܬ ܐܢܐ. 4 ܝܕܥܬ ܡܢܐ
ܐܥܒܕ. ܕܡܐ ܕܢܦܩܬ ܡܢ ܪܒܝܬܘܬܐ ܢܩܒܠܘܢܢܝ ܒܒ̈ܬܝܗܘܢ. 5 ܘܩܪܐ ܚܕ ܚܕ ܡܢ
ܚܝ̈ܒܐ ܕܡܪܗ. ܘܐܡܪ ܠܩܕܡܝܐ. ܟܡܐ ܚܝܒ ܐܢܬ ܠܡܪܝ. 6 ܐܡܪ ܠܗ. ܡܐܐ ܡܬܩܠܝܢ
ܡܫܚܐ. ܐܡܪ ܠܗ. ܣܒ ܟܬܒܟ· ܘܬܒ ܒܥܓܠ ܟܬܘܒ. ܚܡܫܝܢ ܡܬܩܠܝܢ. 7 ܘܐܡܪ
ܠܐܚܪܢܐ. ܘܐܢܬ. ܟܡܐ ܚܝܒ ܐܢܬ ܠܡܪܝ. ܐܡܪ ܠܗ. ܡܐܐ ܟܘܪ̈ܝܢ ܕܚܛܐ. ܐܡܪ ܠܗ.
ܣܒ ܟܬܒܟ· ܘܬܒ ܟܬܘܒ. ܬܡܢܝܢ ܟܘܪ̈ܝܢ. 8 ܘܫܒܚ ܡܪܢ ܠܪܒܝܬܐ ܕܥܘܠܐ.
ܕܚܟܝܡܐܝܬ ܥܒܕ. ܒܢ̈ܘܗܝ ܓܝܪ ܕܥܠܡܐ ܗܢܐ. ܚܟܝܡܝܢ ܐܢܘܢ ܡܢ ܒܢ̈ܝ ܢܘܗܪܐ
ܒܫܪܒܬܗܘܢ ܗܕܐ. 9 ܘܐܦ ܐܢܐ ܐܡܪ ܐܢܐ ܠܟܘܢ. ܕܥܒܕܘ ܠܟܘܢ ܪ̈ܚܡܐ ܡܢ ܡܡܘܢܐ
ܗܢܐ ܕܥܘܠܐ. ܕܡܐ ܕܓܡܪ. ܢܩܒܠܘܢܟܘܢ ܒܡܫܟܢܝܗܘܢ ܕܠܥܠܡ. 10 ܡܢ ܕܒܩܠܝܠ
ܡܗܝܡܢ· ܐܦ ܒܣܓܝ. ܡܗܝܡܢ ܗܘ. ܘܡܢ ܕܒܩܠܝܠ ܥܘܠ· ܐܦ ܒܣܓܝ. ܥܘܠ ܗܘ.
11 ܐܢ ܗܟܝܠ ܒܡܡܘܢܐ ܕܥܘܠܐ ܡܗܝܡ̈ܢܐ ܠܐ ܗܘܝܬܘܢ. ܫܪܪܐ ܠܟܘܢ. ܡܢܘ ܡܗܝܡܢ.
12 ܘܐܢ ܒܕܠܐ ܕܝܠܟܘܢ ܠܐ ܐܫܬܟܚܬܘܢ ܡܗܝܡ̈ܢܐ. ܕܝܠܟܘܢ. ܡܢܘ ܢܬܠ ܠܟܘܢ܀
13 ܠܝܬ ܥܒܕܐ ܕܡܫܟܚ ܠܬܪ̈ܝܢ ܡܪ̈ܘܢ ܠܡܦܠܚ. ܐܘ ܓܝܪ ܠܚܕ ܢܣܢܐ ܘܠܐܚܪܢܐ
ܢܪܚܡ. ܐܘ ܠܚܕ ܢܝܩܪ. ܘܠܐܚܪܢܐ ܢܫܘܛ. ܠܐ ܡܫܟܚܝܢ ܐܝܬܝܟܘܢ ܠܡܦܠܚ ܠܐܠܗܐ
ܘܠܡܡܘܢܐ܀ 14 ܦܪ̈ܝܫܐ ܕܝܢ ܟܕ ܫܡܥܘ ܗܠܝܢ ܟܠܗܝܢ. ܡܛܠ ܕܪ̈ܚܡܝ ܗܘܘ ܟܣܦܐ
ܡܡܝܩܝܢ ܗܘܘ ܒܗ. 15 ܝܫܘܥ ܕܝܢ ܐܡܪ ܠܗܘܢ: ܐܝܬܝܗܘܢ ܐܢܘܢ ܕܡܙܕܕܩܝܢ ܢܦܫܗܘܢ
ܩܕܡ ܒܢ̈ܝ ܐܢܫܐ. ܐܠܗܐ ܕܝܢ ܝܕܥ ܠܒܘܬܟܘܢ. ܘܡܕܡ ܕܪܡ ܒܝܬ ܒܢ̈ܝܢܫܐ. ܩܕܡ ܐܠܗܐ
ܛܢܦ ܗܘ܀ 16 ܢܡܘܣܐ ܘܢܒ̈ܝܐ ܥܕܡܐ ܠܝܘܚܢܢ. ܡܢ ܗܝܕܝܢ ܡܠܟܘܬܐ ܕܐܠܗܐ ܡܣܬܒܪܐ.
ܘܟܠ ܠܗ ܚܒܨ ܕܢܥܘܠ. 17 ܦܫܝܩ ܗܘ ܕܝܢ ܕܫܡܝܐ ܘܐܪܥܐ ܢܥܒܪܘܢ. ܐܘ ܐܬܘܬܐ
ܚܕܐ ܡܢ ܢܡܘܣܐ ܬܥܒܪ܀ 18 ܟܠ ܡܢ ܕܫܒܩ ܐܢܬܬܗ ܘܢܣܒ ܐܚܪܬܐ ܓܐܪ. ܘܟܠ ܡܢ
ܕܢܣܒ ܫܒܝܩܬܐ ܓܐܪ܀ 19 ܓܒܪܐ ܕܝܢ ܚܕ ܥܬܝܪܐ ܐܝܬ ܗܘܐ. ܘܠܒܫ ܗܘܐ ܒܘܨܐ ܘܐܪܓܘܢܐ.

ܘܟܠܝܘܡ ܡܬܒܣܡ ܗܘܐ ܒܢܨܝܚܘܬܐ. 20 ܘܡܣܟܢܐ ܚܕ ܐܝܬ ܗܘܐ ܕܫܡܗ ܠܥܙܪ. ܘܪܡܐ
ܗܘܐ ܥܠ ܬܪܥܗ ܕܗܘ ܥܬܝܪܐ ܟܕ ܡܫܚܢ ܫܘܚܢܐ. 21 ܘܡܬܪܓܪܓ ܗܘܐ ܕܢܡܠܐ ܟܪܣܗ
ܡܢ ܦܬܘܬܐ ܕܢܦܠܝܢ ܡܢ ܦܬܘܪܗ ܕܗܘ ܥܬܝܪܐ. ܐܠܐ ܐܦ ܟܠܒܐ ܐܬܝܢ ܗܘܘ. ܡܠܚܟܝܢ
ܫܘܚܢܘܗܝ. 22 ܗܘܐ ܕܝܢ ܘܡܝܬ ܗܘ ܡܣܟܢܐ. ܘܐܘܒܠܘܗܝ ܡܠܐܟܐ ܠܥܘܒܗ ܕܐܒܪܗܡ.
ܐܦ ܗܘ ܕܝܢ ܥܬܝܪܐ ܡܝܬ. ܘܐܬܩܒܪ. 23 ܘܟܕ ܡܫܬܢܩ ܒܫܝܘܠ. ܐܪܝܡ ܥܝܢܘܗܝ ܡܢ
ܪܘܚܩܐ. ܘܚܙܐ ܠܐܒܪܗܡ ܘܠܥܙܪ ܒܥܘܒܗ. 24 ܘܩܪܐ ܒܩܠܐ ܪܡܐ ܘܐܡܪ. ܐܒܝ ܐܒܪܗܡ
ܐܬܪܚܡ ܥܠܝ. ܘܫܕܪ ܠܠܥܙܪ. ܕܢܨܒܘܥ ܪܝܫ ܨܒܥܗ ܒܡܝܐ ܘܢܪܛܒ ܠܝ ܠܫܢܝ. ܕܗܐ
ܡܫܬܢܩ ܐܢܐ ܒܡܫܠܗܒܝܬܐ ܗܕܐ. 25 ܐܡܪ ܠܗ ܐܒܪܗܡ. ܒܪܝ. ܐܬܕܟܪ ܕܩܒܠܬ ܛܒܬܟ
ܒܚܝܝܟ. ܘܠܥܙܪ ܒܝܫܬܗ. ܘܗܫܐ ܗܐ ܗܘ ܡܬܒܝܐ. ܘܐܢܬ ܡܫܬܢܩ. 26 ܘܥܡ ܗܠܝܢ
ܟܠܗܝܢ. ܦܚܬܐ ܪܒܐ ܣܝܡ ܒܝܢܢ ܘܠܟܘܢ. ܕܐܝܠܝܢ ܕܨܒܝܢ ܠܡܥܒܪ ܡܢ ܗܪܟܐ ܠܘܬܟܘܢ.
ܠܐ ܢܫܟܚܘܢ. ܘܐܦ ܠܐ ܕܡܢ ܬܡܢ ܢܥܒܪܘܢ ܠܘܬܢ. 27 ܐܡܪ ܠܗ. ܗܟܝܠ ܒܥܐ ܐܢܐ ܡܢܟ
ܐܒܝ. ܕܬܫܕܪܝܘܗܝ ܠܒܝܬ ܐܒܝ. 28 ܚܡܫܐ ܓܝܪ ܐܚܝܢ ܐܝܬ ܠܝ. ܢܐܙܠ ܢܣܗܕ ܐܢܘܢ.
ܕܠܐ ܐܦ ܗܢܘܢ ܢܐܬܘܢ ܠܐܬܪܐ ܗܢܐ ܕܫܘܢܩܐ. 29 ܐܡܪ ܠܗ ܐܒܪܗܡ. ܐܝܬ ܠܗܘܢ
ܡܘܫܐ ܘܢܒܝܐ. ܢܫܡܥܘܢ ܐܢܘܢ. 30 ܗܘ ܕܝܢ ܐܡܪ ܠܗ. ܠܐ ܐܒܝ ܐܒܪܗܡ. ܐܠܐ ܐܢ ܐܢܫ
ܡܢ ܡܝܬܐ ܢܐܙܠ ܠܘܬܗܘܢ. ܬܝܒܝܢ. 31 ܐܡܪ ܠܗ ܐܒܪܗܡ. ܐܢ ܠܡܘܫܐ ܘܠܢܒܝܐ ܠܐ
ܫܡܥܝܢ. ܐܦ ܠܐ ܐܢ ܐܢܫ ܡܢ ܡܝܬܐ ܢܩܘܡ ܡܗܝܡܢܝܢ ܠܗ ܀
1 ܘܐܡܪ ܗܘܐ ܝܫܘܥ ܠܬܠܡܝܕܘܗܝ. ܠܐ ܡܫܟܚܐ ܕܠܐ ܢܐܬܘܢ ܡܟܫܘܠܐ. ܘܝ ܕܝܢ ܠܗܘ Cap. xvii
ܕܒܐܝܕܗ ܢܐܬܘܢ. 2 ܦܩܚ ܗܘܐ ܠܗ. ܐܠܘ ܟܐܦܐ ܕܚܡܪܐ ܬܠܝܐ ܒܨܘܪܗ. ܘܫܕܐ ܒܝܡܐ.
ܐܘ ܕܢܟܫܠ ܚܕ ܡܢ ܗܠܝܢ ܙܥܘܪܐ. 3 ܐܙܕܗܪܘ ܒܢܦܫܟܘܢ. ܐܢ ܢܣܟܠ ܐܚܘܟ ܟܐܐ
ܒܗ. ܘܐܢ ܬܐܒ ܫܒܘܩ ܠܗ. 4 ܘܐܢ ܫܒܥ ܙܒܢܝܢ ܒܝܘܡܐ ܢܣܟܠ ܒܟ: ܘܫܒܥ ܙܒܢܝܢ
ܒܝܘܡܐ ܢܗܦܘܟ ܠܘܬܟ: ܘܢܐܡܪ ܕܬܐܒ ܐܢܐ ܫܒܘܩ ܠܗ ܀ 5 ܘܐܡܪܘ ܫܠܝܚܐ ܠܡܪܢ:
ܐܘܣܦ ܠܢ ܗܝܡܢܘܬܐ. 6 ܐܡܪ ܠܗܘܢ: ܐܢ ܐܝܬ ܗܘܬ ܠܟܘܢ ܗܝܡܢܘܬܐ ܐܝܟ ܦܪܕܬܐ
ܕܚܪܕܠܐ. ܐܡܪܝܢ ܗܘܝܬܘܢ ܠܬܘܬܐ ܗܕܐ. ܕܐܬܥܩܪܝ ܘܐܬܢܨܒܝ ܒܝܡܐ ܘܡܫܬܡܥܐ ܗܘܬ ܠܟܘܢ ܀
7 ܡܢܘ ܕܝܢ ܡܢܟܘܢ ܕܐܝܬ ܠܗ ܥܒܕܐ. ܕܕܒܪ ܦܕܢܐ ܐܘ ܕܪܥܐ ܥܢܐ: ܘܐܢ ܐܬܐ ܡܢ
ܚܩܠܐ: ܐܡܪ ܠܗ ܡܚܕܐ ܥܒܘܪ ܐܣܬܡܟ. 8 ܐܠܐ ܐܡܪ ܠܗ. ܛܝܒ ܠܝ ܡܕܡ ܕܐܚܫܡ.
ܘܐܣܘܪ ܚܨܝܟ. ܫܡܫܝܢܝ ܥܕܡܐ ܕܐܠܥܣ ܘܐܫܬܐ. ܘܡܟܝܠ ܐܦ ܐܢܬ ܬܠܥܣ ܘܬܫܬܐ.
9 ܠܡܐ ܛܝܒܘܬܗ ܡܩܒܠ ܗܘ ܥܒܕܐ. ܕܥܒܕ ܡܕܡ ܕܐܬܦܩܕ ܠܗ. ܠܐ ܣܒܪ ܐܢܐ.
10 ܗܟܢܐ ܐܦ ܐܢܬܘܢ: ܡܐ ܕܥܒܕܬܘܢ ܟܠܗܝܢ ܐܝܠܝܢ ܕܦܩܝܕܢ ܠܟܘܢ: ܐܡܪܘ. ܕܥܒܕܐ ܒܛܝܠܐ
ܚܢܢ. ܕܡܕܡ ܕܚܝܒܝܢ ܗܘܝܢ ܠܡܥܒܕ ܥܒܕܢ ܀
11 ܘܗܘܐ ܕܟܕ ܐܙܠ ܝܫܘܥ ܠܐܘܪܫܠܡ. ܥܒܪ ܗܘܐ ܒܝܬ ܫܡܪܝܐ ܠܓܠܝܠܐ. 12 ܘܟܕ

ܩܪܝܒ ܠܡܥܠ ܠܩܪܝܬܐ ܚܕܐ. ܐܪܥܘܗܝ ܠܗ ܥܣܪܐ ܓܒܪܝܢ ܓܪܒܐ. ܘܩܡܘ ܡܢ ܪܘܚܩܐ.
13 ܘܐܪܝܡܘ ܩܠܗܘܢ. ܘܐܡܪܝܢ. ܪܒܢ ܝܫܘܥ ܐܬܪܚܡ ܥܠܝܢ. 14 ܘܟܕ ܚܙܐ ܐܢܘܢ. ܐܡܪ
ܠܗܘܢ. ܐܙܠܘ ܚܘܘ ܢܦܫܟܘܢ ܠܟܗܢܐ. ܘܟܕ ܐܙܠܝܢ. ܐܬܕܟܝܘ. 15 ܚܕ ܕܝܢ ܡܢܗܘܢ. ܟܕ
ܚܙܐ ܕܐܬܕܟܝ. ܗܦܟ ܠܗ. ܘܒܩܠܐ ܪܡܐ ܡܫܒܚ ܗܘܐ ܠܐܠܗܐ. 16 ܘܢܦܠ ܥܠ ܐܦܘܗܝ
ܩܕܡ ܪܓܠܘܗܝ ܕܝܫܘܥ ܟܕ ܡܘܕܐ ܠܗ. ܘܗܢܐ ܫܡܪܝܐ ܗܘܐ. 17 ܥܢܐ ܕܝܢ ܝܫܘܥ
ܘܐܡܪ. ܠܐ ܗܘܘ ܥܣܪܐ ܗܢܘܢ ܕܐܬܕܟܝܘ. ܐܝܟܐ ܐܢܘܢ ܬܫܥܐ. 18 ܠܡܢܐ ܦܪܫܘ
ܕܢܐܬܘܢ ܢܬܠܘܢ ܬܫܒܘܚܬܐ ܠܐܠܗܐ. ܐܠܐ ܗܢܐ ܕܡܢ ܥܡܡܐ ܗܘ ܢܘܟܪܝܐ. 19 ܘܐܡܪ ܠܗ.
ܩܘܡ ܐܙܠ. ܗܝܡܢܘܬܟ ܐܚܝܬܟ....
20 ܘܟܕ ܫܐܠܘܗܝ ܠܝܫܘܥ ܡܢ ܦܪܝܫܐ. ܐܡܬܝ ܐܬܝܐ ܡܠܟܘܬܗ ܕܐܠܗܐ. ܥܢܐ ܘܐܡܪ ܕܚܕ ܡܐ.
ܠܗܘܢ. ܠܐ ܐܬܝܐ ܡܠܟܘܬܗ ܕܐܠܗܐ ܒܢܛܘܪܬܐ. 21 ܘܠܐ ܐܡܪܝܢ. ܗܐ ܗܪܟܐ ܗܝ ܘܗܐ ܗܘ
ܬܡܢ ܗܝ. ܗܐ ܓܝܪ ܡܠܟܘܬܗ ܕܐܠܗܐ ܠܓܘ ܡܢܟܘܢ ܗܝ. 22 ܘܐܡܪ ܠܬܠܡܝܕܘܗܝ.
ܢܐܬܘܢ ܝܘܡܬܐ. ܕܬܬܪܓܪܓܘܢ ܠܡܚܙܐ ܚܕ ܡܢ ܝܘܡܬܗ ܕܒܪܗ ܕܐܢܫܐ ܘܠܐ ܬܚܙܘܢ.
23 ܘܐܢ ܢܐܡܪܘܢ ܠܟܘܢ. ܗܐ ܗܪܟܐ ܗܘ. ܘܗܐ ܗܘ ܬܡܢ ܗܘ. ܠܐ ܬܐܙܠܘܢ. 24 ܐܝܟܢܐ ܓܝܪ
ܕܒܪܩܐ ܒܪܩ ܡܢ ܫܡܝܐ. ܘܟܠܗ ܬܚܝܬ ܫܡܝܐ ܡܢܗܪ. ܗܟܢܐ ܢܗܘܐ ܒܪܗ ܕܐܢܫܐ ܒܝܘܡܗ.
25 ܠܘܩܕܡ ܕܝܢ ܥܬܝܕ ܗܘ ܕܢܚܫ ܣܓܝܐܬܐ. ܘܢܣܬܠܐ ܡܢ ܫܪܒܬܐ ܗܕܐ. 26 ܘܐܝܟܢܐ
ܕܗܘܐ ܒܝܘܡܬܗ ܕܢܘܚ. ܗܟܢܐ ܢܗܘܐ ܒܝܘܡܬܗ ܕܒܪܗ ܕܐܢܫܐ. 27 ܕܐܟܠܝܢ ܗܘܘ ܘܫܬܝܢ.
ܘܢܣܒܝܢ ܢܫܐ ܘܝܗܒܝܢ ܠܓܒܪܐ. ܥܕܡܐ ܠܝܘܡܐ ܕܥܠ ܢܘܚ ܠܟܘܝܠܐ. ܘܐܬܐ ܛܘܦܢܐ
ܘܐܘܒܕ ܠܟܠܗܘܢ ܐܢܫ. 28 ܘܐܝܟܢܐ ܬܘܒ ܕܗܘܐ ܒܝܘܡܬܗ ܕܠܘܛ. ܕܐܟܠܝܢ ܗܘܘ ܘܫܬܝܢ.
ܘܙܒܢܝܢ ܘܡܙܒܢܝܢ. ܘܢܨܒܝܢ ܗܘܘ ܘܒܢܝܢ. 29 ܒܝܘܡܐ ܕܝܢ ܕܢܦܩ ܠܘܛ ܡܢ ܣܕܘܡ.
ܐܡܛܪ ܡܪܝܐ ܢܘܪܐ ܘܟܒܪܝܬܐ ܡܢ ܫܡܝܐ. ܘܐܘܒܕ ܠܟܠܗܘܢ. 30 ܗܟܢܐ ܢܗܘܐ ܒܝܘܡܐ
ܕܡܬܓܠܐ ܒܪܗ ܕܐܢܫܐ. 31 ܒܗܘ ܝܘܡܐ. ܡܢ ܕܐܝܬܘܗܝ ܒܐܓܪܐ ܘܡܐܢܘܗܝ ܒܒܝܬܐ. ܠܐ ܢܚܘܬ
ܕܢܫܩܘܠ ܐܢܘܢ. ܘܡܢ ܕܒܚܩܠܐ ܗܘ. ܠܐ ܢܬܗܦܟ ܠܒܣܬܪܗ. 32 ܐܬܕܟܪܘ ܠܐܢܬܬܗ ܕܠܘܛ.
33 ܡܢ ܕܨܒܐ ܕܢܚܐ ܢܦܫܗ. ܢܘܒܕܝܗ. ܘܡܢ ܕܢܘܒܕ ܢܦܫܗ ܢܚܝܗ. 34 ܐܡܪ ܐܢܐ ܠܟܘܢ.
ܕܒܗܘ ܠܠܝܐ. ܬܪܝܢ ܢܗܘܘܢ ܒܥܪܣܐ ܚܕܐ. ܚܕ ܢܬܕܒܪ ܘܐܚܪܢܐ ܢܫܬܒܩ. 35 ܘܬܪܬܝܢ
ܢܗܘܝܢ ܛܚܢܢ ܐܟܚܕܐ. ܚܕܐ ܬܬܕܒܪ ܘܐܚܪܬܐ ܬܫܬܒܩ. 36 ܬܪܝܢ ܢܗܘܘܢ ܒܚܩܠܐ. ܚܕ
ܢܬܕܒܪ ܘܐܚܪܢܐ ܢܫܬܒܩ. 37 ܥܢܘ ܘܐܡܪܝܢ ܠܗ. ܠܐܝܟܐ ܡܪܢ. ܐܡܪ ܠܗܘܢ. ܐܝܟܐ
ܕܦܓܪܐ ܬܡܢ ܢܬܟܢܫܘܢ ܢܫܪܐ. 1 ܐܡܪ ܠܗܘܢ ܕܝܢ ܐܦ ܡܬܠܐ. ܕܒܟܠ ܥܕܢ ܢܨܠܘܢ. Cap. xviii.
ܘܠܐ ܢܡܐܢܘܢ. 2 ܕܝܢܐ ܚܕ ܐܝܬ ܗܘܐ ܒܡܕܝܢܬܐ ܚܕܐ. ܕܡܢ ܐܠܗܐ ܠܐ ܕܚܠ ܗܘܐ.
ܘܡܢ ܒܢܝܢܫܐ ܠܐ ܡܬܟܚܡ ܗܘܐ. 3 ܐܪܡܠܬܐ ܕܝܢ ܚܕܐ ܐܝܬ ܗܘܬ ܒܡܕܝܢܬܐ ܗܝ. ܘܐܬܝܐ
ܗܘܬ ܠܘܬܗ. ܘܐܡܪܐ. ܐܬܒܥ ܠܝ ܡܢ ܒܥܠ ܕܝܢܝ. 4 ܘܠܐ ܨܒܐ ܗܘܐ ܙܒܢܐ ܣܓܝܐܐ. ܒܬܪܟܢ

ܕܝܢ. ܐܡܪ ܒܢܦܫܗ. ܐܢ ܡܢ ܐܠܗܐ ܠܐ ܕܚܠ ܐܢܐ: ܘܡܢ ܒܢܝ̈ܢܫܐ ܠܐ ܡܬܟܚܕ ܐܢܐ.
5 ܐܦܢ ܡܛܠ ܕܡܠܐܝܐ ܠܝ ܗܕܐ ܐܪܡܠܬܐ. ܐܬܒܥܝܘܗ̇. ܕܠܐ ܒܟܠ ܥܕܢ ܬܐܬܐ ܬܗܘܐ ܡܗܪܐ
ܠܝ. 6 ܘܐܡܪ ܡܪܢ. ܫܡܥܘ ܡܢܐ ܐܡܪ ܕܝܢܐ ܕܥܘܠܐ. 7 ܐܠܗܐ ܕܝܢ ܠܐ ܢܥܒܕ ܬܒܥܬܐ
ܠܓܒ̈ܘܗܝ: ܕܩܪܝܢ ܠܗ ܒܐܝܡܡܐ ܘܒܠܠܝܐ: ܘܡܓܪܓ ܪܘܚܗ
ܥܠܝܗܘܢ. 8 ܐܡܪ ܐܢܐ ܠܟܘܢ ܕܢܥܒܕ ܬܒܥܬܗܘܢ ܒܥܓܠ. ܒܪܡ ܐܬܐ ܒܪܗ ܕܐܢܫܐ.
ܘܟܝ ܢܫܟܚ ܗܝܡܢܘܬܐ ܥܠ ܐܪܥܐ܀ 9 ܘܐܡܪ ܗܘܐ ܡܬܠܐ ܗܢܐ: ܠܘܩܒܠ ܐܢܫܝܢ.
ܐܝܠܝܢ ܕܬܟܝܠܝܢ ܥܠ ܢܦܫܗܘܢ ܕܐܝܬܝܗܘܢ ܙܕ̈ܝܩܐ ܘܫܛܝܢ ܥܠ ܟܠܢܫ.
10 ܬܪܝܢ ܓܒܪ̈ܝܢ ܣܠܩܘ ܠܗܝܟܠܐ ܠܡܨܠܝܘ. ܚܕ ܦܪܝܫܐ ܘܐܚܪܢܐ ܡܟܣܐ.
11 ܘܗܘ ܦܪܝܫܐ ܩܐܡ ܗܘܐ ܒܝܢܘܗܝ ܠܢܦܫܗ. ܘܗܠܝܢ ܡܨܠܐ ܗܘܐ. ܐܠܗܐ ܡܘܕܐ ܐܢܐ ܠܟ.
ܕܠܐ ܗܘܝܬ ܐܝܟ ܫܪܟܐ ܕܐܢܫܐ. ܚܛܘܦܐ ܘܥܠܘܒܐ ܘܓܝܪܐ. ܘܠܐ ܐܝܟ ܗܢܐ ܡܟܣܐ. 12 ܐܠܐ ܨܐܡ
ܐܢܐ ܬܪܝܢ ܒܫܒܬܐ. ܘܡܥܣܪ ܐܢܐ ܟܠ ܡܕܡ ܕܩܢܐ ܐܢܐ. 13 ܗܘ ܕܝܢ ܡܟܣܐ ܩܐܡ ܗܘܐ ܡܢ
ܪܘܚܩܐ. ܘܠܐ ܨܒܐ ܗܘܐ ܐܦܠܐ ܥܝܢ̈ܘܗܝ ܢܪܝܡ ܠܫܡܝܐ. ܐܠܐ ܛܪܦ ܗܘܐ ܥܠ ܚܕܝܗ. ܘܐܡܪ. ܐܠܗܐ
ܚܘܣ ܥܠܝ ܚܛܝܐ. 14 ܐܡܪ ܐܢܐ ܠܟܘܢ. ܕܢܚܬ ܗܢܐ ܟܕ ܡܙܕܕܩ ܠܒܝܬܗ. ܝܬܝܪ ܡܢ ܗܘ ܦܪܝܫܐ.
ܟܠ ܐܢܫ ܓܝܪ ܕܡܪܝܡ ܢܦܫܗ. ܢܬܡܟܟ. ܘܟܠ ܕܡܡܟܟ ܢܦܫܗ. ܢܬܪܝܡ܀
15 ܡܝܬܝܢ ܗܘܘ ܠܗ ܕܝܢ ܐܦ ܛܠܝ̈ܐ ܕܢܩܪܘܒ ܠܗܘܢ. ܘܚܙܘ ܐܢܘܢ ܬܠܡܝ̈ܕܘܗܝ
ܘܟܐܘ ܒܗܘܢ. 16 ܗܘ ܕܝܢ ܝܫܘܥ ܩܪܐ ܐܢܘܢ. ܘܐܡܪ ܠܗܘܢ. ܫܒܘܩܘ ܛܠܝ̈ܐ ܢܐܬܘܢ
ܠܘܬܝ ܘܠܐ ܬܟܠܘܢ ܐܢܘܢ. ܕܕܐܝܠܝܢ ܓܝܪ ܕܐܝܟ ܗܠܝܢ ܐܢܘܢ. ܕܝܠܗܘܢ ܗܝ ܡܠܟܘܬܐ
ܕܫܡܝܐ܀ 17 ܐܡܝܢ ܐܡܪ ܐܢܐ ܠܟܘܢ. ܕܡܢ ܕܠܐ ܢܩܒܠ ܡܠܟܘܬܐ ܕܐܠܗܐ. ܐܝܟ ܛܠܝܐ
ܠܐ ܢܥܘܠ ܠܗ܀
18 ܘܫܐܠܗ ܚܕ ܡܢ ܪ̈ܫܢܐ ܘܐܡܪ ܠܗ. ܡܠܦܢܐ ܛܒܐ. ܡܢܐ ܐܥܒܕ. ܕܐܪܬ ܚܝ̈ܐ ܕܠܥܠܡ.
19 ܐܡܪ ܠܗ ܝܫܘܥ. ܡܢܐ ܩܪܐ ܐܢܬ ܠܝ ܛܒܐ. ܠܝܬ ܛܒܐ ܐܠܐ ܐܢ ܚܕ. ܐܠܗܐ.
20 ܦܘܩܕܢ̈ܐ ܝܕܥ ܐܢܬ. ܠܐ ܬܓܘܪ. ܘܠܐ ܬܩܛܘܠ. ܘܠܐ ܬܓܢܘܒ. ܘܠܐ ܬܣܗܕ ܣܗܕܘܬܐ ܕܫܘܩܪܐ.
ܝܩܪ ܠܐܒܘܟ ܘܠܐܡܟ. 21 ܐܡܪ ܠܗ. ܗܠܝܢ ܟܠܗܝܢ ܢܛܪܬ ܐܢܝܢ. ܡܢ ܛܠܝܘܬܝ.
22 ܟܕ ܫܡܥ ܕܝܢ ܗܠܝܢ ܝܫܘܥ ܐܡܪ ܠܗ. ܚܕܐ ܚܣܝܪܐ ܠܟ. ܙܠ ܙܒܢ. ܟܠ ܡܕܡ
ܕܐܝܬ ܠܟ. ܘܗܒ ܠܡܣܟ̈ܢܐ. ܘܬܗܘܐ ܠܟ ܣܝܡܬܐ ܒܫܡܝܐ. ܘܬܐ ܒܬܪܝ܀ 23 ܗܘ ܕܝܢ
ܟܕ ܫܡܥ ܗܠܝܢ. ܟܪܝܬ ܠܗ. ܥܬܝܪ ܗܘܐ ܓܝܪ ܛܒ. 24 ܘܟܕ ܚܙܐ ܝܫܘܥ ܕܟܪܝܬ ܠܗ.
ܐܡܪ. ܐܝܟܢܐ ܥܛܠܐ ܠܐܝܠܝܢ ܕܐܝܬ ܠܗܘܢ ܩܢܝܢܐ: ܕܢܥܠܘܢ ܠܡܠܟܘܬܗ ܕܐܠܗܐ.
25 ܦܫܝܩ ܗܘ ܠܓܡܠܐ. ܕܒܚܪܘܪܐ ܕܡܚܛܐ ܢܥܘܠ: ܐܘ ܥܬܝܪܐ ܠܡܠܟܘܬܗ ܕܐܠܗܐ.
26 ܐܡܪܝܢ ܠܗ ܐܝܠܝܢ ܕܫܡܥܘ. ܘܡܢܘ ܡܫܟܚ ܠܡܚܐ. 27 ܝܫܘܥ ܕܝܢ ܐܡܪ.
ܐܝܠܝܢ ܕܠܘܬ ܒܢܝ̈ܢܫܐ ܠܐ ܡܫܟܚܢ. ܠܘܬ ܐܠܗܐ ܡܫܟܚܢ ܠܡܗܘܐ. 28 ܐܡܪ ܠܗ

ܫܡܥܘܢ ܟܐܦܐ. ܗܐ ܚܢܢ· ܫܒܩܢ ܟܠ ܡܕܡ. ܘܐܬܝܢ ܒܬܪܟ. 29 ܐܡܪ ܠܗ ܝܫܘܥ.
ܐܡܝܢ ܐܡܪ ܐܢܐ ܠܟܘܢ. ܕܠܝܬ ܐܢܫ ܕܫܒܩ ܒܬܐ: ܐܘ ܐܒܗܐ: ܐܘ ܐܚܐ: ܐܘ ܐܢܬܬܐ:
ܐܘ ܒܢܝܐ: ܡܛܠ ܡܠܟܘܬܐ ܕܐܠܗܐ: 30 ܘܠܐ ܢܩܒܠ ܐܥܦܐ ܣܓܝܐܐ ܒܙܒܢܐ ܗܢܐ.
ܘܒܥܠܡܐ ܕܐܬܐ ܚܝܐ ܕܠܥܠܡ.
31 ܘܕܒܪ ܝܫܘܥ ܠܬܪܥܣܪܬܗ. ܘܐܡܪ ܠܗܘܢ. ܗܐ ܣܠܩܝܢ ܚܢܢ ܠܐܘܪܫܠܡ. ܘܡܫܬܠܡܢ
ܟܠܗܝܢ ܕܟܬܝܒܢ ܒܢܒܝܐ ܥܠ ܒܪܗ ܕܐܢܫܐ. 32 ܢܫܬܠܡ ܓܝܪ ܠܥܡܡܐ. ܘܢܒܙܚܘܢ
ܒܗ. ܘܢܪܩܘܢ ܒܐܦܘܗܝ. 33 ܘܢܢܓܕܘܢܝܗܝ· ܘܢܨܥܪܘܢܝܗܝ. ܘܢܩܛܠܘܢܝܗܝ. ܘܠܝܘܡܐ
ܕܬܠܬܐ ܢܩܘܡ. 34 ܗܢܘܢ ܕܝܢ ܚܕܐ ܡܢ ܗܠܝܢ ܠܐ ܐܣܬܟܠܘ. ܐܠܐ ܡܟܣܝܐ ܗܘܬ ܡܢܗܘܢ
ܡܠܬܐ ܗܕܐ. ܘܠܐ ܝܕܥܝܢ ܗܘܘ ܗܠܝܢ ܕܡܬܐܡܪܢ ܠܗܘܢ.
35 ܘܟܕ ܩܪܝܒ ܠܐܝܪܝܚܘ. ܣܡܝܐ ܚܕ ܝܬܒ ܗܘܐ ܥܠ ܝܕ ܐܘܪܚܐ ܘܡܚܕܪ. 36 ܘܫܡܥ ܕܫܡܫܐ ܡܣ
ܩܠ ܥܡܐ ܕܥܒܪ. ܘܡܫܐܠ ܗܘܐ ܕܡܢܘ ܗܢܐ. 37 ܐܡܪܝܢ ܠܗ. ܝܫܘܥ ܢܨܪܝܐ ܥܒܪ.
38 ܘܩܥܐ ܘܐܡܪ. ܝܫܘܥ ܒܪܗ ܕܕܘܝܕ· ܐܬܪܚܡ ܥܠܝ. 39 ܘܐܝܠܝܢ ܕܐܙܠܝܢ ܗܘܘ ܩܕܡܘܗܝ
ܕܝܫܘܥ. ܟܐܝܢ ܗܘܘ ܒܗ. ܕܢܫܬܘܩ. ܗܘ ܕܝܢ ܝܬܝܪܐܝܬ ܩܥܐ ܗܘܐ. ܒܪܗ ܕܕܘܝܕ·
ܐܬܪܚܡ ܥܠܝ. 40 ܘܩܡ ܝܫܘܥ. ܘܦܩܕ ܕܢܩܪܒܘܢܝܗܝ ܠܘܬܗ. ܘܟܕ ܩܪܒ ܠܘܬܗ. ܫܐܠܗ.
41 ܘܐܡܪ ܠܗ. ܡܢܐ ܨܒܐ ܐܢܬ ܕܐܥܒܕ ܠܟ. ܗܘ ܕܝܢ ܐܡܪ. ܡܪܝ. ܕܐܚܙܐ. 42 ܘܝܫܘܥ
ܐܡܪ ܠܗ. ܚܙܝ· ܗܝܡܢܘܬܟ ܐܚܝܬܟ. 43 ܘܡܚܕܐ ܚܙܐ. ܘܐܙܠ ܗܘܐ ܒܬܪܗ.
Cap. xix. ܘܡܫܒܚ ܠܐܠܗܐ. ܘܟܠܗ ܥܡܐ ܕܚܙܐ. ܝܗܒ ܗܘܐ ܬܫܒܘܚܬܐ ܠܐܠܗܐ. 1 ܘܟܕ ܥܠ ܝܫܘܥ.
ܘܥܒܪ ܒܐܝܪܝܚܘ. 2 ܓܒܪܐ ܚܕ ܕܫܡܗ ܙܟܝ· ܥܬܝܪܐ ܗܘܐ ܘܗܘ ܪܒ ܡܟܣܐ: 3 ܘܨܒܐ ܗܘܐ
ܕܢܚܙܐ ܠܝܫܘܥ· ܕܡܢܘ. ܘܠܐ ܡܫܟܚ ܗܘܐ ܡܢ ܥܡܐ. ܡܛܠ ܕܒܩܘܡܬܗ. ܙܥܘܪ ܗܘܐ
ܙܟܝ. 4 ܘܪܗܛ ܩܕܡܘܗܝ ܕܝܫܘܥ ܘܣܠܩ ܠܗ ܠܐܝܠܢܐ ܬܐܬܐ ܕܢܚܙܝܘܗܝ. ܡܛܠ ܕܒܗ ܥܬܝܕ
ܗܘܐ ܕܢܥܒܪ. 5 ܘܟܕ ܐܬܐ ܠܗܘ ܕܘܟܬܐ ܝܫܘܥ. ܚܙܝܗܝ ܘܐܡܪ ܠܗ. ܐܣܬܪܗܒ
ܚܘܬ ܙܟܝ· ܕܝܘܡܢܐ ܓܝܪ ܒܒܝܬܟ ܘܠܐ ܕܐܗܘܐ. 6 ܘܐܣܬܪܗܒ ܢܚܬ. ܘܩܒܠܗ ܟܕ ܚܕܐ.
7 ܘܟܕ ܚܙܘ ܟܠܗܘܢ. ܪܛܢܝܢ ܗܘܘ. ܘܐܡܪܝܢ. ܕܠܘܬ ܓܒܪܐ ܚܛܝܐ ܥܠ ܫܪܐ. 8 ܘܩܡ
ܙܟܝ. ܘܐܡܪ ܠܝܫܘܥ. ܗܐ ܡܪܝ· ܦܠܓܘܬ ܢܟܣܝ ܝܗܒ ܐܢܐ ܠܡܣܟܢܐ. ܘܠܟܠܢܫ·
ܡܕܡ ܕܥܠܒܬܗ. ܚܕ ܒܐܪܒܥܐ ܦܪܥ ܐܢܐ. 9 ܐܡܪ ܠܗ ܝܫܘܥ. ܝܘܡܢܐ ܗܘܬ ܚܝܐ ܠܒܝܬܐ
ܗܢܐ. ܡܛܠ ܕܐܦ ܗܢܐ ܒܪܗ ܗܘ ܕܐܒܪܗܡ. 10 ܐܬܐ ܓܝܪ ܒܪܗ ܕܐܢܫܐ. ܕܢܒܥܐ ܘܢܚܐ ܗܘ
ܡܕܡ ܕܐܒܝܕ ܗܘܐ. 11 ܘܟܕ ܫܡܥܝܢ ܗܘܘ ܗܠܝܢ. ܐܘܣܦ ܠܡܐܡܪ ܡܬܠܐ. ܡܛܠ
ܕܩܪܝܒ ܗܘܐ ܠܐܘܪܫܠܡ: ܘܡܣܒܪܝܢ ܗܘܘ. ܕܒܗ ܒܫܥܬܐ ܥܬܝܕܐ ܕܬܬܓܠܐ ܡܠܟܘܬܗ
ܕܐܠܗܐ. 12 ܘܐܡܪ. ܓܒܪܐ ܚܕ ܕܝܢ ܒܪ ܛܘܗܡܐ ܪܒܐ. ܐܙܠ ܠܐܬܪܐ ܪܚܝܩܐ ܕܢܣܒ ܠܗ ܡܠܟܘܬܐ
ܘܢܗܦܘܟ. 13 ܘܩܪܐ ܥܣܪܐ ܥܒܕܘܗܝ. ܘܝܗܒ ܠܗܘܢ. ܥܣܪܐ ܡܢܝܢ. ܘܐܡܪ ܠܗܘܢ.

ܐܬܬܓܪܘ ܥܕܡܐ ܕܐܬܐ ⁘ 14 ܒܢܝ ܡܕܝܢܬܗ ܕܝܢ ܣܢܝܢ ܗܘܘ ܠܗ. ܘܫܕܪܘ ܐܝܙܓܕܐ
ܒܬܪܗ. ܘܐܡܪܝܢ. ܠܐ ܨܒܝܢܢ ܕܢܡܠܟ ܥܠܝܢ ܗܢܐ ⁘ 15 ܘܟܕ ܢܣܒ ܡܠܟܘܬܐ ܘܗܦܟ.
ܐܡܪ ܕܢܩܪܘܢ ܠܗ ܗܢܘܢ ܥܒܕܘܗܝ. ܕܝܗܒ ܠܗܘܢ ܟܣܦܐ. ܕܢܕܥ ܡܢܐ ܟܠ ܚܕ ܚܕ
ܡܢܗܘܢ ܐܬܬܓܪ. 16 ܘܐܬܐ ܩܕܡܝܐ ܘܐܡܪ. ܡܪܝ. ܡܢܝܟ. ܥܣܪܐ ܡܢܝܢ ܐܘܬܪ. 17 ܐܡܪ
ܠܗ. ܐܘ ܥܒܕܐ ܛܒܐ. ܕܒܩܠܝܠ ܐܫܬܟܚܬ ܡܗܝܡܢ. ܗܘܝܬ ܫܠܝܛ ܥܠ ܥܣܪܐ
ܟܪܟܝܢ. 18 ܘܐܬܐ ܕܬܪܝܢ ܘܐܡܪ. ܡܪܝ. ܡܢܝܟ. ܚܡܫܐ ܡܢܝܢ ܥܒܕ. 19 ܐܡܪ ܐܦ ܠܗܢܐ.
ܐܦ ܐܢܬ ܬܗܘܐ ܫܠܝܛ. ܥܠ ܚܡܫܐ ܟܪܟܝܢ. 20 ܘܐܬܐ ܐܚܪܢܐ ܘܐܡܪ. ܡܪܝ. ܗܐ ܡܢܝܟ
ܗܘ ܕܐܝܬ ܗܘܐ ܠܘܬܝ. ܟܕ ܣܝܡ ܒܣܘܕܪܐ. 21 ܕܚܠܬ ܓܝܪ ܡܢܟ. ܕܓܒܪܐ ܐܢܬ ܩܫܝܐ.
ܘܫܩܠ ܐܢܬ ܡܕܡ ܕܠܐ ܣܡܬ. ܘܚܨܕ ܐܢܬ ܡܕܡ ܕܠܐ ܙܪܥܬ. 22 ܐܡܪ ܠܗ. ܡܢ ܦܘܡܟ
ܐܕܝܢܟ ܥܒܕܐ ܒܝܫܐ. ܝܕܥ ܗܘܝܬ ܠܝ ܕܓܒܪܐ ܐܢܐ ܩܫܝܐ: ܘܫܩܠ ܐܢܐ ܡܕܡ ܕܠܐ ܣܡܬ:
ܘܚܨܕ ܐܢܐ ܡܕܡ ܕܠܐ ܙܪܥܬ. 23 ܠܡܢܐ ܠܐ ܝܗܒܬ ܟܣܦܝ ܥܠ ܦܬܘܪܐ. ܘܐܢܐ ܐܬܐ ܗܘܝܬ
ܬܒܥܬ ܠܗ. ܥܡ ܪܒܝܬܗ. 24 ܘܠܗܢܘܢ ܕܩܝܡܝܢ ܩܕܡܘܗܝ. ܐܡܪ. ܫܩܘܠܘ ܡܢܗ ܡܢܝܐ.
ܘܗܒܘ ܠܗܘ ܕܐܝܬ ܠܗ ܥܣܪܐ ܡܢܝܢ ⁘ 25 ܐܡܪܝܢ ܠܗ. ܡܪܢ. ܐܝܬ ܠܗ ܥܣܪܐ
ܡܢܝܢ ⁘ 26 ܐܡܪ ܠܗܘܢ. ܐܡܪ ܐܢܐ ܠܟܘܢ: ܕܠܟܠ ܡܢ ܕܐܝܬ ܠܗ. ܢܬܬܝܗܒ ܠܗ.
ܘܡܢ ܗܘ ܕܠܝܬ ܠܗ: ܐܦ ܗܘ ܕܐܝܬ ܠܗ. ܢܬܫܩܠ ܡܢܗ. 27 ܒܪܡ ܠܗܢܘܢ ܒܥܠܕܒܒܝ.
ܐܝܠܝܢ ܕܠܐ ܨܒܘ ܕܐܡܠܟ ܥܠܝܗܘܢ: ܐܝܬܘ ܐܢܘܢ. ܘܩܛܘܠܘ ܐܢܘܢ ܩܕܡܝ ⁘
28 ܘܟܕ ܐܡܪ ܗܠܝܢ ܝܫܘܥ. ܢܦܩ ܠܩܕܡܘܗܝ ܕܢܣܩ ܠܐܘܪܫܠܡ. 29 ܘܟܕ ܡܛܐ ܠܒܝܬ
ܦܓܐ ܘܠܒܝܬ ܥܢܝܐ. ܥܠ ܓܢܒ ܛܘܪܐ ܕܡܬܩܪܐ ܒܝܬ ܙܝܬܐ. ܫܕܪ ܬܪܝܢ ܡܢ ܬܠܡܝܕܘܗܝ
30 ܘܐܡܪ ܠܗܘܢ. ܙܠܘ ܠܩܪܝܬܐ ܗܢܐ ܕܠܘܩܒܠܢ. ܘܟܕ ܥܐܠܝܢ ܐܢܬܘܢ ܠܗ. ܗܐ ܡܫܟܚܝܢ
ܐܢܬܘܢ ܥܝܠܐ ܕܐܣܝܪ. ܕܐܢܫ ܡܢ ܒܢܝܢܫܐ ܠܐ ܪܟܒ ܥܠܘܗܝ. ܫܪܘ ܐܝܬܘܗܝ. 31 ܘܐܢ ܐܢܫ ܡܫܐܠ
ܠܟܘܢ: ܠܡܢܐ ܫܪܝܢ ܐܢܬܘܢ ܠܗ. ܗܟܢܐ ܐܡܪܘ ܠܗ. ܠܡܪܢ ܡܬܒܥܐ ⁘ 32 ܘܐܙܠܘ
ܗܢܘܢ ܕܐܫܬܕܪܘ. ܘܐܫܟܚܘ ܐܝܟܢܐ ܕܐܡܪ ܠܗܘܢ. 33 ܘܟܕ ܫܪܝܢ ܠܗ ܠܥܝܠܐ. ܐܡܪܝܢ
ܠܗܘܢ ܡܪܘܗܝ. ܡܢܐ ܫܪܝܢ ܐܢܬܘܢ ܥܝܠܐ ܗܢܐ. 34 ܘܐܡܪܘ ܠܗܘܢ. ܕܠܡܪܢ ܡܬܒܥܐ ⁘
35 ܘܐܝܬܝܘܗܝ ܠܘܬ ܝܫܘܥ. ܘܐܪܡܝܘ ܥܠ ܥܝܠܐ ܡܐܢܝܗܘܢ: ܘܐܪܟܒܘܗܝ ܠܝܫܘܥ
ܥܠܘܗܝ ⁘ 36 ܘܟܕ ܐܙܠ ܦܪܣܝܢ ܗܘܘ ܡܐܢܝܗܘܢ ܒܐܘܪܚܐ. 37 ܘܟܕ ܩܪܒ ܠܡܚܬܬܐ
ܕܛܘܪܐ ܕܒܝܬ ܙܝܬܐ. ܫܪܝܘ ܟܠܗ ܟܢܫܐ ܕܬܠܡܝܕܐ ܚܕܝܢ: ܘܡܫܒܚܝܢ ܠܐܠܗܐ ܒܩܠܐ ܪܡܐ:
ܥܠ ܟܠ ܚܝܠܐ ܕܚܙܘ. 38 ܘܐܡܪܝܢ ܗܘܘ. ܒܪܝܟ ܗܘ ܡܠܟܐ ܕܐܬܐ ܒܫܡܗ ܕܡܪܝܐ. ܫܠܡܐ
ܒܫܡܝܐ ܘܬܫܒܘܚܬܐ ܒܡܪܘܡܐ ⁘ 39 ܐܢܫܐ ܕܝܢ ܡܢ ܦܪܝܫܐ ܡܢ ܓܘ ܟܢܫܐ ܐܡܪܝܢ ܠܗ.
ܪܒܢ. ܟܐܝ ܠܬܠܡܝܕܝܟ. 40 ܐܡܪ ܠܗܘܢ. ܐܡܪ ܐܢܐ ܠܟܘܢ: ܕܐܢ ܗܠܝܢ ܢܫܬܩܘܢ.
ܟܐܦܐ ܢܩܥܝܢ ⁘ 41 ܘܟܕ ܩܪܒ ܘܚܙܝܗ ܠܡܕܝܢܬܐ. ܒܟܐ ܥܠܝܗ. 42 ܘܐܡܪ. ܐܠܘ ܝܕܥܬܝ

ܝܕܥܬܝ ܐܝܠܝܢ ܕܐܝܬܝܗܝܢ ܕܫܠܡܟܝ: ܐܦܢ ܒܗܢܐ ܝܘܡܟܝ. ܗܫܐ ܕܝܢ ܐܬܟܣܝ ܠܗܝܢ
ܡܢ ܥܝܢܝܟܝ. 43 ܬܐܬܝܢ ܠܟܝ ܕܝܢ ܝܘܡܬܐ. ܕܢܚܕܪܘܢܟܝ ܒܥܠܕܒܒܝܟܝ. ܘܢܐܠܨܘܢܟܝ
ܡܢ ܟܠ ܕܘܟ. 44 ܘܢܣܚܦܘܢܟܝ ܘܠܒܢܝܟܝ ܒܓܘܟܝ. ܘܠܐ ܢܫܒܩܘܢ ܒܟܝ ܟܐܦ ܥܠ
ܟܐܦ. ܚܠܦ ܕܠܐ ܝܕܥܬܝ ܙܒܢܐ ܕܣܘܥܪܢܟܝ܀ 45 ܘܟܕ ܥܠ ܠܗܝܟܠܐ. ܫܪܝ ܠܡܦܩܘ
ܠܐܝܠܝܢ ܕܙܒܢܝܢ ܒܗ ܘܙܒܢܝܢ. 46 ܘܐܡܪ ܠܗܘܢ. ܟܬܝܒ ܕܒܝܬܝ. ܒܝܬ ܨܠܘܬܐ ܐܝܬܘܗܝ.
ܐܢܬܘܢ ܕܝܢ ܥܒܕܬܘܢܝܗܝ ܡܥܪܬܐ ܕܓܝܣܐ܀ 47 ܘܗܘ ܡܠܦ ܗܘܐ ܟܠ ܝܘܡ ܒܗܝܟܠܐ.
ܪܒܝ ܟܗܢܐ ܕܝܢ ܘܣܦܪܐ ܘܩܫܝܫܐ ܕܥܡܐ. ܒܥܝܢ ܗܘܘ ܠܡܘܒܕܘܬܗ. 48 ܘܠܐ ܡܫܟܚܝܢ
ܗܘܘ ܡܢܐ ܢܥܒܕܘܢ ܠܗ. ܟܠܗ ܓܝܪ ܥܡܐ ܬܠܐ ܗܘܐ ܒܗ ܠܡܫܡܥܗ܀

Cap. xx. 1 ܘܗܘܐ ܒܚܕ ܡܢ ܝܘܡܬܐ: ܟܕ ܡܠܦ ܒܗܝܟܠܐ ܠܥܡܐ܆ ܘܡܣܒܪ. ܩܡܘ ܥܠܘܗܝ
ܪܒܝ ܟܗܢܐ ܘܣܦܪܐ ܥܡ ܩܫܝܫܐ. 2 ܘܐܡܪܝܢ ܠܗ. ܐܡܪ ܠܢ ܒܐܝܢܐ ܫܘܠܛܢܐ ܗܠܝܢ
ܥܒܕ ܐܢܬ. ܘܡܢܘ ܗܘ ܕܝܗܒ ܠܟ ܫܘܠܛܢܐ ܗܢܐ. 3 ܥܢܐ ܝܫܘܥ ܘܐܡܪ ܠܗܘܢ.
ܐܫܐܠܟܘܢ ܐܦ ܐܢܐ ܡܠܬܐ. ܘܐܡܪܘ ܠܝ. 4 ܡܥܡܘܕܝܬܗ ܕܝܘܚܢܢ. ܡܢ ܫܡܝܐ ܗܘܬ
ܐܘ ܡܢ ܒܢܝ ܐܢܫܐ. 5 ܗܢܘܢ ܕܝܢ ܡܬܚܫܒܝܢ ܗܘܘ ܒܢܦܫܗܘܢ. ܘܐܡܪܝܢ. ܕܐܢ ܢܐܡܪ
ܡܢ ܫܡܝܐ. ܐܡܪ ܠܢ: ܘܡܛܠ ܡܢܐ ܠܐ ܗܝܡܢܬܘܢܝܗܝ. 6 ܘܐܢ ܢܐܡܪ ܡܢ ܒܢܝ
ܐܢܫܐ. ܟܠܗ ܥܡܐ ܪܓܡ ܠܢ. ܡܦܝܣܝܢ ܓܝܪ ܕܝܘܚܢܢ ܢܒܝܐ ܗܘ. 7 ܘܐܡܪܘ ܠܗ. ܕܠܐ
ܝܕܥܝܢ ܡܢ ܐܝܟܐ ܗܝ. 8 ܐܡܪ ܠܗܘܢ ܝܫܘܥ. ܘܠܐ ܐܢܐ ܐܡܪ ܐܢܐ ܠܟܘܢ. ܒܐܝܢܐ
ܫܘܠܛܢܐ ܗܠܝܢ ܥܒܕ ܐܢܐ܀ 9 ܘܫܪܝ ܕܢܐܡܪ ܠܥܡܐ ܡܬܠܐ ܗܢܐ. ܓܒܪܐ ܚܕ ܢܨܒ
ܟܪܡܐ. ܘܐܘܚܕܗ ܠܦܠܚܐ. ܘܐܙܠ ܐܓܪ ܙܒܢܐ ܣܓܝܐܐ. 10 ܘܒܙܒܢܐ ܫܕܪ ܥܒܕܗ ܠܘܬ ܦܠܚܐ:
ܕܢܬܠܘܢ ܠܗ ܡܢ ܦܐܪܐ ܕܟܪܡܐ. ܦܠܚܐ ܕܝܢ ܡܚܐܘܗܝ ܘܫܕܪܘܗܝ ܟܕ ܣܦܝܩ. 11 ܘܐܘܣܦ.
ܫܕܪ ܠܥܒܕܗ ܐܚܪܢܐ. ܗܢܘܢ ܕܝܢ ܐܦ ܠܗܘ. ܡܚܐܘܗܝ ܘܨܥܪܘܗܝ ܘܫܕܪܘܗܝ ܟܕ ܣܦܝܩ.
12 ܘܐܘܣܦ. ܫܕܪ ܕܬܠܬܐ. ܗܢܘܢ ܕܝܢ ܐܦ ܠܗܘ ܓܥܠܘܗܝ ܘܐܦܩܘܗܝ. 13 ܐܡܪ ܡܪܗ ܕܟܪܡܐ.
ܡܢܐ ܐܥܒܕ. ܐܫܕܪ ܒܪܝ ܚܒܝܒܐ. ܕܠܡܐ ܢܚܙܘܢܝܗܝ ܘܢܬܟܚܕܘܢ. 14 ܟܕ ܚܙܐܘܗܝ ܕܝܢ ܦܠܚܐ.
ܡܬܚܫܒܝܢ ܗܘܘ ܒܢܦܫܗܘܢ. ܘܐܡܪܝܢ. ܗܢܘ ܝܪܬܐ. ܬܘ ܢܩܛܠܝܘܗܝ ܘܬܗܘܐ ܝܪܬܘܬܐ
ܕܝܠܢ. 15 ܘܐܦܩܘܗܝ ܠܒܪ ܡܢ ܟܪܡܐ ܘܩܛܠܘܗܝ. ܡܢܐ ܗܟܝܠ ܢܥܒܕ ܠܗܘܢ
ܡܪܗ ܕܟܪܡܐ. 16 ܢܐܬܐ ܘܢܘܒܕ ܠܦܠܚܐ ܗܢܘܢ. ܘܢܬܠ ܟܪܡܐ ܠܐܚܪܢܐ. ܟܕ ܫܡܥܘ ܕܝܢ.
ܐܡܪܘ. ܠܐ ܬܗܘܐ ܗܕܐ. 17 ܗܘ ܕܝܢ ܚܪ ܒܗܘܢ. ܘܐܡܪ. ܘܡܢܐ ܗܝ ܗܕܐ ܕܟܬܝܒܐ: ܕܟܐܦܐ
ܕܐܣܠܝܘ ܒܢܝܐ: ܗܝ ܗܘܬ ܠܪܫ ܩܪܢܐ ܕܙܘܝܬܐ. 18 ܘܟܠ ܕܢܦܠ ܥܠ ܗܕܐ ܟܐܦܐ ܢܬܪܥܥ.
ܘܟܠ ܡܢ ܕܗܝ ܬܦܠ ܥܠܘܗܝ ܬܕܪܝܘܗܝ܀ 19 ܘܒܥܘ ܗܘܘ ܕܝܢ ܪܒܝ ܟܗܢܐ ܘܣܦܪܐ
ܕܢܪܡܘܢ ܥܠܘܗܝ ܐܝܕܝܐ ܒܗܝ ܫܥܬܐ. ܘܕܚܠܘ ܡܢ ܥܡܐ. ܝܕܥܘ ܓܝܪ ܕܥܠܝܗܘܢ
ܐܡܪ ܡܬܠܐ ܗܢܐ܀ 20 ܘܫܕܪܘ ܠܘܬܗ ܓܫܘܫܐ. ܕܡܬܕܡܝܢ ܠܙܕܝܩܐ: ܕܢܐܚܕܘܢܝܗܝ

ܒܡܠܬܐ. ܘܢܫܠܡܘܢܝܗܝ ܠܕܝܢܐ ܘܠܫܘܠܛܢܗ ܕܗܓܡܘܢܐ. 21 ܘܫܐܠܘܗܝ ܘܐܡܪܝܢ
ܠܗ. ܡܠܦܢܐ. ܝܕܥܝܢ. ܕܬܪܝܨܐܝܬ ܡܡܠܠ ܐܢܬ ܘܡܠܦ. ܘܠܐ ܢܣܒ ܐܢܬ ܒܐܦܐ. ܐܠܐ
ܒܩܘܫܬܐ ܐܘܪܚܗ ܕܐܠܗܐ ܡܠܦ ܐܢܬ. 22 ܫܠܝܛ ܠܢ. ܕܢܬܠ ܟܣܦ ܪܫܐ ܠܩܣܪ. ܐܘ
ܠܐ. 23 ܗܘ ܕܝܢ ܐܣܬܟܠ ܢܟܠܗܘܢ. ܘܐܡܪ. ܡܢܐ ܡܢܣܝܢ ܐܢܬܘܢ ܠܝ. 24 ܚܘܐܘܢܝ
ܕܝܢܪܐ. ܕܡܢ ܐܝܬ ܒܗ ܨܠܡܐ ܘܟܬܒܬܐ. ܗܢܘܢ ܕܝܢ ܐܡܪܘ. ܕܩܣܪ. 25 ܐܡܪ ܠܗܘܢ
ܝܫܘܥ. ܗܒܘ ܗܟܝܠ ܕܩܣܪ ܠܩܣܪ. ܘܕܐܠܗܐ ܠܐܠܗܐ. 26 ܘܠܐ ܐܫܟܚܘ ܠܡܐܚܕܘ ܡܠܘܗܝ
ܩܕܡ ܥܡܐ ܟܠܗ. ܘܐܬܕܡܪܘ ܥܠ ܦܬܓܡܗ. ܘܫܬܩܘ ܀
27 ܩܪܒܘ ܕܝܢ ܐܢܫܝܢ ܡܢ ܙܕܘܩܝܐ. ܗܢܘܢ ܕܐܡܪܝܢ ܕܩܝܡܬܐ ܠܝܬ. ܘܫܐܠܘܗܝ
28 ܘܐܡܪܝܢ ܠܗ. ܡܠܦܢܐ. ܡܘܫܐ ܟܬܒ ܠܢ. ܕܐܢ ܐܢܫ ܢܡܘܬ ܐܚܘܗܝ. ܘܐܝܬ ܠܗ ܐܢܬܬܐ
ܘܠܐ ܒܢܝܐ. ܢܣܒ ܐܚܘܗܝ ܐܢܬܬܗ. ܘܢܩܝܡ ܙܪܥܐ ܠܐܚܘܗܝ. 29 ܫܒܥܐ ܕܝܢ ܐܚܝܢ ܐܝܬ
ܗܘܘ. ܩܕܡܝܐ ܢܣܒ ܐܢܬܬܐ. ܘܡܝܬ ܕܠܐ ܒܢܝܐ. 30 ܘܢܣܒܗ ܕܬܪܝܢ ܠܐܢܬܬܗ. ܘܗܢܐ ܡܝܬ
ܕܠܐ ܒܢܝܐ. 31 ܘܬܘܒ ܕܬܠܬܐ ܢܣܒܗ. ܘܗܟܢܐ ܐܦ ܫܒܥܬܝܗܘܢ. ܘܡܝܬܘ. ܘܠܐ ܫܒܩܘ
ܒܢܝܐ. 32 ܘܡܝܬܬ ܒܚܪܬܐ ܐܦ ܐܢܬܬܐ. 33 ܒܩܝܡܬܐ ܗܟܝܠ. ܕܐܝܢܐ ܡܢܗܘܢ ܗܘܝܐ ܐܢܬܬܐ.
ܫܒܥܬܝܗܘܢ ܓܝܪ ܢܣܒܘܗ. 34 ܐܡܪ ܠܗܘܢ ܝܫܘܥ. ܒܢܘܗܝ ܕܥܠܡܐ ܗܢܐ. ܢܣܒܝܢ
ܢܫܐ. ܘܢܫܐ ܗܘܝܢ ܠܓܒܪܐ. 35 ܗܢܘܢ ܕܝܢ ܕܫܘܘ ܠܥܠܡܐ ܗܘ. ܘܠܩܝܡܬܐ ܕܡܢ ܒܝܬ
ܡܝܬܐ. ܠܐ ܢܣܒܝܢ ܢܫܐ. ܘܐܦ ܠܐ ܢܫܐ ܗܘܝܢ ܠܓܒܪܐ. 36 ܐܦܠܐ ܓܝܪ ܬܘܒ ܠܡܡܬ
ܡܫܟܚܝܢ. ܐܝܟ ܡܠܐܟܐ ܐܢܘܢ ܓܝܪ. ܘܒܢܝܐ ܐܢܘܢ ܕܐܠܗܐ. ܡܛܠ ܕܗܘܘ ܒܢܝܐ ܕܩܝܡܬܐ.
37 ܕܩܝܡܝܢ ܕܝܢ ܡܝܬܐ. ܐܦ ܡܘܫܐ ܐܘܕܥ ܓܝܪ ܒܣܢܝܐ ܟܕ ܐܡܪ. ܡܪܝܐ ܐܠܗܗ
ܕܐܒܪܗܡ. ܘܐܠܗܗ ܕܐܝܣܚܩ. ܘܐܠܗܗ ܕܝܥܩܘܒ. 38 ܐܠܗܐ ܕܝܢ ܠܐ ܗܘܐ ܕܡܝܬܐ. ܐܠܐ
ܕܚܝܐ. ܟܠܗܘܢ ܓܝܪ ܚܝܝܢ ܐܢܘܢ ܠܗ. 39 ܘܥܢܘ ܐܢܫܝܢ ܡܢ ܣܦܪܐ. ܘܐܡܪܝܢ ܠܗ.
ܡܠܦܢܐ. ܫܦܝܪ ܐܡܪܬ. 40 ܘܠܐ ܬܘܒ ܐܡܪܚܘ ܠܡܫܐܠܘܬܗ ܥܠ ܡܕܡ ܀ 41 ܘܐܡܪ
ܗܘܐ ܠܗܘܢ. ܐܝܟܢܐ ܐܡܪܝܢ ܣܦܪܐ ܥܠ ܡܫܝܚܐ ܕܒܪܗ ܗܘ ܕܕܘܝܕ. 42 ܘܗܘ ܕܘܝܕ ܐܡܪ
ܒܟܬܒܐ ܕܡܙܡܘܪܐ. ܕܐܡܪ ܡܪܝܐ ܠܡܪܝ. ܬܒ ܠܟ ܡܢ ܝܡܝܢܝ. 43 ܥܕܡܐ ܕܐܣܝܡ
ܒܥܠܕܒܒܝܟ ܟܘܒܫܐ ܠܪܓܠܝܟ. 44 ܐܢ ܗܟܝܠ ܕܘܝܕ ܡܪܝ ܩܪܐ ܠܗ. ܐܝܟܢܐ ܒܪܗ ܗܘ ܀
45 ܘܟܕ ܫܡܥ ܟܠܗ ܥܡܐ ܗܘܐ. ܐܡܪ ܠܬܠܡܝܕܘܗܝ. 46 ܐܙܕܗܪܘ ܡܢ ܣܦܪܐ ܕܨܒܝܢ
ܠܡܗܠܟܘ ܒܐܣܛܠܐ. ܘܪܚܡܝܢ ܫܠܡܐ ܒܫܘܩܐ. ܘܪܝܫ ܡܘܬܒܐ ܒܟܢܘܫܬܐ. ܘܪܝܫ ܣܡܟܐ
ܒܐܚܫܡܝܬܐ. 47 ܗܢܘܢ ܕܐܟܠܝܢ ܒܬܐ ܕܐܪܡܠܬܐ. ܒܥܠܬܐ ܕܡܘܪܟܝܢ ܨܠܘܬܗܘܢ. ܗܢܘܢ
ܢܩܒܠܘܢ ܕܝܢܐ ܝܬܝܪܐ ܀ 1 ܚܪ ܕܝܢ ܝܫܘܥ ܒܥܬܝܪܐ. ܐܝܠܝܢ ܕܪܡܝܢ ܗܘܘ ܒܝܬ Cap. xxi.
ܓܙܐ ܩܘܪܒܢܝܗܘܢ. 2 ܘܚܙܐ ܐܦ ܐܪܡܠܬܐ ܚܕܐ ܡܣܟܢܬܐ. ܕܐܪܡܝܐ ܬܪܬܝܢ ܡܢܝܢ.
3 ܘܐܡܪ. ܫܪܝܪܐ ܐܡܪ ܐܢܐ ܠܟܘܢ. ܕܗܕܐ ܐܪܡܠܬܐ ܡܣܟܢܬܐ. ܐܪܡܝܬ ܝܬܝܪ ܡܢ

ܟܠܗܘܢ. 4 ܟܠܗܘܢ ܓܝܪ ܗܠܝܢ. ܡܢ ܡܐ ܕܝܬܝܪ ܗܘܐ ܠܗܘܢ ܐܪܡܝܘ ܒܝܬ ܩܘܪܒܢܐ
ܕܐܠܗܐ. ܗܕܐ ܕܝܢ ܡܢ ܣܘܢܩܢܗ̇. ܟܠ ܕܩܢܝܐ ܗܘܬ ܐܪܡܝܬܗ • • ◆ • •
5 ܘܟܕ ܐܡܪܝܢ ܗܘܘ ܐܢܫܝܢ ܥܠ ܗܝܟܠܐ. ܕܒܟܐܦܐ ܫܦܝܪܬܐ ܘܒܩܘܪܒܢܐ ܡܨܒܬ. ܐܡܪ
ܠܗܘܢ ܝܫܘܥ. 6 ܗܠܝܢ ܕܚܙܝܢ ܐܢܬܘܢ. ܢܐܬܘܢ ܝܘܡܬܐ ܕܒܗܘܢ. ܠܐ ܬܫܬܒܩ ܟܐܦ
ܥܠ ܟܐܦ ܕܠܐ ܬܫܬܪܐ ◆
7 ܘܡܫܐܠܝܢ ܗܘܘ ܠܗ. ܘܐܡܪܝܢ. ܡܠܦܢܐ. ܐܡܬܝ ܗܠܝܢ ܢܗܘܝܢ. ܘܡܢܐ ܗܝ ܐܬܐ
ܡܐ ܕܩܪܝܒܢ ܗܠܝܢ ܕܢܗܘܝܢ. 8 ܗܘ ܕܝܢ ܐܡܪ ܠܗܘܢ. ܚܙܘ ܠܡܐ ܬܛܥܘܢ. ܣܓܝܐܐ
ܓܝܪ ܢܐܬܘܢ ܒܫܡܝ. ܘܢܐܡܪܘܢ ܕܐܢܐ ܐܢܐ ܡܫܝܚܐ. ܘܙܒܢܐ ܩܪܒ. ܠܐ ܕܝܢ ܬܐܙܠܘܢ ܒܬܪܗܘܢ.
9 ܘܡܐ ܕܫܡܥܝܢ ܐܢܬܘܢ ܩܪܒܐ ܘܫܓܘܫܝܐ ܠܐ ܬܙܘܥܘܢ. ܘܠܝܢ ܓܝܪ ܗܠܝܢ
ܠܘܩܕܡ ܠܡܗܘܐ. ܐܠܐ ܠܐ ܥܕܟܝܠ ܡܛܐ ܫܘܠܡܐ. 10 ܢܩܘܡ ܓܝܪ ܥܡܐ ܥܠ ܥܡܐ.
ܘܡܠܟܘ ܥܠ ܡܠܟܘ. 11 ܘܙܘܥܐ ܪܘܪܒܐ ܢܗܘܘܢ ܒܕܘܟ ܕܘܟ. ܘܟܦܢܐ ܘܡܘܬܢܐ.
ܘܢܗܘܘܢ ܕܚܠܬܐ ܘܫܘܓܫܐ. ܘܐܬܘܬܐ ܪܘܪܒܬܐ ܡܢ ܫܡܝܐ ܢܬܚܙܘܢ. ܘܣܬܘܐ ܪܘܪܒܐ
ܢܗܘܘܢ ◆ 12 ܩܕܡ ܕܝܢ ܗܠܝܢ ܟܠܗܝܢ. ܢܪܡܘܢ ܥܠܝܟܘܢ ܐܝܕܝܐ. ܘܢܪܕܦܘܢܟܘܢ.
ܘܢܫܠܡܘܢܟܘܢ ܠܟܢܘܫܬܐ ܘܠܒܝܬ ܐܣܝܪܐ. ܘܢܩܪܒܘܢܟܘܢ ܩܕܡ ܡܠܟܐ ܘܩܕܡ ܗܓܡܘܢܐ.
ܡܛܠ ܫܡܝ. 13 ܗܘܝܐ ܠܟܘܢ ܕܝܢ ܠܣܗܕܘܬܐ. 14 ܣܝܡܘ ܕܝܢ ܒܠܒܘܬܟܘܢ. ܕܠܐ ܬܗܘܘܢ
ܡܬܪܢܝܢ ܠܡܦܩ ܪܘܚܐ. 15 ܐܢܐ ܓܝܪ ܐܬܠ ܠܟܘܢ ܦܘܡܐ ܘܚܟܡܬܐ. ܗܝ ܕܠܐ ܢܫܟܚܘܢ
ܠܡܩܡ ܠܘܩܒܠܗ̇. ܟܠܗܘܢ ܒܥܠܕܒܒܝܟܘܢ. 16 ܢܫܠܡܘܢܟܘܢ ܕܝܢ ܐܦ ܐܒܗܝܟܘܢ.
ܘܐܚܝܟܘܢ ܘܐܚܝܢܝܟܘܢ ܘܪܚܡܝܟܘܢ. ܘܢܩܛܠܘܢ ܡܢܟܘܢ. 17 ܘܬܗܘܘܢ ܣܢܝܐܝܢ ܡܢ ܟܠ
ܐܢܫ. ܡܛܠ ܫܡܝ. 18 ܘܣܥܪܬܐ ܡܢ ܪܫܟܘܢ. ܠܐ ܬܐܒܕ. 19 ܒܡܣܝܒܪܢܘܬܟܘܢ ܕܝܢ
ܬܩܢܘܢ ܢܦܫܬܟܘܢ ◆ 20 ܡܐ ܕܝܢ ܕܚܙܝܬܘܢ ܠܐܘܪܫܠܡ ܕܚܕܝܪܐ ܠܗ̇ ܡܫܪܝܬܐ. ܗܝܕܝܢ ܕܥܘ
ܕܩܪܒ ܠܗ̇ ܚܘܪܒܢܗ̇. 21 ܗܝܕܝܢ ܐܝܠܝܢ ܕܒܝܗܘܕ. ܢܥܪܩܘܢ ܠܛܘܪܐ. ܘܐܝܠܝܢ
ܕܒܓܘܗ̇. ܢܥܪܩܘܢ. ܘܐܝܠܝܢ ܕܒܩܘܪܝܐ ܠܐ ܢܥܠܘܢ ܠܗ̇. 22 ܕܝܘܡܬܐ ܐܢܘܢ ܗܠܝܢ
ܕܬܒܥܬܐ. ܕܢܫܠܡܘܢ ܟܠ ܡܐ ܕܟܬܝܒ ◆ 23 ܘܝ ܕܝܢ ܠܐܝܠܝܢ ܕܒܛܢܢ. ܘܠܐܝܠܝܢ ܕܡܝܢܩܢ
ܒܗܢܘܢ ܝܘܡܬܐ. ܢܗܘܐ ܓܝܪ ܐܘܠܨܢܐ ܪܒܐ ܒܐܪܥܐ. ܘܪܘܓܙܐ ܥܠ ܥܡܐ ܗܢܐ.
24 ܘܢܦܠܘܢ ܒܦܘܡܐ ܕܣܝܦܐ. ܘܢܫܬܒܘܢ ܠܟܠ ܐܬܪ. ܘܐܘܪܫܠܡ ܬܗܘܐ ܡܬܕܝܫܐ ܡܢ
ܥܡܡܐ. ܥܕܡܐ ܕܢܫܠܡܘܢ ܙܒܢܐ ܕܥܡܡܐ ◆ 25 ܘܢܗܘܝܢ ܐܬܘܬܐ ܒܫܡܫܐ ܘܒܣܗܪܐ
ܘܒܟܘܟܒܐ. ܘܒܐܪܥܐ ܐܘܠܨܢܐ ܕܥܡܡܐ. ܘܦܘܫܩ ܐܝܕܥܬܐ. ܡܢ ܙܘܥܬܐ ܕܩܠܐ ܕܝܡܐ:
26 ܘܐܘܠܨܐ ܕܡܦܩ ܢܦܫܐ ܕܒܢܝܢܫܐ. ܡܢ ܕܚܠܬܐ ܕܡܢ ܕܡܣܟܝܢ ܠܡܐܬܐ ܥܠ ܐܪܥܐ.
ܘܚܝܠܘܬܐ ܕܫܡܝܐ ܢܬܬܙܝܥܘܢ. 27 ܘܗܝܕܝܢ ܢܚܙܘܢܝܗܝ ܠܒܪܗ ܕܐܢܫܐ ܕܐܬܐ ܒܥܢܢܐ. ܥܡ
ܚܝܠܐ ܣܓܝܐܐ ܘܫܘܒܚܐ ܪܒܐ ◆ 28 ܡܐ ܕܝܢ ܕܫܪܝܢ ܗܠܝܢ ܕܢܗܘܝܢ. ܐܬܬܩܦܘ. ܘܐܪܝܡܘ

ܪ̈ܫܝܟܘܢ. ܡܛܠ ܕܩܪܒ ܠܗ ܦܘܪܩܢܟܘܢ܀ 29 ܘܐܡܪ ܗܘܐ ܠܗܘܢ ܡܬܠܐ. ܚܙܘ ܠܬܐܢܬܐ
ܘܠܟܠܗܘܢ ܐܝܠܢܐ. 30 ܕܡܐ ܕܡܦܪ̈ܥܝܢ܆ ܡܚܙܐ ܚܙܝܬܘܢ ܡܫܬܘܕܥܝܢ ܐܢܬܘܢ. ܕܩܪܝܒ
ܠܗ ܩܝܛܐ. 31 ܗܟܢܐ ܐܦ ܐܢܬܘܢ. ܡܐ ܕܚܙܝܬܘܢ ܗܠܝܢ ܕܗܘܝܢ܆ ܕܥܘ ܕܩܪܝܒܐ ܗܝ
ܡܠܟܘܬܐ ܕܐܠܗܐ. 32 ܐܡܝܢ ܐܡܪ ܐܢܐ ܠܟܘܢ܆ ܕܠܐ ܬܥܒܪ ܫܪܒܬܐ ܗܕܐ܆ ܥܕܡܐ ܕܗܠܝܢ
ܟܠܗܝܢ ܢܗܘܝܢ. 33 ܫܡܝܐ ܘܐܪܥܐ ܢܥܒܪܘܢ܆ ܘܡܠܝ ܠܐ ܢܥܒܪܢ܀ 34 ܐܙܕܗܪܘ ܕܝܢ
ܒܢܦܫܟܘܢ܆ ܕܠܐ ܢܬܝܩܪܘܢ ܠܒ̈ܘܬܟܘܢ ܒܐܣܘܛܘܬܐ ܘܒܪܘܝܘܬܐ ܘܒܪܢܝܐ ܕܥܠܡܐ܆
ܘܡܢ ܫܠܝܐ ܬܐܬܐ ܥܠܝܟܘܢ ܝܘܡܐ ܗܘ. 35 ܐܝܟ ܦܚܐ ܓܝܪ ܢܦܠ܂ ܥܠ ܟܠܗܘܢ
ܐܢܫܐ ܕܝܬܒܝܢ. ܥܠ ܐܦܝ ܟܠܗ ܐܪܥܐ. 36 ܗܘܘ ܗܟܝܠ ܥܝܪܝܢ ܒܟܠܙܒܢ ܘܡܨܠܝܢ܆
ܕܬܫܘܘܢ ܠܡܥܪܩ ܡܢ ܗܠܝܢ ܕܥܬܝܕܢ ܠܡܗܘܐ. ܘܬܩܘܡܘܢ ܩܕܡ ܒܪܗ ܕܐܢܫܐ܀
37 ܘܐܝܡܡܐ ܕܝܢ ܡܠܦ ܗܘܐ ܒܗܝܟܠܐ. ܘܒܠܠܝܐ ܢܦܩ ܗܘܐ ܒܐܬ ܠܛܘܪܐ ܕܡܬܩܪܐ
ܕܒܝܬ ܙܝܬܐ. 38 ܘܟܠܗ ܥܡܐ ܡܩܕܡܝܢ ܗܘܘ ܠܘܬܗ ܠܗܝܟܠܐ. ܠܡܫܡܥܗ ܡܠܘܗܝ܀
1 ܩܪܝܒ ܗܘܐ ܕܝܢ ܥܐܕܐ ܕܦܛܝܪܐ ܕܡܬܩܪܐ ܦܨܚܐ. 2 ܘܒܥܝܢ ܗܘܘ ܪ̈ܒܝ ܟܗܢܐ Cap. xxii.
ܘܣܦܪ̈ܐ. ܕܐܝܟܢܐ ܢܩܛܠܘܢܝܗܝ. ܕܚܠܝܢ ܗܘܘ ܓܝܪ ܡܢ ܥܡܐ܀ 3 ܥܠ ܗܘܐ ܕܝܢ ܣܛܢܐ
ܒܝܗܘܕܐ ܕܡܬܩܪܐ ܣܟܪܝܘܛܐ. ܕܐܝܬܘܗܝ ܗܘܐ ܡܢ ܡܢܝܢܐ ܕܬܪܥܣܪ. 4 ܘܐܙܠ ܡܠܠ
ܥܡ ܪ̈ܒܝ ܟܗܢܐ ܘܣܦܪ̈ܐ ܘܥܡ ܫܠܝܛܐ ܕܗܝܟܠܐ. ܐܝܟ ܕܢܫܠܡܝܘܗܝ ܠܗܘܢ܀ 5 ܘܚܕܝܘ.
ܘܐܩܝܡܘ ܕܢܬܠܘܢ ܠܗ ܟܣܦܐ. 6 ܘܐܫܬܘܕܝ ܠܗܘܢ. ܘܒܥܐ ܗܘܐ ܥܠܬܐ ܕܢܫܠܡܝܘܗܝ
ܠܗܘܢ. ܕܠܐ ܡܢ ܥܡܐ܀
7 ܘܡܛܐ ܝܘܡܐ ܕܦܛܝܪܐ܆ ܕܒܗ ܙܕܩ ܗܘܐ ܥܕܢܐ ܕܢܬܢܟܣ ܦܨܚܐ. 8 ܘܫܕܪ ܫܡܥܘܢ
ܟܐܦܐ ܘܠܝܘܚܢܢ. ܘܐܡܪ ܠܗܘܢ܆ ܙܠܘ ܛܝܒܘ ܠܢ ܦܨܚܐ ܕܢܐܟܘܠ. 9 ܗܢܘܢ ܕܝܢ
ܐܡܪܘ ܠܗ. ܐܝܟܐ ܨܒܐ ܐܢܬ ܕܢܛܝܒ. 10 ܐܡܪ ܠܗܘܢ܆ ܗܐ ܡܐ ܕܥܐܠܝܢ ܐܢܬܘܢ
ܠܡܕܝܢܬܐ. ܦܓܥ ܒܟܘܢ ܓܒܪܐ ܕܫܩܝܠ ܩܠܬܐ ܕܡܝܐ ܙܠܘ ܒܬܪܗ. 11 ܘܐܝܟܐ ܕܥܐܠ
ܐܡܪܘ ܠܡܪܗ ܕܒܝܬܐ. ܪܒܢ ܐܡܪ. ܐܝܟܘ ܒܝܬ ܡܫܪܝܐ. ܐܝܟܐ ܕܐܟܘܠ ܦܨܚܐ ܥܡ
ܬܠܡܝܕܝ. 12 ܘܗܘ ܢܚܘܐ ܠܟܘܢ ܥܠܝܬܐ ܚܕܐ ܪܒܬܐ ܕܡܫܘܝܐ. ܬܡܢ ܛܝܒܘ.
13 ܘܐܙܠܘ ܐܫܟܚܘ ܐܝܟ ܕܐܡܪ ܠܗܘܢ܆ ܘܛܝܒܘ ܦܨܚܐ܀
14 ܘܟܕ ܗܘܐ ܥܕܢܐ. ܐܬܐ ܝܫܘܥ ܐܣܬܡܟ. ܘܬܪܥܣܪ ܫܠܝܚܐ ܥܡܗ܀ 15 ܘܐܡܪ
ܠܗܘܢ. ܪܓܬܐ ܪܓܝܬ܆ ܕܗܢܐ ܦܨܚܐ ܐܟܘܠ ܥܡܟܘܢ ܥܕܠܐ ܐܚܫ. 16 ܐܡܪ ܐܢܐ ܠܟܘܢ
ܓܝܪ܆ ܕܡܟܝܠ ܠܐ ܐܟܠܝܘܗܝ. ܥܕܡܐ ܕܢܫܬܠܡ ܒܡܠܟܘܬܗ ܕܐܠܗܐ܀ [17 ܘܢܣܒ ܟܣܐ
ܘܐܘܕܝ ܘܐܡܪ. ܣܒܘ ܗܢܐ ܘܦܠܓܘܗܝ ܒܝܢܝܟܘܢ. 18 ܐܡܪ ܐܢܐ ܓܝܪ ܠܟܘܢ܆ ܕܠܐ ܐܫܬܐ ܡܢ
ܡܟܝܠ ܡܢ ܦܐܪܐ ܕܓܦܬܐ ܥܕܡܐ ܕܬܐܬܐ ܡܠܟܘܬܗ ܕܐܠܗܐ.] 19 ܘܢܣܒ ܠܚܡܐ ܘܐܘܕܝ. ܘܩܨܐ. ܘܝܗܒ
ܠܗܘܢ. ܘܐܡܪ. ܗܢܘ ܦܓܪܝ ܕܥܠ ܐܦܝܟܘܢ ܡܬܝܗܒ. ܗܟܢܐ ܗܘܝܬܘܢ ܥܒܕܝܢ
ܠܥܘܗܕܢܝ܀ 20 ܘܗܟܢܐ ܐܦ ܥܠ ܟܣܐ. ܡܢ ܒܬܪ ܕܐܚܫܡܘ. ܐܡܪ. ܗܢܐ ܟܣܐ ܕܝܬܩܐ ܚܕܬܐ

ܓܝܕܐ. ܘܝܠܬܡܣܘܢ ܡܫܐܗܕܬܟ ܀ 21 ܚܝܢ ܗܘ ܐܝܕܗ ܘܡܫܬܡܥܝܢ ܥܠܝ ܦܥܠܗܐ. 22 ܘܟܐܢܘ
ܘܐܢܬܠܘ ܐܠܝ ܐܠܡܪܟܒ ܘܐܠܬܠܡܝܕ. ܚܝܢ ܗܘ ܦܝ ܠܝܠܗ ܥܒܪܐ. ܘܐܠܪܝܚ ܥܨܦܬ ܀ 23 ܘܡܥܗܡ
ܘܐܠܡܘܓ ܥܠܝܗܡ. ܘܩܐܠܘ ܠܗ ܡܥܠܡܢܐ. ܗܘ ܕܗܒ ܚܬܝ ܠܡܠܟ ܀܀܀
24 ܗܘܐ ܕܝܢ ܐܦ ܢܐܝܡܐ ܦܝ ܐܠܡܪܟܒ. ܘܩܡ ܐܝܫ ܠܗܡ ܪܒ. 25 ܗܘ ܕܝܢ ܝܣܘܥ ܐܡܪ
ܠܗܡ. ܡܠܟܝܬܗܡ ܕܠܩܝܡܬ ܡܝܬܗܡ ܐܝܢ. ܘܡܠܟܝܢ ܠܗܡ ܠܟܠܗܡ. ܠܟܢ ܓܠܝܠܐ
ܡܟܐܦܝܢ. 26 ܐܝܢܐ ܕܝܢ. ܠܐ ܗܠܓܠ. ܐܠܐ ܐܢܣܐܢ ܕܪ ܠܗܡ. ܝܘܦܐ ܐܝܪ ܐܒܠܦܐ. ܘܐܢܣܐ
ܕܪܘܐ ܗܘ. ܐܝܪ ܡܫܡܫܢܐ. 27 ܡܠܟܗ ܓܪ ܦܐ. ܗܘ ܕܡܫܝܢ. ܐܘ ܗܘ ܕܡܫܡܫܝܢ. ܠܐ ܗܘܐ
ܗܘ ܕܡܫܝܢ. ܐܢܐ ܕܝܢ ܐܝܬ ܒܠܝܠܗܡ. ܐܝܪ ܗܘ ܕܡܫܡܫܝܢ ܀ 28 ܐܝܢܐ ܐܠܝ ܕܝܢ
ܕܒܠܝܬܗ ܠܗܝܬ ܠܢܦܫܝܢ. 29 ܘܐܢܐ ܡܫܬܠܡܐ ܐܢܐ ܠܟܠܗ. ܐܝܪ ܕܐܫܬܠܡܝܢ ܒܝ ܐܒܝ.
ܡܠܟܘܬܐ. 30 ܕܬܐܒܠܗ ܘܬܐܫܬܗ ܥܠܝ ܦܬܘܪܐ ܘܡܠܟܘܬܐ ܕܡܠܟ. ܘܬܬܒܠܗ ܥܠܝ
ܟܘܪܣܘܬܐ. ܘܬܕܝܢܘܢ ܠܐܒܛܐ ܫܒܛܐ ܕܐܝܣܪܐܝܠ ܀
31 ܘܐܡܪ ܝܫܘܥ ܠܫܡܥܘܢ. ܫܡܥܘܢ. ܗܐ ܣܛܢܐ ܫܐܠ ܕܢܪܒܠܟܘܢ ܐܝܪ ܕܚܛܐ.
32 ܘܐܢܐ ܒܥܝܬ ܥܠܝܟ ܕܠܐ ܬܚܣܪ ܗܝܡܢܘܬܟ. ܐܦ ܐܢܬ ܒܙܒܢ ܬܬܦܢܐ ܘܬܫܪܪ ܐܚܝܟ ܀
33 ܫܡܥܘܢ ܕܝܢ ܐܡܪ ܠܗ. ܡܪܝ. ܥܡܟ ܡܛܝܒ ܐܢܐ. ܘܠܒܝܬ ܐܣܝܪܐ. ܘܠܡܘܬܐ.
34 ܐܡܪ ܠܗ ܝܫܘܥ. ܐܡܪ ܐܢܐ ܠܟ ܫܡܥܘܢ. ܕܠܐ ܢܩܪܐ ܬܪܢܓܠܐ ܝܘܡܢܐ: ܥܕܡܐ ܕܬܟܦܘܪ
ܒܝ ܬܠܬ ܙܒܢܝܢ. 35 ܘܐܡܪ ܠܗܘܢ. ܟܕ ܫܕܪܬܟܘܢ. ܕܠܐ ܟܝܣܐ ܘܠܐ ܬܪܡܠܐ
ܘܡܣܐܢܐ. ܠܡܐ: ܚܣܪ ܠܟܘܢ ܡܕܡ. ܐܡܪܝܢ ܠܗ. ܘܠܐ ܡܕܡ. 36 ܐܡܪ ܠܗܘܢ. ܡܢ
ܗܫܐ ܡܢ ܕܐܝܬ ܠܗ ܟܝܣܐ ܢܣܒ. ܘܗܟܢܐ ܐܦ ܬܪܡܠܐ. ܘܡܢ ܕܠܝܬ ܠܗ ܣܝܦܐ. ܢܙܒܢ
ܢܚܬܗ ܘܢܙܒܢ ܠܗ ܣܝܦܐ. 37 ܐܡܪ ܐܢܐ ܠܟܘܢ ܓܝܪ: ܕܐܦ ܗܕܐ ܕܟܬܝܒܐ ܘܠܐ ܕܬܫܬܠܡ
ܒܝ: ܕܥܡ ܥܘܠܐ ܐܬܡܢܝ. ܟܠܗܝܢ ܓܝܪ ܕܥܠܝ ܐܬܡܠܝܝ ܀ 38 ܘܗܢܘܢ ܐܡܪܝܢ ܠܗ.
ܡܪܢ. ܗܐ ܬܪܬܝܢ ܣܝܦܝܢ ܬܪܟܐ. ܐܡܪ ܠܗܘܢ. ܣܦܩܝܢ ܀
39 ܘܢܦܩ ܘܐܙܠ ܐܝܟ ܕܡܥܝܕ ܗܘܐ ܠܛܘܪܐ ܕܒܝܬ ܙܝܬܐ. ܘܐܙܠܘ ܒܬܪܗ ܐܦ
ܬܠܡܝܕܘܗܝ ܀ 40 ܘܟܕ ܡܛܐ ܠܕܘܟܬܐ ܐܡܪ ܠܗܘܢ. ܨܠܘ. ܕܠܐ ܬܥܠܘܢ ܠܢܣܝܘܢܐ ܀
41 ܘܗܘ ܦܪܫ ܡܢܗܘܢ. ܐܝܟ ܡܫܕܝ ܟܐܦܐ. ܘܣܡ ܒܘܪܟܘܗܝ ܘܡܨܠܐ ܗܘܐ 42 ܘܐܡܪ. ܐܒܐ.
ܐܢ ܨܒܐ ܐܢܬ. ܬܥܒܪ ܟܣܐ ܗܢܐ. ܒܪܡ ܠܐ ܨܒܝܢܝ. ܐܠܐ ܕܝܠܟ ܢܗܘܐ ܀ 43 ܘܐܬܚܙܝ ܠܗ
ܡܠܐܟܐ ܡܢ ܫܡܝܐ ܕܡܚܝܠ ܠܗ. 44 ܘܟܕ ܗܘܐ ܒܕܚܠܬܐ ܐܨܠܝܬܐ ܡܨܠܐ ܗܘܐ. ܘܗܘܬ
ܕܘܝܬܗ ܐܝܟ ܢܛܦܐ ܕܕܡܐ. ܘܢܦܠܬ ܥܠ ܐܪܥܐ ܀ 45 ܘܩܡ ܡܢ ܨܠܘܬܗ. ܘܐܬܐ ܠܘܬ
ܬܠܡܝܕܘܗܝ. ܘܐܫܟܚ ܐܢܘܢ ܕܕܡܝܟܝܢ ܡܢ ܥܩܬܐ. 46 ܘܐܡܪ ܠܗܘܢ: ܡܢܐ ܕܡܟܝܢ
ܐܢܬܘܢ. ܩܘܡܘ ܨܠܘ ܕܠܐ ܬܥܠܘܢ ܠܢܣܝܘܢܐ ܀
47 ܘܥܕ ܗܘ ܡܡܠܠ. ܗܐ ܟܢܫܐ. ܘܗܘ ܕܡܬܩܪܐ ܝܗܘܕܐ: ܚܕ ܡܢ ܬܪܥܣܪ ܐܬܐ

ܩܕܡܝܗܘܢ: ܘܩܪܒ ܠܘܬ ܝܫܘܥ. ܘܢܫܩܗ. ܗܢܐ ܓܝܪ ܐܬܐ ܝܗܒ ܗܘܐ ܠܗܘܢ. ܕܐܝܢܐ
ܕܢܫܩ ܐܢܐ ܗܘܝܘ ܀ 48 ܐܡܪ ܠܗ ܝܫܘܥ. ܝܗܘܕܐ ܒܢܘܫܩܬܐ ܡܫܠܡ ܐܢܬ ܠܗ
ܠܒܪܗ ܕܐܢܫܐ ܀ 49 ܟܕ ܚܙܘ ܕܝܢ ܐܝܠܝܢ ܕܥܡܗ ܡܕܡ ܕܗܘܐ. ܐܡܪܝܢ ܠܗ. ܡܪܢ.
ܢܡܚܐ ܐܢܘܢ ܒܣܟܝ̈ܢܐ. 50 ܘܡܚܐ ܚܕ ܡܢܗܘܢ ܠܥܒܕܗ ܕܪܒ ܟܘܡܪ̈ܐ ܘܢܣܒܗ ܐܕܢܗ
ܕܝܡܝܢܐ ܀ 51 ܥܢܐ ܕܝܢ ܝܫܘܥ. ܘܐܡܪ. ܫܒܘ ܥܕܡܐ ܠܗܕܐ. ܘܩܪܒ ܠܐܕܢܗ ܕܗܘ ܕܐܬܡܚܝ.
ܘܐܣܝܗ. 52 ܘܐܡܪ ܝܫܘܥ ܠܗܢܘܢ ܕܐܬܘ ܥܠܘܗܝ: ܪ̈ܒܝ ܟܘܡܪ̈ܐ ܘܩܫܝ̈ܫܐ ܘܪ̈ܫܝ
ܚܝܠܐ ܕܗܝܟܠܐ: ܐܝܟ ܕܥܠ ܓܝܣܐ ܢܦܩܬܘܢ ܠܝ ܒܣܝ̈ܦܐ ܘܒܚܘܛܪ̈ܐ ܠܡܐܚܕܢܝ.
53 ܟܠܝܘܡ ܥܡܟܘܢ ܗܘܝܬ ܒܗܝܟܠܐ. ܘܠܐ ܐܘܫܛܬܘܢ ܥܠܝ ܐܝ̈ܕܝܐ. ܐܠܐ ܗܕܐ ܗܝ ܫܥܬܟܘܢ
ܘܫܘܠܛܢܐ ܕܚܫܘܟܐ ܀ 54 ܘܐܚܕܘܗܝ ܐܝܬܝܘܗܝ ܠܒܝܬܗ ܕܪܒ ܟܘܡܪ̈ܐ. ܘܫܡܥܘܢ ܐܬܐ ܗܘܐ
ܒܬܪܗ ܡܢ ܪܘܚܩܐ. 55 ܐܚܕܘ ܕܝܢ ܢܘܪܐ ܒܡܨܥܬ ܕܪܬܐ. ܘܝܬܒܝܢ ܗܘܘ ܚܕܪܝܗ. ܘܝܬܒ
ܗܘܐ ܐܦ ܗܘ ܫܡܥܘܢ ܒܝܢܬܗܘܢ ܀ 56 ܘܚܙܬܗ ܥܠܝܡܬܐ ܚܕܐ ܕܝܬܒ ܠܘܬ ܢܘܪܐ.
ܘܚܪܬ ܒܗ. ܘܐܡܪܐ. ܐܦ ܗܢܐ ܥܡܗ ܗܘܐ. 57 ܗܘ ܕܝܢ ܟܦܪ ܘܐܡܪ. ܐܢܬܬܐ. ܠܐ ܝܕܥ
ܐܢܐ ܠܗ. 58 ܘܒܬܪ ܩܠܝܠ ܚܙܝܗܝ ܐܚܪܢܐ. ܘܐܡܪ ܠܗ. ܐܦ ܐܢܬ ܡܢܗܘܢ ܐܢܬ.
ܟܐܦܐ ܕܝܢ ܐܡܪ. ܠܐ ܗܘܝܬ. 59 ܘܒܬܪ ܫܥܬܐ ܚܕܐ. ܐܚܪܢܐ ܡܫܪܪ ܗܘܐ ܘܐܡܪ. ܒܫܪܪܐܝܬ
ܐܦ ܗܢܐ ܥܡܗ ܗܘܐ. ܐܦ ܓܠܝܠܝܐ ܗܘ ܓܝܪ. 60 ܐܡܪ ܟܐܦܐ. ܓܒܪܐ ܠܐ ܝܕܥ ܐܢܐ ܡܢܐ
ܐܡܪ ܐܢܬ. ܘܡܚܕܐ ܟܕ ܗܘ ܡܡܠܠ. ܩܪܐ ܬܪܢܓܠܐ. 61 ܘܐܬܦܢܝ ܝܫܘܥ. ܘܚܪ ܒܟܐܦܐ.
ܘܐܬܕܟܪ ܫܡܥܘܢ ܡܠܬܗ ܕܡܪܢ. ܕܐܡܪ ܗܘܐ ܠܗ: ܕܥܕܠܐ ܢܩܪܐ ܬܪܢܓܠܐ ܬܟܦܘܪ ܒܝ
ܬܠܬ ܙܒ̈ܢܝܢ. 62 ܘܢܦܩ ܠܒܪ ܫܡܥܘܢ: ܒܟܐ ܡܪܝܪܐܝܬ ܀
63 ܘܓܒܪ̈ܐ ܕܐܚܝܕܝܢ ܗܘܘ ܠܝܫܘܥ: ܡܒܙܚܝܢ ܗܘܘ ܒܗ. ܘܡܚܦܝܢ ܗܘܘ ܠܗ.
64 ܘܡܚܝܢ ܗܘܘ ܠܗ ܥܠ ܐܦ̈ܘܗܝ. ܘܐܡܪܝܢ. ܐܬܢܒܐ ܡܢܘ ܡܚܟ. 65 ܘܐܚܪ̈ܢܝܬܐ ܣܓܝ̈ܐܬܐ
ܡܓܕܦܝܢ ܗܘܘ ܘܐܡܪܝܢ ܥܠܘܗܝ ܀ 66 ܘܟܕ ܢܓܗ. ܐܬܟܢܫܘ ܩܫܝ̈ܫܐ ܘܪ̈ܒܝ ܟܘܡܪ̈ܐ
ܘܣܦܪ̈ܐ. ܘܐܣܩܘܗܝ ܠܒܝܬ ܟܢܘܫܬܗܘܢ. 67 ܘܐܡܪܝܢ ܠܗ. ܐܢ ܐܢܬ ܗܘ ܡܫܝܚܐ ܐܡܪ
ܠܢ. ܐܡܪ ܠܗܘܢ. ܐܢ ܐܡܪ ܠܟܘܢ. ܠܐ ܡܗܝܡܢܝܢ ܐܢܬܘܢ. 68 ܘܐܢ ܐܫܐܠܟܘܢ. ܠܐ ܡܦܢܝܢ
ܐܢܬܘܢ ܠܝ ܦܬܓܡܐ. ܐܘ ܫܪܝܢ ܐܢܬܘܢ ܠܝ. 69 ܡܢ ܗܫܐ ܢܗܘܐ ܒܪܗ ܕܐܢܫܐ ܝܬܒ
ܡܢ ܝܡܝܢܐ ܕܚܝܠܐ ܕܐܠܗܐ ܀ 70 ܐܡܪܝܢ ܕܝܢ ܟܠܗܘܢ. ܐܢܬ ܗܘ ܗܟܝܠ ܒܪܗ ܕܐܠܗܐ.
ܐܡܪ ܠܗܘܢ ܝܫܘܥ. ܐܢܬܘܢ ܐܡܪܝܢ ܐܢܬܘܢ ܕܐܢܐ ܐܢܐ ܀ 71 ܐܡܪܝܢ. ܡܢܐ ܬܘܒ ܡܬܒܥܝܢ
ܠܢ ܣܗܕܘܬܐ. ܚܢܢ ܓܝܪ ܫܡܥܢ ܡܢ ܦܘܡܗ ܀
1 ܘܩܡܘ ܟܠܗ ܟܢܫܗܘܢ. ܘܐܝܬܝܘܗܝ ܠܘܬ ܦܝܠܛܘܣ ܀ 2 ܘܫܪܝܘ ܐܟܠܝܢ ܩܪܨܘ̈ܗܝ. Cap. xxiii
ܘܐܡܪܝܢ. ܠܗܢܐ ܐܫܟܚܢ ܕܡܛܥܐ ܠܥܡܢ. ܘܟܠܐ ܕܢܬܠ ܟܣܦ ܪܫܐ ܠܩܣܪ. ܠܐ ܢܬܠ. ܘܐܡܪ
ܥܠ ܢܦܫܗ. ܕܡܫܝܚܐ ܗܘ ܡܠܟܐ ܀ 3 ܦܝܠܛܘܣ ܕܝܢ ܫܐܠܗ. ܘܐܡܪ ܠܗ. ܐܢܬ ܗܘ

ܡܠܟܐ ܕܝܗܘܕܝܐ. ܐܡܪ ܠܗ ܝܫܘܥ. ܐܢܬ ܐܡܪܬ ܀ 4 ܘܐܡܪ ܦܝܠܛܘܣ ܠܪ̈ܒܝ ܟܗܢܐ
ܘܠܟܢܫܐ. ܐܢܐ ܡܕܡ ܥܠܬܐ ܠܐ ܡܫܟܚ ܐܢܐ ܥܠ ܓܒܪܐ ܗܢܐ. 5 ܗܢܘܢ ܕܝܢ ܡܬܚܣܢܝܢ
ܗܘܘ. ܘܐܡܪܝܢ. ܕܡܙܝܥ ܠܥܡܢ. ܟܕ ܡܠܦ ܒܟܠܗ ܝܗܘܕ. ܘܫܪܝ ܡܢ ܓܠܝܠܐ.
ܘܥܕܡܐ ܠܗܪܟܐ ܀
6 ܦܝܠܛܘܣ ܕܝܢ ܟܕ ܫܡܥ ܫܡܐ ܕܓܠܝܠܐ. ܫܐܠ ܕܐܢ ܓܒܪܐ ܗܘ ܓܠܝܠܝܐ. 7 ܘܟܕ ܕܚܝܐ ܕܥ
ܝܕܥ ܕܡܢ ܫܘܠܛܢܗ ܗܘ ܕܗܪܘܕܣ. ܫܕܪܗ ܠܘܬ ܗܪܘܕܣ. ܡܛܠ ܕܐܦ ܗܘ ܒܐܘܪܫܠܡ
ܗܘܐ ܒܗܠܝܢ ܝܘ̈ܡܬܐ. 8 ܗܪܘܕܣ ܕܝܢ ܟܕ ܚܙܝܗ ܠܝܫܘܥ. ܚܕܝ ܠܗ. ܪܓܐ ܗܘܐ ܓܝܪ
ܠܡܚܙܝܗ ܡܢ ܙܒܢܐ ܣܓܝܐܐ. ܡܛܠ ܕܫܡܥ ܗܘܐ ܥܠܘܗܝ ܣܓܝܐܬܐ. ܘܡܣܒܪ ܗܘܐ
ܕܡܕܡ ܐܬܐ ܢܚܙܐ ܡܢܗ. 9 ܘܫܐܠܗ ܣܓܝܐܬܐ ܡܫܐܠ ܗܘܐ ܠܗ. ܝܫܘܥ ܕܝܢ. ܡܕܡ
ܦܬܓܡܐ ܠܐ ܐܗܦܟ ܠܗ ܀ 10 ܩܝܡܝܢ ܗܘܘ ܕܝܢ ܪ̈ܒܝ ܟܗܢܐ ܘܣܦܪ̈ܐ. ܘܒܚܪܝܨܘܬ ܐܟܠܝܢ ܗܘܘ
ܩܪ̈ܨܘܗܝ. 11 ܗܪܘܕܣ ܕܝܢ ܫܛܗ ܗܘ ܘܦܠܚܘ̈ܗܝ. ܘܟܕ ܡܒܙܚ. ܐܠܒܫܗ ܠܒܘܫܐ
ܕܙܚܘܪܝܬܐ ܘܫܕܪܗ ܠܘܬ ܦܝܠܛܘܣ. 12 ܘܒܗ ܒܝܘܡܐ. ܗܘܘ ܪ̈ܚܡܐ ܦܝܠܛܘܣ ܘܗܪܘܕܣ
ܥܡ ܚܕ̈ܕܐ. ܕܒܥܠܕܒܒܘܬܐ ܗܘܘ ܓܝܪ ܡܢ ܩܕܝܡ ܒܝܢܬܗܘܢ ܀ 13 ܩܪܐ ܕܝܢ ܦܝܠܛܘܣ
ܠܪ̈ܒܝ ܟܗܢܐ ܘܠܐܪ̈ܟܘܢܐ ܘܠܥܡܐ. 14 ܘܐܡܪ ܠܗܘܢ. ܩܪܒܬܘܢ ܠܝ ܠܓܒܪܐ ܗܢܐ ܐܝܟ
ܡܗܦܟ ܠܥܡܟܘܢ. ܘܗܐ ܐܢܐ ܒܩܥܬܗ ܠܥܝܢܝܟܘܢ. ܘܥܠܬܐ ܡܕܡ ܠܐ ܐܫܟܚܬ ܒܓܒܪܐ
ܗܢܐ. ܡܢ ܟܠ ܕܡܪܢܝܢ ܐܢܬܘܢ ܥܠܘܗܝ. 15 ܐܦܠܐ ܗܪܘܕܣ. ܫܕܪܬܗ ܓܝܪ ܠܘܬܗ. ܘܗܐ
ܠܐ ܡܕܡ ܕܫܘܐ ܠܡܘܬܐ ܥܒܝܕ ܠܗ. 16 ܐܪܕܝܘܗܝ ܗܟܝܠ ܘܐܫܒܩܝܘܗܝ ܀ 17 ܥܝܕܐ ܓܝܪ
ܐܝܬ ܗܘܐ ܕܢܫܪܐ ܠܗܘܢ ܚܕ ܒܥܐܕܐ. 18 ܩܥܘ ܕܝܢ ܟܠܗ ܟܢܫܐ ܘܐܡܪܝܢ. ܫܩܘܠܝܗܝ
ܠܗܢܐ. ܘܫܪܝ ܠܢ ܠܒܪ ܐܒܐ. 19 ܗܘ ܐܝܢܐ ܕܡܛܠ ܐܣܛܣܝܣ ܕܗܘܬ ܒܡܕܝܢܬܐ ܘܩܛܠܐ.
ܪܡܐ ܗܘܐ ܒܝܬ ܐܣܝܪ̈ܐ ܀ 20 ܬܘܒ ܕܝܢ ܡܠܠ ܥܡܗܘܢ ܦܝܠܛܘܣ. ܟܕ ܨܒܐ ܕܢܫܪܐ
ܠܝܫܘܥ. 21 ܗܢܘܢ ܕܝܢ ܩܥܝܢ ܗܘܘ. ܘܐܡܪܝܢ. ܐܙܩܦܝܗܝ ܐܙܩܦܝܗܝ ܀ 22 ܗܘ ܕܝܢ
ܕܬܠܬ ܙܒ̈ܢܝܢ. ܐܡܪ ܠܗܘܢ. ܡܢܐ ܓܝܪ ܕܒܝܫ ܥܒܕ ܗܢܐ. ܡܕܡ ܥܠܬܐ ܕܡܘܬܐ
ܠܐ ܐܫܟܚܬ ܒܗ. ܐܪܕܝܘܗܝ ܗܟܝܠ ܘܐܫܒܩܝܘܗܝ. 23 ܗܢܘܢ ܕܝܢ. ܐܬܚܦܝܘ ܗܘܘ ܒܩܠܐ ܪܡܐ.
ܘܫܐܠܝܢ ܗܘܘ ܠܗ ܕܢܙܕܩܦܝܘܗܝ. ܘܙܟܐ ܗܘܐ ܩܠܗܘܢ ܕܝܠܗܘܢ ܘܕܪ̈ܒܝ ܟܗܢܐ ܀
24 ܦܝܠܛܘܣ ܕܝܢ ܦܩܕ ܕܬܗܘܐ ܫܐܠܬܗܘܢ. 25 ܘܫܪܐ ܠܗܘܢ ܠܗܘ ܕܡܛܠ ܐܣܛܣܝܣ
ܘܩܛܠܐ ܪܡܐ ܗܘܐ ܒܝܬ ܐܣܝܪ̈ܐ. ܗܘ ܕܫܐܠܘ. ܠܝܫܘܥ ܕܝܢ ܐܫܠܡ ܠܨܒܝܢܗܘܢ ܀ 26 ܘܟܕ
ܡܘܒܠܝܢ ܠܗ. ܐܚܕܘ ܠܫܡܥܘܢ ܩܘܪܝܢܝܐ ܕܐܬܐ ܡܢ ܩܪܝܬܐ. ܘܣܡܘ ܥܠܘܗܝ ܙܩܝܦܐ
ܕܢܛܥܘܢ ܒܬܪܗ ܕܝܫܘܥ. 27 ܘܐܬܐ ܗܘܐ ܒܬܪܗ ܣܘܓܐܐ ܕܥܡܐ. ܘܢܫ̈ܐ ܐܝܠܝܢ ܕܡܬܐܦܝܢ
ܗܘ̈ܝ. ܘܐܠܝܢ ܠܗ. 28 ܘܐܬܦܢܝ ܝܫܘܥ ܠܘܬܗܝܢ ܘܐܡܪ. ܒܢܬ ܐܘܪܫܠܡ ܠܐ ܬܒܟܝܢ
ܥܠܝ. ܒܪܡ ܥܠ ܢܦܫܟܝܢ ܒܟܝܝܢ. ܘܥܠ ܒܢܝܟܝܢ. 29 ܕܗܐ ܐܬܝܢ ܝܘ̈ܡܬܐ ܕܒܗܘܢ

ܬܐܡܪܘܢ. ܛܘܒܝܗܝܢ ܠܥܩܪ̈ܬܐ ܘܠܟܪ̈ܣܬܐ ܕܠܐ ܝܠܕ̈: ܘܠܬ̈ܕܝܐ ܕܠܐ ܐܝܢܩܘ. 30 ܗܝܕܝܢ
ܬܐܡܪܘܢ ܠܛܘܪ̈ܐ. ܕܦܠܘ ܥܠܝܢ. ܘܠܪ̈ܡܬܐ ܕܚܦܝܢ. 31 ܕܐܢ ܒܩܝܣܐ ܪܛܝܒܐ
ܗܟܢܐ ܥܒܕܝܢ. ܒܝܒܫܐ ܡܢܐ ܢܗܘܐ. 32 ܘܐܝܬܝܘ ܗܘܘ ܥܡܗ ܬܪܝܢ ܐܚܪ̈ܢܝܢ ܥܒܕ̈ܝ
ܒܝܫܬܐ. ܕܢܬܩܛܠܘܢ ✣ 33 ܘܟܕ ܐܬܘ ܠܕܘܟܬܐ ܕܡܬܩܪܝܐ ܩܪܩܦܬܐ. ܙܩܦܘܗܝ ܬܡܢ.
ܠܗ ܘܠܗܢܘܢ ܥܒܕ̈ܝ ܒܝܫܬܐ. ܚܕ ܡܢ ܝܡܝܢܗ. ܘܚܕ ܡܢ ܣܡܠܗ ✣ 34 ܗܘ ܕܝܢ ܝܫܘܥ
ܐܡܪ ܗܘܐ. ܐܒܝ ܫܒܘܩ ܠܗܘܢ. ܠܐ ܓܝܪ ܝܕܥܝܢ ܡܢܐ ܥܒܕܝܢ ✣ ܘܦܠܓܘ ܢܚ̈ܬܘܗܝ.
ܘܐܪܡܝܘ ܥܠܝܗܘܢ ܦܣܐ. 35 ܩܐܡ ܗܘܐ ܕܝܢ ܥܡܐ ܘܚܙܐ. ܘܡܡܝܩܝܢ ܗܘܘ ܒܗ ܐܦ
ܐܪ̈ܟܘܢܐ ܘܐܡܪܝܢ. ܠܐܚܪ̈ܢܐ ܐܚܝ. ܢܚܐ ܢܦܫܗ. ܐܢ ܗܘܝܘ ܡܫܝܚܐ ܓܒܝܗ ܕܐܠܗܐ.
36 ܘܡܒܙܚܝܢ ܗܘܘ ܒܗ ܐܦ ܐܣܛܪ̈ܛܝܘܛܐ. ܟܕ ܩܪܒܝܢ ܠܘܬܗ. ܘܡܩܪܒܝܢ ܠܗ ܚܠܐ.
37 ܘܐܡܪܝܢ ܠܗ. ܐܢ ܐܢܬ ܗܘ ܡܠܟܐ ܕܝܗܘ̈ܕܝܐ. ܐܚܐ ܢܦܫܟ ✣ 38 ܐܝܬ ܗܘܐ ܕܝܢ ܐܦ
ܟܬܒܐ ܕܟܬܝܒ ܥܠܘܗܝ ܡܢ ܠܥܠ. ܝܘܢܐܝܬ ܘܪ̈ܗܘܡܐܝܬ. ܘܥܒܪܐܝܬ. ܗܢܘ ܡܠܟܐ ܕܝܗܘ̈ܕܝܐ ✣
39 ܚܕ ܕܝܢ ܡܢ ܗܢܘܢ ܥܒܕ̈ܝ ܒܝܫܬܐ ܕܙܩܝܦܝܢ ܗܘܘ ܥܡܗ. ܡܓܕܦ ܗܘܐ ܥܠܘܗܝ
ܘܐܡܪ. ܐܢ ܐܢܬ ܗܘ ܡܫܝܚܐ. ܐܚܐ ܢܦܫܟ. ܘܐܚܐ ܐܦ ܠܢ. 40 ܘܟܐܐ ܒܗ ܚܒܪܗ. ܘܐܡܪ
ܠܗ. ܐܦ ܠܐ ܡܢ ܐܠܗܐ ܕܚܠ ܐܢܬ: ܕܐܦ ܐܢܬ ܒܗ ܐܢܬ ܒܕܝܢܐ. 41 ܘܚܢܢ ܒܟܐܢܘܬ. ܐܝܟ
ܕܫܘܝܢ ܗܘܝܢ ܓܝܪ. ܘܐܝܟ ܕܥܒܕܢ ܐܬܦܪܥܢ. ܗܢܐ ܕܝܢ ܡܕܡ ܕܒܝܫ. ܠܐ ܥܒܕ ܠܗ.
42 ܘܐܡܪ ܠܝܫܘܥ. ܐܬܕܟܪܝܢܝ ܡܪܝ. ܡܐ ܕܐܬܝܬ ܒܡܠܟܘܬܟ. 43 ܐܡܪ ܠܗ ܝܫܘܥ.
ܐܡܝܢ ܐܡܪ ܐܢܐ ܠܟ. ܕܝܘܡܢܐ ܥܡܝ ܬܗܘܐ ܒܦܪܕܝܣܐ ✣

44 ܐܝܬ ܗܘܬ ܕܝܢ ܐܝܟ ܫܥܐ ܫܬ. ܘܗܘܐ ܚܫܘܟܐ ܥܠ ܟܠܗ̇ ܐܪܥܐ. ܥܕܡܐ
ܠܫܥܐ ܬܫܥ. 45 ܘܚܫܟ ܫܡܫܐ. ܘܐܨܛܪܝ ܐܦܝ ܬܪܥܐ ܕܗܝܟܠܐ. ܡܢ ܡܨܥܬܗ ✣
46 ܘܩܪܐ ܝܫܘܥ ܒܩܠܐ ܪܡܐ ܘܐܡܪ. ܐܒܝ. ܒܐܝܕ̈ܝܟ ܣܐܡ ܐܢܐ ܪܘܚܝ. ܗܕܐ ܐܡܪ.
ܘܫܠܡ ✣

47 ܟܕ ܚܙܐ ܕܝܢ ܩܢܛܪܘܢܐ ܡܕܡ ܕܗܘܐ. ܫܒܚ ܠܐܠܗܐ ܘܐܡܪ. ܫܪܝܪܐܝܬ ܗܢܐ ܓܒܪܐ.
ܙܕܝܩܐ ܗܘܐ ✣ 48 ܘܟܠܗܘܢ ܟܢܫ̈ܐ ܐܝܠܝܢ ܕܡܬܟܢܫܝܢ ܗܘܘ ܠܚܙܬܐ ܗܕܐ: ܟܕ ܚܙܘ ܡܕܡ
ܕܗܘܐ. ܗܦܟܘ ܟܕ ܡܛܦܝܢ ܥܠ ܚܕ̈ܝܗܘܢ. 49 ܘܩܝܡܝܢ ܗܘܘ ܡܢ ܪܘܚܩܐ. ܟܠܗܘܢ
ܝܕܘܥ̈ܘܗܝ ܕܝܫܘܥ. ܘܢܫ̈ܐ ܐܝܠܝܢ ܕܐܬ̈ܝ ܗܘ̈ܝ ܥܡܗ ܡܢ ܓܠܝܠܐ. ܘܚܙܝܢ ܗܘܘ ܗܠܝܢ ✣
50 ܓܒܪܐ ܕܝܢ ܚܕ ܕܫܡܗ ܝܘܣܦ ܒܘܠܘܛܐ. ܡܢ ܪܡܬܐ ܡܕܝܢܬܐ ܕܝܗܘܕ. ܓܒܪܐ ܗܘܐ
ܛܒܐ ܘܟܐܢܐ. 51 ܗܢܐ ܠܐ ܐܫܬܘܝ ܗܘܐ ܠܪܥܝܢܗܘܢ. ܘܠܣܘܥܪ̈ܢܗܘܢ. ܘܡܣܟܐ ܗܘܐ
ܠܡܠܟܘܬܐ ܕܐܠܗܐ. 52 ܗܢܐ ܩܪܒ ܠܘܬ ܦܝܠܛܘܣ. ܘܫܐܠ ܦܓܪܗ ܕܝܫܘܥ.
53 ܘܐܚܬܗ ܘܟܪܟܗ ܒܟܬܢܐ ܕܒܘܨܐ. ܘܣܡܗ ܒܩܒܪܐ ܕܢܩܝܪ ܒܟܐܦܐ. ܗܘ ܕܠܐ ܐܢܫ ܥܕܟܝܠ
ܐܬܬܣܝܡ ܗܘܐ ܒܗ. 54 ܘܝܘܡܐ ܥܪܘܒܬܐ ܗܘܐ. ܘܫܒܬܐ ܢܓܗܐ ܗܘܬ ✣ 55 ܢܩ̈ܦܢ ܗܘ̈ܝ

ܕܝܢ ܢܫ̈ܐ ܗܠܝܢ ܕܐܬ̈ܝ ܥܡܗ ܡܢ ܓܠܝܠܐ. ܘܚܙ̈ܝܗ ܠܩܒܪܐ ܘܐܝܟܢܐ ܕܐܬܬܣܝܡ ܦܓܪܗ܀
56 ܘܗܦܟ ܛܝܒܢ ܗܪ̈ܘܡܐ ܘܒܣ̈ܡܐ. ܘܒܫܒܬܐ ܫܠܝ ܐܝܟ ܕܦܩܝܕ܀܀܀܀
Cap. xxiv. ܕܚܕܒܫܒܐ 1 ܒܚܕ ܒܫܒܐ ܕܝܢ܆ ܒܨܦܪܐ ܟܕ ܚܫܘܟ. ܐܬ̈ܝ ܠܒܝܬ ܩܒܘܪܐ. ܘܐܝܬܝ ܗܪ̈ܘܡܐ ܗܠܝܢ
ܕܛܝܒ ܗܘ̈ܝ. ܘܐܝܬ ܗܘ̈ܝ ܠܘܬܗܝܢ ܢܫ̈ܐ ܐܚܪ̈ܢܝܬܐ. 2 ܘܐܫܟܚ ܟܐܦܐ ܕܡܥܓܠܐ ܡܢ ܒܝܬ
ܩܒܘܪܐ. 3 ܘܥܠܝܢ. ܘܠܐ ܐܫܟܚܝ̈ܗܝ ܠܦܓܪܐ ܕܝܫܘܥ. 4 ܘܗܘܐ ܕܟܕ ܗܢܝܢ ܬܡܝ̈ܗܢ
ܥܠ ܗܕܐ. ܗܐ ܬܪ̈ܝܢ ܓܒܪ̈ܝܢ ܩܡܘ ܠܥܠ ܡܢܗܝܢ. ܘܡܒܪܩ ܗܘܐ ܠܒܘܫܗܘܢ.
5 ܘܗܘ̈ܝ ܒܕܚܠܬܐ. ܘܒܩܥ ܐܦ̈ܝܗܝܢ ܒܐܪܥܐ܀ ܘܐܡܪ̈ܝܢ ܠܗܝܢ. ܡܢܐ ܒܥܝܢ ܐܢܬܝܢ ܚܝܐ
ܥܡ ܡܝ̈ܬܐ. 6 ܠܝܬܘܗܝ ܬܢܢ܆ ܩܡ ܠܗ. ܐܬܕܟܪ̈ܝܢ ܕܡܠܠ ܠܟܘܢ ܟܕ ܗܘܐ ܒܓܠܝܠܐ.
7 ܘܐܡܪ ܗܘܐ ܕܥܬܝܕ ܗܘ ܒܪܗ ܕܐܢܫܐ ܕܢܫܬܠܡ ܒܐܝ̈ܕܝ ܐܢܫ̈ܐ ܚܛܝ̈ܐ܆ ܘܢܙܕܩܦ. ܘܠܬܠܬܐ
ܝܘܡܝ̈ܢ ܢܩܘܡ܀ 8 ܘܗܢܝܢ ܐܬܕܟܪ̈ܝ ܠܡܠܘ̈ܗܝ. 9 ܘܗܦܟ ܡܢ ܩܒܪܐ. ܘܐܡܪ̈ܝ ܗܠܝܢ
ܟܠܗܝܢ ܠܚܕܥܣܪ. ܘܠܫܪܟܐ. 10 ܐܝܬܝܗܝܢ ܗܘ̈ܝ ܕܝܢ. ܡܪܝܡ ܡܓܕܠܝܬܐ ܘܝܘܚܢ.
ܘܡܪܝܡ ܐܡܗ ܕܝܥܩܘܒ. ܘܫܪܟܐ ܕܥܡܗܝܢ. ܗܠܝܢ ܕܐܡܪ̈ܢ ܗܘ̈ܝ ܠܫܠܝ̈ܚܐ. 11 ܘܐܬܚܙܝ
ܒܥܝܢܝܗܘܢ ܡ̈ܠܐ ܗܠܝܢ. ܐܝܟ ܫܘܥܝ̈ܬܐ. ܘܠܐ ܗܝܡܢܘ ܐܢܝܢ܀ 12 ܫܡܥܘܢ ܕܝܢ܆ ܩܡ
ܘܪܗܛ ܠܩܒܪܐ. ܘܐܕܝܩ ܚܙܐ ܬܟ̈ܪܟܐ ܕܟܬܢ̈ܐ ܒܠܚܘܕ. ܘܐܙܠ ܟܕ ܡܬܕܡܪ ܒܠܒܗ.
ܥܠ ܡܕܡ ܕܗܘܐ܀

13 ܘܗܐ ܬܪ̈ܝܢ ܡܢܗܘܢ ܒܗ ܒܝܘܡܐ ܐܙܠܝܢ ܗܘܘ ܠܩܪܝܬܐ܆ ܕܫܡܗ ܥܡܐܘܣ.
ܘܪܚܝܩܐ ܡܢ ܐܘܪܫܠܡ ܐܣܛܕ̈ܘܬܐ ܫܬܝܢ. 14 ܘܗܢܘܢ ܡܡܠܠܝܢ ܗܘܘ ܚܕ ܥܡ ܚܕ܆
ܥܠ ܗܠܝܢ ܟܠܗܝܢ ܕܓܕ̈ܫ. 15 ܘܟܕ ܗܢܘܢ ܡܡܠܠܝܢ ܘܒܥܝܢ ܚܕ ܥܡ ܚܕ܆ ܐܬܐ ܗܘ
ܝܫܘܥ. ܘܩܪܒ ܐܢܘܢ܆ ܘܡܗܠܟ ܗܘܐ ܥܡܗܘܢ. 16 ܘܥܝ̈ܢܝܗܘܢ ܐܚܝ̈ܕܢ ܗܘ̈ܝ ܕܠܐ
ܢܫܬܘܕܥܘܢܝܗܝ. 17 ܘܐܡܪ ܠܗܘܢ܆ ܡܢܐ ܐܢܘܢ ܡ̈ܠܐ ܗܠܝܢ ܕܡܡܠܠܝܢ ܐܢܬܘܢ ܚܕ ܥܡ
ܚܕ܆ ܟܕ ܡܗܠܟܝܢ ܐܢܬܘܢ. ܘܟܡܝܪ̈ܝܢ ܐܢܬܘܢ. 18 ܥܢܐ ܚܕ ܡܢܗܘܢ ܕܫܡܗ ܩܠܝܘܦܐ
ܘܐܡܪ ܠܗ. ܐܢܬ ܗܘ ܟܕ ܒܠܚܘܕܝܟ ܢܘܟܪܝܐ ܡܢ ܐܘܪܫܠܡ܆ ܕܠܐ ܝܕܥ ܐܢܬ ܡܕܡ ܕܗܘܐ
ܒܗ ܒܝܘܡܬܐ ܗܠܝܢ. 19 ܐܡܪ ܠܗܘܢ܆ ܡܢܐ. ܐܡܪ̈ܝܢ ܠܗ. ܥܠ ܝܫܘܥ ܗܘ ܕܡܢ
ܢܨܪܬ. ܓܒܪܐ ܕܗܘܐ ܢܒܝܐ. ܘܚܝܠܬܢ ܗܘܐ ܒܡܠܬܐ ܘܒܥܒܕܐ܆ ܩܕܡ ܐܠܗܐ ܘܩܕܡ ܟܠܗ
ܥܡܐ. 20 ܘܐܫܠܡܘܗܝ ܪ̈ܒܝ ܟܗ̈ܢܐ ܘܩܫ̈ܝܫܐ ܠܕܝܢܐ ܕܡܘܬܐ ܘܙܩܦܘܗܝ. 21 ܚܢܢ ܕܝܢ
ܡܣܒܪܝܢ ܗܘܝܢ܆ ܕܗܘܝܘ ܥܬܝܕ ܗܘܐ ܕܢܦܪܘܩܝܘܗܝ ܠܐܝܣܪܝܠ. ܘܗܐ ܬܠܬܐ ܝܘܡܝ̈ܢ ܗܐ
ܡܢ ܕܗܠܝܢ ܟܠܗܝܢ ܗܘ̈ܝ. 22 ܐܠܐ ܐܦ ܢܫ̈ܐ ܡܢܢ ܐܬܡܗ̈ܢ. ܩܕܝܡ ܗܘ̈ܝ ܓܝܪ ܠܒܝܬ
ܩܒܘܪܐ. 23 ܘܟܕ ܠܐ ܐܫܟܚܝ ܦܓܪܗ܆ ܐܬ̈ܝ ܐܡܪ̈ܢ ܠܢ. ܕܡܠܐܟ̈ܐ ܚܙܝܢ ܬܡܢ ܘܐܡܪ̈ܝܢ
ܥܠܘܗܝ. ܕܚܝ ܗܘ. 24 ܘܐܦ ܐܢܫܐ ܡܢܢ ܐܙܠܘ ܠܒܝܬ ܩܒܘܪܐ. ܘܐܫܟܚܘ ܗܟܢܐ ܐܝܟ

ܐܝܟ ܕܐܡܪ̈ ܢܫ̈ܐ. ܠܗ ܕܝܢ ܠܐ ܚܙܘ. 25 ܗܝܕܝܢ ܐܡܪ ܠܗܘܢ ܝܫܘܥ. ܐܘ ܚܣܝܪܝ ܪܥܝܢܐ
ܘܝܩܝܪܝ ܠܒܐ ܠܡܗܝܡܢܘܬܗ ܒܟܠܗܝܢ ܕܡܠܠܘ ܢܒܝܐ: 26 ܠܐ ܗܘܐ ܗܠܝܢ ܙܕܩ
ܗܘܐ ܕܢܚܫ ܡܫܝܚܐ: ܘܢܥܘܠ ܠܫܘܒܚܗ. 27 ܘܫܪܝ ܗܘܐ ܡܢ ܡܘܫܐ. ܘܡܢ
ܟܠܗܘܢ ܢܒܝܐ. ܘܡܦܫܩ ܗܘܐ ܠܗܘܢ ܥܠ ܢܦܫܗ. ܡܢ ܟܠܗܘܢ ܟܬܒܐ. 28 ܘܩܪܒܘ
ܗܘܘ ܠܩܪܝܬܐ ܗܝ ܕܐܙܠܝܢ ܗܘܘ ܠܗ. ܘܗܘ ܡܣܒܪ ܗܘܐ ܠܗܘܢ: ܕܐܝܟ ܕܠܐܬܪܐ
ܪܚܝܩܐ ܐܙܠ ܗܘܐ. 29 ܘܐܠܨܘܗܝ ܘܐܡܪܝܢ ܠܗ. ܩܘܝ ܠܘܬܢ: ܡܛܠ ܕܪܡܫܐ ܗܘܐ
ܘܢܓܗ ܠܗ ܠܡܛܫܟ. ܘܥܠ ܕܢܩܘܐ ܠܘܬܗܘܢ. 30 ܘܗܘܐ ܕܟܕ ܐܣܬܡܟ ܥܡܗܘܢ. ܢܣܒ
ܠܚܡܐ ܘܒܪܟ ܘܩܨܐ ܘܝܗܒ ܠܗܘܢ. 31 ܘܡܚܕܐ ܐܬܦܬܚ ܥܝܢܝܗܘܢ. ܘܐܫܬܘܕܥܘܗܝ.
ܘܗܘ ܐܫܬܩܠ ܠܗ ܡܢܗܘܢ. 32 ܘܐܡܪܝܢ ܗܘܘ ܚܕ ܠܚܕ. ܠܐ ܗܘܐ ܠܒܢ ܝܩܕ ܗܘܐ
ܒܓܘܢ: ܟܕ ܡܡܠܠ ܥܡܢ ܒܐܘܪܚܐ: ܘܡܦܫܩ ܠܢ ܟܬܒܐ. 33 ܘܩܡܘ ܒܗ ܒܫܥܬܐ
ܘܗܦܟܘ ܠܐܘܪܫܠܡ. ܘܐܫܟܚܘ ܠܚܕܥܣܪ ܕܟܢܝܫܝܢ. ܘܠܐܝܠܝܢ ܕܥܡܗܘܢ: 34 ܟܕ ܐܡܪܝܢ.
ܕܫܪܝܪܐܝܬ ܩܡ ܡܪܢ. ܘܐܬܚܙܝ ܠܫܡܥܘܢ. 35 ܘܐܦ ܗܢܘܢ. ܐܫܬܥܝܘ ܐܝܠܝܢ ܕܗܘܝ
ܒܐܘܪܚܐ: ܘܐܝܟܢܐ ܐܬܝܕܥ ܠܗܘܢ. ܟܕ ܩܨܐ ܠܚܡܐ.
36 ܘܟܕ ܗܠܝܢ ܡܡܠܠܝܢ ܗܘܘ. ܝܫܘܥ ܩܡ ܒܝܢܬܗܘܢ. ܘܐܡܪ ܠܗܘܢ. ܫܠܡܐ
ܥܡܟܘܢ. ܐܢܐ ܐܢܐ ܠܐ ܬܕܚܠܘܢ. 37 ܘܗܢܘܢ ܐܬܬܙܝܥܘ. ܘܗܘܘ ܒܕܚܠܬܐ. ܣܒܪܝܢ ܗܘܘ
ܓܝܪ ܕܪܘܚܐ ܚܙܝܢ. 38 ܐܡܪ ܠܗܘܢ ܝܫܘܥ. ܡܢܐ ܡܬܬܙܝܥܝܢ ܐܢܬܘܢ. ܘܠܡܢܐ ܡܣܬܠܩܝܢ
ܡܚܫܒܬܐ ܥܠ ܠܒܘܬܟܘܢ. 39 ܚܙܘ ܐܝܕܝ ܘܪܓܠܝ. ܕܐܢܐ ܐܢܐ. ܓܫܘܢܢܝ ܘܕܥܘ.
ܕܪܘܚܐ ܒܣܪܐ ܘܓܪܡܐ ܠܝܬ ܠܗ. ܐܝܟ ܕܚܙܝܢ ܐܢܬܘܢ ܕܐܝܬ ܠܝ. 40 ܘܟܕ ܗܠܝܢ
ܐܡܪ. ܚܘܝ ܐܢܘܢ ܐܝܕܘܗܝ ܘܪܓܠܘܗܝ. 41 ܘܟܕ ܥܕܟܝܠ ܠܐ ܡܗܝܡܢܝܢ ܗܘܘ
ܡܢ ܚܕܘܬܗܘܢ. ܘܡܬܕܡܪܝܢ ܗܘܘ. ܐܡܪ ܠܗܘܢ. ܐܝܬ ܠܟܘܢ ܗܪܟܐ ܡܕܡ ܠܡܐܟܠ.
42 ܗܢܘܢ ܕܝܢ ܝܗܒܘ ܠܗ ܡܢܬܐ ܡܢ ܢܘܢܐ ܛܘܝܐ ܘܡܢ ܟܘܪܬܐ ܕܕܒܫܐ. 43 ܘܢܣܒ
ܐܟܠ ܠܥܝܢܝܗܘܢ. 44 ܘܐܡܪ ܠܗܘܢ. ܗܠܝܢ ܐܢܝܢ ܡ̈ܠܐ ܕܡܠܠܬ ܥܡܟܘܢ. ܟܕ ܥܡܟܘܢ
ܗܘܝܬ. ܕܘܠܐ ܗܘ ܕܢܫܬܠܡܘܢ ܟܠ ܡܕܡ ܕܟܬܝܒ ܒܢܡܘܣܗ ܕܡܘܫܐ: ܘܒܢܒܝܐ ܘܒܡܙܡܘܪܐ:
ܥܠܝ. 45 ܗܝܕܝܢ ܦܬܚ ܪܥܝܢܗܘܢ ܠܡܣܬܟܠܘ ܒܟܬܒܐ. 46 ܘܐܡܪ ܠܗܘܢ. ܕܗܟܢܐ
ܟܬܝܒ. ܘܗܟܢܐ ܙܕܩ ܗܘܐ ܕܢܚܫ ܡܫܝܚܐ. ܘܢܩܘܡ ܡܢ ܒܝܬ ܡܝ̈ܬܐ ܠܝܘܡܐ ܬܠܝܬܝܐ.
47 ܘܕܢܬܟܪܙ ܒܫܡܗ ܬܝܒܘܬܐ ܠܫܘܒܩܢܐ ܕܚܛܗ̈ܐ ܒܟܠܗܘܢ ܥܡ̈ܡܐ. ܘܫܘܪܝܐ ܢܗܘܐ
ܡܢ ܐܘܪܫܠܡ. 48 ܘܐܢܬܘܢ ܐܢܘܢ ܣܗܕܐ ܕܗܠܝܢ. 49 ܘܐܢܐ ܐܫܕܪ ܠܟܘܢ ܡܘܠܟܢܐ
ܕܐܒܝ. ܐܢܬܘܢ ܕܝܢ ܗܘܘ ܒܐܘܪܫܠܡ ܡܕܝܢܬܐ. ܥܕܡܐ ܕܬܠܒܫܘܢ. ܚܝܠܐ ܡܢ ܪܘܡܐ.
50 ܘܐܦܩ ܐܢܘܢ. ܥܕܡܐ ܠܒܝܬ ܥܢܝܐ. ܘܐܪܝܡ ܐܝܕܘܗܝ. ܘܒܪܟ ܐܢܘܢ. 51 ܘܗܘܐ ܕܟܕ

ܡܒܪܟ ܠܗܘܢ܆ ܐܬܦܪܫ ܡܢܗܘܢ. ܘܣܠܩ ܠܫܡܝܐ܀ 52 ܘܗܢܘܢ ܣܓܕܘ ܠܗ.
ܘܗܦܟܘ ܠܐܘܪܫܠܡ ܒܚܕܘܬܐ ܪܒܬܐ. 53 ܘܒܟܠܙܒܢ ܐܝܬܝܗܘܢ ܗܘܘ ܒܗܝܟܠܐ. ܟܕ ܡܫܒܚܝܢ
ܘܡܒܪܟܝܢ ܠܐܠܗܐ ܐܡܝܢ ܀܀܀

܀ ܫܠܡ ܐܘܢܓܠܝܘܢ ܩܕܝܫܐ ܟܪܘܙܘܬܐ ܕܠܘܩܐ ܕܡܠܠ
ܘܐܟܪܙ ܒܐܠܟܣܢܕܪܝܐ ܪܒܬܐ ܀

ܐܘܢܓܠܝܘܢ ܩܕܝܫܐ ܟܪܘܙܘܬܐ ܕܝܘܚܢܢ

Cap. i. 1 ܒܪܫܝܬ ܐܝܬܘܗܝ ܗܘܐ ܡܠܬܐ. ܘܗܘ ܡܠܬܐ ܐܝܬܘܗܝ ܗܘܐ ܠܘܬ ܐܠܗܐ. ܘܐܠܗܐ
ܐܝܬܘܗܝ ܗܘܐ ܗܘ ܡܠܬܐ. 2 ܗܢܐ ܐܝܬܘܗܝ ܗܘܐ ܒܪܫܝܬ ܠܘܬ ܐܠܗܐ. 3 ܟܠ ܒܐܝܕܗ
ܗܘܐ. ܘܒܠܥܕܘܗܝ ܐܦܠܐ ܚܕܐ ܗܘܬ ܡܕܡ ܕܗܘܐ. 4 ܒܗ ܚܝܐ ܗܘܐ. ܘܚܝܐ ܐܝܬܝܗܘܢ
ܢܘܗܪܐ ܕܒܢܝܢܫܐ. 5 ܘܗܘ ܢܘܗܪܐ ܒܚܫܘܟܐ ܡܢܗܪ. ܘܚܫܘܟܐ ܠܐ ܐܕܪܟܗ. 6 ܗܘܐ ܓܒܪܐ
ܕܐܫܬܕܪ ܡܢ ܐܠܗܐ. ܫܡܗ ܝܘܚܢܢ. 7 ܗܢܐ ܐܬܐ ܠܣܗܕܘܬܐ ܕܢܣܗܕ ܥܠ ܢܘܗܪܐ.
ܕܟܠܢܫ ܢܗܝܡܢ ܒܐܝܕܗ. 8 ܠܐ ܗܘܐ ܗܘ ܢܘܗܪܐ. ܐܠܐ ܕܢܣܗܕ ܥܠ ܢܘܗܪܐ. 9 ܐܝܬܘܗܝ
ܗܘܐ ܓܝܪ ܢܘܗܪܐ ܕܫܪܪܐ. ܕܡܢܗܪ ܠܟܠܢܫ ܕܐܬܐ ܠܥܠܡܐ. 10 ܒܥܠܡܐ ܗܘܐ. ܘܥܠܡܐ
ܒܐܝܕܗ ܗܘܐ. ܘܥܠܡܐ ܠܐ ܝܕܥܗ. 11 ܠܕܝܠܗ ܐܬܐ. ܘܕܝܠܗ ܠܐ ܩܒܠܘܗܝ. 12 ܐܝܠܝܢ
ܕܝܢ ܕܩܒܠܘܗܝ. ܝܗܒ ܠܗܘܢ ܫܘܠܛܢܐ ܕܒܢܝܐ ܕܐܠܗܐ ܢܗܘܘܢ. ܠܐܝܠܝܢ ܕܡܗܝܡܢܝܢ
ܒܫܡܗ. 13 ܐܝܠܝܢ ܕܠܐ ܡܢ ܕܡܐ. ܘܠܐ ܡܢ ܨܒܝܢܐ ܕܒܣܪܐ. ܘܠܐ ܡܢ ܨܒܝܢܐ ܕܓܒܪܐ. ܐܠܐ
ܡܢ ܐܠܗܐ ܐܬܝܠܕܘ. 14 ܘܡܠܬܐ ܒܣܪܐ ܗܘܐ ܘܐܓܢ ܒܢ. ܘܚܙܝܢ ܫܘܒܚܗ. ܫܘܒܚܐ ܐܝܟ
ܕܝܚܝܕܝܐ ܕܡܢ ܐܒܐ. ܕܡܠܐ ܛܝܒܘܬܐ ܘܩܘܫܬܐ. 15 ܝܘܚܢܢ ܐܣܗܕ ܥܠܘܗܝ ܘܩܥܐ ܘܐܡܪ.
ܗܢܘ ܗܘ ܕܐܡܪܬ ܕܐܬܐ ܒܬܪܝ ܘܗܘܐ ܠܗ ܩܕܡܝ. ܡܛܠ ܕܩܕܡܝ ܗܘܐ. 16 ܘܡܢ
ܡܠܝܘܬܗ ܚܢܢ ܟܠܢ ܢܣܒܢ. ܘܛܝܒܘܬܐ ܚܠܦ ܛܝܒܘܬܐ. 17 ܡܛܠ ܕܢܡܘܣܐ ܒܝܕ ܡܘܫܐ
ܐܬܝܗܒ. ܩܘܫܬܐ ܕܝܢ ܘܛܝܒܘܬܐ ܒܝܕ ܝܫܘܥ ܡܫܝܚܐ ܗܘܬ. 18 ܐܠܗܐ ܠܐ ܚܙܝܗܝ ܐܢܫ ܡܡܬܘܡ.
ܝܚܝܕܝܐ ܐܠܗܐ ܗܘ ܕܐܝܬܘܗܝ ܒܥܘܒܐ ܕܐܒܘܗܝ. ܗܘ ܐܫܬܥܝ. 19 ܘܗܕܐ ܗܝ ܣܗܕܘܬܗ
ܕܝܘܚܢܢ. ܟܕ ܫܕܪܘ ܠܘܬܗ ܝܗܘܕܝܐ ܡܢ ܐܘܪܫܠܡ. ܟܗܢܐ ܘܠܘܝܐ ܕܢܫܐܠܘܢܝܗܝ. ܐܢܬ
ܡܢ ܐܢܬ. 20 ܘܐܘܕܝ. ܘܠܐ ܟܦܪ. ܘܐܘܕܝ. ܕܠܘ ܐܢܐ ܐܢܐ ܡܫܝܚܐ. 21 ܘܫܐܠܘܗܝ ܬܘܒ.
ܡܢܐ ܗܟܝܠ. ܐܠܝܐ ܐܢܬ. ܘܐܡܪ ܠܐ. ܢܒܝܐ ܐܢܬ. ܘܐܡܪ ܠܐ. 22 ܘܐܡܪܘ ܠܗ.
ܘܡܢܘ ܐܢܬ ܕܢܬܠ ܦܬܓܡܐ ܠܐܝܠܝܢ ܕܫܕܪܘܢ. ܡܢܐ ܐܡܪ ܐܢܬ ܥܠ ܢܦܫܟ.
23 ܐܡܪ. ܐܢܐ ܩܠܐ ܕܩܪܐ ܒܡܕܒܪܐ. ܕܐܫܘܘ ܐܘܪܚܗ ܕܡܪܝܐ. ܐܝܟ ܕܐܡܪ ܐܫܥܝܐ ܢܒܝܐ.
24 ܗܢܘܢ ܕܝܢ ܕܐܫܬܕܪܘ. ܡܢ ܦܪܝܫܐ ܗܘܘ. 25 ܘܫܐܠܘܗܝ ܘܐܡܪܘ ܠܗ.
ܡܢܐ ܗܟܝܠ ܡܥܡܕ ܐܢܬ. ܐܢ ܠܐ ܐܢܬ ܡܫܝܚܐ. ܘܠܐ ܐܠܝܐ. ܘܠܐ ܢܒܝܐ.
26 ܥܢܐ ܝܘܚܢܢ ܘܐܡܪ ܠܗܘܢ. ܐܢܐ ܡܥܡܕ ܐܢܐ ܒܡܝܐ. ܒܝܢܬܟܘܢ ܕܝܢ ܩܐܡ ܗܘ
ܕܐܢܬܘܢ ܠܐ ܝܕܥܝܢ ܐܢܬܘܢ ܠܗ. 27 ܗܢܘ ܕܐܬܐ ܒܬܪܝ ܘܗܘܐ ܠܗ ܩܕܡܝ. ܗܘ

ܕܐܢܐ ܠܐ ܫܘܐ ܝܢܐ ܕܐܫܪܐ ܥܪ̈ܩܐ ܕܡܣܐܢܘܗܝ܀ 28 ܗܠܝܢ ܒܒܝܬ ܥܢܝܐ ܗܘܝ. ܒܥܒܪܐ
ܕܝܘܪܕܢܢ. ܐܝܟܐ ܕܡܥܡܕ ܗܘܐ ܝܘܚܢܢ܀
29 ܘܒܝܘܡܐ ܕܒܬܪܗ. ܚܙܐ ܝܘܚܢܢ ܠܝܫܘܥ ܕܐܬܐ ܠܘܬܗ. ܘܐܡܪ. ܗܐ ܐܡܪܗ ܕܐܠܗܐ.
ܗܘ ܕܫܩܠ ܚܛܗ̈ܐ ܕܥܠܡܐ܀ 30 ܗܢܘ ܕܐܢܐ ܐܡܪܠܗ ܒܚܕܘܗܝ܇ ܕܒܬܪܝ ܐܬܐ ܓܒܪܐ܇
ܘܗܘܐ ܠܗ ܩܕܡܝ. ܩܛܠ ܕܩܕܡܝ ܗܘܐ ܡܢܝ. 31 ܘܐܢܐ ܠܐ ܝܕܥܢ ܗܘܝܢ ܠܗ. ܐܠܐ
ܕܬܓܠܐ ܠܐܝܣܪܝܠ. ܩܛܠ ܗܢܐ ܐܬܝܢ ܐܢܐ ܕܡܥܡܕܢܐ ܒܡܝܐ܀ 32 ܘܣܗܕ ܝܘܚܢܢ.
ܘܐܡܪ. ܕܚܙܝܐ ܠܪܘܚܐ ܕܢܚܬܐ ܡܢ ܫܡܝܐ܇ ܐܝܟ ܝܘܢܐ ܘܩܘܝܡܐ ܥܠܘܗܝ. 33 ܘܐܢܐ ܠܐ
ܝܕܥܢ ܗܘܝܢ ܠܗ. ܐܠܐ ܡܢ ܕܫܕܪܢܝ ܕܡܥܡܕܢܐ ܒܡܝܐ ܗܘ ܐܡܪ ܠܝ. ܕܐܝܢܐ ܕܚܙܝܬ ܐܝܟ
ܕܢܚܬܐ ܦܪܚܐ܇ ܘܩܘܝܡܐ ܥܠܘܗܝ܆ ܗܢܘ ܡܥܡܕܢܐ ܒܪܘܚܐ ܕܩܘܕܫܐ܀ 34 ܘܐܢܐ ܚܙܝܠܝ
ܘܣܗܕܠܝ. ܕܗܢܘ ܒܪܗ ܕܐܠܗܐ܀
35 ܘܒܝܘܡܐ ܐܚܪܢܐ. ܩܝܡ ܗܘܐ ܝܘܚܢܢ ܘܬܪܝܢ ܡܢ ܬܠܡܝܕ̈ܘܗܝ. 36 ܘܚܪ ܒܝܫܘܥ܇
ܟܕ ܡܗܠܟ. ܘܐܡܪ. ܗܐ ܐܡܪܗ ܕܐܠܗܐ. 37 ܘܫܡܥܠܗ ܬܪܘܝܗܝ ܬܠܡܝܕ̈ܘܗܝ ܟܕ ܐܡܪ܇
ܘܐܙܠܗ ܒܬܪܗ ܕܝܫܘܥ. 38 ܘܐܬܦܢܝ ܝܫܘܥ܇ ܘܚܙܐ ܐܢܝ ܕܐܬܝܢ ܒܬܪܗ. ܘܐܡܪ
ܠܗܘܢ. ܡܢܐ ܒܥܝܬܘܢ ܐܢܬܘܢ. ܐܡܪܝ ܠܗ. ܪܒܝ. ܐܝܟܐ ܗܘܝܬ ܐܝܬ. 39 ܐܡܪ ܠܗܘܢ
ܬܐ ܘܚܙܘ. ܐܢܝ ܕܝܢ ܐܬܘ. ܘܚܙܘ ܐܝܟܐ ܕܗܘܐ. ܘܠܘܬܗ ܒܬܘ ܝܘܡܐ ܗܘ. ܘܐܝܬ
ܗܘܐ ܐܝܟ ܫܥܐ ܥܣܪ܀ 40 ܚܕ ܡܢ ܗܢܝ ܕܫܡܥܠܗ ܡܢ ܝܘܚܢܢ܇ ܘܐܙܠܗ ܒܬܪܗ
ܕܝܫܘܥ. ܐܝܬܘܗܝ ܗܘܐ ܐܢܕܪܐܘܣ ܐܚܘܢܗ ܕܫܡܥܘܢ. 41 ܗܢܐ ܚܙܐ ܩܕܡܝܬ ܠܫܡܥܘܢ
ܐܚܘܢܗ. ܘܐܡܪ ܠܗ. ܐܫܟܚܠܢ ܠܡܫܝܚܐ. 42 ܘܐܝܬܝܠܗ ܠܘܬ ܝܫܘܥ܀ ܘܚܪ
ܒܗ ܝܫܘܥ. ܘܐܡܪ. ܐܢܬ ܝܘܬ ܫܡܥܘܢ ܒܪܗ ܕܝܘܢܐ. ܐܢܬ ܒܬܩܪܐ ܟܐܦܐ܀
43 ܘܒܝܘܡܐ ܐܚܪܢܐ. ܨܒܐ ܝܫܘܥ ܠܡܦܠܛ ܠܓܠܝܠܐ. ܘܐܫܟܚ ܠܦܝܠܝܦܘܣ. ܘܐܡܪ
ܠܗ. ܬܐ ܒܬܪܝ. 44 ܗܘ ܕܝܢ ܦܝܠܝܦܘܣ ܐܝܬܘܗܝ ܗܘܐ ܡܢ ܒܝܬ ܨܝܕܐ. ܡܢ ܡܕܝܢܬܗ
ܕܐܢܕܪܐܘܣ ܘܕܫܡܥܘܢ. 45 ܘܦܝܠܝܦܘܣ ܐܫܟܚ ܠܢܬܢܝܐܝܠ. ܘܐܡܪ ܠܗ. ܗܘ ܕܟܬܒ
ܒܚܕܘܗܝ ܡܘܫܐ ܒܢܡܘܣܐ ܘܒܢܒܝ̈ܐ. ܐܫܟܚܢܝܘܗܝ. ܕܝܫܘܥ ܗܘ ܒܪ ܝܘܣܦ ܕܡܢ ܢܨܪܬ.
46 ܐܡܪ ܠܗ ܢܬܢܝܐܝܠ. ܡܢ ܢܨܪܬ܇ ܡܨܝܐ ܡܕܡ ܕܛܒ ܢܗܘܐ. ܐܡܪ ܠܗ ܦܝܠܝܦܘܣ.
ܬܐ ܘܚܙܝ. 47 ܘܚܙܐ ܝܫܘܥ ܠܢܬܢܝܐܝܠ ܟܕ ܐܬܐ ܠܘܬܗ. ܘܐܡܪ ܥܠܘܗܝ. ܗܐ
ܫܪܝܪܐܝܬ ܒܪ ܐܝܣܪܝܠ. ܕܢܟܠܐ ܠܝܬ ܒܗ. 48 ܐܡܪ ܠܗ ܢܬܢܝܐܝܠ. ܡܢ ܐܝܟܐ
ܝܕܥ ܐܢܬ ܠܝ. ܐܡܪ ܠܗ ܝܫܘܥ. ܩܕܡ ܕܢܩܪܝ ܦܝܠܝܦܘܣ ܟܕ ܬܚܝܬ ܬܐܬܐ ܐܝܬ
ܚܙܝܬܟ܀ 49 ܥܢܐ ܢܬܢܝܐܝܠ ܘܐܡܪ ܠܗ. ܪܒܝ. ܐܢܬ ܗܘ ܒܪܗ ܕܐܠܗܐ. ܐܢܬ ܗܘ
ܡܠܟܗ ܕܐܝܣܪܝܠ. 50 ܐܡܪ ܠܗ ܝܫܘܥ. ܥܠ ܕܐܡܪܬ ܠܟ ܕܚܙܝܬܟ ܬܚܝܬ ܬܐܬܐ
ܡܗܝܡܢ ܐܢܬ. ܕܪ̈ܘܪܒܢ ܡܢ ܗܠܝܢ ܬܚܙܐ. 51 ܐܡܪ ܠܗ. ܐܡܝܢ ܐܡܝܢ ܐܡܪ ܐܢܐ

ܠܟܘܢ. ܕܡܢ ܗܫܐ ܬܚܙܘܢ ܫܡܝܐ ܕܦܬܝܚܝܢ. ܘܡܠܐܟܘܗܝ ܕܐܠܗܐ ܕܣܠܩܝܢ ܘܢܚܬܝܢ
ܥܠ ܒܪܗ ܕܐܢܫܐ ܀ ܀ ܀

Cap. ii. ܨܚܚܐ ܒ.
1 ܘܒܝܘܡܐ ܕܬܠܬܐ. ܗܘܬ ܡܫܬܘܬܐ ܒܩܛܢܐ ܡܕܝܢܬܐ ܕܓܠܝܠܐ. ܘܐܡܗ ܕܝܫܘܥ
ܬܡܢ ܗܘܬ. 2 ܘܐܦ ܗܘ ܝܫܘܥ ܘܬܠܡܝܕܘܗܝ ܐܙܕܡܢܘ ܠܗ ܠܡܫܬܘܬܐ. 3 ܘܚܣܪ
ܗܘܐ ܚܡܪܐ. ܘܐܡܪܐ ܠܗ ܐܡܗ ܠܝܫܘܥ. ܚܡܪܐ ܠܝܬ ܠܗܘܢ. 4 ܐܡܪ
ܠܗ ܝܫܘܥ. ܡܐ ܠܝ ܘܠܟܝ ܐܢܬܬܐ. ܠܐ ܥܕܟܝܠ ܐܬܬ ܫܥܬܝ. 5 ܐܡܪܐ
ܐܡܗ ܠܡܫܡܫܢܐ. ܡܕܡ ܕܐܡܪ ܠܟܘܢ. ܥܒܕܘ. 6 ܐܝܬ ܗܘܘ ܕܝܢ ܬܡܢ ܐܓܢܐ
ܕܟܐܦܐ ܫܬ. ܕܣܝܡܝܢ ܠܕܘܟܝܘܬܐ ܕܝܗܘܕܝܐ. ܕܐܚܕܢ ܡܬܪܝܢ ܐܘ ܬܠܬܐ.
7 ܐܡܪ ܠܗܘܢ ܝܫܘܥ. ܡܠܘ ܐܢܘܢ ܡܝܐ ܠܐܓܢܐ. ܘܡܠܘ ܐܢܘܢ ܥܕܡܐ ܠܥܠ. 8 ܐܡܪ
ܠܗܘܢ. ܕܠܘ ܗܫܐ ܘܐܝܬܘ ܠܪܝܫ ܣܡܟܐ. ܘܐܝܬܝܘ. 9 ܘܟܕ ܛܥܡ ܗܘ ܪܝܫ
ܣܡܟܐ ܡܝܐ ܗܢܘܢ ܕܗܘܘ ܚܡܪܐ: ܘܠܐ ܝܕܥ ܗܘܐ ܡܢ ܐܝܟܐ ܗܘܐ: ܡܫܡܫܢܐ ܕܝܢ
ܝܕܥܝܢ ܗܘܘ. ܕܗܢܘܢ ܡܠܘ ܐܢܘܢ ܠܡܝܐ. ܩܪܐ ܪܝܫ ܣܡܟܐ ܠܚܬܢܐ 10 ܘܐܡܪ ܠܗ.
ܟܠ ܐܢܫ ܠܘܩܕܡ ܚܡܪܐ ܛܒܐ ܡܝܬܐ. ܘܡܐ ܕܪܘܝܘ ܗܝܕܝܢ ܐܢܐ ܕܒܨܝܪ. ܐܢܬ ܕܝܢ
ܢܛܪܬܝܗܝ ܠܚܡܪܐ ܛܒܐ ܥܕܡܐ ܠܗܫܐ. 11 ܗܕܐ ܗܝ ܐܬܐ ܩܕܡܝܬܐ ܕܥܒܕ ܝܫܘܥ
ܒܩܛܢܐ ܕܓܠܝܠܐ: ܘܓܠܝ ܫܘܒܚܗ. ܘܗܝܡܢܘ ܒܗ ܬܠܡܝܕܘܗܝ ܀ 12 ܒܬܪ ܗܕܐ ܢܚܬ
ܠܟܦܪܢܚܘܡ: ܗܘ ܘܐܡܗ ܘܐܚܘܗܝ ܘܬܠܡܝܕܘܗܝ. ܘܬܡܢ ܗܘܘ ܩܠܝܠ ܝܘܡܬܐ ܀
13 ܘܩܪܝܒ ܗܘܐ ܦܨܚܐ ܕܝܗܘܕܝܐ. ܘܣܠܩ ܠܐܘܪܫܠܡ ܝܫܘܥ. 14 ܘܐܫܟܚ ܒܗܝܟܠܐ ܠܗܠܝܢ
ܕܡܙܒܢܝܢ ܬܘܪܐ ܘܥܢܐ ܘܝܘܢܐ. ܘܡܥܪܦܢܐ ܕܝܬܒܝܢ. 15 ܘܥܒܕ ܠܗ ܦܪܓܠܐ ܡܢ
ܚܒܠܐ. ܘܠܟܠܗܘܢ ܐܦܩ ܡܢ ܗܝܟܠܐ. ܘܠܥܢܐ ܘܠܬܘܪܐ ܘܠܡܥܪܦܢܐ. ܘܐܫܕ ܠܥܘܪܦܢܗܘܢ:
ܘܦܬܘܪܝܗܘܢ ܗܦܟ. 16 ܘܠܗܠܝܢ ܕܡܙܒܢܝܢ ܝܘܢܐ ܐܡܪ. ܫܩܘܠܘ ܗܠܝܢ ܡܟܐ. ܘܠܐ
ܬܥܒܕܘܢܝܗܝ ܠܒܝܬܗ ܕܐܒܝ ܒܝܬ ܬܐܓܘܪܬܐ ܀ 17 ܘܐܬܕܟܪܘ ܬܠܡܝܕܘܗܝ ܕܟܬܝܒ: ܕܛܢܢܗ
ܕܒܝܬܟ ܐܟܠܢܝ ܀ 18 ܥܢܘ ܕܝܢ ܝܗܘܕܝܐ ܘܐܡܪܘ ܠܗ. ܡܢܐ ܐܬܐ ܡܚܘܐ ܐܢܬ ܠܢ.
ܕܗܠܝܢ ܥܒܕ ܐܢܬ. 19 ܥܢܐ ܝܫܘܥ. ܘܐܡܪ ܠܗܘܢ. ܣܬܘܪܘ ܗܝܟܠܐ ܗܢܐ. ܘܠܬܠܬܐ
ܝܘܡܝܢ ܐܢܐ ܡܩܝܡ ܐܢܐ ܠܗ. 20 ܐܡܪܝܢ ܠܗ ܝܗܘܕܝܐ. ܠܐܪܒܥܝܢ ܘܫܬ ܫܢܝܢ ܐܬܒܢܝ
ܗܝܟܠܐ ܗܢܐ: ܘܐܢܬ ܠܬܠܬܐ ܝܘܡܝܢ ܡܩܝܡ ܐܢܬ ܠܗ: 21 ܗܘ ܕܝܢ ܐܡܪ ܗܘܐ ܥܠ
ܗܝܟܠܐ ܕܦܓܪܗ. 22 ܟܕ ܩܡ ܕܝܢ ܡܢ ܒܝܬ ܡܝܬܐ. ܐܬܕܟܪܘ ܬܠܡܝܕܘܗܝ ܕܗܕܐ ܐܡܪ
ܗܘܐ. ܘܗܝܡܢܘ ܠܟܬܒܐ ܘܠܡܠܬܐ ܕܐܡܪ ܝܫܘܥ ܀ ܀

23 ܟܕ ܐܝܬܘܗܝ ܗܘܐ ܕܝܢ ܝܫܘܥ ܒܐܘܪܫܠܡ. ܒܦܨܚܐ ܒܥܐܕܐ. ܣܓܝܐܐ ܗܝܡܢܘ ܒܗ. ܕܚܙܘ
ܐܬܘܬܐ ܕܥܒܕ. 24 ܗܘ ܕܝܢ ܝܫܘܥ. ܠܐ ܡܗܝܡܢ ܗܘܐ ܠܗܘܢ ܢܦܫܗ. ܡܛܠ ܕܗܘ ܝܕܥ ܗܘܐ
ܠܟܠܗܘܢ. 25 ܘܠܐ ܣܢܝܩ ܗܘܐ ܕܐܢܫ ܢܣܗܕ ܠܗ ܥܠ ܟܠ ܐܢܫ. ܗܘ ܓܝܪ ܝܕܥ ܗܘܐ ܡܢܐ

Cap. iii. ܐܝܬ ܒܒܪܢܫܐ ◆◆ 1 ܐܝܬ ܗܘܐ ܕܝܢ ܬܡܢ ܚܕ ܓܒܪܐ ܡܢ ܦܪ̈ܝܫܐ. ܢܝܩܕܡܘܣ ܫܡܗ ܗܘܐ.
ܪܫܐ ܕܝܗܘ̈ܕܝܐ. 2 ܗܢܐ ܐܬܐ ܠܘܬ ܝܫܘܥ ܒܠܠܝܐ ܘܐܡܪ ܠܗ. ܪܒܝ. ܝܕܥܝܢ ܚܢܢ ܕܡܢ
ܐܠܗܐ ܐܫܬܕܪܬ ܡܠܦܢܐ. ܠܐ ܓܝܪ ܐܢܫ ܡܫܟܚ ܗܠܝܢ ܐܬܘ̈ܬܐ ܠܡܥܒܕ ܕܐܢܬ ܥܒܕ ܐܢܬ:
ܐܠܐ ܡܢ ܕܐܠܗܐ ܥܡܗ. 3 ܥܢܐ ܝܫܘܥ ܘܐܡܪ ܠܗ. ܐܡܝܢ ܐܡܝܢ ܐܡܪ ܐܢܐ ܠܟ: ܕܐܢ ܐܢܫ
ܠܐ ܡܬܝܠܕ ܡܢ ܕܪܝܫ. ܠܐ ܡܫܟܚ ܕܢܚܙܐ ܡܠܟܘܬܗ ܕܐܠܗܐ. 4 ܐܡܪ ܠܗ ܢܝܩܕܡܘܣ.
ܐܝܟܢܐ ܡܫܟܚ ܕܢܬܝܠܕ ܓܒܪܐ ܣܒܐ. ܕܠܡܐ ܡܫܟܚ ܬܘܒ ܠܟܪܣܐ ܕܐܡܗ
ܕܬܢܝܢܘܬ: ܠܡܥܠ ܘܢܬܝܠܕ. 5 ܥܢܐ ܝܫܘܥ ܘܐܡܪ ܠܗ. ܐܡܝܢ ܐܡܝܢ ܐܡܪ ܐܢܐ ܠܟ:
ܕܐܢ ܐܢܫ ܠܐ ܡܬܝܠܕ ܡܢ ܡܝܐ ܘܪܘܚܐ ܠܐ ܡܫܟܚ ܕܢܥܘܠ ܠܡܠܟܘܬܗ ܕܐܠܗܐ.
6 ܡܕܡ ܕܝܠܝܕ ܡܢ ܒܣܪܐ ܒܣܪܐ ܗܘ. ܘܡܕܡ ܕܝܠܝܕ ܡܢ ܪܘܚܐ ܪܘܚܐ ܗܘ. 7 ܠܐ ܬܬܕܡܪ ܕܐܡܪܬ
ܠܟ. ܕܘܠܐ ܠܟܘܢ ܠܡܬܝܠܕܘ ܡܢ ܕܪܝܫ. 8 ܪܘܚܐ ܐܬܪ ܕܨܒܝܐ ܢܫܒܐ. ܘܩܠܗ ܫܡܥ
ܐܢܬ. ܐܠܐ ܠܐ ܝܕܥ ܐܢܬ ܐܝܡܟܐ ܐܬܝܐ ܘܠܐܝܟܐ ܐܙܠܐ. ܗܟܢܐ ܐܝܬܘܗܝ ܟܠܢܫ ܕܝܠܝܕ ܡܢ
ܪܘܚܐ. 9 ܥܢܐ ܢܝܩܕܡܘܣ ܘܐܡܪ ܠܗ. ܐܝܟܢܐ ܡܫܟܚܢ ܗܠܝܢ ܠܡܗܘܐ. 10 ܥܢܐ
ܝܫܘܥ ܘܐܡܪ ܠܗ. ܐܢܬ ܗܘ ܡܠܦܢܗ ܕܐܝܣܪܝܠ: ܘܗܠܝܢ ܠܐ ܝܕܥ ܐܢܬ. 11 ܐܡܝܢ
ܐܡܝܢ ܐܡܪ ܐܢܐ ܠܟ: ܕܡܕܡ ܕܝܕܥܝܢ ܚܢܢ ܡܡܠܠܝܢ ܚܢܢ. ܘܡܕܡ ܕܚܙܝܢ ܡܣܗܕܝܢ
ܚܢܢ. ܘܣܗܕܘܬܢ ܠܐ ܡܩܒܠܝܢ ܐܢܬܘܢ. 12 ܐܢ ܕܕܐܪܥܐ ܐܡܪܬ ܠܟܘܢ. ܘܠܐ ܡܗܝܡܢܝܢ
ܐܢܬܘܢ: ܐܝܟܢܐ ܐܢ ܐܡܪ ܠܟܘܢ ܕܫܡܝܐ ܬܗܝܡܢܘܢ. 13 ܘܠܐ ܐܢܫ ܣܠܩ ܠܫܡܝܐ.
ܐܠܐ ܗܘ ܕܢܚܬ ܡܢ ܫܡܝܐ. ܒܪܗ ܕܐܢܫܐ ܗܘ ܕܐܝܬܘܗܝ ܒܫܡܝܐ. 14 ܘܐܝܟܢܐ ܕܐܪܝܡ
ܡܘܫܐ ܚܘܝܐ ܒܡܕܒܪܐ. ܗܟܢܐ ܥܬܝܕ ܠܡܬܬܪܡܘ ܒܪܗ ܕܐܢܫܐ. 15 ܕܟܠ ܐܢܫ
ܕܡܗܝܡܢ ܒܗ. ܠܐ ܢܐܒܕ. ܐܠܐ ܢܗܘܘܢ ܠܗ ܚܝܐ ܕܠܥܠܡ. 16 ܗܟܢܐ ܓܝܪ ܐܚܒ ܐܠܗܐ
ܠܥܠܡܐ. ܐܝܟܢܐ ܕܠܒܪܗ ܝܚܝܕܝܐ ܢܬܠ. ܕܟܠ ܡܢ ܕܡܗܝܡܢ ܒܗ. ܠܐ ܢܐܒܕ. ܐܠܐ
ܢܗܘܘܢ ܠܗ ܚܝܐ ܕܠܥܠܡ. 17 ܠܐ ܓܝܪ ܫܕܪ ܐܠܗܐ ܠܒܪܗ ܠܥܠܡܐ ܕܢܕܘܢܝܘܗܝ
ܠܥܠܡܐ. ܐܠܐ ܕܢܚܐ ܥܠܡܐ ܒܐܝܕܗ. 18 ܡܢ ܕܡܗܝܡܢ ܒܗ. ܠܐ ܡܬܕܝܢ. ܘܡܢ ܕܠܐ
ܡܗܝܡܢ ܡܢ ܟܕܘ ܕܝܢ ܗܘ. ܕܠܐ ܗܝܡܢ ܒܫܡܗ ܕܝܚܝܕܝܐ ܒܪܗ ܕܐܠܗܐ. 19 ܗܢܘ ܕܝܢ
ܕܝܢܐ. ܕܢܘܗܪܐ ܐܬܐ ܠܥܠܡܐ. ܘܐܚܒܘ ܒܢܝ̈ܢܫܐ ܠܚܫܘܟܐ ܝܬܝܪ ܡܢ ܕܠܢܘܗܪܐ. ܐܝܬܝܗܘܢ
ܗܘܘ ܓܝܪ ܥܒܕ̈ܝܗܘܢ ܒܝ̈ܫܐ. 20 ܟܠ ܓܝܪ ܕܣܢܝ̈ܬܐ ܥܒܕ. ܣܢܐ ܠܢܘܗܪܐ. ܘܠܐ ܐܬܐ
ܠܢܘܗܪܐ. ܕܠܐ ܢܬܟܣܣܘܢ ܥܒ̈ܕܘܗܝ. 21 ܗܘ ܕܝܢ ܕܥܒܕ ܩܘܫܬܐ ܐܬܐ ܠܘܬ ܢܘܗܪܐ.
ܕܢܬܝܕܥܘܢ ܥܒ̈ܕܘܗܝ ܕܒܐܠܗܐ ܡܬܥܒܕܝܢ ◆◆◆◆◆
22 ܒܬܪ ܗܠܝܢ. ܐܬܐ ܝܫܘܥ ܘܬܠܡܝ̈ܕܘܗܝ ܠܐܪܥܐ ܕܝܗܘܕ. ܘܬܡܢ ܡܬܗܦܟ ܗܘܐ ܥܣܠ ܓ.
ܥܡܗܘܢ. ܘܡܥܡܕ◆ 23 ܐܦ ܝܘܚܢܢ ܕܝܢ ܡܥܡܕ ܗܘܐ ܒܥܝܢ ܝܘܢ. ܕܒܓܢܒ ܫܠܝܡ.
ܡܛܠ ܕܡܝܐ ܐܝܬ ܗܘܘ ܬܡܢ ܣܓܝܐܐ. ܘܐܬܝܢ ܗܘܘ ܘܡܥܡܕܝܢ. 24 ܠܐ ܓܝܪ ܥܕܟܝܠ

ܢܦܠ ܗܘܐ ܝܘܚܢܢ ܒܒܝܬ ܐܣܝܪܐ܀ 25 ܗܘܬ ܗܘܬ ܕܝܢ ܒܥܬܐ ܠܚܕ ܡܢ ܬܠܡܝܕܘܗܝ
ܕܝܘܚܢܢ ܥܡ ܝܗܘܕܝܐ ܚܕ ܥܠ ܕܘܟܝܘܬܐ. 26 ܘܐܬܘ ܠܘܬ ܝܘܚܢܢ ܘܐܡܪܘ ܠܗ. ܪܒܢ܆
ܗܘ ܕܥܡܟ ܗܘܐ ܒܥܒܪܐ ܕܝܘܪܕܢܢ: ܕܐܢܬ ܣܗܕܬ ܥܠܘܗܝ܆ ܗܐ ܐܦ ܗܘ ܡܥܡܕ.
ܘܣܓܝܐܐ ܐܬܝܢ ܠܘܬܗ܀ 27 ܥܢܐ ܝܘܚܢܢ ܘܐܡܪ ܠܗܘܢ. ܠܐ ܡܫܟܚ ܒܪܢܫܐ ܠܡܣܒ
ܡܢ ܨܒܘܬܐ ܢܦܫܗ ܡܕܡ: ܐܠܐ ܐܢ ܡܬܝܗܒ ܠܗ ܡܢ ܫܡܝܐ. 28 ܐܢܬܘܢ ܣܗܕܝܢ ܐܢܬܘܢ
ܠܝ. ܕܐܡܪܬ. ܕܐܢܐ ܠܐ ܗܘܝܬ ܡܫܝܚܐ. ܐܠܐ ܫܠܝܚܐ ܐܢܐ ܕܩܕܡܘܗܝ. 29 ܡܢ ܕܐܝܬ ܠܗ
ܟܠܬܐ ܚܬܢܐ ܗܘ. ܪܚܡܗ ܕܝܢ ܕܚܬܢܐ ܗܘ ܕܩܐܡ ܘܨܐܬ ܠܗ. ܚܕܘܬܐ ܪܒܬܐ ܚܕܐ ܡܛܠ
ܩܠܗ ܕܚܬܢܐ. ܗܕܐ ܗܟܝܠ ܚܕܘܬܐ ܕܝܠܝ ܗܐ ܡܫܡܠܝܐ. 30 ܠܗܘ ܘܠܐ ܠܡܪܒܐ ܘܠܝ
ܠܡܒܨܪ. 31 ܗܘ ܓܝܪ ܕܡܢ ܠܥܠ ܐܬܐ ܠܥܠ ܡܢ ܟܠ ܗܘ. ܘܗܘ ܕܡܢ ܐܪܥܐ ܡܢ
ܐܪܥܐ ܗܘ. ܘܡܢ ܐܪܥܐ ܡܡܠܠ. ܗܘ ܕܡܢ ܫܡܝܐ ܐܬܐ ܠܥܠ ܡܢ ܟܠ ܗܘ. 32 ܘܡܕܡ
ܕܚܙܐ ܘܫܡܥ ܡܣܗܕ. ܘܣܗܕܘܬܗ ܠܐ ܐܢܫ ܡܩܒܠ. 33 ܗܘ ܕܝܢ ܕܩܒܠ ܣܗܕܘܬܗ.
ܚܬܡ ܕܐܠܗܐ ܫܪܝܪܐ ܗܘ. 34 ܐܝܢܐ ܓܝܪ ܕܐܠܗܐ ܫܕܪܗ. ܡ̈ܠܐ ܗܘ ܕܐܠܗܐ ܡܡܠܠ. ܠܐ
ܗܘܐ ܓܝܪ ܒܟܝܠܐ ܝܗܒ ܐܠܗܐ ܪܘܚܐ. 35 ܐܒܐ ܡܚܒ ܠܒܪܐ. ܘܟܠ ܡܕܡ ܝܗܒ ܒܐܝܕܘܗܝ.
36 ܡܢ ܕܡܗܝܡܢ ܒܒܪܐ. ܐܝܬ ܠܗ ܚܝܐ ܕܠܥܠܡ. ܘܡܢ ܕܠܐ ܡܬܛܦܝܣ ܠܒܪܐ. ܠܐ ܢܚܙܐ
Cap. iv. ܚܝܐ. ܐܠܐ ܪܘܓܙܗ ܕܐܠܗܐ ܢܩܘܐ ܥܠܘܗܝ܀ 1 ܝܕܥ ܕܝܢ ܝܫܘܥ ܕܫܡܥܘ ܦܪ̈ܝܫܐ ܕܬܠܡ̈ܝܕܐ
ܣܓܝܐܐ ܥܒܕ. ܘܡܥܡܕ ܝܬܝܪ ܡܢ ܝܘܚܢܢ. 2 ܟܕ ܠܐ ܗܘܐ ܗܘ ܝܫܘܥ ܡܥܡܕ ܗܘܐ. ܐܠܐ
ܬܠܡܝܕܘܗܝ. 3 ܘܫܒܩܗ ܠܝܗܘܕ. ܘܐܙܠ ܠܗ ܬܘܒ ܠܓܠܝܠܐ܀

4 ܡܣܬܒܪܐ ܗܘܬ ܠܗ ܕܝܢ ܕܬܘܒ ܢܥܒܪ ܥܠ ܒܝܬ ܫܡܪܝܐ. 5 ܘܐܬܐ ܠܡܕܝܢܬܐ
ܕܫܡܪܝܐ ܕܡܬܩܪܝܐ ܫܟܪ. ܥܠ ܓܢܒ ܩܘܪܝܬܐ. ܕܝܗܒ ܗܘܐ ܝܥܩܘܒ ܠܝܘܣܦ ܒܪܗ.
6 ܘܐܝܬ ܗܘܐ ܬܡܢ ܡܥܝܢܐ ܕܡܝܐ ܕܝܥܩܘܒ. ܗܘ ܕܝܢ ܝܫܘܥ ܠܐܐ ܗܘܐ ܡܢ ܥܡܠܐ ܕܐܘܪܚܐ.
ܘܝܬܒ ܗܘܐ ܠܗ ܥܠ ܡܥܝܢܐ. ܘܐܝܬ ܗܘܬ ܫܬ ܫ̈ܥܝܢ. 7 ܘܐܬܬ ܐܢܬܬܐ ܡܢ ܫܡܪܝܢ
ܕܬܡܠܐ ܡܝܐ. ܘܐܡܪ ܠܗ ܝܫܘܥ. ܗܒܝ ܠܝ ܡܝܐ ܐܫܬܐ. 8 ܬܠܡܝܕܘܗܝ ܓܝܪ ܥܠܘ ܗܘܘ
ܠܡܕܝܢܬܐ ܕܢܙܒܢܘܢ ܠܗܘܢ ܣܝܒܪܬܐ. 9 ܐܡܪܐ ܠܗ ܗܝ ܐܢܬܬܐ ܫܡܪܝܬܐ. ܐܝܟܢܐ ܐܢܬ
ܝܗܘܕܝܐ ܐܢܬ: ܘܡܢܝ ܫܐܠ ܐܢܬ ܠܡܫܬܐ. ܕܐܢܐ ܐܢܬܬܐ ܫܡܪܝܬܐ. ܠܐ ܓܝܪ
ܡܬܚܠܛܝܢ ܝܗܘܕܝܐ ܥܡ ܫܡܪܝܐ. 10 ܥܢܐ ܝܫܘܥ ܘܐܡܪ ܠܗ. ܐܠܘ ܝܕܥܐ ܗܘܝܬܝ
ܡܘܗܒܬܐ ܕܐܠܗܐ: ܘܡܢܘ ܗܢܐ ܕܐܡܪ ܠܟܝ. ܗܒܝ ܠܝ ܡܝܐ. ܐܢܬܝ ܫܐܠܐ ܗܘܝܬܝ
ܠܗ. ܘܝܗܒ ܗܘܐ ܠܟܝ ܡܝܐ ܚܝܐ. 11 ܐܡܪܐ ܠܗ ܐܢܬܬܐ ܗܝ. ܡܪܝ. ܠܐ ܕܘܠܐ ܐܝܬ ܠܟ.
ܘܒܐܪܐ ܥܡܝܩܐ. ܐܝܟܢܐ ܠܟ ܡܝܐ ܚܝܐ. 12 ܠܡܐ ܐܢܬ ܪܒ ܐܢܬ ܡܢ ܐܒܘܢ ܝܥܩܘܒ:
ܗܘ ܕܝܗܒ ܠܢ ܒܐܪܐ ܗܕܐ: ܘܗܘ ܡܢܗ ܐܫܬܝ ܘܒܢܘܗܝ ܘܥܢܗ. 13 ܥܢܐ ܝܫܘܥ
ܘܐܡܪ ܠܗ. ܟܠ ܕܢܫܬܐ ܡܢ ܗܠܝܢ ܡܝܐ ܬܘܒ ܢܨܗܐ. 14 ܟܠ ܕܝܢ ܕܢܫܬܐ ܡܢ ܡܝܐ

ܕܐܢܐ ܐܬܠ ܠܗ. ܠܐ ܢܨܗܐ ܠܥܠܡ. ܐܠܐ ܡܝܐ ܗܢܘܢ ܕܝܗܒ ܐܢܐ ܠܗ. ܢܗܘܘܢ ܒܗ ܡܒܘܥܐ
ܕܡܝܐ ܕܢܒܥܝܢ ܠܚܝܐ ܕܠܥܠܡ. 15 ܐܡܪܐ ܠܗ ܐܢܬܬܐ ܗܝ. ܡܪܝ. ܗܒ ܠܝ ܡܢ ܗܠܝܢ
ܡܝܐ ܕܠܐ ܐܨܗܐ ܬܘܒ. ܘܠܐ ܐܬܐ ܐܡܠܐ ܡܢ ܗܪܟܐ. 16 ܐܡܪ ܠܗ ܝܫܘܥ. ܙܠܝ
ܩܪܝ ܠܒܥܠܟܝ ܘܬܥܝ ܠܗܪܟܐ. 17 ܐܡܪܐ ܠܗ. ܠܝܬ ܠܝ ܒܥܠܐ. ܐܡܪ ܠܗ ܝܫܘܥ.
ܫܦܝܪ ܐܡܪܬܝ. ܕܠܝܬ ܠܝ ܒܥܠܐ. 18 ܚܡܫܐ ܓܝܪ ܒܥܠܝܢ ܗܘܘ ܠܟܝ. ܘܗܢܐ ܕܐܝܬ
ܠܟܝ ܗܫܐ ܠܐ ܗܘܐ ܒܥܠܟܝ. ܗܕܐ ܫܪܝܪܬܐ ܐܡܪܬܝ. 19 ܐܡܪܐ ܠܗ ܗܝ ܐܢܬܬܐ. ܡܪܝ.
ܚܙܐ ܐܢܐ ܕܢܒܝܐ ܐܢܬ. 20 ܐܒܗܝܢ ܒܛܘܪܐ ܗܢܐ ܣܓܕܘ. ܘܐܢܬܘܢ ܐܡܪܝܢ ܐܢܬܘܢ.
ܕܒܐܘܪܫܠܡ ܗܘ ܐܬܪ ܕܘܠܐ ܠܡܣܓܕ. 21 ܐܡܪ ܠܗ ܝܫܘܥ. ܐܢܬܬܐ. ܗܝܡܢܝܢܝ ܕܐܬܝܐ
ܫܥܬܐ. ܕܠܐ ܒܛܘܪܐ ܗܢܐ ܘܐܦ ܠܐ ܒܐܘܪܫܠܡ ܬܣܓܕܘܢ ܠܐܒܐ. 22 ܐܢܬܘܢ ܣܓܕܝܢ ܐܢܬܘܢ.
ܠܡܕܡ ܕܠܐ ܝܕܥܝܢ ܐܢܬܘܢ. ܚܢܢ ܕܝܢ ܣܓܕܝܢ ܚܢܢ ܠܡܕܡ ܕܝܕܥܝܢ ܚܢܢ. ܕܚܝܐ ܡܢ
ܝܗܘܕܝܐ ܐܢܘܢ. 23 ܐܠܐ ܐܬܝܐ ܫܥܬܐ. ܘܗܫܐ ܐܝܬܝܗ. ܐܡܬܝ ܕܣܓܘ̈ܕܐ ܫܪܝܪ̈ܐ ܢܣܓܕܘܢ
ܠܐܒܐ ܒܪܘܚܐ ܘܒܩܘܫܬܐ. ܐܦ ܐܒܐ ܓܝܪ ܕܐܝܟ ܗܠܝܢ ܗܘ ܣܓܘ̈ܕܐ ܒܥܐ. 24 ܪܘܚܐ ܗܘ ܓܝܪ
ܐܠܗܐ. ܘܐܝܠܝܢ ܕܣܓܕܝܢ ܠܗ. ܒܪܘܚܐ ܘܒܩܘܫܬܐ ܘܠܐ ܕܢܣܓܕܘܢ. 25 ܐܡܪܐ ܠܗ ܐܢܬܬܐ
ܗܝ. ܝܕܥܐ ܐܢܐ ܕܡܫܝܚܐ ܐܬܐ. ܘܡܐ ܕܐܬܐ. ܗܘ ܡܠܦ ܠܢ ܟܠܡܕܡ. 26 ܐܡܪ ܠܗ
ܝܫܘܥ. ܐܢܐ ܐܢܐ ܕܡܡܠܠ ܐܢܐ ܥܡܟܝ. 27 ܘܟܕ ܡܡܠܠ. ܐܬܘ ܬܠܡܝܕܘܗܝ
ܘܡܬܕܡܪܝܢ ܗܘܘ ܕܥܡ ܐܢܬܬܐ ܡܡܠܠ. ܠܐ ܕܝܢ ܐܢܫ ܐܡܪ. ܡܢܐ ܒܥܐ ܐܢܬ. ܐܘ
ܡܢܐ ܡܡܠܠ ܐܢܬ ܥܡܗ. 28 ܘܫܒܩܬ ܩܘܠܬܗ ܐܢܬܬܐ. ܘܐܙܠܬ ܠܡܕܝܢܬܐ. ܘܐܡܪܐ
ܠܐܢܫܐ. 29 ܬܘ ܚܙܘ ܓܒܪܐ ܕܐܡܪ ܠܝ ܟܠ ܡܕܡ ܕܥܒܕܬ. ܠܡܐ ܗܘܝܘ ܡܫܝܚܐ.
30 ܘܢܦܩܘ ܐܢܫܐ ܡܢ ܡܕܝܢܬܐ. ܘܐܬܝܢ ܗܘܘ ܠܘܬܗ ܀܀܀܀
31 ܘܒܝܢܬ ܗܠܝܢ ܒܥܘ ܗܘܘ ܡܢܗ ܬܠܡܝܕܘܗܝ ܘܐܡܪܝܢ ܠܗ. ܪܒܢ ܠܥܣ. ܙܘܚܐ ܕ.
32 ܗܘ ܕܝܢ ܐܡܪ ܠܗܘܢ. ܐܝܬ ܠܝ ܡܐܟܘܠܬܐ ܕܐܟܘܠ. ܗܝ ܕܐܢܬܘܢ ܠܐ ܝܕܥܝܢ
ܐܢܬܘܢ. 33 ܐܡܪܝܢ ܬܠܡܝܕܐ ܒܝܢܝܗܘܢ. ܠܡܐ ܐܢܫ ܐܝܬܝ ܠܗ ܡܕܡ ܠܡܐܟܠ.
34 ܐܡܪ ܠܗܘܢ ܝܫܘܥ. ܡܐܟܘܠܬܝ ܕܝܠܝ ܐܝܬܝܗ. ܕܐܥܒܕ ܨܒܝܢܗ ܕܡܢ ܕܫܕܪܢܝ.
ܘܐܫܠܡܝܘܗܝ ܠܥܒܕܗ. 35 ܠܐ ܐܢܬܘܢ ܐܡܪܝܢ ܐܢܬܘܢ. ܕܒܬܪ ܐܪܒܥܐ ܝܪ̈ܚܝܢ ܚܨܕܐ ܐܬܐ. ܗܐ
ܐܡܪ ܐܢܐ ܠܟܘܢ. ܕܐܪܝܡܘ ܥܝܢܝܟܘܢ. ܘܚܙܘ ܐܪ̈ܥܬܐ ܕܚܘܪ ܘܡܛܝ ܠܚܨܕܐ. ܡܢ ܟܕܘ.
36 ܘܗܘ ܕܚܨܕ. ܐܓܪܐ ܢܣܒ. ܘܟܢܫ ܦܐܪܐ ܠܚܝܐ ܕܠܥܠܡ. ܘܙܪܘܥܐ ܘܚܨܘܕܐ ܐܟܚܕܐ ܢܚܕܘܢ.
37 ܒܗܕܐ ܓܝܪ ܐܝܬܝܗ ܡܠܬܐ ܕܫܪܪܐ. ܕܐܚܪܢ ܗܘ ܙܪܥ. ܘܐܚܪܢ ܚܨܕ. 38 ܐܢܐ ܫܕܪܬܟܘܢ
ܠܡܚܨܕ. ܡܕܡ ܕܠܐ ܗܘܐ ܐܢܬܘܢ ܠܐܝܬܘܢ ܒܗ. ܐܚܪ̈ܢܐ ܓܝܪ ܠܐܝܘ. ܘܐܢܬܘܢ ܥܠܬܘܢ ܥܠ
ܥܡܠܗܘܢ ܕܗܢܘܢ. 39 ܡܢ ܗܝ ܕܝܢ ܡܕܝܢܬܐ ܣܓܝܐܐ ܗܝܡܢܘ ܒܗ ܫܡܪ̈ܝܐ. ܡܛܠ
ܡܠܬܗ ܕܐܢܬܬܐ ܗܝ. ܕܡܣܗܕܐ ܗܘܬ ܕܐܡܪ ܠܝ ܟܠܡܕܡ ܕܥܒܕܬ. 40 ܘܟܕ ܐܬܘ ܠܘܬܗ

ܗܢܘܢ ܫܡܪܝܐ. ܒܥܘ ܡܢܗ ܕܢܗܘܐ ܠܘܬܗܘܢ. ܘܗܘܐ ܠܘܬܗܘܢ ܬܪܝܢ ܝܘܡܝܢ. 41 ܘܣܓܝܐܐ
ܗܝܡܢܘ ܒܗ ܡܛܠ ܡܠܬܗ: 42 ܘܐܡܪܝܢ ܗܘܘ ܠܐܢܬܬܐ ܗܝ. ܕܡܟܝܠ ܠܐ ܗܘܐ ܡܛܠ
ܡܠܬܟܝ ܡܗܝܡܢܝܢ ܚܢܢ ܒܗ. ܚܢܢ ܓܝܪ ܫܡܥܢ ܘܝܕܥܢ. ܕܗܢܘ ܫܪܝܪܐܝܬ ܡܫܝܚܐ
ܡܚܝܢܗ ܕܥܠܡܐ.

43 ܘܒܬܪ ܬܪܝܢ ܝܘܡܝܢ. ܢܦܩ ܝܫܘܥ ܡܢ ܬܡܢ. ܘܐܙܠ ܠܓܠܝܠܐ. 44 ܗܘ ܓܝܪ ܝܫܘܥ
ܣܗܕ. ܕܢܒܝܐ ܒܡܕܝܢܬܗ ܠܐ ܡܬܝܩܪ. 45 ܟܕ ܕܝܢ ܐܬܐ ܠܓܠܝܠܐ. ܩܒܠܘܗܝ ܓܠܝܠܝܐ.
ܕܚܙܘ ܐܬܘܬܐ ܟܠ ܕܥܒܕ ܒܐܘܪܫܠܡ ܒܥܐܕܐ. ܐܬܘ ܗܘܘ ܓܝܪ ܐܦ ܗܢܘܢ ܠܥܐܕܐ.
46 ܐܬܐ ܕܝܢ ܬܘܒ ܝܫܘܥ ܠܩܛܢܐ ܕܓܠܝܠܐ: ܐܝܟܐ ܕܥܒܕ ܡܝܐ ܚܡܪܐ. ܘܐܝܬ ܗܘܐ
ܒܟܦܪܢܚܘܡ ܚܕ ܡܠܟܝܐ ܚܕ. ܕܒܪܗ ܟܪܝܗ ܗܘܐ. 47 ܗܢܐ ܫܡܥ ܕܐܬܐ ܝܫܘܥ ܡܢ
ܝܗܘܕ ܠܓܠܝܠܐ. ܘܐܙܠ ܠܘܬܗ. ܘܒܥܐ ܗܘܐ ܡܢܗ. ܕܢܚܘܬ ܘܢܐܣܐ ܠܒܪܗ. ܩܪܝܒ ܗܘܐ
ܓܝܪ ܠܡܡܬ. 48 ܐܡܪ ܠܗ ܝܫܘܥ. ܐܢ ܐܬܘܬܐ ܘܬܕܡܪܬܐ ܠܐ ܚܙܝܬܘܢ. ܠܐ ܡܗܝܡܢܝܬܘܢ.
49 ܐܡܪ ܠܗ ܗܘ ܥܒܕ ܡܠܟܐ. ܡܪܝ. ܚܘܬ. ܥܕܠܐ ܡܐܬ ܠܗ ܛܠܝܐ. 50 ܐܡܪ ܠܗ
ܝܫܘܥ. ܙܠ. ܒܪܟ ܚܝ ܗܘ. ܘܗܝܡܢ ܗܘ ܓܒܪܐ ܒܡܠܬܐ ܕܐܡܪ ܠܗ ܝܫܘܥ. ܘܐܙܠ.
51 ܟܕ ܕܝܢ ܢܚܬ ܗܘܐ. ܐܪܥܘܗܝ ܥܒܕܘܗܝ ܘܣܒܪܘܗܝ ܘܐܡܪܝܢ ܠܗ. ܒܪܟ ܚܝܐ.
52 ܘܫܐܠ ܐܢܘܢ. ܒܐܝܢܐ ܥܕܢܐ ܐܬܬܢܝܚ. ܐܡܪܝܢ ܠܗ. ܐܬܡܠܝ. ܒܫܒܥ ܫܥܝܢ ܫܒܩܬܗ
ܐܫܬܐ. 53 ܘܝܕܥ ܐܒܘܗܝ. ܕܒܗܝ ܫܥܬܐ ܕܒܗ ܐܡܪ ܠܗ ܝܫܘܥ ܕܒܪܟ ܚܝܐ. ܘܗܝܡܢ ܗܘ
ܘܒܝܬܗ ܟܠܗ. 54 ܗܕܐ ܬܘܒ ܐܬܐ ܕܬܪܬܝܢ ܥܒܕ ܝܫܘܥ: ܟܕ ܐܬܐ ܡܢ ܝܗܘܕ ܠܓܠܝܠܐ.

Cap. v. 1 ܒܬܪ ܗܠܝܢ. ܗܘܐ ܥܐܕܐ ܕܝܗܘܕܝܐ. ܘܣܠܩ ܝܫܘܥ ܠܐܘܪܫܠܡ. 2 ܐܝܬ ܗܘܐ
ܕܝܢ ܬܡܢ ܒܐܘܪܫܠܡ ܚܕܐ ܕܡܥܡܘܕܝܬܐ. ܕܡܬܩܪܝܐ ܥܒܪܐܝܬ. ܒܝܬ ܚܣܕܐ.
ܘܐܝܬ ܗܘܐ ܒܗ ܚܡܫܐ ܐܣܛܘܐ. 3 ܘܒܗܠܝܢ ܪܡܝܢ ܗܘܘ ܥܡܐ ܣܓܝܐܐ ܕܟܪܝܗܐ:
ܘܣܡܝܐ ܘܚܓܝܪܐ ܘܝܒܝܫܐ. ܘܡܣܟܝܢ ܗܘܘ ܠܙܘܥܐ ܕܡܝܐ. 4 ܡܠܐܟܐ ܓܝܪ ܒܙܒܢ ܙܒܢ
ܢܚܬ ܗܘܐ ܠܗ ܠܡܥܡܘܕܝܬܐ. ܘܡܙܝܥ ܗܘܐ ܠܗܘܢ ܠܡܝܐ. ܘܐܝܢܐ ܕܩܕܡܐ ܢܚܬ
ܗܘܐ ܡܢ ܒܬܪ ܙܘܥܐ ܕܡܝܐ. ܡܬܚܠܡ ܗܘܐ ܟܠ ܟܐܒܐ ܐܝܢܐ ܕܐܝܬ ܗܘܐ ܠܗ.
5 ܐܝܬ ܗܘܐ ܕܝܢ ܬܡܢ ܓܒܪܐ ܚܕ. ܕܬܠܬܝܢ ܘܬܡܢܐ ܫܢܝܢ ܐܝܬܘܗܝ ܗܘܐ ܒܟܘܪܗܢܐ. 6 ܠܗܢܐ
ܚܙܐ ܝܫܘܥ ܕܪܡܐ. ܘܝܕܥ ܕܙܒܢܐ ܣܓܝܐܐ ܐܝܬ ܠܗ. ܘܐܡܪ ܠܗ. ܨܒܐ ܐܢܬ ܕܬܬܚܠܡ.
7 ܥܢܐ ܗܘ ܟܪܝܗܐ ܘܐܡܪ. ܐܝܢ ܡܪܝ. ܠܝܬ ܠܝ ܐܢܫ. ܕܡܐ ܕܐܬܬܙܝܥܘ ܡܝܐ ܢܪܡܝܢܝ
ܠܡܥܡܘܕܝܬܐ. ܐܠܐ ܥܕ ܐܢܐ ܐܬܐ ܐܢܐ. ܐܚܪܢ ܩܕܡܝ ܢܚܬ. 8 ܐܡܪ ܠܗ ܝܫܘܥ.
ܩܘܡ ܫܩܘܠ ܥܪܣܟ. ܘܗܠܟ. 9 ܘܡܚܕܐ ܐܬܚܠܡ ܓܒܪܐ ܗܘ. ܘܩܡ ܫܩܠ ܥܪܣܗ.
ܘܗܠܟ. ܘܫܒܬܐ ܗܘ ܝܘܡܐ ܗܘܐ. 10 ܘܐܡܪܝܢ ܠܗ ܝܗܘܕܝܐ ܠܗܘ ܕܐܬܐܣܝ. ܫܒܬܐ
ܗܘ. ܠܐ ܫܠܝܛ ܠܟ ܕܬܫܩܘܠ ܥܪܣܟ. 11 ܗܘ ܕܝܢ ܥܢܐ ܘܐܡܪ ܠܗܘܢ. ܗܘ ܕܥܒܕܢܝ

ܚܠܝܡܐ. ܗܘ ܐܡܪ ܠܝ ܕܫܩܘܠ ܥܪܣܟ ܘܗܠܟ. 12 ܘܫܐܠܘܗܝ ܡܢܘ ܗܢܐ ܓܒܪܐ
ܕܐܡܪ ܠܟ. ܕܫܩܘܠ ܥܪܣܟ ܘܗܠܟ. 13 ܗܘ ܕܝܢ ܕܐܬܐܣܝ. ܠܐ ܝܕܥ ܗܘܐ ܡܢܘ. ܝܫܘܥ
ܓܝܪ ܐܫܬܡܛ ܗܘܐ ܠܗ ܒܟܢܫܐ ܣܓܝܐܐ ܕܐܝܬ ܗܘܐ ܒܕܘܟܬܐ ܗܝ. 14 ܒܬܪ ܙܒܢ. ܐܫܟܚܗ
ܝܫܘܥ ܒܗܝܟܠܐ ܘܐܡܪ ܠܗ. ܗܐ ܚܠܝܡ ܐܢܬ. ܬܘܒ ܠܐ ܬܚܛܐ. ܕܠܡܐ ܬܗܘܐ ܠܟ ܡܕܡ
ܕܒܝܫ ܡܢ ܩܕܡܝܐ. 15 ܘܐܙܠ ܗܘ ܓܒܪܐ ܘܐܡܪ ܠܝܗܘܕܝܐ. ܕܝܫܘܥ ܗܘ ܗܘ ܕܐܣܝܗ.
16 ܘܡܛܠ ܗܕܐ ܪܕܦܝܢ ܗܘܘ ܝܗܘܕܝܐ ܠܝܫܘܥ. ܘܒܥܝܢ ܗܘܘ ܠܡܩܛܠܗ. ܕܗܠܝܢ ܥܒܕ
ܗܘܐ ܒܫܒܬܐ. 17 ܗܘ ܕܝܢ ܝܫܘܥ ܐܡܪ ܠܗܘܢ. ܐܒܝ ܥܕܡܐ ܠܗܫܐ ܦܠܚ. ܐܦ ܐܢܐ
ܦܠܚ ܐܢܐ. 18 ܘܡܛܠ ܗܕܐ ܝܬܝܪܐܝܬ ܒܥܝܢ ܗܘܘ ܝܗܘܕܝܐ ܠܡܩܛܠܗ. ܠܐ ܒܠܚܘܕ ܕܫܪܐ
ܗܘܐ ܫܒܬܐ. ܐܠܐ ܐܦ ܕܥܠ ܐܠܗܐ ܕܐܒܘܗܝ ܐܝܬܘܗܝ ܐܡܪ ܗܘܐ. ܘܡܫܘܐ ܗܘܐ ܢܦܫܗ
ܥܡ ܐܠܗܐ. . . .

ܡܣܣܐ ܗ. 19 ܥܢܐ ܕܝܢ ܝܫܘܥ ܘܐܡܪ ܠܗܘܢ. ܐܡܝܢ ܐܡܝܢ ܐܡܪ ܐܢܐ ܠܟܘܢ. ܕܠܐ ܡܫܟܚ ܒܪܐ
ܠܡܥܒܕ ܡܕܡ ܡܢ ܨܒܘܬ ܢܦܫܗ. ܐܠܐ ܡܕܡ ܕܚܙܐ ܠܐܒܐ ܕܥܒܕ. ܐܝܠܝܢ ܓܝܪ ܕܐܒܐ ܥܒܕ.
ܗܠܝܢ ܐܦ ܒܪܐ ܐܟܘܬܗ ܥܒܕ. 20 ܐܒܐ ܓܝܪ ܪܚܡ ܠܒܪܗ. ܘܟܠܡܕܡ ܕܥܒܕ ܡܚܘܐ ܠܗ.
ܘܕܝܬܝܪܢ ܡܢ ܗܠܝܢ ܥܒܕܐ ܡܚܘܐ ܠܗ. ܕܐܢܬܘܢ ܬܬܕܡܪܘܢ. 21 ܐܝܟܢܐ ܓܝܪ ܕܐܒܐ
ܡܩܝܡ ܡܝܬܐ ܘܡܚܐ ܠܗܘܢ. ܗܟܢܐ ܐܦ ܒܪܐ ܠܐܝܠܝܢ ܕܨܒܐ ܡܚܐ. 22 ܠܐ ܗܘܐ ܓܝܪ ܐܒܐ
ܕܐܢ ܠܐܢܫ. ܐܠܐ ܟܠܗ ܕܝܢܐ ܝܗܒܗ ܠܒܪܐ. 23 ܕܟܠܢܫ ܢܝܩܪ ܠܒܪܐ. ܐܝܟ ܕܡܝܩܪ ܠܐܒܐ.
ܗܘ ܕܠܐ ܡܝܩܪ ܠܒܪܐ. ܠܐ ܡܝܩܪ ܠܐܒܐ ܕܫܕܪܗ.

24 ܐܡܝܢ ܐܡܝܢ ܐܡܪ ܐܢܐ ܠܟܘܢ. ܕܡܢ ܕܫܡܥ ܡܠܬܝ. ܘܡܗܝܡܢ ܠܡܢ ܕܫܕܪܢܝ.
ܐܝܬ ܠܗ ܚܝܐ ܕܠܥܠܡ. ܘܠܕܝܢܐ ܠܐ ܐܬܐ. ܐܠܐ ܫܢܐ ܠܗ ܡܢ ܡܘܬܐ ܠܚܝܐ. 25 ܐܡܝܢ
ܐܡܝܢ ܐܡܪ ܐܢܐ ܠܟܘܢ. ܕܐܬܝܐ ܫܥܬܐ. ܐܦ ܗܫܐ ܐܝܬܝܗ. ܐܡܬܝ ܕܡܝܬܐ ܢܫܡܥܘܢ
ܩܠܗ ܕܒܪܗ ܕܐܠܗܐ. ܘܗܢܘܢ ܕܫܡܥܝܢ ܢܚܘܢ. 26 ܐܝܟܢܐ ܓܝܪ ܕܠܐܒܐ ܐܝܬ ܚܝܐ ܒܩܢܘܡܗ.
ܗܟܢܐ ܝܗܒ ܐܦ ܠܒܪܐ. ܕܢܗܘܘܢ ܚܝܐ ܒܩܢܘܡܗ. 27 ܘܐܫܠܛܗ ܕܢܗܘܐ ܥܒܕ ܐܦ ܕܝܢܐ.
28 ܕܒܪܗ ܗܘ ܕܝܢ ܕܐܢܫܐ. ܠܐ ܬܬܕܡܪܘܢ ܒܗܕܐ. ܕܐܬܝܐ ܫܥܬܐ: ܐܡܬܝ ܕܟܠܗܘܢ ܐܝܠܝܢ
ܕܒܩܒܪܐ ܐܢܘܢ. ܢܫܡܥܘܢ ܩܠܗ. 29 ܘܢܦܩܘܢ. ܐܝܠܝܢ ܕܥܒܕܘ ܛܒܬܐ ܠܩܝܡܬܐ ܕܚܝܐ.
ܘܐܝܠܝܢ ܕܥܒܕܘ ܒܝܫܬܐ ܠܩܝܡܬܐ ܕܕܝܢܐ. 30 ܠܐ ܡܫܟܚ ܐܢܐ ܡܢ ܨܒܘܬ ܢܦܫܝ
ܠܡܥܒܕ ܡܕܡ. ܐܠܐ ܐܝܟܢܐ ܕܫܡܥ ܐܢܐ ܕܐܢ ܐܢܐ. ܘܕܝܢܝ ܟܐܢ ܗܘ. ܠܐ ܓܝܪ ܒܥܐ ܐܢܐ ܨܒܝܢܝ.
ܐܠܐ ܨܒܝܢܗ ܕܡܢ ܕܫܕܪܢܝ. 31 ܐܢ ܐܢܐ ܡܣܗܕ ܐܢܐ ܥܠ ܢܦܫܝ. ܣܗܕܘܬܝ ܠܐ ܗܘܬ
ܫܪܝܪܐ. 32 ܐܚܪܝܢ ܗܘ ܗܘ ܕܡܣܗܕ ܥܠܝ. ܘܝܕܥ ܐܢܐ ܕܫܪܝܪܐ ܗܝ ܣܗܕܘܬܗ
ܕܡܣܗܕ ܥܠܝ. 33 ܐܢܬܘܢ ܫܕܪܬܘܢ ܠܘܬ ܝܘܚܢܢ. ܘܐܣܗܕ ܥܠ ܫܪܪܐ. 34 ܐܢܐ ܕܝܢ ܠܐ ܗܘܐ
ܡܢ ܒܪܢܫܐ ܢܣܒ ܐܢܐ ܣܗܕܘܬܐ. ܐܠܐ ܗܠܝܢ ܐܡܪ ܐܢܐ ܕܐܢܬܘܢ ܬܚܘܢ. 35 ܗܘ ܫܪܓܐ ܗܘܐ

ܕܝܩܕ ܘܡܢܗܪ. ܘܐܢܬܘܢ ܨܒܝܬܘܢ ܕܬܫܬܒܗܪܘܢ ܫܥܬܐ ܒܢܘܗܪܗ. 36 ܐܢܐ ܕܝܢ ܐܝܬ
ܠܝ ܣܗܕܘܬܐ ܕܪܒܐ ܡܢ ܕܝܘܚܢܢ. ܥܒܕܐ ܓܝܪ ܕܝܗܒ ܠܝ ܐܒܝ ܕܐܫܠܡ ܐܢܘܢ. ܗܢܘܢ ܥܒܕܐ
ܕܥܒܕ ܐܢܐ ܣܗܕܝܢ ܥܠܝ. ܕܐܒܐ ܫܠܚܢܝ. 37 ܘܐܒܐ ܕܫܠܚܢܝ. ܗܘ ܣܗܕ ܥܠܝ. ܠܐ ܩܠܗ
ܡܡܬܘܡ ܫܡܥܬܘܢ. ܘܠܐ ܚܙܘܗ ܚܙܝܬܘܢ. 38 ܘܡܠܬܗ ܠܐ ܩܝܡܐ ܒܟܘܢ. ܡܛܠ
ܕܒܗܘ ܕܗܘ ܫܕܪ. ܐܢܬܘܢ ܠܐ ܡܗܝܡܢܝܢ ܐܢܬܘܢ. 39 ܒܨܘ ܟܬܒܐ ܕܒܗܘܢ ܡܣܒܪܝܢ
ܐܢܬܘܢ. ܕܚܝܐ ܕܠܥܠܡ ܐܝܬ ܠܟܘܢ. ܘܗܢܘܢ ܣܗܕܝܢ ܥܠܝ. 40 ܘܠܐ ܨܒܝܢ ܐܢܬܘܢ
ܕܬܐܬܘܢ ܠܘܬܝ: ܕܚܝܐ ܕܠܥܠܡ ܢܗܘܘܢ ܠܟܘܢ. 41 ܬܫܒܘܚܬܐ ܡܢ ܒܢܝ ܐܢܫܐ ܠܐ ܢܣܒ
ܐܢܐ. 42 ܐܠܐ ܝܕܥܬܟܘܢ. ܕܚܘܒܗ ܕܐܠܗܐ ܠܝܬ ܒܟܘܢ. 43 ܐܢܐ ܐܬܝܬ ܒܫܡܗ ܕܐܒܝ.
ܘܠܐ ܡܩܒܠܝܢ ܐܢܬܘܢ ܠܝ. ܘܐܢ ܐܚܪܢܐ ܢܐܬܐ ܒܫܡ ܢܦܫܗ. ܠܗܘ ܬܩܒܠܘܢ. 44 ܐܝܟܢܐ
ܡܫܟܚܝܢ ܐܢܬܘܢ ܠܡܗܝܡܢܘ. ܕܫܘܒܚܐ ܚܕ ܡܢ ܚܕ ܡܩܒܠܝܢ ܐܢܬܘܢ: ܘܫܘܒܚܐ
ܕܡܢ ܚܕ ܐܠܗܐ ܠܐ ܒܥܝܢ ܐܢܬܘܢ. 45 ܠܡܐ ܣܒܪܝܢ ܐܢܬܘܢ. ܕܐܢܐ ܐܟܠ ܐܢܐ
ܩܪܨܝܟܘܢ ܩܕܡ ܐܒܐ. ܐܝܬܘܗܝ ܡܢ ܕܐܟܠ ܩܪܨܝܟܘܢ: ܡܘܫܐ ܗܘ ܕܒܗ ܣܒܪܬܘܢ.
46 ܐܠܘ ܓܝܪ ܒܡܘܫܐ ܡܗܝܡܢܝܢ ܗܘܝܬܘܢ. ܐܦ ܠܝ ܡܗܝܡܢܝܢ ܗܘܝܬܘܢ. ܡܘܫܐ ܓܝܪ ܥܠܝ
ܟܬܒ. 47 ܘܐܢ ܠܟܬܒܘܗܝ ܕܗܘ ܠܐ ܡܗܝܡܢܝܢ ܐܢܬܘܢ: ܐܝܟܢܐ ܠܡܠܝ ܕܝܠܝ
ܬܗܝܡܢܘܢ ܀

Cap. vi. 1 ܒܬܪ ܗܠܝܢ ܐܙܠ ܝܫܘܥ ܠܥܒܪܐ ܕܝܡܐ ܕܓܠܝܠܐ ܕܛܒܪܝܐ. 2 ܘܐܙܠܘ ܒܬܪܗ
ܟܢܫܐ ܣܓܝܐܐ. ܡܛܠ ܕܚܙܝܢ ܗܘܘ ܐܬܘܬܐ ܕܥܒܕ ܒܟܪܝܗܐ. 3 ܘܣܠܩ ܝܫܘܥ ܠܛܘܪܐ.
ܘܬܡܢ ܝܬܒ ܗܘܐ ܥܡ ܬܠܡܝܕܘܗܝ ܀ 4 ܩܪܝܒ ܗܘܐ ܕܝܢ ܦܨܚܐ ܥܐܕܐ ܕܝܗܘܕܝܐ ܀
5 ܘܐܪܝܡ ܥܝܢܘܗܝ ܝܫܘܥ. ܘܚܙܐ ܟܢܫܐ ܣܓܝܐܐ ܕܐܬܐ ܠܘܬܗ. ܘܐܡܪ ܠܦܝܠܝܦܘܣ.
ܡܢܐ ܢܙܒܢ ܠܚܡܐ ܕܢܐܟܠܘܢ ܗܠܝܢ. 6 ܗܕܐ ܕܝܢ ܐܡܪ ܟܕ ܡܢܣܐ ܠܗ. ܗܘ ܓܝܪ
ܝܕܥ ܗܘܐ ܡܢܐ ܥܬܝܕ ܠܡܥܒܕ. 7 ܐܡܪ ܠܗ ܦܝܠܝܦܘܣ. ܕܡܬܐܢ ܕܝܢܪܝܢ ܠܚܡܐ
ܠܐ ܣܦܩ ܠܗܘܢ: ܕܟܠ ܚܕ ܚܕ ܩܠܝܠ ܢܣܒ. 8 ܐܡܪ ܠܗ ܚܕ ܡܢ
ܬܠܡܝܕܘܗܝ. ܐܢܕܪܐܘܣ ܐܚܘܗܝ ܕܫܡܥܘܢ ܟܐܦܐ. 9 ܐܝܬ ܬܢܢ ܛܠܝܐ ܚܕ. ܕܐܝܬ ܠܘܬܗ
ܚܡܫ ܓܪܝܨܢ ܕܣܥܪܐ ܘܬܪܝܢ ܢܘܢܝܢ. ܐܠܐ ܗܠܝܢ ܡܢܐ ܐܢܝܢ ܠܗܠܝܢ ܟܠܗܘܢ. 10 ܐܡܪ
ܠܗܘܢ ܝܫܘܥ. ܥܒܕܘ ܐܢܫܐ ܟܠܗܘܢ ܕܢܣܬܡܟܘܢ. ܥܣܒܐ ܕܝܢ ܣܓܝ ܗܘܐ ܒܗ ܒܕܘܟܬܐ
ܗܝ. ܘܐܣܬܡܟܘ ܓܒܪܐ ܒܡܢܝܢܐ ܚܡܫܐ ܐܠܦܝܢ. 11 ܘܫܩܠ ܝܫܘܥ ܠܠܚܡܐ. ܘܒܪܟ.
ܘܦܠܓ ܠܕܣܡܝܟܝܢ. ܘܗܟܢܐ ܐܦ ܡܢ ܢܘܢܐ. ܟܡܐ ܕܨܒܘ. 12 ܘܟܕ ܣܒܥܘ. ܐܡܪ
ܠܬܠܡܝܕܘܗܝ. ܟܢܫܘ ܩܨܝܐ ܕܝܬܪܘ. ܕܠܐ ܢܐܒܕ ܡܕܡ. 13 ܘܟܢܫܘ ܘܡܠܘ ܬܪܥܣܪ
ܩܘܦܝܢܝܢ ܩܨܝܐ: ܐܝܠܝܢ ܕܝܬܪܘ ܠܗܘܢ ܠܐܝܠܝܢ ܕܐܟܠܘ ܡܢ ܚܡܫ ܠܚܡܝܢ ܕܣܥܪܐ ܀
14 ܗܢܘܢ ܕܝܢ ܐܢܫܐ ܕܚܙܘ ܐܬܐ ܕܥܒܕ ܝܫܘܥ. ܐܡܪܝܢ ܗܘܘ. ܫܪܝܪܐܝܬ ܗܢܘ

ܢܒܝܐ ܕܐܬܐ ܠܥܠܡܐ. 15 ܝܫܘܥ ܕܝܢ ܟܕ ܝܕܥ ܕܥܬܝܕܝܢ ܕܢܐܬܘܢ ܢܚܛܦܘܢܝܗ.
ܘܢܥܒܕܘܢܝܗ ܡܠܟܐ. ܘܥܪܩ ܠܗ ܠܛܘܪܐ ܗܘ ܠܒܠܚܘܕܘܗܝ. . . . .
16 ܘܟܕ ܗܘܐ ܪܡܫܐ. ܢܚܬܘ ܬܠܡܝܕܘܗܝ ܠܝܡܐ 17 ܘܝܬܒܘ ܒܣܦܝܢܬܐ. ܘܐܬܝܢ ܗܘܘ ܝܘܚ ܘ.
ܠܥܒܪܐ ܠܟܦܪܢܚܘܡ. ܘܚܫܟܐ ܗܘܐ ܠܗ. ܘܠܐ ܐܬܐ ܗܘܐ ܠܘܬܗܘܢ ܝܫܘܥ. 18 ܝܡܐ
ܕܝܢ ܐܬܬܙܝܥ ܗܘܐ ܠܗܘܢ. ܡܛܠ ܕܪܘܚܐ ܪܒܐ ܢܫܒ ܗܘܐ. 19 ܘܕܒܪܘ ܐܝܟ
ܐܣܛܕܘܬܐ ܥܣܪܝܢ ܘܚܡܫܐ. ܐܘ ܬܠܬܝܢ. ܘܚܙܘ ܠܝܫܘܥ ܟܕ ܡܗܠܟ ܥܠ ܡܝܐ.
ܘܟܕ ܩܪܒ ܠܘܬ ܣܦܝܢܬܗܘܢ. ܕܚܠܘ. 20 ܗܘ ܕܝܢ ܝܫܘܥ ܐܡܪ ܠܗܘܢ. ܐܢܐ ܐܢܐ ܠܐ
ܬܕܚܠܘܢ. 21 ܘܨܒܘ ܗܘܘ ܕܢܩܒܠܘܢܝܗ ܒܣܦܝܢܬܐ. ܘܒܗ ܒܫܥܬܐ ܣܦܝܢܬܐ ܗܝ ܗܘܬ
ܠܘܬ ܐܪܥܐ. ܗܝ ܕܐܙܠܝܢ ܗܘܘ ܠܗ ∗
22 ܘܠܝܘܡܐ ܕܒܬܪܗ. ܗܘ ܥܡܐ ܕܩܐܡ ܗܘܐ ܠܥܒܪܐ ܕܝܡܐ. ܚܙܘ ܕܣܦܝܢܬܐ ܐܚܪܬܐ
ܠܝܬ ܗܘܐ ܬܡܢ. ܐܠܐ ܐܢ ܗܝ ܕܣܠܩܘ ܠܗ ܬܠܡܝܕܘܗܝ. ܘܕܠܐ ܥܠ ܗܘܐ ܥܡܗܘܢ ܝܫܘܥ
ܥܡ ܬܠܡܝܕܘܗܝ ܠܣܦܝܢܬܐ. 23 ܐܬܝ ܗܘܝ ܕܝܢ ܐܚܪܢܝܢ ܐܠܦܐ ܡܢ ܛܒܪܝܐ:
ܥܠ ܓܒ ܕܘܟܬܐ ܗܝ ܕܐܟܠܘ ܒܗ ܠܚܡܐ. ܟܕ ܒܪܟ ܝܫܘܥ. 24 ܘܟܕ ܚܙܐ ܗܘ ܥܡܐ
ܕܠܐ ܗܘܐ ܬܡܢ ܝܫܘܥ. ܐܦܠܐ ܬܠܡܝܕܘܗܝ. ܣܠܩܘ ܠܗܘܢ ܐܢܘܢ ܠܐܠܦܐ ܘܐܬܘ ܠܟܦܪܢܚܘܡ.
ܘܒܥܝܢ ܗܘܘ ܠܗ ܠܝܫܘܥ. 25 ܘܟܕ ܐܫܟܚܘܗܝ ܠܥܒܪܐ ܕܝܡܐ ܐܡܪܝܢ ܠܗ. ܪܒܝ.
ܐܡܬܝ ܐܬܝܬ ܠܗܪܟܐ. 26 ܥܢܐ ܝܫܘܥ. ܘܐܡܪ ܠܗܘܢ. ܐܡܝܢ ܐܡܝܢ ܐܡܪ ܐܢܐ ܠܟܘܢ.
ܕܒܥܝܢ ܐܢܬܘܢ ܠܝ. ܠܐ ܗܘܐ ܡܛܠ ܕܚܙܝܬܘܢ ܐܬܘܬܐ. ܐܠܐ ܕܐܟܠܬܘܢ ܠܚܡܐ ܘܣܒܥܬܘܢ.
27 ܠܐ ܬܦܠܚܘܢ ܡܐܟܘܠܬܐ ܕܐܒܕܐ. ܐܠܐ ܡܐܟܘܠܬܐ ܕܩܝܡܐ ܠܚܝܐ ܕܠܥܠܡ. ܐܝܕܐ
ܕܒܪܗ ܕܐܢܫܐ ܢܬܠ ܠܟܘܢ. ܠܗܢܐ ܓܝܪ ܐܒܐ ܚܬܡ ܐܠܗܐ. 28 ܐܡܪܝܢ ܠܗ. ܡܢܐ
ܢܥܒܕ ܕܢܦܠܘܚ ܥܒܕܐ ܕܐܠܗܐ. 29 ܥܢܐ ܝܫܘܥ. ܘܐܡܪ ܠܗܘܢ. ܗܢܘ ܥܒܕܐ ܕܐܠܗܐ.
ܕܬܗܝܡܢܘܢ ܒܡܢ ܕܗܘ ܫܕܪ ∗ 30 ܐܡܪܝܢ ܠܗ. ܡܢܐ ܐܬܐ ܥܒܕ ܐܢܬ: ܕܢܚܙܐ ܘܢܗܝܡܢ
ܒܟ. ܡܢܐ ܦܠܚ ܐܢܬ. 31 ܐܒܗܬܢ ܡܢܐ ܐܟܠܘ ܒܡܕܒܪܐ. ܐܝܟܢܐ ܕܟܬܝܒ. ܕܠܚܡܐ
ܡܢ ܫܡܝܐ ܝܗܒ ܠܗܘܢ ܠܡܐܟܠ. 32 ܐܡܪ ܠܗܘܢ ܝܫܘܥ. ܐܡܝܢ ܐܡܝܢ ܐܡܪ ܐܢܐ
ܠܟܘܢ. ܕܠܐ ܗܘܐ ܡܘܫܐ ܝܗܒ ܠܟܘܢ ܠܚܡܐ ܡܢ ܫܡܝܐ. ܐܠܐ ܐܒܝ ܝܗܒ ܠܟܘܢ ܠܚܡܐ
ܕܩܘܫܛܐ ܡܢ ܫܡܝܐ. 33 ܠܚܡܗ ܓܝܪ ܕܐܠܗܐ ܐܝܬܘܗܝ. ܗܘ ܕܢܚܬ ܡܢ ܫܡܝܐ.
ܘܝܗܒ ܚܝܐ ܠܥܠܡܐ. 34 ܐܡܪܝܢ ܠܗ. ܡܪܢ. ܒܟܠܙܒܢ ܗܒ ܠܢ ܠܚܡܐ ܗܢܐ ∗
35 ܐܡܪ ܠܗܘܢ ܝܫܘܥ. ܐܢܐ ܐܢܐ ܠܚܡܐ ܕܚܝܐ. ܡܢ ܕܐܬܐ ܠܘܬܝ ܠܐ ܢܟܦܢ. ܘܡܢ
ܕܡܗܝܡܢ ܒܝ. ܠܐ ܢܨܗܐ ܠܥܠܡ. 36 ܐܠܐ ܐܡܪܬ ܠܟܘܢ. ܕܚܙܝܬܘܢܢܝ ܘܠܐ ܡܗܝܡܢܝܢ
ܐܢܬܘܢ. 37 ܟܠ ܕܝܗܒ ܠܝ ܐܒܝ. ܠܘܬܝ ܢܐܬܐ. ܘܡܢ ܕܠܘܬܝ ܢܐܬܐ. ܠܐ ܐܦܩܗ ܠܒܪ.
38 ܕܢܚܬܬ ܡܢ ܫܡܝܐ ܠܐ ܗܘܐ ܕܐܥܒܕ ܨܒܝܢܝ. ܐܠܐ ܕܐܥܒܕ ܨܒܝܢܗ ܕܡܢ ܕܫܕܪܢܝ ∗ 39 ܗܢܘ

ܕܝܢ ܨܒܝܢܗ ܕܡܢ ܕܫܕܪܢܝ. ܕܟܠ ܕܝܗܒ ܠܝ. ܠܐ ܐܘܒܕ ܡܢܗ. ܐܠܐ ܐܩܝܡܝܘܗܝ ܒܝܘܡܐ
ܐܚܪܝܐ. 40 ܗܢܘ ܕܝܢ ܨܒܝܢܗ ܕܐܒܝ. ܕܟܠ ܕܚܙܐ ܠܒܪܐ ܘܡܗܝܡܢ ܒܗ. ܢܗܘܘܢ ܠܗ
ܚܝܐ ܕܠܥܠܡ. ܘܐܢܐ ܐܩܝܡܝܘܗܝ ܒܝܘܡܐ ܐܚܪܝܐ. 41 ܝܗܘܕܝܐ ܕܝܢ ܪܛܢܝܢ ܗܘܘ
ܥܠܘܗܝ. ܕܐܡܪ ܕܐܢܐ ܐܢܐ ܠܚܡܐ ܕܢܚܬ ܡܢ ܫܡܝܐ. 42 ܘܐܡܪܝܢ ܗܘܘ. ܠܐ ܗܘܐ ܗܢܐ
ܝܫܘܥ ܒܪܗ ܕܝܘܣܦ. ܗܘ ܕܚܢܢ ܝܕܥܝܢ ܠܐܒܘܗܝ ܘܠܐܡܗ. ܘܐܝܟܢܐ ܐܡܪ ܗܢܐ
ܕܡܢ ܫܡܝܐ ܢܚܬܬ. 43 ܥܢܐ ܝܫܘܥ ܘܐܡܪ ܠܗܘܢ. ܠܐ ܬܬܪܛܢܘܢ ܚܕ ܥܡ ܚܕ.
44 ܠܐ ܐܢܫ ܡܫܟܚ ܕܢܐܬܐ ܠܘܬܝ: ܐܠܐ ܐܢ ܢܓܪܝܘܗܝ ܐܒܐ ܕܫܕܪܢܝ. ܘܐܢܐ ܐܩܝܡܝܘܗܝ ܒܝܘܡܐ
ܐܚܪܝܐ. 45 ܟܬܝܒ ܓܝܪ ܒܢܒܝܐ. ܕܢܗܘܘܢ ܟܠܗܘܢ ܡܠܦܝ ܕܐܠܗܐ. ܟܠ ܡܢ ܕܫܡܥ ܗܟܝܠ
ܡܢ ܐܒܐ ܘܝܠܦ ܡܢܗ. ܐܬܐ ܠܘܬܝ. 46 ܠܐ ܗܘܐ ܕܚܙܐ ܐܢܫ ܠܐܒܐ. ܐܠܐ ܡܢ ܕܡܢ ܐܠܗܐ
ܐܝܬܘܗܝ ܗܘ ܗܘ ܚܙܐ ܠܐܒܐ. 47 ܐܡܝܢ ܐܡܝܢ ܐܡܪ ܐܢܐ ܠܟܘܢ. ܕܡܢ ܕܡܗܝܡܢ ܒܝ.
ܐܝܬ ܠܗ ܚܝܐ ܕܠܥܠܡ. 48 ܐܢܐ ܐܢܐ ܠܚܡܐ ܕܚܝܐ. 49 ܐܒܗܝܟܘܢ ܐܟܠܘ ܡܢܢܐ
ܒܡܕܒܪܐ ܘܡܝܬܘ. 50 ܗܢܘ ܕܝܢ ܠܚܡܐ ܕܢܚܬ ܡܢ ܫܡܝܐ. ܕܢܐܟܘܠ ܐܢܫ ܡܢܗ. ܘܠܐ
ܢܡܘܬ. 51 ܐܢܐ ܐܢܐ ܠܚܡܐ ܚܝܐ ܕܡܢ ܫܡܝܐ ܢܚܬܬ. ܘܐܢ ܐܢܫ ܢܐܟܘܠ ܡܢ ܗܢܐ
ܠܚܡܐ ܢܚܐ ܠܥܠܡ. ܘܠܚܡܐ ܐܝܢܐ ܕܐܢܐ ܐܬܠ. ܦܓܪܝ ܗܘ. ܕܚܠܦ ܐܦܝ ܚܝܘܗܝ
ܕܥܠܡܐ ܝܗܒ ܐܢܐ. 52 ܢܨܝܢ ܗܘܘ ܕܝܢ ܝܗܘܕܝܐ ܚܕ ܥܡ ܚܕ. ܘܐܡܪܝܢ. ܐܝܟܢܐ ܡܫܟܚ
ܗܢܐ ܦܓܪܗ ܕܢܬܠ ܠܢ ܠܡܐܟܠ. 53 ܘܐܡܪ ܠܗܘܢ ܝܫܘܥ. ܐܡܝܢ ܐܡܝܢ ܐܡܪ ܐܢܐ
ܠܟܘܢ. ܕܐܠܐ ܬܐܟܠܘܢ ܦܓܪܗ ܕܒܪܗ ܕܐܢܫܐ ܘܬܫܬܘܢ ܕܡܗ. ܠܝܬ ܠܟܘܢ ܚܝܐ
ܒܩܢܘܡܟܘܢ. 54 ܡܢ ܕܐܟܠ ܕܝܢ ܡܢ ܦܓܪܝ. ܘܫܬܐ ܡܢ ܕܡܝ. ܐܝܬ ܠܗ ܚܝܐ
ܕܠܥܠܡ. ܘܐܢܐ ܐܩܝܡܝܘܗܝ ܒܝܘܡܐ ܐܚܪܝܐ. 55 ܦܓܪܝ ܓܝܪ. ܫܪܝܪܐܝܬ ܐܝܬܘܗܝ
ܡܐܟܘܠܬܐ. ܘܕܡܝ. ܫܪܝܪܐܝܬ ܐܝܬܘܗܝ ܡܫܬܝܐ. 56 ܡܢ ܕܐܟܠ ܦܓܪܝ. ܘܫܬܐ ܕܡܝ.
ܒܝ ܡܩܘܐ ܘܐܢܐ ܒܗ. 57 ܐܝܟܢܐ ܕܫܕܪܢܝ ܐܒܐ ܚܝܐ. ܘܐܢܐ ܚܝ ܐܢܐ ܡܛܠ ܐܒܐ. ܘܡܢ
ܕܢܐܟܠܢܝ. ܐܦ ܗܘ ܢܚܐ ܡܛܠܬܝ. 58 ܗܢܘ ܠܚܡܐ ܕܢܚܬ ܡܢ ܫܡܝܐ. ܠܐ ܗܘܐ ܐܝܟ
ܕܐܟܠܘ ܐܒܗܝܟܘܢ ܡܢܢܐ ܘܡܝܬܘ. ܡܢ ܕܐܟܠ ܗܢܐ ܠܚܡܐ. ܢܚܐ ܠܥܠܡ. 59 ܗܠܝܢ
ܐܡܪ ܒܟܢܘܫܬܐ ܟܕ ܡܠܦ ܒܟܦܪܢܚܘܡ. 60 ܘܣܓܝܐܐ ܕܫܡܥܘ ܡܢ ܬܠܡܝܕܘܗܝ.
ܐܡܪܝܢ. ܩܫܝܐ ܗܝ ܡܠܬܐ ܗܕܐ. ܡܢܘ ܡܫܟܚ ܠܡܫܡܥܗ.
ܙܘܥܐ ܗ 61 ܝܫܘܥ ܕܝܢ ܝܕܥ ܒܢܦܫܗ ܕܪܛܢܝܢ ܥܠ ܗܕܐ ܬܠܡܝܕܘܗܝ. ܘܐܡܪ ܠܗܘܢ. ܗܕܐ
ܡܟܫܠܐ ܠܟܘܢ. 62 ܐܢ ܬܚܙܘܢ ܗܟܝܠ ܠܒܪܗ ܕܐܢܫܐ ܕܣܠܩ ܠܐܬܪ ܕܐܝܬܘܗܝ ܗܘܐ ܡܢ
ܩܕܝܡ. 63 ܪܘܚܐ ܗܝ ܕܡܚܝܐ. ܦܓܪܐ ܠܐ ܡܘܬܪ ܡܕܡ. ܡܠܐ ܕܐܢܐ ܡܠܠܬ ܥܡܟܘܢ.
ܪܘܚܐ ܐܢܝܢ. ܘܚܝܐ ܐܢܝܢ. 64 ܐܠܐ ܐܝܬ ܐܢܫܐ ܡܢܟܘܢ. ܕܠܐ ܡܗܝܡܢܝܢ. ܝܕܥ ܗܘܐ ܓܝܪ
ܝܫܘܥ ܡܢ ܩܕܡ ܡܢ ܐܢܘܢ ܐܝܠܝܢ ܕܠܐ ܡܗܝܡܢܝܢ: ܘܡܢܘ ܗܘ ܕܡܫܠܡ ܠܗ.

65 ܘܐܡܪ ܗܘܐ ܠܗܘܢ. ܡܛܠ ܗܢܐ ܐܡܪܬ ܠܟܘܢ: ܕܠܐ ܐܢܫ ܡܫܟܚ ܕܢܐܬܐ ܠܘܬܝ: ܐܠܐ
ܝܗܝܒ ܠܗ ܡܢ ܐܒܝ. 66 ܡܛܠ ܗܕܐ ܡܠܬܐ. ܣܓܝܐܐ ܡܢ ܬܠܡܝܕܘܗܝ ܐܙܠܘ
ܠܒܣܬܪܗܘܢ. ܘܠܐ ܡܗܠܟܝܢ ܗܘܘ ܥܡܗ. 67 ܘܐܡܪ ܝܫܘܥ ܠܬܪܥܣܪܬܗ. ܠܡܐ ܐܦ
ܐܢܬܘܢ ܨܒܝܢ ܐܢܬܘܢ ܠܡܐܙܠ. 68 ܥܢܐ ܫܡܥܘܢ ܟܐܦܐ ܘܐܡܪ. ܡܪܝ ܠܘܬ ܡܢ
ܢܐܙܠ. ܡܠܐ ܕܚܝܐ ܕܠܥܠܡ ܐܝܬ ܠܟ. 69 ܘܚܢܢ ܗܝܡܢܢ ܘܝܕܥܢ: ܕܐܢܬ ܗܘ ܡܫܝܚܐ.
ܒܪܗ ܕܐܠܗܐ ܚܝܐ. 70 ܐܡܪ ܠܗܘܢ ܝܫܘܥ. ܠܐ ܗܘܐ ܐܢܐ ܓܒܝܬܟܘܢ ܠܬܪܥܣܪ.
ܘܡܢܟܘܢ ܚܕ ܣܛܢܐ ܗܘ. 71 ܐܡܪ ܗܘܐ ܕܝܢ. ܥܠ ܝܗܘܕܐ ܒܪ ܫܡܥܘܢ ܣܟܪܝܘܛܐ. ܗܘ
ܓܝܪ ܥܬܝܕ ܗܘܐ ܕܢܫܠܡܝܘܗܝ ܚܕ ܡܢ ܬܪܥܣܪ܀
1 ܒܬܪ ܗܠܝܢ. ܡܗܠܟ ܗܘܐ ܝܫܘܥ ܒܓܠܝܠܐ. ܠܐ ܓܝܪ ܨܒܐ ܗܘܐ ܠܡܗܠܟܘ ܒܝܗܘܕ. Cap. vii.
ܡܛܠ ܕܝܗܘܕܝܐ ܒܥܝܢ ܗܘܘ ܠܡܩܛܠܗ܀ 2 ܘܩܪܝܒ ܗܘܐ ܥܐܕܐ ܕܡܛܠܐ ܕܝܗܘܕܝܐ.
3 ܘܐܡܪܘ ܠܗ ܐܚܘܗܝ ܠܝܫܘܥ. ܫܢܝ ܠܟ ܡܟܐ ܘܙܠ ܠܝܗܘܕ. ܕܢܚܙܘܢ ܬܠܡܝܕܝܟ
ܥܒܕܐ ܕܥܒܕ ܐܢܬ. 4 ܠܝܬ ܓܝܪ ܐܢܫ ܕܥܒܕ ܡܕܡ ܒܛܘܫܝܐ: ܘܨܒܐ ܗܘ ܕܢܬܓܠܐ
ܢܗܘܐ. ܐܢ ܗܠܝܢ ܥܒܕ ܐܢܬ. ܚܘܐ ܢܦܫܟ ܠܥܠܡܐ. 5 ܐܦ ܠܐ ܓܝܪ ܐܚܘܗܝ ܗܝܡܢܝܢ
ܗܘܘ ܒܗ ܒܝܫܘܥ. 6 ܐܡܪ ܠܗܘܢ ܝܫܘܥ. ܙܒܢܐ ܕܝܠܝ: ܥܕܟܝܠ ܠܐ ܡܛܐ.
ܙܒܢܟܘܢ ܕܝܢ ܕܝܠܟܘܢ. ܒܟܠ ܥܕܢ ܡܛܝܒ. 7 ܠܐ ܡܫܟܚ ܥܠܡܐ ܠܡܣܢܝܟܘܢ. ܠܝ
ܕܝܢ ܣܢܐ. ܡܛܠ ܕܐܢܐ ܡܣܗܕ ܐܢܐ ܥܠܘܗܝ. ܕܥܒܕܘܗܝ ܒܝܫܝܢ ܐܢܘܢ. 8 ܐܢܬܘܢ
ܣܩܘ ܠܥܐܕܐ ܗܢܐ. ܐܢܐ ܠܐ ܣܠܩ ܐܢܐ ܗܫܐ ܠܥܐܕܐ ܗܢܐ. ܡܛܠ ܕܙܒܢܐ ܕܝܠܝ ܠܐ
ܫܠܡ ܥܕܟܝܠ. 9 ܗܠܝܢ ܐܡܪ. ܘܦܫ ܠܗ ܒܓܠܝܠܐ. 10 ܟܕ ܕܝܢ ܣܠܩܘ ܐܚܘܗܝ
ܠܥܐܕܐ. ܗܝܕܝܢ ܐܦ ܗܘ ܣܠܩ. ܠܐ ܒܓܠܝܐ: ܐܠܐ ܐܝܟ ܕܒܛܘܫܝܐ. 11 ܝܗܘܕܝܐ ܕܝܢ
ܒܥܝܢ ܗܘܘ ܠܗ ܒܥܐܕܐ. ܘܐܡܪܝܢ ܗܘܘ. ܐܝܟܘ ܗܘ. 12 ܘܪܛܢܐ ܣܓܝܐܐ ܥܠܘܗܝ
ܐܝܬ ܗܘܐ ܒܟܢܫܐ. ܐܝܬ ܗܘܘ ܓܝܪ ܕܐܡܪܝܢ. ܕܛܒ ܗܘ. ܘܐܚܪܢܐ ܐܡܪܝܢ ܗܘܘ. ܠܐ. ܐܠܐ
ܡܛܥܐ ܠܥܡܐ. 13 ܠܐ ܕܝܢ ܐܢܫ ܒܓܠܝܐܝܬ ܡܡܠܠ ܗܘܐ ܥܠܘܗܝ: ܡܛܠ ܕܚܠܬܐ
ܕܝܗܘܕܝܐ. 14 ܟܕ ܕܝܢ ܦܠܓܘܗܝ ܕܝܘܡܬܐ ܕܥܐܕܐ. ܣܠܩ ܝܫܘܥ ܠܗܝܟܠܐ. ܘܡܠܦ ܗܘܐ.
15 ܘܡܬܕܡܪܝܢ ܗܘܘ ܝܗܘܕܝܐ ܘܐܡܪܝܢ. ܐܝܟܢܐ ܝܕܥ ܗܢܐ ܣܦܪܐ ܟܕ ܠܐ ܝܠܦ. 16 ܥܢܐ
ܝܫܘܥ ܘܐܡܪ. ܝܘܠܦܢܝ ܠܐ ܗܘܐ ܕܝܠܝ. ܐܠܐ ܕܗܘ ܕܫܕܪܢܝ. 17 ܡܢ ܕܨܒܐ ܕܢܥܒܕ ܨܒܝܢܗ.
ܡܣܬܟܠ ܝܘܠܦܢܝ ܐܢ ܡܢ ܐܠܗܐ ܗܘ: ܐܘ ܐܢܐ ܡܢ ܨܒܝܢ ܢܦܫܝ ܡܡܠܠ ܐܢܐ.
18 ܡܢ ܕܡܢ ܨܒܝܢ ܪܥܝܢܗ ܡܡܠܠ. ܫܘܒܚܐ ܠܢܦܫܗ ܒܥܐ. ܗܘ ܕܝܢ ܕܫܘܒܚܐ ܕܡܢ
ܕܫܕܪܗ ܒܥܐ ܫܪܝܪ ܗܘ. ܘܥܘܠܐ ܠܒܠܒܗ ܠܐ ܐܝܬ. 19 ܠܐ ܗܘܐ ܡܘܫܐ ܝܗܒ ܠܟܘܢ ܢܡܘܣܐ.
ܘܠܐ ܐܢܫ ܡܢܟܘܢ ܢܛܪ ܢܡܘܣܐ. 20 ܡܢܐ ܒܥܝܢ ܐܢܬܘܢ ܠܡܩܛܠܢܝ. ܥܢܐ ܟܢܫܐ
ܘܐܡܪܝܢ. ܕܝܘܐ ܐܝܬ ܠܟ. ܡܢܘ ܒܥܐ ܠܡܩܛܠܟ. 21 ܥܢܐ ܝܫܘܥ. ܘܐܡܪ ܠܗܘܢ. ܚܕ

ܚܕܐ ܥܒܕܐ. ܘܟܠܟܘܢ ܡܬܕܡܪܝܢ ܐܝܬܘܢ. 22 ܩܕܡܠ ܗܕܐ ܡܘܫܐ ܝܗܒ ܠܘܟܘܢ
ܓܙܘܪܬܐ. ܠܐ ܗܘܐ ܩܕܡܠ ܕܡܢܝܗ ܝܠܗ ܡܢ ܡܘܫܐ. ܐܠܐ ܕܡܢ ܒܒܘܬܐ ܝܠܗ: ܘܒܫܒܬܐ
ܓܙܪܝܬܘܢ ܐܝܬܘܢ ܒܪܢܫܐ. 23 ܐܢ ܒܪܢܫܐ ܩܒܠܐ ܒܫܒܬܐ ܓܙܘܪܬܐ. ܩܕܡܠ ܕܠܐ ܢܫܪܐ
ܢܡܘܣܐ ܕܡܘܫܐ: ܠܠܝ ܡܬܚܡܬܝ ܐܝܬܘܢ; ܕܟܠܗ ܒܪܢܫܐ ܚܠܝܡܐ ܥܒܕܠܝ ܒܫܒܬܐ.
24 ܠܐ ܕܐܝܢܝܬܘܢ ܕܝܢܐ ܒܚܙܬܐ. ܐܠܐ ܕܝܢܐ ܬܪܝܨܐ ܕܘܢܘܢ. 25 ܘܐܡܪܝܢ ܗܘܘ ܐܢܫܐ ܡܢ
ܐܘܪܫܠܡ. ܠܘ ܗܢܝܐ ܗܘ ܕܒܥܝܢ ܠܩܛܠܗ: 26 ܘܗܐ ܓܠܝܐܝܬ ܡܡܠܠ: ܘܡܕܡ ܠܐ
ܐܡܪܝܢ ܠܗ. ܕܠܡܐ ܫܪܝܪܐ ܝܕܥܝܢ ܪܫܢܐ ܕܗܢܘ ܫܪܝܪܐܝܬ ܡܫܝܚܐ. 27 ܐܠܐ ܠܗܘܢܐ ܝܕܥܝܢ
ܝܠܢ. ܩܡ ܐܡܟܐ ܝܠܗ. ܡܫܝܚܐ ܕܝܢ ܐܡܢ ܕܐܬܐ: ܠܐ ܐܢܫ ܝܕܥ ܩܡ ܐܡܟܐ ܝܠܗ.
28 ܘܩܪܐ ܝܫܘܥ ܩܠܗ ܓܘ ܗܝܟܠܐ ܒܡܘܠܦܐ. ܘܐܡܪ. ܘܠܝ ܝܕܥܝ ܐܝܬܘܢ. ܘܩܡ ܐܡܟܐ
ܐܢܐ ܝܕܥܝ ܐܝܬܘܢ. ܘܡܢ ܓܢܝ ܢܦܫܝ ܠܐ ܐܬܝܠܝ. ܐܠܐ ܫܪܝܪ ܝܠܗ ܗܘ ܕܫܕܪܠܝ. ܗܘ
ܕܐܝܠܗ. ܠܐ ܝܕܥܝ ܐܝܬܘܢ ܠܗ. 29 ܐܢܐ ܕܝܢ ܝܕܥܢ ܐܢܐ ܠܗ. ܕܡܢ ܓܒܝܗ ܐܢܐ ܝܘܢ ܘܗܘ
ܫܕܪܠܝ. 30 ܘܒܥܠܗ ܠܡܕܪܟܗ. ܘܠܐ ܐܢܫ ܐܪܡܝ ܒܠܗܘܢ ܐܝܕܐ. ܩܕܡܠ ܕܠܐ ܒܝܛܠ
ܐܬܐ ܗܘܐ ܫܥܬܗ. 31 ܣܓܝܐܐ ܕܝܢ ܡܢ ܟܢܫܐ ܗܝܡܢܘ ܒܗ. ܘܐܡܪܝܢ. ܡܫܝܚܐ ܡܐ
ܕܐܬܐ: ܒܠܟܝ ܕܝܬܝܪ ܡܢ ܗܠܝܢ ܐܬܘܬܐ ܕܥܒܕ ܗܢܐ ܥܒܕ. 32 ܘܫܡܥܠܗ ܦܪܝܫܐ ܕܟܢܫܐ
ܕܡܪܛܢܝܢ ܠܠܗܘܢ ܗܠܝܢ. ܘܫܕܪܘ ܗܢܘܢ ܘܪܒ ܟܗܢܐ ܕܫܡܫܐ ܕܢܐܚܕܘܢܝܗ. 33 ܘܐܡܪ
ܝܫܘܥ. ܩܠܝܠ ܙܒܢܐ ܐܚܪܢܐ ܥܡܟܘܢ ܐܢܐ. ܘܐܙܠ ܐܢܐ ܠܓܒܐ ܡܢ ܕܫܕܪܠܝ. 34 ܘܒܥܝܬܘܢܝ.
ܘܠܐ ܡܫܟܚܝܬܘܢ. ܘܐܟܐ ܕܐܢܐ ܐܝܘܢ. ܠܐ ܡܨܝܬܘܢ ܐܝܬܘܢ ܠܡܐܬܐ. 35 ܐܡܪܝܢ ܝܗܘܕܝܐ
ܒܝܢܬܗܘܢ. ܠܐܝܟܐ ܒܥܐ ܗܢܐ ܠܡܐܙܠ: ܕܚܢܢ ܠܐ ܡܫܟܚܝܢ ܠܗ. ܒܠܟܐ ܒܥܐ ܠܐܬܪܘܬܐ
ܕܒܕܪܬܐ: ܒܝܢܝ ܕܐܬܪܘܬܐ ܘܠܡܠܦ ܠܚܢܦܐ. 36 ܡܢܐ ܝܠܗ ܗܕܐ ܡܠܬܐ ܕܐܡܪ. ܕܒܥܝܬܘܢܝ
ܘܠܐ ܡܫܟܚܝܬܘܢ: ܘܐܟܐ ܕܐܢܐ ܐܝܘܢ ܐܝܠܗ. ܠܐ ܡܨܝܬܘܢ ܐܝܬܘܢ ܠܡܐܬܐ....
37 ܒܝܘܡܐ ܕܝܢ ܐܚܪܝܐ: ܕܐܝܠܗ ܗܘ ܪܒܐ ܕܥܐܕܐ. ܩܡ ܗܘܐ ܝܫܘܥ ܘܩܥܐ ܘܐܡܪ. ܐܢ ܕܚܣܐ ܣ.
ܐܢܫ ܨܗܐ: ܬܐܬܐ ܠܓܒܝ ܘܫܬܐ. 38 ܟܠ ܡܢ ܕܡܗܝܡܢ ܒܝ: ܐܝܟܢܐ ܕܐܡܪܗ ܟܬܒܐ.
ܢܗܪܘܬܐ ܕܡܝܐ ܚܝܐ ܢܪܕܝ ܡܢ ܟܪܣܗ. 39 ܗܕܐ ܕܝܢ ܐܡܪ ܥܠ ܪܘܚܐ ܕܥܬܝܕܝܢ ܗܘܘ
ܠܡܩܒܠܗ: ܐܢܝܢ ܕܡܗܝܡܢܝܢ ܒܗ. ܠܐ ܓܝܪ ܒܝܛܠ ܐܝܬܝܐ ܗܘܐ ܪܘܚܐ. ܩܕܡܠ
ܕܠܐ ܒܝܛܠ ܐܫܬܒܚ ܗܘܐ ܝܫܘܥ. 40 ܣܓܝܐܐ ܕܝܢ ܡܢ ܟܢܫܐ ܕܫܡܥܘ ܡܠܠܘܗܝ.
ܐܡܪܝܢ ܗܘܘ. ܗܢܘ ܫܪܝܪܐܝܬ ܢܒܝܐ. 41 ܐܚܪܢܐ ܐܡܪܝܢ ܗܘܘ. ܗܢܘ ܡܫܝܚܐ. ܐܚܪܢܐ
ܐܡܪܝܢ. ܕܠܡܐ ܡܢ ܓܠܝܠܐ ܐܬܐ ܡܫܝܚܐ. 42 ܠܐ ܗܘܐ ܟܬܒܐ ܐܡܪ. ܕܡܢ ܙܪܥܗ
ܕܕܘܝܕ: ܘܡܢ ܒܝܬ ܠܚܡ ܩܪܝܬܐ ܕܡܢܗ ܕܘܝܕ ܐܬܐ ܡܫܝܚܐ. 43 ܘܗܘܐ ܗܘܐ ܦܠܓܘܬܐ
ܒܟܢܫܐ ܡܛܠܬܗ. 44 ܘܐܝܬ ܗܘܘ ܐܢܫܝܢ ܡܢܗܘܢ. ܕܒܥܝܢ ܗܘܘ ܕܐܚܕܘܢܝܗܝ. ܐܠܐ ܠܐ
ܐܢܫ ܐܪܡܝ ܒܠܗܘܢ ܐܝܕܐ.

45 ܘܐܬܘ ܕܚܫܐ ܗܢܘܢ ܠܘܬ ܪܒܝ ܟܗܢܐ ܘܦܪܝܫܐ. ܘܐܡܪܘ ܠܗܘܢ ܟܗܢܐ. ܠܡܢܐ ܠܐ
ܐܝܬܝܬܘܢܝܗܝ. 46 ܐܡܪܝܢ ܠܗܘܢ ܕܚܫܐ. ܠܐ ܡܡܬܘܡ ܗܟܢܐ ܡܠܠ ܒܪܢܫܐ. ܐܝܟ
ܕܡܡܠܠ ܓܒܪܐ ܗܢܐ. 47 ܐܡܪܝܢ ܠܗܘܢ ܦܪܝܫܐ. ܠܡܐ: ܐܦ ܐܢܬܘܢ ܛܥܝܬܘܢ.
48 ܠܡܐ: ܐܢܫ ܡܢ ܪܫܐ ܐܘ ܡܢ ܦܪܝܫܐ ܗܝܡܢ ܒܗ. 49 ܐܠܐ ܐܢ ܥܡܐ ܗܢܐ: ܕܠܐ ܝܕܥ
ܢܡܘܣܐ. ܠܝܛܝܢ ܐܢܘܢ. 50 ܐܡܪ ܠܗܘܢ ܢܝܩܕܡܘܣ ܚܕ ܡܢܗܘܢ. ܗܘ ܕܐܬܐ ܗܘܐ
ܠܘܬ ܝܫܘܥ ܒܠܠܝܐ. 51 ܕܠܡܐ ܢܡܘܣܢ ܕܐܢ ܡܚܝܒ ܠܒܪܢܫܐ. ܐܠܐ ܐܢ ܢܫܡܥ ܡܢܗ
ܠܘܩܕܡ: ܘܢܕܥ ܡܢܐ ܥܒܕ. 52 ܥܢܘ ܘܐܡܪܝܢ ܠܗ. ܠܡܐ: ܐܦ ܐܢܬ ܡܢ ܓܠܝܠܐ
ܐܢܬ. ܒܨܝ ܘܚܙܝ. ܕܢܒܝܐ ܡܢ ܓܠܝܠܐ ܠܐ ܩܐܡ܀

[Cap. vii

[53 ܐܙܠ ܗܘܘ ܟܠ ܐܢܫ ܠܒܝܬܗ܀ 1 ܝܫܘܥ ܕܝܢ ܐܙܠ ܠܛܘܪܐ ܕܙܝܬܐ. 2 ܒܨܦܪܐ ܕܝܢ ܬܘܒ
ܐܬܐ ܠܗܝܟܠܐ ܘܟܠܗ ܥܡܐ ܐܬܐ ܗܘܐ ܠܘܬܗ. ܘܟܕ ܝܬܒ ܡܠܦ ܗܘܐ ܠܗܘܢ. 3 ܐܝܬܝܘ
ܕܝܢ ܣܦܪܐ ܘܦܪܝܫܐ ܠܐܢܬܬܐ ܕܐܬܐܚܕܬ ܒܓܘܪܐ. ܘܟܕ ܐܩܝܡܘܗ ܒܡܨܥܬܐ. 4 ܐܡܪܝܢ ܠܗ.
ܡܠܦܢܐ. ܗܕܐ ܐܢܬܬܐ ܐܬܐܚܕܬ ܓܠܝܐܝܬ ܒܗ ܒܡܥܒܕܢܘܬܐ ܓܝܪܐ ܗܘܬ. 5 ܘܒܢܡܘܣܐ ܕܝܢ ܕܡܘܫܐ
ܦܩܕ ܕܐܝܟ ܗܠܝܢ ܢܪܓܘܡ. ܐܢܬ ܗܟܝܠ ܡܢܐ ܐܡܪ ܐܢܬ. 6 ܗܕܐ ܕܝܢ ܐܡܪܘ ܟܕ ܡܢܣܝܢ
ܠܗ. ܐܝܟܢܐ ܕܢܗܘܐ ܠܗܘܢ ܕܢܩܛܪܓܘܢܝܗܝ. ܝܫܘܥ ܕܝܢ ܟܕ ܓܚܢ ܠܬܚܬ ܟܬܒ
ܗܘܐ ܥܠ ܐܪܥܐ. 7 ܟܕ ܕܝܢ ܟܬܪܘ ܟܕ ܡܫܐܠܝܢ ܠܗ. ܐܬܦܫܛ ܘܐܡܪ ܠܗܘܢ. ܐܝܢܐ
ܡܢܟܘܢ ܕܐܝܬܘܗܝ ܕܠܐ ܚܛܗܐ. ܩܕܡܝܐ ܢܫܕܐ ܥܠܝܗ ܟܐܦܐ. 8 ܘܬܘܒ ܕܝܢ ܐܬܓܚܢ ܟܬܒ
ܗܘܐ ܥܠ ܐܪܥܐ. 9 ܗܢܘܢ ܕܝܢ ܟܕ ܫܡܥܘ ܢܦܩܝܢ ܗܘܘ ܚܕ ܚܕ ܟܕ ܫܪܝܘ ܡܢ ܩܫܝܫܐ
ܘܐܫܬܒܩܬ ܐܢܬܬܐ ܠܒܠܚܘܕܝܗ. ܟܕ ܩܝܡܐ ܒܡܨܥܬܐ. 10 ܟܕ ܕܝܢ ܐܬܦܫܛ ܝܫܘܥ ܐܡܪ

ܠܗ ܠܐܢܬܬܐ. ܐܝܟܐ ܐܢܘܢ. ܠܐ ܐܢܫ ܚܝܒܟܝ. 11 ܗܝ ܕܝܢ ܐܡܪܐ. ܘܠܐ ܐܢܫ ܡܪܝ. ܐܡܪ
ܕܝܢ ܝܫܘܥ. ܐܦܠܐ ܐܢܐ ܡܚܝܒ ܐܢܐ ܠܟܝ. ܙܠܝ ܘܡܢ ܗܫܐ ܬܘܒ ܠܐ ܬܚܛܝܢ ܀]

Cap. viii. 1 (12) ܬܘܒ ܕܝܢ ܡܠܠ ܠܗܘܢ ܝܫܘܥ ܘܐܡܪ. ܐܢܐ ܐܢܐ ܢܘܗܪܗ ܕܥܠܡܐ. ܡܢ ܕܒܬܪܝ
ܐܬܐ. ܠܐ ܢܗܠܟ ܒܚܫܘܟܐ. ܐܠܐ ܢܫܟܚ ܠܗ ܢܘܗܪܐ ܕܚܝܐ. 2 (13) ܐܡܪܝܢ ܠܗ ܦܪܝܫܐ. ܐܢܬ
ܥܠ ܢܦܫܟ ܡܣܗܕ ܐܢܬ. ܣܗܕܘܬܟ ܠܐ ܗܘܬ ܫܪܝܪܐ ܀ 3 (14) ܥܢܐ ܝܫܘܥ ܘܐܡܪ ܠܗܘܢ.
ܐܦܢ ܐܢܐ ܡܣܗܕ ܐܢܐ ܥܠ ܢܦܫܝ. ܫܪܝܪܐ ܗܝ ܣܗܕܘܬܝ. ܡܛܠ ܕܝܕܥ ܐܢܐ ܡܢ
ܐܝܟܐ ܐܬܝܬ. ܘܠܐܝܟܐ ܐܙܠ ܐܢܐ. ܐܢܬܘܢ ܕܝܢ ܠܐ ܝܕܥܝܢ ܐܢܬܘܢ ܡܢ ܐܝܟܐ ܐܬܝܬ. ܘܠܐ
ܠܐܝܟܐ ܐܙܠ ܐܢܐ. 4 (15) ܐܢܬܘܢ ܦܓܪܢܐܝܬ ܕܝܢܝܢ ܐܢܬܘܢ. ܐܢܐ ܠܐܢܫ ܠܐ ܕܐܢ ܐܢܐ. 5 (16) ܘܐܢ
ܕܐܢ ܐܢܐ ܕܝܢ. ܕܝܢܝ ܫܪܝܪ ܗܘ. ܡܛܠ ܕܠܐ ܗܘܝܬ ܒܠܚܘܕܝ. ܐܠܐ ܐܢܐ ܘܐܒܝ ܕܫܕܪܢܝ.
6 (17) ܘܒܢܡܘܣܟܘܢ ܕܝܢ ܟܬܝܒ. ܕܣܗܕܘܬܐ ܕܬܪܝܢ ܓܒܪܝܢ ܫܪܝܪܐ ܗܝ. 7 (18) ܐܢܐ ܐܢܐ
ܕܡܣܗܕ ܐܢܐ ܥܠ ܢܦܫܝ. ܘܡܣܗܕ ܥܠܝ ܐܒܝ ܕܫܕܪܢܝ. 8 (19) ܐܡܪܝܢ ܠܗ. ܐܝܟܘ ܐܒܘܟ.
ܥܢܐ ܝܫܘܥ ܘܐܡܪ ܠܗܘܢ. ܘܠܐ ܠܝ ܝܕܥܝܢ ܐܢܬܘܢ. ܘܠܐ ܠܐܒܝ. ܐܠܘ ܠܝ ܝܕܥܝܢ
ܗܘܝܬܘܢ. ܐܦ ܠܐܒܝ ܝܕܥܝܢ ܗܘܝܬܘܢ ܀ 9 (20) ܗܠܝܢ ܡܠܐ ܡܠܠ ܥܠ ܒܝܬ ܓܙܐ. ܟܕ ܡܠܦ
ܒܗܝܟܠܐ. ܘܠܐ ܐܢܫ ܐܚܕܗ. ܠܐ ܓܝܪ ܥܕܟܝܠ ܐܬܬ ܗܘܬ ܫܥܬܗ ܀
10 (21) ܐܡܪ ܠܗܘܢ ܬܘܒ ܝܫܘܥ. ܐܢܐ ܐܙܠ ܐܢܐ. ܘܬܒܥܘܢܢܝ. ܘܬܡܘܬܘܢ ܒܚܛܗܝܟܘܢ.
ܘܠܐܝܟܐ ܕܐܢܐ ܐܙܠ ܐܢܐ. ܐܢܬܘܢ ܠܐ ܡܫܟܚܝܢ ܐܢܬܘܢ ܠܡܐܬܐ. 11 (22) ܐܡܪܝܢ ܝܗܘܕܝܐ.
ܠܡܐ ܗܘ ܢܦܫܗ ܩܛܠ. ܕܐܡܪ ܕܠܐܝܟܐ ܕܐܢܐ ܐܙܠ ܐܢܐ. ܐܢܬܘܢ ܠܐ ܡܫܟܚܝܢ ܐܢܬܘܢ
ܠܡܐܬܐ. 12 (23) ܘܐܡܪ ܠܗܘܢ. ܐܢܬܘܢ ܡܢ ܕܠܬܚܬ ܐܢܬܘܢ. ܘܐܢܐ ܡܢ ܕܠܥܠ ܐܢܐ.
ܐܢܬܘܢ ܡܢ ܗܢܐ ܐܢܬܘܢ ܥܠܡܐ. ܐܢܐ ܠܐ ܗܘܝܬ ܡܢ ܗܢܐ ܥܠܡܐ. 13 (24) ܐܡܪܬ
ܠܟܘܢ. ܕܬܡܘܬܘܢ ܒܚܛܗܝܟܘܢ. ܐܢ ܠܐ ܓܝܪ ܬܗܝܡܢܘܢ ܕܐܢܐ ܐܢܐ. ܬܡܘܬܘܢ ܒܚܛܗܝܟܘܢ.
14 (25) ܐܡܪܝܢ ܝܗܘܕܝܐ. ܐܢܬ ܡܢ ܐܢܬ. ܐܡܪ ܠܗܘܢ ܝܫܘܥ. ܐܦܢ ܕܫܪܝܬ ܕܐܡܠܠ
ܥܡܟܘܢ. 15 (26) ܤܓܝܐܢ ܐܝܬ ܠܝ ܥܠܝܟܘܢ ܠܡܐܡܪ ܘܠܡܕܢ. ܐܠܐ ܡܢ ܕܫܕܪܢܝ ܫܪܝܪ
ܗܘ. ܘܐܢܐ ܡܕܡ ܕܫܡܥܬ ܡܢܗ. ܗܠܝܢ ܡܡܠܠ ܐܢܐ ܒܥܠܡܐ. 16 (27) ܘܠܐ
ܝܕܥܘ ܕܥܠ ܐܒܐ ܐܡܪ ܠܗܘܢ ܀ 17 (28) ܐܡܪ ܠܗܘܢ ܬܘܒ ܝܫܘܥ. ܐܡܬܝ

ܕܐܬܡܥܠܝܘܬܗ ܠܒܪܗ ܕܐܢܫܐ. ܗܝܕܝܢ ܬܕܥܘܢ ܕܐܢܐ ܐܢܐ. ܘܡܕܡ ܡܢ ܨܒܝܢ ܢܦܫܝ. ܠܐ ܥܒܕ ܐܢܐ. ܐܠܐ ܐܝܟܢܐ ܕܐܠܦܢܝ ܐܒܝ. ܗܟܢܐ ܗܘ ܡܡܠܠ ܐܢܐ. 18 (29) ܘܡܢ ܕܫܕܪܢܝ ܥܡܝ ܐܝܬܘܗܝ. ܘܠܐ ܫܒܩܢܝ ܒܠܚܘܕܝ ܐܒܝ. ܡܛܠ ܕܐܢܐ ܡܕܡ ܕܫܦܪ ܠܗ ܥܒܕ ܐܢܐ ܒܟܠܙܒܢ. 19 (30) ܟܕ ܗܠܝܢ ܡܡܠܠ ܗܘܐ. ܣܓܝܐܐ ܗܝܡܢܘ ܒܗ. 20 (31) ܘܐܡܪ ܝܫܘܥ ܠܗܢܘܢ ܝܗܘܕܝܐ ܕܗܝܡܢܘ ܒܗ: ܐܢ ܐܢܬܘܢ ܬܩܘܘܢ ܒܡܠܬܝ. ܫܪܝܪܐܝܬ ܬܠܡܝܕܝ ܐܢܬܘܢ. 21 (32) ܘܬܕܥܘܢ ܫܪܪܐ. ܘܗܘ ܫܪܪܐ ܢܚܪܪܟܘܢ. 22 (33) ܐܡܪܝܢ ܠܗ. ܙܪܥܗ ܐܝܬܝܢ ܕܐܒܪܗܡ. ܘܡܢ ܡܬܘܡ ܠܥܒܕܘܬܐ ܠܐܢܫ. ܠܐ ܫܥܒܕܢ ܠܢ. ܐܝܟܢܐ ܐܡܪ ܐܢܬ ܕܬܗܘܘܢ ܒܢܝ ܚܐܪܐ. 23 (34) ܐܡܪ ܠܗܘܢ ܝܫܘܥ. ܐܡܝܢ ܐܡܝܢ ܐܡܪ ܐܢܐ ܠܟܘܢ. ܕܟܠܡܢ ܕܥܒܕ ܚܛܝܬܐ ܥܒܕܗ ܗܘ ܕܚܛܝܬܐ. 24 (35) ܘܥܒܕܐ ܠܐ ܩܐܡ ܠܥܠܡ ܒܒܝܬܐ. ܒܪܐ ܕܝܢ ܠܥܠܡ ܩܐܡ. 25 (36) ܐܢ ܗܘ ܗܟܝܠ ܕܒܪܐ ܢܚܪܪܟܘܢ. ܫܪܝܪܐܝܬ ܬܗܘܘܢ ܒܢܝ ܚܐܪܐ. 26 (37) ܝܕܥ ܐܢܐ ܕܙܪܥܗ ܐܢܬܘܢ ܕܐܒܪܗܡ. ܐܠܐ ܒܥܝܢ ܐܢܬܘܢ ܠܡܩܛܠܢܝ. ܡܛܠ ܕܒܡܠܬܝ ܠܐ ܡܬܦܣܝܢ ܐܢܬܘܢ. 27 (38) ܐܢܐ ܡܕܡ ܕܚܙܝܬ ܠܘܬ ܐܒܝ ܡܡܠܠ ܐܢܐ. ܘܐܢܬܘܢ ܡܕܡ ܕܚܙܝܬܘܢ ܠܘܬ ܐܒܘܟܘܢ ܥܒܕܝܢ ܐܢܬܘܢ. 28 (39) ܥܢܘ ܘܐܡܪܝܢ ܠܗ. ܐܒܘܢ ܕܝܠܢ ܐܒܪܗܡ ܗܘ. · · ⁘ · ·

ܙܘܢܐ ܘ. ܐܡܪ ܠܗܘܢ ܝܫܘܥ. ܐܠܘ ܒܢܘܗܝ ܗܘܝܬܘܢ ܕܐܒܪܗܡ. ܥܒܕܘܗܝ ܕܐܒܪܗܡ ܥܒܕܝܢ ܗܘܝܬܘܢ. 29 (40) ܗܫܐ ܕܝܢ ܗܐ ܒܥܝܢ ܐܢܬܘܢ ܠܡܩܛܠܢܝ. ܠܓܒܪܐ ܕܫܪܪܐ ܡܠܠܬ ܥܡܟܘܢ: ܐܝܢܐ ܕܫܡܥܬ ܡܢ ܐܠܗܐ. ܗܕܐ ܐܒܪܗܡ ܠܐ ܥܒܕ. 30 (41) ܐܢܬܘܢ ܕܝܢ ܥܒܕܝܢ ܐܢܬܘܢ ܥܒܕܐ ܕܐܒܘܟܘܢ. ܐܡܪܝܢ ܠܗ. ܚܢܢ ܡܢ ܙܢܝܘܬܐ ܠܐ ܗܘܝܢ. ܚܕ ܐܒܐ ܐܝܬ ܠܢ. ܐܠܗܐ. 31 (42) ܐܡܪ ܠܗܘܢ ܝܫܘܥ. ܐܠܘ ܐܠܗܐ ܗܘܐ ܐܒܘܟܘܢ. ܡܚܒܝܢ ܗܘܝܬܘܢ ܠܝ. ܐܢܐ ܓܝܪ ܡܢ ܐܠܗܐ ܢܦܩܬ ܘܐܬܝܬ. ܘܠܐ ܗܘܐ ܡܢ ܨܒܝܢ ܢܦܫܝ ܐܬܝܬ. ܐܠܐ ܗܘ ܫܕܪܢܝ. 32 (43) ܡܛܠ ܡܢܐ ܡܠܬܝ ܠܐ ܡܫܬܘܕܥܝܢ ܐܢܬܘܢ. ܡܛܠ ܕܠܐ ܡܫܟܚܝܢ ܐܢܬܘܢ ܠܡܫܡܥ ܡܠܬܝ. 33 (44) ܐܢܬܘܢ ܡܢ ܐܒܐ ܐܟܠܩܪܨܐ ܐܢܬܘܢ. ܘܪܓܝܓܬܗ ܕܐܒܘܟܘܢ ܨܒܝܢ ܐܢܬܘܢ ܠܡܥܒܕ. ܗܘ ܕܡܢ ܒܪܫܝܬ ܩܛܘܠ ܐܢܫܐ ܗܘܐ. ܘܒܫܪܪܐ ܠܐ ܩܡ. ܡܛܠ ܕܫܪܪܐ ܠܝܬ ܒܗ. ܘܡܐ ܕܡܡܠܠ ܕܓܠܘܬܐ. ܡܢ ܕܝܠܗ ܗܘ ܡܡܠܠ. ܡܛܠ ܕܕܓܠܐ ܗܘ. ܐܦ ܐܒܘܗ̇. 34 (45) ܐܢܐ ܕܝܢ ܕܫܪܪܐ ܡܡܠܠ ܐܢܐ. ܠܐ ܡܗܝܡܢܝܢ ܐܢܬܘܢ ܠܝ. 35 (46) ܡܢܘ ܡܢܟܘܢ ܡܟܣܣ ܠܝ ܥܠ ܚܛܝܬܐ. ܘܐܢ ܫܪܪܐ ܡܡܠܠ ܐܢܐ. ܐܢܬܘܢ ܠܡܢܐ ܠܐ ܡܗܝܡܢܝܢ ܐܢܬܘܢ ܠܝ. 36 (47) ܡܢ ܕܡܢ ܐܠܗܐ ܐܝܬܘܗܝ. ܡܠܐ ܕܐܠܗܐ ܫܡܥ. ܡܛܠ ܗܢܐ ܐܢܬܘܢ ܠܐ ܫܡܥܝܢ ܐܢܬܘܢ. ܡܛܠ ܕܠܐ ܗܘܝܬܘܢ ܡܢ ܐܠܗܐ. 37 (48) ܥܢܘ ܝܗܘܕܝܐ ܘܐܡܪܝܢ ܠܗ. ܠܐ ܫܦܝܪ ܐܡܪܝܢ ܚܢܢ. ܕܫܡܪܝܐ ܐܢܬ: ܘܫܐܕܐ ܐܝܬ ܠܟ. 38 (49) ܐܡܪ ܠܗܘܢ ܝܫܘܥ. ܠܝ ܫܐܕܐ ܠܐ ܐܝܬ. ܐܠܐ ܠܐܒܝ ܡܝܩܪ ܐܢܐ. ܘܐܢܬܘܢ ܡܨܥܪܝܢ ܠܝ. 39 (50) ܐܢܐ ܕܝܢ

ܠܐ ܒܥܐ ܐܢܐ ܫܘܒܚܝ. ܐܝܬ ܗܘ ܕܒܥܐ ܘܕܐܢ. 40 (51) ܐܡܝܢ ܐܡܝܢ ܐܡܪ ܐܢܐ ܠܟܘܢ: ܕܡܢ ܕܡܠܬܝ ܢܛܪ. ܡܘܬܐ ܠܐ ܢܚܙܐ ܠܥܠܡ. 41 (52) ܐܡܪܝܢ ܠܗ ܝܗܘܕܝܐ. ܗܫܐ ܝܕܥܢ ܕܕܝܘܐ ܐܝܬ ܠܟ. ܐܒܪܗܡ ܡܝܬ ܘܢܒܝܐ: ܘܐܢܬ ܐܡܪ ܐܢܬ ܕܡܢ ܕܡܠܬܝ ܢܛܪ: ܡܘܬܐ ܠܐ ܢܛܥܡ ܠܥܠܡ. 42 (53) ܠܡܐ ܐܢܬ ܗܘ ܐܝܬ ܡܢ ܐܒܘܢ ܐܒܪܗܡ ܕܡܝܬ. ܘܡܢ ܢܒܝܐ ܕܡܝܬܘ. ܡܢܘ ܥܒܕ ܐܢܬ ܢܦܫܟ. 43 (54) ܐܡܪ ܠܗܘܢ ܝܫܘܥ. ܐܢ ܐܢܐ ܡܫܒܚ ܐܢܐ ܢܦܫܝ: ܫܘܒܚܝ ܠܐ ܗܘܐ ܡܕܡ. ܐܝܬܘܗܝ ܐܒܝ ܕܡܫܒܚ ܠܝ: ܗܘ ܕܐܡܪܝܢ ܐܢܬܘܢ ܕܐܠܗܢ ܗܘ. 44 (55) ܘܠܐ ܝܕܥܬܘܢܝܗܝ. ܐܢܐ ܕܝܢ ܝܕܥ ܐܢܐ ܠܗ. ܘܐܢ ܐܡܪ ܐܢܐ ܕܠܐ ܝܕܥ ܐܢܐ ܠܗ: ܗܘܐ ܐܢܐ ܠܝ ܟܕܒܐ ܐܟܘܬܟܘܢ. ܐܠܐ ܝܕܥ ܐܢܐ ܠܗ. ܘܡܠܬܗ ܢܛܪ ܐܢܐ.
45 (56) ܐܒܪܗܡ ܐܒܘܟܘܢ ܡܣܘܟܝ ܗܘܐ ܕܢܚܙܐ ܝܘܡܝ: ܘܚܙܐ ܘܚܕܝ. 46 (57) ܐܡܪܝܢ ܠܗ ܝܗܘܕܝܐ. ܥܕܟܝܠ ܒܪ ܚܡܫܝܢ ܫܢܝܢ ܠܐ ܗܘܝܬ: ܘܠܐܒܪܗܡ ܚܙܝܬ. 47 (58) ܐܡܪ ܠܗܘܢ ܝܫܘܥ. ܐܡܝܢ ܐܡܝܢ ܐܡܪ ܐܢܐ ܠܟܘܢ: ܕܥܕܠܐ ܢܗܘܐ ܐܒܪܗܡ ܐܢܐ ܐܝܬܝ. 48 (59) ܘܫܩܠܘ ܟܐܦܐ ܕܢܪܓܡܘܢܝܗܝ. ܘܝܫܘܥ ܐܬܛܫܝ. ܘܢܦܩ ܡܢ ܗܝܟܠܐ. ܘܥܒܪ ܒܝܢܬܗܘܢ. ܘܐܙܠ ❖

1 ܘܟܕ ܥܒܪ: ܚܙܐ ܓܒܪܐ ܣܡܝܐ ܕܡܢ ܟܪܣ ܐܡܗ. 2 ܘܫܐܠܘܗܝ ܬܠܡܝܕܘܗܝ. Cap. ix.
ܘܐܡܪܝܢ. ܪܒܢ. ܡܢܘ ܚܛܐ. ܗܢܐ ܐܘ ܐܒܗܘܗܝ. ܕܟܕ ܣܡܝܐ ܢܬܝܠܕ. 3 ܐܡܪ ܠܗܘܢ
ܝܫܘܥ. ܠܐ ܗܘ ܚܛܐ ܘܠܐ ܐܒܗܘܗܝ. ܐܠܐ ܕܢܬܚܙܘܢ ܒܗ ܥܒܕܘܗܝ ܕܐܠܗܐ. 4 ܠܝ ܘܠܐ
ܠܡܥܒܕ ܥܒܕܐ ܕܡܢ ܕܫܕܪܢܝ. ܥܕ ܐܝܡܡܐ ܗܘ. ܐܬܐ ܠܠܝܐ: ܕܐܢܫ ܠܐ ܡܫܟܚ ܠܡܦܠܚ.
5 ܟܡܐ ܕܒܥܠܡܐ ܐܢܐ. ܢܘܗܪܗ ܐܢܐ ܕܥܠܡܐ. 6 ܘܟܕ ܐܡܪ ܗܠܝܢ. ܪܩ ܥܠ ܐܪܥܐ.
ܘܓܒܠ ܛܝܢܐ ܡܢ ܪܘܩܗ. ܘܛܫ ܥܠ ܥܝܢܘܗܝ ܕܗܘ ܣܡܝܐ. 7 ܘܐܡܪ ܠܗ. ܙܠ ܐܫܝ
ܒܡܥܡܘܕܝܬܐ ܕܫܝܠܘܚܐ. ܘܐܙܠ ܐܫܝ ܘܐܬܐ ܟܕ ܚܙܐ. 8 ܫܒܒܘܗܝ ܕܝܢ. ܘܐܝܠܝܢ
ܕܚܙܝܢ ܗܘܘ ܠܗ ܡܢ ܩܕܝܡ ܕܡܚܕܪ ܗܘܐ. ܐܡܪܝܢ ܗܘܘ. ܠܐ ܗܘܐ ܗܢܘ ܗܘ ܕܝܬܒ ܗܘܐ
ܘܡܚܕܪ. 9 ܐܝܬ ܕܐܡܪܝܢ ܗܘܘ ܕܗܘܝܘ. ܘܐܝܬ ܕܐܡܪܝܢ ܗܘܘ. ܠܐ. ܐܠܐ ܡܕܡܐ ܕܡܐ ܠܗ.
ܗܘ ܕܝܢ ܐܡܪ ܗܘܐ ܕܐܢܐ ܐܢܐ. 10 ܐܡܪܝܢ ܠܗ. ܐܝܟܢܐ ܐܬܦܬܚ ܥܝܢܝܟ. 11 ܥܢܐ ܘܐܡܪ
ܠܗܘܢ. ܓܒܪܐ ܕܫܡܗ ܝܫܘܥ. ܓܒܠ ܛܝܢܐ ܘܛܫ ܠܝ ܥܠ ܥܝܢܝ. ܘܐܡܪ ܠܝ. ܙܠ
ܐܫܝ ܒܡܝܐ ܕܫܝܠܘܚܐ. ܘܐܙܠܬ ܐܫܝܬ. ܘܐܬܚܙܝ ܠܝ. 12 ܐܡܪܝܢ ܠܗ ܐܝܟܘܗܝ. ܐܡܪ
ܠܗܘܢ. ܠܐ ܝܕܥ ܐܢܐ. 13 ܘܐܝܬܝܘܗܝ ܠܗܘ ܕܡܢ ܩܕܝܡ ܣܡܝܐ ܗܘܐ. ܠܘܬ ܦܪܝܫܐ.
14 ܫܒܬܐ ܗܘܬ ܕܝܢ ܝܘܡܐ. ܟܕ ܓܒܠ ܝܫܘܥ ܛܝܢܐ ܘܦܬܚ ܠܗ ܥܝܢܘܗܝ. 15 ܘܬܘܒ
ܫܐܠܘܗܝ ܦܪܝܫܐ. ܐܝܟܢܐ ܐܬܚܙܝ ܠܟ. ܗܘ ܕܝܢ ܐܡܪ ܠܗܘܢ. ܛܝܢܐ ܣܡ ܥܠ ܥܝܢܝ:
ܘܐܫܝܬ. ܘܐܬܚܙܝ ܠܝ. 16 ܘܐܡܪܝܢ ܗܘܘ ܐܢܫܐ ܡܢ ܦܪܝܫܐ. ܗܢܐ ܓܒܪܐ ܠܐ ܗܘܐ ܡܢ
ܐܠܗܐ ܗܘ. ܕܫܒܬܐ ܠܐ ܢܛܪ. ܐܚܪܢܐ ܕܝܢ ܐܡܪܝܢ ܗܘܘ. ܐܝܟܢܐ ܡܫܟܚ ܓܒܪܐ ܚܛܝܐ.
ܗܠܝܢ ܐܬܘܬܐ ܠܡܥܒܕ. ܘܦܠܓܘܬܐ ܐܝܬ ܗܘܬ ܒܝܢܬܗܘܢ. 17 ܐܡܪܝܢ ܬܘܒ ܠܗܘ

ܗܡܢܐ. ܐܝܟ ܡܢܝܐ ܐܡܪ ܐܝܟ ܠܟܠܘܗܝ ܕܦܠܛܝܬܘܢ ܠܘ ܟܬܒܢܘ. ܐܡܪ ܠܗܘܢ. ܐܢܐ ܐܡܪ ܝܢܐ
ܕܒܥܝܐ ܝܘ. 18 ܠܐ ܕܝܢ ܦܣܩܘܗ ܗܘܘ ܠܟܠܘܗܝ ܡܢ ܐܘܪܚܐ ܕܫܡܥܐ ܗܘܐ ܘܚܙܐ: ܚܝܘܬܐ
ܕܒܢܝ ܠܐܚܘܢܘܗܝ ܕܗܘ ܕܚܙܐ: 19 ܘܩܪܐ ܠܗ ܐܢܝ. ܐܢ ܗܘܝܘ ܒܪܚܝ. ܗܘ ܕܐܝܬܗ ܐܦܪܝܡ
ܐܝܬܗ؛ ܕܡܢ ܫܘܦܐ ܐܠܗܐ. ܐܡܝܢܐ ܗܘܐ ܚܙܐ. 20 ܚܢܘ ܕܝܢ ܐܚܘܢܘܗܝ. ܘܐܡܪܘ. ܡܚܟܡܝܢ
ܕܗܘܢܘ ܚܢܝ. ܘܡܢ ܫܘܦܐ ܐܠܗܐ. 21 ܐܡܝܢܐ ܕܝܢ ܗܘܐ ܚܙܐ: ܐܦ ܡܢܝܗ ܦܓܪܐ ܠܗ
ܟܬܝܒܘܢ: ܠܐ ܡܚܟܡܝܢ. ܐܦ ܗܘ ܟܠܐ ܠܗ ܠܡܠܘܗܝ. ܠܗ ܡܠܟܗ. ܗܘ ܚܠܦ ܢܦܫܗ
ܢܥܒܕܠܐ. 22 ܗܘܝܢ ܐܡܪܘ ܐܚܘܢܘܗܝ. ܡܛܠ ܕܐܫܟܚܝܢ ܗܘܘ ܡܢ ܬܘܕܝܬܐ. ܦܫܡܥ
ܗܘܘ ܡܢ ܬܘܕܝܬܐ. ܕܐܢ ܐܝܟ ܢܬܕܐ ܒܗ ܕܡܫܡܫܢܐ ܗܘ. ܢܦܩܘܢܘܗܝ ܡܢ ܟܢܘܫܬܐ.
23 ܡܛܠ ܗܘܢܐ ܐܡܪܘ ܐܚܘܢܘܗܝ. ܕܟܠܐ ܠܗ ܠܡܠܘܗܝ. ܠܗ ܡܠܟܗ ⁘⁘⁘

24 ܘܐܙܠܘܗܝ ܠܩܪܝܐ ܕܐܬܐܝܢ ܐܚܝܢܝ. ܠܗܘ ܕܐܬܠܘܗܝ ܗܘܐ ܡܫܝܚܐ. ܘܐܡܪܝܢ ܠܗ. ܝܫܘܥ ..
ܡܢܝܢ ܠܐܠܗܐ. ܚܕ ܓܒܪ ܡܚܟܡܝܢ. ܕܗܘܝܐ ܓܒܪܐ ܫܦܝܪܐ ܝܘ. 25 ܚܢܐ ܝܘ ܘܐܡܪ ܠܗܘܢ؛
ܐܢ ܫܦܝܪܐ ܝܘ ܠܐ ܡܨܐ ܐܢܐ. ܚܙܐ ܕܝܢ ܡܢܗ ܐܢܐ. ܕܡܫܝܚܐ ܝܘܡܐ ܘܗܘܒܐ ܗܘܐ ܚܙܐ ܐܢܐ.
26 ܐܦܪܝܡ ܠܗ ܢܐܒ. ܡܢܝܐ ܒܟܝ ܠܝ. ܐܡܝܢܐ ܦܓܪܐ ܠܝ ܟܬܝܒܢܘ. 27 ܐܡܪ ܠܗܘܢ.
ܐܦܪܝܡ ܠܟܘܢ. ܘܠܐ ܡܫܡܫܢܘܢ. ܡܢܝܐ ܢܐܒ ܕܫܡܝܢ ܐܝܬܗܘܢ ܠܫܡܫܘܗܝ. ܒܟܠܐ: ܐܦ ܐܝܬܗܘܢ
ܕܠܫܡܫܐ ܕܫܡܝܢ ܐܝܬܗܘܢ ܠܫܡܫܐ ܠܗ. 28 ܗܘܢܝ ܕܝܢ ܙܢܒܗܘܢ. ܘܐܦܪܝܡ ܠܗ. ܐܝܟ
ܝܘ ܠܫܡܫܝܘ ܕܗܘ. ܚܕ ܓܒܪ ܠܫܡܫܐ ܚܕ ܕܡܫܡܫܐ. 29 ܘܡܚܟܡܝܢ ܕܟܡ ܡܫܡܫܐ
ܐܠܗܐ ܡܟܠܐ. ܠܗܘܢܐ ܕܝܢ. ܠܐ ܡܚܟܡܝܢ ܡܢ ܐܡܝܢܐ ܝܘ. 30 ܚܢܐ ܗܘ ܓܒܪܐ ܘܐܡܪ
ܠܗܘܢ. ܠܗܘܢܐ ܝܘ ܗܩܠܐ ܠܫܡܫܐ ܕܡܪܐ. ܕܐܝܬܗ؛ ܠܐ ܡܚܟܡ ܐܝܬܗܘܢ ܡܢ ܐܡܝܢܐ ܝܘ:
ܘܟܬܝܒ ܕܡܟ ܦܓܪܐ. 31 ܡܚܟܡ ܚܝܢ ܕܡܢ ܕܐܠܗܐ ܠܦܠܠ ܕܫܡܝܢܐ ܠܐ ܡܫܡܫ. ܐܠܐ ܠܟܠܡ
ܕܚܝܠ ܡܢܘ. ܘܒܢܝ ܙܢܒܘܗܝ. ܠܗܘ ܝܘ ܡܫܡܫ. 32 ܡܢ ܕܟܡ ܠܐ ܐܡܢܫܡܫܐ ܕܦܓܪܐ
ܐܝܟ ܟܬܝܒܐ ܕܡܫܝܚܐ ܕܐܠܗܐ. 33 ܐܠܗ ܠܐ ܡܢ ܐܠܗܐ ܗܘܐ ܗܘܝܐ. ܠܐ ܡܫܟܚ ܗܘܐ ܗܘܐ
ܠܡܫܡܫܝ. 34 ܚܢܘ. ܘܐܦܪܝܡ ܠܗ. ܐܝܟ ܡܠܟܝ ܕܫܡܝܢܐ ܐܠܗܝܐ: ܘܐܝܟ: ܡܠܟܘܬ ܐܝܟ
ܠܝ: ܘܐܦܩܘܗܝ ܠܒܪ. 35 ܘܡܫܡܫ ܢܦܫܗ ܕܐܦܩܘܗܝ ܠܒܪ: ܘܐܡܫܚܘ. ܘܐܡܪ ܠܗ.
ܐܝܟ ܡܫܡܫܝܢ ܐܝܟ ܒܒܪܝ ܕܐܠܗܐ. 36 ܚܢܐ ܗܘ ܕܐܬܐܡܪ. ܘܐܡܪ. ܡܠܟ ܡܪܝ..
ܕܐܫܡܫܝܢ ܒܗ. 37 ܐܡܪ ܠܗ ܢܦܫܗ. ܚܐܡܪܝܗܘܢ. ܘܗܘ ܕܡܫܡܫܠܐ ܠܡܠܟܘ. ܝܘܡܗ.
38 ܗܘ ܕܝܢ ܐܡܪ. ܡܫܡܫܝܢ ܐܢܐ ܡܪܝ.. ܘܢܦܠ ܩܕܡ ܠܗ ⁘

39 ܘܐܡܪ ܢܦܫܗ. ܠܝܫܘܥ ܕܟܠܟܠܗ ܗܘܢܐ ܐܠܗܐ. ܕܐܬܟܡ ܘܠܐ ܡܠܟܝ. ܢܚܢܝ. ܘܐܬܟܡ
ܕܡܠܟܝ. ܢܫܡܥܘܢ. 40 ܘܡܫܡܫܗ ܡܢ ܦܬܓܡܐ ܐܠܗܝܢ ܕܟܬܒܗ ܗܘܘ ܗܘܠܝܢ؛ ܘܐܡܪܘ
ܠܗ. ܒܟܠܐ: ܐܦ ܚܕ ܡܫܡܫܢܐ ܚܕ؛ 41 ܐܡܪ ܠܗܘܢ ܢܦܫܗ. ܐܠܗ ܡܫܡܫܢܐ ܗܘܝܐܘܢ؛
ܠܟܠܗ ܗܘܝܐ ܠܟܘܢ ܚܕܝܘܬܐ. ܗܘܠܐ ܕܝܢ ܐܦܪܝܡ ܐܝܬܗܘܢ. ܕܚܠܝܢ. ܡܛܠ ܗܘܢܐ ܚܙܝܬܘܢ

Cap. x. ܩܢܘܢܐ ܝ܀܀ 1 ܐܡܝܢ ܐܡܝܢ ܐܡܪ ܐܢܐ ܠܟܘܢ. ܕܡܢ ܕܠܐ ܥܐܠ ܡܢ ܬܪܥܐ ܠܥܘܪܢܐ
ܕܥܢܐ: ܐܠܐ ܤܠܩ ܡܢ ܕܘܟܐ ܐܚܪܬܐ. ܗܘ ܓܢܒܐ ܗܘ ܘܓܝܣܐ. 2 ܗܘ ܕܝܢ ܕܥܐܠ ܡܢ
ܬܪܥܐ ܪܥܝܐ ܗܘ ܕܥܢܐ. 3 ܘܠܗܢܐ ܢܛܪ ܬܪܥܐ ܦܬܚ ܠܗ ܬܪܥܐ. ܘܥܢܐ ܫܡܥܐ ܩܠܗ.
ܘܥܪܒܘܗܝ ܩܪܐ ܒܫܡܗܝܗܘܢ. ܘܡܦܩ ܠܗܘܢ. 4 ܘܡܐ ܕܐܦܩ ܥܢܗ. ܩܕܡܝܗܝܢ ܐܙܠ.
ܘܥܪܒܘܗܝ ܕܝܠܗ. ܐܙܠܝܢ ܒܬܪܗ. ܡܛܠ ܕܝܕܥܝܢ ܩܠܗ. 5 ܒܬܪ ܢܘܟܪܝܐ ܕܝܢ. ܠܐ
ܐܙܠܝܢ ܥܢܐ. ܐܠܐ ܥܪܩܢ ܡܢܗ. ܕܠܐ ܝܕܥܐ ܩܠܗ ܕܢܘܟܪܝܐ. 6 ܗܕܐ ܦܠܐܬܐ ܐܡܪ ܠܗܘܢ ܝܫܘܥ.
ܗܢܘܢ ܕܝܢ. ܠܐ ܝܕܥܘ ܡܢܐ ܡܡܠܠ ܥܡܗܘܢ. 7 ܐܡܪ ܠܗܘܢ ܕܝܢ ܬܘܒ ܝܫܘܥ. ܐܡܝܢ
ܐܡܝܢ ܐܡܪ ܐܢܐ ܠܟܘܢ. ܕܐܢܐ ܐܢܐ ܬܪܥܗ ܕܥܢܐ. 8 ܘܟܠܗܘܢ ܐܝܠܝܢ ܕܐܬܘ. ܓܢܒܐ
ܐܢܘܢ ܘܓܝܣܐ. ܐܠܐ ܠܐ ܫܡܥܬ ܐܢܘܢ ܥܢܐ. 9 ܐܢܐ ܐܢܐ ܬܪܥܐ. ܘܒܝ ܐܢ ܐܢܫ ܢܥܘܠ
ܢܚܐ. ܘܢܥܘܠ ܘܢܦܘܩ. ܘܪܥܝܐ ܢܫܟܚ. 10 ܓܢܒܐ ܠܐ ܐܬܐ. ܐܠܐ ܕܢܓܢܘܒ. ܘܕܢܩܛܘܠ
ܘܕܢܘܒܕ. ܐܢܐ ܐܬܝܬ. ܕܚܝܐ ܢܗܘܘܢ ܠܗܘܢ. ܘܡܕܡ ܕܝܬܝܪ ܢܗܘܐ ܠܗܘܢ. 11 ܐܢܐ
ܐܢܐ ܪܥܝܐ ܛܒܐ. ܪܥܝܐ ܛܒܐ ܢܦܫܗ ܣܐܡ ܚܠܦ ܥܢܗ. 12 ܐܓܝܪܐ ܕܝܢ ܕܠܐ ܗܘܐ
ܪܥܝܐ: ܘܠܐ ܕܝܠܗ ܐܢܝܢ ܥܢܐ: ܡܐ ܕܚܙܐ ܕܐܒܐ ܕܐܬܐ. ܫܒܩ ܥܢܐ. ܘܥܪܩ.
ܘܐܬܐ ܕܐܒܐ ܚܛܦ. ܘܡܒܕܪ ܠܗ ܠܥܢܐ. 13 ܐܓܝܪܐ ܕܝܢ ܥܪܩ. ܡܛܠ ܕܐܓܝܪܐ ܗܘ. ܘܠܐ ܒܛܝܠ
ܠܗ ܥܠ ܥܢܐ. 14 ܐܢܐ ܐܢܐ ܪܥܝܐ ܛܒܐ. ܘܝܕܥ ܐܢܐ ܠܕܝܠܝ. ܘܡܬܝܕܥ ܐܢܐ ܡܢ ܕܝܠܝ.
15 ܐܝܟܢܐ ܕܝܕܥ ܠܝ ܐܒܝ. ܘܐܢܐ ܝܕܥ ܐܢܐ ܠܐܒܝ. ܘܢܦܫܝ ܣܐܡ ܐܢܐ ܚܠܦ ܥܢܐ. 16 ܐܝܬ ܠܝ
ܕܝܢ ܐܦ ܥܪܒܐ ܐܚܪܢܐ. ܐܝܠܝܢ ܕܠܐ ܗܘܘ ܡܢ ܓܙܪܐ ܗܢܐ. ܘܐܦ ܠܗܝܢ ܘܠܐ ܠܝ ܠܡܝܬܝܘ
ܐܢܝܢ. ܘܢܫܡܥܢ ܩܠܝ. ܘܬܗܘܐ ܟܠܗ ܡܪܥܝܬܐ ܚܕܐ. ܘܪܥܝܐ ܚܕ. 17 ܡܛܠ ܗܢܐ ܐܒܝ
ܪܚܡ ܠܝ. ܕܐܢܐ ܣܐܡ ܐܢܐ ܢܦܫܝ. ܕܬܘܒ ܐܣܒܝܗ̇. 18 ܠܐ ܗܘܐ ܐܢܫ ܫܩܠ ܠܗ̇ ܡܢܝ.
ܐܠܐ ܐܢܐ ܣܐܡ ܐܢܐ ܠܗ̇ ܡܢ ܨܒܝܢܝ. ܫܠܝܛ ܐܢܐ ܓܝܪ ܕܐܣܝܡܝܗ̇. ܘܫܠܝܛ ܐܢܐ ܕܬܘܒ
ܐܣܒܝܗ̇. ܕܗܢܐ ܦܘܩܕܢܐ ܩܒܠܬ ܡܢ ܐܒܝ܀ 19 ܘܗܘܬ ܬܘܒ ܦܠܓܘܬܐ ܒܝܢܝ ܝܗܘܕܝܐ
ܡܛܠ ܡܠܐ ܗܠܝܢ. 20 ܘܐܡܪܝܢ ܗܘܘ ܣܓܝܐܐ ܡܢܗܘܢ. ܕܫܐܕܐ ܐܝܬ ܠܗ ܘܫܢܝܐ ܗܘ.
ܡܢܐ ܡܫܬܡܥܝܢ ܐܢܬܘܢ ܠܗ. 21 ܐܚܪܢܐ ܕܝܢ ܐܡܪܝܢ ܗܘܘ. ܗܠܝܢ ܡܠܐ ܠܐ ܗܘܝ ܕܫܐܕܢܐ.
ܠܡܐ: ܫܐܕܐ ܡܫܟܚ ܥܝܢܐ ܕܤܡܝܐ ܠܡܦܬܚܘ܀
22 ܗܘܐ ܕܝܢ ܥܐܕܐ ܕܚܘܕܬܐ ܒܐܘܪܫܠܡ. ܘܣܬܘܐ ܗܘܐ. 23 ܘܡܗܠܟ ܗܘܐ ܝܫܘܥ ܒܗܝܟܠܐ
ܒܐܣܛܘܐ ܕܫܠܝܡܘܢ. 24 ܘܚܕܪܘܗܝ ܝܗܘܕܝܐ ܘܐܡܪܝܢ ܠܗ. ܥܕܡܐ ܠܐܡܬܝ ܢܦܫܢ ܐܢܬ
ܫܩܠ. ܐܢ ܐܢܬ ܗܘ ܡܫܝܚܐ. ܐܡܪ ܠܢ ܓܠܝܐܝܬ. 25 ܥܢܐ ܝܫܘܥ ܘܐܡܪ ܠܗܘܢ.
ܐܡܪܬ ܠܟܘܢ. ܘܠܐ ܡܗܝܡܢܝܢ ܐܢܬܘܢ. ܘܥܒܕܐ ܕܐܢܐ ܥܒܕ ܐܢܐ ܒܫܡܗ ܕܐܒܝ. ܗܢܘܢ
ܣܗܕܝܢ ܥܠܝ. 26 ܐܠܐ ܐܢܬܘܢ ܠܐ ܡܗܝܡܢܝܢ ܐܢܬܘܢ. ܡܛܠ ܕܠܐ ܗܘܝܬܘܢ ܡܢ ܥܪܒܝ.
ܐܝܟܢܐ ܕܐܡܪܬ ܠܟܘܢ. 27 ܥܪܒܐ ܕܝܠܝ ܩܠܝ ܫܡܥܝܢ. ܘܐܢܐ ܝܕܥ ܐܢܐ ܠܗܘܢ. ܘܗܢܘܢ

ܐܬܝܢ ܒܬܪܝ. 28 ܘܐܢܐ ܝܗܒ ܐܢܐ ܠܗܘܢ ܚܝܐ ܕܠܥܠܡ. ܘܠܐ ܢܐܒܕܘܢ ܠܥܠܡ. ܘܠܐ ܐܢܫ
ܢܚܛܘܦ ܐܢܘܢ ܡܢ ܐܝܕܝ. 29 ܐܒܝ ܓܝܪ ܕܝܗܒ ܠܝ ܡܢ ܟܠ ܪܒ ܗܘ. ܘܠܐ ܐܢܫ
ܡܫܟܚ ܕܡܢ ܐܝܕܗ ܕܐܒܝ ܢܣܒ. 30 ܐܢܐ ܘܐܒܝ ܚܕ ܚܢܢ. 31 ܘܫܩܠܘ ܬܘܒ ܝܗܘܕܝܐ
ܟܐܦܐ ܠܡܪܓܡܘܗܝ.
32 ܐܡܪ ܠܗܘܢ ܝܫܘܥ. ܣܓܝܐܐ ܥܒܕܐ ܫܦܝܪܐ ܡܢ ܠܘܬ ܐܒܝ ܚܘܝܬܟܘܢ. ܡܛܠ ܕܚܣܝܪ ܠܗ.
ܐܝܢܐ ܥܒܕܐ ܡܢܗܘܢ ܐܢܬܘܢ ܪܓܡܝܢ ܠܝ. 33 ܐܡܪܝܢ ܠܗ ܝܗܘܕܝܐ. ܠܐ ܗܘܐ ܡܛܠ
ܥܒܕܐ ܫܦܝܪܐ ܪܓܡܝܢ ܚܢܢ ܠܟ. ܐܠܐ ܡܛܠ ܕܡܓܕܦ ܐܢܬ. ܘܟܕ ܒܪܢܫܐ ܐܢܬ.
ܥܒܕ ܐܢܬ ܢܦܫܟ ܐܠܗܐ. 34 ܐܡܪ ܠܗܘܢ ܝܫܘܥ. ܠܐ ܗܘܐ ܗܟܢܐ ܟܬܝܒ ܒܢܡܘܣܟܘܢ.
ܕܐܢܐ ܐܡܪܬ ܕܐܠܗܐ ܐܝܬܝܟܘܢ. 35 ܐܢ ܠܗܢܘܢ ܐܡܪ ܐܠܗܐ. ܡܛܠ ܕܠܘܬܗܘܢ ܗܘܬ
ܡܠܬܐ ܕܐܠܗܐ. ܘܠܐ ܡܫܟܚ ܟܬܒܐ ܕܢܫܬܪܐ. 36 ܠܡܢ ܕܐܒܐ ܩܕܫܗ ܘܫܕܪܗ ܠܥܠܡܐ.
ܐܢܬܘܢ ܐܡܪܝܢ ܐܢܬܘܢ ܕܡܓܕܦ ܐܢܬ. ܡܛܠ ܕܐܡܪܬ ܠܟܘܢ ܕܒܪܗ ܐܢܐ ܕܐܠܗܐ. 37 ܐܢ ܠܐ
ܥܒܕ ܐܢܐ ܥܒܕܐ ܕܐܒܝ. ܠܐ ܬܗܝܡܢܘܢܢܝ. 38 ܐܢ ܕܝܢ ܥܒܕ ܐܢܐ. ܐܦܢ ܠܝ ܠܐ ܡܗܝܡܢܝܢ
ܐܢܬܘܢ. ܠܥܒܕܐ ܗܝܡܢܘ. ܕܬܕܥܘܢ ܘܬܗܝܡܢܘܢ. ܕܐܢܐ ܒܐܒܝ ܘܐܒܝ ܒܝ.
39 ܘܒܥܘ ܬܘܒ ܠܡܐܚܕܗ. ܘܢܦܩ ܠܗ ܡܢ ܒܝܬ ܐܝܕܝܗܘܢ. 40 ܘܐܙܠ ܠܗ
ܠܥܒܪܐ ܕܝܘܪܕܢܢ. ܠܕܘܟܬܐ ܐܝܟܐ ܕܐܝܬܘܗܝ ܗܘܐ ܝܘܚܢܢ ܡܢ ܩܕܝܡ ܟܕ ܡܥܡܕ ܗܘܐ
ܘܗܘܐ ܬܡܢ. 41 ܘܐܬܘ ܠܘܬܗ ܣܓܝܐܐ. ܘܐܡܪܝܢ ܗܘܘ. ܕܝܘܚܢܢ ܐܦ ܠܐ ܚܕܐ
ܐܬܐ ܥܒܕ. ܟܠܡܕܡ ܕܝܢ ܕܐܡܪ ܝܘܚܢܢ ܥܠ ܗܢܐ ܓܒܪܐ ܫܪܝܪ ܗܘܐ. 42 ܘܣܓܝܐܐ
ܗܝܡܢܘ ܒܗ.

Cap. xi. 1 ܐܝܬ ܗܘܐ ܕܝܢ ܚܕ ܕܟܪܝܗ. ܠܥܙܪ ܡܢ ܒܝܬ ܥܢܝܐ ܡܕܝܢܬܐ. ܕܡܪܝܡ ܘܕܡܪܬܐ ܐܚܬܗ.
2 ܡܪܝܡ ܕܝܢ ܗܕܐ ܐܝܬܝܗ. ܗܝ ܕܡܫܚܬ ܒܒܣܡܐ ܪܓܠܘܗܝ ܕܝܫܘܥ. ܘܫܘܝܬ ܒܣܥܪܗ.
ܐܚܘܗ ܗܘܐ ܕܗܕܐ ܠܥܙܪ ܕܟܪܝܗ ܗܘܐ. 3 ܘܫܕܪ̈ ܐܚܘܬܗ ܠܘܬ ܝܫܘܥ ܘܐܡܪܢ.
ܡܪܢ. ܗܐ ܗܘ ܕܪܚܡ ܐܢܬ ܟܪܝܗ. 4 ܝܫܘܥ ܕܝܢ ܐܡܪ. ܗܢܐ ܟܘܪܗܢܐ ܠܐ ܗܘܐ ܕܡܘܬܐ.
ܐܠܐ ܚܠܦ ܬܫܒܘܚܬܐ ܕܐܠܗܐ. ܕܢܫܬܒܚ ܒܪܗ ܕܐܠܗܐ ܡܛܠܬܗ. 5 ܪܚܡ ܗܘܐ
ܕܝܢ ܗܘܐ ܝܫܘܥ ܠܡܪܬܐ ܘܠܡܪܝܡ ܘܠܠܥܙܪ. 6 ܘܟܕ ܫܡܥ ܕܟܪܝܗ. ܩܘܝ ܒܕܘܟܬܐ
ܕܐܝܬܘܗܝ ܗܘܐ. ܬܪܝܢ ܝܘܡܝܢ. 7 ܘܒܬܪܟܢ ܐܡܪ ܠܬܠܡܝܕܘܗܝ. ܬܘ ܢܐܙܠ ܬܘܒ
ܠܝܗܘܕ. 8 ܐܡܪܝܢ ܠܗ ܬܠܡܝܕܘܗܝ. ܪܒܝ. ܗܫܐ ܝܗܘܕܝܐ ܒܥܝܢ ܗܘܘ ܠܡܪܓܡܟ.
ܘܬܘܒ ܐܙܠ ܐܢܬ ܠܬܡܢ. 9 ܐܡܪ ܠܗܘܢ ܝܫܘܥ. ܠܐ ܬܪܬܥܣܪܐ ܫܥܝܢ ܐܝܬ ܒܐܝܡܡܐ.
ܐܢ ܐܢܫ ܡܗܠܟ ܒܐܝܡܡܐ ܠܐ ܡܬܬܩܠ. ܡܛܠ ܕܢܘܗܪܗ ܕܥܠܡܐ ܗܢܐ ܚܙܐ. 10 ܐܢ
ܐܢܫ ܕܝܢ ܒܠܠܝܐ ܢܗܠܟ. ܡܬܬܩܠ. ܡܛܠ ܕܢܘܗܪܐ ܠܝܬ ܒܗ. 11 ܗܠܝܢ ܐܡܪ ܝܫܘܥ.
ܘܒܬܪܟܢ ܐܡܪ ܠܗܘܢ. ܠܥܙܪ ܪܚܡܢ ܫܟܒ. ܐܠܐ ܐܙܠ ܐܢܐ ܕܐܥܝܪܝܘܗܝ. 12 ܐܡܪܝܢ

ܠܗ ܬܠܡܝܕܘܗܝ. ܡܪܢ. ܐܢ ܕܡܟ. ܡܬܐܣܐ. 13 ܗܘ ܕܝܢ ܝܫܘܥ ܐܡܪ ܥܠ ܡܘܬܗ.
ܘܗܢܘܢ ܣܒܪܘ. ܕܥܠ ܡܕܡܟܐ ܗܘ ܕܫܢܬܐ ܐܡܪ. 14 ܗܝܕܝܢ ܐܡܪ ܠܗܘܢ ܝܫܘܥ
ܦܫܝܩܐܝܬ. ܠܥܙܪ ܡܝܬ ܠܗ. 15 ܘܚܕܐ ܐܢܐ ܕܠܐ ܗܘܝܬ ܬܡܢ: ܡܛܠܬܟܘܢ. ܕܬܗܝܡܢܘܢ.
ܐܠܐ ܗܠܟܘ ܠܬܡܢ. 16 ܐܡܪ ܬܐܘܡܐ. ܕܡܬܐܡܪ ܬܐܡܐ. ܠܬܠܡܝܕܐ ܚܒܪܘܗܝ. ܢܐܙܠ
ܐܦ ܚܢܢ ܢܡܘܬ ܥܡܗ. 17 ܘܐܬܐ ܝܫܘܥ ܠܒܝܬ ܥܢܝܐ. ܘܐܫܟܚ ܕܐܪܒܥܐ ܠܗ ܝܘܡܝܢ
ܕܐܝܬܘܗܝ ܒܒܝܬ ܩܒܘܪܐ. 18 ܐܝܬܝܗ ܗܘܬ ܕܝܢ ܒܝܬ ܥܢܝܐ ܥܠ ܓܒ ܐܘܪܫܠܡ. ܡܢ
ܦܬܡܐ ܡܢܗ ܐܝܟ ܐܣܛܕܘܬܐ ܚܡܫܥܣܪ. 19 ܘܣܓܝܐܐ ܡܢ ܝܗܘܕܝܐ ܐܬܝܢ ܗܘܘ
ܠܘܬ ܡܪܬܐ ܘܡܪܝܡ: ܕܢܒܝܐܢ ܠܗܝܢ ܡܛܠ ܐܚܘܗܝܢ. 20 ܡܪܬܐ ܕܝܢ ܟܕ ܫܡܥܬ
ܕܝܫܘܥ ܐܬܐ ܢܦܩܬ ܠܐܘܪܥܗ. ܡܪܝܡ ܕܝܢ ܒܒܝܬܐ ܝܬܒܐ ܗܘܬ. 21 ܘܐܡܪܐ ܡܪܬܐ
ܠܝܫܘܥ. ܡܪܝ. ܐܠܘ ܬܢܢ ܗܘܝܬ. ܠܐ ܡܐܬ ܗܘܐ ܐܚܝ. 22 ܐܠܐ ܐܦ ܗܫܐ ܝܕܥܐ ܐܢܐ.
ܕܟܠ ܕܬܫܐܠ ܠܐܠܗܐ. ܝܗܒ ܠܟ. 23 ܐܡܪ ܠܗ ܝܫܘܥ. ܩܐܡ ܐܚܘܟܝ. 24 ܐܡܪܐ ܠܗ
ܡܪܬܐ. ܝܕܥܐ ܐܢܐ ܕܩܐܡ ܒܩܝܡܬܐ ܒܝܘܡܐ ܐܚܪܝܐ. 25 ܐܡܪ ܠܗ ܝܫܘܥ. ܐܢܐ ܐܢܐ
ܩܝܡܬܐ ܘܚܝܐ. ܡܢ ܕܡܗܝܡܢ ܒܝ. ܐܦ ܐܢ ܢܡܘܬ ܢܚܐ. 26 ܘܟܠ ܕܚܝ ܘܡܗܝܡܢ ܒܝ.
ܠܥܠܡ ܠܐ ܢܡܘܬ. ܡܗܝܡܢܐ ܐܢܬܝ ܗܕܐ. 27 ܐܡܪܐ ܠܗ. ܐܝܢ ܡܪܝ. ܐܢܐ ܡܗܝܡܢܐ
ܐܢܐ. ܕܐܢܬ ܗܘ ܡܫܝܚܐ ܒܪܗ ܕܐܠܗܐ ܕܐܬܐ ܠܥܠܡܐ. 28 ܘܟܕ ܐܡܪܬ ܗܠܝܢ. ܐܙܠܬ
ܩܪܬ ܠܡܪܝܡ ܚܬܗ ܒܛܠܝܘܬ. ܘܐܡܪܐ ܠܗ. ܪܒܢ ܐܬܐ. ܘܩܪܐ ܠܟܝ. 29 ܘܡܪܝܡ ܟܕ
ܫܡܥܬ. ܩܡܬ ܥܓܠ. ܘܐܬܝܐ ܗܘܬ ܠܘܬܗ. 30 ܗܘ ܕܝܢ ܝܫܘܥ ܠܐ ܥܕܟܝܠ ܐܬܐ ܗܘܐ
ܠܩܪܝܬܐ. ܐܠܐ ܬܢܢ ܗܘܐ ܒܕܘܟܬܐ ܕܐܪܥܬܗ ܡܪܬܐ. 31 ܐܦ ܗܢܘܢ ܕܝܢ ܝܗܘܕܝܐ
ܕܐܝܬ ܗܘܘ ܠܘܬܗ ܒܒܝܬܐ ܕܡܒܝܐܝܢ ܗܘܘ ܠܗ. ܟܕ ܚܙܘ ܠܡܪܝܡ ܕܥܓܠ ܩܡܬ ܢܦܩܬ:
ܐܙܠܘ ܠܗܘܢ ܒܬܪܗ. ܣܒܪܘ ܓܝܪ ܕܠܩܒܪܐ ܐܙܠܐ ܠܡܒܟܝܘ. 32 ܗܝ ܕܝܢ ܡܪܝܡ ܟܕ
ܐܬܬ ܠܐܬܪܐ ܕܐܝܬܘܗܝ ܗܘܐ ܝܫܘܥ ܘܚܙܬܗ. ܢܦܠܬ ܥܠ ܪܓܠܘܗܝ ܘܐܡܪܐ ܠܗ. ܐܠܘ
ܬܢܢ ܗܘܝܬ ܡܪܝ. ܠܐ ܡܐܬ ܗܘܐ ܐܚܝ. 33 ܝܫܘܥ ܕܝܢ ܟܕ ܚܙܗ ܕܒܟܝܐ: ܘܝܗܘܕܝܐ
ܗܢܘܢ ܕܐܬܘ ܠܘܬܗ ܕܒܟܝܢ. ܐܬܥܙܙ ܒܪܘܚܗ܆ ܘܐܬܙܝܥ ܢܦܫܗ. 34 ܘܐܡܪ. ܐܝܟܐ
ܣܡܬܘܢܝܗܝ. ܘܐܡܪܝܢ ܠܗ. ܡܪܢ ܬܐ ܚܙܝ. 35 ܘܐܬܝܢ ܗܘܝ ܕܡܥܘܗܝ ܕܝܫܘܥ.
36 ܘܐܡܪܝܢ ܗܘܘ ܝܗܘܕܝܐ. ܚܙܘ ܟܡܐ ܪܚܡ ܗܘܐ ܠܗ. 37 ܐܢܫܝܢ ܕܝܢ ܡܢܗܘܢ ܐܡܪܘ.
ܠܐ ܡܫܟܚ ܗܘܐ ܗܢܐ ܕܦܬܚ ܥܝܢܘܗܝ ܕܗܘ ܣܡܝܐ: ܢܥܒܕ܆ ܕܐܦ ܗܢܐ ܠܐ ܢܡܘܬ.
38 ܝܫܘܥ ܕܝܢ ܟܕ ܡܬܥܙܙ ܒܝܢܬܗܘܢ ܘܒܗ. ܐܬܐ ܠܒܝܬ ܩܒܘܪܐ. ܘܗܘ ܒܝܬ ܩܒܘܪܐ
ܐܝܬܘܗܝ ܗܘܐ ܡܥܪܬܐ. ܘܟܐܦܐ ܣܝܡܐ ܗܘܬ ܥܠ ܬܪܥܗ ܀
39 ܘܐܡܪ ܝܫܘܥ. ܫܩܘܠܘ ܟܐܦܐ ܗܕܐ. ܐܡܪܐ ܠܗ ܡܪܬܐ ܚܬܗ ܕܗܘ ܡܝܬܐ. ܡܪܝ ܣܐ ܡܐ.
ܡܢ ܟܕܘ ܣܪܝ ܠܗ. ܐܪܒܥܐ ܠܗ ܓܝܪ ܝܘܡܝܢ. 40 ܐܡܪ ܠܗ ܝܫܘܥ. ܠܐ ܐܡܪܬ ܠܟܝ:

ܕܐܢ ܬܗܝܡܢܝܢ ܚܙܝܐ ܫܘܒܚܗ ܕܐܠܗܐ. 41 ܘܫܩܠܘ ܟܐܦܐ ܗܝ. ܘܗܘ ܝܫܘܥ ܐܪܝܡ
ܥܝܢܘܗܝ ܠܥܠ ܘܐܡܪ. ܐܒܐ ܡܘܕܐ ܐܢܐ ܠܟ ܕܫܡܥܬܢܝ. 42 ܘܐܢܐ ܝܕܥ ܐܢܐ ܕܒܟܠܙܒܢ
ܫܡܥ ܐܢܬ ܠܝ. ܐܠܐ ܡܛܠ ܟܢܫܐ ܗܢܐ ܕܩܐܡ ܐܡܪ ܐܢܐ ܗܠܝܢ. ܕܢܗܝܡܢܘܢ ܕܐܢܬ
ܫܕܪܬܢܝ. 43 ܘܟܕ ܐܡܪ ܗܠܝܢ. ܩܥܐ ܒܩܠܐ ܪܡܐ. ܠܥܙܪ ܬܐ ܠܒܪ. 44 ܘܢܦܩ ܗܘ
ܡܝܬܐ. ܟܕ ܐܣܝܪܢ ܐܝܕܘܗܝ ܘܪܓܠܘܗܝ ܒܬܟܪܝܟܐ. ܘܐܦܘܗܝ ܐܣܝܪܢ ܒܣܘܕܪܐ. ܐܡܪ
ܠܗܘܢ ܝܫܘܥ. ܫܪܘܗܝ ܘܫܒܘܩܘ ܠܗ ܢܐܙܠ. 45 ܘܣܓܝܐܐ ܡܢ ܝܗܘܕܝܐ ܕܐܬܘ ܠܘܬ ܡܪܝܡ.
ܟܕ ܚܙܘ ܡܕܡ ܕܥܒܕ ܝܫܘܥ ܗܝܡܢܘ ܒܗ. 46 ܘܐܢܫܝܢ ܡܢܗܘܢ ܐܙܠܘ ܠܘܬ ܦܪܝܫܐ.
ܘܐܡܪܘ ܠܗܘܢ ܡܕܡ ܕܥܒܕ ܝܫܘܥ.

47 ܘܐܬܟܢܫܘ ܪܒܝ ܟܗܢܐ ܘܦܪܝܫܐ ܘܐܡܪܝܢ ܗܘܘ. ܡܢܐ ܢܥܒܕ. ܕܗܢܐ ܓܒܪܐ ܐܬܘܬܐ
ܣܓܝܐܬܐ ܥܒܕ. 48 ܘܐܢ ܫܒܩܝܢܢ ܠܗ ܗܟܢܐ. ܟܠܗܘܢ ܐܢܫܐ ܡܗܝܡܢܝܢ ܒܗ. ܘܐܬܝܢ
ܪܗܘܡܝܐ. ܫܩܠܝܢ ܐܬܪܢ ܘܥܡܢ. 49 ܚܕ ܕܝܢ ܡܢܗܘܢ ܕܫܡܗ ܩܝܦܐ. ܪܒ ܟܗܢܐ ܗܘܐ
ܕܗܝ ܫܢܬܐ. ܘܐܡܪ ܠܗܘܢ. ܐܢܬܘܢ ܠܐ ܝܕܥܝܢ ܐܢܬܘܢ ܡܕܡ. 50 ܘܠܐ ܡܬܚܫܒܝܢ ܐܢܬܘܢ.
ܕܦܩܚ ܠܢ ܕܚܕ ܓܒܪܐ ܢܡܘܬ ܚܠܦ ܥܡܐ. ܘܠܐ ܟܠܗ ܥܡܐ ܢܐܒܕ. 51 ܗܕܐ ܕܝܢ ܡܢ
ܪܥܝܢܗ ܠܐ ܐܡܪ. ܐܠܐ ܡܛܠ ܕܪܒ ܟܗܢܐ ܗܘܐ ܕܗܝ ܫܢܬܐ. ܐܬܢܒܝ. ܕܥܬܝܕ ܗܘܐ
ܝܫܘܥ ܕܢܡܘܬ ܚܠܦ ܥܡܐ. 52 ܘܠܐ ܚܠܦ ܥܡܐ ܒܠܚܘܕ. ܐܠܐ ܕܐܦ ܠܒܢܝܐ ܕܐܠܗܐ
ܕܡܒܕܪܝܢ. ܢܟܢܫ ܠܚܕܐ. 53 ܘܡܢ ܗܘ ܝܘܡܐ. ܐܬܬܥܝܛܘ ܗܘܘ ܕܢܩܛܠܘܢܝܗܝ. 54 ܗܘ
ܕܝܢ ܝܫܘܥ ܠܐ ܡܗܠܟ ܗܘܐ ܓܠܝܐܝܬ ܒܝܢܬ ܝܗܘܕܝܐ. ܐܠܐ ܐܙܠ ܠܗ ܡܢ ܬܡܢ ܠܐܬܪܐ
ܕܩܪܝܒ ܠܚܘܪܒܐ. ܠܟܪܟܐ ܕܡܬܩܪܐ ܐܦܪܝܡ. ܘܬܡܢ ܡܬܗܦܟ ܗܘܐ ܥܡ ܬܠܡܝܕܘܗܝ.
55 ܩܪܝܒ ܗܘܐ ܕܝܢ ܦܨܚܐ ܕܝܗܘܕܝܐ. ܘܣܠܩܘ ܣܓܝܐܐ ܡܢ ܩܘܪܝܐ ܠܐܘܪܫܠܡ. ܡܢ
ܩܕܡ ܥܐܕܐ. ܕܢܕܟܘܢ ܢܦܫܗܘܢ. 56 ܘܒܥܝܢ ܗܘܘ ܠܗ ܠܝܫܘܥ. ܘܐܡܪܝܢ ܗܘܘ ܚܕ ܠܚܕ
ܒܗܝܟܠܐ. ܡܢܐ ܡܣܒܪܝܢ ܐܢܬܘܢ. ܕܠܐ ܐܬܐ ܠܥܐܕܐ. 57 ܪܒܝ ܟܗܢܐ ܕܝܢ ܘܦܪܝܫܐ ܦܩܕܘ
ܗܘܘ. ܕܐܢ ܐܢܫ ܢܕܥ ܐܝܟܐ ܗܘ. ܢܘܕܥ ܠܗܘܢ. ܐܝܟ ܕܢܐܚܕܘܢܝܗܝ.

Cap xii. 1 ܝܫܘܥ ܕܝܢ ܩܕܡ ܫܬܐ ܝܘܡܝܢ ܕܦܨܚܐ. ܐܬܐ ܠܒܝܬ ܥܢܝܐ. ܐܝܟܐ ܕܐܝܬܘܗܝ ܗܘܐ
ܠܥܙܪ. ܗܘ ܕܐܩܝܡ ܡܢ ܒܝܬ ܡܝܬܐ ܗܘ ܝܫܘܥ. 2 ܘܥܒܕܘ ܠܗ ܬܡܢ ܚܫܡܝܬܐ.
ܘܡܪܬܐ ܡܫܡܫܐ ܗܘܬ. ܘܠܥܙܪ ܚܕ ܡܢ ܡܣܬܡܟܐ ܗܘܐ ܥܡܗ. 3 ܡܪܝܡ ܕܝܢ ܫܩܠܬ
ܡܘܬܒܐ ܕܡܫܚܐ ܕܢܪܕܝܢ ܪܫܐ ܣܓܝ ܕܡܝܐ. ܘܡܫܚܬ ܪܓܠܘܗܝ ܕܝܫܘܥ. ܘܫܘܝܬ
ܒܣܥܪܗ ܪܓܠܘܗܝ. ܘܐܬܡܠܝ ܒܝܬܐ ܡܢ ܪܝܚܗ ܕܡܫܚܐ. 4 ܘܐܡܪ ܝܗܘܕܐ ܣܟܪܝܘܛܐ
ܚܕ ܡܢ ܬܠܡܝܕܘܗܝ. ܗܘ ܕܥܬܝܕ ܗܘܐ ܕܢܫܠܡܝܘܗܝ. 5 ܠܡܢܐ ܠܐ ܐܙܕܒܢ ܡܫܚܐ
ܗܢܐ ܒܬܠܬܡܐ ܕܝܢܪܝܢ. ܘܐܬܝܗܒ ܠܡܣܟܢܐ. 6 ܗܕܐ ܕܝܢ ܐܡܪ. ܠܐ ܗܘܐ ܡܛܠ
ܕܥܠ ܡܣܟܢܐ ܚܦܝܛ ܗܘܐ ܠܗ. ܐܠܐ ܡܛܠ ܕܓܢܒܐ ܗܘܐ. ܘܓܠܘܣܩܡܐ ܠܘܬܗ

ܗܘܐ. ܘܡܕܡ ܕܢܦܠ ܗܘܐ ܒܗ. ܗܘ ܛܥܝܢ ܗܘܐ܀ 7 ܐܡܪ ܕܝܢ ܝܫܘܥ܆ ܫܒܘܩܝܗ. ܠܝܘܡܐ
ܕܡܩܒܪܢܘܬܝ ܢܛܪܬܗ. 8 ܒܟܠܙܒܢ ܓܝܪ ܡܣܟܢܐ ܐܝܬ ܠܟܘܢ ܥܡܟܘܢ. ܠܝ ܕܝܢ ܠܐ ܒܟܠܙܒܢ
ܐܝܬ ܠܟܘܢ܀ 9 ܘܫܡܥܘ ܟܢܫܐ ܣܓܝܐܐ ܡܢ ܝܗܘܕܝܐ܆ ܕܬܡܢ ܗܘ ܝܫܘܥ. ܘܐܬܘ. ܠܐ
ܡܛܠ ܝܫܘܥ ܒܠܚܘܕ. ܐܠܐ ܐܦ ܕܢܚܙܘܢ ܠܠܥܙܪ. ܗܘ ܕܐܩܝܡ ܡܢ ܒܝܬ ܡܝܬܐ.
10 ܘܐܬܪܥܝܘ ܗܘܘ ܪܒܝ ܟܗܢܐ. ܕܐܦ ܠܠܥܙܪ ܢܩܛܠܘܢܝܗܝ. 11 ܡܛܠ ܕܣܓܝܐܐ ܡܢ
ܝܗܘܕܝܐ ܡܛܠܬܗ ܐܙܠܝܢ ܗܘܘ. ܘܡܗܝܡܢܝܢ ܒܝܫܘܥ܀܀
12 ܘܠܝܘܡܐ ܐܚܪܢܐ. ܟܢܫܐ ܣܓܝܐܐ ܕܐܬܐ ܗܘܐ ܠܥܐܕܐ. ܟܕ ܫܡܥܘ ܕܝܫܘܥ
ܐܬܐ ܠܐܘܪܫܠܡ. 13 ܫܩܠܘ ܣܘܟܐ ܕܕܩܠܐ. ܘܢܦܩܘ ܠܐܘܪܥܗ. ܘܩܥܝܢ ܗܘܘ ܘܐܡܪܝܢ.
ܐܘܫܥܢܐ. ܒܪܝܟ ܗܘ ܕܐܬܐ ܒܫܡܗ ܕܡܪܝܐ. ܡܠܟܗ ܕܐܝܣܪܝܠ܀ 14 ܐܫܟܚ ܕܝܢ ܝܫܘܥ
ܥܝܠܐ ܘܪܟܒ ܥܠܘܗܝ. ܐܝܟܢܐ ܕܟܬܝܒ. 15 ܠܐ ܬܕܚܠܝܢ ܒܪܬ ܨܗܝܘܢ. ܗܐ ܡܠܟܟܝ
ܐܬܐ ܠܟܝ. ܘܪܟܝܒ ܥܠ ܥܝܠܐ ܒܪ ܐܬܢܐ܀ 16 ܗܠܝܢ ܕܝܢ ܠܐ ܝܕܥܘ ܬܠܡܝܕܘܗܝ ܒܗܘ
ܥܕܢܐ. ܐܠܐ ܟܕ ܐܫܬܒܚ ܝܫܘܥ. ܐܬܕܟܪܘ ܬܠܡܝܕܘܗܝ ܕܗܠܝܢ ܟܬܝܒܢ ܗܘܝ ܥܠܘܗܝ.
ܘܗܠܝܢ ܥܒܕܘ ܠܗ. 17 ܘܣܗܕ ܗܘܐ ܟܢܫܐ ܗܘ ܕܥܡܗ ܗܘܐ. ܕܩܪܐ ܠܠܥܙܪ ܡܢ ܩܒܪܐ.
ܘܐܩܝܡܗ ܡܢ ܒܝܬ ܡܝܬܐ. 18 ܘܡܛܠ ܗܕܐ ܢܦܩܘ ܠܐܘܪܥܗ ܟܢܫܐ ܣܓܝܐܐ. ܕܫܡܥܘ
ܕܐܬܐ ܗܕܐ ܥܒܕ. 19 ܦܪܝܫܐ ܕܝܢ ܐܡܪܝܢ ܗܘܘ ܚܕ ܠܚܕ. ܚܙܝܢ ܐܢܬܘܢ ܕܠܐ ܡܘܬܪܝܢ
ܐܢܬܘܢ ܡܕܡ. ܕܗܐ ܥܠܡܐ ܟܠܗ ܒܬܪܗ ܐܙܠ܀܀ 20 ܐܝܬ ܗܘܘ ܕܝܢ ܐܦ ܡܢ
ܥܡܡܐ ܐܢܫܐ ܒܝܢܬܗܘܢ. ܕܣܠܩܘ ܠܡܣܓܕ ܒܥܐܕܐ. 21 ܗܠܝܢ ܐܬܘ ܩܪܒܘ ܠܘܬ
ܦܝܠܝܦܘܣ. ܗܘ ܕܡܢ ܒܝܬ ܨܝܕܐ ܕܓܠܝܠܐ. ܘܒܥܘ ܡܢܗ. ܘܐܡܪܝܢ ܠܗ. ܡܪܝ. ܨܒܝܢ
ܚܢܢ ܕܢܚܙܐ ܠܝܫܘܥ. 22 ܘܐܬܐ ܗܘ ܦܝܠܝܦܘܣ. ܘܐܡܪ ܠܐܢܕܪܐܘܣ. ܘܐܢܕܪܐܘܣ ܘܦܝܠܝܦܘܣ
ܐܡܪܘ ܠܝܫܘܥ܀܀܀܀
23 ܝܫܘܥ ܕܝܢ ܥܢܐ. ܘܐܡܪ ܠܗܘܢ. ܐܬܬ ܫܥܬܐ ܕܢܫܬܒܚ ܒܪܗ ܕܐܢܫܐ܀ ܫܠܡ.
24 ܐܡܝܢ ܐܡܝܢ ܐܡܪ ܐܢܐ ܠܟܘܢ. ܕܦܪܕܬܐ ܕܚܛܬܐ. ܐܠܐ ܢܦܠܐ ܘܡܝܬܐ ܒܐܪܥܐ. ܗܝ ܒܠܚܘܕܝܗ
ܦܝܫܐ. ܐܢ ܕܝܢ ܡܝܬܐ. ܦܐܪܐ ܣܓܝܐܐ ܡܝܬܝܐ܀ 25 ܡܢ ܕܪܚܡ ܢܦܫܗ. ܢܘܒܕܝܗ. ܘܡܢ ܕܣܢܐ
ܢܦܫܗ ܒܥܠܡܐ ܗܢܐ. ܢܛܪܝܗ ܠܚܝܐ ܕܠܥܠܡ. 26 ܐܢ ܠܝ ܐܢܫ ܡܫܡܫ. ܢܐܬܐ ܒܬܪܝ.
ܘܐܝܟܐ ܕܐܢܐ ܐܝܬܝ. ܬܡܢ ܢܗܘܐ ܐܦ ܡܫܡܫܢܝ. ܡܢ ܕܠܝ ܡܫܡܫ. ܢܝܩܪܝܘܗܝ ܐܒܐ܀
27 ܗܫܐ ܢܦܫܝ ܫܓܝܫܐ. ܘܡܢܐ ܐܡܪ. ܐܒܝ ܦܨܢܝ ܡܢ ܗܕܐ ܫܥܬܐ. ܐܠܐ ܡܛܠ ܗܢܐ
ܐܬܝܬ ܠܗܕܐ ܫܥܬܐ. 28 ܐܒܝ ܫܒܚ ܫܡܟ. ܘܩܠܐ ܐܫܬܡܥ ܡܢ ܫܡܝܐ. ܫܒܚܬ.
ܘܬܘܒ ܡܫܒܚ ܐܢܐ. 29 ܘܟܢܫܐ ܕܩܐܡ ܗܘܐ ܫܡܥ. ܘܐܡܪܝܢ. ܪܥܡܐ ܗܘܐ. ܐܚܪܢܐ ܕܝܢ
ܐܡܪܝܢ. ܡܠܐܟܐ ܡܠܠ ܥܡܗ. 30 ܥܢܐ ܝܫܘܥ. ܘܐܡܪ ܠܗܘܢ. ܠܐ ܗܘܐ ܡܛܠܬܝ ܗܘܬ
ܩܠܐ ܗܢܐ. ܐܠܐ ܡܛܠܬܟܘܢ. 31 ܗܫܐ ܕܝܢܗ ܗܘ ܕܥܠܡܐ ܗܢܐ. ܗܫܐ ܐܪܟܘܢܐ ܕܥܠܡܐ

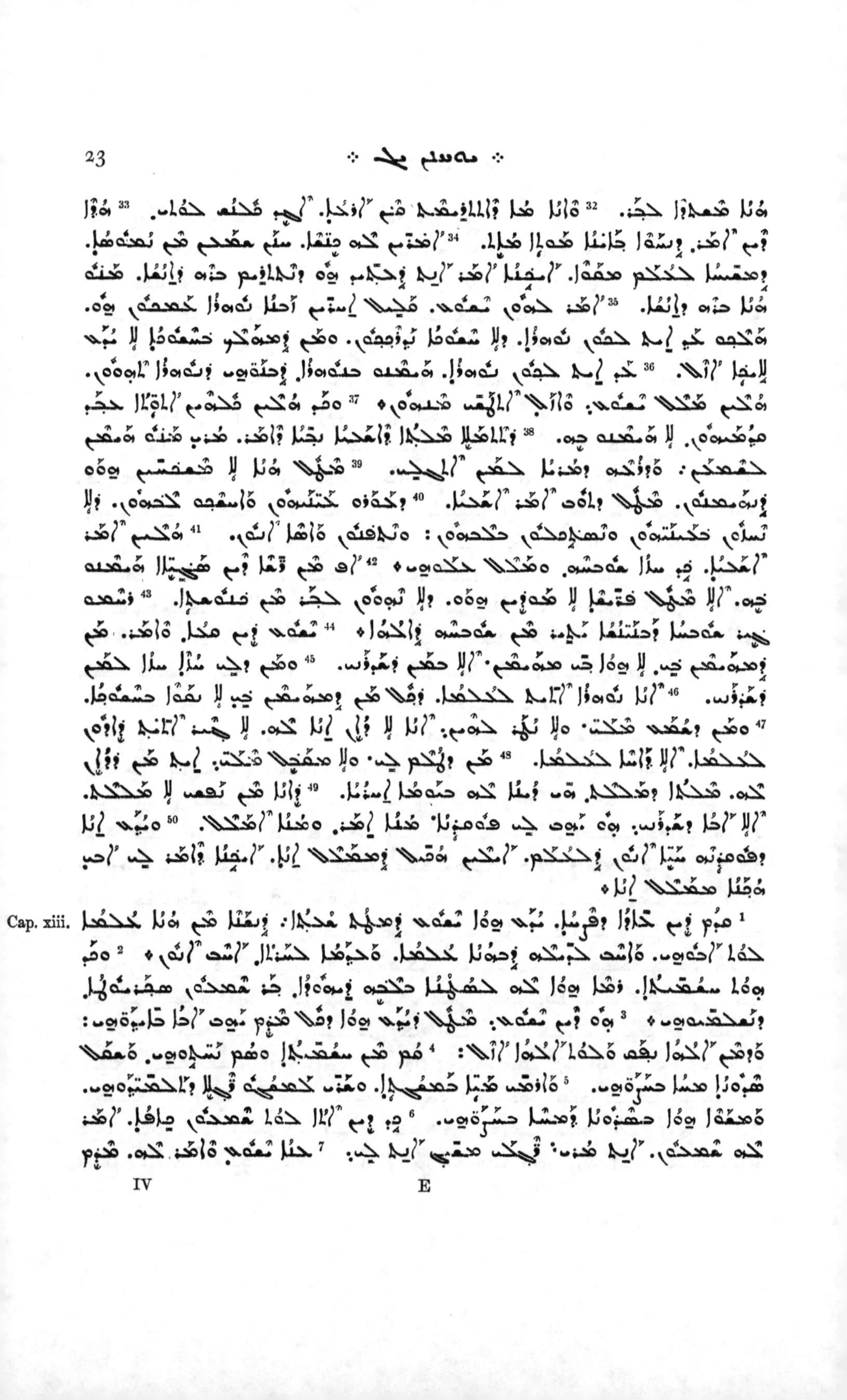

[illegible] 32 [illegible] 33 [illegible]
[illegible] 34 [illegible]
[illegible]
[illegible] 35 [illegible]
[illegible]
[illegible] 36 [illegible]
[illegible] 37 [illegible]
[illegible] 38 [illegible]
[illegible] 39 [illegible]
[illegible] 40 [illegible]
[illegible] 41 [illegible]
[illegible] 42 [illegible]
[illegible] 43 [illegible]
[illegible] 44 [illegible]
[illegible] 45 [illegible]
[illegible] 46 [illegible]
47 [illegible]
[illegible] 48 [illegible]
[illegible] 49 [illegible]
[illegible] 50 [illegible]
[illegible]
[illegible]

Cap. xiii. 1 [illegible]
[illegible] 2 [illegible]
[illegible]
[illegible] 3 [illegible]
[illegible] 4 [illegible]
[illegible] 5 [illegible]
[illegible] 6 [illegible]
[illegible] 7 [illegible]

ܕܥܒܕ ܐܢܐ ܐܢܬ ܠܐ ܝܕܥ ܐܢܬ ܗܫܐ. ܒܬܪܟܢ ܕܝܢ ܬܕܥ. 8 ܐܡܪ ܠܗ ܫܡܥܘܢ ܟܐܦܐ.
ܠܥܠܡ ܠܐ ܡܫܝܓ ܐܢܬ ܠܝ ܪ̈ܓܠܝ. ܐܡܪ ܠܗ ܝܫܘܥ. ܐܢ ܠܐ ܡܫܝܓ ܐܢܐ ܠܟ܆ ܠܝܬ
ܠܟ ܥܡܝ ܡܢܬܐ. 9 ܐܡܪ ܠܗ ܫܡܥܘܢ ܟܐܦܐ. ܡܪܝ ܡܟܝܠ. ܠܐ ܒܠܚܘܕ ܪ̈ܓܠܝ
ܬܫܝܓ ܠܝ. ܐܠܐ ܐܦ ܐܝ̈ܕܝ ܐܦ ܪܫܝ. 10 ܐܡܪ ܠܗ ܝܫܘܥ. ܗܘ ܕܣܚܐ. ܠܐ ܣܢܝܩ ܐܠܐ
ܪ̈ܓܠܘܗܝ ܒܠܚܘܕ ܢܫܝܓ. ܟܠܗ ܓܝܪ ܕܟܐ ܗܘ. ܐܦ ܐܢܬܘܢ ܕܟܝܢ ܐܢܬܘܢ. ܐܠܐ
ܠܐ ܟܠܟܘܢ. 11 ܝܕܥ ܗܘܐ ܓܝܪ ܝܫܘܥ ܠܗܘ ܕܡܫܠܡ ܠܗ. ܡܛܠ ܗܢܐ ܐܡܪ. ܕܠܐ ܗܘܐ
ܟܠܟܘܢ ܕܟܝܢ ܐܢܬܘܢ. 12 ܟܕ ܕܝܢ ܐܫܝܓ ܪ̈ܓܠܝܗܘܢ. ܫܩܠ ܢܚܬܘܗܝ. ܘܐܣܬܡܟ.
ܘܐܡܪ ܠܗܘܢ. ܝܕܥܝܢ ܐܢܬܘܢ܆ ܡܢܐ ܥܒܕܬ ܠܟܘܢ. 13 ܐܢܬܘܢ ܩܪܝܢ ܐܢܬܘܢ ܠܝ܇
ܪܒܢ ܘܡܪܢ. ܘܫܦܝܪ ܐܡܪܝܢ ܐܢܬܘܢ. ܐܝܬܝ ܓܝܪ. 14 ܐܢ ܐܢܐ ܗܟܝܠ ܡܪܟܘܢ ܘܪܒܟܘܢ܇
ܐܫܝܓܬ ܠܟܘܢ ܪ̈ܓܠܝܟܘܢ. ܟܡܐ ܐܢܬܘܢ ܚܝܒܝܢ ܐܢܬܘܢ ܕܬܫܝܓܘܢ ܪ̈ܓܠܐ ܚܕ ܕܚܕ.
15 ܗܢܐ ܓܝܪ ܬܚܘܝܬܐ ܝܗܒܬ ܠܟܘܢ. ܕܐܝܟܢܐ ܕܐܢܐ ܥܒܕܬ ܠܟܘܢ. ܐܦ ܐܢܬܘܢ ܬܥܒܕܘܢ ․․․․
16 ܐܡܝܢ ܐܡܝܢ ܐܡܪ ܐܢܐ ܠܟܘܢ. ܕܠܝܬ ܥܒܕܐ ܕܪܒ ܡܢ ܡܪܗ. ܘܠܐ ܫܠܝܚܐ ܕܪܒ ܫܠܡ.
ܡܢ ܡܢ ܕܫܕܪܗ. 17 ܐܢ ܗܠܝܢ ܝܕܥܬܘܢ. ܛܘܒܝܟܘܢ ܐܢܬܘܢ ܐܢ ܬܥܒܕܘܢ ܐܢܝܢ. 18 ܠܐ ܗܘܐ
ܥܠ ܟܠܟܘܢ ܐܡܪ ܐܢܐ. ܝܕܥ ܐܢܐ ܓܝܪ ܠܐܝܠܝܢ ܕܓܒܝܬ. ܐܠܐ ܕܟܬܒܐ ܢܫܠܡ܆ ܕܗܘ ܕܐܟܠ
ܥܡܝ ܠܚܡܐ ܐܪܝܡ ܥܠܝ ܥܩܒܗ. 19 ܡܢ ܗܫܐ ܐܡܪ ܐܢܐ ܠܟܘܢ. ܡܢ ܩܕܡ ܕܬܗܘܐ.
ܕܡܐ ܕܗܘܬ. ܬܗܝܡܢܘܢ ܕܐܢܐ ܐܢܐ. 20 ܐܡܝܢ ܐܡܝܢ ܐܡܪ ܐܢܐ ܠܟܘܢ܆ ܕܡܢ ܕܡܩܒܠ
ܠܡܢ ܕܡܫܕܪ ܐܢܐ ܠܝ ܡܩܒܠ. ܘܡܢ ܕܠܝ ܡܩܒܠ܆ ܡܩܒܠ ܠܡܢ ܕܫܕܪܢܝ܀
21 ܗܠܝܢ ܐܡܪ ܝܫܘܥ. ܘܐܬܥܙܙ ܒܪܘܚܗ ܘܐܣܗܕ. ܘܐܡܪ. ܐܡܝܢ ܐܡܝܢ܆ ܐܡܪ ܐܢܐ ܠܟܘܢ܆
ܕܚܕ ܡܢܟܘܢ ܢܫܠܡܢܝ܀ 22 ܚܪܘ ܕܝܢ ܬܠܡܝܕ̈ܐ ܚܕ ܒܚܕ. ܡܛܠ ܕܠܐ ܝܕܥܝܢ ܗܘܘ
ܕܥܠ ܡܢܘ ܐܡܪ܀ 23 ܐܝܬ ܗܘܐ ܕܝܢ ܚܕ ܡܢ ܬܠܡܝܕ̈ܘܗܝ܆ ܗܘ ܕܣܡܝܟ ܗܘܐ ܒܥܘܒܗ܆
ܗܘ ܕܪܚܡ ܗܘܐ ܠܗ ܝܫܘܥ. 24 ܠܗܢܐ ܪܡܙ ܫܡܥܘܢ ܟܐܦܐ. ܕܢܫܐܠܝܘܗܝ. ܕܡܢܘ ܗܘ
ܕܐܡܪ ܥܠܘܗܝ. 25 ܘܢܦܠ ܗܘ ܬܠܡܝܕܐ ܥܠ ܚܕܝܗ ܕܝܫܘܥ. ܘܐܡܪ ܠܗ. ܡܪܝ
ܡܢܘ ܗܢܐ܀ 26 ܥܢܐ ܝܫܘܥ ܘܐܡܪ. ܗܘ ܗܘ ܕܨܒܥ ܐܢܐ ܠܚܡܐ ܝܗܒ ܐܢܐ ܠܗ. ܘܨܒܥ
ܝܫܘܥ ܠܚܡܐ. ܘܝܗܒ ܠܝܗܘܕܐ ܒܪ ܫܡܥܘܢ ܣܟܪܝܘܛܐ. 27 ܘܒܬܪ ܠܚܡܐ ܗܝܕܝܢ
ܐܬܥܠ ܒܗ ܣܛܢܐ. ܘܐܡܪ ܠܗ ܝܫܘܥ. ܡܕܡ ܕܥܒܕ ܐܢܬ ܥܒܕ ܒܥܓܠ. 28 ܗܕܐ
ܕܝܢ ܠܐ ܐܢܫ ܝܕܥ ܡܢ ܗܢܘܢ ܣܡܝܟ̈ܐ. ܕܥܠ ܡܢܐ ܐܡܪ ܠܗ. 29 ܐܢܫܝܢ ܓܝܪ ܣܒܪܘ.
ܡܛܠ ܕܓܠܘܣܩܡܐ ܠܘܬ ܝܗܘܕܐ ܗܘܐ. ܕܦܩܕ ܦܩܕ ܠܗ ܕܢܙܒܢ ܡܕܡ ܕܡܬܒܥܐ
ܠܥܐܕܐ܆ ܐܘ ܕܢܬܠ ܡܕܡ ܠܡܣܟܢ̈ܐ. 30 ܗܘ ܕܝܢ ܝܗܘܕܐ ܢܣܒ ܠܚܡܐ ܒܪ ܫܥܬܗ.
ܘܢܦܩ ܠܗ ܠܒܪ. ܠܠܝܐ ܗܘܐ ܕܝܢ ܟܕ ܢܦܩ܀ 31 ܘܐܡܪ ܝܫܘܥ. ܗܫܐ ܐܫܬܒܚ ܒܪܗ
ܕܐܢܫܐ. ܘܐܠܗܐ ܐܫܬܒܚ ܒܗ. 32 ܘܐܢ ܐܠܗܐ ܐܫܬܒܚ ܒܗ܆ ܘܐܦ ܐܠܗܐ ܡܫܒܚ ܠܗ

ܒܗ. ܘܡܚܕܐ ܡܫܒܚ ܠܗ. 33 ܒܢܝ. ܩܠܝܠ ܐܚܪܝܢ ܥܡܟܘܢ ܐܢܐ. ܘܬܒܥܘܢܢܝ.
ܘܐܝܟܢܐ ܕܐܡܪܬ ܠܝܗܘܕܝܐ: ܕܠܐܝܟܐ ܕܐܢܐ ܐܙܠ ܐܢܐ. ܐܢܬܘܢ. ܠܐ ܡܫܟܚܝܢ ܐܢܬܘܢ ܠܡܐܬܐ.
ܐܦ ܠܟܘܢ ܐܡܪ ܐܢܐ ܗܫܐ. 34 ܦܘܩܕܢܐ ܚܕܬܐ ܝܗܒ ܐܢܐ ܠܟܘܢ. ܕܬܗܘܘܢ ܡܚܒܝܢ ܚܕ
ܠܚܕ. ܐܝܟܢܐ ܕܐܢܐ ܐܚܒܬܟܘܢ: ܐܦ ܐܢܬܘܢ ܬܚܒܘܢ ܚܕ ܠܚܕ. 35 ܒܗܕܐ ܢܕܥ ܟܠ ܐܢܫ
ܕܬܠܡܝܕܝ ܐܢܬܘܢ: ܐܢ ܚܘܒܐ ܢܗܘܐ ܒܟܘܢ ܚܕ ܠܚܕ܀ 36 ܐܡܪ ܠܗ ܫܡܥܘܢ ܟܐܦܐ.
ܡܪܝ. ܠܐܝܟܐ ܐܙܠ ܐܢܬ. ܥܢܐ ܝܫܘܥ ܘܐܡܪ ܠܗ. ܠܐܝܟܐ ܕܐܙܠ ܐܢܐ. ܠܐ ܡܫܟܚ ܐܢܬ
ܗܫܐ ܕܬܐܬܐ ܒܬܪܝ. ܒܚܪܬܐ ܕܝܢ ܬܐܬܐ. 37 ܐܡܪ ܠܗ ܫܡܥܘܢ ܟܐܦܐ. ܡܪܝ. ܠܡܢܐ ܠܐ
ܡܫܟܚ ܐܢܐ ܕܐܬܐ ܒܬܪܟ ܗܫܐ. ܢܦܫܝ ܚܠܦܝܟ ܣܐܡ ܐܢܐ. 38 ܐܡܪ ܠܗ ܝܫܘܥ. ܢܦܫܟ
ܚܠܦܝ ܣܐܡ ܐܢܬ. ܐܡܝܢ ܐܡܝܢ ܐܡܪ ܐܢܐ ܠܟ. ܕܠܐ ܢܩܪܐ ܬܪܢܓܠܐ ܥܕܡܐ ܕܬܟܦܘܪ ܒܝ
ܬܠܬ ܙܒܢܝܢ܀

Cap. xiv. 1 ܠܐ ܢܬܕܠܚ ܠܒܟܘܢ. ܗܝܡܢܘ ܒܐܠܗܐ. ܘܒܝ ܗܝܡܢܘ. 2 ܣܓܝܐܢ ܐܢܘܢ ܐܘܢܐ ܒܝܬ
ܐܒܝ. ܘܐܠܐ ܐܡܪ ܗܘܝܬ ܠܟܘܢ. ܕܐܙܠ ܐܢܐ ܕܐܛܝܒ ܠܟܘܢ ܐܬܪܐ. 3 ܘܐܢ ܐܙܠ ܐܛܝܒ
ܠܟܘܢ ܐܬܪܐ. ܬܘܒ ܐܬܐ ܐܢܐ ܘܐܕܒܪܟܘܢ ܠܘܬܝ. ܕܐܝܟܐ ܕܐܢܐ ܐܝܬܝ. ܐܦ ܐܢܬܘܢ ܬܗܘܘܢ.
4 ܘܠܐܝܟܐ ܕܐܙܠ ܐܢܐ ܝܕܥܝܢ ܐܢܬܘܢ. ܘܐܘܪܚܐ ܝܕܥܝܢ ܐܢܬܘܢ. 5 ܐܡܪ ܠܗ ܬܐܘܡܐ.
ܡܪܝ. ܠܐ ܝܕܥܝܢܢ ܠܐܝܟܐ ܐܙܠ ܐܢܬ. ܘܐܝܟܢܐ ܡܫܟܚܝܢ ܚܢܢ ܐܘܪܚܐ ܠܡܕܥ. 6 ܐܡܪ
ܠܗ ܝܫܘܥ. ܐܢܐ ܐܢܐ ܐܘܪܚܐ ܘܫܪܪܐ ܘܚܝܐ. ܠܐ ܐܢܫ ܐܬܐ ܠܘܬ ܐܒܝ. ܐܠܐ ܐܢ ܒܝ. 7 ܐܠܘ
ܒܝ ܝܕܥܬܘܢ ܗܘܝܬܘܢ. ܐܦ ܠܐܒܝ ܝܕܥܬܘܢ ܗܘܝܬܘܢ. ܘܡܢ ܗܫܐ ܝܕܥܬܘܢ ܐܢܬܘܢ ܠܗ.
ܘܚܙܝܬܘܢܝܗܝ. 8 ܐܡܪ ܠܗ ܦܝܠܝܦܘܣ. ܡܪܝ. ܚܘܢ ܐܒܐ. ܘܣܦܩ ܠܢ. 9 ܐܡܪ ܠܗ
ܝܫܘܥ. ܗܢܐ ܟܠܗ ܙܒܢܐ ܥܡܟܘܢ ܐܢܐ: ܘܠܐ ܝܕܥܬܢܝ ܦܝܠܝܦܘܣ. ܡܢ ܕܚܙܢܝ ܚܙܐ
ܠܐܒܐ. ܘܐܝܟܢܐ ܐܢܬ ܐܡܪ ܐܢܬ ܚܘܢ ܐܒܐ. 10 ܠܐ ܡܗܝܡܢ ܐܢܬ ܕܐܢܐ ܒܐܒܝ: ܘܐܒܝ ܒܝ.
ܡܠܐ ܕܐܢܐ ܡܡܠܠ ܐܢܐ. ܠܐ ܗܘܐ ܡܢ ܪܥܝܢܝ ܡܡܠܠ ܐܢܐ. ܐܒܝ ܕܝܢ ܕܒܝ ܥܡܪ.
ܗܘ ܥܒܕ ܥܒܕܐ ܗܠܝܢ. 11 ܗܝܡܢܘ ܕܐܢܐ ܒܐܒܝ. ܘܐܒܝ ܒܝ. ܘܐܠܐ. ܐܦܢ ܡܛܠ ܥܒܕܐ
ܗܝܡܢܘ. 12 ܐܡܝܢ ܐܡܝܢ ܐܡܪ ܐܢܐ ܠܟܘܢ. ܕܡܢ ܕܡܗܝܡܢ ܒܝ. ܥܒܕܐ ܐܝܠܝܢ
ܕܐܢܐ ܥܒܕ ܐܢܐ ܐܦ ܗܘ ܢܥܒܕ. ܘܕܝܬܝܪܝܢ ܡܢ ܗܠܝܢ ܢܥܒܕ. ܕܐܢܐ ܠܘܬ ܐܒܐ ܐܙܠ
ܐܢܐ. 13 ܘܡܕܡ ܕܬܫܐܠܘܢ ܒܫܡܝ. ܐܥܒܕ ܠܟܘܢ. ܕܢܫܬܒܚ ܐܒܐ ܒܒܪܗ. 14 ܘܐܢ
ܬܫܐܠܘܢܢܝ ܒܫܡܝ ܐܢܐ ܐܥܒܕ܀ 15 ܐܢ ܪܚܡܝܢ ܐܢܬܘܢ ܠܝ. ܦܘܩܕܢܝ ܛܪܘ. 16 ܘܐܢܐ
ܐܒܥܐ ܡܢ ܐܒܝ. ܘܐܚܪܢܐ ܦܪܩܠܛܐ ܢܬܠ ܠܟܘܢ: ܕܢܗܘܐ ܥܡܟܘܢ ܠܥܠܡ. 17 ܪܘܚܐ
ܕܫܪܪܐ. ܗܝ ܕܥܠܡܐ ܠܐ ܡܫܟܚ ܠܡܩܒܠܗ. ܡܛܠ ܕܠܐ ܚܙܝܗ. ܘܠܐ ܝܕܥܗ. ܐܢܬܘܢ
ܕܝܢ ܝܕܥܝܢ ܐܢܬܘܢ ܠܗ. ܕܠܘܬܟܘܢ ܥܡܪܐ. ܘܒܟܘܢ ܗܝ. 18 ܠܐ ܫܒܩ ܐܢܐ ܠܟܘܢ
ܝܬܡܐ. ܐܬܐ ܐܢܐ ܓܝܪ ܠܘܬܟܘܢ. ܩܠܝܠ ܐܚܪܢܐ: 19 ܘܥܠܡܐ ܠܐ ܚܙܐ ܠܝ. ܐܢܬܘܢ ܕܝܢ

ܬܚܙܘܢܢܝ. ܕܐܢܐ ܚܝ. ܐܦ ܐܢܬܘܢ ܬܚܘܢ. 20 ܒܗܘ ܝܘܡܐ ܬܕܥܘܢ. ܕܐܢܐ ܒܐܒܝ: ܘܐܢܬܘܢ
ܒܝ ܐܢܬܘܢ: ܘܐܢܐ ܒܟܘܢ ܐܢܐ . ✤ . ✤ .
ܫܠܡ ܗܘ. 21 ܡܢ ܕܐܝܬ ܠܘܬܗ ܦܘܩܕܢܝ ܘܢܛܪ ܠܗܘܢ. ܗܘ ܗܘ ܡܚܒ ܠܝ. ܗܘ ܕܝܢ ܕܪܚܡ ܠܝ.
ܢܬܪܚܡ ܡܢ ܐܒܝ. ܘܐܢܐ ܐܪܚܡܝܘܗܝ. ܘܐܚܘܝܘܗܝ ܢܦܫܝ ✤ 22 ܐܡܪ ܠܗ ܝܗܘܕܐ. ܠܐ ܗܘܐ
ܣܟܪܝܘܛܐ. ܡܪܝ. ܡܢܐ ܠܢ ܕܠܢ ܥܬܝܕ ܐܢܬ ܠܡܚܘܝܘ ܢܦܫܟ. ܘܠܐ ܗܘܐ ܠܥܠܡܐ. 23 ܥܢܐ
ܝܫܘܥ ܘܐܡܪ ܠܗ. ܡܢ ܕܪܚܡ ܠܝ. ܡܠܬܝ ܢܛܪ. ܘܐܒܝ ܢܪܚܡܝܘܗܝ. ܘܠܘܬܗ
ܐܬܝܢ ܚܢܢ. ܘܐܘܢܐ ܠܘܬܗ ܥܒܕܝܢ ܚܢܢ. 24 ܗܘ ܕܝܢ ܕܠܐ ܪܚܡ ܠܝ. ܡܠܬܝ ܠܐ ܢܛܪ.
ܘܡܠܬܐ ܗܕܐ ܕܫܡܥܝܢ ܐܢܬܘܢ. ܠܐ ܗܘܬ ܕܝܠܝ. ܐܠܐ ܕܐܒܐ ܕܫܕܪܢܝ. 25 ܗܠܝܢ ܡܠܠܬ
ܥܡܟܘܢ. ܟܕ ܠܘܬܟܘܢ ܐܝܬܝ. 26 ܗܘ ܕܝܢ ܦܪܩܠܝܛܐ ܪܘܚܐ ܕܩܘܕܫܐ: ܗܘ ܕܡܫܕܪ
ܐܒܝ ܒܫܡܝ. ܗܘ ܢܠܦܟܘܢ ܟܠܡܕܡ. ܘܗܘ ܢܥܗܕܟܘܢ. ܟܠ ܡܐ ܕܐܡܪ ܐܢܐ ܠܟܘܢ.
27 ܫܠܡܐ ܫܒܩ ܐܢܐ ܠܟܘܢ. ܫܠܡܐ ܕܝܠܝ ܝܗܒ ܐܢܐ ܠܟܘܢ. ܠܐ ܗܘܐ ܐܝܟܢܐ ܕܝܗܒ
ܥܠܡܐ. ܐܢܐ ܝܗܒ ܐܢܐ ܠܟܘܢ. ܠܐ ܢܬܕܠܚ ܠܒܟܘܢ ܘܠܐ ܢܕܚܠ. 28 ܫܡܥܬܘܢ ܕܐܢܐ ܐܡܪܬ
ܠܟܘܢ. ܕܐܙܠ ܐܢܐ ܘܐܬܐ ܐܢܐ ܠܘܬܟܘܢ. ܐܠܘ ܪܚܡܝܢ ܗܘܝܬܘܢ ܠܝ. ܚܕܝܢ ܗܘܝܬܘܢ
ܕܐܙܠ ܐܢܐ ܠܘܬ ܐܒܝ. ܕܐܒܝ ܪܒ ܗܘ ܡܢܝ. 29 ܘܗܫܐ ܗܐ ܐܡܪܬ ܠܟܘܢ. ܥܕܠܐ ܢܗܘܐ.
ܕܡܐ ܕܗܘܐ ܬܗܝܡܢܘܢ. 30 ܡܟܝܠ ܠܐ ܐܡܠܠ ܥܡܟܘܢ ܣܓܝܐܬܐ. ܐܬܐ ܓܝܪ ܐܪܟܘܢܗ
ܕܥܠܡܐ. ܘܒܝ ܠܝܬ ܠܗ ܡܕܡ. 31 ܐܠܐ ܕܢܕܥ ܥܠܡܐ ܕܪܚܡ ܐܢܐ ܠܐܒܝ. ܘܐܝܟܢܐ
ܕܦܩܕܢܝ ܐܒܝ. ܗܟܢܐ ܥܒܕ ܐܢܐ. ܩܘܡܘ ܢܐܙܠ ܠܢ ܡܟܐ ✤
1 ܐܢܐ ܐܢܐ ܓܦܬܐ ܕܫܪܪܐ. ܘܐܒܝ ܗܘ ܦܠܚܐ. 2 ܟܠ ܣܘܟܐ ܕܒܝ ܦܐܪܐ ܠܐ ܝܗܒܐ. Cap. xv.
ܫܩܠ ܠܗ. ܘܐܝܕܐ ܕܝܗܒܐ ܦܐܪܐ. ܡܕܟܐ ܠܗ: ܕܦܐܪܐ ܣܓܝܐܐ ܬܐܬܐ. 3 ܐܢܬܘܢ ܡܢ ܟܕܘ
ܕܟܝܢ ܐܢܬܘܢ. ܡܛܠ ܡܠܬܐ ܕܡܠܠܬ ܥܡܟܘܢ. 4 ܟܘܢܘ ܒܝ. ܘܐܢܐ ܒܟܘܢ. ܐܝܟܢܐ
ܕܣܘܟܐ ܠܐ ܡܫܟܚܐ ܕܬܬܠ ܦܐܪܐ ܡܢ ܢܦܫܗ. ܐܠܐ ܡܩܘܝܐ ܒܓܦܬܐ. ܗܟܢܐ ܐܦ ܠܐ
ܐܢܬܘܢ. ܐܠܐ ܬܩܘܘܢ ܒܝ. 5 ܐܢܐ ܐܢܐ ܓܦܬܐ ܘܐܢܬܘܢ ܣܘܟܝܬܐ. ܡܢ ܕܡܩܘܐ ܒܝ ܘܐܢܐ
ܒܗ. ܗܢܐ ܡܝܬܐ ܦܐܪܐ ܣܓܝܐܐ. ܡܛܠ ܕܕܠܐ ܐܢܐ. ܠܐ ܡܫܟܚܝܢ ܐܢܬܘܢ ܠܡܥܒܕ ܡܕܡ.
6 ܐܠܐ ܕܝܢ ܐܢܫ ܡܩܘܐ ܒܝ. ܡܫܬܕܐ ܠܒܪ. ܐܝܟ ܣܘܟܝܬܐ ܕܝܒܫܬ: ܘܠܩܛܝܢ ܠܗ
ܒܢܘܪܐ ܕܬܐܩܕ ✤ 7 ܐܢ ܕܝܢ ܬܩܘܘܢ ܒܝ. ܘܡܠܝ ܢܩܘܘܢ ܒܟܘܢ. ܟܠ ܡܐ ܕܬܨܒܘܢ
ܠܡܫܐܠ ܢܗܘܐ ܠܟܘܢ. 8 ܒܗܕܐ ܡܫܬܒܚ ܐܒܐ. ܕܦܐܪܐ ܣܓܝܐܐ ܬܐܬܘܢ. ܘܬܗܘܘܢ
ܬܠܡܝܕܝ. 9 ܐܝܟܢܐ ܕܐܚܒܢܝ ܐܒܝ. ܐܦ ܐܢܐ ܐܚܒܬܟܘܢ. ܩܘܘ ܒܚܘܒܐ ܕܝܠܝ.
10 ܐܢ ܦܘܩܕܢܝ ܬܛܪܘܢ. ܬܩܘܘܢ ܒܚܘܒܝ. ܐܝܟܢܐ ܕܐܢܐ ܢܛܪܬ ܦܘܩܕܢܘܗܝ ܕܐܒܝ:
ܘܩܐܡ ܐܢܐ ܒܚܘܒܗ. 11 ܗܠܝܢ ܡܠܠܬ ܥܡܟܘܢ. ܕܚܕܘܬܝ ܬܗܘܐ ܒܟܘܢ. ܘܬܬܡܠܐ
ܚܕܘܬܟܘܢ. 12 ܗܢܘ ܦܘܩܕܢܝ. ܕܬܚܒܘܢ ܚܕ ܠܚܕ. ܐܝܟܢܐ ܕܐܢܐ ܐܚܒܬܟܘܢ. 13 ܚܘܒܐ

ܕܪܒ ܡܢ ܗܢܐ ܠܝܬ. ܕܐܢܫ ܢܦܫܗ ܢܣܝܡ ܚܠܦ ܪܚܡܘܗܝ. 14 ܐܢܬܘܢ ܪܚܡܝ ܐܢܬܘܢ.
ܐܢ ܬܥܒܕܘܢ ܟܠ ܕܡܦܩܕ ܐܢܐ ܠܟܘܢ. 15 ܠܐ ܡܟܝܠ ܩܪܐ ܐܢܐ ܠܟܘܢ ܥܒܕܐ. ܡܛܠ
ܕܥܒܕܐ ܠܐ ܝܕܥ ܡܢܐ ܥܒܕ ܡܪܗ. ܪܚܡܝ ܕܝܢ ܩܪܝܬܟܘܢ. ܡܛܠ ܕܟܠ ܕܫܡܥܬ ܡܢ
ܐܒܝ. ܐܘܕܥܬܟܘܢ. 16 ܠܐ ܗܘܐ ܐܢܬܘܢ ܓܒܝܬܘܢܢܝ. ܐܠܐ ܐܢܐ ܗܘ ܓܒܝܬܟܘܢ. ܘܣܡܬܟܘܢ.
ܕܐܦ ܐܢܬܘܢ ܬܐܙܠܘܢ ܬܝܬܘܢ ܦܐܪܐ. ܘܦܐܪܝܟܘܢ ܢܩܘܘܢ. ܘܟܠ ܕܬܫܐܠܘܢ ܠܐܒܝ ܒܫܡܝ
ܢܬܠ ܠܟܘܢ. 17 ܗܠܝܢ ܡܦܩܕ ܐܢܐ ܠܟܘܢ. ܕܬܐܚܒܘܢ ܚܕ ܠܚܕ. 18 ܘܐܢ ܥܠܡܐ
ܣܢܐ ܠܟܘܢ. ܕܥܘ ܕܩܕܡܝܟܘܢ ܠܝ ܣܢܐ. 19 ܘܐܠܘ ܡܢ ܥܠܡܐ ܗܘܝܬܘܢ. ܥܠܡܐ
ܕܝܠܗ ܪܚܡ ܗܘܐ. ܐܠܐ ܠܐ ܗܘܝܬܘܢ ܡܢ ܥܠܡܐ. ܐܢܐ ܓܝܪ ܓܒܝܬܟܘܢ ܡܢ ܥܠܡܐ.
ܡܛܠ ܗܢܐ ܣܢܐ ܠܟܘܢ ܥܠܡܐ. 20 ܐܬܕܟܪܘ ܡܠܬܐ ܕܐܢܐ ܐܡܪܬ ܠܟܘܢ. ܕܠܝܬ ܥܒܕܐ
ܕܪܒ ܡܢ ܡܪܗ. ܐܢ ܠܝ ܪܕܦܘ. ܐܦ ܠܟܘܢ ܢܪܕܦܘܢ. ܘܐܢ ܡܠܬܝ ܢܛܪܘ. ܐܦ ܕܝܠܟܘܢ
ܢܛܪܘܢ. 21 ܐܠܐ ܗܠܝܢ ܟܠܗܝܢ ܢܥܒܕܘܢ ܠܟܘܢ. ܡܛܠ ܫܡܝ. ܕܠܐ ܝܕܥܝܢ
ܠܡܢ ܕܫܕܪܢܝ. 22 ܐܠܘ ܠܐ ܐܬܝܬ ܗܘܝܬ ܡܠܠܬ ܥܡܗܘܢ. ܠܐ ܗܘܬ ܠܗܘܢ ܚܛܝܬܐ.
ܗܫܐ ܕܝܢ ܠܝܬ ܠܗܘܢ ܥܠܬܐ ܥܠ ܚܛܗܝܗܘܢ. 23 ܡܢ ܕܠܝ ܣܢܐ ܐܦ ܠܐܒܝ
ܣܢܐ. 24 ܘܐܠܘ ܥܒܕܐ ܠܐ ܥܒܕܬ ܩܕܡܝܗܘܢ: ܐܝܠܝܢ ܕܐܢܫ ܐܚܪܢܐ ܠܐ ܥܒܕ. ܠܐ ܗܘܬ
ܠܗܘܢ ܚܛܝܬܐ. ܗܫܐ ܕܝܢ ܘܚܙܘ ܘܣܢܘ. ܐܦ ܠܝ ܐܦ ܠܐܒܝ. 25 ܕܬܫܬܠܡ ܡܠܬܐ
ܕܟܬܝܒܐ ܒܢܡܘܣܗܘܢ. ܕܣܢܐܘܢܝ ܡܓܢ. 26 ܡܐ ܕܝܢ ܕܐܬܐ ܦܪܩܠܛܐ: ܗܘ ܕܐܢܐ ܡܫܕܪ
ܐܢܐ ܠܟܘܢ ܡܢ ܠܘܬ ܐܒܝ. ܪܘܚܐ ܕܫܪܪܐ: ܗܘ ܕܡܢ ܠܘܬ ܐܒܝ ܢܦܩ. ܗܘ ܢܣܗܕ
Cap. xvi. ܥܠܝ. 27 ܐܦ ܐܢܬܘܢ ܣܗܕܝܢ ܐܢܬܘܢ. ܕܡܢ ܫܘܪܝܐ ܥܡܝ ܐܢܬܘܢ. 1 ܗܠܝܢ ܡܠܠܬ
ܥܡܟܘܢ. ܕܠܐ ܬܬܟܫܠܘܢ. 2 ܢܦܩܘܢܟܘܢ ܓܝܪ ܡܢ ܟܢܘܫܬܗܘܢ. ܘܬܐܬܐ ܫܥܬܐ ܕܟܠ
ܕܢܩܛܘܠܟܘܢ. ܢܣܒܪ ܕܩܘܪܒܢܐ ܡܩܪܒ ܠܐܠܗܐ. 3 ܘܗܠܝܢ ܢܥܒܕܘܢ. ܡܛܠ ܕܠܐ ܝܕܥܘ
ܘܠܐ ܠܐܒܝ. ܘܠܐ ܠܝ.....

4 ܗܠܝܢ ܡܠܠܬ ܥܡܟܘܢ: ܕܡܐ ܕܐܬܬ ܥܕܢܗܝܢ ܬܬܕܟܪܘܢ ܐܢܝܢ. ܕܐܢܐ ܐܡܪܬ ܠܟܘܢ: ܩܪܝܢܐ ܝܗ.
ܗܠܝܢ ܕܝܢ ܡܢ ܩܕܝܡ ܠܐ ܐܡܪܬ ܠܟܘܢ. ܕܥܡܟܘܢ ܗܘܝܬ. 5 ܗܫܐ ܕܝܢ ܐܙܠ ܐܢܐ ܠܘܬ ܡܢ
ܕܫܕܪܢܝ. ܘܠܐ ܐܢܫ ܡܢܟܘܢ ܡܫܐܠ ܠܝ. ܠܐܝܟܐ ܐܙܠ ܐܢܬ. 6 ܐܡܪܬ ܠܟܘܢ ܓܝܪ ܗܠܝܢ:
ܐܬܬ ܟܪܝܘܬܐ ܘܡܠܬ ܠܒܘܬܟܘܢ. 7 ܐܠܐ ܐܢܐ ܫܪܪܐ ܐܡܪ ܐܢܐ ܠܟܘܢ. ܕܦܩܚ ܠܟܘܢ. ܕܐܢܐ
ܐܙܠ. ܐܢ ܓܝܪ ܐܢܐ ܠܐ ܐܙܠ ܐܢܐ. ܦܪܩܠܛܐ ܠܐ ܐܬܐ ܠܘܬܟܘܢ. ܐܢ ܕܝܢ ܐܙܠ:
ܐܫܕܪܝܘܗܝ ܠܘܬܟܘܢ. 8 ܘܡܐ ܕܐܬܐ ܗܘ ܢܟܣܝܘܗܝ ܠܥܠܡܐ. ܥܠ ܚܛܝܬܐ ܘܥܠ
ܙܕܝܩܘܬܐ ܘܥܠ ܕܝܢܐ. 9 ܥܠ ܚܛܝܬܐ. ܕܠܐ ܡܗܝܡܢܝܢ ܒܝ. 10 ܥܠ ܙܕܝܩܘܬܐ ܕܝܢ.
ܕܠܘܬ ܐܒܝ ܐܙܠ ܐܢܐ. ܘܠܐ ܬܘܒ ܚܙܝܢ ܐܢܬܘܢ ܠܝ. 11 ܥܠ ܕܝܢܐ ܕܝܢ. ܕܐܪܟܘܢܐ ܕܥܠܡܐ
ܗܢܐ ܕܝܢ ܗܘ. 12 ܬܘܒ ܤܓܝܐܢ ܐܝܬ ܠܝ ܠܡܐܡܪ ܠܟܘܢ. ܐܠܐ ܠܐ ܡܫܟܚܝܢ ܐܢܬܘܢ

ܠܡܐܚܕ ܗܫܐ. 13 ܡܐ ܕܐܬܐ ܕܝܢ ܪܘܚܐ ܕܫܪܪܐ. ܗܘ ܢܕܒܪܟܘܢ ܒܟܠܗ ܫܪܪܐ. ܠܐ ܓܝܪ
ܢܡܠܠ ܡܢ ܪܥܝܢ ܢܦܫܗ. ܐܠܐ ܟܠ ܕܢܫܡܥ ܗܘ ܢܡܠܠ. ܘܥܬܝܕܬܐ ܢܘܕܥܟܘܢ.
14 ܘܗܘ ܢܫܒܚܢܝ. ܡܛܠ ܕܡܢ ܕܝܠܝ ܢܣܒ ܘܢܚܘܝܟܘܢ. 15 ܟܠ ܡܕܡ ܕܐܝܬ ܠܐܒܝ.
ܕܝܠܝ ܗܘ. ܡܛܠ ܗܢܐ ܐܡܪܬ ܠܟܘܢ. ܕܡܢ ܕܝܠܝ ܢܣܒ ܘܢܚܘܝܟܘܢ. 16 ܩܠܝܠ ܘܠܐ
ܬܚܙܘܢܢܝ. ܘܬܘܒ ܩܠܝܠ ܘܬܚܙܘܢܢܝ. ܕܐܙܠ ܐܢܐ ܠܘܬ ܐܒܐ. 17 ܘܐܡܪܘ ܗܘܘ ܬܠܡܝܕܘܗܝ
ܚܕ ܠܚܕ. ܡܢܐ ܗܝ ܗܕܐ ܕܐܡܪ ܠܢ. ܕܩܠܝܠ ܘܠܐ ܬܚܙܘܢܢܝ. ܘܬܘܒ ܩܠܝܠ ܘܬܚܙܘܢܢܝ.
ܘܕܐܙܠ ܐܢܐ ܠܘܬ ܐܒܝ. 18 ܘܐܡܪܝܢ ܗܘܘ. ܡܢܐ ܗܝ ܗܕܐ ܩܠܝܠ ܕܐܡܪ. ܠܐ ܝܕܥܝܢ ܚܢܢ
ܡܢܐ ܡܡܠܠ. 19 ܝܫܘܥ ܕܝܢ ܝܕܥ ܕܨܒܝܢ ܗܘܘ ܠܡܫܐܠܘܗܝ. ܘܐܡܪ ܠܗܘܢ. ܥܠ
ܗܕܐ ܒܥܝܢ ܐܢܬܘܢ ܥܡ ܚܕܕܐ. ܕܐܡܪܬ ܠܟܘܢ. ܕܩܠܝܠ ܘܠܐ ܬܚܙܘܢܢܝ. ܘܬܘܒ ܩܠܝܠ
ܘܬܚܙܘܢܢܝ. 20 ܐܡܝܢ ܐܡܝܢ ܐܡܪ ܐܢܐ ܠܟܘܢ. ܕܬܒܟܘܢ ܐܢܬܘܢ ܘܬܐܠܘܢ. ܘܥܠܡܐ
ܢܚܕܐ. ܘܠܟܘܢ ܬܟܪܐ ܠܟܘܢ. ܐܠܐ ܟܪܝܘܬܟܘܢ ܠܚܕܘܬܐ ܬܗܘܐ. 21 ܐܢܬܬܐ ܡܐ ܕܝܠܕܐ. ܟܪܝܐ ܠܗ
ܕܡܛܝ ܝܘܡܐ ܕܡܘܠܕܗ. ܡܐ ܕܝܠܕܬ ܕܝܢ ܒܪܐ. ܠܐ ܥܗܕܐ ܐܘܠܨܢܗ. ܡܛܠ ܚܕܘܬܐ ܕܐܬܝܠܕ
ܒܪܢܫܐ ܒܥܠܡܐ. 22 ܐܦ ܐܢܬܘܢ ܗܫܐ ܟܪܝܐ ܠܟܘܢ. ܬܘܒ ܕܝܢ ܐܚܙܝܟܘܢ.
ܘܢܚܕܐ ܠܒܟܘܢ. ܘܚܕܘܬܟܘܢ ܠܐ ܐܢܫ ܢܣܒ ܡܢܟܘܢ. 23 ܘܒܗܘ ܝܘܡܐ ܠܝ ܠܐ ܬܫܐܠܘܢ
ܡܕܡ. ܐܡܝܢ ܐܡܝܢ ܐܡܪ ܐܢܐ ܠܟܘܢ. ܕܟܠ ܡܕܡ ܕܬܫܐܠܘܢ ܠܐܒܝ ܒܫܡܝ. ܢܬܠ
ܠܟܘܢ. 24 ܥܕܡܐ ܠܗܫܐ ܠܐ ܫܐܠܬܘܢ ܡܕܡ ܒܫܡܝ. ܫܐܠܘ ܘܬܣܒܘܢ. ܕܬܗܘܐ ܚܕܘܬܟܘܢ
ܡܫܡܠܝܐ. 25 ܗܠܝܢ ܒܦܠܐܬܐ ܡܠܠܬ ܠܟܘܢ. ܐܬܝܐ ܕܝܢ ܫܥܬܐ. ܐܡܬܝ ܕܠܐ ܐܡܠܠ
ܠܟܘܢ ܒܦܠܐܬܐ. ܐܠܐ ܓܠܝܐܝܬ ܐܚܘܐ ܠܟܘܢ ܥܠ ܐܒܐ. 26 ܒܗܘ ܝܘܡܐ ܕܬܫܐܠܘܢ
ܒܫܡܝ. ܘܠܐ ܐܡܪ ܐܢܐ ܠܟܘܢ. ܕܐܢܐ ܐܒܥܐ ܡܢ ܐܒܐ ܥܠܝܟܘܢ. 27 ܗܘ ܓܝܪ ܐܒܐ ܪܚܡ
ܠܟܘܢ. ܕܐܢܬܘܢ ܪܚܡܬܘܢܢܝ. ܘܗܝܡܢܬܘܢ ܕܐܢܐ ܡܢ ܠܘܬ ܐܠܗܐ ܢܦܩܬ. 28 ܢܦܩܬ
ܡܢ ܠܘܬ ܐܒܐ ܘܐܬܝܬ ܠܥܠܡܐ. ܘܬܘܒ ܫܒܩ ܐܢܐ ܠܥܠܡܐ ܘܐܙܠ ܐܢܐ ܠܘܬ
ܐܒܐ. 29 ܐܡܪܝܢ ܠܗ ܬܠܡܝܕܘܗܝ. ܗܐ ܗܫܐ ܓܠܝܐܝܬ ܡܡܠܠ ܐܢܬ. ܘܦܠܐܬܐ ܘܠܐ
ܚܕܐ ܐܡܪ ܐܢܬ. 30 ܗܫܐ ܝܕܥܝܢ ܚܢܢ ܕܟܠ ܡܕܡ ܝܕܥ ܐܢܬ. ܘܠܐ ܣܢܝܩ ܐܢܬ ܕܐܢܫ
ܢܫܐܠܟ. ܒܗܕܐ ܡܗܝܡܢܝܢ ܚܢܢ ܕܡܢ ܐܠܗܐ ܢܦܩܬ. 31 ܐܡܪ ܠܗܘܢ ܝܫܘܥ. ܗܝܡܢܘ.
32 ܕܗܐ ܐܬܝܐ ܫܥܬܐ ܘܗܫܐ ܐܬܬ. ܕܬܬܒܕܪܘܢ ܐܢܫ ܠܐܬܪܗ. ܘܬܫܒܩܘܢܢܝ ܒܠܚܘܕܝ.
ܘܠܐ ܗܘܝܬ ܒܠܚܘܕܝ. ܕܐܒܐ ܥܡܝ ܗܘ. 33 ܗܠܝܢ ܐܡܪܬ ܠܟܘܢ. ܕܒܝ ܢܗܘܐ ܠܟܘܢ
ܫܠܡܐ. ܒܥܠܡܐ ܗܘܐ ܠܟܘܢ ܐܘܠܨܢܐ. ܐܠܐ ܐܬܠܒܒܘ. ܐܢܐ ܙܟܝܬܗ ܠܥܠܡܐ ✣✣
1 ܗܠܝܢ ܡܠܠ ܝܫܘܥ. ܘܐܪܝܡ ܥܝܢܘܗܝ ܠܫܡܝܐ. ܘܐܡܪ. ܐܒܝ. ܐܬܬ ܫܥܬܐ. ܫܒܚ Cap. xvii.
ܒܪܟ. ܕܒܪܟ ܢܫܒܚܟ. 2 ܐܝܟܢܐ ܕܝܗܒܬ ܠܗ ܫܘܠܛܢܐ ܥܠ ܟܠ ܒܣܪ. ܕܟܠ ܡܐ
ܕܝܗܒܬ ܠܗ. ܢܬܠ ܠܗ ܚܝܐ ܕܠܥܠܡ. 3 ܗܠܝܢ ܐܢܘܢ ܕܝܢ ܚܝܐ ܕܠܥܠܡ. ܕܢܕܥܘܢܟ.

ܕܐܝܬܝܟ ܐܢܬ ܐܠܗܐ ܕܫܪܪܐ ܒܠܚܘܕܝܟ: ܘܡܢ ܕܫܕܪܬ ܝܫܘܥ ܡܫܝܚܐ. 4 ܐܢܐ ܫܒܚܬܟ
ܒܐܪܥܐ. ܥܒܕܐ ܗܘ ܕܝܗܒܬ ܠܝ ܕܐܥܒܕ ܫܠܡܬܗ. 5 ܘܗܫܐ ܫܒܚܝܢܝ ܐܢܬ ܐܒܐ
ܠܘܬܟ: ܒܗܘ ܫܘܒܚܐ ܕܐܝܬ ܗܘܐ ܠܝ ܠܘܬܟ ܡܢ ܩܕܡ ܕܢܗܘܐ ܥܠܡܐ. 6 ܐܘܕܥܬ
ܫܡܟ ܠܒܢܝ ܐܢܫܐ: ܗܢܘܢ ܕܝܗܒܬ ܠܝ ܡܢ ܥܠܡܐ. ܕܝܠܟ ܗܘܘ. ܘܠܝ ܝܗܒܬ ܐܢܘܢ.
ܘܢܛܪܘ ܡܠܬܟ. 7 ܗܫܐ ܝܕܥܬ ܕܟܠ ܡܐ ܕܝܗܒܬ ܠܝ ܡܢ ܠܘܬܟ ܗܘ. 8 ܕܡܠܐ
ܕܝܗܒܬ ܠܝ. ܝܗܒܬ ܠܗܘܢ. ܘܗܢܘܢ ܩܒܠܘ. ܘܝܕܥܘ ܫܪܝܪܐܝܬ ܕܡܢ ܠܘܬܟ ܢܦܩܬ.
ܘܗܝܡܢܘ ܕܐܢܬ ܫܕܪܬܢܝ. 9 ܘܐܢܐ ܡܛܠܬܗܘܢ ܒܥܐ ܐܢܐ. ܠܐ ܗܘܐ ܥܠ ܥܠܡܐ ܒܥܐ ܐܢܐ.
ܐܠܐ ܥܠ ܗܢܘܢ ܕܝܗܒܬ ܠܝ: ܕܕܝܠܟ ܐܢܘܢ. 10 ܘܟܠ ܕܝܠܝ ܕܝܠܟ ܗܘ. ܘܕܝܠܟ ܗܘ.
ܘܕܝܠܟ ܕܝܠܝ ܗܘ. ܘܡܫܬܒܚ ܐܢܐ ܒܗܘܢ. 11 ܡܟܝܠ ܠܐ ܗܘܝܢܐ ܒܥܠܡܐ. ܘܗܠܝܢ
ܒܥܠܡܐ ܐܢܘܢ. ܘܐܢܐ ܠܘܬܟ ܐܬܐ ܐܢܐ. ܐܒܐ ܩܕܝܫܐ. ܛܪ ܐܢܘܢ ܒܫܡܟ: ܗܘ ܕܝܗܒܬ ܠܝ.
ܕܢܗܘܘܢ ܚܕ ܐܝܟܢܐ ܕܚܢܢ ܀܀܀܀
12 ܟܕ ܥܡܗܘܢ ܗܘܝܬ ܒܥܠܡܐ. ܐܢܐ ܢܛܪ ܗܘܝܬ ܠܗܘܢ ܒܫܡܟ. ܠܐܝܠܝܢ ܕܝܗܒܬ ܘܣܡܐ ܡܐ.
ܠܝ ܢܛܪܬ. ܘܐܢܫ ܡܢܗܘܢ ܠܐ ܐܒܕ. ܐܠܐ ܒܪܗ ܕܐܒܕܢܐ. ܕܢܬܡܠܐ ܟܬܒܐ. 13 ܗܫܐ ܕܝܢ
ܠܘܬܟ ܐܬܐ ܐܢܐ. ܘܗܠܝܢ ܡܡܠܠ ܐܢܐ ܒܥܠܡܐ. ܕܬܗܘܐ ܚܕܘܬܝ ܡܫܡܠܝܐ ܒܗܘܢ.
14 ܐܢܐ ܝܗܒܬ ܠܗܘܢ ܡܠܬܟ. ܘܥܠܡܐ ܣܢܐ ܐܢܘܢ. ܕܠܐ ܗܘܘ ܡܢ ܥܠܡܐ. ܐܝܟܢܐ ܕܐܢܐ
ܠܐ ܗܘܝܬ ܡܢ ܥܠܡܐ. 15 ܠܐ ܗܘܐ ܕܬܫܩܘܠ ܐܢܘܢ ܡܢ ܥܠܡܐ ܒܥܐ ܐܢܐ. ܐܠܐ ܕܬܛܪ
ܐܢܘܢ ܡܢ ܒܝܫܐ. 16 ܠܐ ܗܘܘ ܓܝܪ ܡܢ ܥܠܡܐ. ܐܝܟܢܐ ܕܐܢܐ ܠܐ ܗܘܝܬ ܡܢ ܥܠܡܐ.
17 ܐܒܐ ܩܕܫ ܐܢܘܢ ܒܫܪܪܟ. ܕܡܠܬܟ ܕܝܠܟ ܫܪܪܐ ܗܝ. 18 ܐܝܟܢܐ ܕܠܝ ܫܕܪܬ ܠܥܠܡܐ.
ܐܦ ܐܢܐ ܫܕܪܬ ܐܢܘܢ ܠܥܠܡܐ. 19 ܘܡܛܠܬܗܘܢ ܐܢܐ ܡܩܕܫ ܐܢܐ ܢܦܫܝ. ܕܢܗܘܘܢ
ܐܦ ܗܢܘܢ ܡܩܕܫܝܢ ܒܫܪܪܐ. 20 ܘܠܐ ܗܘܐ ܥܠ ܐܠܝܢ ܒܠܚܘܕ ܒܥܐ ܐܢܐ ܡܢܟ. ܐܠܐ ܐܦ
ܥܠ ܐܝܠܝܢ ܕܡܗܝܡܢܝܢ ܒܝ ܒܡܠܬܗܘܢ. 21 ܕܟܠܗܘܢ ܢܗܘܘܢ ܚܕ. ܐܝܟܢܐ
ܕܐܢܬ ܐܒܝ ܒܝ. ܘܐܢܐ ܒܟ. ܕܐܦ ܗܢܘܢ ܒܢ ܚܕ ܢܗܘܘܢ. ܕܢܗܝܡܢ ܥܠܡܐ ܕܐܢܬ ܫܕܪܬܢܝ.
22 ܘܐܢܐ ܫܘܒܚܐ ܕܝܗܒܬ ܠܝ. ܝܗܒܬ ܠܗܘܢ: ܕܢܗܘܘܢ ܚܕ. ܐܝܟܢܐ ܕܚܢܢ ܚܕ ܚܢܢ.
23 ܐܢܐ ܒܗܘܢ. ܘܐܢܬ ܒܝ. ܕܢܗܘܘܢ ܓܡܝܪܝܢ ܠܚܕ. ܘܕܢܕܥ ܥܠܡܐ ܕܐܢܬ ܫܕܪܬܢܝ.
ܘܐܚܒܬ ܐܢܘܢ. ܐܝܟܢܐ ܕܐܦ ܠܝ ܐܚܒܬ. 24 ܐܒܐ. ܗܢܘܢ ܕܝܗܒܬ ܠܝ. ܨܒܐ ܐܢܐ ܕܐܝܟܐ
ܕܐܢܐ ܐܦ ܗܢܘܢ ܢܗܘܘܢ ܥܡܝ. ܕܢܗܘܘܢ ܚܙܝܢ ܫܘܒܚܐ ܕܝܠܝ. ܗܘ ܕܝܗܒܬ ܠܝ.
ܕܐܚܒܬܢܝ ܡܢ ܩܕܡ ܬܪܡܝܬܗ ܕܥܠܡܐ. 25 ܐܒܐ ܟܐܢܐ. ܘܥܠܡܐ ܠܐ ܝܕܥܟ. ܐܢܐ ܕܝܢ
ܝܕܥܬܟ. ܘܗܢܘܢ ܝܕܥܘ ܕܐܢܬ ܫܕܪܬܢܝ. 26 ܘܐܘܕܥܬ ܐܢܘܢ ܫܡܟ. ܘܡܘܕܥ ܐܢܐ.
ܕܚܘܒܐ ܗܘ ܕܐܚܒܬܢܝ ܢܗܘܐ ܒܗܘܢ. ܘܐܢܐ ܐܗܘܐ ܒܗܘܢ ܀

Chap. xviii. 1 ܗܠܝܢ ܐܡܪ ܝܫܘܥ. ܘܢܦܩ ܥܡ ܬܠܡܝܕܘܗܝ ܠܥܒܪܐ ܕܢܚܠܐ ܕܩܕܪܘܢ: ܐܬܪ ܕܐܝܬ

ܗܘܐ ܓܢܬܐ. ܐܝܟܐ ܕܥܠ ܗܘ ܘܬܠܡܝܕܘܗܝ܀ 2 ܝܕܥ ܗܘܐ ܕܝܢ ܐܦ ܝܗܘܕܐ ܡܫܠܡܢܐ
ܠܐܬܪܐ ܗܘ. ܡܛܠ ܕܙܒܢܝܢ ܣܓܝܐܢ ܟܢܝܫ ܗܘܐ ܬܡܢ ܝܫܘܥ ܥܡ ܬܠܡܝܕܘܗܝ. 3 ܗܘ
ܗܟܝܠ ܝܗܘܕܐ ܕܒܪ ܐܣܦܝܪ. ܘܡܢ ܠܘܬ ܪܒܝ ܟܗܢܐ ܘܦܪܝܫܐ ܕܒܪ ܕܚܫܐ. ܘܐܬܐ ܠܬܡܢ
ܥܡ ܢܗܪܐ ܘܠܡܦܐܕܐ ܘܙܝܢܐ܀ 4 ܝܫܘܥ ܕܝܢ ܕܝܕܥ ܗܘܐ ܟܠ ܡܕܡ ܕܐܬܐ ܠܘܬܗ.
ܢܦܩ ܘܐܡܪ ܠܗܘܢ. ܠܡܢ ܒܥܝܢ ܐܢܬܘܢ. 5 ܐܡܪܝܢ ܠܗ. ܠܝܫܘܥ ܢܨܪܝܐ. ܐܡܪ
ܠܗܘܢ ܝܫܘܥ. ܐܢܐ ܐܢܐ. ܩܐܡ ܗܘܐ ܕܝܢ ܐܦ ܝܗܘܕܐ ܡܫܠܡܢܐ ܥܡܗܘܢ. 6 ܘܟܕ ܐܡܪ
ܠܗܘܢ ܝܫܘܥ. ܕܐܢܐ ܐܢܐ. ܐܙܠܘ ܠܒܣܬܪܗܘܢ. ܘܢܦܠܘ ܥܠ ܐܪܥܐ. 7 ܘܬܘܒ ܫܐܠ
ܐܢܘܢ ܝܫܘܥ. ܠܡܢ ܒܥܝܢ ܐܢܬܘܢ. ܗܢܘܢ ܕܝܢ ܐܡܪܘ. ܠܝܫܘܥ ܢܨܪܝܐ. 8 ܐܡܪ ܠܗܘܢ
ܝܫܘܥ. ܐܡܪܬ ܠܟܘܢ ܕܐܢܐ ܐܢܐ. ܘܐܢ ܠܝ ܒܥܝܢ ܐܢܬܘܢ. ܫܒܘܩܘ ܠܗܠܝܢ ܢܐܙܠܘܢ.
9 ܕܬܫܠܡ ܡܠܬܐ ܕܐܡܪ. ܕܐܝܠܝܢ ܕܝܗܒܬ ܠܝ. ܠܐ ܐܘܒܕܬ ܡܢܗܘܢ ܐܦܠܐ ܚܕ܀ 10 ܫܡܥܘܢ
ܕܝܢ ܟܐܦܐ. ܐܝܬ ܗܘܐ ܠܘܬܗ ܣܦܣܪܐ ܘܫܡܛܗ. ܘܡܚܝܗ ܠܥܒܕܗ ܕܪܒ ܟܗܢܐ.
ܘܫܩܠܗ ܐܕܢܗ ܕܝܡܝܢܐ. ܫܡܗ ܕܝܢ ܕܥܒܕܐ ܡܠܟܘ܀ 11 ܘܐܡܪ ܝܫܘܥ ܠܟܐܦܐ. ܣܝܡ
ܣܦܣܪܐ ܒܬܝܩܗ. ܟܣܐ ܕܝܗܒ ܠܝ ܐܒܝ. ܠܐ ܐܫܬܝܘܗܝ܀ 12 ܗܝܕܝܢ ܐܣܦܝܪ
ܘܟܝܠܝܪܟܐ ܘܕܚܫܐ ܕܝܗܘܕܝܐ. ܐܚܕܘܗܝ ܠܝܫܘܥ ܘܐܣܪܘܗܝ. 13 ܘܐܝܬܝܘܗܝ ܠܘܬ ܚܢܢ
ܠܘܩܕܡ. ܡܛܠ ܕܚܡܘܗܝ ܗܘܐ ܕܩܝܦܐ. ܗܘ ܕܐܝܬܘܗܝ ܗܘܐ ܪܒ ܟܗܢܐ ܕܫܢܬܐ ܗܝ.
14 ܐܝܬܘܗܝ ܗܘܐ ܕܝܢ ܩܝܦܐ. ܗܘ ܕܡܠܟ ܠܝܗܘܕܝܐ. ܕܦܩܚ ܕܚܕ ܓܒܪܐ ܢܡܘܬ ܚܠܦ
ܥܡܐ܀ 15 ܫܡܥܘܢ ܕܝܢ ܟܐܦܐ ܘܚܕ ܡܢ ܬܠܡܝܕܐ ܐܚܪܢܐ. ܐܬܝܢ ܗܘܘ ܒܬܪܗ ܕܝܫܘܥ.
ܗܘ ܕܝܢ ܬܠܡܝܕܐ ܚܟܝܡ ܗܘܐ ܠܗ ܠܪܒ ܟܗܢܐ. ܘܥܠ ܥܡ ܝܫܘܥ ܠܕܪܬܐ. 16 ܫܡܥܘܢ
ܕܝܢ ܩܐܡ ܗܘܐ ܠܒܪ ܠܘܬ ܬܪܥܐ. ܘܢܦܩ ܗܘ ܬܠܡܝܕܐ ܐܚܪܢܐ. ܕܝܕܥ ܗܘܐ ܠܗ ܠܪܒ
ܟܗܢܐ. ܘܐܡܪ ܠܢܛܘܪܬ ܬܪܥܐ ܘܐܥܠܗ ܠܫܡܥܘܢ܀ 17 ܐܡܪܐ ܕܝܢ ܥܠܝܡܬܐ ܢܛܘܪܬ
ܬܪܥܐ ܠܫܡܥܘܢ. ܠܡܐ ܐܦ ܐܢܬ ܡܢ ܬܠܡܝܕܘܗܝ ܐܢܬ ܕܗܢܐ ܓܒܪܐ. ܐܡܪ ܠܗ ܠܐ܀
18 ܘܩܝܡܝܢ ܗܘܘ ܥܒܕܐ ܘܕܚܫܐ. ܘܣܝܡܝܢ ܗܘܘ ܢܘܪܐ ܕܢܫܚܢܘܢ. ܡܛܠ ܕܩܪܝܫ ܗܘܐ.
ܩܐܡ ܗܘܐ ܕܝܢ ܐܦ ܫܡܥܘܢ ܥܡܗܘܢ ܘܫܚܢ. 19 ܪܒ ܟܗܢܐ ܕܝܢ ܫܐܠܗ ܠܝܫܘܥ.
ܥܠ ܬܠܡܝܕܘܗܝ ܘܥܠ ܝܘܠܦܢܗ. 20 ܘܐܡܪ ܠܗ ܝܫܘܥ. ܐܢܐ ܥܡ ܓܠܐ ܡܠܠܬ
ܥܡ ܥܠܡܐ. ܘܒܟܠܙܒܢ ܐܠܦܬ ܒܟܢܘܫܬܐ ܘܒܗܝܟܠܐ. ܐܝܟܐ ܕܟܠܗܘܢ ܝܗܘܕܝܐ ܡܬܟܢܫܝܢ.
ܘܡܕܡ ܒܛܘܫܝܐ ܠܐ ܡܠܠܬ. 21 ܡܢܐ ܡܫܐܠ ܐܢܬ ܠܝ. ܫܐܠ ܠܗܢܘܢ ܕܫܡܥܘ.
ܡܢܐ ܡܠܠܬ ܥܡܗܘܢ. ܗܐ ܗܢܘܢ ܝܕܥܝܢ. ܟܠ ܡܕܡ ܕܐܡܪܬ܀ 22 ܘܟܕ ܗܠܝܢ ܐܡܪ.
ܚܕ ܡܢ ܕܚܫܐ ܕܩܐܡ ܗܘܐ ܡܚܝܗ ܥܠ ܦܟܗ ܠܝܫܘܥ ܘܐܡܪ ܠܗ. ܗܟܢܐ ܡܬܦܢܐ ܐܢܬ
ܦܬܓܡܐ ܠܪܒ ܟܗܢܐ. 23 ܥܢܐ ܝܫܘܥ ܘܐܡܪ ܠܗ. ܐܢ ܒܝܫܐܝܬ ܡܠܠܬ. ܐܣܗܕ ܥܠ
ܒܝܫܬܐ. ܘܐܢ ܕܝܢ ܫܦܝܪ. ܠܡܢܐ ܡܚܝܬܢܝ܀

ܙܘܣܐ ܣܘ. 24 ܫܕܪܗ ܕܝܢ ܚܢܢ ܠܝܫܘܥ ܟܕ ܐܣܝܪ ܠܘܬ ܩܝܦܐ ܟܗܢܐ ܪܒܐ. 25 ܘܫܡܥܘܢ ܟܐܦܐ ܩܐܡ
ܗܘܐ ܘܫܚܢ. ܘܐܡܪܝܢ ܠܗ. ܠܡܐ ܐܦ ܐܢܬ ܚܕ ܡܢ ܬܠܡܝܕܘܗܝ ܐܢܬ. ܘܗܘ ܟܦܪ.
ܘܐܡܪ ܠܐ ܗܘܝܬ. 26 ܐܡܪ ܠܗ ܚܕ ܡܢ ܥܒܕܘܗܝ ܕܪܒ ܟܗܢܐ. ܐܚܝܢܗ ܕܗܘ ܕܦܣܩ ܗܘܐ
ܫܡܥܘܢ ܐܕܢܗ. ܠܐ ܐܢܐ ܚܙܝܬܟ ܥܡܗ ܒܓܢܬܐ. 27 ܘܬܘܒ ܟܦܪ ܫܡܥܘܢ. ܘܒܗ
ܒܫܥܬܐ ܩܪܐ ܬܪܢܓܠܐ. 28 ܐܝܬܝܘܗܝ ܕܝܢ ܠܝܫܘܥ ܡܢ ܠܘܬ ܩܝܦܐ ܠܦܪܛܘܪܝܢ.
ܘܐܝܬܝܗܘܢ ܗܘܐ ܨܦܪܐ. ܘܗܢܘܢ ܠܐ ܥܠܘ ܠܦܪܛܘܪܝܢ. ܕܠܐ ܢܬܛܘܫܘܢ ܥܕ ܐܟܠܝܢ ܦܨܚܐ.
29 ܢܦܩ ܕܝܢ ܦܝܠܛܘܣ ܠܒܪ ܠܘܬܗܘܢ. ܘܐܡܪ ܠܗܘܢ. ܡܢܐ ܩܛܓܪܐ ܐܝܬ ܠܟܘܢ ܥܠ
ܓܒܪܐ ܗܢܐ. 30 ܥܢܘ ܘܐܡܪܝܢ ܠܗ. ܐܠܘ ܠܐ ܥܒܕ ܒܝܫܬܐ ܗܘܐ. ܐܦܠܐ ܠܟ ܡܫܠܡܝܢ ܗܘܝܢ
ܠܗ. 31 ܐܡܪ ܠܗܘܢ ܦܝܠܛܘܣ. ܕܒܪܘܗܝ ܐܢܬܘܢ: ܘܕܘܢܘܗܝ ܐܝܟ ܢܡܘܣܟܘܢ.
ܐܡܪܝܢ ܠܗ ܝܗܘܕܝܐ. ܠܐ ܫܠܝܛ ܠܢ ܠܡܩܛܠ ܠܐܢܫ. 32 ܕܬܫܠܡ ܡܠܬܐ ܕܐܡܪ
ܝܫܘܥ: ܟܕ ܡܘܕܥ ܒܐܝܢܐ ܡܘܬܐ ܥܬܝܕ ܕܢܡܘܬ. 33 ܥܠ ܕܝܢ ܦܝܠܛܘܣ
ܠܦܪܛܘܪܝܢ. ܘܩܪܐ ܠܝܫܘܥ ܘܐܡܪ ܠܗ. ܐܢܬ ܗܘ ܡܠܟܗܘܢ ܕܝܗܘܕܝܐ. 34 ܐܡܪ ܠܗ
ܝܫܘܥ. ܡܢ ܢܦܫܟ ܐܡܪܬ ܗܕܐ. ܐܘ ܐܚܪܢܐ ܐܡܪܘ ܠܟ ܥܠܝ. 35 ܐܡܪ ܠܗ ܦܝܠܛܘܣ.
ܠܡܐ ܐܢܐ ܝܗܘܕܝܐ ܐܢܐ. ܒܢܝ ܥܡܟ ܘܪܒܝ ܟܗܢܐ ܐܫܠܡܘܟ ܠܝ. ܡܢܐ ܥܒܕܬ.
36 ܐܡܪ ܠܗ ܝܫܘܥ. ܡܠܟܘܬܐ ܕܝܠܝ. ܠܐ ܗܘܬ ܡܢ ܗܢܐ ܥܠܡܐ. ܐܠܘ ܡܢ ܥܠܡܐ
ܗܘܬ ܗܢܐ ܡܠܟܘܬܐ. ܡܫܡܫܢܝ ܗܘܘ ܡܬܟܬܫܝܢ. ܕܠܐ ܐܫܬܠܡ ܠܝܗܘܕܝܐ. ܗܫܐ ܕܝܢ
ܡܠܟܘܬܐ ܕܝܠܝ. ܠܐ ܗܘܬ ܡܟܐ. 37 ܐܡܪ ܠܗ ܦܝܠܛܘܣ. ܡܕܝܢ ܡܠܟܐ ܐܝܬ. ܐܡܪ
ܠܗ ܝܫܘܥ. ܐܢܬ ܐܡܪܬ ܕܡܠܟܐ ܐܢܐ. ܐܢܐ ܠܗܕܐ ܝܠܝܕ ܐܢܐ. ܘܠܗܕܐ ܐܬܝܬ ܠܥܠܡܐ
ܕܐܣܗܕ ܥܠ ܫܪܪܐ. ܟܠ ܡܢ ܕܐܝܬܘܗܝ ܡܢ ܫܪܪܐ ܫܡܥ ܩܠܝ. 38 ܐܡܪ ܠܗ
ܦܝܠܛܘܣ. ܡܢܘ ܫܪܪܐ. ܘܟܕ ܐܡܪ ܗܕܐ. ܢܦܩ ܠܗ ܬܘܒ ܠܘܬ ܝܗܘܕܝܐ. ܘܐܡܪ ܠܗܘܢ.
ܐܢܐ ܐܦܠܐ ܚܕܐ ܥܠܬܐ ܡܫܟܚ ܐܢܐ ܒܗ. 39 ܥܝܕܐ ܕܝܢ ܐܝܬ ܠܟܘܢ. ܕܚܕ ܐܫܪܐ ܠܟܘܢ
ܒܦܨܚܐ. ܨܒܝܢ ܐܢܬܘܢ ܗܟܝܠ: ܐܫܪܐ ܠܟܘܢ ܠܗܢܐ ܡܠܟܐ ܕܝܗܘܕܝܐ. 40 ܘܩܥܘ ܟܠܗܘܢ.
ܘܐܡܪܝܢ. ܠܐ ܠܗܢܐ: ܐܠܐ ܠܒܪ ܐܒܐ. ܐܝܬܘܗܝ ܗܘܐ ܕܝܢ ܗܢܐ: ܒܪ ܐܒܐ ܓܝܣܐ.
Cap. xix. 1 ܗܝܕܝܢ ܦܝܠܛܘܣ ܢܓܕܗ ܠܝܫܘܥ. 2 ܘܐܣܛܪܛܝܘܛܐ ܓܕܠܘ ܟܠܝܠܐ ܡܢ ܟܘܒܐ
ܘܣܡܘ ܠܗ ܒܪܫܗ. ܘܐܥܛܦܘܗܝ ܢܚܬܐ ܕܐܪܓܘܢܐ. 3 ܘܐܡܪܝܢ ܗܘܘ. ܫܠܡ ܠܟ. ܡܠܟܐ
ܕܝܗܘܕܝܐ. ܘܡܚܝܢ ܗܘܘ ܠܗ ܥܠ ܦܟܘܗܝ. 4 ܘܢܦܩ ܦܝܠܛܘܣ ܬܘܒ ܠܒܪ. ܘܐܡܪ
ܠܗܘܢ. ܗܐ ܡܦܩ ܐܢܐ ܠܗ ܠܟܘܢ ܠܒܪ. ܕܬܕܥܘܢ. ܕܠܐ ܡܫܟܚ ܐܢܐ ܒܗ. ܐܦܠܐ ܚܕܐ
ܥܠܬܐ. 5 ܘܢܦܩ ܝܫܘܥ ܠܒܪ. ܟܕ ܐܝܬ ܥܠܘܗܝ ܟܠܝܠܐ ܕܟܘܒܐ ܘܢܚܬܐ ܕܐܪܓܘܢܐ.
ܘܐܡܪ ܠܗܘܢ ܦܝܠܛܘܣ. ܗܐ ܓܒܪܐ. 6 ܟܕ ܕܝܢ ܚܙܘܗܝ ܪܒܝ ܟܗܢܐ ܘܕܚܫܐ. ܩܥܘ
ܘܐܡܪܝܢ. ܨܠܘܒܝܗܝ ܨܠܘܒܝܗܝ. ܐܡܪ ܠܗܘܢ ܦܝܠܛܘܣ. ܕܒܪܘ ܐܢܬܘܢ ܘܙܩܘܦܘܗܝ.

ܐܢܐ ܚܙܐ ܠܐ ܡܫܟܚ ܐܢܐ ܕܗܘ ܠܥܒܕܐ܀ 7 ܐܡܪ ܠܗ ܝܫܘܥܐ. ܟܕ ܢܫܩܘܠܐ ܐܝܬ
ܠܗ. ܘܐܙܠ ܕܢܫܡܥܘܢ. ܚܙܐ ܗܘ ܡܢܗ. ܕܚܙܐ ܒܥܝܢܘ ܕܝܠܗ ܘܐܬܐ. 8 ܟܕ ܫܡܥܘ ܕܝܢ
ܦܪܝܫܐ ܗܘܘ ܡܛܠܗ. ܟܝܢܐ ܕܚܙܐ. 9 ܘܥܠ ܗܕܐ ܠܦܪܝܫܐ. ܘܐܡܪ ܠܝܫܘܥ.
ܐܝܟܢܐ ܐܝܬ. ܝܫܘܥ ܕܝܢ ܦܬܚܐ ܠܐ ܚܙܐ ܠܗ܀ 10 ܐܡܪ ܠܗ ܦܪܝܫܐ.
ܠܟܘܢ: ܠܐ ܡܫܟܚܝܢ ܐܝܬ. ܠܐ ܝܕܥ ܐܝܬ ܕܡܢ ܐܢܐ ܕܐܡܪܝܢ ܘܡܢ ܐܢܐ ܕܐܬܐ܀
11 ܐܡܪ ܠܗ ܝܫܘܥ. ܠܟܘܢ ܗܘܐ ܠܗ ܒܥܝܢ ܡܫܟܚܢܐ ܐܘ ܠܐ ܚܙܐ: ܐܠܗܐ ܠܐ ܝܗܒ
ܗܘܐ ܠܗ ܡܢ ܒܥܠܡܐ. ܡܛܠ ܗܢܐ ܗܘ ܡܢ ܕܐܫܟܚܢ ܠܗ. ܦܬܚܐ ܗܘ ܥܝܢܘܗܝ
ܡܢ ܕܐܬܐ܀ 12 ܘܡܛܠ ܗܕܐ ܐܡܪܐ ܗܘܐ ܦܪܝܫܐ ܕܢܫܐܠܘܢܝ. ܝܗܘܕܝܐ ܕܝܢ ܐܡܪܝܢ ܗܘܘ.
ܕܐ ܒܗܢܐ ܫܒܬܐ ܐܝܬ. ܠܐ ܢܛܪ ܐܢܫܐ ܕܫܒܬܐ. ܟܠ ܡܢ ܕܝܢ ܕܒܥܝܢ ܡܚܙܝܐ ܠܚܕ. ܡܫܟܚܐ
ܗܘ ܕܫܒܬܐ. 13 ܟܕ ܫܡܥܘ ܕܝܢ ܦܪܝܫܐ ܗܘܘ ܡܛܠܗ. ܐܦܩܘ ܠܝܫܘܥ ܠܒܪ. ܘܗܘܐ ܠܟܠ
ܚܕ. ܒܝܘܡܐ ܕܫܒܬܐ. ܘܐܝܬܝܗ ܕܫܠܡܐ. ܠܒܝܬܐ ܕܝܢ ܡܢ ܡܥܠܢܐ ܠܗܝܟܠܐ.
14 ܘܒܝܘܡܐ ܗܘܐ ܕܫܒܬܐ. ܘܐܬܐ ܗܘܐ ܐܝܟ ܡܢܗܘܢ ܘܐܡܪ ܠܝܗܘܕܝܐ. ܗܐ ܡܫܒܚܐ.
15 ܗܢܘܢ ܕܝܢ ܐܡܪܝܢ ܗܘܘ. ܫܡܥܬܘܢܝ. ܠܗܝܟܠܐ. ܐܡܪ
ܠܗܘܢ ܦܪܝܫܐ. ܠܡܫܒܚܘ ܐܠܗܐ. ܐܡܪܝܢ ܕܝܢ ܕܐܢܐ. ܠܟܘܢ ܠܡ ܡܫܟܚܐ
ܐܠܐ ܫܒܬܐ܀
16 ܗܢܘܢ ܐܫܬܡܥܘ ܠܗܘܢ ܘܐܬܟܢܫܘܢܝ. ܘܐܬܚܙܝܘܢ ܠܝܫܘܥ ܘܐܡܪܘܢܝ. 17 ܟܕ
ܫܡܥܘ ܐܡܪܘ: ܠܒܝܬܐ ܕܡܫܟܢܐ ܘܢܦܩܘ. ܠܒܪܐ ܕܝܢ ܡܢ ܡܥܠܢܐ ܕܗܝܟܠܐ.
18 ܐܠܐ ܕܐܡܪܘܢܝ. ܘܫܡܥܘ ܗܘܘ ܐܝܟ ܕܐܡܪ ܗܘܐ ܫܒܬܐ ܘܚܕ ܫܒܬܐ ܘܠܝܫܘܥ ܚܙܐ ܠܗܝܟܠܐ܀
19 ܘܟܕ ܐܘ ܒܗܢܐ ܦܪܝܫܐ. ܘܗܘ ܠܟܠ ܐܡܪܘ. ܕܐܡܪ ܗܘܐ ܐܝܟ ܗܢܐ. ܗܢܐ
ܝܫܘܥ ܢܒܝܐ ܡܫܟܚܐ ܕܝܗܘܕܝܐ. 20 ܘܒܗܢܐ ܕܐܦ ܡܫܝܚܐ ܡܢ ܝܗܘܕܝܐ ܐܡܪܘܢܝ. ܡܛܠ
ܕܡܫܟܚܐ ܗܘܐ ܠܡܫܝܚܐ ܕܗܟܢܐ ܕܐܡܪܘ ܒܗ ܝܫܘܥ. ܘܟܕ ܗܘܐ ܠܒܪܐ ܘܡܢ ܐܝܬ.
ܘܗܘܘ ܡܢ ܐܝܬ. 21 ܘܐܡܪܘ ܕܝܢ ܒܗܢܐ ܠܦܪܝܫܐ. ܠܐ ܐܡܪܘ ܕܡܫܟܚܐ ܗܘ ܝܗܘܕܝܐ. ܐܠܐ
ܕܗܘ ܐܡܪ. ܕܡܫܟܚܐ ܐܢܐ ܕܝܗܘܕܝܐ. 22 ܐܡܪ ܦܪܝܫܐ. ܡܢ ܕܝܢ ܕܢܩܒܠܗ. ܢܦܩܘܢ܀܀܀
23 ܐܦܝܣܩܘܦܐ ܕܝܢ. ܟܕ ܐܫܬܡܥܘ ܠܝܫܘܥ. ܫܡܥܘ ܢܛܪܘܢܝ ܘܟܕ ܗܘ ܠܐܠܗܐ ܡܫܒܚ. ܡܣܐ ܡܘ.
ܡܢܐ ܠܗܘܢ ܡܢ ܐܦܝܣܩܘܦܐ. ܘܐܝܬܝܗ ܕܝܢ ܐܝܬܘܗܝ ܗܘܐ ܕܠܐ ܢܦܩܐ ܡܢ ܠܒܝܬܐ.
ܐܡܪܐ ܕܟܠܗ. 24 ܘܐܡܪܘ ܚܕ ܠܚܕ. ܠܐ ܢܫܡܥ. ܐܠܐ ܢܦܩ ܠܟܠܗ ܡܢܗܘܢ. ܕܡܢܗ ܐܬܐ܀
ܘܡܢ ܡܠܟܐ ܕܐܡܪ: ܕܦܬܚܗ ܢܬܠ ܥܝܢܘܗܝ: ܘܥܠ ܠܗܘܢ ܐܦܩܘ ܠܒܪܐ. ܗܟܢ
ܠܗܘ ܐܦܝܣܩܘܦܐ܀ 25 ܡܫܟܚܝܢ ܗܘܘ ܕܝܢ ܠܗܘܢ ܐܡܪܘ ܕܝܫܘܥ. ܐܡܪܘ. ܘܡܢܗ ܕܐܡܪܘ.
ܘܡܢܢ ܗܘ ܕܡܫܟܚܐ. ܘܡܢܢ ܡܢ ܡܫܝܚܐ. 26 ܝܫܘܥ ܕܝܢ ܚܙܐ ܠܐܡܪܘ. ܘܠܡܠܟܘܬܐ
ܗܘ ܕܐܝܬ ܗܘܐ ܕܐܠܗܐ. ܘܐܡܪ ܠܐܡܪܘ. ܐܝܟܢܐ ܗܘܐ ܠܒܪܐ. 27 ܘܐܡܪ ܠܡܠܟܘܬܐ ܗܘ. ܗܘܐ

ܐܡܟ. ܘܡܢ ܗܝ ܫܥܬܐ ܕܒܪܗ ܬܠܡܝܕܐ ܗܘ ܠܘܬܗ܀ 28 ܒܬܪ ܗܠܝܢ. ܝܕܥ ܝܫܘܥ
ܕܟܠܡܕܡ ܐܫܬܠܡ. ܘܕܢܫܠܡ ܟܬܒܐ ܐܡܪ. ܨܗܐ ܐܢܐ܀ 29 ܘܡܐܢܐ ܣܝܡ ܗܘܐ ܕܡܠܐ ܚܠܐ.
ܗܢܘܢ ܕܝܢ ܡܠܘ ܐܣܦܘܓܐ ܡܢ ܚܠܐ. ܘܣܡܘܗ ܥܠ ܐܙܘܒܐ ܘܩܪܒܘ ܠܘܬ ܦܘܡܗ.
30 ܟܕ ܕܝܢ ܢܣܒ ܚܠܐ ܗܘ ܝܫܘܥ. ܐܡܪ. ܗܐ ܡܫܠܡ. ܘܐܪܟܢ ܪܫܗ. ܘܐܫܠܡ ܪܘܚܗ܀
31 ܝܗܘܕܝܐ ܕܝܢ ܡܛܠ ܕܥܪܘܒܬܐ ܗܘܬ. ܐܡܪܝܢ. ܠܐ ܢܒܘܬܘܢ ܦܓܪܐ ܗܠܝܢ ܥܠ
ܙܩܝܦܘܬܗܘܢ. ܡܛܠ ܕܫܒܬܐ ܗܘܬ ܡܚܪ. ܝܘܡܐ ܗܘܐ ܓܝܪ ܪܒܐ ܗܘ. ܘܒܥܘ
ܡܢ ܦܝܠܛܘܣ܆ ܕܢܬܒܪܘܢ ܫܩܝܗܘܢ܆ ܕܗܢܘܢ ܐܬܩܛܠܘ ܘܢܫܩܠܘܢ ܐܢܘܢ. 32 ܘܐܬܘ ܐܣܛܪܛܝܘܛܐ.
ܘܬܒܪܘ ܫܩܘܗܝ ܕܩܕܡܝܐ. ܘܕܗܘ ܐܚܪܢܐ ܕܐܙܕܩܦ ܥܡܗ. 33 ܘܟܕ ܐܬܘ ܠܘܬ ܝܫܘܥ܆
ܚܙܘ ܕܡܝܬ ܠܗ ܡܢ ܟܕܘ. ܘܠܐ ܬܒܪܘ ܫܩܘܗܝ. 34 ܐܠܐ ܚܕ ܡܢ ܐܣܛܪܛܝܘܛܐ܆ ܒܠܘܓܟܝ
ܒܦܩܘܗ ܒܥܠܥܗ. ܘܡܚܕܐ ܢܦܩ ܕܡܐ ܘܡܝܐ. 35 ܘܡܢ ܕܚܙܐ ܐܣܗܕ. ܘܫܪܝܪܐ ܗܝ
ܣܗܕܘܬܗ. ܘܗܘ ܝܕܥ ܕܫܪܝܪܐ ܐܡܪ. ܕܐܦ ܐܢܬܘܢ ܬܗܝܡܢܘܢ. 36 ܗܠܝܢ ܓܝܪ ܗܘܝ܆
ܕܢܫܬܠܡ ܟܬܒܐ ܕܐܡܪ܆ ܕܓܪܡܐ ܠܐ ܢܬܬܒܪ ܡܢܗ. 37 ܘܬܘܒ ܟܬܒܐ ܐܚܪܢܐ ܕܐܡܪ܆ ܕܢܚܙܘܢ
ܠܡܢ ܕܕܩܪܘ܀ 38 ܒܬܪ ܗܠܝܢ. ܝܘܣܦ ܗܘ ܕܡܢ ܪܡܬܐ܆ ܫܐܠ ܡܢ ܦܝܠܛܘܣ܆ ܡܛܠ
ܕܬܠܡܝܕܐ ܗܘܐ ܕܝܫܘܥ܆ ܘܡܛܫܝܐ ܗܘܐ ܡܢ ܕܚܠܬܐ ܕܝܗܘܕܝܐ. ܕܢܫܩܘܠ ܦܓܪܗ ܕܝܫܘܥ.
ܘܐܦܣ ܦܝܠܛܘܣ. ܘܐܬܐ ܘܫܩܠ ܦܓܪܗ ܕܝܫܘܥ܀ 39 ܘܐܬܐ ܐܦ ܢܝܩܕܡܘܣ. ܗܘ ܕܐܬܐ
ܗܘܐ ܡܢ ܩܕܝܡ ܠܘܬ ܝܫܘܥ ܒܠܠܝܐ܆ ܘܐܝܬܝ ܠܥܡܗ ܡܘܙܓܐ ܕܡܘܪܐ ܘܕܥܠܘܝ. ܐܝܟ
ܡܐܐ ܠܝܛܪܝܢ܀ 40 ܘܫܩܠܘܗܝ ܠܦܓܪܗ ܕܝܫܘܥ. ܘܟܪܟܘܗܝ ܒܟܬܢܐ ܘܒܒܣܡܐ. ܐܝܟܢܐ
ܕܥܝܕܐ ܠܝܗܘܕܝܐ ܕܢܩܒܪܘܢ. 41 ܐܝܬ ܗܘܐ ܕܝܢ ܒܗܘ ܕܘܟܬܐ ܕܐܙܕܩܦ ܒܗ ܝܫܘܥ
ܓܢܬܐ. ܘܒܗ ܒܓܢܬܐ. ܩܒܪܐ ܚܕܬܐ. ܕܐܢܫ ܥܕܡܟܝܠ ܠܐ ܐܬܬܣܝܡ ܗܘܐ ܒܗ.
42 ܘܬܡܢ ܣܡܘܗܝ ܠܝܫܘܥ. ܡܛܠ ܕܥܪܘܒܬܐ ܕܠܗ ܗܘܬ. ܘܡܛܠ ܕܩܪܝܒ ܗܘܐ ܩܒܪܐ܀

Cap. xx. 1 ܒܚܕ ܒܫܒܐ ܕܝܢ ܐܬܬ ܡܪܝܡ ܡܓܕܠܝܬܐ ܒܨܦܪܐ ܟܕ ܚܫܘܟ. ܠܒܝܬ ܩܒܘܪܐ. ܘܚܙܬ
ܠܟܐܦܐ ܕܫܩܝܠܐ ܡܢ ܩܒܪܐ. 2 ܘܪܗܛܬ ܐܬܬ ܠܘܬ ܫܡܥܘܢ ܟܐܦܐ ܘܠܘܬ ܗܘ ܬܠܡܝܕܐ
ܐܚܪܢܐ ܕܪܚܡ ܗܘܐ ܝܫܘܥ ܘܐܡܪܐ ܠܗܘܢ. ܕܫܩܠܘܗܝ ܠܡܪܢ ܡܢ ܗܘ ܒܝܬ ܩܒܘܪܐ.
ܘܠܐ ܝܕܥܐ ܐܢܐ ܐܝܟܐ ܣܡܘܗܝ. 3 ܘܢܦܩ ܫܡܥܘܢ ܘܗܘ ܬܠܡܝܕܐ ܐܚܪܢܐ. ܘܐܬܝܢ ܗܘܘ
ܠܒܝܬ ܩܒܘܪܐ. 4 ܘܪܗܛܝܢ ܗܘܘ ܬܪܝܗܘܢ ܐܟܚܕܐ. ܗܘ ܕܝܢ ܬܠܡܝܕܐ ܐܚܪܢܐ ܩܕܡܗ
ܠܫܡܥܘܢ. ܘܐܬܐ ܩܕܡܝܐ ܠܒܝܬ ܩܒܘܪܐ. 5 ܘܐܬܓܚܢ ܚܙܐ ܟܬܢܐ ܟܕ ܣܝܡܝܢ. ܠܓܘ
ܕܝܢ ܠܐ ܥܠ܀ 6 ܐܬܐ ܕܝܢ ܫܡܥܘܢ ܒܬܪܗ. ܘܥܠ ܠܒܝܬ ܩܒܘܪܐ. ܘܚܙܐ ܟܬܢܐ ܟܕ
ܣܝܡܝܢ. 7 ܘܣܘܕܪܐ ܗܘ ܕܐܚܝܕ ܗܘܐ ܒܪܫܗ. ܠܐ ܥܡ ܟܬܢܐ. ܐܠܐ ܟܕ ܟܪܝܟ ܘܣܝܡ ܠܚܘܕܘܗܝ
ܒܕܘܟܐ ܚܕܐ. 8 ܗܝܕܝܢ ܥܠ ܐܦ ܗܘ ܬܠܡܝܕܐ ܐܚܪܢܐ ܕܐܬܐ ܩܕܡܝܐ ܠܒܝܬ ܩܒܘܪܐ. ܘܚܙܐ
ܘܗܝܡܢ. 9 ܠܐ ܓܝܪ ܥܕܟܝܠ ܝܕܥܝܢ ܗܘܘ ܟܬܒܐ. ܕܘܠܐ ܗܘܐ ܠܗ ܠܡܩܡ ܡܢ

ܡ̈ܝܬܐ. 10 ܘܐܙܠܘ ܗܢܘܢ ܬܠܡ̈ܝܕܐ ܠܘܬ ܕܘܟܬܗܘܢ ܀ 11 ܡܪܝܡ ܕܝܢ ܩܝܡܐ ܗܘܬ
ܠܘܬ ܩܒܪܐ ܘܒܟܝܐ. ܘܟܕ ܒܟܝܐ ܐܬܛܠܝܬ ܠܩܒܪܐ. 12 ܘܚܙܬ ܬܪܝܢ ܡܠܐܟ̈ܝܢ ܒܚܘ̈ܪܐ ܕܝܬܒܝܢ.
ܚܕ ܡܢ ܐܪ̈ܫܘܗܝ ܘܚܕ ܡܢ ܪ̈ܓܠܘܗܝ. ܐܝܟܐ ܕܣܝܡ ܗܘܐ ܦܓܪܗ ܕܝܫܘܥ. 13 ܘܐܡܪܝܢ
ܠܗ. ܐܢ̄ܬܬܐ ܡܢܐ ܒܟܝܐ ܐܢ̄ܬܝ. ܐܡܪܐ ܠܗܘܢ. ܕܫܩܠܘܗܝ ܠܡܪܝ. ܘܠܐ ܝܕܥܐ ܐܢܐ
ܐܝܟܐ ܣܡܘܗܝ. 14 ܗܕܐ ܐܡܪܬ ܘܐܬܦܢܝܬ ܠܒܣܬܪܗ: ܘܚܙܬ ܠܝܫܘܥ ܕܩܐܡ. ܘܠܐ ܝܕܥܐ
ܗܘܬ ܕܝܫܘܥ ܗܘ. 15 ܐܡܪ ܠܗ ܝܫܘܥ. ܐܢ̄ܬܬܐ ܡܢܐ ܒܟܝܐ ܐܢ̄ܬܝ. ܘܠܡܢ ܒܥܝܐ
ܐܢ̄ܬܝ. ܗܝ ܕܝܢ ܣܒܪܬ ܕܓܢܢܐ ܗܘ. ܘܐܡܪܐ ܠܗ. ܡܪܝ. ܐܢ ܐܢ̄ܬ ܫܩܠܬܝܗܝ ܐܡܪ ܠܝ
ܐܝܟܐ ܣܡܬܝܗܝ. ܐܙܠ ܐܫܩܠܝܘܗܝ. 16 ܐܡܪ ܠܗ ܝܫܘܥ. ܡܪܝܡ. ܘܐܬܦܢܝܬ ܘܐܡܪܐ
ܠܗ ܥܒܪܐܝܬ. ܪܒܘܠܝ. ܕܡܬܐܡܪ ܡܠܦܢܐ. 17 ܐܡܪ ܠܗ ܝܫܘܥ. ܠܐ ܬܬܩܪܒܝܢ ܠܝ.
ܠܐ ܓܝܪ ܥܕܟܝܠ ܣܠܩܬ ܠܘܬ ܐܒܝ. ܙܠܝ ܕܝܢ ܠܘܬ ܐܚ̈ܝ. ܘܐܡܪܝ ܠܗܘܢ. ܣܠܩ
ܐܢܐ ܠܘܬ ܐܒܝ. ܘܐܒܘܟܘܢ. ܘܐܠܗܝ ܘܐܠܗܟܘܢ ܀ 18 ܘܐܬܬ ܗܝܕܝܢ ܡܪܝܡ ܡܓܕܠܝܬܐ.
ܘܣܒܪܬ ܠܬܠܡ̈ܝܕܐ ܕܚܙܬܗ ܠܡܪܢ. ܘܕܗܠܝܢ ܐܡܪ ܠܗ ܀
19 ܟܕ ܗܘܐ ܕܝܢ ܪܡܫܐ ܕܝܘܡܐ ܗܘ ܕܚܕ ܒܫܒܐ: ܘܬܪ̈ܥܐ ܐܚܝܕܝܢ ܗܘܘ ܕܐܝܟܐ ܕܐܝܬܝܗܘܢ ܣܚܐ ܕܢ.
ܗܘܘ ܬܠܡ̈ܝܕܐ: ܡܛܠ ܕܚܠܬܐ ܕܝܗܘ̈ܕܝܐ. ܐܬܐ ܝܫܘܥ ܩܡ ܒܡܨܥܬܗܘܢ. ܘܐܡܪ ܠܗܘܢ. ܫܠܡܐ
ܥܡܟܘܢ. 20 ܗܕܐ ܐܡܪ. ܘܚܘܝ ܐܢܘܢ ܐܝ̈ܕܘܗܝ ܘܣܛܪܗ. ܘܚܕܝܘ ܬܠܡ̈ܝܕܐ ܕܚܙܘ ܠܡܪܢ.
21 ܐܡܪ ܠܗܘܢ ܕܝܢ ܬܘܒ ܝܫܘܥ. ܫܠܡܐ ܥܡܟܘܢ. ܐܝܟܢܐ ܕܫܕܪܢܝ ܐܒܝ. ܐܦ ܐܢܐ
ܡܫܕܪ ܐܢܐ ܠܟܘܢ ܀ 22 ܘܟܕ ܐܡܪ ܗܠܝܢ. ܢܦܚ ܒܗܘܢ. ܘܐܡܪ ܠܗܘܢ. ܩܒܠܘ ܪܘܚܐ
ܕܩܘܕܫܐ. 23 ܐܢ ܬܫܒܩܘܢ ܚܛܗ̈ܐ ܠܐܢܫ. ܢܫܬܒܩܘܢ ܠܗ. ܘܐܢ ܬܐܚܕܘܢ ܕܐܢܫ. ܐܚܝܕܝܢ ܀
24 ܬܐܘܡܐ ܕܝܢ ܚܕ ܡܢ ܬܪ̈ܥܣܪܬܐ: ܗܘ ܕܡܬܐܡܪ ܬܐܡܐ ܠܐ ܗܘܐ ܬܡܢ ܗܘܐ ܥܡܗܘܢ
ܟܕ ܐܬܐ ܝܫܘܥ. 25 ܘܐܡܪܝܢ ܠܗ ܬܠܡ̈ܝܕܐ. ܚܙܝܢ ܠܡܪܢ. ܗܘ ܕܝܢ ܐܡܪ ܠܗܘܢ. ܐܠܐ
ܚܙܐ ܐܢܐ ܒܐܝ̈ܕܘܗܝ ܕܘܟܬܐ ܕܨ̈ܨܐ: ܘܪܡܐ ܐܢܐ ܒܗܝܢ ܨܒܥܬܝ: ܘܡܘܫܛ ܐܢܐ ܐܝܕܝ
ܒܣܛܪܗ. ܠܐ ܡܗܝܡܢ ܐܢܐ ܀
26 ܘܒܬܪ ܬܡܢܝܐ ܝܘܡ̈ܝܢ. ܬܘܒ ܠܓܘ ܗܘܘ ܬܠܡ̈ܝܕܐ. ܘܬܐܘܡܐ ܥܡܗܘܢ. ܘܐܬܐ
ܝܫܘܥ ܟܕ ܐܚܝܕܝܢ ܬܪ̈ܥܐ. ܩܡ ܒܡܨܥܬܐ. ܘܐܡܪ ܠܗܘܢ. ܫܠܡܐ ܥܡܟܘܢ. 27 ܘܐܡܪ
ܠܬܐܘܡܐ. ܐܝܬܐ ܨܒܥܟ ܠܗܪܟܐ. ܘܚܙܝ ܐܝ̈ܕܝ. ܘܐܝܬܐ ܐܝܕܟ. ܘܐܘܫܛ ܒܣܛܪܝ. ܘܠܐ ܬܗܘܐ
ܠܐ ܡܗܝܡܢܐ. ܐܠܐ ܡܗܝܡܢܐ ܀ 28 ܘܥܢܐ ܬܐܘܡܐ. ܘܐܡܪ ܠܗ. ܡܪܝ. ܘܐܠܗܝ. 29 ܐܡܪ
ܠܗ ܝܫܘܥ. ܗܫܐ ܕܚܙܝܬܢܝ. ܗܝܡܢܬ. ܛܘܒܝܗܘܢ ܠܐܝܠܝܢ ܕܠܐ ܚܙܐܘܢܝ ܘܗܝܡܢܘ ܀
30 ܣܓܝܐܬܐ ܕܝܢ ܐܬ̈ܘܬܐ ܐܚܪ̈ܢܝܬܐ ܥܒܕ ܝܫܘܥ ܩܕܡ ܬܠܡ̈ܝܕܘܗܝ: ܐܝܠܝܢ ܕܠܐ ܟܬܝ̈ܒܢ
ܒܟܬܒܐ ܗܢܐ. 31 ܐܦ ܗܠܝܢ ܕܝܢ ܕܟܬܝ̈ܒܢ. ܕܬܗܝܡܢܘܢ. ܕܝܫܘܥ ܗܘ ܡܫܝܚܐ ܒܪܗ
ܕܐܠܗܐ. ܘܟܕ ܕܡܗܝܡܢܝܬܘܢ. ܢܗܘܘܢ ܠܟܘܢ ܒܫܡܗ ܚ̈ܝܐ ܕܠܥܠܡ ܀

Cap. xxi. ¹ ܒܬܪ ܗܠܝܢ. ܚܘܝ ܬܘܒ ܢܦܫܗ ܝܫܘܥ ܠܬܠܡܝܕܘܗܝ: ܥܠ ܝܡܐ ܕܛܒܪܝܘܣ.
ܚܘܝ ܕܝܢ ܗܟܢܐ. ² ܐܝܬܝܗܘܢ ܗܘܘ ܐܟܚܕܐ. ܫܡܥܘܢ ܟܐܦܐ. ܘܬܐܘܡܐ ܕܡܬܐܡܪ ܬܐܡܐ.
ܘܢܬܢܐܝܠ ܗܘ ܕܡܢ ܩܛܢܐ ܕܓܠܝܠܐ. ܘܒܢܝ ܙܒܕܝ. ܘܐܚܪܢܝܢ ܬܪܝܢ ܡܢ ܬܠܡܝܕܘܗܝ.
³ ܐܡܪ ܠܗܘܢ ܫܡܥܘܢ ܟܐܦܐ. ܐܙܠ ܐܢܐ ܐܨܘܕ ܢܘܢܐ. ܐܡܪܝܢ ܠܗ ܐܦ ܚܢܢ ܐܬܝܢ
ܥܡܟ. ܘܢܦܩܘ ܘܣܠܩܘ ܠܣܦܝܢܬܐ. ܘܒܗܘ ܠܠܝܐ ܡܕܡ ܠܐ ܐܨܛܝܕܘ. ⁴ ܟܕ ܕܝܢ ܗܘܐ ܨܦܪܐ.
ܩܡ ܝܫܘܥ ܥܠ ܝܕ ܝܡܐ. ܘܠܐ ܝܕܥܘ ܬܠܡܝܕܐ ܕܝܫܘܥ ܗܘ. ⁵ ܘܐܡܪ ܠܗܘܢ ܝܫܘܥ.
ܛܠܝܐ. ܠܡܐ: ܐܝܬ ܠܟܘܢ ܡܕܡ ܠܡܠܥܣ. ܐܡܪܝܢ ܠܗ ܠܐ. ⁶ ܐܡܪ ܠܗܘܢ. ܐܪܡܘ
ܡܨܝܕܬܟܘܢ ܡܢ ܓܒܐ ܕܝܡܝܢܐ ܕܣܦܝܢܬܐ. ܘܡܫܟܚܝܢ ܐܢܬܘܢ. ܘܐܪܡܝܘ. ܘܠܐ ܐܫܟܚܘ
ܠܡܓܪܝܘܗ ܠܡܨܝܕܬܐ: ܡܢ ܣܘܓܐܐ ܕܢܘܢܐ ܕܐܚܝܕܐ. ⁷ ܘܐܡܪ ܬܠܡܝܕܐ ܗܘ ܕܪܚܡ ܗܘܐ
ܠܗ ܝܫܘܥ ܠܟܐܦܐ. ܗܢܐ ܡܪܢ ܗܘ. ܫܡܥܘܢ ܕܝܢ ܟܕ ܫܡܥ ܕܡܪܢ ܗܘ. ܢܣܒ ܟܘܬܝܢܗ.
ܘܐܣܪ ܚܨܘܗܝ. ܡܛܠ ܕܥܪܛܠܝܐ ܗܘܐ. ܘܫܘܪ ܢܦܫܗ ܒܝܡܐ ܕܢܐܬܐ ܠܘܬ ܝܫܘܥ.
⁸ ܐܚܪܢܐ ܕܝܢ ܬܠܡܝܕܐ. ܒܣܦܝܢܬܐ ܐܬܘ. ܠܐ ܓܝܪ ܪܚܝܩܝܢ ܗܘܘ ܛܒ ܡܢ ܐܪܥܐ: ܐܠܐ
ܐܝܟ ܡܐܬܝܢ ܐܡܝܢ. ܘܓܪܝܢ ܗܘܘ ܠܗܝ ܡܨܝܕܬܐ ܗܝ ܕܢܘܢܐ. ⁹ ܟܕ ܕܝܢ ܣܠܩܘ
ܠܐܪܥܐ. ܚܙܘ ܓܘܡܪܐ ܟܕ ܣܝܡܢ. ܘܢܘܢܐ ܟܕ ܣܝܡ ܥܠܝܗܝܢ ܘܠܚܡܐ. ¹⁰ ܘܐܡܪ ܠܗܘܢ
ܝܫܘܥ. ܐܝܬܘ ܡܢ ܗܠܝܢ ܢܘܢܐ ܕܨܕܬܘܢ ܗܫܐ. ¹¹ ܘܣܠܩ ܫܡܥܘܢ ܟܐܦܐ. ܘܓܪܗ
ܠܡܨܝܕܬܐ ܠܐܪܥܐ. ܟܕ ܡܠܝܐ ܢܘܢܐ ܪܘܪܒܐ. ܡܐܐ ܘܚܡܫܝܢ ܘܬܠܬܐ. ܘܒܗܢܐ ܟܠܗ ܣܘܓܐܐ
ܠܐ ܐܨܛܪܝܬ ܡܨܝܕܬܐ ܗܝ. ¹² ܘܐܡܪ ܠܗܘܢ ܝܫܘܥ. ܬܘ ܐܫܬܪܘ. ܐܢܫ ܕܝܢ ܡܢ
ܬܠܡܝܕܐ. ܠܐ ܡܡܪܚ ܗܘܐ ܕܢܫܐܠܝܘܗܝ ܕܡܢܘ. ܕܝܕܥܝܢ ܗܘܘ ܕܡܪܢ ܗܘ. ¹³ ܘܩܪܒ
ܕܝܢ ܝܫܘܥ. ܘܢܣܒ ܠܚܡܐ ܘܢܘܢܐ. ܘܝܗܒ ܠܗܘܢ. ¹⁴ ܗܕܐ ܕܬܠܬ ܙܒܢܝܢ ܐܬܚܙܝ
ܝܫܘܥ ܠܬܠܡܝܕܘܗܝ. ܟܕ ܩܡ ܡܢ ܒܝܬ ܡܝܬܐ.

¹⁵ ܟܕ ܕܝܢ ܐܫܬܪܝܘ. ܐܡܪ ܝܫܘܥ ܠܫܡܥܘܢ ܟܐܦܐ. ܫܡܥܘܢ ܒܪ ܝܘܢܐ: ܪܚܡ ܐܢܬ
ܠܝ ܝܬܝܪ ܡܢ ܗܠܝܢ. ܐܡܪ ܠܗ. ܐܝܢ ܡܪܝ. ܐܢܬ ܝܕܥ ܐܢܬ. ܕܪܚܡ ܐܢܐ ܠܟ. ܐܡܪ
ܠܗ. ܪܥܝ ܠܝ ܐܡܪܝ. ¹⁶ ܐܡܪ ܠܗ ܬܘܒ ܕܬܪܬܝܢ ܙܒܢܝܢ. ܫܡܥܘܢ ܒܪ ܝܘܢܐ: ܪܚܡ
ܐܢܬ ܠܝ. ܐܡܪ ܠܗ ܐܝܢ ܡܪܝ. ܐܢܬ ܝܕܥ ܐܢܬ ܕܪܚܡ ܐܢܐ ܠܟ. ܐܡܪ ܠܗ ܝܫܘܥ.
ܪܥܝ ܠܝ ܠܥܪܒܝ. ¹⁷ ܐܡܪ ܠܗ ܕܬܠܬ ܙܒܢܝܢ. ܫܡܥܘܢ ܒܪ ܝܘܢܐ: ܪܚܡ ܐܢܬ ܠܝ.
ܘܟܪܝܬ ܠܗ ܠܟܐܦܐ ܕܐܡܪ ܠܗ ܕܬܠܬ ܙܒܢܝܢ ܕܪܚܡ ܐܢܬ ܠܝ. ܘܐܡܪ ܠܗ. ܡܪܝ.
ܟܠ ܡܕܡ ܐܢܬ ܝܕܥ ܐܢܬ. ܐܢܬ ܝܕܥ ܐܢܬ. ܕܪܚܡ ܐܢܐ ܠܟ. ܐܡܪ ܠܗ ܝܫܘܥ. ܪܥܝ ܠܝ
ܢܩܘܬܝ. ¹⁸ ܐܡܝܢ ܐܡܝܢ ܐܡܪ ܐܢܐ ܠܟ. ܕܟܕ ܛܠܝܐ ܗܘܝܬ. ܐܢܬ ܐܣܪ ܗܘܝܬ ܚܨܝܟ.
ܘܡܗܠܟ ܗܘܝܬ ܠܐܝܟܐ ܕܨܒܐ ܐܢܬ. ܡܐ ܕܝܢ ܕܣܐܒܬ. ܬܦܫܘܛ ܐܝܕܝܟ. ܘܐܚܪܢܝܢ ܢܐܣܪܘܢ ܠܟ
ܚܨܝܟ. ܘܢܘܒܠܘܢܟ. ܠܐܝܟܐ ܕܠܐ ܨܒܐ ܐܢܬ. ¹⁹ ܗܕܐ ܕܝܢ ܐܡܪ. ܕܢܚܘܐ ܒܐܝܢܐ ܡܘܬܐ ܥܬܝܕ ܕܢܫܒܚ

ܠܐܠܗܐ. ܘܟܕ ܐܡܪ ܗܠܝܢ. ܐܡܪ ܠܗ. ܬܐ ܒܬܪܝ܀ 20 ܘܐܬܦܢܝ ܫܡܥܘܢ ܟܐܦܐ ܘܚܙܐ
ܠܬܠܡܝܕܐ ܗܘ ܕܪܚܡ ܗܘܐ ܝܫܘܥ ܕܐܬܐ ܒܬܪܗ. ܗܘ ܕܢܦܠ ܗܘܐ ܒܣܘܡܟܐ ܥܠ
ܚܕܝܗ ܕܝܫܘܥ. ܘܐܡܪ. ܡܪܝ. ܡܢܘ ܡܫܠܡ ܠܟ. 21 ܠܗܢܐ ܕܝܢ ܟܕ ܚܙܐ ܟܐܦܐ ܐܡܪ
ܠܝܫܘܥ. ܡܪܝ. ܘܗܢܐ ܡܢܐ. 22 ܐܡܪ ܠܗ ܝܫܘܥ. ܐܢ ܨܒܐ ܐܢܐ ܕܢܩܘܐ ܗܢܐ ܥܕܡܐ
ܕܐܬܐ ܐܢܐ: ܠܟ ܡܐ ܠܟ. ܐܢܬ ܬܐ ܒܬܪܝ. 23 ܘܢܦܩܬ ܗܕܐ ܡܠܬܐ ܒܝܬ ܐܚܐ. ܕܗܘ
ܬܠܡܝܕܐ ܠܐ ܡܐܬ. ܝܫܘܥ ܕܝܢ. ܠܐ ܗܘܐ ܕܠܐ ܡܐܬ ܐܡܪ. ܐܠܐ ܕܐܢ ܨܒܐ ܐܢܐ ܕܢܩܘܐ ܗܢܐ
ܥܕܡܐ ܕܐܬܐ ܐܢܐ: ܠܟ ܡܐ ܠܟ. 24 ܗܢܘ ܬܠܡܝܕܐ ܕܐܣܗܕ ܥܠ ܗܠܝܢ ܟܠܗܝܢ. ܘܐܦ
ܟܬܒ ܐܢܝܢ. ܘܝܕܥܝܢ ܚܢܢ ܕܫܪܝܪܐ ܗܝ ܣܗܕܘܬܗ܀ 25 ܐܝܬ ܕܝܢ ܐܦ ܐܚܪܢܝܬܐ ܣܓܝܐܬܐ
ܕܥܒܕ ܝܫܘܥ. ܐܝܠܝܢ ܕܐܠܘ ܚܕܐ ܚܕܐ ܡܬܟܬܒܢ ܗܘܝ. ܐܦ ܠܐ ܗܘ ܥܠܡܐ ܐܝܟ ܕܣܒܪ
ܐܢܐ: ܣܦܩ ܗܘܐ ܠܟܬܒܐ ܕܡܬܟܬܒܝܢ ܗܘܘ܀

⁘ ܫܠܡ ܐܘܢܓܠܝܘܢ ܩܕܝܫܐ ܟܪܘܙܘܬܐ ܕܝܘܚܢܢ ܕܡܠܠ
ܝܘܢܐܝܬ ܒܐܦܣܘܣ ⁘

⁘ ܫܠܡ ܠܡܟܬܒ ܒܟܬܒܐ ܗܢܐ ܐܘܢܓܠܝܘܢ ܩܕܝܫܐ ܕܡܠܠܘܗܝ،
ܘܟܪܘܙܘܗܝ، ܘܢܝܚܘܗܝ، ܐܪܒܥܐ ܐܘܢܓܠܝܣܛܐ. ܡܬܝ.
ܡܪܩܘܣ. ܠܘܩܐ. ܝܘܚܢܢ ⁘

⁘ ܫܘܒܚܐ ܠܐܒܐ ܘܠܒܪܐ ܘܠܪܘܚܐ ܕܩܘܕܫܐ. ܗܫܐ ܘܒܟܠܙܒܢ.
ܘܠܥܠܡ ܥܠܡܝܢ ܐܡܝܢ ⁘

ܦܪܟܣܝܣ ܀
ܕܬܪܥܣܪ ܫܠܝܚ̈ܐ ܛܘܒܢ̈ܐ ܀

Cap. i. 1 ܡܐܡܪܐ ܩܕܡܝܐ ܟܬܒܬ ܐܘ ܬܐܘܦܝܠܐ. ܥܠ ܟܠܗܘܢ ܣܘܥܪܢܐ ܕܫܪܝ ܡܪܢ ܝܫܘܥ
ܡܫܝܚܐ ܠܡܥܒܕ ܘܠܡܠܦܘ. 2 ܥܕܡܐ ܠܝܘܡܐ ܗܘ ܕܒܗ ܐܣܬܠܩ. ܡܢ ܒܬܪ ܕܦܩܕ ܕܝܫܘܥ ܠ.
ܦܩܕ ܗܘܐ ܠܗܘܢ ܠܫܠܝܚܐ ܐܝܠܝܢ ܕܓܒܐ ܗܘܐ ܒܪܘܚܐ ܕܩܘܕܫܐ. 3 ܗܢܘܢ ܕܐܦ ܚܘܝ
ܠܗܘܢ ܢܦܫܗ ܕܚܝ ܗܘ ܡܢ ܒܬܪ ܕܚܫ. ܒܐܬܘܬܐ ܣܓܝܐܬܐ ܒܐܪܒܥܝܢ ܝܘܡܝܢ. ܟܕ
ܡܬܚܙܐ ܗܘܐ ܠܗܘܢ. ܘܐܡܪ ܥܠ ܡܠܟܘܬܐ ܕܐܠܗܐ. 4 ܘܟܕ ܐܟܠ ܥܡܗܘܢ ܠܚܡܐ.
ܦܩܕ ܐܢܘܢ ܕܡܢ ܐܘܪܫܠܡ ܠܐ ܬܪܝܡܘܢ. ܐܠܐ ܕܬܩܘܘܢ ܠܡܘܠܟܢܗ ܕܐܒܐ. ܗܘ ܕܫܡܥܬܘܢ
ܡܢܝ. 5 ܕܝܘܚܢܢ ܐܥܡܕ ܒܡܝܐ. ܘܐܢܬܘܢ ܬܬܥܡܕܘܢ ܒܪܘܚܐ ܕܩܘܕܫܐ. ܠܐ ܒܬܪ ܣܓܝܐܐ
ܝܘܡܬܐ. 6 ܗܢܘܢ ܕܝܢ ܟܕ ܟܢܝܫܝܢ. ܫܐܠܝܢ ܗܘܘ. ܘܐܡܪܝܢ ܠܗ. ܡܪܢ. ܐܢ ܒܗܢܐ ܙܒܢܐ
ܡܗܦܟ ܐܢܬ ܡܠܟܘܬܐ ܠܐܝܣܪܝܠ. 7 ܐܡܪ ܠܗܘܢ ܗܘ. ܠܐ ܗܘܐ ܕܝܠܟܘܢ ܗܝ ܠܡܕܥ ܙܒܢܐ
ܐܘ ܙܒܢܐ ܐܝܠܝܢ ܕܐܒܐ ܣܡ ܐܢܘܢ ܒܫܘܠܛܢܐ ܕܝܠܗ. 8 ܐܠܐ ܡܐ ܕܐܬܐ ܪܘܚܐ
ܕܩܘܕܫܐ ܥܠܝܟܘܢ. ܬܤܒܘܢ ܚܝܠܐ ܘܬܗܘܘܢ ܠܝ ܣܗܕܐ. ܒܐܘܪܫܠܡ ܘܒܟܠܗ ܝܗܘܕ.
ܘܐܦ ܒܝܬ ܫܡܪܝܢ. ܘܥܕܡܐ ܠܚܪܬܗ ܕܐܪܥܐ. 9 ܘܟܕ ܗܠܝܢ ܐܡܪ. ܟܕ ܚܙܝܢ ܠܗ.
ܐܣܬܠܩ. ܘܥܢܢܐ ܩܒܠܬܗ. ܘܐܬܟܣܝ ܡܢ ܥܝܢܝܗܘܢ. 10 ܘܟܕ ܚܝܪܝܢ ܗܘܘ ܒܫܡܝܐ.
ܟܕ ܗܘ ܐܙܠ ܗܘܐ. ܐܫܬܟܚܘ ܠܗܘܢ ܬܪܝܢ ܓܒܪܝܢ ܩܝܡܝܢ ܠܘܬܗܘܢ. ܒܢܚܬܐ ܚܘܪܐ.
11 ܘܐܡܪܝܢ ܠܗܘܢ. ܓܒܪܐ ܓܠܝܠܝܐ. ܡܢܐ ܩܝܡܝܢ ܐܢܬܘܢ ܘܚܙܝܢ ܒܫܡܝܐ. ܗܢܐ ܝܫܘܥ
ܕܐܣܬܠܩ ܡܢ ܠܘܬܟܘܢ ܠܫܡܝܐ. ܗܟܢܐ ܬܐܬܐ ܐܝܟ ܡܐ ܕܚܙܝܬܘܢܝܗܝ ܕܣܠܩ ܠܫܡܝܐ.
12 ܘܡܢ ܒܬܪܟܢ ܗܦܟܘ ܠܗܘܢ ܠܐܘܪܫܠܡ. ܡܢ ܛܘܪܐ ܕܡܬܩܪܐ ܒܝܬ ܙܝܬܐ. ܕܐܝܬܘܗܝ
ܠܘܩܒܠ ܐܘܪܫܠܡ. ܘܪܚܝܩ ܡܢܗ ܐܝܟ ܫܒܥܐ ܐܣܛܕܘܬܐ. 13 ܘܡܢ ܒܬܪ ܕܥܠܘ.
ܤܠܩܘ ܠܗܘܢ ܠܥܠܝܬܐ ܗܝ ܕܫܪܝܢ ܗܘܘ ܒܗ. ܦܛܪܘܣ ܘܝܘܚܢܢ. ܘܝܥܩܘܒ
ܘܐܢܕܪܐܘܣ. ܘܦܝܠܝܦܘܣ ܘܬܐܘܡܐ. ܘܒܪ ܬܘܠܡܝ ܘܡܬܝ. ܘܝܥܩܘܒ ܒܪ ܚܠܦܝ.
ܘܫܡܥܘܢ ܩܢܢܝܐ. ܘܝܗܘܕܐ ܒܪ ܝܥܩܘܒ. 14 ܗܠܝܢ ܟܠܗܘܢ. ܐܟܚܕܐ ܐܡܝܢܝܢ ܗܘܘ
ܒܨܠܘܬܐ ܒܢܦܫ ܚܕܐ. ܥܡ ܢܫܐ. ܘܥܡ ܡܪܝܡ ܐܡܗ ܕܝܫܘܥ. ܘܥܡ ܐܚܘܗܝ ܀
15 ܘܒܗܘܢ ܒܝܘܡܬܐ ܗܠܝܢ. ܩܡ ܫܡܥܘܢ ܟܐܦܐ ܒܡܨܥܬ ܐܚܐ. ܐܝܬ ܗܘܐ ܕܝܢ
ܬܡܢ ܟܢܫܐ ܕܐܢܫܐ ܐܝܟ ܡܐܐ ܘܥܣܪܝܢ. ܘܐܡܪ. 16 ܓܒܪܐ ܐܚܝܢ. ܘܠܐ ܗܘܐ ܕܢܫܠܡ

ܒܟܬܒܐ: ܐܝܟܢܐ ܕܩܕܡ ܐܡܪ ܪܘܚܐ ܕܩܘܕܫܐ ܒܦܘܡܗ ܕܕܘܝܕ: ܥܠ ܝܗܘܕܐ ܗܘ ܕܗܘܐ
ܡܕܒܪܢܐ ܠܗܘܢ ܕܐܚܕܘܗܝ ܠܝܫܘܥ. 17 ܡܛܠ ܕܡܢܝܢ ܗܘܐ ܥܡܢ. ܘܐܝܬ ܗܘܐ ܠܗ
ܦܣܐ ܒܬܫܡܫܬܐ ܗܕܐ. 18 ܗܢܘ ܕܩܢܐ ܠܗ ܩܘܪܝܐ ܡܢ ܐܓܪܐ ܕܥܘܠܐ. ܘܢܦܠ ܥܠ
ܐܦܘܗܝ ܥܠ ܐܪܥܐ. ܘܐܬܦܠܓ ܡܢ ܡܨܥܬܗ. ܘܐܬܐܫܕܘ ܟܠܗܘܢ ܡܥܘܗܝ. 19 ܘܗܕܐ ܗܝ
ܐܫܬܡܥܬ ܠܟܠܗܘܢ ܕܥܡܪܝܢ ܒܐܘܪܫܠܡ. ܘܐܬܩܪܝܬ ܩܘܪܝܐ ܗܝ ܒܠܫܢܗܘܢ ܕܐܬܪܐ
ܚܩܠ ܕܡܐ. ܕܐܝܬܝܗ ܡܬܦܫܩܐ ܩܪܝܬܐ ܕܕܡܐ. 20 ܟܬܝܒ ܓܝܪ ܒܟܬܒܐ ܕܡܙܡܘܪܐ.
ܕܬܗܘܐ ܕܝܪܬܗ ܚܪܒܐ. ܘܠܐ ܢܗܘܐ ܥܡܘܪܐ ܒܗ. ܘܬܫܡܫܬܗ ܢܣܒ ܐܚܪܝܢ. 21 ܘܘܠܐ ܗܘ
ܕܚܕ ܡܢ ܗܠܝܢ ܓܒܪܐ: ܕܗܘܘ ܥܡܢ ܒܟܠܗ ܙܒܢܐ ܕܥܠ ܥܠܝܢ: ܘܢܦܩ
ܠܘܬܢ ܡܪܢ ܝܫܘܥ: 22 ܕܐܫܬܪܝ ܡܢ ܡܥܡܘܕܝܬܗ ܕܝܘܚܢܢ: ܥܕܡܐ ܠܝܘܡܐ
ܕܐܣܬܠܩ ܡܢ ܠܘܬܢ: ܢܗܘܐ ܥܡܢ ܣܗܕܐ ܕܩܝܡܬܗ. 23 ܘܐܩܝܡܘ ܬܪܝܢ.
ܠܝܘܣܦ ܕܡܬܩܪܐ ܒܪ ܫܒܐ ܗܘ ܕܐܬܟܢܝ ܝܘܣܛܘܣ. ܘܠܡܬܝܐ. 24 ܘܨܠܝܘ.
ܘܐܡܪܘ. ܐܢܬ ܡܪܝܐ ܝܕܥ ܐܢܬ ܠܒܘܬܐ ܕܟܠ: ܚܘܝ ܠܡܢ ܓܒܝܬ ܡܢ
ܗܠܝܢ ܬܪܝܗܘܢ: 25 ܕܢܣܒ ܦܣܐ ܕܬܫܡܫܬܐ: ܘܕܫܠܝܚܘܬܐ ܕܡܢܗ ܢܦܩ ܝܗܘܕܐ
ܕܢܐܙܠ ܠܕܘܟܬܗ. 26 ܘܐܪܡܝܘ ܦܣܐ. ܘܣܠܩ ܦܣܐ ܥܠ ܡܬܝܐ. ܘܐܬܡܢܝ ܥܡ
ܚܕܥܣܪ ܫܠܝܚܐ܀

1 ܘܟܕ ܐܬܡܠܝ ܝܘܡܐ ܕܦܢܛܩܘܣܛܐ. ܟܕ ܟܢܝܫܝܢ ܗܘܘ ܟܠܗܘܢ ܐܟܚܕܐ. 2 ܗܘܐ Cap. ii.
ܡܢ ܫܡܝܐ ܡܢ ܫܠܝܐ: ܩܠܐ ܐܝܟ ܪܘܚܐ ܥܙܝܙܬܐ. ܘܐܬܡܠܝ ܗܘܐ ܡܢܗ. ܟܠܗ ܒܝܬܐ
ܗܘ ܕܒܗ ܝܬܒܝܢ ܗܘܘ. 3 ܘܐܬܚܙܝܘ ܠܗܘܢ ܠܫܢܐ ܕܡܬܦܠܓܢ ܗܘܘ ܐܝܟ ܢܘܪܐ.
ܘܝܬܒܘ ܥܠ ܚܕ ܚܕ ܡܢܗܘܢ. 4 ܘܐܬܡܠܝܘ ܟܠܗܘܢ ܒܪܘܚܐ ܕܩܘܕܫܐ. ܘܫܪܝܘ ܗܘܘ
ܠܡܡܠܠܘ ܒܠܫܢ ܠܫܢ: ܐܝܟ ܡܐ ܕܪܘܚܐ ܝܗܒ ܗܘܐ ܠܗܘܢ ܠܡܡܠܠܘ. 5 ܐܝܬ
ܗܘܘ ܕܝܢ ܓܒܪܐ ܕܥܡܪܝܢ ܒܐܘܪܫܠܡ ܕܕܚܠܝܢ ܡܢ ܐܠܗܐ. ܝܗܘܕܝܐ: ܡܢ ܟܠ
ܥܡܡܐ ܕܬܚܝܬ ܫܡܝܐ. 6 ܘܟܕ ܗܘܐ ܩܠܐ ܗܢܐ. ܐܬܟܢܫܘ ܟܠܗ ܥܡܐ ܘܐܬܕܠܚܘ. ܡܛܠ
ܕܫܡܥܝܢ ܗܘܘ ܐܢܫ ܐܢܫ ܡܢܗܘܢ ܕܡܡܠܠܝܢ ܗܘܘ ܒܠܫܢܝܗܘܢ. 7 ܬܡܝܗܝܢ ܗܘܘ ܕܝܢ
ܟܠܗܘܢ ܘܡܬܕܡܪܝܢ: ܟܕ ܐܡܪܝܢ ܗܘܘ ܚܕ ܠܚܕ: ܗܠܝܢ ܟܠܗܘܢ ܕܡܡܠܠܝܢ:
ܠܐ ܗܐ ܓܠܝܠܝܐ ܐܢܘܢ: 8 ܐܝܟܢܐ ܫܡܥܝܢ ܚܢܢ ܐܢܫ ܐܢܫ ܠܫܢܗ ܕܒܗ ܝܠܝܕܝܢ
ܚܢܢ: 9 ܦܪܬܘܝܐ ܘܡܕܝܐ ܘܐܠܡܝܐ. ܘܐܝܠܝܢ ܕܥܡܪܝܢ ܒܝܬ ܢܗܪܝܢ. ܝܗܘܕܝܐ
ܘܩܦܘܕܩܝܐ. ܘܕܡܢ ܐܬܪܐ ܕܦܢܛܘܣ. ܘܕܐܣܝܐ. 10 ܘܕܡܢ ܐܬܪܐ ܕܦܪܘܓܝܐ ܘܦܡܦܘܠܝܐ.
ܘܕܡܨܪܝܢ. ܘܕܐܬܪܘܬܐ ܕܠܘܒܐ ܕܩܪܝܒܝܢ ܠܩܘܪܝܢܐ. ܘܐܝܠܝܢ ܕܐܬܘ ܡܢ ܪܗܘܡܝ. ܝܗܘܕܝܐ:
ܘܓܝܘܪܐ. 11 ܘܕܡܢ ܩܪܛܐ. ܘܥܪܒܝܐ. ܗܐ ܫܡܥܝܢ ܚܢܢ ܕܡܡܠܠܝܢ ܒܠܫܢܝܢ
ܕܝܠܢ: ܬܕܡܪܬܗ ܕܐܠܗܐ. 12 ܘܡܬܕܡܪܝܢ ܗܘܘ ܟܠܗܘܢ. ܘܬܡܝܗܝܢ. ܟܕ ܐܡܪܝܢ

ܚܕ ܠܚܕ. ܕܡܢܐ ܨܒܝܐ ܗܕܐ ܕܬܗܘܐ. 13 ܐܚܪ̈ܢܐ ܕܝܢ ܡܡܝܩܝܢ ܗܘܘ ܒܗܘܢ. ܟܕ ܐܡܪܝܢ:
ܗܠܝܢ ܚܡܪܐ ܚܕܬܐ ܐܫܬܝܘ ܘܪܘܝܘ ܀܀܀
14 ܒܬܪܟܢ ܩܡ ܫܡܥܘܢ ܟܐܦܐ ܥܡ ܚܕܥܣܪ ܫܠܝܚܝܢ. ܘܐܪܝܡ ܩܠܗ. ܘܐܡܪ ܠܗܘܢ. ܪܫܐ ܕ.
ܓܒܪ̈ܐ ܝܗܘܕܝܐ ܘܟܠܗܘܢ ܕܥܡܪܝܢ ܒܐܘܪܫܠܡ. ܗܕܐ ܬܗܘܐ ܝܕܝܥܐ ܠܟܘܢ. ܘܨܘܬܘ ܡܠܝ.
15 ܠܐ ܓܝܪ ܐܝܟܢܐ ܕܐܢܬܘܢ ܣܒܪܝܢ ܗܠܝܢ ܪܘܝܢ. ܗܐ ܓܝܪ ܥܕܡܐ ܠܗܫܐ ܬܠܬ ܐܢܝܢ
ܫܥܝܢ. 16 ܐܠܐ ܗܕܐ ܗܝ ܕܐܬܐܡܪܬ ܒܝܕ ܝܘܐܝܠ ܢܒܝܐ. 17 ܕܢܗܘܐ ܒܝܘܡܬܐ ܐܚܪ̈ܝܐ ܐܡܪ
ܐܠܗܐ. ܐܫܘܕ ܡܢ ܪܘܚܝ ܥܠ ܟܠ ܒܣܪ. ܘܢܬܢܒܘܢ ܒܢܝ̈ܟܘܢ ܘܒܢܬ̈ܟܘܢ. ܘܥܠܝܡ̈ܝܟܘܢ
ܚܙܘ̈ܢܐ ܢܚܙܘܢ. ܘܣܒ̈ܝܟܘܢ ܚܠܡ̈ܐ ܢܚܠܡܘܢ. 18 ܘܥܠ ܥܒ̈ܕܝ ܘܥܠ ܐܡܗ̈ܬܝ ܐܫܘܕ
ܪܘܚܝ ܒܝܘܡܬܐ ܗܢܘܢ. ܘܢܬܢܒܘܢ. 19 ܘܐܬܠ ܐܬ̈ܘܬܐ ܒܫܡܝܐ ܘܬܕܡܪ̈ܬܐ ܥܠ ܐܪܥܐ
ܕܡܐ ܘܢܘܪܐ ܘܥܛܪܐ ܕܬܢܢܐ. 20 ܫܡܫܐ ܢܬܗܦܟ ܠܚܫܘܟܐ ܘܣܗܪܐ ܠܕܡܐ. ܥܕ ܠܐ ܢܐܬܐ
ܝܘܡܐ ܪܒܐ ܘܕܚܝܠܐ ܕܡܪܝܐ. 21 ܘܢܗܘܐ ܟܠ ܕܢܩܪܐ ܫܡܗ ܕܡܪܝܐ ܢܚܐ. 22 ܓܒܪ̈ܐ
ܒܢܝ̈ ܐܝܣܪܝܠ: ܫܡܥܘ ܡܠܐ ܗܠܝܢ. ܝܫܘܥ ܢܨܪܝܐ. ܓܒܪܐ ܕܡܢ ܐܠܗܐ ܐܬܚܙܝ
ܠܘܬܟܘܢ. ܒܚܝ̈ܠܐ ܘܒܬܕܡܪ̈ܬܐ ܘܒܐܬ̈ܘܬܐ ܕܥܒܕ ܐܠܗܐ ܒܐܝܕܗ ܒܝܢܬܟܘܢ. ܐܝܟ
ܕܐܢܬܘܢ ܝܕܥܝܢ ܐܢܬܘܢ. 23 ܠܗܢܐ ܕܦܪܝܫ ܗܘܐ ܠܗܕܐ: ܒܡܩܕܡܘܬ ܝܕܥܬܗ
ܘܒܨܒܝܢܗ ܕܐܠܗܐ. ܐܫܠܡܬܘܢܝܗܝ ܒܐܝ̈ܕܝ ܪ̈ܫܝܥܐ. ܘܙܩܦܬܘܢ ܘܩܛܠܬܘܢ. 24 ܐܠܗܐ
ܕܝܢ ܐܩܝܡܗ. ܘܫܪܐ ܚܒ̈ܠܘܗܝ ܕܫܝܘܠ. ܡܛܠ ܕܠܐ ܡܫܟܚܐ ܗܘܬ ܕܬܐܚܘܕܝܘܗܝ
ܫܝܘܠ. 25 ܕܘܝܕ ܓܝܪ ܐܡܪ ܥܠܘܗܝ. ܡܩܕܡ ܗܘܝܬ ܚܙܐ ܠܡܪܝ ܒܟܠܙܒܢ:
ܕܥܠ ܝܡܝܢܝ ܗܘ. ܕܠܐ ܐܙܘܥ. 26 ܡܛܠ ܗܢܐ ܐܬܒܣܡ ܠܒܝ. ܘܪܘܙܬ ܬܫܒܘܚܬܝ.
ܐܦ ܦܓܪܝ ܢܫܪܐ ܥܠ ܣܒܪܐ. 27 ܡܛܠ ܕܠܐ ܫܒܩܬ ܠܢܦܫܝ ܒܫܝܘܠ. ܘܠܐ ܝܗܒܬ
ܠܚܣܝܕܟ ܕܢܚܙܐ ܚܒܠܐ. 28 ܓܠܝܬ ܠܝ ܐܘܪܚܐ ܕܚܝ̈ܐ. ܬܡܠܝܢܝ ܒܣܝܡܘܬܐ ܥܡ
ܦܪܨܘܦܟ. 29 ܓܒܪ̈ܐ ܐܚܝ̈. ܡܦܣ ܠܡܐܡܪ ܥܡܟܘܢ ܓܠܝܐܝܬ ܥܠ ܕܘܝܕ ܪܝܫ ܐܒܗ̈ܬܐ
ܕܡܝܬ. ܘܐܦ ܐܬܩܒܪ. ܘܒܝܬ ܩܒܘܪܗ ܐܝܬܘܗܝ ܠܘܬܢ. ܥܕܡܐ ܠܝܘܡܢܐ.
30 ܢܒܝܐ ܗܘܐ ܓܝܪ. ܘܝܕܥ ܗܘܐ ܕܡܘܡܬܐ ܝܡܐ ܠܗ ܐܠܗܐ. ܕܡܢ ܦܐܪܐ ܕܟܪܣܗ:
ܐܩܝܡ ܥܠ ܟܘܪܣܝܗ. 31 ܘܩܕܡ ܚܙܐ ܘܡܠܠ ܥܠ ܩܝܡܬܗ ܕܡܫܝܚܐ. ܕܠܐ ܐܫܬܒܩ
ܒܫܝܘܠ. ܘܠܐ ܦܓܪܗ ܚܙܐ ܚܒܠܐ. 32 ܠܗܢܐ ܝܫܘܥ ܐܩܝܡ ܐܠܗܐ. ܘܚܢܢ ܟܠܢ ܣܗܕ̈ܘܗܝ.
33 ܘܗܘ ܗܘ ܕܒܝܡܝܢܗ ܕܐܠܗܐ ܐܬܪܝܡ: ܘܢܣܒ ܡܢ ܐܒܐ ܫܘܘܕܝܐ ܕܥܠ ܪܘܚܐ
ܕܩܘܕܫܐ. ܘܐܫܕ ܡܘܗܒܬܐ ܗܕܐ. ܕܗܐ ܚܙܝܢ ܘܫܡܥܝܢ ܐܢܬܘܢ. 34 ܠܐ ܗܘܐ
ܓܝܪ ܕܘܝܕ ܣܠܩ ܠܫܡܝܐ. ܡܛܠ ܕܗܘ ܐܡܪ. ܕܐܡܪ ܡܪܝܐ ܠܡܪܝ: ܬܒ ܠܟ
ܡܢ ܝܡܝܢܝ. 35 ܥܕܡܐ ܕܐܣܝܡ ܒܥܠܕܒܒ̈ܝܟ ܟܘܒܫܐ ܠܪ̈ܓܠܝܟ. 36 ܫܪܝܪܐܝܬ ܗܟܝܠ
ܢܕܥ ܟܠܗ ܒܝܬ ܐܝܣܪܝܠ. ܕܡܪܝܐ ܘܡܫܝܚܐ ܥܒܕܗ ܐܠܗܐ. ܠܗܢܐ ܝܫܘܥ

ܕܐܢܬܘܢ ܙܩܦܬܘܢܝ܀ 37 ܘܟܕ ܫܡܥܘ ܗܠܝܢ܆ ܐܬܬܙܝܥܘ ܒܠܒܗܘܢ. ܘܐܡܪܘ ܠܫܡܥܘܢ
ܘܠܫܪܟܐ ܕܫܠܝܚܐ. ܡܢܐ ܢܥܒܕ ܐܚܝܢ܆ 38 ܐܡܪ ܠܗܘܢ ܫܡܥܘܢ. ܬܘܒܘ ܘܥܡܕܘ
ܟܠ ܐܢܫ ܡܢܟܘܢ܆ ܒܫܡܗ ܕܡܪܝܐ ܝܫܘܥ. ܠܫܘܒܩܢ ܚܛܗܐ܆ ܕܬܩܒܠܘܢ ܡܘܗܒܬܐ
ܕܪܘܚܐ ܕܩܘܕܫܐ. 39 ܠܟܘܢ ܓܝܪ ܗܘܐ ܡܘܠܟܢܐ ܘܠܒܢܝܟܘܢ. ܘܠܟܠܗܘܢ ܐܝܠܝܢ
ܕܪܚܝܩܝܢ. ܐܝܠܝܢ ܕܢܩܪܐ ܐܠܗܐ ܡܪܢ. 40 ܘܒܡܠܐ ܐܚܪܢܝܬܐ ܤܓܝܐܬܐ ܡܤܗܕ ܗܘܐ
ܠܗܘܢ. ܘܒܥܐ ܗܘܐ ܡܢܗܘܢ. ܟܕ ܐܡܪ. ܚܝܘ ܡܢ ܫܪܒܬܐ ܗܕܐ ܡܥܩܡܬܐ. 41 ܘܐܢܫܝܢ
ܡܢܗܘܢ ܒܛܝܒܘܬ ܩܒܠܘ ܡܠܬܗ. ܘܗܝܡܢܘ. ܘܥܡܕܘ. ܘܐܬܘܤܦܘ ܒܗܘ ܝܘܡܐ.
ܐܝܟ ܐܠܦܝܢ ܬܠܬܐ ܢܦܫܢ. 42 ܘܡܩܘܝܢ ܗܘܘ ܒܝܘܠܦܢܐ ܕܫܠܝܚܐ. ܘܡܫܬܘܬܦܝܢ
ܗܘܘ ܒܨܠܘܬܐ ܘܒܩܨܝܐ ܕܐܘܟܪܤܛܝܐ. 43 ܘܗܘܬ ܗܘܬ ܕܚܠܬܐ ܠܟܠ ܢܦܫ܀ ܘܐܬܘܬܐ
ܤܓܝܐܬܐ ܘܓܒܘܪܬܐ܆ ܗܘܝܢ ܗܘܝ ܒܐܝܕ ܫܠܝܚܐ ܒܐܘܪܫܠܡ. 44 ܘܟܠܗܘܢ ܐܝܠܝܢ
ܕܗܝܡܢܘ ܗܘܘ. ܐܟܚܕܐ ܗܘܘ. ܘܟܠ ܡܕܡ ܕܐܝܬ ܗܘܐ ܠܗܘܢ܆ ܒܓܘ ܗܘܐ. 45 ܘܐܝܠܝܢ
ܕܐܝܬ ܗܘܐ ܠܗܘܢ ܩܢܝܢܐ. ܡܙܒܢܝܢ ܗܘܘ ܠܗ. ܘܡܦܠܓܝܢ ܗܘܘ ܠܐܢܫ ܐܢܫ ܐܝܟ ܡܕܡ
ܕܤܢܝܩ ܗܘܐ. 46 ܘܟܠܝܘܡ ܐܡܝܢܝܢ ܗܘܘ ܒܗܝܟܠܐ ܚܕܐܝܬ ܢܦܫ. ܘܒܒܝܬܐ ܩܨܝܢ ܗܘܘ
ܦܬܘܪܐ. ܘܡܤܬܝܒܪܝܢ ܗܘܘ ܤܝܒܪܬܐ ܟܕ ܚܕܝܢ܆ ܘܒܦܫܝܛܘܬܐ ܕܠܒܗܘܢ 47 ܡܫܒܚܝܢ
ܗܘܘ ܠܐܠܗܐ. ܟܕ ܡܬܪܚܡܝܢ ܒܪܚܡܐ ܛܒܐ ܩܕܡ ܥܡܐ ܟܠܗ. ܘܡܪܢ ܡܘܤܦ ܗܘܐ ܟܠܝܘܡ
ܠܐܝܠܝܢ ܕܚܝܝܢ ܒܥܕܬܐ܀

Cap. iii.
1 ܘܗܘܐ ܕܟܕ ܤܠܩܝܢ ܫܡܥܘܢ ܟܐܦܐ ܘܝܘܚܢܢ ܐܟܚܕܐ ܠܗܝܟܠܐ܆ ܒܥܕܢܐ ܕܨܠܘܬܐ
ܕܬܫܥ ܫܥܝܢ܆ 2 ܘܗܐ ܓܒܪܐ ܚܕ ܚܓܝܪܐ ܕܡܢ ܟܪܤ ܐܡܗ܆ ܡܝܬܝܢ ܗܘܘ ܐܢܫܐ
ܐܝܠܝܢ ܕܡܥܕܝܢ ܗܘܘ ܡܪܡܝܢ ܘܡܘܬܒܝܢ ܠܗ܆ ܒܬܪܥܐ ܕܗܝܟܠܐ ܕܡܬܩܪܐ ܫܦܝܪܐ܆
ܕܢܗܘܐ ܫܐܠ ܙܕܩܬܐ ܡܢ ܗܢܘܢ ܕܥܐܠܝܢ ܠܗܝܟܠܐ. 3 ܗܢܐ ܟܕ ܚܙܐ ܠܫܡܥܘܢ
ܘܠܝܘܚܢܢ ܕܥܐܠܝܢ ܠܗܝܟܠܐ. ܒܥܐ ܗܘܐ ܡܢܗܘܢ. ܕܢܬܠܘܢ ܠܗ ܙܕܩܬܐ. 4 ܘܚܪܘ
ܒܗ ܫܡܥܘܢ ܘܝܘܚܢܢ. ܘܐܡܪܘ ܠܗ. ܚܘܪ ܒܢ. 5 ܗܘ ܕܝܢ ܚܪ ܒܗܘܢ܆ ܟܕ ܡܤܟܐ ܗܘܐ
ܠܡܤܒ ܡܢܗܘܢ ܡܕܡ. 6 ܐܡܪ ܠܗ ܫܡܥܘܢ܆ ܕܗܒܐ ܘܤܐܡܐ ܠܝܬ ܠܝ܆ ܐܠܐ ܡܕܡ
ܕܐܝܬ ܠܝ ܗܘܝܘ ܝܗܒ ܐܢܐ ܠܟ. ܒܫܡܗ ܕܝܫܘܥ ܡܫܝܚܐ ܢܨܪܝܐ ܩܘܡ ܗܠܟ. 7 ܘܐܚܕܗ
ܒܐܝܕܗ ܕܝܡܝܢܐ ܘܐܩܝܡܗ. ܘܒܗ ܒܫܥܬܐ ܐܫܬܪܪܝ ܪܓܠܘܗܝ ܘܥܩܒܘܗܝ. 8 ܘܫܘܪ ܩܡ
ܘܗܠܟ. ܘܥܠ ܥܡܗܘܢ ܠܗܝܟܠܐ. ܟܕ ܡܗܠܟ ܘܫܘܪ ܘܡܫܒܚ ܠܐܠܗܐ. 9 ܘܚܙܐܘܗܝ
ܟܠܗ ܥܡܐ ܟܕ ܡܗܠܟ ܘܡܫܒܚ ܠܐܠܗܐ. 10 ܘܐܫܬܘܕܥܘܗܝ ܕܗܘܝܘ ܗܘ ܚܓܝܪܐ܆ ܕܝܬܒ
ܗܘܐ ܘܫܐܠ ܙܕܩܬܐ܆ ܥܠ ܬܪܥܐ ܕܗܝܟܠܐ ܫܦܝܪܐ. ܘܐܬܡܠܝܘ ܬܕܡܘܪܬܐ ܘܬܗܪܐ
ܥܠ ܡܢܐ ܕܗܘܐ܀

11 ܘܟܕ ܐܚܝܕ ܗܘܐ ܠܫܡܥܘܢ ܘܠܝܘܚܢܢ܆ ܪܗܛ ܟܠܗ ܥܡܐ ܟܕ ܬܡܝܗ ܠܘܬܗܘܢ. ܫܠܡ.

ܠܐܣܛܐ ܕܦܠܓܘܬܐ ܕܡܬܠܚܡܢܘܗܝ. 12 ܘܟܕ ܚܙܐ ܡܠܟܗܘܢ܂ ܚܢܢܐ ܘܐܡܪ ܠܗܘܢ. ܕܒܬܪܐ ܠܒܢܝ
ܐܢܫܐ܆ ܡܢܐ ܡܬܦܪܫܝܢ ܐܝܬܝܗܘܢ ܕܡܝܐ. ܐܘ ܕܝܢ. ܡܢܐ ܫܢܝܢ ܐܝܬܝܗܘܢ܆ ܐܝܟ ܗܘ
ܕܚܝܠܐ ܕܓܒܪܐ. ܐܘ ܒܡܫܬܟܚܝܢ. ܒܕܡܝ ܗܘܐ ܕܡܠܟܘ ܗܘܢܐ. 13 ܐܠܗܘ ܗܘܐ ܕܐܟܪܙܘܗܝ
ܘܐܬܡܫܚ ܘܡܠܟ ܠܗ. ܐܠܗܐ ܕܐܒܗܬܐ܂ ܡܛܠ ܠܒܪܗ ܫܠܝܡܘܢ܆ ܗܘ ܕܐܝܬܘܗܝ ܐܬܡܫܚܘܗܝ
ܘܒܦܓܪܗ ܟܕ ܥܕܡ ܐܦܝܗܘܢ ܕܦܠܫܬܝܐ. ܟܕ ܗܘ ܐܦ ܗܘܐ ܕܢܬܪܥܝܘܢ. 14 ܐܝܬܝܗܘܢ
ܕܝܢ ܠܡܪܥܝܬܐ ܘܐܪܥܐ ܕܦܓܪܗ. ܘܡܠܟܘܬܗ ܠܗܘܢ ܠܡܕܝܢܬܐ ܡܬܘܠܐ܂ ܕܢܬܬܚܝܒ ܠܗܘܢ.
15 ܘܠܗܘܢ ܡܢܐ ܕܚܝܠܐ ܡܬܟܠܢܘܗܝ. ܕܠܗ ܐܦܢ ܐܠܗܐ ܡܢ ܒܝܬ ܡܘܬܐ. ܘܚܝܢ ܠܟܠܢ.
ܡܬܦܪܫܝܢ. 16 ܘܒܗܘܡܢܘܬܐ ܕܡܠܟܘܗܝ. ܒܗܢܐ ܕܫܡܝܢ ܐܝܬܝܗܘܢ ܘܡܚܠܡܝܢ ܐܝܬܝܗܘܢ܆ ܗܘ
ܐܡܪ. ܘܐܦܝܣ. ܘܗܝܡܢܘܬܐ ܕܒܗ ܢܘܟܪܝ ܠܗ ܗܘܐ ܣܓܝܥܘܬܐ ܚܝܠ ܦܠܓܗܘܢ. 17 ܒܟܡ
ܗܟܢܐ ܐܢܫ. ܢܘܗܪ ܐܢܐ ܕܟܗܬܟܢ ܒܟܢܫܗܘܢ ܗܘܐ. ܐܝܟ ܕܒܟܒܪ ܕܡܫܡܥܢ. 18 ܘܐܠܗܐ
ܐܝܟ ܡܢܝܢ ܕܡܢܝܢ ܐܦܢ ܒܫܠܡܐ ܦܠܓܗܘܢ ܒܚܝܐ ܕܢܡܘܣܐ ܡܫܬܡܫܝܢ. ܡܟܝܠ ܗܘܝܐ. 19 ܙܒܢܐ
ܗܘܩܠ. ܘܐܬܦܢܝ. ܐܡܝܢܐ ܕܢܬܚܘܝܘܢ ܣܘܥܪܢܝܗܘܢ. ܘܬܠܬܗܘܢ ܠܒܢܝ ܐܒܗܬܐ ܕܢܚܬܐ ܡܢ ܚܝܠ
ܦܪܘܩܝܗ ܕܥܡܐ. 20 ܘܢܩܪܘ ܠܒܢܝ ܠܐܚܐ ܕܡܬܟܢܫ ܗܘܐ ܠܗܘܢ. ܒܢܡܘܣܐ ܡܫܬܡܫܐ.
21 ܕܟܠܗ ܘܠܐ ܠܡܫܡܫܐ ܕܢܦܠܩܘܢ. ܚܝܠܐ ܠܡܠܟܘܬܐ ܕܐܣܝܐ. ܕܦܠܓܘܢ ܐܠܝܢ ܕܡܟܠܠ
ܐܠܗܐ ܠܡܫܡܫܐ ܕܒܝܬܗܘܢ ܩܪܝܒܐ ܕܡܢ ܠܟܠܢ. 22 ܡܛܘܠ ܒܢ ܐܡܪ. ܕܒܢܝܐ ܢܩܝܢ
ܠܒܢܝ ܡܕܝܢܬܐ ܡܢ ܐܚܝܢܝ. ܐܦܘܬ. ܠܗ ܡܫܡܫܐ. ܒܟܠ ܡܐ ܕܢܫܬܟܠܠ ܠܡܫܡܫܐ.
23 ܘܐܦܘܬ ܟܠ ܢܡܘܣܐ ܐܝܟ ܕܠܐ ܐܬܡܫܚ ܠܒܢܝܢܐ ܗܘ. ܐܬܟܬܒ ܢܡܘܣܐ ܗܘ ܡܢ ܠܡܠܟܐ.
24 ܘܬܒܥܐ ܦܠܓܘܢ ܡܢ ܡܫܬܘܐܠ. ܘܐܠܝܢ ܕܡܢ ܒܠܒܗ ܗܘܘ. ܡܟܠܠܘ. ܘܐܒܕܘ ܟܠ
ܫܘܡܠܝܐ ܗܢܘܢ. 25 ܐܝܬܝܗܘܢ ܐܢܘܢ ܒܢܝܗܘܢ ܕܬܒܥܐ. ܘܕܒܝܬܐ ܐܝܟ ܕܡܢ ܐܠܗܐ
ܠܐܒܗܬܐ. ܟܕ ܐܡܪ ܠܐܒܗܘܢ. ܕܠܐܦܘܠܘ ܢܛܪܘܢ ܦܘܩܕܢܐ ܡܬܟܠܐ ܕܐܠܗܐ. 26 ܠܒܢܝ ܡܢ
ܡܝܬܝܢ ܐܦܝܣ. ܘܢܩܪܘ ܐܠܗܐ ܠܒܢܝܗ. ܟܕ ܡܥܒܪ ܠܒܢܝ܆ ܐܘ ܢܬܦܢܘܢ ܘܢܬܚܒܠܘܢ ܡܢ
Cap. iv. ܢܡܘܣܝܗܘܢ. 1 ܘܟܕ ܗܠܝܢ ܫܠܡܐ ܡܫܬܡܠܝܢ ܗܘܘ ܠܟܠܗܘܢ. ܫܡܥܘܢ ܠܘܩܒܠܗܘܢ ܕܚܢܢܝܐ
ܘܙܕܝܩܐ ܘܛܒܐ ܕܗܘܡܢܐ. 2 ܟܕ ܡܬܚܫܒ ܗܘܐ ܠܡܣܪܗ ܕܢܗܦܘܟ ܠܟܠܗܘܢ܆
ܘܠܡܪܕܘ ܒܡܫܝܚܐ ܠܟܠ ܡܠܟܐ ܕܡܢ ܒܝܬ ܡܘܬܐ. 3 ܘܐܬܦܢܝ ܠܟܠܗܘܢ ܐܢܫܐ.
ܘܐܡܪ ܐܢܘܢ ܠܡܠܟܐ ܐܣܝܐ܆ ܡܛܠ ܕܐܡܪ ܗܘܐ ܠܗ ܕܡܡܐ. 4 ܘܫܩܠܐ ܕܡܠܟܘ
ܗܘܐ ܡܕܡ܂ ܗܦܟܘ ܗܘܘ. ܘܐܡܪܘܗܝ ܗܘܐ ܠܡܠܟܘܬܐ ܐܝܟ ܕܡܫܡܫܐ ܐܠܗܐ ܒܒܢܝ܀
5 ܘܠܡܠܟܐ ܐܣܝܐ. ܐܬܒܥܝ ܐܦܘܠܘܢܝܐ܂ ܘܡܫܬܡܠܐ ܘܡܢܚܬܐ. 6 ܘܐܦ ܚܙܐ ܦܐ ܒܢܝܢܐ܂ ܘܡܕܡ.
ܘܫܠܚ ܘܐܬܡܫܡܫܘܗ. ܘܐܠܝܢ ܕܐܬܡܫܚܘܗܝ ܗܘܘ ܡܢ ܡܕܝܢܬܐ ܕܡܢ ܒܢܝܢܐ. 7 ܘܟܕ
ܐܦܝܣ ܐܢܘܢ ܒܡܫܡܫܐ. ܡܫܬܡܠܝܢ ܗܘܘ ܠܗܘܢ. ܕܚܒܝܫܐ ܗܘܐ ܘܐܦ ܚܝܠܐ ܡܢ
ܒܟܢܫܗܘܢ ܗܘܐ. 8 ܗܘܦܟ ܡܠܟܘܬ ܝܘܩܢܐ. ܐܬܚܙܝ ܦܐܪܐ ܕܡܬܕܟܝܐ ܘܐܡܪ ܠܗܘܢ.

ܐܦܩܘܢܝܢ ܕܟܣܦܐ ܘܡܩܬܠܬܐ ܕܒܝܬ ܐܣܝܢܬ. ܡܫܟܚܘ. 9 ܗܘ ܕܝܢ ܚܕ ܬܘܢܐ ܡܢ ܬܪܬܝܢ
ܝܬܝܪ ܡܢܗܘܢ: ܥܠ ܡܫܪܬܐ ܕܗܘܬ ܠܒܢܝܢܐ ܒܪܡܐ: ܕܡܫܟܢܐ ܗܘܐ ܐܣܝܢܬ. 10 ܗܘܐ
ܕܬܡܝܢ ܠܒܢܝ ܘܠܒܢܬܗ ܟܠܗ ܕܐܣܝܢܬ. ܕܡܫܟܢܗ ܕܫܡܫܐ ܡܢܗܪܐ ܢܘܗܪܐ. ܗܘ
ܕܐܝܬܘܗܝ ܠܡܦܠܚܘܢܝܢ. ܗܘ ܕܐܩܝܡ ܐܠܗܐ ܡܢ ܟܠ ܦܬܓܡܐ: ܟܕ ܚܙܘܗ ܗܘܐ ܩܐܡ ܗܘܐ
ܡܫܡܫܘ ܟܕ ܣܓܝܐ. 11 ܗܘܝܘ ܕܐܦܠܐ ܕܐܣܝܢܬ ܐܝܬܘܗܝ ܟܢܫܐ. ܘܗܘ ܗܘܐ ܠܓܘ ܡܢܐ.
12 ܘܟܕ ܟܐܢܐ ܐܠܝܢ ܦܘܪܫܢܐ. ܠܐ ܓܝܪ ܐܝܟ ܡܢܐ ܐܢܫܐ ܐܬܝܕ ܡܚܝܢܐ ܕܐܬܡܘܬ
ܠܒܬܘܠܬܐ: ܕܒܗ ܘܠܐ ܠܡܚܝܘ. 13 ܘܟܕ ܡܫܟܚ ܡܟܬܒܗ ܕܡܫܟܚܘ ܘܕܝܠܗܘܢ. ܕܟܢ
ܓܒܠ ܐܡܪܘܗ. ܐܣܬܟܠܘ ܕܠܐ ܢܓܥܘܢ ܫܦܝܪܐ ܘܚܕܘܬܗ ܐܝܟ. ܘܐܬܚܙܝ ܠܗܘܢ.
ܘܐܣܬܟܠܘ ܐܝܟ. ܕܟܢ ܢܦܩܘ ܡܬܦܩܕܝܢ ܗܘܘ. 14 ܘܚܙܝܢ ܗܘܘ ܕܩܐܡ ܗܘܐ
ܠܡܫܡܫܘ ܚܘܝܢܐ ܗܘ ܕܐܣܝܢܬ. ܘܠܐ ܡܫܬܡܥܝܢ ܗܘܘ ܡܕܡ ܒܡܠܬܐ ܕܡܫܡܫܢܘܬܗ.
15 ܗܟܢ ܦܩܝܕ ܕܢܦܩܘ ܐܝܟ ܡܢ ܦܘܡܗ. ܘܡܬܪܝܢ ܗܘܘ ܚܕ ܠܚܕ: 16 ܡܛܠ
ܕܢܬܠ ܠܗܘܢ ܠܒܬܘܠܬܐ ܗܠܝܢ. ܗܐ ܓܝܪ ܐܢܐ ܟܢܫܬܐ ܕܗܘܬ ܠܐܠܝܨܘܬܗܘܢ: ܠܟܠܗܘܢ
ܡܫܬܘܕܝܢ ܘܐܬܚܫܒܘ ܐܠܝܟܝܢ. ܘܠܐ ܡܫܬܡܥܝܢ ܕܢܫܡܥܘܢ. 17 ܐܦ ܘܠܐ ܡܬܝܕܥ ܢܦܫܗ
ܠܟܠܗ ܓܒܪܐ ܗܢܐ. ܢܬܟܫܦ ܠܗܘܢ: ܕܐܦ ܠܐ ܢܡܠܠܘܢ ܒܡܠܐ ܗܢܐ ܠܐܢܫ ܡܢ
ܒܢܝܢܫܐ. 18 ܘܡܛܠ ܐܝܟ ܘܦܩܕܘ ܐܝܟ: ܕܟܕ ܠܐ ܢܡܠܠܘܢ. ܘܠܐ ܢܬܒܥܘܢ ܠܗܘܢ
ܢܦܫܗ. 19 ܒܢܘ ܡܫܡܫܢܘܗܝ ܕܐܦܠܐ ܘܚܣܝܢ. ܘܐܡܪܘ ܠܗܘܢ. ܐܦ ܕܐܢܐ ܩܕܡ ܐܠܗܐ
ܕܒܝܬܗ ܢܦܩܘ ܢܡܛܐ ܡܢ ܐܠܗܐ ܕܝܠܗ. 20 ܠܐ ܓܝܪ ܡܫܬܡܥܝܢ ܗܘܘ: ܕܟܠ ܕܣܓܝ
ܘܡܫܟܚܝܢ. ܕܠܐ ܢܡܠܠܘܢܝܗܘܢ. 21 ܘܐܬܟܫܦܘ ܠܗܘܢ. ܘܡܛܠ ܐܝܟ. ܠܐ ܓܝܪ ܐܡܝܢ
ܠܗܘܢ ܠܟܠܗ ܕܢܦܫܗܘܢ ܒܪܫܗܘܢ. ܡܛܠ ܟܠܗ. ܟܕ ܓܝܪ ܡܫܬܒܚ ܗܘܐ ܠܐܠܗܐ
ܟܠ ܡܕܡ ܕܗܘܐ. 22 ܢܛܪ ܓܝܪ ܡܢ ܟܕ ܐܦܠܘܢ ܡܢܗܘܢ ܐܣܬܠܩܘ ܗܘܐ ܓܒܪܐ ܗܘ:
ܕܗܘܐ ܟܕ ܗܘܐ ܐܝܟ ܕܐܣܝܢܬ. 23 ܘܟܕ ܐܬܦܢܝܘ. ܐܬܘ ܠܘܬ ܐܒܘܗܘܢ. ܘܐܬܟܫܦܘ
ܠܗܘܢ. ܟܠ ܡܐ ܕܐܡܪܘ ܦܘܬܐ ܘܡܩܬܠܬܐ.

ܦܣܘܩܐ ܓ. 24 ܘܗܘܐ ܟܕ ܡܫܟܚܘ. ܐܒܪܗܡ ܐܡܪܘ ܡܠܘܗܝ ܠܘܬ ܐܠܗܐ ܘܐܡܪܘ. ܡܪܝܐ. ܐܝܬ
ܗܘ ܐܠܗܐ ܕܒܪܝܬܐ ܡܫܟܚܐ ܘܐܦܝܐ: ܘܡܫܬܟܚܐ ܘܟܠ ܕܐܝܬ ܠܗܘܢ. 25 ܘܐܝܬ ܗܘ ܕܡܫܟܚ
ܠܗ ܦܘܚܐ ܕܡܬܩܪܐ ܒܫܡܗ ܕܩܕܝ ܠܒܢܝ. ܠܚܘܢܐ ܢܦܫܗ ܠܥܒܕܐ: ܘܐܦܝܬܐ ܩܕܝ
ܡܩܪܒܬܐ: 26 ܡܛܠ ܡܫܟܚܐ ܕܐܦܝܐ ܘܡܫܬܟܚܬܐ: ܘܐܬܡܫܟܚܘ ܐܠܗܐ ܠܟܠ ܡܕܡ ܘܠܟܠ
ܡܫܬܟܚܘ. 27 ܐܬܦܢܝܘ ܓܝܪ ܡܫܬܪܝܢ ܒܫܪܝܪܘܬܐ ܗܘܐ: ܟܠ ܡܕܡܐ ܕܗܘ ܢܦܫܗ.
ܐܝܟܐ ܕܐܝܬ ܡܫܟܚ. ܘܗܘܘܢ ܘܡܫܬܟܚܝܢ ܠܡ ܠܥܒܕܐ ܘܒܢܝܐ ܕܐܣܝܢܬ.
28 ܒܡܫܬܟܚܝܢ ܟܠ ܡܐ ܕܐܝܬ ܘܫܒܩܘ ܡܢ ܕܦܘܡ ܕܢܗܘܐ. 29 ܘܐܦ ܗܘܐ ܡܪܝܐ. ܣܓܝ
ܘܚܝܠ ܠܡܫܡܫܢܘܬܗܘܢ. ܘܒܗ ܠܥܒܕܢܘܬܗ. ܕܟܢ ܓܒܠ ܢܗܘܘܢ ܡܫܬܪܝܢ ܡܟܠܝܢ:

30 ܟܕ ܐܝܕܟ ܡܘܫܛ ܐܢܬ ܠܐܣܝܘܬܐ ܘܠܓܒܪܘܬܐ ܘܠܐܬܘܬܐ. ܕܢܗܘܘܢ ܒܫܡܗ ܕܒܪܟ ܩܕܝܫܐ
ܝܫܘܥ. 31 ܘܟܕ ܒܥܘ ܘܐܬܟܫܦܘ. ܐܬܬܙܝܥ ܐܬܪܐ ܕܒܗ ܟܢܝܫܝܢ ܗܘܘ. ܘܐܬܡܠܝܘ ܟܠܗܘܢ
ܒܪܘܚܐ ܕܩܘܕܫܐ. ܘܡܡܠܠܝܢ ܗܘܘ ܥܡ ܒܓܠܐ ܡܠܬܐ ܕܐܠܗܐ.
32 ܐܝܬ ܗܘܐ ܕܝܢ ܠܟܢܫܐ ܕܐܢܫܐ ܐܝܠܝܢ ܕܗܝܡܢܘ ܗܘܘ: ܚܕܐ ܢܦܫ. ܘܚܕ ܠܒܐ. ܘܠܐ
ܐܢܫ ܡܢܗܘܢ ܐܡܪ ܗܘܐ ܥܠ ܩܢܝܢܐ ܕܩܢܐ ܗܘܐ. ܕܕܝܠܗ ܐܝܬܘܗܝ. ܐܠܐ ܟܠ ܡܕܡ ܕܐܝܬ
ܗܘܐ ܠܗܘܢ. ܕܓܘܐ ܗܘܐ. 33 ܘܒܚܝܠܐ ܪܒܐ ܡܣܗܕܝܢ ܗܘܘ ܗܢܘܢ ܫܠܝܚܐ: ܥܠ
ܩܝܡܬܗ ܕܝܫܘܥ ܡܫܝܚܐ. ܘܛܝܒܘܬܐ ܪܒܬܐ ܐܝܬ ܗܘܬ ܥܡ ܟܠܗܘܢ. 34 ܘܐܢܫ ܚܣܝܪ
ܗܘܐ ܒܗܘܢ. ܕܒܨܝܪ. ܐܝܠܝܢ ܓܝܪ ܕܐܝܬ ܗܘܘ ܩܘܪܝܐ ܘܒܬܐ: ܡܙܒܢܝܢ ܗܘܘ ܘܡܝܬܝܢ
ܕܡܝܐ ܕܙܒܢܝܢ ܕܙܒܢܘ. 35 ܘܣܝܡܝܢ ܠܘܬ ܪܓܠܝܗܘܢ ܕܫܠܝܚܐ. ܘܡܬܝܗܒ ܗܘܐ ܠܐܢܫ
ܐܢܫ. ܐܝܟ ܡܕܡ ܕܣܢܝܩ ܗܘܐ. 36 ܝܘܣܦ ܕܝܢ ܗܘ ܕܐܬܟܢܝ ܒܪܢܒܐ ܡܢ ܫܠܝܚܐ:
ܕܡܬܬܪܓܡ ܒܪܐ ܕܒܘܝܐܐ: ܠܘܝܐ ܡܢ ܐܬܪܐ ܕܩܘܦܪܘܣ. 37 ܐܝܬ ܗܘܐ ܠܗ ܩܪܝܬܐ
ܘܙܒܢܗ. ܘܐܝܬܝ ܕܡܝܗ. ܘܣܡ ܩܕܡ ܪܓܠܝܗܘܢ ܕܫܠܝܚܐ. 1 ܓܒܪܐ ܚܕ ܕܫܡܗ ܗܘܐ Cap. v.
ܚܢܢܝܐ. ܥܡ ܐܢܬܬܗ ܕܫܡܗ ܗܘܐ ܫܦܝܪܐ. ܙܒܢ ܗܘܐ ܩܪܝܬܗ. 2 ܘܫܩܠ ܡܢ ܕܡܝܗ.
ܘܛܫܝ. ܟܕ ܝܕܥܐ ܗܘܬ ܒܗ ܐܢܬܬܗ. ܘܐܝܬܝ ܡܢܬܐ ܡܢ ܕܗܒܐ. ܘܣܡ ܩܕܡ ܪܓܠܝܗܘܢ
ܕܫܠܝܚܐ. 3 ܘܐܡܪ ܠܗ ܫܡܥܘܢ. ܚܢܢܝܐ. ܠܡܢܐ ܡܠܐ ܣܛܢܐ ܠܒܟ. ܕܬܕܓܠ
ܒܪܘܚܐ ܕܩܘܕܫܐ: ܘܬܛܫܐ ܡܢ ܕܗܒܐ ܕܕܡܝܗ ܕܩܪܝܬܐ. 4 ܠܐ ܗܘܐ ܕܝܠܟ ܗܘܬ ܥܕ ܠܐ
ܬܙܒܢܝܗ. ܘܡܢ ܕܐܙܕܒܢܬ ܬܘܒ ܐܝܬ ܗܘܘ ܠܟ ܕܡܝܗ. ܠܡܢܐ ܣܡܬ ܒܠܒܟ
ܕܬܥܒܕ ܨܒܘܬܐ ܗܕܐ. ܠܐ ܕܓܠܬ ܒܒܢܝܢܫܐ. ܐܠܐ ܒܐܠܗܐ. 5 ܘܟܕ ܫܡܥ ܚܢܢܝܐ ܗܠܝܢ
ܡܠܐ. ܢܦܠ. ܘܡܝܬ. ܘܗܘܬ ܕܚܠܬܐ ܪܒܬܐ ܥܠ ܟܠܗܘܢ ܗܠܝܢ ܕܫܡܥܘ. 6 ܘܩܡܘ
ܐܝܠܝܢ ܕܥܠܝܡܝܢ ܗܘܘ. ܘܫܩܠܘܗܝ. ܘܐܦܩܘ ܩܒܪܘܗܝ. 7 ܘܡܢ ܒܬܪ ܕܗܘܝ ܬܠܬ
ܫܥܝܢ. ܐܦ ܐܢܬܬܗ ܥܠܬ. ܟܕ ܠܐ ܝܕܥܐ ܗܘܬ ܡܕܡ ܗܘܐ. 8 ܐܡܪ ܠܗ̇ ܫܡܥܘܢ.
ܐܡܪܝ ܠܝ. ܐܢ ܒܗܠܝܢ ܕܡܝܐ ܙܒܢܬܘܢ ܩܪܝܬܐ. ܗܝ ܕܝܢ ܐܡܪܬ. ܐܝܢ. ܒܗܠܝܢ ܕܡܝܐ.
9 ܐܡܪ ܠܗ̇ ܫܡܥܘܢ. ܡܛܠ ܕܐܫܬܘܝܬܘܢ ܠܡܢܣܝܘ ܪܘܚܗ ܕܡܪܝܐ. ܗܐ ܪܓܠܝܗܘܢ
ܕܩܒܘܪܝܗ ܕܒܥܠܟܝ ܒܬܪܥܐ ܗܢܘܢ. ܢܦܩܘܢܟܝ. 10 ܘܒܗ ܒܫܥܬܐ ܢܦܠܬ ܩܕܡ
ܪܓܠܝܗܘܢ. ܘܡܝܬܬ. ܘܥܠܘ ܥܠܝܡܐ ܗܢܘܢ. ܘܐܫܟܚܘܗ̇ ܟܕ ܡܝܬܐ. ܘܫܩܠܘܗ̇
ܐܘܦܩܘܗ̇ ܩܒܪܘܗ̇ ܠܘܬ ܒܥܠܗ̇. 11 ܘܗܘܬ ܕܚܠܬܐ ܪܒܬܐ ܒܟܠܗ̇ ܥܕܬܐ
ܘܒܟܠܗܘܢ ܗܠܝܢ ܕܫܡܥܘ. 12 ܘܗܘܝܢ ܗܘܝ ܒܝܕ ܫܠܝܚܐ. ܐܬܘܬܐ ܘܓܒܪܘܬܐ ܣܓܝܐܬܐ
ܒܥܡܐ. ܘܟܠܗܘܢ ܟܢܝܫܝܢ ܗܘܘ ܐܟܚܕܐ ܒܐܣܛܘܐ ܕܫܠܝܡܘܢ. 13 ܘܡܢ ܐܢܫܐ ܐܚܪܢܐ.
ܐܢܫ ܠܐ ܡܡܪܚ ܗܘܐ ܕܢܬܩܪܒ ܠܘܬܗܘܢ. ܐܠܐ ܡܪܘܪܒ ܗܘܐ ܠܗܘܢ ܥܡܐ. 14 ܘܝܬܝܪ
ܡܬܬܘܣܦܝܢ ܗܘܘ ܐܝܠܝܢ ܕܡܗܝܡܢܝܢ ܗܘܘ ܒܡܪܝܐ: ܟܢܫܐ ܕܓܒܪܐ ܘܕܢܫܐ.

15 ܐܡܝܢܐ ܕܒܥܘܬܐ ܡܫܡܫܝܢ ܗܘܘ ܠܒܢܝ̈ܢܫܐ ܟܕ ܢܦܩܝܢ ܗܘܘ ܠܟܪ̈ܣܛܝܢܐ. ܕܐܡܪܝܢ ܕܢܗܘܐ
ܐܢܐ ܡܫܝܚܐ. ܐܝܟ ܕܟܬܝܒ ܒܐܝܢ ܠܥܠܡ. 16 ܐܝܬܝܢ ܗܘܘ ܕܝܢ ܥܝ̈ܕܐ ܠܡܠܟܘܬܗ:
ܡܢ ܡܕܝܢ̈ܬܐ ܐܚܪ̈ܢܝܬܐ ܕܐܝܟ ܐܘܪܫܠܡ. ܟܕ ܡܫܬܡܥܝܢ ܗܘܘ ܦ̈ܬܓܡܐ ܘܐܡܪܝܢ ܕܗܘܝܢ
ܗܘܝ̈ ܠܗܘܢ ܘܗܘܐ ܠܚܕܐ. ܘܡܬܕܡܪܝܢ ܗܘܘ ܟܠܗܘܢ܀
17 ܘܐܬܡܨܝܒ ܗܘܐ ܝܘܡܐ· ܗܘ ܝܫܘܥ ܘܡܠܦ ܗܘܐ ܠܗܘܢ: ܕܐܬܡܢܝܘ ܗܘܘ ܡܢ
ܡܘܠܦܢ̈ܐ ܕܐܘܪܝܬܐ. 18 ܘܐܬܦܢܝ ܐܝܬܝܐ ܥܠ ܡܫܝܚܐ. ܘܐܡܪܘ ܐܝܟܢܐ ܐܝܬܘܗܝ ܒܝܬ ܐܠܗܐ.
19 ܗܘܝܢ ܒܝܬܐ ܕܡܠܟܐ ܕܡܫܝܚܐ. ܦܬܚ ܬܪܥܐ ܕܒܝܬ ܐܠܗܐ ܘܐܙܠ ܐܝܬܘܗܝ. ܘܐܡܪ
ܠܗܘܢ. 20 ܐܢܬܘܢ ܡܢܘ ܠܒܝܬܐ. ܘܡܢܐ ܠܟܠܗ ܦܬܓܡܐ ܡܠܬܐ ܗܠܝܢ ܘܐܚܪܢܐ.
21 ܘܢܦܩܘ ܠܒܪ ܡܢܗ. ܘܐܬܘ ܠܒܝܬܐ. ܘܡܫܬܡܥܝܢ ܗܘܘ܀ ܐܦ ܒܢܘܢܐ ܕܝܢ ܘܐܚܪ̈ܢܐ
ܕܟܠܗܘܢ. ܗܢܘ ܠܒܢܝ̈ܗܘܢ ܘܠܒܢܝ̈ܬܗܘܢ ܕܐܝܣܪܝܠ. ܘܩܪܘ ܠܒܝܬ ܐܠܗܐ ܕܢܬܘܢ ܐܝܬܘܗܝ
ܠܡܫܝܚܐ. 22 ܘܟܕ ܐܬܘ ܐܝܟܢ ܕܐܬܟܪܟܘ ܡܢܗܘܢ. ܠܐ ܐܫܟܚܘ ܐܝܬܘܗܝ ܒܝܬ ܐܠܗܐ.
ܘܐܡܪܘ ܐܠܗܐ. 23 ܐܝܟܢ. ܐܫܟܚܘ ܒܝܬ ܐܠܗܐ ܕܐܬܦܢܝ ܠܘܬ ܡܛܠ ܠܡܠܟܘܬܐ
ܕܡܩܒܠܝܢ ܥܠ ܬܪܥܐ. ܘܒܬܪܗ. ܘܐܡܪ ܠܐ ܐܫܟܚܘ ܠܗܘܢ. 24 ܘܟܕ ܡܨܠܝܢ ܗܘܘ
ܩܠܐ ܪܒܐ ܒܝܘܡܐ ܘܒܠܠܝܐ ܕܒܝܬܐ. ܕܡܫܡܫ ܗܘܘ ܠܟܠܗܘܢ. ܘܡܫܬܡܥܝܢ ܗܘܘ. ܕܡܢܐ
ܗܘ ܗܢܐ. 25 ܘܐܬܐ ܐܝܟ ܐܢܫ ܐܝܬܘܗܝ. ܕܗܘܝ ܒܪܬܐ ܕܐܬܝܠܕܬ ܒܝܬ ܐܠܗܐ. ܗܘ·
ܡܩܝܡ ܠܒܝܬܐ. ܘܡܬܩܒܠ ܠܟܠܗ. 26 ܗܘܝܢ ܐܢܬܘܢ ܐܬܪܐ ܟܠ ܕܡܢܐ ܕܢܬܘܢ
ܐܝܬܘܗܝ. ܠܐ ܒܫܠܝܐ. ܕܦܬܚ ܗܘܐ ܬܪܥܐ. ܕܟܠܐ ܢܦܫܗ ܐܝܬܘܗܝ ܠܟܠܐ. 27 ܘܟܕ ܐܬܝܢ
ܐܝܬܘܗܝ. ܐܫܟܚܘ ܐܝܬܘܗܝ ܚܝܐ ܒܟܠܗ ܒܝܬܐ. ܘܐܡܪ ܗܘܐ ܐܦ ܒܝܘܡܐ ܠܟܠܗܘܢ ܠܗܘܢ.
28 ܠܐ ܗܘܐ ܡܫܬܡܥ ܦܬܓ ܗܘܝܢ ܠܒܝܬ. ܘܐܝܟ ܠܐ ܐܬܚܙܝ ܒܟܠܐ ܗܢܐ. ܐܝܬܘܗܝ ܐܝܟ.
ܗܘ ܡܫܬܒܚܢܘܬܐ ܠܐܘܪܫܠܡ ܡܢ ܡܠܟܘܬܗ. ܘܐܡܪ ܐܝܬܘܗܝ ܕܐܠܗܐ ܠܟܠܗܘܢ ܕܒܗ
ܕܒܪܐ ܗܘܐ܀܀܀

29 ܒܢܐ ܡܫܝܚܐ ܟܕ ܡܫܬܒܚ ܘܐܡܪ ܠܗܘܢ. ܠܐܠܗܐ ܘܠܐ ܠܡܠܟܘܬܗ ܕܝܢ ܡܢ ܦܣܘܩ ܗ.
ܕܟܬܒܢܘܬܐ. 30 ܐܠܗܐ ܕܐܒܗ̈ܬܐ ܐܩܝܡ ܠܡܫܝܚܐ: ܐܝܟܢܐ ܕܐܝܬܘܗܝ ܡܫܒܚܘܗܝ. ܟܕ
ܠܡܠܟܘܬܗ ܥܠ ܡܫܝܚܐ. 31 ܠܗ ܒܢܐ ܐܩܝܡ ܐܠܗܐ ܩܢܐ ܘܡܫܝܚܐ. ܘܐܬܦܢܝ
ܠܡܫܝܚܗ. ܐܝܟ ܕܐܬܠ ܠܐܒܗ̈ܬܐ ܘܡܫܬܒܚ ܒܠܒܐ ܠܐܝܣܪܝܠ. 32 ܘܐܚܪ ܡܫܝܚܐ ܐܝܬܘܗܝ
ܕܩܕܡ ܐܝܬܘܗܝ. ܘܡܫܬܡܥ ܕܡܫܝܚܐ ܗܘ ܕܐܝܬܘܗܝ ܐܠܗܐ ܠܐܝܬܘܗܝ ܕܡܫܬܒܚܢܝܢ ܒܗ܀ 33 ܘܟܕ
ܡܫܬܡܥ ܗܘܐ ܐܝܬܘܗܝ ܩܕܡ. ܡܫܬܘܕܥܝܢ ܗܘܘ ܒܫܘܒܚܐ. ܘܡܫܬܡܥܝܢ ܗܘܘ ܠܡܫܝܚܐ
ܐܝܬܘܗܝ. 34 ܘܐܡܪ ܗܘܐ ܚܕ ܡܢ ܦܬܓܡܐ ܕܡܫܝܚܐ ܗܘܐ ܕܡܫܬܡܥܝܢ ܡܠܟܐ ܢܒܘܟܐ
ܘܡܬܩܢ ܡܢ ܟܠܗ ܠܡܫܝܚܐ. ܘܐܝܟ ܕܢܦܫܗ ܐܝܬܘܗܝ ܠܡܫܝܚܐ ܠܒܝܬ ܠܒܢܐ ܠܒܘܬܐ.
35 ܘܐܡܪ ܠܗܘܢ. ܒܬܪܐ ܠܒܢܝ ܐܝܣܪܝܠ. ܐܝܬܘܗܝ ܒܫܡܫܐ· ܘܐܬܐ ܡܫܝܚܐ ܘܠܐ ܠܒܝܬ

ܠܡܥܒܕ ܥܠ ܗܠܝܢ ܐܢܫܐ. 36 ܡܢ ܩܕܡ ܓܝܪ ܗܠܝܢ ܝܘܡܬܐ. ܩܡ ܗܘܐ ܬܐܘܕܐ ܘܐܡܪ
ܥܠ ܢܦܫܗ ܕܪܒ ܗܘ ܗܘ. ܘܐܬܢܩܦܘ ܠܗ ܐܝܟ ܐܪܒܥܡܐܐ ܓܒܪܝܢ. ܘܗܘ ܐܬܩܛܠ.
ܘܐܝܠܝܢ ܕܐܬܛܦܝܣܘ ܗܘܘ ܠܗ ܐܬܒܕܪܘ. ܘܗܘܘ ܐܝܟ ܠܐ ܡܕܡ. 37 ܘܡܢ ܒܬܪܗ
ܩܡ ܗܘܐ ܝܗܘܕܐ ܓܠܝܠܝܐ. ܒܝܘܡܬܐ ܕܡܟܬܒܝܢ ܗܘܘ ܐܢܫܐ ܒܟܬܒܐ. ܘܐܛܥܝ ܥܡܐ
ܣܓܝܐܐ ܒܬܪܗ. ܘܗܘ ܐܒܕ. ܘܟܠܗܘܢ ܐܝܠܝܢ ܕܐܬܛܦܝܣܘ ܗܘܘ ܠܗ ܐܬܒܕܪܘ. 38 ܘܗܫܐ
ܐܡܪ ܐܢܐ ܠܟܘܢ. ܦܪܘܩܘ ܠܟܘܢ ܡܢ ܗܠܝܢ ܐܢܫܐ ܘܫܒܘܩܘ ܠܗܘܢ. ܕܐܢ ܗܘ ܕܡܢ
ܒܢܝܢܫܐ ܐܝܬܝܗ ܗܕܐ ܡܚܫܒܬܐ ܐܘ ܗܢܐ ܥܒܕܐ. ܡܫܬܪܐ ܘܥܒܪܐ. 39 ܐܢ ܕܝܢ ܡܢ
ܐܠܗܐ ܗܘ. ܠܐ ܡܫܟܚܝܢ ܐܢܬܘܢ ܠܡܫܪܝܘܬܗ. ܕܠܡܐ ܬܫܬܟܚܘܢ ܕܠܘܩܒܠ
ܐܠܗܐ ܩܝܡܝܢ ܐܢܬܘܢ. 40 ܘܐܬܛܦܝܣܘ ܠܗ. ܘܩܪܘ ܠܫܠܝܚܐ ܘܢܓܕܘ ܐܢܘܢ.
ܘܦܩܕܘ ܐܢܘܢ. ܕܠܐ ܢܡܠܠܘܢ ܒܫܡܐ ܕܝܫܘܥ. ܘܫܪܘ ܐܢܘܢ. 41 ܗܢܘܢ ܕܝܢ ܢܦܩܘ ܡܢ
ܩܕܡ ܟܢܘܫܬܗܘܢ. ܟܕ ܚܕܝܢ. ܕܫܘܝܘ ܗܘܘ ܕܡܛܠ ܫܡܐ ܢܨܛܥܪܘܢ. 42 ܘܠܐ ܫܠܝܢ ܗܘܘ
ܟܠܝܘܡ ܠܡܠܦܘ ܒܗܝܟܠܐ ܘܒܒܬܐ. ܘܠܡܣܒܪܘ ܥܠ ܡܪܢ ܝܫܘܥ ܡܫܝܚܐ܀

Cap. vi. 1 ܘܒܗܘܢ ܒܝܘܡܬܐ ܗܢܘܢ. ܟܕ ܣܓܝܘ ܬܠܡܝܕܐ. ܪܛܢܝܢ ܗܘܘ ܝܘܢܝܐ ܬܠܡܝܕܐ ܥܠ
ܥܒܪܝܐ. ܕܡܬܒܣܪܢ ܗܘܝ ܐܪܡܠܬܗܘܢ ܒܬܫܡܫܬܐ ܕܟܠܝܘܡ. 2 ܘܩܪܘ ܬܪܥܣܪ
ܫܠܝܚܐ ܠܟܠܗ ܟܢܫܐ ܕܬܠܡܝܕܐ. ܘܐܡܪܘ ܠܗܘܢ. ܠܐ ܫܦܝܪ ܕܢܫܒܘܩ ܡܠܬܐ ܕܐܠܗܐ
ܘܢܫܡܫ ܦܬܘܪܐ. 3 ܒܥܘ ܗܟܝܠ ܐܚܝܢ. ܘܓܒܘ ܡܢܟܘܢ ܫܒܥܐ ܓܒܪܝܢ ܕܐܝܬ
ܥܠܝܗܘܢ ܣܗܕܘܬܐ. ܘܡܠܝܢ ܪܘܚܐ ܘܚܟܡܬܐ. ܘܢܩܝܡ ܐܢܘܢ ܥܠ ܗܕܐ
ܚܫܚܬܐ. 4 ܘܚܢܢ. ܢܗܘܐ ܐܡܝܢܝܢ ܒܨܠܘܬܐ ܘܒܬܫܡܫܬܐ ܕܡܠܬܐ. 5 ܘܫܦܪܬ ܗܕܐ
ܡܠܬܐ ܩܕܡ ܟܠܗ ܥܡܐ. ܘܓܒܘ ܠܐܣܛܦܢܘܣ. ܓܒܪܐ ܕܡܠܐ ܗܘܐ ܗܝܡܢܘܬܐ ܘܪܘܚܐ
ܕܩܘܕܫܐ. ܘܠܦܝܠܝܦܘܣ. ܘܠܦܪܟܪܘܣ. ܘܠܢܝܩܢܘܪ. ܘܠܛܝܡܘܢ. ܘܠܦܪܡܢܐ.
ܘܠܢܝܩܠܐܘܣ. ܓܝܘܪܐ ܐܢܛܝܟܝܐ. 6 ܗܠܝܢ ܩܡܘ ܩܕܡܝܗܘܢ ܕܫܠܝܚܐ. ܘܟܕ ܨܠܝܘ.
ܣܡܘ ܥܠܝܗܘܢ ܐܝܕܐ. 7 ܘܡܠܬܗ ܕܐܠܗܐ ܪܒܝܐ ܗܘܬ. ܘܣܓܝ ܗܘܐ ܡܢܝܢܐ ܕܬܠܡܝܕܐ
ܒܐܘܪܫܠܡ ܛܒ. ܘܥܡܐ ܣܓܝܐܐ ܡܢ ܝܗܘܕܝܐ ܡܫܬܡܥܝܢ ܗܘܘ ܠܗܝܡܢܘܬܐ܀

8 ܐܣܛܦܢܘܣ ܕܝܢ. ܡܠܐ ܗܘܐ ܛܝܒܘܬܐ ܘܚܝܠܐ. ܘܥܒܕ ܗܘܐ ܐܬܘܬܐ ܘܚܝܠܘܬܐ ܒܥܡܐ.
9 ܘܩܡܘ ܗܘܘ ܐܢܫܐ ܡܢ ܟܢܘܫܬܐ ܕܡܬܩܪܝܐ ܕܠܝܒܪܛܝܢܘ. ܘܩܘܪܝܢܝܐ ܘܐܠܟܣܢܕܪܝܐ.
ܘܕܡܢ ܩܝܠܝܩܝܐ ܘܡܢ ܐܣܝܐ. ܘܕܪܫܝܢ ܗܘܘ ܥܡ ܐܣܛܦܢܘܣ. 10 ܘܠܐ ܡܫܟܚܝܢ
ܗܘܘ ܠܡܩܡ ܠܘܩܒܠ ܚܟܡܬܐ ܘܪܘܚܐ ܕܡܡܠܠ ܗܘܐ ܒܗ. 11 ܗܝܕܝܢ ܫܕܪܘ
ܓܒܪܐ ܘܠܦܘ ܐܢܘܢ ܕܢܐܡܪܘܢ. ܕܫܡܥܢܝܗܝ ܕܐܡܪ ܡܠܐ ܕܓܘܕܦܐ ܥܠ
ܡܘܫܐ ܘܥܠ ܐܠܗܐ. 12 ܘܐܙܝܥܘ ܠܟܠܗ ܥܡܐ ܘܠܩܫܝܫܐ ܘܠܣܦܪܐ. ܘܐܬܘ. ܘܩܡܘ
ܥܠܘܗܝ. ܘܚܛܦܘܗܝ ܘܐܝܬܝܘܗܝ ܠܒܝܬ ܕܝܢܐ. 13 ܘܐܩܝܡܘ ܣܗܕܐ ܕܓܠܐ ܕܐܡܪܝܢ.

ܗܢܐ ܓܒܪܐ ܠܐ ܫܠܐ ܠܡܡܠܠܘ ܡ̈ܠܐ ܠܘܩܒܠ ܢܡܘܣܐ: ܘܥܠ ܐܬܪܐ ܗܢܐ ܩܕܝܫܐ.
14 ܫܡܥܢ ܓܝܪ ܡܫܡܠܝܢܘܗܝ. ܕܐܡܪ. ܕܝܫܘܥ ܗܢܐ ܢܨܪܝܐ. ܗܘ ܢܣܬܘܪܝܘܗܝ ܠܐܬܪܐ ܗܢܐ:
ܘܢܫܚܠܦ ܥܝ̈ܕܐ ܕܐܫܠܡ ܠܢ ܡܘܫܐ. 15 ܘܚܙܘ ܒܗ ܟܠܗܘܢ ܗܢܘܢ ܕܝܬܒܝܢ ܗܘܘ
ܒܟܢܘܫܬܐ. ܘܚܙܘ ܦܪܨܘܦܗ. ܐܝܟ ܦܪܨܘܦܐ ܕܡܠܐܟܐ. 1 ܘܐܡܪ ܠܗ ܗܘ ܪܒ ܟܗ̈ܢܐ ܕܐܢ ܗܘ Cap. vii.
ܕܗܠܝܢ ܗܟܢܐ ܐܢܝܢ. 2 ܗܘ ܕܝܢ ܐܡܪ. ܓܒܪ̈ܐ ܐܚ̈ܐ ܘܐܒܗ̈ܬܐ. ܫܡܥܘ. ܐܠܗܐ
ܕܫܘܒܚܐ ܐܬܚܙܝ ܠܐܒܘܢ ܐܒܪܗܡ. ܟܕ ܐܝܬܘܗܝ ܗܘܐ ܒܒܝܬ ܢܗܪ̈ܝܢ. ܥܕ ܠܐ ܬܐܬܐ
ܢܥܡܪ ܒܚܪܢ. 3 ܘܐܡܪ ܗܘܐ ܠܗ. ܕܦܘܩ ܡܢ ܐܪܥܟ. ܘܡܢ ܒܢ̈ܝ ܛܘܗܡܟ:
ܘܬܐ ܠܐܪܥܐ ܐܝܕܐ ܕܐܚܘܝܟ. 4 ܗܝܕܝܢ ܢܦܩ ܐܒܪܗܡ ܡܢ ܐܪܥܐ ܕܟܠܕܝ̈ܐ. ܘܐܬܐ ܥܡܪ
ܒܚܪܢ. ܘܡܢ ܬܡܢ ܡܢ ܒܬܪ ܕܡܝܬ ܐܒܘܗܝ. ܫܢܝܗ ܐܠܗܐ ܠܐܪܥܐ ܗܕܐ: ܕܒܗ ܥܡܪܝܢ ܐܝܬܝܟܘܢ
ܗܫܐ. 5 ܘܠܐ ܝܗܒ ܠܗ ܝܪܬܘܬܐ ܒܗ. ܐܦܠܐ ܕܘܪܣܐ ܕܪܓܠܐ. ܘܐܫܬܘܕܝ ܗܘܐ ܕܢܬܠܝܗ
ܠܗ ܐܝܟ ܕܠܡܐܚܕܘܬܗ. ܠܗ. ܘܠܙܪܥܗ. ܟܕ ܠܝܬ ܗܘܐ ܠܗ ܒܪܐ. 6 ܘܡܠܠ ܗܘܐ
ܠܘܬܗ ܐܠܗܐ ܟܕ ܐܡܪ ܠܗ. ܕܢܗܘܐ ܙܪܥܟ ܬܘܬܒܐ ܒܐܪܥܐ ܢܘܟܪܝܬܐ. ܘܢܫܥܒܕܘܢܝܗܝ.
ܘܢܒܐܫܘܢ ܠܗ ܐܪܒܥܡܐܐ ܫܢܝ̈ܢ. 7 ܘܠܥܡܐ ܕܢܫܥܒܕܘܢ ܠܗܘܢ ܕܐܢ ܐܢܐ. ܐܡܪ
ܐܠܗܐ. ܘܡܢ ܒܬܪ ܗܠܝܢ. ܢܦܩܘܢ. ܘܢܫܡܫܘܢ ܠܝ ܒܐܬܪܐ ܗܢܐ. 8 ܘܝܗܒ ܠܗ
ܕܝܬܩܐ ܕܓܙܘܪܬܐ. ܘܗܝܕܝܢ ܐܘܠܕ ܠܐܝܣܚܩ. ܘܓܙܪܗ ܒܝܘܡܐ ܕܬܡܝܢܝܐ. ܘܐܝܣܚܩ ܐܘܠܕ
ܠܝܥܩܘܒ. ܘܝܥܩܘܒ ܐܘܠܕ ܠܬܪܥܣܪ ܐܒܗ̈ܬܐ. 9 ܘܗܢܘܢ ܐܒܗ̈ܬܐ ܛܢܘ ܒܝܘܣܦ.
ܘܙܒܢܘܗܝ ܠܡܨܪܝܢ. ܘܐܠܗܐ ܥܡܗ ܗܘܐ. 10 ܘܦܪܩܗ ܗܘܐ ܡܢ ܟܠܗܘܢ ܐܘ̈ܠܨܢܘܗܝ.
ܘܝܗܒ ܠܗ ܛܝܒܘܬܐ ܘܚܟܡܬܐ ܩܕܡ ܦܪܥܘܢ. ܡܠܟܐ ܕܡܨܪܝܢ. ܘܐܩܝܡܗ ܪܫܐ ܥܠ
ܡܨܪܝܢ. ܘܥܠ ܒܝܬܗ ܟܠܗ ·:·:·
11 ܘܗܘܐ ܟܦܢܐ. ܘܐܘܠܨܢܐ ܪܒܐ. ܒܟܠܗ ܡܨܪܝܢ. ܘܒܐܪܥܐ ܕܟܢܥܢ. ܘܠܝܬ ܗܘܐ ܠܗܘܢ ܝܣܐ ܘ.
ܣܝܒܪܬܐ ܠܐܒܗ̈ܬܢ. 12 ܘܟܕ ܫܡܥ ܝܥܩܘܒ ܕܐܝܬ ܥܒܘܪܐ ܒܡܨܪܝܢ. ܫܕܪ ܗܘܐ
ܠܐܒܗ̈ܬܢ ܩܕܡܝܬ. 13 ܘܟܕ ܐܬܘ ܕܬܪܬܝܢ ܙܒܢܝܢ. ܐܬܝܕܥ ܝܘܣܦ ܠܐܚܘܗܝ.
ܘܐܬܝܕܥ ܠܦܪܥܘܢ ܛܘܗܡܗ ܕܝܘܣܦ. 14 ܘܫܕܪ ܗܘܐ ܝܘܣܦ. ܘܩܪܐ ܠܐܒܘܗܝ
ܝܥܩܘܒ. ܘܠܟܠܗ ܛܘܗܡܗ. ܘܗܘܝܢ ܗܘܘ ܒܢܦܫܬܐ. ܫܒܥܝܢ ܘܚܡܫ ܢܦܫܢ.
15 ܘܢܚܬ ܝܥܩܘܒ ܠܡܨܪܝܢ. ܘܡܝܬ ܬܡܢ ܗܘ ܘܐܒܗ̈ܬܢ. 16 ܘܐܬܢܩܠܘ ܠܫܟܝܡ.
ܘܐܬܬܣܝܡܘ ܒܩܒܪܐ ܕܙܒܢ ܗܘܐ ܐܒܪܗܡ ܒܟܣܦܐ ܡܢ ܒܢܝ̈ ܚܡܘܪ. 17 ܘܟܕ ܡܛܝ ܗܘܐ
ܙܒܢܐ ܕܡܘܠܟܢܐ ܕܐܫܬܘܕܝ ܗܘܐ ܒܡܘܡܬܐ ܐܠܗܐ ܠܐܒܪܗܡ. ܪܒܐ ܗܘܐ ܥܡܐ ܘܐܣܓܝ
ܒܡܨܪܝܢ. 18 ܥܕܡܐ ܕܩܡ ܡܠܟܐ ܐܚܪܢܐ ܥܠ ܡܨܪܝܢ: ܐܝܢܐ ܕܠܐ ܝܕܥ ܗܘܐ ܠܗ
ܠܝܘܣܦ. 19 ܘܐܬܚܟܡ ܥܠ ܛܘܗܡܢ. ܘܐܒܐܫ ܠܐܒܗ̈ܬܢ. ܠܡܥܒܕ ܕܢܗܘܘܢ ܡܫܕܝܢ
ܠܥܘܠܠܝܗܘܢ. ܕܠܐ ܢܚܘܢ. 20 ܒܗ ܒܙܒܢܐ ܗܘ. ܐܬܝܠܕ ܡܘܫܐ. ܘܫܦܝܪ ܗܘܐ ܠܐܠܗܐ.

ܘܐܬܪܒܝ ܬܠܬܐ ܝܪܚܝܢ ܒܒܝܬ ܐܒܘܗܝ. 21 ܘܟܕ ܐܬܪܡܝ ܡܢ ܐܡܗ. ܐܫܟܚܬܗ ܒܪܬܗ
ܕܦܪܥܘܢ. ܘܪܒܝܬܗ ܠܗ ܠܒܪܐ. 22 ܘܐܬܪܕܝ ܡܘܫܐ ܒܟܠܗ ܚܟܡܬܐ ܕܡܨܪܝܐ. ܘܚܝܠܬܢ
ܗܘܐ ܒܡܠܘܗܝ. ܐܦ ܒܥܒܕܘܗܝ. 23 ܘܟܕ ܗܘܐ ܒܪ ܐܪܒܥܝܢ ܫܢܝܢ. ܣܠܩ ܗܘܐ ܥܠ
ܠܒܗ. ܕܢܣܥܘܪ ܠܐܚܘܗܝ ܒܢܝ ܐܝܣܪܝܠ. 24 ܘܚܙܐ ܚܕ ܡܢ ܒܢܝ ܫܪܒܬܗ ܕܡܬܕܪܫ
ܒܡܨܪܝܐ. ܘܐܬܒܥܝܗ. ܘܥܒܕ ܠܗ ܕܝܢܐ. ܘܩܛܠܗ ܠܡܨܪܝܐ ܗܘ. ܕܡܣܬܟܠ ܗܘܐ ܒܗ.
25 ܘܣܒܪ ܕܡܣܬܟܠܝܢ ܐܚܘܗܝ ܒܢܝ ܐܝܣܪܝܠ. ܕܐܠܗܐ ܒܐܝܕܗ ܝܗܒ ܠܗܘܢ ܦܘܪܩܢܐ
ܘܠܐ ܐܣܬܟܠܘ. 26 ܘܠܝܘܡܐ ܐܚܪܢܐ. ܐܬܚܙܝ ܠܗܘܢ. ܟܕ ܢܨܝܢ ܗܘܘ ܚܕ ܥܡ ܚܕ.
ܘܡܦܝܣ ܗܘܐ ܠܗܘܢ ܕܢܫܬܝܢܘܢ. ܟܕ ܐܡܪ. ܓܒܪܐ ܐܚܐ ܐܢܬܘܢ. ܡܛܠ ܡܢܐ
ܡܣܟܠܝܢ ܐܢܬܘܢ ܚܕ ܒܚܕ. 27 ܗܘ ܕܝܢ ܕܡܣܟܠ ܗܘܐ ܒܚܒܪܗ. ܕܚܝܗ ܡܢ ܠܘܬܗ.
ܘܐܡܪ ܠܗ. ܡܢܘ ܐܩܝܡܟ ܥܠܝܢ ܪܫܐ ܘܕܝܢܐ. 28 ܕܠܡܐ ܠܡܩܛܠܢܝ ܒܥܐ ܐܢܬ.
ܐܝܟ ܕܩܛܠܬ ܐܬܡܠܝ ܠܡܨܪܝܐ. 29 ܘܥܪܩ ܡܘܫܐ ܒܡܠܬܐ ܗܕܐ. ܘܗܘܐ ܬܘܬܒܐ
ܒܐܪܥܐ ܕܡܕܝܢ. ܘܗܘܘ ܠܗ ܬܪܝܢ ܒܢܝܢ. 30 ܘܟܕ ܡܠܝ ܠܗ ܬܡܢ ܐܪܒܥܝܢ ܫܢܝܢ.
ܐܬܚܙܝ ܠܗ ܒܡܕܒܪܐ ܕܛܘܪ ܣܝܢܝ. ܡܠܐܟܐ ܕܡܪܝܐ ܒܢܘܪܐ ܕܝܩܕܐ ܒܣܢܝܐ. 31 ܘܟܕ ܚܙܐ
ܡܘܫܐ ܐܬܕܡܪ ܒܚܙܘܐ. ܘܟܕ ܐܬܩܪܒ ܕܢܚܙܐ. ܐܡܪ ܠܗ ܡܪܝܐ ܒܩܠܐ. 32 ܐܢܐ ܐܢܐ
ܐܠܗܐ ܕܐܒܗܬܟ. ܐܠܗܗ ܕܐܒܪܗܡ. ܘܕܐܝܣܚܩ. ܘܕܝܥܩܘܒ. ܘܟܕ ܪܬܝܬ ܗܘܐ ܡܘܫܐ.
ܠܐ ܡܡܪܚ ܗܘܐ ܕܢܚܘܪ ܒܚܙܘܐ. 33 ܘܐܡܪ ܠܗ ܡܪܝܐ. ܫܪܝ ܡܣܐܢܝܟ ܡܢ ܪܓܠܝܟ.
ܐܪܥܐ ܓܝܪ ܕܩܐܡ ܐܢܬ ܒܗ. ܩܕܝܫܐ ܗܝ. 34 ܡܚܙܐ ܚܙܝܬ ܐܘܠܨܢܗ ܕܥܡܝ ܕܒܡܨܪܝܢ.
ܘܐܬܢܚܬܗ ܫܡܥܬ. ܘܢܚܬܬ ܕܐܦܪܘܩ ܐܢܘܢ. ܘܗܫܐ ܬܐ ܐܫܕܪܟ ܠܡܨܪܝܢ. 35 ܠܗܢܐ
ܡܘܫܐ ܕܟܦܪܘ ܒܗ ܟܕ ܐܡܪܝܢ. ܕܡܢܘ ܐܩܝܡܟ ܥܠܝܢ ܪܫܐ ܘܕܝܢܐ. ܠܗ ܠܗܢܐ
ܐܠܗܐ ܪܫܐ ܘܦܪܘܩܐ ܫܕܪ ܠܗܘܢ. ܒܐܝܕܝ ܡܠܐܟܐ ܗܘ ܕܐܬܚܙܝ ܠܗ ܒܣܢܝܐ. 36 ܗܢܘ
ܕܐܦܩ ܐܢܘܢ. ܟܕ ܥܒܕ ܐܬܘܬܐ ܘܬܕܡܪܬܐ ܘܓܒܪܘܬܐ. ܒܐܪܥܐ ܕܡܨܪܝܢ. ܘܒܝܡܐ ܕܣܘܦ.
ܘܒܡܕܒܪܐ ܫܢܝܢ ܐܪܒܥܝܢ. 37 ܗܢܘ ܡܘܫܐ ܗܘ ܕܐܡܪ ܠܒܢܝ ܐܝܣܪܝܠ. ܕܢܒܝܐ ܢܩܝܡ
ܠܟܘܢ ܡܪܝܐ ܐܠܗܐ ܡܢ ܐܚܝܟܘܢ ܐܟܘܬܝ. ܠܗ ܬܫܡܥܘܢ. 38 ܗܢܘ ܕܗܘܐ ܒܟܢܘܫܬܐ
ܒܡܕܒܪܐ. ܥܡ ܡܠܐܟܐ ܗܘ ܕܡܡܠܠ ܗܘܐ ܥܡܗ. ܘܥܡ ܐܒܗܬܢ. ܒܛܘܪܐ ܕܣܝܢܝ.
ܘܗܘܝܘ ܕܩܒܠ ܡܠܐ ܚܝܬܐ ܕܠܟܘܢ ܢܬܠ. 39 ܘܠܐ ܨܒܘ ܠܡܫܬܡܥܘ ܠܗ ܐܒܗܬܢ. ܐܠܐ
ܫܒܩܘܗܝ. ܘܐܬܗܦܟܘ ܒܠܒܗܘܢ ܠܡܨܪܝܢ. 40 ܟܕ ܐܡܪܝܢ ܠܐܗܪܘܢ. ܥܒܕ ܠܢ
ܐܠܗܐ ܕܢܐܙܠܘܢ ܩܕܡܝܢ. ܡܛܠ ܕܗܢܐ ܡܘܫܐ ܕܐܦܩܢ ܡܢ ܐܪܥܐ ܕܡܨܪܝܢ. ܠܐ ܝܕܥܝܢ
ܚܢܢ ܡܢܐ ܗܘܐ ܠܗ. 41 ܘܥܒܕܘ ܠܗܘܢ ܥܓܠܐ ܒܝܘܡܬܐ ܗܢܘܢ. ܘܕܒܚܘ ܕܒܚܐ
ܠܦܬܟܪܐ. ܘܡܬܒܣܡܝܢ ܗܘܘ ܒܥܒܕ ܐܝܕܝܗܘܢ. 42 ܘܗܦܟ ܐܠܗܐ ܘܐܫܠܡ ܐܢܘܢ.
ܕܢܗܘܘܢ ܦܠܚܝܢ ܠܚܝܠܘܬܐ ܕܫܡܝܐ. ܐܝܟ ܕܟܬܝܒ ܒܟܬܒܐ ܕܢܒܝܐ. ܕܠܡܐ ܕܒܚܐ

ܫܢ̈ܝܢ ܒܡܕܒܪܐ: ܢܟܣܬܐ ܐܘ ܕܒܚܬܐ ܩܪܒܬܘܢ ܠܝ ܒܝܬ ܐܝܣܪܝܠ. 43 ܐܠܐ ܫܩܠܬܘܢ
ܡܫܟܢܗ ܕܡܠܟܘܡ. ܘܟܘܟܒܐ ܕܐܠܗܐ ܪܐܦܢ. ܕܡܘ̈ܬܐ ܕܥܒܕܬܘܢ. ܕܬܗܘܘܢ ܣܓܕܝܢ
ܠܗܝܢ. ܐܫܢܝܟܘܢ ܠܗܠ ܡܢ ܒܒܠ. 44 ܗܐ ܡܫܟܢܐ ܕܣܗܕܘܬܐ ܕܐܒܗ̈ܝܢ. ܒܡܕܒܪܐ
ܐܝܬܘܗܝ ܗܘܐ: ܐܝܟ ܡܐ ܕܦܩܕ ܗܘ ܕܡܡܠܠ ܥܡ ܡܘܫܐ ܠܡܥܒܕܗ ܒܕܡܘܬܐ
ܕܚܙܝܗ. 45 ܘܠܗ ܠܗܢܐ ܡܫܟܢܐ. ܐܦ ܡܥܠܠܗ ܐܥܠܘܗܝ ܐܒܗ̈ܝܢ ܥܡ ܝܫܘܥ:
ܠܐܪܥܐ ܕܝܗܒ ܠܗܘܢ ܐܠܗܐ ܝܪܬܘܬܐ: ܡܢ ܥܡ̈ܡܐ ܗܢܘܢ ܕܛܪܕ ܡܢ ܩܕܡ ܦܪܨܘܦܗܘܢ.
ܘܐܬܝܠܕ ܥܕܡܐ ܠܝܘ̈ܡܬܗ ܕܕܘܝܕ: 46 ܗܘ ܕܐܫܟܚ ܪ̈ܚܡܐ ܩܕܡ ܐܠܗܐ.
ܘܫܐܠ ܕܢܫܟܚ ܡܫܟܢܐ ܠܐܠܗܗ ܕܝܥܩܘܒ. 47 ܫܠܝܡܘܢ ܕܝܢ ܒܢܐ ܠܗ ܒܝܬܐ.
48 ܘܡܪܝܡܐ ܠܐ ܥܡܪ ܒܥܒܕܐ ܕܐܝ̈ܕܝܐ. ܐܝܟ ܕܐܡܪ ܢܒܝܐ. 49 ܕܫܡܝܐ ܟܘܪܣܝܐ. ܘܐܪܥܐ ܟܘܒܫܐ
ܕܪ̈ܓܠܝ. ܐܝܢܐ ܒܝܬܐ ܕܬܒܢܘܢ ܠܝ. ܐܡܪ ܡܪܝܐ. ܐܘ ܐܝܢܐ ܐܬܪܐ ܕܢܝܚܬܝ.
50 ܠܐ ܗܐ ܐܝܕܝ ܥܒܕܬ: ܗܠܝܢ ܟܠܗܝܢ. 51 ܐܘ ܩܫܝ̈ ܩܕܠܐ. ܘܠܐ ܓܙܝܪܝ̈ܢ
ܒܠܒܘ̈ܬܗܘܢ. ܘܒܡܫܡܥܬܗܘܢ.. ܐܢܬܘܢ ܒܟܠܙܒܢ ܠܘܩܒܠ ܪܘܚܐ ܕܩܘܕܫܐ ܩܝܡܝܢ
ܐܢܬܘܢ. ܐܝܟ ܐܒܗ̈ܝܟܘܢ. ܐܦ ܐܢܬܘܢ. 52 ܠܐܝܢܐ ܓܝܪ ܡܢ ܢܒܝ̈ܐ ܕܠܐ ܪܕܦܘ ܘܩܛܠܘ
ܐܒܗ̈ܝܟܘܢ: ܠܐܝܠܝܢ ܕܩܕܡܘ ܟܪܙܘ ܥܠ ܡܐܬܝܬܗ ܕܙܕܝܩܐ: ܗܘ ܕܐܢܬܘܢ
ܐܫܠܡܬܘܢܝܗܝ ܘܩܛܠܬܘܢܝܗܝ. 53 ܘܢܣܒܬܘܢ ܢܡܘܣܐ ܒܦܘܩܕܢܐ ܕܡܠܐ̈ܟܐ ܘܠܐ
ܢܛܪܬܘܢܝܗܝ.◦◦◦◦

54 ܘܟܕ ܫܡܥܘ ܗܘܘ ܗܠܝܢ. ܐܬܡܠܝܘ ܚܡܬܐ ܒܢܦ̈ܫܗܘܢ. ܘܡܚܪܩܝܢ ܗܘܘ ܕܣܗܕܐ ܐ.
ܫܢ̈ܝܗܘܢ ܥܠܘܗܝ. 55 ܘܗܘ ܟܕ ܡܠܐ ܗܘܐ ܗܝܡܢܘܬܐ ܘܪܘܚܐ ܕܩܘܕܫܐ. ܚܪ ܒܫܡܝܐ.
ܘܚܙܐ ܬܫܒܘܚܬܐ ܕܐܠܗܐ. ܘܠܝܫܘܥ ܟܕ ܩܐܡ ܡܢ ܝܡܝܢܐ ܕܐܠܗܐ. 56 ܘܐܡܪ. ܗܐ ܚܙܐ
ܐܢܐ ܫܡܝܐ ܟܕ ܦܬܝܚܝܢ. ܘܠܒܪܗ ܕܐܢܫܐ ܟܕ ܩܐܡ ܡܢ ܝܡܝܢܐ ܕܐܠܗܐ. 57 ܘܩܥܘ ܒܩܠܐ
ܪܡܐ ܘܣܟܪܘ ܐܕܢ̈ܝܗܘܢ. ܘܐܬܓܪܓܘ ܥܠܘܗܝ ܟܠܗܘܢ. 58 ܘܐܦܩܘܗܝ ܠܒܪ ܡܢ
ܡܕܝܢܬܐ ܘܪܓܡܝܢ ܗܘܘ ܠܗ. ܘܐܝܠܝܢ ܕܐܣܗܕܘ ܥܠܘܗܝ. ܣܡܘ ܢܚ̈ܬܝܗܘܢ ܠܘܬ
ܪ̈ܓܠܘܗܝ ܕܥܠܝܡܐ ܚܕ: ܕܡܬܩܪܐ ܫܐܘܠ. 59 ܘܪܓܡܝܢ ܗܘܘ ܠܗ ܠܐܣܛܦܢܘܣ.
ܟܕ ܡܨܠܐ ܘܐܡܪ. ܡܪܝ. ܝܫܘܥ. ܩܒܠ ܪܘܚܝ. 60 ܘܟܕ ܣܡ ܥܠ ܒܘܪ̈ܟܐ. ܩܥܐ ܒܩܠܐ ܪܡܐ
ܘܐܡܪ. ܡܪܝ. ܠܐ ܬܩܝܡ ܠܗܘܢ ܗܕܐ ܚܛܝܬܐ. ܘܟܕ ܗܕܐ ܐܡܪ. ܫܟܒ. 1 ܫܐܘܠ ܕܝܢ Cap. viii.
ܨܒܐ ܗܘܐ ܘܡܫܬܘܐ ܗܘܐ ܒܩܛܠܗ. ܘܗܘܐ ܗܘܐ ܒܗܘ ܝܘܡܐ ܪܕܘܦܝܐ ܪܒܐ ܠܥܕܬܐ
ܕܒܐܘܪܫܠܡ. ܘܐܬܒܕܪܘ ܟܠܗܘܢ ܒܩܘܪ̈ܝܐ ܕܝܗܘܕ. ܘܐܦ ܒܝܬ ܫܡܪ̈ܝܐ. ܒܪ ܡܢ ܫܠܝ̈ܚܐ
ܒܠܚܘܕ. 2 ܘܟܢܫܘ ܩܒܪܘܗܝ ܠܐܣܛܦܢܘܣ ܓܒܪ̈ܐ ܡܗܝܡ̈ܢܐ. ܘܐܬܐܒܠܘ
ܥܠܘܗܝ ܐܘܠܝܬܐ◆

3 ܫܐܘܠ ܕܝܢ ܪܕܦ ܗܘܐ ܠܥܕܬܗ ܕܐܠܗܐ. ܟܕ ܥܐܠ ܗܘܐ ܠܒܬ̈ܐ: ܘܡܓܪܓܪ

ܓܒܪ̈ܐ ܘܢܫ̈ܐ: ܘܡܫܠܡ ܗܘܐ ܠܒܝܬ ܐܣܝܪ̈ܐ. 4 ܘܗܢܘܢ ܕܐܬܒܕܪܘ: ܡܬܟܪܟܝܢ ܗܘܘ.
ܘܡܟܪܙܝܢ ܡܠܬܐ ܕܐܠܗܐ. 5 ܦܝܠܝܦܘܣ ܕܝܢ ܢܚܬ ܠܗ ܠܩܘܪܝܬܐ ܕܫܡܪܝܐ. ܘܡܟܪܙ
ܗܘܐ ܠܗܘܢ ܥܠ ܡܫܝܚܐ. 6 ܘܟܕ ܫܡܥܝܢ ܗܘܘ ܡܠܘܗܝ ܟܢ̈ܫܐ ܕܐܢܫܐ: ܨܝܬܝܢ
ܗܘܘ ܠܗ. ܘܡܬܛܦܝܣܝܢ ܗܘܘ. ܠܟܠ ܕܐܡܪ ܗܘܐ. ܕܚܙܝܢ ܗܘܘ ܐܬܘ̈ܬܐ ܕܥܒܕ
ܗܘܐ. 7 ܣܓܝ̈ܐܐ ܓܝܪ ܕܐܝܬ ܗܘܝ ܠܗܘܢ ܪ̈ܘܚܐ ܛܢܦ̈ܬܐ. ܩܥܝܢ ܗܘܘ ܒܩܠܐ ܪܡܐ
ܘܢܦܩܢ ܗܘ̈ܝ ܡܢܗܘܢ. ܘܐܚܪ̈ܢܐ ܡܫܪ̈ܝܐ ܘܡܚܝ̈ܓܐ ܐܬܐܣܝܘ. 8 ܘܚܕܘܬܐ ܪܒܬܐ ܗܘܬ
ܒܗܝ ܡܕܝܢܬܐ. 9 ܐܝܬ ܗܘܐ ܕܝܢ ܬܡܢ ܓܒܪܐ ܚܕ. ܕܫܡܗ ܫܡܥܘܢ: ܕܚܪܫ ܗܘܐ
ܠܗ ܠܥܡܐ ܕܫܡܪܝܐ ܐܪܒܐ ܛܥܝܐ. ܘܡܫܬܒܗܪ ܗܘܐ ܒܢܦܫܗ ܕܗܘܝܘ ܪܒܐ: ܟܕ
ܡܬܗܦܟ ܗܘܐ ܠܒܢܝܢܫܐ ܐܡܪ. ܕܐܢܐ ܐܢܐ ܪܒܐ. 10 ܘܨܝܬܝܢ ܗܘܘ ܠܗ ܟܠܗܘܢ. ܙܥܘܪܐ
ܘܪܒܐ. ܘܐܡܪܝܢ ܗܘܘ. ܗܢܐ ܚܝܠܗ ܪܒܐ ܕܐܠܗܐ. 11 ܘܡܬܛܦܝܣܝܢ ܗܘܘ ܠܗ
ܟܠܗܘܢ: ܡܛܠ ܕܙܒܢܐ ܣܓܝܐܐ ܒܚܪ̈ܫܘܗܝ ܐܬܡܗ ܗܘܐ ܐܢܘܢ. 12 ܟܕ ܕܝܢ ܗܝܡܢܘ
ܠܦܝܠܝܦܘܣ ܕܡܣܒܪ ܗܘܐ ܡܠܟܘܬܐ ܕܐܠܗܐ: ܒܫܡܗ ܕܡܪܢ ܝܫܘܥ ܡܫܝܚܐ
ܥܡܕܝܢ ܗܘܘ ܓܒܪ̈ܐ ܘܢܫ̈ܐ. 13 ܘܐܦ ܗܘ ܫܡܥܘܢ ܗܝܡܢ ܗܘܐ ܘܥܡܕ. ܘܢܩܝܦ ܗܘܐ
ܠܗ ܠܦܝܠܝܦܘܣ. ܘܟܕ ܚܙܐ ܗܘܐ ܐܬܘ̈ܬܐ ܘܚܝ̈ܠܐ ܪ̈ܘܪܒܐ ܕܗܘܝܢ ܗܘܘ ܒܐܝܕܗ: ܬܡܗ
ܗܘܐ ܘܡܬܕܡܪ. 14 ܘܟܕ ܫܡܥܘ ܫܠܝ̈ܚܐ ܕܒܐܘܪܫܠܡ: ܕܩܒܠܬ ܟܠܗ ܫܡܪܝܐ
ܡܠܬܗ ܕܐܠܗܐ. ܫܕܪܘ ܠܘܬܗܘܢ ܠܫܡܥܘܢ ܟܐܦܐ ܘܠܝܘܚܢܢ. 15 ܘܢܚܬܘ ܘܨܠܝܘ
ܥܠܝܗܘܢ: ܐܝܟ ܕܢܩܒܠܘܢ ܪܘܚܐ ܕܩܘܕܫܐ. 16 ܠܐ ܓܝܪ ܗܘܐ ܢܚܬ ܥܠ ܚܕ ܡܢܗܘܢ
ܒܠܚܘܕ: ܒܠܚܘܕ ܕܝܢ ܥܡܝܕܝܢ ܗܘܘ ܒܫܡܗ ܕܡܪܢ ܝܫܘܥ. 17 ܗܝܕܝܢ ܣܡܝܢ ܗܘܘ
ܥܠܝܗܘܢ ܐܝܕܐ. ܘܡܩܒܠܝܢ ܗܘܘ ܪܘܚܐ ܕܩܘܕܫܐ. 18 ܘܟܕ ܚܙܐ ܫܡܥܘܢ ܕܒܣܝܡ
ܐܝܕܐ ܕܫܠܝ̈ܚܐ ܡܬܝܗܒܐ ܪܘܚܐ ܕܩܘܕܫܐ. ܩܪܒ ܠܗܘܢ ܟܣܦܐ. 19 ܟܕ ܐܡܪ: ܗܒܘ ܐܦ
ܠܝ ܗܕܐ ܫܘܠܛܢܐ ܗܢܐ. ܕܐܝܢܐ ܕܐܣܝܡ ܥܠܘܗܝ ܐܝܕܝ: ܢܗܘܐ ܡܩܒܠ ܪܘܚܐ ܕܩܘܕܫܐ.
20 ܐܡܪ ܠܗ ܫܡܥܘܢ ܟܐܦܐ. ܟܣܦܟ ܥܡܟ ܢܗܘܐ ܠܐܒܕܢܐ. ܡܛܠ ܕܣܒܪܬ ܕܡܘܗܒܬܗ
ܕܐܠܗܐ ܒܩܢܝܢ ܥܠܡܐ ܡܬܩܢܝܐ. 21 ܠܝܬ ܠܟ ܡܢܬܐ ܐܦܠܐ ܦܣܬܐ ܒܗܝܡܢܘܬܐ ܗܕܐ.
ܡܛܠ ܕܠܒܟ ܠܐ ܗܘܐ ܬܪܝܨ ܩܕܡ ܐܠܗܐ. 22 ܐܠܐ ܬܘܒ ܡܢ ܒܝܫܘܬܟ ܗܕܐ. ܘܒܥܐ
ܡܢ ܐܠܗܐ. ܕܟܒܪ ܢܫܬܒܩ ܠܟ ܢܟܠܐ ܕܠܒܟ. 23 ܒܡܪܬܐ ܓܝܪ ܕܡܪܝܪܘܬܐ ܘܒܩܛܪ̈ܐ
ܕܥܘܠܐ ܚܙܐ ܐܢܐ ܠܟ. 24 ܥܢܐ ܫܡܥܘܢ ܘܐܡܪ. ܒܥܘ ܐܢܬܘܢ ܥܠܝ ܡܢ ܐܠܗܐ.
ܕܠܐ ܢܐܬܐ ܥܠܝ ܡܕܡ ܡܢ ܗܠܝܢ ܕܐܡܪܬܘܢ. 25 ܫܡܥܘܢ ܕܝܢ ܘܝܘܚܢܢ: ܟܕ ܐܣܗܕܘ
ܐܢܘܢ ܘܡܠܠܘ ܡܠܬܗ ܕܐܠܗܐ. ܗܦܟܘ ܠܗܘܢ ܠܐܘܪܫܠܡ. ܘܒܩܘܪܝܐ ܣܓܝܐܬܐ ܕܫܡܪܝܐ
ܣܒܪܘ. 26 ܘܡܠܐܟܐ ܕܡܪܝܐ ܡܠܠ ܥܡ ܦܝܠܝܦܘܣ. ܘܐܡܪ ܠܗ. ܩܘܡ ܐܙܠ ܠܬܝܡܢܐ
ܠܐܘܪܚܐ ܕܢܚܬܐ ܡܢ ܐܘܪܫܠܡ ܠܓܙܐ ܕܡܕܒܪܐ. 27 ܘܩܡ ܐܙܠ. ܘܐܫܟܚ ܡܗܝܡܢܐ

ܚܕ: ܕܐܬܐ ܗܘܐ ܡܢ ܟܘܫ: ܡܗܝܡܢܐ ܕܩܢܕܩܐ ܡܠܟܬܐ ܕܟܘܫܝܐ. ܘܗܘ ܫܠܝܛ ܗܘܐ ܥܠ
ܟܠܗ ܓܙܗ. ܘܐܬܐ ܗܘܐ. ܕܢܣܓܘܕ ܒܐܘܪܫܠܡ. 28 ܘܟܕ ܗܦܟ ܕܢܐܙܠ. ܝܬܒ ܗܘܐ ܥܠ
ܡܪܟܒܬܐ ܘܩܪܐ ܗܘܐ ܒܐܫܥܝܐ ܢܒܝܐ. 29 ܘܐܡܪܬ ܪܘܚܐ ܠܦܝܠܝܦܘܣ. ܐܬܩܪܒ ܘܩܪܘܒ
ܠܡܪܟܒܬܐ. 30 ܘܟܕ ܐܬܩܪܒ. ܫܡܥܗ ܕܩܪܐ ܗܘܐ ܒܐܫܥܝܐ ܢܒܝܐ. ܘܐܡܪ ܠܗ. ܕܠܡܐ ܡܣܬܟܠ
ܐܢܬ ܡܢܐ ܕܩܪܐ ܐܢܬ. 31 ܘܗܘ ܐܡܪ. ܐܝܟܢܐ ܡܫܟܚ ܐܢܐ ܕܐܣܬܟܠ. ܐܠܐ ܐܢ ܐܢܫ
ܢܠܦܢܝ. ܘܒܥܐ ܡܢܗ ܡܢ ܦܝܠܝܦܘܣ. ܕܢܣܩ ܘܢܬܒ ܥܡܗ. 32 ܦܣܘܩܐ ܕܝܢ ܕܟܬܒܐ
ܕܩܪܐ ܗܘܐ ܒܗ. ܐܝܬܘܗܝ ܗܘܐ ܗܢܐ. ܐܝܟ ܐܡܪܐ ܠܢܟܣܬܐ ܐܬܕܒܪ. ܘܐܝܟ ܢܩܝܐ ܩܕܡ
ܓܙܘܙܐ ܫܬܝܩ ܗܘܐ. ܘܠܐ ܦܬܚ ܦܘܡܗ. 33 ܒܡܘܟܟܗ. ܡܢ ܚܒܘܫܝܐ ܘܡܢ ܕܝܢܐ
ܐܬܕܒܪ. ܘܫܪܒܬܗ ܡܢܘ ܢܫܬܥܐ. ܕܐܫܬܩܠܘ ܚܝܘܗܝ ܡܢ ܐܪܥܐ. 34 ܘܐܡܪ ܗܘ
ܡܗܝܡܢܐ ܠܦܝܠܝܦܘܣ. ܒܥܐ ܐܢܐ ܡܢܟ. ܥܠ ܡܢܘ ܐܡܪ ܢܒܝܐ ܗܕܐ: ܥܠ
ܢܦܫܗ ܐܘ ܥܠ ܐܢܫ ܐܚܪܝܢ܀
35 ܗܝܕܝܢ ܦܝܠܝܦܘܣ ܦܬܚ ܦܘܡܗ. ܘܫܪܝ ܡܢܗ ܡܢ ܗܢܐ ܟܬܒܐ: ܘܣܒܪ ܠܗ ܘܣܡܐ ܣ.
ܥܠ ܡܪܢ ܝܫܘܥ. 36 ܘܟܕ ܐܙܠܝܢ ܐܢܘܢ ܒܐܘܪܚܐ. ܡܛܝܘ ܗܘܘ ܠܕܘܟܬܐ ܚܕܐ ܕܐܝܬ
ܒܗ ܡܝܐ. ܘܐܡܪ ܗܘ ܡܗܝܡܢܐ. ܗܐ ܡܝܐ. ܡܢܐ ܗܘ ܟܠܝܐ ܕܐܥܡܕ. 38 ܘܦܩܕ ܗܘܐ
ܕܬܩܘܡ ܡܪܟܒܬܐ. ܘܢܚܬܘ ܬܪܝܗܘܢ ܠܡܝܐ. ܘܐܥܡܕܗ ܦܝܠܝܦܘܣ ܠܡܗܝܡܢܐ ܗܘ.
39 ܘܟܕ ܣܠܩܘ ܡܢ ܡܝܐ. ܪܘܚܗ ܕܡܪܝܐ ܚܛܦܬܗ ܠܦܝܠܝܦܘܣ. ܘܬܘܒ ܠܐ ܚܙܝܗܝ
ܡܗܝܡܢܐ ܗܘ. ܐܠܐ ܐܙܠ ܗܘܐ ܒܐܘܪܚܗ. ܟܕ ܚܕܐ. 40 ܦܝܠܝܦܘܣ ܕܝܢ ܐܫܬܟܚ ܒܐܙܘܛܘܣ.
ܘܡܢ ܬܡܢ ܡܟܪܙ ܗܘܐ ܘܡܣܒܪ ܒܡܕܝܢܬܐ ܟܠܗܝܢ. ܥܕܡܐ ܕܐܬܐ ܠܩܣܪܝܐ܀
1 ܫܐܘܠ ܕܝܢ ܥܕܟܝܠ ܡܠܐ ܗܘܐ ܒܓܘܙܡܐ ܘܚܡܬܐ ܕܩܛܠܐ ܥܠ ܬܠܡܝܕܘܗܝ Cap. ix.
ܕܡܪܢ. 2 ܘܫܐܠ ܠܗ ܐܓܪܬܐ ܡܢ ܪܒ ܟܗܢܐ. ܕܢܬܠ ܠܗ ܠܕܪܡܣܘܩ ܠܒܢܝ ܟܢܘܫܬܐ:
ܕܐܢ ܗܘ ܕܢܫܟܚ ܕܪܕܝܢ ܒܗܕܐ ܐܘܪܚܐ ܓܒܪܐ ܐܘ ܢܫܐ. ܢܐܣܘܪ ܢܝܬܐ ܐܢܘܢ ܠܐܘܪܫܠܡ.
3 ܘܟܕ ܐܙܠ ܗܘܐ ܘܡܛܐ ܠܡܩܪܒ ܠܕܪܡܣܘܩ. ܡܢ ܫܠܝ ܡܚܕܐ ܐܙܠܓ ܗܘܐ ܥܠܘܗܝ
ܢܘܗܪܐ ܡܢ ܫܡܝܐ. 4 ܘܢܦܠ ܥܠ ܐܪܥܐ. ܘܫܡܥ ܩܠܐ ܕܐܡܪ ܠܗ. ܫܐܘܠ ܫܐܘܠ:
ܡܢܐ ܪܕܦ ܐܢܬ ܠܝ. ܩܫܐ ܗܘ ܠܟ ܠܡܒܥܛܘ ܠܥܘܩܣܐ. 5 ܥܢܐ ܗܘ ܘܐܡܪ. ܡܢ
ܐܢܬ ܡܪܝ. ܘܡܪܢ ܐܡܪ. ܐܢܐ ܐܢܐ ܝܫܘܥ ܢܨܪܝܐ ܗܘ ܕܐܢܬ ܪܕܦ ܐܢܬ. 6 ܐܠܐ ܩܘܡ

---

37 ܘܐܡܪ ܦܝܠܝܦܘܣ. ܐܢ ܡܗܝܡܢ ܐܢܬ ܡܢ ܟܠܗ ܠܒܟ. ܫܪܝܪ. ܘܥܢܐ ܘܐܡܪ.
ܐܢܐ ܡܗܝܡܢ ܐܢܐ. ܕܝܫܘܥ ܡܫܝܚܐ ܒܪܗ ܕܐܠܗܐ ܗܘ.

This verse is not found in any Syriac MS. It was first supplied in Hutter's edition of 1599-1600.

ܥܘܠ ܠܡܕܝܢܬܐ. ܘܬܡܢ ܢܬܡܠܠ ܥܡܟ ܥܠ ܡܐ ܕܘܠܐ ܠܟ ܠܡܥܒܕ. 7 ܘܓܒܪܐ
ܕܐܪܕܝܢ ܗܘܘ ܥܡܗ ܒܐܘܪܚܐ. ܩܝܡܝܢ ܗܘܘ ܟܕ ܬܡܝܗܝܢ: ܡܛܠ ܕܩܠܐ ܒܠܚܘܕܘܗܝ
ܫܡܥܝܢ ܗܘܘ. ܐܢܫ ܕܝܢ ܠܐ ܡܬܚܙܐ ܗܘܐ ܠܗܘܢ. 8 ܘܩܡ ܫܐܘܠ ܡܢ ܐܪܥܐ ܘܠܐ
ܡܬܚܙܐ ܗܘܐ ܠܗ ܡܕܡ: ܟܕ ܥܝܢܘܗܝ ܦܬܝܚܢ ܗܘܝ. ܘܟܕ ܐܚܝܕܝܢ ܒܐܝܕܘܗܝ
ܐܥܠܘܗܝ ܠܕܪܡܣܘܩ. 9 ܘܠܐ ܡܬܚܙܐ ܗܘܐ ܠܗ ܬܠܬܐ ܝܘܡܝܢ. ܘܠܐ ܐܟܠ. ܘܠܐ
ܐܫܬܝ. 10 ܐܝܬ ܗܘܐ ܕܝܢ ܒܕܪܡܣܘܩ ܬܠܡܝܕܐ ܚܕ ܕܫܡܗ ܗܘܐ ܚܢܢܝܐ. ܘܡܪܢܐ
ܐܡܪ ܠܗ ܒܚܙܘܐ. ܚܢܢܝܐ. ܘܐܡܪ. ܗܐ ܐܢܐ ܡܪܝ. 11 ܘܡܪܢ ܐܡܪ ܠܗ. ܩܘܡ ܐܙܠ
ܠܫܘܩܐ ܕܡܬܩܪܐ ܬܪܝܨܐ. ܘܒܥܝ ܒܒܝܬܗ ܕܝܗܘܕܐ ܠܫܐܘܠ ܕܐܝܬܘܗܝ ܡܢ ܛܪܣܘܣ
ܡܕܝܢܬܐ. ܗܐ ܓܝܪ ܗܘ ܡܨܠܐ. 12 ܘܚܙܐ ܒܚܙܘܐ ܓܒܪܐ ܕܫܡܗ ܚܢܢܝܐ. ܕܥܠ ܘܣܡ
ܥܠܘܗܝ ܐܝܕܐ: ܐܝܟ ܕܢܬܦܬܚܢ ܥܝܢܘܗܝ. 13 ܘܐܡܪ ܚܢܢܝܐ. ܡܪܝ. ܫܡܥܬ ܡܢ
ܣܓܝܐܐ ܥܠ ܓܒܪܐ ܗܢܐ. ܕܟܡܐ ܒܝܫܬܐ ܣܥܪ ܠܩܕܝܫܝܟ ܒܐܘܪܫܠܡ. 14 ܘܗܐ ܐܦ
ܗܪܟܐ ܐܝܬ ܠܗ ܫܘܠܛܢܐ ܡܢ ܪܒܝ ܟܗܢܐ. ܕܢܐܣܘܪ ܠܟܠܗܘܢ ܐܝܠܝܢ ܕܩܪܝܢ ܫܡܟ.
15 ܘܐܡܪ ܠܗ ܡܪܢܐ. ܩܘܡ ܐܙܠ. ܡܛܠ ܕܡܐܢܐ ܗܘ ܓܒܝܐ ܠܝ. ܕܢܛܥܘܢ ܫܡܝ
ܠܥܡܡܐ ܘܡܠܟܐ. ܘܒܝܬ ܒܢܝ ܐܝܣܪܝܠ. 16 ܐܢܐ ܓܝܪ ܡܚܘܐ ܐܢܐ ܠܗ. ܟܡܐ ܥܬܝܕ
ܠܡܚܫ ܡܛܠ ܫܡܝ. 17 ܗܝܕܝܢ ܐܙܠ ܚܢܢܝܐ ܠܒܝܬܐ ܠܘܬܗ. ܘܣܡ ܥܠܘܗܝ
ܐܝܕܐ ܘܐܡܪ ܠܗ. ܫܐܘܠ ܐܚܝ. ܡܪܢ ܝܫܘܥ ܫܕܪܢܝ: ܗܘ ܕܐܬܚܙܝ ܠܟ ܒܐܘܪܚܐ ܟܕ
ܐܬܐ ܐܢܬ: ܐܝܟ ܕܬܬܦܬܚܢ ܥܝܢܝܟ ܘܬܬܡܠܐ ܪܘܚܐ ܕܩܘܕܫܐ. 18 ܘܒܗ ܫܥܬܐ ܢܦܠܘ ܡܢ
ܥܝܢܘܗܝ ܡܕܡ ܕܕܡܐ ܠܩܠܦܐ. ܘܐܬܦܬܚ ܥܝܢܘܗܝ. ܘܩܡ ܥܡܕ. 19 ܘܩܒܠ ܡܐܟܘܠܬܐ
ܘܐܬܚܝܠ. ܘܗܘܐ ܝܘܡܬܐ ܥܡ ܬܠܡܝܕܐ ܗܢܘܢ: ܕܐܝܬ ܗܘܘ ܒܕܪܡܣܘܩ. 20 ܘܒܗ
ܫܥܬܐ ܡܟܪܙ ܗܘܐ ܒܟܢܘܫܬܐ ܕܝܗܘܕܝܐ ܥܠ ܝܫܘܥ. ܕܗܘܝܘ ܒܪܗ ܕܐܠܗܐ.
21 ܘܬܡܝܗܝܢ ܗܘܘ ܟܠܗܘܢ ܐܝܠܝܢ ܕܫܡܥܝܢ ܗܘܘ ܠܗ. ܘܐܡܪܝܢ ܗܘܘ. ܠܐ ܗܘܐ ܗܢܐ:
ܗܘ ܕܪܕܦ ܗܘܐ ܠܟܠܗܘܢ ܐܝܠܝܢ ܕܩܪܝܢ ܗܘܘ ܠܫܡܐ ܗܢܐ ܒܐܘܪܫܠܡ. ܐܦ ܠܗܪܟܐ
ܥܠܝܗ ܗܕܐ ܐܬܐ ܗܘܐ. ܐܝܟ ܕܢܐܣܘܪ ܐܢܘܢ ܘܢܘܒܠ ܐܢܘܢ ܠܘܬ ܪܒܝ ܟܗܢܐ. 22 ܫܐܘܠ
ܕܝܢ ܝܬܝܪܐܝܬ ܡܬܚܝܠ ܗܘܐ. ܘܡܫܓܫ ܗܘܐ ܠܗܘܢ ܠܝܗܘܕܝܐ ܗܢܘܢ ܕܥܡܪܝܢ ܗܘܘ
ܒܕܪܡܣܘܩ: ܟܕ ܡܚܘܐ ܗܘܐ ܕܗܢܘ ܡܫܝܚܐ. 23 ܘܟܕ ܣܓܝܘ ܠܗ ܝܘܡܬܐ.
ܥܒܕܘ ܥܠܘܗܝ ܢܟܠܐ ܝܗܘܕܝܐ ܕܢܩܛܠܘܢܝܗܝ. 24 ܐܬܝܕܥܬ ܠܗ ܕܝܢ ܠܫܐܘܠ ܢܟܝܠܬܐ.
ܕܢܛܪܝܢ ܗܘܘ ܠܬܪܥܐ ܕܡܕܝܢܬܐ: ܐܝܡܡܐ ܘܠܠܝܐ
ܕܢܩܛܠܘܢܝܗܝ. 25 ܗܝܕܝܢ ܬܠܡܝܕܘܗܝ ܒܠܠܝܐ ܒܣܦܪܝܕܐ. ܘܐܚܬܘܗܝ ܡܢ ܫܘܪܐ
ܒܚܒܠܐ. 26 ܘܐܙܠ ܠܗ ܠܐܘܪܫܠܡ. ܘܒܥܐ ܗܘܐ ܠܡܬܢܩܦܘ ܠܬܠܡܝܕܐ. ܘܟܠܗܘܢ
ܕܚܠܝܢ ܗܘܘ ܡܢܗ ܘܠܐ ܡܗܝܡܢܝܢ ܗܘܘ ܕܬܠܡܝܕܐ ܗܘ. 27 ܒܪܢܒܐ ܕܝܢ ܐܚܕܗ

ܘܐܝܬܝܗ ܠܘܬ ܫܠܝܚܐ. ܘܐܫܬܥܝ ܠܗܘܢ ܐܝܟܢܐ ܒܐܘܪܚܐ ܚܙܐ ܠܡܪܢ. ܘܕܐܝܟܢܐ
ܡܠܠ ܥܡܗ. ܘܐܝܟܢܐ ܒܕܪܡܣܘܩ ܥܡ ܓܠܐ ܡܠܠ ܒܫܡܗ ܕܝܫܘܥ. 28 ܘܥܐܠ
ܗܘܐ ܥܡܗܘܢ ܘܢܦܩ ܒܐܘܪܫܠܡ. 29 ܘܡܡܠܠ ܗܘܐ ܒܫܡܗ ܕܝܫܘܥ ܥܡ ܓܠܐ.
ܘܕܪܫ ܗܘܐ ܥܡ ܝܗܘܕܝܐ ܐܝܠܝܢ ܕܝܕܥܝܢ ܗܘܘ ܝܘܢܐܝܬ. ܗܢܘܢ ܕܝܢ ܨܒܝܢ ܗܘܘ
ܠܡܩܛܠܗ. 30 ܘܟܕ ܝܕܥܘ ܐܚܐ. ܐܘܒܠܘܗܝ ܒܠܠܝܐ ܠܩܣܪܝܐ. ܘܡܢ ܬܡܢ ܫܕܪܘܗܝ
ܠܛܪܣܘܣ. 31 ܥܕܬܐ ܕܝܢ ܕܒܟܠܗ ܝܗܘܕ ܘܓܠܝܠܐ ܘܫܡܪܝܢ. ܐܝܬ ܗܘܐ ܠܗ
ܫܠܡܐ. ܟܕ ܡܬܒܢܝܐ ܗܘܬ ܘܪܕܝܐ ܒܕܚܠܬܗ ܕܐܠܗܐ. ܘܒܒܘܝܐܐ ܕܪܘܚܐ ܕܩܘܕܫܐ
ܣܓܝܐ ܗܘܬ ܀
32 ܘܗܘܐ ܕܟܕ ܡܬܟܪܟ ܗܘܐ ܫܡܥܘܢ ܒܡܕܝܢܬܐ. ܢܚܬ ܐܦ ܠܘܬ ܩܕܝܫܐ ܕܥܡܪܝܢ ܕܚܡܫܐ ܛ.
ܒܠܘܕ ܡܕܝܢܬܐ. 33 ܘܐܫܟܚ ܓܒܪܐ ܚܕ ܕܫܡܗ ܐܝܢܐܣ. ܕܪܡܐ ܗܘܐ ܒܥܪܣܐ ܘܡܫܪܝ
ܬܡܢܐ ܫܢܝܢ. 34 ܘܐܡܪ ܠܗ ܫܡܥܘܢ. ܐܝܢܐܣ ܡܐܣܐ ܠܟ ܝܫܘܥ ܡܫܝܚܐ. ܩܘܡ ܘܫܘܐ
ܥܪܣܟ. ܘܒܪ ܫܥܬܗ ܩܡ. 35 ܘܚܙܐܘܗܝ ܟܠܗܘܢ ܕܥܡܪܝܢ ܒܠܘܕ ܘܒܣܪܘܢܐ. ܘܐܬܦܢܝܘ
ܠܘܬ ܐܠܗܐ ܀ 36 ܐܝܬ ܗܘܬ ܕܝܢ ܬܠܡܝܕܬܐ ܚܕܐ ܒܝܘܦܐ ܡܕܝܢܬܐ. ܕܫܡܗ ܗܘܐ ܛܒܝܬܐ.
ܗܕܐ ܥܬܝܪܐ ܗܘܬ ܒܥܒܕܐ ܛܒܐ. ܘܒܙܕܩܬܐ ܕܥܒܕܐ ܗܘܬ. 37 ܐܬܟܪܗܬ ܕܝܢ ܒܗܘܢ
ܝܘܡܬܐ ܘܡܝܬܬ. ܘܐܣܚܘܗ ܘܣܡܘܗ ܒܥܠܝܬܐ. 38 ܘܫܡܥܘ ܗܘܘ ܬܠܡܝܕܐ
ܕܫܡܥܘܢ ܒܠܘܕ ܗܝ ܡܕܝܢܬܐ. ܗܝ ܕܩܪܝܒܐ ܠܘܬ ܝܘܦܐ. ܘܫܕܪܘ ܗܘܘ ܠܘܬܗ
ܓܒܪܐ ܬܪܝܢ ܕܢܒܥܘܢ ܡܢܗ. ܕܠܐ ܢܬܡܛܠ ܠܗ ܕܢܐܬܐ ܠܘܬܗܘܢ. 39 ܘܩܡ ܫܡܥܘܢ ܐܙܠ
ܥܡܗܘܢ. ܘܟܕ ܐܬܐ. ܐܣܩܘܗܝ ܠܥܠܝܬܐ. ܘܩܡ ܠܘܬܗ ܚܕܪܘܗܝ ܟܠܗܝܢ ܐܪܡܠܬܐ.
ܟܕ ܒܟܝܢ ܘܡܚܘܝܢ ܠܗ: ܟܘܬܝܢܐ ܘܡܥܛܦܢܐ. ܗܠܝܢ ܕܥܒܕܐ ܗܘܬ ܠܗܝܢ ܛܒܝܬܐ
ܟܕ ܚܝܐ. 40 ܫܡܥܘܢ ܕܝܢ ܐܦܩ ܠܟܠܗܘܢ ܐܢܫܐ ܠܒܪ. ܘܣܡ ܥܠ ܒܘܪܟܘܗܝ ܘܨܠܝ.
ܘܐܬܦܢܝ ܠܘܬ ܦܓܪܐ ܘܐܡܪ. ܛܒܝܬܐ ܩܘܡܝ. ܗܝ ܕܝܢ ܦܬܚܬ ܥܝܢܝܗ. ܘܟܕ ܚܙܬܗ
ܠܫܡܥܘܢ. ܝܬܒܬ. 41 ܘܐܘܫܛ ܠܗ ܐܝܕܗ ܘܐܩܝܡܗ. ܘܩܪܐ ܠܩܕܝܫܐ ܘܠܐܪܡܠܬܐ.
ܘܐܩܝܡܗ ܠܗܘܢ. ܟܕ ܚܝܐ. 42 ܘܐܫܬܡܥܬ ܗܕܐ ܒܟܠܗ ܝܘܦܐ. ܘܣܓܝܐܐ ܗܝܡܢܘ ܒܡܪܢ.
43 ܗܘܐ ܕܝܢ ܒܗ ܒܝܘܦܐ ܝܘܡܬܐ ܠܐ ܙܥܘܪܝܢ. ܟܕ ܫܪܐ ܗܘܐ ܠܘܬ ܫܡܥܘܢ ܒܘܪܣܝܐ ܀
1 ܒܩܣܪܝܐ ܕܝܢ ܐܝܬ ܗܘܐ ܓܒܪܐ ܚܕ ܩܢܛܪܘܢܐ. ܕܫܡܗ ܗܘܐ ܩܘܪܢܠܝܘܣ: ܡܢ Cap. x.
ܐܣܦܝܪܐ ܗܝ ܕܡܬܩܪܝܐ ܐܝܛܠܝܩܝܐ. 2 ܘܙܕܝܩ ܗܘܐ ܘܕܚܠ ܗܘܐ ܡܢ ܐܠܗܐ. ܗܘ ܘܟܠܗ
ܒܝܬܗ. ܘܝܗܒ ܗܘܐ ܙܕܩܬܐ ܣܓܝܐܬܐ ܠܥܡܐ. ܘܒܟܠܙܒܢ ܒܥܐ ܗܘܐ ܡܢ ܐܠܗܐ. 3 ܗܢܐ
ܚܙܐ ܡܠܐܟܐ ܕܐܠܗܐ ܒܚܙܘܐ ܓܠܝܐܝܬ. ܠܐܦܝ ܬܫܥ ܫܥܝܢ ܒܐܝܡܡܐ: ܕܥܠ ܠܘܬܗ
ܘܐܡܪ ܠܗ. ܩܘܪܢܠܝܐ. 4 ܘܗܘ ܚܪ ܒܗ ܘܕܚܠ. ܘܐܡܪ. ܡܢܐ ܡܪܝ. ܘܐܡܪ ܠܗ
ܡܠܐܟܐ. ܨܠܘܬܟ ܘܙܕܩܬܟ ܣܠܩ ܠܕܘܟܪܢܐ ܩܕܡ ܐܠܗܐ. 5 ܘܗܫܐ ܫܕܪ ܓܒܪܐ ܠܝܘܦܐ

ܡܕ̈ܝܢܬܐ. ܘܐܬܝܐ ܠܝܫܘܥ ܕܡܬܩܪܐ ܟܐܦܐ. 6 ܗܘܐ ܗܕܐ ܒܒܝܬܗ ܕܫܡܥܘܢ ܟܘܪܝܢܝܐ.
ܗܘ ܕܐܬܠܗܘܢ ܟܠ ܚܕ ܚܕܐ. 7 ܘܟܕ ܐܬܐ ܠܗ ܡܠܐܟܐ ܕܡܠܟ ܠܥܠܡܘ. ܗܕܐ ܐܩܝܡ
ܡܢ ܒܢ̈ܝ ܒܝܬܗ ܘܫܒܥܝܢ ܚܕ ܕܢܫܠܡ ܠܐܠܗܐ. ܐܝܟܐ ܕܡܬܒܪܝܐ ܗܘܐ ܠܗ. 8 ܘܐܬܟܪܟ
ܠܗܘܢ ܒܟܠܗܘܢ ܕܝܘܡܐ. ܘܐܡܪ ܐܢܘܢ ܠܥܡܠܐ. 9 ܘܟܕ ܚܙܐ ܐܢܬܬܐ ܗܝ ܗܢܘܢ ܕܝܢ
ܕܐܘܪܚܐ ܘܡܬܒܥܝܢ ܠܡܕܝܢܬܐ. ܘܟܕ ܫܡܥܘ ܠܐܢܫܐ ܕܐܬܐ ܒܗܘܢ ܡܢܝܢ. 10 ܘܢܦܩܘ
ܘܐܬܘ ܗܘܘ ܕܢܚܙܘܢ. ܘܟܕ ܗܢܘܢ ܡܬܬܢܝܢ ܠܗ. ܢܦܠ ܒܠܒܗܘܢ ܕܚܠܬܐ. 11 ܘܚܙܐ
ܡܠܟܐ ܕܝܢ ܦܬܟܪܐ. ܘܡܠܐܟܐ ܚܕ ܡܢ ܐܠܗܐ ܕܐܬܚܙܝ ܡܢܗ. ܘܩܪܐ ܗܘܐ ܒܩܠܐ ܪܡܐ.
ܘܐܡܪ ܗܘܐ ܡܢ ܫܡܝܐ ܠܟܠ ܐܪܥܐ. 12 ܘܐܡܪ ܗܘܐ ܠܗ ܒܠܫܢܐ ܚܕܬܐ ܕܐܝܟܢܐ ܢܦܠܬ.
ܘܢܦܩܬ ܕܐܪܥܐ. ܘܡܫܒܚܐ ܕܡܠܟܐ. 13 ܘܐܡܪ ܐܠܐ ܠܗ ܕܐܡܪ. ܝܫܘܥ. ܡܢܘ ܗܘ
ܘܐܡܠ. 14 ܘܝܫܘܥ ܐܡܪ. ܚܙܝ ܡܢܝ. ܕܡܢ ܐܢܫ ܠܐ ܐܢܬ ܟܠ ܕܡܫܝܚ ܘܐܠܗܐ.
15 ܘܗܘܘ ܕܐܬܪ̈ܘܢ ܐܝܟ ܥܠ ܗܘܐ ܒܟܠܗ. ܐܝܟ ܕܐܡܪܬ ܕܝܢ. ܐܝܟ ܠܐ ܐܬܦܩܕ. 16 ܗܘܬ
ܕܝܢ ܗܘܬ ܐܠܗܐ ܐܝܬܝܗ. ܘܐܬܟܪܟ ܠܗ ܡܠܐܟܐ ܠܡܫܠܡܘ. 17 ܘܟܕ ܡܬܕܡܪ ܝܫܘܥ
ܒܫܡܗ ܕܡܠܟܐ ܫܘܒܚܐ ܕܚܝܐ. ܡܠܐܟܐ ܒܪܐ ܗܘ ܕܐܬܩܪܝܘ ܗܘܘ ܡܢ ܡܘܬܒܗܘܢ:
ܘܡܬܕܟܪ ܠܟܠ ܒܢܝܐ ܕܫܡܝܐ ܒܗ ܝܫܘܥ. ܘܐܬܐ ܘܩܡܘ ܠܟܠ ܐܪܥܐ ܕܟܘܪܐ. 18 ܘܩܪܝܢ
ܗܘܘ ܐܡܪܝܢ ܘܡܫܐܠܝܢ: ܕܐܝ ܝܫܘܥ ܕܡܬܩܪܐ ܟܐܦܐ ܗܘܝܐ ܗܕܐ. 19 ܘܟܕ ܝܫܘܥ ܐܢܐ
ܗܘܐ ܒܚܝܘܬܐ. ܐܡܪ ܠܗ ܦܘܡܐ. ܗܐ ܒܪܐ ܐܠܗܐ ܒܟܠܝܢ ܠܟܘܢ. 20 ܡܛܠ ܚܕܐ ܘܐܠܐ
ܠܝܫܘܥ. ܕܝܢ ܠܐ ܡܬܦܠܓܝ ܕܒܢܝܘ. ܡܛܠ ܕܐܢܐ ܗܘ ܡܪܢܐ ܐܠܗܐ. 21 ܗܘ ܕܝܢ ܚܙܐ
ܝܫܘܥ ܒܗܠܝܢ ܒܢܝܐ ܗܢܘܢ ܘܐܡܪ ܠܗܘܢ. ܐܢܐ ܗܘ ܕܒܟܠ ܐܝܬܝ. ܐܢܐ ܗܘ ܠܒܝܬܐ
ܕܡܬܬܒܥܘ ܐܠܗܐ. 22 ܐܡܪܝܢ ܠܗ. ܒܢܝܐ ܚܕ ܕܫܡܥܘ ܡܘܪܝܐ. ܡܬܩܪܝܢܐ ܩܐܡܐ
ܕܫܠܚ ܡܢ ܐܠܗܐ. ܘܡܚܫܒܘ ܒܠܒܗܘܢ ܟܠܗ ܠܟܘܠ ܕܡܘܫܐ. ܐܬܐܡܪ ܠܗ ܒܚܝܘܬܐ
ܡܢ ܡܠܐܟܐ ܩܕܝܫܐ. ܕܢܚܙܘ ܥܠܝܗ ܒܒܢܝܗ: ܘܢܫܡܥܘ ܡܠܬܐ ܡܢܗ. 23 ܘܐܡܪ ܐܠܗܐ
ܝܫܘܥ. ܘܡܠܟ ܐܠܗܐ ܕܝܢ ܕܡܪܐ ܗܘܐ. ܘܡܢ ܒܢܝܬܗ ܕܡܘܫܐ. ܘܢܦܩ ܐܝܟ
ܠܝܫܘܥ. ܘܐܬܐ ܠܘܬܗ ܐܝܟ ܐܝܟ ܡܢ ܐܝܟܐ ܕܡܘܫܐ. 24 ܘܟܕ ܫܡܥܘ ܐܢܫܐ ܟܠ
ܒܥܠܕܒܒܐ. ܡܘܪܝܐ ܕܝܢ ܡܬܒܥܐ ܗܘܐ ܠܗܘܢ. ܕܝ ܡܫܟܚܝܢ ܠܗ ܒܠܗܘܢ ܒܢܝ
ܢܡܘܣܗ. ܗܘܐ ܕܡܠܟܐ ܚܕܬܐ ܕܐܝܬ ܗܘܐ ܠܗ. 25 ܘܟܕ ܚܙܐ ܝܫܘܥ. ܐܡܪ ܠܗ
ܡܘܪܝܐ. ܘܢܦܠ ܥܠ ܒܢܝܗܘܢ. 26 ܘܝܫܘܥ ܐܩܝܡܗ ܘܐܡܪ ܠܗ. ܡܢܘ
ܠܝ. ܗܘ ܐܢܐ ܒܪܢܫܐ ܐܢܐ. 27 ܘܟܕ ܡܫܬܐܠ ܠܝܫܘܥ. ܟܠ ܘܐܡܪ ܡܫܝܚܐ ܕܐܬܐ
ܗܘܐ ܒܐܬܪܗ. 28 ܘܐܡܪ ܠܗܘܢ. ܐܝܟܘ ܚܝܝܢ ܐܝܟܘ. ܕܠܐ ܡܢܟܘܢ ܒܢܝܢܐ
ܕܡܘܫܐ: ܕܢܦܩ ܠܐܢܫܐ ܚܘܒܢܐ ܕܠܐ ܗܘܐ ܒܪ ܡܪܢܘܬܗ. ܘܟܕ ܐܠܗܐ
ܚܘܒܐ. ܕܠܐ ܐܡܪ ܟܠ ܐܢܫ ܕܐܝܬܝܘܗܝ ܐܘ ܡܫܝܚ. 29 ܡܛܠ ܗܢܐ ܒܬܫܪܝܬܐ

ܐܬܝܬ܂ ܡܢ ܫܘܕܪܟܘܢ ܒܬܪܝ. ܒܥܐ ܡܫܐܠ ܐܢܐ ܠܟܘܢ܆ ܡܛܠ ܡܢܐ ܫܘܕܪܟܘܢ
ܒܬܪܝ܀܀܀܀
ܪܝܫܐ ܗ. 30 ܐܡܪ ܠܗ ܩܘܪܢܠܝܘܣ. ܐܪܒܥܐ ܝܘܡܝܢ ܐܝܬ ܠܝ ܒܨܘܡܐ ܠܝܘܡܐ ܗܐ ܡܢ ܕܨܐܡ ܐܢܐ.
ܘܒܬܫܥ ܫܥܝܢ ܟܕ ܡܨܠܐ ܐܢܐ ܒܒܝܬܝ. ܩܡ ܓܒܪܐ ܚܕ ܩܕܡܝ܆ ܟܕ ܠܒܝܫ ܚܘܪܐ.
31 ܘܐܡܪ ܠܝ. ܩܘܪܢܠܝܐ. ܐܫܬܡܥܬ ܨܠܘܬܟ. ܘܐܬܕܟܪܬ ܙܕܩܬܟ ܗܘܬ ܩܕܡ ܐܠܗܐ.
32 ܫܕܪ ܗܟܝܠ ܠܝܘܦܐ ܡܕܝܢܬܐ. ܘܐܝܬܝ ܠܫܡܥܘܢ ܕܡܬܩܪܐ ܟܐܦܐ. ܗܐ ܫܪܐ ܒܒܝܬܗ
ܕܫܡܥܘܢ ܒܘܪܣܝܐ ܕܥܠ ܓܢܒ ܝܡܐ. ܘܗܘ ܢܐܬܐ ܢܡܠܠ ܥܡܟ. 33 ܘܒܪ ܫܥܬܗ
ܫܕܪܬ ܠܘܬܟ. ܘܐܢܬ ܫܦܝܪ ܥܒܕܬ ܕܐܬܝܬ. ܘܗܐ ܚܢܢ ܟܠܢ ܩܕܡܝܟ܂ ܘܨܒܝܢܢ ܕܢܫܡܥ
ܟܠ ܡܐ ܕܐܬܦܩܕ ܠܟ ܡܢ ܠܘܬ ܐܠܗܐ. 34 ܦܬܚ ܕܝܢ ܫܡܥܘܢ ܦܘܡܗ ܘܐܡܪ.
ܒܩܘܫܬܐ ܐܫܟܚܬ. ܕܐܠܗܐ ܠܐ ܗܘܐ ܢܣܒ ܒܐܦܐ. 35 ܐܠܐ ܒܟܠܗܘܢ ܥܡܡܐ ܡܢ ܕܕܚܠ
ܡܢܗ ܘܦܠܚ ܟܐܢܘܬܐ. ܡܩܒܠ ܗܘ ܠܘܬܗ. 36 ܡܠܬܐ ܓܝܪ ܕܫܕܪ ܠܒܢܝ ܐܝܣܪܝܠ.
ܘܣܒܪ ܐܢܘܢ ܫܠܡܐ ܘܫܝܢܐ ܒܝܕ ܝܫܘܥ ܡܫܝܚܐ. ܗܢܘ ܡܪܝܐ ܕܟܠ. 37 ܘܐܦ ܐܢܬܘܢ
ܝܕܥܝܢ ܐܢܬܘܢ ܠܡܠܬܐ ܕܗܘܬ ܒܟܠܗ ܝܗܘܕ. ܕܐܫܬܪܝܬ ܡܢ ܓܠܝܠܐ ܒܬܪ ܡܥܡܘܕܝܬܐ
ܕܐܟܪܙ ܝܘܚܢܢ܆ 38 ܥܠ ܝܫܘܥ ܕܡܢ ܢܨܪܬ. ܕܐܠܗܐ ܡܫܚܗ ܒܪܘܚܐ ܕܩܘܕܫܐ ܘܒܚܝܠܐ.
ܘܗܘܝܘ ܕܡܬܟܪܟ ܗܘܐ ܘܡܐܣܐ ܠܐܝܠܝܢ ܕܐܬܢܟܝܘ ܡܢ ܣܛܢܐ. ܡܛܠ ܕܐܠܗܐ ܗܘܐ
ܥܡܗ. 39 ܘܚܢܢ ܣܗܕܘܗܝ ܥܠ ܟܠ ܡܐ ܕܥܒܕ. ܒܐܪܥܐ ܕܝܗܘܕ ܘܒܐܘܪܫܠܡ.
ܠܗ ܠܗܢܐ ܝܗܘܕܝܐ ܙܩܦܘܗܝ ܥܠ ܩܝܣܐ ܘܩܛܠܘܗܝ. 40 ܘܠܗ ܐܩܝܡ ܐܠܗܐ
ܠܬܠܬܐ ܝܘܡܝܢ. ܘܝܗܒܗ ܕܢܬܚܙܐ ܠܥܝܢ ܓܠܝܐ. 41 ܠܐ ܕܝܢ ܠܟܠܗ ܥܡܐ܆ ܐܠܐ ܠܢ
ܐܝܠܝܢ ܕܡܢ ܐܠܗܐ ܐܬܓܒܝܢ ܕܢܗܘܐ ܠܗ ܣܗܕܐ. ܕܐܟܠܢ ܥܡܗ ܘܐܫܬܝܢ ܡܢ ܒܬܪ
ܡܩܡܗ ܕܡܢ ܒܝܬ ܡܝܬܐ. 42 ܘܦܩܕܢ ܕܢܟܪܙ ܘܢܣܗܕ ܠܥܡܐ. ܕܗܢܘ ܕܐܬܦܪܫ ܡܢ
ܐܠܗܐ ܕܢܗܘܐ ܕܝܢܐ ܕܚܝܐ ܘܕܡܝܬܐ. 43 ܘܥܠܘܗܝ ܐܣܗܕܘ ܟܠܗܘܢ ܢܒܝܐ. ܕܟܠ ܕܡܗܝܡܢ
ܒܫܡܗ. ܢܩܒܠ ܫܘܒܩܢ ܚܛܗܐ܀ 44 ܘܟܕ ܗܘ ܫܡܥܘܢ ܡܡܠܠ ܗܘܐ ܗܠܝܢ ܡܠܐ.
ܐܓܢܬ ܪܘܚܐ ܕܩܘܕܫܐ ܥܠ ܟܠܗܘܢ ܕܫܡܥܝܢ ܗܘܘ ܡܠܬܐ. 45 ܘܐܬܡܗܘ ܘܐܬܕܡܪܘ ܐܚܐ
ܓܙܘܪܬܐ ܗܢܘܢ ܕܐܬܘ ܥܡܗ. ܕܐܦ ܥܠ ܥܡܡܐ ܡܘܗܒܬܐ ܕܪܘܚܐ ܕܩܘܕܫܐ ܐܫܬܦܥܬ.
46 ܫܡܥܝܢ ܗܘܘ ܠܗܘܢ ܓܝܪ ܕܡܡܠܠܝܢ ܒܠܫܢ ܠܫܢ. ܘܡܘܕܝܢ ܗܘܘ ܠܐܠܗܐ.
ܘܐܡܪ ܗܘܐ ܫܡܥܘܢ. 47 ܕܠܡܐ ܡܫܟܚ ܐܢܫ ܕܢܟܠܐ ܡܝܐ܆ ܕܠܐ ܢܥܡܕܘܢ ܗܠܝܢ. ܕܗܐ
ܩܒܠܘ ܪܘܚܐ ܕܩܘܕܫܐ ܐܝܟ ܡܐ ܕܚܢܢ. 48 ܗܝܕܝܢ ܦܩܕ ܠܗܘܢ. ܕܢܥܡܕܘܢ ܒܫܡܗ
ܕܡܪܢ ܝܫܘܥ ܡܫܝܚܐ. ܘܒܥܘ ܡܢܗ ܐܝܟ ܕܢܩܘܐ ܠܘܬܗܘܢ ܝܘܡܬܐ܀ 1 ܘܐܫܬܡܥܬ Cap. xi.
ܗܘܬ ܠܫܠܝܚܐ ܘܠܐܚܐ ܕܒܝܗܘܕ. ܕܐܦ ܥܡܡܐ ܩܒܠܘ ܡܠܬܗ ܕܐܠܗܐ܀ 2 ܘܟܕ ܣܠܩ
ܫܡܥܘܢ ܠܐܘܪܫܠܡ. ܕܝܢܝܢ ܗܘܘ ܥܡܗ ܗܢܘܢ ܕܡܢ ܓܙܘܪܬܐ܆ 3 ܟܕ ܐܡܪܝܢ. ܕܠܘܬ

ܐܢܫܐ ܥܪ̈ܠܐ ܥܠܬ ܘܐܟܠܬ ܥܡܗܘܢ. ⁴ ܘܫܪܝ ܗܘܐ ܫܡܥܘܢ ܕܢܬܢܐ ܒܛܘܟܣܐ
ܠܗܘܢ. ⁵ ܕܟܕ ܡܨܠܐ ܗܘܝܬ ܒܝܘܦܐ. ܚܙܝܬ ܒܚܙܘܐ. ܕܢܚܬ ܗܘܐ ܡܐܢܐ ܚܕ: ܐܝܟ
ܕܡܬܐ ܗܘܐ ܠܟܬܢܐ. ܘܐܣܝܪ ܗܘܐ ܒܐܪܒܥ ܦܢܝܬܗ. ܘܢܚܬ ܗܘܐ ܡܢ ܫܡܝܐ. ܘܐܬܐ
ܥܕܡܐ ܠܘܬܝ. ⁶ ܘܚܪܐܬ ܒܗ. ܘܚܙܝܬ ܗܘܝܬ ܕܐܝܬ ܒܗ ܚܝܘܬܐ ܕܐܪܒܥ ܪ̈ܓܠܝܗܝܢ.
ܘܪ̈ܚܫܐ ܕܐܪܥܐ. ܘܐܦ ܦܪܚܬܐ ܕܫܡܝܐ. ⁷ ܘܫܡܥܬ ܗܘܝܬ ܩܠܐ ܕܐܡܪ ܗܘܐ ܠܝ.
ܫܡܥܘܢ. ܩܘܡ ܢܟܘܣ ܘܐܟܘܠ. ⁸ ܘܐܡܪܬ. ܚܣ ܡܪܝ. ܕܡܡܬܘܡ ܠܐ ܥܠ ܠܦܘܡܝ
ܕܛܡܐ ܘܕܡܣܝܒ. ⁹ ܘܬܘܒ ܩܠܐ ܐܡܪ ܠܝ ܡܢ ܫܡܝܐ. ܕܡܕܡ ܕܐܠܗܐ ܕܟܝ. ܐܢܬ ܠܐ
ܬܛܡܐ. ¹⁰ ܗܕܐ ܕܝܢ ܗܘܬ ܬܠܬ ܙܒ̈ܢܝܢ. ܘܐܣܬܠܩ ܠܗ ܟܠܗܘܢ ܠܫܡܝܐ. ¹¹ ܘܒܗ
ܒܫܥܬܐ. ܬܠܬܐ ܓܒܪ̈ܝܢ ܕܐܫܬܕܪܘ ܠܘܬܝ ܡܢ ܩܘܪܢܠܝܘܣ ܡܢ ܩܣܪܝܐ. ܐܬܘ ܘܩܡܘ
ܥܠ ܬܪܥܐ ܕܕܪܬܐ ܕܗܘܝܬ ܒܗ. ¹² ܘܐܡܪ ܠܝ ܪܘܚܐ. ܕܐܙܠ ܥܡܗܘܢ ܕܠܐ ܦܘܠܓܐ.
ܘܐܬܘ ܥܡܝ ܐܦ ܗܠܝܢ ܫܬܐ ܐܚ̈ܝܢ. ܘܥܠܢ ܠܒܝܬܗ ܕܓܒܪܐ. ¹³ ܘܐܫܬܥܝ ܠܢ:
ܐܝܟܢܐ ܚܙܐ ܒܒܝܬܗ ܡܠܐܟܐ: ܕܩܡ ܘܐܡܪ ܠܗ. ܕܫܕܪ ܠܝܘܦܐ ܡܕܝܢܬܐ. ܘܐܝܬܝ
ܠܫܡܥܘܢ. ܕܡܬܩܪܐ ܟܐܦܐ. ¹⁴ ܘܗܘ ܢܡܠܠ ܠܟ ܡ̈ܠܐ ܕܒܗܝܢ ܬܚܐ. ܐܢܬ ܘܟܠܗ
ܒܝܬܟ. ¹⁵ ܘܟܕ ܫܪܝܬ ܗܘܝܬ ܠܡܡܠܠܘ. ܢܚܬܬ ܪܘܚܐ ܕܩܘܕܫܐ ܥܠܝܗܘܢ:
ܐܝܟ ܕܥܠܝܢ ܡܢ ܩܕܝܡ. ¹⁶ ܘܐܬܕܟܪܬ ܡܠܬܗ ܕܡܪܢ. ܕܐܡܪ ܗܘܐ. ܕܝܘܚܢܢ ܐܥܡܕ
ܒܡܝܐ. ܐܢܬܘܢ ܕܝܢ ܬܥܡܕܘܢ ܒܪܘܚܐ ܕܩܘܕܫܐ. ¹⁷ ܐܢ ܗܘ ܗܟܝܠ ܐܠܗܐ ܐܫܘܝ
ܡܘܗܒܬܐ ܠܥܡ̈ܡܐ: ܐܝܟܢ ܕܗܝܡܢܘ ܒܡܪܢ ܝܫܘܥ ܡܫܝܚܐ ܐܝܟ ܕܐܦ
ܠܢ. ܐܢܐ ܡܢ ܗܘܝܬ ܕܐܫܟܚ ܗܘܝܬ ܕܐܟܠܐ ܠܐܠܗܐ. ¹⁸ ܘܟܕ ܫܡܥܘ ܗܠܝܢ ܫܠܝܘ.
ܫܠܝܘ ܠܗܘܢ. ܘܫܒܚܘ ܠܐܠܗܐ. ܘܐܡܪܝܢ ܗܘܘ. ܕܟܒܪ ܐܦ ܠܥܡ̈ܡܐ ܐܠܗܐ ܝܗܒ
ܬܝܒܘܬܐ ܠܚܝ̈ܐ ◆

¹⁹ ܗܢܘܢ ܕܝܢ ܕܐܬܒܕܪܘ ܗܘܘ ܡܢ ܐܘܠܨܢܐ ܕܗܘܐ ܗܘܐ ܥܠ ܐܣܛܦܢܘܣ. ܡܛܝܘ
ܗܘܘ ܥܕܡܐ ܠܦܘܢܝܩܐ. ܘܐܦ ܠܐܬܪܐ ܕܩܘܦܪܘܣ. ܘܠܐܢܛܝܘܟܝܐ. ܟܕ ܥܡ ܐܢܫ ܠܐ ܡܡܠܠܝܢ
ܗܘܘ ܡܠܬܐ: ܐܠܐ ܥܡ ܝܗܘ̈ܕܝܐ ܒܠܚܘܕ. ²⁰ ܐܝܬ ܗܘܘ ܕܝܢ ܐܢܫܐ ܡܢܗܘܢ ܡܢ
ܩܘܦܪܘܣ ܘܡܢ ܩܘܪܝܢܐ. ܗܠܝܢ ܥܠܘ ܗܘܘ ܠܐܢܛܝܘܟܝܐ. ܘܡܡܠܠܝܢ ܗܘܘ ܥܡ
ܝܘܢܝ̈ܐ. ܘܡܣܒܪܝܢ ܗܘܘ ܥܠ ܡܪܢ ܝܫܘܥ. ²¹ ܘܐܝܕܐ ܗܘܬ ܥܡܗܘܢ ܐܝܕܗ ܕܡܪܝܐ.
ܘܣܓܝܐܐ ܗܝܡܢܘ ܘܐܬܦܢܝܘ ܠܘܬ ܡܪܝܐ ◆◆◆◆

²² ܘܐܫܬܡܥܬ ܗܘܬ ܗܝ ܗܕܐ ܠܐܕܢܝܗܘܢ ܕܒܢ̈ܝ ܥܕܬܐ ܕܐܘܪܫܠܡ. ܘܫܕܪܘ ܠܒܪܢܒܐ ܕܢܐܙܠ ܠܗ.
ܠܐܢܛܝܘܟܝܐ. ²³ ܘܟܕ ܐܬܐ ܠܬܡܢ ܘܚܙܐ ܛܝܒܘܬܗ ܕܐܠܗܐ. ܚܕܝ ܘܒܥܐ ܗܘܐ ܡܢܗܘܢ.
ܕܒܟܠܗ ܠܒܗܘܢ ܢܩܘܘܢ ܢܩܦܘܢ ܠܡܪܢ: ²⁴ ܡܛܠ ܕܓܒܪܐ ܗܘܐ ܛܒܐ: ܘܡܡܠܐ
ܗܘܐ ܒܪܘܚܐ ܕܩܘܕܫܐ ܘܒܗܝܡܢܘܬܐ. ܘܐܬܬܘܣܦ ܗܘܐ ܥܡܐ ܣܓܝܐܐ ܠܡܪܢ. ²⁵ ܘܢܦܩ

ܢܦܩ ܗܘܐ ܠܛܪܣܘܣ ܠܡܒܥܝܗ ܠܫܐܘܠ. 26 ܘܟܕ ܐܫܟܚܗ. ܐܝܬܝܗ ܥܡܗ ܠܐܢܛܝܘܟܝܐ.
ܘܫܢܬܐ ܟܠܗ ܐܟܚܕܐ ܡܬܟܢܫܝܢ ܗܘܘ ܒܥܕܬܐ. ܘܐܠܦܘ ܥܡܐ ܣܓܝܐܐ. ܡܢ ܗܝܕܝܢ ܩܕܡܝܬ
ܐܬܩܪܝܘ ܒܐܢܛܝܘܟܝܐ ܬܠܡܝܕܐ ܟܪܣܛܝܢܐ ◆ 27 ܘܒܝܘܡܬܐ ܗܠܝܢ. ܐܬܘ ܡܢ ܐܘܪܫܠܡ
ܠܘܬܗܘܢ ܢܒܝܐ. 28 ܘܩܡ ܚܕ ܡܢܗܘܢ ܕܫܡܗ ܗܘܐ ܐܓܒܘܣ. ܘܐܘܕܥ ܐܢܘܢ ܒܪܘܚ:
ܕܟܦܢܐ ܪܒܐ ܗܘܐ ܒܟܠܗ ܐܪܥܐ. ܘܗܘܐ ܟܦܢܐ ܗܢܐ ܒܝܘܡܝ ܩܠܘܕܝܘܣ ܩܣܪ. 29 ܒܪܡ
ܕܝܢ ܬܠܡܝܕܐ ܐܝܟ ܡܐ ܕܐܝܬ ܗܘܐ ܠܐܢܫ ܐܢܫ ܡܢܗܘܢ. ܦܪܫܘ ܕܢܫܕܪܘܢ ܠܬܫܡܫܬܐ
ܕܐܚܐ ܐܝܠܝܢ ܕܥܡܪܝܢ ܒܝܗܘܕ. 30 ܘܥܒܕܘ ܐܦ ܗܕܐ. ܘܫܕܪܘ ܠܩܫܝܫܐ ܕܬܡܢ ◆
1 ܒܗܘ ܕܝܢ ܙܒܢܐ. ܐܪܡܝ ܗܘܐ ܐܝܕܝܐ ܥܠ ܐܢܫܝܢ ܕܒܥܕܬܐ. ܐܝܟ ܕܢܒܐܫ ܠܗܘܢ Cap. xii.
ܗܪܘܕܣ ܡܠܟܐ: ܗܘ ܕܡܬܟܢܝܐ ܗܘܐ ܐܓܪܦܘܣ. 2 ܘܩܛܠ ܒܣܝܦܐ ܠܝܥܩܘܒ ܐܚܘܗܝ
ܕܝܘܚܢܢ. 3 ܘܟܕ ܚܙܐ ܕܫܦܝܪܐ ܗܝ ܠܝܗܘܕܝܐ. ܐܘܣܦ ܗܘܐ ܠܡܐܚܕ ܐܦ ܠܫܡܥܘܢ
ܟܐܦܐ. ܘܐܝܬܝܗܘܢ ܗܘܘ ܝܘܡܬܐ ܕܦܛܝܪܐ. 4 ܘܐܚܕܗ ܘܐܪܡܝܗ ܒܝܬ ܐܣܝܪܐ. ܘܐܫܠܡ
ܠܗ ܠܐܪܒܥܐ ܐܣܛܪܛܝܘܛܝܢ ܕܢܛܪܘܢܗ. ܕܡܢ ܒܬܪ ܦܨܚܐ ܢܩܪܒܝܘܗܝ ܠܥܡܐ
ܕܝܗܘܕܝܐ. 5 ܘܟܕ ܗܘ ܫܡܥܘܢ ܡܬܢܛܪ ܗܘܐ ܒܝܬ ܐܣܝܪܐ. ܨܠܘܬܐ ܐܡܝܢܬܐ ܡܬܩܪܒܐ
ܗܘܬ ܡܢ ܥܕܬܐ ܚܠܦܘܗܝ ܠܐܠܗܐ. 6 ܘܟܕ ܗܘܐ ܒܠܠܝܐ ܕܨܦܪܐ ܕܥܬܝܕ ܗܘܐ
ܕܢܩܪܒܝܘܗܝ. ܟܕ ܕܡܟ ܗܘܐ ܫܡܥܘܢ ܒܝܬ ܬܪܝܢ ܐܣܛܪܛܝܘܛܝܢ: ܘܐܣܝܪ ܗܘܐ ܒܬܪܬܝܢ
ܫܫܠܢ. ܘܐܚܪܢܐ ܢܛܪܝܢ ܗܘܘ ܬܪܥܐ ܕܒܝܬ ܐܣܝܪܐ. 7 ܡܠܐܟܐ ܕܡܪܝܐ ܩܡ ܠܥܠ ܡܢܗ.
ܘܢܘܗܪܐ ܐܙܠܓ ܒܟܠܗ ܒܝܬܐ. ܘܡܚܝܗ ܒܓܒܗ ܘܐܩܝܡܗ. ܘܐܡܪ ܠܗ. ܩܘܡ ܒܥܓܠ.
ܘܢܦܠ ܫܫܠܬܐ ܡܢ ܐܝܕܘܗܝ. 8 ܘܐܡܪ ܠܗ ܡܠܐܟܐ. ܐܣܘܪ ܚܨܝܟ ܘܣܐܢ ܡܣܢܝܟ.
ܘܥܒܕ ܗܟܢܐ. ܘܬܘܒ ܐܡܪ ܠܗ. ܐܬܥܛܦ ܢܚܬܟ ܘܬܐ ܒܬܪܝ. 9 ܘܢܦܩ ܘܐܙܠ
ܗܘܐ ܒܬܪܗ. ܟܕ ܠܐ ܝܕܥ ܗܘܐ ܕܫܪܝܪܐ ܗܘܬ ܗܝ ܕܗܘܝܐ ܗܘܬ ܒܝܕ ܡܠܐܟܐ. ܡܣܒܪ ܗܘܐ
ܓܝܪ ܕܚܙܘܐ ܚܙܐ ܗܘܐ. 10 ܘܟܕ ܥܒܪܘ ܡܛܪܬܐ ܩܕܡܝܬܐ ܘܕܬܪܬܝܢ. ܐܬܘ ܠܬܪܥܐ
ܕܦܪܙܠܐ. ܘܐܬܦܬܚ ܠܗܘܢ ܡܢ ܨܒܘܬܗ ܢܦܩܘ. ܘܟܕ ܢܦܩܘ ܘܥܒܪܘ ܫܘܩܐ ܚܕ:
ܦܪܩ ܡܢ ܠܘܬܗ ܡܠܐܟܐ. 11 ܗܝܕܝܢ ܐܣܬܟܠ ܫܡܥܘܢ ܘܐܡܪ. ܗܫܐ ܝܕܥܬ ܒܫܪܝܪܐܝܬ:
ܕܡܪܝܐ ܫܕܪ ܡܠܐܟܗ ܘܦܨܝܢܝ ܡܢ ܐܝܕܘܗܝ ܕܗܪܘܕܣ ܡܠܟܐ: ܘܡܢ ܡܕܡ ܕܡܬܚܫܒܝܢ
ܗܘܘ ܥܠܝ ܝܗܘܕܝܐ. 12 ܘܟܕ ܐܣܬܟܠ. ܐܬܐ ܠܗ ܠܒܝܬܐ ܕܡܪܝܡ ܐܡܗ ܕܝܘܚܢܢ. ܗܘ
ܕܐܬܟܢܝ ܡܪܩܘܣ: ܡܛܠ ܕܐܝܬܝܗ ܣܓܝܐܐ ܟܢܝܫܝܢ ܗܘܘ. ܘܡܨܠܝܢ. 13 ܘܢܩܫ
ܒܬܪܥܐ ܕܕܪܬܐ. ܘܢܦܩܬ ܕܬܥܢܝܘܗܝ ܛܠܝܬܐ ܕܫܡܗ ܪܘܕܐ. 14 ܘܐܫܬܘܕܥܬ ܩܠܗ
ܕܫܡܥܘܢ. ܘܡܢ ܚܕܘܬܗ ܠܐ ܦܬܚܬ ܠܗ ܬܪܥܐ: ܐܠܐ ܗܦܟܬ ܒܪܗܛܐ ܘܐܡܪܐ ܠܗܘܢ.
ܫܡܥܘܢ ܗܘ ܩܐܡ ܥܠ ܬܪܥܐ ܕܕܪܬܐ. 15 ܐܡܪܝܢ ܠܗ. ܫܢܝܐ ܐܢܬܝ ܠܟܝ. ܘܗܝ
ܡܬܚܡܨܐ ܗܘܬ. ܕܗܕܐ ܗܟܢܐ ܗܝ. ܐܡܪܝܢ ܠܗ. ܟܒܪ ܡܠܐܟܗ ܗܘ. 16 ܘܫܡܥܘܢ ܢܩܫ

ܗܘܐ ܒܬܪܥܐ. ܘܢܦܩܘ ܚܙܐܘܗܝ ܘܐܬܕܡܪܘ ܒܗܘܢ. 17 ܘܡܢܝܦ ܗܘܐ ܠܗܘܢ ܐܝܕܗ.
ܐܝܟ ܕܢܫܬܩܘܢ ܠܗܘܢ. ܘܥܠ ܘܐܫܬܥܝ ܠܗܘܢ. ܐܝܟܢܐ ܡܪܢ ܐܦܩܗ ܡܢ ܒܝܬ
ܐܣܝܪܐ. ܘܐܡܪ ܠܗܘܢ. ܐܫܬܥܘ ܗܠܝܢ ܠܝܥܩܘܒ ܘܠܐܚܝܢ. ܘܢܦܩ ܐܙܠ ܠܗ ܠܐܬܪ
ܐܚܪܢ. 18 ܘܟܕ ܗܘܐ ܨܦܪܐ. ܗܘܐ ܗܘܐ ܪܘܒܐ ܣܓܝܐܐ ܒܝܬ ܐܣܛܪܛܝܘܛܐ: ܥܠ ܫܡܥܘܢ
ܕܡܢܐ ܗܘܐ ܠܗ. 19 ܗܪܘܕܣ ܕܝܢ ܟܕ ܒܥܝܗܝ ܘܠܐ ܐܫܟܚܗ. ܕܢ ܐܢܘܢ ܠܢܛܘܪܐ ܘܦܩܕ
ܕܢܬܩܛܠܘܢ. ܘܢܦܩ ܠܗ ܡܢ ܝܗܘܕ. ܘܐܬܟܘܝ ܗܘܐ ܒܩܣܪܝܐ. 20 ܘܡܛܠ ܕܪܓܝܙ ܗܘܐ
ܥܠ ܨܘܪܝܐ ܘܥܠ ܨܝܕܢܝܐ. ܐܬܟܢܫܘ ܘܐܬܘ ܠܘܬܗ ܐܟܚܕܐ ܘܐܦܝܣܘ ܠܒܠܣܛܘܣ
ܡܗܝܡܢܗ ܕܡܠܟܐ. ܘܫܐܠܘ ܡܢܗ. ܕܢܗܘܐ ܠܗܘܢ ܫܝܢܐ: ܡܛܠ ܕܦܘܪܢܣܐ ܕܐܬܪܗܘܢ
ܡܢ ܡܠܟܘܬܗ ܗܘܐ ܕܗܪܘܕܣ. 21 ܒܝܘܡܐ ܕܝܢ ܝܕܝܥܐ. ܠܒܫ ܗܘܐ ܗܪܘܕܣ ܠܒܘܫܐ
ܕܡܠܟܘܬܐ ܘܝܬܒ ܥܠ ܒܝܡ. ܘܡܡܠܠ ܗܘܐ ܥܡ ܟܢܫܐ. 22 ܥܡܐ ܕܝܢ ܟܠܗ
ܡܩܥܐ ܗܘܐ ܘܐܡܪ. ܗܠܝܢ ܩܠܐ ܕܐܠܗܐ ܐܢܝܢ ܘܠܐ ܗܘܝ ܕܒܪܢܫܐ. 23 ܘܡܛܠ ܕܠܐ
ܢܗܒ ܫܘܒܚܐ ܠܐܠܗܐ. ܒܪ ܒܫܥܬܗ ܡܚܝܗܝ ܡܠܐܟܗ ܕܡܪܝܐ. ܘܐܬܪܡܝ ܒܬܘܠܥܐ
ܘܡܝܬ. 24 ܘܣܒܪܬܐ ܕܐܠܗܐ ܡܬܟܪܙܐ ܗܘܬ ܘܪܒܝܐ. 25 ܒܪܢܒܐ ܕܝܢ ܘܫܐܘܠ. ܗܦܟܘ ܡܢ
ܐܘܪܫܠܡ ܠܐܢܛܝܘܟܝ: ܡܢ ܒܬܪ ܕܫܠܡܘ ܬܫܡܫܬܗܘܢ. ܘܕܒܪܘ ܥܡܗܘܢ ܠܝܘܚܢܢ.
Cap. xiii. ܗܘ ܕܐܬܟܢܝ ܡܪܩܘܣ. 1 ܐܝܬ ܗܘܐ ܕܝܢ ܒܥܕܬܐ ܕܐܢܛܝܘܟܝܐ. ܒܢܒܝܐ ܘܡܠܦܢܐ. ܒܪܢܒܐ.
ܘܫܡܥܘܢ ܕܡܬܩܪܐ ܢܓܪ. ܘܠܘܩܝܘܣ ܕܡܢ ܩܘܪܝܢܐ ܡܕܝܢܬܐ. ܘܡܢܐܝܠ ܒܪ ܡܪܒܝܢܘܗܝ
ܕܗܪܘܕܣ ܛܛܪܪܟܐ. ܘܫܐܘܠ. 2 ܘܟܕ ܗܢܘܢ ܨܝܡܝܢ ܗܘܘ ܘܡܬܟܫܦܝܢ ܠܐܠܗܐ. ܐܡܪܐ
ܠܗܘܢ ܪܘܚܐ ܕܩܘܕܫܐ. ܦܪܘܫܘ ܠܝ ܠܫܐܘܠ ܘܠܒܪܢܒܐ. ܠܥܒܕܐ ܗܢܐ ܕܐܢܐ ܩܪܝܬ
ܐܢܘܢ. 3 ܘܒܬܪ ܕܨܡܘ ܘܨܠܝܘ. ܣܡܘ ܥܠܝܗܘܢ ܐܝܕܐ ܘܫܕܪܘ ܐܢܘܢ .:.:.
ܕܡܣܐ ܡܕ 4 ܘܗܢܘܢ ܕܝܢ ܐܫܬܠܚܘ ܡܢ ܪܘܚܐ ܕܩܘܕܫܐ. ܢܚܬܘ ܠܗܘܢ ܠܣܠܘܩܝܐ. ܘܡܢ ܬܡܢ
ܪܕܘ ܒܝܡܐ ܠܩܘܦܪܘܣ. 5 ܘܟܕ ܥܠܘ ܠܣܠܡܝܢܐ ܡܕܝܢܬܐ. ܡܟܪܙܝܢ ܗܘܘ
ܡܠܬܗ ܕܡܪܢ ܒܟܢܘܫܬܐ ܕܝܗܘܕܝܐ. ܘܝܘܚܢܢ ܡܫܡܫ ܗܘܐ ܠܗܘܢ. 6 ܘܟܕ ܐܬܟܪܟܘ
ܠܟܠܗ ܓܙܪܬܐ ܥܕܡܐ ܠܦܦܘܣ ܡܕܝܢܬܐ. ܐܫܟܚܘ ܓܒܪܐ ܚܕ ܚܪܫܐ ܝܗܘܕܝܐ ܕܐܬܠܘܝ
ܗܘܐ ܒܕܓܠ ܢܒܝܐ: ܕܫܡܗ ܗܘܐ ܒܪܫܘܡܐ. 7 ܗܢܐ ܕܒܝܩ ܗܘܐ ܠܓܒܪܐ ܚܟܝܡܐ
ܕܐܬܟܠܝ ܗܘܐ ܐܢܬܘܦܛܘܣ: ܘܡܬܩܪܐ ܗܘܐ ܣܪܓܝܘܣ ܦܘܠܘܣ. ܘܩܪܐ ܗܘܐ
ܐܢܬܘܦܛܘܣ ܠܫܐܘܠ ܘܠܒܪܢܒܐ. ܘܒܥܐ ܗܘܐ. ܕܢܫܡܥ ܡܢܗܘܢ ܡܠܬܐ ܕܐܠܗܐ.
8 ܩܐܡ ܗܘܐ ܕܝܢ ܠܘܩܒܠܗܘܢ. ܗܘ ܚܪܫܐ ܒܪܫܘܡܐ: ܕܡܬܬܪܓܡ ܫܡܗ ܐܠܘܡܐܣ:
ܡܛܠ ܕܨܒܐ ܗܘܐ ܕܢܗܦܟܝܘܗܝ ܠܐܢܬܘܦܛܘܣ ܡܢ ܗܝܡܢܘܬܐ. 9 ܫܐܘܠ ܕܝܢ ܗܘ
ܕܐܬܩܪܝ ܦܘܠܘܣ. ܐܬܡܠܝ ܗܘܐ ܒܪܘܚܐ ܕܩܘܕܫܐ. ܘܚܪ ܒܗ. 10 ܘܐܡܪ. ܐܘ ܕܡܠܐ
ܟܠ ܢܟܠܝܢ ܘܟܠܗܘܢ ܒܝܫܬܐ. ܒܪܗ ܕܐܟܠܩܪܨܐ. ܘܒܥܠܕܒܒܐ ܕܟܠܗ ܟܐܢܘܬܐ. ܠܐ ܫܠܐ

ܐܝܟ ܠܡܫܡܫܢܘܬܗ: ܐܘܫܛܗ ܠܦܪܥܘܢ ܕܡܨܪܝܢ. 11 ܘܗܘܐ ܟܦܢܐ ܕܡܨܪܝܢ ܠܟܠܗ. ܘܐܘܠܨܢܐ
ܣܓܝܐ ܘܠܐ ܐܫܟܚܘ ܣܒܥܐ ܒܟܠܗ ܐܪܥܐ. ܘܟܕ ܟܣܦܐ ܢܦܠ ܒܟܠܗܘܢ ܟܢܥܢ̈ܝܐ
ܘܡܨܪ̈ܝܐ. ܘܡܬܒܨܪܝܢ ܗܘܘ ܘܟܦܢܝܢ: ܕܠܝܬ ܠܗܘܢ ܥܒܘܪܐ. 12 ܘܟܕ ܫܡܥ ܝܥܩܘܒ
ܕܐܝܬ ܥܒܘܪܐ. ܒܡܨܪܝܢ ܫܕܪ ܠܒܢ̈ܘܗܝ ܩܕܡܝܐ. 13 ܘܒܙܒܢܐ ܕܬܪܝܢ ܐܫܬܘܕܥ ܝܘܣܦ
ܠܐܚ̈ܘܗܝ ܡܢ ܦܠܓܘܬ ܡܨܪ̈ܝܐ. ܘܐܬܝܕܥ ܠܗ ܠܦܪܥܘܢ ܫܪܒܬܗ ܕܝܘܣܦ. ܘܦܪܥܘܢ
ܚܕܝ ܗܘܐ ܥܡܗܘܢ. ܘܐܬܐ ܠܗ ܠܐܪܥܐ. 14 ܘܫܕܪ ܝܘܣܦ ܘܐܝܬܝ ܠܝܥܩܘܒ ܐܒܘܗܝ. ܘܐܬܐ
ܠܡܨܪܝܢ ܥܡ ܟܠܗ ܫܪܒܬܗ. ܘܗܘܘ ܫܒܥܝܢ ܘܚܡܫ ܢܦܫܢ. 15 ܘܢܚܬ
ܝܥܩܘܒ ܠܡܨܪܝܢ ܘܡܝܬ. ܗܘ ܘܐܒܗ̈ܬܢ ܟܠܗܘܢ. ܘܐܬܬܨܝܕܘ ܠܫܟܝܡ:
ܘܐܬܬܣܝܡܘ ܒܩܒܪܐ ܕܙܒܢ ܗܘܐ ܐܒܪܗܡ ܒܟܣܦܐ ܡܢ ܒܢܝ ܚܡܘܪ. 16 ܘܟܕ ܩܪܒ ܙܒܢܐ
ܕܡܘܠܟܢܐ. ܕܐܬܡܠܟ ܐܠܗܐ ܠܐܒܪܗܡ ܘܐܫܬܘܕܥ ܠܗ ܡܢ ܫܡܝܐ. ܘܐܣܓܝ ܥܡܐ
17 ܘܐܬܪܒܝܘ ܒܡܨܪܝܢ. ܥܕܡܐ ܕܩܡ ܡܠܟܐ ܐܚܪܢܐ: ܕܠܐ ܗܘܐ ܝܕܥ ܠܝܘܣܦ
ܘܐܬܢܟܠ. ܘܐܒܐܫ ܠܐܒܗ̈ܬܢ. 18 ܘܐܠܨ ܐܢܘܢ ܕܢܫܕܘܢ ܫܒܪ̈ܝܗܘܢ ܕܠܐ ܢܚܘܢ.
19 ܒܗܘ ܙܒܢܐ ܐܬܝܠܕ ܡܘܫܐ ܘܫܦܝܪ ܗܘܐ ܠܐܠܗܐ. ܘܐܬܪܒܝ ܬܠܬܐ ܝܪ̈ܚܝܢ ܒܒܝܬ ܐܒܘܗܝ.
20 ܘܟܕ ܐܫܕܝܘܗܝ. ܢܣܒܬܗ ܒܪܬܗ ܕܦܪܥܘܢ. ܘܪܒܝܬܗ ܠܗ ܠܒܪܐ.
21 ܘܐܬܪܕܝ ܡܘܫܐ ܒܟܠܗ ܚܟܡܬܐ ܕܡܨܪ̈ܝܐ. ܘܚܝܠܬܢ ܗܘܐ ܒܡܠܘܗܝ ܘܒܥܒܕ̈ܘܗܝ.
22 ܘܟܕ ܫܠܡ ܠܗ ܙܒܢܐ ܕܐܪܒܥܝܢ ܫܢܝܢ. ܣܠܩ ܥܠ ܠܒܗ ܕܢܣܥܘܪ ܐܚ̈ܘܗܝ
ܒܢܝ̈ ܐܝܣܪܝܠ. 23 ܘܚܙܐ ܚܕ ܡܢܗܘܢ ܕܡܬܥܘܠ ܗܘܐ. ܘܦܪܩܗ. ܘܥܒܕ ܬܒܥܬܗ
ܕܗܘ ܕܡܬܥܘܠ ܗܘܐ. ܘܩܛܠ ܠܡܨܪܝܐ. 24 ܘܣܒܪ ܗܘܐ ܕܡܣܬܟܠܝܢ ܐܚ̈ܘܗܝ
ܒܢܝ̈ ܐܝܣܪܝܠ. ܕܐܠܗܐ ܒܐܝܕܗ ܝܗܒ ܠܗܘܢ ܦܘܪܩܢܐ. ܘܠܐ ܐܣܬܟܠܘ. 25 ܘܠܝܘܡܐ
ܐܚܪܢܐ ܐܬܚܙܝ ܠܗܘܢ ܟܕ ܢܨܝܢ ܗܘܘ. ܘܐܬܪܥܝ ܐܢܘܢ ܠܫܝܢܐ. ܘܐܡܪ. ܓܒܪ̈ܐ
ܐܚ̈ܐ ܐܢܬܘܢ. ܠܡܢܐ ܡܥܘܠܝܢ ܐܢܬܘܢ ܚܕ ܠܚܕ. 26 ܗܘ ܕܝܢ ܕܡܥܘܠ ܗܘܐ ܠܚܒܪܗ.
ܕܚܝܗ ܘܐܡܪ ܠܗ. ܡܢܘ ܐܩܝܡܟ ܥܠܝܢ ܪܝܫܐ ܘܕܝܢܐ. 27 ܠܡܐ ܠܡܩܛܠܢܝ ܐܢܬ ܨܒܐ.
ܐܝܟ ܕܩܛܠܬ ܐܬܡܠܝ ܠܡܨܪܝܐ. 28 ܘܥܪܩ ܡܘܫܐ ܒܗܕܐ ܡܠܬܐ. ܘܗܘܐ ܬܘܬܒܐ
ܒܐܪܥܐ ܕܡܕܝܢ. ܘܗܘܘ ܠܗ ܬܪܝܢ ܒܢܝܢ. 29 ܘܟܕ ܫܠܡ ܠܗ ܐܪܒܥܝܢ ܫܢܝܢ ܐܬܚܙܝ ܠܗ
ܡܠܐܟܐ ܒܡܕܒܪܐ ܕܛܘܪܐ ܕܣܝܢܝ. ܒܢܘܪܐ ܕܝܩܕܐ ܒܣܢܝܐ. 30 ܘܟܕ ܚܙܐ ܡܘܫܐ
31 ܐܬܕܡܪ ܒܚܙܘܐ. ܘܟܕ ܩܪܒ ܕܢܚܙܐ. ܐܡܪ ܠܗ ܡܪܝܐ ܒܩܠܐ.
ܐܢܐ ܐܢܐ ܐܠܗܐ ܕܐܒܗ̈ܝܟ. 32 ܐܠܗܗ ܕܐܒܪܗܡ ܘܕܐܝܣܚܩ ܘܕܝܥܩܘܒ. ܘܟܕ ܪܬܝܬܐ
ܗܘ ܡܘܫܐ ܠܐ ܡܡܪܚ ܗܘܐ ܠܡܚܪ. 33 ܘܐܡܪ ܠܗ ܡܪܝܐ. ܫܪܝ ܡܣܢܝܟ ܡܢ ܪܓܠܝܟ.

ܐܝܟ ܕܟܬܝܒ ܒܡܙܡܘܪܐ ܕܬܪܝܢ. ܕܒܪܝ ܐܢܬ ܐܢܐ ܝܘܡܢܐ ܝܠܕܬܟ. 34 ܘܗܟܢܐ ܐܩܝܡܗ
ܐܠܗܐ ܡܢ ܒܝܬ ܡܝ̈ܬܐ. ܕܬܘܒ ܠܐ ܢܗܦܘܟ ܢܚܙܐ ܚܒܠܐ. ܐܝܟ ܕܐܡܪ. ܕܐܬܠ ܠܟܘܢ
ܛܝܒܘܬܗ ܕܕܘܝܕ ܡܗܝܡܢܬܐ. 35 ܘܬܘܒ ܐܡܪ ܒܕܘܟܬܐ ܐܚܪܬܐ. ܕܠܐ ܝܗܒܬ ܠܚܣܝܕܟ
ܕܢܚܙܐ ܚܒܠܐ. 36 ܕܘܝܕ ܓܝܪ ܒܫܪܒܬܗ. ܫܡܫ ܨܒܝܢܗ ܕܐܠܗܐ ܘܫܟܒ. ܘܐܬܬܘܣܦ ܥܠ
ܐܒܗܘܗܝ ܘܚܙܐ ܚܒܠܐ. 37 ܗܢܐ ܕܝܢ ܕܐܩܝܡ ܐܠܗܐ. ܠܐ ܚܙܐ ܚܒܠܐ. 38 ܕܥܘ ܗܟܝܠ
ܐܚܝ. ܕܒܗܢܐ ܡܬܟܪܙ ܠܟܘܢ ܫܘܒܩܢܐ ܕܚܛܗ̈ܐ. 39 ܘܡܢ ܟܠ ܕܠܐ ܐܫܟܚܬܘܢ
ܒܢܡܘܣܐ ܕܡܘܫܐ ܠܡܙܕܕܩܘ. ܒܗܢܐ ܟܠ ܕܡܗܝܡܢ ܡܙܕܕܩ. 40 ܐܙܕܗܪܘ ܗܟܝܠ.
ܕܠܐ ܢܐܬܐ ܥܠܝܟܘܢ ܡܕܡ ܕܟܬܝܒ ܒܢܒܝܐ. 41 ܕܚܙܘ ܡܒܣܪܢܐ. ܘܐܬܕܡܪܘ
ܘܐܬܚܒܠܘ. ܕܥܒܕܐ ܥܒܕ ܐܢܐ ܒܝܘܡܝܟܘܢ. ܥܒܕܐ ܕܠܐ ܬܗܝܡܢܘܢ. ܐܢ ܐܢܫ ܢܫܥܝܗ
ܠܟܘܢ. 42 ܘܟܕ ܢܦܩܝܢ ܗܘܘ ܡܢ ܠܘܬܗܘܢ. ܒܥܘ ܡܢܗܘܢ ܕܠܫܒܬܐ ܐܚܪܬܐ ܢܡܠܠܘܢ
ܥܡܗܘܢ ܡ̈ܠܐ ܗܠܝܢ. 43 ܘܟܕ ܐܫܬܪܝܬ ܟܢܘܫܬܐ. ܣܓܝܐܐ ܝܗܘܕܝܐ ܐܙܠܘ
ܒܬܪܗܘܢ. ܘܐܦ ܓܝܘܪܐ ܕܕܚܠܝܢ ܗܘܘ ܡܢ ܐܠܗܐ. ܘܗܢܘܢ ܡܡܠܠܝܢ ܗܘܘ
ܘܡܦܝܣܝܢ ܠܗܘܢ. ܕܢܗܘܘܢ ܢܩܝܦܝܢ ܠܛܝܒܘܬܗ ܕܐܠܗܐ....
44 ܘܠܫܒܬܐ ܐܚܪܬܐ. ܟܢܝܫܐ ܗܘܬ ܟܠܗ ܡܕܝܢܬܐ ܠܡܫܡܥ ܡܠܬܗ ܕܐܠܗܐ. 45 ܘܟܕ ܚܙܘ ܕܫܒܬܐ ܚ
ܝܗܘܕܝܐ ܟܢܫܐ ܣܓܝܐܐ. ܐܬܡܠܝܘ ܚܣܡܐ. ܘܩܝܡܝܢ ܗܘܘ ܠܘܩܒܠ ܡ̈ܠܐ ܕܐܡܪ ܗܘܐ
ܦܘܠܘܣ. ܘܡܓܕܦܝܢ ܗܘܘ. 46 ܐܡܪ ܕܝܢ ܦܘܠܘܣ ܘܒܪܢܒܐ ܥܡ ܓܠܝܐ. ܠܟܘܢ
ܗܘ ܘܠܐ ܗܘܐ ܡܬܒܥܝܐ. ܕܬܬܐܡܪ ܡܠܬܗ ܕܐܠܗܐ. ܐܠܐ ܡܛܠ ܕܕܚܝܢ ܐܢܬܘܢ ܠܗ
ܡܢܟܘܢ. ܘܦܣܩܬܘܢ ܥܠ ܢܦܫܟܘܢ ܕܠܐ ܫܘܝܢ ܐܢܬܘܢ ܠܚ̈ܝܐ ܕܠܥܠܡ. ܗܐ ܡܬܦܢܝܢܢ
ܠܢ ܠܘܬ ܥܡ̈ܡܐ. 47 ܗܟܢܐ ܓܝܪ ܦܩܕܢ ܡܪܢ. ܐܝܟ ܕܟܬܝܒ. ܕܣܡܬܟ ܢܘܗܪܐ
ܠܥܡ̈ܡܐ. ܕܬܗܘܐ ܠܚ̈ܝܐ ܠܥܕܡܐ ܠܣܘܦܝܗ̇ ܕܐܪܥܐ. 48 ܘܟܕ ܫܡܥܝܢ ܗܘܘ ܥܡ̈ܡܐ.
ܚܕܝܢ ܗܘܘ. ܘܡܫܒܚܝܢ ܠܐܠܗܐ. ܘܗܝܡܢܘ ܐܝܠܝܢ ܕܡܛܝܒܝܢ ܗܘܘ ܠܚ̈ܝܐ ܕܠܥܠܡ.
49 ܘܡܠܬܗ ܕܡܪܝܐ ܡܬܡܠܠܐ ܗܘܬ ܒܟܠܗ ܗܝ ܐܬܪܐ. 50 ܝܗܘܕܝܐ ܕܝܢ ܓܪܓܘ ܠܒܢ̈ܬ
ܕܡܝܬܪܐ ܘܥ̈ܬܝܪܬܐ ܐܝܠܝܢ ܕܕܚ̈ܠܢ ܗܘܝ ܥܡܗܘܢ ܠܐܠܗܐ. ܘܐܩܝܡܘ ܪܕܘܦܝܐ
ܥܠ ܦܘܠܘܣ ܘܥܠ ܒܪܢܒܐ. ܘܐܦܩܘ ܐܢܘܢ ܡܢ ܬܚܘܡܗܘܢ. 51 ܘܟܕ ܢܦܩܘ. ܢܦܨܘ
ܥܠܝܗܘܢ ܚܠܐ ܕܪ̈ܓܠܝܗܘܢ. ܘܐܬܘ ܠܗܘܢ ܠܐܝܩܘܢ ܡܕܝܢܬܐ. 52 ܘܬܠܡ̈ܝܕܐ ܡܬܡܠܝܢ
Cap. xiv. ܗܘܘ ܚܕܘܬܐ ܘܪܘܚܐ ܕܩܘܕܫܐ܀ 1 ܘܐܬܘ ܘܥܠܘ ܠܗܘܢ ܠܟܢܘܫܬܐ ܕܝܗܘܕܝܐ. ܘܡܠܠܘ
ܥܡܗܘܢ ܗܟܢܐ. ܐܝܟ ܕܢܗܝܡܢܘܢ ܣܓܝܐܐ ܡܢ ܝܗܘܕܝܐ ܘܡܢ ܝܘܢܝܐ. 2 ܝܗܘܕܝܐ
ܕܝܢ ܐܝܠܝܢ ܕܠܐ ܡܬܛܦܝܣܝܢ ܗܘܘ. ܓܪܓܘ ܠܥܡ̈ܡܐ. ܕܢܒܐܫܘܢ ܠܗܘܢ ܠܐܚ̈ܐ.
3 ܘܗܢܘܢ ܐܘܪܟܐ ܙܒܢܐ ܗܘܘ ܬܡܢ. ܘܥܡ ܓܠܝܐ ܡܡܠܠܝܢ ܗܘܘ ܥܠ ܡܪܢ. ܘܗܘ
ܡܣܗܕ ܗܘܐ ܥܠ ܡܠܬܐ ܕܛܝܒܘܬܗ. ܒܐܬܘ̈ܬܐ ܘܒܬܕܡܪ̈ܬܐ ܕܥܒܕ ܗܘܐ ܒܐܝܕܝܗܘܢ.

⁴ ܘܒܬܪܗ ܪܘܚܐ ܕܡܩܒܠܬܐ ܩܝܡܐ ܗܘܐ. ܩܒܝܠܗܘܢ ܐܝܟ ܗܘܘ ܟܡ ܩܘܦܪܘܣ: ܘܩܒܝܠܗܘܢ
ܢܩܒܩܝܢ ܗܘܘ ܟܡܝܢܝܬܐ. 5 ܗܘܐ ܕܝܢ ܒܟܠܗܘܢ ܝܡܐ ܡܢ ܟܝܠܝܩܝܐ: ܘܡܢ ܦܡܦܘܠܝܐ
ܘܩܡܠܗܘܢ. ܕܡܪܒܢܝ ܐܢܝ ܘܢܚܡܢܝ ܐܢܝ ܒܡܐܬܐ. 6 ܘܟܕ ܬܡܢ. ܥܒܪܘ
ܘܐܬܘ ܒܡܝܬܘܬܐ ܕܠܘܩܝܐ: ܠܡܘܪܐ ܘܐܘܪܚܐ ܘܡܚܘܝܐ ܕܐܠܟܣܢܕܪܘܣ. 7 ܘܐܡܪ
ܡܥܒܪܝܢ ܗܘܘ܀ 8 ܘܒܪܐ ܚܕ ܢܦܠ ܗܘܐ ܒܠܘܡܝܢܐ ܡܕܝܢܬܐ: ܕܫܡܗ ܗܘܐ
ܒܝܬܠܡܝܢ: ܫܦܝܪܐ ܕܡܢ ܩܪܝܒ ܐܠܡܐ. ܕܡܥܒܪܝܢ ܠܐ ܡܨܝ ܗܘܐ. 9 ܗܘܐ ܙܒܢܐ
ܠܦܘܠܘܣ ܕܡܥܠܠ. ܘܟܕ ܫܡܥܘ ܦܘܠܘܣ ܘܐܡܠܘܡܪ ܕܐܝܟ ܒܗ ܡܥܒܪܢܘܬܐ ܕܬܠܐ.
10 ܐܡܪ ܠܗ ܦܘܠܐ ܓܒܪܐ. ܟܕ ܐܡܪ ܐܢܐ. ܕܒܨܥܪܐ ܕܡܢܝ. ܢܗܘܐ ܡܥܒܪܢܐ ܡܢ ܟܠ
ܕܟܠܢ. ܘܡܠܘ ܐܦ ܘܡܠܟܘ. 11 ܘܩܢܛܐ ܕܟܠܐ ܟܕ ܫܡܥ ܗܘܐ ܕܒܟܠ ܦܘܠܘܣ.
ܐܡܪ ܡܠܗܘܢ ܠܟܠܗܘܢ ܕܐܬܐ ܘܐܡܪܝܢ. ܐܟܘܬ ܐܬܪܘܬ ܕܒܟܠ ܐܢܫܐ ܘܚܝܠܗ ܠܟܠܝ.
12 ܘܡܩܒܠܘ ܗܘܘ ܠܟܪܝܟܐ ܡܢܐ ܐܟܘܬ. ܘܠܦܘܠܘܣ ܘܩܝܡܘ: ܡܛܠ ܕܗܘ ܡܟܪܐ
ܗܘܐ ܠܡܩܒܠܬܐ. 13 ܘܒܬܡܢܐ ܕܡܢܐ ܐܟܘܬ ܗܘ ܕܐܝܟ ܗܘܐ ܠܟܪ ܡܢ ܡܕܝܢܬܐ. ܐܝܟ
ܬܘܪܐ ܘܒܝܬܠܐ ܠܬܪܥܐ ܕܙܘܐ ܐܬܐ ܕܡܪܝܢ ܗܘܘ. ܘܩܠܐ ܗܘܐ ܕܡܟܝܢ ܠܗܘܢ. 14 ܟܪܝܟܐ
ܕܝܢ ܘܦܘܠܘܣ ܒܝ ܡܥܒܪܘ. ܘܩܡܘ ܢܚܬܘܢܝ. ܘܡܬܪܘ ܘܢܦܩܘ ܠܗܘܢ ܠܟܠ
ܐܠܗܐ. ܘܡܟܝܢ ܗܘܘ 15 ܘܐܡܪܝܢ. ܒܪܝܐ. ܡܢܐ ܟܒܪܝܢ ܐܝܬܝ. ܐܦ ܚܕ ܒܠܫܢܐ
ܝܘܡ ܡܢܘܬܐ ܐܚܪܢܝ. ܕܡܥܒܪܢܝܢ ܠܒܗܝ. ܕܡܢ ܗܟܝܢ ܒܟܪܟܐ ܠܐܦܝܗܝ ܠܟܠ
ܐܢܫܐ ܚܕ: ܗܘ ܕܒܥܒ ܡܥܒܪܐ ܘܐܘܪܚܐ: ܘܡܝܬܐ ܘܟܠ ܕܐܝܟ ܠܗܘܢ܃ 16 ܗܘ ܕܒܝܬܐ
ܡܪܟܒܐ ܡܥܒܪ ܗܘܐ ܐܢܝ ܠܟܠܗܘܢ ܟܝܠܝܩܝܐ. ܕܬܠܝܚܝ ܠܐܘܪܚܐ ܘܢܦܫܗܘܢ܃ 17 ܟܕ
ܠܐ ܡܥܒܪ ܢܦܫܗ ܕܠܐ ܡܗܝܪ. ܟܕ ܟܒܝ ܗܘܐ ܠܗܘܢ ܠܟܪܝܟܐ ܡܢ ܡܥܒܪܐ: ܘܡܥܒܕ ܗܘܐ
ܠܗܘܢ ܡܟܝܢܐ: ܘܡܪܟܒܐ ܗܘܐ ܒܐܬܪܐ ܠܟܠܬܗܘܢ܃ ܘܡܟܠ ܗܘܐ ܐܘܪܚܐ ܘܡܥܒܪܢܘܬܐ
ܠܟܘܠܬܗܘܢ. 18 ܘܟܕ ܗܘܟܝܢ ܐܡܪܝܢ ܗܘܘ. ܡܢ ܡܥܒܪ ܟܠܗ ܠܟܠܗܘܢ. ܕܐܝܟ ܠܐ ܝܕܥ
ܠܗܘܢ. 19 ܐܬܐ ܕܝܢ ܠܐܬܪܐ ܦܡܦܘܠܝܐ ܡܢ ܐܢܛܝܟܝ ܘܡܢ ܐܢܛܝܦܛܪܝܣ. ܘܡܥܒܕ ܠܟܠܗܘܢ
ܠܟܠܗ ܘܦܘܠܘܣ ܠܟܠܗܘܢ ܘܒܢܘܗܝ ܠܟܪ ܡܢ ܡܕܝܢܬܐ: ܡܛܠ ܕܡܥܒܪܝܢ ܗܘܘ
ܕܩܡܝ ܠܗ. 20 ܘܒܢܝܗ ܠܟܠܗܘܢ ܠܐܚܝ̈ܐ. ܘܡܢ ܟܠ ܠܡܕܝܢܬܐ܀ ܘܟܠܗܘܢ
ܐܢܫܐ. ܢܦܩ ܠܗ ܡܢ ܬܪܥ ܟܡ ܟܪܝܟܐ. ܘܐܬܐ ܠܡܪܟܒܐ ܡܕܝܢܬܐ. 21 ܘܟܕ ܡܥܒܪܝܢ
ܗܘܘ ܠܒܢܝ ܡܕܝܢܬܐ ܗܘ. ܐܚܝܗܘܢ ܗܘܘ ܠܡܥܒܪܢܐ. ܘܡܟܝܢ ܐܬܐ ܠܗܘܢ ܠܟܠܡܥܒܪܐ
ܡܕܝܢܬܐ ܘܠܐܢܛܝܟܝ ܘܠܐܢܛܝܦܛܪܝܣ. 22 ܟܕ ܡܥܒܪܝܢ ܗܘܘ ܢܦܫܗܘܢ ܕܐܚܝ̈ܐ: ܘܒܟܠܝܢ
ܗܘܘ ܡܢܗܘܢ ܕܢܦܩܘܢ ܠܡܥܒܪܢܘܬܐ. ܘܐܡܪܝܢ ܗܘܘ ܠܗܘܢ ܕܠܐܘܪܚܐ ܡܟܝܢܐ ܘܠܐ
ܠܡܟܠ ܠܡܥܒܪܢܘܬܗ ܕܐܠܗܐ. 23 ܘܐܩܝܡܘ ܠܗܘܢ ܒܟܠ ܟܪܝܟܐ ܡܥܒܪܐ. ܟܕ ܙܡܝܢ
ܗܘܘ ܠܡܥܒܪ ܘܡܟܝܢ: ܘܡܥܒܪܝܢ ܗܘܘ ܠܗܘܢ ܠܡܪܢ. ܗܘ ܕܗܝܡܢܘ ܒܗ.

24 ܘܟܕ ܐܬܟܪܟܘ ܒܦܝܣܝܕܝܐ. ܐܬܘ ܠܗܘܢ ܠܦܡܦܘܠܝܐ. 25 ܘܟܕ ܡܠܠܘ ܒܦܪܓܐ
ܡܕܝܢܬܐ ܡܠܬܐ ܕܡܪܝܐ. ܢܚܬܘ ܠܗܘܢ ܠܐܛܠܝܐ. 26 ܘܡܢ ܬܡܢ ܪܕܘ ܒܝܡܐ. ܘܐܬܘ
ܠܗܘܢ ܠܐܢܛܝܘܟܝܐ: ܡܛܠ ܕܡܢ ܬܡܢ ܡܫܠܡܝܢ ܗܘܘ ܠܛܝܒܘܬܗ ܕܡܪܝܐ. ܠܥܒܕܐ
ܗܘ ܕܫܠܡܘ. 27 ܘܟܕ ܟܢܫܘ ܟܠܗ ܥܕܬܐ. ܡܫܬܥܝܢ ܗܘܘ ܟܠܡܕܡ ܕܥܒܕ ܥܡܗܘܢ
ܐܠܗܐ: ܘܕܦܬܚ ܬܪܥܐ ܕܗܝܡܢܘܬܐ ܠܥܡܡܐ. 28 ܘܐܓܪܘ ܙܒܢܐ ܣܓܝܐܐ ܗܘܘ ܬܡܢ ܥܡ
Cap. xv. ܬܠܡܝܕܐ܀ 1 ܢܚܬܘ ܗܘܘ ܕܝܢ ܐܢܫܐ ܡܢ ܝܗܘܕ. ܘܡܠܦܝܢ ܗܘܘ ܠܗܘܢ ܠܐܚܐ. ܕܐܢ
ܗܘ ܕܠܐ ܓܙܪܝܢ ܐܢܬܘܢ ܒܥܝܕܐ ܕܢܡܘܣܐ. ܠܐ ܡܫܟܚܝܢ ܐܢܬܘܢ ܠܡܚܐ. 2 ܘܗܘܐ
ܚܪܝܢܐ ܣܓܝܐܐ ܘܒܥܬܐ. ܠܦܘܠܘܣ ܘܠܒܪܢܒܐ ܥܡܗܘܢ. ܘܗܘܘ ܕܢܣܩܘܢ ܦܘܠܘܣ
ܘܒܪܢܒܐ ܘܐܚܪܢܐ ܥܡܗܘܢ: ܠܘܬ ܫܠܝܚܐ ܘܩܫܝܫܐ ܕܐܘܪܫܠܡ. ܡܛܠ ܗܕܐ ܒܥܬܐ.
3 ܘܠܘܝܬ ܥܕܬܐ ܐܢܘܢ. ܘܪܕܝܢ ܗܘܘ ܒܦܘܢܝܩܐ. ܘܐܦ ܒܝܬ ܫܡܪܝܐ.
ܟܕ ܡܫܬܥܝܢ ܗܘܘ ܥܠ ܦܘܢܝܐ ܕܥܡܡܐ. ܘܥܒܕܝܢ ܗܘܘ ܚܕܘܬܐ ܪܒܬܐ
ܠܟܠܗܘܢ ܐܚܐ܀܀܀
4 ܘܟܕ ܐܬܘ ܠܐܘܪܫܠܡ. ܐܬܩܒܠܘ ܡܢ ܥܕܬܐ ܘܡܢ ܫܠܝܚܐ ܘܡܢ ܩܫܝܫܐ. ܘܐܫܬܥܝܘ ܕܚܡܫܐ ܡܘ.
ܠܗܘܢ ܟܠ ܡܐ ܕܥܒܕ ܥܡܗܘܢ ܐܠܗܐ. 5 ܩܡܘ ܗܘܘ ܕܝܢ ܐܢܫܐ ܐܝܠܝܢ ܕܗܝܡܢܘ
ܗܘܘ ܡܢ ܝܘܠܦܢܐ ܕܦܪܝܫܐ ܘܐܡܪܝܢ. ܕܘܠܐ ܗܘܐ ܠܗܘܢ ܠܡܓܙܪ ܐܢܘܢ. ܘܠܡܦܩܕܘ
ܐܢܘܢ: ܕܢܛܪܘܢ ܢܡܘܣܐ ܕܡܘܫܐ. 6 ܐܬܟܢܫܘ ܕܝܢ ܫܠܝܚܐ ܘܩܫܝܫܐ. ܕܢܚܙܘܢ ܥܠ
ܡܠܬܐ ܗܕܐ. 7 ܘܟܕ ܗܘܬ ܒܥܬܐ ܣܓܝܐܬܐ. ܩܡ ܫܡܥܘܢ ܘܐܡܪ ܠܗܘܢ. ܓܒܪܐ ܐܚܝܢ.
ܐܢܬܘܢ ܝܕܥܝܢ ܐܢܬܘܢ. ܕܡܢ ܝܘܡܬܐ ܩܕܡܝܐ. ܡܢ ܦܘܡܝ ܨܒܐ ܐܠܗܐ
ܕܢܫܡܥܘܢ ܥܡܡܐ: ܡܠܬܐ ܕܣܒܪܬܐ ܘܢܗܝܡܢܘܢ. 8 ܘܐܠܗܐ ܕܝܕܥ ܕܠܒܘܬܐ
ܐܣܗܕ ܥܠܝܗܘܢ. ܘܝܗܒ ܠܗܘܢ ܪܘܚܐ ܕܩܘܕܫܐ ܐܝܟ ܕܠܢ. 9 ܘܡܕܡ ܠܐ ܦܠܓ
ܒܝܢܝܢ ܠܒܝܢܝܗܘܢ: ܡܛܠ ܕܕܟܝ ܒܗܝܡܢܘܬܐ ܠܒܘܬܗܘܢ. 10 ܘܗܫܐ ܡܢܐ ܡܢܣܝܢ
ܐܢܬܘܢ ܠܐܠܗܐ: ܐܝܟ ܕܬܣܝܡܘܢ ܢܝܪܐ ܥܠ ܨܘܪܝܗܘܢ ܕܬܠܡܝܕܐ: ܐܝܢܐ ܕܐܦܠܐ ܐܒܗܝܢ
ܐܦܠܐ ܚܢܢ. ܐܫܟܚܢ ܠܡܫܩܠܗ. 11 ܐܠܐ ܒܛܝܒܘܬܗ ܕܡܪܢ ܝܫܘܥ ܡܫܝܚܐ: ܡܗܝܡܢܝܢܢ:
ܕܢܚܐ ܐܟܘܬܗܘܢ. 12 ܘܫܬܩܘ ܟܠܗ ܟܢܫܐ. ܘܫܡܥܝܢ ܗܘܘ ܠܦܘܠܘܣ ܘܠܒܪܢܒܐ:
ܕܡܫܬܥܝܢ ܗܘܘ ܟܠ ܡܐ ܕܥܒܕ ܐܠܗܐ ܒܐܝܕܝܗܘܢ: ܐܬܘܬܐ ܘܓܒܪܘܬܐ ܒܥܡܡܐ.
13 ܘܒܬܪ ܕܫܠܝܘ. ܩܡ ܝܥܩܘܒ ܘܐܡܪ. ܓܒܪܐ ܐܚܝܢ. ܫܡܥܘܢܝ. 14 ܫܡܥܘܢ
ܐܫܬܥܝ ܠܟܘܢ. ܐܝܟܢܐ ܫܪܝ ܐܠܗܐ ܠܡܓܒܐ ܡܢ ܥܡܡܐ. ܥܡܐ ܠܫܡܗ.
15 ܘܠܗܕܐ ܫܠܡܝܢ ܡܠܘܗܝ ܕܢܒܝܐ: ܐܝܟ ܡܐ ܕܟܬܝܒ. 16 ܕܡܢ ܒܬܪ ܗܠܝܢ ܐܬܗܦܟ
ܘܐܩܝܡ ܡܫܟܢܗ ܕܕܘܝܕ ܐܝܢܐ ܕܢܦܠ. ܘܐܒܢܐ ܡܕܡ ܕܢܦܠ ܡܢܗ. ܘܐܩܝܡܝܗܝ.
17 ܐܝܟ ܕܢܒܥܘܢ ܫܪܟܐ ܕܒܢܝܢܫܐ ܠܡܪܝܐ: ܘܟܠܗܘܢ ܥܡܡܐ ܐܝܠܝܢ ܕܐܬܩܪܝ ܫܡܝ

ܥܠܝܗܘܢ. ܐܡܪ ܡܪܝܐ ܕܥܒܕ ܗܠܝܢ ܟܠܗܝܢ. 18 ܝܕܝܥܝܢ ܡܢ ܥܠܡ ܥܒܕܘܗܝ
ܕܐܠܗܐ. 19 ܡܛܠ ܗܢܐ ܐܢܐ ܐܡܪ ܐܢܐ. ܕܠܐ ܢܗܘܘܢ ܡܗܪܝܢ ܠܐܝܠܝܢ ܕܡܢ ܥܡܡܐ
ܡܬܦܢܝܢ ܠܘܬ ܐܠܗܐ. 20 ܐܠܐ ܢܫܬܠܚ ܠܘܬܗܘܢ. ܕܢܗܘܘܢ ܦܪܝܩܝܢ ܡܢ ܛܢܦܘܬܐ
ܕܕܒܚܐ. ܘܡܢ ܙܢܝܘܬܐ. ܘܡܢ ܕܚܢܝܩܐ. ܘܡܢ ܕܡܐ. 21 ܡܘܫܐ ܓܝܪ ܡܢ ܕܪܐ ܩܕܡܝܐ.
ܒܟܠ ܡܕܝܢܐ ܐܝܬ ܗܘܐ ܠܗ ܟܪܘܙܐ ܒܟܢܘܫܬܐ: ܕܒܟܠ ܫܒܬܐ ܩܪܝܢ ܠܗ. 22 ܗܝܕܝܢ
ܫܠܝܚܐ ܘܩܫܝܫܐ ܥܡ ܟܠܗ ܥܕܬܐ. ܓܒܘ ܓܒܪܐ ܡܢܗܘܢ. ܘܫܕܪܘ ܠܐܢܛܝܘܟܝ ܥܡ
ܦܘܠܘܣ ܘܒܪܢܒܐ. ܠܝܗܘܕܐ ܕܡܬܩܪܐ ܒܪ ܫܒܐ. ܘܠܫܝܠܐ: ܓܒܪܐ ܕܪܫܐ ܗܘܘ ܒܗܘܢ
ܒܐܚܐ. 23 ܘܟܬܒܘ ܐܓܪܬܐ ܒܐܝܕܝܗܘܢ ܗܟܢܐ. ܫܠܝܚܐ ܘܩܫܝܫܐ ܘܐܚܐ. ܠܐܝܠܝܢ ܕܐܝܬ
ܒܐܢܛܝܘܟܝ ܘܒܣܘܪܝܐ ܘܒܩܝܠܝܩܝܐ. ܐܚܐ ܕܡܢ ܥܡܡܐ ܫܠܡ. 24 ܫܡܥܢ ܠܢ:
ܕܐܢܫܝܢ ܡܢܢ ܢܦܩܘ ܘܐܙܝܥܘܟܘܢ ܒܡܠܐ. ܘܐܗܦܟܘ ܢܦܫܬܟܘܢ. ܟܕ ܐܡܪܝܢ: ܕܬܓܙܪܘܢ
ܘܬܛܪܘܢ ܢܡܘܣܐ. ܐܝܠܝܢ ܕܚܢܢ ܠܐ ܦܩܕܢ ܐܢܘܢ. 25 ܡܛܠ ܗܢܐ ܐܫܬܘܝܢ
ܟܠܢ ܟܕ ܟܢܝܫܝܢ. ܘܓܒܝܢ ܓܒܪܐ ܘܫܕܪܢ ܠܘܬܟܘܢ. ܥܡ ܦܘܠܘܣ ܘܒܪܢܒܐ ܚܒܝܒܝܢ.
26 ܐܢܫܐ ܕܐܫܠܡܘ ܢܦܫܗܘܢ ܚܠܦ ܫܡܗ ܕܡܪܢ ܝܫܘܥ ܡܫܝܚܐ. 27 ܘܫܕܪܢ ܠܘܬܟܘܢ
ܠܝܗܘܕܐ ܘܠܫܝܠܐ. ܕܗܢܘܢ ܒܡܠܬܐ ܢܐܡܪܘܢ ܠܟܘܢ ܗܠܝܢ ܗܠܝܢ. 28 ܗܘܐ ܓܝܪ
ܨܒܝܢܐ ܠܪܘܚܐ ܕܩܘܕܫܐ ܘܐܦ ܠܢ. ܕܠܐ ܢܬܬܣܝܡ ܥܠܝܟܘܢ ܝܘܩܪܐ ܝܬܝܪܐ ܠܒܪ ܡܢ
ܗܠܝܢ ܕܐܠܨܢ: 29 ܕܬܬܪܚܩܘܢ ܡܢ ܕܕܒܚܐ. ܘܡܢ ܕܡܐ. ܘܡܢ ܚܢܝܩܐ. ܘܡܢ ܙܢܝܘܬܐ:
ܕܟܕ ܬܛܪܘܢ ܢܦܫܟܘܢ ܡܢ ܗܠܝܢ ܫܦܝܪ ܬܗܘܘܢ. ܗܘܘ ܚܠܝܡܝܢ ܒܡܪܢ ✣ 30 ܗܢܘܢ ܕܝܢ
ܕܐܫܬܠܚܘ. ܐܬܘ ܠܐܢܛܝܘܟܝ. ܘܟܢܫܘ ܟܠܗ ܥܡܐ ܘܝܗܒܘ ܐܓܪܬܐ. 31 ܘܟܕ ܩܪܘ. ܚܕܝܘ
ܘܐܬܒܝܐܘ. 32 ܘܒܡܠܬܐ ܣܓܝܐܬܐ ܠܐܚܐ ܒܝܐܘ ܐܢܘܢ. ܘܫܪܪܘ ܐܢܘܢ:
ܡܛܠ ܕܐܦ ܗܢܘܢ ܢܒܝܐ ܗܘܘ. 33 ܘܟܕ ܗܘܘ ܬܡܢ ܙܒܢܐ. ܫܪܘ ܐܢܘܢ ܐܚܐ ܒܫܠܡܐ
ܠܘܬ ܫܠܝܚܐ ✣

35 ܦܘܠܘܣ ܕܝܢ ܘܒܪܢܒܐ ܩܘܝܘ ܗܘܘ ܒܐܢܛܝܘܟܝ. ܘܡܠܦܝܢ ܗܘܘ ܘܡܣܒܪܝܢ ܥܡ
ܐܚܪܢܐ ܣܓܝܐܐ ܡܠܬܗ ܕܐܠܗܐ. 36 ܘܒܬܪ ܝܘܡܬܐ ܐܡܪ ܦܘܠܘܣ ܠܒܪܢܒܐ. ܢܬܦܢܐ
ܘܢܣܥܘܪ ܠܐܚܐ ܕܒܟܠ ܡܕܝܢܐ ܕܐܟܪܙܢ ܒܗ ܡܠܬܗ ܕܐܠܗܐ. ܘܢܚܙܐ ܡܢܐ ܥܒܕܝܢ.
37 ܒܪܢܒܐ ܕܝܢ ܨܒܐ ܗܘܐ. ܕܢܕܒܪ ܠܝܘܚܢܢ ܗܘ ܕܐܬܟܢܝ ܡܪܩܘܣ. 38 ܦܘܠܘܣ ܕܝܢ ܠܐ
ܨܒܐ ܗܘܐ. ܕܢܕܒܪܗ ܥܡܗܘܢ: ܡܛܠ ܕܫܒܩ ܗܘܐ ܐܢܘܢ. ܟܕ ܗܢܘܢ ܒܦܡܦܘܠܝܐ:

---

34 ܒܪܡ ܗܘܐ ܨܒܝܢܗ ܕܫܝܠܐ ܕܬܡܢ ܢܩܘܐ.

This verse is not found in any Syriac MS. It was first supplied in Tremellius' edition of 1569.

ܘܠܐ ܐܬܐ ܥܡܗܘܢ. 39 ܡܛܠ ܗܢܐ ܚܪܝܢܐ ܦܪܫܘ ܚܕ ܡܢ ܚܕ. ܘܒܪܢܒܐ ܕܒܪ
ܠܡܪܩܘܣ ܘܪܕܘ ܒܝܡܐ ܘܐܬܘ ܠܗܘܢ ܠܩܘܦܪܘܣ. 40 ܦܘܠܘܣ ܕܝܢ ܓܒܐ ܠܗ
ܠܫܝܠܐ. ܘܢܦܩ ܟܕ ܡܫܬܠܡ ܡܢ ܐܚܐ ܠܛܝܒܘܬܗ ܕܐܠܗܐ. 41 ܘܪܕܐ ܗܘܐ ܒܣܘܪܝܐ
Cap. xvi. ܘܒܩܝܠܝܩܝܐ ܘܡܩܝܡ ܥܕܬܐ. 1 ܘܡܛܐ ܗܘܐ ܠܕܪܒܐ ܡܕܝܢܬܐ ܘܠܠܘܣܛܪܐ. ܐܝܬ
ܗܘܐ ܕܝܢ ܬܡܢ ܬܠܡܝܕܐ ܚܕ ܕܫܡܗ ܛܝܡܬܐܘܣ. ܒܪܗ ܕܝܗܘܕܝܬܐ ܚܕܐ ܡܗܝܡܢܬܐ.
ܘܐܒܘܗܝ ܐܪܡܝܐ ܗܘܐ. 2 ܘܬܠܡܝܕܐ ܕܒܠܘܣܛܪܐ ܘܕܡܢ ܐܝܩܘܢ. ܡܣܗܕܝܢ
ܗܘܘ ܥܠܘܗܝ. 3 ܠܗܢܐ ܨܒܐ ܗܘܐ ܦܘܠܘܣ. ܕܢܕܒܪܝܘܗܝ ܥܡܗ. ܘܢܣܒ ܓܙܪܗ.
ܡܛܠ ܝܗܘܕܝܐ ܕܐܝܬ ܗܘܘ ܒܐܬܪܐ. ܝܕܥܝܢ ܗܘܘ ܓܝܪ ܟܠܗܘܢ ܠܐܒܘܗܝ ܕܐܪܡܝܐ ܗܘܐ.
4 ܘܟܕ ܐܙܠܝܢ ܗܘܘ ܒܡܕܝܢܬܐ. ܡܟܪܙܝܢ ܗܘܘ ܘܡܠܦܝܢ ܠܗܘܢ. ܕܢܗܘܘܢ ܢܛܪܝܢ
ܦܘܩܕܢܐ ܐܢܘܢ ܕܓܙܪܘ ܫܠܝܚܐ ܘܩܫܝܫܐ ܕܒܐܘܪܫܠܡ ◆ 5 ܗܝܕܝܢ ܥܕܬܐ ܡܫܬܪܪܢ
ܗܘܝ ܒܗܝܡܢܘܬܐ. ܘܣܓܝܢ ܗܘܝ ܒܡܢܝܢܐ ܟܠܝܘܡ. 6 ܘܗܠܟܘ ܕܝܢ ܒܦܪܘܓܝܐ
ܘܒܓܠܛܝܐ ܐܬܪܘܬܐ. ܘܟܠܐ ܐܢܘܢ ܪܘܚܐ ܕܩܘܕܫܐ. ܕܠܐ ܢܡܠܠܘܢ ܡܠܬܐ ܕܐܠܗܐ
ܒܐܣܝܐ. 7 ܘܟܕ ܐܬܘ ܠܡܘܣܝܐ ܐܬܪܐ. ܨܒܝܢ ܗܘܘ ܕܢܐܙܠܘܢ ܡܢ ܬܡܢ ܠܒܝܬܘܢܝܐ. ܘܠܐ
ܐܪܦܝ ܠܗܘܢ ܪܘܚܐ ܕܝܫܘܥ. 8 ܘܟܕ ܢܦܩܘ ܡܢ ܡܘܣܝܐ. ܢܚܬܘ ܠܗܘܢ ܠܛܪܘܐܣ
ܐܬܪܐ. 9 ܘܒܚܙܘܐ ܕܠܠܝܐ. ܐܬܚܙܝ ܠܦܘܠܘܣ ܐܝܟ ܓܒܪܐ ܚܕ ܡܩܕܘܢܝܐ. ܕܩܐܡ ܘܒܥܐ
ܡܢܗ ܘܐܡܪ. ܬܐ ܠܡܩܕܘܢܝܐ ܘܥܕܪܝܢ ◆ ◆ ◆
[illegible] 10 ܟܕ ܕܝܢ ܚܙܐ ܦܘܠܘܣ ܗܢܐ ܚܙܘܐ. ܡܚܕܐ ܨܒܝܢ ܠܡܦܩ ܠܡܩܕܘܢܝܐ. ܡܛܠ
ܕܐܣܬܟܠܢ ܕܡܪܢ ܩܪܢ ܕܢܣܒܪ ܐܢܘܢ. 11 ܘܪܕܝܢ ܡܢ ܛܪܘܐܣ ܘܐܬܝܢ ܠܣܡܘܬܪܩܐ.
ܘܡܢ ܬܡܢ ܠܡܕܝܢܬܐ ܕܡܬܩܪܝܐ ܢܐܦܘܠܝܣ. 12 ܘܡܢ ܬܡܢ ܠܦܝܠܝܦܘܣ:
ܕܗܝ ܪܫܐ ܕܡܩܕܘܢܝܐ. ܘܩܘܠܘܢܝܐ ܐܝܬܝܗ. ܗܘܝܢ ܕܝܢ ܒܗ ܒܡܕܝܢܬܐ
ܝܘܡܬܐ ܝܕܝܥܐ. 13 ܘܢܦܩܢ ܒܝܘܡܐ ܕܫܒܬܐ ܠܒܪ ܡܢ ܬܪܥܐ ܕܡܕܝܢܬܐ ܥܠ ܝܕ ܢܗܪܐ.
ܡܛܠ ܕܬܡܢ ܡܬܚܙܝܐ ܗܘܐ ܒܝܬ ܨܠܘܬܐ. ܘܟܕ ܝܬܒܢ. ܡܡܠܠܝܢ ܗܘܝܢ ܥܡ ܢܫܐ
ܕܟܢܝܫܢ ܗܘܝ ܬܡܢ. 14 ܘܐܢܬܬܐ ܚܕܐ ܡܙܒܢܢܝܬ ܐܪܓܘܢܐ ܕܚܠܬ ܗܘܬ ܡܢ ܐܠܗܐ. ܫܡܗ
ܗܘܐ ܠܘܕܝܐ. ܡܢ ܬܐܘܛܝܪܐ ܡܕܝܢܬܐ. ܗܕܐ ܦܬܚ ܠܒܗ ܡܪܢ. ܘܫܡܥܐ ܗܘܬ ܡܠܝܢ
ܕܐܡܪ ܦܘܠܘܣ. 15 ܘܐܥܡܕܬ ܗܘܬ ܗܝ ܘܒܢܝ ܒܝܬܗ. ܘܒܥܝܐ ܗܘܬ ܡܢܢ ܘܐܡܪܐ.
ܐܢ ܗܘ ܕܫܪܝܪܐܝܬ ܚܫܒܬܘܢܢܝ ܕܡܗܝܡܢܐ ܠܡܪܢ. ܬܘ ܥܘܠܘ ܒܒܝܬܝ ܫܪܘ.
ܘܐܠܨܬܢ ܛܒ ◆ 16 ܘܗܘܐ ܕܟܕ ܐܙܠܝܢ ܠܒܝܬ ܨܠܘܬܐ. ܦܓܥܬ ܒܢ ܥܠܝܡܬܐ ܚܕܐ:
ܕܐܝܬ ܗܘܐ ܠܗ ܪܘܚܐ ܕܩܣܡܐ. ܘܡܥܠܝܐ ܗܘܬ ܠܡܪܝܗ̈ ܐܬܓܘܪܬܐ ܣܓܝܐܬܐ ܒܩܣܡܐ
ܕܩܣܡܐ ܗܘܬ. 17 ܘܐܬܝܐ ܗܘܬ ܒܬܪ ܦܘܠܘܣ ܘܒܬܪܢ. ܘܩܥܝܐ ܗܘܬ ܘܐܡܪܐ. ܗܠܝܢ
ܐܢܫܐ ܥܒܕܘܗܝ ܐܢܘܢ ܕܐܠܗܐ ܡܪܝܡܐ. ܘܡܟܪܙܝܢ ܠܟܘܢ ܐܘܪܚܐ ܕܚܝܐ. 18 ܘܗܕܐ

ܥܒܕܐ ܗܘܬ ܝܘܡܬܐ ܣܓܝܐܐ. ܘܐܬܟܪܝ ܦܘܠܘܣ ܘܐܡܪ ܠܗ ܠܪܘܚܐ ܗܝ. ܦܩܕ ܐܢܐ
ܠܟܝ ܒܫܡܗ ܕܝܫܘܥ ܡܫܝܚܐ. ܕܬܦܩܝܢ ܡܢܗ. ܘܒܗ ܒܫܥܬܐ ܢܦܩܬ. 19 ܘܟܕ ܚܙܘ
ܡܪܝܗ ܕܢܦܩ ܠܗ ܡܢܗ ܣܒܪܐ ܕܬܓܪܬܗܘܢ. ܐܚܕܘܗܝ ܠܦܘܠܘܣ ܘܠܫܝܠܐ. ܘܓܪܘ
ܐܝܬܝܘ ܐܢܘܢ ܠܫܘܩܐ. 20 ܘܩܪܒܘ ܐܢܘܢ ܠܐܣܛܪܛܓܐ ܘܠܪܫܢܐ ܕܡܕܝܢܬܐ. ܘܐܡܪܝܢ
ܗܘܘ. ܕܗܠܝܢ ܐܢܫܐ ܡܫܓܫܝܢ ܠܗ ܠܡܕܝܢܬܢ: ܡܛܠ ܕܝܗܘܕܝܐ ܐܢܘܢ. 21 ܘܡܟܪܙܝܢ
ܠܢ ܥܝܕܐ ܐܝܠܝܢ ܕܠܐ ܫܠܝܛ ܠܢ ܠܡܩܒܠܘ ܘܠܡܥܒܕ: ܡܛܠ ܕܪܗܘܡܝܐ ܚܢܢ.
22 ܘܟܢܫܐ ܣܓܝܐܐ ܐܬܟܢܫܘ ܥܠܝܗܘܢ. ܗܝܕܝܢ ܐܣܛܪܛܓܐ ܨܪܘ ܢܚܬܝܗܘܢ: ܘܦܩܕܘ
ܕܢܢܓܕܘܢ ܐܢܘܢ. 23 ܘܟܕ ܢܓܕܘ ܐܢܘܢ ܣܓܝ. ܐܪܡܝܘ ܐܢܘܢ ܒܒܝܬ ܐܣܝܪܐ. ܘܦܩܕܘ
ܠܢܛܘܪ ܒܝܬ ܐܣܝܪܐ. ܕܢܛܪ ܐܢܘܢ ܒܚܦܝܛܘ. 24 ܗܘ ܕܝܢ ܟܕ ܩܒܠ ܗܢܐ ܦܘܩܕܢܐ.
ܐܥܠ ܐܢܘܢ ܠܒܝܬܐ ܓܘܝܐ ܕܒܝܬ ܐܣܝܪܐ. ܘܐܚܕ ܪܓܠܝܗܘܢ ܒܩܝܣܐ. 25 ܘܒܦܠܓܗ
ܕܠܠܝܐ. ܦܘܠܘܣ ܘܫܝܠܐ ܡܨܠܝܢ ܗܘܘ ܘܡܫܒܚܝܢ ܠܐܠܗܐ. ܘܫܡܥܝܢ ܗܘܘ
ܠܗܘܢ ܐܣܝܪܐ. 26 ܘܡܢ ܫܠܝܐ ܙܘܥܐ ܪܒܐ ܗܘܐ. ܘܐܬܬܙܝܥܘ ܫܬܐܣܘܗܝ ܕܒܝܬ ܐܣܝܪܐ.
ܘܐܬܦܬܚܘ ܒܗ ܒܫܥܬܐ ܬܪܥܐ ܟܠܗܘܢ. ܘܐܫܬܪܝܘ ܐܣܘܪܝܗܘܢ ܕܟܠܗܘܢ. 27 ܘܟܕ ܐܬܬܥܝܪ
ܢܛܘܪ ܒܝܬ ܐܣܝܪܐ: ܘܚܙܐ ܬܪܥܐ ܕܒܝܬ ܐܣܝܪܐ ܕܦܬܝܚܝܢ. ܫܡܛ ܣܦܣܪܐ ܘܒܥܐ
ܕܢܩܛܘܠ ܢܦܫܗ: ܡܛܠ ܕܣܒܪ ܗܘܐ ܕܥܪܩܘ ܠܗܘܢ ܐܣܝܪܐ. 28 ܘܩܥܐ ܠܗ ܦܘܠܘܣ
ܒܩܠܐ ܪܡܐ ܘܐܡܪ ܠܗ. ܠܐ ܬܥܒܕ ܠܢܦܫܟ ܡܕܡ ܕܒܝܫ: ܡܛܠ ܕܟܠܢ ܬܢܢ ܚܢܢ.
29 ܘܐܢܗܪ ܠܗ ܫܪܓܐ ܘܫܘܪ ܘܥܠ ܟܕ ܪܬܝܬ. ܘܢܦܠ ܥܠ ܪܓܠܝ ܦܘܠܘܣ ܘܕܫܝܠܐ.
30 ܘܐܦܩ ܐܢܘܢ ܠܒܪ. ܘܐܡܪ ܗܘܐ ܠܗܘܢ. ܡܪܝ. ܡܢܐ ܘܠܐ ܠܝ ܠܡܥܒܕ ܐܝܟ ܕܐܚܐ.
31 ܘܗܢܘܢ ܐܡܪܝܢ ܗܘܘ ܠܗ. ܗܝܡܢ ܒܡܪܢ ܝܫܘܥ ܡܫܝܚܐ. ܘܬܚܐ ܐܢܬ ܘܒܝܬܟ.
32 ܘܡܠܠܘ ܥܡܗ ܡܠܬܐ ܕܡܪܢ ܘܥܡ ܟܠܗܘܢ ܒܢܝ ܒܝܬܗ. 33 ܘܒܗ ܒܫܥܬܐ ܒܗ
ܒܠܠܝܐ. ܕܒܪ ܐܢܘܢ ܘܐܫܝܓ ܠܗܘܢ ܡܚܘܬܗܘܢ. ܘܥܡܕ ܗܘ ܘܒܢܝ ܒܝܬܗ
ܟܠܗܘܢ. 34 ܘܐܥܠ ܐܢܘܢ ܠܒܝܬܗ. ܘܣܡ ܠܗܘܢ ܦܬܘܪܐ. ܘܪܘܙ ܗܘܐ ܗܘ ܘܒܢܝ
ܒܝܬܗ ܒܗܝܡܢܘܬܐ ܕܐܠܗܐ. 35 ܘܟܕ ܗܘܐ ܨܦܪܐ. ܫܕܪܘ ܐܣܛܪܛܓܐ ܠܫܒܛܢܐ.
ܘܐܡܪܘ ܠܢܛܘܪ ܐܣܝܪܐ. ܫܪܝ ܠܗܠܝܢ ܐܢܫܐ. 36 ܘܟܕ ܫܡܥ ܗܘ ܢܛܘܪ ܐܣܝܪܐ. ܥܠ
ܐܡܪ ܠܗ ܗܠܝܢ ܡܠܐ ܠܦܘܠܘܣ. ܕܫܕܪܘ ܐܣܛܪܛܓܐ: ܐܝܟ ܕܬܫܬܪܘܢ. ܘܗܫܐ
ܦܘܩܘ ܙܠܘ ܒܫܠܡܐ. 37 ܐܡܪ ܠܗ ܦܘܠܘܣ. ܕܠܐ ܚܛܝܬܐ ܢܓܕܘܢ ܠܢ ܥܝܢ ܒܥܝܢ
ܠܓܒܪܐ ܕܪܗܘܡܝܐ. ܘܐܪܡܝܘܢ ܒܒܝܬ ܐܣܝܪܐ: ܘܗܫܐ ܡܛܫܝܐܝܬ ܡܦܩܝܢ ܠܢ. ܠܐ ܗܟܢܐ.
ܐܠܐ ܢܐܬܘܢ ܗܢܘܢ ܢܦܩܘܢܢ. 38 ܘܐܙܠܘ ܫܒܛܢܐ. ܘܐܡܪܘ ܠܐܣܛܪܛܓܐ ܡܠܐ ܗܠܝܢ
ܕܐܡܪ ܠܗܘܢ. ܘܟܕ ܫܡܥܘ ܕܪܗܘܡܝܐ ܐܢܘܢ. ܕܚܠܘ. 39 ܘܐܬܘ ܠܘܬܗܘܢ. ܘܒܥܘ
ܡܢܗܘܢ. ܕܢܦܩܘܢ ܘܢܐܙܠܘܢ ܠܗܘܢ ܡܢ ܡܕܝܢܬܐ. 40 ܘܟܕ ܢܦܩܘ ܡܢ ܒܝܬ ܐܣܝܪܐ.

Cap. xvii. ܠܘܬ ܠܘܕܝܐ. ܘܚܙܘ ܠܐܚܐ ܘܒܝܐܘ ܐܢܘܢ. ܘܢܦܩܘ. ¹ܘܥܒܪܘ ܠܗܘܢ
ܐܡܦܝܦܘܠܝܣ ܘܐܦܘܠܘܢܝܐ ܡܕܝܢܬܐ܆ ܘܐܬܘ ܠܬܣܠܘܢܝܩܐ: ܐܝܟܐ ܕܐܝܬ ܗܘܐ ܟܢܘܫܬܐ
ܕܝܗܘܕܝܐ. ²ܘܐܝܟ ܦܘܠܘܣ ܐܝܟܐ ܕܥܝܕ ܗܘܐ ܠܘܬܗܘܢ. ܘܫܒ̈ܬܐ ܬܠܬ ܡܠܠ
ܠܗܘܢ ܡܢ ܟܬܒ̈ܐ. ³ܟܕ ܡܦܫܩ ܗܘܐ ܘܡܚܘܐ: ܕܙܕܩ ܗܘܐ ܠܡܫܝܚܐ ܕܢܚܫ
ܘܢܩܘܡ ܡܢ ܒܝܬ ܡܝ̈ܬܐ. ܘܕܗܢܘ ܝܫܘܥ ܡܫܝܚܐ ܗܘ ܕܡܣܒܪ ܐܢܐ ܠܟܘܢ.
⁴ܘܐܢܫܝܢ ܡܢܗܘܢ ܐܬܛܦܝܣܘ ܘܢܩܦܘ ܠܦܘܠܘܣ ܘܠܫܝܠܐ. ܘܣܓܝܐܐ ܡܢ ܝܘ̈ܢܝܐ ܐܚܢ̈ܦܐ
ܕܕܚܠܝܢ ܗܘܘ ܡܢ ܐܠܗܐ. ܘܐܦ ܢܫ̈ܐ ܪ̈ܝܫܢܝܬܐ ܠܐ ܙܥܘܪ̈ܢ. ⁵ܘܐܬܚܣܡܘ ܗܘܘ ܝܗܘ̈ܕܝܐ
ܘܐܩܦܘ ܠܗܘܢ ܐܢܫܐ ܒܝ̈ܫܐ ܡܢ ܫܘ̈ܩܐ ܕܡܕܝܢܬܐ. ܘܥܒܕܘ ܐܘܟܠܘܣ ܫܓܘܫܝܐ. ܘܕܠܚܘ
ܗܘܘ ܠܡܕܝܢܬܐ. ܘܐܬܘ ܘܩܡܘ ܠܗܘܢ ܥܠ ܒܝܬܗ ܕܐܝܣܘܢ. ܘܒܥܝܢ ܗܘܘ. ܕܢܦܩܘܢ
ܐܢܘܢ ܡܢ ܬܡܢ: ܘܢܫܠܡܘܢ ܐܢܘܢ ܠܐܘܟܠܘܣ. ⁶ܘܟܕ ܠܐ ܐܫܟܚܘ ܐܢܘܢ ܬܡܢ:
ܓܪܘܪ ܗܘܘ ܠܐܝܣܘܢ ܘܠܐܚܐ ܕܐܝܬ ܗܘܘ ܬܡܢ. ܘܐܝܬܝܘ ܐܢܘܢ ܠܘܬ ܪ̈ܫܐ ܕܡܕܝܢܬܐ.
ܟܕ ܩܥܝܢ ܗܘܘ: ܕܗܠܝܢ ܐܢܘܢ ܕܠܥܠܡܐ ܕܠܚܘ. ܘܗܐ ܐܦ ܠܟܐ ܐܬܘ.
⁷ܘܡܩܒܠ ܠܗܘܢ ܗܘܐ ܐܝܣܘܢ. ܘܟܠܗܘܢ ܗܠܝܢ ܠܘܩܒܠ ܦܘܩ̈ܕܢܘܗܝ ܕܩܣܪ
ܥܒܕܝܢ: ܟܕ ܐܡܪܝܢ. ܕܐܝܬ ܡܠܟܐ ܐܚܪܢܐ ܝܫܘܥ. ⁸ܐܬܕܠܚܘ ܕܝܢ ܪ̈ܫܐ ܕܡܕܝܢܬܐ
ܘܟܠܗ ܟܢܫܐ. ܟܕ ܫܡܥܘ ܗܠܝܢ. ⁹ܘܢܣܒܘ ܥܪܒܐ ܡܢ ܐܝܣܘܢ ܘܐܦ ܡܢ ܐܚܐ:
ܘܫܪܘܢ ܗܢܘܢ ܐܢܘܢ ܀܀
ܫܠܡ ܡܘ. ¹⁰ܐܚܐ ܕܝܢ ܡܚܕܐ ܒܗ ܒܠܠܝܐ. ܫܪܘ ܠܦܘܠܘܣ ܘܠܫܝܠܐ ܠܒܪܘܐܐ ܡܕܝܢܬܐ.
ܘܟܕ ܐܬܘ ܠܬܡܢ. ܥܠܝܢ ܗܘܘ ܠܟܢܘܫܬܐ ܕܝܗܘܕܝܐ. ¹¹ܡܝܬܪܝܢ ܗܘܘ ܕܝܢ ܗܢܘܢ
ܝܗܘܕܝܐ ܕܬܡܢ. ܡܢ ܝܗܘܕܝܐ ܗܢܘܢ ܕܐܝܬ ܗܘܘ ܒܬܣܠܘܢܝܩܐ. ܘܡܩܒܠܝܢ ܗܘܘ
ܗܢܘܢ ܡܠܬܐ ܒܟܠܗ ܚܪܝܦܘܬܐ. ܟܕ ܡܦܩܩܝܢ ܗܘܘ ܡܢ ܟܬܒ̈ܐ ܕܐܢ ܗܠܝܢ ܗܟܢܐ
ܐܝܬܝܗܝܢ. ¹²ܘܣܓܝܐܐ ܡܢܗܘܢ ܗܝܡܢܘ. ܘܗܟܢܐ ܐܦ ܡܢ ܝܘ̈ܢܝܐ. ܢܫ̈ܐ ܣܓܝ̈ܐܬܐ ܘܓܒܪ̈ܐ
ܡܝ̈ܩܪܐ. ¹³ܘܟܕ ܝܕܥܘ ܗܢܘܢ ܝܗܘܕܝܐ ܕܡܢ ܬܣܠܘܢܝܩܐ: ܕܐܬܟܪܙܬ ܡܠܬܗ ܕܐܠܗܐ
ܡܢ ܦܘܠܘܣ ܒܒܪܘܐܐ ܡܕܝܢܬܐ. ܐܬܘ ܐܦ ܠܬܡܢ. ܘܠܐ ܫܠܝܘ ܠܡܙܝܥܘ ܘܠܡܕܠܚܘ
ܠܐܘܟܠܘܣ. ¹⁴ܘܠܦܘܠܘܣ ܫܕܪܘܗܝ ܐܚܐ. ܕܢܐܙܠ ܠܗ ܠܝܡܐ. ܘܦܫܘ ܗܘܘ ܬܡܢ
ܒܒܪܘܐܐ ܗܘ. ܫܝܠܐ ܘܛܝܡܬܐܘܣ. ¹⁵ܘܗܢܘܢ ܕܐܠܘܝܘܗܝ ܠܗ ܠܦܘܠܘܣ. ܐܝܬܝܘܗܝ
ܥܕܡܐ ܠܐܬܢܘܣ ܡܕܝܢܬܐ. ܘܟܕ ܢܣܒܘ ܡܢ ܠܘܬܗ: ܦܘܩܕܢܐ ܠܫܝܠܐ
ܘܠܛܝܡܬܐܘܣ. ܕܒܥܓܠ ܢܐܬܘܢ ܠܘܬܗ. ¹⁶ܗܘ ܕܝܢ ܦܘܠܘܣ ܟܕ ܡܣܟܐ
ܗܘܐ ܠܗܘܢ ܒܐܬܢܘܣ. ܡܬܚܡܬ ܗܘܐ ܒܪܘܚܗ: ܟܕ ܚܙܐ ܗܘܐ ܠܡܕܝܢܬܐ ܕܟܠܗ ܡܠܝܐ
ܦܬܟܪ̈ܐ. ¹⁷ܘܡܡܠܠ ܗܘܐ ܒܟܢܘܫܬܐ ܥܡ ܝܗܘܕܝܐ ܘܥܡ ܐܝܠܝܢ ܕܕܚܠܝܢ ܡܢ ܐܠܗܐ:
ܘܒܫܘܩܐ ܥܡ ܐܝܠܝܢ ܕܡܫܬܟܚܝܢ ܗܘܘ ܟܠܝܘܡ. ¹⁸ܐܦ ܦܝܠܣܘܦ̈ܐ ܕܡܢ ܐܦܝܩܘܪܘܣ

ܕܐܦܝܩܘܪܘܣ. ܘܐܚܪܢܐ ܕܡܬܩܪܝܢ ܣܛܘܐܝܩܐ. ܕܪܫܝܢ ܗܘܘ ܥܡܗ. ܘܐܢܫ ܐܢܫ ܡܢܗܘܢ
ܐܡܪܝܢ ܗܘܘ. ܡܢܐ ܨܒܐ ܗܢܐ ܡܠܩܛ ܡܠܐ. ܘܐܚܪܢܐ ܐܡܪܝܢ ܗܘܘ. ܕܐܠܗܐ ܢܘܟܪܝܐ
ܡܟܪܙ. ܡܛܠ ܕܝܫܘܥ ܘܩܝܡܬܗ ܡܟܪܙ ܗܘܐ ܠܗܘܢ. 19 ܘܐܚܕܘܗܝ ܘܐܝܬܝܘܗܝ
ܠܒܝܬ ܕܝܢܐ ܕܡܬܩܪܐ ܐܪܝܘܣ ܦܓܘܣ: ܟܕ ܐܡܪܝܢ ܠܗ. ܡܨܝܢܢ ܠܡܕܥ ܡܢܘ
ܗܢܐ ܝܘܠܦܢܐ ܚܕܬܐ ܕܡܟܪܙ ܐܢܬ. 20 ܡܛܠ ܕܝܢ ܢܘܟܪܝܬܐ ܡܠܐ ܐܝܬ ܒܡܫܡܥܬܢ.
ܘܨܒܝܢ ܠܡܕܥ ܡܢܐ ܐܢܝܢ ܗܠܝܢ. 21 ܐܬܢܝܐ ܓܝܪ ܟܠܗܘܢ ܘܐܟܣܢܝܐ ܕܐܬܝܢ ܠܬܡܢ
ܢܘܟܪܝܐ. ܠܟܠ ܡܕܡ ܐܚܪܢ ܠܐ ܒܛܝܠ ܠܗܘܢ. ܐܠܐ ܠܡܐܡܪ ܘܠܡܫܡܥ ܡܕܡ ܚܕܬܐ.
22 ܘܟܕ ܩܡ ܦܘܠܘܣ ܒܐܪܝܘܣ ܦܓܘܣ. ܐܡܪ. ܓܒܪܐ ܐܬܢܝܐ. ܚܙܐ ܐܢܐ ܠܟܘܢ.
ܕܒܟܠܡܕܡ ܝܬܝܪܐܝܬ ܐܝܬܝܟܘܢ ܕܚܠܝ ܫܐܕܐ. 23 ܟܕ ܓܝܪ ܡܬܟܪܟ ܗܘܝܬ ܘܚܙܐ ܗܘܝܬ
ܒܝܬ ܕܚܠܬܟܘܢ. ܐܫܟܚܬ ܠܡܕܒܚܐ ܚܕ. ܕܟܬܝܒ ܗܘܐ ܠܥܠܗ. ܕܐܠܗܐ ܟܣܝܐ. ܗܘ
ܗܟܝܠ ܕܟܕ ܠܐ ܝܕܥܝܢ ܐܢܬܘܢ ܕܚܠܝܢ ܐܢܬܘܢ ܠܗ. ܠܗ ܠܗܢܐ ܐܢܐ ܡܣܒܪ ܐܢܐ
ܠܟܘܢ. 24 ܐܠܗܐ ܓܝܪ ܕܥܒܕ ܥܠܡܐ ܘܟܠ ܡܐ ܕܐܝܬ ܒܗ: ܘܗܘܝܘ ܡܪܐ ܕܫܡܝܐ
ܘܕܐܪܥܐ. ܒܗܝܟܠܐ ܕܥܒܕ ܐܝܕܝܐ ܠܐ ܥܡܪ. 25 ܘܠܐ ܡܫܬܡܫ ܡܢ ܐܝܕܝ ܒܢܝܢܫܐ. ܘܠܟܠ
ܡܕܡ ܠܐ ܣܢܝܩ. ܡܛܠ ܕܗܘ ܝܗܒ ܠܟܠܢܫ ܚܝܐ ܘܢܦܫܐ. 26 ܘܥܒܕ ܡܢ ܕܡܐ ܚܕ ܠܟܠܗ
ܥܠܡܐ ܕܒܢܝܢܫܐ. ܕܢܗܘܘܢ ܥܡܪܝܢ ܥܠ ܐܦܝ ܐܪܥܐ ܟܠܗ. ܘܦܪܫ ܙܒܢܐ
ܒܦܘܩܕܢܗ. ܘܣܡ ܬܚܘܡܐ ܠܥܡܪܐ ܕܒܢܝܢܫܐ. 27 ܕܢܗܘܘܢ ܒܥܝܢ ܠܐܠܗܐ ܘܡܬܥܩܒܝܢ:
ܘܡܢ ܒܪܝܬܗ ܡܫܟܚܝܢ ܠܗ. ܡܛܠ ܕܐܦ ܠܐ ܗܘܐ ܪܚܝܩ ܡܢ ܟܠ ܚܕ ܡܢܢ. 28 ܒܗ ܗܘ
ܓܝܪ ܚܝܝܢ ܘܡܬܬܙܝܥܝܢ ܘܐܝܬܝܢ: ܐܝܟ ܕܐܦ ܐܢܫ ܡܢ ܚܟܝܡܐ ܕܠܘܬܟܘܢ ܐܡܪ.
ܕܡܢܗ ܗܘ ܛܘܗܡܢ. 29 ܐܢܫܐ ܗܟܝܠ ܕܛܘܗܡܐ ܐܢܚܢܢ ܕܐܠܗܐ ܗܘ. ܠܐ ܘܠܐ ܠܢ ܠܡܣܒܪ:
ܕܠܕܗܒܐ. ܐܘ ܠܣܐܡܐ. ܐܘ ܠܟܐܦܐ ܕܓܠܝܦܐ ܒܐܘܡܢܘܬܐ ܘܒܡܚܫܒܬܐ ܕܒܢܝܢܫܐ ܕܡܐ
ܐܠܗܘܬܐ. 30 ܠܙܒܢܐ ܓܝܪ ܕܛܘܥܝܘܬܐ ܐܥܒܪ ܐܠܗܐ. ܘܒܗܢܐ ܙܒܢܐ ܡܦܩܕ ܠܟܠܗܘܢ
ܒܢܝܢܫܐ. ܕܟܠ ܐܢܫ ܒܟܠ ܕܘܟ ܢܬܘܒ. 31 ܡܛܠ ܕܐܩܝܡ ܝܘܡܐ ܕܒܗ ܥܬܝܕ ܕܢܕܘܢ
ܐܪܥܐ ܟܠܗ ܒܟܐܢܘܬܐ: ܒܝܕ ܓܒܪܐ ܐܝܢܐ ܕܦܪܫܗ. ܘܐܦܢܝ ܠܟܠ ܐܢܫ ܠܗܝܡܢܘܬܗ
ܒܕܐܩܝܡܗ ܡܢ ܒܝܬ ܡܝܬܐ. 32 ܘܟܕ ܫܡܥܘ ܩܝܡܬܐ ܕܡܢ ܒܝܬ ܡܝܬܐ. ܡܢܗܘܢ
ܡܡܝܩܝܢ ܗܘܘ. ܘܡܢܗܘܢ ܐܡܪܝܢ ܗܘܘ. ܙܒܢܐ ܐܚܪܢܐ ܡܫܬܡܥܝܢܢ ܠܟ ܥܠ ܗܕܐ.
33 ܘܗܟܢܐ ܢܦܩ ܦܘܠܘܣ ܡܢ ܒܝܢܬܗܘܢ. 34 ܘܐܢܫܝܢ ܡܢܗܘܢ ܢܩܦܘܗܝ ܘܗܝܡܢܘ.
ܚܕ ܕܝܢ ܡܢܗܘܢ ܐܝܬܘܗܝ ܗܘܐ ܕܝܘܢܘܣܝܘܣ ܡܢ ܕܝܢܐ ܕܐܪܝܘܣ ܦܓܘܣ. ܘܐܢܬܬܐ
ܚܕܐ ܕܫܡܗ ܗܘܐ ܕܡܪܝܣ. ܘܐܚܪܢܐ ܥܡܗܘܢ. 1 ܘܒܬܪ ܗܠܝܢ ܢܦܩ ܦܘܠܘܣ ܡܢ ܐܬܢܘܣ. Cap. xviii
ܘܐܬܐ ܠܗ ܠܩܘܪܢܬܘܣ. 2 ܘܐܫܟܚ ܬܡܢ ܓܒܪܐ ܚܕ ܝܗܘܕܝܐ. ܕܫܡܗ ܗܘܐ ܐܩܠܘܣ.
ܕܐܬܐ ܗܘܐ ܡܢ ܦܢܛܘܣ ܐܬܪܐ. ܕܒܗ ܒܙܒܢܐ ܐܬܐ ܗܘܐ ܡܢ ܐܝܛܠܝܐ.

ܗܘ ܘܦܪܝܣܩܠܐ ܐܢܬܬܗ. ܡܛܠ ܕܦܩܕ ܗܘܐ ܩܠܘܕܝܘܣ ܩܣܪ. ܕܢܦܩܘܢ ܟܠܗܘܢ
ܝܗܘܕܝܐ ܡܢ ܪܗܘܡܐ. ܘܐܬܩܪܒ ܠܘܬܗܘܢ. 3 ܘܡܛܠ ܕܒܪ ܐܘܡܢܘܬܗܘܢ ܗܘܐ. ܩܘܐ
ܠܗ ܠܘܬܗܘܢ. ܘܦܠܚ ܗܘܐ ܥܡܗܘܢ ܒܐܘܡܢܘܬܗܘܢ. ܓܝܪ ܠܘܠܒܪ̈ܐ ܗܘܘ.
4 ܘܡܡܠܠ ܗܘܐ ܒܟܢܘܫܬܐ ܒܟܠ ܫܒܐ. ܘܡܦܝܣ ܗܘܐ ܠܝܗܘܕܝܐ ܘܠܚܢܦܐ. 5 ܘܟܕ
ܐܬܘ ܗܘܘ ܡܢ ܡܩܕܘܢܝܐ ܫܝܠܐ ܘܛܝܡܬܐܘܣ. ܐܠܝܨ ܗܘܐ ܒܡܠܬܐ ܗܘ ܦܘܠܘܣ:
ܡܛܠ ܕܡܬܚܪܝܢ ܗܘܘ ܠܘܩܒܠܗ ܝܗܘܕܝܐ ܘܡܓܕܦܝܢ ܗܘܘ: ܟܕ ܡܣܗܕ ܗܘܐ ܠܗܘܢ
ܕܝܫܘܥ ܗܘܝܘ ܡܫܝܚܐ. 6 ܘܢܦܨ ܡܐܢܘܗܝ ܘܐܡܪ ܠܗܘܢ. ܡܢ ܗܫܐ ܐܢܐ ܕܟܐ ܐܢܐ.
ܐܙܠ ܐܢܐ ܠܝ ܠܘܬ ܥܡܡ̈ܐ. 7 ܘܢܦܩ ܡܢ ܬܡܢ ܘܥܠ ܠܒܝܬܗ ܕܓܒܪܐ ܕܫܡܗ
ܛܝܛܘܣ: ܐܝܢܐ ܕܕܚܠ ܗܘܐ ܡܢ ܐܠܗܐ. ܘܒܝܬܗ ܢܩܝܦ ܗܘܐ ܠܟܢܘܫܬܐ. 8 ܘܩܪܝܣܦܘܣ
ܪܒ ܟܢܘܫܬܐ ܗܝܡܢ ܗܘܐ ܒܡܪܝܐ. ܗܘ ܘܒܢܝ ܒܝܬܗ ܟܠܗܘܢ. ܘܣܓܝܐܐ ܡܩܘܪܢܬܝܐ
ܫܡܥܝܢ ܗܘܘ ܘܡܗܝܡܢܝܢ ܒܐܠܗܐ ܘܥܡܕܝܢ܀ 9 ܘܐܡܪ ܡܪܢ ܒܚܙܘܐ ܠܦܘܠܘܣ.
ܠܐ ܬܕܚܠ. ܐܠܐ ܡܠܠ ܘܠܐ ܬܫܬܘܩ. 10 ܡܛܠ ܕܐܢܐ ܥܡܟ ܐܢܐ: ܘܐܢܫ ܠܐ ܡܫܠܛ
ܠܡܒܐܫܘܬܟ: ܡܛܠ ܕܥܡܐ ܣܓܝܐܐ ܐܝܬ ܠܝ ܒܡܕܝܢܬܐ ܗܕܐ. 11 ܝܬܒ ܗܘܐ ܕܝܢ ܫܢܬܐ ܚܕܐ
ܘܝܪ̈ܚܐ ܫܬܐ ܒܩܘܪܢܬܘܣ. ܘܡܠܦ ܗܘܐ ܠܗܘܢ ܡܠܬܐ ܕܐܠܗܐ܀
12 ܘܟܕ ܐܝܬܘܗܝ ܗܘܐ ܓܠܝܘܢ ܐܢܬܘܦܛܘܣ ܕܐܟܐܝܐ. ܐܬܟܢܫܘ ܐܟܚܕܐ ܝܗܘܕܝܐ ܥܠ ܪܫ ܐ ܡܐ.
ܦܘܠܘܣ. ܘܐܩܝܡܘܗܝ ܩܕܡ ܒܝܡ. 13 ܟܕ ܐܡܪܝܢ. ܕܗܢܐ ܠܒܪ ܡܢ ܢܡܘܣܐ ܡܦܝܣ
ܠܒܢܝܢܫܐ. ܕܢܗܘܘܢ ܕܚܠܝܢ ܠܐܠܗܐ. 14 ܘܟܕ ܨܒܐ ܗܘܐ ܦܘܠܘܣ ܕܢܦܬܚ ܦܘܡܗ
ܘܢܡܠܠ: ܐܡܪ ܓܠܝܘܢ ܠܝܗܘܕܝܐ. ܐܠܘ ܥܠ ܡܕܡ ܕܥܘܠ ܐܘ ܕܢܟܠ ܐܘ ܕܒܝܫܬܐ
ܡܬܚܪܝܢ ܗܘܝܬܘܢ: ܐܘ ܝܗܘܕܝܐ: ܒܘܝܢܐ ܡܩܒܠ ܗܘܝܬ ܠܟܘܢ. 15 ܐܠܐ ܕܝܢ
ܙܛܡܐ ܐܝܬ ܥܠ ܡܠܬܐ ܘܥܠ ܫܡܗ̈ܐ ܘܥܠ ܢܡܘܣܐ ܕܒܝܢܬܟܘܢ. ܐܢܬܘܢ ܚܙܘ
ܐܢܬܘܢ ܒܝܢܬܟܘܢ. ܐܢܐ ܕܝܢ ܠܐ ܨܒܐ ܐܢܐ. ܕܗܘܐ ܕܝܢܐ ܕܗܠܝܢ ܨܒܘܬܐ. 16 ܘܛܪܕ ܐܢܘܢ
ܡܢ ܒܝܡ ܕܝܠܗ. 17 ܘܐܚܕܘ ܗܘܘ ܟܠܗܘܢ ܝܘܢܝܐ: ܠܣܘܣܬܢܝܣ ܪܒ ܟܢܘܫܬܐ.
ܘܡܚܝܢ ܗܘܘ ܠܗ ܩܕܡ ܒܝܡ. ܘܓܠܝܘܢ ܡܣܬܟܠ ܗܘܐ ܒܗܠܝܢ܀ 18 ܘܟܕ ܗܘܐ
ܦܘܠܘܣ ܝܘܡܬܐ ܣܓܝܐܐ. ܫܐܠ ܫܠܡܐ ܠܐܚܐ. ܘܪܕܐ ܒܝܡܐ: ܕܢܐܙܠ ܠܣܘܪܝܐ.
ܘܐܙܠܘ ܥܡܗ ܦܪܝܣܩܠܐ ܘܐܩܘܠܐ. ܟܕ ܓܙܪ ܪܫܗ ܒܩܢܟܪܐܘܣ: ܡܛܠ ܕܢܕܪܐ ܢܕܝܪ
ܗܘܐ ܠܗ. 19 ܘܡܛܝܘ ܠܐܦܣܘܣ܀ ܘܥܠ ܦܘܠܘܣ ܠܟܢܘܫܬܐ. ܘܡܡܠܠ ܗܘܐ
ܥܡ ܝܗܘܕܝܐ. 20 ܘܒܥܝܢ ܗܘܘ ܡܢܗ: ܕܢܩܘܐ ܠܘܬܗܘܢ. ܘܠܐ ܐܬܛܦܝܣ: 21 ܟܕ ܐܡܪ.
ܘܐܠܐ ܟܝܢ ܐܬܚܝܒܬ. ܕܥܐܕܐ ܕܐܬܐ ܒܐܘܪܫܠܡ ܐܥܒܕܝܘܗܝ. ܬܘܒ ܐܢ ܐܠܗܐ ܢܨܒܐ. ܐܗܦܘܟ
ܐܬܐ ܠܘܬܟܘܢ. ܘܫܒܩܗܘܢ ܠܐܩܘܠܐ ܘܠܦܪܝܣܩܠܐ. ܬܡܢ ܒܐܦܣܘܣ. 22 ܘܗܘ ܪܕܐ ܒܝܡܐ
ܘܐܬܐ ܠܩܣܪܝܐ. ܘܣܠܩ ܘܫܐܠ ܒܫܠܡܐ ܕܒܢܝ ܥܕܬܐ. ܘܐܙܠ ܠܗ ܠܐܢܛܝܘܟܝ.

23 ܘܟܕ ܗܘܐ ܬܡܢ ܙܒܢܐ ܩܠܝܠܐ. ܢܦܩ ܘܐܬܟܪܟ ܒܟܪܟ ܒܟܪܟ. ܒܐܬܪܐ ܕܓܠܛܝܐ
ܘܕܦܪܘܓܝܐ: ܟܕ ܡܫܪܪ ܗܘܐ ܠܟܠܗܘܢ ܠܬܠܡܝܕܐ. 24 ܘܓܒܪܐ ܚܕ ܕܫܡܗ ܗܘܐ ܐܦܠܘ
ܝܗܘܕܝܐ: ܕܐܝܬܘܗܝ ܗܘܐ ܫܘܪܒܗ ܡܢ ܐܠܟܣܢܕܪܝܐ: ܘܡܗܝܪ ܗܘܐ ܒܡܠܬܐ ܘܚܝܠ
ܗܘܐ ܒܟܬܒܐ. ܐܬܐ ܠܐܦܣܘܣ. 25 ܗܢܐ ܡܬܬܠܡܕ ܗܘܐ ܠܐܘܪܚܗ ܕܡܪܝܐ. ܘܪܬܚ ܗܘܐ
ܒܪܘܚ. ܘܡܡܠܠ ܗܘܐ ܘܡܠܦ ܡܚܬܝܬܐܝܬ ܥܠ ܝܫܘܥ. ܟܕ ܡܕܡ ܠܐ ܝܕܥ ܗܘܐ:
ܐܠܐ ܐܢ ܡܥܡܘܕܝܬܐ ܕܝܘܚܢܢ. 26 ܘܫܪܝ ܥܡ ܓܠܐ ܠܡܡܠܠܘ ܒܟܢܘܫܬܐ. ܘܟܕ
ܫܡܥܘܗܝ ܐܩܝܠܘܣ ܘܦܪܝܣܩܠܐ. ܐܝܬܝܘܗܝ ܠܒܝܬܗܘܢ. ܘܫܠܡܐܝܬ ܚܘܝܘܗܝ
ܠܐܘܪܚܗ ܕܡܪܝܐ. 27 ܘܟܕ ܨܒܐ ܕܢܐܙܠ ܠܐܟܐܝܐ. ܢܛܪܘܗܝ ܐܚܐ. ܘܟܬܒܘ ܠܬܠܡܝܕܐ
ܕܢܩܒܠܘܢܝܗܝ. ܘܟܕ ܐܬܐ. ܥܕܪ ܣܓܝ ܠܟܠܗܘܢ ܡܗܝܡܢܐ ܒܛܝܒܘܬܗ. 28 ܐܬܚܝܠ
ܓܝܪ ܙܟܐ ܗܘܐ ܠܝܗܘܕܝܐ ܩܕܡ ܟܢܫܐ. ܟܕ ܡܚܘܐ ܗܘܐ ܡܢ ܟܬܒܐ ܥܠ
ܝܫܘܥ ܕܡܫܝܚܐ ܗܘ ܀

1 ܘܟܕ ܐܝܬܘܗܝ ܗܘܐ ܐܦܠܘ ܒܩܘܪܢܬܘܣ. ܐܬܟܪܟ ܦܘܠܘܣ ܒܐܬܪܘܬܐ ܥܠܝܬܐ ܘܐܬܐ Cap. xix.
ܠܐܦܣܘܣ. ܘܡܫܐܠ ܗܘܐ ܠܬܠܡܝܕܐ ܐܝܠܝܢ ܕܐܫܟܚ ܬܡܢ. 2 ܕܐܢ ܩܒܠܬܘܢ ܪܘܚܐ
ܕܩܘܕܫܐ ܡܢ ܕܗܝܡܢܬܘܢ. ܗܢܘܢ ܘܐܡܪܝܢ ܠܗ. ܘܐܦܠܐ ܐܢ ܐܝܬ ܪܘܚܐ ܕܩܘܕܫܐ ܫܡܥܢ
ܠܢ. 3 ܐܡܪ ܠܗܘܢ. ܘܒܡܢܐ ܥܡܕܬܘܢ. ܐܡܪܝܢ. ܒܡܥܡܘܕܝܬܗ ܕܝܘܚܢܢ. 4 ܐܡܪ
ܠܗܘܢ ܦܘܠܘܣ. ܝܘܚܢܢ ܐܥܡܕ ܡܥܡܘܕܝܬܐ ܕܬܝܒܘܬܐ ܠܥܡܐ. ܟܕ ܐܡܪ ܗܘܐ.
ܕܢܗܝܡܢܘܢ ܒܡܢ ܕܐܬܐ ܒܬܪܗ: ܕܐܝܬܘܗܝ ܝܫܘܥ ܡܫܝܚܐ. 5 ܘܟܕ ܗܠܝܢ ܫܡܥܘ.
ܥܡܕܘ ܒܫܡܗ ܕܡܪܢ ܝܫܘܥ ܡܫܝܚܐ. 6 ܘܣܡ ܥܠܝܗܘܢ ܐܝܕܐ ܦܘܠܘܣ. ܘܐܬܬ ܪܘܚܐ
ܕܩܘܕܫܐ ܥܠܝܗܘܢ. ܘܡܡܠܠܝܢ ܗܘܘ ܒܠܫܢ ܠܫܢ. ܘܡܬܢܒܝܢ ܗܘܘ. 7 ܗܘܘ ܗܘܘ
ܕܝܢ ܟܠܗܘܢ ܐܝܟ ܬܪܥܣܪ. 8 ܘܥܐܠ ܗܘܐ ܦܘܠܘܣ ܠܟܢܘܫܬܐ. ܘܡܡܠܠ ܗܘܐ
ܥܡ ܓܠܐ ܝܪܚܐ ܬܠܬܐ. ܘܡܦܝܣ ܗܘܐ ܥܠ ܡܠܟܘܬܗ ܕܐܠܗܐ. 9 ܘܐܢܫܝܢ ܡܢܗܘܢ
ܡܬܩܫܝܢ ܗܘܘ ܘܡܬܚܪܝܢ. ܘܡܨܚܝܢ ܠܐܘܪܚܐ ܕܐܠܗܐ ܩܕܡ ܟܢܫܐ ܕܥܡܡܐ. ܗܝܕܝܢ
ܐܦܪܫ ܦܘܠܘܣ. ܘܦܪܫ ܡܢܗܘܢ ܠܬܠܡܝܕܐ. ܘܒܟܠܝܘܡ ܡܡܠܠ ܗܘܐ ܠܗܘܢ.
ܒܐܣܟܘܠܐ ܕܓܒܪܐ ܕܫܡܗ ܛܘܪܢܘܣ. 10 ܘܗܕܐ ܗܘܬ ܫܢܝܢ ܬܪܬܝܢ. ܥܕܡܐ ܕܫܡܥܘ
ܡܠܬܐ ܕܡܪܢ ܟܠܗܘܢ ܕܥܡܪܝܢ ܒܐܣܝܐ: ܝܗܘܕܝܐ ܘܐܪܡܝܐ. 11 ܘܚܝܠܐ ܪܘܪܒܐ ܥܒܕ
ܗܘܐ ܐܠܗܐ ܒܐܝܕܘܗܝ ܕܦܘܠܘܣ. 12 ܐܝܟܢܐ ܕܐܦ ܡܢ ܢܚܬܐ ܕܥܠ ܦܓܪܗ: ܣܘܕܪܐ
ܐܘ ܙܘܢܪܐ ܡܝܬܝܢ ܗܘܘ ܘܡܢܚܝܢ ܥܠ ܟܪܝܗܐ: ܘܢܦܩܝܢ ܗܘܘ ܡܢܗܘܢ ܟܘܪܗܢܐ.
ܘܐܦ ܫܐܕܐ ܢܦܩܝܢ ܗܘܘ. 13 ܨܒܘ ܗܘܘ ܕܝܢ ܐܦ ܐܢܫܐ ܝܗܘܕܝܐ: ܐܝܠܝܢ ܕܡܬܟܪܟܝܢ
ܗܘܘ ܘܡܥܙܡܝܢ ܥܠ ܫܐܕܐ. ܕܢܥܙܡܘܢ ܒܫܡܗ ܕܡܪܢ ܝܫܘܥ: ܥܠ ܐܝܠܝܢ ܕܐܝܬ ܗܘܐ
ܠܗܘܢ ܕܝܘܐ ܒܝܫܐ: ܟܕ ܐܡܪܝܢ ܗܘܘ. ܡܘܡܝܢܢ ܠܟܘܢ ܒܫܡܗ ܕܝܫܘܥ ܐܝܢܐ

ܕܡܟܪܙ ܦܘܠܘܣ. 14 ܐܝܬ ܗܘܐ ܕܝܢ ܫܒܥܐ ܒܢܘܗܝ ܕܓܒܪܐ ܚܕ ܝܗܘܕܝܐ ܐܘ ܪܒܟܗܢܐ
ܕܥܒܕܝܢ ܗܘܘ ܗܕܐ. 15 ܘܥܢܐ ܫܐܕܐ ܗܘ ܒܝܫܐ ܘܐܡܪ ܠܗܘܢ.
ܠܝܫܘܥ ܡܥܪܘܦܢ ܐܢܐ. ܘܠܦܘܠܘܣ ܝܕܥ ܐܢܐ. ܐܝܠܗܘܢ ܕܝܢ ܡܢ ܐܝܠܗܘܢ. 16 ܘܫܘܪ
ܥܠܝܗܘܢ ܓܒܪܐ ܗܘ ܕܐܝܬ ܗܘܐ ܒܗ ܪܘܚܐ ܒܝܫܬܐ. ܘܐܬܚܝܠ ܥܠܝܗܘܢ. ܘܙܟܐ
ܐܢܘܢ. ܘܟܕ ܡܫܠܚܝܢ ܘܡܚܒܠܝܢ ܪܗܛܘ ܡܢ ܒܝܬܐ ܗܘ. 17 ܘܗܕܐ ܐܬܝܕܥܬ ܗܘܬ
ܠܟܠܗܘܢ ܝܗܘܕܝܐ ܘܐܪܡܝܐ ܕܥܡܪܝܢ ܒܐܦܣܘܣ. ܘܢܦܠܬ ܕܚܠܬܐ ܥܠ ܟܠܗܘܢ.
ܘܡܬܪܘܪܡ ܗܘܐ ܫܡܗ ܕܡܪܢ ܝܫܘܥ ܡܫܝܚܐ. 18 ܘܣܓܝܐܐ ܡܢ ܐܝܠܝܢ ܕܗܝܡܢܘ:
ܐܬܝܢ ܗܘܘ ܘܡܘܕܝܢ ܡܥܒܕܢܘܬܗܘܢ. ܘܡܚܘܝܢ ܥܒܕܝܢ ܕܒܝܫܝܢ ܗܘܘ. 19 ܘܣܓܝܐܐ
ܡܢ ܐܦ ܣܚܪܐ ܒܢܝܫܝܢ ܒܟܬܒܝܗܘܢ. ܘܐܝܬܝܘ ܘܐܘܩܕܘ ܐܢܝܢ ܩܕܡ ܟܠܢܫ. ܘܚܫܒܘ
ܕܡܝܗܝܢ. ܘܗܘܐ ܙܘܙܐ ܕܟܣܦܐ ܚܡܫܝܢ ܐܠܦܝܢ. 20 ܘܗܟܢܐ ܒܚܝܠܐ ܪܒܐ ܪܒܝܐ ܗܘܬ ܘܥܫܝܢܐ
ܡܠܬܗ ܕܐܠܗܐ. 21 ܟܕ ܕܝܢ ܐܫܬܠܡ ܗܠܝܢ. ܣܡ ܦܘܠܘܣ ܒܪܥܝܢܗ. ܕܢܪܕܐ
ܒܡܩܕܘܢܝܐ ܘܒܐܟܐܝܐ: ܘܢܐܙܠ ܠܐܘܪܫܠܡ. ܘܐܡܪ. ܕܡܐ ܕܐܙܠܬ ܠܬܡܢ. ܘܠܐ
ܟܝܢ ܕܐܦ ܪܗܘܡܝ ܐܚܙܐ. 22 ܘܫܕܪ ܗܘܐ ܠܬܪܝܢ ܐܢܫܝܢ ܡܢ ܗܢܘܢ ܕܡܫܡܫܝܢ ܗܘܘ
ܠܗ ܠܡܩܕܘܢܝܐ. ܠܛܝܡܬܐܘܣ. ܘܠܐܪܣܛܘܣ. ܗܘ ܕܝܢ ܩܘܝ ܙܒܢܐ ܒܐܣܝܐ.◦◦◦◦
23 ܗܘܐ ܗܘܐ ܕܝܢ ܒܗܘ ܙܒܢܐ ܫܓܘܫܝܐ ܣܓܝܐܐ ܥܠ ܐܘܪܚܗ ܕܐܠܗܐ. 24 ܐܝܬ ܗܘܐ ܙܥܘܪܐ ܗ
ܕܝܢ ܨܪܘܦܐ ܟܣܦܐ ܚܕ. ܕܫܡܗ ܗܘܐ ܕܡܝܛܪܝܘܣ. ܕܥܒܕ ܗܘܐ ܢܘܣܐ ܕܟܣܦܐ
ܠܐܪܛܡܝܣ. ܘܡܝܬܪ ܗܘܐ ܠܟܠܗܘܢ ܐܘܡܢܐ ܕܐܘܡܢܘܬܐ ܣܓܝܐܐ. 25 ܗܢܐ ܟܢܫ ܐܢܘܢ ܠܟܠܗܘܢ
ܐܘܡܢܐ ܕܥܡܗ. ܘܠܐܝܠܝܢ ܕܥܒܕܝܢ ܥܡܗܘܢ. ܘܐܡܪ ܠܗܘܢ. ܓܒܪܐ: ܝܕܥܝܢ
ܐܝܠܗܘܢ. ܕܐܬܚܘܢ ܟܠܢ ܡܢ ܗܕܐ ܗܝ ܦܘܠܚܢܐ. 26 ܘܐܦ ܐܝܠܗܘܢ ܫܡܥܝܢ ܐܝܠܗܘܢ
ܘܚܙܝܢ ܐܝܠܗܘܢ. ܕܠܐ ܗܘܐ ܒܠܚܘܕ ܠܐܦܣܘܣ: ܐܠܐ ܐܦ ܒܟܠܐ ܕܟܠܗ ܐܣܝܐ:
ܐܦܝܣ ܗܢܐ ܦܘܠܘܣ. ܘܐܗܦܟ ܥܡܐ ܐܡܪ. ܕܠܐ ܐܠܗܐ ܐܝܢ ܗܢܘܢ ܕܥܒܝܕܝ ܒܐܝܕܝܐ
ܡܬܥܒܕܝܢ. 27 ܘܠܐ ܗܕܐ ܒܠܚܘܕ ܡܬܒܨܪܐ ܐܘܡܢܘܬܢ. ܐܠܐ ܐܦ ܗܘ ܗܝܟܠܐ
ܕܐܪܛܡܝܣ ܐܠܗܬܐ ܪܒܬܐ. ܡܬܚܫܒ ܠܗ. ܐܝܟ ܠܐ ܡܕܡ. ܘܐܦ ܗܝ ܐܠܗܬܐ ܕܟܠܗ
ܐܣܝܐ. ܘܟܠܗ ܬܒܝܠ ܣܓܕܝܢ ܠܗ. ܡܬܒܛܠܐ. 28 ܘܟܕ ܫܡܥܘ ܗܠܝܢ: ܐܬܡܠܝܘ
ܚܡܬܐ. ܘܡܩܥܝܢ ܗܘܘ ܘܐܡܪܝܢ. ܪܒܐ ܗܝ ܐܪܛܡܝܣ ܕܐܦܣܝܐ. 29 ܘܐܫܬܓܫܬ ܟܠܗ
ܡܕܝܢܬܐ. ܘܪܗܛܘ ܐܟܚܕܐ ܠܬܐܛܪܘܢ. ܘܚܛܦܘ ܘܐܝܬܝܘ ܥܡܗܘܢ. ܠܓܐܝܘܣ
ܘܠܐܪܣܛܪܟܘܣ. ܓܒܪܐ ܡܩܕܘܢܝܐ ܒܢܝ ܠܘܝܬܗ ܕܦܘܠܘܣ. 30 ܘܦܘܠܘܣ ܨܒܐ ܗܘܐ
ܕܢܥܘܠ ܠܬܐܛܪܘܢ. ܘܟܠܝܘܗܝ ܬܠܡܝܕܐ. 31 ܘܐܦ ܪܫܐ ܕܐܣܝܐ ܪܚܡܘܗܝ ܕܫܕܪܘ
ܗܘܘ. ܒܥܘ ܡܢܗ ܕܠܐ ܢܬܠ ܢܦܫܗ ܠܬܐܛܪܘܢ. 32 ܣܓܝܐܐ ܕܝܢ ܕܐܝܬ
ܗܘܘ ܒܬܐܛܪܘܢ. ܠܐ ܡܫܬܡܥܝܢ ܗܘܘ. ܘܐܚܪܢܐ ܐܚܪܢܝܐ ܡܩܥܝܢ ܗܘܘ. ܣܓܝܐܐ ܕܝܢ

ܡܢܗܘܢ ܠܐ ܝܕܥܝܢ ܗܘܘ܆ ܡܛܠ ܡܢܐ ܐܬܟܢܫܘ. 33 ܟܢܫܐ ܕܝܢ ܕܝܗܘܕܝܐ ܩܪܝܒ ܗܘܐ
ܢܦܩ܆ ܐܩܝܡܘ ܡܢܗܘܢ ܠܓܒܪܐ ܝܗܘܕܝܐ ܕܫܡܗ ܐܠܟܣܢܕܪܘܣ. ܘܟܕ ܩܡ܆ ܐܢܝܦ
ܐܝܕܗ܆ ܘܨܒܐ ܗܘܐ ܕܢܦܩ ܪܘܚܐ ܠܥܡܐ. 34 ܘܟܕ ܝܕܥܘ ܕܝܗܘܕܝܐ ܗܘ܆ ܩܥܘ ܟܠܗܘܢ
ܒܩܠܐ ܚܕ ܐܝܟ ܫܥܝܢ ܬܪܬܝܢ. ܕܪܒܐ ܗܝ ܐܪܛܡܝܣ ܕܐܦܣܝܐ. 35 ܘܫܠܝ ܐܢܘܢ ܪܫܐ
ܕܡܕܝܢܬܐ ܟܕ ܐܡܪ. ܓܒܪܐ ܐܦܣܝܐ. ܡܢܘ ܓܝܪ ܡܢ ܒܢܝܢܫܐ ܕܠܐ ܝܕܥ ܠܡܕܝܢܬܐ
ܕܐܦܣܝܐ܆ ܕܟܘܡܪܬܐ ܗܝ ܕܐܪܛܡܝܣ ܪܒܬܐ. ܘܕܨܠܡܗ ܕܢܦܠ ܡܢ ܫܡܝܐ. 36 ܡܛܠ
ܗܟܝܠ ܕܠܘܩܒܠ ܗܠܝܢ ܐܢܫ ܠܐ ܡܨܐ ܠܡܩܡ. ܘܠܐ ܠܟܘܢ ܕܬܗܘܘܢ ܫܠܝܢ ܘܠܐ
ܬܥܒܕܘܢ ܡܕܡ ܒܡܣܪܗܒܘܬܐ. 37 ܐܝܬܝܬܘܢ ܓܝܪ ܠܓܒܪܐ ܗܠܝܢ܆ ܕܠܐ ܗܝܟܠܐ ܒܠܥܘ܆
ܘܠܐ ܨܥܪܘ ܠܐܠܗܬܢ. 38 ܐܢ ܕܝܢ ܗܢܐ ܕܡܛܪܝܘܣ ܘܒܢܝ ܐܘܡܢܘܬܗ ܐܝܬ ܠܗܘܢ ܕܝܢܐ
ܥܡ ܐܢܫ܆ ܗܐ ܐܢܬܘܦܛܘܣ ܒܡܕܝܢܬܐ. ܐܘܡܢܐ ܐܢܘܢ. ܢܬܕܝܢܘܢ ܚܕ ܥܡ
ܚܕ. 39 ܘܐܢ ܗܘ ܕܡܕܡ ܐܚܪܢ ܒܥܝܢ ܐܢܬܘܢ܆ ܒܟܢܘܫܬܐ ܢܡܘܣܝܬܐ ܗܘ ܢܬܦܣܩ
ܠܟܢܘܫܬܐ܆ ܡܫܬܪܝܐ. 40 ܡܛܠ ܕܐܦ ܗܫܐ ܒܣܟܝܢܘܬܐ ܡܩܝܡܝܢܢ܆ ܕܢܬܕܢܐ ܐܝܟ
ܡܪܘܕܐ܆ ܕܠܐ ܡܬܚܫܚܝܢ܆ ܕܢܬܠ ܦܬܓܡܐ ܥܠ ܟܢܫܐ ܕܝܘܡܢܐ ܗܢܐ ܕܐܬܟܢܫܢ܆
ܘܐܬܕܝܢܢ ܕܠܐ ܥܠܬܐ. 41 ܘܟܕ ܗܠܝܢ ܐܡܪ܆ ܫܪܐ ܠܟܢܫܐ܀ 1 ܘܒܬܪ ܕܫܠܝ ܫܓܘܫܝܐ܆ Cap. xx.
ܩܪܐ ܦܘܠܘܣ ܠܬܠܡܝܕܐ. ܘܒܝܐ ܐܢܘܢ. ܘܢܫܩ ܐܢܘܢ. ܘܢܦܩ ܐܙܠ ܠܗ ܠܡܩܕܘܢܝܐ.
2 ܘܟܕ ܐܬܟܪܟ ܐܢܘܢ ܠܐܬܪܘܬܐ ܗܠܝܢ܆ ܘܒܝܐ ܐܢܘܢ ܒܡܠܐ ܣܓܝܐܬܐ. ܐܬܐ ܠܗ ܠܝܘܢ
ܐܬܪܐ. 3 ܘܗܘܐ ܬܡܢ ܝܪܚܐ ܬܠܬܐ. ܥܒܕܘ ܕܝܢ ܥܠܘܗܝ ܢܟܠܐ ܝܗܘܕܝܐ. ܟܕ ܨܒܐ
ܗܘܐ ܠܡܪܕܐ ܠܣܘܪܝܐ. ܘܐܬܪܥܝ ܕܢܗܦܘܟ ܠܗ ܠܡܩܕܘܢܝܐ. 4 ܘܢܦܩܘ ܥܡܗ
ܥܕܡܐ ܠܐܣܝܐ. ܣܘܦܛܪܘܣ ܕܡܢ ܒܪܘܝܐ ܡܕܝܢܬܐ. ܘܐܪܣܛܪܟܘܣ. ܘܣܩܘܢܕܘܣ ܕܡܢ
ܬܣܠܘܢܝܩܐ. ܘܓܐܝܘܣ ܕܡܢ ܕܪܒܐ ܡܕܝܢܬܐ. ܘܛܝܡܬܐܘܣ ܕܡܢ ܠܘܣܛܪܐ. ܘܡܢ
ܐܣܝܐ܆ ܛܘܟܝܩܘܣ ܘܛܪܘܦܝܡܘܣ. 5 ܗܠܝܢ ܐܙܠܘ ܩܕܡܝܢ. ܘܩܘܘ ܠܢ ܒܛܪܘܐܣ.
6 ܚܢܢ ܕܝܢ ܢܦܩܢ ܡܢ ܦܝܠܝܦܘܣ ܡܕܝܢܬܐ ܕܡܩܕܘܢܝܐ܆ ܒܬܪ ܝܘܡܝ ܦܛܝܪܐ. ܘܐܬܝܢ
ܒܝܡܐ. ܘܐܬܝܢ ܠܛܪܘܐܣ ܠܚܡܫܐ ܝܘܡܝܢ. ܘܗܘܝܢ ܬܡܢ ܫܒܥܐ ܝܘܡܝܢ. 7 ܘܒܚܕܒܫܒܐ
ܕܟܕ ܟܢܝܫܝܢ ܚܢܢ ܠܡܩܨܐ ܐܘܟܪܝܣܛܝܐ. ܡܡܠܠ ܗܘܐ ܥܡܗܘܢ ܦܘܠܘܣ.
ܡܛܠ ܕܠܡܚܪ ܥܬܝܕ ܗܘܐ ܕܢܦܘܩ ܡܢܗܘܢ. ܘܐܓܪ ܗܘܐ ܠܡܡܠܠܘ. ܥܕܡܐ
ܠܦܠܓܗ ܕܠܠܝܐ. 8 ܘܐܝܬ ܗܘܘ ܬܡܢ ܠܡܦܝܕܐ ܕܢܘܪܐ ܣܓܝܐܐ܆ ܒܥܠܝܬܐ ܗܝ
ܕܟܢܝܫܝܢ ܗܘܝܢ ܒܗ. 9 ܘܝܬܒ ܗܘܐ ܒܟܘܬܐ ܚܕ ܥܠܝܡܐ ܕܫܡܗ ܗܘܐ ܐܘܛܘܟܘܣ. ܒܫܢܬܐ
ܘܫܩܥ ܒܫܢܬܐ ܝܩܝܪܬܐ. ܟܕ ܐܓܪ ܗܘܐ ܒܡܡܠܠܐ ܦܘܠܘܣ. ܘܒܫܢܬܗ ܢܦܠ
ܗܘܐ ܡܢ ܬܠܬܐ ܡܛܠܠܝܢ. ܘܐܫܬܩܠ ܟܕ ܡܝܬ. 10 ܘܢܚܬ ܦܘܠܘܣ ܢܦܠ ܥܠܘܗܝ
ܘܓܦܦܗ ܘܐܡܪ. ܠܐ ܬܬܥܪܩܘܢ܆ ܡܛܠ ܕܢܦܫܗ ܒܗ ܗܝ. 11 ܟܕ ܣܠܩ ܕܝܢ܆

ܩܨܐ ܠܚܡܐ ܘܛܥܡ. ܘܗܘܐ ܡܡܠܠ ܥܕܡܐ ܕܢܓܗ ܨܦܪܐ. ܘܗܝܕܝܢ ܢܦܩ. ܕܢܐܙܠ
ܒܐܘܪܚܐ. 12 ܘܕܒܪܘܗܝ ܠܛܠܝܐ ܟܕ ܚܝ. ܘܚܕܝܘ ܒܗ ܛܒ܀ 13 ܚܢܢ ܕܝܢ ܢܚܬܢ
ܠܐܠܦܐ. ܘܪܕܝܢ ܠܩܘܒܠܐ ܕܐܣܘܣ. ܡܛܠ ܕܡܢ ܬܡܢ ܥܬܝܕܝܢ ܗܘܝܢ ܕܢܩܒܠܝܘܗܝ
ܠܦܘܠܘܣ. ܗܟܢܐ ܓܝܪ ܦܩܕ ܗܘܐ ܠܢ: ܟܕ ܐܙܠ ܗܘܐ ܗܘ ܒܪܓܠܗ. 14 ܟܕ ܕܝܢ
ܩܒܠܢܝܗܝ ܡܢ ܐܣܘܣ. ܫܩܠܢܝܗܝ ܒܐܠܦܐ. ܘܐܬܝܢ ܠܡܝܛܘܠܝܢܐ. 15 ܘܡܢ ܬܡܢ
ܒܝܘܡܐ ܐܚܪܢܐ. ܪܕܝܢ ܠܘܩܒܠ ܟܝܘܣ ܓܙܪܬܐ. ܘܬܘܒ ܒܝܘܡܐ ܐܚܪܢܐ. ܐܬܝܢ
ܠܣܡܘܣ. ܘܩܘܝܢ ܒܛܪܘܓܠܝܘܢ. ܘܒܝܘܡܐ ܐܚܪܢܐ ܐܬܝܢ ܠܡܝܠܝܛܘܣ. 16 ܦܣܩ
ܗܘܐ ܠܗ ܓܝܪ ܦܘܠܘܣ. ܕܢܥܒܪܝܗ̇ ܠܐܦܣܘܣ: ܕܠܡܐ ܢܬܥܘܟܒ ܠܗ ܬܡܢ:
ܡܛܠ ܕܡܣܪܗܒ ܗܘܐ ܕܐܢ ܡܫܟܚܐ. ܝܘܡܐ ܕܦܢܛܩܘܣܛܐ ܒܐܘܪܫܠܡ ܢܥܒܕܝܘܗܝ.
17 ܘܡܢ ܡܝܠܝܛܘܣ. ܫܕܪ ܐܝܬܝ ܠܩܫܝ̈ܫܐ ܕܥܕܬܐ ܕܐܦܣܘܣ. 18 ܘܟܕ ܐܬܘ
ܠܘܬܗ. ܐܡܪ ܠܗܘܢ. ܐܢܬܘܢ ܝܕܥܝܢ ܐܢܬܘܢ. ܕܡܢ ܝܘܡܐ ܩܕܡܝܐ ܕܥܠܬ ܠܐܣܝܐ.
ܐܝܟܢܐ ܗܘܝܬ ܥܡܟܘܢ ܟܠܗ ܙܒܢܐ: 19 ܟܕ ܦܠܚ ܐܢܐ ܠܡܪܝܐ ܒܡܟܝܟܘܬܐ ܣܓܝܐܬܐ
ܘܒܕܡܥܐ ܘܒܢܣܝܘܢܐ ܕܗܘܘ ܠܝ ܒܢܟܠܝܗܘܢ ܕܝܗܘܕܝܐ: 20 ܘܠܐ
ܚܣܢܬ ܡܕܡ ܕܦܩܚ ܗܘܐ ܠܢܦܫܟܘܢ. ܕܐܟܪܙ ܠܟܘܢ: ܘܐܠܦ ܠܟܘܢ ܒܫܘܩܐ ܘܒܒ̈ܬܐ.
21 ܟܕ ܡܣܗܕ ܗܘܝܬ ܠܝܗܘܕܝܐ ܘܠܐܪ̈ܡܝܐ ܥܠ ܬܝܒܘܬܐ ܕܒܐܠܗܐ: ܘܥܠ ܗܝܡܢܘܬܐ
ܕܒܡܪܢ ܝܫܘܥ ܡܫܝܚܐ ܀ ⁘ ܀

ܕܩܕܝܫܐ ܡܢ 22 ܘܗܫܐ ܐܢܐ ܐܣܝܪ ܐܢܐ ܒܪܘܚܐ. ܘܐܙܠ ܐܢܐ ܠܐܘܪܫܠܡ. ܘܠܐ ܝܕܥ ܐܢܐ ܡܢܐ ܐܪܥ
ܠܝ ܒܗ̇. 23 ܒܪ ܡܢ ܪܘܚܐ ܕܩܘܕܫܐ ܒܟܠ ܡܕܝܢܐ ܡܣܗܕܐ ܠܝ ܘܐܡܪܐ. ܕܐܣܘܪܐ ܘܐܘܠܨܢܐ
ܥܬܝܕܝܢ ܠܝ. 24 ܐܠܐ ܠܝ ܠܐ ܡܬܚܫܒܐ ܢܦܫܝ ܡܕܡ. ܐܝܟ ܕܐܫܠܡ ܪܗܛܝ ܘܬܫܡܫܬܐ
ܕܩܒܠܬ ܡܢ ܡܪܢ ܝܫܘܥ. ܕܐܣܗܕ ܥܠ ܣܒܪܬܐ ܕܛܝܒܘܬܗ ܕܐܠܗܐ. 25 ܘܗܫܐ ܐܢܐ
ܝܕܥ ܐܢܐ. ܕܬܘܒ ܦܪܨܘܦܝ ܠܐ ܚܙܝܢ ܐܢܬܘܢ: ܟܠܟܘܢ ܐܝܠܝܢ ܕܐܟܪܙܬ ܠܟܘܢ
ܡܠܟܘܬܐ. 26 ܘܡܛܠ ܗܢܐ ܡܣܗܕ ܐܢܐ ܠܟܘܢ ܝܘܡܢܐ ܕܝܘܡܢܐ. ܕܕܟܐ ܐܢܐ ܡܢ ܕܡܐ
ܕܟܠܟܘܢ. 27 ܠܐ ܓܝܪ ܐܬܟܠܝܬ. ܕܐܘܕܥܟܘܢ ܟܠܗ ܨܒܝܢܗ ܕܐܠܗܐ. 28 ܐܙܕܗܪܘ
ܗܟܝܠ ܒܢܦܫܟܘܢ. ܘܒܟܠܗ ܡܪܥܝܬܐ: ܗܝ ܕܐܩܝܡܟܘܢ ܒܗ̇ ܪܘܚܐ ܕܩܘܕܫܐ ܐܦܝܣܩܘܦܐ.
ܕܬܪܥܘܢ ܠܥܕܬܗ ܕܐܠܗܐ. ܗܝ ܕܩܢܗ̇ ܒܕܡܗ. 29 ܐܢܐ ܝܕܥ ܐܢܐ. ܕܡܢ ܒܬܪ ܕܐܙܠ
ܐܢܐ. ܢܥܠܘܢ ܠܟܘܢ ܕܐܒ̈ܐ ܥܫܝܢܐ: ܘܠܐ ܢܚܘܣܘܢ ܥܠ ܡܪܥܝܬܐ. 30 ܘܐܦ ܡܢܟܘܢ
ܕܝܠܟܘܢ ܢܩܘܡܘܢ ܓܒܪ̈ܐ ܡܡܠܠܝܢ ܡܥܩܡܬܐ. ܐܝܟ ܕܢܗܦܟܘܢ ܠܬܠܡܝܕܐ ܕܢܐܙܠܘܢ
ܒܬܪܗܘܢ. 31 ܡܛܠ ܗܢܐ ܗܘܝܬܘܢ ܥܝܪܝܢ ܘܐܬܕܟܪܘ: ܕܬܠܬ ܫܢܝܢ ܠܐ ܫܠܝܬ ܒܠܠܝܐ
ܘܒܐܝܡܡܐ: ܟܕ ܒܕܡܥܐ ܡܪܬܐ ܐܢܐ ܠܐܢܫ ܐܢܫ ܡܢܟܘܢ. 32 ܘܗܫܐ ܡܓܥܠ ܐܢܐ ܠܟܘܢ
ܠܐܠܗܐ ܘܠܡܠܬܐ ܕܛܝܒܘܬܗ. ܕܗܝ ܡܫܟܚܐ ܕܬܒܢܝܟܘܢ: ܘܬܬܠ ܠܟܘܢ ܝܪܬܘܬܐ

ܥܡ ܬܠܡܝܕܘܗܝ ܡܬܢܩܦܐ. 33 ܦܨܚܐ ܐܘ ܕܝܗܘܕܝܐ ܐܘ ܥܐܕܐ ܠܐ ܩܪܝܒ. 34 ܘܐܝܬܝܗܘܢ ܣܓܝܐܝܢ
ܐܝܬܝܗܘܢ. ܕܠܡܫܬܥܝܘܬܐ ܘܠܐܬܝܢ ܕܐܝܬ ܠܥܐܕܐ: ܡܛܠ ܗܠܝܢ ܐܬܝܢ. 35 ܘܒܥܠܕܒܒܝܢ
ܫܩܠܘܗܝ. ܕܗܟܢܐ ܘܠܐ ܒܥܒܕܐ ܘܒܦܬܓܡܐ ܕܐܬܝܢ ܕܢܬܕܟܘܢ: ܘܠܡܥܒܕܗ ܡܛܠܬܗܘܢ
ܕܡܪܢ ܝܫܘܥ. ܡܛܠ ܕܗܘ ܐܡܪ. ܕܢܬܒܥܘܢ ܠܐܝܬܐ ܕܝܢܘܚ ܬܟܝܢ ܡܢ ܐܝܠܐ ܕܝܫܘܥ.
36 ܘܟܕ ܗܠܝܢ ܐܡܪ. ܡܢ ܟܠ ܡܕܝܢܬܗܘܢ ܘܩܪܝܗ. ܘܩܕܡܘܗܝ ܐܢܫܐ ܠܥܡܗ. 37 ܘܗܘܐ
ܒܓܘܐ ܩܠܐ ܒܩܕܡܝܗܘܢ. ܘܠܟܡܐܢܝܗܘܢ ܘܡܬܢܟܪܝܢ ܗܘܘ ܠܗ. 38 ܘܟܕ ܐܬܐ ܗܘ
ܡܫܬܐܠܝܢ ܗܘܘ ܥܠ ܗܘ ܡܫܒܚܐ ܕܐܡܪ. ܕܠܐ ܝܗܒ ܒܫܡܝܢ ܕܢܣܒܘܢ ܦܪܘܩܐ.
ܘܠܡܢܝܢ ܒܝܘܡܐ ܠܐܬܪܐ ܀ 1 ܘܦܪܩ ܡܢܗܘܢ. ܘܐܙܠ ܠܐܦܪܝܡ ܕܒܡܕܒܪܐ. ܘܠܒܝܬ ܥܢܝܐ Cap. xxi.
ܐܬܐ. ܕܐܝܟ ܒܝܬ ܥܢܝܐ. ܘܡܢ ܐܢܫ ܒܥܠܙܪ. 2 ܘܐܬܐ ܐܢܫ ܐܢܬܬܐ ܕܫܡܥܬ
ܒܥܘܒܕܐ. ܘܡܠܟܝܢ ܠܗ. ܘܐܝܟ 3 ܘܗܘܬ ܒܝܬܐ ܒܗܘ ܡܠܟܘܬܐ ܕܐܬܝܢ. ܘܚܕܡܬܗ
ܒܡܫܝܚܐ. ܘܐܬܐ ܒܥܘܕܪܢܐ. ܘܡܢ ܐܢܫ ܡܠܟܝܢ ܒܪܐ. ܐܢܫ ܚܕ ܐܝܬ ܗܘܐ ܠܗ
ܠܐܒܘܗ ܠܡܫܝܚܐ ܠܐܒܘܗܝ ܀ 4 ܘܟܕ ܐܬܐ ܐܢܫ ܐܝܟ ܫܡܝܐ. ܡܢ ܒܝܬ ܐܒܘܗܝ ܡܫܝܚܐ
ܡܫܒܚܐ. ܘܗܠܝܢ ܐܡܪܝܢ ܗܘܘ ܩܠܘܗܝ ܒܡܘܠܕܐ ܒܪܘܚ. ܕܠܐ ܬܬܕܚܠ ܠܐܘܪܫܠܡ.
5 ܘܡܢ ܒܬܪ ܗܠܝܢ ܡܫܝܚܐ. ܒܟܡܢ ܕܬܬܕܚܠ ܒܐܘܪܚܐ. ܘܡܬܟܢܫܝܢ ܗܘܘ ܥܡ ܩܠܘܗܝ.
ܗܘܝ ܘܢܫܘܗܝ ܘܒܢܝܗܘܢ. ܒܝܘܡܐ ܒܬܪ ܡܢ ܡܕܝܢܬܐ. ܘܡܬܚܢܝܢ ܥܠ ܒܐܘܪܚܗܘܢ
ܥܠ ܚܕ ܡܫܝܚܐ ܘܩܪܝܗ. 6 ܘܢܦܩܘ ܠܩܘܕܫܐ. ܘܡܟܠܝܢ ܠܒܝܬܐ. ܘܐܘܦܩܗ ܗܘܝ ܒܒܝܬܗܘܢ.
7 ܘܚܙܐ ܕܐܝܬ ܡܢ ܪܚܩ. ܘܐܬܐ ܒܟܢܫܐ ܡܕܝܢܬܐ. ܘܫܘܒܚܐ ܡܫܒܚܐ ܠܐܒܐ ܕܐܬܐ.
ܘܡܢܝܢ ܪܫܘܗܝ. ܫܡܝܐ ܚܕ. 8 ܘܟܕ ܡܫܝܚܐ ܠܐܘܪܫܠܡ. ܒܟܡܢ ܘܐܬܐ ܒܫܡܝܢܐ. ܘܟܠܗ
ܥܡܐ ܒܟܢܫܗ ܕܩܕܡܘܗܝ ܡܫܒܚܝܢ: ܐܝܟܐ ܕܐܬܝܢ ܗܘܘ ܡܢ ܡܕܒܪܐ. 9 ܘܐܬܐ
ܗܘܘ ܠܗ ܒܢܝܐ ܒܫܘܒܚܐ ܐܘܪܫܠܡ ܕܡܫܒܚܝܢ ܗܘܘ. 10 ܘܟܕ ܐܬܐ ܐܢܫ ܡܫܝܚܐ
ܡܫܒܚܐ. ܢܣܒ ܗܘܐ ܡܢ ܗܘܘ ܒܫܡܐ ܚܕ. ܕܡܫܒܚ ܗܘܐ ܐܒܪܗܡ. 11 ܘܟܠ ܥܡܐ.
ܘܡܫܠ ܠܐܒܐ ܕܫܡܥܘܗܝ ܕܡܫܒܚܝܢ. ܘܐܡܪ ܡܠܟܐ ܕܢܥܒܕܘܢ ܗܘܘ ܘܐܡܪ. ܡܫܝܚܐ
ܐܡܪ ܕܡܢܐ ܕܡܫܝܚܐ. ܕܒܪܐ ܡܪܢ ܕܐܒܪܗܡ ܗܘܐ ܡܫܝܚܐ ܢܬܒܪܟ ܗܘܘ ܠܘܬ ܥܡܗܘܢ:
ܘܢܫܒܚܘܢܗ ܒܐܘܪܝܬܐ ܒܫܘܒܚܐ. 12 ܘܟܕ ܡܫܝܚܐ ܒܡܠܐ ܡܫܒܚܝܢ. ܟܕ ܥܡܗ ܚܕ ܘܒܢܝ
ܐܒܪܗܡ. ܕܠܐ ܬܬܕܚܠ ܠܐܘܪܫܠܡ ܀ 13 ܡܫܝܚܐ ܒܡܠܐ ܘܐܡܪ ܦܘܩܕܢܐ. ܡܫܝܚܐ ܒܪܝܟ ܐܝܬܘܗܝ
ܕܒܫܡ ܐܝܬܘܗܝ ܘܡܫܒܚܝܢ ܐܝܬܘܗܝ ܠܗ ܒܟܠܗ. ܐܢܐ ܐܡܪ ܠܐ ܗܘܐ ܕܐܬܐܡܪ ܒܫܡܗ
ܡܫܒܚܝܢ ܐܢܐ. ܐܠܐ ܐܘ ܕܐܡܪܬ ܠܐܘܪܫܠܡ ܚܠܦ ܡܫܝܚܐ ܕܡܪܢ ܝܫܘܥ. 14 ܘܟܕ ܠܐ
ܐܬܚܙܝ ܠܗ: ܒܗܝܟܠܐ ܠܗ. ܘܐܡܪܢ ܕܒܪܝܟ ܕܡܪܢ ܐܒܘܢ ܀
15 ܘܟܕ ܡܫܝܚܐ ܡܫܒܚ. ܐܬܚܙܝ ܘܡܟܠܝܢ ܠܗ ܠܐܘܪܫܠܡ. 16 ܘܐܬܐ ܗܘܐ ܠܟܠܗܝܢ
ܐܢܫܐ ܕܒܥܝܢ ܡܢ ܡܫܒܚܢܐ: ܗܘ ܕܡܫܒܚܝܢ ܠܥܡܗܘܢ ܐܝܟ ܚܕ ܡܢ ܐܒܘܢ ܡܫܝܚܐ:

ܕܢܣܩܘܢ ܗܘܐ ܡܢܗܘܢ܆ ܘܐܬܟܠܝܘ ܗܘܐ ܡܢ ܡܦܪܣܘܣ܆ ܕܢܡܠܟܘܢ ܟܣܦܝܢܬܗ. 17 ܘܟܕ
ܐܬܝܢ ܠܐܘܩܝܢܘܣ. ܡܚܝܢ ܐܝܟ ܚܘܝܠܬ. 18 ܘܟܬܘܫܐ ܐܝܬܝܬ. ܟܕ ܟܡ ܦܘܠܘܣ
ܒܗܐ ܡܬܡܘܢ. ܟܕ ܐܝܬ ܗܘܐ ܒܐܬܪܗ ܕܝܠܗܘܢ ܡܩܝܡܐ. 19 ܘܫܕܘ ܒܗܘܢ ܡܠܟܐ.
ܘܡܫܟܚܝܢ ܗܘܐ ܠܗܘܢ ܦܘܠܘܣ ܒܬܪ ܒܬܪ. ܕܠܐ ܡܢܐ ܕܒܥܐ ܐܠܗܐ ܠܟܝܢܬܐ
ܕܐܬܡܢܝܢܢ. 20 ܘܟܕ ܫܡܥܘ. ܥܢܝܘ ܠܐܠܗܐ ܘܐܡܪܘ ܠܗ. ܚܕܐ ܐܝܬ ܐܝܟ. ܫܡܝܐ
ܘܐܪܥܐ ܐܝܬ ܒܝܕܟ ܐܠܗܝܢ ܕܐܡܢܝܢܢ. ܘܟܠܗܘܢ ܐܢܫܝܢ ܐܢܫܐ ܐܢܬ ܕܬܫܒܘܚܬܐ.
21 ܐܬܐܡܪ ܒܗܘܢ ܕܝܢ ܒܠܒܗ. ܕܢܬܒ ܐܝܟ ܕܢܣܒܘܢ ܡܢ ܡܢܬܐ ܕܝܠܗܘܢ ܬܘܕܝܬܐ
ܕܬܟܝܠܘܬܐ. ܟܕ ܐܡܪ ܐܝܟ ܕܠܐ ܢܗܘܘܢ ܚܪܝܡܝܢ ܒܫܢܝܗܘܢ. ܘܠܐ ܒܫܝܢܐ ܕܢܫܬܡܥ ܢܗܘܘܢ
ܡܢ ܒܫܝܢ. 22 ܡܛܠ ܗܢܐ ܕܫܡܥܬܐ ܗܝ ܒܗܘܢ ܕܐܬܐ ܒܗܐ. 23 ܒܒܝܬ ܡܢܝܢ
ܕܐܡܪܝܢ ܠܗ. ܐܝܬ ܠܗ ܒܪܬܐ ܐܘܪܒܐ. ܕܪܚܡ ܒܗܘܢ ܕܢܬܦܪܫܘܢ. 24 ܕܟܕ ܐܢܘܢ ܘܐܠܐ
ܐܬܦܪܫ ܠܫܡܗܘܢ. ܘܐܦܫ ܒܠܒܗܘܢ ܢܩܛܝܐ. ܐܝܟ ܕܢܬܦܪܫܘܢ ܕܫܡܗܘܢ. ܘܡܫܬܡܥܝܢ
ܒܫܘܒܚܐ. ܕܡܢܝܢ ܕܐܬܐܡܪ ܒܠܒܗ ܕܝܠܗ ܗܘ. ܘܐܝܬ ܒܢܫܡܬܐ ܡܢܟܘܢ ܐܝܟ ܘܢܗܘܢ.
25 ܟܠ ܐܢܫܝܢ ܕܝܢ ܕܐܫܟܚܘ ܡܢ ܟܝܢܬܐ. ܚܢܢ ܒܐܠܗܐ. ܕܢܗܘܘܢ ܢܬܒܢܘܢ ܢܫܡܗܘܢ܆
ܡܢ ܕܪܚܫܐ. ܘܡܢ ܐܪܥܐ. ܘܡܢ ܫܡܝܐ. ܘܡܢ ܕܡܐ. 26 ܗܘܝܘ ܦܘܠܘܣ ܕܟܕ ܐܢܘܢ
ܒܒܪܬܐ ܐܢܫܝܢ ܒܬܘܡܐ ܐܝܬܝܬ. ܘܐܬܦܪܫ ܠܫܡܗܘܢ. ܘܟܠ ܐܢܫ ܒܬܘܡܟܠܐ. ܟܕ
ܡܬܦܪܫ ܒܗܘܢ ܡܢ ܟܠܐ ܕܡܬܡܢܝܐ ܕܐܬܦܪܫܬܐ. ܒܝܘܡܐ ܕܐܬܐܡܪ ܡܬܦܪܫܐ ܕܐܝܟ ܐܝܟ
ܡܢܗܘܢ . ܀ . ܀ .

27 ܘܟܕ ܡܛܝ ܝܘܡܐ ܕܡܒܟܪܐ. ܬܘܕܝܬܐ ܕܡܢ ܐܢܫܐ ܚܙܐܘܗܝ ܒܬܘܡܟܠܐ. ܘܒܪܢܫ
ܒܠܒܗܘܢ ܟܠܗܐ ܒܠܒܗ. ܘܐܘܪܒܘ ܒܠܒܗܘܢ ܐܢܫܐ. 28 ܟܕ ܡܒܪܟܝܢ ܘܐܡܪܝܢ. ܒܪܬܐ
ܕܒܝ ܐܬܡܢܐܠ. ܟܒܪܗ. ܗܢܐ ܗܘ ܒܪܐ ܕܒܬܘܡܟܠ ܟܠܗܐ ܕܐܟܠܝܢ ܡܠܟܐ ܒܒܠܐ ܕܘܟܐ܆
ܘܒܬܘܡܟܠ ܢܫܡܬܐ ܘܒܬܘܡܟܠ ܐܠܗܐ ܗܢܐ. ܘܐܦ ܠܐܘܪܚܐ ܐܟܠ ܒܬܘܡܟܠܐ. ܘܡܫܒܚܘ
ܠܐܠܗܐ ܗܢܐ ܡܫܝܚܐ. 29 ܡܫܡܥܘ ܗܘܘ ܒܪܢ ܚܕܘ ܟܠܡܘ ܟܠܗܘܢ ܐܦܝܣܩܘܦܐ
ܒܡܕܝܢܬܐ. ܘܫܒܚܝܢ ܗܘܘ ܕܟܕ ܦܘܠܘܣ ܟܠ ܒܬܘܡܟܠܐ. 30 ܘܐܬܟܢܫܘ ܟܠܗ
ܡܕܝܢܬܐ. ܘܐܬܦܢܝܘ ܟܠܗ ܟܠܗܐ. ܘܐܚܙܝܘ ܠܦܘܠܘܣ ܘܫܒܚܘ ܠܒܪ ܡܢ ܬܘܡܟܠܐ.
ܘܐܡܪ ܡܟܠܗ ܐܠܐܫܝܗ ܠܐܪܥܐ. 31 ܘܟܕ ܫܡܥܐ ܗܘܐ ܩܝܡܐ ܒܡܫܡܫܢܘܬܗ. ܐܫܬܡܥܬ
ܒܫܝܢܬܐ ܘܐܡܪܝܢ. ܕܟܠܗ ܡܕܝܢܬܐ ܐܬܐܡܪܬ ܠܗ. 32 ܘܟܕ ܡܟܠܗ ܕܐܡܪ ܒܫܒܘܚܬܐ
ܘܠܐܡܫܡܫܢܘܬܐ ܡܫܝܚܐ. ܘܐܘܕܝܘ ܒܠܒܗܘܢ. ܘܟܕ ܚܙܘ ܒܫܝܢܬܐ ܘܠܐܡܫܡܫܢܘܬܐ.
ܒܠܒܗ ܡܢ ܕܫܡܥܝܢ ܗܘܘ ܠܗ ܒܦܘܠܘܣ. 33 ܘܐܡܪ ܒܗܠܝܢ ܫܝܢܬܐ ܘܐܚܪܢ. ܘܟܕ
ܕܐܬܡܠܝܘ ܒܬܘܕܝܬܐ ܬܫܒܚܬܐ. ܘܡܫܬܡܠܝ ܗܘܐ ܒܠܒܗܘܢ. ܕܡܛܠ ܘܡܢܐ ܒܒܝ.
34 ܘܫܒܚܝܢ ܗܘܘ ܒܠܒܗܘܢ ܐܢܫܐ ܡܢ ܐܝܠܝܢ ܡܢܝܢ ܡܢܝܢ. ܘܡܛܠ ܡܟܠܗܘܢ

ܠܐ ܡܫܟܚ ܗܘܐ ܠܡܕܥ ܫܪܪܐ ܡܛܠ ܫܓܘܫܝܐ. ܘܦܩܕ ܗܘܐ ܕܢܥܠܘܢܗ ܠܡܫܪܝܬܐ.
35 ܘܟܕ ܡܛܝ ܦܘܠܘܣ ܠܕܪܓܐ. ܛܥܢܘܗܝ ܐܣܛܪܛܝܘܛܐ ܡܛܠ ܐܘܠܨܢܐ ܕܥܡܐ.
36 ܐܬܐ ܗܘܐ ܓܝܪ ܒܬܪܗ ܥܡܐ ܣܓܝܐܐ. ܘܩܥܝܢ ܗܘܘ ܘܐܡܪܝܢ. ܫܩܘܠܝܗܝ. 37 ܘܟܕ
ܡܛܝ ܠܡܥܠ ܠܡܫܪܝܬܐ ܗܘ ܦܘܠܘܣ. ܐܡܪ ܠܟܠܝܪܟܐ. ܐܢ ܫܠܝܛ ܐܢܬ ܠܝ.
ܐܡܠܠ ܥܡܟ. ܗܘ ܕܝܢ ܐܡܪ ܠܗ. ܝܘܢܐܝܬ ܝܕܥ ܐܢܬ. 38 ܠܐ ܗܘܝܬ ܐܢܬ ܗܘ
ܡܨܪܝܐ. ܕܩܕܡ ܝܘܡܬܐ ܗܠܝܢ ܐܙܝܥܬ ܘܐܦܩܬ ܠܡܕܒܪܐ. ܐܪܒܥܐ ܐܠܦܝܢ ܓܒܪܐ
ܥܒܕܝ ܩܛܘܠܐ. 39 ܐܡܪ ܠܗ ܦܘܠܘܣ. ܐܢܐ ܓܒܪܐ ܐܢܐ ܝܗܘܕܝܐ. ܡܢ ܛܪܣܘܣ
ܕܩܝܠܝܩܝܐ ܡܕܝܢܬܐ ܝܕܝܥܬܐ ܕܒܗ ܝܠܝܕ ܐܢܐ. ܒܥܐ ܐܢܐ ܡܢܟ. ܐܦܣ ܠܝ ܠܡܡܠܠܘ
ܠܥܡܐ. 40 ܘܟܕ ܐܦܣ ܠܗ. ܩܡ ܦܘܠܘܣ ܥܠ ܕܪܓܐ. ܘܐܪܡܙ ܗܘܐ ܠܗܘܢ ܐܝܕܗ.
ܘܟܕ ܫܠܝܘ. ܡܠܠ ܥܡܗܘܢ ܥܒܪܐܝܬ ܘܐܡܪ ܠܗܘܢ. 1 ܐܚܝܢ ܘܐܒܗܬܐ. ܫܡܥܘ Cap. xxii.
ܡܢܝ ܡܦܩ ܪܘܚ ܕܠܘܬܟܘܢ. 2 ܘܟܕ ܫܡܥܘ ܕܥܒܪܐܝܬ ܡܡܠܠ ܗܘܐ ܥܡܗܘܢ.
ܝܬܝܪܐܝܬ ܫܠܝܘ. ܘܐܡܪ ܠܗܘܢ. 3 ܐܢܐ ܓܒܪܐ ܐܢܐ ܝܗܘܕܝܐ. ܘܝܠܝܕ ܐܢܐ ܒܛܪܣܘܣ
ܕܩܝܠܝܩܝܐ. ܘܐܬܪܒܝܬ ܒܗܕܐ ܡܕܝܢܬܐ ܥܠ ܐܝܕ ܪ̈ܓܠܘܗܝ ܕܓܡܠܝܐܝܠ. ܘܐܬܪܕܝܬ
ܫܪܝܪܐܝܬ ܒܢܡܘܣܐ ܕܐܒܗܬܐ. ܘܐܝܬܝ ܗܘܝܬ ܛܢܢܐ ܕܐܠܗܐ. ܐܝܟ ܕܐܦ ܐܢܬܘܢ
ܟܠܟܘܢ ܐܝܬܝܟܘܢ. 4 ܘܪܕܦܬ ܐܘܪܚܐ ܗܕܐ ܥܕܡܐ ܠܡܘܬܐ. ܟܕ ܐܣܪ ܗܘܝܬ
ܘܡܫܠܡ ܗܘܝܬ ܠܒܝܬ ܐܣܝܪܐ ܓܒܪܐ ܘܢܫܐ. 5 ܐܝܟ ܡܐ ܕܣܗܕ ܥܠܝ ܐܦ ܪܒܐ
ܕܟܗܢܐ ܘܟܠܗ ܩܫܝܫܘܬܐ. ܕܡܢܗܘܢ ܩܒܠܬ ܐܓܪܬܐ ܕܐܙܠ ܠܘܬ ܐܚܐ ܕܒܕܪܡܣܘܩ. ܕܐܦ
ܠܗܢܘܢ ܕܐܝܬ ܗܘܘ ܬܡܢ. ܐܝܬܐ ܐܢܘܢ ܠܐܘܪܫܠܡ ܟܕ ܐܣܝܪܝܢ: ܘܢܬܦܪܥܘܢ ܡܢܗܘܢ
ܒܕܝܢܐ. 6 ܘܟܕ ܐܙܠ ܗܘܝܬ ܘܡܛܝܬ ܡܕܝܢܬܐ ܐܢܐ ܠܕܪܡܣܘܩ: ܒܦܠܓܗ ܕܝܘܡܐ ܡܢ
ܫܡܝܐ ܐܙܠܓ ܥܠܝ ܢܘܗܪܐ ܣܓܝܐܐ. 7 ܘܢܦܠܬ ܥܠ ܐܪܥܐ.
ܘܫܡܥܬ ܩܠܐ ܕܐܡܪ ܗܘܐ ܠܝ. ܫܐܘܠ ܫܐܘܠ. ܡܢܐ ܪܕܦ ܐܢܬ ܠܝ. 8 ܐܢܐ ܕܝܢ
ܥܢܝܬ ܘܐܡܪܬ. ܡܢ ܐܢܬ ܡܪܝ. ܘܗܘ ܐܡܪ ܠܝ. ܐܢܐ ܗܘ ܝܫܘܥ ܢܨܪܝܐ ܕܐܢܬ ܪܕܦ
ܐܢܬ. 9 ܘܐܢܫܐ ܕܥܡܝ ܗܘܘ ܚܙܘ ܢܘܗܪܐ. ܩܠܐ ܕܝܢ ܠܐ ܫܡܥܘ ܕܗܘ ܕܡܡܠܠ
ܗܘܐ ܥܡܝ. 10 ܘܐܡܪܬ. ܡܢܐ ܐܥܒܕ ܡܪܝ. ܘܡܪܢ ܐܡܪ ܠܝ. ܩܘܡ ܙܠ ܠܕܪܡܣܘܩ.
ܘܬܡܢ ܢܬܡܠܠ ܥܡܟ ܥܠ ܟܠ ܡܕܡ ܕܡܦܩܕ ܠܟ ܕܬܥܒܕ. 11 ܘܟܕ ܠܐ ܡܬܚܙܐ
ܗܘܐ ܠܝ ܡܛܠ ܫܘܒܚܗ ܕܢܘܗܪܐ ܗܘ. ܐܚܕܘ ܒܐܝܕܝ ܗܢܘܢ ܕܥܡܝ ܗܘܘ.
ܘܥܠܬ ܠܕܪܡܣܘܩ. 12 ܓܒܪܐ ܕܝܢ ܚܕ ܚܣܝܐ ܒܢܡܘܣܐ. ܐܝܟ ܕܣܗܕܝܢ ܗܘܘ
ܥܠܘܗܝ ܟܠܗܘܢ ܝܗܘܕܝܐ ܕܬܡܢ. 13 ܐܬܐ ܠܘܬܝ. ܘܐܡܪ ܠܝ. ܫܐܘܠ ܐܚܝ. ܦܬܚ
ܥܝܢܝܟ. ܘܒܗ ܒܫܥܬܐ ܐܬܦܬܚ ܥܝܢܝ ܘܚܙܝܬܗ. 14 ܘܐܡܪ ܠܝ. ܐܠܗܐ ܕܐܒܗܝܢ
ܐܬܡܢܝܟ ܠܡܕܥ ܨܒܝܢܗ. ܘܠܡܚܙܐ ܠܙܕܝܩܐ ܘܠܡܫܡܥ ܩܠܐ ܡܢ ܦܘܡܗ. 15 ܘܬܗܘܐ ܠܗ

ܣܗܕܐ ܠܘܬ ܟܠܗܘܢ ܒܢܝܢܫܐ: ܥܠ ܟܠ ܡܐ ܕܚܙܝܬ ܘܫܡܥܬ. 16 ܘܗܫܐ ܡܢܐ
ܡܬܟܬܪ ܐܢܬ. ܩܘܡ ܥܡܕ ܘܐܬܕܟܐ ܡܢ ܚܛܗܝܟ: ܟܕ ܩܪܐ ܐܢܬ ܫܡܗ. 17 ܘܗܦܟܬ
ܐܬܝܬ ܬܘܒ ܠܐܘܪܫܠܡ: ܘܨܠܝܬ ܒܗܝܟܠܐ. 18 ܘܚܙܝܬܗ ܒܚܙܘܐ. ܟܕ ܐܡܪ ܠܝ.
ܐܣܬܪܗܒ ܘܦܘܩ ܠܟ ܡܢ ܐܘܪܫܠܡ: ܡܛܠ ܕܠܐ ܡܩܒܠܝܢ ܣܗܕܘܬܟ ܕܥܠܝ.
19 ܘܐܢܐ ܐܡܪܬ. ܡܪܝ ܐܦ ܗܢܘܢ ܝܕܥܝܢ: ܕܐܢܐ ܡܫܠܡ ܗܘܝܬ ܠܒܝܬ ܐܣܝܪܐ: ܘܡܚܐ
ܗܘܝܬ ܒܟܠ ܟܢܘܫܬܐ ܠܐܝܠܝܢ ܕܡܗܝܡܢܝܢ ܗܘܘ ܒܟ. 20 ܘܟܕ ܡܬܐܫܕ ܗܘܐ ܕܡܗ
ܕܐܣܛܦܢܘܣ ܣܗܕܟ: ܐܦ ܐܢܐ ܥܡܗܘܢ ܩܐܡ ܗܘܝܬ ܘܫܠܡ ܗܘܝܬ ܒܨܒܝܢܗܘܢ
ܕܩܛܘܠܘܗܝ. ܘܢܛܪ ܗܘܝܬ ܡܐܢܝ ܕܐܝܠܝܢ ܕܪܓܡܝܢ ܗܘܘ ܠܗ. 21 ܘܐܡܪ ܠܝ. ܙܠ:
ܕܐܢܐ ܡܫܕܪ ܐܢܐ ܠܟ ܠܪܘܚܩܐ ܠܡܟܪܙܘ ܠܥܡܡܐ ⁘ 22 ܘܟܕ ܫܡܥܘܗܝ ܠܦܘܠܘܣ
ܥܕܡܐ ܠܗܕܐ ܡܠܬܐ: ܐܪܝܡܘ ܩܠܗܘܢ ܘܐܡܪܘ. ܢܫܬܩܠ ܡܢ ܐܪܥܐ ܐܝܢܐ ܕܗܟܢܐ ܗܘ:
ܠܐ ܓܝܪ ܘܠܐ ܠܗ ܠܡܚܐ. 23 ܘܟܕ ܡܩܥܝܢ ܗܘܘ. ܘܡܫܕܝܢ ܗܘܘ ܡܐܢܝܗܘܢ.
ܘܡܣܩܝܢ ܗܘܘ ܥܦܪܐ ܠܐܐܪ. 24 ܦܩܕ ܟܠܝܪܟܐ ܕܢܥܠܘܢܗ ܠܡܫܪܝܬܐ. ܘܦܩܕ ܕܒܢܓܕܐ
ܢܬܒܥܘܢܗ. ܐܝܟ ܕܢܕܥ ܡܛܠ ܐܝܕܐ ܥܠܬܐ ܩܥܝܢ ܗܘܘ ܥܠܘܗܝ. 25 ܘܟܕ ܡܬܚܘܗܝ
ܒܥܪܩܐ. ܐܡܪ ܠܗ ܦܘܠܘܣ ܠܩܢܛܪܘܢܐ ܕܩܐܡ ܗܘܐ ܥܠܘܗܝ. ܫܠܝܛ ܠܟܘܢ:
ܠܒܪܢܫܐ ܪܗܘܡܝܐ ܕܠܐ ܡܚܝܒ ܕܬܢܓܕܘܢܝܗܝ. 26 ܘܟܕ ܫܡܥ ܩܢܛܪܘܢܐ: ܩܪܒ ܠܘܬ
ܟܠܝܪܟܐ ܘܐܡܪ ܠܗ. ܡܢܐ ܥܒܕ ܐܢܬ. ܗܢܐ ܓܝܪ ܓܒܪܐ ܪܗܘܡܝܐ ܗܘ. 27 ܘܩܪܒ
ܠܘܬܗ ܟܠܝܪܟܐ ܘܐܡܪ ܠܗ. ܐܡܪ ܠܝ ܐܢܬ ܪܗܘܡܝܐ ܐܢܬ. ܐܡܪ ܠܗ. ܐܝܢ.
28 ܘܥܢܐ ܟܠܝܪܟܐ ܘܐܡܪ. ܐܢܐ ܒܟܣܦܐ ܣܓܝܐܐ ܩܢܝܬܗ ܠܪܗܘܡܝܘܬܐ. ܐܡܪ ܠܗ
ܦܘܠܘܣ. ܐܢܐ ܕܝܢ ܐܦ ܒܗ ܐܬܝܠܕܬ. 29 ܘܡܚܕܐ ܦܪܩܘ ܡܢܗ ܗܢܘܢ
ܕܒܥܝܢ ܗܘܘ ܠܡܒܨܝܘܬܗ. ܘܕܚܠ ܟܠܝܪܟܐ: ܟܕ ܝܕܥ ܕܪܗܘܡܝܐ ܗܘ: ܥܠ
ܕܐܣܪܗ ܗܘܐ ⁘⁘

ܝܚܣܢܐ ܚܠ. 30 ܘܒܝܘܡܐ ܐܚܪܢܐ: ܨܒܐ ܗܘܐ ܠܡܕܥ ܫܪܝܪܐܝܬ: ܕܡܢܐ ܗܘ ܡܩܛܪܓܘܬܐ ܕܡܩܛܪܓܝܢ
ܗܘܘ ܥܠܘܗܝ ܝܗܘܕܝܐ. ܘܫܪܝܗܝ ܘܦܩܕ: ܕܢܐܬܘܢ ܪܒܝ ܟܗܢܐ ܘܟܠܗ ܟܢܫܐ ܕܪܫܝܗܘܢ.
Cap. xxiii. ܘܕܒܪ ܠܦܘܠܘܣ ܘܐܚܬܗ ܐܩܝܡܗ ܒܡܨܥܬܗܘܢ. 1 ܘܟܕ ܚܪ ܦܘܠܘܣ ܒܟܢܫܗܘܢ:
ܐܡܪ. ܓܒܪܐ ܐܚܝ. ܐܢܐ ܒܟܠ ܬܐܪܬܐ ܛܒܬܐ ܐܬܕܒܪܬ ܩܕܡ ܐܠܗܐ ܥܕܡܐ ܠܝܘܡܢܐ.
2 ܘܚܢܢܝܐ ܟܗܢܐ ܦܩܕ ܠܗܢܘܢ ܕܩܝܡܝܢ ܥܠ ܓܒܗ: ܕܢܡܚܘܢܗ ܠܦܘܠܘܣ ܥܠ
ܦܘܡܗ. 3 ܘܦܘܠܘܣ ܐܡܪ ܠܗ. ܥܬܝܕ ܗܘ ܐܠܗܐ ܕܢܡܚܝܟ. ܐܫܝܬܐ ܡܣܝܥܬܐ.
ܘܐܢܬ ܝܬܒ ܐܢܬ ܠܝ ܐܝܟ ܕܒܢܡܘܣܐ. ܟܕ ܥܒܪ ܐܢܬ ܥܠ ܢܡܘܣܐ ܘܦܩܕ
ܐܢܬ ܕܢܡܚܘܢܢܝ. 4 ܘܐܝܠܝܢ ܕܩܝܡܝܢ ܗܘܘ ܬܡܢ ܐܡܪܝܢ ܠܗ. ܠܟܘܡܪܐ ܕܐܠܗܐ
ܡܨܚܐ ܐܢܬ. 5 ܐܡܪ ܠܗܘܢ ܦܘܠܘܣ. ܠܐ ܝܕܥ ܗܘܝܬ ܐܚܝ: ܕܟܘܡܪܐ ܗܘ. ܟܬܝܒ

ܗܘ ܓܝܪ ܕܪܫܐ ܕܥܡܟ ܠܐ ܬܠܘܛ. 6 ܘܟܕ ܝܕܥ ܦܘܠܘܣ ܕܡܢܗ ܕܟܢܫܐ ܐܝܬܝܗܘܢ
ܙܕܘܩܝܐ ܘܡܢܗ ܕܦܪܝܫܐ. ܩܥܐ ܗܘܐ ܒܟܢܘܫܬܐ. ܓܒܪܐ ܐܚܝ. ܐܢܐ ܦܪܝܫܐ ܐܢܐ ܒܪ ܦܪܝܫܐ.
ܘܥܠ ܣܒܪܐ ܕܩܝܡܬܐ ܕܡܝܬܐ ܡܬܕܝܢ ܐܢܐ. 7 ܘܟܕ ܗܕܐ ܐܡܪ. ܢܦܠܘ ܚܕ
ܒܚܕ ܦܪܝܫܐ ܘܙܕܘܩܝܐ. ܘܐܬܦܠܓ ܥܡܐ. 8 ܙܕܘܩܝܐ ܓܝܪ ܐܡܪܝܢ. ܕܠܝܬ ܩܝܡܬܐ ܘܠܐ
ܡܠܐܟܐ ܘܠܐ ܪܘܚܐ. ܦܪܝܫܐ ܕܝܢ ܡܘܕܝܢ ܒܟܠܗܝܢ. 9 ܘܗܘܐ ܩܠܐ ܪܒܐ. ܘܩܡܘ ܐܢܫܐ
ܣܦܪܐ ܡܢ ܓܒܐ ܕܦܪܝܫܐ. ܘܢܨܝܢ ܗܘܘ ܥܡܗܘܢ. ܘܐܡܪܝܢ. ܠܐ ܡܫܟܚܝܢ ܡܕܡ ܕܒܝܫ
ܒܗܢܐ ܓܒܪܐ. ܐܢ ܕܝܢ ܪܘܚܐ ܐܘ ܡܠܐܟܐ ܡܠܠ ܥܡܗ. ܡܢܐ ܐܝܬ ܒܗ ܒܗܕܐ. 10 ܘܟܕ
ܗܘܐ ܚܘܣܢܐ ܪܒܐ ܒܝܢܬܗܘܢ. ܕܚܠ ܗܘܐ ܟܠܝܪܟܐ. ܕܠܡܐ ܢܦܣܩܘܢܗ ܠܦܘܠܘܣ.
ܘܫܠܚ ܠܪܗܘܡܝܐ. ܕܢܐܬܘܢ ܢܚܛܦܘܢܗ ܡܢ ܡܨܥܬܗܘܢ. ܘܢܥܠܘܢܗ ܠܡܫܪܝܬܐ.
11 ܘܟܕ ܗܘܐ ܠܠܝܐ. ܐܬܚܙܝ ܠܗ ܡܪܢ ܠܦܘܠܘܣ. ܘܐܡܪ ܠܗ. ܐܬܠܒܒ. ܐܝܟܢܐ ܓܝܪ
ܕܐܣܗܕܬ ܥܠܝ ܒܐܘܪܫܠܡ. ܗܟܢܐ ܥܬܝܕ ܐܢܬ ܐܦ ܒܪܘܡܝ ܠܡܣܗܕܘ. 12 ܘܟܕ ܗܘܐ
ܨܦܪܐ. ܐܬܟܢܫܘ ܗܘܘ ܐܢܫܝܢ ܡܢ ܝܗܘܕܝܐ. ܘܐܚܪܡܘ ܥܠ ܢܦܫܗܘܢ. ܕܠܐ ܢܐܟܠܘܢ ܘܠܐ
ܢܫܬܘܢ. ܥܕܡܐ ܕܢܩܛܠܘܢܗ ܠܦܘܠܘܣ. 13 ܐܝܬ ܗܘܘ ܕܝܢ ܗܠܝܢ ܕܐܚܪܡܘ
ܒܡܘܡܬܐ ܗܢܐ ܡܘܡܬܐ. ܝܬܝܪ ܡܢ ܐܪܒܥܝܢ ܓܒܪܝܢ. 14 ܘܐܬܩܪܒܘ ܠܘܬ ܪܒܝ ܟܗܢܐ ܘܠܘܬ
ܩܫܝܫܐ. ܘܐܡܪܝܢ ܗܘܘ. ܕܡܘܡܬܐ ܐܚܪܡܢ ܥܠܝܢ. ܕܡܕܡ ܠܐ ܢܛܥܡ ܥܕܡܐ ܕܢܩܛܘܠ
ܠܦܘܠܘܣ. 15 ܘܗܫܐ ܒܥܘ ܐܢܬܘܢ ܘܪܝܫܝ ܟܢܘܫܬܐ ܡܢ ܟܠܝܪܟܐ. ܕܢܝܬܝܘܗܝ
ܠܘܬܟܘܢ. ܐܝܟ ܕܒܥܝܢ ܐܢܬܘܢ ܕܬܒܥܘܢ ܡܢܗ ܚܬܝܬܐܝܬ. ܘܚܢܢ ܡܛܝܒܝܢܢ
ܕܢܩܛܠܝܘܗܝ. ܥܕ ܠܐ ܢܡܛܐ ܠܘܬܟܘܢ. 16 ܘܫܡܥ ܗܘܐ ܒܪ ܚܬܗ ܕܦܘܠܘܣ ܐܦܕܝܢܐ
ܗܢܐ. ܘܥܠ ܠܡܫܪܝܬܐ ܘܚܘܝ ܠܦܘܠܘܣ. 17 ܘܩܪܐ ܦܘܠܘܣ ܠܚܕ ܡܢ
ܩܢܛܪܘܢܐ ܘܐܡܪ ܠܗ. ܐܘܒܠ ܠܥܠܝܡܐ ܗܢܐ ܠܘܬ ܟܠܝܪܟܐ. ܐܝܬ ܠܗ ܓܝܪ ܡܕܡ
ܕܢܐܡܪ ܠܗ. 18 ܘܕܒܪܗ ܩܢܛܪܘܢܐ ܠܥܠܝܡܐ. ܘܐܥܠܗ ܠܘܬ ܟܠܝܪܟܐ ܘܐܡܪ. ܦܘܠܘܣ
ܐܣܝܪܐ ܩܪܢܝ. ܘܒܥܐ ܡܢܝ. ܕܐܝܬܐ ܗܢܐ ܥܠܝܡܐ ܠܘܬܟ: ܕܐܝܬ ܠܗ ܡܕܡ ܕܢܐܡܪ
ܠܟ. 19 ܘܐܚܕܗ ܒܐܝܕܗ ܟܠܝܪܟܐ ܠܥܠܝܡܐ. ܘܢܓܕܗ ܠܚܕ ܓܒܐ. ܘܡܫܐܠ ܗܘܐ ܠܗ.
ܕܡܢܐ ܐܝܬ ܠܟ ܕܬܐܡܪ ܠܝ. 20 ܘܐܡܪ ܠܗ ܥܠܝܡܐ. ܝܗܘܕܝܐ ܐܬܬܚܝܒܘ ܕܢܒܥܘܢ
ܡܢܟ. ܕܬܚܬ ܠܦܘܠܘܣ ܡܚܪ ܠܟܢܘܫܬܗܘܢ: ܐܝܟ ܕܒܥܝܢ ܡܕܡ ܝܬܝܪ ܕܢܐܠܦܘܢ ܡܢܗ.
21 ܐܢܬ ܗܟܝܠ ܠܐ ܬܬܛܦܝܣ ܠܗܘܢ. ܗܐ ܓܝܪ ܡܟܢܝܢ ܡܢ ܐܪܒܥܝܢ ܓܒܪܝܢ ܡܢܗܘܢ
ܢܛܪܝܢ ܠܗ ܒܟܡܝܢܐ. ܘܐܚܪܡܘ ܥܠ ܢܦܫܗܘܢ. ܕܠܐ ܢܐܟܠܘܢ ܘܠܐ ܢܫܬܘܢ. ܥܕܡܐ
ܕܢܩܛܠܘܢܗ. ܘܗܐ ܡܛܝܒܝܢ. ܘܡܣܟܝܢ ܠܡܘܠܟܢܟ. 22 ܘܫܪܝܗ ܟܠܝܪܟܐ ܠܥܠܝܡܐ
ܟܕ ܦܩܕܗ. ܕܐܢܫ ܠܐ ܢܕܥ ܕܗܠܝܢ ܓܠܝܬ ܠܝ. 23 ܘܩܪܐ ܠܬܪܝܢ ܩܢܛܪܘܢܝܢ ܘܐܡܪ
ܠܗܘܢ. ܐܙܠܘ ܛܝܒܘ ܪܗܘܡܝܐ ܡܐܬܝܢ ܕܢܐܙܠܘܢ ܠܩܣܪܝܐ. ܘܦܪܫܐ ܫܒܥܝܢ. ܘܡܫܕܝ

ܕܪ̈ܘܥܐ ܡܐܬܝܢ. ܘܢܦܩܘܢ ܡܢ ܬܠܬ ܫ̈ܥܝܢ ܒܠܠܝܐ. 24 ܛܝܒܘ ܕܝܢ ܐܦ ܪܟܫܐ. ܐܝܟ
ܕܢܪܟܒܘܢ ܠܦܘܠܘܣ ܘܢܫܘܙܒܘܢܝܗܝ ܠܘܬ ܦܝܠܟܣ ܗܓܡܘܢܐ. 25 ܘܟܬܒ ܐܓܪܬܐ ܝܗܒ
ܠܗܘܢ. ܕܐܝܬ ܒܗ ܗܟܢܐ. 26 ܩܠܘܕܝܘܣ ܠܘܣܝܐܣ. ܠܦܝܠܟܣ ܗܓܡܘܢܐ ܢܨܝܚܐ.
ܫܠܡ. 27 ܠܓܒܪܐ ܗܢܐ ܐܚܕܘ ܝܗܘܕ̈ܝܐ. ܐܝܟ ܕܢܩܛܠܘܢܝܗܝ. ܘܩܡܬ ܐܢܐ ܥܡ ܩܣܛܘܢܐ
ܘܦܪܩܬܗ. ܟܕ ܝܠܦܬ ܕܪ̈ܗܘܡܝܐ ܗܘ. 28 ܘܟܕ ܒܥܐ ܗܘܝܬ ܠܡܕܥ ܥܠܬܐ ܕܡܛܠܬܗ
ܡܥܠܝܢ ܗܘܘ ܥܠܘܗܝ. ܐܚܬܬܗ ܠܟܢܘܫܬܗܘܢ. 29 ܘܐܫܟܚܬ ܕܥܠ ܙܛܡ̈ܐ ܕܢܡܘܣܗܘܢ ܡܥܠܝܢ
ܗܘܘ ܥܠܘܗܝ. ܘܡܕܡ ܕܫܘܐ ܠܡܘܬܐ ܐܘ ܠܐܣܘܪ̈ܐ. ܠܝܬ ܗܘܐ ܠܘܬܗ. 30 ܘܟܕ ܐܬܘܕܥܬ
ܟܕ ܢܟܠܐ ܕܥܒܕܝܢ ܠܗ ܝܗܘܕ̈ܝܐ. ܡܚܕܐ ܫܕܪܬܗ ܠܘܬܟ. ܘܦܩܕܬ
ܠܡܩܛܪ̈ܓܢܘܗܝ. ܕܢܐܬܘܢ ܘܢܕܘܢܘܢ ܥܡܗ ܩܕܡܝܟ. ܗܘܝ ܫܠܡ ܀ 31 ܗܝܕܝܢ ܦܪ̈ܫܐ
ܐܝܟ ܕܐܬܦܩܕܘ. ܕܒܪܘܗܝ ܠܦܘܠܘܣ ܒܠܠܝܐ. ܘܐܝܬܝܘܗܝ ܠܐܢܛܝܦܛܪܣ ܡܕܝܢܬܐ.
32 ܘܠܝܘܡܐ ܐܚܪܢܐ. ܗܦܟܘ ܪ̈ܓܠܝܐ ܠܡܫܪܝܬܗܘܢ. ܘܫܒܩܘܗܝ ܠܦܪ̈ܫܐ. 33 ܘܐܝܬܝܘܗܝ
ܠܩܣܪܝܐ. ܘܝܗܒܘ ܐܓܪܬܐ ܠܗܓܡܘܢܐ. ܘܐܩܝܡܘܗܝ ܠܦܘܠܘܣ ܩܕܡܘܗܝ. 34 ܘܟܕ
ܩܪܐ ܐܓܪܬܐ. ܫܐܠ ܗܘܐ ܠܗ. ܕܡܢ ܐܝܕܐ ܐܦܪܟܝܐ ܐܝܬܘܗܝ. ܘܟܕ ܝܠܦ ܕܡܢ
ܩܝܠܝܩܝܐ. 35 ܐܡܪ ܠܗ. ܫܡܥ ܐܢܐ ܠܟ. ܡܐ ܕܐܬܘ ܡܩܛܪ̈ܓܢܝܟ. ܘܦܩܕ ܕܢܬܢܛܪ
ܒܦܪܛܘܪܝܢ ܕܗܪܘܕܣ ܀ ܀ ܀
Cap. xxiv. 1 ܘܡܢ ܒܬܪ ܚܡܫܐ ܝܘܡ̈ܝܢ. ܢܚܬ ܚܢܢܝܐ ܪܒ ܟܗ̈ܢܐ ܥܡ ܩܫܝ̈ܫܐ: ܘܥܡ ܛܪܛܠܘܣ
ܪܗܛܪܐ. ܘܐܘܕܥܘ ܠܗܓܡܘܢܐ ܥܠ ܦܘܠܘܣ. 2 ܘܟܕ ܐܬܩܪܝ. ܫܪܝ ܗܘܐ ܛܪܛܠܘܣ ܩܕ ܕܫܣܐ
ܡܩܛܪܓ ܠܗ ܘܐܡܪ. ܒܫܝܢܐ ܕܣܓܝܐ ܚܝܝܢܢ ܡܛܠܬܟ. ܘܬܘܪ̈ܨܐ ܣܓܝ̈ܐܐ ܗܘܝ
ܠܥܡܐ ܗܢܐ ܒܝܕ ܒܛܝܠܘܬܟ. 3 ܘܟܠܢ ܒܟܠ ܕܘܟ ܡܩܒܠܝܢܢ ܛܝܒܘܬܟ. ܢܨܝܚܐ
ܦܝܠܟܣ. 4 ܘܠܐ ܕܝܢ ܢܠܐܝܟ ܒܣܓܝܐܬܐ. ܒܥܐ ܐܢܐ ܡܢܟ ܕܬܫܡܥ ܒܡܟܝܟܘܬܟ ܒܦܣܝܩܬܐ.
5 ܐܫܟܚܢ ܓܝܪ ܠܓܒܪܐ ܗܢܐ ܕܐܒܕܘܗܝ ܡܚܒܠܢܐ. ܘܡܥܝܪ ܚܪ̈ܝܢܐ ܠܟܠܗܘܢ
ܝܗܘܕ̈ܝܐ ܕܒܟܠܗ ܐܪܥܐ. ܪܝܫܐ ܗܘ ܕܝܢ ܕܝܘܠܦܢܐ ܕܢܨܪ̈ܝܐ. 6 ܘܠܗܝܟܠܢ ܨܒܐ
ܠܡܛܡܐܘ. ܘܟܕ ܐܚܕܢܝܗܝ. ܨܒܝܢ ܗܘܝܢ ܕܢܕܘܢܝܘܗܝ ܐܝܟ ܕܒܢܡܘܣܢ. 7 ܐܠܐ ܐܬܐ
ܠܘܣܝܐܣ ܟܝܠܝܪܟܐ. ܘܒܥܘܫܢܐ ܣܓܝܐܐ ܡܢ ܐܝܕܝܢ ܫܩܠܗ. ܘܠܘܬܟ ܫܕܪܗ. 8 ܘܦܩܕ
ܠܡܩܛܪ̈ܓܢܘܗܝ ܕܢܐܬܘܢ ܠܘܬܟ. ܘܡܫܟܚ ܐܢܬ ܟܕ ܬܒܥܐ ܠܗ. ܕܬܐܠܦ ܡܢܗ:
ܥܠ ܗܠܝܢ ܟܠܗܝܢ ܕܡܩܛܪ̈ܓܝܢܢ ܠܗ. 9 ܐܘܕܝܘ ܕܝܢ ܥܡܗܘܢ ܐܦ ܗܢܘܢ ܝܗܘܕ̈ܝܐ
ܟܕ ܐܡܪܝܢ. ܕܗܠܝܢ ܗܟܢܐ ܐܢܝܢ ܀ 10 ܘܪܡܙ ܗܓܡܘܢܐ ܠܦܘܠܘܣ ܕܢܡܠܠ. ܘܥܢܐ
ܦܘܠܘܣ ܘܐܡܪ. ܡܢ ܫܢܝ̈ܐ ܣܓܝܐ̈ܬܐ ܝܕܥ ܐܢܐ. ܕܐܝܬܝܟ ܕܝܢܐ ܕܥܡܐ ܗܢܐ. ܘܡܛܠ
ܗܢܐ ܡܦܩ ܐܢܐ ܪܘܚܐ ܥܠ ܐܦܝ ܢܦܫܝ. 11 ܟܕ ܡܫܟܚ ܐܢܬ ܠܡܕܥ ܕܠܝܬ
ܠܝ ܝܘܡ̈ܝܢ ܡܢ ܬܪܥܣܪ. ܕܣܠܩܬ ܠܐܘܪܫܠܡ ܠܡܣܓܕ. 12 ܘܠܐ ܐܫܟܚܘܢܝ

ܕܡܡܠܠ ܐܢܐ ܥܡ ܐܢܫ ܒܗܝܟܠܐ. ܐܘܦܠܐ ܟܢܫܐ ܕܥܒܕ ܐܢܐ. ܠܐ ܒܟܢܘܫܬܗܘܢ. ܘܠܐ
ܒܡܕܝܢܬܐ. 13 ܘܠܐ ܕܢܚܘܘܢ ܡܫܟܚܝܢ ܩܕܡܝܟ. ܥܠ ܗܠܝܢ ܕܗܫܐ ܡܐܟܠܝܢ
ܩܪܨܝ. 14 ܒܪܡ ܕܝܢ ܗܕܐ ܡܘܕܐ ܐܢܐ. ܕܒܗ ܒܐܘܪܚܐ ܡܪܕܝܬܐ ܕܐܡܪܝܢ܆ ܒܗ ܦܠܚ ܐܢܐ
ܠܐܠܗܐ ܕܐܒܗܝ. ܟܕ ܡܗܝܡܢ ܐܢܐ ܠܟܠܗܝܢ ܕܟܬܝܒܢ ܒܢܡܘܣܐ ܘܒܢܒܝܐ. 15 ܘܟܕ ܐܝܬ
ܠܝ ܣܒܪܐ ܥܠ ܐܠܗܐ: ܐܝܟܢܐ ܕܐܦ ܗܢܘܢ ܗܠܝܢ ܡܣܟܝܢ. ܕܥܬܝܕܐ ܕܬܗܘܐ ܩܝܡܬܐ
ܕܡܢ ܒܝܬ ܡܝܬܐ܆ ܕܙܕܝܩܐ ܘܕܚܛܝܐ. 16 ܡܛܠ ܗܢܐ ܐܦ ܡܫܬܕܠ ܐܢܐ. ܕܬܐܪܬܐ ܕܟܝܬܐ
ܬܗܘܐ ܠܝ ܩܕܡ ܐܠܗܐ: ܘܩܕܡ ܒܢܝ ܐܢܫܐ ܒܟܠܙܒܢ. 17 ܠܫܢܝܐ ܕܝܢ ܣܓܝܐܐ ܐܬܝܬ
ܠܘܬ ܒܢܝ ܥܡܐ ܕܝܠܝ. ܕܐܬܠ ܙܕܩܬܐ ܘܐܩܪܒ ܩܘܪܒܢܐ. 18 ܘܐܫܟܚܘܢܝ ܗܠܝܢ
ܒܗܝܟܠܐ܆ ܟܕ ܡܕܟܐ ܐܢܐ. ܠܐ ܥܡ ܟܢܫܐ ܐܦܠܐ ܒܫܓܘܫܝܐ. 19 ܐܠܐ ܐܢ ܕܐܝܬ ܐܢܫܝܢ
ܝܗܘܕܝܐ ܕܐܬܘ ܡܢ ܐܣܝܐ. ܐܝܠܝܢ ܕܘܠܐ ܗܘܐ ܕܢܩܘܡܘܢ ܩܕܡܝܟ. ܘܢܐܟܠܘܢ
ܩܪܨܝ ܐܢ ܐܝܬ ܠܗܘܢ. 20 ܐܘ ܗܢܘܢ ܗܠܝܢ ܢܐܡܪܘܢ. ܡܢܐ ܐܫܟܚܘ ܒܝ ܣܟܠܘܬܐ:
ܟܕ ܩܡܬ ܩܕܡ ܟܢܘܫܬܗܘܢ. 21 ܐܠܐ ܐܢ ܗܕܐ ܚܕܐ ܡܠܬܐ ܕܩܥܝܬ ܟܕ ܩܐܡ ܐܢܐ ܒܝܢܬܗܘܢ.
ܕܥܠ ܩܝܡܬܐ ܕܡܝܬܐ ܡܬܕܝܢ ܐܢܐ ܝܘܡܢܐ ܩܕܡܝܟܘܢ. 22 ܦܝܠܟܣ ܕܝܢ ܡܛܠ
ܕܝܕܥ ܗܘܐ ܠܗ ܠܐܘܪܚܐ ܗܕܐ ܡܚܬܝܬܐܝܬ. ܐܘܚܪ ܐܢܘܢ ܟܕ ܐܡܪ. ܘܡܐ ܕܐܬܐ ܟܠܝܪܟܐ.
ܫܡܥ ܐܢܐ ܒܝܢܬܟܘܢ. 23 ܘܦܩܕ ܠܩܢܛܪܘܢܐ. ܕܢܛܪܘܢܝܗܝ ܠܦܘܠܘܣ ܒܢܝܚܐ. ܘܕܠܐ
ܐܢܫ ܡܢ ܝܕܥܘܗܝ ܢܟܠܐ ܕܢܫܡܫܘܢ ܠܗ܀ 24 ܘܡܢ ܒܬܪ ܩܠܝܠ ܝܘܡܬܐ.
ܐܬܐ ܦܝܠܟܣ ܘܕܪܘܣܝܠܐ ܐܢܬܬܗ ܕܐܝܬܝܗ ܗܘܬ ܝܗܘܕܝܬܐ. ܘܩܪܘ ܠܗ ܠܦܘܠܘܣ.
ܘܫܡܥܘ ܡܢܗ ܥܠ ܗܝܡܢܘܬܐ ܕܡܫܝܚܐ. 25 ܘܟܕ ܡܡܠܠ ܥܡܗܘܢ ܥܠ ܙܕܝܩܘܬܐ
ܘܥܠ ܩܕܝܫܘܬܐ ܘܥܠ ܕܝܢܐ ܕܥܬܝܕ. ܐܬܕܚܠ ܕܚܠܬܐ ܦܝܠܟܣ. ܘܐܡܪ. ܕܗܫܐ ܙܠ.
ܘܐܡܬܝ ܕܢܗܘܐ ܠܝ ܐܬܪܐ. ܐܫܕܪ ܒܬܪܟ. 26 ܡܣܒܪ ܗܘܐ ܕܝܢ. ܕܫܘܚܕܐ ܡܬܝܗܒ ܗܘܐ
ܠܗ ܡܢ ܦܘܠܘܣ. ܡܛܠ ܗܢܐ ܐܦ ܐܡܝܢܐܝܬ ܡܫܕܪ ܗܘܐ ܩܪܐ ܠܗ ܘܡܡܠܠ
ܥܡܗ. 27 ܘܟܕ ܫܠܡ ܠܗ ܬܪܬܝܢ ܫܢܝܢ. ܐܚܪܢܐ ܕܡܬܩܪܐ ܐܬܐ ܗܘܐ ܒܕܘܟܬܗ:
ܕܫܡܗ ܗܘܐ ܦܘܪܩܝܘܣ ܦܗܣܛܘܣ. ܦܝܠܟܣ ܕܝܢ ܟܕ ܨܒܐ ܕܢܥܒܕ ܛܝܒܘܬܐ ܠܝܗܘܕܝܐ.
ܫܒܩܗ ܠܦܘܠܘܣ ܟܕ ܐܣܝܪ. 1 ܘܟܕ ܐܬܐ ܦܗܣܛܘܣ ܠܩܣܪܝܐ. ܒܬܪ ܬܠܬܐ ܝܘܡܝܢ Cap. xxv.
ܣܠܩ ܠܐܘܪܫܠܡ. 2 ܘܐܘܕܥܘܗܝ ܪܒܝ ܟܗܢܐ ܘܪܫܐ ܕܝܗܘܕܝܐ ܥܠ ܦܘܠܘܣ. ܘܒܥܝܢ
ܗܘܘ ܡܢܗ܆ 3 ܕܢܬܠ ܠܗܘܢ ܗܕܐ ܛܝܒܘܬܐ. ܕܢܫܕܪ ܢܝܬܝܘܗܝ ܠܐܘܪܫܠܡ. ܟܕ ܥܒܕܝܢ
ܗܘܘ ܟܡܐܢܐ ܒܐܘܪܚܐ ܕܢܩܛܠܘܢܝܗܝ. 4 ܘܦܗܣܛܘܣ ܦܢܝ ܦܬܓܡܐ. ܕܦܘܠܘܣ
ܡܬܢܛܪ ܒܩܣܪܝܐ. ܘܐܢܐ ܡܣܪܗܒ ܐܢܐ ܕܐܙܠ. 5 ܐܝܠܝܢ ܗܟܝܠ ܕܐܝܬ ܒܟܘܢ ܕܡܫܟܚܝܢ
ܢܚܬܘܢ ܥܡܝ. ܘܟܠ ܥܘܠ ܕܐܝܬ ܒܗ ܒܓܒܪܐ: ܢܐܟܠܘܢ ܩܪܨܘܗܝ.
6 ܘܟܕ ܗܘܐ ܬܡܢ ܝܘܡܬܐ ܬܡܢܝܐ ܐܘ ܥܣܪܐ. ܢܚܬ ܠܗ ܠܩܣܪܝܐ܀ ܘܠܝܘܡܐ

ܐܣܝܐ. ܬܒܗܘ ܥܠ ܝܡ. ܘܒܥܝ ܕܢܐܬܘܢ ܠܚܦܟܘܡ. 7 ܘܟܕ ܐܬܐ. ܡܝܘܪܘܗܝ ܬܡܘܪܬܐ
ܕܫܠܗ ܡܢ ܐܘܪܫܠܡ. ܘܩܥܐ ܡܢܝܬܐ ܘܩܡܢܐ ܡܢܝܡ ܗܘܘ ܒܠܦܘ. ܐܡܟܝܡ ܕܠܐ
ܡܬܡܟܫܝܡ ܗܘܘ ܕܫܠܘܡ. 8 ܘܟܕ ܦܘܠܘܣ ܢܒܥ ܗܘܐ ܦܘܡܐ ܕܠܐ ܐܗܝܠ ܡܢܡ:
ܠܐ ܒܡܕܝܢܬܐ ܕܡܘܬܐ ܘܠܐ ܒܡܘܬܒܐ ܘܠܐ ܒܩܡܢ. 9 ܩܘܣܛܘܣ ܕܝܢ ܡܬܠ ܕܪܐ ܗܘܐ
ܕܢܥܐ ܡܬܝܬܐ ܒܡܘܬܐ. ܐܡܪ ܠܗ ܠܦܘܠܘܣ. ܪܒܐ ܐܝܬ ܕܐܬܐ ܠܐܘܪܫܠܡ. ܘܐܡܪ
ܥܠ ܗܠܝܢ ܕܐܬܝܢ ܡܝܡܢ. 10 ܒܢܐ ܦܘܠܘܣ ܘܐܡܪ. ܥܠ ܝܡ ܕܩܡܪ ܡܠܡ ܐܢܐ.
ܗܘܒܐ ܗܘ ܐܘܡ ܠܝ ܠܡܫܠܡܘܬܗ. ܠܐ ܡܢܡ ܫܠܝܛ ܒܡܘܬܐ. ܐܡܘ ܕܐܦ ܐܝܬ ܡܝܬ ܐܝܬ.
11 ܘܐܠܝ ܡܫܠܡܘܬܐ ܒܫܒܝܐ ܠܝ ܐܘ ܡܢܡ ܕܥܕܐ ܠܡܘܬܐ. ܠܐ ܡܫܬܐܠ ܐܢܐ ܡܢ ܡܘܬܐ.
ܐܠܝ ܕܝܡ ܥܠܬ ܡܢܡ ܙܐܦ ܡܢ ܗܠܝܡ ܕܡܫܬܐܟܝܡ ܠܝ. ܠܐ ܐܢܫ ܢܘܒ ܠܝ ܠܡܘܬ
ܡܘܗܒܬ. ܠܝܬܘܗܝ ܕܩܡܪ ܡܪܐ ܐܢܐ. 12 ܗܝܢܝܡ ܩܘܣܛܘܣ ܡܥܠܐ ܥܡ ܒܢܝ ܡܫܡܥܬܗ
ܘܐܡܪ. ܠܡ ܩܡܪ ܡܝܬ. ܠܘܐ ܩܡܪ ܐܬܐ ܐܝܬ . . . . .

13 ܘܟܕ ܗܘܐ ܡܬܡܟܐ. ܢܦܩ ܐܢܬܦܘܣ ܡܕܝܢܬܐ ܘܒܢܝܬܐ ܠܡܫܬܘܬܐ ܕܩܡܬܐܠܘܗܝ ܡܠܟܘܬܗ
ܕܩܘܣܛܘܣ. 14 ܘܟܕ ܗܘܐ ܠܘܬܗ ܡܬܡܟܐ. ܐܡܪ ܩܘܣܛܘܣ ܠܡܕܝܢܬܐ ܕܡܠܟܗ
ܕܦܘܠܘܣ ܟܕ ܐܡܪ. ܟܕ ܐܬܐ ܡܢ ܐܝܩܪܐ ܐܡܠܟ ܡܢ ܐܬܪ ܩܒܪܗ. 15 ܘܟܕ ܗܘܐ ܡܬ
ܠܐܘܪܫܠܡ. ܐܘܪܚܐ ܠܝ ܠܟܠܗܘܢ ܕܝܢ ܒܝܬܐ ܘܡܩܒܪܐ ܕܡܘܬܐ. ܘܟܠܗ ܕܐܠܒܫ
ܠܗܘܢ ܕܚܝܐ ܡܢܗ. 16 ܘܐܡܪܐ ܠܗܘܢ. ܕܟܠܗ ܠܚܝܐ ܠܐܢܫܘܬܐ ܕܡܠܟܗܘܢ ܒܢܝܬܐ
ܡܬܡܟܐ ܠܩܛܠܐ: ܠܡܕܝܢܬܐ ܕܬܠܬܐ ܠܟܠ ܕܚܝܐ ܘܢܦܩܘܗܝ ܒܐܦܝܗܘܢ: ܘܐܬܡܘܬܐ
ܠܗ ܐܬܪܐ ܠܡܩܒܪ ܒܪܘܚܐ ܥܠ ܗܝ ܕܡܬܢܦܫܐ. 17 ܘܟܕ ܐܬܐ ܠܟܐ. ܘܠܐ ܐܘܪܚܐ
ܠܡܘܬܐ ܐܣܝܐ. ܬܠܝܛ ܥܠ ܝܡ. ܘܩܡܬܐ ܕܢܬܘܢܝܘܗܝ ܠܝ ܠܟܕܝܐ. 18 ܘܡܢܗ
ܠܩܡܗ ܡܬܟܬܘܗܝ. ܘܠܐ ܐܬܦܫܗ ܡܢܡ ܕܡܢܐ ܒܩܡܐ ܕܫܘܡ ܠܟܠܗܘܢ: ܐܡܘ ܡܐ
ܕܡܟܢ ܗܘܐܬ. 19 ܐܬܩܛܠ ܕܝܡ ܡܢܡ ܡܢܡ ܥܠ ܕܫܠܡܘܗܝ ܐܝܬ ܗܘܐ ܠܗܘܢ ܠܘܬܗ.
ܘܟܠ ܢܡܘܢ ܐܢܫ ܕܩܝܡ: ܗܘ ܕܐܡܪ ܗܘܐ ܦܘܠܘܣ ܕܫܢ ܗܘ. 20 ܘܡܬܠ ܕܠܐ ܡܠܡ
ܗܘܐܬ ܐܢܐ ܥܠ ܟܠܬܐ ܕܗܟܝܡ. ܐܡܪܐ ܗܘܐܬ ܠܦܘܠܘܣ. ܕܐܦ ܒܟܠ ܐܝܬ. ܕܬܠܬܐ
ܠܐܘܪܫܠܡ: ܘܐܡܪ ܠܡܕܝܢܬܐ ܥܠ ܗܟܝܡ. 21 ܗܘ ܕܝܡ ܟܠܐ ܕܬܠܬܐ ܠܩܡܬܗ ܕܩܡܪ.
ܘܩܛܠܐ ܕܬܠܬܐ. ܠܡܕܝܢܬܐ ܕܐܬܩܪܘܗܝ ܠܘܐ ܩܡܪ. 22 ܘܐܡܪ ܐܢܬܦܘܣ. ܪܒܐ ܗܘܐܬ
ܕܐܬܡܟܬܘܗܝ ܠܟܒܪܐ ܗܢܐ. ܘܩܘܣܛܘܣ ܐܡܪ: ܕܟܬܒ ܡܬܡܟ ܐܝܬ ܠܗ.
23 ܘܟܬܘܒܐ ܐܣܝܐ. ܐܬܐ ܐܢܬܦܘܣ ܘܒܢܝܬܐ ܠܐܘܪܚܐ ܡܢܝܬܐ. ܘܟܠ ܠܟܠܬܐ ܕܚܝܐ
ܟܡ ܕܟܪܬܐ ܘܩܥܐ ܕܡܬܢܝܬܐ. ܘܒܥܝ ܩܘܣܛܘܣ ܘܐܬܐ ܦܘܠܘܣ. 24 ܘܐܡܪ ܩܘܣܛܘܣ.
ܐܢܬܦܘܣ ܡܕܝܢܬܐ ܘܦܠܚܘܗܝ ܕܟܪܐ ܕܐܬܢܫܘܗܝ ܠܟܡܐ: ܥܠ ܗܢܐ ܟܒܪܐ ܕܚܝܐܡ
ܐܝܬܘܗܝ. ܦܬܚܘ ܠܟܠܐ ܕܡܘܬܐ ܡܟܬܒ ܠܐܘܪܫܠܡ ܘܗܘܦܟܐ: ܕܝ ܡܟܝܡ ܕܠܐ ܐܬܘ ܘܠܐ

ܕܚܝܐ ܕܢܚܐ. ²⁵ ܐܢܐ ܕܝܢ ܐܫܟܚܬ. ܕܡܕܡ ܕܫܘܐ ܠܡܘܬܐ ܠܐ ܣܥܪ ܠܗ. ܘܡܛܠ ܕܗܘ
ܒܥܐ ܕܢܬܕܝܢ ܩܕܡ ܩܤܪ. ܦܩܕܬ ܕܢܬܫܕܪ. ²⁶ ܘܠܐ ܝܕܥ ܐܢܐ ܡܢܐ ܐܟܬܘܒ ܥܠܘܗܝ
ܠܩܤܪ. ܡܛܠ ܗܢܐ ܨܒܝܬ ܠܡܩܪܒܘܬܗ ܩܕܡܝܟܘܢ. ܘܝܬܝܪܐܝܬ ܩܕܡܝܟ ܡܠܟܐ
ܐܓܪܦܐ. ܕܟܕ ܕܐܬܒܨܝ ܕܝܠܗ. ܐܫܟܚ ܡܢܐ ܐܟܬܘܒ. ²⁷ ܠܐ ܓܝܪ ܘܠܐ ܕܟܕ ܡܫܕܪܝܢ
ܓܒܪܐ ܐܤܝܪܐ. ܕܠܐ ܢܟܬܘܒ ܥܠܬܗ. ¹ ܘܐܡܪ ܐܓܪܦܘܤ ܠܦܘܠܘܤ. ܡܦܤ ܠܟ Cap. xxvi.
ܠܡܡܠܠܘ ܥܠ ܐܦܝ ܢܦܫܟ. ܗܝܕܝܢ ܦܘܠܘܤ ܦܫܛ ܐܝܕܗ. ܘܢܦܩ ܗܘܐ ܪܘܚܐ
ܘܐܡܪ. ² ܥܠ ܟܠ ܡܐ ܕܡܬܪܫܐ ܐܢܐ ܡܢ ܝܗܘܕܝܐ ܡܠܟܐ ܐܓܪܦܐ. ܚܫܒ ܐܢܐ ܥܠ
ܢܦܫܝ ܕܛܘܒܢܐ ܐܢܐ: ܕܩܕܡܝܟ ܡܬܦܢܐ ܢܦܫܝ ܐܢܐ ܝܘܡܢܐ. ³ ܝܬܝܪܐܝܬ ܕܝܕܥ ܐܢܐ ܕܡܦܤ
ܐܢܬ ܒܟܠܗܘܢ ܙܛܡܐ ܘܢܡܘܤܐ ܕܝܗܘܕܝܐ. ܡܛܠ ܗܢܐ ܒܥܐ ܐܢܐ ܡܢܟ. ܕܒܢܓܝܪܘܬ
ܪܘܚܐ ܬܫܡܥܢܝ. ⁴ ܝܕܥܝܢ ܐܢܘܢ ܓܝܪ ܐܦ ܗܢܘܢ ܝܗܘܕܝܐ ܐܢ ܨܒܝܢ ܕܢܤܗܕܘܢ:
ܕܘܒܪܝ ܕܡܢ ܛܠܝܘܬܝ ܕܗܘܬ ܠܝ ܡܢ ܫܘܪܝܐ ܒܥܡܝ ܘܒܐܘܪܫܠܡ. ⁵ ܡܛܠ ܕܡܢ
ܢܘܓܪܐ ܡܩܕܡܝܢ ܠܝ. ܘܝܕܥܝܢ ܕܒܝܘܠܦܢܐ ܫܦܝܪܐ ܕܦܪܝܫܐ ܚܝܬ. ⁶ ܘܗܫܐ ܥܠ ܤܒܪܐ
ܕܡܘܠܟܢܐ ܕܗܘܐ ܠܐܒܗܝܢ ܡܢ ܐܠܗܐ. ܩܐܡ ܐܢܐ ܘܡܬܕܝܢ ܐܢܐ. ⁷ ܕܥܠ ܗܢܐ
ܤܒܪܐ. ܬܪܬܥܤܪܐ ܫܒܛܝܢ ܕܝܠܢ ܡܤܟܝܢ: ܕܢܡܛܘܢ ܒܨܠܘܬܐ ܚܦܝܛܬܐ ܕܐܝܡܡܐ ܘܕܠܠܝܐ.
ܘܥܠܘܗܝ ܥܠ ܗܢܐ ܤܒܪܐ ܡܬܪܫܐ ܐܢܐ ܡܢ ܝܗܘܕܝܐ ܡܠܟܐ ܐܓܪܦܐ. ⁸ ܡܢܐ
ܕܝܢܝܢ ܐܢܬܘܢ. ܠܐ ܘܠܐ ܕܢܬܗܝܡܢ: ܕܡܩܝܡ ܐܠܗܐ ܡܝܬܐ. ⁹ ܐܢܐ ܓܝܪ ܡܢ ܩܕܝܡ
ܤܡܬ ܒܠܒܝ. ܕܤܘܓܐܐ ܡܤܪܒܢܘܬܐ ܐܥܒܕ ܠܘܩܒܠ ܫܡܗ ܕܝܫܘܥ ܢܨܪܝܐ. ¹⁰ ܗܕܐ
ܕܥܒܕܬ ܐܦ ܒܐܘܪܫܠܡ. ܘܠܩܕܝܫܐ ܤܓܝܐܐ ܐܤܪܬ ܒܒܝܬ ܐܤܝܪܐ: ܒܫܘܠܛܢܐ ܕܢܤܒܬ
ܡܢ ܪܒܝ ܟܗܢܐ. ܘܟܕ ܡܬܩܛܠܝܢ ܗܘܘ ܡܢܗܘܢ. ܐܫܬܘܬܦܬ ܠܐܝܠܝܢ ܕܚܝܒܘ ܐܢܘܢ.
¹¹ ܘܒܟܠ ܟܢܘܫܐ ܡܫܢܩ ܗܘܝܬ ܠܗܘܢ. ܟܕ ܐܠܨ ܗܘܝܬ ܕܢܗܘܘܢ ܡܓܕܦܝܢ ܒܫܡܗ
ܕܝܫܘܥ. ܘܒܪܘܓܙܐ ܤܓܝܐܐ ܕܡܠܐ ܗܘܝܬ ܥܠܝܗܘܢ. ܐܦ ܠܡܕܝܢܬܐ ܐܚܪܢܝܬܐ ܢܦܩ
ܗܘܝܬ ܠܡܪܕܦ ܐܢܘܢ. ¹² ܘܟܕ ܐܙܠ ܗܘܝܬ ܡܛܠ ܗܕܐ ܠܕܪܡܤܘܩ ܒܫܘܠܛܢܐ
ܘܒܡܦܤܢܘܬܐ ܕܪܒܝ ܟܗܢܐ. ¹³ ܒܦܠܓܗ ܕܝܘܡܐ ܒܐܘܪܚܐ ܚܙܝܬ ܡܢ ܫܡܝܐ ܐܘ ܡܠܟܐ.
ܕܐܢܗܪ ܥܠܝ ܘܥܠ ܟܠ ܕܥܡܝ ܗܘܘ: ܢܘܗܪܐ ܕܡܝܬܪ ܡܢ ܕܫܡܫܐ. ¹⁴ ܘܢܦܠܢ
ܟܠܢ ܥܠ ܐܪܥܐ. ܘܫܡܥܬ ܩܠܐ ܕܐܡܪ ܠܝ ܥܒܪܐܝܬ. ܫܐܘܠ ܫܐܘܠ ܡܢܐ ܪܕܦ
ܐܢܬ ܠܝ. ܩܫܐ ܗܘ ܠܟ ܠܡܒܥܛ ܠܥܘܩܣܐ. ¹⁵ ܘܐܢܐ ܐܡܪܬ. ܡܢ ܐܢܬ ܡܪܝ.
ܘܡܪܢ ܐܡܪ ܠܝ. ܐܢܐ ܗܘ ܝܫܘܥ ܢܨܪܝܐ ܕܐܢܬ ܪܕܦ ܐܢܬ. ¹⁶ ܘܐܡܪ ܠܝ. ܩܘܡ ܥܠ
ܪܓܠܝܟ. ܡܛܠ ܗܢܐ ܓܝܪ ܐܬܚܙܝܬ ܠܟ. ܕܐܩܝܡܟ ܡܫܡܫܢܐ ܘܤܗܕܐ ܕܡܕܡ
ܕܚܙܝܬܢܝ: ܘܕܥܬܝܕ ܐܢܬ ܕܬܚܙܝܢܝ. ¹⁷ ܘܐܦܨܝܟ ܡܢ ܥܡܐ ܕܝܗܘܕܝܐ. ܘܡܢ ܥܡܡܐ
ܐܚܪܢܐ ܕܠܘܬܗܘܢ ܡܫܕܪ ܐܢܐ ܠܟ. ¹⁸ ܕܬܦܬܚ ܥܝܢܝܗܘܢ: ܐܝܟ ܕܢܬܗܦܟܘܢ ܡܢ ܚܫܘܟܐ

ܠܢܘܗܪܐ. ܘܡܢ ܫܘܠܛܢܗ ܕܣܛܢܐ ܠܘܬ ܐܠܗܐ: ܘܢܩܒܠܘܢ ܫܘܒܩܢܐ ܕܚܛܗܐ. ܘܦܘܪܣܐ
ܥܡ ܩܕܝܫܐ ܒܗܝܡܢܘܬܐ ܕܒܝ. 19 ܡܛܠ ܗܕܐ ܡܠܟܐ ܐܓܪܦܐ. ܠܐ ܩܡܬ ܚܣܝܢܐ
ܠܘܩܒܠ ܚܙܘܐ ܫܡܝܢܐ. 20 ܐܠܐ ܐܟܪܙܬ ܡܢ ܠܘܩܕܡܝܢ. ܠܗܢܘܢ ܕܒܕܪܡܣܘܩ.
ܘܠܗܢܘܢ ܕܒܐܘܪܫܠܡ. ܘܒܟܠܗܘܢ ܩܘܪܝܐ ܕܝܗܘܕ. ܘܐܦ ܠܥܡܡܐ ܐܟܪܙܬ. ܕܢܬܘܒܘܢ
ܘܢܬܦܢܘܢ ܠܘܬ ܐܠܗܐ: ܘܢܥܒܕܘܢ ܥܒܕܐ ܕܫܘܝܢ ܠܬܝܒܘܬܐ. 21 ܘܡܛܠ ܐܦܝ ܗܠܝܢ:
ܐܚܕܘܢܝ ܝܗܘܕܝܐ ܒܗܝܟܠܐ ܘܒܥܝܢ ܗܘܘ ܠܡܩܛܠܢܝ. 22 ܥܕܪܢܝ ܕܝܢ ܐܠܗܐ ܥܕܡܐ
ܠܝܘܡܐ ܗܢܐ. ܘܗܐ ܩܐܡ ܐܢܐ ܘܡܣܗܕ ܐܢܐ ܠܙܥܘܪܐ ܘܠܪܒܐ. ܟܕ ܡܕܡ ܠܒܪ ܡܢ
ܡܕܡ ܕܢܒܝܐ ܠܐ ܐܡܪ ܐܢܐ: ܐܠܐ ܐܝܠܝܢ ܕܗܢܘܢ ܐܡܪܘ ܕܥܬܝܕܢ ܕܢܗܘܝܢ: 23 ܕܢܚܫ
ܡܫܝܚܐ. ܘܢܗܘܐ ܪܫܝܬܐ ܕܩܝܡܬܐ ܕܡܢ ܒܝܬ ܡܝܬܐ. ܘܢܟܪܙ ܕܢܗܪܐ ܢܗܘܐ ܠܥܡܐ
ܘܠܥܡܡܐ . ◦ . ◦ .

ܪܫܐ ܩ 24 ܘܟܕ ܗܠܝܢ ܢܦܩ ܗܘܐ ܦܘܠܘܣ ܪܘܚܐ. ܩܥܐ ܦܗܣܛܘܣ ܒܩܠܐ ܪܡܐ. ܫܢܝܬ ܠܟ
ܦܘܠܘܣ. ܣܘܓܐܐ ܕܣܦܪܐ ܥܒܕܘܟ ܕܬܫܢܐ. 25 ܐܡܪ ܦܘܠܘܣ. ܠܐ ܫܢܝܬ ܢܨܝܚܐ ܦܗܣܛܘܣ:
ܐܠܐ ܡܠܝ ܫܪܪܐ ܘܬܡܝܡܘܬܐ ܡܡܠܠ ܐܢܐ. 26 ܘܐܦ ܡܠܟܐ ܐܓܪܦܘܣ ܝܕܥ ܐܢܘܢ
ܠܟܠܗܝܢ ܕܗܠܝܢ. ܘܡܛܠ ܗܢܐ ܐܢܐ ܒܓܠܐ ܡܡܠܠ ܐܢܐ ܩܕܡܘܗܝ. ܡܛܠ ܕܚܕܐ
ܡܢ ܗܠܝܢ ܡܠܐ ܠܐ ܣܒܪ ܐܢܐ ܕܛܥܝܢ ܠܗ. ܘܠܐ ܗܘܐ ܒܛܘܫܝܐ ܥܒܝܕܢ. 27 ܡܗܝܡܢܬ
ܐܢܬ ܡܠܟܐ ܐܓܪܦܐ ܠܢܒܝܐ: ܝܕܥ ܐܢܐ ܕܡܗܝܡܢ ܐܢܬ. 28 ܐܡܪ ܠܗ ܐܓܪܦܘܣ.
ܒܩܠܝܠ ܡܦܝܣ ܐܢܬ ܠܝ ܕܐܗܘܐ ܟܪܝܣܛܝܢܐ. 29 ܘܦܘܠܘܣ ܐܡܪ. ܨܠܐ ܗܘܝܬ
ܡܢ ܐܠܗܐ ܒܩܠܝܠ ܘܒܣܓܝ. ܠܐ ܗܘܐ ܠܟ ܒܠܚܘܕ: ܐܠܐ ܐܦ ܠܟܠܗܘܢ ܐܝܠܝܢ
ܕܫܡܥܝܢ ܠܝ ܝܘܡܢܐ. ܕܢܗܘܘܢ ܐܟܘܬܝ ܠܒܪ ܡܢ ܐܣܘܪܐ ܗܠܝܢ. 30 ܘܩܡ ܠܗ
ܡܠܟܐ ܘܗܓܡܘܢܐ ܘܒܪܢܝܩܐ. ܘܐܝܠܝܢ ܕܝܬܒܝܢ ܗܘܘ ܥܡܗܘܢ. 31 ܘܟܕ ܦܪܫܘ ܡܢ
ܬܡܢ. ܡܡܠܠܝܢ ܗܘܘ ܚܕ ܥܡ ܚܕ ܘܐܡܪܝܢ. ܕܡܕܡ ܕܫܘܐ ܠܡܘܬܐ ܐܘ ܠܐܣܘܪܐ.
ܠܐ ܥܒܕ ܓܒܪܐ ܗܢܐ. 32 ܘܐܡܪ ܐܓܪܦܘܣ ܠܦܗܣܛܘܣ. ܡܫܟܚ ܗܘܐ ܓܒܪܐ ܗܢܐ
ap. xxvii. ܕܢܫܬܪܐ. ܐܠܘ ܠܘܬ ܩܣܪ ܠܐ ܩܪܐ. 1 ܘܦܣܩ ܥܠܘܗܝ ܦܗܣܛܘܣ. ܕܢܫܬܕܪ ܠܘܬ
ܩܣܪ ܠܐܝܛܠܝܐ. ܘܐܫܠܡܗ ܠܦܘܠܘܣ ܘܠܐܣܝܪܐ ܐܚܪܢܐ ܥܡܗ. ܠܓܒܪܐ ܚܕ ܩܢܛܪܘܢܐ
ܡܢ ܐܣܦܝܪ ܣܒܣܛܝܐ. ܕܫܡܗ ܗܘܐ ܝܘܠܝܘܣ .

2 ܘܟܕ ܗܘܝܢ ܕܢܪܕܐ. ܢܚܬܢ ܠܐܠܦܐ ܕܐܬܝܐ ܗܘܬ ܡܢ ܐܕܪܡܢܛܘܣ ܡܕܝܢܬܐ. ܘܐܙܠܐ
ܗܘܬ ܠܐܬܪܐ ܕܐܣܝܐ. ܘܥܠ ܗܘܐ ܥܡܢ ܠܐܠܦܐ. ܐܪܣܛܪܟܘܣ ܡܩܕܘܢܝܐ ܕܡܢ ܬܣܠܘܢܝܩܐ
ܡܕܝܢܬܐ. 3 ܘܠܝܘܡܐ ܐܚܪܢܐ. ܡܛܝܢ ܠܨܝܕܢ. ܘܐܬܪܚܡ ܩܢܛܪܘܢܐ ܒܡܪܚܡܢܘܬܐ ܥܠ
ܦܘܠܘܣ. ܘܐܦܣ ܠܗ ܕܢܐܙܠ ܥܠ ܪܚܡܘܗܝ: ܘܢܬܢܝܚ. 4 ܘܡܢ ܬܡܢ ܪܕܝܢ.
ܘܡܛܠ ܕܪܘܚܐ ܡܩܒܠܢ ܗܘܝ. ܐܬܟܪܟܢ ܥܠ ܩܘܦܪܘܣ. 5 ܘܥܒܪܢ ܝܡܐ ܕܩܝܠܝܩܝܐ

ܘܕܦܡܦܘܠܝܐ. ܘܢܚܬܢ ܠܡܘܪܐ ܡܕܝܢܬܐ ܕܠܘܩܝܐ. 6 ܘܐܫܟܚ ܬܡܢ ܩܢܛܪܘܢܐ ܐܠܦܐ
ܡܢ ܐܠܟܣܢܕܪܝܐ: ܕܐܙܠܐ ܗܘܬ ܠܐܝܛܠܝܐ. ܘܐܣܩܢ ܒܗ. 7 ܘܡܛܠ ܕܝܘܡ̈ܬܐ ܣܓܝ̈ܐܬܐ ܐܙܠܐ ܗܘܬ
ܒܢܝܚܘܬܐ ܡܬܘܚܝܐ. ܒܥܡܠܐ ܡܛܝܢ ܠܘܩܒܠ ܩܢܝܕܘܣ ܓܙܪܬܐ. ܘܡܛܠ ܕܠܐ ܫܒܩܐ
ܗܘܬ ܪܘܚܐ ܕܢܐܙܠ ܬܪܝܨܐܝܬ. ܐܪܕܝܢ ܥܠ ܩܪܛܐ: ܠܘܩܒܠ ܣܠܡܘܢܐ ܡܕܝܢܬܐ.
8 ܘܒܥܡܠܐ ܟܕ ܕܪܝܢ ܚܕܪܝܗ. ܡܛܝܢ ܠܕܘܟܬܐ ܕܡܬܩܪܝܐ ܠܡܐܢܐ ܫܦܝܪܐ. ܘܩܪܝܒܐ
ܗܘܬ ܠܗ ܡܕܝܢܬܐ ܕܫܡܗ ܠܣܐܝܐ. 9 ܘܗܘܘ ܬܡܢ ܙܒܢܐ ܣܓܝܐܐ. ܥܕܡܐ ܕܥܒܪ ܐܦ
ܝܘܡܐ ܕܨܘܡܐ ܕܝܗܘܕ̈ܝܐ. ܘܗܘܐ ܠܗ ܩܫܝܐ ܕܢܪܕܐ ܐܢܫ ܒܝܡܐ. ܘܡܠܟ ܗܘܐ ܠܗܘܢ
ܦܘܠܘܣ 10 ܘܐܡܪ. ܓܒܪ̈ܐ. ܚܙܐ ܐܢܐ ܕܒܥܘܠܒܢܐ ܘܒܚܘܣܪܢܐ ܣܓܝܐܐ ܗܘܐ ܡܪܕܝܢ:
ܠܐ ܒܛܥܢܗ ܘܒܐܠܦܐ ܒܠܚܘܕ. ܐܠܐ ܐܦ ܒܢܦܫܬܢ ܕܝܠܢ. 11 ܩܢܛܪܘܢܐ ܕܝܢ
ܠܡܕܒܪܢܗ ܘܠܡܪܗ ܕܐܠܦܐ ܡܬܛܦܝܣ ܗܘܐ ܝܬܝܪ ܡܢ ܡܠܘ̈ܗܝ ܕܦܘܠܘܣ. 12 ܘܡܛܠ
ܕܠܐ ܛܒ ܗܘܐ ܗܘ ܠܡܐܢܐ ܠܡܫܬܝܘ ܒܗ ܣܬܘܐ. ܣܓܝܐܐ ܡܢܢ ܨܒܝܢ ܗܘܘ ܕܢܪܕܐ
ܡܢ ܬܡܢ. ܘܐܢ ܢܫܟܚܘܢ ܕܢܡܛܘܢ ܢܫܬܘܘܢ ܒܠܡܐܢܐ ܚܕ ܕܐܬܩܪܝ ܗܘܐ
ܦܘܢܝܩܣ. ܘܡܬܚܙܐ ܗܘܐ ܠܓܪܒܝܐ. 13 ܘܟܕ ܢܫܒܬ ܪܘܚܐ ܕܬܝܡܢܐ:
ܘܣܒܪܘ ܕܡܛܝܢ ܐܝܟ ܨܒܝܢܗܘܢ: ܫܪܝܘ ܗܘܘ ܣܝܩ̈ܝ ܩܪܛܐ. 14 ܘܡܢ ܒܬܪ ܩܠܝܠ·
ܢܦܩ ܥܠܝܢ ܡܥܒܐ ܕܥܠܥܠܐ. ܕܡܬܩܪܐ ܛܘܦܢܩܘܣ ܐܘܪܩܠܝܕܘܢ. 15 ܘܐܬܚܛܦܬ
ܐܠܦܐ. ܘܠܐ ܐܫܟܚܬ ܕܬܩܘܡ ܠܘܩܒܠ ܪܘܚܐ. ܘܡܫܕܝܢ ܠܐܝܟܐ ܕܩܦ. 16 ܘܟܕ ܥܒܪܢ
ܠܓܙܪܬܐ ܚܕܐ ܕܡܬܩܪܝܐ ܩܘܕܐ. ܒܥܡܠܐ ܐܫܟܚܢ ܠܩܪܩܘܪܐ. 17 ܘܟܕ ܫܩܠܘܗ:
ܡܚܙܩܝܢ ܗܘܘ ܘܡܬܥܕܪܝܢ ܒܗ ܠܐܠܦܐ. ܘܡܛܠ ܕܕܚܠܝܢ ܗܘܘ ܕܠܡܐ ܢܦܠ
ܒܚܘܠܬܐ ܕܝܡܐ. ܐܫܪܝܘܗܝ ܠܐܪܡܢܘܢ. ܘܗܟܢܐ ܪܕܝܢ ܗܘܝܢ. 18 ܘܟܕ ܩܡ ܠܗ ܥܠܝܢ
ܩܘܒܠܐ ܩܫܝܐ. ܠܝܘܡܐ ܐܚܪܢܐ· ܫܕܝܢ ܗܘܝܢ ܛܥܢܐ. 19 ܘܒܝܘܡܐ ܕܬܠܬܐ. ܡܐܢ̈ܝܐ
ܕܐܠܦܐ ܫܕܝܢ ܒܐܝܕ̈ܝܢ. 20 ܘܟܕ ܐܝܬ ܠܗ ܝܘܡ̈ܬܐ ܣܓܝ̈ܐܬܐ: ܘܠܐ ܫܡܫܐ
ܡܬܚܙܝܐ ܗܘܐ ܘܠܐ ܟܘܟܒܐ. ܣܘܥܪܐ ܕܣܓܝ ܩܐܡ ܥܠܝܢ. ܐܦܣܩܢ ܗܘܐ ܠܗ.
21 ܘܟܕ ܐܢܫ ܡܕܡ ܠܐ ܡܬܛܥܡ ܗܘܐ. ܩܡ ܦܘܠܘܣ ܒܝܢܬܗܘܢ ܘܐܡܪ. ܐܠܘ
ܐܬܛܦܝܣܬܘܢ ܠܝ ܓܒܪ̈ܐ. ܠܐ ܪܕܝܢ ܗܘܝܢ ܡܢ ܩܪܛܐ. ܘܡܫܬܘܙܒܝܢ ܗܘܝܢ ܡܢ
ܚܘܣܪܢܐ ܘܡܢ ܥܘܠܒܢܐ ܗܢܐ. 22 ܘܗܫܐ ܡܠܟ ܐܢܐ ܕܬܗܘܘܢ ܕܠܐ ܟܡܪܐ. ܢܦܫܐ ܓܝܪ
ܡܢܟܘܢ ܚܕܐ ܠܐ ܐܒܕܐ: ܐܠܐ ܐܢ ܐܠܦܐ. 23 ܐܬܚܙܝ ܠܝ ܓܝܪ ܒܠܠܝܐ ܗܢܐ ܡܠܐܟܗ
ܕܐܠܗܐ: ܗܘ ܕܕܝܠܗ ܐܢܐ ܘܠܗ ܦܠܚ ܐܢܐ. 24 ܘܐܡܪ ܠܝ. ܠܐ ܬܕܚܠ ܦܘܠܐ. ܕܒܥܐ
ܗܘ ܠܟ ܠܡܩܡ ܩܕܡ ܩܣܪ. ܘܗܐ ܝܗܒ ܠܟ ܐܠܗܐ ܡܘܗܒܬܐ ܠܟܠ ܕܪܕܝܢ ܥܡܟ.
25 ܡܛܠ ܗܢܐ ܐܬܠܒܒܘ ܓܒܪ̈ܐ. ܡܗܝܡܢ ܐܢܐ ܓܝܪ ܒܐܠܗܐ. ܕܗܟܢܐ ܢܗܘܐ· ܐܝܟ ܡܐ
ܕܐܬܡܠܠ ܥܡܝ. 26 ܒܪܡ ܠܓܙܪܬܐ ܚܕܐ ܐܝܬ ܠܢ ܕܢܬܡܨܐ. 27 ܘܡܢ ܒܬܪ ܐܪܒܥܣܪ

ܝܘܡܝܢ ܕܛܥܝܢ ܘܐܬܛܪܦܢ ܒܐܕܪܝܐܘܣ ܝܡܐ. ܒܦܠܓܗ ܕܠܠܝܐ: ܣܒܪܘ ܡܠܚܐ ܕܠܐܪܥܐ ܡܬܩܪܒܝܢ ܗܘܘ. 28 ܘܐܪܡܝܘ ܐܒܪܐ. ܘܐܫܟܚܘ ܩܘܡܝܢ ܥܣܪܝܢ. ܘܬܘܒ ܩܠܝܠ ܪܚܩܘ. ܘܐܫܟܚܘ ܩܘܡܝܢ ܚܡܫܬܥܣܪ. 29 ܘܟܕ ܕܚܝܠܝܢ ܗܘܘ ܕܠܡܐ ܢܬܬܩܠ ܥܠ ܕܘܟܝܬܐ ܕܐܝܬ ܒܗܝܢ ܫܘܥܐ. ܐܪܡܝܘ ܡܢ ܚܪܬܗ ܕܐܠܦܐ ܐܪܒܥ ܐܘܓܝܢ. ܘܡܨܠܝܢ ܗܘܘ ܕܢܗܘܐ ܐܝܡܡܐ. 30 ܡܠܚܐ ܕܝܢ ܒܥܘ ܠܡܥܪܩ ܡܢܗ ܡܢ ܐܠܦܐ. ܘܐܚܬܘ ܩܪܩܘܪܐ ܠܝܡܐ. ܒܥܠܬܐ ܕܢܐܪܡܘܢ ܐܘܓܝܢ ܘܢܐܣܪܘܢܗ ܠܐܠܦܐ ܒܐܘܓܝܐ. 31 ܘܟܕ ܚܙܐ ܦܘܠܘܣ: ܐܡܪ ܠܩܢܛܪܘܢܐ ܘܠܐܣܛܪܛܝܘܛܐ. ܕܐܢ ܗܠܝܢ ܒܐܠܦܐ ܠܐ ܡܟܬܪܝܢ: ܐܢܬܘܢ ܠܐ ܡܫܟܚܝܢ ܐܢܬܘܢ ܕܬܚܘܢ. 32 ܗܝܕܝܢ ܦܣܩܘ ܐܣܛܪܛܝܘܛܐ ܚܒܠܝܗ ܕܩܪܩܘܪܐ ܡܢ ܐܠܦܐ ܘܫܒܩܘܗ ܕܬܦܠ . . . . .

ܘܣܝܐ ܕܗܘ 33 ܗܘ ܕܝܢ ܦܘܠܘܣ ܥܕܡܐ ܕܢܓܗ ܨܦܪܐ. ܡܦܝܣ ܗܘܐ ܠܟܠܗܘܢ ܕܢܣܒܘܢ ܣܝܒܪܬܐ: ܟܕ ܐܡܪ ܠܗܘܢ. ܝܘܡܢܐ ܗܐ ܐܪܒܥܣܪ ܝܘܡܝܢ. ܡܢ ܟܕ ܡܩܘܝܢ ܠܐ ܛܥܡܬܘܢ ܡܕܡ. 34 ܡܛܠ ܗܢܐ ܒܥܐ ܐܢܐ ܡܢܟܘܢ: ܕܬܣܒܘܢ ܣܝܒܪܬܐ ܠܡܘܬܪܐ ܕܚܝܝܟܘܢ. ܡܢܬܐ ܓܝܪ ܡܢ ܣܥܪܐ ܕܪܫ ܡܢܟܘܢ ܠܐ ܐܒܕܐ. 35 ܘܟܕ ܗܠܝܢ ܐܡܪ: ܢܣܒ ܠܚܡܐ ܘܫܒܚ ܠܐܠܗܐ ܩܕܡ ܟܠܗܘܢ: ܘܩܨܐ ܘܫܪܝ ܠܡܐܟܠ. 36 ܘܐܬܒܝܐܘ ܟܠܗܘܢ ܘܩܒܠܘ ܬܘܪܣܝܐ. 37 ܐܝܬܝܢ ܗܘܝܢ ܕܝܢ ܒܐܠܦܐ. ܡܐܬܝܢ ܘܫܒܥܝܢ ܘܫܬ ܢܦܫܢ. 38 ܘܟܕ ܣܒܥܘ ܡܐܟܘܠܬܐ. ܐܩܠܘ ܡܢ ܐܠܦܐ. ܘܫܕܘ ܚܛܐ ܒܝܡܐ. 39 ܘܟܕ ܗܘܐ ܝܘܡܐ. ܡܕܝܢܬܐ ܐܝܕܐ ܗܝ ܐܪܥܐ ܠܐ ܐܫܬܘܕܥܘ. ܐܠܐ ܚܙܘ ܥܠ ܚܕ ܥܘܒܐ ܕܝܡܐ ܚܕܐ ܕܝܡܐ. ܐܝܟܐ ܕܬܪܥܐ ܗܘܐ ܐܢ ܡܫܟܚܝܢ ܢܩܪܒܘܢܗ ܠܐܠܦܐ. 40 ܘܦܣܩܘ ܐܘܩܝܢܘܣ ܡܢ ܐܠܦܐ. ܘܐܪܦܝܘ ܐܢܘܢ ܒܝܡܐ. ܘܫܪܘ ܐܣܪܐ ܕܣܘܟܢܐ. ܘܐܩܝܡܘ ܐܪܡܘܢܐ ܠܪܘܚܐ ܕܢܫܒܐ. ܘܐܙܠܝܢ ܗܘܘ ܠܥܒܪܐ ܕܝܡܐ. 41 ܘܢܦܠܬ ܐܠܦܐ ܒܕܘܟܬܐ ܕܪܡܐ: ܥܒܪܬ ܐܬܪܝܢ ܠܬܘܩܦܝܢ ܕܝܡܐ. ܘܐܬܢܩܫܬ ܒܗ. ܘܩܡ ܩܕܡܝܗ ܒܗ ܒܩܒܪܐ. ܘܠܐ ܡܬܬܙܝܥ ܗܘܐ. ܒܗ ܕܝܢ ܚܪܬܗ ܐܬܫܪܝܬ ܡܢ ܩܛܝܪܐ ܕܓܠܠܐ. 42 ܘܨܒܘ ܗܘܘ ܐܣܛܪܛܝܘܛܐ ܕܢܩܛܠܘܢ ܐܢܘܢ ܠܐܣܝܪܐ: ܕܠܐ ܢܣܚܘܢ ܗܫܐ ܘܢܥܪܩܘܢ ܠܗܘܢ ܡܢܗܘܢ. 43 ܘܩܢܛܪܘܢܐ ܟܠܐ ܐܢܘܢ ܡܢ ܗܕܐ. ܡܛܠ ܕܨܒܐ ܗܘܐ ܕܢܚܐ ܠܦܘܠܘܣ. ܘܐܡܪ ܕܐܝܠܝܢ ܕܡܫܟܚܝܢ ܗܘܘ ܠܡܣܚܐ ܗܫܐ. ܦܩܕ ܠܗܘܢ ܕܒܩܕܡܝܬܐ ܢܫܚܘܢ ܘܢܥܒܪܘܢ ܠܐܪܥܐ. 44 ܘܫܪܟܐ ܥܠ ܕܦܐ ܘܥܠ ܩܝܣܐ ܐܚܪܢܐ ܕܐܠܦܐ ܐܥܒܪܘ ܐܢܘܢ. ܘܗܟܢܐ ܟܠܗܘܢ ܐܫܬܘܙܒܘ ܠܐܪܥܐ ⁘

ap.xxviii. 1 ܘܡܢ ܒܬܪܟܢ ܝܕܥܢ. ܕܡܠܝܛܐ ܡܬܩܪܝܐ ܗܝ ܓܙܪܬܐ. 2 ܘܒܪܒܪܝܐ ܕܥܡܪܝܢ ܗܘܘ ܒܗ. ܪܚܡܐ ܣܓܝܐܐ ܚܘܝܘ ܠܘܬܢ. ܘܐܘܩܕܘ ܢܘܪܐ. ܘܩܪܒܘܢ ܠܟܠܢ ܕܢܫܚܢ: ܡܛܠ ܡܛܪܐ ܣܓܝܐܐ ܘܩܘܪܫܐ ܕܐܝܬ ܗܘܐ. 3 ܘܦܘܠܘܣ ܠܩܛ ܣܓܝܐܐ ܕܝܒܝܫܬܐ ܘܣܡ ܥܠ ܢܘܪܐ. ܘܢܦܩܬ ܡܢܗܘܢ ܐܟܕܢܐ ܡܢ ܚܘܡܐ ܕܢܘܪܐ ܘܢܟܬܬܗ ܒܐܝܕܗ. 4 ܘܟܕ ܚܙܐܘܗ ܒܪܒܪܝܐ

ܕܬܠܝܐ ܒܐܝܕܗ. ܐܡܪܝܢ ܗܘܘ. ܕܠܡܐ ܗܢܐ ܓܒܪܐ ܩܛܘܠܐ ܗܘ. ܕܟܕ ܐܫܬܘܙܒ ܡܢ ܝܡܐ:
ܙܕܝܩܘܬܐ ܠܐ ܫܒܩܬܗ ܕܢܚܐ. 5 ܗܘ ܕܝܢ ܦܘܠܘܣ ܐܢܦܨ ܐܝܕܗ. ܘܫܕܝܗ ܠܐܟܕܢܐ ܒܢܘܪܐ.
ܘܡܕܡ ܕܒܝܫܐ ܠܐ ܐܬܢܟܝ. 6 ܡܣܟܝܢ ܗܘܘ ܕܝܢ ܒܪܒܪܝܐ. ܕܟܕ ܫܥܬܗ ܢܬܚܡܛ
ܘܢܦܠ ܡܝܬ ܥܠ ܐܪܥܐ. ܘܟܕ ܣܓܝ ܣܟܝܘ ܘܚܙܘ ܕܡܕܡ ܕܒܝܫܐ ܠܐ
ܐܬܢܟܝ. ܡܫܚܠܦܝܢ ܡܠܝܗܘܢ. ܘܐܡܪܝܢ ܕܐܠܗܐ ܗܘ ✤ 7 ܐܝܬ ܗܘܐ ܕܝܢ ܩܘܪܝܐ ܒܗ
ܒܗܘ ܐܬܪܐ. ܠܓܒܪܐ ܚܕ ܕܫܡܗ ܗܘܐ ܦܘܦܠܝܘܣ. ܕܗܘ ܗܘܐ ܪܫܗ ܕܓܙܪܬܐ. ܘܩܒܠܢ
ܒܒܝܬܗ ܒܚܘܒܐ ܬܠܬܐ ܝܘܡܝܢ. 8 ܐܒܘܗܝ ܕܝܢ ܕܦܘܦܠܝܘܣ· ܒܐܫܬܐ ܘܒܟܐܒ
ܡܥܝܐ ܟܪܝܗ ܗܘܐ. ܘܥܠ ܠܘܬܗ ܦܘܠܘܣ ܘܨܠܝ. ܘܣܡ ܥܠܘܗܝ ܐܝܕܗ ܘܐܣܝܗ.
9 ܘܟܕ ܗܘܬ ܗܕܐ. ܐܦ ܫܪܟܐ ܐܢܫܐ ܕܐܝܬ ܗܘܘ ܒܗ ܒܓܙܪܬܐ ܟܪܝܗܐ. ܩܪܒܝܢ ܗܘܘ
ܠܘܬܗ ܘܡܬܐܣܝܢ ܗܘܘ. 10 ܘܐܝܩܪܐ ܪܘܪܒܐ ܝܩܪܘܢ. ܘܟܕ ܢܦܩܢ ܗܘܝܢ ܡܢ ܬܡܢ.
ܙܘܕܘܢ. 11 ܢܦܩܢ ܕܝܢ ܒܬܪ ܬܠܬܐ ܝܪܚܝܢ. ܘܪܕܝܢ ܒܐܠܦܐ ܐܠܟܣܢܕܪܝܬܐ. ܕܐܫܬܪܝܬ
ܗܘܬ ܒܗ ܒܣܬܘܐ. ܘܐܝܬ ܗܘܐ ܥܠܝܗ ܐܬܐ ܕܬܐܡܐ. 12 ܘܐܬܝܢ ܠܣܘܪܩܘܣܐ ܡܕܝܢܬܐ.
ܘܩܘܝܢ ܬܡܢ ܬܠܬܐ ܝܘܡܝܢ. 13 ܘܡܢ ܬܡܢ ܐܬܟܪܟܢ. ܘܡܛܝܢ ܠܪܝܓܝܘܢ ܡܕܝܢܬܐ.
ܘܒܬܪ ܝܘܡܐ ܚܕ. ܢܫܒܬ ܠܢ ܪܘܚܐ ܕܬܝܡܢܐ. ܘܠܬܪܝܢ ܝܘܡܝܢ. ܐܬܝܢ ܠܦܘܛܝܘܠܘܣ
ܡܕܝܢܬܐ ܕܐܝܛܠܝܐ. 14 ܘܐܫܟܚܢ ܬܡܢ ܐܚܐ. ܘܒܥܘ ܡܢܢ. ܘܩܘܝܢ ܠܘܬܗܘܢ ܝܘܡܬܐ
ܫܒܥܐ. ܘܡܢ ܒܬܪܟܢ ܐܙܠܢ ܠܪܘܡܝ. 15 ܘܟܕ ܫܡܥܘ ܐܚܐ ܕܬܡܢ. ܢܦܩܘ ܠܐܘܪܥܢ
ܥܕܡܐ ܠܫܘܩܐ ܕܡܬܩܪܐ ܐܦܝܘܣ ܦܘܪܘܣ. ܘܥܕܡܐ ܠܬܠܬ ܚܢܘܬܐ. ܘܟܕ ܚܙܐ ܐܢܘܢ
ܦܘܠܘܣ. ܐܘܕܝ ܠܐܠܗܐ ܘܐܬܠܒܒ. 16 ܘܥܠܢ ܠܪܘܡܝ. ܘܐܦܣ ܩܢܛܪܘܢܐ ܠܦܘܠܘܣ:
ܕܢܗܘܐ ܐܝܟ ܕܨܒܐ: ܥܡ ܐܣܛܪܛܝܘܛܐ ܗܘ ܕܢܛܪ ܗܘܐ ܠܗ ✤

17 ܘܡܢ ܒܬܪ ܬܠܬܐ ܝܘܡܝܢ. ܩܪܐ ܦܘܠܘܣ ܠܪܝܫܢܐ ܕܝܗܘܕܝܐ. ܘܟܕ
ܐܬܟܢܫܘ. ܐܡܪ ܠܗܘܢ. ܓܒܪܐ ܐܚܝ. ܐܢܐ ܟܕ ܡܕܡ ܠܐ ܩܡܬ ܠܘܩܒܠ ܥܡܐ
ܘܢܡܘܣܐ ܕܐܒܗܝ. ܒܐܣܘܪܐ ܐܫܬܠܡܬ ܡܢ ܐܘܪܫܠܡ ܒܐܝܕܝ ܕܪܗܘܡܝܐ. 18 ܘܗܢܘܢ
ܟܕ ܥܩܒܘܢܝ. ܨܒܘ ܕܢܫܪܘܢܢܝ. ܡܛܠ ܕܠܐ ܐܫܟܚܘ ܒܝ ܥܠܬܐ ܡܕܡ ܕܚܝܒ ܠܡܘܬܐ.
19 ܘܟܕ ܡܚܣܢ ܗܘܘ ܠܘܩܒܠܝ ܝܗܘܕܝܐ. ܐܬܐܠܨܬ ܕܐܩܪܐ ܠܩܣܪ: ܠܐ ܐܝܟ ܕܐܝܬ
ܠܝ ܕܐܟܠ ܩܪܨܐ ܡܕܡ ܥܠ ܥܡܝ. 20 ܡܛܠ ܗܢܐ ܒܥܝܬ ܡܢܟܘܢ: ܕܬܐܬܘܢ ܘܐܚܙܝܟܘܢ
ܘܐܡܠܠ ܥܡܟܘܢ. ܡܛܠ ܣܒܪܐ ܓܝܪ ܕܐܝܣܪܝܠ ܐܣܝܪ ܐܢܐ ܒܫܫܠܬܐ ܗܕܐ.
21 ܐܡܪܝܢ ܠܗ ܗܢܘܢ. ܚܢܢ ܐܓܪܬܐ ܥܠܝܟ ܠܐ ܩܒܠܢ ܡܢ ܝܗܘܕ. ܘܠܐ ܐܢܫ ܡܢ ܐܚܐ
ܕܐܬܐ ܡܢ ܐܘܪܫܠܡ: ܐܡܪ ܠܢ ܡܕܡ ܕܒܝܫ ܥܠܝܟ. 22 ܨܒܝܢ ܕܝܢ ܕܢܫܡܥ ܡܢܟ
ܡܕܡ ܕܡܬܪܥܐ ܐܢܬ. ܡܛܠ ܕܝܘܠܦܢܐ ܗܢܐ. ܝܕܥܝܢܢ ܕܟܠ ܐܢܫ ܠܐ ܡܩܒܠ.
23 ܘܩܒܥܘ ܠܗ ܝܘܡܐ. ܘܐܬܘ ܠܘܬܗ ܣܓܝܐܐ ܠܒܝܬ ܕܫܪܐ ܗܘܐ. ܘܦܫܩ ܠܗܘܢ

ܥܠ ܡܠܟܘܬܐ ܕܐܠܗܐ܆ ܟܕ ܡܣܗܕ ܘܡܦܝܣ ܠܗܘܢ ܥܠ ܝܫܘܥ܂ ܡܢ ܢܡܘܣܐ
ܕܡܘܫܐ ܘܡܢ ܢܒܝܐ܆ ܡܢ ܨܦܪܐ ܘܥܕܡܐ ܠܪܡܫܐ܂ 24 ܘܐܢܫܝܢ ܡܢܗܘܢ ܡܬܛܦܝܣܝܢ
ܗܘܘ ܠܡܠܘܗܝ܂ ܘܐܚܪܢܐ ܠܐ ܡܬܛܦܝܣܝܢ ܗܘܘ܂ 25 ܘܐܫܬܪܝܘ ܡܢ ܠܘܬܗ ܟܕ ܠܐ
ܡܠܟܝܢ ܠܚܕܕܐ܂ ܘܐܡܪ ܠܗܘܢ ܦܘܠܘܣ ܡܠܬܐ ܗܕܐ܂ ܫܦܝܪ ܡܠܠ ܪܘܚܐ
ܕܩܘܕܫܐ܂ ܒܦܘܡ ܐܫܥܝܐ ܢܒܝܐ ܠܘܩܒܠ ܐܒܗܝܟܘܢ܂ 26 ܟܕ ܐܡܪ܂ ܕܐܙܠ ܠܘܬ ܥܡܐ
ܗܢܐ ܘܐܡܪ ܠܗܘܢ܂ ܕܡܫܡܥ ܬܫܡܥܘܢ ܘܠܐ ܬܣܬܟܠܘܢ܂ ܘܬܚܙܘܢ ܘܠܐ ܬܕܥܘܢ܂
27 ܐܬܥܒܝ ܠܗ ܓܝܪ ܠܒܗ ܕܥܡܐ ܗܢܐ܂ ܘܡܫܡܥܬܗܘܢ ܐܘܩܪܘ܂ ܘܥܝܢܝܗܘܢ ܥܡܨܘ܆
ܕܠܐ ܢܚܙܘܢ ܒܥܝܢܝܗܘܢ܂ ܘܢܫܡܥܘܢ ܒܐܕܢܝܗܘܢ܆ ܘܢܣܬܟܠܘܢ ܒܠܒܗܘܢ܂ ܘܢܬܦܢܘܢ
ܠܘܬܝ ܘܐܣܝܘܢ ܠܗܘܢ܂ 28 ܬܗܘܐ ܠܟܘܢ ܗܟܝܠ ܗܕܐ܂ ܕܠܥܡܡܐ ܗܘ ܐܫܬܕܪ
ܗܢܐ ܦܘܪܩܢܐ ܕܐܠܗܐ܂ ܘܗܢܘܢ ܓܝܪ ܐܦ ܫܡܥܝܢ ܠܗ܀ 30 ܘܐܓܪ ܠܗ ܦܘܠܘܣ ܡܢ
ܕܝܠܗ ܒܝܬܐ܂ ܘܗܘܐ ܒܗ ܫܢܝܢ ܬܪܬܝܢ܂ ܘܡܩܒܠ ܗܘܐ ܬܡܢ ܠܟܠܗܘܢ ܐܝܠܝܢ ܕܐܬܝܢ
ܗܘܘ ܠܘܬܗ܂ 31 ܘܡܟܪܙ ܗܘܐ ܥܠ ܡܠܟܘܬܗ ܕܐܠܗܐ܂ ܘܡܠܦ ܗܘܐ ܟܕ ܓܠܐ
ܥܠ ܡܪܢ ܝܫܘܥ ܡܫܝܚܐ ܕܠܐ ܟܠܝܢ܀

܀ ܫܠܡܬ ܦܪܟܣܝܣ ܕܬܪܥܣܪ ܫܠܝ̈ܚܐ ܛܘܒܢ̈ܐ ܀

---

29 ܘܟܕ ܗܠܝܢ ܐܡܪ܂ ܢܦܩܘ ܝܗܘܕܝܐ܂ ܘܣܓܝ ܕܪܫܝܢ ܗܘܘ ܒܝܢܬܗܘܢ܂

This verse is not found in any Syriac MS. It was first supplied in Tremellius' edition of 1569.

ܐܓܪܬܐ ܕܝܥܩܘܒ ܫܠܝܚܐ

Cap. i. ¹ ܝܥܩܘܒ ܥܒܕܗ ܕܐܠܗܐ: ܘܕܡܪܢ ܝܫܘܥ ܡܫܝܚܐ. ܠܬܪܬܥܣܪܐ ܫܒܛܝܢ ܕܙܪܝܩܝܢ
ܗܘܘ. ܒܥܡܡܐ ܫܠܡ ◆
² ܟܠ ܚܕܘܐ ܢܗܘܐ ܠܟܘܢ ܐܚܝ: ܡܐ ܕܥܐܠܝܢ ܠܟܘܢ ܢܣܝܘܢܐ ܡܫܚܠܦܐ ܘܣܓܝܐܐ.
³ ܝܕܥܝܢ ܐܢܬܘܢ ܓܝܪ ܕܒܘܚܪܢܐ ܕܗܝܡܢܘܬܐ. ܡܫܡܠܝܐ ܠܟܘܢ ܡܣܝܒܪܢܘܬܐ. ⁴ ܠܗ ܕܝܢ
ܠܡܣܝܒܪܢܘܬܐ. ܢܗܘܐ ܠܗ ܥܒܕܐ ܡܫܡܠܝܐ. ܕܬܗܘܘܢ ܓܡܝܪܝܢ ܘܡܫܡܠܝܢ:
ܘܒܡܕܡ ܠܐ ܬܗܘܘܢ ܚܣܝܪܝܢ. ⁵ ܐܢ ܐܢܫ ܕܝܢ ܡܢܟܘܢ ܚܣܝܪ ܡܢ ܚܟܡܬܐ. ܢܫܐܠ
ܡܢ ܐܠܗܐ ܕܝܗܒ ܠܟܠ ܦܫܝܛܐܝܬ ܘܠܐ ܡܚܣܕ: ܘܡܬܝܗܒܐ ܠܗ. ⁶ ܢܫܐܠ ܕܝܢ
ܒܗܝܡܢܘܬܐ ܟܕ ܠܐ ܡܬܦܠܓ. ܗܘ ܓܝܪ ܕܡܬܦܠܓ. ܕܡܐ ܠܓܠܠܐ ܕܝܡܐ ܕܙܥܝܦܐ
ܠܗܘܢ ܪܘܚܐ. ⁷ ܘܠܐ ܢܣܒܪ ܗܘ ܒܪܢܫܐ ܕܢܣܒ ܡܕܡ ܡܢ ܡܪܝܐ: ⁸ ܐܝܢܐ ܕܦܠܝܓ
ܒܪܥܝܢܗ. ܘܡܫܓܫ ܒܟܠܗܘܢ ܐܘܪܚܬܗ. ⁹ ܢܫܬܒܗܪ ܕܝܢ ܐܚܐ ܡܟܝܟܐ ܒܪܘܡܪܡܗ.
¹⁰ ܘܥܬܝܪܐ ܒܡܘܟܟܗ. ܡܛܠ ܕܐܝܟ ܘܪܕܐ ܕܥܡܒܪܐ. ܗܟܢܐ ܥܒܪ. ¹¹ ܕܢܚ ܓܝܪ
ܫܡܫܐ ܒܚܘܡܗ ܘܡܘܒܫ ܠܗ ܠܥܡܒܪܐ. ܘܘܪܕܗ ܢܦܠ. ܘܫܘܦܪܐ ܕܚܙܘܗ ܐܒܕ.
ܗܟܢܐ ܐܦ ܥܬܝܪܐ ܚܡܐ ܒܗܘܦܟܘܗܝ. ¹² ܛܘܒܘܗܝ ܠܓܒܪܐ ܕܡܣܝܒܪ ܢܣܝܘܢܐ. ܕܡܐ
ܕܐܬܒܚܪ. ܢܣܒ ܟܠܝܠܐ ܕܚܝܐ: ܗܘ ܕܡܠܟ ܐܠܗܐ ܠܐܝܠܝܢ ܕܪܚܡܝܢ ܠܗ. ¹³ ܠܐ ܢܐܡܪ
ܐܢܫ ܕܝܢ ܕܡܢ ܐܠܗܐ ܡܬܢܣܐ ܐܢܐ. ܐܠܗܐ ܓܝܪ ܠܐ ܡܢܣܐ ܒܒܝܫܬܐ. ܘܗܘ
ܠܐܢܫ ܠܐ ܡܢܣܐ. ¹⁴ ܐܠܐ ܐܢܫ ܐܢܫ ܡܢ ܪܓܬܗ ܗܘ ܡܬܢܣܐ ܘܡܬܢܓܕ ܘܡܬܪܓܪܓ.
¹⁵ ܘܗܕܐ ܪܓܬܐ ܒܛܢܐ ܘܝܠܕܐ ܚܛܝܬܐ. ܚܛܝܬܐ ܕܝܢ ܡܐ ܕܐܫܬܡܠܝܬ. ܝܠܕܐ ܡܘܬܐ.
¹⁶ ܠܐ ܬܛܥܘܢ. ܐܚܝ ܚܒܝܒܐ. ¹⁷ ܟܠ ܡܘܗܒܬܐ ܛܒܬܐ ܘܡܫܡܠܝܬܐ ܡܢ ܠܥܠ ܢܚܬܐ:
ܡܢ ܐܒܐ ܕܢܗܝܪܐ. ܗܘ ܕܠܝܬ ܠܘܬܗ ܫܘܚܠܦܐ ܡܕܡ. ܐܦܠܐ ܡܛܠܠܬܐ ܕܫܘܓܢܝܐ.
¹⁸ ܗܘܝܘ ܨܒܐ ܘܝܠܕܢ ܒܡܠܬܐ ܕܩܘܫܬܐ. ܕܢܗܘܐ ܪܫܝܬܐ ܕܒܪܝܬܗ ◆ ¹⁹ ܘܐܢܬܘܢ ܐܚܝ
ܚܒܝܒܐ. ܟܠܗ ܐܢܫ ܢܗܘܐ ܡܩܕܡ ܠܡܫܡܥ. ܘܡܘܚܪ ܠܡܡܠܠܘ. ܘܡܘܚܪ
ܠܡܪܓܙ. ²⁰ ܪܘܓܙܗ ܓܝܪ ܕܓܒܪܐ. ܙܕܝܩܘܬܐ ܕܐܠܗܐ ܠܐ ܣܥܪ. ²¹ ܡܛܠ ܗܢܐ ܐܪܚܩܘ
ܡܢܟܘܢ ܟܠܗ ܛܢܦܘܬܐ ܘܣܘܓܐܐ ܕܒܝܫܘܬܐ. ܘܒܡܟܝܟܘܬܐ ܩܒܠܘ ܡܠܬܐ ܕܢܨܝܒܐ
ܒܟܝܢܢ. ܗܝ ܕܡܫܟܚܐ ܕܬܚܐ ܢܦܫܬܟܘܢ. ²² ܗܘܘ ܕܝܢ ܥܒܘܕܝܗ̇ ܕܡܠܬܐ ܘܠܐ

ܫܡ̈ܘܥܝܗ ܒܠܚܘܕ. ܘܠܐ ܬܛܥܘܢ ܢܦܫ̈ܟܘܢ. 23 ܐܢ ܐܢܫ ܓܝܪ ܢܗܘܐ ܫܡܘܥܗ̇
ܕܡܠܬܐ ܘܠܐ ܥܒܘܕܗ̇. ܗܢܐ ܕܡܐ ܠܓܒܪܐ ܕܚܙܐ ܐܦ̈ܘܗܝ ܒܡܚܙܝܬܐ. 24 ܚܙܐ ܓܝܪ
ܢܦܫܗ ܘܥܒܪ. ܘܛܥܐ ܕܐܝܢܐ ܗܘܐ. 25 ܟܠ ܕܝܢ ܕܚܪ ܒܢܡܘܣܐ ܡܫܡܠܝܐ ܕܚܐܪܘܬܐ
ܘܩܘܝ ܒܗ. ܠܐ ܗܘܐ ܫܡܘܥܐ ܕܫܡܥܬܐ ܕܡܬܛܥܝܐ: ܐܠܐ ܥܒܘܕܐ ܕܥܒ̈ܕܐ. ܘܗܢܐ ܛܘܒܢܐ
ܢܗܘܐ ܒܥܒ̈ܕܘܗܝ. 26 ܘܐܢ ܐܢܫ ܣܒܪ ܕܡܫܡܫ ܠܐܠܗܐ: ܘܠܐ ܐܚܝܕ ܠܠܫܢܗ: ܐܠܐ ܡܛܥܐ
ܠܒܗ. ܕܗܢܐ ܣܪܝܩܐ ܗܝ ܬܫܡܫܬܗ. 27 ܬܫܡܫܬܐ ܓܝܪ ܕܕܟܝܬܐ ܘܩܕܝܫܬܐ ܩܕܡ
ܐܠܗܐ ܐܒܐ. ܗܕܐ ܗܝ. ܠܡܣܥܪ ܝܬ̈ܡܐ ܘܐܪ̈ܡܠܬܐ ܒܐܘܠܨܢܗܘܢ: ܘܠܡܛܪ ܐܢܫ
ܢܦܫܗ ܡܢ ܥܠܡܐ ܕܠܐ ܛܘܠܫܐ܀

Cap. ii. 1 ܐܚܝ. ܠܐ ܒܡܣܒ ܒܐܦ̈ܐ ܬܗܘܘܢ ܐܚܝܕܝܢ ܠܗܝܡܢܘܬܐ ܕܬܫܒܘܚܬܗ ܕܡܪܢ ܝܫܘܥ
ܡܫܝܚܐ. 2 ܐܢ ܓܝܪ ܢܥܘܠ ܠܟܢܘܫܬܟܘܢ ܐܢܫ ܕܥܙܩܬܗ ܕܕܗܒܐ ܐܘ ܕܡܐܢ̈ܘܗܝ
ܫܦܝܪ̈ܐ: ܘܢܥܘܠ ܡܣܟܢܐ ܒܡܐܢ̈ܐ ܨܐܝ̈ܐ: 3 ܘܬܚܘܪܘܢ ܒܗܘ ܕܠܒܝܫ ܡܐܢ̈ܐ ܫܦܝܪ̈ܐ
ܘܬܐܡܪܘܢ ܠܗ. ܐܢܬ ܬܒ ܠܟ ܗܪܟܐ ܫܦܝܪ. ܘܠܡܣܟܢܐ ܬܐܡܪܘܢ ܠܗ. ܐܢܬ ܩܘܡ ܠܗܠ:
ܐܘ ܬܒ ܠܟ ܗܪܟܐ ܩܕܡ ܟܘܒܫܐ ܕܪ̈ܓܠܝܢ: 4 ܠܐ ܗܐ ܐܬܦܠܓܬܘܢ ܒܟܘܢ ܒܢܦܫܟܘܢ:
ܘܗܘܝܬܘܢ ܡܦܪ̈ܫܢܐ ܕܡܚܫܒ̈ܬܐ ܒܝܫ̈ܬܐ. 5 ܫܡܥܘ ܐܚܝ ܚܒܝܒ̈ܝ. ܠܐ ܗܘܐ ܠܡܣܟ̈ܢܐ
ܕܥܠܡܐ: ܥܬܝܪ̈ܐ ܕܢܗܘܘܢ ܒܗܝܡܢܘܬܐ ܓܒܐ ܐܠܗܐ. ܘܝܪ̈ܬܐ ܠܡܠܟܘܬܐ ܗܝ
ܕܡܠܟ ܐܠܗܐ ܠܐܝܠܝܢ ܕܪܚܡܝܢ ܠܗ. 6 ܐܢܬܘܢ ܕܝܢ ܨܥܪܬܘܢ ܠܡܣܟܢܐ. ܠܐ ܗܐ
ܥܬܝܪ̈ܐ ܡܫܬܠܛܝܢ ܥܠܝܟܘܢ: ܘܗܢܘܢ ܓܪܝܢ ܠܟܘܢ ܠܒܝܬ ܕܝܢܐ. 7 ܠܐ ܗܐ ܗܢܘܢ
ܡܓܕܦܝܢ: ܥܠ ܫܡܐ ܛܒܐ ܕܐܬܩܪܝ ܥܠܝܟܘܢ. 8 ܘܐܢ ܢܡܘܣܐ ܕܐܠܗܐ ܒܗܕܐ
ܡܫܡܠܝܬܘܢ ܐܝܟ ܕܟܬܝܒ: ܕܬܪܚܡ ܠܩܪܝܒܟ ܐܝܟ ܢܦܫܟ. ܫܦܝܪ ܥܒܕܝܢ ܐܢܬܘܢ.
9 ܐܢ ܕܝܢ ܒܐܦ̈ܐ ܢܣܒܝܢ ܐܢܬܘܢ. ܚܛܝܬܐ ܥܒܕܝܢ ܐܢܬܘܢ. ܘܡܬܟܣܝܢ ܐܢܬܘܢ ܡܢ
ܢܡܘܣܐ ܐܝܟ ܥܒܪ̈ܝ ܥܠ ܢܡܘܣܐ. 10 ܐܝܢܐ ܓܝܪ ܕܟܠܗ ܢܡܘܣܐ ܢܛܪ ܘܒܚܕܐ
ܢܦܠ. ܒܟܠܗ ܢܡܘܣܐ ܐܬܚܝܒ. 11 ܗܘ ܓܝܪ ܕܐܡܪ ܕܠܐ ܬܓܘܪ. ܗܘ ܐܡܪ ܕܠܐ
ܬܩܛܘܠ. ܐܢ ܕܝܢ ܠܐ ܓܐܪ ܐܢܬ ܐܠܐ ܩܛܠ ܐܢܬ. ܗܘܝܬ ܠܟ ܥܒܪܐ ܥܠ ܢܡܘܣܐ.
12 ܗܟܢܐ ܗܘܘ ܡܡܠܠܝܢ ܘܗܟܢܐ ܗܘܘ ܥܒܕܝܢ. ܐܝܟ ܐܝܠܝܢ ܕܒܢܡܘܣܐ ܕܚܐܪܘܬܐ
ܥܬܝܕܝܢ ܐܢܬܘܢ ܠܡܬܕܝܢܘ. 13 ܕܝܢܐ ܓܝܪ ܗܘܐ ܕܠܐ ܪ̈ܚܡܐ. ܥܠ ܗܘ ܕܠܐ ܥܒܕ
ܪ̈ܚܡܐ. ܡܫܬܒܗܪܝܢ ܐܢܬܘܢ ܒܪ̈ܚܡܐ ܥܠ ܕܝܢܐ. 14 ܡܢܐ ܗܢܝܢܐ ܐܚܝ. ܐܢ ܐܢܫ ܐܡܪ
ܕܐܝܬ ܠܝ ܗܝܡܢܘܬܐ ܘܥܒ̈ܕܐ ܠܝܬ ܠܗ: ܕܠܡܐ ܡܨܝܐ ܗܝܡܢܘܬܗ ܕܬܚܝܘܗܝ:
15 ܘܐܢ ܐܚܐ ܐܘ ܚܬܐ ܢܗܘܘܢ ܥܪ̈ܛܠܝܢ: ܘܚܣܝܪܝܢ ܡܐܟܘܠܬܐ ܕܝܘܡܐ: 16 ܘܢܐܡܪ
ܠܗܘܢ ܐܢܫ ܡܢܟܘܢ: ܙܠܘ ܒܫܠܡܐ ܫܚܢܘ ܘܣܒܥܘ: ܘܠܐ ܬܬܠܘܢ ܠܗܘܢ ܣܘܢܩܢܗ
ܕܦܓܪܐ. ܡܢܐ ܗܢܝܢܐ. 17 ܗܟܢܐ ܐܦ ܗܝܡܢܘܬܐ ܕܠܐ ܥܒ̈ܕܐ: ܡܝܬܐ ܗܝ ܒܠܚܘܕܝܗ̇.

18 ܐܡܪ ܓܝܪ ܐܢܫ܆ ܠܟ ܐܝܬ ܠܟ ܗܝܡܢܘܬܐ. ܘܠܝ ܐܝܬ ܠܝ ܥܒ̈ܕܐ. ܚܘܝ
ܗܝܡܢܘܬܟ ܕܠܐ ܥܒ̈ܕܐ. ܘܐܢܐ ܡܚܘܐ ܐܢܐ ܠܟ ܗܝܡܢܘܬܝ ܡܢ ܥܒ̈ܕܝ. 19 ܡܗܝܡܢ
ܐܢܬ ܕܚܕ ܗܘ ܐܠܗܐ. ܫܦܝܪ ܥܒܕ ܐܢܬ. ܐܦ ܫ̈ܐܕܐ ܡܗܝܡܢܝܢ ܘܪܬܝܬܝܢ ܀܀܀
20 ܨܒܐ ܐܢܬ ܕܝܢ ܕܬܕܥ: ܐܘ ܒܪܢܫܐ ܚܠܝܫܐ܆ ܕܗܝܡܢܘܬܐ ܕܠܐ ܥܒ̈ܕܐ ܡܝܬܐ ܗܝ. ܩܣܐ ܕܗ.
21 ܐܒܘܢ ܐܒܪܗܡ ܠܐ ܗܘܐ ܡܢ ܥܒ̈ܕܐ ܐܙܕܕܩ: ܕܐܣܩ ܠܐܝܣܚܩ ܒܪܗ ܥܠ ܡܕܒܚܐ:
22 ܚܙܐ ܐܢܬ ܕܗܝܡܢܘܬܗ ܡܥܕܪܐ ܗܘܬ ܠܥܒ̈ܕܘܗܝ: ܘܡܢ ܥܒ̈ܕܐ ܗܝܡܢܘܬܗ ܐܫܬܡܠܝܬ:
23 ܘܫܠܡ ܟܬܒܐ ܕܐܡܪ. ܕܗܝܡܢ ܐܒܪܗܡ ܠܐܠܗܐ ܘܐܬܚܫܒܬ ܠܗ ܠܙܕܝܩܘ ܘܪܚܡܐ
ܕܐܠܗܐ ܐܬܩܪܝ. 24 ܚܙܐ ܐܢܬ ܕܡܢ ܥܒ̈ܕܐ ܡܙܕܕܩ ܒܪܢܫܐ. ܘܠܐ ܗܘܐ ܡܢ ܗܝܡܢܘܬܐ
ܒܠܚܘܕ: 25 ܗܟܢܐ ܐܦ ܪܚܒ ܙܢܝܬܐ. ܠܐ ܗܘܐ ܡܢ ܥܒ̈ܕܐ ܐܙܕܕܩܬ: ܕܩܒܠܬ ܠܓܫܘ̈ܫܐ
ܘܒܐܘܪܚܐ ܐܚܪܬܐ ܐܦܩܬ ܐܢܘܢ: 26 ܐܝܟܢܐ ܕܦܓܪܐ ܕܠܐ ܪܘܚܐ ܡܝܬ ܗܘ. ܗܟܢܐ ܐܦ
ܗܝܡܢܘܬܐ ܕܠܐ ܥܒ̈ܕܐ ܡܝܬܐ ܗܝ ܀

1 ܠܐ ܡܣܓܝܐܐ ܡܠܦ̈ܢܐ ܢܗܘܘܢ ܒܟܘܢ ܐܚܝ. ܐܠܐ ܕܗܘܝܬܘܢ ܝܕܥܝܢ: ܕܕܝܢܐ ܝܬܝܪܐ Cap. iii.
ܩܒܠܝܢܢ. 2 ܣܓܝܐܬܐ ܓܝܪ ܡܣܬܪܟܠܝܢܢ ܟܠܢ. ܟܠ ܕܒܡܠܬܐ ܠܐ ܡܣܬܪܟܠ. ܗܢܐ ܓܡܝܪܐ ܗܘ
ܓܒܪܐ ܕܡܫܟܚ: ܕܢܫܥܒܕ ܐܦ ܟܠܗ ܦܓܪܗ. 3 ܗܐ ܓܝܪ ܦܓܘܕ̈ܐ ܒܦܘܡܐ
ܕܣܘܣܘ̈ܬܐ ܣܝܡܝܢܢ: ܐܝܟ ܕܢܫܬܥܒܕܘܢ ܠܢ. ܘܟܠܗ ܓܘܫܡܗܘܢ ܡܗܦܟܝܢܢ. 4 ܐܦ ܐܠܦ̈ܐ
ܟܕ ܪܘܪܒܢ ܘܪܘܚܐ ܩܫܝܬܐ. ܡܢ ܩܝܣܐ ܙܥܘܪܐ ܡܬܬܦܢܝܢ: ܠܐܝܟܐ ܕܨܒܐ
ܪܢܝܗ ܕܗܘ ܕܡܕܒܪ. 5 ܗܟܢܐ ܐܦ ܠܫܢܐ. ܗܕܡܐ ܗܘ ܙܥܘܪܐ ܘܡܫܬܒܗܪ. ܐܦ ܢܘܪܐ
ܙܥܘܪܬܐ ܥܒ̈ܐ ܣܓܝܐܐ ܡܘܩܕܐ. 6 ܘܠܫܢܐ ܢܘܪܐ ܗܘ. ܘܥܠܡܐ ܕܚܛܝܬܐ ܐܝܟ ܥܒܐ
ܗܘ. ܘܗܘ ܠܫܢܐ ܟܕ ܐܝܬܘܗܝ ܒܝܬ ܗܕ̈ܡܝܢ: ܡܟܬܡ ܠܗ ܠܟܠܗ ܦܓܪܢ. ܘܡܘܩܕ ܪ̈ܘܒܠܐ
ܕܫܪ̈ܒܢ ܕܪ̈ܗܛܝܢ ܐܝܟ ܓܝܓܠܐ. ܘܡܘܩܕ ܐܦ ܗܘ ܒܢܘܪܐ. 7 ܟܠܗܘܢ ܓܝܪ ܛܒ̈ܥܐ ܕܚܝܘ̈ܬܐ
ܘܕܦܪ̈ܚܬܐ: ܘܕܪ̈ܚܫܐ ܕܝܡܐ ܘܕܝܒܫܐ. ܡܫܬܥܒܕܝܢ ܠܟܝܢܐ ܕܐܢܫܘܬܐ. 8 ܠܫܢܐ ܕܝܢ ܐܢܫ
ܠܐ ܡܫܟܚ ܕܢܫܥܒܕܝܘܗܝ. ܒܝܫܬܐ ܗܝ ܕܠܐ ܡܬܟܠܝܐ. ܡܠܝܐ ܗܘ ܣܡܐ ܕܡܘܬܐ. 9 ܒܗ
ܡܒܪ̈ܟܝܢܢ ܠܡܪܝܐ ܘܐܒܐ. ܘܒܗ ܠܝܛܝܢܢ ܠܒ̈ܢܝܢܫܐ ܕܒܕܡܘܬܐ ܕܐܠܗܐ ܒܪܝܢ.
10 ܘܡܢܗ ܡܢ ܦܘܡܐ ܢܦܩܢ ܒܘܪ̈ܟܬܐ ܘܠܘ̈ܛܬܐ. ܠܐ ܘܠܐ ܐܚܝ. ܕܗܠܝܢ ܗܟܢܐ ܢܗܘ̈ܝܢ.
11 ܕܠܡܐ ܡܫܟܚܐ ܕܡܢ ܚܕ ܡܒܘܥܐ: ܢܦܩܘܢ ܡ̈ܝܐ ܚ̈ܠܝܐ ܘܡܪ̈ܝܪܐ. 12 ܐܘ ܕܠܡܐ
ܡܫܟܚܐ ܬܐܢܬܐ ܐܚܝ. ܕܙܝ̈ܬܐ ܬܥܒܕ. ܐܘ ܓܘܦܢܐ ܬܐܢ̈ܐ. ܗܟܢܐ ܐܦ ܠܐ ܡ̈ܝܐ ܡܠܝܚ̈ܐ
ܡܫܟܚܝܢ. ܕܢܬܥܒܕܘܢ ܚ̈ܠܝܐ. 13 ܡܢܘ ܚܟܝܡ ܘܡܪܕܐ ܒܟܘܢ. ܢܚܘܐ ܥܒ̈ܕܘܗܝ
ܒܕܘܒܪ̈ܐ ܫܦܝܪ̈ܐ ܒܡܟܝܟܘܬܐ ܕܚܟܡܬܐ. 14 ܐܢ ܕܝܢ ܚܣܡܐ ܡܪܝܪܐ ܐܝܬ ܒܟܘܢ: ܐܘ
ܚܪܝܢܐ ܒܠܒܘܬܟܘܢ. ܠܐ ܬܫܬܒܗܪܘܢ ܥܠ ܩܘܫܬܐ ܘܬܕܓܠܘܢ. 15 ܡܛܠ ܕܗܕܐ ܚܟܡܬܐ
ܡܢ ܠܥܠ ܠܐ ܢܚܬܬ. ܐܠܐ ܐܪܥܢܝܬܐ ܗܝ: ܡܢ ܪܘܚܬܐ ܕܢܦܫܐ ܘܡܢ ܫ̈ܐܕܐ.

16 ܐܝܟܐ ܓܝܪ ܕܐܝܬ ܚܣܡܐ ܘܚܪܝܢܐ. ܬܡܢ ܐܦ ܕܘܠܚܐ ܘܟܠܗܘܢ ܨܒܘ̈ܢ ܕܒܝܫ.
17 ܚܟܡܬܐ ܕܝܢ ܕܡܢ ܠܥܠ. ܕܟܝܐ ܗܝ ܘܡܠܝܐ ܫܠܡܐ. ܘܡܟܝܟܐ ܘܡܫܬܡܥܢܝܬܐ.
ܘܡܠܝܐ ܪ̈ܚܡܐ ܘܦܐܪ̈ܐ ܛܒ̈ܐ. ܘܕܠܐ ܦܠܓܘܬܐ ܗܝ. ܘܒܐܦ̈ܐ ܠܐ ܢܣܒܐ. 18 ܦܐܪܐ ܕܝܢ
Cap. iv. ܕܙܕܝܩܘܬܐ. ܒܫܝܢܐ ܡܙܕܪܥ ܠܐܝܠܝܢ ܕܥܒܕܝܢ ܫܝܢܐ. 1 ܡܢ ܐܝܟܐ ܐܝܬ ܒܟܘܢ ܩܪ̈ܒܐ
ܘܡܨܘܬܐ. ܠܐ ܗܘܐ ܡܢ ܪ̈ܓܝܓܬܐ ܕܡܩ̈ܪܒܢ ܒܗ̈ܕܡܝܟܘܢ: 2 ܡܪܓܪܓܝܢ ܐܢܬܘܢ ܘܠܝܬ
ܠܟܘܢ. ܘܩܛܠܝܢ ܐܢܬܘܢ ܘܚܣܡܝܢ ܐܢܬܘܢ. ܘܠܐ ܐܬܐ ܒܐܝܕܝܟܘܢ. ܘܢܨܝܢ ܐܢܬܘܢ ܘܩܪ̈ܒܐ
ܥܒܕܝܢ ܐܢܬܘܢ. ܘܠܝܬ ܠܟܘܢ: ܡܛܠ ܕܠܐ ܫܐܠܝܢ ܐܢܬܘܢ. 3 ܫܐܠܝܢ ܐܢܬܘܢ ܘܠܐ
ܢܣܒܝܢ ܐܢܬܘܢ. ܡܛܠ ܕܒܒܝܫܬܐ ܫܐܠܝܢ ܐܢܬܘܢ: ܐܝܟ ܕܒܪ̈ܓܝܓܬܟܘܢ ܬܦܪܢܣܘܢ.
4 ܓܝܪ̈ܐ. ܠܐ ܝܕܥܝܢ ܐܢܬܘܢ ܕܪܚܡܘܬܗ ܕܥܠܡܐ ܗܢܐ ܒܥܠܕܒܒܘܬܐ ܗܝ ܕܐܠܗܐ: ܐܝܢܐ
ܗܟܝܠ ܕܨܒܐ ܕܢܗܘܐ ܪܚܡܐ ܕܥܠܡܐ ܗܢܐ. ܒܥܠܕܒܒܐ ܗܘܐ ܠܐܠܗܐ. 5 ܐܘ ܕܟܬܒܐ
ܣܪܝܩܐܝܬ ܡܣܒܪܝܢ ܐܢܬܘܢ. ܕܐܡܪ ܗܟܢܐ: ܕܒܚܣܡܐ ܪܓܐ ܪܘܚܐ ܕܥܡܪܐ ܒܢ. 6 ܛܝܒܘܬܐ
ܕܝܢ ܝܬܝܪܬܐ ܝܗܒ ܠܢ ܡܪܢ. ܡܛܠ ܗܢܐ ܐܡܪ. ܕܐܠܗܐ ܡܫܦܠ ܠܪ̈ܡܐ. ܘܠܡܟܝ̈ܟܐ
ܝܗܒ ܛܝܒܘܬܐ. 7 ܐܫܬܥܒܕܘ ܗܟܝܠ ܠܐܠܗܐ. ܘܩܘܡܘ ܠܘܩܒܠ ܣܛܢܐ. ܘܥܪܘܩ
ܡܢܟܘܢ. 8 ܘܩܪܘܒܘ ܠܘܬ ܐܠܗܐ ܘܢܬܩܪܒ ܠܟܘܢ. ܕܟܘ ܐܝܕܝܟܘܢ. ܚܛܝ̈ܐ: ܩܕܫܘ
ܠܒܘܬܟܘܢ. ܦܠܝܓܝ ܢܦܫܐ. 9 ܐܬܟܪܝܘ ܘܐܬܐܒܠܘ. ܘܓܘܚܟܟܘܢ ܠܐܒܠܐ ܢܬܗܦܟ.
ܘܚܕܘܬܟܘܢ ܠܟܡܝܪܘܬܐ. 10 ܐܬܡܟܟܘ ܩܕܡ ܡܪܝܐ. ܘܢܪܝܡܟܘܢ. 11 ܠܐ ܬܗܘܘܢ ܡܡܠܠܝܢ
ܥܠ ܚܕ̈ܕܐ ܐܚܝ. ܗܘ ܓܝܪ ܕܡܡܠܠ ܥܠ ܐܚܘܗܝ ܐܘ ܕܐܢ ܠܐܚܘܗܝ. ܡܡܠܠ
ܥܠ ܢܡܘܣܐ ܘܕܐܢ ܠܢܡܘܣܐ. ܘܐܢ ܠܢܡܘܣܐ ܕܐܢ ܐܢܬ. ܠܐ ܗܘܝܬ ܥܒܘܕܗ
ܕܢܡܘܣܐ ܐܠܐ ܕܝܢܗ. 12 ܚܕ ܗܘ ܣܐܡ ܢܡܘܣܐ ܘܕܝܢܐ: ܕܒܗ ܡܫܟܚ ܕܢܚܐ ܘܢܘܒܕ.
ܐܢܬ ܕܝܢ ܡܢ ܐܢܬ. ܕܕܐܢ ܐܢܬ ܠܗ ܠܩܪܝܒܟ. 13 ܡܢܐ ܕܝܢ ܬܐܡܪ ܐܦ ܥܠ ܐܝܠܝܢ
ܕܐܡܪܝܢ. ܕܝܘܡܢܐ ܐܘ ܡܚܪ ܐܙܠܝܢܢ ܠܡܕܝܢܬܐ ܐܝܕܐ ܕܗܝ. ܘܥܒܕܝܢܢ ܬܡܢ ܫܢܬܐ
ܚܕܐ. ܘܡܬܬܓܪܝܢܢ ܘܡܬܝܬܪܝܢܢ. 14 ܘܠܐ ܝܕܥܝܢ ܡܢܐ ܗܘܐ ܡܚܪ. ܡܢܐ ܐܢܘܢ ܓܝܪ
ܚܝ̈ܝܢ. ܐܠܐ ܐܝܟ ܠܠܓܐ ܕܡܬܚܙܐ ܩܠܝܠ ܘܡܬܚܒܠ. 15 ܚܠܦ ܕܬܐܡܪܘܢ ܕܐܢ
ܡܪܝܐ ܢܨܒܐ ܘܚܝܝܢ. ܢܥܒܕ ܗܢܐ ܐܘ ܗܘ. 16 ܡܫܬܒܗܪܝܢ ܒܫܒܗܪܘܬܟܘܢ. ܟܠ
ܫܘܒܗܪܐ ܕܐܝܟ ܗܢܐ ܒܝܫܐ ܗܘ. 17 ܘܐܝܢܐ ܕܝܕܥ ܛܒܬܐ ܘܠܐ ܥܒܕ ܠܗ. ܚܛܝܬܐ ܗܝ ܠܗ ܀
Cap. v. 1 ܐܘ ܥܬܝܪ̈ܐ ܐܝܠܠܘ ܘܒܟܘ ܥܠ ܕܘܘܝܐ ܕܐܬܝܢ ܥܠܝܟܘܢ. 2 ܥܘܬܪܟܘܢ ܓܝܪ
ܐܬܚܒܠ ܘܣܪܝ. ܘܡܐܢܝܟܘܢ ܐܬܐܟܠܘ ܡܢ ܣܣܐ. 3 ܘܕܗܒܟܘܢ ܘܣܐܡܟܘܢ ܐܣܝܒ
ܠܗ. ܘܫܘܚܬܗܘܢ ܗܘܐ ܠܣܗܕܘܬܐ ܥܠܝܟܘܢ. ܘܥܬܝܕ ܕܢܐܟܘܠ ܒܣܪܟܘܢ.
ܢܘܪܐ ܟܢܫܬܘܢ ܠܟܘܢ ܠܝܘܡܬܐ ܐܚܪܝܐ. 4 ܗܐ ܐܓܪܐ ܕܦܥ̈ܠܐ ܕܚܨܕܘ ܐܪ̈ܥܬܟܘܢ: ܗܘ
ܕܛܠܡܬܘܢ ܐܢܘܢ. ܩܥܐ. ܘܩܥܬܐ ܕܚܨܘ̈ܕܐ ܠܐܕܢ̈ܘܗܝ ܕܡܪܝܐ ܨܒܐܘܬ ܥܠܬ. 5 ܐܬܦܢܩܬܘܢ

ܒܣܝܡ ܥܠ ܐܪܥܐ ܘܐܬܦܢܩܬܘܢ. ܘܦܛܡܬܘܢ ܦܓܪܝܟܘܢ ܐܝܟ ܕܠܝܘܡܐ ܕܢܟܣܬܐ.
6 ܚܝܒܬܘܢ ܘܩܛܠܬܘܢ ܠܙܕܝܩܐ. ܘܠܐ ܩܡ ܠܘܩܒܠܟܘܢ ܀܀܀
7 ܐܢܬܘܢ ܕܝܢ ܐܚܝ. ܐܓܪܘ ܪܘܚܟܘܢ܆ ܥܕܡܐ ܠܡܐܬܝܬܗ ܕܡܪܢ. ܐܝܟ ܐܟܪܐ ܣܝ ܣ.
ܕܡܣܟܐ ܠܥܠܠܬܐ ܝܩܝܪܬܐ ܕܐܪܥܗ܆ ܘܡܓܪܓ ܪܘܚܗ ܥܠܝܗܝܢ܆ ܥܕܡܐ ܕܢܣܒ ܡܛܪܐ
ܕܒܟܝܪܐ ܘܕܠܩܝܫܐ. 8 ܗܟܢܐ ܐܦ ܐܢܬܘܢ ܐܓܪܘ ܪܘܚܟܘܢ܆ ܘܫܪܪܘ ܠܒܘܬܟܘܢ. ܡܛܠ
ܕܩܪܒܬ ܡܐܬܝܬܗ ܕܡܪܢ. 9 ܠܐ ܬܬܐܢܚܘܢ ܚܕ ܥܠ ܚܕ ܐܚܝ. ܕܠܐ ܬܬܕܝܢܘܢ. ܗܐ
ܕܝܢܐ ܩܐܡ ܩܕܡ ܬܪܥܐ. 10 ܕܡܘܬܐ ܠܟܪܝܘܬܐ ܣܒܘ ܠܟܘܢ ܐܚܝ. ܠܡܓܪܓ ܪܘܚܐ
ܕܢܒܝܐ. ܗܢܘܢ ܕܡܠܠܘ ܒܫܡܗ ܕܡܪܝܐ. 11 ܗܐ ܓܝܪ ܡܛܘܒܝܢ ܚܢܢ ܠܐܝܠܝܢ
ܕܣܝܒܪܘ. ܫܡܥܬܘܢ ܡܣܝܒܪܢܘܬܗ ܕܐܝܘܒ. ܘܚܪܬܐ ܕܥܒܕ ܠܗ ܡܪܝܐ ܚܙܝܬܘܢ.
ܡܛܠ ܕܡܪܚܡܢ ܗܘ ܡܪܝܐ ܘܡܪܚܦܢ. 12 ܩܕܡ ܟܠ ܡܕܡ ܕܝܢ ܐܚܝ. ܠܐ ܬܗܘܘܢ
ܝܡܝܢ. ܠܐ ܒܫܡܝܐ ܘܠܐ ܒܐܪܥܐ. ܐܦܠܐ ܒܡܘܡܬܐ ܐܚܪܬܐ. ܐܠܐ ܬܗܘܐ ܡܠܬܟܘܢ. ܐܝܢ ܐܝܢ
ܘܠܐ ܠܐ. ܕܠܐ ܬܬܚܝܒܘܢ ܒܕܝܢܐ. 13 ܘܐܢ ܐܢܫ ܡܢܟܘܢ ܢܗܘܐ ܒܐܘܠܨܢܐ. ܢܗܘܐ ܡܨܠܐ.
ܘܐܢ ܚܕܐ. ܢܗܘܐ ܡܙܡܪ. 14 ܘܐܢ ܟܪܝܗ. ܢܩܪܐ ܠܩܫܝܫܐ ܕܥܕܬܐ ܘܢܨܠܘܢ ܥܠܘܗܝ܆
ܘܢܡܫܚܘܢܝܗܝ ܡܫܚܐ ܒܫܡܗ ܕܡܪܢ. 15 ܘܨܠܘܬܐ ܕܗܝܡܢܘܬܐ ܡܚܠܡܐ ܠܗ ܠܗܘ
ܕܟܪܝܗ. ܘܡܩܝܡ ܠܗ ܡܪܢ. ܘܐܢ ܚܛܗܐ ܥܒܝܕܝܢ ܠܗ. ܡܫܬܒܩܝܢ ܠܗ. 16 ܗܘܝܬܘܢ
ܕܝܢ ܡܘܕܝܢ ܡܟܠܘܬܟܘܢ ܚܕ ܠܚܕ. ܘܗܘܝܬܘܢ ܡܨܠܝܢ ܚܕ ܥܠ ܚܕ. ܕܬܬܐܣܘܢ. ܪܒ
ܗܘ ܓܝܪ ܚܝܠܗ ܕܨܠܘܬܐ ܐܝܕܐ ܕܙܕܝܩܐ ܡܥܕܪܐ ܠܗ. 17 ܐܦ ܐܠܝܐ ܒܪܢܫܐ ܗܘܐ ܚܫܘܫܐ
ܐܟܘܬܢ. ܘܨܠܝ ܕܠܐ ܢܚܘܬ ܡܛܪܐ ܥܠ ܐܪܥܐ. ܘܠܐ ܢܚܬ ܬܠܬ ܫܢܝܢ ܘܫܬܐ ܝܪܚܝܢ.
18 ܘܬܘܒ ܨܠܝ. ܘܫܡܝܐ ܝܗܒ ܡܛܪܐ. ܘܐܪܥܐ ܝܗܒܬ ܦܐܪܝܗ܀ 19 ܐܚܝ. ܐܢ ܐܢܫ
ܡܢܟܘܢ ܢܛܥܐ ܡܢ ܐܘܪܚܐ ܕܫܪܪܐ܆ ܘܢܦܢܝܘܗܝ ܐܢܫ ܡܢ ܛܥܝܘܬܗ. 20 ܢܕܥ ܕܗܘ
ܕܡܦܢܐ ܠܚܛܝܐ ܡܢ ܛܥܝܘܬܐ ܕܐܘܪܚܗ. ܢܚܐ ܢܦܫܗ ܡܢ ܡܘܬܐ܆ ܘܢܚܦܐ ܣܘܓܐܐ
ܕܚܛܗܘܗܝ܀

⁘ ܫܠܡܬ ܐܓܪܬܐ ܕܝܥܩܘܒ ܫܠܝܚܐ ⁘

⁘ ܐܓܪܬܐ ܕܦܛܪܘܣ ܫܠܝܚܐ ⁘

1 ܦܛܪܘܣ ܫܠܝܚܐ ܕܝܫܘܥ ܡܫܝܚܐ. ܠܓܒܝܐ ܘܬܘܬܒܐ ܕܙܪܝܥܝܢ ܒܦܢܛܘܣ. Cap. i.
ܘܒܓܠܛܝܐ. ܘܒܩܦܘܕܩܝܐ ܘܒܐܣܝܐ. ܘܒܒܝܬܘܢܝܐ܆ 2 ܠܐܝܠܝܢ ܕܐܬܓܒܝܘ ܒܡܩܕܡܘܬ

ܒܝܕܥܬܗ ܕܐܠܗܐ ܐܒܐ ܒܩܘܕܫܐ ܕܪܘܚܐ. ܕܢܗܘܘܢ ܠܡܫܬܡܥܢܘܬܐ ܘܠܡܪܣܣ ܕܡܗ ܕܝܫܘܥ
ܡܫܝܚܐ. ܫܠܡܐ ܘܛܝܒܘܬܐ ܢܣܓܐ ܠܟܘܢ ✣
3 ܡܒܪܟ ܗܘ ܐܠܗܐ ܐܒܘܗܝ ܕܡܪܢ ܝܫܘܥ ܡܫܝܚܐ: ܗܘ ܕܒܪܚܡܘܗܝ ܣܓܝܐܐ ܐܘܠܕܢ
ܡܢ ܕܪܝܫ: ܒܩܝܡܬܗ ܕܝܫܘܥ ܡܫܝܚܐ. ܠܣܒܪܐ ܕܚܝܐ. 4 ܘܠܝܪܬܘܬܐ ܕܠܐ ܡܬܚܒܠܐ
ܘܠܐ ܡܬܛܘܫܐ ܘܠܐ ܚܡܐ. ܗܝ ܕܡܛܝܒܐ ܠܟܘܢ ܒܫܡܝܐ. 5 ܟܕ ܢܛܝܪܝܢ ܐܢܬܘܢ ܒܚܝܠܗ
ܕܐܠܗܐ ܘܒܗܝܡܢܘܬܐ. ܠܚܝܐ ܕܡܛܝܒܝܢ ܕܢܬܓܠܘܢ ܒܙܒܢܐ ܐܚܪܝܐ: 6 ܕܒܗ ܬܚܕܘܢ
ܠܥܠܡ. ܐܦܢ ܗܫܐ ܙܥܘܪ ܟܪܝܐ ܠܟܘܢ ܒܢܣܝܘܢܐ ܡܫܚܠܦܐ ܕܥܒܪܝܢ
ܥܠܝܟܘܢ. 7 ܐܝܟܢܐ ܕܒܘܚܪܢܐ ܕܗܝܡܢܘܬܟܘܢ ܢܬܚܙܐ: ܕܡܝܬܪ ܡܢ ܕܗܒܐ ܡܨܪܦܐ
ܕܐܬܒܩܝ ܒܢܘܪܐ: ܠܬܫܒܘܚܬܐ ܘܠܐܝܩܪܐ ܘܠܫܘܒܚܐ ܒܓܠܝܢܗ ܕܝܫܘܥ ܡܫܝܚܐ.
8 ܗܘ ܕܠܐ ܚܙܝܬܘܢܝܗܝ ܘܡܚܒܝܢ ܐܢܬܘܢ ܠܗ. ܘܒܗܝܡܢܘܬܗ ܪܘܙܝܢ ܐܢܬܘܢ ܒܚܕܘܬܐ
ܡܫܒܚܬܐ ܕܠܐ ܡܬܡܠܠܐ. 9 ܘܡܩܒܠܝܢ ܦܘܪܥܢܐ ܕܗܝܡܢܘܬܟܘܢ. ܚܝܐ ܕܢܦܫܬܟܘܢ.
10 ܗܠܝܢ ܚܝܐ ܕܒܨܘ ܗܘܘ ܥܠܝܗܘܢ ܢܒܝܐ: ܟܕ ܐܬܢܒܝܘ ܥܠ ܛܝܒܘܬܐ ܕܥܬܝܕܐ
ܗܘܬ ܕܬܬܝܗܒ ܠܟܘܢ. 11 ܘܒܨܘ ܕܐܝܢܐ ܐܝܢܐ ܙܒܢܐ ܡܚܘܝܐ ܗܘܬ ܪܘܚܐ ܕܡܫܝܚܐ
ܕܥܡܪܐ ܒܗܘܢ. ܘܩܕܡ ܡܣܗܕܐ ܗܘܬ ܚܫܘܗܝ ܕܡܫܝܚܐ ܘܫܘܒܚܗ ܕܡܢ ܒܬܪܟܢ. 12 ܘܐܬܓܠܝ
ܠܗܘܢ: ܟܠ ܕܒܥܘ ܗܘܘ. ܡܛܠ ܕܠܐ ܠܢܦܫܗܘܢ ܚܫܒܝܢ ܗܘܘ. ܐܠܐ ܠܢ ܕܗܠܝܢ
ܡܫܡܫܝܢ ܗܘܘ. ܗܠܝܢ ܕܗܫܐ ܐܬܓܠܝ ܠܟܘܢ: ܒܝܕ ܗܠܝܢ ܕܣܒܪܘܢ ܠܟܘܢ. ܒܪܘܚܐ
ܕܩܘܕܫܐ ܕܐܫܬܕܪ ܡܢ ܫܡܝܐ. ܕܒܗܝܢ ܪܓܝܓܝܢ ܐܦ ܡܠܐܟܐ ܕܢܚܙܘܢ.
13 ܡܛܠ ܗܢܐ ܐܣܘܪܘ ܚܨܝ ܕܪܥܝܢܝܟܘܢ. ܘܐܬܬܥܝܪܘ ܫܦܝܪܐܝܬ. ܘܣܒܪܘ ܥܠ ܚܕܘܬܐ
ܕܐܬܝܐ ܠܟܘܢ: ܒܓܠܝܢܗ ܕܡܪܢ ܝܫܘܥ ܡܫܝܚܐ: 14 ܐܝܟ ܒܢܝܐ ܡܫܬܡܥܢܐ. ܘܠܐ
ܬܬܕܡܘܢ ܠܗܝܢ ܪܓܝܓܬܐ ܩܕܡܝܬܐ: ܐܝܠܝܢ ܕܪܓܝܓܝܢ ܗܘܝܬܘܢ ܕܠܐ ܒܝܕܥܬܐ.
15 ܐܠܐ ܗܘܘ ܩܕܝܫܝܢ ܒܟܠܗܘܢ ܗܘܦܟܝܟܘܢ: ܐܝܟ ܕܩܪܝܟܘܢ ܗܘ ܡܢ ܕܩܕܝܫ. 16 ܡܛܠ
ܕܟܬܝܒ. ܕܗܘܘ ܩܕܝܫܝܢ ܐܝܟܢܐ ܕܐܦ ܐܢܐ ܩܕܝܫ ܐܢܐ. 17 ܘܐܢ ܗܘ ܕܐܒܐ ܩܪܝܢ
ܐܢܬܘܢ: ܗܘ ܕܠܐ ܡܣܒ ܒܐܦܐ ܘܕܐܢ: ܠܟܠܢܫ ܐܝܟ ܥܒܕܘܗܝ:
ܒܕܚܠܬܐ ܐܬܕܒܪܘ ܒܙܒܢܐ ܗܢܐ ܕܬܘܬܒܘܬܟܘܢ. 18 ܟܕ ܝܕܥܝܢ ܐܢܬܘܢ ܕܠܐ ܒܣܐܡܐ ܕܦܠܐ
ܘܠܐ ܒܕܗܒܐ: ܐܬܦܪܩܬܘܢ ܡܢ ܥܒܕܝܟܘܢ ܣܪܝܩܐ: ܗܢܘܢ ܕܩܒܠܬܘܢ ܡܢ ܐܒܗܝܟܘܢ:
19 ܐܠܐ ܒܕܡܐ ܝܩܝܪܐ ܕܐܡܪܐ ܕܕܟܝܐ ܘܡܘܡܐ ܠܝܬ ܒܗ. ܕܐܝܬܘܗܝ ܡܫܝܚܐ. 20 ܗܘ
ܕܡܬܝܕܥ ܗܘܐ ܩܕܝܡ ܠܗ: ܡܢ ܩܕܡ ܬܪܡܝܬܗ ܕܥܠܡܐ. ܘܐܬܓܠܝ ܒܚܪܬܗܘܢ
ܕܙܒܢܐ ܡܛܠܬܟܘܢ. 21 ܐܝܠܝܢ ܕܒܐܝܕܗ ܗܝܡܢܬܘܢ ܒܐܠܗܐ: ܗܘ ܕܐܩܝܡܗ ܡܢ ܒܝܬ
ܡܝܬܐ: ܘܝܗܒ ܠܗ ܫܘܒܚܐ. ܕܗܝܡܢܘܬܟܘܢ ܘܣܒܪܟܘܢ ܢܗܘܐ ܥܠ ܐܠܗܐ. 22 ܟܕ
ܢܗܘܘܢ ܩܕܝܫܝܢ ܢܦܫܬܟܘܢ ܒܡܫܬܡܥܢܘܬܗ ܕܫܪܪܐ: ܘܢܗܘܘܢ ܡܠܝܢ ܚܘܒܐ ܕܠܐ ܡܣܒ

ܕܟܝܐ. ܘܡܢ ܟܠܗ ܢܦܫܟܘܢ: ܐܚܒܘ ܚܕ ܠܚܕ. 23 ܐܝܟ ܐܢܫܐ ܕܡܢ
ܕܪܝܫ ܐܬܝܠܕܬܘܢ. ܠܐ ܡܢ ܙܪܥܐ ܕܚܒܠ. ܐܠܐ ܡܢ ܐܝܢܐ ܕܠܐ ܚܒܠ. ܒܡܠܬܐ ܚܝܬܐ ܕܐܠܗܐ
ܕܩܝܡܐ ܠܥܠܡ. 24 ܡܛܠ ܕܟܠ ܒܣܪ ܥܣܒܐ. ܘܟܠܗ ܐܝܩܪܗ ܐܝܟ ܗܒܒܐ ܕܚܩܠܐ.
ܝܒܫ ܥܣܒܐ ܘܢܦܠ ܗܒܒܐ. 25 ܘܡܠܬܗ ܕܐܠܗܢ ܩܝܡܐ ܠܥܠܡܝܢ. ܘܗܕܐ ܗܝ
ܡܠܬܐ ܗܝ ܕܐܣܬܒܪܬܘܢ ✤ 1 ܐܪܚܩܘ ܗܟܝܠ ܡܢܟܘܢ ܟܠܗ ܒܝܫܘܬܐ. ܘܟܠܗ ܢܟܠܐ Cap. ii.
ܘܡܣܒ ܒܐܦܐ. ܘܚܣܡܐ. ܘܡܐܟܠ ܩܪܨܐ. 2 ܘܗܘܘ ܐܝܟ ܛܠܝܐ ܝܠܘܕܐ. ܘܐܬܪܓܪܓܘ
ܠܗ ܠܡܠܬܐ. ܐܝܟ ܕܠܚܠܒܐ ܢܩܝܐ ܘܪܘܚܢܝܐ: ܕܒܗ ܬܬܪܒܘܢ ܠܚܝܐ. 3 ܐܢ ܛܥܡܬܘܢ
ܘܚܙܝܬܘܢ ܕܒܣܝܡ ܗܘ ܡܪܝܐ. 4 ܗܘ ܕܠܘܬܗ ܡܬܩܪܒܝܢ ܐܢܬܘܢ: ܕܐܝܬܘܗܝ ܟܐܦܐ ܚܝܐ
ܕܐܣܠܝܘܗܝ ܒܢܝ ܐܢܫܐ. ܘܓܒܝܐ ܘܡܝܩܪ ܠܘܬ ܐܠܗܐ. 5 ܘܐܦ ܐܢܬܘܢ ܐܝܟ ܟܐܦܐ
ܚܝܬܐ ܐܬܒܢܘ. ܘܗܘܘ ܗܝܟܠܐ ܪܘܚܢܝܐ ܘܟܗܢܐ ܩܕܝܫܐ. ܠܡܣܩܘ ܕܒܚܐ ܪܘܚܢܝܐ ܕܡܬܩܒܠܝܢ
ܠܘܬ ܐܠܗܐ ܒܝܕ ܝܫܘܥ ܡܫܝܚܐ ✤✤✤✤

6 ܐܡܝܪ ܗܘ ܓܝܪ ܒܟܬܒܐ. ܕܗܐ ܣܡܬ ܐܢܐ ܒܨܗܝܘܢ. ܟܐܦܐ ܒܚܝܪܬܐ ܘܡܝܩܪܬܐ ܒܪܫ
ܙܘܝܬܐ. ܘܡܢ ܕܡܗܝܡܢ ܒܗ. ܠܐ ܢܒܗܬ. 7 ܠܟܘܢ ܗܟܝܠ ܐܬܝܗܒ ܗܢܐ ܐܝܩܪܐ: ܠܐܝܠܝܢ
ܕܡܗܝܡܢܝܢ. ܠܗܘܢ ܕܝܢ ܕܠܐ ܡܬܛܦܝܣܝܢ. 8 ܟܐܦܐ ܗܝ ܕܬܘܩܠܬܐ ܘܫܘܥܐ ܕܡܟܫܘܠܐ.
ܘܡܬܬܩܠܝܢ ܒܗ ܒܡܠܬܐ ܡܬܛܦܝܣܝܢ ܠܡܠܬܐ. ܕܠܗܕܐ ܣܝܡܝܢ. 9 ܐܢܬܘܢ ܕܝܢ
ܫܪܒܬܐ ܐܢܬܘܢ ܓܒܝܬܐ: ܘܟܗܢܘܬܐ ܡܠܟܘܬܐ. ܥܡܐ ܩܕܝܫܐ. ܟܢܫܐ ܦܪܝܩܐ. ܕܬܣܒܪܘܢ
ܬܫܒܚܬܗ ܕܗܘ ܕܩܪܟܘܢ. ܡܢ ܚܫܘܟܐ ܠܢܘܗܪܗ ܡܝܬܪܐ. 10 ܐܝܠܝܢ ܕܡܢ ܩܕܝܡ ܠܐ
ܥܡܐ ܗܘܝܬܘܢ ܠܥܡܐ. ܗܫܐ ܕܝܢ ܥܡܐ ܕܐܠܗܐ. ܐܦܠܐ ܪܚܡܐ ܐܝܬ ܗܘܐ ܠܟܠܟܘܢ:
ܗܫܐ ܕܝܢ ܐܬܪܚܡܬܘܢ ܠܟܠܟܘܢ ܪܚܡܐ ✤

11 ܚܒܝܒܝ. ܒܥܐ ܐܢܐ ܡܢܟܘܢ: ܐܝܟ ܬܘܬܒܐ ܘܐܝܟ ܐܟܣܢܝܐ. ܐܬܦܪܫܘ ܡܢ ܟܠܗܝܢ
ܪܓܝܓܬܗ ܕܦܓܪܐ: ܗܠܝܢ ܕܟܬܫܢ ܡܪܕܐ ܠܘܩܒܠ ܢܦܫܐ. 12 ܘܢܗܘܘܢ ܥܒܕܝܟܘܢ
ܘܗܘܦܟܝܟܘܢ ܫܦܝܪ ܩܕܡ ܟܠܗܘܢ ܒܢܝ ܐܢܫܐ. ܐܝܠܝܢ ܕܡܡܠܠܝܢ ܥܠܝܟܘܢ ܐܝܟ ܥܠ ܒܝܫܐ.
ܢܚܙܘܢ ܥܒܕܝܟܘܢ ܛܒܐ. ܘܢܫܒܚܘܢ ܠܐܠܗܐ ܒܝܘܡܐ ܕܒܘܚܪܢܐ. 13 ܘܗܘܘ
ܡܫܬܥܒܕܝܢ ܠܟܠܗܘܢ ܒܢܝ ܐܢܫܐ ܡܛܠ ܐܠܗܐ. ܠܡܠܟܐ ܡܛܠ ܫܘܠܛܢܗ.
14 ܘܠܕܝܢܐ ܡܛܠ ܕܡܢܗ ܡܫܬܕܪܝܢ ܠܬܒܥܬܐ ܕܡܣܟܠܢܐ: ܘܠܬܫܒܘܚܬܐ ܕܥܒܕܝ
ܛܒܬܐ. 15 ܕܗܟܢܐ ܗܘ ܨܒܝܢܗ ܕܐܠܗܐ. ܕܒܥܒܕܝܟܘܢ ܛܒܐ ܬܣܟܪܘܢ ܦܘܡܐ ܕܣܟܠܐ:
ܗܢܘܢ ܕܠܐ ܝܕܥܝܢ ܠܐܠܗܐ. 16 ܐܝܟ ܒܢܝ ܚܐܪܐ. ܘܠܐ ܐܝܟ ܐܢܫܐ ܕܥܒܕܝܢ ܠܗܘܢ ܚܐܪܘܬܗܘܢ
ܬܚܦܝܬܐ ܠܒܝܫܘܬܗܘܢ. ܐܠܐ ܐܝܟ ܥܒܕܘܗܝ ܕܐܠܗܐ. 17 ܠܟܠܢܫ ܝܩܪܘ. ܠܐܚܝܟܘܢ
ܐܚܒܘ. ܘܡܢ ܐܠܗܐ ܕܚܠܘ. ܘܠܡܠܟܐ ܝܩܪܘ. 18 ܘܐܝܠܝܢ ܥܒܕܐ ܕܐܝܬ ܒܟܘܢ:
ܐܫܬܥܒܕܘ ܠܡܪܝܟܘܢ. ܒܕܚܠܬܐ: ܠܐ ܒܠܚܘܕ ܠܛܒܐ ܘܠܡܟܝܟܐ. ܐܠܐ ܐܦ ܠܩܫܝܐ

ܘܠܥܩܡ̈ܬܐ. 19 ܠܗܠܝܢ ܓܝܪ ܐܝܬ ܠܗܘܢ ܛܝܒܘܬܐ ܩܕܡ ܐܠܗܐ. ܠܐܝܠܝܢ ܕܡܛܠ
ܬܐܪܬܐ ܛܒܬܐ ܡܣܝܒܪܝܢ ܥܩ̈ܬܐ܆ ܘܡܬܕܒܪܝܢ ܒܥܘܠܐ. 20 ܐܝܠܝܢ ܓܝܪ ܕܡܛܠ
ܣܟܠܘܬܗܘܢ ܡܣܝܒܪܝܢ ܐܘܠܨܢܐ. ܐܝܢܐ ܬܫܒܘܚܬܐ ܗܘܬ ܠܗܘܢ. ܐܠܐ ܗܫܐ ܕܟܕ ܥܒܕܝܢ
ܐܢܘܢ ܛܒܬܐ ܘܡܬܢܓܕܝܢ ܘܡܣܝܒܪܝܢ ܐܢܘܢ. ܗܝܕܝܢ ܪܒܐ ܬܫܒܘܚܬܗܘܢ ܠܘܬ
ܐܠܗܐ. 21 ܠܗܕܐ ܓܝܪ ܐܬܩܪܝܬܘܢ܆ ܕܐܦ ܡܫܝܚܐ ܡܝܬ ܚܠܦܝܢ. ܘܫܒܩ ܠܢ ܗܢܐ
ܛܘܦܣܐ. ܕܐܢܬܘܢ ܬܗܠܟܘܢ ܒܥܩܒܬܗ. 22 ܗܘ ܕܠܐ ܥܒܕ ܚܛܝܬܐ܆ ܐܦܠܐ ܢܟܠܐ ܐܫܬܟܚ
ܒܦܘܡܗ. 23 ܗܘ ܕܡܨܛܥܪ ܗܘܐ ܘܠܐ ܡܨܥܪ. ܘܚܫ ܗܘܐ ܘܠܐ ܡܬܚܡܬ. ܐܠܐ ܡܫܠܡ
ܗܘܐ ܕܝܢܗ ܠܕܝܢܐ ܕܟܐܢܘܬܐ. 24 ܘܣܒܠ ܚܛܗ̈ܝܢ ܟܠܗܘܢ܆ ܘܐܣܩ ܐܢܘܢ ܒܦܓܪܗ
ܥܠ ܨܠܝܒܐ܆ ܕܟܕ ܠܚܛܗ̈ܐ ܡܝܬܝܢ ܚܢܢ ܠܟܐܢܘܬܐ ܢܚܐ. ܒܡܚܘܬܗ ܓܝܪ
ܐܬܐܣܝܬܘܢ. 25 ܕܗܘܝܬܘܢ ܛܥܝܢ ܐܝܟ ܥܢܐ. ܘܐܬܦܢܝܬܘܢ ܗܫܐ ܠܘܬ ܪܥܝܐ ܘܡܦܩܕܢܐ
ܕܢܦܫܬܟܘܢ. ✥ Cap. iii. 1 ܗܟܢܐ ܐܦ ܐܢ̈ܬܬܐ ܐܫܬܥܒܕܝ̈ܢ ܠܒ̈ܥܠܝܟܝܢ܆ ܕܐܢ ܐܝܬ ܕܠܐ
ܡܬܛܦܝܣܝܢ ܠܡܠܬܐ. ܒܕܘܒܪ̈ܝܟܝܢ ܫܦܝܪ̈ܐ ܕܠܐ ܒܡܠܬܐ ܢܩܢܘܢ ܐܢܘܢ. 2 ܟܕ ܚܙܝܢ
ܕܒܕܚܠܬܐ ܘܒܢܟܦܘܬܐ ܡܬܕܒܪ̈ܢ ܐܢ̈ܬܝܢ. 3 ܘܠܐ ܬܬܨܒܬ̈ܢ ܒܨܒܬܐ ܒܪܝܐ ܕܓܘܕܠܐ
ܕܣܥܪܐ. ܐܘ ܕܫܪ̈ܒܝܛܐ ܕܕܗܒܐ. ܐܘ ܕܒܨܒܬ ܠܒ̈ܘܫܐ ܡܝ̈ܩܪܐ. 4 ܐܠܐ ܐܨܛܒ̈ܬܝܢ ܒܒܪܢܫܐ
ܟܣܝܐ ܕܠܒܐ. ܒܪܘܚܐ ܢܝܚܬܐ ܘܡܟܝܟܬܐ ܕܠܐ ܡܬܚܒܠܐ. ܨܒܬܐ ܕܫܦܝܪ ܩܕܡ ܐܠܗܐ. 5 ܗܟܢܐ
ܓܝܪ ܐܦ ܡܢ ܩܕܝܡ ܢ̈ܫܐ ܩܕܝ̈ܫܬܐ ܕܣܒܪ̈ܝܢ ܗܘܝ̈ ܒܐܠܗܐ. ܗܟܢܐ ܨܒܬ̈ܢ ܗܘܝ̈
ܢܦܫܗܝ̈ܢ ܘܡܫܬܥܒܕ̈ܢ ܗܘܝ̈ ܠܒ̈ܥܠܝܗܝܢ. 6 ܐܝܟ ܣܪܐ ܕܡܫܬܥܒܕܐ ܗܘܬ ܠܐܒܪܗܡ
ܘܡܪܝ ܩܪܝܐ ܗܘܬ ܠܗ. ܗܝ ܕܐܢ̈ܬܝܢ ܐܝܬܝܟܝܢ ܒ̈ܢܬܗ ܒܛܒ̈ܬܐ. ܟܕ ܠܐ
ܡܬܕܚܠ̈ܢ ܐܢ̈ܬܝܢ ܡܢ ܟܠ ܕܘܠܕܐ. 7 ܘܐܢܬܘܢ ܓܒܪ̈ܐ. ܗܟܢܐ ܥܡܪܘ ܥܡ ܢ̈ܫܝܟܘܢ
ܒܝܕܥܬܐ. ܘܐܚܕܘ ܐܢܝܢ ܒܐܝܩܪܐ ܐܝܟ ܡܐܢ̈ܐ ܡܚܝ̈ܠܐ. ܡܛܠ ܕܐܦ ܗܢܝܢ ܝܪ̈ܬܢ
ܥܡܟܘܢ ܡܘܗܒܬܐ ܕܚܝ̈ܐ ܕܠܥܠܡ. ܘܠܐ ܬܬܟܠܝܢ ܨܠ̈ܘܬܟܘܢ. 8 ܡܟܝܠ
ܗܘܝܬܘܢ ܟܠܟܘܢ ܒܚܕ ܬܐܪܬܐ. ܘܚܫܘ ܚܕ ܥܡ ܚܕ. ܘܐܬܪܚܡܘ ܐܚ̈ܐ. ܘܗܘܘ ܡܪ̈ܚܡܢܐ
ܘܡܟܝ̈ܟܐ. 9 ܘܠܐ ܬܦܪܥܘܢ ܒܝܫܬܐ ܚܠܦ ܒܝܫܬܐ. ܐܦܠܐ ܨܘܚܝܬܐ ܚܠܦ ܨܘܚܝܬܐ. ܐܠܐ
ܕܠܩܘܒܠܐ ܕܗܠܝܢ ܒܪܟܘ. ܕܠܗܕܐ ܐܬܩܪܝܬܘܢ܆ ܕܒܘܪܟܬܐ ܬܐܪܬܘܢ. 10 ܡܢ ܓܝܪ ܕܨܒܐ ܚܝ̈ܐ܆
ܘܪܚܡ ܝܘ̈ܡܬܐ ܛܒ̈ܐ. ܢܛܪ ܠܫܢܗ ܡܢ ܒܝܫܬܐ. ܘܣܦܘ̈ܬܗ ܠܐ ܢܡܠܠ̈ܢ ܢܟܠܐ. 11 ܢܥܒܪ ܡܢ
ܒܝܫܬܐ ܘܢܥܒܕ ܛܒܬܐ. ܢܒܥܐ ܫܠܡܐ ܘܢܪܕܘܦ ܒܬܪܗ. 12 ܡܛܠ ܕܥܝ̈ܢܘܗܝ ܕܡܪܝܐ
ܥܠ ܙܕܝ̈ܩܐ. ܘܐܕ̈ܢܘܗܝ ܠܡܫܡܥ ܒܥܘܬܗܘܢ. ܘܐ̈ܦܘܗܝ ܕܡܪܝܐ ܥܠ ܒ̈ܝܫܐ. 13 ܘܡܢܘ
ܕܢܒܐܫ ܠܟܘܢ. ܐܢ ܐܢܬܘܢ ܛܢ̈ܢܐ ܕܛܒ̈ܬܐ ܗܘܝܬܘܢ. 14 ܘܐܢ ܗܘ ܕܬܚܫܘܢ ܡܛܠ ܟܐܢܘܬܐ
ܛܘܒܝܟܘܢ. ܘܠܐ ܬܕܚܠܘܢ ܡܢ ܐܝܠܝܢ ܕܡܕܚܠܝܢ ܠܟܘܢ. ܘܠܐ ܬܬܥܠܡܘܢ.

15 ܐܠܐ ܩܕܫܘ ܒܠܒܘܬܟܘܢ ܠܡܪܝܐ ܡܫܝܚܐ. ܘܗܘܝܬܘܢ ܡܛܝܒܝܢ ܠܡܦܩ ܒܪܘܚܐ.
ܠܟܠ ܕܫܐܠ ܠܟܘܢ ܡܠܬܐ ܥܠ ܣܒܪܐ ܕܗܝܡܢܘܬܟܘܢ܂ ܒܡܟܝܟܘܬܐ ܘܒܕܚܠܬܐ܇
16 ܟܕ ܐܝܬ ܠܟܘܢ ܬܐܪܬܐ ܛܒܬܐ. ܐܝܟܢܐ ܕܗܢܘܢ ܕܡܡܠܠܝܢ ܥܠܝܟܘܢ ܐܝܟ ܕܥܠ
ܐ̱ܢܫܐ ܒܝܫܐ܆ ܢܒܗܬܘܢ. ܐܝܟ ܐ̱ܢܫܐ ܕܫܛܝܢ ܠܕܘܒܪܝܟܘܢ ܫܦܝܪܐ ܕܒܡܫܝܚܐ. 17 ܛܒܐ
ܗܘ ܠܟܘܢ ܓܝܪ܂ ܕܟܕ ܥܒܕܝܢ ܐܢܬܘܢ ܛܒܬܐ ܬܬܚܫܘܢ. ܐܢ ܗܟܢܐ
ܗܘ ܨܒܝܢܗ ܕܐܠܗܐ܆ ܘܠܐ ܟܕ ܥܒܕܝܢ ܐܢܬܘܢ ܒܝܫܬܐ. 18 ܡܛܠ ܕܐܦ ܡܫܝܚܐ ܚܕܐ ܙܒܢ
ܡܝܬ ܚܠܦ ܚܛܗܝܢ܆ ܙܕܝܩܐ ܚܠܦ ܚܛܝܐ. ܕܢܩܪܒܟܘܢ ܠܐܠܗܐ. ܘܡܝܬ ܒܦܓܪ܆ ܘܚܝܐ
ܒܪܘܚ. 19 ܘܐܟܪܙ ܠܢܦܫܬܐ ܐܝܠܝܢ ܕܐܚܝܕܢ ܗܘܝ ܒܫܝܘܠ. 20 ܗܠܝܢ ܕܡܢ ܩܕܝܡ ܠܐ
ܐܬܛܦܝܣܘ ܗܘܘ ܒܝܘܡܬܗ ܕܢܘܚ. ܟܕ ܡܓܪܓܐ ܪܘܚܗ ܕܐܠܗܐ ܒܡܬܩܢ ܕܩܒܘܬܐ܇
ܥܠ ܡܝܐ ܕܛܘܦܢܐ܆ ܘܬܡܢܐ ܢܦܫܢ ܒܠܚܘܕ ܥܠܝܢ ܠܗ ܘܚܝܝ ܒܡܝܐ. 21 ܕܐܦ
ܐܝܬܝܟܘܢ ܒܗ ܒܗܘ ܛܘܦܣܐ ܚܝܝܢ ܐܝܬܝܟܘܢ ܒܡܥܡܘܕܝܬܐ. ܠܘ ܟܕ ܦܫܝܓܝܢ ܡܣܚܝܢ
ܐܝܬܝܟܘܢ ܡܢ ܙܢܐ܆ ܐܠܐ ܟܕ ܡܘܕܝܢ ܐܝܬܝܟܘܢ ܠܐܠܗܐ ܒܬܐܪܬܐ ܕܟܝܬܐ. ܘܒܩܝܡܬܗ
ܕܝܫܘܥ ܡܫܝܚܐ. 22 ܗܘ ܕܐܣܬܠܩ ܠܫܡܝܐ. ܘܐܝܬܘܗܝ ܥܠ ܝܡܝܢܐ ܕܐܠܗܐ.
ܘܐܫܬܥܒܕܘ ܠܗ ܡܠܐܟܐ ܘܫܘܠܛܢܐ ܘܚܝܠܘܬܐ . . ◆ . ◆ .
1 ܐܢ ܡܫܝܚܐ ܗܟܝܠ ܚܫ ܚܠܦܝܟܘܢ ܒܒܣܪ. ܐܦ ܐܢܬܘܢ ܒܗ ܒܗܢܐ ܪܥܝܢܐ ܐܙܕܝܢܘ. Cap. iv.
ܟܠܗܘܢ ܕܡܝܬ ܓܝܪ ܒܒܣܪܗ. ܫܠܝ ܠܗ ܡܢ ܟܠܗܘܢ ܚܛܗܐ. 2 ܕܠܐ ܡܟܝܠ
ܠܪ̈ܓܝܓܬܐ ܕܒܢܝܢܫܐ ܢܚܐ܆ ܫܪܟܐ ܙܒܢܐ ܕܐܝܬܘܗܝ ܒܒܣܪܐ܆ ܐܠܐ ܠܨܒܝܢܐ ܕܐܠܗܐ.
3 ܣܦܩ ܓܝܪ ܙܒܢܐ ܗܘ ܕܥܒܪ. ܕܥܒܕܬܘܢ ܒܗ ܨܒܝܢܐ ܕܚܢܦܐ܆ ܒܐܣܛܠܓܘܬܐ. ܘܒܪܘܝܘܬܐ.
ܘܒܙܢܝܘܬܐ. ܘܒܙܡܪܐ. ܘܒܫܘܒܗܪܐ ܕܓܢܝܐ. 4 ܘܗܐ ܗܫܐ ܡܬܕܡܪܝܢ ܘܡܓܕܦܝܢ
ܥܠܝܟܘܢ܆ ܕܠܐ ܡܬܚܠܛܝܬܘܢ ܥܡܗܘܢ ܒܗܝ ܐܣܘܛܘܬܐ ܩܕܡܝܬܐ. 5 ܗܢܘܢ ܕܝܗܒܝܢ
ܦܬܓܡܐ ܠܐܠܗܐ܆ ܗܘ ܕܥܬܝܕ ܠܡܕܢ ܡܝ̈ܬܐ ܘܚ̈ܝܐ. 6 ܡܛܠ ܗܢܐ ܓܝܪ ܐܣܬܒܪ
ܐܦ ܠܡܝ̈ܬܐ. ܕܢܬܕܝܢܘܢ ܐܝܟ ܒܢܝܢܫܐ ܒܒܣܪ܆ ܘܢܚܘܢ ܒܐܠܗܐ ܒܪܘܚ. 7 ܡܛܝܬ
ܠܗ ܕܝܢ ܫܘܠܡܐ ܕܟܠ. ܡܛܠ ܗܢܐ ܐܬܢܟܦܘ ܘܐܬܥܝܪܘ ܠܨܠܘܬܐ. 8 ܘܩܕܡ ܟܠ ܡܕܡ܆
ܚܘܒܐ ܡܫܡܠܝܐ ܠܘܬ ܚܕܕܐ ܢܗܘܐ ܠܟܘܢ. ܚܘܒܐ ܓܝܪ ܡܚܦܐ ܣܘܓܐܐ ܕܚܛܗܐ.
9 ܘܗܘܝܬܘܢ ܪܚܡܝܢ ܐܟܣܢܝܐ ܕܠܐ ܪܛܢܐ. 10 ܘܟܠܚܕ ܡܢܟܘܢ ܡܘܗܒܬܐ ܕܢܣܒ ܡܢ
ܐܠܗܐ. ܢܫܡܫ ܒܗ ܠܚܒܪܘܗܝ܆ ܐܝܟ ܪ̈ܒܝ ܒܬܐ ܛܒܐ ܕܛܝܒܘܬܐ ܡܫܚܠܦܬܐ ܕܐܠܗܐ.
11 ܟܠܡܢ ܕܡܡܠܠ܆ ܐܝܟ ܡܠܬܐ ܕܐܠܗܐ ܢܡܠܠ. ܘܟܠܡܢ ܕܡܫܡܫ܆ ܐܝܟ ܕܡܢ
ܚܝܠܐ ܗܘ ܕܐܠܗܐ ܝܗܒ ܠܗ. ܕܒܟܠ ܕܥܒܕܝܢ ܐܢܬܘܢ. ܢܫܬܒܚ ܐܠܗܐ ܒܝܕ ܝܫܘܥ
ܡܫܝܚܐ. ܗܘ ܕܕܝܠܗ ܗܝ ܬܫܒܘܚܬܐ ܘܐܝܩܪܐ ܠܥܠܡ ܥܠܡܝܢ. ܐܡܝܢ ◆ 12 ܚܒܝܒܝ.
ܠܐ ܬܬܕܡܪܘܢ ܒܢܣܝܘܢܐ ܕܗܘܐ ܠܟܘܢ܆ ܐܝܟ ܕܡܕܡ ܢܘܟܪܝ ܓܕܫ ܠܟܘܢ. ܡܛܠ

ܕܠܢܘܣܝܘܢܟܘܢ ܗܘ ܗܘܐ. [13] ܐܠܐ ܚܕܘ ܕܡܫܬܘܬܦܝܢ ܐܢܬܘܢ ܠܚܫܘ̈ܗܝ ܕܡܫܝܚܐ.
ܕܗܟܢܐ ܐܦ ܒܓܠܝܢܐ ܕܫܘܒܚܗ ܬܚܕܘܢ ܘܬܪܘܙܘܢ. [14] ܘܐܢ ܡܬܚܣܕܝܢ ܐܢܬܘܢ ܥܠ
ܐܦ̈ܝ ܫܡܗ ܕܡܫܝܚܐ. ܛܘܒܝܟܘܢ. ܕܪܘܚܐ ܡܫܒܚܬܐ ܕܐܠܗܐ ܡܬܬܢܝܚܐ ܥܠܝܟܘܢ.
[15] ܒܠܚܘܕ ܠܐ ܐܢܫ ܡܢܟܘܢ ܐܝܟ ܩܛܘܠܐ. ܐܘ ܐܝܟ ܓܢܒܐ. ܐܘ ܐܝܟ ܥܒܕ ܒܝܫܬܐ܆ ܢܗܘܐ
ܚܐܫ. [16] ܐܢ ܕܝܢ ܚܐܫ ܐܝܟ ܟܪܣܛܝܢܐ. ܠܐ ܢܒܗܬ܆ ܐܠܐ ܢܫܒܚ ܠܐܠܗܐ ܒܗ ܒܗܢܐ
ܡܢܬܐ. [17] ܡܛܠ ܕܙܒܢܐ ܗܘ܃ ܕܢܫܪܐ ܕܝܢܐ ܡܢ ܒܝܬܗ ܕܐܠܗܐ. ܐܢ ܕܝܢ ܡܢܢ ܡܫܪܐ܆
ܐܝܕܐ ܗܝ ܚܪܬܐ ܕܐܝܠܝܢ ܕܠܐ ܡܬܛܦܝܣܝܢ ܠܣܒܪܬܗ ܕܐܠܗܐ. [18] ܘܐܢ ܙܕܝܩܐ ܠܡܚܝܘ
ܥܛܠ. ܥܘܠܐ ܘܚܛܝܐ܆ ܐܝܟܐ ܢܬܚܙܐ. [19] ܡܛܠ ܗܢܐ ܐܝܠܝܢ ܕܚܫܝܢ ܐܝܟ ܨܒܝܢܗ
ܕܐܠܗܐ. ܢܓܥܠܘܢ ܠܗ ܢܦܫܬܗܘܢ ܒܥܒܕ̈ܐ ܛܒ̈ܐ. ܐܝܟ ܕܠܒܪܘܝܐ ܡܗܝܡܢܐ܀
Cap. v. [1] ܒܥܐ ܐܢܐ ܕܝܢ ܡܢ ܩܫܝ̈ܫܐ ܕܐܝܬ ܒܟܘܢ܆ ܐܢܐ ܩܫܝܫܐ ܚܒܪܗܘܢ. ܘܣܗܕܐ ܕܚܫܘ̈ܗܝ
ܕܡܫܝܚܐ. ܘܫܘܬܦܐ ܕܫܘܒܚܗ ܗܘ ܕܥܬܝܕ ܕܢܬܓܠܐ. [2] ܕܬܪܥܘܢ ܡܪܥܝܬܐ ܕܐܠܗܐ ܕܡܫܠܡܐ
ܠܟܘܢ. ܘܬܣܥܘܪܘܢ ܒܪܘܚܐ. ܠܐ ܒܩܛܝܪܐ܆ ܐܠܐ ܒܨܒܝܢܐ. ܠܐ ܒܝܘܬܪܢܐ ܛܢܦܐ܆ ܐܠܐ ܡܢ
ܟܠܗ ܠܒܟܘܢ. [3] ܠܐ ܐܝܟ ܡܪܘܬܐ ܕܡܪܥܝܬܐ܆ ܐܠܐ ܐܝܟ ܕܬܗܘܘܢ ܠܗܘܢ ܕܡܘܬܐ ܫܦܝܪܬܐ.
[4] ܕܟܕ ܢܬܓܠܐ ܪܒ ܪܥܘܬܐ. ܬܩܒܠܘܢ ܡܢܗ ܟܠܝܠܐ ܕܫܘܒܚܐ ܕܠܐ ܚܡܐ. [5] ܘܐܢܬܘܢ
ܥܠܝܡܐ. ܐܫܬܥܒܕܘ ܠܩܫܝܫܝܟܘܢ. ܘܐܬܥܛܦܘ ܡܟܝܟܘܬܐ ܪܥܝܢܐ ܚܕ ܠܚܕ
ܚܒܪܐ. ܡܛܠ ܕܐܠܗܐ ܡܥܦܐ ܗܘ ܠܐܝܠܝܢ ܕܡܬܪܘܪܒܝܢ. ܠܡܟܝܟܐ ܕܝܢ ܝܗܒ ܛܝܒܘܬܐ܀
[6] ܐܬܡܟܟܘ ܗܟܝܠ ܬܚܝܬ ܐܝܕܗ ܚܣܝܢܬܐ ܕܐܠܗܐ. ܕܗܘ ܢܪܝܡܟܘܢ ܒܙܒܢܐ ܕܙܕܩ.
[7] ܘܪ̈ܢܝܟܘܢ ܟܠܗܘܢ ܫܕܘ ܥܠ ܐܠܗܐ: ܕܗܘ ܝܨܦ ܕܝܠܟܘܢ. [8] ܐܬܬܥܝܪܘ ܘܐܬܚܦܛܘ.
ܡܛܠ ܕܒܥܠܕܒܒܟܘܢ ܣܛܢܐ ܐܝܟ ܐܪܝܐ ܢܗܡ ܘܡܗܠܟ. ܘܒܥܐ ܕܠܡܢ ܢܒܠܘܥ.
[9] ܩܘܡܘ ܗܟܝܠ ܠܘܩܒܠܗ. ܟܕ ܡܫܪܪܝܢ ܐܢܬܘܢ ܒܗܝܡܢܘܬܐ. ܘܕܥܘ ܕܐܦ ܥܠ
ܐܚܝܟܘܢ ܕܒܥܠܡܐ. ܗܢܘܢ ܗܠܝܢ ܚܫܐ ܡܬܕܪܝܢ. [10] ܐܠܗܐ ܕܝܢ ܕܛܝܒܘܬܐ. ܗܘ ܕܩܪܢ
ܠܫܘܒܚܗ ܕܠܥܠܡ: ܒܝܕ ܝܫܘܥ ܡܫܝܚܐ. ܗܘ ܕܝܗܒ ܠܢ: ܕܟܕ ܢܚܫܘܢ ܗܠܝܢ
ܐܘܟܪܢܐ ܠܙܥܘܪܐ. ܕܢܫܡܠܠ ܘܢܫܪܪ ܘܢܩܝܡ ܒܗ ܠܟܠܟܘܢ. [11] ܕܠܗ ܬܫܒܘܚܬܐ ܘܐܘܚܕܢܐ
ܘܬܘܩܦܐ: ܠܥܠܡ ܥܠܡܝܢ. ܐܡܝܢ܀
[12] ܗܠܝܢ ܠܙܥܘܪܬܐ ܐܝܟ ܕܣܒܪ ܐܢܐ ܟܬܒܬ ܠܟܘܢ: ܒܝܕ ܣܝܠܘܢܘܣ ܐܚܐ ܡܗܝܡܢܐ.
ܘܡܦܝܣ ܐܢܐ ܘܣܗܕ ܐܢܐ. ܕܗܕܐ ܗܝ ܛܝܒܘܬܐ ܫܪܝܪܬܐ ܕܐܠܗܐ: ܗܕܐ ܕܩܝܡܝܢ ܐܢܬܘܢ
ܒܗ. [13] ܫܐܠܐ ܫܠܡܟܘܢ ܥܕܬܐ ܓܒܝܬܐ ܕܒܒܒܠ. ܘܡܪܩܘܣ ܒܪܝ. [14] ܫܐܠܘ ܒܫܠܡܐ
ܚܕ ܕܚܕ ܒܢܘܫܩܬܐ ܩܕܝܫܬܐ. ܫܠܡܐ ܥܡ ܟܠܟܘܢ ܐܝܠܝܢ ܕܒܡܫܝܚܐ ܐܢܘܢ. ܐܡܝܢ܀

܀ ܫܠܡܬ ܐܓܪܬܐ ܕܦܛܪܘܣ ܫܠܝܚܐ ܀

⁘ ܐܓܪܬܐ ܕܝܘܚܢܢ ܫܠܝܚܐ ⁘

Cap. i. [1] ܡܣܒܪܝܢܢ ܠܟܘܢ. ܠܗܘ ܕܐܝܬܘܗܝ ܗܘܐ ܡܢ ܒܪܫܝܬ: ܗܘ ܕܫܡܥܢ ܘܚܙܝܢܝܗܝ
ܒܥܝܢܝܢ. ܚܙܝܢ ܘܓܫܢ ܒܐܝܕܝܢ. ܗܘ ܕܐܝܬܘܗܝ ܡܠܬܐ ܕܚܝܐ. [2] ܘܚܝܐ ܐܬܓܠܝܘ.
ܘܚܙܝܢ ܘܣܗܕܝܢ. ܘܡܣܒܪܝܢܢ ܠܟܘܢ ܚܝܐ ܕܠܥܠܡ: ܗܢܘܢ ܕܐܝܬܝܗܘܢ ܗܘܘ ܠܘܬ
ܐܒܐ ܘܐܬܓܠܝܘ ܠܢ. [3] ܘܡܕܡ ܕܚܙܝܢ ܘܫܡܥܢ. ܡܘܕܥܝܢܢ ܐܦ ܠܟܘܢ: ܕܬܗܘܐ
ܠܟܘܢ ܫܘܬܦܘܬܐ ܥܡܢ. ܘܫܘܬܦܘܬܢ ܕܝܢ ܕܥܡ ܐܒܘܗܝ. ܥܡ ܐܒܐ ܘܥܡ ܒܪܗ ܝܫܘܥ
ܡܫܝܚܐ. [4] ܘܗܠܝܢ ܟܬܒܝܢܢ ܠܟܘܢ. ܕܚܕܘܬܐ ܕܒܟܘܢ ܬܗܘܐ ܡܫܡܠܝܐ. [5] ܘܗܕܐ ܗܝ
ܣܒܪܬܐ ܕܫܡܥܢ ܡܢܗ: ܘܡܣܒܪܝܢܢ ܠܟܘܢ. ܕܐܠܗܐ ܢܘܗܪܐ ܗܘ. ܘܚܫܘܟܐ ܟܠ
ܟܠܗ ܠܝܬ ܒܗ. [6] ܘܐܢ ܐܡܪܝܢܢ ܕܫܘܬܦܘܬܐ ܐܝܬ ܠܢ ܥܡܗ ܘܡܗܠܟܝܢܢ ܒܚܫܘܟܐ.
ܕܓܠܐ ܚܢܢ ܘܠܐ ܒܩܘܫܬܐ ܪܕܝܢܢ. [7] ܐܢ ܕܝܢ ܒܢܘܗܪܐ ܡܗܠܟܝܢܢ ܐܝܟ ܕܗܘ ܐܝܬܘܗܝ
ܒܢܘܗܪܐ. ܐܝܬ ܠܢ ܫܘܬܦܘܬܐ ܥܡ ܚܕܕܐ: ܘܕܡܐ ܕܝܫܘܥ ܒܪܗ ܡܕܟܐ ܠܢ ܡܢ
ܟܠܗܘܢ ܚܛܗܝܢ. [8] ܘܐܢ ܢܐܡܪ ܕܚܛܝܬܐ ܠܝܬ ܠܢ. ܢܦܫܢ ܡܛܥܝܢܢ. ܘܫܪܪܐ ܠܝܬ
ܒܢ. [9] ܐܢ ܕܝܢ ܡܘܕܝܢܢ ܒܚܛܗܝܢ. ܡܗܝܡܢ ܗܘ ܘܟܐܢ. ܕܢܫܒܘܩ ܠܢ ܚܛܗܝܢ:
ܘܢܕܟܝܢ ܡܢ ܟܠܗ ܥܘܠܢ. [10] ܘܐܢ ܐܡܪܝܢܢ ܕܠܐ ܚܛܝܢ. ܠܟܕܒܢܐ ܥܒܕܝܢܢ ܠܗ.
ܘܡܠܬܗ ܠܝܬ ܒܢ ܀ [1] ܒܢܝ. ܗܠܝܢ ܟܬܒ ܐܢܐ ܠܟܘܢ. ܕܠܐ ܬܚܛܘܢ. ܘܐܢ ܐܢܫ Cap. ii.
ܢܚܛܐ. ܐܝܬ ܠܢ ܦܪܩܠܛܐ ܠܘܬ ܐܒܐ: ܝܫܘܥ ܡܫܝܚܐ ܟܐܢܐ. [2] ܘܗܘܝܘ ܚܘܣܝܐ
ܕܥܠ ܐܦܝ ܚܛܗܝܢ. ܘܠܐ ܚܠܦ ܕܝܠܢ ܒܠܚܘܕ. ܐܠܐ ܐܦ ܚܠܦ ܟܠܗ ܥܠܡܐ.
[3] ܘܒܗܕܐ ܡܪܓܫܝܢܢ ܕܝܕܥܢܝܗܝ. ܐܢ ܢܛܪܝܢ ܦܘܩܕܢܘܗܝ. [4] ܗܘ ܓܝܪ ܕܐܡܪ ܕܝܕܥܬܗ:
ܘܦܘܩܕܢܘܗܝ ܠܐ ܢܛܪ. ܕܓܠܐ ܗܘ. ܘܫܪܪܐ ܠܝܬ ܒܗ. [5] ܗܘ ܕܝܢ ܕܢܛܪ ܡܠܬܗ. ܒܗܢܐ
ܡܫܠܡܐ ܚܘܒܗ ܕܐܠܗܐ. ܒܗܕܐ ܓܝܪ ܡܪܓܫܝܢܢ ܕܒܗ ܚܢܢ. [6] ܗܘ ܕܐܡܪ
ܕܒܗ ܐܝܬ. ܘܠܐ ܠܗ ܕܐܝܟ ܗܠܟܬܗ ܕܝܠܗ ܢܗܠܟ ••◆••
ܕܚܕ ܠܐ. [7] ܚܒܝܒܝ. ܠܐ ܦܘܩܕܢܐ ܚܕܬܐ ܟܬܒ ܐܢܐ ܠܟܘܢ. ܐܠܐ ܦܘܩܕܢܐ ܥܬܝܩܐ: ܗܘ ܕܐܝܬ
ܗܘܐ ܠܟܘܢ ܡܢ ܒܪܫܝܬ. ܦܘܩܕܢܐ ܕܝܢ ܥܬܝܩܐ ܐܝܬܘܗܝ ܡܠܬܐ ܗܝ ܕܫܡܥܬܘܢ.
[8] ܬܘܒ ܦܘܩܕܢܐ ܚܕܬܐ ܟܬܒ ܐܢܐ ܠܟܘܢ: ܗܘ ܕܐܝܬܘܗܝ ܫܪܝܪܐ ܒܗ ܘܒܟܘܢ. ܕܚܫܘܟܐ
ܥܒܪ ܠܗ: ܘܢܘܗܪܐ ܫܪܝܪܐ ܫܪܝ ܡܬܚܙܐ. [9] ܡܢ ܕܐܡܪ ܗܟܝܠ ܕܐܝܬܘܗܝ ܒܢܘܗܪܐ:
ܘܣܢܐ ܠܐܚܘܗܝ. ܒܚܫܘܟܐ ܐܝܬܘܗܝ ܥܕܡܐ ܠܗܫܐ. [10] ܗܘ ܕܝܢ ܕܡܚܒ ܠܐܚܘܗܝ.
ܒܢܘܗܪܐ ܡܩܘܐ. ܘܬܘܩܠܬܐ ܠܝܬ ܒܗ. [11] ܗܘ ܕܝܢ ܕܣܢܐ ܠܐܚܘܗܝ. ܒܚܫܘܟܐ ܐܝܬܘܗܝ.

ܘܒܫܘܒܚܐ ܡܗܠܟܝܢ. ܘܠܐ ܢܗܘܐ· ܠܐܢܫܐ ܐܠܗܐ: ܡܛܠ ܕܫܘܒܚܐ ܗܢܘܢ ܐܢܬܘܢ ܠܒܥܠܕܒܒܝܟܘܢ܀
12 ܕܚܙܐ ܐܢܐ ܠܟܘܢ ܚܕܝܐ. ܕܐܬܚܙܝܬܘܢ ܠܟܘܢ ܣܓܝܐܬܟܘܢ. ܡܛܠ ܗܢܐ ܡܩܝܡ. 13 ܚܙܝܬ
ܐܢܐ ܠܟܘܢ ܐܒܘܐ. ܕܡܚܠܦܝܢ ܠܗܘܢ ܕܐܬܚܙܝܘ ܗܘܐ ܡܢ ܒܬܘܠܬܐ. ܚܙܝܬ ܐܢܐ
ܠܟܘܢ ܒܟܢܫܐ. ܕܡܫܬܘܕܝܢ ܠܒܢܝܐ. ܚܙܝܬ ܠܟܘܢ ܠܒܢܝܐ. ܕܡܚܠܦܝܢ ܠܐܚܐ.
14 ܚܙܝܬ ܠܟܘܢ ܐܒܘܐ. ܕܡܚܠܦܝܢ ܠܗܘܢ ܕܡܢ ܒܬܘܠܬܐ. ܚܙܝܬ ܠܟܘܢ ܠܟܢܫܐ.
ܘܒܢܝܐ ܐܝܟܢ. ܘܡܚܙܝܢ ܕܐܠܗܐ ܚܙܐ ܠܟܘܢ. ܘܡܫܬܘܕܝܢ ܠܒܢܝܐ. 15 ܠܐ ܬܦܣܩܘܢ
ܠܡܠܟܘܬܐ. ܘܠܐ ܬܐܡܪܘܢ ܕܐܝܟ ܒܗ. ܡܢ ܒܪ ܕܐܡܪ ܠܡܠܟܘܬܐ. ܚܙܘ ܕܐܠܗܐ ܥܡܗ
ܒܗ. 16 ܟܠ ܡܐܢ ܒܪ ܕܐܝܟ ܒܗ ܡܠܟܘܬܐ. ܦܬܟܪܐ ܗܘ ܕܦܝܪܐ. ܘܦܬܟܪܐ ܕܡܠܝܐ.
ܘܡܬܒܗܬܐ ܕܡܠܟܘܬܐ. ܗܟܢ ܕܠܐ ܗܘܝܢ ܡܢ ܐܠܗܐ. ܐܠܐ ܡܢܗ ܐܢܬܘܢ ܡܢ ܡܠܟܘܬܐ.
17 ܘܡܠܟ ܡܠܟܘܬܐ ܒܗ ܘܢܟܣܗ. ܗܘ ܕܝܢ ܕܡܠܟ ܒܢܝܗ ܕܐܠܗܐ. ܡܬܩܪܐ ܠܡܠܟܝܢ܀
18 ܒܢܝ. ܐܚܘܗܝ ܗܘ ܐܢܫܐ. ܘܐܝܟ ܡܐܢ ܕܡܫܬܡܠܝܢ ܕܐܬܐ ܡܫܝܚܐ ܕܚܠܐ. ܘܗܟܢܐ ܒܗܘ
ܠܗܘܢ ܡܚܝܠܐ ܡܫܝܚܐ ܕܚܝܠܐ. ܘܡܢ ܗܘܐ ܡܢܝܚܝܢ. ܕܐܚܘܗܝ ܗܘ ܐܢܫܐ. 19 ܡܢܝܢ ܢܦܩܘ.
ܐܠܐ ܠܗ ܡܢܝܢ ܗܘܘ. ܐܠܗܐ ܒܪ ܡܢܝܢ ܗܘܘ. ܠܗܠܝܢ ܡܫܬܡܠܝܢ ܗܘܘ. ܐܠܐ ܢܦܩܘ
ܡܢܝܢ. ܕܐܬܚܙܝ ܕܠܗ ܡܢܝܢ ܗܘܘ. 20 ܘܐܝܬܝܗܘܢ· ܡܫܝܚܘܬܐ ܐܝܟ ܠܟܘܢ ܡܢ ܩܕܡܐ.
ܘܦܪܝܫܝܢ ܐܝܬܝܗܘܢ ܗܘ ܠܟܠ ܐܢܫ. 21 ܠܐ ܚܙܝܬ ܠܟܘܢ. ܕܠܐ ܡܚܝܠܝܢ ܐܝܬܝܗܘܢ ܠܗ
ܠܡܫܪܐ: ܐܠܐ ܕܡܚܝܠܝܢ ܐܝܬܝܗܘܢ ܠܗ: ܘܕܦܠܚܝܢ ܕܡܫܝܚܘܬܐ ܠܐ ܗܘܐ ܡܢܗ ܡܢ ܫܪܪܐ.
22 ܡܛܠ ܕܚܝܠܐ. ܐܠܐ ܐܝ ܐܝܟܢܐ ܕܡܢ ܕܡܢܗ ܠܐ ܗܘܐ ܡܫܝܚܐ. ܘܗܟܢܐ ܗܘ ܡܫܝܚܐ ܕܚܝܠܐ.
ܗܘ ܕܡܢ ܒܐܪܥܐ. ܡܢ ܐܦ ܒܪܢܫܐ. 23 ܘܗܘ ܕܡܢ ܒܪܢܫܐ. ܐܦܠܐ ܒܐܪܥܐ ܡܬܚܙܐ. ܡܢ
ܕܡܢ ܒܪܢܫܐ. ܐܦ ܒܐܪܥܐ ܡܬܚܙܐ. 24 ܘܐܝܬܝܗܘܢ· ܡܢܝܢ ܕܡܫܝܚܘܬܐ ܡܢ ܩܕܝܫܐ. ܢܦܩܘ
ܠܥܠܡܐ. ܐܝ ܒܪ ܡܢܝܢ ܠܥܠܡܐ ܡܢܝܢ ܕܡܫܝܚܘܬܐ ܡܢ ܩܕܝܫܐ. ܐܦ ܐܝܬܝܗܘܢ
ܡܢܝܢ ܐܝܬܝܗܘܢ ܒܐܪܥܐ ܘܒܪܢܫܐ. 25 ܘܗܢܘܢ ܡܫܬܡܠܝܢ ܕܐܬܚܙܝܘ ܠܗ. ܚܝܠܐ ܕܡܠܟܘܬܐ.
26 ܗܠܝܢ ܕܝܢ ܚܙܝܬ ܠܟܘܢ. ܡܛܠ ܐܠܝܢ ܕܡܚܝܠܝܢ ܠܟܘܢ. 27 ܘܐܦ ܐܝܬܝܗܘܢ· ܐܝ
ܢܦܩܘ ܠܥܠܡܐ ܡܫܝܚܘܬܐ ܕܡܠܟܘܬܐ ܡܢܗ. ܠܐ ܡܬܚܙܝܢ ܐܝܬܝܗܘܢ ܕܐܢܫ ܬܠܡܝܕܘܬܐ. ܐܠܐ
ܐܝܟ ܡܫܝܚܘܬܐ ܕܐܬܚܙܝ ܡܢ ܐܠܗܐ. ܗܝ ܡܠܟܘܬܐ ܠܟܘܢ ܟܠ ܦܠܚܝܢ. ܘܡܬܚܙܐ ܗܘ
ܘܟܠܗ ܕܒܗ ܕܡܠܟܘܬܐ. ܘܐܝܟ ܕܐܬܚܙܝܬܘܢ. ܡܛܠ ܒܗ. 28 ܘܗܟܢܐ ܒܢܝ. ܡܛܠ ܒܗ. ܕܗܟܢܐ
ܕܡܫܬܡܠܝܢ ܠܐ ܬܚܙܘܢ ܡܢܗ. ܐܠܐ ܐܬܚܙܘ ܠܗ ܕܡܠܟܘܬܐ ܐܠܗܐ ܒܡܠܟܘܬܐ. 29 ܐܝ ܡܚܝܠܝܢ
Cap. iii. ܕܐܝܬ ܗܘ. ܕܒܗ ܕܐܦ ܟܠ ܕܚܙܝ ܐܬܚܙܝܬܐ. ܡܢܗ ܐܬܚܙܝܬܘܢ܀ 1 ܘܗܘܐ· ܕܚܙܐ
ܚܙܝܬ ܡܠܟܘܬܐ ܕܐܠܗܐ ܠܗܝ. ܕܒܢܝܐ ܡܢܝ. ܐܦ ܠܚܙܝ. ܡܛܠ ܗܢܐ ܡܠܟܘܬܐ ܠܐ ܢܗܘܐ
ܠܟܘܢ: ܡܛܠ ܕܐܦܠܐ ܠܗ ܢܗܘܐ܀ 2 ܡܚܝܠܝܢ. ܗܟܢܐ ܚܠܦܝܟܘܢ ܣܓܝ ܕܐܠܗܐ. ܘܠܐ ܐܬܚܙܝ
ܚܝܠܐ ܠܗܟܢܐ. ܡܢܐ ܠܡܫܬܡܠܝܢ ܕܢܗܘܐ. ܡܚܝܠܝܢ ܕܝܢ ܕܗܟܢܐ ܕܐܬܚܙܝ. ܒܡܫܝܚܘܬܐ

ܗܘܝܢܢ. ܘܚܙܝܢܢ ܠܗ ܐܝܟ ܡܐ ܕܐܝܬܘܗܝ. ³ ܘܟܠ ܐܢܫ ܕܐܝܬ ܠܗ ܥܠܘܗܝ ܗܢܐ
ܣܒܪܐ. ܡܕܟܐ ܢܦܫܗ ܐܝܟ ܕܗܘ ܕܟܐ ܗܘ. ⁴ ܡܢ ܕܥܒܕ ܚܛܝܬܐ. ܥܘܠܐ ܥܒܕ.
ܚܛܝܬܐ ܓܝܪ ܥܘܠܐ ܗܝ. ⁵ ܘܝܕܥܝܢ ܐܢܬܘܢ. ܕܗܘ ܐܬܓܠܝ ܕܢܫܩܘܠ ܚܛܗܝܢ.
ܘܚܛܝܬܐ ܒܗ ܠܝܬ. ⁶ ܘܟܠ ܕܒܗ ܡܩܘܐ. ܠܐ ܚܛܐ. ܘܟܠ ܕܚܛܐ. ܠܐ ܚܙܝܗܝ. ܘܠܐ
ܝܕܥܗ ◆ ⁷ ܒܢܝ. ܠܐ ܐܢܫ ܢܛܥܝܟܘܢ. ܗܘ ܕܥܒܕ ܟܐܢܘܬܐ. ܟܐܢܐ ܗܘ: ܐܝܟ ܕܐܦ
ܗܘ ܡܫܝܚܐ ܐܝܬܘܗܝ ܟܐܢܐ. ⁸ ܘܗܘ ܕܥܒܕ ܚܛܝܬܐ. ܡܢ ܣܛܢܐ ܗܘ: ܡܛܠ ܕܡܢ
ܪܫܝܬܐ ܗܘ ܣܛܢܐ ܚܛܝ ܗܘ. ܘܡܛܠ ܗܢܐ ܐܬܓܠܝ ܒܪܗ ܕܐܠܗܐ. ܕܢܫܪܐ ܥܒܕܘܗܝ
ܕܣܛܢܐ. ⁹ ܟܠ ܕܐܬܝܠܕ ܡܢ ܐܠܗܐ. ܚܛܝܬܐ ܠܐ ܥܒܕ. ܡܛܠ ܕܙܪܥܗ ܒܗ ܐܝܬܘܗܝ.
ܘܠܐ ܡܫܟܚ ܠܡܚܛܐ: ܕܡܢ ܐܠܗܐ ܐܬܝܠܕ. ¹⁰ ܒܗܕܐ ܡܬܦܪܫܝܢ ܒܢ̈ܘܗܝ ܕܐܠܗܐ.
ܡܢ ܒܢ̈ܘܗܝ ܕܣܛܢܐ. ܟܠ ܕܠܐ ܥܒܕ ܟܐܢܘܬܐ ܘܠܐ ܡܚܒ ܠܐܚܘܗܝ. ܠܝܬܘܗܝ ܡܢ
ܐܠܗܐ. ¹¹ ܕܗܢܐ ܗܘ ܦܘܩܕܢܐ ܕܫܡܥܬܘܢ ܡܢ ܪܝܫ: ܕܢܚܒ ܚܕ ܠܚܕ. ¹² ܠܐ ܐܝܟ
ܩܐܝܢ· ܗܘ ܕܐܝܬܘܗܝ ܗܘܐ ܡܢ ܒܝܫܐ ܘܩܛܠ ܠܐܚܘܗܝ. ܘܡܛܠ ܡܢܐ ܩܛܠܗ. ܐܠܐ
ܡܛܠ ܕܥܒ̈ܕܘܗܝ ܗܘܘ ܒܝ̈ܫܐ: ܘܕܐܚܘܗܝ ܟܐܢ̈ܐ. ¹³ ܘܠܐ ܬܬܕܡܪܘܢ ܐܚܝ. ܐܢ ܣܢܐ
ܠܟܘܢ ܥܠܡܐ. ¹⁴ ܚܢܢ ܝܕܥܝܢܢ ܕܫܢܝܢ ܡܢ ܡܘܬܐ ܠܚܝ̈ܐ: ܒܗܕܐ ܕܡܚܒܝܢܢ ܠܐܚ̈ܝܢ.
ܗܘ ܕܠܐ ܡܚܒ ܠܐܚܘܗܝ. ܡܩܘܐ ܒܡܘܬܐ. ¹⁵ ܟܠ ܓܝܪ ܕܣܢܐ ܠܐܚܘܗܝ. ܩܛܘܠ ܐܢܫܐ
ܗܘ. ܘܝܕܥܝܢ ܐܢܬܘܢ. ܕܟܠ ܕܩܛܘܠ ܐܢܫܐ. ܠܐ ܡܫܟܚܐ ܕܬܩܘܐ ܒܗ ܚܝ̈ܐ ܕܠܥܠܡ.
¹⁶ ܒܗܕܐ ܝܕܥܝܢܢ ܚܘܒܗ ܕܠܘܬܢ. ܕܗܘ ܣܡ ܢܦܫܗ ܚܠܦܝܢ. ܘܐܦ ܚܢܢ ܙܕܩ ܠܢ.
ܕܥܠ ܐܦܝ ܐܚ̈ܝܢ ܢܣܝܡ ܢܦܫܬܢ. ¹⁷ ܘܐܢܫ ܕܐܝܬ ܠܗ ܩܢܝܢܐ ܕܥܠܡܐ: ܘܚܙܐ
ܠܐܚܘܗܝ ܕܣܢܝܩ: ܘܐܚܕ ܪ̈ܚܡܘܗܝ ܡܢܗ. ܐܝܟܢܐ ܐܝܬ ܒܗ ܚܘܒܗ ܕܐܠܗܐ ◆
¹⁸ ܒܢܝ. ܠܐ ܢܚܒ ܚܕ ܠܚܕ ܒܡ̈ܠܐ ܘܒܠܫܢܐ: ܐܠܐ ܒܥܒ̈ܕܐ ܘܒܫܪܪܐ. ¹⁹ ܘܒܗܕܐ
ܡܫܬܘܕܥܝܢܢ. ܕܡܢ ܫܪܪܐ ܐܝܬܝܢ. ܘܩܕܡ ܕܢܐܬܐ ܗܘ. ܡܦܝܣܝܢܢ ܠܒܢ. ²⁰ ܕܐܢ ܗܘ
ܠܒܢ ܢܪܫܐ ܠܢ. ܟܡܐ ܐܠܗܐ ܪܒ ܡܢ ܠܒܢ ܘܝܕܥ ܟܠܡܕܡ ◆◆◆
²¹ ܚܒܝܒܝ. ܐܢ ܠܒܢ ܠܐ ܪܫܐ ܠܢ. ܓܠܝܢ ܐܦ̈ܝܢ ܩܕܡ ܐܠܗܐ. ²² ܘܟܠܡܕܡ ܣܐ ܠܒ.
ܕܫܐܠܝܢܢ. ܢܣܒܝܢܢ ܡܢܗ. ܡܛܠ ܕܢܛܪܝܢܢ ܦܘܩܕ̈ܢܘܗܝ: ܘܫܦܝܪ̈ܬܐ ܩܕܡܘܗܝ
ܥܒܕܝܢܢ. ²³ ܘܗܢܐ ܗܘ ܦܘܩܕܢܗ. ܕܢܗܝܡܢ ܒܫܡܐ ܕܒܪܗ ܝܫܘܥ ܡܫܝܚܐ: ܘܢܚܒ
ܚܕ ܠܚܕ. ܐܝܟ ܕܦܩܕܢ. ²⁴ ܘܐܝܢܐ ܕܢܛܪ ܦܘܩܕ̈ܢܘܗܝ. ܒܗ ܡܩܘܐ. ܘܗܘ ܡܩܘܐ ܒܗ.
ܘܒܗܕܐ ܡܫܬܘܕܥܝܢܢ ܕܡܩܘܐ ܒܢ: ܡܢ ܪܘܚܗ ܗܝ ܕܝܗܒ ܠܢ ◆
¹ ܚܒܝܒܝ. ܠܐ ܠܟܠ ܪ̈ܘܚܝܢ ܬܗܝܡܢܘܢ. ܐܠܐ ܒܘܩܘ ܪ̈ܘܚܐ. ܐܢ ܡܢ Cap. iv.
ܐܠܗܐ ܐܝܬܝܗܝܢ. ܡܛܠ ܕܢܒܝ̈ܐ ܕܓ̈ܠܐ ܣܓܝܐܐ ܢܦܩܘ ܠܥܠܡܐ. ² ܒܗܕܐ
ܡܬܝܕܥܐ ܪܘܚܗ ܕܐܠܗܐ. ܟܠ ܪܘܚܐ ܕܡܘܕܝܐ ܕܝܫܘܥ ܡܫܝܚܐ ܐܬܐ ܒܒܣܪ. ܡܢ

ܐܠܗܐ ܗܝ. 3 ܘܟܠ ܪܘܚܐ ܕܠܐ ܡܘܕܝܐ ܕܝܫܘܥ ܐܬܐ ܒܒܣܪ. ܠܝܬܝܗ ܡܢ ܐܠܗܐ.
ܐܠܐ ܗܕܐ ܡܢ ܡܫܝܚܐ ܗܝ ܕܓܠܐ: ܗܝ ܕܫܡܥܬܘܢ ܕܐܬܝܐ. ܘܗܫܐ ܒܥܠܡܐ ܐܝܬܝܗ
ܡܢ ܟܕܘ. 4 ܐܢܬܘܢ ܕܝܢ ܡܢ ܐܠܗܐ ܐܝܬܝܟܘܢ ܒܢܝܐ. ܘܙܟܝܬܘܢ ܐܢܘܢ. ܡܛܠ ܕܪܒ
ܗܘ ܕܒܟܘܢ. ܡܢ ܗܘ ܕܒܥܠܡܐ. 5 ܘܗܢܘܢ ܡܢ ܥܠܡܐ ܐܢܘܢ. ܡܛܠ ܗܢܐ ܡܢ
ܥܠܡܐ ܡܡܠܠܝܢ. ܘܥܠܡܐ ܠܗܘܢ ܫܡܥ. 6 ܚܢܢ ܕܝܢ ܡܢ ܐܠܗܐ ܚܢܢ. ܘܡܢ
ܕܝܕܥ ܠܐܠܗܐ. ܫܡܥ ܠܢ. ܘܡܢ ܕܠܐ ܐܝܬܘܗܝ ܡܢ ܐܠܗܐ. ܠܐ ܫܡܥ ܠܢ. ܒܗܢܐ
ܚܢܢ: ܡܫܬܘܕܥܝܢܢ ܠܪܘܚܐ ܕܫܪܪܐ. ܘܠܪܘܚܐ ܕܛܥܝܘܬܐ ◆
7 ܚܒܝܒܝ. ܢܚܒ ܚܕ ܠܚܕ: ܡܛܠ ܕܚܘܒܐ ܡܢ ܐܠܗܐ ܗܘ. ܘܟܠ ܡܢ ܕܡܚܒ:
ܡܢ ܐܠܗܐ ܝܠܝܕ: ܘܝܕܥ ܠܐܠܗܐ. 8 ܡܛܠ ܕܐܠܗܐ ܚܘܒܐ ܗܘ. ܘܟܠ ܕܠܐ ܡܚܒ:
ܠܐ ܝܕܥ ܠܐܠܗܐ. 9 ܒܗܕܐ ܐܬܝܕܥ ܚܘܒܗ ܕܐܠܗܐ ܕܥܡܢ. ܕܠܒܪܗ ܝܚܝܕܝܐ ܫܕܪ
ܐܠܗܐ ܠܥܠܡܐ ܕܢܚܐ ܒܐܝܕܗ. 10 ܒܗܢܐ ܐܝܬܘܗܝ ܚܘܒܐ: ܠܐ ܗܘܐ ܕܚܢܢ ܐܚܒܢ
ܠܐܠܗܐ. ܐܠܐ ܗܘ ܐܚܒܢ: ܘܫܕܪ ܠܒܪܗ ܚܘܣܝܐ ܚܠܦ ܐܦܝ ܚܛܗܝܢ ◆ 11 ܚܒܝܒܝ:
ܐܢ ܗܟܢܐ ܐܚܒܢ ܐܠܗܐ. ܐܦ ܚܢܢ ܚܝܒܝܢܢ ܕܢܚܒ ܚܕ ܠܚܕ. 12 ܠܐܠܗܐ ܡܡܬܘܡ
ܐܢܫ ܠܐ ܚܙܝܗܝ. ܐܢ ܕܝܢ ܢܚܒ ܚܕ ܠܚܕ. ܐܠܗܐ ܒܢ ܡܩܘܐ: ܘܚܘܒܗ ܡܫܡܠܝܐ ܒܢ.
13 ܘܒܗܕܐ ܝܕܥܝܢܢ: ܕܒܗ ܡܩܘܝܢܢ: ܘܗܘ ܡܩܘܐ ܒܢ: ܕܡܢ ܪܘܚܗ ܝܗܒ ܠܢ.
14 ܘܚܢܢ ܚܙܝܢ ܘܡܣܗܕܝܢܢ: ܕܐܒܐ ܫܕܪ ܠܒܪܗ ܦܪܘܩܐ ܠܥܠܡܐ. 15 ܟܠ ܕܡܘܕܐ
ܒܝܫܘܥ ܕܗܘܝܘ ܒܪܗ ܕܐܠܗܐ: ܐܠܗܐ ܒܗ ܡܩܘܐ. ܘܗܘ ܡܩܘܐ ܒܐܠܗܐ. 16 ܘܚܢܢ
ܗܝܡܢܢ ܘܝܕܥܢ ܚܘܒܐ: ܕܐܝܬ ܠܗ ܠܐܠܗܐ ܠܘܬܢ. ܐܠܗܐ ܓܝܪ ܚܘܒܐ ܗܘ. ܘܟܠ
ܕܡܩܘܐ ܒܚܘܒܐ. ܒܐܠܗܐ ܡܩܘܐ. 17 ܘܒܗܕܐ ܡܫܡܠܝܐ ܚܘܒܗ ܥܡܢ: ܕܢܗܘܐ ܠܢ ܐܦܐ
ܓܠܝܬܐ ܒܝܘܡܐ ܕܕܝܢܐ. ܡܛܠ ܕܐܝܟ ܕܗܘܝܘ ܗܘ: ܗܟܢܐ ܐܦ ܚܢܢ ܐܝܬܝܢ ܒܗܢܐ
ܥܠܡܐ. 18 ܕܚܠܬܐ ܒܚܘܒܐ ܠܝܬ ܠܗ. ܐܠܐ ܚܘܒܐ ܡܫܡܠܝܐ. ܠܕܚܠܬܐ ܫܕܝܐ ܠܗ ܠܒܪ:
ܡܛܠ ܕܕܚܠܬܐ ܒܫܢܕܐ ܐܝܬܝܗ. ܗܘ ܕܝܢ ܕܕܚܠ: ܠܐ ܡܫܡܠܝ ܒܚܘܒܐ. 19 ܚܢܢ
ܗܟܝܠ ܢܚܒ ܠܐܠܗܐ. ܡܛܠ ܕܗܘ ܩܕܡܝܐ ܐܚܒܢ. 20 ܐܢ ܐܢܫ ܢܐܡܪ ܕܡܚܒ
ܐܢܐ ܠܐܠܗܐ: ܘܠܐܚܘܗܝ ܣܢܐ. ܕܓܠܐ ܗܘ. ܗܘ ܓܝܪ ܕܠܐܚܘܗܝ ܕܚܙܐ ܠܐ ܡܚܒ:
ܠܐܠܗܐ ܗܘ ܕܠܐ ܚܙܐ: ܐܝܟܢܐ ܡܫܟܚ ܕܢܚܒ. 21 ܘܗܢܐ ܦܘܩܕܢܐ ܩܒܠܢ ܡܢܗ: ܕܟܠ
Cap. v. ܕܡܚܒ ܠܐܠܗܐ. ܢܚܒ ܐܦ ܠܐܚܘܗܝ. 1 ܟܠ ܕܡܗܝܡܢ ܕܝܫܘܥ ܐܝܬܘܗܝ ܡܫܝܚܐ. ܡܢ
ܐܠܗܐ ܝܠܝܕ. ܘܟܠ ܕܡܚܒ ܠܝܠܘܕܐ. ܡܚܒ ܐܦ ܠܗܘ ܕܐܬܝܠܕ ܡܢܗ. 2 ܘܒܗܕܐ
ܝܕܥܝܢ ܕܡܚܒܝܢ ܠܒܢܘܗܝ ܕܐܠܗܐ. ܡܐ ܕܠܐܠܗܐ ܡܚܒܝܢ ܘܥܒܕܝܢ ܦܘܩܕܢܘܗܝ.
3 ܗܢܘ ܓܝܪ ܚܘܒܗ ܕܐܠܗܐ. ܕܢܛܪ ܦܘܩܕܢܘܗܝ. ܘܦܘܩܕܢܘܗܝ ܠܐ ܝܩܝܪܝܢ.
4 ܡܛܠ ܕܟܠ ܕܝܠܝܕ ܡܢ ܐܠܗܐ. ܙܟܐ ܠܗ ܠܥܠܡܐ. ܘܗܕܐ ܗܝ ܙܟܘܬܐ ܕܙܟܬܗ

ܠܥܠܡܐ ܗܝܡܢܘܬܢ. 5 ܡܢܘ ܓܝܪ ܕܙܟܐ ܠܗ ܠܥܠܡܐ. ܐܠܐ ܗܘ ܕܡܗܝܡܢ ܕܝܫܘܥ
ܒܪܗ ܗܘ ܕܐܠܗܐ. 6 ܗܢܘ ܕܐܬܐ ܒܡܝܐ ܘܒܕܡܐ ܝܫܘܥ ܡܫܝܚܐ. ܠܐ ܗܘܐ ܒܡܝܐ
ܒܠܚܘܕ: ܐܠܐ ܒܡܝܐ ܘܒܕܡܐ. 7 ܘܪܘܚܐ ܡܣܗܕܐ. ܕܗܝ ܪܘܚܐ ܐܝܬܝܗ ܫܪܪܐ.
8 ܘܐܝܬܝܗܘܢ ܬܠܬܐ ܣܗܕܝܢ. ܪܘܚܐ ܘܡܝܐ ܘܕܡܐ. ܘܬܠܬܝܗܘܢ ܒܚܕ ܐܢܘܢ. 9 ܐܢ
ܣܗܕܘܬܐ ܕܒܢܝܢܫܐ ܡܩܒܠܝܢܢ. ܟܡܐ ܣܗܕܘܬܗ ܕܐܠܗܐ ܕܪܒܐ ܗܝ. ܘܗܕܐ ܗܝ
ܣܗܕܘܬܗ ܕܐܠܗܐ ܕܐܣܗܕ ܥܠ ܒܪܗ. 10 ܟܠܡܢ ܕܡܗܝܡܢ ܒܒܪܗ ܕܐܠܗܐ. ܐܝܬ
ܠܗ ܗܕܐ ܣܗܕܘܬܐ ܒܢܦܫܗ. ܟܠ ܕܠܐ ܡܗܝܡܢ. ܠܐܠܗܐ ܕܓܠܐ ܥܒܕܗ: ܒܕܠܐ ܗܝܡܢ
ܒܣܗܕܘܬܐ ܕܐܣܗܕ ܐܠܗܐ ܥܠ ܒܪܗ. 11 ܘܗܕܐ ܗܝ ܣܗܕܘܬܐ. ܕܚܝܐ ܕܠܥܠܡ ܝܗܒ
ܠܢ ܐܠܗܐ. ܘܗܠܝܢ ܚܝܐ ܒܒܪܗ ܐܝܬܝܗܘܢ. 12 ܟܠ ܕܐܚܝܕ ܠܒܪܐ. ܐܚܝܕ ܐܦ ܠܚܝܐ.
ܘܟܠ ܕܠܐ ܐܚܝܕ ܠܒܪܗ ܕܐܠܗܐ. ܠܝܬ ܠܗ ܚܝܐ. 13 ܗܠܝܢ ܟܬܒܬ ܠܟܘܢ. ܕܬܕܥܘܢ
ܕܚܝܐ ܕܠܥܠܡ ܐܝܬ ܠܟܘܢ: ܠܐܝܠܝܢ ܕܡܗܝܡܢܝܢ ܒܫܡܗ ܕܒܪܗ ܕܐܠܗܐ. 14 ܘܗܕܐ
ܦܪܗܣܝܐ ܐܝܬ ܠܢ ܠܘܬܗ: ܕܟܠ ܕܫܐܠܝܢܢ ܠܗ ܐܝܟ ܨܒܝܢܗ. ܫܡܥ ܠܢ. 15 ܘܐܢ
ܡܫܪܪܝܢܢ ܕܫܡܥ ܠܢ ܥܠ ܟܠ ܡܕܡ ܕܫܐܠܝܢܢ ܡܢܗ. ܣܒܝܪܝܢܢ ܕܢܣܒܢ ܡܢ ܗܫܐ
ܫܐܠܬܢ ܕܫܐܠܢ ܡܢܗ. 16 ܐܢ ܐܢܫ ܢܚܙܐ ܠܐܚܘܗܝ ܕܚܛܐ ܚܛܗܐ ܕܠܐ ܡܡܝܬ ܠܡܘܬܐ.
ܢܫܐܠ ܘܢܬܝܗܒܘܢ ܠܗ ܚܝܐ: ܠܐܝܠܝܢ ܕܠܐ ܗܘܐ ܐܝܟ ܕܠܡܘܬܐ ܚܛܝܢ. ܐܝܬ ܓܝܪ
ܚܛܗܐ ܕܡܘܬܐ. ܠܐ ܗܘܐ ܥܠ ܗܢܐ ܐܡܪ ܐܢܐ ܕܢܒܥܐ ܐܢܫ. 17 ܟܠ ܥܘܠܐ ܓܝܪ ܚܛܝܬܐ
ܗܝ. ܘܐܝܬ ܚܛܗܐ ܕܠܐ ܗܘܐ ܕܡܘܬܐ ܗܝ. 18 ܘܝܕܥܝܢܢ ܕܟܠ ܕܝܠܝܕ ܡܢ ܐܠܗܐ.
ܠܐ ܚܛܐ. ܗܘ ܓܝܪ ܕܝܠܝܕ ܡܢ ܐܠܗܐ. ܢܛܪ ܢܦܫܗ. ܘܒܝܫܐ ܠܐ ܡܬܩܪܒ ܠܗ.
19 ܝܕܥܝܢܢ ܕܡܢ ܐܠܗܐ ܚܢܢ. ܘܥܠܡܐ ܟܠܗ ܒܒܝܫܐ ܗܘ ܣܝܡ. 20 ܘܝܕܥܝܢܢ ܕܒܪܗ
ܕܐܠܗܐ ܐܬܐ. ܘܝܗܒ ܠܢ ܡܕܥܐ ܕܢܕܥ ܠܫܪܝܪܐ: ܘܢܗܘܐ ܒܗ ܒܫܪܝܪܐ: ܒܒܪܗ ܝܫܘܥ
ܡܫܝܚܐ. ܗܢܐ ܗܘ ܐܠܗܐ ܫܪܝܪܐ ܘܚܝܐ ܕܠܥܠܡ. 21 ܒܢܝ. ܛܪܘ ܢܦܫܟܘܢ ܡܢ
ܕܚܠܬ ܦܬܟܪܐ ·܀··

܀ ܫܠܡܬ ܐܓܪܬܐ ܕܝܘܚܢܢ ܫܠܝܚܐ ܀

ܦܘܠܘܣ ܫܠܝܚܐ

ܐܓܪܬܐ ܕܠܘܬ ܪܗܘܡܝܐ

Cap. i. [1] ܦܘܠܘܣ ܥܒܕܐ ܕܝܫܘܥ ܡܫܝܚܐ. ܩܪܝܐ ܘܫܠܝܚܐ. ܕܐܬܦܪܫ ܠܐܘܢܓܠܝܘܢ ܕܐܠܗܐ.
[2] ܕܡܢ ܩܕܝܡ ܡܠܟ ܥܠܘܗܝ ܒܝܕ ܢܒܝܘܗܝ. ܒܟܬܒܐ ܩܕܝܫܐ. [3] ܥܠ ܒܪܗ. ܗܘ ܕܐܬܝܠܕ ܒܒܣܪ
ܡܢ ܙܪܥܐ ܕܒܝܬ ܕܘܝܕ. [4] ܘܐܬܝܕܥ ܒܪܐ ܕܐܠܗܐ. ܒܚܝܠܐ ܘܒܪܘܚܐ ܩܕܝܫܐ. ܕܩܡ ܡܢ
ܒܝܬ ܡܝܬܐ ܝܫܘܥ ܡܫܝܚܐ ܡܪܢ. [5] ܕܒܗ ܢܣܒܢ ܛܝܒܘܬܐ ܘܫܠܝܚܘܬܐ ܒܟܠܗܘܢ
ܥܡܡܐ. ܐܝܟ ܕܢܫܬܡܥܘܢ ܠܗܝܡܢܘܬܐ ܕܫܡܗ. [6] ܐܦ ܐܢܬܘܢ ܡܢܗܘܢ ܐܢܬܘܢ.
ܩܪܝܐ ܒܝܫܘܥ ܡܫܝܚܐ. [7] ܠܟܠܗܘܢ ܕܒܪܗܘܡܝ. ܚܒܝܒܘܗܝ ܕܐܠܗܐ ܩܪܝܐ ܘܩܕܝܫܐ.
ܫܠܡܐ ܘܛܝܒܘܬܐ ܠܟܘܢ. ܡܢ ܐܠܗܐ ܐܒܘܢ. ܘܡܢ ܡܪܢ ܝܫܘܥ ܡܫܝܚܐ܀ [8] ܠܘܩܕܡ
ܡܘܕܐ ܐܢܐ ܠܐܠܗܝ. ܒܝܫܘܥ ܡܫܝܚܐ ܥܠ ܟܠܟܘܢ. ܕܗܝܡܢܘܬܟܘܢ ܐܫܬܡܥܬ ܒܟܠܗ
ܥܠܡܐ. [9] ܣܗܕ ܗܘ ܠܝ ܓܝܪ ܐܠܗܐ ܕܠܗ ܡܫܡܫ ܐܢܐ ܒܪܘܚ ܒܐܘܢܓܠܝܘܢ ܕܒܪܗ.
ܕܕܠܐ ܫܠܝܐ ܒܟܠܙܒܢ ܡܥܗܕ ܐܢܐ ܠܟܘܢ ܒܨܠܘܬܝ. [10] ܘܡܬܟܫܦ ܐܢܐ ܕܐܢ ܡܢ ܗܫܐ
ܢܬܦܬܚ ܠܝ ܐܘܪܚܐ ܒܨܒܝܢܗ ܕܐܠܗܐ. ܕܐܬܐ ܠܘܬܟܘܢ. [11] ܡܛܠ ܕܣܓܝ ܣܘܐ ܐܢܐ
ܕܐܚܙܝܟܘܢ. ܘܐܬܠ ܠܟܘܢ ܡܘܗܒܬܐ ܕܪܘܚ. ܕܒܗ ܬܫܬܪܪܘܢ. [12] ܘܐܟܚܕܐ ܢܬܒܝܐܐ
ܒܗܝܡܢܘܬܐ ܕܝܠܟܘܢ ܘܕܝܠܝ܀

[13] ܨܒܐ ܐܢܐ ܕܝܢ ܕܬܕܥܘܢ ܐܚܝ. ܕܙܒܢܝܢ ܣܓܝܐܢ ܨܒܝܬ ܕܐܬܐ ܠܘܬܟܘܢ: ܘܐܬܟܠܝܬ
ܥܕܡܐ ܠܗܫܐ. ܕܐܦ ܒܟܘܢ ܢܗܘܐ ܠܝ ܐܕܫܐ ܐܝܟ ܕܒܫܪܟܐ ܕܥܡܡܐ. [14] ܝܘܢܝܐ
ܘܒܪܒܪܝܐ. ܚܟܝܡܐ ܘܣܟܠܐ. ܕܒܟܠܗܘܢ ܚܝܒ ܐܢܐ ܕܐܟܪܙ. [15] ܘܗܟܢܐ ܡܬܚܦܛ ܐܢܐ. ܕܐܦ
ܠܟܘܢ ܕܒܪܗܘܡܝ ܐܣܒܪ. [16] ܠܐ ܓܝܪ ܒܗܬ ܐܢܐ ܒܗ ܒܐܘܢܓܠܝܘܢ. ܡܛܠ ܕܚܝܠܐ ܗܘ
ܕܐܠܗܐ. ܠܚܝܐ ܕܟܠ ܕܡܗܝܡܢܝܢ ܒܗ. ܐܢ ܡܢ ܝܗܘܕܝܐ ܠܘܩܕܡ. ܘܐܢ ܡܢ ܐܪܡܝܐ.
[17] ܟܐܢܘܬܗ ܓܝܪ ܕܐܠܗܐ ܒܗ ܡܬܓܠܝܐ: ܡܢ ܗܝܡܢܘܬܐ ܠܗܝܡܢܘܬܐ. ܐܝܟ ܕܟܬܝܒ.
ܕܟܐܢܐ ܡܢ ܗܝܡܢܘܬܐ ܢܚܐ܀ [18] ܡܬܓܠܐ ܗܘ ܓܝܪ ܪܘܓܙܗ ܕܐܠܗܐ ܡܢ ܫܡܝܐ: ܥܠ
ܟܠܗ ܥܘܠܗܘܢ ܘܪܘܫܥܗܘܢ ܕܒܢܝܢܫܐ. ܗܢܘܢ ܕܫܪܪܐ ܒܥܘܠܐ ܐܚܝܕܝܢ. [19] ܡܛܠ
ܕܝܕܥܬܗ ܕܐܠܗܐ ܓܠܝܐ ܗܝ ܒܗܘܢ. ܐܠܗܐ ܓܝܪ ܓܠܝܗ ܠܗܘܢ. [20] ܟܣܝܘܬܗ ܓܝܪ
ܕܐܠܗܐ ܡܢ ܬܘܩܢܗ ܕܥܠܡܐ. ܠܒܪܝܬܗ ܒܡܣܬܟܠܢܘܬܐ ܡܬܚܙܝܢ. ܘܚܝܠܗ ܘܐܠܗܘܬܗ
ܕܠܥܠܡ. ܕܢܗܘܘܢ ܕܠܐ ܡܦܩ ܒܪܘܚ. [21] ܡܛܠ ܕܝܕܥܘ ܠܐܠܗܐ. ܘܠܐ ܐܝܟ ܕܠܐܠܗܐ

ܫܒܚܘܗܝ. ܘܐܘܕܝܘ ܠܗ. ܐܠܐ ܐܣܬܪܩܘ ܒܡܚܫܒܬܗܘܢ. ܘܐܬܚܫܟ ܠܒܗܘܢ. ܕܠܐ
ܡܣܬܟܠ. 22 ܘܟܕ ܣܒܪܝܢ ܒܢܦܫܗܘܢ ܕܚܟܝܡܝܢ ܐܢܘܢ. ܫܛܘ ܠܗܘܢ. 23 ܘܫܚܠܦܘ
ܫܘܒܚܗ ܕܐܠܗܐ ܕܠܐ ܡܬܚܒܠ. ܒܕܡܘܬܐ ܕܨܠܡܐ ܕܒܪܢܫܐ ܕܡܬܚܒܠ: ܘܒܕܡܘܬܐ
ܕܦܪܚܬܐ ܘܕܐܪܒܥܬ ܪ̈ܓܠܝܢ. ܘܕܪ̈ܚܫܐ ܕܐܪܥܐ. 24 ܡܛܠ ܗܢܐ ܐܫܠܡ ܐܢܘܢ ܐܠܗܐ
ܠܪ̈ܓܝܓܬܐ ܛܢ̈ܦܬܐ ܕܠܒܗܘܢ. ܕܢܨܥܪܘܢ ܦܓܪ̈ܝܗܘܢ ܒܗܘܢ. 25 ܘܫܚܠܦܘ ܫܪܪܗ
ܕܐܠܗܐ ܒܕܓܠܘܬܐ. ܘܕܚܠܘ ܘܫܡܫܘ ܠܒܪ̈ܝܬܐ ܝܬܝܪ ܡܢ ܕܠܒܪܘܝܗܘܢ: ܕܠܗ ܬܫ̈ܒܚܢ
ܘܒܘܪ̈ܟܢ ܠܥܠܡ ܥܠܡܝܢ ܐܡܝܢ. 26 ܡܛܠ ܗܢܐ ܐܫܠܡ ܐܢܘܢ ܐܠܗܐ ܠܚ̈ܫܐ
ܕܨܥܪܐ. ܢܩܒ̈ܬܗܘܢ ܓܝܪ ܫܚܠܦ ܚܫܚܬܐ ܕܟܝܢܗܝܢ. ܘܒܟܝܢܐ ܕܠܐ ܡܚܫܚ ܐܫܬܡܫ.
27 ܘܐܦ ܗܟܢܐ ܕܟܪ̈ܝܗܘܢ ܫܒܩܘ ܚܫܚܬܐ ܕܟܝܢܐ ܕܢܩܒܬܐ. ܘܐܬܡܪܚܘ ܒܪܓܬܐ ܚܕ
ܥܠ ܚܕ. ܘܕܟܪ̈ܐ ܥܠ ܕܟܪ̈ܐ ܒܗܬܬܐ ܥܒܕܘ. ܘܦܘܪܥܢܐ ܕܙܕܩ ܗܘܐ ܠܛܘܥܝܝܗܘܢ.
ܒܩܢܘܡܗܘܢ ܩܒܠܘ. 28 ܘܐܝܟ ܕܠܐ ܕܢܘ ܒܢܦܫܗܘܢ ܕܢܕܥܘܢܝܗܝ ܠܐܠܗܐ. ܐܫܠܡ ܐܢܘܢ
ܐܠܗܐ ܠܡܕܥܐ ܣܪܝܩܘܬܐ. ܕܢܥܒܕܘܢ ܡܕܡ ܕܠܐ ܘܠܐ. 29 ܟܕ ܡܠܝܢ ܒܟܠ
ܥܘܠ ܘܙܢܝܘܬܐ ܘܡܪܝܪܘܬܐ ܘܒܝܫܘܬܐ ܘܥܠܘܒܘܬܐ ܘܚܣܡܐ ܘܩܛܠܐ ܘܚܪܝܢܐ
ܘܢܟܠܐ ܘܡܣܩܒܠܘܬܐ ܒܝ̈ܫܬܐ 30 ܘܪܛܢܐ ܘܡܫܥܝܢܐ. ܘܣܢܝܢ ܠܐܠܗܐ ܡܨܥܪܢܐ
ܫܘܝܛܐ ܡܫܬܒܗܪܢܐ ܡܫܟܚܝ ܒܝ̈ܫܬܐ ܚܣܝܪܝ ܪܥܝܢܐ. ܘܠܐܒܗ̈ܝܗܘܢ ܠܐ ܡܬܛܦܝܣܝܢ.
31 ܘܣܘܟܠܐ ܠܝܬ ܒܗܘܢ. ܘܠܐ ܫܝܢܐ ܘܠܐ ܚܘܒܐ ܘܠܐ ܪ̈ܚܡܐ ܐܝܬ ܒܗܘܢ. 32 ܗܢܘܢ ܕܟܕ
ܝܕܥܝܢ ܕܝܢܗ ܕܐܠܗܐ: ܕܠܐܝܠܝܢ ܕܐܝܟ ܗܠܝܢ ܥܒܕܝܢ ܠܡܘܬܐ ܡܚܝܒܝܢ. ܠܐ ܗܘܐ ܒܠܚܘܕ
ܥܒܕܝܢ ܠܗܝܢ. ܐܠܐ ܐܦ ܡܫܬܘܬܦܝܢ ܠܐܝܠܝܢ ܕܗܠܝܢ ܥܒܕܝܢ ܀

1 ܡܛܠ ܗܢܐ ܠܝܬ ܠܟ ܡܦܩ ܒܪܘܚܐ ܐܘ ܒܪܢܫܐ. ܕܕܐܢ ܚܒܪܗ: ܒܗܘ ܓܝܪ ܕܕܐܢ Cap. ii.
ܐܢܬ ܚܒܪܟ. ܢܦܫܟ ܗܘ ܡܚܝܒ ܐܢܬ. ܐܦ ܐܢܬ ܓܝܪ ܕܕܐܢ ܐܢܬ. ܒܗܝܢ ܗܘ ܡܬܗܦܟ
ܐܢܬ. 2 ܘܝܕܥܝܢ ܕܐܠܗܘܝ ܕܝܢܗ ܕܐܠܗܐ ܒܩܘܫܬܐ: ܥܠ ܐܝܠܝܢ ܕܒܗܠܝܢ
ܡܬܗܦܟܝܢ. 3 ܡܢܐ ܕܝܢ ܡܬܪܥܐ ܐܢܬ ܐܘ ܒܪܢܫܐ: ܕܕܐܢ ܐܢܬ ܠܐܝܠܝܢ ܕܒܗܠܝܢ
ܡܬܗܦܟܝܢ: ܟܕ ܐܦ ܐܢܬ ܒܗܝܢ ܡܬܗܦܟ ܐܢܬ. ܕܐܢܬ ܬܥܪܘܩ ܡܢ ܕܝܢܗ ܕܐܠܗܐ.
4 ܐܘ ܥܠ ܥܘܬܪܐ ܕܒܣܝܡܘܬܗ. ܘܥܠ ܡܓܪܬ ܪܘܚܗ. ܘܥܠ ܐܬܪܐ ܕܝܗܒ ܠܟ.
ܡܒܣܪ ܐܢܬ. ܘܠܐ ܝܕܥ ܐܢܬ. ܕܒܣܝܡܘܬܗ ܕܐܠܗܐ ܠܬܝܒܘܬܐ ܗܘ ܡܥܠܐ ܠܟ.
5 ܐܠܐ ܡܛܠ ܩܫܝܘܬ ܠܒܟ ܕܠܐ ܬܐܒ. ܣܐܡ ܐܢܬ ܠܟ ܣܝܡܬܐ ܕܪܘܓܙܐ
ܠܝܘܡܐ ܕܪܘܓܙܐ ܘܠܓܠܝܢܐ ܕܕܝܢܐ ܟܐܢܐ ܕܐܠܗܐ: 6 ܗܘ ܕܦܪܥ ܠܟܠܢܫ ܐܝܟ
ܥܒܕ̈ܘܗܝ ◦ ◦ ◦ ◦ ◦

7 ܠܐܝܠܝܢ ܕܒܡܣܝܒܪܢܘܬܐ ܕܥܒܕܐ ܛܒܐ. ܫܘܒܚܐ ܘܐܝܩܪܐ ܘܠܐ ܡܬܚܒܠܢܘܬܐ ܒܥܝܢ. ܩܢܘܢ ܕ
ܝܗܒ ܠܗܘܢ ܚܝܐ ܕܠܥܠܡ. 8 ܐܝܠܝܢ ܕܝܢ ܕܚܪܝܢ. ܘܠܐ ܡܬܛܦܝܣܝܢ ܠܫܪܪܐ: ܐܠܐ

ܒܚܡܬܐ. ܘܪܘܓܙܐ ܘܐܘܠܨܢܐ [9] ܘܐܘܠܨܢܐ ܘܫܢܩܐ ܢܗܘܘܢ. ܠܟܠ
ܒܪܢܫ ܕܦܠܚ ܒܝܫܬܐ. ܠܝܗܘܕܝܐ ܠܘܩܕܡ. ܘܠܐܪܡܝܐ. [10] ܫܘܒܚܐ ܕܝܢ. ܘܐܝܩܪܐ
ܘܫܠܡܐ. ܠܟܠ ܕܦܠܚ ܛܒܬܐ. ܠܝܗܘܕܝܐ ܠܘܩܕܡ. ܘܠܐܪܡܝܐ. [11] ܠܐ ܓܝܪ ܐܝܬ ܡܣܒ
ܒܐܦܐ ܠܘܬ ܐܠܗܐ. [12] ܐܝܠܝܢ ܓܝܪ ܕܕܠܐ ܢܡܘܣܐ ܚܛܘ. ܐܦ ܕܠܐ ܢܡܘܣܐ ܢܐܒܕܘܢ.
ܘܐܝܠܝܢ ܕܒܢܡܘܣܐ ܚܛܘ. ܡܢ ܢܡܘܣܐ ܢܬܕܝܢܘܢ. [13] ܠܐ ܗܘܐ ܓܝܪ ܫܡܘܥܘܗܝ
ܕܢܡܘܣܐ ܟܐܢܝܢ ܩܕܡ ܐܠܗܐ. ܐܠܐ ܥܒܘܕܘܗܝ ܕܢܡܘܣܐ ܡܙܕܕܩܝܢ. [14] ܐܢ ܓܝܪ
ܥܡܡܐ ܕܢܡܘܣܐ ܠܝܬ ܠܗܘܢ: ܡܢ ܟܝܢܗܘܢ ܢܥܒܕܘܢ ܕܢܡܘܣܐ. ܗܢܘܢ ܟܕ
ܢܡܘܣܐ ܠܝܬ ܗܘܐ ܠܗܘܢ. ܠܢܦܫܗܘܢ ܗܘܘ ܢܡܘܣܐ. [15] ܘܗܢܘܢ ܡܚܘܝܢ ܥܒܕܗ
ܕܢܡܘܣܐ. ܟܕ ܟܬܝܒ ܥܠ ܠܒܗܘܢ. ܘܡܣܗܕܐ ܥܠܝܗܘܢ ܬܐܪܬܗܘܢ. ܟܕ ܡܟܣܢ ܚܫܒܝܗܘܢ
ܠܚܕܕܐ. ܐܘ ܡܦܩܝܢ ܪܘܚܐ ܠܚܕܕܐ: [16] ܒܝܘܡܐ ܕܕܐܢ ܐܠܗܐ ܟܣܝܬܐ ܕܒܢܝܢܫܐ: ܐܝܟ
ܐܘܢܓܠܝܘܢ ܕܝܠܝ ܒܝܕ ܝܫܘܥ ܡܫܝܚܐ. [17] ܐܢ ܐܢܬ ܕܝܢ ܕܝܗܘܕܝܐ ܡܬܩܪܐ ܐܢܬ:
ܘܡܬܬܟܠ ܐܢܬ ܥܠ ܢܡܘܣܐ: ܘܡܫܬܒܗܪ ܐܢܬ ܒܐܠܗܐ. [18] ܘܝܕܥ ܐܢܬ ܨܒܝܢܗ: ܘܦܪܫ
ܐܢܬ ܡܦܪܫܬܐ ܘܡܬܠܡܕ ܐܢܬ ܡܢ ܢܡܘܣܐ: [19] ܘܐܬܬܟܠܬ ܥܠ ܢܦܫܟ. ܕܡܕܒܪܢܐ ܐܢܬ
ܕܣܡܝܐ: ܘܢܘܗܪܐ ܕܐܝܠܝܢ ܕܐܚܝܕܝܢ ܒܚܫܘܟܐ: [20] ܘܪܕܘܝܐ ܕܚܣܝܪܝ ܪܥܝܢܐ:
ܘܡܠܦܢܐ ܕܛܠܝܐ: ܘܐܝܬ ܠܟ ܐܣܟܡܐ ܕܝܕܥܬܐ ܘܕܫܪܪܐ ܒܢܡܘܣܐ. [21] ܐܢܬ ܗܟܝܠ
ܕܡܠܦ ܐܢܬ ܠܐܚܪܢܐ. ܠܢܦܫܟ ܠܐ ܡܠܦ ܐܢܬ. ܘܕܡܟܪܙ ܐܢܬ ܕܠܐ ܢܓܢܒܘܢ. ܐܢܬ
ܓܢܒ ܐܢܬ. [22] ܘܕܐܡܪ ܐܢܬ ܕܠܐ ܢܓܘܪܘܢ. ܐܢܬ ܓܐܪ ܐܢܬ. ܘܐܢܬ ܕܫܐܛ ܐܢܬ ܦܬܟܪܐ.
ܡܣܠܐ ܐܢܬ ܒܝܬ ܡܩܕܫܐ. [23] ܘܐܢܬ ܕܡܫܬܒܗܪ ܐܢܬ ܒܢܡܘܣܐ. ܒܗܘ ܕܥܒܪ ܐܢܬ
ܥܠ ܢܡܘܣܐ ܠܐܠܗܐ ܗܘ ܡܨܥܪ ܐܢܬ. [24] ܫܡܗ ܓܝܪ ܕܐܠܗܐ. ܡܛܠܬܟܘܢ ܗܘ
ܡܬܓܕܦ ܒܥܡܡܐ ܐܝܟ ܕܟܬܝܒ. [25] ܓܙܘܪܬܐ ܓܝܪ ܡܘܬܪܐ. ܐܢ ܢܡܘܣܐ ܬܫܠܡ.
ܐܢ ܬܥܒܪ ܕܝܢ ܥܠ ܢܡܘܣܐ. ܓܙܘܪܬܟ ܗܘܬ ܠܗ ܥܘܪܠܘܬܐ. [26] ܐܢ ܗܘ ܕܝܢ
ܕܥܘܪܠܘܬܐ ܬܛܪ ܦܘܩܕܢܘܗܝ ܕܢܡܘܣܐ. ܠܐ ܗܐ ܥܘܪܠܘܬܐ ܡܬܚܫܒܐ ܠܗ ܓܙܘܪܬܐ.
[27] ܘܬܕܘܢ ܥܘܪܠܘܬܐ ܕܡܢ ܟܝܢܗ ܡܫܠܡܐ ܢܡܘܣܐ: ܠܟ ܕܒܟܬܒܐ ܘܒܓܙܘܪܬܐ ܥܒܪ ܐܢܬ
ܥܠ ܢܡܘܣܐ. [28] ܠܐ ܗܘܐ ܓܝܪ ܡܢ ܕܒܓܠܝܐ ܗܘ ܗܘ ܝܗܘܕܝܐ. ܘܠܐ ܐܝܕܐ ܕܡܬܚܙܝܐ
ܒܒܣܪܐ ܓܙܘܪܬܐ. [29] ܐܠܐ ܗܘ ܗܘ ܝܗܘܕܝܐ ܐܝܢܐ ܕܒܟܣܝܐ ܗܘ. ܘܓܙܘܪܬܐ ܐܝܕܐ
ܕܒܠܒܐ ܗܝ: ܒܪܘܚ ܘܠܐ ܒܟܬܒܐ: ܐܝܕܐ ܕܫܘܒܚܗ ܠܐ ܗܘܐ ܡܢ ܒܢܝ ܐܢܫܐ ܐܠܐ ܡܢ
Cap. iii. ܐܠܗܐ. [1] ܡܢܐ ܗܘ ܗܟܝܠ ܝܬܝܪܘܬܗ ܕܝܗܘܕܝܐ. ܐܘ ܡܢܐ ܡܘܬܪܢܗ ܕܓܙܘܪܬܐ. [2] ܣܓܝ ܒܟܠ
ܡܕܡ. ܠܘܩܕܡ ܕܐܬܗܝܡܢܘ ܡܠܘܗܝ ܕܐܠܗܐ. [3] ܐܢ ܡܢܗܘܢ ܓܝܪ ܠܐ ܗܝܡܢܘ. ܕܠܡܐ
ܠܐ ܗܝܡܢܘܬܗܘܢ ܗܝܡܢܘܬܗ ܕܐܠܗܐ ܡܒܛܠܐ. [4] ܚܣ. ܐܝܬܘܗܝ ܓܝܪ ܐܠܗܐ ܫܪܝܪܐ.

ܘܟܠ ܓܢܒ ܕܢܦܠ. ܐܡܝܢܐ ܕܩܐܡ. ܕܝܠܗ ܗܘܐ ܚܝܠܐ ܠܡܩܡܬܗ. ܘܐܬܝܐ ܓܒ ܕܡܩܝܡ ܠܗ.
5 ܐܝ ܕܡܢ ܚܘܟܡ ܦܐܪܘܬܗ ܕܐܠܗܐ ܡܩܘܡ. ܡܢܐ ܬܐܡܪ. ܠܡܢܐ ܠܟܠ ܗܘ ܐܠܗܐ
ܕܡܢܝܐ ܦܘܠܚܢܗ. ܐܝܟ ܓܢܒܪܐ ܗܘ ܡܟܠܟܠ ܐܢܐ. 6 ܐܝܟ. ܦܘܢ ܠܐ. ܐܡܝܢܐ ܗܘܝܢ ܐܠܗܐ
ܠܡܠܟܘܬܐ. 7 ܐܢ ܓܒܪ ܡܕܪܗ ܕܐܠܗܐ ܐܬܡܨܝ ܒܥܒܕܘܬܐ ܠܡܫܡܫܢܘܬܗ ܕܡܠܟܘ.
ܠܡܢܐ ܗܟܝܠ ܐܢܐ ܐܝܟ ܥܒܕܐ. ܡܬܬܩܪܐ ܐܢܐ: 8 ܐܦ ܕܠܡܢܐ ܐܝܟ ܕܡܫܬܒܩܝܢ ܠܟܠܗܘܢ.
ܘܐܡܪܝܢ: ܕܐܡܪܝܢ ܕܢܚܘܒ ܒܬܘܒܬܐ ܕܬܐܒܝܢ ܠܓܒܪܐ. ܗܢܘܢ ܕܡܫܬܒܩܝܢ ܠܚܛܗܐ ܗܘ
ܠܒܝܬܘܬܐ ◆ 9 ܗܕܐ ܗܟܝܠ ܐܬܚܙܝܬ ܠܚܕ ܡܢܗܘܢ ܦܩܘܕ ܠܟܠ ܬܘܕܝܬܐ ܘܟܠ
ܐܘܡܢܘܬܐ: ܕܐܬܚܙܝ ܚܘܒܐ ܐܢܘܢ ܠܟܠܗܘܢ. 10 ܐܝܟ ܕܡܫܡܫ. ܕܟܠ ܒܝܬܐ ܐܦܠܐ ܚܕ.
11 ܘܠܐ ܕܡܫܬܒܩܝܢ. ܘܠܐ ܕܟܠ ܠܐܠܗܐ. 12 ܟܠܗܘܢ ܫܡܗ ܐܚܝܐ ܘܐܬܩܕܫܘ. ܘܟܠ
ܕܟܒ ܚܘܒܐ ܐܦܠܐ ܚܕ. 13 ܡܛܠ ܕܒܝܬܐ ܠܫܒܝܚܘܬܗܘܢ. ܘܠܡܫܡܫܢܘܬܗܘܢ ܢܬܩܒܠܘܢ.
ܘܚܘܒܐ ܕܐܬܚܙܝ ܠܗܘܢ ܒܩܘܫܬܐ. 14 ܦܘܩܕܢܝ ܡܛܠ ܟܠ ܡܛܠܬܐ ܘܡܢܬܐ.
15 ܘܕܟܠܗܘܢ ܡܫܡܫܝܢ ܠܡܠܟܘܬ ܕܡܪܐ. 16 ܗܢܘܢ ܘܕܗܘܝܢ ܫܠܝܚܐ ܠܗܘܢ. 17 ܘܐܦ ܗܘܐ
ܕܡܠܟܘܬܐ ܠܐ ܬܐܬܐ. 18 ܘܕܡܬܚܙܝܐ ܕܐܠܗܐ ܠܟܠ ܡܢ ܠܟܠܗܘܢ. 19 ܝܘܡܢܐ ܕܝܢ. ܕܡܢ
ܕܐܡܪ ܫܠܝܚܐ. ܠܐܚܐ ܕܫܠܝܚܘܬܐ ܐܢܘܢ ܐܡܪ. ܕܟܠ ܡܢ ܢܫܡܫ. ܘܠܡܠܟܘܬܐ ܒܓܘܗ
ܢܬܚܙܐ ܠܐܠܗܐ. 20 ܡܛܠ ܕܡܢ ܒܓܘܗܝ ܕܫܠܝܚܐ. ܠܐ ܡܬܩܪܝܢ ܟܠ ܒܗܢ ܡܥܒܕܝܢ.
ܡܢ ܫܠܝܚܐ ܓܒܪ ܐܬܚܙܝ ܚܘܒܐ. 21 ܗܕܐ ܕܝܢ ܕܠܐ ܫܠܝܚܐ. ܒܝܬܗ ܕܐܠܗܐ
ܐܬܚܙܝ. ܘܡܫܡܫ ܠܟܠܗ ܗܘ ܫܠܝܚܐ ܘܐܚܝܐ. 22 ܒܝܬܗ ܕܝܢ ܕܐܠܗܐ. ܟܕ
ܡܫܡܫܢܘܬܐ ܗܘ ܕܢܦܫ ܡܩܕܫܐ ܒܓܒܪܐ. ܐܦ ܟܠ ܦܠܓܐ. ܕܡܬܡܫܡܫ ܓܘ. ܟܠ
ܓܒܪ ܦܘܪܫܢܐ: 23 ܡܛܠ ܕܟܠܗܘܢ ܫܠܝܚ. ܘܡܫܡܫܝܢ ܡܢ ܡܫܡܫܢܘܬܗ ܕܐܠܗܐ.
24 ܘܡܬܕܟܪܝܢ ܠܫܡܫܘܬܐ ܡܢܗܘܢ. ܘܠܦܘܪܫܢܐ ܕܐܬܚܙܝ ܒܢܦܫܗ ܡܩܕܫܐ. 25 ܗܢܐ ܕܡܢ
ܡܫܡܫ ܐܠܗܐ ܫܠܝܚܐ ܒܡܫܡܫܢܘܬܐ ܕܒܗ: ܡܛܠ ܫܠܝܚܐ ܕܡܢ ܩܕܡ ܫܠܝܡ:
26 ܒܝܬܐ ܕܚܙܐ ܠܗ ܐܠܗܐ ܒܡܫܝܚܐ ܦܘܪܩܢܐ: ܠܡܫܒܚܘ ܕܒܝܬܗ ܕܠܐܟܬܒܐ ܗܢܐ.
ܕܗܘ ܢܗܘܐ ܒܝܬܐ. ܘܐܢܫ ܒܒܝܬܘܬܐ ܠܡܢ ܕܠܡܫܡܫܢܘܬܐ ܗܘ ܕܡܢ ܢܦܫܗ
ܡܩܕܫܐ . . ◆ . .

ܘܣܠܘ. 27 ܐܢܫܐ ܗܟܝܠ ܡܫܡܫܢܐ. ܐܬܚܙܝ ܠܗ. ܒܝܬܐ ܢܦܫܗ: ܕܟܒܝܪܐ. ܠܐ. ܐܠܐ ܒܢܦܫܗ
ܕܡܫܡܫܢܘܬܐ. 28 ܡܛܠ ܕܫܠܝܚܐ ܗܟܝܠ. ܕܒܡܫܡܫܢܘܬܐ ܗܘ ܡܬܩܪܝܢ ܓܢܒܪܐ: ܘܠܐ ܓܒܪܐ
ܕܢܦܫܐ. 29 ܠܡܢܐ ܓܒܪ ܐܠܗܐ ܕܡܫܡܫ ܗܘ ܓܒܝܘ. ܘܕܟܬܝܒܐ ܠܐ. ܐܝܟ ܐܦ
ܕܟܬܝܒܐ. 30 ܡܛܠ ܕܚܕ ܗܘ ܐܠܗܐ ܕܡܫܡܫ ܠܦܘܪܩܢܐ ܠܡܫܡܫܢܘܬܐ. ܐܦ ܠܦܘܪܫܢܘܬܐ
ܓܘ ܠܡܫܡܫܢܘܬܐ. 31 ܠܡܢܐ ܗܟܝܠ ܢܦܫܐ ܗܘ ܡܬܚܫܒܝܢ ܠܡܫܡܫܢܘܬܐ. ܐܝܟ. ܐܠܐ
ܢܦܫܐ ܗܘ ܡܩܕܫܝܢ ◆

Cap. iv. 1 ܡܢܐ ܗܟܝܠ ܐܡܪܝܢܢ ܥܠ ܐܒܪܗܡ܂ ܪܫܐ ܕܐܒܗܬܐ ܕܐܫܟܚ ܒܒܣܪ܂ 2 ܐܠܘ ܓܝܪ
ܐܒܪܗܡ ܡܢ ܥܒܕܐ ܐܙܕܕܩ ܗܘܐ܂ ܐܝܬ ܗܘܐ ܠܗ ܫܘܒܗܪܐ܂ ܐܠܐ ܠܐ ܠܘܬ ܐܠܗܐ܂ 3 ܡܢܐ
ܓܝܪ ܐܡܪ ܟܬܒܐ܂ ܕܗܝܡܢ ܐܒܪܗܡ ܠܐܠܗܐ܂ ܘܐܬܚܫܒܬ ܠܗ ܠܙܕܝܩܘ܂ 4 ܠܡܢ ܕܦܠܚ
ܕܝܢ܆ ܠܐ ܡܬܚܫܒ ܠܗ ܐܓܪܗ ܐܝܟ ܕܒܛܝܒܘܬܐ܂ ܐܠܐ ܐܝܟ ܡܢ ܕܡܫܬܐܠܐ ܠܗ܂ 5 ܠܡܢ
ܕܝܢ ܕܠܐ ܦܠܚ܆ ܐܠܐ ܡܗܝܡܢ ܒܠܚܘܕ ܒܡܢ ܕܡܙܕܩ ܠܚܛܝܐ܂ ܡܬܚܫܒܐ ܠܗ ܗܝܡܢܘܬܗ
ܠܙܕܝܩܘ܂ 6 ܐܝܟܢܐ ܕܐܦ ܕܘܝܕ ܐܡܪ ܥܠ ܛܘܒܘܗܝ ܕܒܪܢܫܐ܆ ܐܝܢܐ ܕܐܠܗܐ ܚܫܒ ܠܗ
ܙܕܝܩܘܬܐ ܕܠܐ ܥܒܕܐ܆ ܟܕ ܐܡܪ܂ 7 ܕܛܘܒܝܗܘܢ ܠܐܝܠܝܢ ܕܐܫܬܒܩ ܠܗܘܢ ܥܘܠܗܘܢ܆
ܘܐܬܚܦܝܘ ܚܛܗܝܗܘܢ܂ 8 ܘܛܘܒܘܗܝ ܠܓܒܪܐ ܕܠܐ ܢܚܫܘܒ ܠܗ ܐܠܗܐ ܚܛܝܬܗ܂ 9 ܗܢܐ
ܗܟܝܠ ܛܘܒܐ܆ ܥܠ ܓܙܘܪܬܐ ܗܘ܂ ܐܘ ܥܠ ܥܘܪܠܘܬܐ܂ ܐܡܪܝܢܢ ܓܝܪ܂ ܕܐܬܚܫܒܬ
ܠܐܒܪܗܡ ܗܝܡܢܘܬܗ ܠܙܕܝܩܘ܂ 10 ܐܝܟܢܐ ܗܟܝܠ ܐܬܚܫܒܬ ܠܗ܆ ܒܓܙܘܪܬܐ܂ ܐܘ
ܒܥܘܪܠܘܬܐ܂ ܠܐ ܗܘܐ ܒܓܙܘܪܬܐ܂ ܐܠܐ ܒܥܘܪܠܘܬܐ܂ 11 ܐܬܐ ܗܘ ܓܝܪ ܢܣܒ܂ ܓܙܘܪܬܐ܆
ܘܚܬܡܐ ܕܙܕܝܩܘܬܐ ܕܗܝܡܢܘܬܗ ܕܒܥܘܪܠܘܬܐ܆ ܕܢܗܘܐ ܐܒܐ ܠܟܠܗܘܢ ܐܝܠܝܢ
ܕܡܗܝܡܢܝܢ ܡܢ ܥܘܪܠܘܬܐ܂ ܕܬܬܚܫܒ ܐܦ ܠܗܘܢ ܠܙܕܝܩܘ܂ 12 ܘܐܒܐ ܠܓܙܘܪܬܐ܂
ܠܐ ܗܘܐ ܠܐܝܠܝܢ ܕܡܢ ܓܙܘܪܬܐ ܐܢܘܢ ܒܠܚܘܕ܂ ܐܠܐ ܐܦ ܠܐܝܠܝܢ ܕܫܠܡܝܢ ܠܥܩܒܬܐ
ܕܗܝܡܢܘܬܐ ܕܥܘܪܠܘܬܐ ܕܐܒܘܢ ܐܒܪܗܡ܂ 13 ܠܐ ܗܘܐ ܓܝܪ ܒܢܡܘܣܐ ܗܘܐ ܡܘܠܟܢܐ
ܠܐܒܪܗܡ ܘܠܙܪܥܗ܂ ܕܢܗܘܐ ܝܪܬܐ ܠܥܠܡܐ܂ ܐܠܐ ܒܙܕܝܩܘܬܐ ܕܗܝܡܢܘܬܗ܂ 14 ܐܠܘ
ܓܝܪ ܗܠܝܢ ܕܡܢ ܢܡܘܣܐ ܗܘܘ ܝܪܬܐ܂ ܣܪܝܩܐ ܗܘܬ ܗܝܡܢܘܬܐ܂ ܘܡܒܛܠ ܗܘܐ
ܡܘܠܟܢܐ܂ 15 ܢܡܘܣܐ ܓܝܪ ܡܫܡܠܝܢܐ ܗܘ ܕܪܘܓܙܐ܂ ܟܪ ܕܠܝܬ ܓܝܪ ܢܡܘܣܐ܂ ܐܦܠܐ
ܥܒܪ ܢܡܘܣܐ܂ 16 ܡܛܠ ܗܢܐ ܒܗܝܡܢܘܬܐ ܕܒܛܝܒܘܬܐ ܢܙܕܕܩ܂ ܘܢܗܘܐ ܫܪܝܪ ܡܘܠܟܢܐ
ܠܟܠܗ ܙܪܥܗ܂ ܠܐ ܠܐܝܢܐ ܕܡܢ ܢܡܘܣܐ ܗܘ ܒܠܚܘܕ܂ ܐܠܐ ܐܦ ܠܐܝܢܐ ܕܡܢ ܗܝܡܢܘܬܐ
ܗܘ ܕܐܒܪܗܡ܆ ܕܐܝܬܘܗܝ ܐܒܐ ܕܟܠܢ܂ 17 ܐܝܟܢܐ ܕܟܬܝܒ܂ ܕܐܒܐ ܠܣܘܓܐܐ
ܕܥܡܡܐ ܣܡܬܟ܂ ܩܕܡ ܐܠܗܐ ܗܘ ܕܗܝܡܢܬ ܒܗ܂ ܕܡܚܐ ܡܝܬܐ܆ ܘܩܪܐ ܠܐܝܠܝܢ ܕܠܐ ܐܝܬܝܗܘܢ܂
ܐܝܟ ܐܝܬܝܗܘܢ܂ 18 ܘܕܠܐ ܣܒܪܐ ܠܣܒܪܐ ܗܝܡܢ܂ ܕܢܗܘܐ ܐܒܐ ܠܣܘܓܐܐ ܕܥܡܡܐ܆
ܐܝܟ ܕܟܬܝܒ܂ ܕܗܟܢܐ ܢܗܘܐ ܙܪܥܟ܂ 19 ܘܠܐ ܐܬܪܦܝ ܒܗܝܡܢܘܬܗ܂ ܟܕ ܡܣܬܟܠ ܒܦܓܪܗ
ܡܝܬܐ ܕܗܘܐ ܒܪ ܡܐܐ ܫܢܝܢ܂ ܘܒܡܝܬܘܬܐ ܕܡܪܒܥܗ ܕܣܪܐ܂ 20 ܘܠܡܘܠܟܢܐ ܕܐܠܗܐ ܠܐ
ܐܬܦܠܓ܂ ܐܝܟ ܚܣܝܪ ܗܝܡܢܘܬܐ܂ ܐܠܐ ܐܬܚܝܠ ܒܗܝܡܢܘܬܐ܂ ܘܝܗܒ ܬܫܒܘܚܬܐ ܠܐܠܗܐ܂
21 ܘܐܫܪ܂ ܕܡܢ ܕܡܠܟ ܠܗ ܐܠܗܐ܂ ܡܫܟܚ ܠܡܫܡܠܝܘ܂ 22 ܡܛܠ ܗܢܐ ܐܬܚܫܒܬ ܠܗ
ܠܙܕܝܩܘ܂ 23 ܘܠܐ ܗܘܐ ܡܛܠܬܗ ܒܠܚܘܕ ܐܬܟܬܒܬ ܗܕܐ܆ ܕܐܬܚܫܒܬ ܗܝܡܢܘܬܗ ܠܙܕܝܩܘ܂
24 ܐܠܐ ܐܦ ܡܛܠܬܢ܂ ܕܐܦ ܠܢ ܥܬܝܕ ܗܘ ܕܢܬܚܫܒ܆ ܐܝܠܝܢ ܕܡܗܝܡܢܝܢ ܒܡܢ ܕܐܩܝܡ ܠܡܪܢ ܝܫܘܥ
ܡܫܝܚܐ ܡܢ ܒܝܬ ܡܝܬܐ܂ 25 ܗܘ ܕܐܫܬܠܡ ܡܛܠ ܚܛܗܝܢ܂ ܘܩܡ ܡܛܠ ܕܢܙܕܩܢ ܀

Cap. v.

1 ܡܟܝܠ ܕܐܙܕܕܩܢ ܗܟܝܠ ܒܗܝܡܢܘܬܐ. ܢܗܘܐ ܠܢ ܫܝܢܐ ܠܘܬ ܐܠܗܐ ܒܡܪܢ ܝܫܘܥ
ܡܫܝܚܐ. 2 ܕܒܗ ܐܬܩܪܒܢ ܒܗܝܡܢܘܬܐ ܠܛܝܒܘܬܐ ܗܕܐ ܕܒܗ ܡܩܝܡܝܢܢ. ܘܡܫܬܒܗܪܝܢܢ
ܒܣܒܪܐ ܕܫܘܒܚܗ ܕܐܠܗܐ. 3 ܘܠܐ ܗܕܐ ܒܠܚܘܕ. ܐܠܐ ܐܦ ܒܐܘܠܨܢܝܢ ܡܫܬܒܗܪܝܢܢ.
ܕܝܕܥܝܢܢ ܕܐܘܠܨܢܐ ܡܣܝܒܪܢܘܬܐ ܓܡܪ ܠܢ. 4 ܘܡܣܝܒܪܢܘܬܐ ܒܘܩܝܐ. ܘܒܘܩܝܐ ܣܒܪܐ.
ܣܒܪܐ ܕܝܢ ܠܐ ܡܒܗܬ. ܡܛܠ ܕܚܘܒܗ ܕܐܠܗܐ ܐܫܬܦܥ ܒܠܒܘܬܢ. ܒܪܘܚܐ
ܕܩܘܕܫܐ ܕܐܬܝܗܒܬ ܠܢ. 6 ܐܢ ܕܝܢ ܡܫܝܚܐ ܡܛܠ ܟܪܝܗܘܬܢ. ܒܙܒܢܐ ܗܢܐ ܚܠܦ
ܪܫܝܥܐ ܡܝܬ. 7 ܠܡܥܢ ܓܝܪ ܐܢܫ ܚܠܦ ܪܫܝܥܐ ܢܡܘܬ. ܚܠܦ ܛܒܐ ܓܝܪ ܟܒܪ
ܡܡܪܚ ܐܢܫ ܠܡܡܬ. 8 ܡܚܘܐ ܡܟܝܠ ܐܠܗܐ ܚܘܒܗ ܕܠܘܬܢ. ܕܐܢ ܟܕ ܚܛܝܐ ܐܝܬܝܢ
ܗܘܝܢ. ܡܫܝܚܐ ܚܠܦܝܢ ܡܝܬ. 9 ܟܡܐ ܗܟܝܠ ܡܟܝܠ ܢܙܕܕܩ ܗܫܐ ܒܕܡܗ. ܘܒܗ
ܢܬܦܨܐ ܡܢ ܪܘܓܙܐ. 10 ܐܢ ܓܝܪ ܟܕ ܐܝܬܝܢ ܒܥܠܕܒܒܘܬܐ. ܐܬܪܥܝ ܥܡܢ ܐܠܗܐ ܒܡܘܬܐ
ܕܒܪܗ. ܟܡܐ ܗܟܝܠ ܡܟܝܠ ܢܬܚܐ ܒܚܝܘܗܝ ܒܬܪ ܕܐܬܪܥܝܢ. 11 ܘܠܐ ܗܕܐ ܒܠܚܘܕ.
ܐܠܐ ܐܦ ܡܫܬܒܗܪܝܢܢ ܒܐܠܗܐ ܒܝܕ ܡܪܢ ܝܫܘܥ ܡܫܝܚܐ. ܕܒܗ ܗܫܐ ܩܒܠܢ
ܬܪܥܝܘܬܐ . . . . .

12 ܐܝܟܢܐ ܓܝܪ ܕܒܝܕ ܚܕ ܒܪܢܫܐ ܥܠܬ ܚܛܝܬܐ ܠܥܠܡܐ. ܘܒܝܕ ܚܛܝܬܐ ܡܘܬܐ. ܕܫܡܫܐ ܓ.
ܘܗܟܢܐ ܒܟܠܗܘܢ ܒܢܝ ܐܢܫܐ ܥܒܪ ܡܘܬܐ. ܒܗܘ ܕܟܠܗܘܢ ܚܛܘ. 13 ܥܕܡܐ ܓܝܪ
ܠܢܡܘܣܐ. ܚܛܝܬܐ ܟܕ ܐܝܬܝܗ ܗܘܬ ܒܥܠܡܐ. ܠܐ ܡܬܚܫܒܐ ܗܘܬ ܚܛܝܬܐ. ܡܛܠ
ܕܠܝܬ ܗܘܐ ܢܡܘܣܐ. 14 ܐܠܐ ܐܡܠܟ ܡܘܬܐ ܡܢ ܐܕܡ ܘܥܕܡܐ ܠܡܘܫܐ. ܐܦ ܥܠ
ܐܝܠܝܢ ܕܠܐ ܚܛܘ. ܒܕܡܘܬܐ ܕܥܒܪ ܢܡܘܣܗ ܕܐܕܡ. ܗܘ ܕܐܝܬܘܗܝ ܗܘܐ ܕܡܘܬܐ ܕܗܘ
ܕܥܬܝܕ. 15 ܐܠܐ ܠܐ ܗܘܐ ܐܝܟ ܡܘܪܥܠܘܬܐ ܗܟܢܐ ܡܘܗܒܬܐ. ܐܢ ܓܝܪ ܡܛܠ ܡܘܪܥܠܘܬܗ
ܕܚܕ ܣܓܝܐܐ ܡܝܬܘ. ܟܡܐ ܗܟܝܠ ܛܝܒܘܬܗ ܕܐܠܗܐ ܘܡܘܗܒܬܗ. ܡܛܠ
ܚܕ ܒܪܢܫܐ ܝܫܘܥ ܡܫܝܚܐ ܒܣܓܝܐܐ ܬܬܝܬܪ. 16 ܘܠܐ ܐܝܟ ܡܣܟܠܘܬܐ ܕܚܕ. ܗܟܢܐ
ܡܘܗܒܬܐ. ܕܝܢܐ ܓܝܪ ܕܡܢ ܚܕ. ܠܚܘܝܒܐ ܗܘܐ. ܡܘܗܒܬܐ ܕܝܢ. ܕܡܢ ܣܓܝܐܐ
ܚܛܗܝܢ ܗܘܬ ܠܙܕܝܩܘܬܐ. 17 ܐܢ ܓܝܪ ܡܛܠ ܡܣܟܠܘܬܐ ܕܚܕ ܐܡܠܟ ܡܘܬܐ. ܣܓܝ ܝܬܝܪܐܝܬ
ܐܝܠܝܢ ܕܢܣܒܘ ܣܘܓܐܐ ܕܛܝܒܘܬܐ ܘܕܡܘܗܒܬܐ ܘܕܙܕܝܩܘܬܐ. ܒܚܝܐ ܢܐܡܠܟܘܢ ܒܝܕ ܚܕ
ܝܫܘܥ ܡܫܝܚܐ. 18 ܐܝܟܢܐ ܗܟܝܠ ܕܡܛܠ ܡܣܟܠܘܬܐ ܕܚܕ ܗܘܐ ܚܘܝܒܐ ܠܟܠܗܘܢ
ܒܢܝܢܫܐ. ܗܟܢܐ ܐܦ ܡܛܠ ܙܕܝܩܘܬܐ ܕܚܕ ܬܗܘܐ ܙܟܘܬܐ ܠܚܝܐ ܠܟܠܗܘܢ ܒܢܝܢܫܐ. 19 ܐܝܟܢܐ
ܓܝܪ ܕܡܛܠ ܠܐ ܡܫܬܡܥܢܘܬܗ ܕܚܕ ܒܪܢܫܐ ܣܓܝܐܐ ܚܛܝܐ ܗܘܘ. ܗܟܢܐ ܐܦ ܡܛܠ
ܡܫܬܡܥܢܘܬܗ ܕܚܕ ܣܓܝܐܐ ܙܕܝܩܐ ܗܘܘ. 20 ܡܥܠܬܗ ܕܝܢ ܕܢܡܘܣܐ ܕܬܣܓܐ
ܚܛܝܬܐ. ܘܐܝܟܐ ܕܣܓܝܐܬ ܚܛܝܬܐ ܬܡܢ ܐܬܝܬܪܬ ܛܝܒܘܬܐ. 21 ܕܐܝܟ ܕܐܡܠܟܬ ܚܛܝܬܐ ܒܡܘܬܐ.
ܗܟܢܐ ܬܡܠܟ ܛܝܒܘܬܐ ܒܙܕܝܩܘܬܐ ܠܚܝܐ ܕܠܥܠܡ. ܒܝܕ ܡܪܢ ܝܫܘܥ ܡܫܝܚܐ܀

Cap. vi. ¹ ܡܢܐ ܗܟܝܠ ܢܐܡܪ. ܢܩܘܐ: ܒܗ ܒܚܛܝܬܐ ܕܛܝܒܘܬܐ ܬܬܝܬܪ. ² ܚܣ. ܐܢܫܝܢ ܕܝܢ
ܕܡܝܬܢ ܠܚܛܝܬܐ. ܐܝܟܢܐ ܢܚܐ ܒܗ ܬܘܒ. ³ ܐܘ ܠܐ ܝܕܥܝܢ ܐܢܬܘܢ: ܕܐܝܠܝܢ ܕܥܡܕܢ
ܒܝܫܘܥ ܡܫܝܚܐ. ܒܡܘܬܗ ܗܘ ܥܡܕܢ. ⁴ ܐܬܩܒܪܢ ܥܡܗ ܒܡܥܡܘܕܝܬܐ ܠܡܘܬܐ.
ܕܐܝܟܢܐ ܕܩܡ ܡܫܝܚܐ ܡܢ ܒܝܬ ܡܝ̈ܬܐ ܒܬܫܒܘܚܬܐ ܕܐܒܘܗܝ. ܗܟܢܐ ܐܦ ܚܢܢ
ܒܚܝ̈ܐ ܚܕ̈ܬܐ ܢܗܠܟ. ⁵ ܐܢ ܓܝܪ ܐܟܚܕ ܐܬܢܨܒܢ ܥܡܗ ܒܕܡܘܬܐ ܕܡܘܬܗ. ܗܟܢܐ ܐܦ
ܒܩܝܡܬܗ ܢܗܘܐ. ⁶ ܝܕܥܝܢ ܓܝܪ ܕܒܪܢܫܢ ܥܬܝܩܐ ܐܙܕܩܦ ܥܡܗ. ܕܢܒܛܠ ܦܓܪܐ
ܕܚܛܝܬܐ. ܘܬܘܒ ܠܐ ܢܫܬܥܒܕ ܠܚܛܝܬܐ. ⁷ ܡܢ ܕܡܝܬ ܓܝܪ. ܐܬܚܪܪ ܠܗ ܡܢ ܚܛܝܬܐ.
⁸ ܐܢ ܗܟܝܠ ܡܝܬܢ ܥܡ ܡܫܝܚܐ. ܢܗܝܡܢ ܕܥܡܗ ܥܡ ܡܫܝܚܐ ܢܚܐ. ⁹ ܝܕܥܝܢ
ܓܝܪ ܕܡܫܝܚܐ ܩܡ ܡܢ ܒܝܬ ܡܝ̈ܬܐ. ܘܬܘܒ ܠܐ ܡܐܬ. ܘܡܘܬܐ ܠܐ ܡܫܬܠܛ ܒܗ.
¹⁰ ܕܡܝܬ ܓܝܪ· ܠܚܛܝܬܐ ܗܘ ܡܝܬ. ܚܕܐ ܙܒܢ. ܘܕܚܝ· ܚܝ ܗܘ ܠܐܠܗܐ. ¹¹ ܗܟܢܐ ܐܦ
ܐܢܬܘܢ: ܚܫܘܒܘ ܢܦܫܟܘܢ. ܕܡܝ̈ܬܐ ܐܢܬܘܢ ܠܚܛܝܬܐ. ܘܚܝ̈ܐ ܐܢܬܘܢ ܠܐܠܗܐ: ܒܡܪܢ
ܝܫܘܥ ܡܫܝܚܐ. ¹² ܠܐ ܗܟܝܠ ܬܡܠܟ ܚܛܝܬܐ ܒܦܓܪܟܘܢ ܡܝܘܬܐ: ܐܝܟ ܕܬܫܬܡܥܘܢ
ܠܪ̈ܓܝܓܬܗ. ¹³ ܘܐܦ ܠܐ ܬܛܝܒܘܢ ܗܕ̈ܡܝܟܘܢ ܙܝܢ̈ܐ ܕܥܘܠܐ ܠܚܛܝܬܐ. ܐܠܐ ܛܝܒܘ ܢܦܫܟܘܢ
ܠܐܠܗܐ. ܐܝܟ ܐܢܫܐ ܕܡܢ ܡܝ̈ܬܐ ܚܝܘ. ܘܗܕ̈ܡܝܟܘܢ ܐܝܟ ܢܗܘܘܢ ܠܟܐܢܘܬܗ ܕܐܠܗܐ.
¹⁴ ܘܚܛܝܬܐ ܠܐ ܡܫܬܠܛܐ ܒܟܘܢ. ܠܐ ܓܝܪ ܐܝܬܝܟܘܢ ܬܚܝܬ ܢܡܘܣܐ. ܐܠܐ ܬܚܝܬ
ܛܝܒܘܬܐ. ¹⁵ ܡܢܐ ܗܟܝܠ. ܢܚܛܐ ܕܠܐ ܗܘܝܢ ܬܚܝܬ ܢܡܘܣܐ ܐܠܐ ܬܚܝܬ ܛܝܒܘܬܐ. ܚܣ.
¹⁶ ܠܐ ܝܕܥܝܢ ܐܢܬܘܢ· ܕܠܡܢ ܕܡܛܝܒܝܢ ܐܢܬܘܢ ܢܦܫܟܘܢ ܠܡܫܬܥܒܕܘ ܠܗ ܠܥܒܕܘܬܐ.
ܘܥܒ̈ܕܘܗܝ ܐܢܬܘܢ ܠܗܘ ܕܗܘ ܕܡܫܬܡܥܝܢ ܐܢܬܘܢ ܠܗ: ܐܢ ܠܚܛܝܬܐ ܐܘ ܠܫܡܥܬܐ
ܐܘܢܐ ܕܟܐܢܘܬܐ. ¹⁷ ܛܝܒܘ ܕܝܢ ܠܐܠܗܐ. ܕܥܒ̈ܕܐ ܗܘܝܬܘܢ ܕܚܛܝܬܐ. ܘܐܫܬܡܥܬܘܢ ܡܢ
ܠܒܐ ܠܕܡܘܬܐ ܕܝܘܠܦܢܐ ܕܐܫܬܠܡܬܘܢ ܠܗ. ¹⁸ ܘܟܕ ܐܬܚܪܪܬܘܢ ܡܢ ܚܛܝܬܐ.
ܐܫܬܥܒܕܬܘܢ ܠܟܐܢܘܬܐ. ¹⁹ ܐܝܟ ܕܒܒܢܝ̈ܢܫܐ ܐܡܪ ܐܢܐ. ܡܛܠ ܟܪܝܗܘܬܐ ܕܒܣܪܟܘܢ.
ܘܐܝܟܢܐ ܕܛܝܒܬܘܢ ܗܕ̈ܡܝܟܘܢ ܠܥܒܕܘܬܐ ܕܛܢܦܘܬܐ ܘܕܥܘܠܐ. ܗܟܢܐ ܐܦ ܗܫܐ ܛܝܒܘ
ܗܕ̈ܡܝܟܘܢ ܠܥܒܕܘܬܐ ܕܟܐܢܘܬܐ ܘܕܩܕܝܫܘܬܐ. ²⁰ ܟܕ ܥܒ̈ܕܐ ܗܘܝܬܘܢ ܓܝܪ ܕܚܛܝܬܐ.
ܡܚܪ̈ܪܐ ܗܘܝܬܘܢ ܠܟܐܢܘܬܐ. ²¹ ܘܡܢܐ ܐܕܫܐ ܐܝܬ ܗܘܐ ܠܟܘܢ ܗܝܕܝܢ. ܐܝܠܝܢ ܕܝܘܡܢܐ
ܒܗܬܝܢ ܐܢܬܘܢ ܒܗܝܢ. ܚܪܬܗܝܢ ܓܝܪ ܐܝܬܝܗ ܡܘܬܐ. ²² ܘܗܫܐ ܕܐܬܚܪܪܬܘܢ ܡܢ ܚܛܝܬܐ
ܘܗܘܝܬܘܢ ܥܒ̈ܕܐ ܠܐܠܗܐ. ܐܝܬ ܠܟܘܢ ܦܐܪ̈ܐ ܩܕܝܫܐ: ܕܚܪܬܗܘܢ. ܚܝ̈ܐ ܕܠܥܠܡ.
²³ ܐܦܣܘܢܝܐ ܓܝܪ ܕܚܛܝܬܐ ܡܘܬܐ ܗܘ. ܘܡܘܗܒܬܗ ܕܐܠܗܐ· ܚܝ̈ܐ ܕܠܥܠܡ. ܒܡܪܢ
ܝܫܘܥ ܡܫܝܚܐ ◆

Cap. vii. ¹ ܐܘ ܠܐ ܝܕܥܝܢ ܐܢܬܘܢ ܐܚܝ̈. ܠܝܕ̈ܥܝ ܢܡܘܣܐ ܓܝܪ ܡܡܠܠ ܐܢܐ. ܕܢܡܘܣܐ
ܫܠܝܛ ܗܘ ܥܠ ܓܒܪܐ ܟܡܐ ܕܚܝ. ² ܐܝܟ ܐܢܬܬܐ ܕܐܣܝܪܐ ܗܝ ܒܒܥܠܗ̇ ܟܡܐ ܕܚܝ.

ܒܢܡܘܣܐ. ܐܢ ܕܝܢ ܡܝܬ ܒܥܠܗ̇. ܐܬܚܪܪܬ ܡܢ ܢܡܘܣܐ ܕܒܥܠܗ̇. 3 ܐܢ ܕܝܢ ܟܕ ܚܝ
ܒܥܠܗ̇ ܬܗܘܐ ܠܓܒܪ ܐܚܪܝܢ. ܗܘܬ ܠܗ̇ ܓܝܪܬܐ. ܐܢ ܕܝܢ ܢܡܘܬ ܒܥܠܗ̇. ܐܬܚܪܪܬ ܡܢ
ܢܡܘܣܐ. ܘܠܐ ܐܝܬܝܗ̇ ܓܝܪܬܐ ܐܢ ܬܗܘܐ ܠܓܒܪ ܐܚܪܝܢ. 4 ܘܗܫܐ ܐܚܝ. ܐܦ ܐܢܬܘܢ
ܡܝܬܬܘܢ ܠܢܡܘܣܐ ܒܦܓܪܗ ܕܡܫܝܚܐ. ܕܬܗܘܘܢ ܠܐܚܪܝܢ. ܠܗܘ ܕܩܡ ܡܢ ܒܝܬ
ܡܝܬܐ. ܕܬܬܠܘܢ ܦܐܪܐ ܠܐܠܗܐ. 5 ܟܕ ܒܒܣܪܐ ܗܘܝܢ ܓܝܪ. ܚܫܐ ܕܚܛܗܐ ܕܒܢܡܘܣܐ
ܡܬܚܦܛܝܢ ܗܘܘ ܒܗܕܡܝܢ. ܕܦܐܪܐ ܢܬܠ ܠܡܘܬܐ. 6 ܗܫܐ ܕܝܢ ܐܬܒܛܠܢ ܡܢ ܢܡܘܣܐ.
ܘܡܝܬܢ ܠܗܘ ܕܐܚܝܕ ܗܘܐ ܠܢ. ܕܢܫܡܫ ܡܟܝܠ ܒܚܕܬܘܬܐ ܕܪܘܚܐ. ܘܠܐ ܒܥܬܝܩܘܬܐ
ܕܟܬܒܐ.....
7 ܡܢܐ ܗܟܝܠ ܐܡܪܝܢܢ. ܢܡܘܣܐ ܚܛܝܬܐ ܗܘ. ܚܣ. ܐܠܐ ܠܚܛܝܬܐ ܠܐ ܝܠܦܬ ܐܠܐ ܕܚܡܫܐ ܗ.
ܒܝܕ ܢܡܘܣܐ. ܠܐ ܓܝܪ ܪܓܬܐ ܝܕܥ ܗܘܝܬ. ܐܠܘ ܠܐ ܢܡܘܣܐ ܐܡܪ. ܕܠܐ ܬܪܓ. 8 ܘܒܗܢܐ
ܦܘܩܕܢܐ ܐܫܟܚܬ ܠܗ ܚܛܝܬܐ ܥܠܬܐ. ܘܫܡܠܝܬ ܒܝ ܟܠ ܪܓܐ. ܒܠܥܕ ܢܡܘܣܐ ܓܝܪ
ܚܛܝܬܐ ܡܝܬܐ ܗܘܬ. 9 ܐܢܐ ܕܝܢ ܚܝ ܗܘܝܬ ܕܠܐ ܢܡܘܣܐ ܡܢ ܩܕܝܡ. ܟܕ ܐܬܐ ܕܝܢ
ܦܘܩܕܢܐ. ܚܛܝܬܐ ܚܝܬ. ܘܐܢܐ ܡܝܬܬ. 10 ܘܐܫܬܟܚ ܠܝ ܦܘܩܕܢܐ ܗܘ ܕܠܚܝܐ ܠܡܘܬܐ.
11 ܚܛܝܬܐ ܓܝܪ ܒܥܠܬܐ ܕܐܫܟܚܬ ܠܗ ܒܝܕ ܦܘܩܕܢܐ. ܐܛܥܝܬܢܝ. ܘܒܗ ܩܛܠܬܢܝ.
12 ܢܡܘܣܐ ܡܢ ܩܕܝܫ. ܘܦܘܩܕܢܐ ܩܕܝܫ ܗܘ. ܘܟܐܢ ܘܛܒ. 13 ܛܒܬܐ ܗܟܝܠ
ܠܝ ܠܡܘܬܐ ܗܘܬ ܠܝ. ܚܣ. ܐܠܐ ܚܛܝܬܐ ܕܬܬܚܙܐ ܕܚܛܝܬܐ ܗܝ. ܕܒܛܒܬܐ ܓܡܪܬ
ܠܝ ܡܘܬܐ. ܕܢܬܝܬܪ ܬܬܚܝܒ ܚܛܝܬܐ ܒܦܘܩܕܢܐ. 14 ܝܕܥܝܢ ܓܝܪ ܕܢܡܘܣܐ ܕܪܘܚ
ܗܘ. ܐܢܐ ܕܝܢ ܕܒܣܪ ܐܢܐ. ܘܡܙܒܢ ܐܢܐ ܠܚܛܝܬܐ. 15 ܡܕܡ ܕܥܒܕ ܐܢܐ ܓܝܪ. ܠܐ ܝܕܥ
ܐܢܐ. ܘܠܐ ܗܘܐ ܡܕܡ ܕܨܒܐ ܐܢܐ ܠܗ ܥܒܕ ܐܢܐ. ܐܠܐ ܡܕܡ ܕܣܢܐ ܐܢܐ ܠܗ ܗܘ ܥܒܕ ܐܢܐ.
16 ܘܐܢ ܡܕܡ ܕܠܐ ܨܒܐ ܐܢܐ ܠܗ ܥܒܕ ܐܢܐ. ܡܣܗܕ ܐܢܐ ܥܠ ܢܡܘܣܐ ܕܫܦܝܪ ܗܘ. 17 ܗܫܐ ܕܝܢ
ܠܐ ܗܘܐ ܐܢܐ ܥܒܕ ܐܢܐ ܠܗ̇. ܐܠܐ ܚܛܝܬܐ ܕܥܡܪܐ ܒܝ. 18 ܝܕܥ ܐܢܐ ܗܘ ܓܝܪ ܕܠܐ ܥܡܪܐ
ܒܝ. ܗܢܘ ܕܝܢ ܒܒܣܪܝ. ܛܒܬܐ. ܨܒܝܢܐ ܓܝܪ ܕܛܒܬܐ ܩܪܝܒ ܠܝ. ܕܐܥܒܕܝܗ̇ ܕܝܢ. ܠܐ
ܡܫܟܚ ܐܢܐ. 19 ܠܐ ܗܘܐ ܓܝܪ ܠܛܒܬܐ ܕܨܒܐ ܐܢܐ ܕܐܥܒܕ. ܥܒܕ ܐܢܐ. ܐܠܐ ܒܝܫܬܐ ܕܠܐ ܨܒܐ ܐܢܐ
ܕܐܥܒܕ. ܠܗ̇ ܥܒܕ ܐܢܐ. 20 ܘܐܢ ܡܕܡ ܕܠܐ ܨܒܐ ܐܢܐ ܥܒܕ ܐܢܐ. ܠܐ ܗܘܐ ܐܢܐ ܥܒܕ ܐܢܐ ܠܗ̇. ܐܠܐ
ܚܛܝܬܐ ܕܥܡܪܐ ܒܝ. 21 ܡܫܟܚ ܐܢܐ ܗܟܝܠ ܠܢܡܘܣܐ. ܕܡܫܬܘܐ ܠܬܪܥܝܬܝ. ܗܘ ܕܨܒܐ
ܕܐܥܒܕ ܛܒܬܐ. ܡܛܠ ܕܒܝܫܬܐ ܩܪܝܒܐ ܗܝ ܠܝ. 22 ܚܕܐ ܐܢܐ ܓܝܪ ܒܢܡܘܣܗ ܕܐܠܗܐ
ܒܒܪܢܫܐ ܕܠܓܘ. 23 ܚܙܐ ܐܢܐ ܕܝܢ ܢܡܘܣܐ ܐܚܪܢܐ ܒܗܕܡܝ. ܕܡܩܪܒ ܠܘܩܒܠ ܢܡܘܣܐ
ܕܬܪܥܝܬܝ. ܘܫܒܐ ܠܝ ܠܢܡܘܣܐ ܕܚܛܝܬܐ ܕܐܝܬ ܒܗܕܡܝ. 24 ܕܘܝܐ ܐܢܐ ܒܪܢܫܐ. ܡܢܘ ܢܦܨܝܢܝ
ܡܢ ܦܓܪܐ ܗܢܐ ܕܡܘܬܐ. 25 ܡܘܕܐ ܐܢܐ ܠܐܠܗܐ ܒܝܕ ܡܪܢ ܝܫܘܥ ܡܫܝܚܐ. ܗܫܐ ܗܟܝܠ
ܐܢܐ ܒܬܪܥܝܬܝ. ܥܒܕܐ ܐܢܐ ܕܢܡܘܣܐ ܕܐܠܗܐ. ܒܒܣܪܝ ܕܝܢ. ܐܝܬܝ ܥܒܕܐ ܕܢܡܘܣܐ ܕܚܛܝܬܐ.

Cap. viii. ¹ ܡܟܝܠ ܠܝܬ ܚܝܒܘܬܐ ܠܐܝܠܝܢ ܕܠܐ ܡܗܠܟܝܢ ܒܒܣܪ. ܒܝܫܘܥ ܡܫܝܚܐ. ² ܢܡܘܣܐ
ܓܝܪ ܕܪܘܚܐ ܕܚܝܐ ܕܒܝܫܘܥ ܡܫܝܚܐ. ܚܪܪܟ ܡܢ ܢܡܘܣܐ ܕܚܛܝܬܐ ܘܕܡܘܬܐ. ³ ܡܛܠ
ܕܡܚܝܠ ܗܘܐ ܓܝܪ ܢܡܘܣܐ ܡܢ ܟܘܪܗܢܗ ܕܒܣܪܐ. ܫܕܪ ܐܠܗܐ ܠܒܪܗ ܒܕܡܘܬܐ
ܕܒܣܪܐ ܕܚܛܝܬܐ. ܡܛܠ ܚܛܝܬܐ ܕܢܚܝܒܝܗ ܠܚܛܝܬܐ ܒܒܣܪܗ. ⁴ ܕܟܐܢܘܬܐ
ܕܢܡܘܣܐ ܒܢ ܬܬܡܠܐ. ܕܠܐ ܗܘܐ ܒܒܣܪ ܡܗܠܟܝܢܢ. ܐܠܐ ܒܪܘܚ. ⁵ ܐܝܠܝܢ ܓܝܪ ܕܒܒܣܪ
ܐܝܬܝܗܘܢ. ܕܒܣܪ ܗܘ ܡܬܪܥܝܢ. ܘܐܝܠܝܢ ܕܕܪܘܚ ܐܝܬܝܗܘܢ. ܕܪܘܚ ܗܘ ܡܬܪܥܝܢ. ⁶ ܬܪܥܝܬܐ
ܓܝܪ ܕܒܣܪܐ ܡܘܬܐ ܗܘ. ܘܬܪܥܝܬܐ ܕܪܘܚܐ ܚܝܐ ܘܫܠܡܐ. ⁷ ܡܛܠ ܕܬܪܥܝܬܐ ܕܒܣܪܐ
ܒܥܠܕܒܒܘܬܐ ܗܝ ܠܘܬ ܐܠܗܐ. ܠܢܡܘܣܐ ܓܝܪ ܕܐܠܗܐ ܠܐ ܡܫܬܥܒܕܐ. ܡܛܠ ܕܠܐ
ܡܫܟܚܐ. ⁸ ܘܐܝܠܝܢ ܕܒܒܣܪ ܐܝܬܝܗܘܢ. ܠܡܫܦܪ ܠܐܠܗܐ ܠܐ ܡܫܟܚܝܢ. ⁹ ܐܢܬܘܢ ܕܝܢ ܠܐ
ܗܘܝܬܘܢ ܒܒܣܪ. ܐܠܐ ܒܪܘܚ. ܐܢ ܫܪܝܪܐܝܬ ܪܘܚܗ ܕܐܠܗܐ ܥܡܪܐ ܒܟܘܢ. ܐܢ ܕܝܢ
ܐܢܫ ܠܝܬ ܒܗ ܪܘܚܗ ܕܡܫܝܚܐ. ܗܢܐ ܠܐ ܗܘܐ ܕܝܠܗ. ¹⁰ ܘܐܢ ܕܝܢ ܡܫܝܚܐ ܒܟܘܢ.
ܦܓܪܐ ܡܝܬ ܗܘ ܡܛܠ ܚܛܝܬܐ. ܪܘܚܐ ܕܝܢ ܚܝܐ ܗܝ ܡܛܠ ܟܐܢܘܬܐ. ¹¹ ܘܐܢ ܪܘܚܗ
ܕܗܘ ܡܢ ܕܐܩܝܡ ܠܡܪܢ ܝܫܘܥ ܡܫܝܚܐ ܡܢ ܒܝܬ ܡܝܬܐ ܥܡܪܐ ܒܟܘܢ. ܗܘ ܡܢ
ܕܐܩܝܡ ܠܡܫܝܚܐ ܡܢ ܒܝܬ ܡܝܬܐ ܐܦ ܠܦܓܪܝܟܘܢ ܡܝܬܐ ܢܚܐ. ܡܛܠ
ܪܘܚܗ ܕܥܡܪܐ ܒܟܘܢ. ¹² ܗܫܐ ܐܚܝ. ܚܝܒܝܢܢ. ܠܐ ܠܒܣܪܐ ܕܒܒܣܪ ܢܗܠܟ.
¹³ ܐܢ ܓܝܪ ܒܒܣܪ ܚܝܝܢ ܐܢܬܘܢ. ܥܬܝܕܝܢ ܐܢܬܘܢ ܠܡܡܬ. ܘܐܢ ܒܪܘܚ
ܗܘܦܟܝ ܦܓܪܐ ܡܡܝܬܝܢ ܐܢܬܘܢ. ܚܝܝܢ ܐܢܬܘܢ. ¹⁴ ܐܝܠܝܢ ܓܝܪ ܕܒܪܘܚܐ ܕܐܠܗܐ
ܡܬܕܒܪܝܢ. ܗܠܝܢ ܒܢܝܐ ܐܢܘܢ ܕܐܠܗܐ. ¹⁵ ܠܐ ܓܝܪ ܢܣܒܬܘܢ ܪܘܚܐ ܕܥܒܕܘܬܐ ܬܘܒ
ܠܕܚܠܬܐ. ܐܠܐ ܢܣܒܬܘܢ ܪܘܚܐ ܕܣܝܡܬ ܒܢܝܐ. ܕܒܗ ܩܪܝܢܢ. ܐܒܐ ܐܒܘܢ. ¹⁶ ܘܗܝ
ܪܘܚܐ ܡܣܗܕܐ ܠܪܘܚܢ. ܕܒܢܝܐ ܚܢܢ ܕܐܠܗܐ. ¹⁷ ܘܐܢ ܒܢܝܐ ܐܦ ܝܪܬܐ. ܝܪܬܐ ܕܐܠܗܐ.
ܘܒܢܝ ܝܘܪܬܢܗ ܕܝܫܘܥ ܡܫܝܚܐ. ܕܐܢ ܢܚܫ ܥܡܗ. ܐܦ ܥܡܗ ܢܫܬܒܚ. ¹⁸ ܡܬܪܥܐ
ܐܢܐ ܓܝܪ. ܕܠܐ ܫܘܝܢ ܚܫܘܗܝ ܕܙܒܢܐ ܗܢܐ. ܠܫܘܒܚܐ ܕܥܬܝܕ ܕܢܬܓܠܐ ܒܢ.
¹⁹ ܣܘܟܝܗ ܓܝܪ ܕܒܪܝܬܐ ܡܣܟܝܐ ܘܡܩܘܝܐ ܠܓܠܝܢܐ ܕܒܢܘܗܝ ܕܐܠܗܐ. ²⁰ ܒܪܝܬܐ ܓܝܪ
ܐܫܬܥܒܕܬ ܠܣܪܝܩܘܬܐ. ܠܐ ܒܨܒܝܢܗ. ܐܠܐ ܡܛܠ ܡܢ ܕܫܥܒܕܗ ܥܠ ܣܒܪܐ.
²¹ ܕܐܦ ܗܝ ܒܪܝܬܐ ܬܬܚܪܪ ܡܢ ܥܒܕܘܬܐ ܕܚܒܠܐ. ܒܚܐܪܘܬܐ ܕܫܘܒܚܐ ܕܒܢܝܐ
ܕܐܠܗܐ ..❖..

²² ܝܕܥܝܢ ܓܝܪ ܕܟܠܗܝܢ ܒܪܝܬܐ. ܡܬܬܢܚܢ ܘܡܚܒܠܢ ܥܕܡܐ ܠܗܫܐ. ²³ ܘܠܐ ܗܢܝܢ ܗܘ.
ܒܠܚܘܕ. ܐܠܐ ܐܦ ܚܢܢ ܕܐܝܬ ܒܢ ܪܫܝܬܐ ܕܪܘܚܐ. ܡܬܬܢܚܝܢܢ ܒܢܦܫܢ.
ܘܡܣܟܝܢܢ ܠܣܝܡܬ ܒܢܝܐ ܘܠܦܘܪܩܢܐ ܕܦܓܪܢ. ²⁴ ܡܛܠ ܕܒܣܒܪܐ ܗܘ ܚܝܝܢ. ܣܒܪܐ
ܕܝܢ ܕܡܬܚܙܐ ܠܐ ܗܘܐ ܣܒܪܐ. ܐܢ ܓܝܪ ܚܙܝܢ ܠܗ. ܡܢܐ ܡܣܟܝܢܢ ܠܗ. ²⁵ ܐܢ ܕܝܢ

ܠܡܕܡ ܕܠܐ ܡܬܚܙܐ ܡܣܟܝܢܢ. ܒܡܣܝܒܪܢܘܬܐ ܡܩܘܝܢܢ. 26 ܗܟܢܐ ܐܦ ܗܝ ܪܘܚܐ
ܡܥܕܪܐ ܠܟܪܝܗܘܬܢ. ܨܠܘܬܐ ܓܝܪ ܐܝܟ ܡܐ ܕܘܳܠܐ ܠܐ ܝܕܥܝܢܢ. ܐܠܐ ܗܝ ܪܘܚܐ
ܡܨܠܝܐ ܚܠܦܝܢ: ܒܬܢܚܬܐ ܕܠܐ ܡܬܡܠܠܢ. 27 ܗܘ ܕܝܢ ܒܨܐ ܠܒܘܬܐ. ܗܘ ܝܕܥ ܡܢܐ
ܗܝ ܪܥܝܢܗ ܕܪܘܚܐ: ܕܐܝܟ ܨܒܝܢܗ ܗܘ ܕܐܠܗܐ ܡܨܠܝܐ ܚܠܦ ܩܕܝܫܐ. 28 ܝܕܥܝܢܢ ܕܝܢ
ܕܐܝܠܝܢ ܕܡܚܒܝܢ ܠܐܠܗܐ. ܒܟܠ ܡܕܡ ܡܥܕܪ ܠܗܘܢ ܠܛܒܬܐ. ܠܐܝܠܝܢ ܕܡܢ ܩܕܡ
ܕܩܒܥܗܘܢ ܩܪܝܐ: 29 ܘܡܢ ܠܘܩܕܡ ܝܕܥ ܐܢܘܢ: ܘܪܫܡ ܐܢܘܢ ܒܕܡܘܬܐ ܕܨܘܪܬܐ ܕܒܪܗ.
ܕܗܘ ܢܗܘܐ ܒܘܟܪܐ ܕܐܚܐ ܣܓܝܐܐ. 30 ܠܐܝܠܝܢ ܕܝܢ ܕܡܢ ܩܕܡ ܪܫܡ. ܠܗܘܢ ܩܪܐ. ܘܠܐܝܠܝܢ
ܕܩܪܐ. ܠܗܘܢ ܙܕܩ. ܘܠܐܝܠܝܢ ܕܙܕܩ. ܠܗܘܢ ܫܒܚ. 31 ܡܢܐ ܗܟܝܠ ܢܐܡܪ ܥܠ
ܗܠܝܢ. ܐܢ ܐܠܗܐ ܠܘܬܢ: ܡܢܘ ܕܠܩܘܒܠܢ. 32 ܘܐܢ ܥܠ ܒܪܗ ܠܐ ܚܣ: ܐܠܐ
ܚܠܦ ܟܠܢ ܐܫܠܡܗ: ܐܝܟܢܐ ܠܐ ܟܠ ܡܕܡ ܥܡܗ ܢܬܠ ܠܢ. 33 ܡܢܘ ܢܪܫܐ ܥܠ
ܓܒܝܐ ܕܐܠܗܐ. ܐܠܗܐ ܡܙܕܩ. 34 ܡܢܘ ܡܚܝܒ. ܡܫܝܚܐ ܡܝܬ. ܘܩܡ. ܘܐܝܬܘܗܝ
ܥܠ ܝܡܝܢܐ ܕܐܠܗܐ ܘܒܥܐ ܚܠܦܝܢ. 35 ܡܢܘ ܢܦܪܫܢܝ ܡܢ ܚܘܒܗ ܕܡܫܝܚܐ. ܐܘܠܨܢܐ
ܐܘ ܚܒܘܫܝܐ ܐܘ ܪܕܘܦܝܐ ܐܘ ܟܦܢܐ ܐܘ ܥܪܛܠܝܘܬܐ ܐܘ ܩܘܕܢܘܣ. ܐܘ ܣܝܦܐ:
36 ܐܝܟ ܕܟܬܝܒ. ܕܡܛܠܬܟ ܡܝܬܝܢܢ ܟܠܝܘܡ: ܘܐܬܚܫܒܢ ܐܝܟ ܐܡܪܐ ܠܢܟܣܬܐ.
37 ܐܠܐ ܒܗܠܝܢ ܟܠܗܝܢ. ܙܟܝܢܢ. ܒܗܘ ܡܢ ܕܐܚܒܢ. 38 ܡܬܛܦܝܣ ܐܢܐ ܓܝܪ. ܕܠܐ ܡܘܬܐ
ܘܠܐ ܚܝܐ ܘܠܐ ܡܠܐܟܐ ܘܠܐ ܪܝܫܢܘܬܐ ܘܠܐ ܚܝܠܐ ܘܠܐ ܕܩܝܡܢ. ܘܠܐ ܕܥܬܝܕܢ. 39 ܘܠܐ ܪܘܡܐ
ܘܠܐ ܥܘܡܩܐ ܐܦܠܐ ܒܪܝܬܐ ܐܚܪܬܐ. ܢܫܟܚܢ ܢܦܪܫܢܢܝ ܡܢ ܚܘܒܗ ܕܐܠܗܐ ܕܒܡܪܢ
ܝܫܘܥ ܡܫܝܚܐ.

Cap. ix.

1 ܫܪܪܐ ܐܡܪ ܐܢܐ ܒܡܫܝܚܐ ܘܠܐ ܡܕܓܠ ܐܢܐ ܘܣܗܕܐ ܬܐܪܬܝ ܠܝ: ܒܪܘܚܐ
ܕܩܘܕܫܐ. 2 ܕܥܩܬܐ ܗܝ ܠܝ ܪܒܬܐ. ܘܟܐܒܐ ܕܠܒܝ ܕܠܐ ܫܠܐ. 3 ܡܨܠܐ ܗܘܝܬ ܓܝܪ.
ܕܐܢܐ ܚܪܡܐ ܐܗܘܐ ܡܢ ܡܫܝܚܐ: ܚܠܦ ܐܚܝ ܘܐܚܝܢܝ. ܕܒܒܣܪ. 4 ܕܐܝܬܝܗܘܢ
ܒܢܝ ܐܝܣܪܝܠ. ܕܕܝܠܗܘܢ ܗܘܬ ܣܝܡܬ ܒܢܝܐ ܘܫܘܒܚܐ ܘܕܝܬܩܐ ܘܢܡܘܣܐ
ܘܬܫܡܫܬܐ ܕܒܗ. ܘܡܘܠܟܢܐ 5 ܘܐܒܗܬܐ. ܘܡܢܗܘܢ ܐܬܚܙܝ ܡܫܝܚܐ ܒܒܣܪ. ܕܐܝܬܘܗܝ
ܐܠܗܐ ܕܥܠ ܟܠ. ܕܠܗ ܬܫܒܚܢ ܘܒܘܪܟܢ ܠܥܠܡ ܥܠܡܝܢ ܐܡܝܢ. 6 ܠܐ ܗܘܐ ܕܝܢ
ܡܛܠ ܕܢܦܠܬ ܡܠܬܗ ܕܐܠܗܐ. ܠܐ ܗܘܐ ܓܝܪ ܟܠܗܘܢ ܕܡܢ ܐܝܣܪܝܠ. ܐܝܬܝܗܘܢ
ܐܝܣܪܝܠ. 7 ܐܦܠܐ ܡܛܠ ܕܐܝܬܝܗܘܢ ܙܪܥܗ ܕܐܒܪܗܡ. ܟܠܗܘܢ ܒܢܝܐ. ܡܛܠ ܕܐܬܐܡܪ.
ܕܒܐܝܣܚܩ ܢܬܩܪܐ ܠܟ ܙܪܥܐ. 8 ܗܢܘ ܕܝܢ. ܠܐ ܗܘܐ ܒܢܝܐ ܕܒܣܪܐ ܐܝܬܝܗܘܢ ܒܢܝܐ
ܕܐܠܗܐ. ܐܠܐ ܒܢܝܐ ܕܡܘܠܟܢܐ ܡܬܚܫܒܝܢ ܠܙܪܥܐ. 9 ܕܡܘܠܟܢܐ ܓܝܪ ܐܝܬܝܗ ܡܠܬܐ
ܗܕܐ: ܕܠܙܒܢܐ ܗܢܐ ܐܬܐ. ܘܢܗܘܐ ܒܪܐ ܠܣܪܐ. 10 ܘܠܘ ܗܕܐ ܒܠܚܘܕ. ܐܠܐ ܐܦ ܪܦܩܐ.
ܟܕ ܡܢ ܚܕ ܐܒܘܢ ܐܝܣܚܩ. ܐܝܬ ܗܘܬ ܠܗ ܡܘܩܦܬܐ: 11 ܥܕܠܐ ܢܬܝܠܕܘܢ ܒܢܝܗ:

ܘܠܐ ܢܣܥܪܘܢ ܛܒܬܐ ܐܘ ܒܝܫܬܐ. ܩܕܡܬ ܐܬܝܕܥܬ ܓܒܝܘܬܗ ܕܐܠܗܐ. ܕܬܩܘܡ ܠܐ
ܒܥܒ̈ܕܐ: ܐܠܐ ܒܝܕ ܗܘ ܕܩܪܐ. 12 ܐܬܐܡܪ ܓܝܪ. ܕܪܒܐ ܢܗܘܐ ܥܒܕܐ ܠܙܥܘܪܐ. 13 ܐܝܟ
ܕܟܬܝܒ. ܕܠܝܥܩܘܒ ܐܚܒܬ. ܘܠܥܝܣܘ ܣܢܝܬ܀ 14 ܡܢܐ ܗܟܝܠ ܢܐܡܪ. ܕܥܘܠܐ
ܐܝܬ ܠܘܬ ܐܠܗܐ. ܚܣ. 15 ܗܐ ܐܦ ܠܡܘܫܐ ܐܡܪ. ܐܪܚܡ ܥܠ ܡܢ ܕܪܚܡ ܐܢܐ.
ܘܐܚܘܣ ܥܠ ܡܢ ܕܚܐܣ ܐܢܐ. 16 ܠܐ ܗܟܝܠ ܒܐܝܕ ܡܢ ܕܨܒܐ: ܘܠܐ ܒܐܝܕ ܡܢ ܕܪܗܛ. ܐܠܐ
ܒܐܝܕ ܐܠܗܐ ܡܪܚܡܢܐ. 17 ܐܡܪ ܓܝܪ ܒܟܬܒܐ ܠܦܪܥܘܢ. ܕܠܗܕܐ ܐܩܝܡܬܟ.
ܕܐܚܘܐ ܒܟ ܚܝܠܝ. ܘܢܬܟܪܙ ܫܡܝ ܒܟܠܗ̇ ܐܪܥܐ. 18 ܡܕܝܢ ܥܠ ܡܢ ܕܨܒܐ ܗܘ
ܡܪܚܡ. ܘܥܠ ܡܢ ܕܨܒܐ ܡܩܫܐ. 19 ܘܬܐܡܪ ܠܝ. ܕܠܡܢܐ ܪܫܐ. ܡܢܘ ܓܝܪ ܕܩܡ
ܠܘܩܒܠ ܨܒܝܢܗ. 20 ܐܢܬ ܗܟܝܠ ܡܢ ܐܢܬ ܐܘ ܒܪܢܫܐ: ܕܡܬܕܝܢ ܐܢܬ ܠܐܠܗܐ. ܠܡܐ
ܐܡܪ. ܓܒܠܐ ܠܓܒܘܠܗ. ܕܠܡܢܐ ܗܟܢܐ ܥܒܕܬܢܝ. 21 ܐܘ ܠܐ
ܫܠܝܛ ܦܚܪܐ ܥܠ ܛܝܢܗ: ܕܡܢܗ ܡܢ ܓܒܝܠܬܐ ܢܥܒܕ ܡܐܢ̈ܐ: ܚܕ ܠܐܝܩܪܐ ܘܚܕ ܠܨܥܪܐ.
22 ܐܢ ܕܝܢ ܨܒܐ ܐܠܗܐ ܕܢܚܘܐ ܪܘܓܙܗ. ܘܢܘܕܥ ܚܝܠܗ. ܐܝܬܝ ܒܣܘܓܐܐ ܕܡܓܪܬ ܪܘܚܗ
ܪܘܓܙܐ: ܥܠ ܡܐܢ̈ܐ ܕܪܘܓܙܐ ܕܓܡܝܪܝܢ ܠܐܒܕܢܐ. 23 ܘܐܫܦܥ ܚܘܣܝܗ ܥܠ
ܡܐܢ̈ܐ ܕܚܘܣܝܐ ܕܡܛܝܒܝܢ ܗܘܘ ܠܐܠܗܐ ܠܬܫܒܘܚܬܐ. 24 ܕܐܝܠܝܢ ܚܢܢ ܩܪܢܐ. ܠܐ ܗܘܐ
ܒܠܚܘܕ ܡܢ ܝܗܘܕ̈ܝܐ: ܐܠܐ ܐܦ ܡܢ ܥܡ̈ܡܐ. 25 ܐܝܟܢܐ ܕܐܦ ܒܗܘܫܥ ܐܡܪ. ܕܐܩܪܐ
ܠܥܡܐ ܕܠܐ ܗܘܐ ܥܡܝ. ܥܡܝ. ܘܠܕܠܐ ܪܚܝܡܬܐ. ܪܚܝܡܬܐ. 26 ܢܗܘܐ ܓܝܪ
ܒܕܘܟܬܐ ܕܐܬܐܡܪ ܕܠܐ ܗܘܐ ܥܡܝ. ܬܡܢ ܢܬܩܪܘܢ ܒ̈ܢܘܗܝ ܕܐܠܗܐ ܚܝܐ. 27 ܐܫܥܝܐ
ܕܝܢ ܐܟܪܙ ܥܠ ܒ̈ܢܝ ܐܝܣܪܝܠ. ܕܐܢ ܢܗܘܐ ܡܢܝܢܐ ܕܒ̈ܢܝ ܐܝܣܪܝܠ ܐܝܟ ܚܠܐ ܕܝܡܡܐ.
ܫܪܟܐ ܕܡܢܗܘܢ ܢܚܐ. 28 ܡܠܬܐ ܓܝܪ ܓܡܪ ܘܦܣܩ. ܘܢܥܒܕܝܗ̇ ܡܪܝܐ ܥܠ ܐܪܥܐ.
29 ܘܐܝܟ ܡܕܡ ܕܩܕܡ ܐܡܪ ܗܘ ܐܫܥܝܐ. ܕܐܠܘ ܠܐ ܡܪܝܐ ܨܒܐܘܬ ܐܘܬܪ ܠܢ ܣܪܝܕܐ.
ܐܝܟ ܣܕܘܡ ܗܘܝܢ ܗܘܝܢ: ܘܠܥܡܘܪܐ ܡܬܕܡܝܢ ܗܘܝܢ܀

30 ܡܢܐ ܗܟܝܠ ܢܐܡܪ. ܕܥܡ̈ܡܐ ܕܠܐ ܪ̈ܗܛܝܢ ܗܘܘ ܒܬܪ ܟܐܢܘܬܐ. ܐܕܪܟܘ ܟܐܢܘܬܐ. ܕܫܒܬܐ ܐ.
ܟܐܢܘܬܐ ܕܝܢ ܕܡܢ ܗܝܡܢܘܬܐ ܗܝ. 31 ܐܝܣܪܝܠ ܕܝܢ ܕܪܗܛ ܗܘܐ ܒܬܪ ܢܡܘܣܐ
ܕܟܐܢܘܬܐ. ܠܢܡܘܣܐ ܕܟܐܢܘܬܐ ܠܐ ܐܕܪܟ. 32 ܡܛܠ ܡܢܐ. ܡܛܠ ܕܠܐ ܗܘܐ ܡܢ ܗܝܡܢܘܬܐ.
ܐܠܐ ܡܢ ܥܒ̈ܕܘܗܝ ܕܢܡܘܣܐ. ܐܬܬܩܠܘ ܓܝܪ ܒܟܐܦܐ ܕܬܘܩܠܬܐ: 33 ܐܝܟ ܕܟܬܝܒ.
ܕܗܐ ܣܐܡ ܐܢܐ ܒܨܗܝܘܢ. ܟܐܦܐ ܕܬܘܩܠܬܐ ܘܟܐܦܐ ܕܡܟܫܘܠܐ. ܘܡܢ ܕܒܗ ܢܗܝܡܢ
ܠܐ ܢܒܗܬ܀

Cap. x. 1 ܐܚܝ̈. ܨܒܝܢܐ ܕܠܒܝ. ܘܒܥܘܬܝ ܕܠܘܬ ܐܠܗܐ. ܚܠܦܝܗܘܢ. ܕܢܚܘܢ. 2 ܣܗܕ
ܐܢܐ ܓܝܪ ܥܠܝܗܘܢ. ܕܛܢܢܐ ܕܐܠܗܐ ܐܝܬ ܒܗܘܢ. ܐܠܐ ܠܘ ܒܝܕܥܬܐ. 3 ܟܐܢܘܬܗ ܓܝܪ
ܕܐܠܗܐ ܠܐ ܝܕܥܘ. ܐܠܐ ܒܥܘ ܕܟܐܢܘܬܐ ܕܢܦܫܗܘܢ ܢܩܝܡܘܢ. ܘܡܛܠ ܗܢܐ ܠܟܐܢܘܬܗ

ܕܐܠܗܐ ܠܐ ܐܫܬܥܒܕܘ. 4 ܡܫܠܡܢܘܬܗ ܓܝܪ ܕܢܡܘܣܐ ܡܫܝܚܐ ܗܘ. ܠܙܕܝܩܘܬܐ ܠܟܠ
ܕܡܗܝܡܢ. 5 ܡܘܫܐ ܓܝܪ ܗܟܢܐ ܟܬܒ ܙܕܝܩܘܬܐ ܕܒܢܡܘܣܐ. ܕܡܢ ܕܥܒܕ ܗܠܝܢ.
ܢܚܐ ܒܗܝܢ. 6 ܙܕܝܩܘܬܐ ܕܝܢ ܕܡܢ ܗܝܡܢܘܬܐ ܗܟܢܐ ܐܡܪܐ. ܕܠܐ ܬܐܡܪ ܒܠܒܟ. ܕܡܢܘ ܣܠܩ
ܠܫܡܝܐ ܘܐܚܬ ܠܡܫܝܚܐ. 7 ܘܡܢܘ ܢܚܬ ܠܬܗܘܡܐ ܕܫܝܘܠ. ܘܐܣܩ ܠܡܫܝܚܐ
ܡܢ ܒܝܬ ܡܝܬܐ. 8 ܐܠܐ ܡܢܐ ܐܡܪ. ܩܪܝܒ ܗܘ ܠܟ ܦܬܓܡܐ ܠܦܘܡܟ ܘܠܠܒܟ.
ܗܘܝܘ ܦܬܓܡܐ ܕܗܝܡܢܘܬܐ ܕܡܟܪܙܝܢܢ. 9 ܘܐܢ ܬܘܕܐ ܒܦܘܡܟ ܒܡܪܢ ܝܫܘܥ:
ܘܬܗܝܡܢ ܒܠܒܟ. ܕܐܠܗܐ ܐܩܝܡܗ ܡܢ ܒܝܬ ܡܝܬܐ. ܬܚܐ. 10 ܠܒܐ ܓܝܪ ܕܡܗܝܡܢ.
ܒܗ ܡܙܕܕܩ. ܘܦܘܡܐ ܕܡܘܕܐ ܒܗ ܚܐ. 11 ܐܡܪ ܓܝܪ ܟܬܒܐ. ܕܟܠ ܕܡܗܝܡܢ ܒܗ.
ܠܐ ܢܒܗܬ. 12 ܘܒܗܕܐ ܠܐ ܦܪܫ. ܠܐ ܝܗܘܕܝܐ ܘܠܐ ܐܪܡܝܐ. ܚܕ ܗܘ ܓܝܪ ܡܪܝܐ ܕܟܠܗܘܢ:
ܕܥܬܝܪ ܠܟܠ ܕܩܪܐ ܠܗ. 13 ܟܠ ܓܝܪ ܕܢܩܪܐ ܫܡܗ ܕܡܪܝܐ ܢܚܐ ◆ 14 ܐܝܟܢܐ ܗܟܝܠ
ܢܩܪܘܢ ܠܐܝܢܐ ܕܠܐ ܗܝܡܢܘ ܒܗ. ܐܘ ܐܝܟܢܐ ܢܗܝܡܢܘܢ ܠܗܘ ܕܠܐ ܫܡܥܘܗܝ. ܐܘ ܐܝܟܢܐ
ܢܫܡܥܘܢ ܕܠܐ ܡܟܪܙܢܐ. 15 ܐܘ ܐܝܟܢܐ ܢܟܪܙܘܢ ܐܢ ܠܐ ܢܫܬܠܚܘܢ. ܐܝܟ ܕܟܬܝܒ: ܕܡܐ
ܝܐܝܢ ܪܓܠܝܗܘܢ ܕܡܣܒܪܝ ܫܠܡܐ ܘܕܡܣܒܪܝ ܛܒܬܐ. 16 ܐܠܐ ܠܐ ܗܘܐ ܟܠܗܘܢ
ܐܫܬܡܥܘ ܠܣܒܪܬܐ ܕܐܘܢܓܠܝܘܢ. ܐܫܥܝܐ ܓܝܪ ܐܡܪ: ܡܪܝ. ܡܢܘ ܗܝܡܢ ܠܫܡܥܢ.
ܡܟܝܠ. 17 ܗܝܡܢܘܬܐ ܡܢ ܡܫܡܥܐ ܐܝܬܝܗ̇. ܘܡܫܡܥܐ ܐܝܬܘܗܝ ܡܢ ܡܠܬܐ
ܕܐܠܗܐ. 18 ܐܠܐ ܐܡܪ ܐܢܐ. ܕܠܡܐ ܠܐ ܫܡܥܘ. ܘܗܐ ܒܟܠܗ ܐܪܥܐ ܢܦܩ ܩܠܗܘܢ
ܘܠܣܘܦܝܗ ܕܬܒܝܠ ܡܠܝܗܘܢ. 19 ܐܠܐ ܐܡܪ ܐܢܐ. ܕܠܡܐ ܠܐ ܝܕܥ ܐܝܣܪܝܠ.
ܩܕܡܝܐ ܡܘܫܐ ܗܟܢܐ ܐܡܪ. ܐܢܐ ܐܛܢܟܘܢ ܒܥܡܐ ܕܠܐ ܥܡ: ܘܒܥܡܐ ܕܠܐ ܡܣܬܟܠ
ܐܪܓܙܟܘܢ. 20 ܐܫܥܝܐ ܕܝܢ ܐܡܪܚ. ܘܐܡܪ. ܕܐܬܚܙܝܬ ܠܐܝܠܝܢ ܕܠܐ ܒܥܘܢܝ: ܘܐܫܬܟܚܬ
ܠܐܝܠܝܢ ܕܥܠܝ ܠܐ ܫܐܠܘ. 21 ܠܐܝܣܪܝܠ ܕܝܢ ܐܡܪ. ܕܦܫܛܬ ܐܝܕܝ ܟܠܗ ܝܘܡܐ:
ܠܘܬ ܥܡܐ ܕܡܬܚܪܐ ܘܠܐ ܡܫܬܡܥ ◆ 1 ܐܠܐ ܐܡܪ ܐܢܐ. ܕܠܡܐ ܣܠܝܗܝ ܐܠܗܐ Cap. xi.
ܠܥܡܗ. ܚܣ. ܐܦ ܐܢܐ ܓܝܪ ܡܢ ܐܝܣܪܝܠ ܐܢܐ. ܡܢ ܙܪܥܗ ܕܐܒܪܗܡ. ܡܢ ܫܪܒܬܐ
ܕܒܢܝܡܝܢ. 2 ܠܐ ܣܠܝ ܐܠܗܐ ܠܥܡܗ. ܐܝܢܐ ܕܡܢ ܩܕܝܡ ܝܕܥ ܗܘܐ ܠܗ. ܐܘ ܠܐ
ܝܕܥܝܢ ܐܢܬܘܢ ܒܟܬܒܐ ܕܐܠܝܐ ܡܢܐ ܐܡܪ: ܟܕ ܡܩܒܠ ܗܘܐ ܠܐܠܗܐ ܥܠ ܐܝܣܪܝܠ.
ܘܐܡܪ. 3 ܡܪܝ ܠܢܒܝܝܟ ܩܛܠܘ. ܘܠܡܕܒܚܝܟ ܣܚܦܘ. ܘܐܢܐ ܗܘ ܒܠܚܘܕܝ
ܐܫܬܚܪܬ. ܘܒܥܝܢ ܠܢܦܫܝ. 4 ܘܐܬܐܡܪ ܠܗ ܒܓܠܝܢܐ. ܕܗܐ ܫܒܩܬ ܠܢܦܫܝ ܫܒܥܐ
ܐܠܦܝܢ ܓܒܪܝܢ: ܐܝܠܝܢ ܕܥܠ ܒܘܪܟܝܗܘܢ ܠܐ ܒܪܟܘ. ܘܠܐ ܣܓܕܘ ܠܒܥܠܐ. 5 ܗܟܢܐ
ܐܦ ܒܗܢܐ ܙܒܢܐ. ܫܪܟܐ ܗܘ ܐܫܬܚܪ ܒܓܒܝܬܐ ܕܛܝܒܘܬܐ. 6 ܘܐܢ ܒܛܝܒܘܬܐ. ܠܐ
ܗܘܐ ܡܢ ܥܒܕܐ. ܘܐܢ ܠܐ: ܛܝܒܘܬܐ ܠܐ ܗܘܬ ܛܝܒܘܬܐ. ܘܐܢ ܒܥܒܕܐ. ܠܐ ܗܘܐ ܡܢ
ܛܝܒܘܬܐ. ܘܐܢ ܠܐ: ܥܒܕܐ ܠܐ ܗܘܘ ܥܒܕܐ ◆

7 ܡܘܕܝ ܗܟܝܠ. ܗܿܘ ܕܒܥܐ ܗܘܐ ܐܝܣܪܝܠ ܠܐ ܐܚܕܝܠܗ. ܓܒ̈ܝܐ ܕܝܢ ܐܚܕܝܠܗ.
ܚܪ̈ܢܝܗܘܢ ܕܝܢ ܐܬܬܩܫܘ ܒܠܒܗܘܢ. 8 ܐܝܟܢܐ ܕܟܬܝܒ܆ ܕܝܗܒ ܠܗܘܢ ܐܠܗܐ ܪܘܚܐ
ܡܕܡܟܢܝܬܐ. ܘܥܝܢ̈ܐ ܕܠܐ ܚܙܝܢܝ ܒܗܘܢ. ܘܐܕܢ̈ܐ ܕܠܐ ܫܡܥܝܢܝ܆ ܥܕܡܐ ܠܗܕܐ
ܕܝܘܡܐ. 9 ܘܕܘܝܕ ܐܦ ܐܡܪ܆ ܗܘܝܐ ܦܬܘܪܗܘܢ ܡܨܝܕܬܗܘܢ ܠܟܫܠܐ. ܘܦܘܪܥܢܗܘܢ
ܠܬܘܩܠܬܐ. 10 ܢܚܫܟܢ ܥܝܢ̈ܝܗܘܢ ܕܠܐ ܚܙܝ. ܘܚܨܗܘܢ ܟܦܝܦܐ ܗܘܝܐ ܕܐܝܡ.
11 ܐܡܪ ܐܢܐ ܕܝܢ܆ ܕܠܡܐ ܐܬܬܩܠܘ ܐܝܟ ܕܢܦܠܘܢ. ܚܣ. ܐܠܐ ܒܬܘܩܠܬܗܘܢ ܕܝܠܗܘܢ܆
ܗܘܐ ܚܝܐ ܠܥܡ̈ܡܐ ܠܛܢܢܗܘܢ. 12 ܘܐܢ ܬܘܩܠܬܗܘܢ ܗܘܬ ܥܘܬܪܐ ܠܥܠܡܐ܆
ܘܒܨܝܪܘܬܗܘܢ ܥܘܬܪܐ ܠܥܡ̈ܡܐ. ܟܡܐ ܗܟܝܠ ܡܫܡܠܝܘܬܗܘܢ܀ 13 ܠܟܘܢ ܕܝܢ ܐܡܪ ܐܢܐ
ܠܥܡ̈ܡܐ. ܐܢܐ ܕܐܝܬܝ ܫܠܝܚܐ ܕܥܡ̈ܡܐ. ܠܬܫܡܫܬܝ ܡܫܒܚ ܐܢܐ. 14 ܕܠܡܐ
ܐܛܢ ܠܒܢܝ ܒܣܪܝ܆ ܘܐܚܐ ܐ̱ܢܫܐ ܡܢܗܘܢ. 15 ܐܢ ܓܝܪ ܡܣܬܠܝܢܘܬܗܘܢ ܪܥܘܬܐ
ܠܥܠܡܐ ܗܘܬ. ܟܡܐ ܗܟܝܠ ܩܘܒܠܗܘܢ܆ ܐܠܐ ܚܝ̈ܐ ܕܡܢ ܒܝܬ ܡܝ̈ܬܐ. 16 ܘܐܢ ܕܝܢ
ܪܫܝܬܐ ܩܕܝܫܐ. ܐܦ ܓܒܝܠܬܐ. ܘܐܢ ܥܩܪܐ ܩܕܝܫ ܗܘ. ܐܦ ܣܘܟܐ. 17 ܘܐܢ ܡܢ ܣܘܟܐ
ܐܬܦܫܚ. ܘܐܢܬ ܕܙܝܬܐ ܐܝܟ ܕܒܪܐ ܐܬܛܥܡܬ ܒܕܘܟܝܬܗܘܢ܆ ܘܗܘܝܬ ܫܘܬܦܐ ܠܥܩܪܐ
ܘܠܫܘܡܢܗ ܕܙܝܬܐ. 18 ܠܐ ܬܫܬܒܗܪ ܥܠ ܣܘܟܐ. ܐܢ ܕܝܢ ܡܫܬܒܗܪ ܐܢܬ. ܠܐ ܗܘܐ
ܐܢܬ ܫܩܝܠ ܠܗ ܠܥܩܪܐ܆ ܐܠܐ ܗܘ ܥܩܪܐ ܫܩܝܠ ܠܟ. 19 ܘܒܪܡ ܬܐܡܪ ܕܣܘܟܐ
ܐܬܦܫܚ܆ ܕܐܢܐ ܐܬܛܥܡܬ ܒܕܘܟܝܬܗܘܢ. 20 ܫܦܝܪ. ܗܢܘܢ ܡܛܠ ܕܠܐ ܗܝܡܢܘ ܐܬܦܫܚܘ.
ܐܢܬ ܕܝܢ ܒܗܝܡܢܘܬܐ ܩܡܬ. ܠܐ ܬܬܪܝܡ ܒܪܥܝܢܟ. ܐܠܐ ܕܚܠ. 21 ܐܢ ܐܠܗܐ ܓܝܪ
ܥܠ ܣܘܟܐ ܕܡܢ ܟܝܢܗܘܢ ܠܐ ܚܣ. ܕܠܡܐ ܐܦܠܐ ܥܠܝܟ ܢܚܘܣ. 22 ܚܙܝ ܗܟܝܠ
ܒܒܣܝܡܘܬܗ ܘܒܩܫܝܘܬܗ ܕܐܠܗܐ. ܥܠ ܐܝܠܝܢ ܕܢܦܠܘ ܩܫܝܘܬܐ. ܥܠܝܟ ܕܝܢ ܒܣܝܡܘܬܐ.
ܐܢ ܬܩܘܐ ܒܗ ܒܒܣܝܡܘܬܐ. ܘܐܢ ܠܐ ܐܦ ܐܢܬ ܬܬܦܫܚ. 23 ܘܗܢܘܢ ܐܢ ܠܐ ܢܩܘܘܢ
ܒܚܣܝܪܘܬ ܗܝܡܢܘܬܗܘܢ܆ ܐܦ ܗܢܘܢ ܢܬܛܥܡܘܢ. ܡܫܟܚ ܓܝܪ ܐܠܗܐ ܕܬܘܒ ܢܛܥܡ
ܐܢܘܢ. 24 ܐܢ ܓܝܪ ܐܢܬ ܕܡܢ ܙܝܬܐ ܐܝܟ ܕܒܪܐ܆ ܗܘ ܕܟܝܢܝ ܐܬܦܫܚܬ܆ ܘܕܠܐ
ܟܝܢܝ ܐܬܛܥܡܬ ܒܙܝܬܐ ܛܒܬܐ. ܟܡܐ ܗܟܝܠ ܗܢܘܢ ܐܢ ܢܬܛܥܡܘܢ ܒܙܝܬܐ
ܕܟܝܢܗܘܢ܀܀܀

25 ܨܒܐ ܐܢܐ ܓܝܪ ܕܬܕܥܘܢ ܐܚܝ̈. ܐܪܙܐ ܗܢܐ܆ ܕܠܐ ܬܗܘܘܢ ܚܟܝ̈ܡܝܢ ܒܪܥܝܢ ܢܦܫܟܘܢ܆ ܪܝܫܐ ܗ.
ܕܒܨܝܪܘܬܐ ܩܠܝܠ ܡܢ ܐܢܫ ܡܛܠ ܗܘܐ ܠܐܝܣܪܝܠ܆ ܥܕܡܐ ܕܢܥܘܠ ܡܘܠܝܐ ܕܥܡ̈ܡܐ.
26 ܘܗܝܕܝܢ ܟܠܗ ܐܝܣܪܝܠ ܢܚܐ. ܐܝܟܢܐ ܕܟܬܝܒ. ܕܢܐܬܐ ܡܢ ܨܗܝܘܢ ܦܪܘܩܐ. ܘܢܗܦܟ
ܥܘܠܐ ܡܢ ܝܥܩܘܒ. 27 ܘܗܝܕܝܢ ܬܗܘܐ ܠܗܘܢ ܕܝܬܩܐ ܗܝ ܕܡܢ ܠܘܬܝ܆ ܡܐ ܕܫܒܩܬ
ܠܗܘܢ ܚܛܗܝ̈ܗܘܢ. 28 ܒܣܒܪܬܐ ܕܝܢ܆ ܒܥܠܕܒܒܐ ܐܢܘܢ ܡܛܠܬܟܘܢ. ܘܒܓܒܝܘܬܐ
ܚܒܝܒܝܢ ܐܢܘܢ ܡܛܠ ܐܒܗ̈ܬܐ. 29 ܠܐ ܓܝܪ ܗܦܟܝ ܐܠܗܐ ܒܡܘܗܒܬܗ ܘܒܩܪܝܢܘܬܗ.

30 ܐܝܟܢܐ ܓܝܪ ܕܐܦ ܐܢܬܘܢ ܠܐ ܡܬܛܦܝܣܝܢ ܗܘܝܬܘܢ ܠܐܠܗܐ ܡܢ ܩܕܝܡ܆ ܘܗܫܐ
ܐܬܪܚܡܬܘܢ ܡܛܠ ܠܐ ܡܬܛܦܝܣܢܘܬܗܘܢ ܕܗܢܘܢ܇ 31 ܗܟܢܐ ܐܦ ܗܢܘܢ ܠܐ ܐܬܛܦܝܣܘ
ܗܫܐ ܒܪ̈ܚܡܐ ܕܥܠܝܟܘܢ܆ ܕܐܦ ܥܠܝܗܘܢ ܢܗܘܘܢ ܪ̈ܚܡܐ. 32 ܚܒܫ ܓܝܪ ܐܠܗܐ
ܠܟܠܢܫ ܒܠܐ ܡܬܛܦܝܣܢܘܬܐ. ܕܥܠ ܟܠ ܐܢܫ ܢܪܚܡ܀
33 ܐܘ ܥܘܡܩܐ ܕܥܘܬܪܐ ܘܚܟܡܬܐ ܘܝܕܥܬܐ ܕܐܠܗܐ. ܕܐܝܟ ܠܐ ܡܢ ܕܢܥܩܒ ܕܝܢܘܗܝ܆
ܘܐܘܪܚܬܗ ܠܐ ܡܬܒܨܝܢ. 34 ܡܢܘ ܓܝܪ ܝܕܥ ܪܥܝܢܗ ܕܡܪܝܐ. ܐܘ ܡܢܘ ܗܘܐ ܠܗ
ܒܥܠ ܡܠܟܐ. 35 ܘܡܢܘ ܩܕܡ ܝܗܒ ܠܗ܇ ܘܡܢ ܢܣܒ ܦܘܪܥܢܗ. 36 ܡܛܠ ܕܟܠ ܡܢܗ.
ܘܟܠ ܒܗ. ܘܟܠ ܒܐܝܕܗ. ܕܠܗ ܬܫܒܘܚܬܐ ܘܒܘܪܟܬܐ܆ ܠܥܠܡ ܥܠܡܝܢ ܐܡܝܢ܀
1 ܒܥܐ ܐܢܐ ܕܝܢ ܡܢܟܘܢ ܐܚܝ ܒܪ̈ܚܡܘܗܝ ܕܐܠܗܐ܆ ܕܬܩܝܡܘܢ ܦܓܪ̈ܝܟܘܢ ܕܒܚܬܐ Cap. xii.
ܚܝܬܐ ܘܩܕܝܫܬܐ ܘܡܫܦܪܢܝܬܐ ܠܐܠܗܐ܆ ܒܬܫܡܫܬܐ ܡܠܝܠܬܐ. 2 ܘܠܐ ܬܬܕܡܘܢ ܠܥܠܡܐ
ܗܢܐ܆ ܐܠܐ ܐܫܬܚܠܦܘ ܒܚܘܕܬܐ ܕܬܪܥܝܬܟܘܢ. ܕܬܗܘܘܢ ܦܪܫܝܢ ܡܢܐ ܗܘ ܨܒܝܢܗ
ܕܐܠܗܐ܆ ܛܒܐ ܘܡܫܦܪܐ ܘܓܡܝܪܐ. 3 ܐܡܪ ܐܢܐ ܕܝܢ ܒܛܝܒܘܬܐ ܕܐܬܝܗܒܬ ܠܝ ܠܟܠܟܘܢ܆
ܕܠܐ ܬܬܪܥܘܢ ܝܬܝܪ ܡܢ ܡܐ ܕܘܠܐ ܕܬܬܪܥܘܢ. ܐܠܐ ܬܬܪܥܘܢ ܒܢܟܦܘܬܐ.
ܐܢܫ ܐܝܟ ܕܦܠܓ ܠܗ ܐܠܗܐ ܡܫܘܚܬܐ ܕܗܝܡܢܘܬܐ. 4 ܐܝܟܢܐ ܓܝܪ ܕܒܚܕ ܦܓܪܐ
ܗܕ̈ܡܐ ܣܓܝܐ̈ܐ ܐܝܬ ܠܢ܆ ܘܟܠܗܘܢ ܗܕ̈ܡܐ ܠܐ ܗܘܐ ܚܕ ܗܘ ܣܘܥܪܢܐ ܐܝܬ ܠܗܘܢ܇
5 ܗܟܢܐ ܐܦ ܚܢܢ ܕܣܓܝܐ̈ܐ ܚܢܢ܆ ܚܕ ܚܢܢ ܦܓܪܐ ܒܡܫܝܚܐ܆ ܚܕ ܚܕ ܕܝܢ ܗܕ̈ܡܐ ܚܢܢ
ܕܚܕ̈ܕܐ. 6 ܐܠܐ ܐܝܬ ܠܢ ܡܘܗ̈ܒܬܐ ܡܫܚܠܦ̈ܬܐ. ܐܝܟ ܛܝܒܘܬܐ ܕܐܬܝܗܒܬ ܠܢ.
ܐܝܬ ܕܢܒܝܘܬܐ ܐܝܟ ܡܫܘܚܬܐ ܕܗܝܡܢܘܬܗ. 7 ܘܐܝܬ ܕܬܫܡܫܬܐ ܐܝܬ ܠܗ.
ܒܬܫܡܫܬܗ. ܘܐܝܬ ܕܡܠܦܢܐ ܗܘ. ܒܝܘܠܦܢܗ. 8 ܘܐܝܬ ܕܡܒܝܐܢܐ ܗܘ. ܒܒܘܝܐܗ.
ܘܕܝܗܒ. ܒܦܫܝܛܘܬܐ܆ ܘܕܩܐܡ ܒܪܝܫܐ܆ ܒܚܦܝܛܘܬܐ܆ ܘܕܡܪܚܡ. ܒܚܕܝܘܬܐ. 9 ܘܠܐ ܢܗܘܐ
ܒܢܟܠ ܚܘܒܟܘܢ. ܐܠܐ ܗܘܝܬܘܢ ܣܢܝܢ ܠܒܝܫܬܐ. ܘܡܬܢܩܦܝܢ ܠܛܒܬܐ. 10 ܗܘܝܬܘܢ
ܪܚܡܝܢ ܠܐܚ̈ܝܟܘܢ. ܘܡܚܒܝܢ ܚܕ ܠܚܕ. ܗܘܝܬܘܢ ܡܩܕܡܝܢ ܡܝܩܪܝܢ ܚܕ ܠܚܕ.
11 ܗܘܝܬܘܢ ܚܦܝܛܝܢ. ܘܠܐ ܚܒܢܢܝܢ. ܗܘܝܬܘܢ ܪ̈ܬܚܝܢ ܒܪܘܚ. ܗܘܝܬܘܢ ܦܠܚܝܢ
ܠܡܪܟܘܢ. 12 ܗܘܝܬܘܢ ܚܕܝܢ ܒܣܒܪܟܘܢ. ܗܘܝܬܘܢ ܡܣܝܒܪܝܢ ܐܘܠܨܢܝܟܘܢ. ܗܘܝܬܘܢ
ܐܡܝܢܝܢ ܒܨܠܘܬܐ. 13 ܗܘܝܬܘܢ ܡܫܬܘܬܦܝܢ ܠܣܘܢܩܢܐ ܕܩܕܝܫ̈ܐ. ܗܘܝܬܘܢ ܪܚܡܝܢ
ܐܟܣܢܝܐ. 14 ܒܪܟܘ ܠܪܕܘܦܝܟܘܢ. ܒܪܟܘ. ܘܠܐ ܬܠܘܛܘܢ. 15 ܚܕܘ ܥܡ ܕܚܕܝܢ܆
ܘܒܟܘ ܥܡ ܕܒܟܝܢ. 16 ܘܡܕܡ ܕܡܬܪܥܝܢ ܐܢܬܘܢ ܥܠ ܢܦܫܟܘܢ܆ ܐܦ ܥܠ ܐܚ̈ܝܟܘܢ.
ܘܠܐ ܬܬܪܥܘܢ ܪ̈ܡܬܐ ܕܗܢܐ. ܐܠܐ ܐܬܢܓܕܘ ܠܡܟܝ̈ܟܐ. ܘܠܐ ܗܘܝܬܘܢ ܚܟܝܡܝܢ ܒܪ̈ܥܝܢ
ܢܦܫܟܘܢ. 17 ܘܠܐ ܬܦܪܥܘܢ ܠܐܢܫ ܒܝܫܬܐ ܚܠܦ ܒܝܫܬܐ. ܐܠܐ ܬܬܒܛܝܠ ܠܟܘܢ܆ ܕܬܥܒܕܘܢ
ܛܒ̈ܬܐ ܩܕܡ ܒ̈ܢܝܢܫܐ ܟܠܗܘܢ. 18 ܘܐܢ ܡܫܟܚܐ ܐܝܟ ܕܡܢ ܠܘܬܟܘܢ܆ ܥܡ ܟܠܒܪܢܫ

ܡܫܟܚܐ ܠܒܟ. 19 ܘܠܐ ܒܗܠܝܢ ܐܠܦܬ ܠܥܡܟ ܡܢ ܥܒ̈ܕܝܟ. ܐܠܐ ܗܘܒ ܐܬܪܐ ܠܬܝܒܘܬܐ.
ܦܬܝܟ ܗܘ ܓܝܪ: ܕܐܦ ܠܐ ܐܢܫ ܕܢܚܐ ܠܒܢܝ̈ܢܫܐ. ܐܢܐ ܐܢܫ ܕܚܝܐ. ܐܡܪ ܐܠܗܐ.
20 ܐܦ ܢܦܩ ܠܡܠܟܘܬܟ. ܐܘܕܥܬܝܗ. ܐܦ ܪܘܚܐ. ܐܬܩܢܬܗ. ܐܦ ܗܠܝܢ ܕܐܢܫܝ ܠܗ.
ܠܚܘܒܐ ܕܢܗܘܐ ܐܬܝܗܒ ܠܟܠ ܡܪܢܝܬܗ. 21 ܠܐ ܐܬܚܫܒܘ ܚܛܗܐ. ܐܠܐ ܒܬܝܒܘܬܐ ܠܒܝܫܬܐ
ܠܡܫܬܐ ܀ 1 ܟܠ ܢܦܩ ܠܡܘܠܟܢܐ ܕܒܪܝܬܐ ܐܬܝܕܥܬ. ܡܛܠ ܓܝܪ ܡܘܠܟܢܐ ܕܠܐ Cap. xiii.
ܗܘܐ ܡܢ ܐܠܗܐ ܗܘ. ܘܐܝܠܝܢ ܡܘܠܟܢܐ ܕܐܬܓܠܝܘ، ܡܢ ܐܠܗܐ ܗܘ ܦܩܝܕܝܢ. 2 ܡܢ
ܕܩܐܡ ܗܘܝܘ ܠܡܫܟܚ ܡܘܠܟܢܐ. ܠܡܫܟܚ ܦܘܪܫܢܐ ܕܐܠܗܐ ܩܐܡ. ܘܗܠܝܢ ܕܡܫܩܠܝܢ
ܠܡܫܟܚܘܬܗܘܢ. ܕܡܢܐ ܢܥܒܕܘܢ. 3 ܕܥܬܝܕ ܓܝܪ ܠܐ ܗܘܐ ܕܢܣܒܘܢ ܠܟܠܒܝ̈ܐ ܠܒܢܐ. ܐܠܐ
ܠܒܝ̈ܬܐ. ܕܒܐ ܐܝܟ ܗܘܝܘ ܕܠܐ ܐܬܕܟܪ ܡܢ ܡܘܠܟܢܐ: ܠܒܢ ܠܒܢܐ ܘܐܬܟܘܢܢܬ ܐܬܗܘܐ
ܠܗ ܡܢܗ. 4 ܡܫܡܫܢܐ ܗܘ ܓܝܪ ܕܐܠܗܐ. ܐܠܐ ܠܗ ܠܡܫܟܚܐ. ܐܦ ܚܛܗܐ ܠܒܢܝ
ܐܝܟ ܕܡܛܠ. ܠܐ ܗܘܐ ܓܝܪ ܡܬܝܕܥܢ ܐܦܢ ܠܡܫܟܚܘܬܐ. ܡܫܡܫܢܐ ܗܘ ܓܝܪ ܕܐܠܗܐ.
ܘܐܬܓܠܝ ܕܘܒܪܐ ܠܐܝܠܝܢ ܕܒܥܝܢ ܠܝܩܪܐ. 5 ܘܡܛܠ ܗܢܐ ܐܠܐ ܠܗܘܢ ܕܢܬܕܟܪܘܢ.
ܠܐ ܡܛܠ ܕܘܒܪܐ ܠܒܝܫܘܬ: ܐܠܐ ܐܦ ܡܛܠ ܬܐܘܬܐ. 6 ܡܛܠ ܗܢܐ ܐܦ ܦܫܩ ܕܡܐ
ܢܘܟܪܝ ܐܝܬܘܗܝ. ܡܫܡܫܢܐ ܐܝܟ ܓܝܪ ܕܐܠܗܐ ܕܒܠܒܗܘܢ ܕܗܠܝܢ ܡܫܩܠܝܢ. 7 ܦܪܘܫܘ
ܗܘܝܘ ܠܡܫܟܚܗ ܐܝܟ ܕܡܬܩܢܝܢ ܠܗ. ܠܗܢܐ ܕܢܦܫܩ ܕܡܐ. ܦܫܩ ܕܡܐ. ܘܠܗܢܐ
ܕܡܫܟܚ ܡܫܡܫܐ. ܘܠܗܢܐ ܕܕܒܪܐ ܕܒܝܫܐ. ܘܠܗܢܐ ܕܐܬܡܪܐ ܐܬܡܪܐ. 8 ܘܐܠܘ ܡܢܗܘܢ ܠܐ
ܐܬܚܙܝ: ܐܠܐ ܐܝܟ ܠܒܝ ܠܡܫܟܚܘ ܀ ܀ ܀
ܡܢ ܕܡܫܟܚ ܓܝܪ ܡܫܟܚܘ. ܢܥܒܕܘܢ ܡܫܡܫ. 9 ܘܐܦ ܗܘ ܓܝܪ ܕܐܡܪ. ܕܠܐ ܬܬܚܝܪ: ܙܘܚܐ ܛ.
ܘܠܐ ܬܬܟܠ: ܘܠܐ ܬܬܒܥܐ: ܘܠܐ ܬܐܦ: ܐܦ ܐܝܟ ܦܘܪܫܢܐ ܐܢܫܝܐ: ܠܡܫܟܚܐ ܡܫܡܫܢܐ
ܡܫܡܫܢܐ. ܕܐܬܦܠܓ ܠܡܬܦܠܓܘ ܐܝܟ ܢܦܫܗ. 10 ܡܢܗܘܢ ܠܡܬܦܠܓܘܬܗ ܚܛܗܐ ܠܐ ܡܫܟܚ. ܡܛܠ
ܕܡܫܟܚܐ ܡܫܡܫܢܐ ܗܘ ܕܢܥܒܕܘܢ. 11 ܘܐܦ ܗܘܐ ܕܠܗ. ܕܐܬܐ ܗܘ ܘܡܫܟܚܐ ܗܘ. ܡܛܠ
ܕܐܬܟܢܫ ܡܢ ܡܫܟܢ. ܗܟܢܐ ܗܘ ܓܝܪ ܐܬܡܫܟܚ ܠܗ ܚܛܗܝܢ ܡܛܠ ܕܒܝ ܗܢܘܢ ܡܫܩܠܝܢ.
12 ܟܠܗ ܡܫܟܚ ܠܒܢ. ܘܐܬܡܫܟܚܐ ܡܢܗ. ܢܦܫ ܡܢܗ ܗܘܝܘ ܠܒܝ̈ܬܐ ܕܢܫܘܐܐ. ܘܠܟܠܗ
ܐܫܬܗ ܕܢܗܘܐ. 13 ܘܐܦ ܕܐܬܡܫܟܚܐ ܕܐܬܡܫܟܚܐ ܗܘܠܟܘ. ܠܐ ܕܐܬܡܪܐ: ܘܠܐ ܠܡܫܟܚܬܐ. ܘܠܐ
ܠܡܫܟܚܬܐ ܡܫܟܚ. ܘܠܐ ܕܡܫܟܚܐ ܘܠܡܫܟܢܐ. 14 ܐܠܐ ܠܡܫܟܚܘܬ ܠܡܫܟܚ. ܢܦܫܗ ܡܫܡܫܢܐ.
ܘܠܐ ܬܬܚܙܐ ܕܡܫܟܚܐ ܠܒܢܝ̈ܢܫܐ. 1 ܐܠܗܐ ܕܝܢ ܕܡܫܟܚ ܠܡܫܟܚܘܬܐ. ܗܘܐ ܠܗ ܐܝܟܐ. ܘܠܐ Cap. xiv.
ܐܬܗܘܝ، ܡܫܟܚܝܢ ܠܡܫܟܚܘܬܗ. 2 ܐܝܟ ܓܝܪ ܕܡܫܟܚܝܢ ܕܡܫܟܚܝܢ ܐܬܟܠ.
ܘܒܢܝܢܗ ܡܫܟܚܐ ܗܘ ܐܟܠ. 3 ܗܘ ܕܝܢ ܕܐܟܠ ܠܗܘ ܡܢ ܕܠܐ ܐܟܠ. ܠܐ ܢܫܟܚ. ܘܗܘ ܡܢ
ܕܠܐ ܐܟܠ ܠܗܘ ܡܢ ܕܐܟܠ. ܠܐ ܢܕܘܢ. ܐܠܗܐ ܓܝܪ ܡܩܒܠ ܠܗ. 4 ܐܢܬ ܡܢ ܐܝܬ ܕܕܐܢ
ܐܝܬ ܠܥܒܕܐ ܕܠܐ ܕܝܠܟ. ܕܐܦ ܩܐܡ. ܠܡܪܗ ܩܐܡ. ܐܦ ܢܦܠ. ܠܡܪܗ ܢܦܠ. ܡܫܟܚ

ܡܩܡ ܓܝܪ ܩܐܡ. ܡܫܟܚ ܓܝܪ ܡܪܗ ܕܢܩܝܡܝܘܗܝ. 5 ܐܝܬ ܕܦܪܫ ܝܘܡܐ ܡܢ ܝܘܡܐ.
ܘܐܝܬ ܕܦܪܫ ܟܠܗܘܢ ܝܘܡܬܐ. ܟܠܢܫ ܕܝܢ ܒܡܕܥܗ ܢܬܚܦܛ. 6 ܡܢ ܕܡܬܪܥܐ
ܕܝܘܡܐ. ܠܡܪܢ ܡܬܪܥܐ. ܘܟܠ ܕܠܐ ܡܬܪܥܐ ܕܝܘܡܐ. ܠܡܪܢ ܠܐ ܡܬܪܥܐ. ܘܕܐܟܠ.
ܠܡܪܢ ܐܟܠ. ܘܠܐܠܗܐ ܡܘܕܐ. ܘܕܠܐ ܐܟܠ. ܠܡܪܢ ܠܐ ܐܟܠ. ܘܡܘܕܐ ܠܐܠܗܐ. 7 ܠܐ
ܓܝܪ ܐܢܫ ܡܢܢ ܕܠܢܦܫܗ ܚܝ. ܘܠܐ ܐܢܫ ܕܠܢܦܫܗ ܡܐܬ. 8 ܡܛܠ ܕܐܢ ܚܝܝܢ.
ܠܡܪܢ ܚܝܝܢ. ܘܐܢ ܡܝܬܝܢ. ܠܡܪܢ ܗܘ ܡܝܬܝܢ. ܐܢ ܚܝܝܢ ܗܟܝܠ. ܐܢ
ܡܝܬܝܢ. ܕܡܪܢ ܚܢܢ. 9 ܡܛܠ ܗܢܐ ܐܦ ܡܫܝܚܐ ܡܝܬ ܘܚܝܐ ܘܩܡ. ܕܗܘ ܢܗܘܐ
ܡܪܐ ܠܡܝܬܐ ܘܠܚܝܐ. 10 ܐܢܬ ܕܝܢ. ܡܢܐ ܕܐܢ ܐܢܬ ܠܐܚܘܟ. ܐܘ ܐܦ ܐܢܬ. ܠܡܢܐ
ܡܨܥܪ ܐܢܬ ܠܐܚܘܟ. ܟܠܢ ܓܝܪ ܥܬܝܕܝܢܢ ܠܡܩܡ ܩܕܡ ܒܝܡ ܕܡܫܝܚܐ. 11 ܐܝܟ
ܕܟܬܝܒ. ܕܚܝ ܐܢܐ ܐܡܪ ܡܪܝܐ. ܕܠܝ ܬܒܪܟ ܟܠ ܒܘܪܟ. ܘܠܝ ܬܘܕܐ ܟܠ ܠܫܢ.
12 ܡܕܝܢ ܟܠ ܐܢܫ ܡܢܢ. ܦܬܓܡܐ ܚܠܦ ܢܦܫܗ ܢܬܠ ܠܐܠܗܐ. 13 ܠܐ ܡܟܝܠ ܢܗܘܐ
ܚܕ ܕܐܢ ܠܚܕ. ܐܠܐ ܗܕܐ ܕܘܢܘ ܝܬܝܪ. ܕܬܘܩܠܬܐ ܠܐܚܘܟ ܠܐ ܬܣܝܡ. 14 ܝܕܥ ܐܢܐ ܓܝܪ.
ܘܡܦܝܣ ܐܢܐ ܒܡܪܢ ܝܫܘܥ. ܕܡܕܡ ܛܡܐ ܡܢ ܠܘܬܗ ܠܝܬ. ܐܠܐ ܠܐܢܫ ܕܚܫܒ
ܥܠ ܡܕܡ ܕܛܡܐ. ܠܗܘ ܗܘ ܒܠܚܘܕܘܗܝ ܛܡܐ. 15 ܘܐܢ ܡܛܠ ܡܐܟܘܠܬܐ ܡܥܝܩ
ܐܢܬ ܠܐܚܘܟ. ܠܐ ܗܘܐ ܒܚܘܒܐ ܡܗܠܟ ܐܢܬ. ܠܐ ܬܘܒܕ ܒܡܐܟܘܠܬܟ ܠܗܘ ܕܡܛܠܬܗ
ܡܝܬ ܡܫܝܚܐ. 16 ܘܠܐ ܬܬܓܕܦ ܛܒܬܢ. 17 ܡܠܟܘܬܗ ܓܝܪ ܕܐܠܗܐ. ܠܐ ܗܘܬ ܡܐܟܘܠܬܐ
ܘܡܫܬܝܐ. ܐܠܐ ܟܐܢܘܬܐ ܘܫܠܡܐ ܘܚܕܘܬܐ ܒܪܘܚܐ ܕܩܘܕܫܐ. 18 ܡܢ ܕܒܗܠܝܢ ܓܝܪ
ܡܫܡܫ ܠܡܫܝܚܐ. ܫܦܪ ܠܐܠܗܐ. ܘܡܝܩܪ ܠܒܢܝܢܫܐ ܟܠܗܘܢ. 19 ܗܫܐ ܗܟܝܠ ܒܬܪ ܫܝܢܐ ܢܪܗܛ.
ܘܒܬܪ ܒܢܝܢܐ ܚܕ ܕܚܕ. 20 ܘܠܐ ܡܛܠ ܡܐܟܘܠܬܐ ܢܣܬܪ ܥܒܕܐ ܕܐܠܗܐ. ܟܠܡܕܡ ܓܝܪ
ܕܟܐ ܗܘ. ܐܠܐ ܒܝܫ ܗܘ ܠܒܪܢܫܐ ܕܒܬܘܩܠܬܐ ܐܟܠ. 21 ܫܦܝܪ ܗܘ ܕܠܐ ܬܐܟܘܠ ܒܣܪܐ.
ܘܠܐ ܬܫܬܐ ܚܡܪܐ ܘܠܐ ܡܕܡ ܕܒܗ ܡܬܬܩܠ ܐܚܘܟ. 22 ܐܝܬ ܕܐܝܬ ܒܟ ܗܝܡܢܘܬܐ.
ܒܢܦܫܟ ܐܝܬܝܗ ܩܕܡ ܐܠܗܐ. ܛܘܒܘܗܝ ܠܡܢ ܕܠܐ ܕܐܢ ܢܦܫܗ ܒܡܕܡ ܕܦܪܫ. 23 ܗܘ
ܓܝܪ ܕܡܬܦܠܓ ܘܐܟܠ. ܐܬܚܝܒ ܠܗ. ܡܛܠ ܕܠܐ ܒܗܝܡܢܘܬܐ. ܟܠ ܡܕܡ ܓܝܪ
ܕܠܐ ܗܘܐ ܡܢ ܗܝܡܢܘܬܐ. ܚܛܝܬܐ ܗܘ.

1 ܚܝܒܝܢ ܗܟܝܠ ܚܢܢ ܚܝܠܬܢܐ. ܕܟܘܪܗܢܐ ܕܡܚܝܠܐ ܢܫܩܘܠ. ܘܠܐ ܠܢܦܫܢ ܢܫܦܪ. Cap. xv.
2 ܐܠܐ ܐܢܫ ܡܢܢ ܠܩܪܝܒܗ ܢܫܦܪ ܒܛܒܬܐ. ܐܝܟ ܕܠܒܢܝܢܐ. 3 ܡܛܠ ܕܐܦ ܡܫܝܚܐ
ܠܐ ܗܘܐ ܠܢܦܫܗ ܫܦܪ. ܐܠܐ ܐܝܟ ܕܟܬܝܒ. ܚܣܕܐ ܕܡܚܣܕܢܝܟ ܢܦܠ ܥܠܝ. 4 ܟܠ
ܡܕܡ ܓܝܪ ܕܡܢ ܩܕܝܡ ܐܬܟܬܒ. ܠܡܘܠܦܢܐ ܗܘ ܕܝܠܢ ܐܬܟܬܒ. ܕܒܡܣܝܒܪܢܘܬܐ
ܘܒܒܘܝܐܐ ܕܟܬܒܐ ܣܒܪܐ ܢܗܘܐ ܠܢ. 5 ܐܠܗܐ ܕܝܢ ܕܡܣܝܒܪܢܘܬܐ ܘܕܒܘܝܐܐ. ܢܬܠ
ܠܟܘܢ ܕܚܕܐ ܬܬܚܫܒܘܢ ܚܕ ܒܚܕ. ܒܝܫܘܥ ܡܫܝܚܐ. 6 ܕܒܚܕ ܪܥܝܢ ܘܒܚܕ

ܦܘܡ. ܬܫܒܚܘܢ ܠܐܠܗܐ: ܐܒܘܗܝ ܕܡܪܢ ܝܫܘܥ ܡܫܝܚܐ. 7 ܡܛܠ ܗܢܐ ܗܘܘ ܡܩܒܠܝܢ
ܠܚܕܕܐ. ܐܝܟܢܐ ܕܐܦ ܡܫܝܚܐ ܩܒܠܟܘܢ ܠܫܘܒܚܗ ܕܐܠܗܐ. 8 ܐܡܪ ܐܢܐ
ܕܝܢ. ܕܝܫܘܥ ܡܫܝܚܐ ܡܫܡܫܢܐ ܗܘܐ ܠܓܙܘܪܬܐ: ܚܠܦ ܫܪܪܗ ܕܐܠܗܐ. ܐܝܟܢܐ ܕܢܫܪܪ ܡܘܠܟܢܐ
ܕܐܒܗ̈ܬܐ. 9 ܘܥܡ̈ܡܐ ܢܫܒܚܘܢ ܠܐܠܗܐ ܚܠܦ ܚܢܢܐ ܕܗܘܐ ܥܠܝܗܘܢ. ܐܝܟ ܕܟܬܝܒ.
ܕܐܘܕܐ ܠܟ ܒܥܡ̈ܡܐ ܘܠܫܡܟ ܐܙܡܪ. 10 ܘܬܘܒ ܐܡܪ. ܐܬܒܣܡܘ ܥܡ̈ܡܐ ܥܡ
ܥܡܗ. 11 ܘܬܘܒ ܐܡܪ. ܫܒܚܘ ܠܡܪܝܐ ܟܠܟܘܢ ܥܡ̈ܡܐ. ܫܒܚܘܗܝ ܟܠܗܘܢ
ܐܡܘܬܐ. 12 ܘܬܘܒ ܐܫܥܝܐ ܐܡܪ. ܕܢܗܘܐ ܥܩܪܐ ܠܐܝܫܝ. ܘܡܢ ܕܢܩܘܡ ܢܗܘܐ ܪܫܐ
ܠܥܡ̈ܡܐ. ܘܥܠܘܗܝ ܢܣܒܪܘܢ ܥܡ̈ܡܐ. 13 ܐܠܗܐ ܕܝܢ ܕܣܒܪܐ. ܢܡܠܝܟܘܢ ܟܠܗ
ܚܕܘܬܐ ܘܫܠܡܐ ܒܗܝܡܢܘܬܐ. ܕܬܬܝܬܪܘܢ ܒܣܒܪܗ. ܒܚܝܠܐ ܕܪܘܚܐ ܕܩܘܕܫܐ.
14 ܡܦܝܣ ܐܢܐ ܕܝܢ ܐܦ ܐܢܐ ܥܠܝܟܘܢ ܐܚܝ. ܕܐܦ ܐܢܬܘܢ ܡܠܝܢ ܐܢܬܘܢ ܛܝܒܘܬܐ:
ܘܡܫܡܠܝܬܘܢ ܒܟܠܗ ܝܕܥܬܐ: ܘܡܫܟܚܝܢ ܐܢܬܘܢ ܐܦ ܠܡܪܬܝܘ ܠܚܕܕܐ. 15 ܩܠܝܠ
ܕܝܢ ܡܡܪܚܐܝܬ ܟܬܒܬ ܠܟܘܢ ܐܚܝ. ܐܝܟ ܕܐܥܗܕܟܘܢ. ܒܛܝܒܘܬܐ ܕܐܬܝܗܒܬ ܠܝ ܡܢ
ܐܠܗܐ: 16 ܕܐܗܘܐ ܡܫܡܫܢܐ ܠܝܫܘܥ ܡܫܝܚܐ ܒܥܡ̈ܡܐ. ܘܐܦܠܘܚ ܠܤܒܪܬܗ ܕܐܠܗܐ.
ܕܬܗܘܐ ܩܘܪܒܢܐ ܕܥܡ̈ܡܐ ܡܩܒܠܐ ܘܡܩܕܫܐ ܒܪܘܚܐ ܕܩܘܕܫܐ. 17 ܐܝܬ ܠܝ ܗܟܝܠ
ܫܘܒܗܪܐ ܒܝܫܘܥ ܡܫܝܚܐ ܠܘܬ ܐܠܗܐ. 18 ܠܐ ܓܝܪ ܡܡܪܚ ܐܢܐ ܕܐܡܪ ܡܕܡ ܕܠܐ
ܣܥܪ ܡܫܝܚܐ ܒܐܝܕܝ ܠܡܫܡܥܬܐ ܕܥܡ̈ܡܐ: ܒܡܠܬܐ ܘܒܥܒ̈ܕܐ. 19 ܒܚܝܠܐ ܕܐܬܘܬܐ
ܘܕܬܕܡܪ̈ܬܐ. ܘܒܚܝܠܐ ܕܪܘܚܗ ܕܐܠܗܐ. ܐܝܟ ܕܡܢ ܐܘܪܫܠܡ ܐܟܪܙܬ ܘܚܕܪܬ ܥܕܡܐ ܠܐܠܘܪܝܩܘܢ:
ܘܐܫܠܡܬ ܣܒܪܬܗ ܕܡܫܝܚܐ. 20 ܟܕ ܡܬܚܦܛ ܐܢܐ ܕܐܤܒܪ: ܠܐ ܐܝܟܐ ܕܐܬܩܪܝ ܫܡܗ ܕܡܫܝܚܐ.
ܕܠܐ ܐܒܢܐ ܥܠ ܫܬܐܤܬܐ ܢܘܟܪܝܬܐ. 21 ܐܠܐ ܐܝܟܢܐ ܕܟܬܝܒ. ܕܐܝܠܝܢ ܕܠܐ ܐܬܐܡܪ
ܠܗܘܢ ܥܠܘܗܝ ܢܚܙܘܢܝܗܝ. ܘܐܝܠܝܢ ܕܠܐ ܫܡܥܘ ܢܬܒܝܢܘܢ. 22 ܡܛܠ ܗܢܐ ܐܬܟܠܝܬ
ܙܒ̈ܢܐ ܣܓܝ̈ܐܐ. ܕܐܬܐ ܠܘܬܟܘܢ. 23 ܗܫܐ ܕܝܢ ܡܛܠ ܕܐܬܪܐ ܠܝܬ ܠܝ ܒܗܠܝܢ
ܐܬܪ̈ܘܬܐ: ܘܪܓܐ ܐܝܬ ܠܝ ܡܢ ܫ̈ܢܝܐ ܣܓܝ̈ܐܬܐ ܕܐܬܐ ܠܘܬܟܘܢ: 24 ܡܐ ܕܐܙܠ ܐܢܐ
ܠܐܤܦܢܝܐ: ܡܤܒܪ ܐܢܐ ܕܐܬܐ ܘܐܚܙܝܟܘܢ: ܘܐܢܬܘܢ ܬܠܘܘܢܢܝ ܠܬܡܢ. ܡܐ ܕܩܠܝܠ
ܡܢ ܩܕܝܡ ܐܬܒܤܡܬ ܒܚܙܬܟܘܢ. 25 ܗܫܐ ܕܝܢ ܐܙܠ ܐܢܐ ܠܐܘܪܫܠܡ ܕܐܫܡܫ ܠܩܕܝ̈ܫܐ.
26 ܨܒܘ ܓܝܪ ܗܢܘܢ ܕܡܩܕܘܢܝܐ ܘܕܐܟܐܝܐ. ܘܫܘܬܦܘܬܐ ܥܒܕܘ ܥܡ ܡܤܟܢ̈ܐ ܩܕܝ̈ܫܐ
ܕܐܝܬ ܒܐܘܪܫܠܡ. 27 ܨܒܘ ܡܛܠ ܕܐܦ ܚܝܒܝܢ ܠܗܘܢ. ܐܢ ܓܝܪ ܒܪܘܚܢܝܬܗܘܢ ܐܫܬܘܬܦܘ
ܠܗܘܢ ܥܡ̈ܡܐ. ܚܝܒܝܢ ܐܢܘܢ ܕܐܦ ܒܦܓܪܢܝܬܗܘܢ ܢܫܡܫܘܢ ܐܢܘܢ. 28 ܗܕܐ ܗܟܝܠ ܟܕ
ܐܫܠܡ. ܘܐܚܬܡ ܠܗܘܢ ܐܕܫܐ ܗܢܐ. ܥܒܪ ܐܢܐ ܥܠܝܟܘܢ ܠܐܤܦܢܝܐ. 29 ܝܕܥ
ܐܢܐ ܕܝܢ. ܕܡܐ ܕܐܬܐ ܐܢܐ ܠܘܬܟܘܢ. ܒܡܘܠܝܐ ܗܘ ܕܒܘܪܟܬܐ ܕܤܒܪܬܗ ܕܡܫܝܚܐ
ܐܬܐ ܐܢܐ. 30 ܒܥܐ ܐܢܐ ܕܝܢ ܡܢܟܘܢ ܐܚܝ. ܒܡܪܢ ܝܫܘܥ ܡܫܝܚܐ ܘܒܚܘܒܐ ܕܪܘܚܐ.

ܕܬܬܟܫܦܘܢ ܥܡܝ ܒܨܠܘܬܐ ܥܠ ܐܦܝ ܠܘܬ ܐܠܗܐ: 31 ܕܐܬܦܨܐ ܡܢ ܐܝܠܝܢ ܕܠܐ
ܡܬܛܦܝܣܝܢ ܕܒܝܗܘܕ. ܘܬܫܡܫܬܐ ܕܡܘܒܠ ܐܢܐ ܠܩܕܝܫܐ ܕܒܐܘܪܫܠܡ ܬܬܩܒܠ ܫܦܝܪ:
32 ܘܐܬܐ ܠܘܬܟܘܢ ܒܚܕܘܬܐ ܒܨܒܝܢܗ ܕܐܠܗܐ. ܘܐܬܢܝܚ ܥܡܟܘܢ. 33 ܐܠܗܐ ܕܝܢ
ܕܫܠܡܐ ܢܗܘܐ ܥܡ ܟܠܟܘܢ: ܐܡܝܢ ܀
1 ܡܓܥܠ ܐܢܐ ܠܟܘܢ ܕܝܢ ܠܦܘܒܐ ܚܬܢ. ܕܐܝܬܝܗ ܡܫܡܫܢܝܬܐ ܕܥܕܬܐ ܕܩܢܟܪܐܘܣ. Cap. xvi.
2 ܕܬܩܒܠܘܢܝܗ ܒܡܪܢ. ܐܝܟ ܕܝܐܐ ܠܩܕܝܫܐ. ܘܒܟܠ ܨܒܘ ܕܒܥܝܐ ܡܢܟܘܢ ܬܩܘܡܘܢ
ܠܗ̇. ܡܛܠ ܕܐܦ ܗܝ ܩܝܡܬܐ ܗܘܬ ܠܣܓܝܐܐ ܐܦ ܠܝ ܀ 3 ܫܐܠܘ ܒܫܠܡܐ
ܕܦܪܝܣܩܠܐ ܘܕܐܩܘܠܣ. ܦܠܚܐ ܕܥܡܝ ܒܡܫܝܚܐ ܝܫܘܥ. 4 ܕܗܢܘܢ ܗܠܝܢ ܚܠܦ ܢܦܫܝ
ܨܘܪܝܗܘܢ ܝܗܒܘ. ܘܠܐ ܗܘܐ ܐܢܐ ܒܠܚܘܕܝ ܡܘܕܐ ܐܢܐ ܠܗܘܢ. ܐܠܐ ܐܦ ܟܠܗܝܢ
ܥܕܬܐ ܕܥܡܡܐ. 5 ܘܠܥܕܬܐ ܕܒܒܝܬܗܘܢ ܀ ܫܐܠܘ ܒܫܠܡܐ
ܕܐܦܝܢܛܘܣ ܚܒܝܒܝ. ܐܝܢܐ ܕܐܝܬܘܗܝ ܪܫܝܬܐ ܕܐܟܐܝܐ ܒܡܫܝܚܐ ܀ 6 ܫܐܠܘ ܒܫܠܡܐ
ܕܡܪܝܡ. ܐܝܕܐ ܕܣܓܝ ܠܐܝܬ ܒܟܘܢ ܀ 7 ܫܐܠܘ ܒܫܠܡܐ ܕܐܢܕܪܘܢܝܩܘܣ. ܘܕܝܘܢܝܐ ܐܚܝ.
ܕܗܘܘ ܫܒܝܐ ܥܡܝ. ܘܝܕܝܥܝܢ ܐܢܘܢ ܒܫܠܝܚܐ. ܘܩܕܡܝ ܗܘܘ ܒܡܫܝܚܐ ܀ 8 ܫܐܠܘ
ܒܫܠܡܐ ܕܐܡܦܠܝܐܘܣ ܚܒܝܒܝ ܒܡܪܢ ܀ 9 ܫܐܠܘ ܒܫܠܡܐ ܕܐܘܪܒܢܘܣ. ܦܠܚܐ ܕܥܡܢ
ܒܡܫܝܚܐ. ܘܕܐܣܛܟܘܣ ܚܒܝܒܝ ܀ 10 ܫܐܠܘ ܒܫܠܡܐ ܕܐܦܠܐ ܓܒܝܐ ܒܡܪܢ ܀ ܫܐܠܘ
ܒܫܠܡܐ ܕܒܢܝ ܒܝܬܗ ܕܐܪܣܛܒܘܠܘܣ ܀ 11 ܫܐܠܘ ܒܫܠܡܐ ܕܗܪܘܕܝܘܢ ܐܚܝ ܀ ܫܐܠܘ
ܒܫܠܡܐ ܕܒܢܝ ܒܝܬܗ ܕܢܪܩܝܣܘܣ. ܐܝܠܝܢ ܕܐܝܬܝܗܘܢ ܒܡܪܢ. 12 ܫܐܠܘ ܒܫܠܡܐ
ܕܛܪܘܦܢܐ ܘܕܛܪܘܦܣܐ ܕܠܐܝܢ ܒܡܪܢ ܀ ܫܐܠܘ ܒܫܠܡܐ ܕܦܪܣܝܣ ܚܒܝܒܬܝ. ܐܝܕܐ ܕܣܓܝ
ܠܐܝܬ ܒܡܪܢ ܀ 13 ܫܐܠܘ ܒܫܠܡܐ ܕܪܘܦܘܣ ܓܒܝܐ ܒܡܪܢ. ܘܕܐܡܗ ܕܝܠܗ ܘܕܝܠܝ ܀
14 ܫܐܠܘ ܒܫܠܡܐ ܕܐܣܘܢܩܪܝܛܘܣ ܘܕܦܠܓܘܢ. ܘܕܗܪܡܐ ܘܕܦܛܪܒܐ ܘܕܗܪܡܣ. ܘܕܐܚܐ
ܕܥܡܗܘܢ ܀ 15 ܫܐܠܘ ܒܫܠܡܐ ܕܦܝܠܠܓܘܣ ܘܕܝܘܠܝܐ ܘܕܢܪܐܘܣ ܘܕܚܬܗ ܘܕܐܘܠܘܡܦܐ.
ܘܕܟܠܗܘܢ ܩܕܝܫܐ ܕܥܡܗܘܢ ܀ 16 ܫܐܠܘ ܒܫܠܡܐ ܚܕ ܕܚܕ ܒܢܘܫܩܐ ܩܕܝܫܬܐ. ܫܐܠܝܢ
ܒܫܠܡܟܘܢ ܟܠܗܝܢ ܥܕܬܗ ܕܡܫܝܚܐ ܀ 17 ܒܥܐ ܐܢܐ ܕܝܢ ܡܢܟܘܢ ܐܚܝ. ܕܬܙܕܗܪܘܢ ܡܢ
ܐܝܠܝܢ ܕܦܠܓܘܬܐ ܘܡܟܫܘܠܐ ܥܒܕܝܢ: ܠܒܪ ܡܢ ܝܘܠܦܢܐ ܕܐܝܠܦܬܘܢ. ܬܬܪܚܩܘܢ:
ܘܐܬܦܢܘ ܠܟܘܢ ܡܢܗܘܢ. 18 ܐܝܠܝܢ ܓܝܪ ܕܗܟܢܐ ܐܢܘܢ: ܠܐ ܡܫܡܫܝܢ ܠܡܪܢ
ܡܫܝܚܐ ܐܠܐ ܠܟܪܣܗܘܢ. ܘܒܡܠܐ ܚܠܝܬܐ ܘܒܒܘܪܟܬܐ ܡܛܥܝܢ ܠܒܘܬܐ
ܕܦܫܝܛܐ. 19 ܡܫܬܡܥܢܘܬܟܘܢ ܕܝܢ ܕܠܟܘܢ. ܠܟܠ ܒܪܢܫ ܐܬܝܕܥܬ. ܚܕܐ ܐܢܐ ܗܟܝܠ
ܒܟܘܢ. ܘܨܒܐ ܐܢܐ ܕܬܗܘܘܢ ܚܟܝܡܝܢ ܠܛܒܬܐ ܘܬܡܝܡܝܢ ܠܒܝܫܬܐ. 20 ܐܠܗܐ ܕܝܢ
ܕܫܠܡܐ ܢܫܚܩܝܘܗܝ ܒܥܓܠ ܠܣܛܢܐ ܬܚܝܬ ܪܓܠܝܟܘܢ. ܛܝܒܘܬܗ ܕܡܪܢ ܝܫܘܥ
ܡܫܝܚܐ ܬܗܘܐ ܥܡܟܘܢ ܀ 21 ܫܐܠܝܢ ܒܫܠܡܟܘܢ ܛܝܡܬܐܘܣ. ܦܠܚܐ ܕܥܡܝ.

ܘܠܘܩܝܘܣ ܘܝܐܣܘܢ ܘܣܘܣܝܦܛܪܘܣ ܐܚܝ ✤ 22 ܫܐܠ ܐܢܐ ܒܫܠܡܟܘܢ. ܐܢܐ
ܛܪܛܝܘܣ. ܕܟܬܒܬ ܐܓܪܬܐ ܒܡܪܢ ✤ 23 ܫܐܠ ܒܫܠܡܟܘܢ. ܓܐܝܘܣ. ܡܩܒܠܢܝ ܘܕܟܠܗ
ܥܕܬܐ ✤ ܫܐܠ ܒܫܠܡܟܘܢ ܐܪܣܛܘܣ. ܪܒ ܒܝܬܐ ܕܡܕܝܢܬܐ. ܘܩܘܐܪܛܘܣ ܐܚܐ ✤
25 ܠܐܠܗܐ ܕܝܢ. ܗܘ ܕܡܫܟܚ ܕܢܫܪܪܟܘܢ ܒܐܘܢܓܠܝܘܢ ܕܝܠܝ: ܗܘ ܕܡܬܟܪܙ ܥܠ ܝܫܘܥ
ܡܫܝܚܐ ܒܓܠܝܢܐ ܕܐܪܙܐ: ܕܡܢ ܙܒܢܐ ܕܥܠܡܐ ܡܟܣܝ ܗܘܐ: 26 ܐܬܓܠܝ ܕܝܢ ܒܙܒܢܢ
ܗܢܐ ܒܝܕ ܟܬܒܐ ܕܢܒܝܐ. ܘܒܦܘܩܕܢܗ ܕܐܠܗܐ ܕܠܥܠܡ. ܐܬܝܕܥ ܒܟܠܗܘܢ ܥܡܡܐ
ܠܫܘܡܥܐ ܕܗܝܡܢܘܬܐ. 27 ܕܗܘܝܘ ܚܟܝܡܐ ܒܠܚܘܕܘܗܝ. ܫܘܒܚܐ ܒܝܕ ܝܫܘܥ ܡܫܝܚܐ
ܠܥܠܡ ܥܠܡܝܢ ܐܡܝܢ ✤ 28 ܛܝܒܘܬܗ ܕܡܪܢ ܝܫܘܥ ܡܫܝܚܐ ܥܡ ܟܠܟܘܢ.
ܐܡܝܢ ✤✤✤✤

✤ ܫܠܡܬ ܐܓܪܬܐ ܕܪܗܘܡܝܐ ܕܐܬܟܬܒܬ
✤ ܡܢ ܩܘܪܢܬܘܣ

✤ ܐܓܪܬܐ ܕܩܘܪܢܬܝܐ ܩܕܡܝܬܐ ✤

1 ܦܘܠܘܣ ܩܪܝܐ ܘܫܠܝܚܐ ܕܝܫܘܥ ܡܫܝܚܐ ܒܨܒܝܢܗ ܕܐܠܗܐ ܘܣܘܣܬܢܝܣ ܐܚܐ. Cap. i.
2 ܠܥܕܬܐ ܕܐܠܗܐ ܕܒܩܘܪܢܬܘܣ: ܩܪܝܐ ܘܩܕܝܫܐ ܕܡܩܕܫܝܢ ܒܝܫܘܥ ܡܫܝܚܐ. ܘܠܟܠܗܘܢ ܙܘܣܠ ܡܐ.
ܐܝܠܝܢ ܕܩܪܝܢ ܒܫܡܗ ܕܡܪܢ ܝܫܘܥ ܡܫܝܚܐ ܒܟܠ ܐܬܪ: ܕܠܗܘܢ ܘܕܠܢ.
3 ܛܝܒܘܬܐ ܥܡܟܘܢ ܘܫܠܡܐ ܡܢ ܐܠܗܐ ܐܒܘܢ. ܘܡܢ ܡܪܢ ܝܫܘܥ ܡܫܝܚܐ ✤
4 ܡܘܕܐ ܐܢܐ ܠܐܠܗܝ ܒܟܠܙܒܢ ܚܠܦܝܟܘܢ: ܥܠ ܛܝܒܘܬܐ ܕܐܠܗܐ ܕܐܬܝܗܒܬ ܠܟܘܢ.
ܒܝܫܘܥ ܡܫܝܚܐ. 5 ܕܒܟܠ ܡܕܡ ܥܬܪܬܘܢ ܒܗ: ܒܟܠ ܡܠܐ ܘܒܟܠ ܝܕܥܬܐ. 6 ܐܝܟ
ܕܣܗܕܘܬܗ ܕܡܫܝܚܐ ܐܫܬܪܪܬ ܒܟܘܢ. 7 ܘܠܐ ܐܬܒܨܪܬܘܢ ܚܕܐ ܡܢ ܡܘܗܒܬܗ: ܟܕ
ܡܣܟܝܬܘܢ ܠܓܠܝܢܗ ܕܡܪܢ ܝܫܘܥ ܡܫܝܚܐ. 8 ܕܗܘ ܢܫܪܪܟܘܢ ܥܕܡܐ ܠܚܪܬܐ
ܕܠܐ ܥܕܠܐ ܬܗܘܘܢ ܒܝܘܡܗ ܕܡܪܢ ܝܫܘܥ ܡܫܝܚܐ. 9 ܡܗܝܡܢ ܗܘ ܐܠܗܐ ܕܒܐܝܕܗ
ܐܬܩܪܝܬܘܢ ܠܫܘܬܦܘܬܐ ܕܒܪܗ ܝܫܘܥ ܡܫܝܚܐ ܡܪܢ ✤ 10 ܒܥܐ ܐܢܐ ܕܝܢ ܡܢܟܘܢ ܐܚܝ:
ܒܫܡܗ ܕܡܪܢ ܝܫܘܥ ܡܫܝܚܐ. ܕܬܗܘܐ ܚܕܐ ܡܠܬܐ ܠܟܠܟܘܢ. ܘܠܐ ܢܗܘܝܢ ܒܟܘܢ
ܦܠܓܘܬܐ. ܐܠܐ ܬܗܘܘܢ ܡܫܡܠܝܢ ܒܚܕ ܪܥܝܢܐ ܘܒܚܕ ܡܕܥܐ. 11 ܫܕܪܘ ܠܝ ܓܝܪ
ܥܠܝܟܘܢ ܐܚܝ. ܡܢ ܒܝܬ ܟܠܘܐ. ܕܚܪܝܢܐ ܐܝܬ ܒܝܢܬܟܘܢ. 12 ܗܕܐ ܕܝܢ ܐܡܪ ܐܢܐ.
ܕܐܝܬ ܡܢܟܘܢ ܕܐܡܪ. ܐܢܐ ܕܦܘܠܘܣ ܐܢܐ. ܘܐܝܬ ܕܐܡܪ. ܐܢܐ ܕܐܦܠܘ ܐܢܐ. ܘܐܝܬ ܕܐܡܪ.

ܐܢܐ ܕܟܐܦܐ ܐܢܐ. ܘܐܝܬ ܕܐܡܪ. ܐܢܐ ܕܡܫܝܚܐ ܐܢܐ. 13 ܕܠܡܐ ܐܬܦܠܓ ܠܗ ܡܫܝܚܐ.
ܐܘ ܠܡܐ ܦܘܠܘܣ ܐܙܕܩܦ ܚܠܦܝܟܘܢ. ܐܘ ܒܫܡܗ ܕܦܘܠܘܣ ܥܡܕܬܘܢ.
14 ܡܘܕܐ ܐܢܐ ܠܐܠܗܐ. ܕܠܐܢܫ ܡܢܟܘܢ ܠܐ ܐܥܡܕܬ. ܐܠܐ ܠܟܪܝܣܦܘܣ ܘܠܓܐܝܘܣ.
15 ܕܠܐ ܐܢܫ ܢܐܡܪ ܕܒܫܡܝ ܐܥܡܕܬ. 16 ܐܥܡܕܬ ܕܝܢ ܐܦ ܠܒܝܬܗ ܕܐܣܛܦܢܐ. ܠܗܠ
ܕܝܢ ܠܐ ܝܕܥ ܐܢܐ ܐܢ ܠܐܢܫ ܐܚܪܝܢ ܐܥܡܕܬ. 17 ܠܐ ܓܝܪ ܫܕܪܢܝ ܡܫܝܚܐ ܠܡܥܡܕܘ.
ܐܠܐ ܠܡܣܒܪܘ. ܠܐ ܒܚܟܡܬ ܡܠܐ. ܕܠܐ ܢܬܣܪܩ ܙܩܝܦܗ ܕܡܫܝܚܐ. 18 ܡܠܬܐ ܓܝܪ
ܕܙܩܝܦܐ ܠܐܒܝܕܐ ܫܛܝܘܬܐ ܗܝ. ܠܢ ܕܝܢ ܠܐܝܠܝܢ ܕܚܝܝܢ. ܚܝܠܐ ܗܝ ܕܐܠܗܐ. 19 ܟܬܝܒ
ܓܝܪ. ܕܐܘܒܕ ܚܟܡܬܐ ܕܚܟܝܡܐ. ܘܠܣܘܟܠܗܘܢ ܐܣܠܐ ܕܣܘܟܠܬܢܐ. 20 ܐܝܟܐ ܗܘ
ܚܟܝܡܐ. ܐܘ ܐܝܟܐ ܗܘ ܣܦܪܐ. ܐܘ ܐܝܟܐ ܗܘ ܕܪܘܫܐ ܕܥܠܡܐ ܗܢܐ. ܠܐ ܗܐ ܐܫܛܝܗ
ܐܠܗܐ ܠܚܟܡܬܗ ܕܥܠܡܐ ܗܢܐ. 21 ܡܛܠ ܓܝܪ ܕܒܚܟܡܬܗ ܕܐܠܗܐ ܠܐ ܝܕܥ ܥܠܡܐ
ܒܚܟܡܬܐ ܠܐܠܗܐ. ܨܒܐ ܐܠܗܐ ܕܒܫܛܝܘܬܐ ܕܟܪܘܙܘܬܐ ܢܚܐ ܠܐܝܠܝܢ ܕܡܗܝܡܢܝܢ.
22 ܡܛܠ ܕܝܗܘܕܝܐ ܐܬܘܬܐ ܫܐܠܝܢ. ܘܐܪܡܝܐ ܚܟܡܬܐ ܒܥܝܢ. 23 ܚܢܢ ܕܝܢ ܡܟܪܙܝܢܢ
ܡܫܝܚܐ ܟܕ ܙܩܝܦ. ܠܝܗܘܕܝܐ ܡܬܩܠܢܘܬܐ. ܘܠܥܡܡܐ ܫܛܝܘܬܐ. 24 ܠܗܘܢ ܕܝܢ ܕܩܪܝܢ.
ܝܗܘܕܝܐ ܘܐܪܡܝܐ. ܡܫܝܚܐ ܚܝܠܐ ܕܐܠܗܐ ܘܚܟܡܬܐ ܕܐܠܗܐ. 25 ܡܛܠ ܕܫܛܝܘܬܗ
ܕܐܠܗܐ ܚܟܝܡܐ ܗܝ ܡܢ ܒܢܝܢܫܐ. ܘܟܪܝܗܘܬܗ ܕܐܠܗܐ ܚܠܝܨܐ ܗܝ ܡܢ ܒܢܝ ܐܢܫܐ.
26 ܚܙܘ ܓܝܪ ܐܦ ܩܪܝܢܘܬܟܘܢ ܐܚܝ. ܕܠܐ ܣܓܝܐܐ ܒܟܘܢ ܚܟܝܡܐ ܒܒܣܪ. ܘܠܐ ܣܓܝܐܐ
ܒܟܘܢ ܚܝܠܬܢܐ. ܘܠܐ ܣܓܝܐܐ ܒܟܘܢ ܒܢܝ ܫܘܒܚܐ ܪܒܐ. 27 ܐܠܐ ܓܒܐ ܐܠܗܐ
ܠܣܟܠܘܗܝ ܕܥܠܡܐ ܕܢܒܗܬ ܒܚܟܝܡܐ. ܘܓܒܐ ܡܚܝܠܘܗܝ ܕܥܠܡܐ ܕܢܒܗܬ
ܒܚܝܠܬܢܐ. 28 ܘܓܒܐ ܠܐܝܠܝܢ ܕܒܨܝܪ ܫܘܒܚܗܘܢ ܒܥܠܡܐ. ܘܠܡܣܠܝܐ ܘܠܐܝܠܝܢ
ܕܠܝܬ ܐܢܘܢ. ܕܢܒܛܠ ܠܐܝܠܝܢ ܕܐܝܬܝܗܘܢ. 29 ܕܠܐ ܢܫܬܒܗܪ ܟܠ ܒܣܪ ܩܕܡܘܗܝ.
30 ܐܦ ܐܢܬܘܢ ܕܝܢ ܡܢܗ ܐܢܬܘܢ ܒܝܫܘܥ ܡܫܝܚܐ. ܗܘ ܕܗܘܐ ܠܢ ܚܟܡܬܐ ܡܢ
ܐܠܗܐ. ܘܙܕܝܩܘܬܐ ܘܩܕܝܫܘܬܐ ܘܦܘܪܩܢܐ. 31 ܐܝܟ ܕܟܬܝܒ. ܕܡܢ ܕܡܫܬܒܗܪ. ܒܡܪܝܐ
ܢܫܬܒܗܪ. 1 ܘܐܢܐ ܐܚܝ ܟܕ ܐܬܝܬ ܠܘܬܟܘܢ. ܠܐ ܒܡܡܠܠ ܪܘܪܒܐ. ܐܦܠܐ ܒܚܟܡܬܐ Cap. ii.
ܣܒܪܬ ܠܟܘܢ ܐܪܙܗ ܕܐܠܗܐ. 2 ܘܠܐ ܕܢܬ ܕܐܕܥ ܒܝܢܬܟܘܢ. ܐܝܟ ܕܡܕܡ ܝܕܥ ܐܢܐ. ܐܠܐ ܐܢ
ܠܝܫܘܥ ܡܫܝܚܐ. ܐܦ ܠܗ ܟܕ ܙܩܝܦ. 3 ܘܐܢܐ ܒܕܚܠܬܐ ܣܓܝܐܬܐ ܘܒܪܬܝܬܐ ܗܘܝܬ
ܠܘܬܟܘܢ. 4 ܘܡܠܬܝ ܘܟܪܘܙܘܬܝ. ܠܐ ܗܘܬ ܒܡܦܝܣܢܘܬܐ ܕܡܠܐ ܕܚܟܡܬܐ. ܐܠܐ
ܒܬܚܘܝܬܐ ܕܪܘܚܐ ܘܕܚܝܠܐ. 5 ܕܠܐ ܬܗܘܐ ܗܝܡܢܘܬܟܘܢ ܒܚܟܡܬܐ ܕܒܢܝܢܫܐ. ܐܠܐ ܒܚܝܠܐ
ܕܐܠܗܐ. 6 ܚܟܡܬܐ ܕܝܢ ܡܡܠܠܝܢܢ ܒܓܡܝܪܐ. ܚܟܡܬܐ ܠܐ ܕܗܢܐ ܥܠܡܐ. ܐܦܠܐ
ܕܫܠܝܛܢܘܗܝ ܕܥܠܡܐ ܗܢܐ ܕܡܬܒܛܠܝܢ. 7 ܐܠܐ ܡܡܠܠܝܢܢ ܚܟܡܬܐ ܕܐܠܗܐ ܒܐܪܙܐ.
ܗܝ ܕܡܟܣܝܐ ܗܘܬ. ܘܩܕܡ ܗܘܐ ܦܪܫܗ ܐܠܗܐ ܡܢ ܩܕܡ ܥܠܡܐ ܠܫܘܒܚܐ ܕܝܠܢ.

[8] ܗܝ ܕܐܢܫ ܡܢ ܫܠܝܛܢܐ ܕܥܠܡܐ ܗܢܐ ܠܐ ܝܕܥܗ̇. ܐܠܘ ܓܝܪ ܝܕܥܘܗ̇. ܠܐ ܗܘܘ ܠܡܪܝܐ
ܕܫܘܒܚܐ ܙܩܦܝܢ ܗܘܘ. [9] ܐܠܐ ܐܝܟ ܕܟܬܝܒ. ܕܡܕܡ ܕܥܝܢܐ ܠܐ ܚܙܬ: ܘܐܕܢܐ ܠܐ ܫܡܥܬ:
ܘܥܠ ܠܒܐ ܕܒܪܢܫܐ ܠܐ ܣܠܩ. ܡܕܡ ܕܛܝܒ ܐܠܗܐ ܠܐܝܠܝܢ ܕܪܚܡܝܢ ܠܗ ܀ [10] ܠܢ ܕܝܢ
ܓܠܐ ܐܠܗܐ ܒܪܘܚܗ. ܪܘܚܐ ܓܝܪ ܟܠܡܕܡ ܒܨܝܐ. ܐܦ ܥܘܡܩܐ ܕܐܠܗܐ. [11] ܐܢܫ
ܗܘ ܓܝܪ ܒܒܢܝܢܫܐ ܝܕܥ ܡܕܡ ܕܒܒܪܢܫܐ: ܐܠܐ ܐܢ ܪܘܚܐ ܕܒܪ ܐܢܫܐ ܕܒܗ. ܗܟܢܐ ܐܦ
ܕܐܠܗܐ ܐܢܫ ܠܐ ܝܕܥ: ܐܠܐ ܐܢ ܪܘܚܗ ܕܐܠܗܐ. [12] ܚܢܢ ܕܝܢ ܠܐ ܗܘܐ ܪܘܚܐ
ܕܥܠܡܐ ܢܣܒܢ. ܐܠܐ ܪܘܚܐ ܕܡܢ ܐܠܗܐ: ܕܢܕܥ ܡܘܗܒܬܐ ܕܡܢ ܐܠܗܐ ܐܬܝܗܒ
ܠܢ ܀܀܀

[13] ܐܝܠܝܢ ܕܐܦ ܡܡܠܠܝܢܢ. ܠܐ ܗܘܐ ܒܡܠܦܢܘܬܐ ܕܡܠܐ ܕܚܟܡܬܐ ܕܒܢܝܢܫܐ: ܐܠܐ ܒܡܠܦܢܘܬܐ
ܕܪܘܚܐ. ܘܪܘܚܢܝܬܐ ܠܪܘܚܢܝܐ ܡܦܚܡܝܢܢ. [14] ܦܓܪܢܐ ܓܝܪ ܕܐܢܫ ܗܘ:
ܠܐ ܡܩܒܠ ܪܘܚܢܝܬܐ. ܫܛܝܘܬܐ ܓܝܪ ܐܢܝܢ ܠܗ. ܘܠܐ ܡܫܟܚ ܕܢܕܥ ܕܒܪܘܚ ܡܬܕܪܫܢ.
[15] ܪܘܚܢܐ ܕܝܢ ܕܐܢ ܟܠ ܡܕܡ ܕܐܢ. ܘܗܘ ܡܢ ܐܢܫ ܠܐ ܡܬܕܝܢ. [16] ܡܢܘ ܓܝܪ ܝܕܥ
ܪܥܝܢܗ ܕܡܪܝܐ ܕܢܠܦܝܘܗܝ. ܠܢ ܕܝܢ ܪܥܝܢܐ ܕܡܫܝܚܐ ܐܝܬ ܠܢ ܀ ܙܘܓܐ ܡܢ

Cap. iii. [1] ܘܐܢܐ ܐܚܝ ܠܐ ܐܫܟܚܬ ܕܐܡܠܠ ܥܡܟܘܢ ܐܝܟ ܕܥܡ ܪܘܚܢܝܐ. ܐܠܐ ܐܝܟ ܕܥܡ
ܦܓܪܢܝܐ: ܘܐܝܟ ܕܠܫܒܪܐ ܒܡܫܝܚܐ. [2] ܚܠܒܐ ܐܫܩܝܬܟܘܢ. ܘܠܐ ܡܐܟܘܠܬܐ ܥܙܝܙܬܐ.
ܠܐ ܓܝܪ ܡܫܟܚܝܢ ܗܘܝܬܘܢ. ܐܠܐ ܐܦܠܐ ܗܫܐ ܡܫܟܚܝܢ ܐܢܬܘܢ.
[3] ܒܒܣܪ ܓܝܪ ܐܢܬܘܢ. ܐܝܟܐ ܓܝܪ ܕܐܝܬ ܒܟܘܢ ܚܣܡܐ ܘܚܪܝܢܐ ܘܦܠܓܘܬܐ:
ܠܐ ܗܘܐ ܦܓܪܢܝܐ ܐܢܬܘܢ. ܘܒܒܣܪ ܡܗܠܟܝܢ ܐܢܬܘܢ: [4] ܡܐ ܕܐܡܪ ܓܝܪ ܐܢܫ ܐܢܫ
ܡܢܟܘܢ: ܐܢܐ ܕܦܘܠܘܣ ܐܢܐ: ܘܐܚܪܝܢܐ ܐܡܪ ܐܢܐ ܕܐܦܠܘ ܐܢܐ: ܠܐ ܗܘܐ ܦܓܪܢܝܐ ܐܢܬܘܢ:
[5] ܡܢܘ ܓܝܪ ܦܘܠܘܣ. ܐܘ ܡܢܘ ܐܦܠܘ. ܐܠܐ ܡܫܡܫܢܐ ܕܒܐܝܕܝܗܘܢ ܗܝܡܢܬܘܢ.
ܘܐܢܫ ܐܢܫ ܐܝܟ ܕܝܗܒ ܠܗ ܡܪܝܐ. [6] ܐܢܐ ܢܨܒܬ. ܘܐܦܠܘ ܐܫܩܝ. ܐܠܐ ܐܠܗܐ ܐܪܒܝ.
[7] ܠܐ ܗܘܐ ܗܘ ܕܢܨܒ ܐܝܬܘܗܝ ܡܕܡ. ܘܠܐ ܗܘ ܕܡܫܩܐ. ܐܠܐ ܐܠܗܐ ܕܡܪܒܐ. [8] ܡܢ
ܕܢܨܒ ܕܝܢ. ܘܡܢ ܕܡܫܩܐ ܚܕ ܐܢܘܢ. ܘܐܢܫ ܐܝܟ ܥܡܠܗ ܐܓܪܗ ܡܩܒܠ. [9] ܠܢ
ܐܠܗܐ ܓܝܪ ܦܠܚܝܢܢ. ܘܦܘܠܚܢܐ ܕܐܠܗܐ ܘܒܢܝܢܐ ܕܐܠܗܐ ܐܝܬܝܟܘܢ ܐܢܬܘܢ. [10] ܘܐܝܟ
ܛܝܒܘܬܐ ܕܐܠܗܐ ܕܐܬܝܗܒܬ ܠܝ. ܫܬܐܣܬܐ ܣܡܬ ܐܝܟ ܐܪܕܝܟܠܐ ܚܟܝܡܐ. ܐܚܪܢܐ ܕܝܢ
ܒܢܐ ܥܠܝܗ̇. ܟܠܢܫ ܕܝܢ ܢܚܙܐ ܐܝܟܢܐ ܒܢܐ ܥܠܝܗ̇. [11] ܫܬܐܣܬܐ ܓܝܪ ܐܚܪܬܐ ܡܣܡ
ܠܐ ܡܫܟܚ ܐܢܫ ܠܡܣܡ. ܣܛܪ ܡܢ ܗܝ ܕܣܝܡܐ. ܕܐܝܬܝܗ̇ ܝܫܘܥ ܡܫܝܚܐ. [12] ܐܢ ܐܢܫ
ܕܝܢ ܒܢܐ ܥܠ ܗܕܐ ܫܬܐܣܬܐ: ܕܗܒܐ ܐܘ ܣܐܡܐ ܐܘ ܟܐܦܐ ܝܩܝܪܬܐ: ܐܘ ܩܝܣܐ ܐܘ
ܚܫܝܫܐ ܐܘ ܩܢܝܐ. [13] ܥܒܕܐ ܕܟܠܢܫ ܡܬܓܠܐ. ܝܘܡܐ ܓܝܪ ܗܘ ܓܠܐ ܠܗ. ܡܛܠ
ܕܒܢܘܪܐ ܡܬܓܠܐ. ܘܥܒܕܗ ܕܟܠܢܫ ܐܝܢܐ ܐܝܬܘܗܝ. ܢܘܪܐ ܬܒܩܝܘܗܝ. [14] ܘܐܢܐ

ܕܢܦܩܐ ܒܟܠܗ܂ ܗܘ ܕܒܢܐ ܐܝܬܘܗܝ ܢܣܒ܂ 15 ܘܐܝܢܐ ܕܥܒܕܗ ܢܐܩܕ ܢܬܚܣܪ܂ ܗܘ ܕܝܢ
ܢܚܐ܂ ܗܟܢܐ ܕܝܢ ܐܝܟ ܕܡܢ ܢܘܪܐ܀ 16 ܠܐ ܝܕܥܝܢ ܐܢܬܘܢ ܕܗܝܟܠܗ ܐܢܬܘܢ
ܕܐܠܗܐ܆ ܘܪܘܚܗ ܕܐܠܗܐ ܥܡܪܐ ܒܟܘܢ܂ 17 ܘܡܢ ܕܡܚܒܠ ܗܝܟܠܗ ܕܐܠܗܐ܂
ܡܚܒܠ ܠܗ ܐܠܗܐ܂ ܗܝܟܠܗ ܓܝܪ ܕܐܠܗܐ ܩܕܝܫ ܗܘ ܕܐܝܬܘܗܝ ܐܢܬܘܢ܂ 18 ܐܢܫ ܠܐ ܢܛܥܐ
ܢܦܫܗ܂ ܡܢ ܕܣܒܪ ܒܟܘܢ ܕܚܟܝܡ ܗܘ ܒܥܠܡܐ ܗܢܐ܆ ܢܗܘܐ ܠܗ ܣܟܠܐ܂ ܕܢܗܘܐ ܚܟܝܡܐ܂
19 ܚܟܡܬܗ ܓܝܪ ܕܥܠܡܐ ܗܢܐ ܫܛܝܘܬܐ ܗܝ ܠܘܬ ܐܠܗܐ܂ ܟܬܝܒ ܗܘ ܓܝܪ܂ ܕܐܚܕ
ܚܟܝܡ̈ܐ ܒܚܪܝܥܘܬܗܘܢ܂ 20 ܘܬܘܒ܂ ܡܪܝܐ ܝܕܥ ܡܚܫܒܬܗܘܢ ܕܚܟܝܡ̈ܐ ܕܣܪܝܩܢ ܐܢܝܢ܂
21 ܡܛܠ ܗܢܐ ܠܐ ܐܢܫ ܢܫܬܒܗܪ ܒܒܢܝ̈ܢܫܐ܂ ܟܠܡܕܡ ܓܝܪ ܕܝܠܟܘܢ ܗܘ܂ 22 ܐܘ
ܦܘܠܘܣ܂ ܐܘ ܐܦܠܘ܆ ܐܘ ܟܐܦܐ܆ ܐܘ ܥܠܡܐ܆ ܐܘ ܚܝ̈ܐ ܐܘ ܡܘܬܐ܆ ܐܘ ܕܩܝܡܢ܂
ܐܘ ܕܥܬܝܕܢ܂ ܟܠ ܡܕܡ ܕܝܠܟܘܢ ܗܘ܂ 23 ܘܐܢܬܘܢ ܕܡܫܝܚܐ܂ ܘܡܫܝܚܐ ܕܐܠܗܐ܀
1 ܗܟܢܐ ܢܗܘܐ ܚܫܝܒܝܢ ܠܟܠܢܫ܆ ܐܝܟ ܡܫܡܫܢ̈ܐ ܕܡܫܝܚܐ܆ ܘܪ̈ܒܝ ܒܬܐ ܕܐܪ̈ܙܘܗܝ Cap. iv.
ܕܐܠܗܐ܂ 2 ܗܪܟܐ ܕܝܢ ܡܬܒܥܐ ܒܪ̈ܒܝ ܒܬܐ܆ ܕܐܝܢܐ ܡܢ ܡܗܝܡܢܐ ܢܫܬܟܚ܂ 3 ܠܝ
ܕܝܢ ܗܘܐ ܒܨܝܪܘܬܐ ܗܝ ܠܝ ܕܡܢܟܘܢ ܐܬܕܝܢ܂ ܐܘ ܡܢ ܟܠ ܒܪ ܐܢܫ܂ ܐܦܠܐ ܓܝܪ ܐܢܐ
ܡܕܝܢ ܐܢܐ ܢܦܫܝ܂ 4 ܠܐ ܓܝܪ ܡܕܡ ܒܢܦܫܝ ܝܕܥ ܐܢܐ܂ ܐܠܐ ܠܐ ܒܗܕܐ ܐܙܕܕܩܬ܂ ܕܕܐܢ
ܠܝ ܡܪܝܐ ܗܘ܂ 5 ܡܛܠ ܗܢܐ ܠܐ ܩܕܡ ܙܒܢܐ ܬܕܘܢܘܢ܆ ܥܕܡܐ ܕܢܐܬܐ
ܡܪܢ܂ ܗܘ ܕܢܢܗܪ ܟܣܝܬܗ ܕܚܫܘܟܐ܆ ܘܢܓܠܐ ܡܚܫܒܬܗܘܢ ܕܠܒܘܬܐ܂ ܘܗܝܕܝܢ ܢܗܘܐ
ܫܘܒܚܐ ܠܐܢܫ ܐܢܫ ܡܢ ܐܠܗܐ܀
6 ܗܠܝܢ ܕܝܢ ܐܚܝ܂ ܐܣܟܡܬܗܝܢ ܗܘ ܣܡܟܬ ܥܠ ܦܪܨܘܦܐ ܕܝܠܝ܂ ܘܕܐܦܠܘ܂ ܕܒܢ
ܬܐܠܦܘܢ܂ ܕܠܐ ܬܬܪܥܘܢ ܝܬܝܪ ܡܢ ܡܐ ܕܟܬܝܒ܆ ܘܐܢܫ ܥܠ ܚܒܪܗ ܠܐ ܢܬܪܘܡ ܡܛܠ
ܐܢܫ܂ 7 ܡܢܘ ܓܝܪ ܒܨܐܟ܂ ܐܘ ܡܢܐ ܐܝܬ ܠܟ ܕܠܐ ܢܣܒܬ܂ ܘܐܢ ܢܣܒܬ܆ ܠܡܢܐ
ܡܫܬܒܗܪ ܐܢܬ ܐܝܟ ܗܘ ܕܠܐ ܢܣܒܬ܂ 8 ܡܢ ܟܒܪ ܣܒܥܬܘܢ܆ ܠܟܘܢ܂ ܘܐܬܥܬܪܬܘܢ܆
ܘܡܠܟܬܘܢ ܐܡܠܟܬܘܢ܆ ܐܠܘ ܕܝܢ ܐܡܠܟܬܘܢ܂ ܕܐܦ ܚܢܢ ܢܡܠܟ ܥܡܟܘܢ܂
9 ܣܒܪ ܐܢܐ ܓܝܪ ܕܠܢ ܠܫܠܝܚ̈ܐ܂ ܐܚܪܝ̈ܐ ܗܘ ܫܘܝܢ ܐܠܗܐ ܐܝܟ ܕܠܡܘܬܐ܂ ܕܗܘܝܢ
ܬܐܛܪܘܢ ܠܥܠܡܐ܆ ܘܠܡܠܐܟ̈ܐ ܘܠܒܢܝ̈ܢܫܐ܂ 10 ܚܢܢ ܣܟܠ̈ܐ ܡܛܠ ܡܫܝܚܐ܂ ܐܢܬܘܢ
ܕܝܢ ܚܟܝܡ̈ܐ ܒܡܫܝܚܐ܂ ܚܢܢ ܟܪܝܗ̈ܐ܂ ܘܐܢܬܘܢ ܚܝܠܬܢ̈ܐ܂ ܐܢܬܘܢ ܡܫܒܚܝܢ܂ ܘܚܢܢ
ܡܨܥܪܝܢ܂ 11 ܥܕܡܐ ܠܗܕܐ ܫܥܬܐ܂ ܟܦܢܝܢ܂ ܘܨܗܝܢ܂ ܘܥܪܛܠܝܢ܂ ܘܡܬܡܚܝܢ܂
ܘܠܝܬ ܡܫܪܝܐ ܠܘܬ ܠܢ܂ 12 ܘܠܐܝܢܢ ܟܕ ܦܠܚܝܢܢ ܒܐܝ̈ܕܝܢ܂ ܡܨܥܪܝܢ ܠܢ܂
ܘܡܒܪܟܝܢܢ܂ ܪܕܦܝܢ ܠܢ܂ ܘܡܣܝܒܪܝܢܢ܂ 13 ܡܓܕܦܝܢ ܠܢ܂ ܘܒܥܝܢܢ ܡܢܗܘܢ܂ ܐܝܟ ܣܚܬܐ
ܕܥܠܡܐ ܗܘܝܢ܂ ܘܡܫܘܦܝܐ ܕܟܠܗ ܥܕܡܐ ܠܗܫܐ܂ 14 ܠܐ ܗܘܐ ܐܝܟ ܕܐܒܗܬܟܘܢ ܟܬܒ
ܐܢܐ ܗܠܝܢ܂ ܐܠܐ ܐܝܟ ܕܠܒܢܝ̈ܐ ܚܒܝܒ̈ܐ ܡܪܬܐ ܐܢܐ܂ 15 ܐܢ ܓܝܪ ܪܒܘ ܪ̈ܒܘܬܐ ܢܗܘܘܢ

ܠܟܘܢ ܒܡܫܝܚܐ. ܐܠܐ ܠܐ ܣܓܝܐܐ ܐܒܗ̈ܐ. ܒܝܫܘܥ ܓܝܪ ܡܫܝܚܐ. ܐܢܐ ܗܘ ܐܘܠܕܬܟܘܢ
ܒܣܒܪܬܐ. 16 ܒܥܐ ܐܢܐ ܗܟܝܠ ܡܢܟܘܢ ܕܒܝ ܬܬܕܡܘܢ • • ♦ ♦ •
17 ܡܛܠ ܗܢܐ ܫܕܪܬ ܠܘܬܟܘܢ ܠܛܝܡܬܐܘܣ. ܕܐܝܬܘܗܝ ܒܪܝ ܚܒܝܒܐ ܘܡܗܝܡܢܐ ܒܡܪܢ
ܒܡܪܝܐ. ܕܗܘ ܢܥܗܕܟܘܢ ܐܘܪ̈ܚܬܝ ܕܒܡܫܝܚܐ. ܐܝܟ ܕܒܟܠ ܘܡܠܦ ܐܢܐ ܒܟܠܗܝܢ
ܥܕ̈ܬܐ. 18 ܐܝܟ ܗܘ ܕܠܐ ܐܬܐ ܐܢܐ ܠܘܬܟܘܢ. ܐܬܚܬܪܘ ܐܢܫܐ ܡܢܟܘܢ. 19 ܐܠܐ ܐܢ
ܡܪܝܐ ܨܒܐ. ܒܥܓܠ ܐܬܐ ܐܢܐ ܠܘܬܟܘܢ. ܘܐܕܥ ܠܐ ܡܠܬܗܘܢ ܕܗܠܝܢ ܕܡܬܪ̈ܘܪܒܝܢ
ܢܥܡܘܢ. ܐܠܐ ܚܝܠܗܘܢ. 20 ܡܠܟܘܬܗ ܓܝܪ ܕܐܠܗܐ ܠܐ ܗܘܬ ܒܡܠܬܐ ܐܠܐ ܒܚܝܠܐ.
21 ܡܢܐ ܨܒܝܢ ܐܢܬܘܢ: ܒܫܒܛܐ ܐܬܐ ܠܘܬܟܘܢ: ܐܘ ܒܚܘܒܐ ܘܒܪܘܚܐ ܡܟܝܟܬܐ:
Cap. v. 1 ܟܠܗ ܡܫܬܡܥܐ ܒܝܢܬܟܘܢ ܙܢܝܘܬܐ. ܘܐܝܟ ܗܕܐ ܙܢܝܘܬܐ ܐܝܟ ܕܐܦܠܐ ܒܝܬ ܥܡ̈ܡܐ
ܡܫܬܡܗܐ. ܠܡܢܣܒ ܐܢܫ ܐܢܬܬ ܐܒܘܗܝ. 2 ܘܐܢܬܘܢ ܡܬܪ̈ܘܪܒܝܢ ܐܢܬܘܢ: ܘܠܐ ܐܦ
ܐܬܐܒܠܬܘܢ ܒܐܒܠܐ: ܕܢܫܬܩܠ ܡܢ ܒܝܢܬܟܘܢ ܗܘ ܡܢ ܕܗܢܐ ܣܘܥܪܢܐ ܣܥܪ.
3 ܐܢܐ ܓܝܪ ܟܕ ܪܚܝܩ ܐܢܐ ܡܢܟܘܢ ܒܦܓܪ. ܘܩܪܝܒ ܐܢܐ ܠܟܘܢ ܒܪܘܚ. ܡܢ ܟܒܪ ܕܢܬ
ܐܝܟ ܩܪܝܒܐ ܠܗܘ ܡܢ ܕܗܕܐ ܥܒܕ. 4 ܒܫܡܗ ܕܡܪܢ ܝܫܘܥ ܡܫܝܚܐ ܟܕ ܡܬܟܢܫܝܬܘܢ
ܐܢܬܘܢ ܘܪܘܚܝ: ܥܡ ܚܝܠܗ ܕܡܪܢ ܝܫܘܥ ܡܫܝܚܐ: 5 ܠܡܫܠܡܘܬܗ
ܠܗܢܐ ܠܣܛܢܐ ܠܚܘܒܠܐ ܕܒܣܪܐ. ܕܪܘܚܐ ܬܚܐ ܒܝܘܡܗ ܕܡܪܢ ܝܫܘܥ ܡܫܝܚܐ.
6 ܠܐ ܫܦܝܪ ܫܘܒܗܪܟܘܢ. ܠܐ ܝܕܥܝܢ ܐܢܬܘܢ ܕܩܠܝܠ ܚܡܝܪܐ ܟܠܗ ܠܓܒܝܠܬܐ ܡܚܡܥ:
7 ܕܟܘ ܡܢܟܘܢ ܚܡܝܪܐ ܥܬܝܩܐ. ܕܬܗܘܘܢ ܠܓܒܝܠܬܐ ܚܕܬܐ: ܐܝܟܢܐ ܕܐܝܬܝܟܘܢ ܦܛܝܪ̈ܐ.
ܦܨܚܐ ܓܝܪ ܕܝܠܢ. ܡܫܝܚܐ ܗܘ. ܕܐܬܢܟܣ ܚܠܦܝܢ. 8 ܡܛܠ ܗܢܐ ܢܥܒܕ ܥܐܕܐ.
ܠܐ ܒܚܡܝܪܐ ܥܬܝܩܐ. ܘܠܐ ܒܚܡܝܪܐ ܕܒܝܫܘܬܐ ܘܕܡܪܝܪܘܬܐ: ܐܠܐ ܒܚܡܝܪܐ ܕܕܟܝܘܬܐ
ܘܕܩܘܫܬܐ.

9 ܟܬܒܬ ܠܟܘܢ ܒܐܓܪܬܐ. ܕܠܐ ܬܬܚܠܛܘܢ ܥܡ ܙܢܝ̈ܐ. 10 ܠܐ ܟܠܡ ܐܡܪ ܐܢܐ ܥܠ ܙܢܝ̈ܐ
ܕܒܥܠܡܐ ܗܢܐ. ܐܘ ܥܠ ܥܠܘܒ̈ܐ. ܐܘ ܥܠ ܚܛܘܦ̈ܐ. ܐܘ ܥܠ ܦܠܚܝ ܦܬܟܪ̈ܐ.
ܕܐܠܘ ܠܐ. ܚܝܒܝܢ ܗܘܝܬܘܢ ܐܦ ܡܢ ܥܠܡܐ ܠܡܦܩ. 11 ܗܫܐ ܕܝܢ ܕܟܬܒܬ ܠܟܘܢ ܕܠܐ
ܬܬܚܠܛܘܢ: ܐܢ ܐܝܬ ܕܡܬܩܪܐ ܐܚܐ. ܘܐܝܬܘܗܝ ܙܢܝܐ. ܐܘ ܥܠܘܒܐ. ܐܘ ܦܠܚ ܦܬܟܪ̈ܐ.
ܐܘ ܡܨܚܢܐ. ܐܘ ܪܘܝܐ. ܐܘ ܚܛܘܦܐ. ܥܡ ܐܝܢܐ ܕܗܟܢܐ ܗܘ: ܐܦܠܐ ܠܡܠܥܣ ܠܚܡܐ.
12 ܡܢܐ ܓܝܪ ܠܝ ܠܡܕܢ ܠܒܪ̈ܝܐ. ܐܢܬܘܢ ܠܓܘ̈ܝܐ ܕܝܢܝܢ. 13 ܠܒܪ̈ܝܐ ܕܝܢ ܐܠܗܐ
ܕܐܢ. ܘܐܥܒܪܘܗܝ ܠܒܝܫܐ ܡܢ ܒܝܢܬܟܘܢ.

Cap. vi. 1 ܡܡܪܚ ܐܢܫ ܡܢܟܘܢ ܟܕ ܐܝܬ ܠܗ ܕܝܢܐ ܥܡ ܚܒܪܗ. ܕܢܬܕܝܢ ܩܕܡ ܥܘܠ̈ܐ. ܘܠܐ
ܩܕܡ ܩܕܝܫ̈ܐ: 2 ܐܘ ܠܐ ܝܕܥܝܢ ܐܢܬܘܢ ܕܩܕܝܫ̈ܐ ܠܥܠܡܐ ܕܝܢܝܢ. ܘܐܢ ܒܟܘܢ ܥܠܡܐ ܡܬܕܝܢ
ܠܐ ܫܘܝܢ ܐܢܬܘܢ ܠܕܝܢ̈ܐ ܙܥܘܪ̈ܐ: 3 ܠܐ ܝܕܥܝܢ ܐܢܬܘܢ ܕܠܡܠܐܟ̈ܐ ܕܝܢܝܢܢ.

ܡܢ ܡܥܠܐ ܐܢܫܝܢ ܕܪܚܡܝܢ ܐܢܬܘܢ ܗܢܐ: 4 ܐܠܐ ܐܢ ܐܝܟ ܒܒܒܠ ܕܚܙܐ ܟܠ ܕܪܚܡܬܐ܂
ܠܐܢܫܝܢ ܕܒܥܝܢ ܒܟܬܒܐ ܐܘܪܚܗ ܒܢܝܗܘܢ ܒܪܘܚܐ. 5 ܒܟܬܒܬܐ ܗܘ ܕܝܢ ܐܡܪ ܐܢܐ ܒܢܝܗܘܢ.
ܗܒܢܐ ܟܠܗ ܒܢܝܗܘܢ ܐܦܠܐ ܡܢ ܡܬܚܫܒܐ: ܕܢܥܒܕ ܢܦܫܐ ܒܗܝܢ ܐܢܐ ܠܐܢܫܘܗܝ. 6 ܐܠܐ ܐܢܐ
ܟܡ ܐܢܫܘܗܝ ܡܛܠܬܗܝܢ. ܘܐܦ ܡܢܘ ܐܢܫܝܢ ܕܠܐ ܡܬܚܫܒܝܢ. 7 ܡܢ ܩܕܡ ܗܟܢܐ
ܡܬܚܫܒܝܢ ܢܫܒܐܘܗܝ ܒܢܝܗܘܢ. ܕܗܢܐ ܡܢ ܟܡ ܡܢ ܐܝܟ ܒܢܝܗܘܢ. ܡܛܠ ܗܢܐ ܚܙܝܢ ܠܐ
ܡܬܥܒܕܝܢ ܐܝܬܝܗܘܢ. ܘܡܛܠ ܗܢܐ ܠܐ ܡܬܒܩܝܢ ܐܝܬܝܗܘܢ. 8 ܐܠܐ ܐܝܬܝܗܘܢ ܒܥܒܕܝܢ
ܐܝܬܝܗܘܢ· ܘܡܥܒܕܝܢ ܐܝܬܝܗܘܢ. ܐܦ ܠܐܢܫܝܗܘܢ. 9 ܐܘ ܠܐ ܚܙܝܢ ܐܝܬܝܗܘܢ. ܕܟܬܒܐ ܡܥܒܕܢܘܬܗ
ܕܐܠܗܐ ܠܐ ܚܙܐܝܢ: ܠܐ ܐܠܗܘܬܗܘܢ. ܠܐ ܐܢܫܐ. ܘܠܐ ܡܥܒܕ ܦܠܚܬܐ. ܘܠܐ ܓܒܪܐ. ܘܠܐ ܡܬܒܥܝܐ. ܘܠܐ
ܡܥܒܕ ܟܡ ܕܪܐ. 10 ܘܠܐ ܡܥܒܕܬܐ. ܘܠܐ ܓܒܪܐ. ܘܠܐ ܕܘܟܐ. ܘܠܐ ܡܫܒܚܬܐ. ܘܠܐ ܡܫܬܒܩܐ:
ܗܟܢ ܡܥܒܕܢܘܬܗ ܕܐܠܗܐ ܠܐ ܚܙܐܝܢ. 11 ܘܗܟܢ ܐܝܟ ܗܘܝܘ ܒܐܝܢ ܐܝܟ ܡܥܒܕܝܢ. ܐܠܐ
ܡܣܬܟܠܝܢ· ܘܐܬܦܪܥܘܢ. ܘܐܬܬܥܝܩܘܢ. ܒܥܒܕܘ ܕܡܢ ܢܫܬܘ ܡܥܒܕܐ: ܘܒܪܘܚܗ
ܕܐܠܗܘܢ ⁜ 12 ܟܠ ܡܬܝܗܒ ܠܗ. ܐܠܐ ܠܐ ܟܠ ܢܦܫ ܠܗ. ܟܠ ܡܬܝܗܒ ܠܗ. ܐܠܐ ܒܟܠ
ܐܝܟ ܠܐ ܢܬܕܟܪ. 13 ܡܬܦܠܚܐ ܕܥܒܕܐ. ܘܥܒܕܐ ܕܡܬܦܠܚܐ. ܐܠܗܐ ܕܝܢ ܒܬܪܥܘܗܝ
ܡܛܠ. ܦܓܪܐ ܕܝܢ ܠܐ ܒܪܘܚܐ ܐܠܐ ܒܥܒܕܐ: ܘܥܒܕܐ ܒܦܓܪܐ. 14 ܐܠܗܐ ܕܝܢ ܘܥܒܕܐ
ܐܩܝܡ: ܘܟܡ ܡܩܝܡ ܒܣܟܠܘ. 15 ܠܐ ܚܙܝܢ ܐܝܬܝܗܘܢ ܕܦܓܪܝܗܘܢ ܗܕܡܐ ܐܢܘܢ
ܕܡܬܩܢܐ: ܢܦܩ ܗܕܡܐ ܕܡܬܩܢܐ ܒܥܒܕܘܗܝ ܗܕܡܐ ܕܐܢܫܐ: ܢܦܫ. 16 ܐܘ ܠܐ ܚܙܝܢ
ܐܝܬܝܗܘܢ. ܕܡܢ ܕܢܦܩ ܒܐܢܫܐ ܡܢ ܗܘ ܦܓܪ. ܐܡܪ ܚܙܐ. ܕܢܗܘܘܢ ܡܬܩܢܝܢ ܡܢ ܦܓܪ.
17 ܡܢ ܕܢܦܩ ܕܝܢ ܒܥܒܕܐ. ܗܘܐ ܠܥܒܕܗ ܚܝܐ ܕܘܪ. 18 ܒܬܪܗ ܡܢ ܐܢܫܘܬܐ. ܟܠ
ܣܟܠܐ ܕܢܒܥܐ ܒܬܪܥܐ. ܒܟܢ ܡܢ ܦܓܪܗ ܗܘ. ܡܢ ܕܡܬܝܠܕ ܕܝܢ. ܒܦܓܪܗ ܗܘ ܚܝܠܐ.
19 ܐܘ ܠܐ ܚܙܝܢ ܐܝܬܝܗܘܢ. ܕܦܓܪܗܘܢ ܗܘܝܘ ܗܘ ܕܪܘܚܐ ܘܗܘܦܟܐ. ܕܥܠܡܐ ܒܢܝܗܘܢ:
ܗܢܘܢ ܕܡܬܒܥܝܢ ܡܢ ܐܠܗܐ: ܘܠܐ ܡܬܚܙܝܢ ܕܢܚܙܘܢ: 20 ܐܦܠܐ ܐܦܝܗܘܢ ܚܙܝܢ ܒܬܚܘܡܐ.
ܡܬܚܙܝܢ ܗܟܢܐ ܡܬܚܫܒܝܢ ܠܐܠܗܐ ܒܦܓܪܗܘܢ ܘܒܪܘܚܗܘܢ: ܗܢܘܢ ܕܐܬܚܙܝܘ
ܕܐܠܗܐ ⁘⁘⁘

1 ܥܠ ܐܢܫܝܢ ܕܡܬܚܫܒܝܢ ܒܗ ܕܝܢ: ܡܚܘܐ ܗܘ ܒܛܒܬܐ ܕܠܐܝܬܝܗܘܢ ܠܐ ܢܬܚܫܒ. Cap. vii.
2 ܐܠܐ ܡܛܠ ܐܢܫܘܬܐ. ܐܝܟ ܐܝܬܘܗܝ ܢܦܫܗ: ܘܐܝܬܘܬܐ ܒܥܒܕܘܗܝ ܕܐܢܫܘܬܐ. 3 ܒܛܒܬܐ ܕܐܝܬܘܗܝ ܣܣܠ ܡܘ.
ܡܬܒܥܐ ܕܡܬܐܡܪܐ ܢܦܫܗ. ܗܟܢܐ ܐܦ ܗܘ ܐܝܬܘܬܐ ܒܥܒܕܘܗܝ. 4 ܐܝܬܘܬܐ ܠܐ ܡܬܝܗܒܐ
ܟܠ ܦܓܪܗ: ܐܠܐ ܒܥܒܕܘܗܝ. ܗܟܢܐ ܐܦ ܒܛܒܬܐ ܠܐ ܡܬܝܗܒ ܟܠ ܦܓܪܗ: ܐܠܐ ܐܝܬܘܗܝ.
5 ܠܐ ܗܟܠ ܡܬܚܙܝܢ ܡܢ ܚܕ: ܐܠܐ ܐܡܪܝܢ ܕܐܬܚܙܝܘ ܡܬܚܙܝܢ ܒܥܠܡܐ: ܕܐܬܚܙܝܘ
ܒܪܘܚܐ ܘܒܥܘܡܩܐ. ܘܐܦ ܠܗ ܒܥܘܡܩܐ ܐܬܚܙܝ. ܕܠܐ ܢܬܚܫܒܘܢ ܗܟܢܐ ܡܛܠ ܗܟܢܐ
ܕܦܓܪܗܘܢ. 6 ܗܕܐ ܕܝܢ ܐܡܪ ܐܢܐ ܐܝܟ ܕܡܬܚܫܒܐ. ܠܗ ܡܢ ܦܘܪܫܢܐ. 7 ܐܢܐ ܚܙܝܢ

ܨܒܐ ܐܢܐ ܕܟܠܗܘܢ ܒܢܝܢܫܐ ܐܟܘܬܝ ܢܗܘܘܢ ܒܕܟܝܘܬܐ. ܐܠܐ ܟܠܢܫ ܡܘܗܒܬܐ ܝܗܝܒܐ ܠܗ
ܡܢ ܐܠܗܐ. ܐܝܬ ܕܗܟܢܐ ܘܐܝܬ ܕܗܟܢܐ. 8 ܐܡܪ ܐܢܐ ܕܝܢ ܠܐܝܠܝܢ ܕܠܝܬ ܠܗܘܢ ܢܫܐ
ܘܠܐܪܡܠܬܐ. ܕܫܦܝܪ ܠܗܘܢ ܐܢ ܢܩܘܘܢ ܐܟܘܬܝ. 9 ܐܢ ܠܐ ܕܝܢ ܡܣܝܒܪܝܢ. ܢܙܕܘܓܘܢ.
ܫܦܝܪ ܓܝܪ ܠܡܙܕܘܓܘ ܐܝܬܝܗ ܐܘ ܡܢ ܕܒܪܓܬܐ ܢܬܝܩܕܘܢ. 10 ܠܐܝܠܝܢ ܕܝܢ ܕܐܝܬ ܠܗܘܢ
ܢܫܐ ܡܦܩܕ ܐܢܐ. ܠܐ ܐܢܐ ܐܠܐ ܡܪܢ. ܕܐܢܬܬܐ ܡܢ ܒܥܠܗ ܠܐ ܬܦܪܘܫ. 11 ܘܐܢ ܦܪܫܐ.
ܬܩܘܐ ܕܠܐ ܓܒܪܐ. ܐܘ ܠܒܥܠܗ ܬܬܪܥܐ. ܘܓܒܪܐ ܠܐܢܬܬܗ ܠܐ ܢܫܒܘܩ. 12 ܠܫܪܟܐ ܕܝܢ
ܐܡܪ ܐܢܐ. ܐܢܐ ܠܐ ܡܪܢ. ܐܢ ܐܝܬ ܐܚܐ ܕܐܝܬ ܠܗ ܐܢܬܬܐ ܕܠܐ ܡܗܝܡܢܐ. ܘܗܝ ܨܒܝܐ
ܕܬܥܡܪ ܥܡܗ. ܠܐ ܢܫܒܩܝܗ. 13 ܘܐܢܬܬܐ ܐܝܕܐ ܕܐܝܬ ܠܗ ܒܥܠܐ ܕܠܐ ܡܗܝܡܢ.
ܘܗܘ ܨܒܐ ܕܢܥܡܪ ܥܡܗ. ܠܐ ܬܫܒܩܝܘܗܝ ܠܒܥܠܗ. 14 ܡܬܩܕܫ ܗܘ ܓܝܪ ܓܒܪܐ
ܐܚܐ ܕܠܐ ܡܗܝܡܢ. ܒܐܢܬܬܐ ܕܡܗܝܡܢܬܐ. ܘܡܬܩܕܫܐ ܗܝ ܐܢܬܬܐ ܕܠܐ ܡܗܝܡܢܬܐ
ܒܓܒܪܐ ܕܡܗܝܡܢܐ. ܘܐܢ ܠܐ: ܒܢܝܟܘܢ ܛܡܐܝܢ ܐܢܘܢ. ܗܫܐ ܕܝܢ ܕܟܝܢ ܐܢܘܢ. 15 ܐܢ
ܕܝܢ ܗܘ ܕܠܐ ܡܗܝܡܢ ܦܪܫ. ܢܦܪܘܫ. ܠܐ ܡܫܬܥܒܕ ܐܚܐ ܐܘ ܚܬܐ ܒܗܠܝܢ. ܠܫܠܡܐ
ܗܘ ܩܪܢ ܐܠܗܐ. 16 ܡܢܐ ܓܝܪ ܝܕܥܐ ܐܢܬܝ ܐܢܬܬܐ. ܐܢ ܠܒܥܠܟܝ ܬܚܝܝܢ. ܐܘ ܐܝܢܐ
ܓܒܪܐ ܝܕܥ ܐܢܬ. ܐܢ ܠܐܢܬܬܟ ܬܚܐ: 17 ܐܠܐ ܐܢܫ ܐܢܫ ܐܝܟ ܕܦܠܓ ܠܗ ܡܪܝܐ. ܘܐܢܫ
ܐܝܟ ܕܩܪܝܗܝ ܐܠܗܐ. ܗܟܢܐ ܢܗܠܟ. ܘܐܦ ܠܟܠܗܝܢ ܥܕܬܐ ܗܟܢܐ ܡܦܩܕ ܐܢܐ ܀
18 ܐܢ ܟܕ ܓܙܝܪ ܐܢܫ ܐܬܩܪܝ. ܠܐ ܢܗܦܘܟ ܠܗ ܠܥܘܪܠܘܬܐ. ܘܐܢ ܒܥܘܪܠܘܬܐ ܐܬܩܪܝ.
ܠܐ ܢܬܓܙܘܪ. 19 ܓܙܘܪܬܐ ܓܝܪ ܠܐ ܗܘܬ ܡܕܡ. ܐܦ ܠܐ ܥܘܪܠܘܬܐ. ܐܠܐ ܢܛܘܪܬܐ ܕܦܘܩܕܢܘܗܝ
ܕܐܠܗܐ. 20 ܟܠܢܫ ܒܩܪܝܢܐ ܕܐܬܩܪܝ. ܒܗ ܢܩܘܐ. 21 ܐܢ ܥܒܕܐ ܐܬܩܪܝܬ. ܠܐ ܢܒܛܠ
ܠܟ. ܐܠܐ ܐܦ ܡܫܟܚ ܐܢܬ ܠܡܬܚܪܪܘ. ܓܒܝ ܠܟ ܕܬܦܠܚ. 22 ܐܝܢܐ ܓܝܪ ܕܥܒܕܐ
ܐܬܩܪܝ ܒܡܪܢ. ܡܚܪܪܐ ܗܘ ܕܐܠܗܐ. ܗܟܢܐ ܐܦ ܐܝܢܐ ܕܒܪ ܚܐܪܐ ܐܬܩܪܝ. ܥܒܕܐ ܗܘ
ܕܡܫܝܚܐ. 23 ܒܕܡܝܐ ܙܒܢܟܘܢ. ܠܐ ܬܗܘܘܢ ܥܒܕܐ ܕܒܢܝܢܫܐ. 24 ܟܠܢܫ ܒܡܕܡ ܕܐܬܩܪܝ
ܐܚܝ. ܒܗ ܢܩܘܐ ܠܘܬ ܐܠܗܐ ܀

25 ܥܠ ܒܬܘܠܘܬܐ ܕܝܢ. ܦܘܩܕܢܐ ܡܢ ܐܠܗܐ ܠܐ ܐܝܬ ܠܝ. ܡܠܟܐ ܕܝܢ ܝܗܒ ܐܢܐ.
ܐܝܟ ܓܒܪܐ ܕܐܬܪܚܡ ܡܢ ܐܠܗܐ ܕܢܗܘܐ ܡܗܝܡܢ. 26 ܘܣܒܪ ܐܢܐ ܕܗܕܐ ܫܦܝܪܐ.
ܡܛܠ ܐܢܢܩܐ ܕܥܕܢܐ. ܕܫܦܝܪ ܠܗ ܠܒܪܢܫܐ ܕܗܟܢܐ ܢܗܘܐ. 27 ܐܣܝܪ ܐܢܬ ܒܐܢܬܬܐ.
ܠܐ ܬܒܥܐ ܫܪܝܐ. ܫܪܐ ܐܢܬ ܡܢ ܐܢܬܬܐ. ܠܐ ܬܒܥܐ ܐܢܬܬܐ. 28 ܘܐܢ ܬܣܒ ܐܢܬܬܐ ܠܐ ܚܛܐ
ܐܢܬ. ܘܐܢ ܒܬܘܠܬܐ ܬܗܘܐ ܠܓܒܪܐ ܠܐ ܚܛܝܐ. ܐܘܠܨܢܐ ܕܝܢ ܕܒܒܣܪ ܢܗܘܐ ܠܐܝܠܝܢ
ܕܗܟܢܐ ܐܢܘܢ. ܐܢܐ ܕܝܢ ܠܟܠܟܘܢ ܚܐܣ ܐܢܐ. 29 ܘܗܕܐ ܐܡܪ ܐܢܐ ܐܚܝ. ܕܙܒܢܐ ܡܩܦܠ
ܐܝܬܘܗܝ ܠܗ. ܕܐܝܠܝܢ ܕܐܝܬ ܠܗܘܢ ܢܫܐ. ܢܗܘܘܢ ܐܝܟ ܕܠܝܬ ܠܗܘܢ. 30 ܘܐܝܠܝܢ
ܕܒܟܝܢ. ܐܝܟ ܠܐ ܒܟܝܢ. ܘܐܝܠܝܢ ܕܚܕܝܢ. ܐܝܟ ܠܐ ܚܕܝܢ. ܘܐܝܠܝܢ ܕܙܒܢܝܢ. ܐܝܟ ܠܐ ܡܩܢܝܢ.

31 ܘܐܝܠܝܢ ܕܡܫܬܡܫܝܢ ܒܥܠܡܐ ܗܢܐ. ܠܐ ܟܕ ܡܢ ܝܬܝܪܐ ܕܡܫܬܡܫܝܢ. ܥܒܪ ܠܗ ܓܝܪ
ܐܣܟܝܡܗ ܕܥܠܡܐ ܗܢܐ. 32 ܡܛܠ ܗܢܐ ܨܒܐ ܐܢܐ ܕܕܠܐ ܐܨܦܐ ܬܗܘܘܢ. ܐܝܢܐ ܓܝܪ
ܕܠܝܬ ܠܗ ܐܢܬܬܐ. ܕܡܪܐ ܝܨܝܦ. ܘܐܝܟܢܐ ܢܫܦܪ ܠܡܪܗ. 33 ܘܐܝܢܐ ܕܐܝܬ ܠܗ ܐܢܬܬܐ.
ܐܨܦ ܕܥܠܡܐ ܘܐܝܟܢܐ ܢܫܦܪ ܠܐܢܬܬܗ. 34 ܦܘܪܫܢܐ ܕܝܢ ܐܝܬ ܐܦ ܒܝܢܬ ܐܢܬܬܐ
ܠܒܬܘܠܬܐ. ܐܝܕܐ ܕܒܥܠܐ ܠܐ ܗܘܬ. ܐܨܦܐ ܕܡܪܝܐ: ܕܬܗܘܐ ܩܕܝܫܐ ܒܦܓܪܗ ܘܒܪܘܚܗ.
ܘܐܝܕܐ ܕܐܝܬ ܠܗ ܒܥܠܐ. ܐܨܦܐ ܕܥܠܡܐ: ܘܐܝܟܢܐ ܬܫܦܪ ܠܒܥܠܗ. 35 ܗܕܐ ܕܝܢ
ܠܥܘܕܪܢܟܘܢ ܗܘ ܕܝܠܟܘܢ ܐܡܪ ܐܢܐ. ܠܐ ܗܘܐ ܡܚܢܘܩܝܬܐ ܕܐܪܡܐ ܐܢܐ ܠܟܘܢ: ܐܠܐ ܕܬܗܘܘܢ
ܐܣܟܝܡܝܢ ܠܘܬ ܡܪܢ ܟܕ ܡܬܩܢܝܢ ܡܩܒܠܝܢ: ܟܕ ܠܐ ܦܠܝܓܝܢ ܐܝܬܝܟܘܢ ܒܥܠܡܐ. 36 ܐܢ ܐܢܫ
ܕܝܢ ܣܒܪ ܕܡܬܚܕܪ ܒܒܬܘܠܬܗ: ܕܥܒܪ ܥܕܢܗ. ܘܠܐ ܡܬܝܗܒ ܠܓܒܪܐ. ܘܗܟܢܐ
ܕܢܗܘܐ. ܐܝܟ ܕܨܒܐ ܢܥܒܕ. ܠܐ ܚܛܐ. ܢܙܕܘܓܘܢ. 37 ܐܝܢܐ ܕܝܢ ܕܩܐܡ ܡܫܪܪܐܝܬ ܒܠܒܗ:
ܘܠܐ ܐܝܬ ܠܗ ܐܢܢܩܐ: ܫܘܠܛܢܐ ܕܝܢ ܐܝܬ ܠܗ ܥܠ ܨܒܝܢܗ. ܘܗܢܐ ܕܢ ܒܠܒܗ:
ܫܦܝܪ ܥܒܕ. 38 ܘܐܝܢܐ ܗܟܝܠ ܕܝܗܒ ܠܒܬܘܠܬܗ. ܫܦܝܪ ܥܒܕ. ܘܐܝܢܐ ܕܠܐ ܝܗܒ
ܠܒܬܘܠܬܗ. ܝܬܝܪܐܝܬ ܫܦܝܪ ܥܒܕ܀ 39 ܐܢܬܬܐ ܒܙܒܢܐ ܕܚܝ ܒܥܠܗ. ܐܣܝܪܐ ܗܝ
ܒܢܡܘܣܐ. ܐܢ ܕܝܢ ܢܕܡܟ ܒܥܠܗ. ܡܚܪܪܐ ܗܝ ܕܬܗܘܐ ܠܡܢ ܕܨܒܝܐ. ܒܠܚܘܕ ܒܡܪܢ.
40 ܛܘܒܢܝܬܐ ܕܝܢ. ܐܢ ܗܟܢܐ ܬܩܘܐ ܐܝܟ ܕܪܢܝܐ ܕܝܠܝ. ܣܒܪ ܐܢܐ ܕܝܢ ܕܐܦ ܐܢܐ. ܕܪܘܚܐ
ܕܐܠܗܐ ܐܝܬ ܠܝ ܀܀܀܀܀

1 ܥܠ ܕܒܚܐ ܕܝܢ ܕܦܬܟܪܐ. ܝܕܥܝܢܢ ܕܟܠܢ ܐܝܬ ܝܕܥܬܐ. ܝܕܥܬܐ ܡܚܬܪܐ. Cap. viii.
ܚܘܒܐ ܕܝܢ ܒܢܐ. 2 ܐܢ ܐܢܫ ܕܝܢ ܣܒܪ ܕܝܕܥ ܡܕܡ. ܠܐ ܥܕܟܝܠ ܡܕܡ ܝܕܥ. ܐܝܟ ܡܐ ܕܫܫܐ ܡܘ.
ܕܘܠܐ ܠܗ ܠܡܕܥ. 3 ܐܢ ܐܢܫ ܕܝܢ ܡܚܒ ܠܐܠܗܐ. ܗܢܐ ܐܬܝܕܥ ܡܢܗ܀ 4 ܥܠ
ܡܐܟܘܠܬܐ ܗܟܝܠ ܕܕܒܚܐ ܕܦܬܟܪܐ. ܝܕܥܝܢ ܕܠܐ ܗܘܐ ܡܕܡ ܗܘ ܦܬܟܪܐ ܒܥܠܡܐ.
ܘܕܠܝܬ ܐܠܗܐ ܐܚܪܝܢ ܐܠܐ ܐܢ ܚܕ. 5 ܐܦ ܓܝܪ ܐܝܬ ܕܡܬܩܪܝܢ ܐܠܗܐ ܐܘ ܒܫܡܝܐ
ܐܘ ܒܐܪܥܐ: ܐܝܟܢܐ ܕܐܝܬ ܐܠܗܐ ܣܓܝܐܐ ܘܡܪ̈ܘܬܐ ܣܓܝܐܐ. 6 ܐܠܐ ܠܢ ܕܝܠܢ ܚܕ ܗܘ
ܐܠܗܐ ܐܒܐ. ܕܟܠ ܡܢܗ ܘܚܢܢ ܒܗ. ܘܚܕ ܡܪܢܐ ܝܫܘܥ ܡܫܝܚܐ. ܕܟܠ ܒܐܝܕܗ ܘܐܦ
ܚܢܢ ܒܐܝܕܗ. 7 ܐܠܐ ܠܐ ܗܘܐ ܒܟܠܢܫ ܝܕܥܬܐ. ܐܝܬ ܓܝܪ ܐܢܫܐ ܕܒܬܐܪܬܗܘܢ ܥܕܡܐ
ܠܗܫܐ. ܕܥܠ ܦܬܟܪܐ ܐܝܟ ܕܕܒܝܚܐ ܐܟܠܝܢ. ܘܡܛܠ ܕܟܪܝܗܐ ܐܝܬܝܗ ܬܐܪܬܗܘܢ ܡܬܛܡܐܐ.
8 ܡܐܟܘܠܬܐ ܕܝܢ ܠܐ ܡܩܪܒܐ ܠܢ ܠܐܠܗܐ. ܠܐ ܓܝܪ ܐܢ ܐܟܠܝܢ ܡܬܝܬܪܝܢ. ܘܠܐ ܐܢ
ܠܐ ܐܟܠܝܢ ܡܬܒܨܪܝܢ. 9 ܚܙܘ ܕܝܢ. ܕܠܡܐ ܫܘܠܛܢܟܘܢ ܗܢܐ ܢܗܘܐ ܬܘܩܠܬܐ ܠܟܪܝܗܐ.
10 ܐܢ ܐܢܫ ܓܝܪ ܢܚܙܝܟ. ܕܐܝܬ ܒܟ ܝܕܥܬܐ ܕܣܡܝܟ ܐܢܬ ܒܒܝܬ ܦܬܟܪܐ. ܠܐ ܗܐ
ܬܐܪܬܗ ܡܛܠ ܕܟܪܝܗ ܗܘ: ܡܬܒܢܝܐ ܠܡܐܟܠ ܕܕܒܚܐ: 11 ܘܐܒܕ ܠܗ ܟܪܝܗܐ
ܒܝܕܥܬܟ ܗܘ ܐܚܐ ܕܡܛܠܬܗ ܡܝܬ ܡܫܝܚܐ. 12 ܗܟܢܐ ܕܝܢ ܟܕ ܚܛܝܢ ܐܝܬܝܟܘܢ

ܠܐܚܝܟܘܢ. ܘܡܡܚܝܢ ܐܢܬܘܢ ܬܐܪܬܗܘܢ ܟܪܝܗܬܐ. ܒܡܫܝܚܐ ܗܘ ܡܣܟܠܝܢ ܐܢܬܘܢ.
13 ܡܛܠ ܗܢܐ ܐܢ ܡܐܟܘܠܬܐ ܡܟܫܠܐ ܠܐܚܝ. ܠܥܠܡ ܒܣܪܐ ܠܐ ܐܟܘܠ. ܕܠܐ
ܐܟܫܠ ܠܐܚܝ܀

Cap. ix. 1 ܠܡܐ ܠܐ ܗܘܝܬ ܒܪ ܚܐܪܐ. ܐܘ ܠܐ ܗܘܝܬ ܫܠܝܚܐ. ܐܘ ܠܝܫܘܥ ܡܫܝܚܐ ܡܪܢ ܠܐ
ܚܙܝܬ. ܐܘ ܠܐ ܗܘܝܬܘܢ ܥܒܕܝ ܕܝܠܝ ܒܡܪܢ. 2 ܘܐܢ ܠܐܚܪܢܐ ܠܐ ܗܘܝܬ ܫܠܝܚܐ. ܐܠܐ ܠܟܘܢ
ܐܝܬܝ. ܚܬܡܐ ܓܝܪ ܕܫܠܝܚܘܬܝ ܐܢܬܘܢ ܐܢܘܢ. 3 ܘܡܦܩ ܪܘܚܝ ܠܐܝܠܝܢ ܕܕܐܢܝܢ ܠܝ.
ܗܢܘ. 4 ܠܡܐ ܠܐ ܫܠܝܛ ܠܢ ܠܡܐܟܠ ܘܠܡܫܬܐ. 5 ܘܠܡܐ ܠܐ ܫܠܝܛ ܠܢ ܠܡܚܕܪܘ
ܐܢܬܬܐ ܡܗܝܡܢܬܐ ܥܡܢ. ܐܝܟ ܫܪܟܐ ܕܫܠܝܚܐ. ܘܐܝܟ ܐܚܘܗܝ ܕܡܪܢ. ܘܐܝܟ ܟܐܦܐ.
6 ܐܘ ܐܢܐ ܒܠܚܘܕ ܘܒܪܢܒܐ ܠܝܬ ܠܢ ܫܘܠܛܢܐ ܕܠܐ ܢܦܠܘܚ. 7 ܡܢܘ ܕܡܦܠܚ
ܒܦܠܚܘܬܐ ܒܢܦܩܬܐ ܕܢܦܫܗ. ܐܘ ܡܢܘ ܕܢܨܒ ܟܪܡܐ. ܘܡܢ ܦܐܪܘܗܝ ܠܐ ܐܟܠ. ܐܘ
ܡܢܘ ܕܪܥܐ ܥܢܐ. ܘܡܢ ܚܠܒܐ ܕܡܪܥܝܬܗ ܠܐ ܐܟܠ. 8 ܕܠܡܐ ܐܝܟ ܒܪܢܫܐ ܗܠܝܢ
ܐܡܪ ܐܢܐ. ܗܐ ܐܦ ܢܡܘܣܐ ܗܠܝܢ ܐܡܪ. 9 ܟܬܝܒ ܓܝܪ ܒܢܡܘܣܐ ܕܡܘܫܐ.
ܕܠܐ ܬܚܒܘܫ ܬܘܪܐ ܕܕܝܫ. ܠܡܐ ܥܠ ܬܘܪܐ ܚܐܦ ܠܗ ܠܐܠܗܐ. 10 ܐܠܐ ܝܕܝܥܐ
ܕܡܛܠܬܢ ܗܘ ܐܡܪ. ܘܡܛܠܬܢ ܓܝܪ ܐܬܟܬܒ. ܡܛܠ ܕܥܠ ܣܒܪܐ ܗܘ ܘܠܐ ܠܗ
ܠܟܪܘܒܐ ܕܢܟܪܘܒ. ܘܕܕܐܫ ܥܠ ܣܒܪܐ ܕܒܚܠܩܗ. 11 ܐܢ ܚܢܢ ܕܪܘܚܐ ܙܪܥܢ
ܒܟܘܢ. ܪܒܐ ܗܝ ܐܢ ܚܢܢ ܡܢ ܕܦܓܪܟܘܢ ܢܚܨܘܕ. 12 ܘܐܢ ܠܐܚܪܢܐ ܐܝܬ ܠܗܘܢ
ܫܘܠܛܢܐ ܥܠܝܟܘܢ. ܠܐ ܟܡ ܘܠܐ ܝܬܝܪܐܝܬ. ܐܠܐ ܠܐ ܐܬܚܫܚܢ ܒܫܘܠܛܢܐ ܗܢܐ. ܐܠܐ
ܒܟܠܡܕܡ ܡܣܝܒܪܝܢܢ. ܕܠܡܐ ܠܐ ܢܥܘܩ ܠܣܒܪܬܗ ܕܡܫܝܚܐ܀ 13 ܠܐ ܝܕܥܝܢ ܐܢܬܘܢ.
ܕܐܝܠܝܢ ܕܦܠܚܝܢ ܩܘܕܫܐ. ܡܢ ܒܝܬ ܩܘܕܫܐ ܡܬܬܪܣܝܢ. ܘܐܝܠܝܢ ܕܠܡܕܒܚܐ
ܦܠܚܝܢ. ܥܡ ܡܕܒܚܐ ܡܦܠܓܝܢ. 14 ܗܟܢܐ ܐܦ ܡܪܢ ܦܩܕ. ܕܐܝܠܝܢ ܕܣܒܪܬܗ ܡܟܪܙܝܢ.
ܡܢ ܣܒܪܬܗ ܢܚܘܢ. 15 ܐܢܐ ܕܝܢ ܠܐ ܐܬܚܫܚܬ ܒܚܕܐ ܡܢ ܗܠܝܢ. ܘܠܐ ܡܛܠ ܗܕܐ
ܟܬܒܬ. ܕܗܟܢܐ ܢܗܘܐ ܠܝ. ܛܒ ܠܝ ܓܝܪ ܕܐܡܘܬ ܐܡܘܬܐ. ܘܠܐ ܕܐܢܫ ܫܘܒܗܪܝ
ܢܣܪܩ. 16 ܐܦ ܕܡܣܒܪ ܐܢܐ ܓܝܪ. ܠܝܬ ܠܝ ܫܘܒܗܪܐ. ܩܛܝܪܐ ܓܝܪ ܣܝܡ ܠܝ.
ܘܝ ܠܝ ܕܝܢ. ܐܠܐ ܐܣܒܪ. 17 ܐܢ ܓܝܪ ܒܨܒܝܢܝ ܗܕܐ ܥܒܕ ܐܢܐ. ܐܓܪܐ ܐܝܬ ܠܝ. ܐܢ
ܕܝܢ ܕܠܐ ܒܨܒܝܢܝ. ܡܕܒܪܢܘܬܐ ܗܘ ܡܗܝܡܢ ܐܢܐ. 18 ܐܝܢܐ ܗܘ ܗܟܝܠ ܐܓܪܝ.
ܕܟܕ ܡܣܒܪ ܐܢܐ. ܕܠܐ ܒܢܟܠܐ ܐܥܒܕܝܗ ܠܣܒܪܬܗ ܕܡܫܝܚܐ. ܘܠܐ ܐܬܚܫܚ ܒܫܘܠܛܢܐ
ܕܝܗܝܒ ܠܝ ܒܣܒܪܬܗ. 19 ܟܕ ܚܐܪ ܐܢܐ ܓܝܪ ܡܢ ܟܠܗܘܢ. ܠܟܠܗܘܢ ܫܥܒܕܬ
ܢܦܫܝ. ܕܠܣܓܝܐܐ ܐܬܪ. 20 ܘܗܘܝܬ ܥܡ ܝܗܘܕܝܐ ܐܝܟ ܝܗܘܕܝܐ. ܕܠܝܗܘܕܝܐ ܐܬܪ. ܘܥܡ
ܕܬܚܝܬ ܢܡܘܣܐ ܐܢܘܢ. ܗܘܝܬ ܐܝܟ ܕܬܚܝܬ ܢܡܘܣܐ. ܕܠܐܝܠܝܢ ܕܬܚܝܬ ܢܡܘܣܐ ܐܢܘܢ
ܐܬܪ. 21 ܘܠܐܝܠܝܢ ܕܢܡܘܣܐ ܠܝܬ ܠܗܘܢ. ܗܘܝܬ ܐܝܟ ܕܠܐ ܢܡܘܣܐ. ܟܕ ܠܐ ܐܝܬܝ

ܠܐܠܗܐ ܕܠܐ ܢܡܘܣ܆ ܐܠܐ ܒܢܡܘܣܗ ܕܡܫܝܚܐ܆ ܕܐܦ ܠܗܘܢ ܕܕܠܐ ܢܡܘܣ. ܐܝܟ ܐܩܢܐ.
22 ܗܘܝܬ ܥܡ ܟܪܝܗܐ ܐܝܟ ܟܪܝܗܐ. ܕܠܟܪܝܗܐ ܐܩܢܐ. ܠܟܠܢܫ ܟܠ ܗܘܝܬ. ܕܠܟܠܢܫ
ܐܚܐ. 23 ܗܕܐ ܕܝܢ ܥܒܕ ܐܢܐ. ܡܛܠ ܕܐܗܘܐ ܫܘܬܦܐ ܠܣܒܪܬܐ܀ 24 ܠܐ ܝܕܥܝܢ ܐܢܬܘܢ
ܕܐܝܠܝܢ ܕܪܗܛܝܢ ܒܐܣܛܕܝܘܢ ܟܠܗܘܢ ܪܗܛܝܢ܆ ܐܠܐ ܚܕ ܗܘ ܢܣܒ ܙܟܘܬܐ.
ܗܟܢܐ ܪܗܛܘ. ܐܝܟ ܕܬܕܪܟܘܢ. 25 ܟܠ ܐܢܫ ܕܝܢ ܕܡܬܟܬܫ ܒܟܠ. ܡܢ ܟܠ ܡܕܡ ܡܬܚܝܨ
ܢܦܫܗ. ܘܗܢܘܢ ܕܐܝܟܢܐ ܕܢܣܒܘܢ ܟܠܝܠܐ ܕܡܬܚܒܠ. ܚܢܢ ܕܝܢ ܕܠܐ ܡܬܚܒܠ. 26 ܐܢܐ
ܗܟܝܠ ܗܟܢܐ ܪܗܛ ܐܢܐ. ܠܐ ܗܘܐ ܐܝܟ ܕܥܠ ܡܕܡ ܕܠܐ ܝܕܥ. ܘܗܟܢܐ ܡܬܟܬܫ ܐܢܐ. ܠܐ
ܐܝܟ ܗܘ ܕܐܐܪ ܡܚܐ. 27 ܐܠܐ ܡܟܐܒ ܗܘ ܦܓܪܝ ܐܢܐ ܘܡܫܥܒܕ ܐܢܐ. ܕܕܠܡܐ ܐܢܐ
ܕܠܐܚܪܢܐ ܐܟܪܙܬ܆ ܐܢܐ ܡܣܠܝܐ ܐܫܬܟܚ ܀

1 ܨܒܐ ܐܢܐ ܕܝܢ ܕܬܕܥܘܢ ܐܚܝ. ܕܐܒܗܝܢ ܟܠܗܘܢ ܬܚܝܬ ܥܢܢܐ ܗܘܘ. ܘܟܠܗܘܢ ܒܝܡܐ Cap. x.
ܥܒܪܘ. 2 ܘܟܠܗܘܢ ܥܠ ܡܘܫܐ ܥܡܕܘ ܒܥܢܢܐ ܘܒܝܡܐ. 3 ܘܟܠܗܘܢ ܚܕܐ ܡܐܟܘܠܬܐ ܘܣܠܐ ܗܘ.
ܕܪܘܚܐ ܐܟܠܘ. 4 ܘܟܠܗܘܢ ܚܕ ܡܫܬܝܐ ܕܪܘܚܐ ܐܫܬܝܘ. ܫܬܝܢ ܗܘܘ ܓܝܪ ܡܢ ܟܐܦܐ
ܕܪܘܚܐ ܕܐܬܝܐ ܗܘܬ ܥܡܗܘܢ. ܟܐܦܐ ܕܝܢ ܗܝ. ܗܘ ܗܘܐ ܡܫܝܚܐ. 5 ܐܠܐ ܠܐ ܗܘܐ
ܒܣܘܓܐܗܘܢ ܐܨܛܒܝ ܐܠܗܐ. ܢܦܠܘ ܓܝܪ ܒܡܕܒܪܐ. 6 ܗܠܝܢ ܕܝܢ ܛܘܦܣܐ ܠܢ ܗܘ
ܗܘܘ. ܕܠܐ ܢܗܘܐ ܪܓܝܓܝܢ ܒܝܫܬܐ ܐܝܟ ܕܗܢܘܢ ܪܓܘ. 7 ܐܦܠܐ ܢܗܘܐ ܦܠܚܝ ܦܬܟܪܐ܆
ܐܝܟ ܕܐܢܫܝܢ ܡܢܗܘܢ ܦܠܚܘ. ܐܝܟ ܕܟܬܝܒ. ܕܝܬܒ ܥܡܐ ܠܡܐܟܠ ܘܠܡܫܬܐ.
ܘܩܡܘ ܠܡܛܐܙܘ. 8 ܐܦܠܐ ܢܙܢܐ ܐܝܟ ܕܐܢܫܝܢ ܡܢܗܘܢ ܙܢܘ܆ ܘܢܦܠܘ ܒܚܕ ܝܘܡܐ
ܥܣܪܝܢ ܘܬܠܬܐ ܐܠܦܝܢ. 9 ܘܠܐ ܢܢܣܐ ܠܡܫܝܚܐ ܐܝܟ ܕܐܢܫܝܢ ܡܢܗܘܢ ܢܣܝܘ܆ ܘܐܘܒܕܘ
ܐܢܘܢ ܚܘܘܬܐ. 10 ܐܦܠܐ ܬܪܛܢܘܢ ܐܝܟ ܕܐܢܫܝܢ ܡܢܗܘܢ ܪܛܢܘ܆ ܘܐܘܒܕܘ ܒܐܝܕܝ ܡܚܒܠܢܐ.
11 ܗܠܝܢ ܕܝܢ ܟܠܗܝܢ ܕܓܕܫ ܠܗܘܢ. ܠܛܘܦܣܐ ܗܘܝ. ܘܐܬܟܬܒ ܡܛܠ ܡܪܬܝܢܘܬܐ
ܕܝܠܢ܆ ܕܫܘܠܡܐ ܕܥܠܡܐ ܥܠܝܢ ܡܛܐ܀ 12 ܡܟܝܠ ܡܢ ܕܣܒܪ ܕܩܐܡ. ܢܙܕܗܪ ܕܠܐ
ܢܦܠ. 13 ܢܣܝܘܢܐ ܠܐ ܡܛܝܟܘܢ. ܐܠܐ ܕܒܢܝܢܫܐ. ܡܗܝܡܢ ܗܘ ܕܝܢ ܐܠܗܐ. ܕܠܐ ܢܫܒܩܟܘܢ
ܕܬܬܢܣܘܢ ܝܬܝܪ ܡܢ ܡܕܡ ܕܡܫܟܚܝܢ ܐܢܬܘܢ. ܐܠܐ ܢܥܒܕ ܥܡ ܢܣܝܘܢܟܘܢ ܡܦܩܢܐ. ܐܝܟܢܐ
ܕܬܫܟܚܘܢ ܠܡܣܝܒܪܘ܀ 14 ܡܛܠ ܗܢܐ ܚܒܝܒܝ. ܥܪܘܩܘ ܡܢ ܦܘܠܚܢܐ ܕܦܬܟܪܐ.
15 ܐܝܟ ܕܠܚܟܝܡܐ ܐܡܪ ܐܢܐ. ܕܘܢܘ ܐܢܬܘܢ ܡܕܡ ܕܐܡܪ ܐܢܐ. 16 ܟܣܐ ܗܘ ܕܬܘܕܝܬܐ
ܕܡܒܪܟܝܢܢ. ܠܐ ܗܘܐ ܫܘܬܦܘܬܐ ܗܝ ܕܕܡܗ ܕܡܫܝܚܐ܆ ܘܠܚܡܐ ܗܘ ܕܩܨܝܢܢ܆
ܠܐ ܗܘܐ ܫܘܬܦܘܬܐ ܗܝ ܕܦܓܪܗ ܕܡܫܝܚܐ܆ 17 ܐܝܟܢܐ ܕܚܕ ܗܘ ܠܚܡܐ ܗܘ. ܗܟܢܐ
ܟܠܢ ܚܕ ܦܓܪ. ܟܠܢ ܓܝܪ ܡܢ ܗܘ ܗܘ ܚܕ ܠܚܡܐ ܢܣܒܝܢܢ. 18 ܚܙܘ ܠܐܝܣܪܝܠ
ܕܒܒܣܪ. ܠܐ ܗܘܐ ܐܝܠܝܢ ܕܐܟܠܝܢ ܕܒܚܐ. ܫܘܬܦܐ ܕܡܕܒܚܐ ܐܢܘܢ: 19 ܡܢܐ ܗܟܝܠ
ܐܡܪ ܐܢܐ. ܕܦܬܟܪܐ ܡܕܡ ܐܝܬܘܗܝ. ܐܘ ܕܕܒܚܐ ܕܦܬܟܪܐ ܡܕܡ ܗܘ܆ ܠܐ. 20 ܐܠܐ ܗܘ

ܡܕܡ ܕܕܒܚܝܢ ܚܢܦܐ. ܠܫܐܕܐ ܗܘ ܕܕܒܚܝܢ. ܘܠܐ ܠܐܠܗܐ. ܠܐ ܓܝܪ ܨܒܐ ܐܢܐ ܕܬܗܘܘܢ ܫܘܬܦܐ
ܠܫܐܕܐ. ²¹ ܠܐ ܡܫܟܚܝܢ ܐܢܬܘܢ ܕܬܫܬܘܢ ܟܣܐ ܕܡܪܢ. ܘܟܣܐ ܕܫܐܕܐ. ܘܠܐ ܡܫܟܚܝܢ
ܐܢܬܘܢ ܕܬܫܬܘܬܦܘܢ ܒܦܬܘܪܐ ܕܡܪܢ. ܘܒܦܬܘܪܐ ܕܫܐܕܐ. ²² ܐܘ ܕܛܢܢܐ ܡܛܢܢܝܢ
ܚܢܢ ܠܡܪܢ. ܕܠܡܐ ܚܝܠܬܢܝܢ ܚܢܢ ܡܢܗ ⁘ ²³ ܟܠ ܡܕܡ ܫܠܝܛ ܠܝ. ܐܠܐ ܠܐ ܟܠ
ܡܕܡ ܦܩܚ. ܟܠ ܡܕܡ ܫܠܝܛ ܠܝ. ܐܠܐ ܠܐ ܟܠ ܡܕܡ ܡܒܢܐ. ²⁴ ܠܐ ܐܢܫ ܕܢܦܫܗ ܢܒܥܐ
ܒܠܚܘܕ. ܐܠܐ ܟܠܢܫ ܐܦ ܕܚܒܪܗ. ²⁵ ܟܠܡܕܡ ܕܡܙܕܒܢ ܒܡܩܘܠܝܢ ܒܘܣܡܝܢ ܐܟܘܠܘ:
ܘܠܐ ܒܥܘܩܒܐ ܡܛܠ ܬܐܪܬܐ. ²⁶ ܕܡܪܝܐ ܗܝ ܓܝܪ ܐܪܥܐ ܒܡܠܝܗ. ²⁷ ܘܐܢ ܐܢܫ ܕܝܢ ܡܢ
ܚܢܦܐ ܩܪܐ ܠܟܘܢ. ܘܨܒܝܢ ܐܢܬܘܢ ܠܡܐܙܠ. ܟܠܡܕܡ ܕܡܬܬܣܝܡ ܩܕܡܝܟܘܢ ܐܟܘܠܘ:
ܘܠܐ ܒܥܘܩܒܐ ܡܛܠ ܬܐܪܬܐ. ²⁸ ܘܐܢ ܐܢܫ ܕܝܢ ܢܐܡܪ ܠܟܘܢ. ܕܗܢܐ ܕܕܒܝܚܐ ܗܘ. ܠܐ ܬܐܟܠܘܢ.
ܡܛܠ ܗܘ ܕܐܡܪ ܠܟܘܢ. ܘܡܛܠ ܬܐܪܬܐ. ²⁹ ܬܐܪܬܐ ܕܝܢ ܐܡܪ ܐܢܐ ܠܐ ܗܘܐ ܕܝܠܟܘܢ:
ܐܠܐ ܕܗܘ ܕܐܡܪ. ܠܡܢܐ ܓܝܪ ܚܐܪܘܬܝ ܡܬܕܝܢܐ ܡܢ ܬܐܪܬܐ ܕܐܚܪܢܐ. ³⁰ ܘܐܢ ܐܢܐ
ܒܛܝܒܘܬܐ ܡܫܬܡܫ ܐܢܐ. ܡܢܐ ܡܬܓܕܦ ܐܢܐ ܥܠ ܡܕܡ ܕܐܢܐ ܡܘܕܐ ܐܢܐ. ³¹ ܐܢ ܐܟܠܝܢ
ܐܢܬܘܢ ܘܫܬܝܢ. ܘܐܢ ܥܒܕܝܢ ܐܢܬܘܢ: ܟܠ ܡܕܡ ܕܥܒܕܝܢ ܐܢܬܘܢ: ܟܠܡܕܡ ܠܬܫܒܘܚܬܐ
ܕܐܠܗܐ ܗܘܘ ܥܒܕܝܢ. ³² ܘܠܐ ܬܘܩܠܬܐ ܗܘܘ ܠܝܗܘܕܝܐ ܘܠܐܪܡܝܐ ܘܠܥܕܬܗ ܕܐܠܗܐ.
³³ ܐܝܟ ܕܐܦ ܐܢܐ ܒܟܠ ܡܕܡ ܠܟܠܢܫ ܫܦܪ ܐܢܐ. ܘܠܐ ܒܥܐ ܐܢܐ ܡܕܡ ܕܠܝ ܦܩܚ. ܐܠܐ
Cap. xi. ܡܕܡ ܕܠܣܓܝܐܐ ܦܩܚ ܕܢܚܘܢ. ¹ ܐܬܕܡܘ ܒܝ. ܐܝܟܢܐ ܕܐܦ ܐܢܐ ܒܡܫܝܚܐ. ² ܡܫܒܚ
ܐܢܐ ܠܟܘܢ ܕܝܢ ܐܚܝ. ܕܒܟܠ ܡܕܡ ܥܗܝܕܝܢ ܐܢܬܘܢ ܠܝ: ܘܐܝܟܢܐ ܕܐܫܠܡܬ ܠܟܘܢ
ܦܘܩܕܢܐ ܐܚܝܕܝܢ ܐܢܬܘܢ ⁘

³ ܨܒܐ ܐܢܐ ܕܝܢ ܕܬܕܥܘܢ. ܕܟܠ ܓܒܪ ܪܫܗ ܡܫܝܚܐ ܗܘ. ܘܪܫܗ ܕܐܢܬܬܐ ܓܒܪܐ ܗܘ.
ܘܪܫܗ ܕܡܫܝܚܐ ܐܠܗܐ ܗܘ. ⁴ ܟܠ ܓܒܪܐ ܕܡܨܠܐ ܐܘ ܡܬܢܒܐ ܟܕ ܡܟܣܝ ܪܫܗ.
ܡܒܗܬ ܪܫܗ. ⁵ ܘܟܠ ܐܢܬܬܐ ܕܡܨܠܝܐ ܐܘ ܡܬܢܒܝܐ ܟܕ ܓܠܐ ܪܫܗ. ܡܒܗܬܐ ܪܫܗ.
ܫܘܝܐ ܗܝ ܓܝܪ ܥܡ ܗܝ ܕܓܪܝܥܐ ܪܫܗ. ⁶ ܐܢ ܓܝܪ ܠܐ ܡܬܬܟܣܝܐ ܐܢܬܬܐ ܐܦ
ܬܣܬܦܪ. ܘܐܢ ܕܝܢ ܡܨܥܪ ܗܘ ܠܐܢܬܬܐ ܠܡܣܬܦܪܘ ܐܘ ܠܡܓܪܥܘ. ܬܬܟܣܐ. ⁷ ܓܒܪܐ
ܓܝܪ ܠܐ ܚܝܒ ܕܢܟܣܐ ܪܫܗ. ܡܛܠ ܕܕܡܘܬܐ ܗܘ ܘܫܘܒܚܐ ܕܐܠܗܐ. ܐܢܬܬܐ ܕܝܢ
ܬܫܒܘܚܬܐ ܗܝ ܕܓܒܪܐ. ⁸ ܠܐ ܓܝܪ ܐܝܬܘܗܝ ܓܒܪܐ ܡܢ ܐܢܬܬܐ. ܐܠܐ ܐܢܬܬܐ ܡܢ
ܓܒܪܐ. ⁹ ܘܐܦܠܐ ܓܝܪ ܓܒܪܐ ܐܬܒܪܝ ܡܛܠ ܐܢܬܬܐ. ܐܠܐ ܐܢܬܬܐ ܡܛܠ ܓܒܪܐ.
¹⁰ ܡܛܠ ܗܢܐ ܚܝܒܐ ܐܢܬܬܐ. ܕܫܘܠܛܢܐ ܬܗܘܐ ܥܠ ܪܫܗ: ܡܛܠ ܡܠܐܟܐ. ¹¹ ܒܪܡ
ܕܝܢ ܠܐ ܓܒܪܐ ܒܠܥܕ ܡܢ ܐܢܬܬܐ. ܐܦܠܐ ܐܢܬܬܐ ܒܠܥܕ ܡܢ ܓܒܪܐ ܒܡܪܢ. ¹² ܐܝܟܢܐ
ܓܝܪ ܕܐܢܬܬܐ ܡܢ ܓܒܪܐ. ܗܟܢܐ ܐܦ ܓܒܪܐ ܒܝܕ ܐܢܬܬܐ. ܟܠܡܕܡ ܕܝܢ ܡܢ ܐܠܗܐ ܗܘ.
¹³ ܕܘܢܘ ܒܝܢܝܟܘܢ ܠܢܦܫܟܘܢ. ܝܐܐ ܠܐܢܬܬܐ ܕܟܕ ܓܠܐ ܪܫܗ ܬܨܠܐ ܠܐܠܗܐ: ¹⁴ ܐܦܠܐ ܗܘ ܟܝܢܐ

ܡܠܦ ܠܟܘܢ. ܕܓܒܪܐ ܕܝܢ ܕܡܪܒܐ ܣܥܪܗ: ܨܥܪܐ ܗܘ ܠܗ. 15 ܘܐܢܬܬܐ ܕܝܢ ܕܡܪܒܝܐ
ܣܥܪܗ. ܫܘܒܚܐ ܗܘ ܠܗ: ܡܛܠ ܕܣܥܪܗ ܚܠܦ ܬܟܣܝܬܐ ܗܘ ܐܬܝܗܒ ܠܗ.
16 ܐܢ ܐܢܫ ܕܝܢ ܡܬܚܪܐ ܥܠ ܗܠܝܢ. ܠܢ ܠܝܬ ܥܝܕܐ ܐܝܟ ܗܢܐ: ܘܠܐ ܠܥܕܬܗ
ܕܐܠܗܐ.....
17 ܗܕܐ ܕܝܢ ܕܡܦܩܕ ܐܢܐ. ܠܐ ܐܝܟ ܡܫܒܚ ܐܢܐ ܠܟܘܢ. ܡܛܠ ܕܠܐ ܗܘܐ ܠܡܘܬܪܢܘܬܟܘܢ ܡܫܠ ܡܐ.
ܐܬܝܢ. ܐܠܐ ܠܒܨܝܪܘܬܐ ܗܘ ܟܢܫܝܢ. 18 ܠܘܩܕܡ ܓܝܪ ܟܕ ܡܬܟܢܫܝܢ ܐܢܬܘܢ
ܒܥܕܬܐ. ܦܠܓܘܬܐ ܫܡܥ ܐܢܐ ܕܐܝܬ ܒܝܢܬܟܘܢ. ܘܡܨܝܢ ܡܫܪܪ ܐܢܐ. 19 ܥܬܝܕܝܢ
ܐܢܘܢ ܓܝܪ ܐܦ ܚܪܝܢܐ ܕܢܗܘܘܢ ܒܝܢܬܟܘܢ. ܕܐܝܠܝܢ ܕܒܚܝܪܝܢ ܒܟܘܢ ܢܬܝܕܥܘܢ. 20 ܟܕ
ܗܟܝܠ ܕܡܬܟܢܫܝܢ ܐܢܬܘܢ. ܠܐ ܐܝܟ ܕܘܠܐ ܠܝܘܡܗ ܕܡܪܢ. ܐܟܠܝܢ ܐܢܬܘܢ ܘܫܬܝܢ.
21 ܐܠܐ ܐܢܫ ܐܢܫ ܡܩܕܡ ܐܟܠܬܗ ܩܕܡ ܐܟܠ ܠܗ. ܘܗܘܐ ܚܕ ܟܦܢ. ܘܚܕ ܪܘܐ. 22 ܕܠܡܐ
ܒܬܐ ܠܝܬ ܠܟܘܢ ܕܬܐܟܠܘܢ ܘܬܫܬܘܢ. ܐܘ ܠܥܕܬܗ ܕܐܠܗܐ ܒܣܝܢ ܐܢܬܘܢ:
ܘܡܒܗܬܝܢ ܐܢܬܘܢ ܠܐܝܠܝܢ ܕܠܝܬ ܠܗܘܢ. ܡܢܐ ܐܡܪ ܠܟܘܢ. ܐܫܒܚܟܘܢ ܒܗܕܐ: ܠܐ
ܡܫܒܚ ܐܢܐ. 23 ܐܢܐ ܓܝܪ ܩܒܠܬ ܡܢ ܡܪܢ. ܗܝ ܕܐܫܠܡܬ ܠܟܘܢ. ܕܡܪܢ
ܝܫܘܥ. ܒܗ ܒܠܠܝܐ ܕܡܫܬܠܡ ܗܘܐ. ܢܣܒ ܗܘܐ ܠܚܡܐ. 24 ܘܒܪܟ ܘܩܨܐ ܘܐܡܪ.
ܣܒܘ. ܐܟܘܠܘ. ܗܢܘ ܦܓܪܝ. ܕܥܠ ܐܦܝܟܘܢ ܡܬܩܨܐ. ܗܢܐ ܗܘܝܬܘܢ ܥܒܕܝܢ
ܠܘܘܚܕܢܝ. 25 ܗܟܢܐ ܡܢ ܒܬܪ ܕܐܚܫܡܘ. ܐܦ ܟܣܐ ܢܣܒ. ܘܐܡܪ. ܗܢܐ ܟܣܐ ܐܝܬܘܗܝ
ܕܝܬܩܐ ܚܕܬܐ ܒܕܡܝ. ܗܢܐ ܗܘܝܬܘܢ ܥܒܕܝܢ: ܟܠ ܐܡܬܝ ܕܫܬܝܢ ܐܢܬܘܢ. ܠܘܘܚܕܢܝ.
26 ܟܠ ܐܡܬܝ ܓܝܪ ܕܐܟܠܝܢ ܐܢܬܘܢ ܠܚܡܐ ܗܢܐ. ܘܫܬܝܢ ܐܢܬܘܢ ܟܣܐ ܗܢܐ. ܡܘܬܗ
ܗܘ ܕܡܪܢ ܡܥܕܥܕܝܢ ܐܢܬܘܢ. ܥܕܡܐ ܠܡܐܬܝܬܗ. 27 ܐܝܢܐ ܗܟܝܠ ܕܐܟܠ ܡܢ
ܠܚܡܗ ܕܡܪܝܐ. ܘܫܬܐ ܡܢ ܟܣܗ. ܘܠܐ ܫܘܐ ܠܗ. ܚܝܒ ܗܘ ܠܕܡܗ ܘܠܦܓܪܗ
ܕܡܪܝܐ. 28 ܡܛܠ ܗܢܐ ܢܒܩܐ ܐܢܫ ܢܦܫܗ. ܘܗܝܕܝܢ ܢܐܟܘܠ ܡܢ ܠܚܡܐ ܗܢܐ
ܘܢܫܬܐ ܡܢ ܟܣܐ ܗܢܐ. 29 ܡܢ ܕܐܟܠ ܓܝܪ ܘܫܬܐ ܡܢܗ ܟܕ ܠܐ ܫܘܐ. ܚܝܒܘܬܐ ܗܘ
ܠܢܦܫܗ ܐܟܠ ܘܫܬܐ: ܕܠܐ ܦܪܫ ܦܓܪܗ ܕܡܪܝܐ. 30 ܡܛܠ ܗܢܐ ܣܓܝܐܝܢ ܒܟܘܢ
ܟܪܝܗܐ ܘܟܘܪܗܢܐ. ܘܣܓܝܐܐ ܕܕܡܟܝܢ. 31 ܐܠܘ ܓܝܪ ܢܦܫܢ ܕܝܢܝܢ ܗܘܝܢ: ܠܐ ܡܬܕܝܢܝܢ
ܗܘܝܢ. 32 ܟܕ ܡܬܕܝܢܝܢ ܕܝܢ ܡܢ ܡܪܢ: ܡܬܪܕܝܢܢ: ܕܠܐ ܥܡ ܥܠܡܐ
ܢܬܚܝܒ. 33 ܡܟܝܠ ܐܚܝ. ܐܡܬܝ ܕܡܬܟܢܫܝܢ ܐܢܬܘܢ ܠܡܐܟܠ: ܗܘܘ ܡܩܘܝܢ
ܚܕ ܠܚܕ. 34 ܡܢ ܕܝܢ ܕܟܦܢ: ܒܒܝܬܗ ܢܐܟܘܠ. ܕܠܐ ܠܚܝܒܘܬܐ ܬܗܘܘܢ ܡܬܟܢܫܝܢ.
ܟܠ ܫܪܟܐ ܕܝܢ. ܡܐ ܕܐܬܐ ܐܦܩܕܟܘܢ ✤

Cap. xii. 1 ܥܠ ܪܘܚܢܝܬܐ ܕܝܢ ܐܚܝ. ܨܒܐ ܐܢܐ ܕܬܕܥܘܢ. 2 ܕܚܢܦܐ ܗܘܝܬܘܢ: ܘܡܬܕܒܪܝܢ
ܐܠܗܐ ܕܠܝܬ ܒܗܘܢ ܡܠܬܐ· ܘܠܐ ܦܘܪܫܢ ܡܬܕܒܪܝܢ ܗܘܝܬܘܢ. 3 ܡܛܠ ܗܢܐ ܡܘܕܥ

ܐܢܐ ܠܟܘܢ. ܕܠܝܬ ܐܢܫ ܕܒܪܘܚܐ ܕܐܠܗܐ ܡܡܠܠ. ܘܐܡܪ ܕܚܪܡ ܗܘ ܝܫܘܥ. ܘܐܦܠܐ
ܐܢܫ ܡܫܟܚ ܠܡܐܡܪ ܕܡܪܝܐ ܗܘ ܝܫܘܥ: ܐܠܐ ܐܢ ܒܪܘܚܐ ܕܩܘܕܫܐ. 4 ܦܘܠܓ̈ܐ ܕܝܢ
ܕܡܘܗܒ̈ܬܐ ܐܝܬܝܗܝܢ. ܐܠܐ ܚܕܐ ܗܝ ܪܘܚܐ. 5 ܘܦܘܠܓ̈ܐ ܕܬܫܡܫ̈ܬܐ ܐܝܬܝܗܝܢ. ܐܠܐ ܚܕ
ܗܘ ܡܪܝܐ. 6 ܘܦܘܠܓ̈ܐ ܕܚܝܠܘ̈ܬܐ ܐܝܬ. ܐܠܐ ܚܕ ܗܘ ܐܠܗܐ ܕܡܥܒܕ ܟܠ ܒܟܠܢܫ.
7 ܠܐܢܫ ܐܢܫ ܕܝܢ. ܡܬܝܗܒ ܠܗ ܓܠܝܢܐ ܕܪܘܚܐ ܐܝܟ ܕܥܕܪܐ ܠܗ. 8 ܐܝܬ ܕܡܬܝܗܒܐ ܠܗ
ܒܪܘܚܐ ܡܠܬܐ ܕܚܟܡܬܐ. ܠܐܚܪܢܐ ܕܝܢ ܡܠܬܐ ܕܝܕܥܬܐ ܒܗ ܒܪܘܚܐ. 9 ܠܐܚܪܢܐ
ܗܝܡܢܘܬܐ ܒܗ ܒܪܘܚܐ. ܠܐܚܪܢܐ ܡܘܗܒܬܐ ܕܐܣܝܘܬܐ ܒܗ ܒܪܘܚܐ. 10 ܠܐܚܪܢܐ ܕܝܢ
ܚܝ̈ܠܐ. ܠܐܚܪܢܐ ܕܝܢ ܢܒܝܘܬܐ. ܠܐܚܪܢܐ ܕܝܢ ܦܪܘܫܘܬܐ ܕܪ̈ܘܚܐ. ܠܐܚܪܢܐ ܕܝܢ ܓܢܣܐ ܕܠܫܢ̈ܐ.
ܠܐܚܪܢܐ ܕܝܢ ܦܘܫܩܐ ܕܠܫܢ̈ܐ. 11 ܟܠܗܝܢ ܕܝܢ ܗܠܝܢ ܚܕܐ ܗܝ ܪܘܚܐ ܥܒܕܐ. ܘܡܦܠܓܐ
ܠܟܠܢܫ ܐܝܟ ܕܗܝ ܨܒܝܐ. 12 ܐܝܟܢܐ ܓܝܪ ܕܦܓܪܐ ܚܕ ܗܘ: ܘܐܝܬ ܒܗ ܗܕ̈ܡܐ ܣܓܝܐ̈ܐ.
ܟܠܗܘܢ ܕܝܢ ܗܕ̈ܡܐ ܕܦܓܪܐ ܟܕ ܣܓܝܐ̈ܐ ܐܝܬܝܗܘܢ. ܚܕ ܐܢܘܢ ܦܓܪ. ܗܟܢܐ ܐܦ ܡܫܝܚܐ.
13 ܐܦ ܚܢܢ ܓܝܪ ܟܠܢ. ܒܚܕܐ ܪܘܚ ܠܚܕ ܦܓܪ ܥܡܕܢ: ܐܢ ܝܗܘ̈ܕܝܐ ܘܐܢ ܐܪ̈ܡܝܐ:
ܘܐܢ ܥܒ̈ܕܐ ܘܐܢ ܒܢܝ̈ ܚܐܖ̈ܐ. ܘܟܠܢ ܚܕܐ ܪܘܚܐ ܐܫܬܝܢ. 14 ܐܦ ܦܓܪܐ ܓܝܪ ܠܐ ܗܘܐ ܚܕ
ܗܕܡ. ܐܠܐ ܣܓܝܐ̈ܐ. 15 ܐܢ ܢܐܡܪ ܓܝܪ ܪܓܠܐ: ܕܡܛܠ ܕܠܐ ܗܘܝܬ ܐܝܕܐ ܠܐ ܗܘܝܬ ܗܕܡܐ
ܡܢ ܦܓܪܐ. ܠܘ ܡܛܠܗܕܐ ܗܘܬ ܠܒܪ ܡܢܗ ܡܢ ܦܓܪܐ: 16 ܘܐܢ ܢܐܡܪ ܐܕܢܐ: ܕܡܛܠ
ܕܠܐ ܗܘܝܬ ܥܝܢܐ ܠܐ ܗܘܝܬ ܗܕܡܐ ܡܢ ܦܓܪܐ. ܠܘ ܡܛܠܗܕܐ ܗܘܬ ܠܒܪ ܡܢܗ ܡܢ
ܦܓܪܐ: 17 ܐܠܘ ܓܝܪ ܟܠܗ ܦܓܪܐ ܥܝܢܐ ܗܘܐ. ܐܝܟܐ ܗܘܬ ܡܫܡܥܬܐ. ܘܐܠܘ
ܟܠܗ ܡܫܡܥܬܐ ܗܘܐ. ܐܝܟܢܐ ܡܪܝܚ ܗܘܐ. 18 ܗܫܐ ܕܝܢ ܐܠܗܐ ܣܡ ܟܠ ܚܕ ܚܕ ܡܢ
ܗܕ̈ܡܐ ܒܦܓܪܐ. ܐܝܟܢܐ ܕܗܘ ܨܒܐ. 19 ܐܠܘ ܕܝܢ ܟܠܗܘܢ ܚܕ ܗܘܘ ܗܕܡܐ. ܐܝܟܐ
ܗܘܐ ܦܓܪܐ. 20 ܗܫܐ ܕܝܢ ܗܕ̈ܡܐ ܐܝܬܝܗܘܢ ܣܓܝܐ̈ܐ. ܚܕ ܗܘ ܕܝܢ ܦܓܪܐ. 21 ܠܐ ܡܫܟܚܐ
ܥܝܢܐ ܕܬܐܡܪ ܠܐܝܕܐ ܕܠܐ ܡܬܒܥܝܐ ܐܢܬܝ ܠܝ. ܐܦܠܐ ܪܫܐ ܡܫܟܚ ܕܢܐܡܪ ܠܪ̈ܓܠܐ. ܕܠܐ
ܡܬܒܥܝܢ ܐܢܬܝܢ ܠܝ. 22 ܐܠܐ ܝܬܝܪܐܝܬ ܐܝܠܝܢ ܗܕ̈ܡܐ ܕܡܬܚܫܒܝܢ ܕܡܚܝܠܝܢ:
ܠܟܠܗܘܢ ܗܘ ܣܢܝܩܝܢ. 23 ܘܐܝܠܝܢ ܕܣܒܪܝܢܢ ܕܨܥܝܪܝܢ ܐܢܘܢ ܒܦܓܪܐ. ܠܗܠܝܢ
ܐܝܩܪܐ ܝܬܝܪܐ ܡܩܪܒܝܢܢ. ܘܐܝܠܝܢ ܕܒܗܬܬܐ ܐܢܘܢ: ܐܣܟܡܐ ܝܬܝܪܐ ܥܒܕܝܢܢ ܠܗܘܢ.
24 ܐܝܠܝܢ ܕܝܢ ܗܕ̈ܡܐ ܕܐܝܟ ܗܘ ܕܡܫܟܢܝܢ: ܠܐ ܡܬܒܥܐ ܠܗܘܢ ܐܝܩܪܐ. ܐܠܗܐ ܓܝܪ
ܡܙܓܗ ܠܦܓܪܐ. ܘܝܗܒ ܐܝܩܪܐ ܝܬܝܪܐ ܠܗܕܡܐ ܐܝܢܐ ܕܙܥܘܪ. 25 ܕܠܐ ܬܗܘܐ ܦܠܓܘܬܐ
ܒܦܓܪܐ: ܐܠܐ ܟܠܗܘܢ ܗܕ̈ܡܐ ܫܘܝܐܝܬ. ܚܕ ܥܠ ܚܕ ܢܗܘܘܢ ܝܨܦܝܢ. 26 ܘܐܡܬܝ ܕܚܕ
ܗܕܡ ܢܗܘܐ ܟܐܒ. ܟܠܗܘܢ ܢܗܘܘܢ ܚܫܝܢ. ܘܐܢ ܡܫܬܒܚ ܚܕ ܗܕܡ: ܟܠܗܘܢ
ܗܕ̈ܡܐ ܢܗܘܘܢ ܡܫܬܒܚܝܢ. 27 ܐܢܬܘܢ ܕܝܢ ܦܓܪܗ ܐܢܬܘܢ ܕܡܫܝܚܐ. ܘܗܕ̈ܡܐ
ܒܕܘܟܬܗܘܢ. • ✧ • ✧ •

28 ܣܡ ܓܝܪ ܐܠܗܐ ܒܥܕܬܗ. ܠܘܩܕܡ ܫܠܝܚܐ. ܒܬܪܗܘܢ ܢܒܝܐ. ܒܬܪܗܘܢ ܡܠܦܢܐ. ܚܠܐ ܣܐ.
ܒܬܪܗܘܢ ܥܒܕܝ ܚܝܠܐ. ܒܬܪܗܘܢ ܡܘܗܒܬܐ ܕܐܣܝܘܬܐ. ܘܡܥܕܪܢܘܬܐ ܘܡܕܒܪܢܘܬܐ ܘܙܢܝܐ
ܕܠܫܢܐ. 29 ܕܠܡܐ ܟܠܗܘܢ ܫܠܝܚܐ. ܕܠܡܐ ܟܠܗܘܢ ܢܒܝܐ. ܠܡܐ ܟܠܗܘܢ ܡܠܦܢܐ.
ܠܡܐ ܟܠܗܘܢ ܥܒܕܝ ܚܝܠܐ. 30 ܠܡܐ ܠܟܠܗܘܢ ܐܝܬ ܠܗܘܢ ܡܘܗܒܬܐ ܕܐܣܝܘܬܐ.
ܠܡܐ ܟܠܗܘܢ ܒܠܫܢܐ ܡܡܠܠܝܢ. ܐܘ ܕܠܡܐ ܟܠܗܘܢ ܡܦܫܩܝܢ: 31 ܐܢ ܕܝܢ
ܛܢܝܢ ܐܢܬܘܢ ܒܡܘܗܒܬܐ ܪܘܪܒܬܐ. ܐܢܐ ܠܟܘܢ ܐܚܘܝܟܘܢ ܐܘܪܚܐ ܕܡܝܬܪܐ.
1 ܐܢ ܒܟܠ ܠܫܢ ܕܒܢܝܢܫܐ ܐܡܠܠ ܘܕܡܠܐܟܐ: ܘܚܘܒܐ ܠܐ ܢܗܘܐ ܒܝ. ܗܘܝܬ ܠܝ Cap. xiii.
ܢܚܫܐ ܕܢܩܫ. ܐܘ ܙܢܓܐ ܕܝܗܒ ܩܠܐ. 2 ܘܐܢ ܢܗܘܐ ܒܝ ܢܒܝܘܬܐ: ܘܐܕܥ ܐܪܙܐ ܟܠܗܘܢ
ܘܟܠܗ ܝܕܥܬܐ: ܘܐܢ ܢܗܘܐ ܒܝ ܟܠܗ ܗܝܡܢܘܬܐ. ܐܝܟܢܐ ܕܛܘܪܐ ܐܫܢܐ: ܘܚܘܒܐ ܠܝܬ
ܒܝ. ܠܐ ܗܘܝܬ ܡܕܡ. 3 ܘܐܢ ܐܘܟܠ ܟܠ ܕܐܝܬ ܠܝ ܠܡܣܟܢܐ: ܘܐܢ ܐܫܠܡ ܦܓܪܝ
ܕܐܩܕ: ܘܚܘܒܐ ܠܐ ܢܗܘܐ ܒܝ. ܡܕܡ ܠܐ ܡܘܬܪ ܐܢܐ. 4 ܚܘܒܐ ܢܓܝܪ ܪܘܚܗ ܘܡܒܣܡ.
ܚܘܒܐ ܠܐ ܚܣܡ. ܚܘܒܐ ܠܐ ܡܫܬܥܠܐ. ܘܠܐ ܡܬܚܬܪ. 5 ܘܠܐ ܥܒܕ ܕܡܒܗܬܬܐ ܘܠܐ ܒܥܐ
ܕܝܠܗ. ܘܠܐ ܡܬܚܡܬ. ܘܠܐ ܡܬܚܫܒ ܕܒܝܫ. 6 ܠܐ ܚܕܐ ܒܥܘܠܐ. ܐܠܐ ܚܕܐ ܒܩܘܫܬܐ.
7 ܟܠ ܡܕܡ ܡܣܝܒܪ. ܟܠܡܕܡ ܡܗܝܡܢ. ܟܠ ܡܣܒܪ. ܟܠ ܡܣܝܒܪ. 8 ܚܘܒܐ
ܡܡܬܘܡ ܠܐ ܢܦܠ. ܢܒܝܘܬܐ ܓܝܪ ܢܬܒܛܠܢ. ܘܠܫܢܐ ܢܫܬܠܩܘܢ. ܘܝܕܥܬܐ ܬܬܒܛܠ.
9 ܩܠܝܠ ܗܘ ܓܝܪ ܡܢ ܣܓܝ ܝܕܥܝܢܢ. ܘܩܠܝܠ ܡܢ ܣܓܝ ܡܬܢܒܝܢܢ. 10 ܐܡܬܝ
ܕܝܢ ܕܐܬܐ ܓܡܝܪܘܬܐ. ܗܝܕܝܢ ܢܬܒܛܠ ܗܘ ܡܕܡ ܕܩܠܝܠ ܗܘܐ. 11 ܟܕ ܛܠܝܐ
ܗܘܝܬ. ܐܝܟ ܛܠܝܐ ܡܡܠܠ ܗܘܝܬ. ܘܐܝܟ ܛܠܝܐ ܡܬܪܥܐ ܗܘܝܬ. ܘܐܝܟ ܛܠܝܐ
ܡܬܚܫܒ ܗܘܝܬ. ܟܕ ܗܘܝܬ ܕܝܢ ܓܒܪܐ. ܒܛܠܬ ܠܗܠܝܢ ܕܛܠܝܘܬܐ. 12 ܗܫܐ ܐܝܟ
ܕܒܡܚܙܝܬܐ ܚܙܝܢܢ. ܒܦܠܐܬܐ. ܗܝܕܝܢ ܕܝܢ ܐܦܝܢ ܠܘܩܒܠ ܐܦܝܢ. ܗܫܐ ܝܕܥ ܐܢܐ
ܩܠܝܠ ܡܢ ܣܓܝ. ܗܝܕܝܢ ܕܝܢ ܐܕܥ ܐܝܟ ܡܐ ܕܐܬܝܕܥܬ. 13 ܗܠܝܢ ܐܢܝܢ ܬܠܬ ܗܠܝܢ
ܕܩܝܡܢ: ܗܝܡܢܘܬܐ ܘܣܒܪܐ ܘܚܘܒܐ. ܕܪܒ ܕܝܢ ܡܢܗܝܢ ܚܘܒܐ. 1 ܗܪܛܘ ܒܬܪ Cap. xiv.
ܚܘܒܐ. ܘܛܢܘ ܒܡܘܗܒܬܐ ܕܪܘܚܐ. ܝܬܝܪܐܝܬ ܕܝܢ ܕܬܬܢܒܘܢ. 2 ܡܢ ܕܡܡܠܠ ܓܝܪ
ܒܠܫܢܐ. ܠܐ ܗܘܐ ܠܒܢܝܢܫܐ ܡܡܠܠ. ܐܠܐ ܠܐܠܗܐ. ܠܐ ܓܝܪ ܐܢܫ ܫܡܥ ܡܕܡ ܕܡܡܠܠ.
ܐܠܐ ܒܪܘܚ ܐܪܙܐ ܡܡܠܠ. 3 ܐܝܢܐ ܕܝܢ ܕܡܬܢܒܐ. ܠܒܢܝܢܫܐ ܡܡܠܠ ܒܢܝܢܐ
ܘܒܘܝܐܐ ܘܒܘܣܡܐ. 4 ܕܡܡܠܠ ܒܠܫܢܐ ܢܦܫܗ ܗܘ ܒܢܐ. ܘܕܡܬܢܒܐ ܥܕܬܐ ܒܢܐ.
5 ܨܒܐ ܐܢܐ ܕܝܢ. ܕܟܠܟܘܢ ܬܡܠܠܘܢ ܒܠܫܢܐ. ܝܬܝܪܐܝܬ ܕܝܢ ܕܬܬܢܒܘܢ. ܪܒ ܗܘ ܓܝܪ
ܐܝܢܐ ܕܡܬܢܒܐ: ܡܢ ܗܘ ܕܡܡܠܠ ܒܠܫܢܐ. ܐܢ ܠܐ ܡܦܫܩ. ܐܢ ܕܝܢ ܡܦܫܩ.
ܥܕܬܐ ܒܢܐ. 6 ܘܗܫܐ ܐܚܝ. ܐܢ ܐܬܐ ܠܘܬܟܘܢ. ܘܐܡܠܠ ܠܟܘܢ ܒܠܫܢܐ: ܡܢܐ
ܡܘܬܪ ܐܢܐ ܠܟܘܢ. ܐܠܐ ܐܢ ܐܡܠܠ ܥܡܟܘܢ. ܐܘ ܒܓܠܝܢܐ ܐܘ

ܒܢܒܝܘܬܐ ܐܘ ܒܡܠܦܢܘܬܐ. 7 ܐܦ ܙ̈ܘܕܐ ܓܝܪ ܐܝܠܝܢ ܕܠܝܬ ܒܗܘܢ ܢܦܫܐ ܘܝܗܒܝܢ
ܩܠܐ: ܐܢ ܐܒܘܒܐ ܘܐܢ ܩܝܬܪܐ: ܐܢ ܦܘܪܫܢܐ ܠܐ ܝܗܒܝܢ ܒܝܬ ܩܠܐ ܠܩܠܐ. ܐܝܟܢܐ
ܡܬܝܕܥ· ܡܕܡ ܕܡܙܕܡܪ. ܐܘ ܡܕܡ ܕܡܬܢܩܫ. 8 ܘܐܢ ܩܪܢܐ ܬܬܠ ܩܠܐ ܕܠܐ ܦܪܝܫ.
ܡܢܘ ܢܬܛܝܒ ܠܩܪܒܐ. 9 ܗܟܢܐ ܐܦ ܐܢܬܘܢ: ܐܢ ܬܐܡܪܘܢ ܡܠܬܐ ܒܠܫܢܐ ܘܠܐ ܬܗܘܐ
ܡܦܫܩܐ. ܐܝܟܢܐ ܡܬܝܕܥ ܡܕܡ ܕܐܡܪܝܢ ܐܢܬܘܢ. ܬܗܘܘܢ ܓܝܪ ܐܝܟ ܗܘ ܕܥܡ
ܐܐܪ ܡܡܠܠܝܢ ܐܝܬܝܟܘܢ. 10 ܗܐ ܓܝܪ ܓܢܣܐ ܕܩܠ̈ܐ ܣܓܝ̈ܐܐ ܐܝܬ ܒܥܠܡܐ. ܘܠܝܬ
ܚܕ ܡܢܗܘܢ ܕܠܐ ܩܠܐ. 11 ܘܐܢ ܠܐ ܝܕܥ ܐܢܐ ܚܝܠܗ ܕܩܠܐ. ܗܘܐ ܐܢܐ ܠܗ ܒܪܒܪܝܐ ܠܗܘ
ܕܡܡܠܠ: ܘܐܦ ܗܘ ܕܡܡܠܠ ܗܘܐ ܠܝ ܒܪܒܪܝܐ. 12 ܗܟܢܐ ܐܦ ܐܢܬܘܢ. ܡܛܠ
ܕܛܢܢ̈ܐ ܐܝܬܝܟܘܢ ܕܡܘܗ̈ܒܬܐ ܕܪܘܚܐ ܒܒܢܝܢܐ ܕܥܕܬܐ. ܒܥܘ ܕܬܬܝܬܪܘܢ. 13 ܘܗܘ ܕܡܡܠܠ
ܒܠܫܢܐ. ܢܨܠܐ ܕܢܦܫܩ. 14 ܐܢ ܗܘ ܓܝܪ ܕܡܨܠܐ ܐܢܐ ܒܠܫܢܐ. ܪܘܚܝ ܗܝ ܡܨܠܝܐ:
ܡܕܥܝ ܕܝܢ ܕܠܐ ܦܐܪܐ ܗܘ. 15 ܡܢܐ ܗܟܝܠ ܐܥܒܕ: ܐܨܠܐ ܒܪܘܚ: ܘܐܨܠܐ ܐܦ
ܒܡܕܥܝ. ܘܐܙܡܪ ܒܪܘܚ. ܘܐܙܡܪ ܐܦ ܒܡܕܥܝ. 16 ܘܐܠܐ ܐܢ ܡܒܪܟ ܐܢܬ ܒܪܘܚ.
ܗܘ ܕܡܡܠܐ ܕܘܟܬܗ ܕܗܕܝܘܛܘܬܐ: ܐܝܟܢܐ ܢܐܡܪ ܐܡܝܢ· ܥܠ ܬܘܕܝܬܟ. ܡܛܠ
ܕܡܢܐ ܐܡܪ ܐܢܬ ܠܐ ܝܕܥ. 17 ܐܢܬ ܓܝܪ ܫܦܝܪ ܡܒܪܟ ܐܢܬ. ܐܠܐ ܚܒܪܟ ܠܐ ܡܬܒܢܐ.
18 ܡܘܕܐ ܐܢܐ ܠܐܠܗܐ ܕܝܬܝܪ ܡܢ ܟܠܟܘܢ ܡܡܠܠ ܐܢܐ ܒܠܫܢܐ. 19 ܐܠܐ ܒܥܕܬܐ ܨܒܐ
ܐܢܐ ܕܚܡܫ ܡܠܝܢ ܒܡܕܥܝ ܐܡܠܠ: ܕܐܦ ܐܚܪ̈ܢܐ ܐܠܦ. ܝܬܝܪ ܡܢ ܪܒܘ
ܡܠܝܢ ܒܠܫܢܐ܀

20 ܐܚܝ. ܠܐ ܬܗܘܘܢ ܝܠܘܕܐ ܒܪܥܝܢܝܟܘܢ. ܐܠܐ ܠܒܝܫܬܐ ܗܘܘ ܫܒܪܐ. ܘܒܪܥܝܢܝܟܘܢ
ܗܘܘ ܓܡܝܪܝܢ. 21 ܒܢܡܘܣܐ ܟܬܝܒ. ܕܒܡܡܠܠܐ ܢܘܟܪܝܐ· ܘܒܠܫܢܐ ܐܚܪܢܐ ܐܡܠܠ
ܥܡܗ ܥܡ ܥܡܐ ܗܢܐ. ܐܦܠܐ ܗܟܢܐ ܢܫܡܥܘܢܢܝ. ܐܡܪ ܡܪܝܐ. 22 ܡܕܝܢ ܠܫܢ̈ܐ ܠܐܬܐ
ܗܘ ܣܝܡܢ: ܠܐ ܠܡܗܝܡܢܐ ܐܠܐ ܠܐܝܠܝܢ ܕܠܐ ܡܗܝܡܢܝܢ. ܢܒܝܘܬܐ ܕܝܢ. ܠܐ ܗܘܬ ܠܐܝܠܝܢ
ܕܠܐ ܡܗܝܡܢܝܢ: ܐܠܐ ܠܐܝܠܝܢ ܕܡܗܝܡܢܝܢ. 23 ܐܢ ܗܘ ܗܟܝܠ ܕܬܬܟܢܫ ܟܠܗ ܥܕܬܐ:
ܘܟܠܗܘܢ ܒܠܫܢ̈ܐ ܢܡܠܠܘܢ: ܘܢܥܠܘܢ ܗܕܝܘܛܐ ܐܘ ܐܝܠܝܢ ܕܠܐ ܡܗܝܡܢܝܢ. ܠܐ
ܐܡܪܝܢ. ܕܫܢܝܬܘܢ ܠܗܘܢ. 24 ܘܐܢ ܟܠܟܘܢ ܬܬܢܒܘܢ: ܘܢܥܘܠ ܠܘܬܟܘܢ
ܗܕܝܘܛܐ ܐܘ ܡܢ ܕܠܐ ܡܗܝܡܢ. ܡܬܟܣܐ ܡܢ ܟܠܟܘܢ: ܘܡܬܕܝܢ ܡܢ ܟܠܟܘܢ.
25 ܘܟܣܝܬܐ ܕܠܒܗ ܡܬܓܠܝܢ. ܘܗܝܕܝܢ ܢܦܠ ܥܠ ܐܦܘܗܝ. ܘܢܣܓܘܕ ܠܐܠܗܐ ܘܢܐܡܪ:
ܫܪܝܪܐܝܬ ܐܠܗܐ ܐܝܬ ܒܟܘܢ܀܀܀܀

26 ܐܡܪ ܐܢܐ ܗܟܝܠ ܐܚܝ. ܕܡܐ ܕܡܬܟܢܫܝܢ ܐܢܬܘܢ: ܐܝܢܐ ܡܢܟܘܢ ܕܐܝܬ ܠܗ ܙܡܡܡܐ ܡܢܗ܀
ܡܙܡܘܪܐ ܐܡܪ. ܘܐܝܬ ܕܐܝܬ ܠܗ ܡܠܦܢܘܬܐ. ܘܐܝܬ ܕܐܝܬ ܠܗ ܓܠܝܢܐ. ܘܐܝܬ ܕܐܝܬ
ܠܗ ܠܫܢܐ. ܘܐܝܬ ܕܐܝܬ ܠܗ ܦܘܫܩܐ. ܟܠܗܘܢ ܠܒܢܝܢܐ ܢܗܘܘܢ. 27 ܘܐܢ ܒܠܫܢܐ ܐܢܫ

ܢܡܠܠ. ܬܪܝܢ ܢܡܠܠܘܢ. ܘܐܢ ܣܓܝ ܬܠܬܐ. ܘܚܕ ܚܕ ܢܡܠܠܘܢ. ܘܚܕ ܢܦܫܩ.
28 ܘܐܢ ܠܝܬ ܕܡܦܫܩ. ܢܫܬܘܩ ܠܗ ܒܥܕܬܐ ܗܘ ܕܡܡܠܠ ܒܠܫܢܐ. ܘܒܝܢܘܗܝ ܠܢܦܫܗ
ܘܠܐܠܗܐ ܢܡܠܠ. 29 ܢܒܝܐ ܕܝܢ ܬܪܝܢ ܐܘ ܬܠܬܐ ܢܡܠܠܘܢ. ܘܫܪܟܐ ܢܦܪܫܘܢ.
30 ܘܐܢ ܠܐܚܪܢܐ ܢܬܓܠܐ ܟܕ ܝܬܒ. ܩܕܡܝܐ ܢܫܬܘܩ ܠܗ. 31 ܡܫܟܚܝܢ ܐܢܬܘܢ ܓܝܪ
ܟܠܟܘܢ ܚܕ ܚܕ ܠܡܬܢܒܝܘ. ܕܟܠܢܫ ܢܐܠܦ. ܘܟܠܢܫ ܢܬܒܝܐ. 32 ܪܘܚܐ ܓܝܪ ܕܢܒܝܐ
ܠܢܒܝܐ ܡܫܬܥܒܕܐ. 33 ܡܛܠ ܕܐܠܗܐ ܠܐ ܗܘܐ ܕܫܓܘܫܝܐ. ܐܠܐ ܕܫܠܡܐ. ܐܝܟ ܕܒܟܠܗܘܢ
ܥܕܬܐ ܕܩܕܝܫܐ. 34 ܢܫܝܟܘܢ ܒܥܕܬܐ ܢܗܘܝܢ ܫܬܝܩܢ. ܠܐ ܓܝܪ ܡܦܣ ܠܗܝܢ ܕܢܡܠܠܢ.
ܐܠܐ ܕܢܫܬܥܒܕܢ. ܐܝܟܢܐ ܕܐܦ ܢܡܘܣܐ ܐܡܪ. 35 ܘܐܢ ܡܕܡ ܨܒܝܢ ܕܢܐܠܦܢ. ܒܒܝܬܗܝܢ
ܢܫܐܠܢ ܠܒܥܠܝܗܝܢ. ܨܥܪܐ ܗܘ ܓܝܪ ܕܢܫܐ ܒܥܕܬܐ ܢܡܠܠܢ. 36 ܐܘ ܕܡܢܟܘܢ
ܗܘ ܢܦܩܬ ܡܠܬܗ ܕܐܠܗܐ. ܐܘ ܠܘܬܟܘܢ ܗܘ ܒܠܚܘܕܝܟܘܢ ܡܛܬ: 37 ܐܢ ܐܢܫ ܕܝܢ
ܡܣܒܪ ܕܢܒܝܐ ܗܘ. ܐܘ ܕܪܘܚܢܐ ܗܘ. ܢܕܥ ܗܠܝܢ ܕܟܬܒ ܐܢܐ ܠܟܘܢ: ܕܦܘܩܕܢܐ
ܐܢܘܢ ܕܡܪܢ. 38 ܐܢ ܐܢܫ ܕܝܢ ܠܐ ܝܕܥ. ܠܐ ܢܕܥ. 39 ܛܐܢܘ ܗܟܝܠ ܐܚܝ ܠܡܬܢܒܝܘ.
ܘܠܡܡܠܠܘ ܒܠܫܢܐ ܠܐ ܬܟܠܘܢ. 40 ܟܠܡܕܡ ܕܝܢ ܒܐܣܟܡܐ ܘܒܛܟܣܐ ܢܗܘܐ܀
1 ܡܘܕܥ ܐܢܐ ܠܟܘܢ ܕܝܢ ܐܚܝ. ܐܘܢܓܠܝܘܢ ܕܐܣܒܪܬܟܘܢ. ܘܩܒܠܬܘܢܝܗܝ. ܘܩܡܬܘܢ Cap. xv.
ܒܗ. 2 ܘܒܗ ܚܝܝܢ ܐܢܬܘܢ. ܒܐܝܢܐ ܡܠܬܐ ܕܐܣܒܪܬܟܘܢ. ܐܢ ܐܚܝܕܝܢ ܐܢܬܘܢ: ܐܢ ܠܐ ܗܘܐ
ܣܪܝܩܐܝܬ ܗܝܡܢܬܘܢ. 3 ܐܫܠܡܬ ܠܟܘܢ ܓܝܪ ܡܢ ܠܘܩܕܡ ܐܝܟ ܡܕܡ ܕܩܒܠܬ.
ܕܡܫܝܚܐ ܡܝܬ ܚܠܦ ܚܛܗܝܢ: ܐܝܟ ܕܟܬܝܒ. 4 ܘܐܬܩܒܪ. ܘܩܡ ܠܬܠܬܐ
ܝܘܡܝܢ: ܐܝܟ ܕܟܬܝܒ. 5 ܘܐܬܚܙܝ ܠܟܐܦܐ. ܘܒܬܪܗ ܠܬܪܥܣܪ. 6 ܘܒܬܪܟܢ ܐܬܚܙܝ
ܠܝܬܝܪ ܡܢ ܚܡܫܡܐܐ ܐܚܐ ܐܟܚܕܐ. ܕܣܓܝܐܐ ܡܢܗܘܢ ܩܝܡܝܢ ܐܦ ܥܕܡܐ ܠܗܫܐ:
ܘܡܢܗܘܢ ܕܡܟܘ. 7 ܘܡܢ ܒܬܪ ܗܠܝܢ ܐܬܚܙܝ ܠܝܥܩܘܒ. ܘܒܬܪܗ ܠܫܠܝܚܐ ܟܠܗܘܢ.
8 ܠܚܪܬܐ ܕܝܢ ܕܟܠܗܘܢ: ܐܝܟ ܕܠܝܚܛܐ ܐܬܚܙܝ ܐܦ ܠܝ. 9 ܐܢܐ ܐܢܐ ܓܝܪ ܙܥܘܪܗܘܢ
ܕܫܠܝܚܐ. ܘܠܐ ܫܘܐ ܐܢܐ ܕܐܬܩܪܐ ܫܠܝܚܐ. ܡܛܠ ܕܪܕܦܬ ܥܕܬܗ ܕܐܠܗܐ. 10 ܒܛܝܒܘܬܗ
ܕܝܢ ܕܐܠܗܐ ܐܝܬܝ ܡܕܡ ܕܐܝܬܝ. ܘܛܝܒܘܬܗ ܕܒܝ. ܠܐ ܗܘܬ ܣܪܝܩܐ. ܐܠܐ ܝܬܝܪ ܡܢ
ܟܠܗܘܢ ܠܐܝܬ. ܠܐ ܐܢܐ ܐܠܐ ܛܝܒܘܬܗ ܕܥܡܝ. 11 ܐܢ ܐܢܐ ܗܟܝܠ ܐܢ ܗܢܘܢ. ܗܟܢܐ
ܡܟܪܙܝܢܢ. ܘܗܟܢܐ ܗܝܡܢܬܘܢ. 12 ܘܐܢ ܡܫܝܚܐ ܡܬܟܪܙ ܕܩܡ ܡܢ ܒܝܬ ܡܝܬܐ.
ܐܝܟܢܐ ܐܝܬ ܒܟܘܢ ܐܢܫܐ ܕܐܡܪܝܢ. ܕܠܝܬ ܚܝܬ ܡܝܬܐ. 13 ܘܐܢ ܚܝܬ ܡܝܬܐ ܠܝܬ.
ܐܦܠܐ ܡܫܝܚܐ ܩܡ. 14 ܘܐܢ ܡܫܝܚܐ ܠܐ ܩܡ. ܣܪܝܩܐ ܗܝ ܟܪܘܙܘܬܢ. ܣܪܝܩܐ ܐܦ
ܗܝܡܢܘܬܟܘܢ. 15 ܡܫܬܟܚܝܢܢ ܕܝܢ ܐܦ ܣܗܕܐ ܕܓܠܐ ܕܐܠܗܐ: ܕܐܣܗܕܢ ܥܠ
ܐܠܗܐ ܕܐܩܝܡ ܠܡܫܝܚܐ ܟܕ ܠܐ ܐܩܝܡ. 16 ܐܢ ܡܝܬܐ ܓܝܪ ܠܐ ܡܬܩܝܡܝܢ. ܐܦܠܐ ܡܫܝܚܐ
ܩܡ. 17 ܘܐܢ ܡܫܝܚܐ ܠܐ ܩܡ. ܣܪܝܩܐ ܗܝ ܗܝܡܢܘܬܟܘܢ. ܘܥܕܟܝܠ ܒܚܛܗܝܟܘܢ ܐܝܬܝܟܘܢ.

18 ܘܗܟܝܠ ܐܦ ܐܝܠܝܢ ܕܕܡܟܘ ܒܡܫܝܚܐ ܐܒܕܘ ܠܗܘܢ. 19 ܘܐܢ ܒܗܠܝܢ ܗܘ ܚܝ̈ܐ ܒܠܚܘܕ؟
ܡܣܟܝܢܢ ܒܡܫܝܚܐ. ܕܘܝ̈ܐ ܗܘ ܡܢ ܟܠܗܘܢ ܒܢܝ̈ܢܫܐ܀
20 ܗܫܐ ܕܝܢ ܡܫܝܚܐ ܩܡ ܡܢ ܒܝܬ ܡܝ̈ܬܐ. ܘܗܘܐ ܪܫܝܬܐ ܕܕܡܝ̈ܟܐ. 21 ܘܐܝܟܢܐ ܕܒܝܕ
ܒܪܢܫܐ ܗܘܐ ܡܘܬܐ. ܗܟܢܐ ܐܦ ܒܝܕ ܒܪܢܫܐ ܗܘܬ ܚܝܬ ܡܝ̈ܬܐ. 22 ܐܝܟܢܐ ܓܝܪ ܕܒܐܕܡ
ܟܠܗܘܢ ܒܢܝ̈ܢܫܐ ܡܝܬܝܢ. ܗܟܢܐ ܐܦ ܒܡܫܝܚܐ ܟܠܗܘܢ ܚܝܝܢ. 23 ܐܢܫ ܐܢܫ ܒܬܓܡܗ.
ܪܫܝܬܐ ܗܘܐ ܡܫܝܚܐ. ܒܬܪܟܢ ܐܝܠܝܢ ܕܡܫܝܚܐ ܐܢܘܢ ܒܡܐܬܝܬܗ. 24 ܘܗܝܕܝܢ
ܬܗܘܐ ܚܪܬܐ: ܡܐ ܕܡܫܠܡ ܡܠܟܘܬܐ ܠܐܠܗܐ ܐܒܐ. ܡܐ ܕܡܒܛܠ ܟܠ ܪܫ: ܘܟܠ
ܫܘܠܛܢ. ܘܟܠ ܚܝܠܝܢ. 25 ܥܬܝܕ ܗܘ ܓܝܪ ܕܢܡܠܘܟ: ܥܕܡܐ ܕܢܣܝܡ ܠܟܠܗܘܢ ܒܥܠܕܒܒܘܗܝ
ܬܚܝܬ ܪ̈ܓܠܘܗܝ. 26 ܘܐܚܪܝܐ ܒܥܠܕܒܒܐ ܡܬܒܛܠ ܡܘܬܐ. 27 ܟܠ ܓܝܪ
ܫܥܒܕ ܬܚܝܬ ܪ̈ܓܠܘܗܝ. ܡܐ ܕܐܡܪ ܕܝܢ. ܕܟܠܡܕܡ ܡܫܥܒܕ ܠܗ: ܝܕܝܥܐ ܕܠܒܪ
ܡܢ ܗܘ ܕܫܥܒܕ ܠܗ ܟܠ. 28 ܘܡܐ ܕܐܫܬܥܒܕ ܠܗ ܟܠ: ܗܝܕܝܢ ܗܘ ܒܪܐ ܢܫܬܥܒܕ
ܠܗܘ ܕܫܥܒܕ ܠܗ ܟܠ: ܕܢܗܘܐ ܐܠܗܐ ܟܠ ܒܟܠ. 29 ܘܐܠܐ ܡܢܐ ܢܥܒܕܘܢ ܗܢܘܢ
ܕܡܥܡܕܝܢ ܚܠܦ ܡܝ̈ܬܐ: ܐܢ ܡܝ̈ܬܐ ܠܐ ܡܩܝܡܝܢ. ܡܢܐ ܡܥܡܕܝܢ ܚܠܦ ܡܝ̈ܬܐ.
30 ܘܠܡܢܐ ܐܦ ܚܢܢ ܒܟܠ ܫܥܐ ܒܩܘܢܕܝܢܘܣ ܩܝܡܝܢܢ. 31 ܡܝܬ ܐܢܐ ܒܫܘܒܗܪܟܘܢ
ܐܚܝ: ܕܐܝܬ ܠܝ ܒܝܫܘܥ ܡܫܝܚܐ ܡܪܢ. 32 ܐܢ ܐܝܟ ܕܒܢܝ
ܐܢܫܐ: ܐܬܟܬܫܬ ܥܡ ܚܝܘܬܐ ܒܐܦܣܘܣ. ܡܢܐ ܐܘܬܪܬ. ܐܢ ܡܝ̈ܬܐ ܠܐ ܡܩܝܡܝܢ.
ܢܐܟܘܠ ܘܢܫܬܐ. ܡܚܪ ܓܝܪ ܡܝܬܝܢܢ. 33 ܠܐ ܬܛܥܘܢ. ܡܚܒܠܝܢ ܥܝ̈ܕܐ ܒܣܝ̈ܡܐ
ܡܡ̈ܠܠܐ ܒܝ̈ܫܐ܀
34 ܐܬܥܝܪܘ ܠܒܟܘܢ ܙܕܝܩܐܝܬ. ܘܠܐ ܬܚܛܘܢ. ܐܝܬ ܓܝܪ ܐܢܫܐ ܕܝܕܥܬܐ ܕܐܠܗܐ ܠܝܬ
ܠܗܘܢ. ܠܒܘܗܬܬܟܘܢ ܗܘ ܐܡܪ ܐܢܐ. 35 ܢܐܡܪ ܐܢܫ ܡܢܟܘܢ. ܕܐܝܟܢܐ ܡܩܝܡܝܢ ܡܝ̈ܬܐ:
ܘܒܐܝܢܐ ܦܓܪܐ ܐܬܝܢ. 36 ܣܟܠܐ. ܙܪܥܐ ܕܙܪܥ ܐܢܬ. ܐܢ ܠܐ ܡܐܬ. ܠܐ ܚܝܐ. 37 ܘܗܘ ܕܙܪܥ
ܙܪܥ ܐܢܬ. ܠܐ ܗܘܐ ܗܘ ܦܓܪܐ ܕܥܬܝܕ ܠܡܗܘܐ ܙܪܥ ܐܢܬ: ܐܠܐ ܦܪܕܬܐ ܥܪܛܠܝܬܐ
ܕܚܛܐ ܐܘ ܕܫܪܟܐ ܕܙܪ̈ܥܘܢܐ. 38 ܐܠܗܐ ܕܝܢ ܝܗܒ ܠܗ ܦܓܪܐ ܐܝܟܢܐ ܕܨܒܐ.
ܘܠܟܠ ܚܕ ܡܢ ܙܪ̈ܥܘܢܐ ܦܓܪܐ ܕܟܝܢܗ. 39 ܠܐ ܗܘܐ ܕܝܢ ܟܠ ܦܓܪ ܫܘܐ. ܐܚܪܝܢ ܗܘ
ܓܝܪ ܦܓܪܐ ܕܒܪܢܫܐ. ܘܐܚܪܝܢ ܕܒܥܝܪܐ. ܘܐܚܪܝܢ ܕܦܪܚܬܐ. ܘܐܚܪܝܢ ܕܢܘܢܐ. 40 ܘܐܝܬ
ܦܓܪ̈ܐ ܫܡܝܢܝ̈ܐ. ܘܐܝܬ ܦܓܪ̈ܐ ܐܪܥܢܝ̈ܐ. ܐܠܐ ܐܚܪܝܢ ܗܘ ܫܘܒܚܐ ܕܫܡܝܢܝ̈ܐ. ܘܐܚܪܝܢ
ܕܐܪܥܢܝ̈ܐ. 41 ܘܐܚܪܝܢ ܗܘ ܫܘܒܚܐ ܕܫܡܫܐ. ܘܐܚܪܝܢ ܫܘܒܚܐ ܕܣܗܪܐ. ܘܐܚܪܝܢ ܫܘܒܚܐ
ܕܟܘܟ̈ܒܐ. ܘܟܘܟܒܐ ܡܢ ܟܘܟܒܐ ܡܝܬܪ ܗܘ ܒܫܘܒܚܐ. 42 ܗܟܢܐ ܐܦ ܚܝܬ ܡܝ̈ܬܐ.
ܡܙܕܪܥܝܢ ܒܚܒܠܐ. ܩܝܡܝܢ ܕܠܐ ܚܒܠܐ. 43 ܡܙܕܪܥܝܢ ܒܨܥܪܐ. ܩܝܡܝܢ ܒܫܘܒܚܐ.
ܡܙܕܪܥܝܢ ܒܟܪܝܗܘܬܐ. ܩܝܡܝܢ ܒܚܝܠܐ. 44 ܡܙܕܪܥ ܦܓܪܐ ܢܦܫܢܝܐ. ܩܐܡ ܦܓܪܐ ܪܘܚܢܝܐ.

ܐܝܬ ܓܝܪ ܦܓܪܐ ܕܢܦܫ. ܘܐܝܬ ܦܓܪܐ ܕܪܘܚ. 45 ܗܟܢܐ ܐܦ ܟܬܝܒ. ܗܘܐ ܐܕܡ ܒܪܢܫܐ
ܩܕܡܝܐ ܠܢܦܫ ܚܝܐ. ܘܐܕܡ ܐܚܪܝܐ ܠܪܘܚܐ ܡܚܝܢܝܬܐ. 46 ܐܠܐ ܠܐ ܗܘܐ ܠܘܩܕܡ ܪܘܚܢܝܐ.
ܐܠܐ ܢܦܫܢܝܐ ܘܗܝܕܝܢ ܪܘܚܢܝܐ. 47 ܒܪܢܫܐ ܩܕܡܝܐ ܥܦܪܢܐ ܕܡܢ ܐܪܥܐ. ܒܪܢܫܐ ܕܬܪܝܢ
ܡܪܝܐ ܡܢ ܫܡܝܐ. 48 ܐܝܟܢܐ ܕܐܝܬܘܗܝ ܗܘ ܥܦܪܢܐ. ܗܟܢܐ ܐܦ ܥܦܪܢܐ. ܘܐܝܟܢܐ
ܕܐܝܬܘܗܝ ܗܘ ܕܡܢ ܫܡܝܐ. ܗܟܢܐ ܐܦ ܫܡܝܢܐ. 49 ܘܐܝܟ ܕܠܒܫܢ ܕܡܘܬܐ ܕܗܘ ܕܡܢ
ܥܦܪܐ. ܗܟܢܐ ܢܠܒܫ ܕܡܘܬܐ ܕܗܘ ܕܡܢ ܫܡܝܐ. 50 ܗܕܐ ܕܝܢ ܐܡܪ ܐܢܐ ܐܚܝ.
ܕܒܣܪܐ ܘܕܡܐ ܡܠܟܘܬܐ ܕܫܡܝܐ ܠܡܐܪܬ ܠܐ ܡܫܟܚܝܢ. ܘܠܐ ܚܒܠܐ ܝܪܬ ܠܐ ܡܬܚܒܠܢܘܬܐ.
51 ܗܐ ܐܡܪ ܐܢܐ ܠܟܘܢ ܐܪܙܐ. ܠܘ ܟܠܢ ܢܕܡܟ. ܟܠܢ ܕܝܢ ܢܬܚܠܦ. 52 ܡܢ ܫܠܝܐ.
ܐܝܟ ܪܦܦ ܥܝܢܐ ܒܩܪܢܐ ܐܚܪܝܬܐ ܟܕ ܬܩܥ. ܘܢܩܘܡܘܢ ܡܝܬܐ ܕܠܐ ܚܒܠܐ. ܘܚܢܢ
ܢܬܚܠܦ. 53 ܥܬܝܕ ܗܘ ܓܝܪ ܗܢܐ ܕܡܬܚܒܠ. ܕܢܠܒܫ ܠܐ ܡܬܚܒܠܢܘܬܐ. ܘܗܢܐ
ܕܡܐܬ. ܢܠܒܫ ܠܐ ܡܝܘܬܘܬܐ. 54 ܡܐ ܕܠܒܫ ܕܝܢ ܗܢܐ ܕܡܬܚܒܠ ܠܐ ܡܬܚܒܠܢܘܬܐ.
ܘܗܢܐ ܕܡܐܬ ܠܐ ܡܝܘܬܘܬܐ. ܗܝܕܝܢ ܬܗܘܐ ܡܠܬܐ ܗܝ ܕܟܬܝܒܐ. ܕܐܬܒܠܥ ܡܘܬܐ
ܒܙܟܘܬܐ. 55 ܐܝܟܘ ܥܘܩܣܟ ܡܘܬܐ. ܐܘ ܐܝܟܐ ܗܝ ܙܟܘܬܟܝ ܫܝܘܠ. 56 ܥܘܩܣܗ ܕܝܢ
ܕܡܘܬܐ ܚܛܝܬܐ ܗܝ. ܘܚܝܠܐ ܕܚܛܝܬܐ ܢܡܘܣܐ ܗܘ. 57 ܛܝܒܘ ܕܝܢ ܠܐܠܗܐ. ܕܝܗܒ ܠܢ
ܙܟܘܬܐ ܒܝܕ ܡܪܢ ܝܫܘܥ ܡܫܝܚܐ. 58 ܡܟܝܠ ܐܚܝ ܘܚܒܝܒܝ. ܗܘܘ ܡܫܪܪܝܢ. ܘܠܐ
ܬܬܙܝܥܘܢ. ܐܠܐ ܗܘܘ ܡܬܝܬܪܝܢ ܒܥܒܕܗ ܕܡܪܝܐ ܒܟܠܙܒܢ. ܟܕ ܝܕܥܝܢ
ܐܢܬܘܢ. ܕܥܡܠܟܘܢ ܠܐ ܗܘܐ ܣܪܝܩ ܒܡܪܢ.
1 ܥܠ ܡܕܡ ܕܝܢ ܕܡܬܟܢܫ ܠܩܕܝܫܐ. ܐܝܟܢܐ ܕܦܩܕܬ ܠܥܕܬܐ ܕܓܠܛܝܐ. ܗܟܢܐ ܐܦ Cap. xvi.
ܐܢܬܘܢ ܥܒܕܘ. 2 ܒܟܠ ܚܕ ܒܫܒܐ ܐܢܫ ܡܢܟܘܢ ܒܒܝܬܗ ܢܗܘܐ ܣܐܡ ܘܢܛܪ ܗܘ
ܡܕܡ ܕܡܛܝܐ ܒܐܝܕܘܗܝ. ܕܠܐ ܡܐ ܕܐܬܝܬ. ܗܝܕܝܢ ܢܗܘܘܢ ܓܒܝܐ. 3 ܘܡܐ ܕܐܬܝܬ.
ܠܐܝܠܝܢ ܕܓܒܝܢ ܐܢܘܢ. ܠܗܘܢ ܐܫܕܪ ܒܐܓܪܬܐ ܕܢܘܒܠܘܢ ܛܝܒܘܬܟܘܢ ܠܐܘܪܫܠܡ.
4 ܘܐܢ ܕܝܢ ܫܘܐ ܗܘ ܕܐܦ ܐܢܐ ܐܙܠ. ܥܡܝ ܢܐܙܠܘܢ. 5 ܐܬܐ ܐܢܐ ܕܝܢ
ܠܘܬܟܘܢ. ܡܐ ܕܥܒܪܬ ܡܢ ܡܩܕܘܢܝܐ. ܥܒܪ ܐܢܐ ܠܗ ܓܝܪ ܒܡܩܕܘܢܝܐ. 6 ܘܟܒܪ
ܐܦ ܠܘܬܟܘܢ ܐܩܘܐ. ܐܘ ܐܣܬܐ ܠܘܬܟܘܢ. ܕܐܢܬܘܢ ܬܠܘܘܢܢܝ ܠܐܬܪ ܕܐܙܠ ܐܢܐ.
7 ܠܐ ܓܝܪ ܨܒܐ ܐܢܐ ܕܗܫܐ ܐܝܟ ܥܒܪ ܐܘܪܚܐ ܐܚܙܝܟܘܢ. ܡܣܒܪ ܐܢܐ ܓܝܪ ܕܐܘܪܟ ܙܒܢܐ
ܠܘܬܟܘܢ. ܐܢ ܡܪܝ ܡܦܣ ܠܝ. 8 ܡܩܘܐ ܐܢܐ ܕܝܢ ܒܐܦܣܘܣ ܥܕܡܐ ܠܦܢܛܩܘܣܛܐ.
9 ܬܪܥܐ ܓܝܪ ܪܒܐ ܐܬܦܬܚ ܠܝ. ܕܡܠܐ ܡܥܒܕܢܘܬܐ. ܘܣܩܘܒܠܐ ܣܓܝܐܐ. 10 ܘܐܢ ܕܝܢ
ܐܬܐ ܛܝܡܬܐܘܣ ܚܙܘ ܕܕܠܐ ܕܚܠܐ ܢܗܘܐ ܠܘܬܟܘܢ. ܥܒܕܐ ܓܝܪ ܕܡܪܝܐ ܦܠܚ
ܐܝܟܘܬܝ. 11 ܠܡܐ ܗܟܝܠ ܐܢܫ ܢܫܘܛܝܘܗܝ. ܐܠܐ ܠܘܘܗܝ ܒܫܠܡܐ ܕܢܐܬܐ ܠܘܬܝ.
ܡܩܘܐ ܐܢܐ ܠܗ ܓܝܪ ܥܡ ܐܚܐ. 12 ܥܠ ܐܦܠܘ ܕܝܢ ܐܚܝ. ܣܓܝ ܒܥܝܬ ܡܢܗ.

ܕܢܐܬܐ ܠܘܬܟܘܢ ܥܡ ܐܚܐ. ܘܒܪܡ ܠܐ ܗܘܐ ܨܒܝܢܐ ܕܢܐܬܐ ܠܘܬܟܘܢ. ܐܡܬܝ ܕܝܢ ܕܢܗܘܐ
ܠܗ ܐܦܢܝܐ. ܐܬܐ ܠܘܬܟܘܢ.
13 ܐܬܬܥܝܪܘ ܘܩܘܡܘ ܒܗܝܡܢܘܬܐ. ܐܬܓܒܪܘ ܐܬܚܝܠܘ. 14 ܘܟܠܗܘܢ ܨܒܘܬܟܘܢ
ܒܚܘܒܐ ܢܗܘܝܢ.
15 ܒܥܐ ܐܢܐ ܕܝܢ ܡܢܟܘܢ ܐܚܝ. ܥܠ ܒܝܬܐ ܕܐܣܛܦܢܐ. ܡܛܠ ܕܝܕܥܝܢ ܐܢܬܘܢ
ܕܗܢܘܢ ܐܢܘܢ ܪܫܝܬܐ ܕܐܟܐܝܐ. ܘܣܡܘ ܢܦܫܗܘܢ ܠܬܫܡܫܬܐ ܕܩܕܝܫܐ. 16 ܕܐܦ ܐܢܬܘܢ
ܬܗܘܘܢ ܡܫܬܡܥܝܢ ܠܐܝܠܝܢ ܕܐܟܘܬܗܘܢ ܐܢܘܢ. ܘܠܟܠܢܫ ܕܦܠܚ ܥܡܢ ܘܡܠܐܝ. 17 ܚܕܐ
ܐܢܐ ܕܝܢ ܒܡܐܬܝܬܗ ܕܐܣܛܦܢܐ ܘܕܦܪܛܘܢܛܘܣ ܘܕܐܟܐܝܩܘܣ. ܕܡܕܡ ܕܒܨܪܬܘܢ ܠܘܬܝ.
ܗܢܘܢ ܡܠܝܘ. 18 ܐܢܝܚܘ ܓܝܪ ܪܘܚܝ ܘܕܝܠܟܘܢ. ܗܘܘ ܗܟܝܠ ܡܫܬܘܕܥܝܢ
ܠܐܝܠܝܢ ܕܐܟܘܬܗܘܢ ܐܢܘܢ. 19 ܫܐܠܝܢ ܒܫܠܡܟܘܢ ܟܠܗܝܢ ܥܕܬܐ ܕܐܣܝܐ. ܫܐܠܝܢ
ܒܫܠܡܟܘܢ ܣܓܝ ܒܡܪܢ. ܐܩܘܠܐ ܘܦܪܝܣܩܠܐ ܥܡ ܥܕܬܐ ܕܒܒܝܬܗܘܢ.
20 ܫܐܠܝܢ ܒܫܠܡܟܘܢ ܐܚܝܢ ܟܠܗܘܢ. ܫܐܠܘ ܒܫܠܡܐ ܚܕ ܠܚܕ ܒܢܘܫܩܬܐ ܩܕܝܫܬܐ.
21 ܫܠܡܐ ܒܟܬܒܐ ܕܐܝܕܝ ܕܦܘܠܘܣ. 22 ܡܢ ܕܠܐ ܪܚܡ ܠܡܪܢ ܝܫܘܥ ܡܫܝܚܐ
ܢܗܘܐ ܚܪܡ. ܡܪܢ ܐܬܐ. 23 ܛܝܒܘܬܗ ܕܡܪܢ ܝܫܘܥ ܡܫܝܚܐ ܥܡܟܘܢ. 24 ܘܚܘܒܝ ܥܡ
ܟܠܟܘܢ ܒܡܫܝܚܐ ܝܫܘܥ.

ܫܠܡܬ ܐܓܪܬܐ ܕܠܘܬ ܩܘܪܢܬܝܐ ܩܕܡܝܬܐ ܕܐܬܟܬܒܬ
ܡܢ ܦܝܠܝܦܘܣ

ܐܓܪܬܐ ܕܠܘܬ ܩܘܪܢܬܝܐ ܕܬܪܬܝܢ

Cap. i. 1 ܦܘܠܘܣ ܫܠܝܚܐ ܕܝܫܘܥ ܡܫܝܚܐ ܒܨܒܝܢܗ ܕܐܠܗܐ ܘܛܝܡܬܐܘܣ ܐܚܐ. ܠܥܕܬܐ
ܕܐܠܗܐ ܕܐܝܬ ܒܩܘܪܢܬܘܣ. ܘܠܟܠܗܘܢ ܩܕܝܫܐ ܕܐܝܬ ܒܐܟܐܝܐ ܟܠܗ. 2 ܛܝܒܘܬܐ ܩܪܝܢܐ ܚܕ.
ܥܡܟܘܢ. ܘܫܠܡܐ ܡܢ ܐܠܗܐ ܐܒܘܢ. ܘܡܢ ܡܪܢ ܝܫܘܥ ܡܫܝܚܐ.
3 ܡܒܪܟ ܗܘ ܐܠܗܐ ܐܒܘܗܝ ܕܡܪܢ ܝܫܘܥ ܡܫܝܚܐ. ܐܒܐ ܕܪܚܡܐ. ܘܐܠܗܐ ܕܟܠ
ܒܘܝܐܐ. 4 ܗܘ ܕܡܒܝܐ ܠܢ ܒܟܠܗܘܢ ܐܘܠܨܢܝܢ. ܕܐܦ ܚܢܢ ܢܫܟܚ ܢܒܝܐ ܠܐܝܠܝܢ ܕܒܟܠ
ܐܘܠܨܢܝܢ ܐܢܘܢ. ܒܗܘ ܒܘܝܐܐ ܕܡܬܒܝܐܝܢ ܚܢܢ ܡܢ ܐܠܗܐ. 5 ܐܝܟܢܐ ܓܝܪ
ܕܡܬܝܬܪܝܢ ܒܢ ܚܫܘܗܝ ܕܡܫܝܚܐ. ܗܟܢܐ ܒܝܕ ܡܫܝܚܐ ܡܬܝܬܪ ܐܦ ܒܘܝܐܢ. 6 ܐܢ
ܕܝܢ ܡܬܐܠܨܝܢܢ. ܥܠ ܐܦܝ ܒܘܝܐܟܘܢ ܗܘ. ܘܥܠ ܐܦܝ ܚܝܝܟܘܢ ܡܬܐܠܨܝܢܢ. ܘܐܢ

ܡܬܒܝܐܝܢܢ܂ ܡܛܠ ܕܐܝܬܘܗܝ ܕܬܬܒܝܐܘܢ܂ ܘܬܗܘܐ ܒܟܘܢ ܡܣܝܒܪܢܘܬܐ ܕܐܢܘܢ ܐܢܘܢ
ܚܫ̈ܐ܃ ܗܢܘܢ ܕܐܦ ܚܢܢ ܚܫܝܢܢ ܠܗܘܢ܂ 7 ܘܣܒܪܢ ܕܥܠܝܟܘܢ ܫܪܝܪ ܗܘ܂ ܟܕ ܝܕܥܝܢ
ܓܝܪ ܕܐܝܟ ܫܘܬܦܝܢ ܐܝܬܝܟܘܢ ܕܚܫ̈ܐ܂ ܫܘܬܦܝܢ ܐܝܬܝܟܘܢ ܐܦ ܕܒܘܝܐܐ܀ 8 ܨܒܝܢܢ ܓܝܪ
ܕܬܕܥܘܢ ܐܚ̈ܝܢ܂ ܥܠ ܐܘܠܨܢܐ ܕܗܘܐ ܠܢ ܒܐܣܝܐ܃ ܕܝܘܬܪܢܐܝܬ ܐܬܝܩܪܢ܂ ܠܥܠ ܡܢ
ܚܝܠܢ܂ ܐܝܟܢܐ ܕܡܬܦܢܝܢ ܗܘܝܢ ܚܢܢ ܠܡܚܝܐ܂ 9 ܘܟܠ ܢܦܫܢ ܦܣܩܢ ܡܘܬܐ܂
ܕܠܐ ܢܗܘܐ ܠܢ ܬܘܟܠܢܐ ܥܠ ܢܦܫܢ܃ ܐܠܐ ܥܠ ܐܠܗܐ ܗܘ ܕܡܩܝܡ ܡܝ̈ܬܐ܂ 10 ܗܘ
ܕܡܢ ܡܘܬܐ ܡܫܩܠܐ ܦܪܩܢ܂ ܘܠܗ ܡܣܒܪܝܢܢ ܕܦܪܩ ܠܢ܂ 11 ܒܡܥܕܪܢܘܬܐ ܕܒܨܠܘܬܟܘܢ
ܕܟܠ ܐܢܫܝܢ܂ ܕܬܗܘܐ ܡܘܗܒܬܗ ܕܠܘܬܢ ܛܝܒܘܬܐ ܕܡܢ ܦܪ̈ܨܘܦܐ ܣܓܝܐ̈ܐ܂ ܘܣܓܝܐ̈ܐ
ܢܘܕܘܢ ܠܗ ܥܠ ܐܦܝܢ܂ 12 ܫܘܒܗܪܢ ܓܝܪ ܗܢܘ܃ ܣܗܕܘܬܐ ܕܬܐܪܬܢ܂ ܕܒܦܫܝܛܘܬܐ
ܘܒܫܦܝܘܬܐ ܕܐܠܗܐ ܐܬܗܦܟܢ ܒܥܠܡܐ܂ ܘܠܐ ܒܚܟܡܬܐ ܕܒܣܪܐ܂ ܘܝܬܝܪܐܝܬ
ܠܘܬܟܘܢ ܕܝܢ܂ 13 ܠܐ ܗܘܐ ܐܚܪ̈ܢܝܬܐ ܟܬܒܝܢܢ ܠܟܘܢ܃ ܐܠܐ ܐܝܠܝܢ ܕܩܪܝܢ ܐܢܬܘܢ܂
ܐܘ ܡܫܬܘܕܥܝܢ ܐܢܬܘܢ܂ ܡܣܒܪ ܐܢܐ ܕܝܢ ܕܥܕܡܐ ܠܫܘܠܡܐ ܬܫܬܘܕܥܘܢ܂ 14 ܐܝܟܢܐ
ܕܐܦ ܐܫܬܘܕܥܬܘܢ ܠܢ ܡܢ ܡܢܬܐ܂ ܕܫܘܒܗܪܟܘܢ ܚܢܢ܂ ܐܝܟ ܕܐܦ ܐܢܬܘܢ ܕܝܠܢ܂
ܒܝܘܡܗ ܕܡܪܢ ܝܫܘܥ ܡܫܝܚܐ܂ 15 ܘܒܗܢܐ ܬܘܟܠܢܐ ܨܒܐ ܗܘܝܬ ܡܢ ܩܕܝܡ ܕܐܬܐ
ܠܘܬܟܘܢ܂ ܕܬܬܩܒܠܘܢ ܬܪܬܝܢ ܛܝܒܘܬܐ܂ 16 ܘܒܐܝܕܝܟܘܢ ܠܡܥܒܪ ܠܡܩܕܘܢܝܐ܂ ܘܬܘܒ
ܡܢ ܡܩܕܘܢܝܐ ܠܘܬܟܘܢ ܐܬܐ܂ ܘܡܢܟܘܢ ܠܡܬܠܘܝܘ ܠܝܗܘܕ܂ 17 ܗܕܐ ܗܟܝܠ ܟܕ ܐܬܪܥܝܬ܂
ܠܡܐ ܐܝܟ ܡܫܬܪܚܢܘܬܐ ܐܬܪܥܝܬ܂ ܐܘ ܕܡܬܪܥܐ ܐܢܐ܂ ܐܝܟ ܒܣܪܐ ܡܬܪܥܐ ܐܢܐ܂
ܡܛܠ ܕܠܐ ܗܘܐ ܕܢܗܘܐ ܠܘܬܝ ܐܝܢ ܐܝܢ܃ ܘܠܐ ܠܐ܂ 18 ܡܗܝܡܢ ܗܘ ܐܠܗܐ܂ ܕܠܐ ܗܘܬ
ܡܠܬܢ ܕܠܘܬܟܘܢ ܐܝܢ ܘܠܐ܂ 19 ܒܪܗ ܓܝܪ ܕܐܠܗܐ ܝܫܘܥ ܡܫܝܚܐ܃ ܗܘ ܕܒܝܢܝܟܘܢ
ܐܬܟܪܙ ܒܟܘܢ܃ ܒܝ ܘܒܣܝܠܘܢܘܣ ܘܒܛܝܡܬܐܘܣ܃ ܠܐ ܗܘܐ ܐܝܢ ܘܠܐ܂ ܐܠܐ ܐܝܢ ܗܘܐ
ܒܗ܂ 20 ܟܠܗܘܢ ܓܝܪ ܡܘܠܟܢܘ̈ܗܝ ܕܐܠܗܐ܂ ܒܗ ܗܘ ܒܡܫܝܚܐ܃ ܐܝܢ ܗܘܘ܂ ܡܛܠ
ܗܢܐ ܒܐܝܕܗ ܡܘܕܝܢܢ ܐܡܝܢ܃ ܠܬܫܒܘܚܬܗ ܕܐܠܗܐ܂ 21 ܐܠܗܐ ܗܘ ܕܝܢ ܡܫܪܪ ܠܢ
ܥܡܟܘܢ ܒܡܫܝܚܐ܂ ܗܘ ܕܐܦ ܡܫܚܢ܃ 22 ܘܚܬܡܢ܃ ܘܝܗܒ ܪܗܒܘܢܐ ܕܪܘܚܗ
ܒܠܒܘܬܢ܀ 23 ܐܢܐ ܕܝܢ ܠܐܠܗܐ ܡܣܗܕ ܐܢܐ ܥܠ ܢܦܫܝ܂ ܕܡܛܠ ܕܚܐܣ ܐܢܐ
ܥܠܝܟܘܢ܂ ܠܐ ܐܬܝܬ ܠܩܘܪܢܬܘܣ܂ 24 ܠܐ ܗܘܐ ܡܛܠ ܕܡܪ̈ܝܢ ܠܗܝܡܢܘܬܟܘܢ
ܚܢܢ܂ ܐܠܐ ܡܥܕܪܢܐ ܚܢܢ ܕܚܕܘܬܟܘܢ܂ ܒܗܝܡܢܘܬܐ ܗܘ ܓܝܪ ܩܝܡܝܢ ܐܢܬܘܢ܂
1 ܕܢܬ ܕܝܢ ܗܕܐ ܒܢܦܫܝ܂ ܕܠܐ ܬܘܒ ܒܥܩܬܐ ܐܬܐ ܠܘܬܟܘܢ܂ 2 ܐܢ ܓܝܪ ܐܢܐ ܡܥܝܩ Cap. ii.
ܐܢܐ ܠܟܘܢ܂ ܡܢܘ ܡܚܕܐ ܠܝ܃ ܐܠܐ ܗܘ ܕܐܢܐ ܐܥܝܩܬ ܠܗ܂ 3 ܘܟܬܒܬ ܠܟܘܢ ܗܕܐ ܗܕܐ܂
ܕܠܐ ܟܕ ܐܬܐ ܐܬܥܝܩ ܡܢ܃ ܗܢܘܢ ܕܘܠܐ ܗܘܐ ܠܗܘܢ ܕܢܚܕܘܢ܂ ܡܬܬܟܠ ܐܢܐ
ܕܝܢ ܥܠ ܟܠܟܘܢ܂ ܕܚܕܘܬܝ ܕܟܠܟܘܢ ܗܝ܂ 4 ܘܡܢ ܐܘܠܨܢܐ ܣܓܝܐ܂ ܘܡܢ ܐܢܢܩܐ

ܘܥܩܬܐ ܕܠܒܐ ܟܬܒܬ ܠܟܘܢ ܒܝܕ ܣܓܝܐܬܐ ܕܡܥܐ. ܠܐ ܕܬܬܥܝܩܘܢ ܐܠܐ ܕܬܕܥܘܢ
ܕܚܘܒܐ ܣܘܓܐܐ ܝܬܝܪܐ ܕܐܝܬ ܠܝ ܠܘܬܟܘܢ. 5 ܐܢ ܕܝܢ ܐܢܫ ܐܟܪܝ. ܠܐ ܗܘܐ ܠܝ
ܐܟܪܝ܆ ܐܠܐ ܡܢ ܡܢܬܐ ܠܟܠܟܘܢ. ܕܠܐ ܐܬܐܩܪ ܡܥܒܕܐ ܠܟܠܟܘܢ. 6 ܣܦܩ ܠܗ ܕܝܢ
ܠܗܢܐ ܟܐܝܬܐ ܕܡܢ ܣܓܝܐܐ. 7 ܘܡܛܠ ܐܚܪܢܐܝܬ ܡܠܐ ܕܬܫܒܩܘܢ ܠܗ ܘܬܒܝܐܘܢܗ܆
ܕܠܡܐ ܒܝܬܝܪܘܬܐ ܕܟܪܝܘܬܐ ܢܬܒܠܥ ܠܗ ܗܢܐ ܕܐܝܟܢܐ ܗܘ. 8 ܡܛܠ ܗܢܐ ܒܥܐ
ܐܢܐ ܡܢܟܘܢ. ܕܬܫܪܪܘܢ ܒܗ ܚܘܒܟܘܢ. 9 ܡܛܠ ܗܢܐ ܓܝܪ ܟܬܒܬ ܐܦ ܕܐܕܥ
ܒܘܩܝܐ. ܐܢ ܒܟܠܡܕܡ ܡܫܬܡܥܢܝܢ ܐܢܬܘܢ. 10 ܠܡܢ ܕܐܝܬܘܢ ܕܝܢ ܫܒܩܝܢ ܐܢܬܘܢ.
ܐܦ ܐܢܐ. ܐܦ ܐܢܐ ܓܝܪ ܡܕܡ ܕܫܒܩܬ ܠܡܢ ܕܫܒܩܬ. ܡܛܠܬܟܘܢ ܗܘ ܫܒܩܬ
ܒܦܪܨܘܦܗ ܕܡܫܝܚܐ. 11 ܕܠܐ ܢܬܥܠܒ ܣܛܢܐ. ܝܕܥܝܢ ܓܝܪ ܡܚܫܒܬܗ ܀
12 ܟܕ ܐܬܝܬ ܕܝܢ ܠܛܪܘܐܣ ܒܣܒܪܬܗ ܕܡܫܝܚܐ: ܘܐܬܦܬܚ ܠܝ ܬܪܥܐ ܒܡܪܝܐ. ܕܚܕ ܒܫ.
13 ܠܐ ܗܘܐ ܠܝ ܢܝܚܐ ܠܪܘܚܝ: ܕܠܐ ܐܫܟܚܬ ܠܛܛܘܣ ܐܚܝ. ܐܠܐ ܫܠܡܬ ܐܢܘܢ. ܘܢܦܩܬ
ܠܝ ܠܡܩܕܘܢܝܐ. 14 ܛܝܒܘ ܕܝܢ ܠܐܠܗܐ. ܕܒܟܠ ܙܒܢ ܡܙܝܚ ܠܢ ܒܡܫܝܚܐ:
ܘܓܠܐ ܒܢ ܪܝܚܐ ܕܝܕܥܬܗ ܒܟܠ ܐܬܪ. 15 ܕܪܝܚܐ ܚܢܢ ܓܝܪ ܒܣܝܡܐ ܕܡܫܝܚܐ ܠܐܠܗܐ.
ܒܐܝܠܝܢ ܕܚܝܝܢ: ܘܒܐܝܠܝܢ ܕܐܒܕܝܢ. 16 ܠܐܝܠܝܢ. ܕܪܝܚܐ ܕܡܘܬܐ ܠܡܘܬܐ. ܘܠܐܝܠܝܢ.
ܕܪܝܚܐ ܕܚܝܐ ܠܚܝܐ. ܘܠܗܠܝܢ ܡܢܘ ܫܘܐ. 17 ܠܐ ܗܘܝܢ ܓܝܪ ܐܝܟ ܣܓܝܐܐ ܕܡܩܦܠܝܢ
ܡܠܬܗ ܕܐܠܗܐ. ܐܠܐ ܐܝܟ ܕܒܫܦܝܘܬܐ ܐܠܐ ܐܝܟ ܕܡܢ ܐܠܗܐ ܩܕܡ ܐܠܗܐ ܒܡܫܝܚܐ ܡܡܠܠܝܢܢ.
Cap. iii. 1 ܡܫܪܝܢܢ ܠܢ ܬܘܒ ܡܢ ܕܪܝܫ ܕܢܫܒܚ ܢܦܫܢ. ܐܘ ܕܠܡܐ ܣܢܝܩܝܢܢ ܐܝܟ
ܐܢܫܐ: ܕܐܓܪܬܐ ܕܦܘܩܕܢܐ ܢܬܟܬܒܢ ܥܠܝܢ ܠܟܘܢ: ܐܘ ܕܐܝܬܝܢ ܡܢܟܘܢ ܢܣܒܝܢ
ܠܟܘܢ. 2 ܐܓܪܬܢ ܕܝܢ ܕܝܠܢ ܐܝܬܝܟܘܢ ܐܢܬܘܢ. ܕܟܬܝܒܐ ܒܠܒܘܬܢ: ܘܝܕܝܥܐ ܘܡܬܩܪܝܢܐ
ܡܢ ܟܠܗܘܢ. 3 ܡܬܚܘܝܢ ܓܝܪ ܕܐܓܪܬܗ ܐܝܬܝܟܘܢ ܕܡܫܝܚܐ. ܕܐܬܬܫܡܫܬ ܡܢܢ. ܕܟܬܝܒܐ
ܠܐ ܒܕܝܘܬܐ. ܐܠܐ ܒܪܘܚܐ ܕܐܠܗܐ ܚܝܐ. ܠܐ ܒܠܘܚܐ ܕܟܐܦܐ. ܐܠܐ ܒܠܘܚܐ ܕܠܒܐ ܕܒܣܪܐ ܀
4 ܬܘܟܠܢܐ ܕܝܢ ܗܟܢܐ ܐܝܬ ܠܢ ܒܡܫܝܚܐ ܠܘܬ ܐܠܗܐ. 5 ܠܘ ܕܣܦܩܝܢ ܚܢܢ ܕܢܬܪܥܐ
ܡܕܡ ܐܝܟ ܕܡܢ ܢܦܫܢ. ܐܠܐ ܣܦܝܩܘܬܢ ܡܢ ܐܠܗܐ ܗܝ. 6 ܗܘ ܕܐܣܦܩܢ ܕܢܗܘܐ ܡܫܡܫܢܐ
ܕܕܝܬܩܐ ܚܕܬܐ: ܠܐ ܒܟܬܒܐ ܐܠܐ ܒܪܘܚܐ. ܟܬܒܐ ܓܝܪ ܡܩܛܠ. ܪܘܚܐ ܕܝܢ ܡܚܝܐ. 7 ܐܢ
ܕܝܢ ܬܫܡܫܬܐ ܕܡܘܬܐ ܒܟܬܒܐ ܕܐܬܪܫܡܬ ܒܟܐܦܐ ܗܘܬ ܒܬܫܒܘܚܬܐ: ܐܝܟܢܐ ܕܠܐ
ܢܫܟܚܘܢ ܒܢܝ ܐܝܣܪܝܠ ܠܡܚܪ ܒܦܪܨܘܦܗ ܕܡܘܫܐ: ܡܛܠ ܫܘܒܚܐ ܕܦܪܨܘܦܗ ܗܘ
ܕܐܬܒܛܠ: 8 ܐܝܟܢܐ ܗܟܝܠ ܬܫܡܫܬܐ ܕܪܘܚܐ. ܠܐ ܡܝܬܪܐܝܬ ܬܗܘܐ ܒܫܘܒܚܐ: 9 ܐܢ
ܓܝܪ ܠܬܫܡܫܬܐ ܕܚܝܒܘܬܐ ܗܘܐ ܫܘܒܚܐ. ܣܓܝ ܛܒ ܡܝܬܪܐ ܬܫܡܫܬܐ ܕܙܕܝܩܘܬܐ
ܒܫܘܒܚܐ. 10 ܐܦ ܗܘ ܓܝܪ ܕܐܦܠܐ ܡܫܒܚܐ ܗܘ ܕܐܫܬܒܚ. ܒܡܢܬܐ ܕܗܢܐ ܫܘܒܚܐ
ܡܝܬܪܐ. 11 ܐܢ ܓܝܪ ܡܕܡ ܕܐܬܒܛܠ ܒܫܘܒܚܐ ܗܘܐ. ܡܝܬܪܐܝܬ ܗܟܝܠ ܕܡܩܘܐ

ܒܫܘܒܚܐ ܢܗܘܐ ◊ 12 ܡܛܠ ܕܐܝܬ ܠܢ ܗܟܝܠ ܗܢܐ ܣܒܪܐ. ܣܓܝܐܐܝܬ ܒܓܠܐ ܚܢܢ
ܡܬܦܪܗܣܝܢܢ. 13 ܘܠܐ ܐܝܟ ܡܘܫܐ ܕܣܐܡ ܗܘܐ ܬܟܣܝܬܐ ܥܠ ܐܦܘܗܝ. ܕܠܐ ܢܚܘܪܘܢ
ܒܢܝ ܐܝܣܪܝܠ ܒܫܘܠܡܗ ܕܗܘ ܕܡܬܒܛܠ. 14 ܐܠܐ ܐܬܥܘܪܘ ܡܕ̈ܥܝܗܘܢ. ܥܕܡܐ
ܓܝܪ ܠܝܘܡܢܐ: ܐܡܬܝ ܕܡܬܩܪܝܐ ܥܬܝܩܬܐ ܕܝܬܩܐ. ܗܝ ܗܝ ܬܟܣܝܬܐ ܩܝܡܐ
ܠܗܘܢ. ܘܠܐ ܡܬܓܠܝܐ ܕܒܡܫܝܚܐ ܗܘ ܡܬܒܛܠܐ. 15 ܐܠܐ ܥܕܡܐ ܠܝܘܡܢܐ: ܐܡܬܝ
ܕܡܬܩܪܐ ܡܘܫܐ. ܬܟܣܝܬܐ ܥܠ ܠܒܗܘܢ ܣܝܡܐ. 16 ܐܡܬܝ ܕܝܢ ܕܐܢܫ ܡܢܗܘܢ ܢܬܦܢܐ
ܠܘܬ ܡܪܝܐ. ܡܫܬܩܠܐ ܡܢܗ ܬܟܣܝܬܐ. 17 ܡܪܝܐ ܕܝܢ ܗܘܝܘ ܪܘܚܐ. ܐܝܟܐ ܕܪܘܚܗ
ܕܡܪܝܐ ܚܐܪܘܬܐ ܗܝ. 18 ܚܢܢ ܕܝܢ ܟܠܢ ܒܐܦܐ ܓܠܝܬܐ. ܠܫܘܒܚܗ ܕܡܪܝܐ ܐܝܟ
ܕܒܡܚܙܝܬܐ ܚܙܝܢܢ. ܘܠܗ ܠܕܡܘܬܐ ܡܬܚܠܦܝܢܢ: ܡܢ ܫܘܒܚܐ ܠܫܘܒܚܐ:
ܐܝܟ ܕܡܢ ܡܪܝܐ ܪܘܚܐ ◊

Cap. iv.
1 ܡܛܠ ܗܢܐ ܠܐ ܡܪܦܝܢ ܟܕ ܠܬܫܡܫܬܐ ܗܕܐ ܕܐܬܪܚܡܢ. ܐܝܟ ܕܐܬܪܚܡܢ ܕܗܘܐ ܠܟܠܢ.
2 ܐܠܐ ܐܣܠܝܢ ܟܣܝܬܗ ܕܒܗܬܬܐ. ܘܠܐ ܡܗܠܟܝܢ ܒܢܟܝܠܘܬܐ. ܘܠܐ ܢܟܠܝܢ ܡܠܬܗ
ܕܐܠܗܐ. ܐܠܐ ܒܓܠܝܘܬܐ ܕܫܪܪܐ ܡܩܝܡܝܢ ܢܦܫܢ. ܠܟܠܗܘܢ ܬܐܪ̈ܬܐ ܕܒܢܝ̈ܢܫܐ ܩܕܡ ܐܠܗܐ.
3 ܐܢ ܕܝܢ ܟܣܝܐ ܗܘ ܐܘܢܓܠܝܘܢ ܕܝܠܢ: ܠܐܝܠܝܢ ܕܐܒܕܝܢ ܗܘ ܟܣܝܐ. 4 ܐܝܠܝܢ
ܕܐܠܗܗ ܕܥܠܡܐ ܗܢܐ ܥܘܪ ܡܕ̈ܥܝܗܘܢ. ܥܠ ܕܠܐ ܡܗܝܡܢܝܢ. ܕܠܐ ܢܕܢܚ ܠܗܘܢ
ܢܘܗܪܐ ܕܐܘܢܓܠܝܘܢ ܕܫܘܒܚܗ ܕܡܫܝܚܐ: ܕܗܘܝܘ ܕܡܘܬܗ ܕܐܠܗܐ. 5 ܠܐ ܗܘܐ ܓܝܪ
ܢܦܫܢ ܡܟܪܙܝܢܢ. ܐܠܐ ܠܡܫܝܚܐ ܝܫܘܥ ܡܪܢ. ܠܢܦܫܢ ܕܝܢ. ܕܥܒ̈ܕܝܟܘܢ ܚܢܢ
ܡܛܠ ܝܫܘܥ. 6 ܡܛܠ ܕܐܠܗܐ ܗܘ ܕܐܡܪ ܕܡܢ ܚܫܘܟܐ ܢܘܗܪܐ ܢܕܢܚ. ܗܘ ܕܢܚ
ܒܠܒܘܬܢ. ܕܢܢܗܪ ܝܕܥܬܐ ܕܫܘܒܚܗ ܕܐܠܗܐ: ܒܦܪܨܘܦܗ ܕܝܫܘܥ ܡܫܝܚܐ ◊
7 ܐܝܬ ܠܢ ܕܝܢ ܣܝܡܬܐ ܗܕܐ ܒܡܐܢܐ ܕܚܨܦܐ. ܕܝܬܝܪܘܬܐ ܕܚܝܠܐ ܡܢ ܐܠܗܐ ܬܗܘܐ ܘܠܐ
ܡܢܢ. 8 ܒܟܠܡܕܡ ܓܝܪ ܡܬܐܠܨܝܢ. ܐܠܐ ܠܐ ܡܬܚܢܩܝܢ. ܡܬܬܪܦܝܢ. ܐܠܐ ܠܐ ܣܢܝܩܝܢ
ܚܝܠ. 9 ܡܬܪܕܦܝܢ. ܐܠܐ ܠܐ ܡܫܬܒܩܝܢ. ܡܫܬܕܝܢ. ܐܠܐ ܠܐ ܐܒܕܝܢ. 10 ܒܟܠܙܒܢ
ܡܝܬܘܬܗ ܕܝܫܘܥ ܒܦܓܪܢ ܡܩܦܝܢ. ܕܐܦ ܚܝ̈ܘܗܝ ܕܝܫܘܥ ܒܦܓܪܢ ܢܬܓܠܘܢ.
11 ܐܢ ܚܢܢ ܓܝܪ ܚܝ̈ܐ ܠܡܘܬܐ ܡܫܬܠܡܝܢܢ. ܡܛܠ ܝܫܘܥ: ܗܟܢܐ ܐܦ ܚܝ̈ܘܗܝ
ܕܝܫܘܥ ܢܬܓܠܘܢ ܒܦܓܪܢ ܗܢܐ ܕܡܝܬܐ. 12 ܗܫܐ ܡܘܬܐ ܒܢ ܡܬܥܒܕ. ܘܚܝ̈ܐ ܒܟܘܢ.
13 ܐܦ ܚܢܢ ܗܟܝܠ ܕܚܕ ܗܘ ܪܘܚܐ ܕܗܝܡܢܘܬܐ ܐܝܬ ܠܢ. ܐܝܟ ܕܟܬܝܒ: ܕܗܝܡܢܬ.
ܡܛܠ ܗܢܐ ܐܦ ܡܠܠܬ. ܡܗܝܡܢܝܢܢ: ܡܛܠ ܗܢܐ ܐܦ ܡܡܠܠܝܢܢ. 14 ܘܝܕܥܝܢܢ
ܕܗܘ ܡܢ ܕܐܩܝܡ ܠܡܪܢ ܝܫܘܥ. ܐܦ ܠܢ ܥܡ ܝܫܘܥ ܢܩܝܡ: ܘܢܩܪܒܢ ܥܡܟܘܢ
ܠܘܬܗ. 15 ܟܠܡܕܡ ܓܝܪ ܡܛܠܬܟܘܢ ܗܘ. ܕܟܕ ܛܝܒܘܬܐ ܣܓܝܬ ܒܝܕ ܣ̈ܓܝܐܐ:
ܬܣܓܐ ܬܘܕܝܬܐ ܠܫܘܒܚܗ ܕܐܠܗܐ ◊◊◊◊

16 ܡܛܠ ܗܢܐ ܠܐ ܡܐܢܝܢ ܚܢܢ. ܐܦ ܐܢ ܒܪܢܫܢ ܓܝܪ ܒܪܝܐ ܡܬܚܒܠ. ܐܠܐ ܗܘ ܕܠܓܘ
ܡܬܚܕܬ ܝܘܡ ܡܢ ܝܘܡ. 17 ܐܘܠܨܢܗ ܓܝܪ ܕܙܒܢܐ ܗܢܐ ܐܝܟ ܕܩܠܝܠ ܘܩܠܝܠ. ܡܘܬܪܐ
ܪܒܐ ܕܠܐ ܣܟܐ ܠܥܠܡ ܥܠܡܝܢ ܡܛܝܒ ܠܢ. 18 ܕܠܐ ܚܝܪܝܢ ܒܗܠܝܢ ܕܡܬܚܙܝܢ:
ܐܠܐ ܒܗܠܝܢ ܕܠܐ ܡܬܚܙܝܢ. ܕܡܬܚܙܝܢ ܓܝܪ ܕܙܒܢܐ ܐܢܝܢ. ܕܠܐ ܡܬܚܙܝܢ ܕܝܢ
ܕܠܥܠܡ ܐܢܝܢ ◆

Cap. v.
1 ܝܕܥܝܢ ܓܝܪ ܕܐܢ ܒܝܬܢ ܕܒܐܪܥܐ ܗܢܐ ܕܦܓܪܐ ܢܫܬܪܐ. ܐܠܐ ܐܝܬ ܠܢ ܒܢܝܢܐ ܕܡܢ
ܐܠܗܐ: ܒܝܬܐ ܕܠܐ ܒܐܝܕܝܐ ܐܝܬܝܗ ܒܫܡܝܐ ܠܥܠܡ. 2 ܐܦ ܥܠ ܗܕܐ ܓܝܪ ܡܬܬܢܚܝܢܢ:
ܘܡܣܟܝܢܢ ܕܢܠܒܫ ܒܝܬܢ ܕܡܢ ܫܡܝܐ. 3 ܐܠܐ ܐܦ ܡܐ ܕܠܒܫܝܢ. ܢܫܬܟܚ ܠܢ ܥܪܛܠܐ.
4 ܟܕ ܐܝܬܝܢ ܓܝܪ ܗܫܐ ܒܗܢܐ ܒܝܬܐ. ܡܬܬܢܚܝܢܢ ܡܢ ܝܘܩܪܗ. ܘܠܐ ܨܒܝܢ ܠܡܫܠܚܗ:
ܐܠܐ ܕܢܠܒܫ ܥܠܘܗܝ ܡܢܗ: ܕܢܬܒܠܥ ܡܝܘܬܘܬܐ ܒܚܝܐ. 5 ܘܡܛܝܒܢܢ ܠܢ ܠܗ ܠܗܕܐ
ܐܠܗܐ ܗܘ. ܗܘ ܕܝܗܒ ܠܢ ܪܗܒܘܢܐ ܕܪܘܚܗ ◆ 6 ܡܛܠ ܕܝܕܥܝܢ ܗܟܝܠ ܘܡܬܚܦܛܝܢ:
ܕܥܕܡܐ ܕܒܦܓܪܐ ܥܡܪܝܢ. ܓܠܝܙܝܢ ܡܢ ܡܪܢ: 7 ܒܗܝܡܢܘܬܐ ܗܘ ܓܝܪ ܡܗܠܟܝܢܢ ܘܠܐ
ܒܚܙܘܐ. 8 ܡܛܠ ܗܢܐ ܡܬܬܟܝܠܝܢ ܘܡܣܬܒܪܝܢ: ܕܢܦܘܩ ܡܢ ܦܓܪܐ ܘܢܗܘܐ ܠܘܬ ܡܪܢ.
9 ܘܡܬܚܦܛܝܢ. ܕܐܢ ܒܥܡܪܐ ܚܢܢ. ܘܐܢ ܒܡܦܩܢܐ. ܠܗ ܢܗܘܐ ܫܦܝܪܝܢ. 10 ܟܠܢ ܓܝܪ
ܥܬܝܕܝܢ ܠܡܩܡ ܩܕܡ ܒܝܡ ܕܡܫܝܚܐ. ܕܢܬܦܪܥ ܐܢܫ ܐܢܫ ܒܦܓܪܗ ܡܕܡ ܕܥܒܕ
ܒܗ: ܐܢ ܕܛܒ ܘܐܢ ܕܒܝܫ ◆ 11 ܡܛܠ ܕܝܕܥܝܢ ܗܟܝܠ ܕܕܚܠܬܗ ܕܡܪܢ. ܠܒܢܝܢܫܐ
ܗܘ ܡܦܝܣܝܢܢ. ܠܐܠܗܐ ܕܝܢ ܓܠܝܢܢ. ܡܣܒܪ ܐܢܐ ܕܝܢ ܕܐܦ ܠܡܕܥܝܟܘܢ ܕܝܠܟܘܢ
ܓܠܝܢܢ. 12 ܠܐ ܗܘܐ ܬܘܒ ܢܦܫܢ ܡܫܒܚܝܢܢ ܠܟܘܢ. ܐܠܐ ܥܠܬܐ ܗܘ ܡܘܗܒܝܢ ܠܟܘܢ:
ܕܬܗܘܘܢ ܡܫܬܒܗܪܝܢ ܒܢ: ܠܘܬ ܗܢܘܢ ܕܒܐܦܐ ܗܘ ܡܫܬܒܗܪܝܢ. ܘܠܐ ܒܠܒܐ.
13 ܐܢ ܓܝܪ ܫܢܝܢ. ܠܐܠܗܐ. ܘܐܢ ܡܬܢܟܦܝܢ. ܠܟܘܢ. 14 ܚܘܒܗ ܓܝܪ ܕܡܫܝܚܐ ܐܠܨ ܠܢ:
ܕܕܪܝܢ ܗܕܐ. ܕܚܕ ܚܠܦ ܟܠܢܫ ܡܝܬ. ܡܟܝܠ ܟܠܢܫ ܡܝܬ ܠܗ. 15 ܘܚܠܦ ܟܠܢܫ ܗܘ
ܡܝܬ. ܕܐܝܠܝܢ ܕܚܝܝܢ ܠܐ ܠܢܦܫܗܘܢ ܢܚܘܢ: ܐܠܐ ܠܗܘ ܕܚܠܦܝܗܘܢ ܡܝܬ
ܘܩܡ. 16 ܘܡܟܝܠ ܚܢܢ ܠܐܢܫ ܒܦܓܪ ܠܐ ܝܕܥܝܢ. ܘܐܢ ܝܕܥܢ ܒܦܓܪ ܠܡܫܝܚܐ. ܐܠܐ
ܡܢ ܗܫܐ ܠܐ ܝܕܥܝܢ. 17 ܟܠ ܡܢ ܕܒܡܫܝܚܐ ܗܘ ܗܟܝܠ. ܒܪܝܬܐ ܗܝ ܚܕܬܐ. ܥܬܝܩܬܐ
ܥܒܪ ܠܗܝܢ: 18 ܘܟܠ ܡܕܡ ܗܘܐ ܚܕܬܐ ܡܢ ܐܠܗܐ: ܗܘ ܕܐܪܥܢ ܠܗ ܒܡܫܝܚܐ:
ܘܝܗܒ ܠܢ ܬܫܡܫܬܐ ܕܬܪܥܘܬܐ. 19 ܐܠܗܐ ܗܘܐ ܓܝܪ ܒܡܫܝܚܐ: ܗܘ ܕܐܪܥܗ
ܠܥܠܡܐ ܥܡ ܢܦܫܗ. ܘܠܐ ܚܫܒ ܠܗܘܢ ܣܟܠܘܬܗܘܢ: ܘܣܡ ܒܢ ܡܠܬܐ
ܕܬܪܥܘܬܐ. 20 ܐܫܬܠܚܢ ܚܢܢ ܗܟܝܠ ܚܠܦ ܡܫܝܚܐ. ܘܐܝܟ ܗܘ ܕܐܠܗܐ ܒܢ ܡܒܥܐ ܡܢܟܘܢ
ܒܥܝܢ. ܚܠܦ ܡܫܝܚܐ ܗܟܝܠ ܒܥܝܢܢ. ܐܬܪܥܘ ܠܐܠܗܐ. 21 ܗܘ ܓܝܪ ܕܠܐ ܝܕܥ
ܗܘܐ ܚܛܝܬܐ. ܚܠܦܝܢ ܚܛܝܬܐ ܥܒܕܗ: ܕܚܢܢ ܢܗܘܐ ܒܗ ܙܕܝܩܘܬܐ ܕܐܠܗܐ ◆

Cap. vi.

1 ܘܐܝܟ ܡܥܕܪ̈ܢܐ ܒܥܝܢܢ ܡܢܟܘܢ. ܕܠܐ ܬܣܪܩܘܢ ܒܟܘܢ ܛܝܒܘܬܗ ܕܐܠܗܐ ܕܩܒܠܬܘܢ.
2 ܐܡܪ ܓܝܪ. ܕܒܙܒܢܐ ܡܩܒܠܐ ܥܢܝܬܟ. ܘܒܝܘܡܐ ܕܚܝ̈ܐ ܥܕܪܬܟ. ܗܐ ܗܫܐ ܙܒܢܐ ܡܩܒܠܐ.
ܘܗܐ ܗܫܐ ܝܘܡܐ ܕܚܝ̈ܐ. 3 ܒܡܕܡ ܝܗܒܝܢ ܠܐܢܫ ܬܘܩܠܬܐ: ܕܠܐ ܢܗܘܐ
ܡܘܡܐ ܒܬܫܡܫܬܢ. 4 ܐܠܐ ܒܟܠ ܡܕܡ ܢܚܘܐ ܢܦܫܢ. ܕܡܫܡܫܢ̈ܐ ܚܢܢ ܕܐܠܗܐ.
ܒܡܣܝܒܪܢܘܬܐ ܣܓܝܐܬܐ. ܒܐܘܠܨܢܐ. ܒܐܢܢܩܐ. ܒܚܒܘܫܝܐ. 5 ܒܡܚ̈ܘܬܐ. ܒܐܣܘܪ̈ܐ. ܒܫܓܘܫܝܐ.
ܒܠܐܘܬܐ. ܒܫܗܪܐ. ܒܨܘܡܐ. 6 ܒܕܟܝܘܬܐ. ܒܝܕܥܬܐ. ܒܢܓܝܪܘܬ ܪܘܚܐ. ܒܒܣܝܡܘܬܐ.
ܒܪܘܚܐ ܕܩܘܕܫܐ. ܒܚܘܒܐ ܕܠܐ ܢܟܠܐ. 7 ܒܡܠܬܐ ܕܩܘܫܬܐ. ܒܚܝܠܐ ܕܐܠܗܐ. ܒܙܝܢܐ
ܕܟܐܢܘܬܐ ܕܝܡܝܢܐ ܘܕܣܡܠܐ. 8 ܒܫܘܒܚܐ ܘܒܨܥܪܐ. ܒܫܘܡܗܐ ܘܒܓܘܕܦܐ. ܐܝܟ
ܡܛܥܝܢ̈ܐ ܘܫܪܝܪ̈ܐ. 9 ܐܝܟ ܠܐ ܝܕ̈ܝܥܐ ܘܝܕ̈ܝܥܝܢ. ܐܝܟ ܡܝܬܝܢ. ܘܗܐ ܚܝܝܢ ܚܢܢ. ܐܝܟ
ܕܡܬܪܕܝܢ. ܘܠܐ ܡܬܡܝܬܝܢ. 10 ܐܝܟ ܕܟܪܝܐ ܠܢ. ܘܒܟܠܙܒܢ ܚܕܝܢ. ܐܝܟ ܡܣܟܢ̈ܐ
ܘܠܣܓܝܐ̈ܐ ܡܥܬܪܝܢ. ܐܝܟ ܕܡܕܡ ܠܝܬ ܠܢ. ܘܒܟܠ ܡܕܡ ܐܚܝܕܝܢ܀
11 ܦܘܡܢ ܦܬܝܚ ܗܘ ܠܘܬܟܘܢ ܩܘܪ̈ܢܬܝܐ. ܘܠܒܢ ܪܘܝܚ. 12 ܠܐ ܐܠܝܨܝܢ ܐܢܬܘܢ ܒܢ:
ܐܠܝܨܝܢ ܕܝܢ ܒܪ̈ܚܡܝܟܘܢ. 13 ܐܝܟ ܕܠܒܢ̈ܝܐ ܕܝܢ ܐܡܪ ܐܢܐ. ܦܘܪܥܘܢܝ ܚܘܠܦ
ܕܠܘܬܟܘܢ. ܘܦܬܘܚܘ ܚܘܒܟܘܢ ܠܘܬܢ. 14 ܘܠܐ ܬܗܘܘܢ ܒܢܝ̈ ܙܘܓܐ ܠܐܝܠܝܢ ܕܠܐ ܡܗܝܡܢܝܢ.
ܐܝܢܐ ܓܝܪ ܫܘܬܦܘܬܐ ܐܝܬ ܠܟܐܢܘܬܐ ܥܡ ܥܘܠܐ. ܐܘ ܐܝܢܐ ܚܘܠܛܢܐ ܐܝܬ ܠܢܘܗܪܐ
ܥܡ ܚܫܘܟܐ. 15 ܐܘ ܐܝܢܐ ܫܠܡܘܬܐ ܐܝܬ ܠܡܫܝܚܐ ܥܡ ܣܛܢܐ. ܐܘ ܐܝܢܐ ܡܢܬܐ
ܐܝܬ ܠܡܗܝܡܢܐ ܥܡ ܕܠܐ ܡܗܝܡܢ. 16 ܐܝܢܐ ܕܝܢ ܐܘܝܘܬܐ ܐܝܬ ܠܗܝܟܠܗ ܕܐܠܗܐ
ܥܡ ܕܦܬܟܪ̈ܐ. ܐܢܬܘܢ ܕܝܢ ܗܝܟܠܗ ܐܢܬܘܢ ܕܐܠܗܐ ܚܝܐ. ܐܝܟܢܐ ܕܐܡܝܪ: ܕܐܥܡܪ
ܒܗܘܢ. ܘܐܗܠܟ ܒܗܘܢ. ܘܐܗܘܐ ܐܠܗܗܘܢ. ܘܗܢܘܢ ܢܗܘܘܢ ܠܝ ܥܡܐ. 17 ܡܛܠ ܗܢܐ
ܦܘܩܘ ܡܢ ܒܝܢܬܗܘܢ. ܘܐܬܦܪܫܘ ܡܢܗܘܢ. ܐܡܪ ܡܪܝܐ: ܘܠܛܢܦܘܬܐ ܠܐ ܬܬܩܪܒܘܢ. ܘܐܢܐ
ܐܩܒܠܟܘܢ. 18 ܘܐܗܘܐ ܠܟܘܢ ܠܐܒܐ. ܘܐܢܬܘܢ ܬܗܘܘܢ ܠܝ ܠܒܢ̈ܝܐ ܘܠܒܢ̈ܬܐ: ܐܡܪ
ܡܪܝܐ ܐܚܝܕ ܟܠ܀

Cap. vii.

1 ܡܛܠ ܕܐܝܬ ܠܢ ܗܟܝܠ ܗܠܝܢ ܫܘܘܕܝ̈ܐ ܚܒܝܒܝ. ܢܕܟܐ ܢܦܫܢ ܡܢ ܟܠܗ
ܛܢܦܘܬܐ ܕܒܣܪܐ ܘܕܪܘܚܐ: ܘܢܓܡܘܪ ܩܕܝܫܘܬܐ ܒܕܚܠܬܗ ܕܐܠܗܐ. 2 ܣܝܒܪܘܢܝ ܐܚܝ: ܫܣܐ ܡ.
ܕܠܐܢܫ ܠܐ ܐܥܘܠܢ. ܠܐܢܫ ܠܐ ܚܒܠܢ. ܠܐܢܫ ܠܐ ܥܠܒܢ. 3 ܠܐ ܗܘܐ ܠܡܚܝܒܘܬܟܘܢ ܐܡܪ
ܐܢܐ. ܩܕܡ ܓܝܪ ܐܡܪܬ. ܕܒܠܒܢ ܐܝܬܝܟܘܢ. ܠܡܡܬ ܐܟܚܕܐ ܘܠܡܚܐ. 4 ܦܪܗܣܝܐ
ܣܓܝܐܬܐ ܐܝܬ ܠܝ ܠܘܬܟܘܢ. ܘܣܓܝ ܐܝܬ ܠܝ ܒܟܘܢ ܫܘܒܗܪܐ. ܘܡܠܐ ܐܢܐ ܒܘܝܐܐ.
ܘܡܝܬܪܐ ܚܕܘܬܝ ܒܟܠܗ ܐܘܠܨܢܢ. 5 ܐܦ ܡܢ ܕܐܬܝܢ ܓܝܪ ܠܡܩܕܘܢܝܐ.
ܐܦܠܐ ܚܕ ܢܝܚ ܗܘܐ ܠܒܣܪܢ. ܐܠܐ ܒܟܠ ܡܕܡ ܐܬܐܠܨܢ: ܡܢ ܠܒܪ ܩܪ̈ܒܐ ܘܡܢ
ܠܓܘ ܕܚܠܬܐ. 6 ܐܠܐ ܐܠܗܐ ܗܘ ܕܡܒܝܐ ܠܡܟܝ̈ܟܐ. ܒܝܐܢ ܒܡܐܬܝܬܗ ܕܛܛܘܣ.

⁷ܘܠܐ ܓܠܚܬܗ ܒܡܠܐܬܗ܆ ܐܠܐ ܐܦ ܒܝܫܘܬܗ ܗܘ ܕܐܬܝܒ ܒܗܘܢ. ܡܛܠ ܕܝܢ ܟܠ
ܚܘܒܝܗܘܢ ܕܥܠܡܐ܆ ܘܥܠ ܐܒܗܝܗܘܢ ܘܚܛܝܗܘܢ ܕܟܠ ܐܦܝܢ. ܘܡܢ ܡܥܠܡܐ. ܡܬܚܙܝܐ
ܡܫܝܚܘܬܐ ܗܘܬ ܠܢ. 8 ܕܐܦ ܐܢܫܝܢ ܒܒܗܘܢ ܕܠܥܠܡܐ. ܠܐ ܐܝܬܘܗܝ ܠܢ ܢܦܫ. ܐܦ ܠܐ ܐܢܫ
ܗܘܬ. ܚܙܐ ܐܢܐ ܕܝܢ ܕܗܘ ܠܥܠܡܐ ܐܦ ܕܡܠܟܐ ܐܢܫܝܢ ܒܒܗܘܢ. 9 ܐܠܐ ܚܙܘܬܐ ܡܫܝܚܘܬܐ
ܠܒܪܢܫܐ ܠܢ. ܠܐ ܟܠ ܕܐܢܫܝܢ ܒܒܗܘܢ. ܐܠܐ ܡܛܠ ܕܐܢܫܘܬܗܘܢ ܠܡܫܒܚܘܬܐ ܐܠܗܝܬܐ.
ܐܢܫܝܢ ܒܒܗܘܢ ܕܝܢ ܒܐܠܗܐ. ܐܡܝܢܐ ܕܒܢܝܢ ܠܐ ܢܬܚܪܘܢ ܡܢܗ. 10 ܐܢܫܘܬܐ ܕܝܢ
ܕܡܛܠ ܐܠܗܐ ܗܘܬ ܢܦܫܐ ܠܒܪܐ ܕܠܐ ܗܘܝܐ ܘܡܬܚܫܒܢܐ ܒܚܝܠܐ. ܐܢܫܘܬܐ ܕܝܢ ܕܒܒܢܝܐ
ܡܘܬܐ ܗܘ ܠܒܪܐ. 11 ܗܢܐ ܕܝܢ ܕܝܢ ܗܘܐ ܕܐܬܬܠܝܬܗܘܢ ܡܛܠ ܐܠܗܐ. ܦܘܩܕܢܐ ܐܠܗܝܐ
ܒܒܗܘܢ ܚܟܝܡܘܬܐ ܘܡܩܝܡ ܒܢܘܡܐ ܘܦܘܪܫܢܐ ܘܕܚܠܬܐ ܘܚܘܒܐ ܘܫܠܡܐ ܘܐܬܒܝܠܬܐ.
ܘܒܒܢܝܢܐ ܚܘܒܗܘܢ ܢܥܒܕܘܢ. ܕܕܒܝܢ ܐܝܬܘܗܝ ܒܗ ܒܪܒܘܬܐ. 12 ܐܬܚܘܝ ܕܝܢ ܗܘܐ
ܕܒܐܢܫ ܒܒܗܘܢ܆ ܕܠܐ ܗܘܐ ܡܛܠ ܡܫܡܠܝܢܐ. ܐܦ ܠܐ ܡܛܠ ܗܘ ܡܢ ܕܡܫܬܡܠܐ ܒܗ.
ܐܠܐ ܡܛܠ ܕܐܬܚܝܠ ܚܝܠ ܐܠܗܐ ܚܟܝܡܘܬܗ ܘܡܛܠܬܗ. 13 ܡܛܠ ܗܢܐ ܐܬܓܠܝ.
ܘܡܢ ܒܪܢܫܐ ܐܬܦܪܣ ܚܝܠ ܒܐܝܕܝܗ ܕܒܗܘܢ. ܕܐܬܬܢܝܚ ܕܘܟܬܗ ܡܢ ܒܒܗܘܢ.
14 ܕܒܢܝܢ ܕܐܬܬܚܡܘܬܐ ܠܗ ܟܠ ܐܦܝܢ. ܠܐ ܒܗܘܢ. ܐܠܐ ܐܝܟ ܕܟܠ ܡܢܝܢ ܡܬܚܙܝܐ
ܡܠܟܝܢ ܠܡܒܢܝܢ܆ ܗܟܢܐ ܐܦ ܡܫܬܡܥܝܢ ܕܡܛܠ ܕܒܗܘܢ ܒܫܘܠܛܢܐ ܐܠܗܝܐ. 15 ܐܦ
ܡܫܬܡܥܘܢ ܐܬܦܪܣ ܡܫܚܠܦ ܠܟܠܗܘܢ܆ ܡܢ ܡܛܠ ܕܡܬܚܫܒܢܘܬܐ ܕܒܒܢܝܢ܆
ܕܚܫܒܬܐ ܘܒܝܫܘܬܐ ܡܬܚܫܒܢܝܢ. 16 ܚܙܐ ܐܢܐ ܕܒܟܠ ܡܢܝܢ ܐܬܬܠ ܐܢܐ ܠܟܠܗܘܢ܀

Cap. viii. 1 ܡܘܕܥܝܢ ܒܒܗܘܢ ܕܝܢ ܐܢܫܐ. ܡܛܠܬܗ ܕܐܠܗܐ ܕܐܬܚܘܝ ܒܟܝܢܐ ܕܡܫܝܚܘܬܐ.
2 ܕܒܢܘܡܐ ܡܫܝܚܐ ܕܐܬܒܢܝܘ. ܡܬܚܙܝܐ ܗܘܬ ܒܚܝܠܬܗܘܢ. ܘܒܢܘܡܐ ܕܡܫܬܡܠܝܢܘܬܗܘܢ
ܐܬܚܙܝ ܒܟܠܗܘܢ ܕܦܘܪܫܢܘܬܗܘܢ. 3 ܡܛܠ ܐܢܐ ܕܝܢ ܕܐܝܟ ܚܝܠܗܘܢ ܘܡܬܚܙܐ ܡܢ ܚܝܠܗܘܢ܆
ܒܒܢܝܢ ܢܦܫܗܘܢ. 4 ܒܟܠ ܡܢܝܢ ܒܒܢܝܢܘܬܐ ܡܫܝܚܘܬܐ. ܕܢܬܚܙܘܢ ܠܡܛܠܬܐ ܕܐܬܚܫܒܬܐ
ܕܡܬܚܙܝܐ. 5 ܘܠܐ ܐܝܟ ܡܢܐ ܕܡܬܚܫܒܝܢ ܗܘܘ. ܐܠܐ ܢܦܫܗܘܢ ܐܬܚܙܝ ܠܒܢܝܢ ܠܥܠܡ.
ܐܦ ܠܗ ܒܒܢܝܢܘܗܝ ܕܐܠܗܐ. 6 ܕܚܝܠ ܢܒܥܐ ܡܢ ܡܛܠܬܗ. ܕܐܝܟ ܕܡܢܝܢ. ܗܟܢܐ ܢܦܠܘܢ
ܒܒܗܘܢ ܐܦ ܡܛܠܬܐ ܗܘܬ. 7 ܐܠܐ ܐܡܝܢܐ ܕܒܟܠܡܢܝܢ ܡܬܚܙܝܢ ܐܝܬܘܗܝ ܒܡܫܡܠܝܘܬܐ
ܘܡܫܬܡܠܝܢܐ ܘܒܟܠ ܚܝܠܗ. ܘܒܢܘܢ ܕܒܟܠܗܘܢ. ܗܟܢܐ ܐܦ ܒܗܘܢ ܡܛܠܬܐ
ܕܐܬܚܙܘ. 8 ܠܐ ܗܘܬ ܡܫܡܠܝܐ ܦܫܝܛ ܐܢܐ ܒܒܗܘܢ. ܐܠܐ ܒܚܝܠܘܬܐ ܕܒܢܝܢܗܘܢ. ܡܛܠ
ܕܚܘܒܗܘܢ ܡܫܬܡܠܐ ܐܢܐ. 9 ܡܬܚܙܝܢ ܐܝܬܘܗܝ ܕܝܢ ܡܛܠܬܗ ܕܡܢ ܢܦܫܗ ܡܫܡܠܝܐ܆
ܕܡܛܠܬܗ ܐܬܚܫܒ ܡܢ ܐܢܫܘܬܗ ܠܒܢܝܢܐ. ܕܐܝܬܘܗܝ ܒܡܫܝܚܘܬܗ ܕܐܠܗܐ.
10 ܡܫܡܠܝ ܕܝܢ ܡܛܠܝܢ ܐܢܐ ܒܒܗܘܢ ܗܘܐ ܕܡܬܚܙܝܐ ܒܒܗܘܢ. ܡܛܠ ܕܡܢ ܐܬܚܫܒ
ܡܬܚܙܝܐ܆ ܠܗ ܒܡܫܝܚܐ ܒܒܢܘܗܝ. ܐܠܐ ܐܦ ܠܡܫܝܚܘܬܐ. 11 ܗܢܐ ܕܝܢ ܡܛܠܬܗ ܕܡܫܝܚܐ

ܗܘ ܡܢܝܢ ܕܪܚܡܘܗܝ. ܘܐܡܪܢܐ ܕܗܘܐ ܠܟܘܢ ܗܦܘܟܐ ܠܡܕܒܪܐ. ܘܡܢܐ ܟܒܝܫܐ ܠܡܠܟܘܬܗ
ܡܢ ܡܐ ܕܐܬܐ ܠܟܘܢ. 12 ܐܝܟ ܒܪ ܐܢܫܐ ܐܬܐܡܪ܆ ܐܝܟ ܡܐ ܕܐܬܐ ܠܗ. ܘܡܢܐ
ܠܡܠܟܘܬܐ. ܠܐ ܗܘܐ ܐܝܟ ܡܐ ܕܟܬܝܒ ܠܗ. 13 ܠܐ ܗܘܐ ܒܪ ܕܟܠܡܕܡ ܐܬܗܘܐ ܘܡܢܐ
ܘܠܟܘܢ ܠܡܠܟܘܬܐ. 14 ܐܠܐ ܒܡܠܟܘܬܐ ܗܘܐ ܠܥܠܡܐ ܗܢܐ. ܘܡܬܪܘܡܡܝܢ ܕܡܠܟܘܢ ܕܗܘܐ
ܠܡܫܝܚܘܬܗܘܢ ܕܗܠܝܢ. ܘܐܦ ܡܬܪܘܡܡܝܢ ܕܗܢܘܢ ܕܗܘܐ ܠܡܫܝܚܘܬܗܘܢ ܕܡܠܟܘܢ.
ܕܐܬܗܘܐ ܡܠܟܘܬܐ. 15 ܐܝܟ ܕܟܬܝܒ. ܕܗܘ ܕܐܡܪܝܢ ܡܠܟܐ. ܠܐ ܐܬܦܪܫ ܠܗ. ܘܗܘ
ܕܡܫܡܠܐ ܡܠܟܐ. ܠܐ ܐܬܦܪܫ ܠܗ. 16 ܡܚܒܐ ܗܘܝܢ ܠܐܠܗܐ ܕܡܬܒܥܝܢ ܡܫܡܠܝܬܐ ܗܘܐ
ܣܘܟܠܗܘܢ ܠܟܠܗܘܢ ܕܐܬܝܗܒ. 17 ܟܕ ܗܘܬ ܒܪ ܡܠܟܐ. ܘܡܠܟܐ ܕܗܘܐ ܥܠܝܗ ܠܗ.
ܡܢ ܕܢܦܩܘ ܢܦܫܗ ܕܐܬܡܠܟܘܢ. 18 ܡܛܠ ܕܡܢ ܠܗܘܢ ܠܐܡܗ. ܐܝܟܢܐ ܕܐܬܡܠܟܘܢܝܗ
ܠܐܘܠܝܢܘܗܝ. ܠܒܢܝܗܘܢ ܠܟܠܗܘܢ. 19 ܘܡܢܐ ܕܐܦ ܡܫܝܚܐ ܒܪܐ ܡܢ ܟܠܗܘܢ: ܕܢܦܩܘ
ܠܟܠ ܠܡܠܟܘܬܐ ܗܘܐ ܕܡܫܡܠܝܬܐ ܗܢܘܢ. ܠܡܠܟܘܬܗ ܕܟܠܗ ܕܐܠܗܐ ܘܠܡܠܟܘܬܗ ܕܟܠܗ.
20 ܡܬܩܝܡܝܢ ܕܡܢ ܠܗܘܢ. ܕܠܐ ܐܢܫ ܢܩܘܡ ܕܝܢ ܡܠܟܘܬܐ ܠܗܘܢ ܕܟܠܗܝܢ ܕܡܫܡܠܝܬܐ ܗܢܝܢ.
21 ܡܬܩܝܡܝܢ ܒܪ ܕܡܫܝܚܐ ܠܐ ܩܝܡ ܐܠܗܐ ܠܟܠܗܘܢ. ܐܠܐ ܐܦ ܩܕܡ ܠܥܠܡܐ. 22 ܡܛܠ
ܕܡܢ ܠܥܠܡ ܐܦ ܠܐܡܗ. ܐܝܟܢܐ ܕܟܠ ܒܟܠ ܠܡܠܟܘܬܗ ܕܡܫܝܚܐ ܕܡܫܡܠܝܬܐ ܗܘ. ܘܡܢܐ ܕܡܢ
ܡܬܪܘܡܡ ܡܠܟܐ ܠܡܠܟܘܬܐ ܡܫܝܚܐ ܕܠܟܠܗܘܢ. 23 ܐܝܟ ܕܡܫܡܠ ܠܗܘܢ. ܡܘܕܥܐ ܗܘ
ܕܡܠܟ ܘܡܫܡܠܝܢܐ ܠܟܠܗܘܢ. ܘܐܦ ܐܝܬܝܗ ܐܢܫܐ. ܡܫܝܚܐ ܐܠܗܐ ܕܟܠܗܝܢ ܕܡܠܟܘܬܗ
ܘܡܫܡܠܝܢܐ. 24 ܡܫܡܠ ܐܢܫܘܬܐ ܕܡܠܟܘܬܗ ܘܡܠܟܘܬܗ ܕܟܠܗܘܢ. ܠܗܘܢ ܡܢܗ ܠܥܠܡܝܢ
ܐܡܝܢ ܕܥܠܡܝܢ ..✣..

1 ܟܠ ܡܫܡܠܝܬܐ ܕܡܢ ܕܡܠܟܘܬܐ. ܡܬܪܘܡܡܐ ܠܟܠ ܐܢܫ ܐܝܟ ܕܡܢ ܐܢܫ ܠܟܠܗܘܢ. 2 ܡܛܠ Cap. ix.
ܐܢܫ ܒܪ ܠܡܠܟܘܬܗ ܕܟܠܗܘܢ. ܘܡܛܠ ܗܢܐ ܐܬܡܠܟܘܬܐ ܠܟܠܗܘܢ ܠܡܫܡܠܝܢܘܬܐ. ܘܐܦܝܢ
ܠܟܠܡܐ ܗܘ ܡܢ ܐܠܗܐ. ܘܡܢܐ ܕܡܠܟܘܢ ܠܡܫܝܚܐ ܒܪܐ. 3 ܡܛܠ ܕܡܢ ܠܐܢܫܐ. ܘܠܐ
ܢܦܩܘܢ ܡܠܟܘܬܗ. ܘܐܬܡܠܟܘܬܗ ܠܟܠܗܘܢ ܟܠ ܗܘܐ ܒܟܠܗܝܢ. ܘܐܡܪܢܐ ܕܐܡܪܐ. ܕܗܘܘܢ
ܡܫܡܠܝܢ. 4 ܘܟܠܗܝܢ ܬܠܬܐ ܠܟܠ ܡܫܡܠܝܢܘܬܐ: ܘܡܫܡܠܝܢܘܬܗ ܕܠܐ ܠܟܠܗܝܢ ܐܢܫܘܬܐ.
ܘܡܢܐ ܡܢܗ: ܕܠܐ ܬܗܘܐ ܕܐܝܟܢܐ ܐܬܡܠܟ: ܠܡܠܟܘܬܗ ܗܘ ܕܐܬܡܠܟܘܢ. 5 ܡܛܠ ܗܢܐ
ܐܬܡܠܟ ܒܪ ܕܐܬܟܠ ܡܢ ܐܢܫ ܗܟܢ. ܕܬܠܬܐ ܡܢܗ ܠܡܠܟܘܬܗ. ܘܟܠܗܘܢ ܠܡܫܡܠܝܢܐ
ܗܘ ܕܡܢ ܡܬܘܡ ܐܬܡܠܟܘܬܗ. ܕܐܬܗܘܐ ܡܫܡܠܝܢܐ. ܘܡܢܐ ܐܝܟ ܠܡܫܡܠܝܢܐ. ܠܐ ܗܘܐ ܐܝܟ
ܡܫܡܠܝܢܐ. 6 ܗܘܐ ܕܡܢ ܡܢ ܕܐܦ ܠܡܠܟܘܬܐ. ܐܦ ܠܡܠܟܘܬܐ ܡܢܗ. ܘܡܢ ܕܐܦ ܠܡܫܡܠܝܢܐ.
ܠܡܫܡܠܝܢܐ ܢܗܘܐ. 7 ܟܠ ܐܢܫ ܐܝܟ ܕܐܬܐ ܠܡܠܟܘܬܗ. ܠܐ ܐܝܟ ܕܡܢ ܡܠܟܘܬܐ ܐܘ ܐܝܟ
ܕܡܢ ܡܫܝܚܐ. ܠܡܠܟܘܬܐ ܗܘ ܒܪ ܡܫܝܚܐ ܕܡܢ ܐܠܗܐ. 8 ܡܛܠ ܗܘ ܕܡܢ ܠܡܠܟܘܬܐ
ܐܠܗܐ. ܟܠ ܡܚܒ ܕܢܦܩ ܠܟܘܢ: ܕܠܟܠܗܘܢ ܠܡܫܡܠܝܢܘܢ ܗܘ ܡܐ ܕܢܦܩ ܠܟܘܢ

ܬܗܘܐ ܠܟܘܢ. ܘܬܬܝܬܪܘܢ ܒܟܠ ܥܒܕ ܛܒ. 9 ܐܝܟ ܕܟܬܝܒ. ܕܒܕܪ ܘܝܗܒ ܠܡܣܟܢܐ.
ܘܙܕܝܩܘܬܗ ܩܝܡܐ ܠܥܠܡ. 10 ܗܘ ܕܝܢ ܕܝܗܒ ܙܪܥܐ ܠܙܪܘܥܐ ܘܠܚܡܐ ܠܡܐܟܘܠܬܐ.
ܗܘ ܢܬܠ ܘܢܣܓܐ ܙܪܥܟܘܢ. ܘܢܪܒܐ ܐܥܠܠܐ ܕܙܕܝܩܘܬܟܘܢ. 11 ܕܒܟܠ ܡܕܡ ܬܬܥܬܪܘܢ
ܒܟܠܗ ܦܫܝܛܘܬܐ. ܕܗܝ ܡܫܡܠܝܐ ܒܐܝܕܝܢ ܬܘܕܝܬܐ ܠܐܠܗܐ. 12 ܡܛܠ ܕܬܫܡܫܬܐ ܕܬܫܡܫܬܐ
ܗܕܐ ܠܐ ܗܘܐ ܠܚܣܝܪܘܬܗܘܢ ܒܠܚܘܕ ܕܩܕܝܫܐ ܡܡܠܝܐ. ܐܠܐ ܐܦ ܡܣܓܝܐ ܒܬܘܕܝܬܐ ܣܓܝܐܬܐ
ܠܐܠܗܐ. 13 ܡܛܠ ܒܘܚܪܢܐ ܓܝܪ ܕܬܫܡܫܬܐ ܗܕܐ ܠܐܠܗܐ ܡܫܒܚܝܢ. ܕܐܫܬܥܒܕܬܘܢ
ܠܬܘܕܝܬܐ ܕܐܘܢܓܠܝܘܢ ܕܡܫܝܚܐ. ܘܐܫܬܘܬܦܬܘܢ ܒܦܫܝܛܘܬܐ ܠܘܬܗܘܢ ܘܠܘܬ ܟܠܢܫ.
14 ܘܒܨܠܘܬܐ ܡܬܟܫܦܝܢ ܚܠܦܝܟܘܢ ܒܚܘܒܐ ܣܓܝܐܐ. ܡܛܠ ܛܝܒܘܬܐ ܕܝܬܝܪܬܗ ܕܐܠܗܐ
ܕܥܠܝܟܘܢ. 15 ܛܝܒܘܬܐ ܕܝܢ ܠܐܠܗܐ ܥܠ ܡܘܗܒܬܗ ܕܠܐ ܡܬܡܠܠܐ ܀

Cap. x. 1 ܐܢܐ ܕܝܢ ܦܘܠܘܣ ܒܥܐ ܐܢܐ ܡܢܟܘܢ: ܒܢܝܚܘܬܗ ܘܒܡܟܝܟܘܬܗ ܕܡܫܝܚܐ. ܕܐܦܢ
ܒܐܦܝܢ ܡܟܝܟ ܐܢܐ ܠܘܬܟܘܢ: ܐܠܐ ܟܕ ܪܚܝܩ ܐܢܐ ܡܠܒܒ ܐܢܐ ܥܠܝܟܘܢ. 2 ܒܥܐ ܐܢܐ ܕܝܢ
ܡܢܟܘܢ: ܕܠܐ ܡܐ ܕܐܬܝܬ. ܐܬܡܪܚ ܒܬܘܟܠܢܐ ܕܐܝܬ ܠܝ. ܘܐܚܫܒ ܐܝܟ ܕܡܬܡܪܚܢܐ ܐܢܐ:
ܥܠ ܐܢܫܐ ܐܝܠܝܢ ܕܚܫܝܒܝܢ ܠܢ ܕܐܝܟ ܕܒܒܣܪ ܡܗܠܟܝܢܢ. 3 ܐܦܢ ܓܝܪ ܒܒܣܪ
ܡܗܠܟܝܢܢ. ܐܠܐ ܠܐ ܗܘܐ ܕܒܣܪܐ ܦܠܚܝܢܢ. 4 ܙܝܢܐ ܓܝܪ ܕܦܘܠܚܢܢ. ܠܐ ܗܘܐ
ܕܒܣܪܐ. ܐܠܐ ܕܚܝܠܐ ܕܐܠܗܐ. ܘܒܗ ܥܩܪܝܢܢ ܚܘܣܢܐ ܡܪܡܪܐ. 5 ܘܡܬܪܥܝܢܢ ܡܣܬܒܪܢܘܬܐ
ܘܟܠ ܪܘܡܐ ܕܡܬܪܝܡ ܠܘܩܒܠ ܝܕܥܬܗ ܕܐܠܗܐ. ܘܫܒܝܢܢ ܟܠ ܬܪܥܝܬܐ ܠܡܫܬܥܒܕܘܬܗ
ܕܡܫܝܚܐ. 6 ܘܡܛܝܒܝܢܢ ܠܡܬܒܥ ܢܩܡܬܐ ܡܢ ܐܝܠܝܢ ܕܠܐ ܡܫܬܡܥܝܢ: ܡܐ ܕܐܬܡܠܝܬ
ܡܫܬܡܥܢܘܬܟܘܢ ܀ 7 ܒܦܪܨܘܦܐ ܚܙܝܢ ܐܢܬܘܢ. ܐܢ ܐܢܫ ܬܟܝܠ ܥܠ ܢܦܫܗ.
ܕܕܡܫܝܚܐ ܗܘ. ܗܢܐ ܢܕܥ ܡܢ ܢܦܫܗ. ܕܐܝܟ ܕܗܘ ܕܡܫܝܚܐ. ܗܟܢܐ ܐܦ ܚܢܢ. 8 ܐܢ
ܓܝܪ ܐܦ ܡܕܡ ܝܬܝܪ ܐܫܬܒܗܪ ܥܠ ܫܘܠܛܢܐ ܕܝܗܒ ܠܢ ܡܪܢ. ܠܐ ܒܗܬ ܐܢܐ.
ܡܛܠ ܕܠܒܢܝܢܐ ܗܘ ܝܗܒܗ ܠܢ ܘܠܐ ܠܣܘܚܦܟܘܢ. 9 ܡܬܚܫܒ ܐܢܐ ܕܝܢ. ܕܠܐ
ܐܝܟ ܗܘ ܕܡܕܚܠ ܐܢܐ ܠܟܘܢ ܒܐܓܪܬܐ. 10 ܡܛܠ ܕܐܡܪܝܢ ܐܢܫܐ
ܕܐܓܪܬܗ ܝܩܝܪܢ ܘܥܫܝܢ. ܡܐܬܝܬܗ ܕܝܢ ܕܦܓܪܐ ܟܪܝܗܐ. ܘܡܠܬܗ ܒܨܝܪܐ.
11 ܐܠܐ ܗܢܐ ܢܬܪܥܐ ܡܢ ܕܐܡܪ ܗܟܢܐ. ܕܐܝܟܢܐ ܕܐܝܬܝܢ ܒܡܠܬܐ ܕܐܓܪܬܢ ܟܕ ܪܚܝܩܝܢܢ:
ܗܟܢܐ ܐܝܬܝܢ ܐܦ ܟܕ ܩܪܝܒܝܢܢ ܒܥܒܕܐ. 12 ܠܐ ܓܝܪ ܡܡܪܚܝܢܢ ܕܢܫܘܐ ܐܘ ܕܢܦܚܡ
ܢܦܫܢ ܥܡ ܗܢܘܢ ܕܡܫܬܒܗܪܝܢ ܒܢܦܫܗܘܢ: ܐܠܐ ܡܛܠ ܕܗܢܘܢ ܒܗܘܢ ܒܗܘܢ ܡܫܘܚܝܢ.
ܠܐ ܡܣܬܟܠܝܢ. 13 ܚܢܢ ܕܝܢ ܠܐ ܡܫܬܒܗܪܝܢܢ ܝܬܝܪ ܡܢ ܡܫܘܚܬܢ: ܐܠܐ ܒܡܫܘܚܬܐ
ܕܐܫܘܡܬܐ ܕܦܠܓ ܠܢ ܐܠܗܐ: ܕܢܡܛܐ ܐܦ ܥܕܡܐ ܠܘܬܟܘܢ. 14 ܠܐ ܗܘܐ ܓܝܪ ܐܝܟ
ܕܠܐ ܡܬܡܛܝܢܢ ܠܘܬܟܘܢ. ܡܬܡܬܚܝܢܢ ܢܦܫܢ. ܥܕܡܐ ܓܝܪ ܠܘܬܟܘܢ ܡܛܝܢ ܒܣܒܪܬܗ
ܕܡܫܝܚܐ. 15 ܘܠܐ ܡܫܬܒܗܪܝܢܢ ܠܒܪ ܡܢ ܡܫܘܚܬܢ. ܒܥܡܠܐ ܕܐܚܪܢܐ. ܐܠܐ ܐܝܬ ܠܢ

ܣܒܪܐ: ܕܟܕ ܪܒܝܐ ܗܝܡܢܘܬܟܘܢ ܒܟܘܢ. ܢܬܪܘܪܒ ܐܝܟ ܡܫܘܚܬܢ. ܘܢܬܝܬܪ 16 ܐܦ
ܠܗܠ ܡܢܟܘܢ ܠܡܣܒܪܘ. ܠܐ ܒܡܫܘܚܬܐ ܕܐܚܪܢܐ: ܒܡܛܝܒܬܐ ܢܫܬܒܗܪ.
17 ܗܘ ܕܝܢ ܕܡܫܬܒܗܪ. ܒܡܪܝܐ ܢܫܬܒܗܪ. 18 ܠܐ ܗܘܐ ܓܝܪ ܡܢ ܕܢܦܫܗ ܡܫܒܚ. ܗܘ
ܗܘ ܒܚܝܪ. ܐܠܐ ܡܢ ܕܡܪܝܐ ܡܫܒܚܘܗܝ ·····

Cap. xi.

1 ܐܬܐܘ ܕܝܢ ܡܣܝܒܪܝܢ ܗܘܝܬܘܢ ܠܝ ܩܠܝܠ. ܒܫܛܝܘܬܝ. ܐܠܐ ܐܦ
ܡܣܝܒܪܝܢ ܐܢܬܘܢ ܗܘ ܠܝ. 2 ܛܢܢ ܐܢܐ ܓܝܪ ܥܠܝܟܘܢ ܒܛܢܢܐ ܕܐܠܗܐ. ܡܟܝܪܬܟܘܢ ܓܝܪ
ܠܓܒܪܐ ܚܕ ܒܬܘܠܬܐ ܕܟܝܬܐ ܕܐܩܪܒ ܠܡܫܝܚܐ. 3 ܕܚܠ ܐܢܐ ܕܝܢ. ܕܠܡܐ ܐܝܟ
ܕܐܛܥܝܗ ܚܘܝܐ ܠܚܘܐ ܒܢܟܠܗ: ܗܟܢܐ ܢܬܚܒܠܘܢ ܪܥܝܢܝܟܘܢ ܡܢ ܦܫܝܛܘܬܐ ܕܠܘܬ
ܡܫܝܚܐ. 4 ܐܢ ܓܝܪ ܗܘ ܕܐܬܐ ܠܘܬܟܘܢ: ܝܫܘܥ ܐܚܪܢܐ ܡܟܪܙ ܠܟܘܢ. ܐܝܢܐ ܕܠܐ
ܐܟܪܙܢ. ܐܘ ܪܘܚܐ ܐܚܪܬܐ ܢܣܒܬܘܢ. ܐܝܕܐ ܕܠܐ ܢܣܒܬܘܢ. ܐܘ ܣܒܪܬܐ ܐܚܪܬܐ ܐܝܕܐ ܕܠܐ
ܩܒܠܬܘܢ: ܫܦܝܪ ܡܣܝܒܪܝܢ ܗܘܝܬܘܢ. 5 ܣܒܪ ܐܢܐ ܓܝܪ. ܕܡܕܡ ܠܐ ܒܨܪܬ ܡܢ
ܫܠܝܚܐ ܐܝܠܝܢ ܕܝܬܝܪ ܡܝܬܪܝܢ. 6 ܐܦܢ ܓܝܪ ܗܕܝܘܛ ܐܢܐ ܒܡܠܬܝ: ܐܠܐ ܠܐ ܒܝܕܥܬܝ.
ܐܠܐ ܒܟܠܡܕܡ ܐܬܓܠܝܢ ܠܘܬܟܘܢ. 7 ܐܘ ܕܠܡܐ ܡܣܟܠܘܬܐ ܐܣܟܠܬ. ܕܡܟܟܬ ܢܦܫܝ
ܕܐܢܬܘܢ ܬܬܪܝܡܘܢ. ܘܡܓܢ ܐܣܒܪܬ ܠܟܘܢ ܣܒܪܬܗ ܕܐܠܗܐ. 8 ܘܥܕܬܐ ܐܚܪܢܝܬܐ ܣܠܒܬ.
ܘܢܣܒܬ ܢܦܩܬܐ ܡܢܗܝܢ ܕܐܫܡܫܟܘܢ. 9 ܘܟܕ ܐܬܝܬ ܠܘܬܟܘܢ. ܘܚܣܪ ܠܝ: ܠܐ ܐܝܩܪܬ
ܥܠ ܐܢܫ ܡܢܟܘܢ. ܚܣܝܪܘܬܝ ܓܝܪ ܡܠܘ ܐܚܐ ܕܐܬܘ ܡܢ ܡܩܕܘܢܝܐ. ܘܒܟܠ ܡܕܡ
ܢܛܪܬ ܢܦܫܝ ܘܢܛܪ ܐܢܐ. ܕܠܐ ܐܝܩܪ ܥܠܝܟܘܢ. 10 ܐܝܬܝܗ ܓܝܪ ܫܪܪܗ ܕܡܫܝܚܐ. ܕܗܕܐ
ܫܘܒܗܪܐ ܠܐ ܢܬܒܛܠ ܡܢ ܒܐܬܪܘܬܐ ܕܐܟܐܝܐ. 11 ܠܡܢܐ. ܡܛܠ ܕܠܐ ܪܚܡ ܐܢܐ ܠܟܘܢ:
ܐܠܗܐ ܗܘ ܝܕܥ. 12 ܐܠܐ ܗܕܐ ܕܥܒܕ ܐܢܐ. ܐܦ ܐܥܒܕ ܕܐܦܣܘܩ ܗܘ ܥܠܬܗܘܢ
ܕܐܝܠܝܢ ܕܒܥܝܢ ܥܠܬܐ: ܕܒܗܘ ܡܕܡ ܕܡܫܬܒܗܪܝܢ. ܢܫܬܟܚܘܢ ܐܟܘܬܢ. 13 ܐܝܬܝܗܘܢ
ܓܝܪ ܗܠܝܢ. ܫܠܝܚܐ ܕܓܠܐ ܘܦܥܠܐ ܢܟܝܠܐ. ܘܡܫܬܚܠܦܝܢ ܒܕܡܘܬ ܫܠܝܚܐ ܕܡܫܝܚܐ.
14 ܘܠܝܬ ܠܬܕܡܘܪܬܐ ܗܕܐ. ܐܢ ܗܘ ܓܝܪ ܕܣܛܢܐ ܡܫܬܚܠܦ ܒܡܠܐܟܐ ܕܢܘܗܪܐ.
15 ܠܐ ܗܘܬ ܪܒܐ ܠܗ: ܐܢ ܐܦ ܡܫܡܫܢܘܗܝ ܡܫܬܚܠܦܝܢ ܒܡܫܡܫܢܐ ܕܟܐܢܘܬܐ. ܗܢܘܢ
ܕܚܪܬܗܘܢ ܬܗܘܐ ܐܝܟ ܥܒܕܝܗܘܢ. 16 ܬܘܒ ܕܝܢ ܐܡܪ ܐܢܐ. ܕܠܐ ܐܢܫ ܢܣܒܪ ܠܝ
ܐܝܟ ܕܣܟܠܐ ܐܢܐ. ܘܐܢ ܠܐ. ܐܦܢ ܐܝܟ ܣܟܠܐ ܩܒܠܘܢܢܝ. ܕܐܦ ܐܢܐ ܩܠܝܠ ܐܫܬܒܗܪ.
17 ܡܕܡ ܕܡܡܠܠ ܐܢܐ ܠܐ ܗܘܐ ܒܡܪܢ ܡܡܠܠ ܐܢܐ. ܐܠܐ ܐܝܟ ܕܒܫܛܝܘܬܐ: ܒܗܕܐ
ܡܢܬܐ ܕܫܘܒܗܪܐ. 18 ܡܛܠ ܕܣܓܝܐܐ ܡܫܬܒܗܪܝܢ ܒܒܣܪܐ. ܐܦ ܐܢܐ ܐܫܬܒܗܪ.
19 ܡܣܝܒܪܝܢ ܐܢܬܘܢ ܗܘ ܓܝܪ ܠܡܫܬܡܥܘ ܠܫܛܝܐ: ܟܕ ܐܢܬܘܢ ܚܟܝܡܐ
ܐܢܬܘܢ. 20 ܘܡܣܝܒܪܝܢ ܐܢܬܘܢ ܠܡܢ ܕܡܫܥܒܕ ܠܟܘܢ. ܘܠܡܢ ܕܐܟܠ ܠܟܘܢ. ܘܠܡܢ
ܕܢܣܒ ܡܢܟܘܢ. ܘܠܡܢ ܕܡܬܪܝܡ ܥܠܝܟܘܢ. ܘܠܡܢ ܕܡܚܐ ܠܟܘܢ ܥܠ ܐܦܝܟܘܢ.

21 ܐܝܟ ܕܒܨܥܪܐ ܐܡܪ ܐܢܐ. ܐܝܟ ܗܘ ܕܚܢܢ ܡܫܟܚܝܢ ܗܘܝܢ. ܒܫܛܝܘܬܐ ܕܝܢ ܐܡܪ
ܐܢܐ. ܕܒܡܕܡ ܕܡܬܪܚܡ ܐܢܫ. ܐܦ ܐܢܐ ܡܬܪܚܡ ܐܢܐ. 22 ܐܢ ܥܒܪܝܐ ܐܢܘܢ. ܐܦ
ܐܢܐ. ܐܢ ܐܝܣܪܝܠܝܐ ܐܢܘܢ. ܐܦ ܐܢܐ. ܐܢ ܙܪܥܗ ܐܢܘܢ ܕܐܒܪܗܡ. ܐܦ ܐܢܐ. 23 ܐܢ
ܡܫܡܫܢܐ ܐܢܘܢ ܕܡܫܝܚܐ. ܒܫܛܝܘܬܐ ܕܝܢ ܐܡܪ ܐܢܐ. ܕܝܬܝܪ ܡܢܗܘܢ ܐܢܐ. ܒܠܐܘܬܐ
ܝܬܝܪ ܡܢܗܘܢ. ܒܡܚܘܬܐ ܝܬܝܪ ܡܢܗܘܢ. ܒܐܣܘܪܐ ܝܬܝܪ ܡܢܗܘܢ. ܒܡܘܬܐ ܙܒܢܝܢ
ܣܓܝܐܬܐ. 24 ܡܢ ܝܗܘܕܝܐ ܚܡܫ ܙܒܢܝܢ· ܐܪܒܥܝܢ ܚܣܝܪ ܚܕܐ ܡܚܝܬ.
25 ܬܠܬ ܙܒܢܝܢ ܒܫܒܛܐ ܐܬܢܓܕܬ. ܚܕܐ ܙܒܢ ܐܬܪܓܡܬ. ܬܠܬ ܙܒܢܝܢ ܗܘܝܬ ܒܬܒܪܐ.
ܐܝܡܡܐ ܘܠܠܝܐ· ܕܠܐ ܡܫܝܢܬܐ ܥܒܕܬ ܒܝܡܐ. 26 ܒܗܠܟܬܐ ܣܓܝܐܬܐ. ܒܩܘܝܢܘܢ
ܕܢܗܪܘܬܐ. ܒܩܘܝܢܘܢ ܕܓܝܣܐ. ܒܩܘܝܢܘܢ ܕܡܢ ܒܢܝ ܛܘܗܡܢ. ܒܩܘܝܢܘܢ ܕܡܢ ܥܡܡܐ.
ܒܩܘܝܢܘܢ ܗܘܝܬ ܒܡܕܝܢܬܐ. ܒܩܘܝܢܘܢ ܗܘܝܬ ܒܡܕܒܪܐ. ܒܩܘܝܢܘܢ ܒܝܡܐ.
ܒܩܘܝܢܘܢ ܕܡܢ ܐܚܐ ܕܓܠܐ. 27 ܒܥܡܠܐ ܘܒܠܐܘܬܐ. ܒܫܗܪܐ ܣܓܝܐܐ. ܒܟܦܢܐ ܘܒܨܗܘܐ.
ܒܨܘܡܐ ܣܓܝܐܐ. ܒܩܪܘܫܐ ܘܒܥܪܛܠܝܘܬܐ. 28 ܣܛܪ ܡܢ ܐܚܪܢܝܬܐ. ܘܒܝܘܡܢܐ ܕܥܠܝ
ܕܟܠܝܘܡ. ܘܨܦܬܐ ܕܥܠ ܟܠܗܝܢ ܥܕܬܐ. 29 ܡܢܘ ܡܬܟܪܗ· ܘܠܐ ܐܢܐ ܡܬܟܪܗ
ܐܢܐ. ܡܢܘ ܡܬܬܩܠ· ܘܠܐ ܐܢܐ ܝܩܕ ܐܢܐ. 30 ܐܢ ܠܡܫܬܒܗܪܘ ܘܠܐ. ܒܟܘܪܗܢܝ
ܐܫܬܒܗܪ. 31 ܝܕܥ ܗܘ ܐܠܗܐ ܐܒܘܗܝ ܕܡܪܢ ܝܫܘܥ ܡܫܝܚܐ· ܡܒܪܟܐ ܕܠܥܠܡ
ܥܠܡܝܢ. ܕܠܐ ܡܕܓܠ ܐܢܐ. 32 ܒܕܪܡܣܘܩ ܓܝܪ ܪܫ ܐܬܢܘܣ ܕܚܪܛܐ ܡܠܟܐ. ܢܛܪ ܗܘܐ
ܡܕܝܢܬܐ ܕܕܪܡܣܘܩܝܐ ܠܡܐܚܕܢܝ. 33 ܘܡܢ ܟܘܬܐ ܒܣܦܝܕܐ ܫܒܩܘܢܝ ܡܢ ܫܘܪܐ
ܘܐܬܦܠܛܬ ܡܢ ܐܝܕܘܗܝ. ܀܀܀܀܀

Cap. xii. 1 ܠܡܫܬܒܗܪܘ ܕܝܢ ܘܠܐ ܠܐ ܦܩܚ. ܐܬܐ ܐܢܐ ܕܝܢ ܓܝܪ ܠܚܙܘܢܐ ܘܠܓܠܝܢܘܗܝ ܕܡܪܢ.
ܩܢܘܢܐ ܩܕ 2 ܝܕܥ ܐܢܐ ܓܒܪܐ ܒܡܫܝܚܐ ܡܢ ܩܕܡ ܐܪܒܥܣܪܐ ܫܢܝܢ. ܐܢ ܒܦܓܪ ܐܝܬ ܗܘ ܘܠܐ ܦܓܪ.
ܠܐ ܝܕܥ ܐܢܐ. ܐܠܗܐ ܗܘ ܝܕܥ. ܕܐܬܚܛܦ ܗܘ ܗܢܐ ܥܕܡܐ ܠܫܡܝܐ ܕܬܠܬܐ. 3 ܘܝܕܥ
ܐܢܐ ܠܗ ܠܗܢܐ ܓܒܪܐ. ܐܢ ܒܦܓܪ ܐܝܬ ܗܘ ܘܠܐ ܦܓܪ. ܠܐ ܝܕܥ ܐܢܐ. ܐܠܗܐ ܗܘ ܝܕܥ.
4 ܕܐܬܚܛܦ ܠܦܪܕܝܣܐ. ܘܫܡܥ ܡܠܐ ܕܠܐ ܡܬܡܠܠܢ. ܕܠܐ ܫܠܝܛ ܠܒܪܢܫܐ
ܠܡܡܠܠܘ ܐܢܝܢ. 5 ܥܠ ܗܢܐ ܐܫܬܒܗܪ. ܥܠ ܢܦܫܝ ܕܝܢ ܠܐ ܐܫܬܒܗܪ. ܐܠܐ ܐܢ
ܒܟܘܪܗܢܐ. 6 ܐܢ ܐܨܒܐ ܓܝܪ ܕܐܫܬܒܗܪ. ܠܐ ܗܘܐ ܐܢܐ ܫܛܝܐ. ܫܪܪܐ ܗܘ ܓܝܪ ܐܡܪ
ܐܢܐ. ܚܐܣ ܐܢܐ ܕܝܢ. ܕܠܡܐ ܐܢܫ ܢܚܫܘܒ ܥܠܝ ܝܬܝܪ ܡܢ ܡܐ ܕܚܙܐ ܠܝ. ܘܕܫܡܥ
ܡܢܝ. 7 ܘܕܠܐ ܐܬܪܝܡ ܒܡܝܬܪܘܬܐ ܕܓܠܝܢܐ. ܐܬܝܗܒ ܠܝ ܣܟܠܐ ܠܒܣܪܝ. ܡܠܐܟܗ
ܕܣܛܢܐ. ܕܢܗܘܐ ܡܟܦܚ ܠܝ ܕܠܐ ܐܬܪܝܡ. 8 ܘܥܠ ܗܢܐ ܬܠܬ ܙܒܢܝܢ ܒܥܝܬ ܡܢ ܡܪܝ
ܕܢܪܚܩܝܗ ܡܢܝ. 9 ܘܐܡܪ ܠܝ· ܡܣܦܩܐ ܠܟ ܛܝܒܘܬܝ. ܚܝܠܝ ܓܝܪ ܒܡܚܝܠܘܬܐ ܗܘ
ܡܫܬܡܠܐ. ܚܕܝܐܝܬ ܗܟܝܠ ܐܫܬܒܗܪ ܒܟܘܪܗܢܝ. ܕܬܓܢ ܥܠܝ ܚܝܠܗ ܕܡܫܝܚܐ.

10 ܡܛܠ ܗܢܐ ܪܐܐ ܐܢܐ ܒܟܘܪܗܢܐ. ܒܨܥܪܐ. ܒܐܘܠܨܢܐ. ܒܪܕܘܦܝܐ. ܒܚܒܘܫܝܐ ܕܥܠ
ܐܦܝ ܡܫܝܚܐ. ܐܡܬܝ ܓܝܪ ܕܟܪܝܗ ܐܢܐ. ܗܝܕܝܢ ܚܣܝܢ ܐܢܐ. 11 ܗܐ ܗܘܝܬ
ܫܛܝܐ ܟܕ ܡܫܬܒܗܪ ܐܢܐ. ܐܢܬܘܢ ܐܠܨܬܘܢܢܝ. ܚܝܒܝܢ ܗܘܝܬܘܢ ܓܝܪ. ܕܐܢܬܘܢ
ܬܣܗܕܘܢ ܥܠܝ. ܡܛܠ ܕܠܐ ܒܨܪܬ ܡܕܡ ܡܢ ܫܠܝ̈ܚܐ ܐܝܠܝܢ ܕܝܬܝܪ ܝܬܝܪܝܢ. ܐܦܢ
ܠܐ ܗܘܝܬ ܡܕܡ. 12 ܐܬܘܬܐ ܕܫܠܝܚܘܬܐ ܣܥܪܬ ܒܟܘܢ. ܒܟܠ ܡܣܝܒܪܢܘܬܐ. ܘܒܓܒܘܪ̈ܬܐ.
ܘܒܬܕܡܪ̈ܬܐ. ܘܒܚܝ̈ܠܐ. 13 ܒܡܢܐ ܓܝܪ ܐܬܒܨܪܬܘܢ ܡܢ ܫܪܟܐ ܕܥܕ̈ܬܐ. ܐܠܐ ܐܢ ܒܗܕܐ
ܕܐܢܐ ܠܐ ܐܝܩܪܬ ܥܠܝܟܘܢ. ܫܒܘܩܘ ܠܝ ܗܕܐ ܣܟܠܘܬܐ. 14 ܗܐ ܗܕܐ ܕܬܠܬ ܙܒܢܝܢ
ܡܛܝܒ ܐܢܐ ܕܐܬܐ ܠܘܬܟܘܢ. ܘܠܐ ܐܝܩܪ ܥܠܝܟܘܢ. ܡܛܠ ܕܠܐ ܒܥܐ ܐܢܐ ܕܝܠܟܘܢ.
ܐܠܐ ܠܟܘܢ. ܠܐ ܓܝܪ ܚܝܒܝܢ ܒܢܝܐ ܠܡܣܡ ܣܝܡܬܐ ܠܐܒܗܬܐ. ܐܠܐ ܐܒܗܬܐ ܠܒܢܝܗܘܢ.
15 ܐܢܐ ܕܝܢ ܚܕܝܐܝܬ ܘܢܦܩܬܐ ܐܦܩ. ܐܦ ܡܫܬܠܡ ܐܢܐ ܥܠ ܐܦܝ ܢܦܫܬܟܘܢ. ܐܦܢ
ܐܢ ܡܝܬܪܐܝܬ ܡܚܒ ܐܢܐ ܠܟܘܢ. ܐܝܟ ܒܨܝܪܐܝܬ ܡܬܚܒܒ ܐܢܐ ܡܢܟܘܢ. 16 ܘܢܗܘܐ
ܐܢܐ ܠܐ ܐܝܩܪܬ ܥܠܝܟܘܢ. ܐܠܐ ܐܝܟ ܕܗܘܝܬ ܚܪܝܡܐ ܒܢܟܠܐ ܢܣܒܬܟܘܢ. 17 ܠܡܐ ܡܢ ܐܢܫ
ܐܢܫܝܢ ܕܫܕܪܬ ܠܘܬܟܘܢ. ܐܬܥܬܪܬ ܡܢܟܘܢ. 18 ܒܥܝܬ ܡܢ ܛܛܘܣ ܕܢܐܙܠ. ܘܫܕܪܬ ܥܡܗ
ܠܐܚܐ. ܠܡܐ ܐܬܥܬܪ ܡܢܟܘܢ ܛܛܘܣ. ܠܐ ܒܚܕܐ ܪܘܚܐ ܗܠܟܢ. ܘܒܚܕܐ
ܥܩܒܬܐ. 19 ܠܡܐ ܬܘܒ ܡܬܚܫܒܝܢ ܐܢܬܘܢ ܕܠܟܘܢ ܡܦܩܝܢܢ ܪܘܚܐ. ܩܕܡ ܐܠܗܐ
ܒܡܫܝܚܐ ܡܡܠܠܝܢܢ. ܘܟܠܗܝܢ ܚܒܝܒܝ. ܡܛܠ ܒܢܝܢܐ ܗܘ ܕܝܠܟܘܢ. 20 ܕܚܠ ܐܢܐ
ܓܝܪ ܕܠܡܐ ܐܬܐ ܠܘܬܟܘܢ. ܘܠܐ ܐܫܟܚܟܘܢ ܐܝܟ ܕܪܓܐ ܐܢܐ. ܘܐܫܬܟܚ ܠܟܘܢ ܐܦ ܐܢܐ
ܐܝܟ ܡܐ ܕܠܐ ܨܒܝܬܘܢ. ܕܠܡܐ ܚܪܝܢܐ. ܘܛܢܢܐ. ܘܚܡ̈ܬܐ. ܘܐܟܠ ܩܪܨܐ.
ܘܛܘܢܝܐ. ܘܢܦܚܘܬܐ. ܘܫܓܘܫܝܐ. 21 ܕܠܡܐ ܟܕ ܐܬܐ ܠܘܬܟܘܢ. ܢܡܟܟܢܝ ܐܠܗܝ.
ܘܐܬܐܒܠ ܥܠ ܣܓܝܐܐ ܐܝܠܝܢ ܕܚܛܘ ܘܠܐ ܬܒܘ. ܡܢ ܛܢܦܘܬܐ ܘܡܢ ܙܢܝܘܬܐ ܘܡܢ
ܦܚܙܘܬܐ ܕܥܒܕܘ. 1 ܗܕܐ ܕܬܠܬ ܙܒܢܝܢ ܕܐܬܐ ܐܢܐ ܠܘܬܟܘܢ. ܕܥܠ ܦܘܡ ܬܪܝܢ Cap. xiii.
ܘܬܠܬܐ ܣܗܕܝܢ ܬܩܘܡ ܟܠ ܡܠܐ. 2 ܩܕܡ ܩܕܡܬ ܐܡܪܬ ܗܘܝܬ ܠܟܘܢ. ܘܬܘܒ ܡܩܕܡ
ܐܢܐ ܐܡܪ ܐܢܐ ܠܟܘܢ. ܐܝܟ ܕܐܦ ܬܪ̈ܬܝܢ ܙܒ̈ܢܝܢ ܕܗܘܝܬ ܠܘܬܟܘܢ ܐܡܪܬ ܠܟܘܢ. ܘܐܦ
ܗܫܐ ܟܕ ܪܚܝܩ ܐܢܐ ܟܬܒ ܐܢܐ. ܠܗܠܝܢ ܕܚܛܘ. ܘܠܫܪܟܐ ܕܐܢܫܐ. ܕܐܢ ܐܬܐ ܬܘܒ.
ܠܐ ܐܚܘܣ. 3 ܡܛܠ ܕܒܘܩܝܐ ܒܥܝܬܘܢ ܕܡܫܝܚܐ ܕܡܡܠܠ ܒܝ. ܗܘ ܕܠܐ ܗܘܐ ܡܚܝܠ
ܒܟܘܢ: ܐܠܐ ܚܝܠܬܢ ܗܘ ܒܟܘܢ. 4 ܐܦܢ ܐܙܕܩܦ ܓܝܪ ܒܡܚܝܠܘܬܐ: ܐܠܐ ܚܝ ܗܘ
ܒܚܝܠܐ ܕܐܠܗܐ. ܐܦ ܚܢܢ ܡܚܝܠܝܢ ܚܢܢ ܒܗ. ܐܠܐ ܚܝܝܢ ܚܢܢ ܥܡܗ ܒܚܝܠܐ ܕܐܠܗܐ
ܕܒܟܘܢ. 5 ܢܣܘ ܢܦܫܟܘܢ. ܐܢ ܗܘ ܒܗܝܡܢܘܬܐ ܩܝܡܝܢ ܐܢܬܘܢ. ܒܩܘ ܢܦܫܟܘܢ. ܐܘ
ܠܐ ܡܫܬܘܕܥܝܬܘܢ ܕܝܫܘܥ ܡܫܝܚܐ ܒܟܘܢ ܗܘ. ܘܐܠܐ ܡܣܠܝܐ ܐܝܬܝܟܘܢ.
6 ܡܣܒܪ ܐܢܐ ܕܝܢ ܕܬܕܥܘܢ. ܕܚܢܢ ܠܐ ܗܘܝܢ ܡܣܠܝܐ. 7 ܡܨܠܐ ܐܢܐ ܕܝܢ ܩܕܡ ܐܠܗܐ:

ܕܠܐ ܢܗܘܐ ܒܟܘܢ ܡܕܡ ܕܒܝܫ܆ ܐܝܟ ܕܒܘܩܝܐ ܕܝܠܢ ܢܬܚܙܐ. ܐܠܐ ܕܐܢܬܘܢ ܥܒܕܝܢ
ܛܒܬܐ܆ ܘܚܢܢ ܢܗܘܐ ܐܝܟ ܡܣܠܝܐ. 8 ܠܐ ܓܝܪ ܡܫܟܚܝܢܢ ܕܢܥܒܕ ܡܕܡ ܠܘܩܒܠ
ܫܪܪܐ. ܐܠܐ ܚܠܦ ܫܪܪܐ. 9 ܚܕܝܢܢ ܓܝܪ ܡܐ ܕܚܢܢ ܟܪܝܗܝܢ. ܘܐܢܬܘܢ ܚܝܠܬܢܝܢ.
ܗܕܐ ܓܝܪ ܐܦ ܡܨܠܝܢܢ. ܕܬܗܘܘܢ ܓܡܝܪܝܢ. 10 ܡܛܠ ܗܢܐ ܟܕ ܪܚܝܩ ܐܢܐ ܗܠܝܢ
ܟܬܒ ܐܢܐ. ܕܠܐ ܡܐ ܕܐܬܐ ܩܫܝܐܝܬ ܐܥܒܕ ܐܝܟ ܫܘܠܛܢܐ ܕܝܗܒ ܠܝ ܡܪܢ܆
ܠܒܢܝܢܟܘܢ ܘܠܐ ܠܣܘܚܦܟܘܢ܀

11 ܡܟܝܠ ܐܚܝ. ܚܕܘ. ܘܐܬܓܡܪܘ܆ ܘܐܬܒܝܐܘ. ܘܐܬܪܥܘ ܘܫܝܢܐ ܢܗܘܐ ܒܟܘܢ. ܘܐܠܗܐ
ܕܫܝܢܐ ܘܕܚܘܒܐ ܢܗܘܐ ܥܡܟܘܢ܀ 12 ܫܐܠܘ ܒܫܠܡܐ ܚܕ ܠܚܕ ܒܢܘܫܩܬܐ ܩܕܝܫܬܐ.
13 ܫܐܠܝܢ ܒܫܠܡܟܘܢ ܟܠܗܘܢ ܩܕܝܫܐ. 14 ܛܝܒܘܬܗ ܕܡܪܢ ܝܫܘܥ ܡܫܝܚܐ ܘܚܘܒܗ
ܕܐܠܗܐ ܘܫܘܬܦܘܬܐ ܕܪܘܚܐ ܕܩܘܕܫܐ ܥܡ ܟܠܟܘܢ. ܐܡܝܢ܀܀܀

܀ ܫܠܡܬ ܐܓܪܬܐ ܕܠܘܬ ܩܘܪܢܬܝܐ ܕܬܪܬܝܢ ܕܐܬܟܬܒܬ
ܡܢ ܦܝܠܝܦܘܣ ܕܡܩܕܘܢܝܐ ܀

܀ ܐܓܪܬܐ ܕܠܘܬ ܓܠܛܝܐ ܀

Cap. i. 1 ܦܘܠܘܣ ܫܠܝܚܐ ܠܐ ܡܢ ܒܢܝܢܫܐ ܘܠܐ ܒܝܕ ܒܪܢܫܐ ܐܠܐ ܒܝܕ ܝܫܘܥ ܡܫܝܚܐ܇ ܘܐܠܗܐ
ܐܒܘܗܝ. ܗܘ ܕܐܩܝܡܗ ܡܢ ܒܝܬ ܡܝܬܐ. 2 ܘܟܠܗܘܢ ܐܚܐ ܕܥܡܝ. ܠܥܕܬܐ ܕܐܝܬ [illegible]
ܒܓܠܛܝܐ. 3 ܫܠܡܐ ܥܡܟܘܢ. ܘܛܝܒܘܬܐ ܡܢ ܐܠܗܐ ܐܒܐ. ܘܡܢ ܡܪܢ ܝܫܘܥ ܡܫܝܚܐ.
4 ܗܘ ܕܝܗܒ ܢܦܫܗ ܚܠܦ ܚܛܗܝܢ܆ ܕܢܦܪܘܩܢ ܡܢ ܥܠܡܐ ܗܢܐ ܒܝܫܐ܆ ܐܝܟ ܨܒܝܢܗ
ܕܐܠܗܐ ܐܒܘܢ. 5 ܕܠܗ ܫܘܒܚܐ ܠܥܠܡ ܥܠܡܝܢ ܐܡܝܢ܀

6 ܡܬܕܡܪ ܐܢܐ ܐܝܟܢܐ ܒܥܓܠ ܡܬܗܦܟܝܢ ܐܢܬܘܢ ܡܢ ܡܫܝܚܐ ܗܘ ܕܩܪܟܘܢ
ܒܛܝܒܘܬܗ܆ ܠܣܒܪܬܐ ܐܚܪܬܐ. 7 ܐܝܕܐ ܕܠܐ ܐܝܬܝܗ. ܐܠܐ ܐܢܫܐ ܗܘ ܐܝܬ ܕܕܠܚܝܢ ܠܟܘܢ܆
ܘܨܒܝܢ ܕܢܫܚܠܦܘܢ ܣܒܪܬܗ ܕܡܫܝܚܐ. 8 ܐܦ ܐܢ ܚܢܢ ܓܝܪ. ܐܘ ܡܠܐܟܐ ܡܢ ܫܡܝܐ
ܢܣܒܪܟܘܢ ܠܒܪ ܡܢ ܡܐ ܕܣܒܪܢܟܘܢ. ܢܗܘܐ ܚܪܡ. 9 ܐܝܟܢܐ ܕܡܢ ܠܘܩܕܡ ܐܡܪܢ.
ܘܗܫܐ ܬܘܒ ܐܡܪ ܐܢܐ. ܕܐܢ ܐܢܫ ܡܣܒܪ ܠܟܘܢ ܠܒܪ ܡܢ ܡܐ ܕܩܒܠܬܘܢ. ܢܗܘܐ
ܚܪܡ. 10 ܗܫܐ ܓܝܪ ܠܒܢܝܢܫܐ ܗܘ ܡܦܝܣ ܐܢܐ. ܐܘ ܠܐܠܗܐ܆ ܐܘ ܠܒܢܝܢܫܐ ܒܥܐ
ܐܢܐ ܕܐܫܦܪ܆ ܐܠܘ ܓܝܪ ܥܕܡܐ ܠܗܫܐ ܠܒܢܝܢܫܐ ܡܫܦܪ ܗܘܝܬ. ܠܥܒܕܐ ܕܡܫܝܚܐ
ܠܐ ܗܘܐ ܗܘܝܬ܀

11 ܡܘܕܥ ܐܢܐ ܠܟܘܢ ܕܝܢ ܐܚܝ. ܕܣܒܪܬܐ ܕܐܣܬܒܪܬ ܡܢܝ. ܠܐ ܗܘܬ ܡܢ ܒܪܢܫܐ.
12 ܐܦܠܐ ܓܝܪ ܐܢܐ ܡܢ ܒܪܢܫܐ ܩܒܠܬܗ ܘܐܠܦܬܗ. ܐܠܐ ܒܓܠܝܢܐ ܕܝܫܘܥ ܡܫܝܚܐ.
13 ܫܡܥܬܘܢ ܓܝܪ ܗܘܦܟܝ ܕܡܢ ܩܕܝܡ ܕܒܝܗܘܕܝܘܬܐ. ܕܝܬܝܪܐܝܬ ܪܕܦ ܗܘܝܬ ܠܥܕܬܗ
ܕܐܠܗܐ ܘܡܚܪܒ ܗܘܝܬ ܠܗ. 14 ܘܡܬܝܬܪ ܗܘܝܬ ܒܝܗܘܕܝܘܬܐ. ܝܬܝܪ ܡܢ ܣܓܝܐܐ ܒܢܝ
ܫܢܝ ܕܐܝܬ ܗܘܘ ܒܫܪܒܬܝ. ܘܝܬܝܪܐܝܬ ܛܢܢ ܗܘܝܬ ܒܡܫܠܡܢܘܬܐ ܕܐܒܗܝ. 15 ܟܕ ܨܒܐ
ܕܝܢ ܗܘ ܡܢ ܕܦܪܫܢܝ ܡܢ ܟܪܣ ܐܡܝ. ܘܩܪܢܝ ܒܛܝܒܘܬܗ. 16 ܕܢܓܠܐ ܒܪܗ ܒܝ.
ܘܐܣܒܪܝܘܗܝ ܒܥܡܡܐ. ܒܗ ܒܫܥܬܐ ܠܐ ܓܠܝܬ ܠܒܣܪܐ ܘܠܕܡܐ. 17 ܘܠܐ ܐܙܠܬ
ܠܐܘܪܫܠܡ ܠܘܬ ܫܠܝܚܐ ܕܡܢ ܩܕܡܝ. ܐܠܐ ܐܙܠܬ ܠܐܪܒܝܐ ܘܬܘܒ ܗܦܟܬ ܠܕܪܡܣܘܩ.
18 ܘܡܢ ܒܬܪ ܬܠܬ ܫܢܝܢ. ܐܙܠܬ ܠܐܘܪܫܠܡ ܕܐܚܙܐ ܠܟܐܦܐ. ܘܩܘܝܬ ܠܘܬܗ ܝܘܡܬܐ
ܚܡܫܬܥܣܪ. 19 ܠܐܚܪܢܐ ܕܝܢ ܡܢ ܫܠܝܚܐ ܠܐ ܚܙܝܬ. ܐܠܐ ܐܢ ܠܝܥܩܘܒ ܐܚܘܗܝ ܕܡܪܢ.
20 ܗܠܝܢ ܕܝܢ ܕܟܬܒ ܐܢܐ ܠܟܘܢ. ܗܐ ܩܕܡ ܐܠܗܐ ܕܠܐ ܡܕܓܠ ܐܢܐ. 21 ܡܢ ܒܬܪ ܗܠܝܢ.
ܐܬܝܬ ܠܐܬܪܘܬܐ ܕܣܘܪܝܐ ܘܕܩܝܠܝܩܝܐ. 22 ܘܠܐ ܝܕܥܢ ܗܘܝ ܠܝ ܒܐܦܝ̈ܗܝܢ ܥܕ̈ܬܐ ܕܝܗܘܕ.
ܗܠܝܢ ܕܒܡܫܝܚܐ. 23 ܐܠܐ ܗܕܐ ܒܠܚܘܕ ܫܡܥܝܢ ܗܘܘ. ܕܗܘ ܕܡܢ ܩܕܝܡ ܪܕܦ ܗܘܐ
ܠܢ. ܗܫܐ ܗܐ ܡܣܒܪ ܗܝܡܢܘܬܐ: ܗܝ ܕܡܢ ܩܕܝܡ ܐܚܪܒ ܡܣܚܦ ܗܘܐ. 24 ܘܡܫܒܚܝܢ
ܗܘܘ ܒܝ ܠܐܠܗܐ ◆ 1 ܒܬܪ ܕܝܢ ܐܪܒܥܣܪܐ ܫܢܝܢ. ܬܘܒ ܣܠܩܬ ܠܐܘܪܫܠܡ. ܥܡ Cap. ii.
ܒܪܢܒܐ. ܘܕܒܪܬ ܥܡܝ ܠܛܛܘܣ. 2 ܣܠܩܬ ܕܝܢ ܒܓܠܝܢܐ. ܘܓܠܝܬ ܠܗܘܢ ܣܒܪܬܐ
ܕܡܟܪܙ ܐܢܐ ܒܥܡܡܐ. ܘܚܘܝܬܗ ܠܐܝܠܝܢ ܕܡܣܬܒܪܝܢ ܗܘܘ ܕܐܝܬܝܗܘܢ ܡܕܡ. ܒܝܢܝ
ܘܠܗܘܢ: ܕܠܡܐ ܣܪܝܩܐܝܬ ܪܗܛܬ. ܐܘ ܪܗܛ ܐܢܐ. 3 ܐܦ ܛܛܘܣ ܕܥܡܝ ܕܐܪܡܝܐ ܗܘܐ.
ܠܐ ܐܠܨܘܗܝ ܕܢܓܙܘܪ. 4 ܡܛܠ ܕܝܢ ܐܚ̈ܐ ܕܓܠܓܠܐ ܕܥܠܘ ܒܝܢܬܢ: ܕܢܒܨܘܢ ܚܐܪܘܬܐ ܕܐܝܬ
ܠܢ ܒܝܫܘܥ ܡܫܝܚܐ ܐܝܟܢܐ ܕܢܫܥܒܕܘܢܢ. 5 ܐܦܠܐ ܡܛܠ ܫܥܬܐ ܐܬܛܦܝܣܢ ܠܡܫܬܥܒܕܘܬܗܘܢ:
ܕܬܩܘܐ ܫܪܪܐ ܕܣܒܪܬܐ ܠܘܬܟܘܢ. 6 ܗܢܘܢ ܕܝܢ ܕܡܣܬܒܪܝܢ ܕܐܝܬܝܗܘܢ ܡܕܡ: ܡܢ
ܕܐܝܬܝܗܘܢ ܠܐ ܒܛܝܠ ܠܝ: ܐܠܗܐ ܓܝܪ ܒܐܦܐ ܕܒܢܝܢܫܐ ܠܐ ܢܣܒ: ܗܢܘܢ ܕܝܢ
ܗܠܝܢ. ܡܕܡ ܠܐ ܐܘܣܦܘ ܠܝ. 7 ܐܠܐ ܐܝܟܢܐ. ܚܙܘ ܓܝܪ ܕܐܬܗܝܡܢܬ ܣܒܪܬܐ
ܕܥܘܪܠܘܬܐ. ܐܝܟ ܕܐܬܗܝܡܢ ܟܐܦܐ ܕܓܙܘܪܬܐ. 8 ܗܘ ܓܝܪ ܕܥܕܪ ܠܟܐܦܐ ܒܫܠܝܚܘܬܐ
ܕܓܙܘܪܬܐ. ܥܕܪ ܐܦ ܠܝ ܒܫܠܝܚܘܬܐ ܕܥܡܡܐ. 9 ܘܟܕ ܝܕܥܘ ܛܝܒܘܬܐ ܕܐܬܝܗܒܬ ܠܝ:
ܝܥܩܘܒ ܘܟܐܦܐ ܘܝܘܚܢܢ: ܗܢܘܢ ܕܡܣܬܒܪܝܢ ܗܘܘ ܕܐܝܬܝܗܘܢ ܥܡܘ̈ܕܐ. ܝܡܝܢܐ
ܕܫܘܬܦܘܬܐ ܝܗܒܘ ܠܝ ܘܠܒܪܢܒܐ. ܕܚܢܢ ܒܥܡܡܐ ܘܗܢܘܢ ܒܓܙܘܪܬܐ. 10 ܒܠܚܘܕ
ܕܡܣܟܢ̈ܐ ܢܗܘܐ ܥܗܝܕܝܢ. ܘܐܬܚܦܛܬ ܠܝ ܕܗܕܐ ܐܥܒܕ ◆ 11 ܟܕ ܐܬܐ ܕܝܢ
ܟܐܦܐ ܠܐܢܛܝܘܟܝ. ܒܐܦܘܗܝ ܐܩܘܡܬ ܠܗ. ܡܛܠ ܕܡܬܟܣܣ ܗܘܐ ܒܗ. 12 ܕܥܕܠܐ ܢܐܬܘܢ
ܐܢܫܐ ܡܢ ܠܘܬ ܝܥܩܘܒ. ܥܡ ܥܡܡܐ ܐܟܠ ܗܘܐ. ܟܕ ܐܬܘ ܕܝܢ: ܦܪܫ ܗܘܐ ܢܦܫܗ.

ܘܦܪܫ. ܡܛܠ ܕܕܚܠ ܗܘܐ ܡܢ ܗܢܘܢ ܕܡܢ ܓܙܘܪܬܐ. 13 ܘܐܬܢܟܦܘ ܗܘܘ ܥܡܗ ܒܗܕܐ
ܐܦ ܫܪܟܐ ܕܝܗܘܕܝܐ. ܗܟܢܐ ܕܐܦ ܒܪܢܒܐ ܐܬܕܒܪ ܗܘܐ ܒܢܟܦܘܬܗܘܢ ܀

14 ܘܟܕ ܚܙܝܬ ܕܠܐ ܐܬܪܝܨܝܢ ܠܘܩܒܠ ܫܪܪܗ ܕܐܘܢܓܠܝܘܢ. ܐܡܪܬ ܠܟܐܦܐ ܠܥܝܢ
ܟܠܗܘܢ. ܐܢ ܐܢܬ ܕܝܗܘܕܝܐ ܐܢܬ ܐܪܡܐܝܬ ܚܝܐ ܐܢܬ. ܘܠܐ ܝܗܘܕܐܝܬ. ܐܝܟܢܐ ܐܠܨ ܐܢܬ
ܠܥܡܡܐ ܕܝܗܘܕܐܝܬ ܢܚܘܢ. 15 ܚܢܢ ܓܝܪ ܕܡܢ ܟܝܢܢ ܝܗܘܕܝܐ ܚܢܢ. ܘܠܐ ܗܘܝܢ ܡܢ
ܥܡܡܐ ܚܛܝܐ: 16 ܡܛܠ ܕܝܕܥܝܢ ܕܠܐ ܡܙܕܕܩ ܒܪܢܫܐ ܡܢ ܥܒܕܐ ܕܢܡܘܣܐ: ܐܠܐ
ܒܗܝܡܢܘܬܐ ܕܝܫܘܥ ܡܫܝܚܐ. ܐܦ ܚܢܢ ܒܗ ܒܝܫܘܥ ܡܫܝܚܐ ܗܝܡܢܢ: ܕܡܢ
ܗܝܡܢܘܬܗ ܕܡܫܝܚܐ ܢܙܕܕܩ: ܘܠܐ ܡܢ ܥܒܕܐ ܕܢܡܘܣܐ. ܡܛܠ ܕܡܢ ܥܒܕܐ ܕܢܡܘܣܐ
ܠܐ ܡܙܕܕܩ ܟܠ ܒܣܪ. 17 ܐܢ ܕܝܢ ܟܕ ܒܥܝܢܢ ܕܢܙܕܕܩ ܒܡܫܝܚܐ. ܐܫܬܟܚܢ ܠܢ ܐܦ
ܚܢܢ ܚܛܝܐ. ܟܒܪ ܗܟܝܠ ܡܫܝܚܐ ܡܫܡܫܢܐ ܗܘ ܕܚܛܝܬܐ. ܚܣ. 18 ܐܢ ܓܝܪ
ܠܗܠܝܢ ܕܫܪܝܬ ܬܘܒ ܠܗܝܢ ܒܢܐ ܐܢܐ. ܡܚܘܐ ܥܠ ܢܦܫܝ ܕܥܒܪ ܥܠ ܦܘܩܕܢܐ ܐܢܐ.
19 ܐܢܐ ܓܝܪ ܒܢܡܘܣܐ ܠܢܡܘܣܐ ܡܝܬܬ. ܕܠܐܠܗܐ ܐܚܐ. 20 ܘܥܡ ܡܫܝܚܐ ܙܩܝܦ ܐܢܐ.
ܘܡܟܝܠ ܠܐ ܗܘܐ ܐܢܐ ܚܝ ܐܢܐ. ܐܠܐ ܚܝ ܒܝ ܡܫܝܚܐ. ܘܗܢܐ ܕܗܫܐ ܚܝ ܐܢܐ ܒܒܣܪ:
ܒܗܝܡܢܘܬܐ ܗܝ ܕܒܪܗ ܕܐܠܗܐ ܚܝ ܐܢܐ. ܗܘ ܕܐܚܒܢܝ. ܘܐܫܠܡ ܢܦܫܗ ܚܠܦܝ.
21 ܠܐ ܛܠܡ ܐܢܐ ܠܛܝܒܘܬܗ ܕܐܠܗܐ. ܐܢ ܓܝܪ ܒܝܕ ܢܡܘܣܐ ܗܝ ܙܕܝܩܘܬܐ. ܡܫܝܚܐ
ܡܓܢ ܡܝܬ ✥

Cap. iii. 1 ܐܘ ܚܣܝܪܝ ܪܥܝܢܐ ܓܠܛܝܐ: ܡܢܘ ܚܣܡ ܒܟܘܢ. ܕܗܐ ܐܝܟ ܗܘ ܕܨܝܪ. ܨܝܪ ܗܘܐ
ܩܕܡ ܥܝܢܝܟܘܢ. ܝܫܘܥ ܡܫܝܚܐ ܟܕ ܨܠܝܒ. 2 ܗܕܐ ܒܠܚܘܕ ܨܒܐ ܐܢܐ ܕܐܠܦ ܡܢܟܘܢ.
ܡܢ ܥܒܕܐ ܕܢܡܘܣܐ ܩܒܠܬܘܢ ܪܘܚܐ. ܐܘ ܡܢ ܫܡܥܐ ܕܗܝܡܢܘܬܐ: 3 ܗܟܢܐ ܣܟܠܝܢ
ܐܢܬܘܢ. ܕܫܪܝܬܘܢ ܒܪܘܚܐ: ܘܗܫܐ ܒܒܣܪ ܡܫܬܡܠܝܢ ܐܢܬܘܢ: 4 ܗܠܝܢ ܟܠܗܝܢ
ܐܠܨܢܐ ܣܝܒܪܬܘܢ: ܘܐܠܘ ܕܝܢ ܐܪܝܩܐ. 5 ܗܘ ܗܟܝܠ ܕܝܗܒ ܠܟܘܢ ܪܘܚܐ: ܘܥܒܕ
ܒܟܘܢ ܚܝܠܐ. ܡܢ ܥܒܕܐ ܕܢܡܘܣܐ ܐܘ ܡܢ ܫܡܥܐ ܕܗܝܡܢܘܬܐ: 6 ܐܝܟܢܐ ܕܗܝܡܢ
ܐܒܪܗܡ ܠܐܠܗܐ. ܘܐܬܚܫܒܬ ܠܗ ܠܙܕܝܩܘܬܐ. 7 ܕܥܘ ܗܟܝܠ ܕܐܝܠܝܢ ܕܡܢ ܗܝܡܢܘܬܐ
ܐܢܘܢ. ܗܢܘܢ ܐܢܘܢ ܒܢܝܐ ܕܐܒܪܗܡ. 8 ܡܛܠ ܓܝܪ ܕܩܕܡ ܝܕܥ ܐܠܗܐ ܕܒܗܝܡܢܘܬܐ
ܗܘ ܡܙܕܕܩܝܢ ܥܡܡܐ. ܩܕܡ ܣܒܪ ܠܐܒܪܗܡ. ܐܝܟ ܕܐܡܪ ܟܬܒܐ. ܕܒܟ ܢܬܒܪܟܘܢ
ܟܠܗܘܢ ܥܡܡܐ. 9 ܡܟܝܠ ܡܗܝܡܢܐ ܗܘ ܡܬܒܪܟܝܢ ܒܐܒܪܗܡ ܡܗܝܡܢܐ. 10 ܐܝܠܝܢ
ܓܝܪ ܕܡܢ ܥܒܕܐ ܐܢܘܢ ܕܢܡܘܣܐ. ܬܚܝܬ ܠܘܛܬܐ ܐܢܘܢ. ܟܬܝܒ ܓܝܪ. ܕܠܝܛ ܗܘ
ܟܠܡܢ ܕܠܐ ܢܩܘܐ ܟܠ ܕܟܬܝܒ ܒܢܡܘܣܐ ܗܢܐ. 11 ܕܠܐ ܕܝܢ ܡܙܕܕܩ ܐܢܫ ܒܢܡܘܣܐ
ܩܕܡ ܐܠܗܐ. ܗܕܐ ܓܠܝܐ ܗܝ. ܡܛܠ ܕܟܬܝܒ. ܕܙܕܝܩܐ ܡܢ ܗܝܡܢܘܬܐ ܢܚܐ. 12 ܢܡܘܣܐ
ܕܝܢ ܠܐ ܗܘܐ ܡܢ ܗܝܡܢܘܬܐ. ܐܠܐ ܡܢ ܕܢܥܒܕ ܐܝܠܝܢ ܕܟܬܝܒܢ ܒܗ. ܢܚܐ ܒܗܝܢ ✥

13 ܡܫܝܚܐ ܕܝܢ ܙܒܢܢ ܡܢ ܠܘܛܬܗ ܕܢܡܘܣܐ. ܘܗܘ ܗܘܐ ܠܘܛܬܐ ܚܠܦܝܢ. ܡܛܠ ܕܟܬܝܒ
ܕܠܝܛ ܗܘ ܟܠ ܡܢ ܕܬܠܐ ܥܠ ܩܝܣܐ. 14 ܕܒܥܡܡܐ ܬܗܘܐ ܒܘܪܟܬܗ ܕܐܒܪܗܡ
ܒܝܫܘܥ ܡܫܝܚܐ. ܘܢܩܒܠ ܡܘܠܟܢܐ ܕܪܘܚܐ ܒܗܝܡܢܘܬܐ ✥ 15 ܐܚܝ. ܐܝܟ ܕܒ
ܒܢܝܢܫܐ ܐܡܪ ܐܢܐ. ܕܕܝܬܩܐ ܕܒܪܢܫܐ ܕܐܫܬܪܪܬ. ܐܢܫ ܠܐ ܡܣܠܐ ܠܗ ܐܘ ܡܫܚܠܦ ܒܗ ܡܕܡ.
16 ܠܐܒܪܗܡ ܕܝܢ ܐܬܡܠܟܘ ܡܘܠܟܢܐ ܘܠܙܪܥܗ. ܘܠܐ ܐܡܪ ܠܗ ܕܠܙܪܥܝܟ. ܐܝܟ
ܕܠܣܓܝܐܐ. ܐܠܐ ܠܙܪܥܟ. ܐܝܟ ܕܠܚܕ. ܗܘ ܕܐܝܬܘܗܝ ܡܫܝܚܐ ✥ 17 ܗܕܐ ܕܝܢ ܐܡܪ
ܐܢܐ. ܕܕܝܬܩܐ ܕܡܢ ܩܕܝܡ ܐܫܬܪܪܬ ܡܢ ܐܠܗܐ ܒܡܫܝܚܐ. ܢܡܘܣܐ ܗܘ ܕܗܘܐ ܡܢ
ܒܬܪ ܐܪܒܥܡܐܐ ܘܬܠܬܝܢ ܫܢܝܢ: ܠܐ ܡܫܟܚ ܕܢܫܪܝܗ ܘܢܒܛܠ ܡܘܠܟܢܐ. 18 ܐܢ
ܕܝܢ ܡܢ ܢܡܘܣܐ ܗܝ ܝܪܬܘܬܐ. ܬܘܒ ܠܐ ܗܘܬ ܡܢ ܡܘܠܟܢܐ. ܠܐܒܪܗܡ ܕܝܢ
ܒܡܘܠܟܢܐ ܗܘ ܝܗܒ ܠܗ ܐܠܗܐ. 19 ܡܢܐ ܗܟܝܠ ܢܡܘܣܐ. ܡܛܠ ܡܣܛܝܢܘܬܐ
ܐܬܬܘܣܦ. ܥܕܡܐ ܕܢܐܬܐ ܗܘ ܙܪܥܐ ܕܠܗ ܗܘܐ ܡܘܠܟܢܐ. ܘܐܬܝܗܒ ܗܘ ܢܡܘܣܐ ܒܝܕ
ܡܠܐܟܐ ܒܐܝܕܐ ܕܡܨܥܝܐ. 20 ܡܨܥܝܐ ܕܝܢ ܠܐ ܗܘܐ ܕܚܕ. ܐܠܗܐ ܕܝܢ ܚܕ ܗܘ. 21 ܢܡܘܣܐ
ܗܟܝܠ ܣܩܘܒܠܐ ܗܘ ܕܡܘܠܟܢܐ ܕܐܠܗܐ: ܚܣ. ܐܠܘ ܓܝܪ ܐܬܝܗܒ ܗܘܐ ܢܡܘܣܐ
ܐܝܢܐ ܕܡܫܟܚ ܗܘܐ ܠܡܚܝܘ. ܫܪܝܪܐܝܬ ܡܢ ܢܡܘܣܐ ܗܘܐ ܗܘܬ ܙܕܝܩܘܬܐ. 22 ܐܠܐ
ܣܓܪ ܟܬܒܐ ܟܠܡܕܡ ܬܚܝܬ ܚܛܝܬܐ. ܕܡܘܠܟܢܐ ܒܗܝܡܢܘܬܐ ܕܝܫܘܥ ܡܫܝܚܐ
ܢܬܝܗܒ ܠܐܝܠܝܢ ܕܡܗܝܡܢܝܢ ✥✥✥✥
23 ܥܕܠܐ ܕܝܢ ܬܐܬܐ ܗܝܡܢܘܬܐ. ܢܡܘܣܐ ܢܛܪ ܗܘܐ ܠܢ: ܟܕ ܚܒܝܫܝܢ ܠܗܝܡܢܘܬܐ ܫܠ.
ܕܥܬܝܕܐ ܗܘܬ ܠܡܬܓܠܝܘ. 24 ܢܡܘܣܐ ܗܟܝܠ ܬܪܒܝܐ ܗܘܐ ܠܢ ܠܘܬ ܡܫܝܚܐ. ܕܡܢ
ܗܝܡܢܘܬܐ ܢܙܕܕܩ. 25 ܟܕ ܐܬܬ ܕܝܢ ܗܝܡܢܘܬܐ. ܠܐ ܗܘܝܢ ܬܚܝܬ ܬܪܒܝܐ. 26 ܟܠܟܘܢ ܓܝܪ
ܒܢܝܐ ܐܢܬܘܢ ܕܐܠܗܐ ܒܗܝܡܢܘܬܐ ܕܝܫܘܥ ܡܫܝܚܐ. 27 ܐܝܠܝܢ ܓܝܪ ܕܒܡܫܝܚܐ
ܥܡܕܬܘܢ. ܠܡܫܝܚܐ ܠܒܫܬܘܢ. 28 ܠܝܬ ܝܗܘܕܝܐ ܘܠܐ ܐܪܡܝܐ. ܠܝܬ ܥܒܕܐ ܘܠܐ
ܒܪ ܚܐܪܐ. ܠܝܬ ܕܟܪܐ ܘܠܐ ܢܩܒܬܐ. ܟܠܟܘܢ ܓܝܪ ܚܕ ܐܢܬܘܢ ܒܝܫܘܥ ܡܫܝܚܐ.
29 ܘܐܢ ܕܡܫܝܚܐ ܐܢܬܘܢ. ܡܟܝܠ ܙܪܥܗ ܐܢܬܘܢ ܕܐܒܪܗܡ. ܘܝܪܬܐ ܒܡܘܠܟܢܐ ✥
1 ܐܡܪ ܐܢܐ ܕܝܢ ܕܥܕܡܐ ܕܝܪܬܐ ܝܠܘܕܐ ܗܘ. ܠܐ ܦܪܝܫ ܡܢ ܥܒܕܐ: ܟܕ ܡܪܐ ܗܘ Cap. iv.
ܕܟܠܗܘܢ. 2 ܐܠܐ ܬܚܝܬ ܐܦܛܪܘܦܐ ܐܝܬܘܗܝ. ܘܬܚܝܬ ܪܒܝܐ. ܥܕܡܐ ܠܙܒܢܐ ܕܣܡ
ܐܒܘܗܝ. 3 ܗܟܢܐ ܐܦ ܚܢܢ. ܟܕ ܝܠܘܕܐ ܗܘܝܢ. ܬܚܝܬ ܐܣܛܘܟܣܘܗܝ ܕܥܠܡܐ
ܡܫܥܒܕܝܢ ܗܘܝܢ. 4 ܟܕ ܡܠܐ ܕܝܢ ܙܒܢܗ ܫܠܡܐ. ܫܕܪ ܐܠܗܐ ܠܒܪܗ: ܘܗܘܐ ܡܢ
ܐܢܬܬܐ. ܘܗܘܐ ܬܚܝܬ ܢܡܘܣܐ. 5 ܕܠܐܝܠܝܢ ܕܬܚܝܬ ܢܡܘܣܐ ܐܢܘܢ ܢܙܒܢ. ܘܢܩܒܠ
ܣܝܡܬ ܒܢܝܐ. 6 ܘܕܐܝܬܝܟܘܢ ܕܝܢ ܒܢܝܐ. ܫܕܪ ܐܠܗܐ ܪܘܚܐ ܕܒܪܗ ܠܠܒܘܬܟܘܢ.
ܗܝ ܕܩܥܝܐ ܐܒܐ ܐܒܘܢ ✥ 7 ܡܛܠ ܠܐ ܗܘܝܬܘܢ ܥܒܕܐ ܐܠܐ ܒܢܝܐ. ܘܐܢ ܒܢܝܐ ܐܦ ܝܪܬܐ

ܕܐܠܗܐ ܒܝܕ ܝܫܘܥ ܡܫܝܚܐ. 8 ܗܝܕܝܢ ܓܝܪ ܟܕ ܠܐ ܝܕܥܝܢ ܗܘܝܬܘܢ ܠܐܠܗܐ. ܦܠܚܬܘܢ
ܠܗܢܘܢ. ܕܡܢ ܟܝܢܗܘܢ ܠܐ ܗܘܘ ܐܠܗܐ. 9 ܗܫܐ ܕܝܢ ܕܝܕܥܬܘܢ ܠܐܠܗܐ: ܘܝܬܝܪܐܝܬ
ܕܐܬܝܕܥܬܘܢ ܡܢ ܐܠܗܐ. ܬܘܒ ܗܦܟܬܘܢ ܠܟܘܢ ܥܠ ܗܢܘܢ ܐܣܛܘܟܣܐ ܡܚܝܠܐ
ܘܡܣܟܢܐ: ܘܡܢ ܕܪܝܫ ܨܒܝܬܘܢ ܠܡܫܬܥܒܕܘ ܠܗܘܢ: 10 ܝܘܡܬܐ ܘܝܪ̈ܚܐ ܘܙܒܢܐ
ܘܫܢ̈ܝܐ ܢܛܪܝܢ ܐܢܬܘܢ. 11 ܕܚܠ ܐܢܐ ܕܠܡܐ ܣܪܝܩܐܝܬ ܠܐܝܬ ܒܟܘܢ. 12 ܗܘܘ ܐܝܟܘܬܝ. ܡܛܠ
ܕܐܦ ܐܢܐ ܐܝܟܘܬܟܘܢ ܗܘܝܬ.

ܐܚܝ. ܒܡܕܡ ܐܢܐ ܡܒܥܐ. ܠܐ ܡܕܡ ܐܣܟܠܬܘܢ ܒܝ. 13 ܝܕܥܝܢ ܐܢܬܘܢ ܓܝܪ ܕܒܟܪܝܗܘܬܐ
ܕܒܣܪܝ ܣܒܪܬܟܘܢ ܗܘܝܬ ܡܢ ܩܕܝܡ. 14 ܘܢܣܝܘܢܐ ܕܒܣܪܝ ܠܐ ܫܛܬܘܢ. ܘܠܐ ܢܕܬܘܢ.
ܐܠܐ ܐܝܟ ܕܠܡܠܐܟܐ ܕܐܠܗܐ ܩܒܠܬܘܢܢܝ. ܘܐܝܟ ܕܠܝܫܘܥ ܡܫܝܚܐ. 15 ܐܝܟܘ ܗܟܝܠ
ܛܘܒܝܟܘܢ. ܣܗܕ ܐܢܐ ܓܝܪ ܠܟܘܢ ܕܐܠܘ ܡܫܟܚܐ ܗܘܐ. ܥܝܢܝܟܘܢ ܚܨܝܬܘܢ ܗܘܝܬܘܢ.
ܘܝܗܒܬܘܢ ܠܝ. 16 ܕܠܡܐ ܒܥܠܕܒܒܐ ܗܘܝܬ ܠܟܘܢ ܕܐܡܪܬ ܠܟܘܢ ܫܪܪܐ. 17 ܚܣܡܝܢ
ܒܟܘܢ. ܠܐ ܗܘܐ ܠܫܦܝܪܬܐ. ܐܠܐ ܠܡܣܚܦܘܬܟܘܢ ܗܘ ܨܒܝܢ. ܕܐܝܬܟܘܢ ܬܗܘܘܢ ܚܣܡܝܢ
ܒܗܘܢ. 18 ܫܦܝܪ ܗܘ ܕܝܢ ܕܬܬܚܣܡܘܢ ܒܫܦܝܪܬܐ ܒܟܠܙܒܢ. ܘܠܐ ܐܡܬܝ ܕܠܘܬܟܘܢ
ܐܢܐ ܒܠܚܘܕ. 19 ܒܢܝ. ܐܠܝܢ ܕܡܢ ܕܪܝܫ ܡܚܒܠ ܐܢܐ: ܒܝܠܕܐ ܕܢܬܨܝܪ ܒܟܘܢ
ܡܫܝܚܐ. 20 ܨܒܐ ܗܘܝܬ ܕܝܢ ܕܐܗܘܐ ܠܘܬܟܘܢ ܗܫܐ. ܘܐܫܚܠܦ ܒܪܬ ܩܠܝ: ܡܛܠ
ܕܬܡܝܗ ܐܢܐ ܒܟܘܢ. 21 ܐܡܪܘ ܠܝ. ܐܝܠܝܢ ܐܢܬܘܢ ܕܨܒܝܢ ܕܬܗܘܘܢ ܬܚܝܬ ܢܡܘܣܐ.
ܠܡܘ ܠܢܡܘܣܐ ܠܐ ܫܡܥܝܢ ܐܢܬܘܢ: 22 ܟܬܝܒ ܓܝܪ ܕܠܐܒܪܗܡ ܬܪܝܢ ܒܢܝܢ ܗܘܘ ܠܗ.
ܚܕ ܡܢ ܐܡܬܐ ܘܚܕ ܡܢ ܚܐܪܬܐ. 23 ܐܠܐ ܗܘ ܕܡܢ ܐܡܬܐ ܒܒܣܪ ܐܬܝܠܕ. ܗܘ ܕܝܢ
ܕܡܢ ܚܐܪܬܐ ܒܡܘܠܟܢܐ ܗܘܐ. 24 ܗܠܝܢ ܕܝܢ ܐܝܬܝܗܝܢ ܦܠܐܬܐ ܕܐܬܪܐܝܢ ܕܝܬܩܐ. ܚܕܐ
ܕܡܢ ܛܘܪ ܣܝܢܝ. ܝܠܕܐ ܠܥܒܕܘܬܐ. ܕܐܝܬܝܗ ܗܓܪ. 25 ܗܓܪ ܓܝܪ ܛܘܪܐ ܗܘ ܕܣܝܢܝ:
ܕܒܐܪܒܝܐ. ܘܡܡܛܝܐ ܠܗܕܐ ܐܘܪܫܠܡ: ܘܦܠܚܐ ܥܒܕܘܬܐ ܗܝ ܘܒܢܝܗ. 26 ܗܝ ܕܝܢ
ܐܘܪܫܠܡ ܕܠܥܠ ܚܐܪܬܐ ܗܝ. ܕܐܝܬܝܗ ܐܡܢ. 27 ܟܬܝܒ ܓܝܪ: ܕܐܬܒܣܡܝ ܥܩܪܬܐ
ܗܝ ܕܠܐ ܝܠܕܐ. ܘܐܬܦܨܚܝ ܘܥܢܝ. ܗܝ ܕܠܐ ܡܚܒܠܐ. ܡܛܠ ܕܣܓܝܐܝܢ ܒܢܝܗ ܕܨܕܝܬܐ ܝܬܝܪ
ܡܢ ܒܢܝܗ ܕܒܥܠܬܐ. 28 ܚܢܢ ܕܝܢ ܐܚܝ. ܐܝܟ ܐܝܣܚܩ. ܒܢܝ ܡܘܠܟܢܐ ܚܢܢ.
29 ܘܐܝܟ ܕܗܝܕܝܢ. ܗܘ ܕܒܒܣܪ ܗܘܐ ܒܫܪܪܐ ܪܕܦ ܗܘܐ ܠܗܘ ܕܒܪܘܚܐ. ܗܟܢܐ ܐܦ ܗܫܐ.
30 ܐܠܐ ܡܢܐ ܐܡܪ ܟܬܒܐ. ܐܦܩܝܗ ܠܐܡܬܐ ܘܠܒܪܗ. ܡܛܠ ܕܠܐ ܢܐܪܬ ܒܪܗ ܕܐܡܬܐ ܥܡ
ܒܪܗ ܕܚܐܪܬܐ. 31 ܚܢܢ ܗܟܝܠ ܐܚܝ. ܠܐ ܗܘܝܢ ܒܢܝ ܐܡܬܐ ܐܠܐ ܒܢܝ ܚܐܪܬܐ. 1 ܩܘܡܘ Cap. v.
ܗܟܝܠ ܒܚܐܪܘܬܐ ܗܝ ܕܡܫܝܚܐ ܚܪܪܢ. ܘܠܐ ܬܬܐܣܪܘܢ ܬܘܒ ܒܢܝܪܐ ܕܥܒܕܘܬܐ . . . . .

2 ܗܐ ܐܢܐ ܦܘܠܘܣ ܐܡܪ ܐܢܐ ܠܟܘܢ. ܕܐܢ ܬܬܓܙܪܘܢ. ܡܫܝܚܐ ܡܕܡ ܠܐ ܡܘܬܪ ܠܟܘܢ. ܕܣܝܢܐ ܠܐ.
3 ܡܣܗܕ ܐܢܐ ܕܝܢ ܬܘܒ ܠܟܠ ܒܪܢܫ ܕܡܬܓܙܪ. ܕܚܝܒ ܗܘ ܕܟܠܗ ܢܡܘܣܐ ܢܥܒܕ.

4 ܐܬܒܛܠܬܘܢ ܠܗ ܡܢ ܡܫܝܚܐ ܐܝܠܝܢ ܕܒܢܡܘܣܐ ܡܙܕܕܩܝܬܘܢ. ܘܡܢ ܛܝܒܘܬܐ
ܢܦܠܬܘܢ. 5 ܚܢܢ ܓܝܪ ܒܪܘܚܐ ܕܡܢ ܗܝܡܢܘܬܐ ܠܣܒܪܐ ܕܙܕܝܩܘܬܐ ܡܣܟܝܢܢ.
6 ܒܡܫܝܚܐ ܓܝܪ ܝܫܘܥ. ܠܐ ܓܙܘܪܬܐ ܡܕܡ ܐܝܬܝܗ. ܘܠܐ ܥܘܪܠܘܬܐ. ܐܠܐ ܗܝܡܢܘܬܐ
ܕܡܫܬܡܠܝܐ ܒܚܘܒܐ܀ 7 ܡܪܗܛܝܢ ܗܘܝܬܘܢ ܫܦܝܪ. ܡܢܘ ܕܘܠܟܘܢ: ܕܠܫܪܪܐ ܠܐ
ܬܬܛܦܝܣܘܢ. 8 ܦܝܣܟܘܢ ܠܐ ܗܘܐ ܡܢ ܗܘ ܕܩܪܟܘܢ. 9 ܚܡܝܪܐ ܩܠܝܠ ܟܠܗ ܠܓܒܝܠܬܐ
ܡܚܡܥ. 10 ܐܢܐ ܬܟܝܠ ܐܢܐ ܥܠܝܟܘܢ ܒܡܪܢ. ܕܡܕܡ ܐܚܪܝܢ ܠܐ ܬܬܪܥܘܢ. ܘܐܝܢܐ
ܕܕܠܚ ܠܟܘܢ. ܗܘ ܢܣܝܒܪܝܘܗܝ ܠܕܝܢܐ ܡܢ ܕܐܝܬܘܗܝ܀ 11 ܐܢܐ ܕܝܢ ܐܚܝ. ܐܠܘ
ܒܓܙܘܪܬܐ ܡܟܪܙ ܗܘܝܬ. ܠܡܢܐ ܡܬܪܕܦ ܗܘܝܬ. ܕܗܐ ܒܛܝܠ ܠܗ ܟܫܠܗ
ܕܙܩܝܦܐ: 12 ܐܠܘ ܕܝܢ ܐܦ ܡܬܦܣܩܝܢ ܗܢܘܢ ܕܕܠܚܝܢ ܠܟܘܢ. 13 ܐܢܬܘܢ
ܕܝܢ ܠܚܐܪܘܬܐ ܗܘ ܐܬܩܪܝܬܘܢ ܐܚܝ. ܒܠܚܘܕ ܠܐ ܬܗܘܐ ܚܐܪܘܬܟܘܢ ܠܥܠܠܐ ܕܒܣܪܐ. ܐܠܐ
ܒܚܘܒܐ ܗܘܝܬܘܢ ܡܫܬܥܒܕܝܢ ܚܕ ܠܚܕ. 14 ܟܠܗ ܓܝܪ ܢܡܘܣܐ ܒܚܕܐ ܡܠܬܐ
ܡܬܡܠܐ. ܒܗܝ. ܕܬܪܚܡ ܠܩܪܝܒܟ ܐܝܟ ܢܦܫܟ. 15 ܐܢ ܕܝܢ ܚܕ ܠܚܕ ܡܢܟܬܝܬܘܢ
ܘܐܟܠܝܬܘܢ. ܚܙܘ ܕܠܡܐ ܚܕ ܡܢ ܚܕ ܬܣܬܦܘܢ܀ 16 ܐܡܪ ܐܢܐ ܕܝܢ ܕܒܪܘܚܐ ܗܘܝܬܘܢ
ܡܗܠܟܝܢ. ܘܪܓܬܐ ܕܒܣܪܐ ܠܐ ܬܗܘܘܢ ܡܫܡܠܝܢ. 17 ܒܣܪܐ ܓܝܪ ܪܓܐ ܡܕܡ
ܕܣܩܒܠ ܪܘܚܐ. ܘܪܘܚܐ ܪܓܐ ܡܕܡ ܕܣܩܒܠ ܒܣܪܐ. ܘܬܪܘܝܗܘܢ ܡܣܩܒܠܝܢ ܚܕ ܠܚܕ:
ܕܠܐ ܡܕܡ ܕܨܒܝܢܬܘܢ ܬܗܘܘܢ ܥܒܕܝܢ. 18 ܐܢ ܕܝܢ ܒܪܘܚܐ ܡܬܕܒܪܝܢ ܐܢܬܘܢ: ܠܐ
ܗܘܝܬܘܢ ܬܚܝܬ ܢܡܘܣܐ. 19 ܝܕܝܥܝܢ ܐܢܝܢ ܓܝܪ ܥܒܕܘܗܝ ܕܒܣܪܐ. ܕܐܝܬܝܗܘܢ:
ܙܢܝܘܬܐ. ܛܢܦܘܬܐ. ܙܠܝܚܘܬܐ. 20 ܦܘܠܚܢܐ ܕܦܬܟܪܐ. ܚܪܫܘܬܐ. ܒܥܠܕܒܒܘܬܐ. ܚܪܝܢܐ.
ܛܢܢܐ. ܚܡܬܐ. ܚܪܝܢܐ. ܦܠܓܘܬܐ. ܦܘܪ̈ܫܐ. 21 ܚܣܡܐ. ܩܛܠܐ. ܪܘܝܘܬܐ. ܙܡܪܐ. ܘܟܠ
ܕܕܡܝܢ ܠܗܠܝܢ. ܘܐܝܠܝܢ ܕܗܠܝܢ ܥܒܕܝܢ. ܐܝܟ ܕܡܢ ܩܕܝܡ ܐܡܪܬ ܠܟܘܢ: ܐܦ
ܗܫܐ ܐܡܪ ܐܢܐ: ܕܡܠܟܘܬܗ ܕܐܠܗܐ ܠܐ ܝܪܬܝܢ܀ 22 ܦܐܪܐ ܕܝܢ ܕܪܘܚܐ ܐܝܬܝܗܘܢ:
ܚܘܒܐ. ܚܕܘܬܐ. ܫܠܡܐ. ܡܓܪܬ ܪܘܚܐ. ܒܣܝܡܘܬܐ. ܛܒܘܬܐ. ܗܝܡܢܘܬܐ. 23 ܡܟܝܟܘܬܐ.
ܡܣܝܒܪܢܘܬܐ. ܥܠ ܗܠܝܢ ܢܡܘܣܐ ܠܐ ܣܝܡ. 24 ܐܝܠܝܢ ܕܝܢ ܕܡܫܝܚܐ ܐܢܘܢ:
ܒܣܪܗܘܢ ܨܠܒܘ. ܥܡ ܚܫܘܗܝ ܘܪ̈ܓܝܓܬܗ. 25 ܢܚܐ ܗܟܝܠ ܒܪܘܚܐ.
ܘܒܪܘܚܐ ܢܬܠܟ. 26 ܘܠܐ ܢܗܘܐ ܣܪܝܩܝ ܫܘܒܚܐ: ܕܡܥܨܝܢ ܚܕ ܥܠ ܚܕ.
ܘܚܣܡܝܢ ܚܕ ܒܚܕ܀
1 ܐܚܝ. ܐܢ ܐܢܫ ܡܢܟܘܢ ܢܬܩܕܡ ܒܣܟܠܘܬܐ. ܐܢܬܘܢ ܐܝܠܝܢ ܕܒܪܘܚ ܐܢܬܘܢ: Cap. vi.
ܐܬܩܢܘܗܝ ܒܪܘܚܐ ܡܟܝܟܬܐ. ܘܙܗܝܪܝܢ ܗܘܝܬܘܢ. ܕܠܡܐ ܐܦ ܐܢܬܘܢ ܬܬܢܣܘܢ.
2 ܘܗܘܝܬܘܢ ܫܩܠܝܢ ܝܘܩܪܐ ܕܚܕ ܚܕ. ܘܗܟܢܐ ܡܫܠܡܝܢ ܢܡܘܣܗ ܕܡܫܝܚܐ. 3 ܐܢ ܓܝܪ ܐܢܫ
ܣܒܪ ܕܐܝܬܘܗܝ ܡܕܡ. ܟܕ ܠܐ ܐܝܬܘܗܝ. ܢܦܫܗ ܡܛܥܐ. 4 ܐܠܐ ܐܢܫ ܥܒܕܗ ܢܒܩܐ

ܓܒܪܐ. ܘܗܝܕܝܢ ܒܢܦܫܗ ܢܗܘܐ ܫܘܒܗܪܗ. ܘܠܐ ܒܐܚܪܢܐ. ⁵ ܟܠܢܫ ܓܝܪ ܡܘܒܠܐ
ܕܢܦܫܗ ܢܫܩܘܠ. ⁶ ܢܫܬܘܬܦ ܕܝܢ ܗܘ ܕܫܡܥ ܡܠܬܐ ܠܗܘ ܡܢ ܕܡܫܡܥ ܠܗ.
ܒܟܠܗܘܢ ܛܒܬܐ. ⁷ ܠܐ ܬܛܥܘܢ. ܐܠܗܐ ܠܐ ܡܬܒܙܚ. ܡܕܡ ܓܝܪ ܕܙܪܥ ܒܪܢܫܐ ܗܘ
ܗܘ ܚܨܕ. ⁸ ܡܢ ܕܒܒܣܪܗ ܙܪܥ. ܡܢ ܒܣܪܐ ܚܒܠܐ ܗܘ ܚܨܕ. ܘܡܢ ܕܒܪܘܚ ܙܪܥ. ܡܢ
ܪܘܚܐ ܚܝܐ ܕܠܥܠܡ ܢܚܨܘܕ. ⁹ ܘܟܕ ܥܒܕܝܢܢ ܛܒܬܐ. ܠܐ ܢܡܐܢ ܠܢ. ܢܗܘܐ ܓܝܪ
ܙܒܢܐ ܕܢܚܨܘܕ. ܘܠܐ ܢܡܐܢ ܠܢ. ¹⁰ ܗܫܐ ܗܟܝܠ ܟܕ ܐܝܬ ܠܢ ܙܒܢܐ. ܢܥܒܕ ܛܒܬܐ ܠܘܬ
ܟܠܢܫ. ܝܬܝܪܐܝܬ ܠܘܬ ܒܢܝ ܒܝܬܐ ܕܗܝܡܢܘܬܐ. ¹¹ ܚܙܘ ܐܝܠܝܢ ܐܓܪܬܐ ܟܬܒܬ ܠܟܘܢ
ܒܐܝܕܝ. ¹² ܐܝܠܝܢ ܕܨܒܝܢ ܕܢܫܬܒܗܪܘܢ ܒܒܣܪܐ. ܗܢܘܢ ܐܠܨܝܢ ܠܟܘܢ ܕܬܬܓܙܪܘܢ.
ܕܠܚܘܕ ܒܙܩܝܦܗ ܕܡܫܝܚܐ ܠܐ ܢܬܪܕܦܘܢ. ¹³ ܐܦܠܐ ܓܝܪ ܗܢܘܢ ܗܠܝܢ ܕܓܙܝܪܝܢ ܢܛܪܝܢ
ܢܡܘܣܐ. ܐܠܐ ܨܒܝܢ ܕܬܬܓܙܪܘܢ. ܕܒܒܣܪܟܘܢ ܕܝܠܟܘܢ ܢܫܬܒܗܪܘܢ. ¹⁴ ܠܝ ܕܝܢ ܠܐ
ܢܗܘܐ ܠܝ ܕܐܫܬܒܗܪ. ܐܠܐ ܒܙܩܝܦܗ ܕܡܪܢ ܝܫܘܥ ܡܫܝܚܐ. ܕܒܗ ܥܠܡܐ ܙܩܝܦ ܠܝ.
ܘܐܢܐ ܙܩܝܦ ܐܢܐ ܠܥܠܡܐ. ¹⁵ ܠܐ ܓܝܪ ܓܙܘܪܬܐ ܐܝܬܝܗ ܡܕܡ. ܘܠܐ ܥܘܪܠܘܬܐ. ܐܠܐ
ܒܪܝܬܐ ܚܕܬܐ. ¹⁶ ܘܐܝܠܝܢ ܕܒܗܕܐ ܫܒܝܠܐ ܡܫܬܪܓܝܢ. ܫܠܡܐ ܢܗܘܐ ܥܠܝܗܘܢ ܘܪܚܡܐ.
ܘܥܠ ܐܝܣܪܝܠ ܕܐܠܗܐ ܀ ¹⁷ ܡܟܝܠ ܠܝ ܐܢܫ ܥܡܠܐ ܠܐ ܢܪܡܐ. ܐܢܐ ܓܝܪ ܫܘܡܬܗ
ܕܡܪܢ ܝܫܘܥ ܒܦܓܪܝ ܛܥܝܢ ܐܢܐ. ¹⁸ ܛܝܒܘܬܗ ܕܡܪܢ ܝܫܘܥ ܡܫܝܚܐ ܥܡ
ܪܘܚܟܘܢ ܐܚܝ. ܐܡܝܢ ܀ ܀

܀ ܫܠܡܬ ܐܓܪܬܐ ܕܠܘܬ ܓܠܛܝܐ ܕܐܬܟܬܒܬ ܡܢ ܪܗܘܡܐ ܀

܀ ܐܓܪܬܐ ܕܠܘܬ ܐܦܣܝܐ ܀

Cap. i. ¹ ܦܘܠܘܣ ܫܠܝܚܐ ܕܝܫܘܥ ܡܫܝܚܐ ܒܨܒܝܢܗ ܕܐܠܗܐ. ܠܐܝܠܝܢ ܕܐܝܬܝܗܘܢ ܒܐܦܣܘܣ.
ܩܕܝܫܐ ܘܡܗܝܡܢܐ ܒܝܫܘܥ ܡܫܝܚܐ. ² ܫܠܡܐ ܥܡܟܘܢ. ܘܛܝܒܘܬܐ ܡܢ ܐܠܗܐ ܐܒܘܢ.
ܘܡܢ ܡܪܢ ܝܫܘܥ ܡܫܝܚܐ ܀

³ ܡܒܪܟ ܗܘ ܐܠܗܐ ܐܒܘܗܝ ܕܡܪܢ ܝܫܘܥ ܡܫܝܚܐ. ܗܘ ܕܒܪܟܢ ܒܟܠ ܒܘܪܟܝܢ
ܕܪܘܚ ܒܫܡܝܐ ܒܡܫܝܚܐ. ⁴ ܐܝܟܢܐ ܕܓܒܢ ܒܗ ܡܢ ܩܕܡ ܕܢܬܬܣܝܡ ܬܩܢܬܗ ܕܥܠܡܐ.
ܕܢܗܘܐ ܩܕܝܫܐ ܘܕܠܐ ܡܘܡ ܩܕܡܘܗܝ. ܘܒܚܘܒܐ ܩܕܡ ܐܦܪܫܢ ܠܗ. ⁵ ܘܣܡܢ ܠܒܢܝܐ
ܒܝܫܘܥ ܡܫܝܚܐ ܐܝܟ ܕܨܒܐ ܒܨܒܝܢܗ. ⁶ ܕܢܫܬܒܚ ܫܘܒܚܐ ܕܛܝܒܘܬܗ. ܗܘ ܕܐܫܦܥ

ܥܠܝܢ ܒܝܕ ܚܒܝܒܗ܂ ⁷ ܕܒܗ ܐܝܬ ܠܢ ܦܘܪܩܢܐ܂ ܘܒܕܡܗ ܫܘܒܩܢܐ ܕܚܛܗ̈ܐ܂ ܐܝܟ
ܥܘܬܪܐ ܕܛܝܒܘܬܗ܂ ⁸ ܗܝ ܕܐܬܝܬܪܬ ܒܢ܂ ܒܟܠ ܚܟܡܐ ܘܒܟܠ ܣܘܟܠ܂ ⁹ ܘܐܘܕܥܢ
ܐܪܙܐ ܕܨܒܝܢܗ܂ ܗܘ ܕܩܕܡ ܗܘܐ ܣܡ ܕܢܣܥܘܪ ܒܗ܂ ¹⁰ ܠܡܕܒܪܢܘܬܐ ܕܡܘܠܝܗܘܢ
ܕܙܒܢ̈ܐ܂ ܕܢܬܚܕܬ ܡܢ ܕܪܝܫ ܟܠ ܡܕܡ ܒܡܫܝܚܐ܂ ܕܒܫܡܝܐ ܘܒܐܪܥܐ܂ ¹¹ ܘܒܗ ܚܢܢ
ܐܬܓܒܝܢ܂ ܐܝܟ ܕܩܕܡ ܪܫܡܢ܂ ܘܨܒܐ ܗܘ ܕܟܠ ܥܒܕ܂ ܐܝܟ ܬܪܥܝܬܐ ܕܨܒܝܢܗ܂ ¹² ܕܢܗܘܐ
ܚܢܢ ܐܝܠܝܢ ܕܩܕܡ ܣܒܪܢ ܒܡܫܝܚܐ ܠܬܫܒܘܚܬܐ ܕܐܝܩܪܗ܂ ¹³ ܕܐܦ ܐܢܬܘܢ ܒܗ
ܫܡܥܬܘܢ ܡܠܬܐ ܕܫܪܪܐ܂ ܕܐܝܬܝܗ̇ ܣܒܪܬܐ ܕܚܝ̈ܝܟܘܢ܂ ܘܒܗ ܗܝܡܢܬܘܢ܂
ܘܐܬܚܬܡܬܘܢ ܒܪܘܚܐ ܕܡܘܠܟܢܐ ܩܕܝܫܬܐ ܗܝ܂ ¹⁴ ܗܝ ܕܐܝܬܝܗ̇ ܪܗܒܘܢܐ ܕܝܪܬܘܬܢ܂
ܠܦܘܪܩܢܐ ܕܐܝܠܝܢ ܕܐܬܚܝܝܘ܂ ܘܠܫܘܒܚܐ ܕܐܝܩܪܗ ✤
¹⁵ ܡܛܠ ܗܢܐ ܐܦ ܐܢܐ ܗܐ ܡܢ ܕܫܡܥܬ ܗܝܡܢܘܬܟܘܢ ܕܒܡܪܢ ܝܫܘܥ ܡܫܝܚܐ܂
ܘܚܘܒܟܘܢ ܕܠܘܬ ܟܠܗܘܢ ܩܕܝ̈ܫܐ܂ ¹⁶ ܠܐ ܫܠܝܬ ܐܢܐ ܠܡܘܕܝܘ ܥܠ ܐܦ̈ܝܟܘܢ܂
ܘܠܡܥܗܕܘܬܟܘܢ ܒܨܠܘܬܝ܂ ¹⁷ ܕܐܠܗܗ ܕܡܪܢ ܝܫܘܥ ܡܫܝܚܐ ܐܒܐ ܕܬܫܒܘܚܬܐ܂ ܢܬܠ
ܠܟܘܢ ܪܘܚܐ ܕܚܟܡܬܐ ܘܕܓܠܝܢܐ ܒܝܕܥܬܗ܂ ¹⁸ ܘܢܢܗܪܢ ܥܝ̈ܢܐ ܕܠܒܘܬܟܘܢ܂ ܕܬܕܥܘܢ
ܡܢܘ ܣܒܪܐ ܕܩܪܝܢܗ܂ ܘܡܢܘ ܥܘܬܪܐ ܕܫܘܒܚܐ ܕܝܪܬܘܬܗ ܒܩܕܝ̈ܫܐ܂ ¹⁹ ܘܡܢܘ ܗܝ
ܡܝܬܪܘܬܐ ܕܪܒܘܬܐ ܕܚܝܠܗ܂ ܒܢ ܕܡܗܝܡܢܝܢ܂ ܐܝܟ ܡܥܒܕܢܘܬܐ ܕܬܘܩܦܐ ܕܚܝܠܗ܂
²⁰ ܕܥܒܕ ܒܡܫܝܚܐ܂ ܘܐܩܝܡܗ ܡܢ ܒܝܬ ܡܝ̈ܬܐ܂ ܘܐܘܬܒܗ ܡܢ ܝܡܝܢܗ ܒܫܡܝܐ܂
²¹ ܠܥܠ ܡܢ ܟܠܗܘܢ ܐܪ̈ܟܘܣ ܘܫܘܠܛܢ̈ܐ ܘܚܝ̈ܠܐ ܘܡܪ̈ܘܬܐ܂ ܘܠܥܠ ܡܢ ܟܠ
ܫܡ ܕܡܫܬܡܗ܂ ܠܐ ܒܠܚܘܕ ܒܥܠܡܐ ܗܢܐ܂ ܐܠܐ ܐܦ ܒܕܥܬܝܕ܂ ²² ܘܟܠܡܕܡ
ܫܥܒܕ ܬܚܝܬ ܪ̈ܓܠܘܗܝ܂ ܘܠܗ ܕܐܝܬܘܗܝ ܠܥܠ ܡܢ ܟܠ܂ ܝܗܒܗ ܪܫܐ
ܠܥܕܬܐ܂ ²³ ܕܐܝܬܝܗ̇ ܦܓܪܗ܂ ܘܡܘܠܝܐ ܕܗܘ ܕܟܠ ܒܟܠ ܡܫܡܠܐ܂
¹ ܐܦ ܠܟܘܢ ܕܡܝܬܝܢ ܗܘܝܬܘܢ ܒܚܛܗ̈ܝܟܘܢ ܘܒܥܘܩ̈ܒܬܟܘܢ܂ ² ܕܒܗܘܢ ܡܢ Cap. ii.
ܩܕܝܡ ܗܠܟܬܘܢ ܗܘܝܬܘܢ ܒܥܠܡܐ܂ ܐܝܟ ܥܠܡܘܬܗ ܕܥܠܡܐ ܗܢܐ܂ ܘܐܝܟ ܨܒܝܢܗ
ܕܪܫ ܫܘܠܛܢܐ ܕܐܐܪ܂ ܘܪܘܚܐ ܗܝ ܕܡܬܥܒܕܐ ܒܒ̈ܢܝܐ ܕܠܐ ܡܬܛܦܝܣܢܘܬܐ܂ ³ ܒܗܘܢ
ܟܠܢ ܕܐܦ ܚܢܢ ܐܬܗܦܟܢ ܒܗܘܢ ܡܢ ܩܕܝܡ܂ ܒܪ̈ܓܝܓܬܐ ܕܒܣܪܢ܂ ܘܥܒܕܝܢ ܗܘܝܢ
ܨܒܝܢܐ ܕܒܣܪܢ܂ ܘܕܪ̈ܥܝܢܝܢ܂ ܘܒܢ̈ܝܐ ܗܘܝܢ ܕܪܘܓܙܐ ܐܝܟ ܫܪܟܐ܂ ⁴ ܐܠܗܐ
ܕܝܢ ܕܥܬܝܪ ܒܪ̈ܚܡܘܗܝ܂ ܡܛܠ ܚܘܒܗ ܣܓܝܐܐ ܕܐܚܒܢ܂ ⁵ ܟܕ ܡܝܬܝܢ ܗܘܝܢ
ܒܚܛܗ̈ܝܢ܂ ܐܚܝܢ ܥܡ ܡܫܝܚܐ܂ ܘܒܛܝܒܘܬܗ ܦܪܩܢ܂ ⁶ ܘܐܩܝܡܢ ܥܡܗ܂ ܘܐܘܬܒܢ
ܥܡܗ ܒܫܡܝܐ ܒܝܫܘܥ ܡܫܝܚܐ܂ ⁷ ܕܢܚܘܐ ܠܥܠܡ̈ܐ ܕܐܬܝܢ܂ ܥܘܬܪܐ ܕܛܝܒܘܬܗ܂
ܘܒܣܝܡܘܬܗ ܕܗܘܬ ܥܠܝܢ ܒܝܫܘܥ ܡܫܝܚܐ܂ ⁸ ܒܛܝܒܘܬܗ ܗܘ ܓܝܪ ܐܬܦܪܩܬܘܢ܂
ܒܗܝܡܢܘܬܐ܂ ܘܗܕܐ ܠܐ ܗܘܬ ܡܢܟܘܢ܂ ܐܠܐ ܡܘܗܒܬܐ ܗܝ ܕܐܠܗܐ܂ ⁹ ܠܐ ܡܢ ܥܒ̈ܕܐ܂

ܘܠܐ ܐܢܫ ܢܫܬܒܗܪ. 10 ܒܪ̈ܝܬܐ ܓܝܪ ܚܢܢ ܕܝܠܗ: ܕܐܬܒܪܝܢ ܒܝܫܘܥ ܡܫܝܚܐ ܠܥܒ̈ܕܐ
ܛܒ̈ܐ: ܗܢܘܢ ܕܡܢ ܩܕܝܡ ܛܝܒ ܐܠܗܐ ܕܒܗܘܢ ܢܗܠܟ. 11 ܡܛܠ ܗܢܐ ܗܘܘ ܥܗܝܕܝܢ
ܠܟܘܢ: ܕܐܝܬܝܟܘܢ ܥܡܡ̈ܐ ܡܢ ܩܕܝܡ ܕܒܒܣܪ ܗܘܝܬܘܢ. ܘܡܬܐܡܪܝܢ ܗܘܝܬܘܢ ܥܘܪܠܘܬܐ
ܡܢ ܗܝ ܕܡܬܩܪܝܐ ܓܙܘܪܬܐ: ܘܥܒܝܕܬ ܐܝ̈ܕܝܐ ܒܒܣܪܐ. 12 ܘܐܝܬܝܟܘܢ ܗܘܝܬܘܢ
ܒܗܘ ܙܒܢܐ ܕܠܐ ܡܫܝܚܐ. ܘܢܘܟܪ̈ܝܝܢ ܗܘܝܬܘܢ ܡܢ ܕܘܒܪ̈ܐ ܕܐܝܣܪܝܠ. ܘܐܟܣ̈ܢܝܐ ܗܘܝܬܘܢ
ܠܕܝ̈ܬܩܐ ܕܡܘܠܟܢܐ. ܘܠܐ ܣܒܪܐ ܗܘܐ ܠܟܘܢ. ܘܠܐ ܐܠܗܐ ܒܥܠܡܐ. 13 ܗܫܐ ܕܝܢ ܒܝܫܘܥ
ܡܫܝܚܐ ܐܢܬܘܢ ܕܡܢ ܩܕܝܡ ܪ̈ܚܝܩܝܢ ܗܘܝܬܘܢ. ܩܪ̈ܝܒܐ ܗܘܝܬܘܢ ܒܕܡܗ ܕܡܫܝܚܐ.
14 ܗܘܝܘ ܓܝܪ ܫܠܡܢ. ܗܘ ܕܥܒܕ ܠܬܪ̈ܝܗܘܢ ܚܕ: ܘܣܬܪ ܫܘܪܐ ܕܩܐܡ ܗܘܐ ܒܡܨܥܬܐ
15 ܘܒܥܠܕܒܒܘܬܐ ܒܒܣܪܗ. ܘܢܡܘܣܐ ܕܦܘܩܕ̈ܢܐ ܒܦܘܩܕ̈ܢܘܗܝ ܒܛܠ: ܕܠܬܪ̈ܝܗܘܢ ܢܒܪܐ
ܒܩܢܘܡܗ ܠܚܕ ܒܪܢܫܐ ܚܕܬܐ. ܘܢܥܒܕ ܫܝܢܐ. 16 ܘܢܪܥܐ ܠܬܪ̈ܝܗܘܢ ܒܚܕ ܦܓܪ ܥܡ
ܐܠܗܐ. ܘܒܙܩܝܦܗ ܩܛܠ ܒܥܠܕܒܒܘܬܐ. 17 ܘܐܬܐ ܣܒܪ ܫܠܡܐ ܠܟܘܢ ܠܪ̈ܚܝܩܐ
ܘܠܩܪ̈ܝܒܐ. 18 ܡܛܠ ܕܒܗ ܗܘܐ ܠܢ ܩܘܪܒܐ ܠܬܪ̈ܝܢ ܥܡ̈ܡܝܢ ܒܚܕܐ ܪܘܚ ܠܘܬ ܐܒܐ.
19 ܡܟܝܠ ܠܐ ܗܘܝܬܘܢ ܐܟܣ̈ܢܝܐ ܘܠܐ ܬܘܬ̈ܒܐ. ܐܠܐ ܒܢ̈ܝ ܡܕܝܢܬܐ ܕܩܕ̈ܝܫܐ. ܘܒܢ̈ܝ ܒܝܬܗ
ܕܐܠܗܐ. 20 ܘܐܬܒܢܝܬܘܢ ܥܠ ܫܬܐܣܬܐ ܕܫܠܝ̈ܚܐ ܘܕܢܒ̈ܝܐ. ܘܗܘ ܗܘܐ ܪܝܫ
ܩܪܢܐ ܕܒܢܝܢܐ ܝܫܘܥ ܡܫܝܚܐ. 21 ܘܒܗ ܡܬܪܟܒ ܟܠܗ ܒܢܝܢܐ: ܘܪܒܐ ܠܗܝܟܠܐ
ܩܕܝܫܐ ܒܡܪܝܐ. 22 ܟܕ ܐܦ ܐܢܬܘܢ ܒܗ ܡܬܒܢܝܢ ܐܢܬܘܢ: ܠܡܥܡܪܐ ܕܐܠܗܐ
ܒܪܘܚ . ◆ . ◆

Cap. iii. 1 ܡܛܠ ܗܢܐ ܐܢܐ ܦܘܠܘܣ. ܐܣܝܪܐ ܐܢܐ ܕܝܫܘܥ ܡܫܝܚܐ ܚܠܦ ܐܦܝܟܘܢ ܥܡܡ̈ܐ.
2 ܐܢ ܫܡܥܬܘܢ ܡܕܒܪܢܘܬܐ ܕܛܝܒܘܬܗ ܕܐܠܗܐ ܕܐܬܝܗܒܬ ܠܝ ܒܟܘܢ. 3 ܕܒܓܠܝܢܐ
ܐܬܝܕܥ ܠܝ ܐܪܙܐ. ܐܝܟ ܕܟܬܒܬ ܠܟܘܢ ܒܒܝܨܘܪܬܐ. 4 ܐܝܟ ܡܐ ܕܡܫܟܚܝܬܘܢ ܟܕ
ܩܪܝܬܘܢ ܐܝܬܝܟܘܢ ܠܡܣܬܟܠܘ: ܝܕܥܬܝ ܕܐܪܙܗ ܕܡܫܝܚܐ. 5 ܗܘ ܕܒܫܪ̈ܒܬܐ ܐܚܪ̈ܢܝܬܐ ܠܐ ܐܬܝܕܥ
ܠܒܢܝ̈ܢܫܐ: ܐܝܟ ܕܗܫܐ ܐܬܓܠܝ ܠܫܠܝ̈ܚܘܗܝ ܩܕ̈ܝܫܐ ܘܠܢܒ̈ܝܘܗܝ ܒܪܘܚ. 6 ܕܢܗܘܘܢ
ܥܡܡ̈ܐ ܒܢ̈ܝ ܝܪܬܘܬܗ ܘܒܢ̈ܝ ܦܓܪܗ. ܘܫܘܬܦ̈ܐ ܕܡܘܠܟܢܐ ܕܐܬܡܠܟ ܒܗ ܒܡܫܝܚܐ ܒܐܘܢܓܠܝܘܢ:
7 ܗܘ ܕܐܢܐ ܗܘܝܬ ܡܫܡܫܢܗ. ܐܝܟ ܡܘܗܒܬܐ ܕܛܝܒܘܬܗ ܕܐܠܗܐ: ܕܐܬܝܗܒܬ ܠܝ ܡܢ
ܡܥܒܕܢܘܬܐ ܕܚܝܠܗ. 8 ܠܝ ܕܒܨܝܪ ܐܢܐ ܕܟܠܗܘܢ ܩܕ̈ܝܫܐ: ܐܬܝܗܒܬ ܛܝܒܘܬܐ ܗܕܐ.
ܕܐܣܒܪ ܒܥܡܡ̈ܐ ܥܘܬܪܗ ܕܡܫܝܚܐ: ܗܘ ܕܠܐ ܡܬܥܩܒ. 9 ܘܐܢܗܪ ܠܟܠܗܘܢ: ܐܝܕܐ
ܗܝ ܡܕܒܪܢܘܬܐ ܕܐܪܙܐ: ܗܘ ܕܟܣܐ ܗܘܐ ܡܢ ܥܠܡ̈ܐ ܒܐܠܗܐ ܕܟܠ ܒܪܐ. 10 ܕܬܬܝܕܥ
ܒܝܕ ܥܕܬܐ ܚܟܡܬܗ ܕܐܠܗܐ ܡܠܝܬ ܨܒ̈ܘܬܐ: ܠܪ̈ܫܢܘܬܐ ܘܠܫܘܠܛܢ̈ܐ ܕܒܫܡܝܐ.
11 ܗܝ ܕܛܝܒ ܗܘܐ ܡܢ ܩܕܝܡ ܥܠܡ̈ܐ: ܘܥܒܕܗ ܒܝܫܘܥ ܡܫܝܚܐ ܡܪܢ. 12 ܗܘ ܕܒܗ ܐܝܬ
ܠܢ ܦܪܗܣܝܐ ܘܩܘܪܒܬܐ ܒܬܘܟܠܢܐ ܕܗܝܡܢܘܬܗ. 13 ܡܛܠ ܗܢܐ ܫܐܠܢܐ. ܕܠܐ ܐܡܐܠ

ܬܡܐܢ ܒܐܘܠܨܢܝ ܕܥܠ ܐܦܝܟܘܢ. ܕܗܘܝܘ ܗܘ ܫܘܒܚܟܘܢ. 14 ܘܡܛܠܗܢܐ ܒܘܪܟܝ ܠܘܬ
ܐܒܘܗܝ ܕܡܪܢ ܝܫܘܥ ܡܫܝܚܐ. 15 ܗܘ ܕܡܢܗ ܡܬܩܪܝܐ ܟܠ ܐܒܗܘܬܐ ܕܒܫܡܝܐ
ܘܒܐܪܥܐ. 16 ܕܢܬܠ ܠܟܘܢ ܐܝܟ ܥܘܬܪܐ ܕܫܘܒܚܗ: ܕܒܚܝܠܐ ܬܬܥܫܢܘܢ ܒܪܘܚܗ.
ܕܒܒܪܢܫܟܘܢ ܕܓܘܝܐ 17 ܢܥܡܪ ܡܫܝܚܐ ܒܗܝܡܢܘܬܐ ܒܠܒܘܬܟܘܢ ܒܚܘܒܐ: ܟܕ ܫܪܝܪܐ
ܥܩܪܝܟܘܢ ܘܫܬܐܣܬܟܘܢ. 18 ܕܬܫܟܚܘܢ ܠܡܕܪܟ ܥܡ ܟܠܗܘܢ ܩܕܝܫܐ: ܡܢܘ
ܦܬܝܐ ܘܐܘܪܟܐ ܘܥܘܡܩܐ ܘܪܘܡܐ. 19 ܘܬܕܥܘܢ ܪܒܘܬܐ ܕܚܘܒܐ ܕܝܕܥܬܗ ܕܡܫܝܚܐ:
ܘܬܬܡܠܘܢ ܒܟܠܗ ܡܘܠܝܐ ܕܐܠܗܐ. 20 ܠܗܘ ܕܝܢ ܕܡܫܟܚ ܒܚܝܠܐ ܝܬܝܪ ܡܢ ܟܠ
ܠܡܥܒܕ ܠܢ: ܘܝܬܝܪ ܡܢ ܡܐ ܕܫܐܠܝܢ ܘܪܢܝܢ: ܐܝܟ ܚܝܠܗ ܕܡܬܥܒܕ ܒܢ.
21 ܠܗ ܬܫܒܘܚܬܐ ܒܥܕܬܗ ܒܝܫܘܥ ܡܫܝܚܐ: ܠܟܠܗܘܢ ܕܪܐ ܕܥܠܡ
ܥܠܡܝܢ. ܐܡܝܢ.

1 ܒܥܐ ܐܢܐ ܗܟܝܠ ܡܢܟܘܢ ܐܢܐ ܐܣܝܪܐ ܒܡܪܢ. ܕܬܗܠܟܘܢ ܐܝܟܢܐ ܕܫܘܐ ܠܩܪܝܢܐ Cap. iv.
ܕܐܬܩܪܝܬܘܢ. 2 ܒܟܠܗ ܡܟܝܟܘܬܐ ܘܢܝܚܘܬܐ: ܘܒܢܓܝܪܘܬ ܪܘܚܐ. ܘܬܗܘܘܢ
ܡܣܝܒܪܝܢ ܚܕ ܠܚܕ ܒܚܘܒܐ. 3 ܘܬܗܘܘܢ ܚܦܝܛܝܢ ܠܡܛܪ ܐܘܝܘܬܐ ܕܪܘܚܐ ܒܐܣܘܪܐ
ܕܫܠܡܐ. 4 ܕܬܗܘܘܢ ܒܚܕ ܦܓܪܐ ܘܒܚܕܐ ܪܘܚܐ: ܐܝܟ ܡܐ ܕܐܬܩܪܝܬܘܢ ܒܚܕ ܣܒܪܐ
ܕܩܪܝܢܟܘܢ. 5 ܚܕ ܗܘ ܡܪܢ. ܚܕܐ ܗܝܡܢܘܬܐ. ܘܚܕܐ ܡܥܡܘܕܝܬܐ. 6 ܘܚܕ
ܐܠܗܐ ܐܒܐ ܕܟܠ. ܘܥܠ ܟܠ ܘܒܝܕ ܟܠ ܘܒܟܠܢ. 7 ܠܚܕ ܚܕ ܕܝܢ ܡܢܢ ܐܬܝܗܒܬ
ܛܝܒܘܬܐ: ܐܝܟ ܡܫܘܚܬܐ ܕܡܘܗܒܬܗ ܕܡܫܝܚܐ. 8 ܡܛܠ ܗܢܐ ܐܡܝܪ. ܕܣܠܩ
ܠܡܪܘܡܐ ܘܫܒܐ ܫܒܝܬܐ. ܘܝܗܒ ܡܘܗܒܬܐ ܠܒܢܝܢܫܐ. 9 ܕܣܠܩ ܕܝܢ: ܡܢܘ ܗܘ.
ܐܠܐ ܐܢ ܕܐܦ ܢܚܬ ܠܘܩܕܡ ܠܬܚܬܝܬܗ ܕܐܪܥܐ. 10 ܗܘ ܕܢܚܬ. ܗܘܝܘ ܗܘ ܕܐܦ
ܣܠܩ: ܠܥܠ ܡܢ ܟܠܗܘܢ ܫܡܝܐ ܕܢܡܠܐ ܟܠ. 11 ܘܗܘ ܝܗܒ: ܐܝܬ ܕܫܠܝܚܐ.
ܘܐܝܬ ܕܢܒܝܐ. ܘܐܝܬ ܕܡܣܒܪܢܐ. ܘܐܝܬ ܕܪܥܘܬܐ. ܘܐܝܬ ܕܡܠܦܢܐ: 12 ܠܓܘܡܪܐ ܕܩܕܝܫܐ.
ܠܬܫܡܫܬܐ ܕܬܫܡܫܬܐ. ܠܒܢܝܢܐ ܕܦܓܪܗ ܕܡܫܝܚܐ. 13 ܥܕܡܐ ܕܟܠܢ ܢܗܘܐ ܚܕ ܒܚܕ
ܒܗܝܡܢܘܬܐ ܘܒܝܕܥܬܗ ܕܒܪܗ ܕܐܠܗܐ: ܘܠܓܒܪܐ ܓܡܝܪܐ ܒܡܫܘܚܬܐ ܕܡܘܠܝܐ
ܕܩܘܡܬܗ ܕܡܫܝܚܐ. 14 ܘܠܐ ܢܗܘܐ ܝܠܘܕܐ ܕܡܬܪܓܫܝܢ ܘܡܬܦܟܝܢ ܠܟܠ ܪܘܚ
ܕܝܘܠܦܢܐ ܕܒܢܝܢܫܐ ܕܢܟܠܐ: ܗܢܘܢ ܕܒܚܪܝܥܘܬܗܘܢ ܡܬܚܫܒܝܢ ܠܡܛܥܝܘ. 15 ܐܠܐ ܢܗܘܐ
ܡܫܪܪܝܢ ܒܚܘܒܐ: ܘܒܟܠ ܡܕܡ ܢܬܝܒ ܒܡܫܝܚܐ. ܕܗܘܝܘ ܪܝܫܐ: 16 ܘܡܢܗ ܟܠܗ
ܦܓܪܐ ܡܬܪܟܒ ܘܡܬܚܝܕ ܒܟܠ ܚܘܩܐ: ܐܝܟ ܡܘܗܒܬܐ ܕܝܗܝܒܐ ܒܡܫܘܚܬܐ
ܠܟܠ ܗܕܡ: ܠܬܪܒܝܬܐ ܕܦܓܪܗ ܕܒܚܘܒܐ ܢܫܬܠܡ ܒܢܝܢܗ.

17 ܗܕܐ ܕܝܢ ܐܡܪ ܐܢܐ ܘܡܣܗܕ ܐܢܐ ܒܡܪܢ. ܕܡܢ ܗܫܐ ܠܐ ܬܗܘܘܢ ܡܗܠܟܝܢ ܐܝܟ
ܫܪܟܐ ܕܥܡܡܐ: ܕܡܗܠܟܝܢ ܒܣܪܝܩܘܬܐ ܕܪܥܝܢܗܘܢ. 18 ܘܚܫܘܟܝܢ ܒܡܕܥܝܗܘܢ.

ܘܢܘܟܪܝܢ ܐܢܘܢ ܡܢ ܚܝܘܗܝ ܕܐܠܗܐ: ܡܛܠ ܕܠܝܬ ܒܗܘܢ ܝܕܥܬܐ. ܘܡܛܠ
ܥܘܝܪܘܬܐ ܕܠܒܗܘܢ. 19 ܗܢܘܢ ܕܦܣܩܘ ܣܒܪܗܘܢ: ܘܐܫܠܡܘ ܢܦܫܗܘܢ ܠܒܐܣܠܓܝܘܬܐ
ܘܠܡܥܒܕ ܟܠܗ ܛܢܦܘܬܐ ܒܥܠܘܒܝܘܬܗܘܢ. 20 ܐܢܬܘܢ ܕܝܢ ܠܐ ܗܘܐ ܗܟܢܐ ܝܠܦܬܘܢ
ܠܡܫܝܚܐ. 21 ܐܢ ܫܡܥܬܘܢ ܡܢܗ ܘܒܗ ܝܠܦܬܘܢ: ܐܝܟ ܗܝ ܕܐܝܬܝܗ
ܫܪܪܐ ܒܝܫܘܥ. 22 ܐܠܐ ܕܬܫܢܘܢ ܡܢܟܘܢ ܗܘܦܟܝܟܘܢ ܩܕܡܝܐ: ܠܒܪܢܫܐ ܗܘ
ܥܬܝܩܐ ܕܡܬܚܒܠ ܒܪܓܝܓܬܐ ܕܛܘܥܝܝܐ. 23 ܘܬܬܚܕܬܘܢ ܒܪܘܚܐ ܕܡܕܥܝܟܘܢ:
24 ܘܬܠܒܫܘܢ ܒܪܢܫܐ ܚܕܬܐ ܗܘ ܕܒܐܠܗܐ ܐܬܒܪܝ ܒܙܕܝܩܘܬܐ ܘܒܚܣܝܘܬܐ ܕܫܪܪܐ.
25 ܡܛܠ ܗܢܐ ܐܪܚܩܘ ܡܢܟܘܢ ܕܓܠܘܬܐ ܘܡܠܠܘ ܫܪܪܐ ܐܢܫ ܥܡ ܩܪܝܒܗ. ܕܗܕܡܐ
ܚܢܢ ܓܝܪ ܚܕ ܕܚܕ. 26 ܪܓܙܘ ܘܠܐ ܬܚܛܘܢ. ܘܫܡܫܐ ܥܠ ܪܘܓܙܟܘܢ ܠܐ ܬܥܪܘܒ. 27 ܘܠܐ
ܬܬܠܘܢ ܐܬܪܐ ܠܐܟܠ ܩܪܨܐ. 28 ܘܐܝܢܐ ܕܓܢܒ ܗܘܐ. ܡܟܝܠ ܠܐ ܢܓܢܘܒ. ܐܠܐ ܢܠܐܐ ܒܐܝܕܘܗܝ
ܘܢܥܒܕ ܛܒܬܐ: ܕܢܗܘܐ ܠܗ ܠܡܬܠ ܠܡܢ ܕܣܢܝܩ. . . . .
29 ܟܠ ܡܠܐ ܣܢܝܬܐ ܡܢ ܦܘܡܟܘܢ ܠܐ ܬܦܘܩ. ܐܠܐ ܐܝܕܐ ܕܫܦܝܪܐ ܘܡܥܕܪܐ ܒܚܢܝܢܘܬܐ:
ܕܬܬܠ ܛܝܒܘܬܐ ܠܐܝܠܝܢ ܕܫܡܥܝܢ. 30 ܘܠܐ ܬܥܝܩܘܢ ܠܪܘܚܐ ܕܩܘܕܫܐ ܕܐܠܗܐ:
ܕܒܗ ܐܬܚܬܡܬܘܢ ܠܝܘܡܐ ܕܦܘܪܩܢܐ. 31 ܟܠܗ ܡܪܝܪܘܬܐ ܘܚܡܬܐ ܘܪܘܓܙܐ ܘܩܥܬܐ
ܘܓܘܕܦܐ ܢܫܬܩܠܘܢ ܡܢܟܘܢ. ܥܡ ܟܠܗ ܒܝܫܘܬܐ. 32 ܘܗܘܘ ܒܣܝܡܝܢ ܚܕ ܠܘܬ
ܚܕ ܘܡܪܚܡܢܝܢ. ܘܗܘܝܬܘܢ ܫܒܩܝܢ ܚܕ ܠܚܕ. ܐܝܟܢܐ ܕܐܠܗܐ ܒܡܫܝܚܐ ܫܒܩ ܠܢ.
Cap. v. 1 ܗܘܘ ܗܟܝܠ ܡܬܕܡܝܢ ܒܐܠܗܐ ܐܝܟ ܒܢܝܐ ܚܒܝܒܐ. 2 ܘܗܠܟܘ ܒܚܘܒܐ. ܐܝܟ ܕܐܦ
ܡܫܝܚܐ ܐܚܒܢ ܘܐܫܠܡ ܢܦܫܗ ܚܠܦܝܢ: ܩܘܪܒܢܐ ܘܕܒܚܐ ܠܐܠܗܐ ܠܪܝܚܐ ܒܣܝܡܐ.
3 ܙܢܝܘܬܐ ܕܝܢ ܘܟܠܗ ܛܢܦܘܬܐ ܘܥܠܘܒܘܬܐ. ܐܦܠܐ ܬܫܬܡܥ ܒܝܢܬܟܘܢ:
ܐܝܟ ܕܝܐܐ ܠܩܕܝܫܐ. 4 ܘܠܐ ܨܘܚܝܬܐ. ܘܠܐ ܡܠܐ ܕܫܛܝܘܬܐ ܐܘ ܕܒܙܚܐ ܐܘ ܕܡܓܚܟܐ. ܗܠܝܢ
ܕܠܐ ܡܬܒܥܝܢ: ܐܠܐ ܚܠܦ ܗܠܝܢ ܬܘܕܝܬܐ. 5 ܗܕܐ ܕܝܢ ܗܘܝܬܘܢ ܝܕܥܝܢ. ܕܟܠ ܡܢ
ܕܙܢܐ ܐܘ ܛܢܦܐ ܐܘ ܥܠܘܒܐ: ܕܐܝܬܘܗܝ ܦܠܚ ܦܬܟܪܐ: ܠܝܬ ܠܗ ܝܪܬܘܬܐ
ܒܡܠܟܘܬܗ ܕܡܫܝܚܐ ܘܕܐܠܗܐ. 6 ܠܐ ܐܢܫ ܢܛܥܝܟܘܢ ܒܡܠܐ ܣܪܝܩܬܐ. ܡܛܠ
ܗܠܝܢ ܓܝܪ ܐܬܐ ܪܘܓܙܗ ܕܐܠܗܐ ܥܠ ܒܢܝܐ ܕܠܐ ܡܬܛܦܝܣܢܘܬܐ. 7 ܠܐ ܗܟܝܠ
ܬܗܘܘܢ ܫܘܬܦܐ ܠܗܘܢ. 8 ܐܝܬܝܟܘܢ ܗܘܝܬܘܢ ܓܝܪ ܡܢ ܩܕܝܡ ܚܫܘܟܐ: ܗܫܐ ܕܝܢ
ܢܘܗܪܐ ܐܢܬܘܢ ܒܡܪܢ. ܐܝܟ ܒܢܝ ܢܘܗܪܐ ܗܟܢܐ ܗܠܟܘ. 9 ܦܐܪܘܗܝ ܓܝܪ
ܕܢܘܗܪܐ. ܒܟܠܗܝܢ ܐܢܝܢ ܛܝܒܘܬܐ ܘܙܕܝܩܘܬܐ ܘܫܪܪܐ. 10 ܘܗܘܘ ܦܪܫܝܢ. ܡܢܐ
ܫܦܝܪ ܩܕܡ ܡܪܢ. 11 ܘܠܐ ܬܗܘܘܢ ܡܫܬܘܬܦܝܢ ܠܥܒܕܐ ܕܚܫܘܟܐ ܕܦܐܪܐ ܠܝܬ ܠܗܘܢ: ܐܠܐ ܟܣܘ
ܠܗܘܢ. ܐܠܐ ܗܘܘ ܡܟܣܝܢ ܠܗܘܢ. 12 ܡܕܡ ܓܝܪ ܕܒܛܘܫܝܐ ܡܬܥܒܕ ܡܢܗܘܢ: ܨܥܪܐ ܗܘ
ܐܦ ܠܡܬܡܠܠܘ. 13 ܟܠ ܡܕܡ ܓܝܪ ܡܬܟܣܐ ܡܢ ܢܘܗܪܐ ܘܡܬܓܠܐ. ܘܟܠ ܡܕܡ

ܕܓܠܐ ܢܘܗܪܐ ܗܘ 14 ܡܛܠ ܗܢܐ ܐܡܝܪ. ܐܬܬܥܝܪ ܕܕܡܟ ܘܩܘܡ ܡܢ ܒܝܬ ܡܝ̈ܬܐ:
ܘܢܢܗܪ ܠܟ ܡܫܝܚܐ ◆ 15 ܚܙܘ ܗܟܝܠ ܐܝܟܢܐ ܬܗܠܟܘܢ ܒܢܟܝܦܘܬܐ. ܠܐ ܐܝܟ ܣܟ̈ܠܐ. ܐܠܐ
ܐܝܟ ܚܟܝ̈ܡܐ. 16 ܘܙܒܢܝܢ ܥܕ̈ܢܝܟܘܢ: ܡܛܠ ܕܝܘ̈ܡܬܐ ܒܝ̈ܫܬܐ ܐܢܝܢ. 17 ܡܛܠ ܗܢܐ ܠܐ
ܬܗܘܘܢ ܚܣܝ̈ܪܝ ܪܥܝܢܐ. ܐܠܐ ܐܣܬܟܠܘ· ܡܢܘ ܨܒܝܢܗ ܕܐܠܗܐ. 18 ܘܠܐ ܬܗܘܘܢ ܪ̈ܘܝܢ
ܒܚܡܪܐ· ܕܒܗ ܐܝܬ ܐܣܘܛܘܬܐ. ܐܠܐ ܐܬܡܠܘ ܒܪܘܚܐ. 19 ܘܡܠܠܘ ܥܡ ܢܦܫܟܘܢ
ܒܡܙܡܘܪ̈ܐ· ܘܒܬܫܒ̈ܚܬܐ. ܘܒܙܡܝܪ̈ܬܐ ܕܪܘܚܐ ܗܘܝܬܘܢ ܡܙܡܪܝܢ ܒܠܒ̈ܘܬܟܘܢ ܠܡܪܝܐ.
20 ܘܗܘܝܬܘܢ ܡܘܕܝܢ ܒܟܠܙܒܢ ܥܠ ܐܦ̈ܝ ܟܠܢܫ. ܒܫܡܗ ܕܡܪܢ ܝܫܘܥ ܡܫܝܚܐ
ܠܐܠܗܐ ܐܒܐ. 21 ܘܗܘܝܬܘܢ ܡܫܬܥܒܕܝܢ ܚܕ ܠܚܕ ܒܕܚܠܬܗ ܕܡܫܝܚܐ ◆
22 ܢܫ̈ܐ· ܗܘܝ̈ܝܢ ܡܫܬܥܒ̈ܕܢ ܠܒܥ̈ܠܝܗܝܢ: ܐܝܟ ܠܡܪܢ: 23 ܡܛܠ ܕܓܒܪܐ ܪܫܗ
ܗܘ ܕܐܢܬܬܗ: ܐܝܟܢܐ ܕܐܦ ܡܫܝܚܐ ܪܫܐ ܗܘ ܕܥܕܬܐ: ܘܗܘܝܘ ܡܚܝܢܐ ܕܦܓܪܐ. 24 ܐܠܐ
ܐܝܟܢܐ ܕܥܕܬܐ ܡܫܬܥܒܕܐ ܠܡܫܝܚܐ. ܗܟܢܐ ܐܦ ܢܫ̈ܐ ܠܒܥ̈ܠܝܗܝܢ ܒܟܠܡܕܡ ◆
25 ܓܒܪ̈ܐ· ܐܚܒܘ ܢܫܝ̈ܟܘܢ. ܐܝܟ ܕܐܦ ܡܫܝܚܐ ܐܚܒ ܠܥܕܬܗ. ܘܢܦܫܗ ܐܫܠܡ ܚܠܦ
ܐܦܝܗ̇: 26 ܕܢܩܕܫܝܗ̇ ܘܢܕܟܝܗ̇· ܒܣܚܝܐ ܕܡܝ̈ܐ ܘܒܡܠܬܐ. 27 ܘܢܩܝܡܝܗ̇ ܠܥܕܬܐ
ܠܢܦܫܗ· ܟܕ ܡܫܒܚܐ. ܘܠܝܬ ܒܗ̇ ܛܘܠܫܐ· ܘܠܐ ܥܡܘܢܐ· ܘܠܐ ܡܕܡ. ܕܐܝܟ ܗܠܝܢ.
ܐܠܐ ܬܗܘܐ ܩܕܝܫܐ ܘܕܠܐ ܡܘܡ. 28 ܗܟܢܐ ܘܠܐ ܠܓܒܪ̈ܐ. ܕܢܚܒܘܢ ܢܫ̈ܝܗܘܢ. ܐܝܟ
ܦܓܪ̈ܝܗܘܢ. ܡܢ ܕܠܐܢܬܬܗ ܡܚܒ. ܠܢܦܫܗ ܗܘ ܡܚܒ. 29 ܠܐ ܓܝܪ ܐܢܫ
ܡܡܬܘܡ ܣܢܐ ܦܓܪܗ. ܐܠܐ ܡܬܪܣܐ ܠܗ· ܘܝܨܦ ܕܝܠܗ: ܐܝܟܢܐ ܕܐܦ ܡܫܝܚܐ
ܕܥܕܬܗ. 30 ܡܛܠ ܕܗܕ̈ܡܐ ܚܢܢ ܕܦܓܪܗ. ܘܡܢ ܒܣܪܗ ܚܢܢ. ܘܡܢ ܓܪ̈ܡܘܗܝ.
31 ܡܛܠ ܗܢܐ ܢܫܒܘܩ ܓܒܪܐ ܠܐܒܘܗܝ ܘܠܐܡܗ: ܘܢܩܦ ܠܐܢܬܬܗ. ܘܢܗܘܘܢ ܬܪ̈ܝܗܘܢ ܚܕ
ܒܣܪ. 32 ܗܢܐ ܐܪܙܐ ܪܒ ܗܘ. ܐܢܐ ܕܝܢ ܐܡܪ ܐܢܐ ܥܠ ܡܫܝܚܐ ܘܥܠ ܥܕܬܗ. 33 ܒܪܡ
ܐܦ ܐܢܬܘܢ· ܟܠ ܚܕ ܚܕ ܡܢܟܘܢ: ܗܟܢܐ ܢܚܒ ܐܢܬܬܗ ܐܝܟ ܕܠܢܦܫܗ. ܐܢܬܬܐ ܕܝܢ·
ܬܗܘܐ ܕܚܠܐ ܡܢ ܒܥܠܗ ◆ 1 ܒܢ̈ܝܐ· ܐܫܬܡܥܘ ܠܐܒܗ̈ܝܟܘܢ ܒܡܪܢ. ܗܕܐ ܓܝܪ ܟܐܢܐ. Cap. vi.
2 ܘܗܘ ܦܘܩܕܢܐ ܩܕܡܝܐ ܕܡܘܠܟܢܐ. ܝܩܪ ܠܐܒܘܟ ܘܠܐܡܟ. 3 ܕܢܗܘܐ ܠܟ ܕܛܒ: ܘܬܐܪܟ
ܚ̈ܝܝܟ ܥܠ ܐܪܥܐ. 4 ܐܒ̈ܗܐ· ܠܐ ܬܪܓܙܘܢ ܒܢܝ̈ܟܘܢ. ܐܠܐ ܪܒܘ ܐܢܘܢ ܒܡܪܕܘܬܐ
ܘܒܡܠܦܢܘܬܗ ܕܡܪܢ ◆ 5 ܥܒ̈ܕܐ· ܐܫܬܡܥܘ ܠܡܪ̈ܝܟܘܢ ܕܒܒܣܪ. ܒܕܚܠܬܐ· ܘܒܪܬܝܬܐ·
ܘܒܦܫܝܛܘܬ ܠܒܐ· ܐܝܟ ܕܠܡܫܝܚܐ. 6 ܠܐ ܒܚܙܬ ܥܝܢܐ· ܐܝܟ ܗܢܘܢ ܕܠܒܢܝܢܫܐ ܫܦܪܝܢ
ܐܢܘܢ. ܐܠܐ ܐܝܟ ܥܒ̈ܕܐ ܕܡܫܝܚܐ· ܕܥܒܕܝܢ ܨܒܝܢܗ ܕܐܠܗܐ. 7 ܘܡܫܡܫܝܢ ܐܢܬܘܢ ܡܢ
ܟܠܗ ܢܦܫܟܘܢ ܒܚܘܒܐ: ܐܝܟ ܠܡܪܢ· ܘܠܐ ܐܝܟ ܠܒܢܝܢܫܐ. 8 ܟܕ ܝܕܥܝܢ ܐܢܬܘܢ. ܕܟܠ
ܡܕܡ ܕܥܒܕ ܐܢܫ ܛܒܬܐ. ܗܘ ܡܬܦܪܥ ܡܢ ܡܪܢ. ܐܢ ܥܒܕܐ ܘܐܢ ܒܪ ܚܐܪܐ ◆
9 ܘܐܦ ܐܢܬܘܢ ܡܪ̈ܘܬܐ· ܗܟܢܐ ܗܘܝܬܘܢ ܥܒܕܝܢ ܠܥܒ̈ܕܝܟܘܢ. ܗܘܝܬܘܢ ܫܒܩܝܢ ܠܗܘܢ

ܡܒܗܠܘܬܐ. ܡܛܠ ܕܝܕܥܝܢ ܐܢܬܘܢ ܕܐܦ ܡܪܟܘܢ ܕܝܠܟܘܢ ܐܝܬܘܗܝ ܒܫܡܝܐ: ܘܡܣܒ
ܒܐܦܐ ܠܝܬ ܠܘܬܗ. ܀ ܀ ܀
10 ܡܟܝܠ ܐܚܝ ܐܬܚܝܠܘ ܒܡܪܢ ܘܒܬܘܩܦܐ ܕܚܝܠܗ. 11 ܘܠܒܫܘ ܟܠܗ ܙܝܢܐ
ܕܐܠܗܐ. ܐܝܟ ܕܬܫܟܚܘܢ ܠܡܩܡ ܠܘܩܒܠ ܨܢܥܘܬܗ ܕܐܟܠܩܪܨܐ. 12 ܡܛܠ
ܕܬܟܬܘܫܢ. ܠܐ ܗܘܐ ܥܡ ܒܣܪܐ ܘܕܡܐ: ܐܠܐ ܥܡ ܐܪܟܘܣ ܘܥܡ ܫܘܠܛܢܐ. ܘܥܡ
ܐܚܝܕܝ ܥܠܡܐ ܗܢܐ ܚܫܘܟܐ. ܘܥܡ ܪܘܚܐ ܒܝܫܬܐ ܕܬܚܝܬ ܫܡܝܐ. 13 ܡܛܠ ܗܢܐ
ܠܒܫܘ ܟܠܗ ܙܝܢܐ ܕܐܠܗܐ. ܕܬܫܟܚܘܢ ܠܡܦܓܥ ܒܒܝܫܐ: ܘܟܕ ܡܫܠܡܝܢ ܐܢܬܘܢ
ܒܟܠܡܕܡ ܬܩܘܡܘܢ. 14 ܩܘܡܘ ܗܟܝܠ ܘܐܣܘܪܘ ܚܨܝܟܘܢ ܒܫܪܪܐ. ܘܠܒܫܘ ܫܪܝܢܐ
ܕܟܐܢܘܬܐ. 15 ܘܥܘܠܘ ܒܪܓܠܝܟܘܢ ܛܘܝܒܗ ܕܐܘܢܓܠܝܘܢ ܕܫܠܡܐ. 16 ܘܥܡ ܗܠܝܢ
ܣܒܘ ܠܟܘܢ ܬܪܣܐ ܕܗܝܡܢܘܬܐ. ܕܒܗ ܬܫܟܚܘܢ ܚܝܠ ܠܡܥܒܕܘ ܟܠܗܘܢ ܓܐܪܘܗܝ
ܝܩܕܐ ܕܒܝܫܐ. 17 ܘܣܝܡܘ ܣܢܘܪܬܐ ܕܦܘܪܩܢܐ. ܘܐܚܘܕܘ ܣܝܦܐ ܕܪܘܚܐ: ܕܐܝܬܘܗܝ
ܡܠܬܗ ܕܐܠܗܐ. 18 ܘܒܟܠ ܨܠܘܢ ܘܒܟܠ ܒܥܘ ܨܠܘ ܒܟܠ ܥܕܢ ܒܪܘܚ. ܘܒܗ
ܒܨܠܘܬܐ ܫܗܪܘ ܒܟܠܙܒܢ ܟܕ ܡܨܠܝܢ ܐܡܝܢܐܝܬ: ܘܡܬܟܫܦܝܢ ܥܠ
ܐܦܝ ܟܠܗܘܢ ܩܕܝܫܐ. 19 ܐܦ ܥܠܝ: ܕܬܬܝܗܒ ܠܝ ܡܠܬܐ ܒܦܬܚܐ ܕܦܘܡܝ:
ܕܐܡܠܠ ܒܓܠܐ ܐܪܙܐ ܕܐܘܢܓܠܝܘܢ. 20 ܗܘ ܕܐܢܐ ܐܫܬܠܚܬ ܒܫܫܠܬܐ: ܕܒܗ ܐܬܡܪܚ
ܐܡܠܠ ܐܝܟ ܕܘܠܐ ܠܝ ܠܡܡܠܠܘ. ܀
21 ܘܕܬܕܥܘܢ ܐܦ ܐܢܬܘܢ ܡܢܐ ܕܠܘܬܝ. ܘܡܢܐ ܥܒܕ ܐܢܐ. ܗܐ ܡܘܕܥ ܠܟܘܢ
ܠܛܘܟܝܩܘܣ ܐܚܐ ܚܒܝܒܐ ܘܡܫܡܫܢܐ ܡܗܝܡܢܐ ܒܡܪܢ: 22 ܕܠܗ ܫܕܪܬ ܠܘܬܟܘܢ
ܠܗܢܐ ܥܠ ܗܕܐ: ܕܬܕܥܘܢ ܡܐ ܕܠܘܬܢ. ܘܢܒܝܐ ܠܒܘܬܟܘܢ. 23 ܫܠܡܐ ܥܡ ܐܚܝܢ
ܘܚܘܒܐ ܥܡ ܗܝܡܢܘܬܐ. ܡܢ ܐܠܗܐ ܐܒܐ ܘܡܢ ܡܪܢ ܝܫܘܥ ܡܫܝܚܐ. 24 ܛܝܒܘܬܐ
ܥܡ ܟܠܗܘܢ ܐܝܠܝܢ ܕܡܚܒܝܢ ܠܡܪܢ ܝܫܘܥ ܡܫܝܚܐ ܕܠܐ ܚܒܠܐ. ܐܡܝܢ ܀

ܫܠܡܬ ܐܓܪܬܐ ܕܠܘܬ ܐܦܣܝܐ. ܕܐܬܟܬܒܬ

ܡܢ ܪܗܘܡܐ ܀

܀ ܐܓܪܬܐ ܕܠܘܬ ܦܝܠܝܦܣܝܐ ܀

Cap. i. 1 ܦܘܠܘܣ ܘܛܝܡܬܐܘܣ ܥܒܕܐ ܕܝܫܘܥ ܡܫܝܚܐ. ܠܟܠܗܘܢ ܩܕܝܫܐ ܕܒܝܫܘܥ
ܡܫܝܚܐ ܕܐܝܬ ܒܦܝܠܝܦܘܣ: ܥܡ ܩܫܝܫܐ ܘܡܫܡܫܢܐ. 2 ܛܝܒܘܬܐ ܥܡܟܘܢ ܘܫܠܡܐ
ܡܢ ܐܠܗܐ ܐܒܘܢ: ܘܡܢ ܡܪܢ ܝܫܘܥ ܡܫܝܚܐ ܀

3 ܡܘܕܐ ܐ̱ܢܐ ܠܐܠܗܝ ܥܠ ܥܘܗܕܢܟܘܢ ܐܡܝܢܐ. 4 ܕܒܟܠ ܒܥܘܬܝ ܕܥܠ ܐܦܝܟܘܢ.
ܟܕ ܚܕܐ ܐ̱ܢܐ ܡܬܟܫܦ ܐ̱ܢܐ: 5 ܥܠ ܫܘܬܦܘܬܟܘܢ ܕܒܐܘܢܓܠܝܘܢ. ܡܢ ܝܘܡܐ ܩܕܡܝܐ
ܘܥܕܡܐ ܠܗܫܐ. 6 ܡܛܠ ܕܬܟܝܠ ܐ̱ܢܐ ܥܠ ܗܕܐ. ܕܗܘ ܡܢ ܕܫܪܝ ܒܟܘܢ ܥܒܕܐ
ܛܒܐ: ܗܘ ܢܫܠܡ ܥܕܡܐ ܠܝܘܡܗ ܕܡܪܢ ܝܫܘܥ ܡܫܝܚܐ. 7 ܗܟܢܐ ܓܝܪ ܙܕܩ ܠܝ
ܠܡܬܪܥܝܘ ܥܠ ܟܠܟܘܢ. ܡܛܠ ܕܒܠܒܝ ܣܝܡܝܢ ܐ̱ܢܬܘܢ. ܘܒܐܣܘܪܝ. ܘܒܡܦܩ
ܪܘܚܐ: ܕܥܠ ܫܪܪܗ ܕܐܘܢܓܠܝܘܢ: ܕܫܘܬܦܝ ܐ̱ܢܬܘܢ ܒܛܝܒܘܬܐ. 8 ܣܗܕ ܗܘ ܠܝ
ܓܝܪ ܐܠܗܐ. ܕܪܚܡ ܐ̱ܢܐ ܠܟܘܢ. ܒܪܚܡܘܗܝ ܕܝܫܘܥ ܡܫܝܚܐ. 9 ܘܗܕܐ ܡܨܠܐ
ܐ̱ܢܐ. ܕܚܘܒܟܘܢ ܢܬܝܬܪ ܘܢܣܓܐ ܒܝܕܥܬܐ. ܘܒܟܠ ܣܘܟܠ ܪܘܚ: 10 ܕܬܗܘܘܢ
ܦܪܫܝܢ ܐܝܠܝܢ ܕܦܪܝܫܢ: ܘܬܗܘܘܢ ܕܟܝܢ ܘܕܠܐ ܬܘܩܠܐ ܠܝܘܡܗ ܕܡܫܝܚܐ: 11 ܘܡܠܝܢ
ܦܐܪܐ ܕܟܐܢܘܬܐ ܕܒܝܕ ܝܫܘܥ ܡܫܝܚܐ. ܠܫܘܒܚܐ ܘܠܬܫܒܘܚܬܐ ܕܐܠܗܐ ❖
12 ܨܒܐ ܐ̱ܢܐ ܕܝܢ ܕܬܕܥܘܢ ܐܚܝ. ܕܣܘܥܪܢܝ ܕܥܠܝ ܝܬܝܪ ܐܬܐ ܠܬܘܣܦܬܗ
ܕܐܘܢܓܠܝܘܢ. 13 ܐܝܟܢܐ ܕܐܦ ܐܣܘܪܝ ܐܬܓܠܝܘ ܒܡܫܝܚܐ ܒܦܪܛܘܪܝܢ ܟܠܗ. ܘܠܫܪܟܐ
ܕܟܠܗܘܢ. 14 ܘܣܓܝܐܐ ܕܐܚܐ ܕܒܡܪܢ. ܐܬܬܟܠܘ ܥܠ ܐܣܘܪܝ: ܘܐܬܡܪܚܘ ܝܬܝܪܐܝܬ. ܕܠܐ
ܕܚܠܐ ܠܡܡܠܠܘ ܡܠܬܗ ܕܐܠܗܐ. 15 ܐܝܬ ܐܝܬ ܡܢ ܚܣܡܐ ܘܚܪܝܢܐ. ܐܝܬ ܐܝܬ ܕܡܢ
ܨܒܝܢܐ ܛܒܐ ܘܒܚܘܒܐ. ܠܡܫܝܚܐ ܡܟܪܙܝܢ: 16 ܡܛܠ ܕܝܕܥܝܢ ܕܠܡܦܩ ܪܘܚܐ
ܕܐܘܢܓܠܝܘܢ. ܣܝܡ ܐ̱ܢܐ. 17 ܗܢܘܢ ܕܝܢ ܕܒܚܪܝܢܐ ܠܡܫܝܚܐ ܡܟܪܙܝܢ: ܠܐ ܗܘܐ ܕܟܝܐܝܬ:
ܐܠܐ ܕܣܒܪܝܢ ܕܡܘܣܦܝܢ ܐܘܠܨܢܐ ܠܐܣܘܪܝ. 18 ܘܒܗܕܐ ܚܕܐ ܘܚܕܐ ܐ̱ܢܐ. ܕܒܟܠ
ܦܘܪܣ: ܐܘ ܒܥܠܬܐ. ܐܘ ܒܫܪܪܐ. ܡܫܝܚܐ ܡܬܟܪܙ. 19 ܝܕܥ ܐ̱ܢܐ ܓܝܪ ܕܗܠܝܢ
ܠܚܝܐ ܡܬܗܦܟܢ ܠܝ ܒܒܥܘܬܟܘܢ. ܘܒܡܘܗܒܬܐ ܕܪܘܚܐ ܕܝܫܘܥ ܡܫܝܚܐ. 20 ܐܝܟܢܐ
ܕܡܣܟܐ ܐ̱ܢܐ ܘܡܣܒܪ ܐ̱ܢܐ: ܕܒܡܕܡ ܠܐ ܐܒܗܬ: ܐܠܐ ܒܓܠܝܘܬ ܐܦܐ ܐܝܟ ܕܒܟܠܙܒܢ ܐܦ
ܗܫܐ: ܢܬܪܘܪܒ ܡܫܝܚܐ ܒܦܓܪܝ. ܐܘ ܒܚܝܐ ܐܘ ܒܡܘܬܐ. 21 ܚܝܝ ܓܝܪ ܕܝܠܝ ܡܫܝܚܐ
ܗܘ. ܘܐܢ ܐܡܘܬ. ܝܘܬܪܢܐ ܗܘ ܠܝ. 22 ܐܢ ܕܝܢ ܐܦ ܒܚܝܐ ܕܒܒܣܪܐ: ܦܐܪܐ ܐܝܬ
ܠܝ ܒܥܒܕܝ. ܠܐ ܝܕܥ ܐ̱ܢܐ ܡܢܐ ܐܓܒܐ ܠܝ. 23 ܐܠܝܨ ܠܝ ܓܝܪ ܡܢ ܬܪܬܝܗܝܢ. ܠܡܫܪܐ
ܪܓܝܓ ܐ̱ܢܐ. ܕܥܡ ܡܫܝܚܐ ܐܗܘܐ. ܘܗܕܐ ܛܒ ܦܩܚܐ ܗܘܬ ܠܝ. 24 ܐܠܐ ܐܦ ܕܐܩܘܐ
ܒܦܓܪܝ: ܐܠܨܐ ܠܝ ܡܛܠܬܟܘܢ. 25 ܘܗܕܐ ܬܟܝܠܐܝܬ ܝܕܥ ܐ̱ܢܐ. ܕܩܐܡ ܐ̱ܢܐ
ܘܡܩܘܐ ܐ̱ܢܐ: ܠܟܠܟܘܢ ܠܬܘܣܦܬܐ ܘܠܚܕܘܬܐ ܕܗܝܡܢܘܬܟܘܢ: 26 ܕܟܕ ܐܬܐ ܬܘܒ
ܠܘܬܟܘܢ: ܢܣܓܐ ܒܝ ܫܘܒܗܪܟܘܢ ܕܒܝܫܘܥ ܡܫܝܚܐ ܒܠܚܘܕ. 27 ܐܝܟܢܐ ܕܫܘܐ ܠܣܒܪܬܗ
ܕܡܫܝܚܐ: ܗܟܢܐ ܐܬܕܒܪܘ: ܕܐܢ ܐܬܐ ܐܚܙܝܟܘܢ: ܘܐܢ ܦܪܝܩ ܐ̱ܢܐ ܐܫܡܥ
ܥܠܝܟܘܢ: ܕܩܝܡܝܢ ܐ̱ܢܬܘܢ ܒܚܕܐ ܪܘܚ. ܘܒܚܕܐ ܢܦܫ. ܘܡܬܟܬܫܝܢ ܐܟܚܕܐ.
ܒܗܝܡܢܘܬܐ ܕܐܘܢܓܠܝܘܢ. 28 ܘܒܡܕܡ ܠܐ ܡܬܬܙܝܥܝܢ ܐ̱ܢܬܘܢ ܡܢ ܗܢܘܢ ܕܩܝܡܝܢ

ܠܡܘܒܕܢ. ܠܣܘܩܒܠܐ ܕܐܚܝܕܝܢܗܘܢ· ܘܠܚܝܐ ܕܝܠܟܘܢ. 29 ܘܗܕܐ ܡܢ ܐܠܗܐ ܗܘ
ܐܬܝܗܒ ܠܟܘܢ. ܕܠܐ ܒܠܚܘܕܘܗܝ ܡܗܝܡܢܘܬܗ ܬܗܝܡܢܘܢ ܒܗ ܒܡܫܝܚܐ. ܐܠܐ ܐܦ
ܕܥܠ ܐܦܘܗܝ ܬܚܫܘܢ: 30 ܘܐܬܚܫܚܘܢ ܠܐܓܘܢܐ: ܐܝܟ ܗܘ ܕܚܙܝܬܘܢ ܒܝ. ܘܗܫܐ
ܫܡܥܬܘܢ ܒܝ ·····

Cap. ii. 1 ܐܢ ܐܝܬ ܒܟܘܢ ܗܟܝܠ· ܒܘܝܐܐ ܒܡܫܝܚܐ. ܐܢ ܡܠܝܐ ܕܚܘܒܐ ܒܣܘܓܐܐ. ܐܢ
ܫܘܬܦܘܬܐ ܕܪܘܚܐ. ܐܢ ܪܚܡܐ ܘܪܚܡܐ. 2 ܡܠܘ ܚܕܘܬܝ: ܕܚܕ ܪܥܝܢܐ ܬܗܘܘܢ ܒܟܘܢ. ܙܫܚܐ ܠܗ.
ܘܚܕ ܚܘܒܐ. ܘܚܕܐ ܢܦܫ. ܘܚܕ ܬܪܥܝܬܐ. 3 ܘܡܕܡ ܒܚܪܝܢܐ ܐܘ ܒܫܘܒܗܪܐ ܣܪܝܩܐ
ܠܐ ܬܥܒܕܘܢ. ܐܠܐ ܒܡܟܝܟܘܬܐ ܕܪܥܝܢܐ: ܟܠܢܫ ܠܚܒܪܗ ܐܝܟ ܕܡܝܬܪ ܡܢܗ. ܢܚܫܘܒ.
4 ܘܠܐ ܐܢܫ ܕܢܦܫܗ ܢܒܥܐ. ܐܠܐ ܟܠܢܫ ܐܦ ܕܚܒܪܗ. 5 ܘܗܕܐ ܐܬܪܥܘ ܒܢܦܫܟܘܢ. ܗܘ
ܕܐܦ ܢܦܫܗ ܡܫܝܚܐ. 6 ܗܘ ܕܟܕ ܐܝܬܘܗܝ ܒܕܡܘܬܐ ܕܐܠܗܐ: ܠܐ ܗܘܐ ܚܛܘܦܝܐ ܚܫܒܗ
ܗܕܐ: ܕܐܝܬܘܗܝ ܦܚܡܐ ܕܐܠܗܐ. 7 ܐܠܐ ܢܦܫܗ ܣܪܩ. ܘܕܡܘܬܐ ܕܥܒܕܐ ܢܣܒ. ܘܗܘܐ
ܒܕܡܘܬܐ ܕܒܢܝܢܫܐ. ܘܒܐܣܟܡܐ ܐܫܬܟܚ ܐܝܟ ܒܪܢܫܐ. 8 ܘܡܟܟ ܢܦܫܗ. ܘܐܫܬܡܥ
ܥܕܡܐ ܠܡܘܬܐ. ܡܘܬܐ ܕܝܢ ܕܙܩܝܦܐ. 9 ܡܛܠ ܗܢܐ ܐܦ ܐܠܗܐ ܐܥܠܝܗ ܡܥܠܝܘ.
ܘܝܗܒ ܠܗ ܫܡܐ ܕܡܝܬܪ ܡܢ ܟܠ ܫܡܗܝܢ: 10 ܕܒܫܡܗ ܕܝܫܘܥ ܟܠ ܒܪܟ
ܬܒܪܟ· ܕܒܫܡܝܐ. ܘܕܒܐܪܥܐ. ܘܕܠܬܚܬ ܡܢ ܐܪܥܐ: 11 ܘܟܠ ܠܫܢ ܢܘܕܐ ܕܡܪܝܐ ܗܘ
ܝܫܘܥ ܡܫܝܚܐ ܠܫܘܒܚܐ ܕܐܠܗܐ ܐܒܘܢ ✦ 12 ܡܛܠ ܚܒܝܒܝ: ܐܝܟܢܐ ܕܒܟܠܙܒܢ
ܐܫܬܡܥܬܘܢ. ܠܐ ܟܕ ܩܪܝܒ ܐܢܐ ܠܟܘܢ ܒܠܚܘܕ. ܐܠܐ ܗܫܐ ܕܪܚܝܩ ܐܢܐ ܡܢܟܘܢ:
ܬܬܕܪܝܢ ܒܕܚܠܬܐ ܘܒܪܬܝܬܐ: ܦܠܘܚܘ ܦܘܠܚܢܐ ܕܚܝܝܟܘܢ. 13 ܐܠܗܐ ܗܘ ܓܝܪ
ܡܥܒܕ ܒܟܘܢ. ܐܦ ܠܡܨܒܐ ܐܦ ܠܡܥܒܕ: ܗܘ ܡܢ ܕܨܒܝܢ ܐܝܬܘܗܝ. 14 ܟܠܡܕܡ
ܥܒܕܘܗܝ ܟܕ ܚܕܝܢ: ܕܠܐ ܪܛܢܐ ܘܕܠܐ ܦܠܓܘ: 15 ܕܬܗܘܘܢ ܬܡܝܡܐ ܘܕܠܐ ܡܘܡ. ܐܝܟ
ܒܢܝܐ ܕܟܝܐ ܕܐܠܗܐ: ܕܒܡܨܥܬ ܫܪܒܬܐ ܥܩܡܬܐ ܘܡܥܩܡܬܐ. ܘܐܬܚܙܘ ܒܝܢܬܗܘܢ ܐܝܟ
ܢܗܝܪܐ ܒܥܠܡܐ: 16 ܕܐܬܬܚܝܕܘܢ ܠܗܘܢ ܒܡܠܬܐ ܕܚܝܐ ܠܫܘܒܗܪܝ ܕܝܠܝ ܒܝܘܡܗ
ܕܡܫܝܚܐ. ܕܠܐ ܗܘܐ ܣܪܝܩܐ ܪܗܛܬ ܘܠܐ ܣܪܝܩܐܝܬ ܐܬܠܐܝܬ. 17 ܐܠܐ ܐܦ ܡܬܢܩܐ ܐܢܐ
ܥܠ ܕܒܚܐ ܘܬܫܡܫܬܐ ܕܗܝܡܢܘܬܟܘܢ. ܚܕܐ ܐܢܐ ܘܪܘܙ ܐܢܐ ܥܡ ܟܠܟܘܢ. 18 ܗܟܢܐ
ܐܦ ܐܢܬܘܢ ܚܕܘ ܘܪܘܙܘ ܥܡܝ. 19 ܡܣܒܪ ܐܢܐ ܕܝܢ ܒܡܪܢ ܝܫܘܥ: ܕܐܫܕܪ ܠܘܬܟܘܢ
ܠܛܝܡܬܐܘܣ ܒܥܓܠ: ܕܐܦ ܠܝ ܢܗܘܐ ܠܝ ܢܝܚܐ: ܟܕ ܐܠܦ ܡܛܠܬܟܘܢ. 20 ܠܝܬ
ܠܝ ܓܝܪ ܐܚܪܢ ܗܟܘܬܝ ܕܐܝܟ ܢܦܫܝ ܗܘ. ܕܐܬܚܦܛ ܫܪܝܪ ܕܝܠܟܘܢ. 21 ܟܠܗܘܢ ܓܝܪ
ܕܢܦܫܗܘܢ ܗܘ ܒܥܝܢ. ܘܠܐ ܕܝܫܘܥ ܡܫܝܚܐ. 22 ܒܘܚܢܗ ܕܝܢ ܕܗܢܐ ܝܕܥܬܘܢܝܗܝ: ܕܐܝܟ
ܒܪܐ ܥܡ ܐܒܘܗܝ: ܗܟܢܐ ܦܠܚ ܥܡܝ ܒܣܒܪܬܐ. 23 ܠܗܢܐ ܡܣܒܪ ܐܢܐ. ܕܐܫܕܪ
ܠܘܬܟܘܢ ܒܥܓܠ ܡܐ ܕܚܙܝܬ ܡܐ ܕܠܘܬܝ. 24 ܘܬܟܝܠ ܐܢܐ ܥܠ ܡܪܝ: ܕܐܦ ܐܢܐ

ܒܥܓܠ ܐܬܐ ܐܢܐ ܠܘܬܟܘܢ. 25 ܗܫܐ ܕܝܢ ܐܠܨܝܬ ܗܘܬ. ܕܐܫܕܪ ܠܘܬܟܘܢ
ܠܐܦܪܘܕܝܛܘܣ ܐܚܐ: ܕܐܝܬܘܗܝ ܡܥܕܪܢܐ ܘܦܠܚܐ ܕܥܡܝ: ܕܝܠܟܘܢ ܕܝܢ ܫܠܝܚܐ.
ܘܡܫܡܫܢܐ ܕܣܘܢܩܢܝ. 26 ܡܛܠ ܕܣܘܐ ܗܘܐ ܠܡܚܙܐ ܠܟܠܟܘܢ: ܘܡܬܟܪܐ ܗܘܐ ܕܝܕܥ
ܕܫܡܥܬܘܢ ܕܐܬܟܪܗ. 27 ܐܦ ܐܬܟܪܗ ܓܝܪ ܥܕܡܐ ܠܡܘܬܐ. ܐܠܐ ܐܠܗܐ ܪܚܡ
ܥܠܘܗܝ. ܠܐ ܗܘܐ ܕܝܢ ܥܠܘܗܝ ܒܠܚܘܕ: ܐܠܐ ܐܦ ܥܠܝ: ܕܠܐ ܬܗܘܐ ܠܝ ܟܪܝܐ
ܥܠ ܟܪܝܐ. 28 ܒܚܦܝܛܘܬ ܗܟܝܠ ܫܕܪܬܗ ܠܘܬܟܘܢ. ܕܟܕ ܬܚܙܘܢܝܗܝ ܬܘܒ ܬܚܕܘܢ:
ܘܠܝ ܩܠܝܠ ܢܗܘܐ ܒܝܐܢܐ. 29 ܩܒܠܘܗܝ ܗܟܝܠ ܒܡܪܢ ܒܟܠ ܚܕܘܐ. ܘܠܐܝܠܝܢ
ܕܗܟܢܐ ܐܢܘܢ. ܒܐܝܩܪܐ ܐܚܘܕܘ ܐܢܘܢ. 30 ܡܛܠ ܕܒܥܒܕܐ ܓܝܪ ܕܡܫܝܚܐ ܥܕܡܐ
ܠܡܘܬܐ ܩܪܒ. ܘܒܣܪ ܥܠ ܢܦܫܗ: ܕܢܡܠܐ ܡܕܡ ܕܒܨܪܬܘܢ ܗܘܝܬܘܢ
ܒܬܫܡܫܬܐ ܕܠܘܬܝ ܀

Cap. iii.
1 ܡܟܝܠ ܐܚܝ ܚܕܘ ܒܡܪܢ. ܗܠܝܢ ܕܝܢ ܗܠܝܢ ܕܐܟܬܘܒ ܠܟܘܢ: ܠܐ ܡܐܢܐ ܠܝ:
ܡܛܠ ܕܠܟܘܢ ܡܙܗܪܢ. 2 ܐܙܕܗܪܘ ܡܢ ܟܠܒܐ. ܐܙܕܗܪܘ ܡܢ ܦܥܠܐ ܒܝܫܐ. ܐܙܕܗܪܘ
ܡܢ ܦܘܣܩ ܒܣܪܐ. 3 ܓܙܘܪܬܐ ܓܝܪ ܚܢܢ ܐܝܬܝܢ: ܐܝܠܝܢ ܕܦܠܚܝܢ ܠܐܠܗܐ ܒܪܘܚܐ:
ܘܡܫܬܒܗܪܝܢ ܒܝܫܘܥ ܡܫܝܚܐ: ܘܠܐ ܬܟܝܠܝܢ ܥܠ ܒܣܪܐ. 4 ܟܕ ܠܝ ܐܝܬ ܗܘܐ ܠܝ
ܬܘܟܠܢܐ ܐܦ ܥܠ ܒܣܪܐ. ܐܢ ܓܝܪ ܐܢܫ ܣܒܪ ܕܬܘܟܠܢܗ ܒܒܣܪܐ ܗܘ. ܝܬܝܪ ܡܢܗ
ܐܢܐ. 5 ܓܙܝܪܐ ܒܪ ܬܡܢܝܐ ܝܘܡܝܢ. ܡܢ ܫܪܒܬܐ ܕܐܝܣܪܝܠ. ܡܢ ܫܒܛܐ ܕܒܢܝܡܝܢ.
ܥܒܪܝܐ ܒܪ ܥܒܪܝܐ. ܒܢܡܘܣܐ ܦܪܝܫܐ. 6 ܒܛܢܢܐ ܪܕܘܦܐ ܕܥܕܬܐ. ܘܒܙܕܝܩܘܬܐ ܕܢܡܘܣܐ
ܕܠܐ ܡܘܡ ܗܘܝܬ. 7 ܐܠܐ ܗܠܝܢ ܕܝܘܬܪܢܐ ܗܘܝ ܠܝ. ܚܘܣܪܢܐ ܚܫܒܬ ܐܢܝܢ ܡܛܠ
ܡܫܝܚܐ. 8 ܐܦ ܚܫܒ ܐܢܐ ܠܗܝܢ ܟܠܗܝܢ ܚܘܣܪܢܐ. ܡܛܠ ܪܒܘܬܐ ܕܝܕܥܬܗ ܕܝܫܘܥ
ܡܫܝܚܐ ܡܪܝ: ܗܘ ܕܡܛܠܬܗ ܟܠܗܝܢ ܚܣܪܬ. ܘܐܝܟ ܙܒܠܐ ܚܫܒܬ. ܕܠܡܫܝܚܐ ܐܬܪ:
9 ܘܐܫܬܟܚ ܒܗ. ܟܕ ܠܝܬ ܠܝ ܙܕܝܩܘܬܐ ܕܝܠܝ ܗܝ ܕܡܢ ܢܡܘܣܐ: ܐܠܐ ܗܝ ܕܡܢ
ܗܝܡܢܘܬܐ ܕܡܫܝܚܐ: ܕܐܝܬܝܗ ܙܕܝܩܘܬܐ ܕܡܢ ܐܠܗܐ. 10 ܕܒܗ ܐܫܬܘܕܥ ܠܝܫܘܥ
ܘܠܚܝܠܐ ܕܩܝܡܬܗ: ܘܐܫܬܘܬܦ ܒܚܫܘܗܝ. ܘܐܬܕܡܐ ܒܡܘܬܗ: 11 ܕܠܡܐ ܐܫܟܚ
ܐܡܛܐ ܠܡܩܝܡܬܐ ܕܡܢ ܒܝܬ ܡܝܬܐ. 12 ܠܐ ܗܘܐ ܡܢ ܟܕܘ ܢܣܒܬ. ܐܘ ܡܢ ܟܕܘ
ܐܬܓܡܪܬ. ܐܠܐ ܪܗܛ ܐܢܐ. ܕܠܡܐ ܐܕܪܟ ܡܕܡ ܕܡܛܠܬܗ ܐܕܪܟܢܝ ܝܫܘܥ
ܡܫܝܚܐ ܀܀܀܀

13 ܐܚܝ. ܐܢܐ ܥܠ ܢܦܫܝ ܠܐ ܪܢܐ ܐܢܐ ܕܐܕܪܟܬ. ܚܕܐ ܕܝܢ ܝܕܥ ܐܢܐ. ܕܕܒܣܬܪܝ ܛܥܐ ܣܠ ܚܕ.
ܐܢܐ. ܘܠܩܕܡܝ ܡܬܡܬܚ ܐܢܐ. 14 ܘܪܗܛ ܐܢܐ ܠܘܩܒܠ ܢܝܫܐ. ܕܐܣܒ ܙܟܘܬܐ ܕܩܪܝܢܐ
ܕܠܥܠ ܕܐܠܗܐ: ܒܝܫܘܥ ܡܫܝܚܐ. 15 ܐܝܠܝܢ ܕܓܡܝܪܝܢ ܗܟܝܠ ܗܠܝܢ ܢܬܪܥܘܢ.
ܘܐܢ ܡܕܡ ܐܚܪܢܐܝܬ ܡܬܪܥܝܢ ܐܢܬܘܢ. ܐܦ ܗܕܐ ܐܠܗܐ ܢܓܠܐ ܠܟܘܢ. 16 ܒܪܡ ܠܗܕܐ

ܕܡܛܝܢ. ܒܚܕ ܫܒܝܠܐ ܢܗܠܟ. ܘܒܚܕ ܪܥܝܢܐ ܢܬܬܢܝܚ ✤ 17 ܐܬܕܡܘ ܒܝ ܐܚܝ. ܘܚܘܪܘ ܒܗܘܢ
ܒܐܝܠܝܢ ܕܗܟܢܐ ܡܗܠܟܝܢ: ܐܝܟ ܕܕܡܘܬܐ ܕܒܢ ܚܙܝܬܘܢ. 18 ܐܝܬ ܓܝܪ
ܣܓܝܐܐ. ܕܐܚܪܢܐܝܬ ܡܗܠܟܝܢ. ܗܢܘܢ ܕܐܡܪܬ ܣܓܝܐܬ ܙܒܢܝܢ ܠܟܘܢ:
ܘܗܫܐ ܟܕ ܒܟܐ ܐܢܐ ܐܡܪ ܐܢܐ. ܗܢܘܢ ܕܒܥܠܕܒܒܐ ܐܢܘܢ ܕܙܩܝܦܗ ܕܡܫܝܚܐ.
19 ܕܚܪܬܗܘܢ ܐܒܕܢܐ ܗܝ. ܗܢܘܢ ܕܐܠܗܗܘܢ ܟܪܣܗܘܢ. ܘܬܫܒܘܚܬܗܘܢ ܒܒܗܬܬܗܘܢ. ܗܠܝܢ
ܕܬܪܥܝܬܗܘܢ ܒܐܪܥܐ ܗܝ. 20 ܕܝܠܢ ܕܝܢ ܦܘܠܚܢܢ ܒܫܡܝܐ ܗܘ. ܘܡܢ ܬܡܢ ܡܣܟܝܢܢ
ܠܡܚܝܢܐ ܠܡܪܢ ܝܫܘܥ ܡܫܝܚܐ. 21 ܕܗܘ ܢܫܚܠܦ ܦܓܪܐ ܕܡܘܟܟܢ. ܘܢܗܘܐ ܒܕܡܘܬܐ
ܕܦܓܪܐ ܕܫܘܒܚܗ: ܐܝܟ ܚܝܠܗ ܪܒܐ ܗܘ ܕܟܠ ܡܫܥܒܕ ܠܗ ✤

Cap. iv. 1 ܡܟܝܠ ܐܚܝ. ܚܒܝܒܐ ܘܪܚܝܡܐ. ܚܕܘܬܝ ܘܟܠܝܠܝ. ܗܟܢܐ ܩܘܡܘ ܒܡܪܢ ܚܒܝܒܝ.
2 ܡܢ ܐܘܘܕܝܐ ܒܥܐ ܐܢܐ ܘܡܢ ܣܘܢܛܝܟܐ. ܕܚܕ ܪܥܝܢܐ ܢܗܘܐ ܠܗܘܢ ܒܡܪܢ. 3 ܐܦ
ܡܢܟ ܒܥܐ ܐܢܐ ܒܪ ܙܘܓܝ ܫܪܝܪܐ. ܕܬܗܘܐ ܡܥܕܪ ܠܗܝܢ: ܕܗܢܝܢ ܠܐܝ ܥܡܝ
ܒܐܘܢܓܠܝܘܢ. ܥܡ ܩܠܝܡܝܣ ܘܥܡ ܫܪܟܐ ܕܡܥܕܪܢܝ: ܗܢܘܢ ܕܫܡܗܝܗܘܢ ܟܬܝܒܝܢ
ܒܟܬܒܐ ܕܚܝܐ ✤ 4 ܚܕܘ ܒܡܪܢ ܒܟܠܙܒܢ. ܘܬܘܒ ܐܡܪ ܐܢܐ ܚܕܘ. 5 ܘܡܟܝܟܘܬܟܘܢ
ܬܬܝܕܥ ܠܟܠ ܒܢܝܢܫ. ܡܪܢ ܩܪܝܒ ܗܘ. 6 ܘܡܕܡ ܠܐ ܬܐܨܦܘܢ. ܐܠܐ ܒܟܠܙܒܢ ܒܨܠܘܬܐ.
ܘܒܒܥܘܬܐ. ܘܒܬܘܕܝܬܐ. ܫܐܠܬܟܘܢ ܢܬܝܕܥܢ ܩܕܡ ܐܠܗܐ. 7 ܘܫܠܡܗ ܕܐܠܗܐ ܗܘ
ܕܝܬܝܪ ܡܢ ܟܠ ܡܕܥ. ܢܛܪ ܠܒܘܬܟܘܢ ܘܡܕܥܝܟܘܢ. ܒܝܫܘܥ ܡܫܝܚܐ ✤ 8 ܡܟܝܠ
ܐܚܝ. ܐܝܠܝܢ ܕܫܪܝܪܢ. ܘܐܝܠܝܢ ܕܢܟܦܢ. ܘܐܝܠܝܢ ܕܟܐܢܢ ܘܐܝܠܝܢ ܕܕܟܝܢ. ܘܐܝܠܝܢ
ܕܪܚܝܡܢ ܘܐܝܠܝܢ ܕܡܫܒܚܢ. ܘܐܝܠܝܢ ܥܒܕܐ ܕܫܘܒܚܐ ܘܕܬܘܕܝܬܐ. ܗܠܝܢ ܐܬܪܥܘ.
9 ܗܠܝܢ ܕܐܠܦܬܘܢ. ܘܩܒܠܬܘܢ. ܘܫܡܥܬܘܢ. ܘܚܙܝܬܘܢ ܒܝ. ܗܠܝܢ ܣܥܘܪܘ:
ܘܐܠܗܐ ܕܫܠܡܐ ܢܗܘܐ ܥܡܟܘܢ ✤ 10 ܚܕܝܬ ܕܝܢ ܪܒܐܝܬ ܒܡܪܢ. ܕܐܫܟܚܬܘܢ
ܠܡܬܪܥܝܘ ܕܥܠܝ. ܐܝܟܢܐ ܕܐܦ ܡܬܪܥܝܢ ܗܘܝܬܘܢ: ܐܠܐ ܠܐ ܣܦܩܝܢ ܗܘܝܬܘܢ. 11 ܠܐ ܗܘܐ
ܡܛܠ ܕܣܢܝܩ ܐܢܐ ܐܡܪ ܐܢܐ. ܐܢܐ ܓܝܪ ܝܠܦܬ. ܕܢܗܘܐ ܣܦܩ ܠܝ ܗܘ ܡܕܡ
ܕܐܝܬ ܠܝ. 12 ܝܕܥ ܐܢܐ ܕܐܬܡܟܟ. ܝܕܥ ܐܢܐ ܗܘ ܐܦ ܕܐܬܝܬܪ ܒܟܠ. ܘܒܟܠ ܡܕܡ
ܡܕܪܫ ܐܢܐ. ܐܦ ܒܣܒܥܐ ܐܦ ܒܟܦܢܐ. ܒܡܬܝܬܪܘܬܐ ܘܒܒܨܝܪܘܬܐ: 13 ܘܟܠ ܡܕܡ ܡܨܐ
ܐܢܐ ܒܚܝܠܐ ܕܡܫܝܚܐ ܕܡܚܝܠ ܠܝ. 14 ܒܪܡ ܫܦܝܪ ܥܒܕܬܘܢ. ܕܐܫܬܘܬܦܬܘܢ ܠܐܘܠܨܢܝ ✤
15 ܝܕܥܝܢ ܐܢܬܘܢ ܕܝܢ ܐܦ ܐܢܬܘܢ ܦܝܠܝܦܣܝܐ. ܕܒܫܘܪܝܐ ܕܣܒܪܬܐ: ܟܕ ܢܦܩܬ ܡܢ
ܡܩܕܘܢܝܐ. ܐܦܠܐ ܚܕܐ ܡܢ ܥܕܬܐ ܐܫܬܘܬܦܬ ܥܡܝ ܒܚܘܫܒܢ ܡܘܗܒܬܐ ܘܡܣܒܠܬܐ: ܐܠܐ ܐܢܬܘܢ
ܒܠܚܘܕ. 16 ܕܐܦ ܠܬܣܠܘܢܝܩܐ ܚܕܐ ܙܒܢ ܘܬܪܬܝܢ: ܫܕܪܬܘܢ ܣܘܢܩܢܝ ܠܝ. 17 ܠܘ
ܕܡܘܗܒܬܐ ܒܥܐ ܐܢܐ. ܐܠܐ ܒܥܐ ܐܢܐ. ܕܦܐܪܐ ܢܣܓܘܢ ܠܟܘܢ. 18 ܩܒܠܬ ܕܝܢ ܟܠܡ.
ܘܝܬܝܪ ܠܝ ܘܡܠܐ ܐܢܐ. ܘܫܩܠܬ ܟܠ ܕܫܕܪܬܘܢ ܠܝ ܒܝܕ ܐܦܦܪܘܕܝܛܘܣ: ܪܝܚܐ

ܒܣܝܡܐ. ܘܕܒܚܐ ܡܩܒܠܐ ܕܫܦܪ ܠܐܠܗܐ. 19 ܘܐܠܗܝ ܢܡܠܐ ܟܠܗ ܣܘܢܩܢܝܟܘܢ. ܐܝܟ
ܥܘܬܪܗ ܒܫܘܒܚܐ ܒܝܫܘܥ ܡܫܝܚܐ. 20 ܠܐܠܗܐ ܕܝܢ ܐܒܘܢ. ܫܘܒܚܐ ܘܐܝܩܪܐ ܠܥܠܡ
ܥܠܡܝܢ. ܐܡܝܢ ✣ 21 ܫܐܠܘ ܒܫܠܡܐ ܕܟܠܗܘܢ ܩܕܝܫܐ ܕܒܝܫܘܥ ܡܫܝܚܐ. ܫܐܠܝܢ
ܒܫܠܡܟܘܢ ܐܚܐ ܕܠܘܬܝ. 22 ܫܐܠܝܢ ܒܫܠܡܟܘܢ ܟܠܗܘܢ ܩܕܝܫܐ. ܝܬܝܪܐܝܬ ܗܠܝܢ
ܕܡܢ ܒܝܬܗ ܕܩܣܪ. 23 ܛܝܒܘܬܗ ܕܡܪܢ ܝܫܘܥ ܡܫܝܚܐ ܥܡ ܟܠܟܘܢ. ܐܡܝܢ ✣

✣ ܫܠܡܬ ܐܓܪܬܐ ܕܦܝܠܝܦܣܝܐ. ܕܐܬܟܬܒܬ
ܡܢ ܪܗܘܡܐ ✣

✣ ܐܓܪܬܐ ܕܩܘܠܘܣܝܐ ✣

1 ܦܘܠܘܣ ܫܠܝܚܐ ܕܝܫܘܥ ܡܫܝܚܐ ܒܨܒܝܢܗ ܕܐܠܗܐ. ܘܛܝܡܬܐܘܣ ܐܚܐ. 2 ܠܐܝܠܝܢ Cap. i.
ܕܐܝܬ ܒܩܘܠܘܣܣ: ܐܚܐ ܩܕܝܫܐ ܘܡܗܝܡܢܐ ܒܝܫܘܥ ܡܫܝܚܐ. ܫܠܡܐ ܥܡܟܘܢ
ܘܛܝܒܘܬܐ ܡܢ ܐܠܗܐ ܐܒܘܢ ✣
3 ܡܘܕܝܢܢ ܠܐܠܗܐ ܐܒܘܗܝ ܕܡܪܢ ܝܫܘܥ ܡܫܝܚܐ ܒܟܠܙܒܢ. ܘܡܨܠܝܢܢ ܥܠܝܟܘܢ.
4 ܗܐ ܡܢ ܕܫܡܥܢ ܗܝܡܢܘܬܟܘܢ ܕܒܝܫܘܥ ܡܫܝܚܐ. ܘܚܘܒܟܘܢ ܕܥܠ ܟܠܗܘܢ ܩܕܝܫܐ.
5 ܡܛܠ ܣܒܪܐ ܗܘ ܕܢܛܝܪ ܠܟܘܢ ܒܫܡܝܐ: ܗܘ ܕܡܢ ܩܕܝܡ ܫܡܥܬܘܢ ܒܡܠܬܐ
ܕܫܪܪܐ ܕܣܒܪܬܐ: 6 ܗܝ ܕܐܬܟܪܙܬ ܠܟܘܢ ܐܝܟ ܕܐܦ ܠܟܠܗ ܥܠܡܐ. ܘܝܗܒܐ ܘܪܒܝܐ
ܦܐܪܐ: ܐܝܟ ܕܐܦ ܒܟܘܢ. ܡܢ ܝܘܡܐ ܕܫܡܥܬܘܢ: ܘܐܫܬܘܕܥܬܘܢ ܛܝܒܘܬܗ ܕܐܠܗܐ
ܒܫܪܪܐ: 7 ܐܝܟ ܡܐ ܕܝܠܦܬܘܢ ܡܢ ܐܦܦܪܐ ܥܒܕܐ ܚܒܝܒܐ: ܕܗܘ ܐܝܬܘܗܝ
ܠܘܬܟܘܢ ܡܫܡܫܢܐ ܡܗܝܡܢܐ ܕܡܫܝܚܐ: 8 ܘܗܘ ܐܘܕܥܢ ܚܘܒܟܘܢ
ܕܒܪܘܚܐ ✣✣✣✣
9 ܡܛܠܗܢܐ ܐܦ ܚܢܢ ܡܢ ܝܘܡܐ ܕܫܡܥܢ: ܠܐ ܫܠܝܢܢ ܠܡܨܠܝܘ ܥܠܝܟܘܢ: ܣܐ ܚܕ.
ܘܠܡܫܐܠ ܕܬܬܡܠܘܢ ܝܕܥܬܐ ܕܨܒܝܢܗ ܕܐܠܗܐ: ܒܟܠ ܚܟܡܐ ܘܒܟܠ ܣܘܟܠ ܕܪܘܚ:
10 ܕܬܗܠܟܘܢ ܐܝܟ ܕܘܐܐ. ܘܬܫܦܪܘܢ ܠܐܠܗܐ ܒܟܠ ܥܒܕܝܢ ܛܒܝܢ. ܘܬܐܠܦܘܢ ܦܐܪܐ.
ܘܬܪܒܘܢ ܒܝܕܥܬܐ ܕܐܠܗܐ. 11 ܘܒܟܠ ܚܝܠ ܬܬܚܝܠܘܢ ܐܝܟ ܪܒܘܬܐ ܕܫܘܒܚܗ: ܒܟܠ
ܡܣܝܒܪܢܘ: ܘܒܢܓܝܪܘܬ ܪܘܚ. 12 ܘܬܘܕܘܢ ܠܐܠܗܐ ܐܒܐ: ܕܐܫܘܝܢ ܠܡܢܬܐ
ܕܝܪܬܘܬܐ ܕܩܕܝܫܐ ܒܢܘܗܪܐ. 13 ܘܦܪܩܢ ܡܢ ܫܘܠܛܢܗ ܕܚܫܘܟܐ. ܘܐܥܠܢ ܠܡܠܟܘܬܐ
ܕܒܪܗ ܚܒܝܒܐ: 14 ܗܘ ܕܒܗ ܐܝܬ ܠܢ ܦܘܪܩܢܐ ܘܫܘܒܩܢܐ ܕܚܛܗܐ. 15 ܗܘ ܕܗܘܝܘ

ܕܡܘܬܐ ܕܐܠܗܐ ܕܠܐ ܡܬܚܙܐ. ܘܒܘܟܪܐ ܕܟܠܗܝܢ ܒܪܝܬܐ. 16 ܘܒܗ ܐܬܒܪܝ ܟܠܡܕܡ
ܕܒܫܡܝܐ ܘܒܐܪܥܐ: ܟܠ ܕܡܬܚܙܐ ܘܟܠ ܕܠܐ ܡܬܚܙܐ. ܐܢ ܟܘܪܣܘܬܐ. ܐܢ ܡܪܘܬܐ. ܐܢ
ܐܪܟܘܣ. ܐܢ ܫܘܠܛܢܐ. ܟܠܡܕܡ ܒܐܝܕܗ ܘܒܗ ܐܬܒܪܝ. 17 ܘܗܘܝܘ ܕܩܕܡ ܡܢ ܟܠ.
ܘܟܠܡܕܡ ܒܗ ܩܐܡ. 18 ܘܗܘܝܘ ܪܫܐ ܕܦܓܪܐ ܕܥܕܬܐ: ܕܐܝܬܘܗܝ ܪܫܐ ܘܒܘܟܪܐ ܕܡܢ
ܒܝܬ ܡܝܬܐ. ܕܢܗܘܐ ܩܕܡܝ ܒܟܠܡܕܡ: 19 ܕܒܗ ܨܒܐ ܟܠܗ ܡܘܡܠܝܐ ܠܡܥܡܪ:
20 ܘܒܐܝܕܗ ܠܡܪܥܘ ܥܡܗ ܟܠܡܕܡ. ܘܫܝܢ ܥܒܕ ܒܕܡܐ ܕܙܩܝܦܗ ܒܐܝܕܗ. ܐܢ ܕܒܐܪܥܐ
ܘܐܢ ܕܒܫܡܝܐ. 21 ܘܐܦ ܠܟܘܢ ܕܡܢ ܩܕܝܡ ܢܘܟܪܝܐ ܗܘܝܬܘܢ. ܘܒܥܠܕܒܒܐ ܒܪܥܝܢܝܟܘܢ.
ܡܛܠ ܥܒܕܝܟܘܢ ܒܝܫܐ. ܗܫܐ ܫܝܢ ܥܒܕ 22 ܒܦܓܪܐ ܕܒܣܪܗ ܘܒܡܘܬܗ: ܕܢܩܝܡܟܘܢ
ܩܕܡܘܗܝ ܩܕܝܫܝܢ ܘܕܠܐ ܡܘܡ ܘܕܠܐ ܥܕܠܐ: 23 ܐܢ ܬܩܘܘܢ ܒܗܝܡܢܘܬܟܘܢ ܟܕ ܫܪܝܪܐ
ܫܬܐܣܬܟܘܢ: ܘܠܐ ܡܬܬܙܝܥܝܢ ܡܢ ܣܒܪܐ ܕܐܘܢܓܠܝܘܢ: ܗܘ ܕܫܡܥܬܘܢ ܕܐܬܟܪܙ
ܒܟܠܗ ܒܪܝܬܐ ܕܬܚܝܬ ܫܡܝܐ. ܗܘ ܕܐܢܐ ܦܘܠܘܣ ܗܘܝܬ ܡܫܡܫܢܗ. 24 ܘܚܕܐ ܐܢܐ
ܒܚܫܐ ܕܥܠ ܐܦܝܟܘܢ. ܘܡܫܠܡ ܐܢܐ ܚܘܣܪܢܐ ܕܐܘܠܨܢܘܗܝ ܕܡܫܝܚܐ ܒܒܣܪܝ: ܚܠܦ
ܦܓܪܗ ܕܐܝܬܘܗܝ ܥܕܬܐ. 25 ܗܝ ܕܐܢܐ ܗܘܝܬ ܡܫܡܫܢܗ: ܐܝܟ ܡܕܒܪܢܘܬܐ ܕܐܠܗܐ
ܕܐܬܝܗܒܬ ܠܝ ܒܟܘܢ. ܕܐܫܡܠܐ ܡܠܬܗ ܕܐܠܗܐ. 26 ܐܪܙܐ ܗܘ ܕܡܛܫܝ ܗܘܐ ܡܢ
ܥܠܡܐ ܘܡܢ ܫܪܒܬܐ: ܗܫܐ ܕܝܢ ܐܬܓܠܝ ܠܩܕܝܫܘܗܝ: 27 ܠܐܝܠܝܢ ܕܨܒܐ ܐܠܗܐ ܕܢܘܕܥ:
ܡܢܘ ܥܘܬܪܐ ܕܫܘܒܚܐ ܕܐܪܙܐ ܗܢܐ ܒܥܡܡܐ. ܕܐܝܬܘܗܝ ܡܫܝܚܐ ܕܒܟܘܢ ܣܒܪܐ ܕܫܘܒܚܢ.
28 ܗܘ ܕܚܢܢ ܡܟܪܙܝܢܢ. ܘܡܠܦܝܢܢ. ܘܡܪܬܝܢܢ ܠܟܠ ܒܪܢܫ ܒܟܠܗ ܚܟܡܐ. ܕܢܩܝܡ
ܠܟܠ ܒܪܢܫ ܟܕ ܓܡܝܪ ܒܝܫܘܥ ܡܫܝܚܐ. 29 ܒܗܕܐ ܗܘ ܓܝܪ ܠܐܐ ܐܢܐ
ܘܡܬܟܬܫ ܐܢܐ. ܒܡܥܕܪܢܘܬܐ ܕܚܝܠܐ ܕܡܬܚܦܛ ܒܝ܀
Cap. ii. 1 ܨܒܐ ܐܢܐ ܕܝܢ ܕܬܕܥܘܢ: ܐܝܢܐ ܐܓܘܢܐ ܐܝܬ ܠܝ ܥܠܝܟܘܢ. ܘܥܠ ܗܢܘܢ
ܕܒܠܐܕܝܩܝܐ. ܘܥܠ ܫܪܟܐ ܕܦܪܨܘܦܝ ܠܐ ܚܙܘ ܒܒܣܪ: 2 ܕܢܬܒܝܐܘܢ ܠܒܘܬܗܘܢ
ܘܢܬܩܪܒܘܢ ܒܚܘܒܐ ܠܟܠܗ ܥܘܬܪܐ ܕܦܘܫܩܐ: ܘܠܡܘܕܥܬܐ ܕܐܪܙܗ ܕܐܠܗܐ ܐܒܐ
ܘܕܡܫܝܚܐ. 3 ܗܘ ܕܒܗ ܟܣܝܢ ܟܠܗܘܢ ܣܝܡܬܐ ܕܚܟܡܬܐ ܘܕܝܕܥܬܐ܀ 4 ܗܕܐ ܕܝܢ
ܐܡܪ ܐܢܐ: ܕܠܐ ܐܢܫ ܢܛܥܝܟܘܢ ܒܡܦܝܣܢܘܬܐ ܕܡܠܐ. 5 ܐܦ ܒܦܓܪ ܓܝܪ ܪܚܝܩ
ܐܢܐ ܡܢܟܘܢ: ܐܠܐ ܒܪܘܚ ܥܡܟܘܢ ܐܢܐ: ܘܚܕܐ ܐܢܐ ܕܚܙܐ ܐܢܐ ܡܛܟܣܘܬܟܘܢ. ܘܡܫܪܪܘܬܐ
ܕܗܝܡܢܘܬܟܘܢ ܕܒܡܫܝܚܐ܀ 6 ܐܝܟܢܐ ܗܟܝܠ ܕܩܒܠܬܘܢ ܠܝܫܘܥ ܡܫܝܚܐ ܡܪܢ: ܒܗ
ܗܠܟܘ: 7 ܟܕ ܡܫܪܪܝܢ ܥܩܪܝܟܘܢ. ܘܡܬܒܢܝܢ ܐܢܬܘܢ ܒܗ. ܘܡܬܩܝܡܝܢ ܐܢܬܘܢ
ܒܗܝܡܢܘܬܐ ܗܝ ܕܝܠܦܬܘܢ: ܕܬܬܝܬܪܘܢ ܒܗ ܒܬܘܕܝܬܐ܀ 8 ܐܙܕܗܪܘ ܕܠܡܐ ܐܢܫ
ܢܚܒܠܟܘܢ ܒܦܝܠܣܘܦܘܬܐ ܘܒܛܥܝܘܬܐ ܣܪܝܩܬܐ: ܐܝܟ ܡܘܠܦܢܐ ܕܒܢܝܢܫܐ. ܘܐܝܟ
ܐܣܛܘܟܣܘܗܝ ܕܥܠܡܐ. ܘܠܐ ܐܝܟ ܡܫܝܚܐ: 9 ܕܒܗ ܥܡܪ ܟܠܗ ܡܘܡܠܝܐ ܕܐܠܗܘܬܐ

ܓܘܫܡܢܐܝܬ. 10 ܘܒܗ ܐܦ ܐܢܬܘܢ ܡܫܡܠܝܬܘܢ. ܕܗܘ ܐܝܬܘܗܝ ܪܫܐ ܕܟܠܗܘܢ
ܐܪܟܘܣ ܘܫܘܠܛܢܐ. 11 ܘܒܗ ܐܬܓܙܪܬܘܢ ܓܙܘܪܬܐ ܕܠܐ ܒܐܝܕܝܢ. ܒܫܠܚܐ ܕܒܣܪܐ ܕܚܛܗܐ
ܒܓܙܘܪܬܗ ܕܡܫܝܚܐ. 12 ܘܐܬܩܒܪܬܘܢ ܥܡܗ ܒܡܥܡܘܕܝܬܐ. ܘܒܗ ܩܡܬܘܢ ܥܡܗ.
ܕܐܗܝܡܢܬܘܢ ܒܚܝܠܐ ܕܐܠܗܐ ܕܐܩܝܡܗ ܡܢ ܒܝܬ ܡܝܬܐ. 13 ܘܠܟܘܢ ܕܡܝܬܝܢ ܗܘܝܬܘܢ
ܒܚܛܗܝܟܘܢ. ܘܒܥܘܪܠܘܬܐ ܕܒܣܪܟܘܢ. ܐܚܝܟܘܢ ܥܡܗ. ܘܫܒܩ ܠܢ ܟܠܗܘܢ ܚܛܗܝܢ.
14 ܘܥܛܗ ܒܦܘܩܕܢܘܗܝ ܠܫܛܪ ܚܘܒܝܢ: ܗܘ ܕܐܝܬܘܗܝ ܗܘܐ ܣܩܘܒܠܢ. ܘܫܩܠܗ ܡܢ
ܡܨܥܬܐ ܘܩܒܥܗ ܒܙܩܝܦܗ. 15 ܘܒܡܫܠܚ ܦܓܪܗ ܦܪܣܝ ܠܐܪܟܘܣ ܘܠܫܘܠܛܢܐ. ܘܐܒܗܬ
ܐܢܘܢ ܓܠܝܐܝܬ ܒܩܢܘܡܗ. 16 ܠܐ ܗܟܝܠ ܐܢܫ ܢܕܘܢܟܘܢ. ܒܡܐܟܘܠܬܐ ܘܒܡܫܬܝܬܐ. ܐܘ
ܒܦܘܠܓܐ ܕܥܐܕܐ ܘܒܪܝܫ ܝܪܚܐ ܘܒܫܒܬܐ: 17 ܗܠܝܢ ܕܐܝܬܝܗܝܢ ܗܘܝ ܛܠܢܝܬܐ ܕܐܝܠܝܢ
ܕܥܬܝܕܢ: ܦܓܪܐ ܕܝܢ ܡܫܝܚܐ ܗܘ. 18 ܘܠܡܐ ܐܢܫ ܢܪܓܐ ܒܡܬܟܝܟܘܬܐ ܕܪܥܝܢܐ
ܠܡܫܥܒܕܘܬܟܘܢ. ܘܠܫܘܥܒܕܐ ܕܡܠܐܟܐ: ܟܕ ܡܬܕܪܫ ܒܟܠ ܡܕܡ ܕܠܐ ܚܙܐ.
ܘܡܬܢܦܚ ܣܪܝܩܐܝܬ ܒܪܥܝܢܐ ܕܒܣܪܗ. 19 ܘܠܐ ܐܚܝܕ ܪܫܐ: ܕܡܢܗ ܟܠܗ ܦܓܪܐ
ܡܬܛܝܒ. ܘܡܬܩܛܪ ܒܗܕܡܐ ܘܒܫܪܝܢܐ: ܘܪܒܐ ܪܒܝܐ ܕܐܠܗܐ. 20 ܐܢ ܓܝܪ ܡܝܬܬܘܢ
ܥܡ ܡܫܝܚܐ ܡܢ ܐܣܛܘܟܣܘܗܝ ܕܥܠܡܐ. ܠܡܢܐ ܐܝܟ ܗܘ ܕܚܝܝܢ ܐܢܬܘܢ ܒܥܠܡܐ
ܡܬܕܝܢܝܢ ܐܢܬܘܢ. 21 ܠܐ ܬܬܩܪܒ ܘܠܐ ܬܛܥܡ ܘܠܐ ܬܬܩܦ: 22 ܕܐܝܬܝܗܝܢ ܗܠܝܢ
ܚܒܠܐ ܘܡܬܚܒܠܢܐ. ܘܦܘܩܕܢܐ ܐܢܘܢ ܘܡܘܠܦܢܐ ܕܒܢܝܢܫܐ. 23 ܘܡܬܚܙܝܢ ܕܐܝܬ ܒܗܘܢ
ܡܠܬܐ ܕܚܟܡܬܐ: ܒܚܙܘܐ ܕܡܬܟܝܟܘܬܐ ܘܕܚܠܬ ܐܠܗܐ. ܘܕܠܐ ܚܝܣܝܢ ܥܠ ܦܓܪܐ: ܠܐ
ܒܡܕܡ ܕܡܣܬܦܩ: ܐܠܐ ܒܐܝܠܝܢ ܕܡܣܒܥܢ ܐܢܘܢ ܠܒܣܪܐ ܀܀܀

1 ܐܢ ܗܟܝܠ ܩܡܬܘܢ ܥܡ ܡܫܝܚܐ. ܕܠܥܠ ܒܥܘ. ܐܝܟܐ ܕܡܫܝܚܐ ܝܬܒ ܥܠ Cap. iii.
ܝܡܝܢܐ ܕܐܠܗܐ. 2 ܘܕܠܥܠ ܐܬܪܥܘ. ܘܠܐ ܕܒܐܪܥܐ. 3 ܡܝܬܬܘܢ ܠܟܘܢ ܓܝܪ: ܘܚܝܝܟܘܢ ܣܐ ܕܗ.
ܟܣܝܢ ܥܡ ܡܫܝܚܐ ܒܐܠܗܐ. 4 ܘܐܡܬܝ ܕܡܫܝܚܐ ܡܬܓܠܐ: ܕܗܘܝܘ ܚܝܝܢ: ܗܝܕܝܢ ܐܦ
ܐܢܬܘܢ ܬܬܓܠܘܢ ܥܡܗ ܒܫܘܒܚܐ. 5 ܡܝܬܘ ܗܟܝܠ ܗܕܡܝܟܘܢ ܕܒܐܪܥܐ. ܙܢܝܘܬܐ
ܘܛܢܦܘܬܐ ܘܚܫܐ ܘܪܓܬܐ ܒܝܫܬܐ ܘܥܠܘܒܘܬܐ ܕܐܝܬܝܗ ܗܝ ܕܚܠܬ ܦܬܟܪܐ. 6 ܡܛܠ
ܗܠܝܢ ܓܝܪ ܐܬܐ ܪܘܓܙܗ ܕܐܠܗܐ ܥܠ ܒܢܝ ܕܠܐ ܡܬܛܦܝܣܢܘܬܐ. 7 ܘܒܗܠܝܢ ܐܦ
ܐܢܬܘܢ ܗܠܟܬܘܢ ܡܢ ܩܕܝܡ: ܟܕ ܡܬܗܦܟܝܢ ܗܘܝܬܘܢ ܒܗܝܢ. 8 ܗܫܐ ܕܝܢ ܐܪܚܩܘ
ܡܢܟܘܢ ܟܠܗܝܢ ܗܠܝܢ. ܪܘܓܙܐ. ܚܡܬܐ. ܒܝܫܘܬܐ. ܓܘܕܦܐ. ܡܡܠܠܐ ܨܢܝܥܐ. 9 ܘܠܐ
ܬܗܘܘܢ ܡܕܓܠܝܢ ܚܕ ܥܠ ܚܕ: ܐܠܐ ܫܠܘܚܘ ܠܒܪܢܫܐ ܥܬܝܩܐ ܥܡ ܟܠܗܘܢ
ܗܘܦܟܘܗܝ: 10 ܘܠܒܫܘ ܚܕܬܐ ܕܡܬܚܕܬ ܒܝܕܥܬܐ ܒܕܡܘܬܐ ܕܒܪܘܝܗ. 11 ܐܝܟܐ ܕܠܝܬ
ܝܗܘܕܝܐ ܘܐܪܡܝܐ. ܘܠܐ ܓܙܘܪܬܐ ܘܥܘܪܠܘܬܐ. ܘܠܐ ܝܘܢܝܐ ܘܒܪܒܪܝܐ. ܘܠܐ ܥܒܕܐ ܘܒܪ ܚܐܪܐ:
ܐܠܐ ܟܠ ܘܒܟܠܢܫ ܡܫܝܚܐ ܗܘ. 12 ܠܒܫܘ ܗܟܝܠ ܐܝܟ ܓܒܝܐ ܕܐܠܗܐ. ܩܕܝܫܐ

ܘܡܫܝܚܐ. ܘܐܣܩܒܠ ܘܙܘܥܐ ܘܡܫܡܫܢܘܬܐ ܘܡܬܩܢܢܘܬܐ ܘܪܒܘܬܐ ܘܬܫܒܘܚܬܐ ܘܢܝܚܘܬܐ ܦܘܡܐ.
13 ܘܗܘܘ ܠܗܘܢ ܡܫܡܫܝܢ ܡܢ ܚܕ ܘܡܫܬܩܠܝܢ ܡܢ ܚܕ. ܘܠܐ ܐܝܬ ܠܐܢܫ ܟܠ ܡܫܬܘܐܘ
ܦܘܠܚܢܐ. ܐܝܟ ܕܢܡܘܣܐ ܦܩܕ ܠܗܘܢ. ܗܟܢܐ ܓܝܪ ܐܝܬܝܗܘܢ ܡܦܩܕܝܢ. 14 ܘܟܕ ܗܠܝܢ
ܟܠܗܘܢ܇ ܚܙܝܬ ܕܗܘܘ ܚܕܝܐ ܕܐܬܡܚܝܘܬܐ. 15 ܘܡܢܝܢܐ ܕܢܡܘܣܐ ܕܢܛܪ ܠܟܠܗܘܢ܆
ܕܠܗ ܐܬܬܚܝܠܘ ܚܕ ܚܕ. ܘܗܘܘ ܠܗܘܢ ܡܬܕܢܝܢ ܠܢܡܘܣܐ. 16 ܕܡܠܟܘܬܗ ܐܬܚܙܝ
ܒܗܘܢ܆ ܠܐܣܝܪܐ ܒܟܠ ܫܒܛܐ. ܘܗܘܘ ܠܗܘܢ ܡܫܒܩܝܢ ܘܢܛܪܝܢ ܢܡܘܣܐ܇ ܘܡܬܪܫܝܢ
ܘܡܬܬܢܝܚܐ ܘܡܬܩܕܫܝܢ ܕܪܘܚܐ. ܘܡܬܚܙܝܢ ܗܘܘ ܠܗܘܢ ܐܝܟ ܡܠܟܘܬܗܘܢ ܕܐܠܗܐ.
17 ܘܟܠ ܡܢ ܕܡܫܝܢ ܐܝܬܘܗܝ ܒܡܠܟܘܬܐ ܘܒܟܝܢܐ. ܒܫܡܗ ܕܡܪܝܐ ܡܫܡܫ ܢܡܘܣܐ
ܕܗܘܘ ܠܗܘܢ ܡܟܝܢ. ܘܗܘܘ ܠܗܘܢ ܡܬܕܢܝܢ ܟܐܢܘܬܗ ܕܐܠܗܐ ܐܚܐ܀

18 ܢܒܝܐ ܐܡܪ ܒܡܠܟܘܬܗܘܢ. ܐܝܟ ܕܐܡܪ ܒܢܡܘܣܐ. 19 ܫܒܛܐ ܐܬܩܪܝܘ ܢܦܫܬܗܘܢ܆
ܘܠܐ ܐܬܗܘܝ ܡܕܡ ܒܟܠܗܘܢ. 20 ܒܥܠܝܐ ܐܬܩܪܝܘ ܠܐܚܘܬܗܘܢ ܒܡܠܟܘܬܗܘܢ.
ܗܟܢܐ ܓܝܪ ܡܫܡܫ ܩܕܡ ܡܪܝܐ. 21 ܐܚܘܬܐ ܠܐ ܐܬܦܠܓܘ ܒܫܒܛܝܗܘܢ܆ ܘܠܐ ܐܬܢܟܝܘ.
22 ܠܒܢܝܐ ܐܬܩܪܝܘ ܒܡܠܟܘܬܗܘܢ ܠܡܫܡܫܢܘܬܗܘܢ ܕܡܪܝܐ. ܠܐ ܒܡܫܬܐ ܠܡܠܟܐ ܐܝܟ ܗܢܘܢ
ܕܡܫܡܫܝܢ ܠܒܥܠܕܒܒܐ. ܐܠܐ ܒܠܒܐ ܦܫܝܛܐ ܘܒܫܒܚܗ ܕܡܪܝܐ. 23 ܘܟܠ ܕܒܟܝܢ ܐܝܬܘܗܝ܆
ܡܢ ܩܕܡ ܢܡܘܣܗܘܢ ܒܟܝܢܗ܆ ܐܝܟ ܕܒܡܪܝܐ܇ ܘܠܐ ܐܝܟ ܕܠܒܥܠܕܒܒܐ. 24 ܘܗܟܢܐ ܕܡܢ
ܡܪܝܐ ܡܫܡܠܝܢܗܘܢ ܦܘܠܚܢܐ ܕܢܒܝܘܬܐ. ܒܡܪܝܐ ܓܝܪ ܡܫܡܫ ܕܟܠܗܘܢ. 25 ܡܫܡܫܢܐ
Cap. iv. ܕܡܢ ܡܠܟܘܬܗ. ܐܝܟ ܡܢ ܕܐܫܬܠܡ. ܘܟܠܗ ܡܫܡܫ ܒܐܘܪܚܐ܀ 1 ܡܫܝܚܐ ܒܟܝܢܗ ܡܫܡܫܬܐ
ܘܩܝܡܬܐ ܠܥܠܡ ܠܡܠܟܘܬܗܘܢ. ܘܗܘܘ ܠܗܘܢ ܚܝܐ. ܘܐܦ ܒܟܝܢܗ ܐܝܟ ܗܘ ܡܪܝܐ ܒܡܫܝܚܐ.
2 ܒܪܘܚܐ ܐܬܚܙܝܘ. ܘܗܘܘ ܠܗܘܢ ܒܢܝܐ ܐܝܬܘܗܝ ܒܗ. ܘܡܫܡܫܝܢ. 3 ܘܡܬܟܠܝܢ ܐܦ
ܒܟܠܗ. ܕܐܠܗܐ ܢܬܒܥ ܠܢ ܒܐܘܪܚܐ ܕܡܠܟܐ܆ ܠܡܫܡܠܝܘ ܢܡܘܣܐ ܕܡܪܝܐ ܕܫܠܝܚܘ
ܐܡܪ ܐܢܐ܆ 4 ܕܐܬܟܢܫܘ ܘܐܫܬܠܡܘ. ܐܝܟ ܕܠܐ ܒܗ. 5 ܒܫܠܡܬܐ ܗܟܢܐ ܒܟܠܗ
ܒܪܘܚܐ. ܘܐܬܟܢܫܘ ܩܕܡܝܗܘܢ. 6 ܘܡܫܠܡܝܢ ܒܡܠܟܘܬܗ ܒܡܫܡܫܢܘܬܐ܆ ܐܝܟ ܕܡܫܡܫܢܐ ܐܬܗܘܐ
ܡܫܡܫܢܐ. ܘܗܘܘ ܠܗܘܢ ܚܒܝܫܝܢ. ܠܐܢܫ ܐܝܬ ܐܚܪܢܐ ܘܠܐ ܒܟܝܢ ܠܡܫܠܡܘ ܒܦܘܠܚܢܐ.
7 ܡܢ ܕܐܬܚܙܝ ܒܗ܆ ܢܬܕܟܪܘܢ ܠܫܡܫܘܬܐ ܐܝܟ ܡܫܝܚܐ. ܘܡܫܡܫܢܐ ܡܫܡܫܢܐ.
ܘܚܙܝܬ ܒܟܝܢܐ. 8 ܗܢܐ ܕܡܫܡܠܝܢ ܒܟܠܗܘܢ ܠܟܠܗ ܟܠ ܗܕܐ. ܕܢܬܚܙܐ ܡܢ ܕܐܝܬܝܗܘܢ܆
ܘܒܢܝܐ ܠܒܢܝܢܗܘܢ. 9 ܟܕ ܐܬܩܪܝܘ ܐܝܟ ܡܫܡܫܢܐ ܘܡܫܝܚܐ܆ ܗܘ ܕܐܬܚܙܝ
ܡܠܟܘܬܗ. ܗܢܘܢ ܢܬܕܟܪܘܢ ܡܢ ܕܒܟܠܗ܀

10 ܡܛܠ ܒܡܠܟܘܬܗ ܐܬܩܪܝܘ ܫܒܝܐ ܕܟܠܗܘܢ. ܘܡܫܡܫܝܢ ܒܗ ܕܐܬܚܙܝ ܕܒܢܝܐ. ܗܘ
ܕܐܬܚܙܝܘ ܒܟܠܗܘܢ. ܕܐܝܬ ܐܢܐ ܒܟܠܗܘܢ ܐܬܦܩܕܘ ܠܡܠܟܘܬܗܘܢ. 11 ܘܡܫܡܫ ܗܘ ܕܡܫܡܠܝܐ
ܢܬܩܝܡܘܢ. ܗܟܢܐ ܕܐܬܟܢܫܘ ܡܢ ܒܐܘܪܚܐ. ܘܗܢܘܢ ܒܚܝܠܗ ܠܒܢܝܐ ܒܡܠܟܘܬܗ

ܕܐܠܗܐ. ܘܗܢܘܢ ܗܘܘ ܠܝ ܒܘܝܐܐ. 12 ܫܐܠ ܒܫܠܡܟܘܢ ܐܦܦܪܐ. ܗܘ ܕܡܢܟܘܢ. ܥܒܕܐ
ܕܝܫܘܥ ܡܫܝܚܐ. ܟܕ ܒܟܠܥܕܢ ܥܐܠ ܚܠܦܝܟܘܢ ܒܨܠܘܬܗ: ܕܬܩܘܡܘܢ ܫܡܠܝܐ ܘܡܫܡܠܝܐ
ܒܟܠܗ ܨܒܝܢܗ ܕܐܠܗܐ. 13 ܣܗܕ ܐܢܐ ܓܝܪ ܥܠܘܗܝ: ܕܛܢܢܐ ܣܓܝܐܐ ܐܝܬ ܠܗ
ܚܠܦܝܟܘܢ: ܘܚܠܦ ܗܢܘܢ ܕܒܠܐܕܝܩܝܐ ܘܕܒܗܝܪܐܦܘܠܝܣ. 14 ܫܐܠ ܒܫܠܡܟܘܢ ܠܘܩܐ
ܐܣܝܐ ܚܒܝܒܐ. ܘܕܝܡܐ ✤ 15 ܫܐܠܘ ܒܫܠܡܐ ܕܐܚܐ ܕܒܠܐܕܝܩܝܐ. ܘܕܢܘܡܦܐ. ܘܕܥܕܬܐ
ܕܒܒܝܬܗ. 16 ܘܡܐ ܕܐܬܩܪܝܬ ܐܓܪܬܐ ܗܕܐ ܠܘܬܟܘܢ: ܥܒܕܘ ܕܐܦ ܒܥܕܬܐ ܕܠܐܕܝܩܝܐ
ܬܬܩܪܐ. ܘܗܝ ܕܐܬܟܬܒܬ ܡܢ ܠܐܕܝܩܝܐ: ܩܪܘ ܐܢܘܢ. 17 ܘܐܡܪܘ ܠܐܪܟܝܦܘܣ:
ܐܙܕܗܪ ܒܬܫܡܫܬܐ ܗܝ ܕܩܒܠܬ ܒܡܪܢ: ܕܬܗܘܐ ܡܫܡܠܐ ܠܗ. 18 ܫܠܡܐ
ܗܢܐ ܒܟܬܒ ܐܝܕܝ ܕܦܘܠܘܣ. ܥܗܕܘ ܠܐܣܘܪܝ. ܛܝܒܘܬܐ ܥܡ ܟܠܟܘܢ.
ܐܡܝܢ ✤✤✤✤

✤ ܫܠܡܬ ܐܓܪܬܐ ܕܠܘܬ ܩܘܠܣܝܐ ܕܐܬܟܬܒܬ
ܡܢ ܪܗܘܡܐ ✤

✤ ܐܓܪܬܐ ܕܠܘܬ ܬܣܠܘܢܝܩܝܐ ܩܕܡܝܬܐ ✤

1 ܦܘܠܘܣ ܘܣܝܠܘܢܘܣ ܘܛܝܡܬܐܘܣ: ܠܥܕܬܐ ܕܬܣܠܘܢܝܩܝܐ ܕܒܐܠܗܐ ܐܒܐ. Cap. i.
ܙܘܚܐ ܩ. ܘܒܡܪܢ ܝܫܘܥ ܡܫܝܚܐ. ܛܝܒܘܬܐ ܥܡܟܘܢ ܘܫܠܡܐ ✤
2 ܡܘܕܝܢܢ ܠܐܠܗܐ ܒܟܠܙܒܢ ܥܠ ܟܠܟܘܢ. ܘܡܬܕܟܪܝܢܢ ܠܟܘܢ ܒܨܠܘܬܢ ܐܡܝܢܐܝܬ.
3 ܘܡܘܕܝܢܢ ܩܕܡ ܐܠܗܐ ܐܒܐ: ܥܒܕܐ ܕܗܝܡܢܘܬܟܘܢ. ܘܠܥܡܠܐ ܕܚܘܒܟܘܢ. ܘܡܣܝܒܪܢܘܬܐ
ܕܣܒܪܟܘܢ: ܕܒܡܪܢ ܝܫܘܥ ܡܫܝܚܐ. 4 ܝܕܥܝܢ ܓܝܪ ܓܒܝܘܬܟܘܢ. ܐܚܝ̈ ܚܒܝܒܘܗܝ
ܕܐܠܗܐ. 5 ܕܣܒܪܬܢ ܠܐ ܗܘܬ ܒܡܠܬܐ ܒܠܚܘܕ ܗܘܬ ܠܘܬܟܘܢ: ܐܠܐ ܐܦ
ܒܚܝܠܐ. ܘܒܪܘܚܐ ܕܩܘܕܫܐ. ܘܒܦܫܝܩܘܬܐ ܣܓܝܐܬܐ. ܐܝܟ ܕܝܕܥܝܢ ܐܢܬܘܢ: ܐܝܟܢܐ ܗܘܝܢ
ܒܝܢܬܟܘܢ ܡܛܠܬܟܘܢ. 6 ܘܐܢܬܘܢ ܒܝ ܐܬܕܡܝܬܘܢ ܘܒܡܪܢ: ܕܩܒܠܬܘܢ ܡܠܬܐ
ܒܐܘܠܨܢܐ ܣܓܝܐܐ. ܘܒܚܕܘܬܐ ܕܪܘܚܐ ܕܩܘܕܫܐ. 7 ܘܗܘܝܬܘܢ ܕܡܘܬܐ ܠܟܠܗܘܢ ܡܗܝܡܢܐ.
ܕܐܝܬ ܒܡܩܕܘܢܝܐ ܘܒܐܟܐܝܐ. 8 ܡܢܟܘܢ ܓܝܪ ܐܫܬܡܥܬ ܡܠܬܗ ܕܡܪܢ: ܠܐ ܒܠܚܘܕ
ܒܡܩܕܘܢܝܐ ܘܒܐܟܐܝܐ: ܐܠܐ ܒܟܠ ܐܬܪ ܗܝܡܢܘܬܟܘܢ ܕܒܐܠܗܐ ܐܫܬܡܥܬ. ܐܝܟܢܐ ܕܠܐ
ܢܣܢܩ ܕܢܐܡܪ ܠܟܘܢ ܡܕܡ. 9 ܗܢܘܢ ܓܝܪ ܡܫܬܥܝܢ: ܐܝܢܐ ܡܥܠܬܐ ܗܘܐ ܠܢ
ܠܘܬܟܘܢ: ܘܐܝܟܢܐ ܐܬܦܢܝܬܘܢ ܠܘܬ ܐܠܗܐ ܡܢ ܕܚܠܬ ܦܬܟܪܐ: ܕܬܦܠܚܘܢ ܠܐܠܗܐ

ܚܝܐ ܘܫܪܝܪܐ: ¹⁰ ܟܕ ܡܣܟܝܢܬܘܢ ܠܒܪܗ ܡܢ ܫܡܝܐ: ܠܝܫܘܥ. ܗܘ ܕܐܩܝܡ ܡܢ ܒܝܬ
Cap. ii. ܡܝܬܐ. ܕܗܘ ܡܦܨܐ ܠܢ ܡܢ ܪܘܓܙܐ ܕܐܬܐ. ¹ ܘܐܝܬܝܟܘܢ ܝܕܥܝܢ ܐܝܬܝܟܘܢ ܐܚܝ. ܕܡܥܠܢ
ܕܠܘܬܟܘܢ ܠܐ ܗܘܐ ܣܪܝܩܐܝܬ ܗܘܐ. ² ܐܠܐ ܠܩܘܕܡܝܢ ܚܫܢ ܘܐܨܛܥܪܢ: ܐܝܟ ܕܝܕܥܝܬܘܢ
ܒܦܝܠܝܦܘܣ. ܘܐܡܪܚܢ ܒܐܠܗܢ ܐܦܝ. ܡܠܠܢ ܠܟܘܢ ܣܒܪܬܗ ܕܐܠܗܐ. ܒܐܓܘܢܐ
ܣܓܝܐܐ. ³ ܒܥܘܝܐ ܓܝܪ ܠܐ ܗܘܐ ܡܢ ܛܘܥܝܘܬܐ. ܐܦܠܐ ܡܢ ܛܢܦܘܬܐ. ܐܦܠܐ ܒܢܟܠܐ.
⁴ ܐܠܐ ܐܝܟ ܡܐ ܕܒܩܝܢ ܠܐܠܗܐ ܕܢܬܗܝܡܢ ܣܒܪܬܗ: ܗܟܢܐ ܡܡܠܠܝܢܢ. ܠܐ ܐܝܟ
ܕܠܒܢܝ ܐܢܫܐ ܢܫܦܪ: ܐܠܐ ܠܐܠܗܐ. ܗܘ ܕܒܩܐ ܠܒܘܬܢ. ⁵ ܐܦܠܐ ܓܝܪ ܡܡܠܠܢ
ܐܫܬܡܫܢ ܒܡܡܠܠܐ ܕܚܘܢܦܐ ܐܝܟ ܕܝܕܥܝܢ ܐܝܬܝܟܘܢ. ܘܠܐ ܒܥܠܬܐ ܕܥܠܘܒܘܬܐ. ܐܠܗܐ ܣܗܕ.
⁶ ܘܠܐ ܒܥܝܢ ܫܘܒܚܐ ܡܢ ܒܢܝܢܫܐ. ܠܐ ܡܢܟܘܢ ܘܠܐ ܡܢ ܐܚܪܢܐ. ܟܕ ܡܫܟܚܝܢ ܗܘܝܢ
ܝܩܝܪܐ ܠܡܗܘܐ ܐܝܟ ܫܠܝܚܐ ܕܡܫܝܚܐ. ⁷ ܐܠܐ ܗܘܝܢ ܒܝܢܬܟܘܢ ܡܟܝܟܐ. ܘܐܝܟ
ܡܪܒܝܢܝܬܐ ܕܡܪܒܝܐ ܒܢܝܗ. ⁸ ܗܟܢܐ ܐܦ ܚܢܢ ܡܬܚܒܒܝܢ ܘܡܫܬܘܚܝܢ ܠܡܬܠ
ܠܟܘܢ. ܠܐ ܒܠܚܘܕ ܣܒܪܬܗ ܕܐܠܗܐ: ܐܠܐ ܐܦ ܢܦܫܢ: ܡܛܠ ܕܚܒܝܒܝܢ ܐܝܬܝܟܘܢ ܀
⁹ ܥܗܝܕܝܢ ܐܝܬܝܟܘܢ ܓܝܪ ܐܚܝ. ܕܠܐܝܢ ܗܘܝܢ ܘܡܥܒܕܝܢ ܒܥܒܕ ܐܝܕܝܢ ܒܐܝܡܡܐ
ܘܒܠܠܝܐ: ܕܥܠ ܚܕ ܡܢܟܘܢ ܠܐ ܢܝܩܪ. ¹⁰ ܐܝܬܝܟܘܢ ܣܗܕܝܢ ܘܐܠܗܐ. ܐܝܟܢܐ ܐܬܕܒܪܢ
ܠܟܘܢ ܡܛܠܬܗ ܕܐܠܗܐ ܕܟܐܝܬ ܘܒܟܐܢܘܬ. ܘܕܠܐ ܪܫܐ ܗܘܝܢ ܠܘܬ ܟܠܟܘܢ ܡܗܝܡܢܐ.
¹¹ ܐܝܟܢܐ ܕܝܕܥܝܢ ܐܝܬܝܟܘܢ. ܕܠܟܠ ܚܕ ܚܕ ܡܢܟܘܢ ܐܝܟ ܐܒܐ ܡܢ ܒܢܘܗܝ: ܒܥܝܢ ܗܘܝܢ.
ܘܡܒܝܐܝܢ ܗܘܝܢ ܠܠܒܟܘܢ. ܘܡܣܗܕܝܢ ܠܟܘܢ. ¹² ܕܬܗܠܟܘܢ ܐܝܟ ܕܫܘܐ ܠܐܠܗܐ: ܗܘ
ܕܩܪܟܘܢ ܠܡܠܟܘܬܗ ܘܠܫܘܒܚܗ. ¹³ ܡܛܠ ܗܢܐ ܐܦ ܚܢܢ ܡܘܕܝܢܢ ܐܡܝܢܐܝܬ
ܠܐܠܗܐ. ܕܡܠܬܐ ܕܐܠܗܐ ܕܫܡܥܬܘܢ ܡܢܢ. ܠܐ ܗܘܐ ܐܝܟ ܡܠܬܐ ܕܒܢܝܢܫܐ ܩܒܠܬܘܢܗ:
ܐܠܐ ܐܝܟ ܕܐܝܬܝܗ ܫܪܝܪܐܝܬ ܡܠܬܐ ܕܐܠܗܐ: ܘܗܝ ܡܬܥܒܕܢܝܬܐ ܒܟܘܢ ܒܐܝܠܝܢ
ܕܡܗܝܡܢܝܢ ܀ ¹⁴ ܐܝܬܝܟܘܢ ܓܝܪ ܐܚܝ. ܐܬܕܡܝܬܘܢ ܠܥܕܬܐ ܕܐܠܗܐ ܕܒܝܗܘܕ: ܗܠܝܢ
ܕܒܝܫܘܥ ܡܫܝܚܐ. ܕܗܠܝܢ ܚܫܬܘܢ ܐܦ ܐܝܬܝܟܘܢ ܡܢ ܒܢܝ ܫܪܒܬܟܘܢ: ܐܝܟܢܐ ܕܐܦ
ܗܢܘܢ ܡܢ ܝܗܘܕܝܐ: ¹⁵ ܗܢܘܢ ܕܩܛܠܘ ܠܡܪܢ ܝܫܘܥ ܡܫܝܚܐ ܩܕܡ. ܘܠܢܒܝܐ ܕܝܠܗܘܢ
ܘܠܢ ܪܕܦܘ. ܘܠܐܠܗܐ ܠܐ ܫܦܪܝܢ. ܘܣܩܘܒܠܝܢ ܠܟܠܗܘܢ ܒܢܝ ܐܢܫܐ: ¹⁶ ܕܟܠܝܢ
ܠܢ ܕܢܡܠܠ ܥܡ ܥܡܡܐ ܕܢܚܘܢ: ܠܡܫܠܡܘ ܚܛܗܝܗܘܢ ܒܟܠܙܒܢ. ܡܛܝ ܕܝܢ
ܥܠܝܗܘܢ ܪܘܓܙܐ ܥܕܡܐ ܠܚܪܬܐ ܀ ¹⁷ ܚܢܢ ܕܝܢ ܐܚܝ. ܗܘܝܢ ܝܬܡܐ ܡܢܟܘܢ ܐܝܟ
ܕܫܥܬܐ ܒܐܦܝܢ ܘܠܐ ܒܠܒܢ. ܘܝܬܝܪܐܝܬ ܐܬܚܦܛܢ ܠܡܚܙܐ ܐܦܝܟܘܢ ܒܣܘܓܐ ܕܪܓܬܐ.
¹⁸ ܘܨܒܝܢ ܕܢܐܬܐ ܠܘܬܟܘܢ. ܐܢܐ ܦܘܠܘܣ ܚܕܐ ܙܒܢ ܘܬܪܬܝܢ. ܘܟܠܝܢ ܣܛܢܐ. ¹⁹ ܐܝܢܘ
ܓܝܪ ܣܒܪܢ ܘܚܕܘܬܢ ܘܟܠܝܠܐ ܕܫܘܒܗܪܢ. ܐܠܐ ܐܦ ܐܝܬܝܟܘܢ ܩܕܡ ܡܪܢ ܝܫܘܥ
Cap. iii. ܒܡܐܬܝܬܗ. ²⁰ ܐܝܬܝܟܘܢ ܐܢܘܢ ܓܝܪ ܫܘܒܚܢ ܘܚܕܘܬܢ. ¹ ܘܡܛܠ ܕܠܐ ܡܣܝܒܪܝܢ:

ܨܒܝܢ ܠܡܫܒܩ ܒܐܬܢܘܣ ܒܠܚܘܕܝܢ. ² ܘܫܕܪܢ ܠܛܝܡܬܐܘܣ ܐܚܘܢ
ܡܫܡܫܢܐ ܕܐܠܗܐ. ܘܡܥܕܪܢܢ ܒܣܒܪܬܗ ܕܡܫܝܚܐ. ܕܢܫܪܪܟܘܢ ܘܢܒܥܐ ܡܢܟܘܢ ܥܠ
ܗܝܡܢܘܬܟܘܢ܆ ³ ܕܠܐ ܐܢܫ ܡܢܟܘܢ ܢܬܪܦܐ ܒܗܘܢ ܒܐܘܠܨܢܐ ܗܠܝܢ. ܐܢܬܘܢ ܓܝܪ
ܝܕܥܝܢ ܐܢܬܘܢ܆ ܕܠܗܕܐ ܗܘ ܣܝܡܝܢܢ. ⁴ ܐܦ ܟܕ ܠܘܬܟܘܢ ܗܘܝܢ ܓܝܪ܆ ܩܕܡܝܢ ܐܡܪܝܢ
ܠܟܘܢ܆ ܕܥܬܝܕܝܢ ܠܡܬܐܠܨܘ. ܐܝܟܢܐ ܕܝܕܥܝܢ ܐܢܬܘܢ ܕܗܘܐ. ⁵ ܡܛܠ ܗܢܐ ܐܦ
ܐܢܐ ܠܐ ܡܣܝܒܪܢܐ. ܥܕܡܐ ܕܫܕܪܬ ܕܐܕܥ ܗܝܡܢܘܬܟܘܢ܆ ܕܠܡܐ ܢܢܣܝܟܘܢ ܡܢܣܝܢܐ܆
ܘܢܗܘܐ ܠܣܪܝܩܘ ܥܡܠܢ܀

⁶ ܗܫܐ ܕܝܢ ܡܢ ܕܐܬܐ ܠܘܬܢ ܛܝܡܬܐܘܣ ܡܢ ܠܘܬܟܘܢ܆ ܘܣܒܪܢ ܥܠ ܗܝܡܢܘܬܟܘܢ܂ ܣܠ ܗܘ.
ܘܥܠ ܚܘܒܟܘܢ܂ ܘܕܐܝܬ ܠܘܬܟܘܢ ܕܘܟܪܢܢ ܛܒܐ ܒܟܠ ܥܕܢ܆ ܘܣܘܝܢ ܐܢܬܘܢ
ܠܡܚܙܝܢ܂ ܐܝܟܢܐ ܕܐܦ ܚܢܢ ܠܟܘܢ܆ ⁷ ܡܛܠ ܗܢܐ ܐܬܒܝܐܢ ܒܟܘܢ ܐܚܝܢ܆ ܥܠ
ܟܠܗܝܢ ܐܘܠܨܢܝܢ ܘܐܢܢܩܝܢ. ܡܛܠ ܗܝܡܢܘܬܟܘܢ. ⁸ ܘܗܫܐ ܗܘ ܚܝܝܢܢ܆ ܐܢ ܐܢܬܘܢ
ܬܩܝܡܘܢ ܒܡܪܢ. ⁹ ܐܝܕܐ ܓܝܪ ܬܘܕܝܬܐ ܡܫܟܚܝܢܢ ܠܡܦܪܥܘ ܚܠܦܝܟܘܢ ܠܐܠܗܐ܆
ܥܠ ܟܠ ܚܕܘܬܐ ܕܚܕܝܢܢ ܡܛܠܬܟܘܢ܆ ¹⁰ ܐܠܐ ܕܩܕܡ ܐܠܗܐ ܡܬܟܫܦܝܢܢ ܒܐܝܡܡܐ
ܘܒܠܠܝܐ܆ ܕܢܚܙܐ ܐܦܝܟܘܢ܆ ܘܢܫܡܠܐ ܡܐ ܕܚܣܝܪܐ ܗܝܡܢܘܬܟܘܢ. ¹¹ ܗܘ ܕܝܢ
ܐܠܗܐ ܐܒܘܢ ܘܡܪܢ ܝܫܘܥ ܡܫܝܚܐ. ܢܛܝܒ ܐܘܪܚܢ ܠܘܬܟܘܢ. ¹² ܘܢܣܓܐ ܘܢܬܝܪ
ܚܘܒܟܘܢ܂ ܚܕ ܠܘܬ ܚܕ ܘܠܘܬ ܟܠܢܫ܆ ܐܝܟܢܐ ܕܐܦ ܡܚܒܝܢܢ ܠܟܘܢ. ¹³ ܘܢܩܝܡ
ܠܒܘܬܟܘܢ ܕܠܐ ܪܫܝܢ ܒܩܕܝܫܘܬܐ ܩܕܡ ܐܠܗܐ ܐܒܘܢ܆ ܒܡܐܬܝܬܗ ܕܡܪܢ ܝܫܘܥ
ܡܫܝܚܐ ܕܥܡ ܟܠܗܘܢ ܩܕܝܫܘܗܝ܀

¹ ܡܟܝܠ ܐܚܝ ܒܥܝܢܢ ܡܢܟܘܢ܆ ܘܡܬܟܫܦܝܢܢ ܠܟܘܢ ܒܡܪܢ ܝܫܘܥ܆ ܕܐܝܟ Cap. iv.
ܕܩܒܠܬܘܢ ܡܢܢ܆ ܐܝܟܢ ܘܠܐ ܠܟܘܢ ܕܬܗܠܟܘܢ ܘܬܫܦܪܘܢ ܠܐܠܗܐ܆ ܕܬܬܝܬܪܘܢ ܬܘܣܦܘܢ.
² ܝܕܥܝܢ ܐܢܬܘܢ ܓܝܪ܆ ܐܝܠܝܢ ܦܘܩܕܢܐ ܝܗܒܢ ܠܟܘܢ ܒܡܪܢ ܝܫܘܥ. ³ ܗܕܐ ܓܝܪ
ܨܒܝܢܗ ܕܐܠܗܐ. ܩܕܝܫܘܬܟܘܢ. ܘܕܬܗܘܘܢ ܦܪܝܫܝܢ ܡܢ ܟܠ ܙܢܝܘܬܐ. ⁴ ܘܢܕܥ ܟܠ
ܐܢܫ ܡܢܟܘܢ ܠܡܩܢܐ ܡܐܢܗ ܒܩܕܝܫܘܬܐ ܘܒܐܝܩܪܐ܆ ⁵ ܘܠܐ ܒܚܫܐ ܕܪܓܬܐ܆ ܐܝܟ ܫܪܟܐ
ܕܥܡܡܐ ܗܢܘܢ ܕܠܐ ܝܕܥܝܢ ܠܐܠܗܐ. ⁶ ܘܠܐ ܬܗܘܘܢ ܡܥܒܪܝܢ ܠܡܥܒܪ ܘܠܡܥܠܒ
ܐܢܫ ܠܐܚܘܗܝ ܒܣܘܥܪܢܐ ܗܢܐ܆ ܡܛܠ ܕܡܪܢ ܗܘ ܬܒܘܥܐ ܥܠ ܗܠܝܢ ܟܠܗܝܢ. ܐܝܟܢܐ
ܕܐܦ ܡܢ ܩܕܡ ܐܡܪܢ ܠܟܘܢ ܘܐܣܗܕܢ. ⁷ ܠܐ ܓܝܪ ܩܪܢ ܐܠܗܐ ܠܛܢܦܘܬܐ܆
ܐܠܐ ܠܩܕܝܫܘܬܐ. ⁸ ܡܟܝܠ ܡܢ ܕܫܐܛ܆ ܠܐ ܗܘܐ ܠܒܪܢܫܐ ܫܐܛ܆ ܐܠܐ ܠܐܠܗܐ. ܗܘ
ܕܝܗܒ ܠܟܘܢ ܪܘܚܗ ܩܕܝܫܬܐ܀ ⁹ ܥܠ ܚܘܒܐ ܕܝܢ ܕܐܚܐ܆ ܠܐ ܡܣܬܢܩܝܢܢ ܠܡܟܬܒ
ܠܟܘܢ. ܐܢܬܘܢ ܓܝܪ ܡܠܦܝܢ ܐܢܬܘܢ ܡܢ ܐܠܗܐ܆ ܕܬܚܒܘܢ ܚܕ ܠܚܕ. ¹⁰ ܐܦ
ܥܒܕܝܢ ܐܢܬܘܢ ܗܕܐ ܠܟܠܗܘܢ ܐܚܐ ܕܒܟܠܗ ܡܩܕܘܢܝܐ. ܒܥܝܢܢ ܕܝܢ ܡܢܟܘܢ

ܐܚܝ. ܕܬܬܝܬܪܘܢ ¹¹ ܘܬܬܚܦܛܘܢ: ܕܬܗܘܘܢ ܫܠܝܢ ܘܥܒܕܝܢ ܒܨܒܘܬܟܘܢ: ܘܦܠܚܝܢ
ܒܐܝܕܝܟܘܢ ܐܝܟܢܐ ܕܦܩܕܢܟܘܢ: ¹² ܕܬܗܘܘܢ ܡܗܠܟܝܢ ܒܐܣܟܡܐ ܠܘܬ ܒܪܝܐ.
ܘܥܠ ܐܢܫ ܠܐ ܬܣܬܢܩܘܢ܀

¹³ ܨܒܐ ܐܢܐ ܕܝܢ ܕܬܕܥܘܢ ܐܚܝ. ܕܥܠ ܐܝܠܝܢ ܕܕܡܟܝܢ ܠܐ ܬܗܘܐ ܟܪܝܐ ܠܟܘܢ: ܐܝܟ
ܫܪܟܐ ܕܐܢܫܐ ܕܣܒܪܐ ܠܝܬ ܠܗܘܢ. ¹⁴ ܐܢ ܓܝܪ ܡܗܝܡܢܝܢܢ ܕܝܫܘܥ ܡܝܬ ܘܩܡ:
ܗܟܢܐ ܐܦ ܐܠܗܐ ܠܐܝܠܝܢ ܕܕܡܟܘ ܒܝܫܘܥ. ܢܝܬܐ ܥܡܗ. ¹⁵ ܗܕܐ ܕܝܢ ܐܡܪܝܢܢ
ܠܟܘܢ ܒܡܠܬܗ ܕܡܪܢ: ܕܚܢܢ ܐܝܠܝܢ ܕܡܫܬܚܪܝܢܢ ܒܡܐܬܝܬܗ ܕܡܪܢ ܕܚܝܝܢܢ:
ܠܐ ܢܕܪܟ ܠܐܝܠܝܢ ܕܕܡܟܘ. ¹⁶ ܡܛܠ ܕܗܘ ܡܪܢ ܒܦܘܩܕܢܐ. ܘܒܩܠܐ ܕܪܝܫ ܡܠܐܟܐ.
ܘܒܫܝܦܘܪܐ ܕܐܠܗܐ: ܢܚܘܬ ܡܢ ܫܡܝܐ. ܘܡܝܬܐ ܕܒܡܫܝܚܐ ܢܩܘܡܘܢ ܠܘܩܕܡ. ¹⁷ ܘܗܝܕܝܢ
ܚܢܢ ܐܝܠܝܢ ܕܡܫܬܚܪܝܢܢ ܕܚܝܝܢܢ: ܢܬܚܛܦ ܥܡܗܘܢ ܐܟܚܕܐ ܒܥܢܢܐ ܠܐܘܪܥܗ ܕܡܪܢ
ܒܐܐܪ. ܘܗܟܢܐ ܒܟܠܙܒܢ ܥܡ ܡܪܢ ܢܗܘܐ. ¹⁸ ܗܫܐ ܗܟܝܠ ܒܝܐܘ ܚܕ ܠܚܕ. ܒܡܠܐ
ܗܠܝܢ܀

Cap. v. ¹ ܥܠ ܙܒܢܐ ܕܝܢ ܘܥܕܢܐ ܐܚܝ. ܠܐ ܣܢܝܩܝܬܘܢ ܠܡܟܬܒ ܠܟܘܢ.
² ܐܢܬܘܢ ܓܝܪ ܚܬܝܬܐܝܬ ܝܕܥܝܢ ܐܢܬܘܢ. ܕܝܘܡܗ ܕܡܪܢ: ܐܝܟ ܓܢܒܐ ܒܠܠܝܐ. ܗܟܢܐ
ܐܬܐ. ³ ܟܕ ܢܐܡܪܘܢ ܕܫܠܡܐ ܗܘ ܘܫܝܢܐ. ܗܝܕܝܢ ܡܬܥܠܝܐ ܢܩܘܡ ܥܠܝܗܘܢ ܐܒܕܢܐ:
ܐܝܟ ܚܒܠܐ ܥܠ ܒܛܢܬܐ. ܘܠܐ ܢܥܪܩܘܢ. ⁴ ܐܢܬܘܢ ܕܝܢ ܐܚܝ. ܠܐ ܗܘܝܬܘܢ ܒܚܫܘܟܐ:
ܕܗܘ ܝܘܡܐ ܐܝܟ ܓܢܒܐ ܢܕܪܟܟܘܢ. ⁵ ܟܠܟܘܢ ܓܝܪ ܒܢܝ ܢܘܗܪܐ ܐܢܬܘܢ: ܘܒܢܝ
ܐܝܡܡܐ. ܘܠܐ ܗܘܝܬܘܢ ܒܢܝ ܠܠܝܐ: ܘܠܐ ܒܢܝ ܚܫܘܟܐ. ⁶ ܠܐ ܢܕܡܟ ܗܟܝܠ ܐܝܟ ܫܪܟܐ.
ܐܠܐ ܗܘܝܢ ܥܝܪܝܢ ܘܡܥܗܕܝܢ. ⁷ ܐܝܠܝܢ ܓܝܪ ܕܕܡܟܝܢ: ܒܠܠܝܐ ܗܘ ܕܡܟܝܢ. ܘܐܝܠܝܢ
ܕܪܘܝܢ: ܒܠܠܝܐ ܗܘ ܪܘܝܢ. ⁸ ܚܢܢ ܕܝܢ ܕܒܢܝ ܐܝܡܡܐ ܚܢܢ: ܗܘܝܢ ܥܝܪܝܢ ܒܢܦܫܢ.
ܘܠܒܝܫܝܢ ܫܪܝܢܐ ܕܗܝܡܢܘܬܐ ܘܕܚܘܒܐ. ܘܢܣܒܝܢ ܣܢܘܪܬܐ ܕܣܒܪܐ ܕܚܝܐ. ⁹ ܡܛܠ ܕܠܐ
ܣܡܢ ܐܠܗܐ ܠܪܘܓܙܐ. ܐܠܐ ܠܩܢܝܢܐ ܕܚܝܐ ܒܡܪܢ ܝܫܘܥ ܡܫܝܚܐ. ¹⁰ ܗܘ ܕܡܝܬ
ܚܠܦܝܢ: ܕܐܢ ܥܝܪܝܢ ܘܐܢ ܕܡܟܝܢ: ܐܟܚܕܐ ܥܡܗ ܢܚܐ. ¹¹ ܡܛܠ ܗܢܐ ܒܝܐܘ
ܚܕ ܠܚܕ: ܘܒܢܘ ܚܕ ܠܚܕ: ܐܝܟܢܐ ܕܐܦ ܥܒܕܝܢ ܐܢܬܘܢ܀

¹² ܒܥܝܢܢ ܕܝܢ ܡܢܟܘܢ ܐܚܝ. ܕܬܗܘܘܢ ܝܕܥܝܢ ܠܐܝܠܝܢ ܕܠܐܝܝܢ ܒܟܘܢ: ܘܩܝܡܝܢ
ܥܠܝܟܘܢ ܒܡܪܢ: ܘܡܪܬܝܢ ܠܟܘܢ: ¹³ ܕܬܗܘܘܢ ܡܚܒܝܢ ܠܗܘܢ ܒܚܘܒܐ ܝܬܝܪܐ.
ܡܛܠ ܥܒܕܗܘܢ. ܘܐܫܬܝܢܘ ܥܡܗܘܢ܀ ¹⁴ ܒܥܝܢܢ ܕܝܢ ܡܢܟܘܢ ܐܚܝ. ܪܕܘ
ܠܡܫܬܪܚܢܐ. ܘܠܒܒܘ ܠܙܥܘܪܝ ܢܦܫܐ. ܘܣܝܒܪܘ ܠܟܪܝܗܐ. ܘܐܓܪܘ ܪܘܚܟܘܢ ܠܘܬ
ܟܠܢܫ. ¹⁵ ܘܐܙܕܗܪܘ ܕܠܐ ܐܢܫ ܒܝܫܬܐ ܚܠܦ ܒܝܫܬܐ ܢܦܪܘܥ. ܐܠܐ ܒܟܠܙܒܢ
ܗܘܝܬܘܢ ܪܕܦܝܢ ܠܛܒܬܐ: ܠܘܬ ܚܕܕܐ ܘܠܘܬ ܟܠܢܫ. ¹⁶ ܒܟܠܙܒܢ ܚܕܝܘ. ¹⁷ ܘܨܠܘ
ܘܠܐ ܬܫܠܘܢ. ¹⁸ ܘܥܠ ܟܠ ܡܕܡ ܗܘܘ ܡܘܕܝܢ. ܗܢܘ ܓܝܪ ܨܒܝܢܗ ܕܐܠܗܐ ܒܡܫܝܚܐ

ܡܫܝܚܐ ܒܟܘܢ. 19 ܪܘܚܐ ܠܐ ܬܕܥܟܘܢ. 20 ܢܒܝܘܬܐ ܠܐ ܬܫܘܛܘܢ. 21 ܟܠܗܝܢ ܒܩܘ.
ܘܕܫܦܝܪ ܐܚܘܕܘ. 22 ܡܢ ܟܠ ܨܒܘ ܒܝܫܐ ܐܬܪܚܩܘ. 23 ܗܘ ܕܝܢ ܐܠܗܐ ܕܫܠܡܐ.
ܢܩܕܫܟܘܢ ܡܫܡܠܝܐܝܬ ܠܟܠܟܘܢ. ܘܒܟܠܗ ܪܘܚܟܘܢ ܘܢܦܫܟܘܢ ܘܦܓܪܟܘܢ. ܢܬܢܛܪ ܕܠܐ
ܪܘܫܡ. ܠܡܐܬܝܬܗ ܕܡܪܢ ܝܫܘܥ ܡܫܝܚܐ. 24 ܡܗܝܡܢ ܗܘ ܡܢ ܕܩܪܟܘܢ. ܕܗܘ
ܢܥܒܕ. 25 ܐܚܝ ܨܠܘ ܥܠܝܢ. 26 ܫܐܠܘ ܒܫܠܡܗ ܕܐܚܝܢ ܟܠܗܘܢ ܒܢܘܫܩܬܐ ܩܕܝܫܬܐ.
27 ܡܘܡܐ ܐܢܐ ܠܟܘܢ ܒܡܪܢ. ܕܬܬܩܪܐ ܐܓܪܬܐ ܗܕܐ ܠܟܠܗܘܢ ܐܚܐ ܩܕܝܫܐ. 28 ܛܝܒܘܬܗ
ܕܡܪܢ ܝܫܘܥ ܡܫܝܚܐ ܥܡܟܘܢ. ܐܡܝܢ.

ܫܠܡܬ ܐܓܪܬܐ ܕܬܣܠܘܢܝܩܝܐ ܩܕܡܝܬܐ
ܕܐܬܟܬܒܬ ܡܢ ܐܬܢܘܣ

ܐܓܪܬܐ ܕܬܣܠܘܢܝܩܝܐ ܕܬܪܬܝܢ

1 ܦܘܠܘܣ ܘܣܝܠܘܢܣ ܘܛܝܡܬܐܘܣ. ܠܥܕܬܐ ܕܬܣܠܘܢܝܩܝܐ ܕܒܐܠܗܐ ܐܒܘܢ. ܘܡܪܢ Cap. i.
ܝܫܘܥ ܡܫܝܚܐ. 2 ܛܝܒܘܬܐ ܥܡܟܘܢ ܘܫܠܡܐ. ܡܢ ܐܠܗܐ ܐܒܘܢ. ܘܡܢ ܡܪܢ
ܝܫܘܥ ܡܫܝܚܐ.

3 ܠܡܘܕܝܘ ܠܐܠܗܐ ܚܝܒܝܢ ܚܢܢ ܒܟܠܙܒܢ ܥܠܝܟܘܢ ܐܚܝ. ܐܝܟ ܕܘܠܐ. ܡܛܠ ܕܡܬܬܪܒܝܐ
ܛܒ ܗܝܡܢܘܬܟܘܢ. ܘܡܣܓܝܐ ܚܘܒܐ ܕܟܠܟܘܢ. ܕܟܠܢܫ ܠܘܬ ܚܒܪܗ. 4 ܐܝܟ ܕܐܦ ܚܢܢ
ܒܟܘܢ ܢܗܘܐ ܡܫܬܒܗܪܝܢ ܒܥܕܬܐ ܕܐܠܗܐ. ܥܠ ܗܝܡܢܘܬܟܘܢ ܘܥܠ
ܡܣܝܒܪܢܘܬܟܘܢ. ܕܒܟܠܗ ܪܕܘܦܝܟܘܢ ܘܐܘܠܨܢܝܟܘܢ ܕܡܣܝܒܪܝܢ ܐܢܬܘܢ. 5 ܠܬܚܘܝܬܐ
ܕܕܝܢܐ ܟܐܢܐ ܕܐܠܗܐ. ܕܬܫܘܘܢ ܠܡܠܟܘܬܗ ܗܝ ܕܡܛܠܬܗ ܐܦ ܚܫܝܢ ܐܢܬܘܢ. 6 ܐܢ ܟܐܢܐ
ܗܝ ܩܕܡ ܐܠܗܐ. ܕܢܦܪܘܥ ܐܘܠܨܢܐ ܠܐܠܘܨܝܟܘܢ. 7 ܘܠܟܘܢ ܕܡܬܐܠܨܝܢ ܢܝܚܐ ܥܡܢ.
ܒܓܠܝܢܗ ܕܡܪܢ ܝܫܘܥ ܡܫܝܚܐ ܕܡܢ ܫܡܝܐ. ܥܡ ܚܝܠܐ ܕܡܠܐܟܘܗܝ. 8 ܐܝܟ ܕܒܢܘܪܐ
ܡܝܩܕܬܐ ܢܥܒܕ ܬܒܥܬܐ. ܡܢ ܗܢܘܢ ܕܠܐ ܝܕܥܝܢ ܠܐܠܗܐ. ܘܡܢ ܗܢܘܢ ܕܠܐ ܡܫܬܡܥܝܢ
ܠܣܒܪܬܗ ܕܡܪܢ ܝܫܘܥ ܡܫܝܚܐ. 9 ܕܗܢܘܢ ܕܝܢܐ ܢܬܦܪܥܘܢ ܐܒܕܢܐ ܕܠܥܠܡ. ܡܢ
ܦܪܨܘܦܗ ܕܡܪܢ. ܘܡܢ ܫܘܒܚܐ ܕܚܝܠܗ. 10 ܡܐ ܕܐܬܐ ܕܢܫܬܒܚ ܒܩܕܝܫܘܗܝ. ܘܢܬܕܡܪ
ܒܡܗܝܡܢܘܗܝ. ܕܗܝܡܢܬ ܣܗܕܘܬܢ ܥܠܝܟܘܢ. ܒܗܘ ܝܘܡܐ. 11 ܡܛܠܗܕܐ

ܒܟܠܙܒܢ ܡܨܠܝܢܢ ܥܠܝܟܘܢ: ܕܢܫܘܝܟܘܢ ܐܠܗܐ ܠܩܪܝܢܟܘܢ. ܘܢܫܡܠܐ ܟܠܗ
ܨܒܝܢܐ ܕܛܝܒܘܬܐ. ܘܥܒܕܐ ܕܗܝܡܢܘܬܐ ܒܚܝܠܐ. [12] ܕܢܫܬܒܚ ܒܟܘܢ ܫܡܗ ܕܡܪܢ ܝܫܘܥ
ܡܫܝܚܐ. ܐܦ ܐܢܬܘܢ ܒܗ: ܐܝܟ ܛܝܒܘܬܗ ܕܐܠܗܢ ܘܡܪܢ ܝܫܘܥ ܡܫܝܚܐ ܀
Cap. ii. [1] ܒܥܝܢܢ ܕܝܢ ܡܢܟܘܢ ܐܚܝ. ܥܠ ܡܐܬܝܬܗ ܕܡܪܢ ܝܫܘܥ ܡܫܝܚܐ: ܘܥܠ
ܟܢܘܫܝܐ ܕܝܠܢ ܕܠܘܬܗ. [2] ܕܠܐ ܥܓܠ ܬܬܙܝܥܘܢ ܒܪܥܝܢܝܟܘܢ. ܘܠܐ ܬܬܕܘܕܘܢ ܠܐ ܡܢ
ܡܠܬܐ. ܘܠܐ ܡܢ ܪܘܚܐ. ܘܠܐ ܡܢ ܐܓܪܬܐ ܐܝܟ ܕܡܢ ܠܘܬܢ ܗܝ: ܕܗܐ ܠܗ ܡܛܐ
ܝܘܡܗ ܕܡܪܢ. [3] ܠܡܐ ܐܢܫ ܢܛܥܝܟܘܢ ܒܚܕ ܡܢ ܐܣܟܡܝܢ. ܡܛܠ ܕܐܠܐ ܠܐ ܐܬܐ
ܠܘܩܕܡ ܡܪܘܕܘܬܐ. ܘܡܬܓܠܐ ܓܒܪܐ ܕܚܛܝܬܐ ܒܪܗ ܕܐܒܕܢܐ. [4] ܗܘ ܕܡܩܘܒܠ ܗܘ.
ܘܡܬܥܠܐ ܥܠ ܟܠ ܡܢ ܕܡܬܩܪܐ ܐܠܗܐ ܘܕܚܠܬܐ. ܐܝܟܢܐ ܕܐܦ ܒܗܝܟܠܐ ܕܐܠܗܐ ܐܝܟ
ܐܠܗܐ ܢܬܒ: ܘܢܚܘܐ ܥܠ ܢܦܫܗ ܐܝܟ ܕܐܠܗܐ ܗܘ. [5] ܠܐ ܥܗܕܝܬܘܢ: ܕܟܕ ܠܘܬܟܘܢ
ܗܘܝܬ. ܗܠܝܢ ܐܡܪ ܗܘܝܬ ܠܟܘܢ. [6] ܘܗܫܐ ܝܕܥܝܢ ܐܢܬܘܢ. ܡܐ ܕܐܚܝܕ ܕܢܬܓܠܐ
ܗܘ ܒܙܒܢܗ. [7] ܐܪܙܐ ܓܝܪ ܕܥܘܠܐ ܡܢ ܟܕܘ ܫܪܝ ܠܡܬܥܒܕܘ. ܒܠܚܘܕ ܐܢ ܗܘ ܡܐ
ܕܗܫܐ ܐܚܝܕ ܢܫܬܩܠ ܡܢ ܡܨܥܬܐ: [8] ܘܗܝܕܝܢ ܢܬܓܠܐ ܥܘܠܐ. ܗܘ ܕܡܪܢ ܝܫܘܥ
ܢܫܝܨܝܘܗܝ ܒܪܘܚ ܦܘܡܗ: ܘܢܒܛܠܝܘܗܝ ܒܓܠܝܢܐ ܕܡܐܬܝܬܗ. [9] ܕܡܐܬܝܬܗ ܓܝܪ
ܕܗܘ ܒܡܥܒܕܢܘܬܐ ܗܝ ܕܣܛܢܐ. ܒܟܠ ܚܝܠ. ܘܒܐܬܘܬܐ. ܘܒܬܕܡܪܬܐ ܕܕܓܠܘܬܐ. [10] ܘܒܟܠܗ
ܛܘܥܝܝ ܕܥܘܠܐ ܕܗܘܝܐ ܒܐܒܝܕܐ: ܚܠܦ ܕܠܐ ܩܒܠܘ ܚܘܒܐ ܕܫܪܪܐ ܕܒܗ ܢܚܘܢ.
[11] ܡܛܠܗܢܐ ܢܫܕܪ ܠܗܘܢ ܐܠܗܐ ܡܥܒܕܢܘܬܐ ܕܛܘܥܝܝ. ܕܢܗܝܡܢܘܢ ܠܕܓܠܘܬܐ:
[12] ܘܢܬܕܝܢܘܢ ܟܠܗܘܢ ܐܝܠܝܢ ܕܠܐ ܗܝܡܢܘ ܠܫܪܪܐ: ܐܠܐ ܐܨܛܒܝܘ ܒܥܘܠܐ ܀ [13] ܚܢܢ
ܕܝܢ ܚܝܒܝܢ ܠܡܘܕܝܘ ܠܐܠܗܐ ܒܟܠܙܒܢ: ܥܠ ܐܦܝܟܘܢ ܐܚܝ ܡܚܒܒܘܗܝ ܕܡܪܢ:
ܕܓܒܟܘܢ ܐܠܗܐ ܡܢ ܩܕܡܝܬܐ ܠܚܝܐ: ܒܩܘܕܫܐ ܕܪܘܚܐ ܘܒܗܝܡܢܘܬܐ ܕܫܪܪܐ.
[14] ܠܗܠܝܢ ܗܘ ܓܝܪ ܩܪܟܘܢ ܒܡܣܒܪܢܘܬܐ ܕܝܠܢ: ܕܬܗܘܘܢ ܠܬܫܒܘܚܬܐ ܕܡܪܢ ܝܫܘܥ
ܡܫܝܚܐ ܀ [15] ܡܟܝܠ ܐܚܝ. ܐܬܩܝܡܘ ܘܐܚܘܕܘ ܒܫܘܠܡܢܐ ܕܝܠܦܬܘܢ: ܐܢ ܒܡܠܬܐ
ܘܐܢ ܒܐܓܪܬܐ ܕܝܠܢ. [16] ܗܘ ܕܝܢ ܡܪܢ ܝܫܘܥ ܡܫܝܚܐ ܘܐܠܗܐ ܐܒܘܢ: ܗܘ ܕܐܚܒܢ
ܘܝܗܒ ܠܢ ܒܘܝܐܐ ܕܠܥܠܡ. ܘܣܒܪܐ ܛܒܐ ܒܛܝܒܘܬܗ. [17] ܢܒܝܐ ܠܒܘܬܟܘܢ. ܘܢܩܝܡ
Cap. iii. ܒܟܠ ܡܠܐ. ܘܒܟܠ ܥܒܕ ܛܒ ܀ [1] ܡܢ ܗܫܐ ܐܚܝ. ܨܠܘ ܥܠܝܢ: ܕܡܠܬܗ ܕܡܪܢ
ܬܪܗܛ ܒܥܓܠ ܘܬܫܬܒܚ ܒܟܠ ܕܘܟ ܐܝܟ ܕܠܘܬܟܘܢ. [2] ܘܕܢܬܦܨܐ ܡܢ ܒܢܝܢܫܐ ܒܝܫܐ
ܘܥܘܠܐ. ܠܘ ܓܝܪ ܕܟܠܢܫ ܗܝ ܗܝܡܢܘܬܐ. [3] ܡܗܝܡܢ ܗܘ ܕܝܢ ܡܪܢ. ܕܗܘ
ܢܫܪܪܟܘܢ: ܘܢܛܪܟܘܢ ܡܢ ܒܝܫܐ. [4] ܬܟܝܠܝܢ ܕܝܢ ܥܠܝܟܘܢ ܒܡܪܢ: ܕܐܝܠܝܢ
ܕܦܩܕܢܢ ܠܟܘܢ: ܥܒܕܝܢ ܐܢܬܘܢ ܘܥܒܕܝܢ. [5] ܘܡܪܢ ܢܬܪܘܨ ܠܒܘܬܟܘܢ: ܠܚܘܒܗ
ܕܐܠܗܐ ܘܠܡܣܝܒܪܢܘܬܗ ܕܡܫܝܚܐ ܀

⁶ ܡܦܩܕܝܢܢ ܠܟܘܢ ܕܝܢ ܐܚܝ. ܒܫܡܗ ܕܡܪܢ ܝܫܘܥ ܡܫܝܚܐ. ܕܬܗܘܘܢ ܦܪܝܫܝܢ
ܡܢ ܟܠ ܐܢܫ ܐܚܐ ܕܪܕܐ ܒܥܘܠ ܡܗܠܟ: ܘܠܐ ܐܝܟ ܦܘܩܕܢܐ ܕܩܒܠܘ ܡܢܢ. ⁷ ܐܢܬܘܢ
ܓܝܪ ܝܕܥܝܢ ܐܢܬܘܢ. ܐܝܟܢܐ ܘܠܐ ܠܡܬܕܡܝܘ ܒܢ: ܕܠܐ ܗܠܟܢ ܒܥܘܠ ܒܝܢܬܟܘܢ.
⁸ ܐܦܠܐ ܠܚܡܐ ܡܓܢ ܐܟܠܢ ܡܢ ܐܢܫ ܡܢܟܘܢ. ܐܠܐ ܒܥܡܠܐ ܘܒܠܐܘܬܐ ܒܐܝܡܡܐ
ܘܒܠܠܝܐ ܦܠܚܝܢ ܗܘܝܢ: ܕܥܠ ܐܢܫ ܡܢܟܘܢ ܠܐ ܢܐܩܪ. ⁹ ܠܐ ܗܘܐ ܡܛܠ ܕܠܐ ܫܠܝܛ
ܠܢ: ܐܠܐ ܕܒܢܦܫܢ ܢܬܠ ܠܟܘܢ ܛܘܦܣܐ ܕܒܢ ܬܬܕܡܘܢ. ¹⁰ ܐܦ ܟܕ ܠܘܬܟܘܢ ܗܘܝܢ
ܓܝܪ. ܗܕܐ ܡܦܩܕܝܢ ܗܘܝܢ ܠܟܘܢ. ܕܟܠ ܕܠܐ ܨܒܐ ܕܢܦܠܘܚ: ܐܦܠܐ ܢܠܥܘܣ.
¹¹ ܫܡܥܝܢܢ ܓܝܪ. ܕܐܝܬ ܒܟܘܢ ܐܢܫܐ ܕܪܕܝܢ ܒܥܘܠ ܡܗܠܟܝܢ: ܘܡܕܡ ܠܐ ܦܠܚܝܢ. ܐܠܐ
ܐܢ ܣܪܝܩܘܬܐ. ¹² ܠܗܘܢ ܕܝܢ ܠܐܝܠܝܢ ܡܦܩܕܝܢܢ: ܘܒܥܝܢܢ ܡܢܗܘܢ ܒܡܪܢ ܝܫܘܥ
ܡܫܝܚܐ. ܕܒܫܠܝܐ ܢܗܘܘܢ ܦܠܚܝܢ ܘܐܟܠܝܢ ܠܚܡܗܘܢ. ¹³ ܐܢܬܘܢ ܕܝܢ ܐܚܝ.
ܠܐ ܬܡܐܢ ܠܟܘܢ ܠܡܥܒܕ ܕܫܦܝܪ. ¹⁴ ܘܐܢ ܐܢܫ ܠܐ ܡܫܬܡܥ ܠܡܠܝܢ ܗܠܝܢ
ܕܒܐܓܪܬܐ. ܢܬܦܪܫ ܠܟܘܢ ܗܢܐ. ܘܠܐ ܬܗܘܘܢ ܡܬܚܠܛܝܢ ܥܡܗ. ܕܢܒܗܬ. ¹⁵ ܘܠܐ
ܐܝܟ ܠܒܥܠܕܒܒܐ ܬܐܚܕܘܢܝܗ: ܐܠܐ ܬܗܘܘܢ ܡܪܬܝܢ ܠܗ ܐܝܟ ܕܠܐܚܐ. ¹⁶ ܗܘ ܕܝܢ ܡܪܗ
ܕܫܠܡܐ ܢܬܠ ܠܟܘܢ ܫܠܡܐ ܒܟܠܙܒܢ ܒܟܠܡܕܡ. ܡܪܢ ܥܡ ܟܠܟܘܢ. ¹⁷ ܫܠܡܐ
ܒܟܬܒܬ ܐܝܕܝ. ܐܢܐ ܦܘܠܘܣ ܟܬܒܬ: ܕܐܝܬܘܗܝ ܐܬܐ ܕܒܟܠܗܝܢ ܐܓܪܬܝ. ܗܟܢܐ
ܟܬܒ ܐܢܐ. ¹⁸ ܛܝܒܘܬܗ ܕܡܪܢ ܝܫܘܥ ܡܫܝܚܐ ܥܡ ܟܠܟܘܢ. ܐܡܝܢ ....

ܫܠܡܬ ܐܓܪܬܐ ܕܬܣܠܘܢܝܩܝܐ ܕܬܪܬܝܢ ܕܐܬܟܬܒܬ
ܡܢ ܠܕܝܩܝܐ ܕܡܩܕܘܢܝܐ

ܐܓܪܬܐ ܕܠܘܬ ܠܛܝܡܬܐܘܣ ܩܕܡܝܬܐ

¹ ܦܘܠܘܣ ܫܠܝܚܐ ܕܝܫܘܥ ܡܫܝܚܐ. ܒܦܘܩܕܢܐ ܕܐܠܗܐ ܡܚܝܢܢ. ܘܕܡܫܝܚܐ ܝܫܘܥ Cap. i.
ܣܒܪܢ. ² ܠܛܝܡܬܐܘܣ ܒܪܐ ܫܪܝܪܐ ܒܗܝܡܢܘܬܐ. ܛܝܒܘܬܐ ܘܪܚܡܐ ܘܫܠܡܐ. ܡܢ
ܐܠܗܐ ܐܒܐ. ܘܡܫܝܚܐ ܝܫܘܥ ܡܪܢ.
³ ܐܝܟ ܕܒܥܝܬ ܡܢܟ. ܟܕ ܐܙܠ ܐܢܐ ܠܡܩܕܘܢܝܐ. ܕܬܩܘܐ ܒܐܦܣܘܣ. ܘܬܦܩܘܕ ܠܐܢܫ
ܐܢܫ ܕܠܐ ܢܠܦܘܢ ܝܘܠܦܢܐ ܡܫܚܠܦܐ: ⁴ ܘܠܐ ܢܬܪܥܘܢ ܠܫܘܥܝܬܐ ܘܠܫܪܒܬܐ

ܘܫܪ̈ܒܬܐ܂ ܕܣܟܐ ܠܝܬ ܠܗܝܢ. ܗܠܝܢ ܕܚܪ̈ܝܢܐ ܗܘ ܡܝܬܝܢ ܝܬܝܪܐܝܬ܂ ܘܠܐ ܒܢܝܢܐ
ܕܗܝܡܢܘܬܐ ܕܐܠܗܐ. 5 ܫܘܠܡܗ ܕܝܢ ܕܦܘܩܕܢܐ ܐܝܬܘܗܝ ܚܘܒܐ. ܕܡܢ ܠܒܐ ܕܟܝܐ. ܘܡܢ
ܬܐܪܬܐ ܛܒܬܐ. ܘܡܢ ܗܝܡܢܘܬܐ ܫܪܝܪܬܐ. 6 ܘܡܢ ܗܠܝܢ ܛܥܘ ܐܢܫܐ ܘܣܛܘ
ܠܡܠܐ ܣܪܝܩܬܐ. 7 ܘܨܒܝܢ ܠܡܗܘܐ ܡܠܦܢܐ ܕܢܡܘܣܐ: ܟܕ ܠܐ ܡܣܬܟܠܝܢ ܡܕܡ
ܕܡܡܠܠܝܢ: ܘܠܐ ܡܕܡ ܕܥܠܘܗܝ ܡܬܚܝܠܝܢ܀ 8 ܝܕܥܝܢܢ ܕܝܢ܂ ܕܢܡܘܣܐ ܫܦܝܪ ܗܘ.
ܐܢ ܐܢܫ ܐܝܟ ܕܢܡܘܣܐ ܢܬܕܒܪ ܒܗ: 9 ܟܕ ܝܕܥ ܕܠܙܕܝܩܐ ܢܡܘܣܐ ܠܐ ܣܝܡ. ܐܠܐ
ܠܥܘܠܐ. ܘܠܡܡܪ̈ܕܐ. ܘܠܪ̈ܫܝܥܐ. ܘܠܚ̈ܛܝܐ. ܘܠܐܝܠܝܢ ܕܠܐ ܕܟܝܢ. ܘܠܐܝܠܝܢ
ܕܡܚܝܢ ܠܐܒܗ̈ܝܗܘܢ. ܘܠܐܝܠܝܢ ܕܡܚܝܢ ܠܐܡܗ̈ܬܗܘܢ. ܘܠܩܛܘܠܐ. 10 ܘܠܙܢܝܐ. ܘܠܡܫܟܒܝ
ܥܡ ܕܟܪ̈ܐ. ܘܠܓܢ̈ܒܝ ܒܢ̈ܝ ܚܐܪ̈ܐ. ܘܠܕܓܠܐ. ܘܠܝܡ̈ܝ ܥܠ ܕܓܠܘܬܐ. ܘܠܟܠܡܕܡ
ܕܣܩܘܒܠܐ ܠܝܘܠܦܢܐ ܚܠܝܡܐ 11 ܕܐܘܢܓܠܝܘܢ ܕܫܘܒܚܗ ܕܐܠܗܐ ܡܒܪܟܐ.
ܗܘ ܕܐܢܐ ܐܬܗܝܡܢܬ. 12 ܘܡܘܕܐ ܐܢܐ ܠܗ ܕܚܝܠܢܝ܂ ܠܡܪܢ ܝܫܘܥ ܡܫܝܚܐ܂ ܕܚܫܒܢܝ
ܡܗܝܡܢܐ ܘܣܡܢܝ ܒܬܫܡܫܬܗ: 13 ܟܕ ܕܡܢ ܩܕܝܡ ܡܓܕܦܢ ܗܘܝܬ. ܘܪܕܘܦ
ܘܡܨܥܪܢ. ܐܠܐ ܐܬܪܚܡܬ ܡܛܠ ܕܟܕ ܠܐ ܝܕܥ ܗܘܝܬ: ܥܒܕܬ ܕܠܐ ܗܝܡܢܘܬܐ. 14 ܣܓܝܬ
ܕܝܢ: ܛܝܒܘܬܗ ܕܡܪܢ܂ ܘܗܝܡܢܘܬܐ ܘܚܘܒܐ܂ ܕܒܝܫܘܥ ܡܫܝܚܐ܀ 15 ܡܗܝܡܢܐ ܗܝ
ܡܠܬܐ ܘܫܘܝܐ ܗܝ ܠܡܩܒܠܘܬܗ. ܕܝܫܘܥ ܡܫܝܚܐ ܐܬܐ ܠܥܠܡܐ ܠܡܚܝܘ ܠܚ̈ܛܝܐ:
ܕܩܕܡܝܗܘܢ ܐܢܐ ܐܢܐ. 16 ܐܠܐ ܡܛܠ ܗܢܐ ܐܬܪܚܡ ܥܠܝ. ܕܒܝ ܩܕܡܝܐ ܢܚܘܐ ܝܫܘܥ
ܡܫܝܚܐ ܟܠܗ ܡܓܪܬ ܪܘܚܗ: ܠܬܚܘܝܬܐ ܕܐܝܠܝܢ ܕܥܬܝܕܝܢ ܕܢܗܝܡܢܘܢ ܒܗ ܠܚ̈ܝܐ
ܕܠܥܠܡ. 17 ܠܡܠܟܐ ܕܝܢ ܕܥܠܡܐ: ܠܗܘ ܕܠܐ ܡܬܚܒܠ ܘܠܐ ܡܬܚܙܐ: ܕܗܘܝܘ ܚܕ
ܐܠܗܐ. ܐܝܩܪܐ ܘܫܘܒܚܐ ܠܥܠܡ ܥܠܡܝܢ. ܐܡܝܢ܀ 18 ܗܢܐ ܦܘܩܕܢܐ ܡܓܥܠ
ܐܢܐ ܠܟ ܒܪܝ ܛܝܡܬܐܘܣ: ܐܝܟ ܢܒܝܘܬܐ ܩܕܡܝܬܐ ܕܗܘܝ ܥܠܝܟ. ܕܬܦܠܘܚ ܒܗܝܢ
ܦܠܚܘܬܐ ܗܕܐ ܫܦܝܪܬܐ: 19 ܒܗܝܡܢܘܬܐ ܘܒܬܐܪܬܐ ܛܒܬܐ. ܐܝܠܝܢ ܓܝܪ ܕܠܗܕܐ ܫܕܘ
ܡܢܗܘܢ. ܡܢ ܗܝܡܢܘܬܐ ܐܬܚܣܪܘ: 20 ܐܝܟ ܗܘܡܢܐܘܣ ܘܐܠܟܣܢܕܪܘܣ: ܗܠܝܢ
ܕܐܫܠܡܬ ܠܣܛܢܐ܂ ܕܢܬܪܕܘܢ. ܘܠܐ ܢܗܘܘܢ ܡܓܕܦܝܢ܀

Cap. ii. 1 ܒܥܐ ܐܢܐ ܗܟܝܠ ܡܢܟ. ܕܡܢ ܩܕܡ ܟܠܡܕܡ ܒܥܘܬܐ ܬܗܘܐ ܡܩܪܒ ܠܐܠܗܐ܂
ܘܨܠܘܬܐ܂ ܘܬܟܫܦܬܐ܂ ܘܬܘܕܝܬܐ: ܚܠܦ ܟܠܗܘܢ ܒܢܝܢܫܐ܂ 2 ܚܠܦ ܡܠܟܐ ܘܫܠܝܛܢܐ:
ܕܢܗܘܐ ܫܠܝܐ ܘܢܝܚܐ ܢܕܒܪ ܒܟܠܗ ܕܚܠܬ ܐܠܗܐ ܘܕܟܝܘܬܐ. 3 ܗܕܐ ܓܝܪ ܫܦܝܪܐ
ܘܡܩܒܠܐ ܩܕܡ ܐܠܗܐ ܡܚܝܢܢ: 4 ܗܘ ܕܨܒܐ ܕܟܠܗܘܢ ܒܢܝܢܫܐ ܢܚܘܢ: ܘܢܬܦܢܘܢ
ܠܝܕܥܬܐ ܕܫܪܪܐ. 5 ܚܕ ܗܘ ܓܝܪ ܐܠܗܐ. ܘܚܕ ܗܘ ܡܨܥܝܐ ܕܐܠܗܐ ܘܕܒܢܝܢܫܐ܂ ܒܪܢܫܐ
ܝܫܘܥ ܡܫܝܚܐ: 6 ܗܘ ܕܝܗܒ ܢܦܫܗ ܦܘܪܩܢܐ ܚܠܦ ܟܠ ܐܢܫ. ܣܗܕܘܬܐ ܕܐܬܬ ܒܙܒܢܗ.
7 ܗܝ ܕܐܢܐ ܐܬܬܣܝܡܬ ܟܪܘܙܐ ܘܫܠܝܚܐ. ܫܪܪܐ ܐܡܪ ܐܢܐ ܘܠܐ ܡܕܓܠ ܐܢܐ. ܕܗܘܝܬ

ܡܠܦܢܐ ܕܥܡܡܐ ܒܗܝܡܢܘܬܐ ܕܫܪܪܐ ܀ ⁸ ܨܒܐ ܐܢܐ ܗܟܝܠ. ܕܗܘܘ ܡܨܠܝܢ ܓܒܪܐ
ܒܟܠ ܕܘܟ. ܟܕ ܡܪܝܡܝܢ ܐܝܕܝܗܘܢ ܕܟܝܬ. ܕܠܐ ܪܘܓܙܐ ܘܕܠܐ ܡܚܫܒܬܐ. ⁹ ܗܟܢܐ
ܐܦ ܢܫܐ ܒܐܣܟܡܐ ܢܟܦܐ ܕܠܒܘܫܐ. ܒܙܗܝܪܘܬܐ ܘܒܢܟܦܘܬܐ ܢܗܘܝܢ ܨܒܝܬܢ ܢܦܫܗܝܢ. ܠܐ
ܒܓܕܘܠܐ ܘܒܕܗܒܐ. ܐܘ ܒܡܪܓܢܝܬܐ. ܐܘ ܒܡܐܢܐ ܫܦܝܪܐ. ¹⁰ ܐܠܐ ܒܥܒܕܐ ܛܒܐ. ܐܝܟܢܐ
ܕܝܐܐ ܠܢܫܐ ܕܡܫܬܘܕܝܢ ܕܚܠܬ ܐܠܗܐ. ¹¹ ܐܢܬܬܐ ܒܫܠܝܐ ܬܗܘܐ ܝܠܦܐ ܒܟܠ ܫܘܥܒܕ.
¹² ܠܐܢܬܬܐ ܓܝܪ ܠܡܠܦܘ ܠܐ ܡܦܣ ܐܢܐ. ܘܠܐ ܠܡܫܠܛܘ ܥܠ ܓܒܪܐ. ܐܠܐ ܬܗܘܐ
ܒܫܠܝܐ. ¹³ ܐܕܡ ܓܝܪ ܐܬܓܒܠ ܠܘܩܕܡ ܘܡܢ ܒܬܪ ܚܘܐ. ¹⁴ ܘܐܕܡ ܠܐ ܛܥܐ. ܐܢܬܬܐ
ܕܝܢ ܛܥܬ ܘܥܒܪܬ ܥܠ ܦܘܩܕܢܐ. ¹⁵ ܚܝܐ ܕܝܢ ܒܝܕ ܝܠܕܝܗ̇. ܐܢ ܢܩܘܘܢ ܒܗܝܡܢܘܬܐ.
ܘܒܚܘܒܐ. ܘܒܩܕܝܫܘܬܐ. ܘܒܢܟܦܘܬܐ ܀

Cap. iii. ¹ ܡܗܝܡܢܐ ܗܝ ܡܠܬܐ. ܕܐܢ ܐܢܫ ܪܐܓ ܩܫܝܫܘܬܐ. ܠܥܒܕܐ ܛܒܐ ܪܐܓ. ² ܘܠܐ ܕܝܢ.
ܕܢܗܘܐ ܩܫܝܫܐ. ܐܝܢܐ ܕܡܘܡܐ ܠܐ ܡܫܬܟܚ ܒܗ. ܘܗܘܐ ܒܥܠܐ ܕܚܕܐ ܐܢܬܬܐ. ܐܝܢܐ
ܕܥܝܪ ܒܪܥܝܢܗ. ܘܢܟܦ ܘܡܨܒܬ. ܘܪܚܡ ܐܟܣܢܝܐ ܘܡܠܦܢ. ³ ܘܠܐ ܥܒܪ ܥܠ ܚܡܪܐ.
ܘܠܐ ܪܗܝܛܐ ܐܝܕܗ ܠܡܡܚܐ: ܐܠܐ ܢܗܘܐ ܡܟܝܟ. ܘܠܐ ܢܨܝ. ܘܠܐ ܪܚܡ ܟܣܦܐ. ⁴ ܘܡܕܒܪ
ܒܝܬܗ ܫܦܝܪ. ܘܐܝܬ ܠܗ ܒܢܝܐ ܡܫܬܥܒܕܝܢ ܒܟܠܗ ܢܟܦܘܬܐ. ⁵ ܐܢ ܓܝܪ ܒܝܬܐ ܕܢܦܫܗ
ܠܐ ܝܕܥ ܕܢܕܒܪ ܫܦܝܪ. ܐܝܟܢܐ ܡܨܐ ܥܕܬܗ ܕܐܠܗܐ ܕܢܕܒܪ. ⁶ ܘܠܐ ܢܗܘܐ ܛܠܝܐ
ܒܬܠܡܝܕܘܬܗ. ܕܠܐ ܢܬܪܝܡ ܘܢܦܠ ܒܕܝܢܗ ܕܣܛܢܐ. ⁷ ܘܠܐ ܕܝܢ. ܕܐܦ ܣܗܕܘܬܐ ܫܦܝܪܬܐ ܐܝܬ
ܠܗ ܡܢ ܒܪܝܐ. ܕܠܐ ܢܦܠ ܒܚܣܕܐ ܘܒܦܚܐ ܕܣܛܢܐ. ⁸ ܘܐܦ ܡܫܡܫܢܐ ܗܟܢܐ ܢܗܘܘܢ
ܕܟܝܢ. ܘܠܐ ܢܡܠܠܘܢ ܬܪܬܝܢ. ܘܠܐ ܢܗܘܘܢ ܪܟܝܢ ܠܚܡܪܐ ܣܓܝܐܐ. ܘܠܐ ܢܪܚܡܘܢ
ܝܘܬܪܢܐ ܛܢܦܐ. ⁹ ܐܠܐ ܢܐܚܕܘܢ ܐܪܙܐ ܕܗܝܡܢܘܬܐ ܒܬܐܪܬܐ ܕܟܝܬܐ. ¹⁰ ܘܗܢܘܢ ܗܟܢ
ܢܬܒܚܪܘܢ ܠܘܩܕܡ. ܘܗܝܕܝܢ ܢܫܡܫܘܢ. ܟܕ ܐܫܬܟܚܘ ܕܠܐ ܪܫܝܢ ܀

¹¹ ܗܟܢܐ ܐܦ ܢܫܐ ܢܗܘܝܢ ܢܟܦܢ. ܘܢܗܘܐ ܠܒܐ ܥܝܪܗܝܢ. ܘܢܗܘܝܢ ܡܗܝܡܢܢ ܒܟܠ ܣܐ ܡܚ.
ܡܕܡ. ܘܠܐ ܢܗܘܝܢ ܐܟܠܝ ܩܪܨܐ ܀ ¹² ܡܫܡܫܢܐ ܢܗܘܘܢ. ܐܝܢܐ ܕܚܕܐ ܐܢܬܬܐ ܗܘܬ ܠܗ.
ܘܡܕܒܪ ܒܢܘܗܝ ܘܒܝܬܗ ܫܦܝܪ. ¹³ ܐܝܠܝܢ ܓܝܪ ܕܫܡܫܘ ܫܦܝܪ: ܕܪܓܐ ܛܒܐ ܩܢܝܢ
ܠܢܦܫܗܘܢ. ܘܣܓܝܐܐ ܐܦܝ ܦܪܗܣܝܐ ܒܗܝܡܢܘܬܐ ܕܝܫܘܥ ܡܫܝܚܐ ܀ ¹⁴ ܗܠܝܢ ܟܬܒ ܐܢܐ
ܠܟ. ܟܕ ܡܣܒܪ ܐܢܐ ܕܡܚܕܐ ܐܬܐ ܐܢܐ ܠܘܬܟ. ¹⁵ ܘܐܢ ܗܘ ܕܝܢ ܕܡܘܚܪ ܐܢܐ. ܕܬܕܥ
ܐܝܟܢܐ ܘܠܐ ܠܡܬܗܦܟܘ ܒܒܝܬܗ ܕܐܠܗܐ: ܕܐܝܬܝܗ ܥܕܬܐ ܕܐܠܗܐ ܚܝܐ: ܥܡܘܕܐ
ܘܫܬܐܣܬܐ ܕܫܪܪܐ. ¹⁶ ܘܫܪܝܪܐܝܬ ܪܒ ܗܘ ܐܪܙܐ ܗܢܐ ܕܟܐܢܘܬܐ. ܕܐܬܓܠܝ ܒܒܣܪ. ܘܐܙܕܕܩ
ܒܪܘܚ. ܘܐܬܚܙܝ ܠܡܠܐܟܐ. ܘܐܬܟܪܙ ܒܝܬ ܥܡܡܐ. ܘܐܬܗܝܡܢ ܒܥܠܡܐ. ܘܐܣܬܠܩ
ܒܫܘܒܚܐ ܀

Cap. iv. ¹ ܪܘܚܐ ܕܝܢ ܦܣܝܩܐܝܬ ܐܡܪܐ. ܕܒܙܒܢܐ ܐܚܪܝܐ ܢܦܪܩܘܢ ܐܢܫ ܡܢ ܗܝܡܢܘܬܐ:

ܘܬܪ̈ܥܝܗܘܢ ܕܗܒܐ ܘܐܦܝ̈ܗ ܡܢܝܢܐ ܕܣܝܡܐ ܕܦܓܪܐ ܕܩܘܕܫܐ܆ ²ܗ̇ܠܝܢ ܕܐܬܡܫܡܫܘ ܦ̈ܐܝܐ
ܡܬܚܙܝܢ ܘܡܫܬܡܠܝܢ ܒܥܒܕܘܬܐ. ܘܩܝܡܝܢ ܒܬܫܡܫܬܗܘܢ. ³ܘܫܪܝܢ ܒܡܕܪ̈ܫܝܗܘܢ.
ܘܡܫܒܚܝܢ ܡܢ ܬܫܒ̈ܚܬܐ܆ ܐܝܠܝܢ ܕܐܠܗܐ ܒܪܐ ܐܢܘܢ ܠܬܫܡܫܬܐ ܘܠܬܫܒܘܚܬܐ܇ ܠܐܝܠܝܢ
ܕܡܫܡܫܝܢ ܘܩܝܡܝܢ ܩܕܡܘܗܝ. ⁴ܡܛܠ ܕܟܠ ܕܒܪܐ ܠܐܠܗܐ. ܫܦܝܪ ܗܘ. ܘܟܠܗ ܡܢܗ
ܕܡܫܟܚ. ܠܐ ܒܬܘܕܝܬܐ ܢܬܒܣܐ. ⁵ܡܬܩܕܫ ܓܝܪ ܒܡܠܬܐ ܕܐܠܗܐ ܘܒܨܠܘܬܐ.
⁶ܗܠܝܢ ܠܐ ܢܗܘܐ ܡܠܟ ܠܐܚܝܟ. ܡܫܡܫܢܐ ܓܒܐ ܢܗܘܐ ܕܢܫܡܫ ܡܫܝܚܐ܆ ܟܕ ܡܬܕܪܓ
ܐܝܟ ܒܡܠܐ ܕܗܝܡܢܘܬܐ ܘܒܝܘܠܦܢܐ ܓܒܐ ܕܝܠܦ ܐܢܬ܀ ⁷ܡܢ ܫܘܥܝܬܐ ܕܝܢ ܦܟܝܗܬܐ
ܕܣܒ̈ܬܐ ܐܫܬܐܠ. ܘܕܪܫ ܢܦܫܟ ܒܟܐܢܘܬܐ. ⁸ܕܘܪܫܐ ܓܝܪ ܕܦܓܪܐ ܐܚܝܐ ܗܘ ܠܙܥܘܪ
ܡܘܬܪ. ܟܐܢܘܬܐ ܕܝܢ ܒܟܠ ܡܕܡ ܡܘܬܪܐ. ܡܛܠ ܕܠܗ ܡܘܠܟܢܐ ܕܚܝ̈ܐ܇ ܕܐܝܬܝܗܘܢ ܗܫܐ
ܘܕܥܬܝܕ܀ ⁹ܡܗܝܡܢܐ ܗܝ ܡܠܬܐ ܘܫܘܝܐ ܗܝ ܠܡܩܒܠܘܬܗ. ¹⁰ܡܛܠ ܗܕܐ ܗܘ
ܓܝܪ ܠܐܝܢ ܘܡܬܚܣܕܝܢ܇ ܕܡܣܒܪܝܢ ܒܐܠܗܐ ܚܝܐ܆ ܕܐܝܬܘܗܝ ܡܚܝܢܐ ܕܒܢ̈ܝܢܫܐ
ܟܠܗܘܢ܆ ܝܬܝܪܐܝܬ ܕܡܗܝܡܢܐ. ¹¹ܗܠܝܢ ܐܠܦ ܘܦܩܘܕ. ¹²ܘܠܐ ܐܢܫ ܢܒܣܐ ܥܠ
ܛܠܝܘܬܟ. ܐܠܐ ܗܘܝ ܕܡܘܬܐ ܠܡܗܝܡܢܐ ܒܡܠܬܐ. ܘܒܗܘܦܟܐ. ܘܒܚܘܒܐ. ܘܒܗܝܡܢܘܬܐ.
ܘܒܕܟܝܘܬܐ. ¹³ܥܕ ܐܬܐ ܐܢܐ. ܐܬܚܦܛ ܒܩܪܝܢܐ܇ ܘܒܒܥܘܬܐ. ܘܒܝܘܠܦܢܐ. ¹⁴ܘܠܐ ܬܒܣܐ
ܒܡܘܗܒܬܐ ܕܐܝܬ ܒܟ܆ ܗܝ ܕܐܬܝܗܒܬ ܠܟ ܒܢܒܝܘܬܐ ܘܒܣܝܡ ܐܝܕܐ ܕܩܫܝܫܘܬܐ.
¹⁵ܒܗܠܝܢ ܐܬܗܓܐ ܘܒܗܝܢ ܗܘܝ. ܕܬܬܚܙܐ ܠܟܠܢܫ ܕܡܬܩܕܡ ܐܢܬ ܐܝܟ. ¹⁶ܐܙܕܗܪ
ܒܢܦܫܟ ܘܒܝܘܠܦܢܟ. ܘܩܘܐ ܒܗܘܢ. ܟܕ ܗܠܝܢ ܓܝܪ ܥܒܕ ܐܢܬ. ܢܦܫܟ ܬܚܐ ܘܠܐܝܠܝܢ
ܕܫܡܥܝܢ ܠܟ܀

Cap. v. ¹ܠܩܫܝܫܐ ܠܐ ܬܟܐܐ. ܐܠܐ ܐܦܝܣܝܗܝ ܐܝܟ ܕܠܐܒܐ. ܘܠܐܝܠܝܢ ܕܛܠܝܢ ܐܝܟ ܕܠܐܚܐ.
²ܘܠܩܫܝܫܬܐ ܐܝܟ ܐܡܗܬܐ. ܘܠܐܝܠܝܢ ܕܛܠܝܢ ܐܝܟ ܕܠܐܚܘܬܟ ܒܟܠܗ ܕܟܝܘܬܐ܀ ³ܠܐܪܡܠܬܐ
ܝܩܪ܆ ܠܐܝܠܝܢ ܕܐܪܡܠܬܐ ܐܢܝܢ ܫܪܝܪܐܝܬ. ⁴ܐܢ ܐܝܬ ܕܐܪܡܠܬܐ ܕܐܝܬ ܠܗ̇ ܒܢܝܐ ܐܘ
ܒܢܝ ܒܢܝܐ. ܢܠܦܘܢ ܠܘܩܕܡ ܕܒܒܬܝܗܘܢ ܢܕܚܠܘܢ܆ ܘܢܦܪܥܘܢ ܚܘܒܠܐ
ܠܐܒܗܬܗܘܢ. ܗܕܐ ܓܝܪ ܡܩܒܠܐ ܩܕܡ ܐܠܗܐ. ⁵ܐܝܕܐ ܕܝܢ ܕܫܪܝܪܐܝܬ ܐܪܡܠܬܐ ܗܝ
ܘܡܫܘܚܕܬܐ. ܗܕܐ ܡܣܒܪܐ ܥܠ ܐܠܗܐ ܗܘ܆ ܘܐܡܝܢܐ ܒܨܠܘܬܐ ܘܒܒܥܘܬܐ ܒܠܠܝܐ
ܘܒܐܝܡܡܐ. ⁶ܐܝܕܐ ܕܝܢ ܕܦܚܙܐ ܐܪܡܠܬܐ. ܡܝܬܐ ܗܝ ܟܕ ܚܝܐ. ⁷ܗܠܝܢ ܗܘܝܬ
ܡܦܩܕ ܠܗܘܢ. ܕܕܠܐ ܪܫܝܢ ܢܗܘܘܢ. ⁸ܐܢ ܐܢܫ ܓܝܪ ܕܐܝܠܝܢ ܕܕܝܠܗ ܐܢܘܢ܆
ܘܠܝܬܝܪܐܝܬ ܕܐܝܠܝܢ ܕܒܝܬܗ. ܒܛܝܠܐ ܕܗܝܡܢܘܬܐ ܠܐ ܝܨܦ. ܗܢܐ ܟܦܪ ܠܗ
ܒܗܝܡܢܘܬܐ܆ ܘܒܝܫ ܗܘ ܡܢ ܐܝܠܝܢ ܕܠܐ ܡܗܝܡܢܝܢ. ⁹ܗܟܢܐ ܬܬܓܒܐ ܐܪܡܠܬܐ.
ܐܝܕܐ ܕܠܐ ܒܨܝܪܐ ܡܢ ܫܬܝܢ ܫܢܝܢ. ܐܝܕܐ ܕܗܘܬ ܗܘ ܠܓܒܪܐ ܚܕ. ¹⁰ܘܐܝܬ ܠܗ̇
ܣܗܕܘܬܐ ܕܥܒܕ̈ܐ ܛܒ̈ܐ܆ ܐܢ ܪܒܝܬ ܒܢܝܐ. ܐܢ ܩܒܠܬ ܐܟܣܢܝܐ. ܐܢ ܐܫܝܓܬ

ܩܕܡܝܗܘܢ ܕܡܬܢܥܐ. ܠܐ ܐܦ ܢܣܒ ܠܐܝܬܪܐ. ܠܐ ܗܒܒ ܟܒܠ ܒܒܝ ܗܒ. ¹¹ ܩܕܡ
ܐܩܥܒܐ ܕܝܢ ܐܢܫܝܢ ܕܗܟܢ ܐܠܗܐ. ܡܪܗܛܝܢ ܒܗܘܢ ܒܪ ܟܠ ܡܥܩܣܐ:
ܘܟܬܝܢ ܒܥܒܘܐ ܕܒܝܬܐ. ¹² ܘܐܚܝܢ ܡܢ ܗܘ: ܕܗܟܢ ܗܥܒܝܬܗܘܢ ܡܦܥܢܬܐ.
¹³ ܢܟܕܡ ܕܝܢ ܐܦ ܣܓܝܐܬܐ ܒ ܡܓܕܬܝܢ ܒܝܬ ܒܢܝܐ. ܘܠܐ ܒܟܣܘܗܝ ܣܓܝܐܬܐ: ܐܠܐ
ܐܦ ܕܢܩܦܘܢ ܡܟܡܝܠܐ. ܘܢܟܬܡ ܡܬܬܦܒܐ. ܘܬܩܒܟܒܝܢ ܡܢܗܘܢ ܕܠܐ ܘܠܐ. ¹⁴ ܕܝܠܐ ܐܝܟܐ
ܗܘܩܠ: ܕܐܢܫܝܢ ܕܗܟܢ: ܬܕܥܩܝܢ. ܘܬܠܟܝ ܒܬܠܐ ܘܬܒܟܢܝ ܒܢܬܗܘܢ: ܘܠܐ ܬܬܟܡ
ܟܒܟܟܒܢܟܐ ܐܦܠܐ ܣܒܐ ܬܟܟܐ ܕܪܘܬܚܒܐ. ¹⁵ ܟܠ ܕܗܘܦܐ ܒܪ ܥܕܡܘ ܐܝܟ ܐܝܟ
ܒܥܫܢܐ ܟܒܪ ܡܗܢܐ. ¹⁶ ܠܐ ܐܝܟ ܡܘܡܥܝܢܐ ܐܘ ܡܘܡܥܢܝܬܐ ܐܝܟ ܒܗܘܢ ܐܩܥܒܐ.
ܒܕܪܗܡܘܢ ܐܢܘܢ ܘܠܐ ܬܐܩܢܝ ܟܠ ܒܢܝܐ: ܕܠܐܢܫܝܢ ܕܐܩܥܒܐ ܐܢܘܢ ܕܥܢܐܐ ܐܡܦܥ܀
¹⁷ ܡܩܬܥܐ ܐܢܫܝܢ ܕܚܝܢ ܡܢܕܒܪܝܢ. ܠܐܡܢܐ ܒܩܒܥܐ ܢܥܘܗܝ: ܡܝܬܐܝܒ ܐܢܫܝܢ ܕܠܐܝܡ
ܒܥܒܟܐ ܘܒܢܘܒܢܝܐ. ¹⁸ ܐܡܢ ܒܢ ܕܒܟܠ. ܕܠܐ ܐܚܒܟܘܡ ܕܐܘܐ ܒܕܐܝܬܐ. ܘܥܡܐ ܗܘ
ܦܒܠܐ ܐܒܢܝܗ. ¹⁹ ܟܠ ܡܩܣܡܐ ܡܫܝܢܝܬܐ ܠܐ ܐܡܒܠ: ܐܠܐ ܟܠ ܦܘܡ ܐܘܡ ܘܐܟܒܐ
ܡܗܘܕܬܡ. ²⁰ ܠܐܢܫܝܢ ܕܣܗܡܝܢ ܡܢܡ ܡܟܢܥ ܒܦܝ. ܕܐܦ ܡܢܕܠ ܕܐܝܬܐ ܢܣܟܘܢ. ²¹ ܡܥܡܘܕ
ܐܢܐ ܟܘ ܡܢܡ ܐܟܘܐ ܘܡܢܝ ܢܥܘܗܝ ܡܥܩܣܐ ܘܡܟܠܐܦܩܝܘ ܒܒܬܐ. ܕܗܟܝܢ ܕܐܢ. ܘܠܐ
ܢܟܡܝܡ ܘܒܢܝܘ ܒܥܢܝܡ. ܘܠܐ ܐܡܒܘܕ ܡܢܝܡ ܒܡܟܡܒ ܒܐܦܬܐ܀
²² ܐܝܟܐ ܒܒܝܠ ܟܠ ܐܝܟ ܠܐ ܐܩܡܝܢ. ܘܠܐ ܐܬܢܕܘܐܦ ܒܫܝܗܘܐ ܢܘܒܬܢܐ. ܢܒܥܘ ܠܗ ܣܐ ܡܘ.
ܒܝܡܥܘܬܐ. ²³ ܘܡܫܝܚܠ ܡܢܬܐ ܠܐ ܐܬܢܒܐ. ܐܠܐ ܡܥܢܐ ܡܒܝܠ ܕܘܡܟ ܥܒܐ ܡܗܠ
ܐܡܗܘܡܒܘ: ܘܡܗܠ ܗܘܕܘܢܝ ܐܩܬܠܐ܀ ²⁴ ܐܝܟ ܒܢܝܢܐ ܕܐܣܗܘܢܗܘܢ ܬܪܡܟܝܢ
ܐܢܘܢ: ܘܡܥܩܒܩܝܢ ܒܗܘܢ ܒܒܢܟ ܕܡܢܐ: ܘܐܝܟ ܕܒܕܐܘܗܝ ܐܝܟܝܢ: ²⁵ ܗܘܒܢܐ ܐܦ
ܒܒܢܐ ܠܒܬܐ ܬܪܡܟܝܢ ܐܢܘܢ: ܘܐܢܫܝܢ ܕܐܢܫܝܢܐܝܢ ܐܢܘܢ: ܒܥܒܗܐ ܠܐ ܡܥܦܩܝܢ܀
¹ ܐܢܫܝܢ ܕܐܒܝܘܗܝ ܠܐܫܝܢ ܬܢܐ ܕܒܢܘܬܐ. ܒܥܬܝܗܘܢ ܟܒܠ ܐܝܟ ܬܐܡܢܘܢ: ܘܠܐ ܬܒܘܐ Cap. vi.
ܡܥܒܘ ܕܐܟܘܐ ܘܡܟܒܝܢܘ ܡܟܝܘܦ. ² ܐܢܫܝܢ ܕܝܢ ܕܐܝܟ ܒܗܘܢ ܡܬܝܐ ܡܘܡܥܢܬܐ.
ܠܐ ܬܒܥܘܢ ܒܗܘܢ: ܟܠ ܕܐܬܬܘܗܝ ܐܢܘܢ: ܐܠܐ ܡܝܬܐܝܒ ܢܥܒܘܢ ܐܢܘܢ: ܟܠ
ܕܡܘܡܥܢܐ ܐܢܘܢ ܘܡܫܝܒܬܐ ܗܟܝܢ ܕܡܬܬܝܢ ܒܐܥܒܕܗܘܢ. ܗܟܝܢ ܐܟܒ ܘܒܟܢ
ܡܢܗܘܢ. ³ ܠܐ ܕܝܢ ܐܝܟ ܐܝܟ ܕܡܟܠ ܡܘܒܝܢܐ ܐܣܬܢܐ: ܘܠܐ ܡܬܡܦܢ ܒܥܝܠܐ
ܣܝܬܦܒܐ ܕܡܢܝ ܢܥܘܗܝ ܡܥܩܣܐ ܘܒܗܘܒܝܢܐ ܕܕܣܟܢ ܐܟܘܐ. ⁴ ܗܢܐ ܡܬܕܐܡ ܒܝ
ܡܢܝܡ ܠܐ ܢܝܘ: ܐܠܐ ܒܬܡܗ ܒܘܪܥܐ ܘܒܒܟܒܐ ܕܒܝܠܐ: ܕܡܒܗܘܢ ܗܘܐ ܡܥܒܐ. ܘܡܢܝܢܐ.
ܘܒܗܘܕܐ. ܘܡܚܡ ܒܕܒܢܐ ܒܡܐ. ⁵ ܘܡܣܡܐ ܕܒܢܝܢܐ: ܐܢܫܝܢ ܕܡܚܒܠ ܕܒܢܘܗܝ.
ܘܒܝܬܝܢ ܡܢ ܡܘܡܒܐ. ܘܡܒܬܝܢ ܕܐܬܟܘܦܐ ܗܘ ܕܡܟܒ ܐܟܘܐ. ܐܝܟ ܕܝܢ ܐܠܐܦܝܥ
ܡܢ ܗܟܝܢ. ⁶ ܐܬܟܘܦ ܒܢ ܕܡܟܡ ܕܦܐ ܗܘ: ܕܐܬܒܘ ܕܣܟܒ ܐܟܘܐ ܒܡܣܚܒܐ

ܕܡܣܬܦܩܐ. 7 ܡܕܡ ܓܝܪ ܠܐ ܐܥܠܢ ܠܥܠܡܐ. ܘܡܒܪܪܐ ܕܐܦܠܐ ܕܢܦܩ ܡܕܡ ܡܫܟܚܝܢܢ.
8 ܡܟܝܠ ܗܘܐ ܡܣܦܩܐ ܠܢ ܡܬܬܪܣܝܢܘܬܐ ܘܐܬܟܣܝܬܐ. 9 ܐܝܠܝܢ ܕܝܢ ܕܨܒܝܢ ܠܡܥܬܪ:
ܢܦܠܝܢ ܠܢܣܝܘܢܐ. ܘܠܦܚܐ. ܘܠܪܓܝܓܬܐ ܣܓܝܐܬܐ: ܕܣܟܠܢ ܘܡܣܩܦܢ ܘܡܛܒܥܢ
ܠܒܢܝܢܫܐ ܒܚܒܠܐ ܘܒܐܒܕܢܐ. 10 ܥܩܪܐ ܓܝܪ ܕܟܠܗܘܢ ܒܝܫܬܐ ܐܝܬܝܗ ܪܚܡܬ ܟܣܦܐ.
ܗܝ ܕܐܢܫܐ ܕܐܬܪܓܪܓܘ ܠܗ. ܛܥܘ ܡܢ ܗܝܡܢܘܬܐ. ܘܢܦܫܗܘܢ ܐܥܒܪܘ ܒܟܐܒܐ
ܣܓܝܐܐ ✣ 11 ܐܢܬ ܕܝܢ ܐܘ ܒܪܢܫܐ ܕܐܠܗܐ. ܡܢ ܗܠܝܢ ܥܪܘܩ. ܘܪܕܘܦ ܒܬܪ ܙܕܝܩܘܬܐ.
ܘܒܬܪ ܕܚܠܬܐ. ܘܒܬܪ ܗܝܡܢܘܬܐ. ܘܒܬܪ ܚܘܒܐ. ܘܒܬܪ ܡܣܝܒܪܢܘܬܐ. ܘܒܬܪ ܡܟܝܟܘܬܐ.
12 ܘܐܬܟܬܫ ܐܓܘܢܐ ܛܒܐ ܕܗܝܡܢܘܬܐ. ܘܐܕܪܟ ܚܝܐ ܕܠܥܠܡ ܕܠܗܘܢ ܐܬܩܪܝܬ:
ܘܐܘܕܝܬ ܬܘܕܝܬܐ ܛܒܬܐ ܩܕܡ ܣܗܕܐ ܣܓܝܐܐ ✣ 13 ܡܦܩܕ ܐܢܐ ܠܟ ܩܕܡ ܐܠܗܐ ܗܘ
ܕܡܚܐ ܟܠ: ܘܩܕܡ ܡܫܝܚܐ ܝܫܘܥ ܗܘ ܕܐܣܗܕ ܩܕܡ ܦܢܛܝܘܣ ܦܝܠܛܘܣ ܬܘܕܝܬܐ
ܫܦܝܪܬܐ. 14 ܕܬܛܪܝܗ ܦܘܩܕܢܐ ܕܠܐ ܛܘܠܫܐ ܘܕܠܐ ܡܘܡܐ: ܥܕܡܐ ܠܓܠܝܢܗ ܕܡܪܢ
ܝܫܘܥ ܡܫܝܚܐ. 15 ܗܘ ܕܒܙܒܢܐ ܕܝܠܗ ܢܚܘܝܘܗܝ ܐܠܗܐ ܡܒܪܟܐ ܘܚܝܠܬܢܐ
ܒܠܚܘܕܘܗܝ: ܡܠܟܐ ܕܡܠܟܐ ܘܡܪܐ ܕܡܪ̈ܘܬܐ. 16 ܗܘ ܕܗܘ ܒܠܚܘܕܘܗܝ ܠܐ ܡܝܘܬܘܬܐ.
ܘܥܡܪ ܒܢܘܗܪܐ: ܕܐܝܬ ܠܐ ܡܬܩܪܒ ܠܗ. ܘܐܢܫ ܡܢ ܒܢܝܢܫܐ ܠܐ ܚܙܝܗܝ: ܘܐܦܠܐ
ܡܨܐ ܠܡܚܙܝܗ. ܗܘ ܕܠܗ ܐܝܩܪܐ ܘܫܘܠܛܢܐ ܠܥܠܡ ܥܠܡܝܢ. ܐܡܝܢ ✣
17 ܠܥܬܝܪ̈ܐ ܕܒܥܠܡܐ ܗܢܐ ܦܩܘܕ. ܕܠܐ ܢܬܪܝܡܘܢ ܒܪܥܝܢܗܘܢ: ܘܠܐ ܢܬܬܟܠܘܢ ܥܠ
ܥܘܬܪܐ ܕܠܝܬ ܒܗ ܬܘܟܠܢܐ: ܐܠܐ ܥܠ ܐܠܗܐ ܚܝܐ: ܗܘ ܕܝܗܒ ܠܢ ܟܠ
ܥܬܝܪܐܝܬ ܠܒܘܣܡܢ. 18 ܘܢܥܒܕܘܢ ܥܒ̈ܕܐ ܛܒ̈ܐ. ܘܢܥܬܪܘܢ ܒܥܒ̈ܕܐ ܫܦܝܪ̈ܐ.
ܘܢܗܘܘܢ ܕܝܗܒܝܢ ܒܦܫܝܩܘ ܘܡܫܘܬܦܝܢ. 19 ܘܢܣܝܡܘܢ ܠܢܦܫܗܘܢ ܣܝܡܬܐ ܛܒܬܐ
ܠܥܬܝܕ ܕܢܕܪܟܘܢ ܚܝܐ ܕܫܪܪܐ ✣ 20 ܐܘ ܛܝܡܬܐܘܣ. ܐܙܕܗܪ ܒܡܕܡ ܕܐܬܓܥܠ
ܠܟ. ܘܥܪܘܩ ܡܢ ܒܪ̈ܢܝܬܐ ܩ̈ܠܐ ܣܪ̈ܝܩܐ: ܘܡܢ ܗܦܟܘܬܐ ܕܝܕܥܬܐ ܕܓܠܐ.
21 ܐܝܠܝܢ ܓܝܪ ܕܡܫܬܘܕܥܝܢ ܠܗ̇. ܛܥܘ ܠܗܘܢ ܡܢ ܗܝܡܢܘܬܐ. ܛܝܒܘܬܐ
ܥܡܟ. ܐܡܝܢ ✣

⁘ ܫܠܡܬ ܐܓܪܬܐ ܕܠܘܬ ܛܝܡܬܐܘܣ ܩܕܡܝܬܐ ܕܐܬܟܬܒܬ

ܡܢ ܠܐܕܝܩܝܐ ⁘

∴ ܐܓܪܬܐ ܕܠܘܬ ܛܝܡܬܐܘܣ ܕܬܪ̈ܬܝܢ ∴

Cap. i. ¹ ܦܘܠܘܣ ܫܠܝܚܐ ܕܝܫܘܥ ܡܫܝܚܐ. ܒܨܒܝܢܗ ܕܐܠܗܐ. ܘܒܡܘܠܟܢܐ ܕܚܝ̈ܐ ܕܒܝܫܘܥ
ܡܫܝܚܐ. ² ܠܛܝܡܬܐܘܣ ܒܪܐ ܚܒܝܒܐ. ܛܝܒܘܬܐ ܘܪ̈ܚܡܐ ܘܫܠܡܐ. ܡܢ ܐܠܗܐ ܐܒܐ.
ܘܡܢ ܡܪܢ ܝܫܘܥ ܡܫܝܚܐ܀
³ ܡܘܕܐ ܐܢܐ ܠܐܠܗܐ. ܗܘ ܕܠܗ ܡܫܡܫ ܐܢܐ ܡܢ ܐܒܗ̈ܬܝ ܒܬܐܪܬܐ ܕܟܝܬܐ. ܕܐܡܝܢܐܝܬ
ܡܬܕܟܪ ܐܢܐ ܠܟ ܒܨܠܘܬܝ ܒܠܠܝܐ ܘܒܐܝܡܡܐ. ⁴ ܘܡܬܐܒ ܐܢܐ ܠܡܚܙܝܟ. ܘܡܬܕܟܪ
ܐܢܐ ܕܕܡ̈ܥܝܟ ܕܐܬܡܠܐ ܚܕܘܬܐ. ⁵ ܒܥܘܗܕܢܐ ܕܗܘܐ ܠܝ ܠܗܝܡܢܘܬܟ ܫܪܝܪܬܐ: ܗܝ ܕܥܡܪܬ
ܠܘܩܕܡ ܒܠܘܐܝܣ ܐܡܐ ܕܐܡܟ. ܘܒܐܘܢܝܩܐ ܐܡܟ: ܡܦܝܣ ܐܢܐ ܕܐܦ ܒܟ.
⁶ ܡܛܠ ܗܢܐ ܡܥܗܕ ܐܢܐ ܠܟ. ܕܬܥܝܪ ܡܘܗܒܬܐ ܕܐܠܗܐ: ܗܝ ܕܩܒܠܬ ܒܣܝܡܬ
ܐܝܕܝ. ⁷ ܠܐ ܓܝܪ ܝܗܒ ܠܢ ܐܠܗܐ ܪܘܚܐ ܕܕܚܠܬܐ. ܐܠܐ ܕܚܝܠܐ. ܘܕܚܘܒܐ. ܘܕܡܪܕܘܬܐ.
⁸ ܠܐ ܗܟܝܠ ܬܒܗܬ ܒܣܗܕܘܬܗ ܕܡܪܢ. ܐܦܠܐ ܒܝ ܒܐܣܝܪܗ. ܐܠܐ ܚܫܘܫ ܚܫ̈ܐ ܥܡ
ܐܘܢܓܠܝܘܢ. ܒܚܝܠܐ ܕܐܠܗܐ: ⁹ ܗܘ ܕܐܚܝܢ ܘܩܪܢ. ܒܩܪܝܬܐ ܩܕܝܫܬܐ. ܠܘ ܐܝܟ ܥܒ̈ܕܝܢ
ܐܠܐ ܐܝܟ ܨܒܝܢܗ. ܘܛܝܒܘܬܗ: ܗܝ ܕܐܬܝܗܒܬ ܠܢ ܒܝܫܘܥ ܡܫܝܚܐ ܡܢ ܩܕܡ ܙܒܢ̈ܐ
ܕܥ̈ܠܡܐ. ¹⁰ ܘܐܬܓܠܝܬ ܗܫܐ ܒܓܠܝܢܗ ܕܡܚܝܢܢ ܝܫܘܥ ܡܫܝܚܐ: ܕܒܛܠ ܠܡܘܬܐ
ܘܐܚܘܝ ܚܝ̈ܐ ܘܠܐ ܡܬܚܒܠܢܘܬܐ ܒܐܘܢܓܠܝܘܢ: ¹¹ ܗܘ ܕܐܬܬܣܝܡܬ ܒܗ ܐܢܐ ܟܪܘܙܐ
ܘܫܠܝܚܐ ܘܡܠܦܢܐ ܕܥܡ̈ܡܐ. ¹² ܡܛܠ ܗܕܐ ܡܣܝܒܪ ܐܢܐ ܗܠܝܢ. ܘܠܐ ܒܗܬ ܐܢܐ.
ܝܕܥ ܐܢܐ ܓܝܪ ܠܡܢ ܗܝܡܢܬ. ܘܡܦܝܣ ܐܢܐ. ܕܡܨܐ ܦܘܩܕܢܝ ܠܡܛܪ:
ܥܕ ܠܝܘܡܐ ܗܘ. ¹³ ܢܗܘܐ ܠܟ ܕܡܘܬܐ. ܕܡ̈ܠܐ ܚܠܝܡܬܐ ܕܫܡܥܬ ܡܢܝ: ܒܗܝܡܢܘܬܐ
ܘܒܚܘܒܐ ܕܒܝܫܘܥ ܡܫܝܚܐ܀
¹⁴ ܡܘܠܟܢܐ ܛܒܐ ܛܪ. ܒܪܘܚܐ ܕܩܘܕܫܐ ܗܝ ܕܥܡܪܐ ܒܢ. ¹⁵ ܝܕܥ ܐܢܬ ܗܕܐ.
ܕܗܦܟܘ ܡܢܝ ܟܠܗܘܢ ܗܠܝܢ ܕܒܐܣܝܐ: ܕܐܝܬܝܗܘܢ ܡܢܗܘܢ ܦܘܓܠܘܣ ܘܗܪܡܘܓܢܝܣ.
¹⁶ ܢܬܠ ܡܪܢ ܪ̈ܚܡܐ ܠܒܝܬܗ ܕܐܢܣܝܦܘܪܘܣ. ܕܙܒܢ̈ܝܢ ܣܓܝ̈ܐܢ ܐܢܝܚܢܝ. ܘܒܫܫܠܬܐ
ܕܐܣܝܪܘܬܝ ܠܐ ܒܗܬ. ¹⁷ ܐܠܐ ܐܦ ܟܕ ܐܬܐ ܠܪܗܘܡܝ. ܒܛܝܠܘܬܐ ܒܥܢܝ ܘܐܫܟܚܢܝ.
¹⁸ ܢܬܠ ܠܗ ܡܪܢ. ܕܢܫܟܚ ܪ̈ܚܡܐ ܠܘܬ ܡܪܢ ܒܝܘܡܐ ܗܘ. ܘܟܡܐ ܕܫܡܫܢܝ ܒܐܦܣܘܣ.
ܡܝܬܪܐܝܬ ܝܕܥ ܐܢܬ܀
Cap. ii. ¹ ܐܢܬ ܗܟܝܠ ܒܪܝ. ܐܬܚܝܠ ܒܛܝܒܘܬܐ ܕܒܝܫܘܥ ܡܫܝܚܐ. ² ܘܐܝܠܝܢ ܕܫܡܥܬ
ܡܢܝ ܒܝܕ ܣܗ̈ܕܐ ܣܓܝ̈ܐܐ. ܗܠܝܢ ܐܫܠܡ ܠܐ̈ܢܫܐ ܡܗܝܡ̈ܢܐ: ܐܝܠܝܢ ܕܡܫܟܚܝܢ ܐܦ ܠܐܚܪ̈ܢܐ

ܐܘ ܟܐܪ̈ܝܬܐ ܒܡܠܟܘܬܗ. 3 ܘܡܫܬܥܝܢ ܥܡ̈ܡܝܐ: ܐܝܟ ܦܓܪܐ ܕܠܐ ܢܦܫܐ ܡܫܝܚܐ.
4 ܠܐ ܐܝܬ ܦܟܪ ܘܡܬܢܦܫ ܒܪ̈ܥܘܬܐ ܕܒܠܒܐ. ܘܢܦܩ ܠܗܘܢ ܡܢ ܢܟܝܢܘܬ. 5 ܗ̈ܘܝ
ܡܬܢܦܫܝܢ ܐܢܫ. ܠܐ ܡܬܢܟܠ: ܐܠܐ ܒܢܩܘܫܘܗܝ ܠܐ ܡܬܢܦܫ. 6 ܠܐܪܥܐ ܕܒܐܪܐ ܘܠܐ ܒܗ:
ܕܡܕܡܐ ܡܢ ܦܠܘܣܘܦܝ ܢܬܚܫܒ. 7 ܐܬܚܫܒܬ ܡܢܝܢ ܕܐܡܪ ܐܢܐ. ܢܬܟܠ ܒܝ ܡܢܝ ܫܒܥܬܐ
ܒܟܠ ܡܢܝܢ. 8 ܐܬܪܘܢ ܒܢܦܫܐ ܡܫܝܚܐ. ܕܡܢ ܡܢ ܒܝܬ ܥܡ̈ܡܐ: ܗܘ ܕܐܬܒܗܝ
ܡܢ ܐܘܪܚܐ ܕܕܒܪ. ܐܝܟ ܐܘܢܓܠܝܘܢ ܕܡܟܝ: 9 ܕܒܗ ܡܬܚܫܒ ܐܢܐ ܒܥ̈ܡܡܐ ܒܦܘܡܐ ܠܐܫܬܘܐ
ܐܝܟ ܒܒܝܬ ܥܡ̈ܡܐ. ܐܠܐ ܡܬܒܥܐ ܕܐܝܟܢܐ ܠܐ ܐܫܬܪܝ. 10 ܡܛܠ ܗܢܐ ܡܬܡܢܝܢ ܡܫܬܥܝܢ
ܐܢܐ ܡܛܠ ܒܒܝܬ. ܕܐܦ ܗܢܘܢ ܢܦܫܗܘܢ ܚܝܐ ܕܒܢܦܫܐ ܡܫܝܚܐ ܒܝܢ ܡܘܒܠܐ ܕܒܥܠܡ.
11 ܡܘܡܝܬܐ ܗܝ ܡܬܠܝܐ. ܐܠܐ ܒܝܫ ܡܬܐܡܪ ܒܡܢܗ. ܐܘ ܒܡܢܗ ܒܝܬܐ. 12 ܗ̈ܘܝ ܡܫܬܥܝܢ:
ܐܘ ܡܬܟܠܝ ܒܡܢܗ. ܐܠܐ ܕܐܝܟ ܢܬܚܫܒ ܒܗ. ܐܘ ܗܘ ܢܬܚܫܒ ܒܝ. 13 ܗ̈ܘܝ ܠܐ ܡܘܬܒܝܢ
ܒܗ. ܗܘ ܒܡܘܡܝܬܐ ܡܫܬܐ. ܘܢܬܚܫܒ ܒܝܫ ܒܢܦܫܗ ܠܐ ܡܬܢܦܫ. 14 ܗܟܝܠ ܡܘܬܒܐ
ܡܬܚܫܒ ܒܗܘܢ ܘܡܬܚܫܒ ܡܕܡ ܡܢܝ. ܕܠܐ ܢܗܘܘܢ ܡܬܚܫܒܝܢ ܒܚܛܗܐ ܕܠܐ ܫܘܐܝܢ:
ܒܡܘܬܒܐ ܕܐܚܪܢܐ ܕܡܬܟܢܫܝܢ ܒܗܘܢ. 15 ܘܬܬܚܫܒ ܠܟ. ܕܐܟܢ ܢܬܠܘܢ ܒܥܒܪܐܝܬ
ܡܕܡ ܐܚܪܢܐ: ܦܓܪܐ ܕܠܐ ܒܣܬܪܐ ܕܒܥܒܪܐ ܠܐܬܪܐܝܬ ܡܬܟܠܝܐ ܕܥܒܪܐ. 16 ܘܡܢ ܡܬܠܐ
ܡܫܡܠܝܐ ܕܒܟܠ ܒܗܘܢ ܚܫܘܢ. ܐܬܚܫܒ. ܡܬܢܦܫܐ ܒܝܫ ܢܘܥܕܗܘܢ ܒܟܠ ܕܡܬܚܫܒ:
ܗܢܘܢ ܕܒܬܪ ܒܗܘܢ. 17 ܘܡܬܟܠܝܢ ܐܝܟ ܚܫܘܒܐ ܢܦܩܐ ܠܐܣܘܪ ܒܡܬܚܫܒܢܘܬܐ. ܐܬܒܗܝ
ܕܐܝܟ ܚܕ ܡܬܚܫܒ ܗܘܡܬܢܦܫܘ. ܘܐܚܪ̈ܢܐ ܒܡܬܢܦܫܘ: 18 ܗܟܝܠ ܕܢܦܠ ܡܢ ܫܪܪܐ ܕܒ
ܐܚܪ̈ܢܐ ܕܡܬܚܫܒ ܕܒܝܬܐ ܗܘܐ ܠܟܘ: ܘܡܘܡܝܬܐ ܕܐܝܬ ܐܝܬ ܡܬܦܩܕܝܢ. 19 ܡܬܐܡܪܐ
ܕܡܢ ܚܕܪܐ ܕܐܚܪܐ ܡܢܦܫ ܗܝ. ܘܐܝܟ ܠܟܘ ܫܠܡܐ ܗܢܐ. ܘܡܛܠ ܡܪܝܐ ܠܐܚܪܢ
ܕܒܟܠܗ ܐܢܘܢ. ܘܢܦܪܘܩ ܡܢ ܟܠܗ: ܟܠ ܕܐܪܐ ܠܡܫܝܚ ܕܡܪܝܐ. 20 ܒܒܥܬܐ ܕܐܝܟ ܕܒܝܬܐ
ܠܐ ܗܘܐ ܡܠܐܟܐ ܕܕܗܒܐ ܒܠܒܗ. ܐܘ ܕܫܠܡܐ ܐܝܬ ܒܗ: ܐܠܐ ܐܘ ܕܡܫܚܐ ܐܘ ܕܩܢܝܐ.
ܡܬܚܫܒ ܠܐܠܗܐ ܘܡܚܫܒܘܗܝ ܒܪܘܚܐ. 21 ܐܠܐ ܐܝܬ ܗܟܢܐ ܕܒܠ ܢܦܫܗ ܡܢ ܗܟܝܠ:
ܗܘܐ ܡܠܐܟܐ ܕܚܝܐ ܠܐܠܗܐ: ܕܒܗ ܒܬܘܡܝܘܬܐ ܕܡܪܝܐ ܘܡܬܚܫܒ ܒܟܠ ܒܟܠ ܕܒ:
22 ܡܢ ܩܕܡ ܩܛܝܠܬܐ ܕܡܫܝܚܐ ܒܪܘܚ. ܘܗܘܝ ܒܟܠ ܕܐܝܬܘܬܐ ܘܡܘܡܝܬܐ ܘܡܘܬܒܐ
ܘܡܠܟܐ ܠܟܘ ܐܚܪܢ ܕܐܝܬ ܒܡܢܝ ܒܟܠܗ ܕܚܝܐ. 23 ܡܬܐܡܪܐ ܡܫܬܠܛ ܐܚܪܢ ܕܠܐ ܡܬܕܪܐ
ܐܢܘܢ. ܐܬܚܫܒ ܡܬܚܫܒ. ܘܐܝܟ ܐܝܟ ܒܝܫ. ܘܐܬܓܠܝܐ ܡܬܟܠܝܢ. 24 ܒܥܒܕܗ ܕܐܝܟ
ܕܡܢܝ ܠܐ ܢܬܒ ܒܡܬܚܫܒܢܘܬܗ. ܐܠܐ ܕܢܗܘܐ ܡܬܟܢܫ ܒܟܠ ܡܕܡ. ܘܡܬܚܫܒ ܘܫܪܝܪܐ
ܕܫܘܗ: 25 ܕܢܗܘܐ ܕܪܐ ܠܐܚܪܢ ܕܡܬܚܫܒ ܒܡܘܡܝܬܗ ܒܡܬܚܫܒܢܘܬܐ: ܕܒܥܒܕܐ ܢܬܟܠ
ܒܗܘܢ ܐܚܪܢܐ ܠܡܦܩܬܐ. ܘܢܬܒܗܝ ܣܓܝܐ. 26 ܘܡܬܚܫܒܝܢ ܢܦܫܗܘܢ. ܘܢܦܩܘܢ ܡܢ ܦܫܗ
ܕܡܬܠܝܐ ܕܒܗ ܐܬܓܠܝܘ ܒܡܕܒܪܗ.

¹ ܗܕܐ ܕܝܢ ܗܘܝܬ ܝܕܥ. ܕܒܝܘܡܬܐ ܐܚܪ̈ܝܐ ܢܐܬܘܢ ܙܒܢ̈ܐ ܩܫܝ̈ܐ: ² ܘܢܗܘܘܢ ܒܢ̈ܝܢܫܐ Cap. iii.
ܪ̈ܚܡܝ ܢܦܫܗܘܢ. ܘܪ̈ܚܡܝ ܟܣܦܐ. ܫܒܗܪ̈ܢܐ. ܪ̈ܡܐ. ܡܓܕ̈ܦܢܐ. ܕܠܐܒ̈ܗܝܗܘܢ ܠܐ ܡܫܬܡܥܝܢ.
ܟܦܘܪܝ ܛܝܒܘܬܐ. ܪ̈ܫܝܥܐ. ³ ܐܟ̈ܠܝ ܩܪ̈ܨܐ. ܡܬܚܪ̈ܝܢ ܠܚܒܪ̈ܐ. ܕܠܐ ܫܝܢܐ. ܣܢ̈ܝ
ܛܒ̈ܬܐ. ⁴ ܡܫܠܡܢ̈ܐ. ܡܪ̈ܚܢܐ. ܚܬ̈ܝܪܐ. ܪ̈ܚܡܝ ܪ̈ܓܝܓܬܐ ܝܬܝܪ ܡܢ ܚܘܒܗ ܕܐܠܗܐ:
⁵ ܕܐܝܬ ܠܗܘܢ ܐܣܟܡܐ ܕܕܚܠܬ ܐܠܗܐ. ܘܡܢ ܚܝܠܗ ܪ̈ܚܝܩܝܢ. ܐܝܠܝܢ ܕܗܟܢܐ ܐܢܘܢ:
ܪܚܩ ܐܢܘܢ ܡܢܟ. ⁶ ܡܢܗܘܢ ܐܢܘܢ ܓܝܪ. ܗܠܝܢ ܕܡܣܬܪܟܝܢ ܒܝܬ ܒܬ̈ܐ: ܘܫܒܝܢ
ܢܫ̈ܐ ܕܛܡܝܪܢ ܒܚܛܗ̈ܐ. ܘܡܬܕܒܪ̈ܢ ܠܪ̈ܓܝܓܬܐ ܡܫܚܠܦܬܐ: ⁷ ܕܒܟܠܙܒܢ ܝܠܦܢ.
ܘܡܬܘܡ ܠܡܕܥܬܐ ܕܫܪܪܐ ܠܐ ܡܬܐܝܢ. ⁸ ܐܝܟܢܐ ܕܝܢ ܕܝܢܝܣ ܘܝܡܒܪܝܣ
ܩܡܘ ܠܘܩܒܠ ܡܘܫܐ. ܗܟܢܐ ܐܦ ܗܠܝܢ. ܩܝܡܝܢ ܠܘܩܒܠ ܫܪܪܐ: ܐܢܫܐ ܕܡܚܒܠ
ܪܥܝܢܗܘܢ. ܘܣܠܝܩܝܢ ܡܢ ܗܝܡܢܘܬܐ. ⁹ ܐܠܐ ܠܐ ܢܬܩܕܡܘܢ ܠܡܪܕܝܬܗܘܢ. ܫܛܝܘܬܗܘܢ ܓܝܪ
ܡܬܝܕܥܐ ܗܝ ܠܟܠܢܫ: ܐܝܟܢܐ ܕܐܦ ܕܗܢܘܢ ܐܬܝܕܥܬ܀ ¹⁰ ܐܢܬ ܕܝܢ ܐܬܠܘܝܬ ܒܬܪ
ܡܠܦܢܘܬܝ. ܘܒܬܪ ܕܘܒܪܝ. ܘܒܬܪ ܨܒܝܢܝ. ܘܒܬܪ ܗܝܡܢܘܬܝ. ܘܒܬܪ ܢܓܝܪܘܬ ܪܘܚܝ.
ܘܒܬܪ ܚܘܒܝ. ܘܒܬܪ ܡܣܝܒܪܢܘܬܝ. ¹¹ ܘܒܬܪ ܪ̈ܕܘܦܝܝ ܘܒܬܪ ܚ̈ܫܝ. ܘܝܕܥ ܐܢܬ.
ܐܝܠܝܢ ܕܗܘܝ ܠܝ ܒܐܢܛܝܘܟܝܐ. ܘܒܐܝܩܘܢܝܘܢ. ܘܒܠܘܣܛܪܐ: ܐܝܠܝܢ ܪ̈ܕܘܦܝܐ ܣܝܒܪܬ. ܘܡܢ
ܟܠܗܘܢ ܦܪܩܢܝ ܡܪܝ. ¹² ܘܟܠܗܘܢ ܕܝܢ ܐܝܠܝܢ ܕܨܒܝܢ ܕܒܕܚܠܬ ܐܠܗܐ ܢܚܘܢ ܒܝܫܘܥ
ܡܫܝܚܐ. ܡܬܪܕܦܝܢ. ¹³ ܒܢ̈ܝܢܫܐ ܕܝܢ ܒܝܫܐ ܘܡܛܥܝܢܐ ܢܘܣܦܘܢ ܥܠ ܒܝܫܘܬܗܘܢ.
ܟܕ ܛܥܝܢ ܘܡܛܥܝܢ. ¹⁴ ܐܢܬ ܕܝܢ ܩܘܡ ܒܐܝܠܝܢ ܕܝܠܦܬ ܘܐܬܗܝܡܢܬ. ܝܕܥ ܐܢܬ
ܓܝܪ ܡܢ ܡܢܘ ܝܠܦܬ: ¹⁵ ܘܕܡܢ ܛܠܝܘܬܟ ܣܦܪ̈ܐ ܩܕ̈ܝܫܐ ܝܕܥ ܐܢܬ: ܕܡܫܟܚܝܢ
ܕܢܚܟܡܘܢܟ ܠܚܝ̈ܐ. ܒܗܝܡܢܘܬܐ ܕܝܫܘܥ ܡܫܝܚܐ܀ ¹⁶ ܟܠ ܟܬܒ ܕܒܪܘܚܐ ܐܬܟܬܒ.
ܡܘܬܪ ܗܘ ܠܡܠܦܢܘܬܐ. ܘܠܡܟܣܢܘܬܐ. ܘܠܬܘܪܨܐ. ܘܠܡܪܕܘܬܐ ܕܒܟܐܢܘܬܐ: ¹⁷ ܕܢܗܘܐ
ܓܒܪܐ ܕܐܠܗܐ. ܓܡܝܪ ܘܡܫܡܠܝ ܠܟܠ ܥܒܕ ܛܒ܀܀܀

¹ ܡܣܗܕ ܐܢܐ ܠܟ ܩܕܡ ܐܠܗܐ ܘܡܪܢ ܝܫܘܥ ܡܫܝܚܐ. ܗܘ ܕܥܬܝܕ ܠܡܕܢ ܚ̈ܝܐ Cap. iv.
ܘܡ̈ܝܬܐ ܒܓܠܝܢܗ ܘܒܡܠܟܘܬܗ. ² ܐܟܪܙ ܡܠܬܐ. ܘܩܘܡ ܒܚܦܝܛܘܬܐ ܒܥܕܢܐ ܘܕܠܐ ܥܕܢܐ: ܣܐ ܡܕ.
ܐܟܣ ܘܟܐܐ. ܒܟܠܗ ܡܓܪܬ ܪܘܚܐ ܘܡܠܦܢܘܬܐ. ³ ܢܗܘܐ ܓܝܪ ܥܕܢܐ. ܕܠܡܠܦܢܘܬܐ
ܚܠܝܡܬܐ ܠܐ ܢܫܬܡܥܘܢ: ܐܠܐ ܐܝܟ ܪ̈ܓܝܓܬܗܘܢ. ܢܣܓܘܢ ܠܗܘܢ ܡܠܦ̈ܢܐ
ܒܚܘܪܓܝܐ ܕܡܫܡܥܘܬ ܐܕ̈ܢܝܗܘܢ: ⁴ ܘܡܢ ܫܪܪܐ ܢܗܦܟܘܢ ܐܕ̈ܢܝܗܘܢ: ܠܬܫ̈ܥܝܬܐ ܕܝܢ ܢܨܛܠܘܢ܀
⁵ ܐܢܬ ܕܝܢ ܗܘܝܬ ܥܝܪ ܒܟܠܡܕܡ. ܘܣܝܒܪ ܒܝܫܬܐ. ܘܥܒܕܐ ܥܒܕ ܕܡܣܒܪܢܐ.
ܘܬܫܡܫܬܟ ܡܠܝ. ⁶ ܐܢܐ ܓܝܪ ܡܬܢܩܐ ܐܢܐ. ܘܙܒܢܐ ܕܐܫܬܪܐ: ܡܟܝܠ.
⁷ ܐܓܘܢܐ ܫܦܝܪܐ ܐܬܟܬܫܬ. ܘܪܗܛܝ ܫܠܡܬ. ܘܗܝܡܢܘܬܝ ܢܛܪܬ. ⁸ ܘܡܢ ܗܫܐ ܢܛܝܪ
ܠܝ ܟܠܝܠܐ ܕܟܐܢܘܬܐ. ܕܢܦܪܥܢܝ ܡܪܝ ܒܝܘܡܐ ܗܘ. ܕܗܘܝܘ ܕܝܢܐ ܟܐܢܐ: ܠܐ ܕܝܢ

ܒܝܘܡܗ ܕܝܢ: ܐܠܐ ܐܦ ܠܐܝܠܝܢ ܕܪܚܡܝܢ ܠܓܠܝܢܗ. 9 ܐܬܒܛܠ ܠܟ ܕܬܐܬܐ ܠܘܬܝ
ܒܥܓܠ. 10 ܕܝܡܐ ܓܝܪ ܫܒܩܢܝ. ܘܐܚܒ ܠܗ ܠܥܠܡܐ ܗܢܐ. ܘܐܙܠ ܠܗ ܠܬܣܠܘܢܝܩܐ.
ܩܪܣܩܘܣ ܠܓܠܛܝܐ. ܛܛܘܣ ܠܕܠܡܛܝܐ. 11 ܠܘܩܐ ܗܘ ܒܠܚܘܕܘܗܝ ܠܘܬܝ.
ܠܡܪܩܘܣ ܕܒܪ ܘܐܝܬܝܗܝ ܥܡܟ. ܥܗܢ ܠܝ ܓܝܪ ܠܬܫܡܫܬܐ. 12 ܠܛܘܟܝܩܘܣ
ܕܝܢ ܫܕܪܬ ܠܐܦܣܘܣ. 13 ܦܝܢܐ ܕܝܢ ܕܫܒܩܬ ܒܛܪܘܐܣ ܠܘܬ ܩܪܦܘܣ. ܡܐ ܕܐܬܐ
ܐܝܬܝܗܝ· ܐܢܝܢ: ܘܟܬܒܐ. ܝܬܝܪܐܝܬ ܦܢܩܐ ܕܡܓܠܬܐ. 14 ܐܠܟܣܢܕܪܘܣ ܢܦܚܐ ܕܢܚܫܐ
ܣܓܝܐܬܐ ܒܝܫܬܐ ܚܘܝܢܝ. ܢܦܪܘܥ ܠܗ ܡܪܝܐ ܐܝܟ ܥܒܕܘܗܝ. 15 ܐܦ ܐܢܬ ܕܝܢ ܐܙܕܗܪ ܡܢܗ:
ܣܓܝ ܓܝܪ ܩܡ ܠܘܩܒܠ ܡܠܝܢ. 16 ܒܡܦܩ ܒܪܘܚܝ ܩܕܡܝܐ ܠܐ ܐܢܫ ܗܘܐ ܥܡܝ:
ܐܠܐ ܟܠܗܘܢ ܫܒܩܘܢܝ: ܠܐ ܬܬܚܫܒ ܠܗܘܢ ܗܕܐ. 17 ܡܪܝ ܕܝܢ ܩܡ ܠܝ ܘܚܝܠܢܝ:
ܕܒܝ ܬܫܬܡܠܐ ܐܟܪܙܘܬܐ ܘܢܫܡܥܘܢ ܥܡܡܐ ܟܠܗܘܢ: ܘܐܬܦܨܝܬ ܡܢ ܦܘܡܐ ܕܐܪܝܐ.
18 ܘܢܦܨܝܢܝ ܡܪܝ ܡܢ ܟܠ ܥܒܕ ܒܝܫ. ܘܢܚܝܢܝ ܒܡܠܟܘܬܗ ܕܒܫܡܝܐ: ܕܠܗ ܬܫܒܘܚܬܐ
ܠܥܠܡ ܥܠܡܝܢ. ܐܡܝܢ.
19 ܫܐܠ ܫܠܡܐ ܠܦܪܝܣܩܠܐ. ܘܠܐܩܝܠܘܣ. ܘܠܒܝܬܐ ܕܐܘܢܣܝܦܘܪܘܣ. 20 ܐܪܣܛܘܣ
ܦܫ ܠܗ ܒܩܘܪܢܬܘܣ. ܠܛܪܘܦܝܡܘܣ ܕܝܢ ܫܒܩܬܗ ܟܕ ܟܪܝܗ ܒܡܝܠܝܛܘܣ ܡܕܝܢܬܐ.
21 ܐܬܒܛܠ ܠܟ ܕܩܕܡ ܣܬܘܐ ܬܐܬܐ. ܫܐܠ ܒܫܠܡܟ ܐܘܒܘܠܘܣ ܘܦܘܕܣ
ܘܠܝܢܘܣ. ܘܩܠܘܕܝܐ ܘܐܚܐ ܟܠܗܘܢ. 22 ܡܪܢ ܝܫܘܥ ܡܫܝܚܐ ܥܡ ܪܘܚܟ. ܛܝܒܘܬܐ
ܥܡܟܘܢ. ܐܡܝܢ.

ܫܠܡܬ ܐܓܪܬܐ ܕܠܘܬ ܛܝܡܬܐܘܣ ܕܬܪܬܝܢ ܕܐܬܟܬܒܬ
ܡܢ ܪܗܘܡܐ

ܐܓܪܬܐ ܕܠܘܬ ܛܝܛܘܣ

Cap. i. 1 ܦܘܠܘܣ ܥܒܕܗ ܕܐܠܗܐ ܘܫܠܝܚܗ ܕܝܫܘܥ ܡܫܝܚܐ. ܒܗܝܡܢܘܬܐ ܕܓܒܝܐ ܕܐܠܗܐ
ܘܒܝܕܥܬܐ ܕܫܪܪܐ ܕܒܕܚܠܬ ܐܠܗܐ. 2 ܥܠ ܣܒܪܐ ܕܚܝܐ ܕܠܥܠܡ: ܕܡܠܟܗ ܐܠܗܐ
ܕܠܐ ܡܕܓܠ ܡܢ ܩܕܡ ܙܒܢܐ ܕܠܥܠܡܐ: 3 ܘܓܠܝ ܡܠܬܗ ܒܙܒܢܗ ܒܟܪܘܙܘܬܐ. ܗܝ
ܕܐܬܗܝܡܢܬ ܐܢܐ ܒܦܘܩܕܢܐ ܕܐܠܗܐ ܡܚܝܢܢ: 4 ܠܛܝܛܘܣ ܒܪܐ ܫܪܝܪܐ ܒܗܝܡܢܘܬܐ
ܕܓܘܐ. ܛܝܒܘܬܐ ܘܫܠܡܐ. ܡܢ ܐܠܗܐ ܐܒܐ. ܘܡܢ ܡܪܢ ܝܫܘܥ ܡܫܝܚܐ ܡܚܝܢܢ.

⁵ ܡܛܠ ܗܕܐ ܗܘ ܫܒܩܬܟ ܒܩܪܛܐ. ܕܐܝܠܝܢ ܕܚܣܝܪܢ ܬܬܩܢ. ܘܬܩܝܡ ܩܫܝܫܐ
ܒܡܕܝܢܐ ܡܕܝܢܐ ܐܝܟܢܐ ܕܦܩܕܬܟ: ⁶ ܐܝܢܐ ܕܕܠܐ ܡܘܡ ܗܘ. ܘܗܘܐ ܒܥܠܐ ܕܚܕܐ ܐܢܬܬܐ.
ܘܐܝܬ ܠܗ ܒܢܝܐ ܡܗܝܡܢܐ ܕܠܐ ܡܪܚܝܢ. ܘܠܐ ܐܬܚܫܒܘ ܕܠܐ ܡܬܪܕܝܢ ܒܐܣܘܛܘܬܐ.
⁷ ܣܢܝܩ ܗܘ ܓܝܪ ܐܦܣܩܘܦܐ. ܕܢܗܘܐ ܕܠܐ ܡܘܡ. ܐܝܟ ܪܒܝܬܐ ܕܐܠܗܐ. ܘܠܐ ܢܗܘܐ ܡܬܡܪܚ
ܒܪܥܝܢ ܢܦܫܗ. ܘܠܐ ܢܗܘܐ ܚܡܝܡܐ. ܘܠܐ ܢܗܘܐ ܪܘܝܐ ܥܠ ܚܡܪܐ. ܘܠܐ ܢܗܘܐ ܦܫܝܛ
ܐܝܕܗ ܠܡܡܚܐ. ܘܠܐ ܢܗܘܐ ܪܚܡ ܝܘܬܪܢܐ ܛܢܦܐ: ⁸ ܐܠܐ ܢܗܘܐ ܪܚܡ ܐܟܣܢܝܐ. ܘܢܗܘܐ
ܪܚܡ ܛܒܬܐ. ܘܢܗܘܐ ܢܟܦ. ܘܢܗܘܐ ܟܐܢ. ܘܢܗܘܐ ܚܣܝܐ. ܘܡܚܪܪ ܢܦܫܗ ܡܢ
ܪܓܝܓܬܐ. ⁹ ܘܡܬܚܡܠ ܠܗ ܥܠ ܡܠܬܐ ܡܗܝܡܢܬܐ ܕܡܠܦܢܘܬܐ: ܕܢܫܟܚ ܐܦ
ܠܡܒܥܝܘ ܒܝܘܠܦܢܐ ܚܠܝܡܐ. ܘܠܡܟܣܘ ܠܐܝܠܝܢ ܕܡܬܚܪܝܢ. ¹⁰ ܐܝܬ ܓܝܪ ܣܓܝܐܐ.
ܕܠܐ ܡܫܬܥܒܕܝܢ. ܘܡܡܠܠܝܢ ܣܪܝܩܬܐ. ܘܡܛܥܝܢ ܪܥܝܢܐ ܕܒܢܝܢܫܐ. ܝܬܝܪܐܝܬ ܐܝܠܝܢ
ܕܡܢ ܓܙܘܪܬܐ ܐܢܘܢ: ¹¹ ܗܠܝܢ ܕܘܠܐ ܠܡܣܟܪܘ ܦܘܡܗܘܢ. ܕܒܬܐ ܓܝܪ ܣܓܝܐܐ
ܡܗܦܟܝܢ. ܘܡܠܦܝܢ ܡܕܡ ܕܠܐ ܘܠܐ ܡܛܠ ܝܘܬܪܢܐ ܛܢܦܐ. ¹² ܐܡܪ ܐܢܫ ܡܢܗܘܢ ܢܒܝܐ
ܕܝܠܗܘܢ. ܕܒܢܝ ܩܪܛܐ ܒܟܠܙܒܢ ܟܕܒܝܢ ܐܢܘܢ: ܚܝܘܬܐ ܒܝܫܬܐ. ܘܟܪܣܬܢܐ ܒܛܝܠܬܐ.
¹³ ܘܣܗܕܘܬܐ ܗܕܐ ܫܪܝܪܬܐ ܗܝ. ܡܛܠ ܗܢܐ ܚܪܝܦܐܝܬ ܗܘܝܬ ܟܐܣ ܠܗܘܢ:
ܕܢܗܘܘܢ ܚܠܝܡܝܢ ܒܗܝܡܢܘܬܐ: ¹⁴ ܘܠܐ ܢܬܠܘܢ ܠܫܘܥܝܬܐ ܕܝܗܘܕܝܐ. ܘܠܦܘܩܕܢܐ
ܕܒܢܝܢܫܐ ܕܡܗܦܟܝܢ ܫܪܪܐ. ¹⁵ ܟܠܡܕܡ ܓܝܪ ܕܟܐ ܗܘ ܠܕܟܝܐ. ܠܐܝܠܝܢ ܕܝܢ ܕܡܛܫܝܢ ܘܠܐ
ܡܗܝܡܢܝܢ. ܡܕܡ ܕܕܟܐ ܠܝܬ ܠܗܘܢ: ܐܠܐ ܡܛܫܐ ܗܘ ܪܥܝܢܗܘܢ ܘܬܐܪܬܗܘܢ.
¹⁶ ܘܡܘܕܝܢ ܕܝܕܥܝܢ ܠܐܠܗܐ. ܘܒܥܒܕܝܗܘܢ ܕܝܢ ܟܦܪܝܢ ܒܗ: ܘܐܝܬܝܗܘܢ ܛܢܦܐ ܘܕܠܐ
ܦܝܣ. ܘܡܣܠܝܐ ܠܟܠ ܥܒܕ ܛܒ ܀

¹ ܐܢܬ ܕܝܢ ܡܠܠ ܡܕܡ ܕܝܐܐ ܠܝܘܠܦܢܐ ܚܠܝܡܐ. ² ܘܐܠܦ ܕܢܗܘܘܢ ܩܫܝܫܐ Cap. ii.
ܥܝܪܝܢ ܒܪܥܝܢܗܘܢ. ܘܢܗܘܘܢ ܢܟܦܝܢ. ܘܢܗܘܘܢ ܕܟܝܢ. ܘܢܗܘܘܢ ܚܠܝܡܝܢ ܒܗܝܡܢܘܬܐ
ܘܒܚܘܒܐ ܘܒܡܣܝܒܪܢܘܬܐ. ³ ܘܐܦ ܩܫܝܫܬܐ ܗܟܢܐ. ܕܢܗܘܝܢ ܒܐܣܟܝܡܐ ܕܝܐܐ ܠܕܚܠܬ
ܐܠܗܐ. ܘܠܐ ܢܗܘܝܢ ܐܟܠܢ ܩܪܨܐ. ܘܠܐ ܢܗܘܝܢ ܡܫܬܥܒܕܢ ܠܚܡܪܐ ܣܓܝܐܐ. ܘܢܗܘܝܢ
ܡܠܦܢ ܛܒܬܐ. ⁴ ܘܡܚܟܡܢ ܠܐܝܠܝܢ ܕܛܠܝܢ. ܕܢܪܚܡܢ ܒܥܠܝܗܝܢ ܘܒܢܝܗܝܢ.
⁵ ܘܢܗܘܝܢ ܢܟܦܢ ܘܩܕܝܫܢ. ܘܢܗܘܝܢ ܝܨܦܢ ܫܦܝܪ ܕܒܬܝܗܝܢ ܘܡܫܬܥܒܕܢ ܠܒܥܠܝܗܝܢ:
ܕܠܐ ܐܢܫ ܢܓܕܦ ܥܠ ܡܠܬܗ ܕܐܠܗܐ. ⁶ ܘܟܢ ܐܦ ܠܐܝܠܝܢ ܕܛܠܝܢ. ܒܥܐ ܡܢܗܘܢ. ܕܢܗܘܘܢ
ܢܟܦܝܢ. ⁷ ܒܟܠܡܕܡ ܕܝܢ ܕܡܘܬܐ ܒܢܦܫܟ ܗܘܐ ܒܟܠ ܥܒܕܐ ܛܒܐ. ܘܡܠܦܢܘܬܟ
ܬܗܘܐ ܠܗ ܡܠܬܐ ܚܠܝܡܬܐ: ⁸ ܕܢܟܦܐ ܘܠܐ ܡܬܪܫܝܐ. ܘܠܐ ܐܢܫ ܢܒܣܐ ܠܗ. ܕܐܝܢܐ ܕܩܐܡ
ܠܘܩܒܠܢ ܢܒܗܬ: ܟܕ ܠܐ ܢܫܟܚ ܕܢܐܡܪ ܥܠܝܢ ܡܕܡ ܕܣܢܐ ܀
ܣܐ ܡܣ. ⁹ ܥܒܕܐ ܠܡܪܝܗܘܢ ܢܫܬܥܒܕܘܢ. ܒܟܠܡܕܡ ܘܢܫܦܪܘܢ. ܘܠܐ ܢܗܘܘܢ ܡܚܪܝܢ.

10 ܘܠܐ ܢܗܘܘܢ ܓܢܒܝܢ. ܐܠܐ ܢܚܘܘܢ ܫܪܪܗܘܢ ܛܒܐ ܒܟܠܡܕܡ. ܕܢܨܒܬܘܢ ܒܟܠܡܕܡ
ܠܝܘܠܦܢܗ ܕܐܠܗܐ ܡܚܝܢܢ ܀ 11 ܐܬܓܠܝܬ ܓܝܪ ܛܝܒܘܬܗ ܕܐܠܗܐ ܡܚܝܢܐ ܕܟܠ
ܒܢܝܢܫܐ ܟܠܗܘܢ. 12 ܘܪܕܝܐ ܠܢ. ܕܢܟܦܘܪ ܒܪܘܫܥܐ ܘܒܪܓܝܓܬܐ ܕܥܠܡܐ. ܘܢܚܐ
ܒܥܠܡܐ ܗܢܐ ܒܢܟܦܘܬܐ. ܘܒܟܐܢܘܬܐ. ܘܒܕܚܠܬ ܐܠܗܐ. 13 ܟܕ ܡܣܟܝܢܢ ܠܣܒܪܐ
ܒܪܝܟܐ ܘܠܓܠܝܢܐ ܕܫܘܒܚܗ ܕܐܠܗܐ ܪܒܐ ܘܡܚܝܢܢ ܝܫܘܥ ܡܫܝܚܐ. 14 ܕܗܘ ܝܗܒ
ܢܦܫܗ ܚܠܦܝܢ. ܕܢܦܪܘܩܢ ܡܢ ܟܠ ܥܘܠܐ. ܘܢܕܟܝܢ ܠܗ ܥܡܐ ܚܕܬܐ ܕܚܡܝܡ
ܒܥܒܕܐ ܛܒܐ ܀ 15 ܗܠܝܢ ܡܠܠ ܘܒܥܐ. ܘܟܣ ܒܟܠܗ ܫܘܠܛܢ. ܘܠܐ ܐܢܫ ܢܒܣܐ ܒܟ.

Cap. iii. 1 ܘܐܥܗܕ ܐܢܘܢ. ܕܠܪܫܢܘܬܐ ܘܠܫܘܠܛܢܐ ܢܫܬܥܒܕܘܢ ܘܢܬܛܦܝܣܘܢ. ܘܕܢܗܘܘܢ
ܡܛܝܒܝܢ ܠܟܠ ܥܒܕ ܛܒ. 2 ܘܥܠ ܐܢܫ ܠܐ ܢܓܕܦܘܢ. ܘܠܐ ܢܗܘܘܢ ܡܬܚܪܝܢ: ܐܠܐ
ܢܗܘܘܢ ܡܟܝܟܝܢ. ܘܒܟܠܡܕܡ ܢܚܘܘܢ ܒܣܝܡܘܬܗܘܢ ܠܘܬ ܟܠܗܘܢ ܒܢܝܢܫܐ. 3 ܐܦ
ܚܢܢ ܓܝܪ ܡܢ ܩܕܝܡ ܕܠܐ ܪܥܝܢܐ ܗܘܝܢ. ܘܠܐ ܡܬܛܦܝܣܝܢ. ܘܛܥܝܝܢ ܗܘܝܢ. ܘܡܫܬܥܒܕܝܢ
ܗܘܝܢ ܠܪܓܝܓܬܐ ܡܫܚܠܦܬܐ. ܘܒܒܝܫܘܬܐ ܘܒܚܣܡܐ ܡܬܗܦܟܝܢ ܗܘܝܢ. ܘܣܢܝܐܝܢ
ܗܘܝܢ. ܐܦ ܣܢܝܢ ܚܕ ܠܚܕ ܗܘܝܢ. 4 ܟܕ ܕܝܢ ܐܬܓܠܝܬ ܒܣܝܡܘܬܗ ܘܡܪܚܡܢܘܬܗ
ܕܐܠܗܐ ܡܚܝܢܢ: 5 ܠܐ ܒܥܒܕܐ ܕܙܕܝܩܘܬܐ ܕܥܒܕܢ: ܐܠܐ ܒܪܚܡܘܗܝ ܕܝܠܗ. ܐܚܝܢ
ܒܣܚܘܬܐ ܕܡܘܠܕܐ ܕܡܢ ܪܝܫ. ܘܒܚܘܕܬܐ ܕܪܘܚܐ ܕܩܘܕܫܐ. 6 ܗܘ ܕܐܫܕ ܥܠܝܢ ܥܘܬܪܐܝܬ
ܒܝܕ ܝܫܘܥ ܡܫܝܚܐ ܡܚܝܢܢ. 7 ܕܢܙܕܕܩ ܒܛܝܒܘܬܗ ܘܢܗܘܐ ܝܪܬܐ ܒܣܒܪܐ ܕܚܝܐ
ܕܠܥܠܡ ܀ 8 ܡܗܝܡܢܐ ܗܝ ܡܠܬܐ. ܘܒܗܠܝܢ ܨܒܐ ܐܢܐ. ܕܐܦ ܐܢܬ ܬܗܘܐ ܡܫܪܪ
ܠܗܘܢ. ܕܢܬܒܛܠܘܢ ܠܗܘܢ ܠܥܒܕܐ ܛܒܐ: ܐܝܠܝܢ ܕܗܝܡܢܘ ܒܐܠܗܐ. ܗܠܝܢ
ܐܢܝܢ ܛܒܢ ܘܡܘܬܪܢ ܠܒܢܝܢܫܐ. 9 ܡܢ ܒܥܬܐ ܕܝܢ ܣܟܠܬܐ. ܘܡܢ ܫܪܒܬܐ
ܕܫܪܒܬܐ. ܘܡܢ ܚܪܝܢܐ. ܘܡܢ ܬܟܬܘܫܐ ܕܢܡܘܣܐ. ܐܬܪܚܩ. ܠܝܬ ܓܝܪ ܒܗܘܢ ܝܘܬܪܢܐ.
ܘܣܪܝܩܝܢ ܐܢܘܢ. 10 ܡܢ ܒܪܢܫܐ ܗܪܛܝܩܐ: ܡܢ ܒܬܪ ܚܕܐ ܘܬܪܬܝܢ ܡܪܬܝܢ ܕܡܪܬܝܬܗ ܐܫܬܐܠ
ܡܢܗ. 11 ܟܕ ܝܕܥ ܐܢܬ. ܕܡܢ ܕܐܝܟ ܗܢܐ ܡܥܩܡ ܗܘ ܘܚܛܐ. ܘܗܘ ܕܢ
ܢܦܫܗ ܀ 12 ܡܐ ܕܫܕܪܬ ܠܘܬܟ ܠܐܪܛܡܐ ܐܘ ܠܛܘܟܝܩܘܣ. ܬܬܒܛܠ ܠܟ. ܕܬܐܬܐ ܠܘܬܝ
ܠܢܝܩܘܦܘܠܝܣ. ܬܡܢ ܓܝܪ ܦܣܩܬ ܕܐܣܬܐ. 13 ܠܙܝܢܐ ܕܝܢ ܣܦܪܐ ܘܠܐܦܠܘ.
ܬܬܒܛܠ ܠܟ. ܕܬܫܕܪ ܐܢܘܢ ܚܦܝܛܐܝܬ: ܕܡܕܡ ܠܐ ܢܚܣܪ ܠܗܘܢ. 14 ܘܢܐܠܦܘܢ ܐܦ ܐܢܫܝܢ
ܕܝܠܢ ܐܢܘܢ: ܕܢܗܘܘܢ ܩܝܡܝܢ ܒܥܒܕܐ ܛܒܐ ܒܨܒܘܬܐ ܕܐܠܨܢ: ܘܠܐ ܢܗܘܘܢ ܕܠܐ ܦܐܪܐ ܀
15 ܫܐܠܝܢ ܒܫܠܡܟ ܟܠܗܘܢ ܐܝܠܝܢ ܕܥܡܝ ܐܢܘܢ ܀ ܫܐܠ ܒܫܠܡܐ ܕܟܠܗܘܢ ܐܝܠܝܢ
ܕܪܚܡܝܢ ܠܢ ܒܗܝܡܢܘܬܐ. ܛܝܒܘܬܐ ܥܡ ܟܠܟܘܢ. ܐܡܝܢ ܀

؞ ܫܠܡܬ ܐܓܪܬܐ ܕܠܘܬ ܛܝܛܘܣ ܕܐܬܟܬܒܬ ܡܢ ܢܝܩܘܦܘܠܝܣ ؞

ܐܓܪܬܐ ܕܠܘܬ ܦܠܝܡܘܢ

1 ܦܘܠܘܣ ܐܣܝܪܐ ܕܝܫܘܥ ܡܫܝܚܐ ܘܛܝܡܬܐܘܣ ܐܚܐ. ܠܦܝܠܡܘܢ ܚܒܝܒܐ ܘܦܠܚܐ
ܕܥܡܢ. 2 ܘܠܐܦܦܝܐ ܚܒܝܒܬܐ. ܘܠܐܪܟܝܦܘܣ ܦܠܚܐ ܕܥܡܢ. ܘܠܥܕܬܐ ܕܒܒܝܬܟ.
3 ܛܝܒܘܬܐ ܥܡܟܘܢ ܘܫܠܡܐ ܡܢ ܐܠܗܐ ܐܒܘܢ. ܘܡܢ ܡܪܢ ܝܫܘܥ ܡܫܝܚܐ.

4 ܡܘܕܐ ܐܢܐ ܠܐܠܗܝ ܒܟܠܙܒܢ. ܘܡܥܗܕ ܐܢܐ ܠܟ ܒܨܠܘܬܝ. 5 ܡܢ ܕܫܡܥܬ
ܗܝܡܢܘܬܟ. ܘܚܘܒܐ ܕܐܝܬ ܠܟ ܠܘܬ ܡܪܢ ܝܫܘܥ ܘܠܘܬ ܟܠܗܘܢ ܩܕܝܫܐ. 6 ܕܬܗܘܐ
ܫܘܬܦܘܬܐ ܕܗܝܡܢܘܬܟ ܡܥܒܕܢܝܬܐ ܒܬܘܕܥܬܐ ܕܟܠ ܛܒܬܐ ܕܐܝܬ ܠܟܘܢ
ܒܝܫܘܥ ܡܫܝܚܐ. 7 ܚܕܘܬܐ ܓܝܪ ܣܓܝܐܬܐ ܐܝܬ ܠܢ ܘܒܘܝܐܐ. ܡܛܠ ܚܘܒܟ. ܕܐܬܢܝܚܘ
ܪܚܡܝܗܘܢ ܕܩܕܝܫܐ. 8 ܡܛܠ ܗܕܐ ܦܪܗܣܝܐ ܣܓܝܐܬܐ ܐܝܬ ܠܝ ܒܡܫܝܚܐ. ܕܐܦܩܘܕܟ
ܐܝܠܝܢ ܕܘܐܝܢ. 9 ܡܛܠ ܚܘܒܐ ܕܝܢ ܡܒܥܐ ܒܥܐ ܐܢܐ ܡܢܟ. ܐܢܐ ܦܘܠܘܣ.
ܕܐܝܬܝ ܣܒܐ ܐܝܟ ܕܚܙܝܬ. ܘܗܫܐ ܐܦ ܐܣܝܪܐ ܕܝܫܘܥ ܡܫܝܚܐ. 10 ܘܒܥܐ ܐܢܐ
ܡܢܟ. ܥܠ ܒܪܝ ܐܝܢܐ ܕܝܠܕܬ ܒܐܣܘܪܐ. ܐܘܢܣܝܡܘܣ. 11 ܗܘ ܕܡܢܩܕܡ ܠܐ ܦܩܚ ܗܘܐ ܠܟ
ܒܪܡ ܗܫܐ. ܠܟ ܘܐܦ ܠܝ ܣܓܝ ܦܩܚ. 12 ܘܫܕܪܬܗ ܠܟ. ܐܢܬ ܕܝܢ ܐܝܟ
ܕܒܪܚܡܝ ܩܒܠܝܗܝ. 13 ܨܒܐ ܗܘܝܬ ܓܝܪ ܕܠܘܬܝ ܐܚܘܕܝܘܗܝ. ܕܢܗܘܐ
ܡܫܡܫ ܠܝ ܚܠܦܝܟ ܒܐܣܘܪܐ ܕܐܘܢܓܠܝܘܢ. 14 ܒܪܡ ܡܕܡ ܕܝܢ ܠܐ ܨܒܝܬ ܡܕܡ
ܠܡܥܒܕ. ܕܠܐ ܐܝܟ ܕܒܩܛܝܪܐ ܬܗܘܐ ܛܝܒܘܬܟ. ܐܠܐ ܒܨܒܝܢܟ. 15 ܕܠܡܐ ܕܝܢ ܐܦ ܡܛܠ
ܗܕܐ ܦܪܩ ܡܢܟ ܠܫܥܐ. ܕܠܥܠܡ ܬܩܒܠܝܘܗܝ. 16 ܠܐ ܡܟܝܠ ܐܝܟ ܥܒܕܐ. ܐܠܐ ܝܬܝܪ ܡܢ
ܥܒܕܐ. ܐܚܐ ܚܒܝܒܐ ܕܠܝ ܣܓܝ. ܘܠܟ ܕܝܢ ܟܡܐ ܝܬܝܪ. ܒܒܣܪ ܘܒܡܪܢ. 17 ܐܢ ܗܟܝܠ ܐܝܬܝܟ
ܠܝ ܫܘܬܦܐ. ܩܒܠܝܗܝ ܐܝܟ ܕܠܝ. 18 ܘܐܢ ܡܕܡ ܐܗܣܪܟ ܐܘ ܚܐܒ. ܗܕܐ ܠܟ ܚܫܘܒ.
19 ܐܢܐ ܦܘܠܘܣ ܟܬܒܬ ܒܐܝܕܝ. ܐܢܐ ܐܦܪܘܥ. ܕܠܐ ܐܡܪ ܠܟ. ܕܐܦ ܢܦܫܟ ܚܐܒ
ܐܢܬ ܠܝ. 20 ܐܝܢ ܐܚܝ. ܐܢܐ ܐܬܢܝܚ ܒܟ ܒܡܪܢ. ܐܢܝܚ ܪܚܡܝ ܒܡܫܝܚܐ.
21 ܡܛܠ ܕܬܟܝܠ ܐܢܐ ܕܫܡܥ ܐܢܬ ܠܝ. ܟܬܒܬ ܠܟ. ܘܝܕܥ ܐܢܐ ܕܝܬܝܪ ܡܢ ܡܐ
ܕܐܡܪ ܐܢܐ. ܥܒܕ ܐܢܬ. 22 ܥܡܗ ܕܝܢ ܐܦ ܛܝܒ ܠܝ ܒܝܬ ܡܫܪܝܐ. ܡܣܒܪ ܐܢܐ
ܓܝܪ. ܕܒܨܠܘܬܟܘܢ ܡܬܝܗܒ ܐܢܐ ܠܟܘܢ.

23 ܫܐܠ ܒܫܠܡܟ ܐܦܦܪܐ ܫܒܝܐ ܕܥܡܝ ܒܝܫܘܥ ܡܫܝܚܐ. 24 ܘܡܪܩܘܣ ܘܐܪܣܛܪܟܘܣ.
ܘܕܝܡܐ. ܘܠܘܩܐ ܡܥܕܪܢܝ. 25 ܛܝܒܘܬܗ ܕܡܪܢ ܝܫܘܥ ܡܫܝܚܐ ܥܡ ܪܘܚܟܘܢ. ܐܚܝ ܐܡܝܢ.

ܫܠܡܬ ܐܓܪܬܐ ܕܠܘܬ ܦܠܝܡܘܢ ܕܐܬܟܬܒܬ ܡܢ ܪܗܘܡܐ

ܐܓܪܬܐ ܕܠܘܬ ܥܒܪܝܐ

Cap. i. 1 ܒܟܠ ܡܢܘܬ ܘܒܟܠ ܕܡܘ ܡܠܠ ܐܠܗܐ ܥܡ ܐܒܗܝܢ ܒܢܒܝܐ ܡܢ ܩܕܝܡ.
2 ܘܒܗܠܝܢ ܝܘܡܬܐ ܐܚܪܝܐ ܡܠܠ ܥܡܢ ܒܒܪܗ. ܕܠܗ ܣܡ ܝܪܬܐ ܕܟܠܡܕܡ. ܘܒܗ
ܥܒܕ ܠܥܠܡܐ. 3 ܕܐܝܬܘܗܝ ܨܡܚܐ ܕܫܘܒܚܗ. ܘܨܠܡܐ ܕܐܝܬܘܬܗ. ܘܐܚܝܕ ܟܠ ܒܚܝܠܐ
ܕܡܠܬܗ. ܘܗܘ ܒܩܢܘܡܗ ܥܒܕ ܕܘܟܝܐ ܕܚܛܗܝܢ ܘܝܬܒ ܥܠ ܝܡܝܢܐ ܕܪܒܘܬܐ
ܒܡܪܘܡܐ. 4 ܘܗܘܐ ܟܠܗ ܪܒ ܡܢ ܡܠܐܟܐ. ܐܝܟ ܡܐ ܕܡܝܬܪ ܫܡܐ ܕܝܪܬ ܡܢ
ܕܝܠܗܘܢ. 5 ܠܐܝܢܐ ܓܝܪ ܡܢ ܡܠܐܟܐ ܡܡܬܘܡ ܐܡܪ ܐܠܗܐ. ܕܒܪܝ ܐܢܬ: ܐܢܐ
ܝܘܡܢܐ ܝܠܕܬܟ. ܘܬܘܒ. ܕܐܢܐ ܐܗܘܐ ܠܗ ܠܐܒܐ: ܘܗܘ ܢܗܘܐ ܠܝ ܠܒܪܐ. 6 ܬܘܒ ܕܝܢ.
ܐܡܬܝ ܕܡܥܠ ܒܘܟܪܐ ܠܥܠܡܐ. ܐܡܪ. ܕܢܣܓܕܘܢ ܠܗ ܟܠܗܘܢ ܡܠܐܟܐ ܕܐܠܗܐ.
7 ܥܠ ܡܠܐܟܐ ܕܝܢ ܗܟܢܐ ܐܡܪ. ܕܥܒܕ ܡܠܐܟܘܗܝ ܪܘܚܐ: ܘܡܫܡܫܢܘܗܝ ܢܘܪܐ ܝܩܕܐ.
8 ܥܠ ܒܪܐ ܕܝܢ ܐܡܪ. ܕܟܘܪܣܝܟ ܐܠܗܐ ܠܥܠܡ ܥܠܡܝܢ. ܫܒܛܐ ܦܫܝܛܐ
ܫܒܛܐ ܕܡܠܟܘܬܟ. 9 ܪܚܡܬ ܟܐܢܘܬܐ ܘܣܢܝܬ ܥܘܠܐ. ܡܛܠ ܗܢܐ ܡܫܚܟ ܐܠܗܐ
ܐܠܗܟ: ܡܫܚܐ ܕܚܕܘܬܐ ܝܬܝܪ ܡܢ ܚܒܪܝܟ. 10 ܘܬܘܒ. ܐܢܬ ܡܢ ܒܪܫܝܬ ܫܬܐܣܬ
ܫܬܐܣܝܗ ܕܐܪܥܐ. ܘܥܒܕܐ ܕܐܝܕܝܟ ܐܢܘܢ ܫܡܝܐ. 11 ܗܢܘܢ ܢܥܒܪܘܢ ܘܐܢܬ ܩܐܡ ܐܢܬ.
ܘܟܠܗܘܢ ܐܝܟ ܢܚܬܐ ܢܒܠܘܢ. 12 ܘܐܝܟ ܦܪܟܣܐ ܬܥܛܦ ܐܢܘܢ. ܗܢܘܢ ܢܫܬܚܠܦܘܢ.
ܘܐܢܬ ܐܝܟ ܕܐܝܬܝܟ ܐܢܬ. ܘܫܢܝܟ ܠܐ ܢܫܠܡܢ. 13 ܠܡܢ ܕܝܢ ܡܢ ܡܠܐܟܐ ܡܡܬܘܡ
ܐܡܪ. ܕܬܒ ܡܢ ܝܡܝܢܝ. ܥܕܡܐ ܕܐܣܝܡ ܒܥܠܕܒܒܝܟ ܟܘܒܫܐ ܬܚܝܬ ܪܓܠܝܟ.
14 ܠܐ ܗܐ ܟܠܗܘܢ ܐܢܘܢ ܪܘܚܐ ܕܬܫܡܫܬܐ. ܕܡܫܬܕܪܝܢ ܒܬܫܡܫܬܐ ܡܛܠ ܐܝܠܝܢ
Cap. ii. ܕܥܬܝܕܝܢ ܠܡܐܪܬ ܚܝܐ. 1 ܡܛܠ ܗܢܐ ܘܠܐ ܝܬܝܪܐܝܬ. ܕܢܗܘܐ ܙܗܝܪܝܢ ܒܡܕܡ
ܕܫܡܥܢ ܕܠܐ ܢܦܠ. 2 ܐܢ ܓܝܪ ܡܠܬܐ ܕܐܬܡܠܠܬ ܒܝܕ ܡܠܐܟܐ ܐܫܬܪܪܬ: ܘܟܠ
ܕܫܡܥܗ ܘܥܒܪ ܥܠܝܗ ܩܒܠ ܦܘܪܥܢܐ ܒܟܐܢܘܬܐ. 3 ܐܝܟܢܐ ܚܢܢ ܢܬܦܨܐ: ܐܢ ܢܒܣܐ
ܥܠ ܐܝܠܝܢ ܕܗܢܘܢ ܐܢܘܢ ܚܝܝܢ: ܗܠܝܢ ܕܫܪܝܘ ܡܢ ܡܪܢ ܠܡܬܡܠܠܘ. ܘܡܢ
ܐܝܠܝܢ ܕܫܡܥܘ ܡܢܗ ܫܪܝܪܝܢ ܠܢ: 4 ܟܕ ܣܗܕ ܠܗܘܢ ܐܠܗܐ. ܒܐܬܘܬܐ.
ܘܒܬܕܡܪܬܐ. ܘܒܚܝܠܐ ܡܫܚܠܦܐ. ܘܒܦܘܠܓܐ ܕܪܘܚܐ ܕܩܘܕܫܐ: ܕܐܬܝܗܒܘ ܐܝܟ ܨܒܝܢܗ.
5 ܠܐ ܗܘܐ ܓܝܪ ܠܡܠܐܟܐ ܫܥܒܕ ܥܠܡܐ ܕܥܬܝܕ. ܕܥܠܘܗܝ ܡܡܠܠܝܢܢ. 6 ܐܠܐ ܐܝܟ
ܕܡܣܗܕ ܟܬܒܐ ܘܐܡܪ. ܡܢܘ ܒܪܢܫܐ ܕܬܥܗܕܝܘܗܝ: ܘܒܪܗ ܕܐܢܫܐ ܕܬܣܥܪܝܘܗܝ.
7 ܐܡܟܬܝܘܗܝ ܩܠܝܠ ܡܢ ܡܠܐܟܐ. ܫܘܒܚܐ ܘܐܝܩܪܐ ܣܡܬ ܒܪܫܗ. ܘܐܫܠܛܬܝܘܗܝ
ܒܥܒܕܐ ܕܐܝܕܝܟ. 8 ܘܟܠ ܡܕܡ ܫܥܒܕܬ ܬܚܝܬ ܪܓܠܘܗܝ. ܟܕ ܕܝܢ ܕܟܠ ܡܕܡ ܫܥܒܕ

ܠܗ. ܠܐ ܫܒܩ ܡܕܡ ܕܠܐ ܡܫܥܒܕ. ܗܫܐ ܕܝܢ ܠܐ ܚܙܝܢܢ ܥܕܟܝܠ. ܕܟܠ ܡܕܡ ܡܫܥܒܕ
ܠܗ. 9 ܗܘ ܕܝܢ ܕܡܟܝܟ ܗܘܐ ܡܢ ܡܠܐܟ̈ܐ. ܚܙܝܢܢ. ܕܐܝܬܘܗܝ ܝܫܘܥ ܡܛܠ ܚܫܐ
ܕܡܘܬܗ. ܘܬܫܒܘܚܬܐ ܘܐܝܩܪܐ ܣܝܡ ܒܪܝܫܗ. ܗܘ ܓܝܪ ܒܛܝܒܘܬܗ ܐܠܗܐ ܚܠܦ
ܟܠܢܫ ܛܥܡ ܡܘܬܐ. 10 ܦܐܐ ܗܘܐ ܓܝܪ ܠܗܘ ܕܟܠ ܒܐܝܕܗ ܘܟܠ ܡܛܠܬܗ: ܘܒܢ̈ܝܐ
ܣܓܝܐܐ ܐܝܬܝ ܠܫܘܒܚܐ. ܕܠܪܫܐ ܕܚ̈ܝܝܗܘܢ ܒܚܫܐ ܢܫܡܠܝܘܗܝ. 11 ܗܘ ܓܝܪ
ܕܡܩܕܫ ܘܗܢܘܢ ܕܡܬܩܕܫܝܢ. ܡܢ ܚܕ ܐܢܘܢ ܟܠܗܘܢ. ܡܛܠ ܗܕܐ ܠܐ ܒܗܬ ܕܢܩܪܐ ܐܢܘܢ
ܐܚ̈ܘܗܝ: 12 ܟܕ ܐܡܪ. ܐܟܪܙ ܫܡܟ ܠܐܚ̈ܝ. ܘܒܓܘ ܥܕܬܐ ܐܫܒܚܟ. 13 ܘܬܘܒ.
ܕܐܢܐ ܐܗܘܐ ܬܘܟܠܢܐ ܥܠܘܗܝ. ܘܬܘܒ. ܗܐ ܐܢܐ ܘܒܢ̈ܝܐ ܕܝܗܒ ܠܝ ܐܠܗܐ. 14 ܡܛܠ
ܓܝܪ ܕܒܢ̈ܝܐ ܐܫܬܘܬܦܘ ܒܒܣܪܐ ܘܒܕܡܐ. ܐܦ ܗܘ ܒܕܡܘܬܐ ܐܫܬܘܬܦ ܒܗܝܢ
ܒܗܠܝܢ: ܕܒܡܘܬܗ ܢܒܛܠ ܠܗܘ ܕܐܝܬ ܗܘܐ ܠܗ ܫܘܠܛܢܐ ܕܡܘܬܐ. ܕܐܝܬܘܗܝ ܣܛܢܐ:
15 ܘܢܫܪܐ ܠܗܢܘܢ ܐܝܠܝܢ ܕܒܕܚܠܬܐ ܕܡܘܬܐ ܒܟܠܗܘܢ ܚ̈ܝܝܗܘܢ. ܡܫܥܒܕܝܢ ܗܘܘ
ܠܥܒܕܘܬܐ. 16 ܠܐ ܗܘܐ ܓܝܪ ܥܠ ܡܠܐܟ̈ܐ ܡܬܚܒܠ ܗܘܐ ܡܘܬܐ. ܐܠܐ ܥܠ ܙܪܥܗ
ܕܐܒܪܗܡ ܡܬܚܒܠ ܗܘܐ. 17 ܡܛܠ ܗܢܐ ܙܕܩ ܗܘܐ. ܕܒܟܠ ܡܕܡ ܢܬܕܡܐ ܠܐܚ̈ܘܗܝ:
ܘܢܗܘܐ ܡܪܚܡܢܐ ܘܪܒ ܟܘܡܪ̈ܐ ܡܗܝܡܢܐ ܒܕܐܠܗܐ: ܘܢܗܘܐ ܡܚܣܝܐ ܥܠ ܚܛܗ̈ܘܗܝ
ܕܥܡܐ. 18 ܒܗܘ ܓܝܪ ܕܗܘ ܚܫ ܘܐܬܢܣܝ. ܡܫܟܚ ܕܢܥܕܪ ܠܐܝܠܝܢ ܕܡܬܢܣܝܢ܀
1 ܡܛܠ ܗܢܐ ܐܚ̈ܝ ܩܕܝ̈ܫܐ ܕܐܬܩܪܝܬܘܢ ܒܩܪܝܢܐ ܕܡܢ ܫܡܝܐ. ܚܙܐܘܗܝ ܠܗܢܐ ܫܠܝܚܐ Cap. iii.
ܘܪܒ ܟܘܡܪ̈ܐ ܕܬܘܕܝܬܢ ܝܫܘܥ ܡܫܝܚܐ: 2 ܕܡܗܝܡܢ ܠܡܢ ܕܥܒܕܗ ܐܝܟ ܡܘܫܐ
ܒܟܠܗ ܒܝܬܗ. 3 ܣܓܝܐܐ ܗܘ ܓܝܪ ܫܘܒܚܗ ܕܗܢܐ ܛܒ ܡܢ ܕܡܘܫܐ. ܐܝܟܢܐ ܕܣܓܝ
ܐܝܩܪܐ ܕܒܢܝܗ ܕܒܝܬܐ ܛܒ ܡܢ ܒܢܝܢܗ. 4 ܟܠ ܒܝܬܐ ܓܝܪ ܡܢ ܐܢܫ ܗܘ ܡܬܒܢܐ.
ܗܘ ܕܝܢ ܕܒܢܐ ܟܠ. ܐܠܗܐ ܗܘ. 5 ܘܡܘܫܐ ܐܝܟ ܥܒܕܐ ܐܬܗܝܡܢ ܒܒܝܬܐ ܟܠܗ:
ܠܣܗܕܘܬܐ ܕܐܝܠܝܢ ܕܥܬܝܕܢ ܗܘܝ ܠܡܬܡܠܠܘ ܒܐܝܕܗ. 6 ܡܫܝܚܐ ܕܝܢ ܐܝܟ ܒܪܐ
ܥܠ ܒܝܬܗ. ܘܐܢܚܢܢ ܒܝܬܗ ܚܢܢ. ܐܢ ܥܠ ܬܘܟܠܢܐ ܘܫܘܒܗܪܐ ܕܣܒܪܗ ܥܕܡܐ
ܠܫܘܠܡܐ ܢܐܚܘܕ. 7 ܡܛܠ ܕܐܡܪ ܪܘܚܐ ܕܩܘܕܫܐ. ܕܝܘܡܢܐ ܐܢ ܒܩܠܗ ܬܫܡܥܘܢ:
8 ܠܐ ܬܩܫܘܢ ܠܒܘܬܟܘܢ ܠܡܪܓܙܘܬܗ. ܐܝܟ ܡܡܪܡܪܢܘܬܐ ܘܐܝܟ ܝܘܡܐ ܕܢܣܝܘܢܐ
ܒܡܕܒܪܐ: 9 ܕܢܣܝܘܢܝ ܐܒܗ̈ܝܟܘܢ: ܘܒܚܢܘܢܝ ܘܚܙܘ ܥܒ̈ܕܝ ܐܪܒܥܝܢ ܫܢܝܢ. 10 ܡܛܠ ܗܢܐ
ܡܐܢܬ ܠܝ ܒܫܪܒܬܐ ܗܝ. ܘܐܡܪܬ. ܕܥܡܐ ܗܘ ܕܛܥܐ ܠܒܗܘܢ. ܘܗܢܘܢ ܠܐ ܝܕܥܘ ܐܘܪܚܬܝ.
11 ܘܐܝܟ ܕܝܡܝܬ ܒܪܘܓܙܝ ܕܠܐ ܢܥܠܘܢ ܠܡܢܝܚܬܝ܀ 12 ܐܙܕܗܪܘ ܗܟܝܠ ܐܚ̈ܝ. ܕܠܡܐ
ܢܗܘܐ ܒܐܢܫ ܡܢܟܘܢ ܠܒܐ ܒܝܫܐ ܘܠܐ ܡܗܝܡܢܐ: ܘܬܦܪܩܘܢ ܡܢ ܐܠܗܐ ܚܝܐ. 13 ܐܠܐ
ܒܥܘ ܡܢ ܢܦܫܟܘܢ ܟܠܗܘܢ ܝܘ̈ܡܬܐ. ܥܕܡܐ ܠܝܘܡܐ ܕܡܬܩܪܐ ܝܘܡܢܐ. ܕܠܐ ܢܬܩܫܐ
ܐܢܫ ܡܢܟܘܢ. ܒܛܥܝܘܬܐ ܕܚܛܝܬܐ܀܀܀

14 ܐܫܬܘܬܦܢ ܓܝܪ ܥܡ ܡܫܝܚܐ. ܐܢ ܡܢ ܫܘܪܝܗ ܘܥܕܡܐ ܠܚܪܬܐ: ܒܗܢܐ ܩܝܡܐ
ܫܪܝܪܐ ܢܩܘܡ. 15 ܐܝܟ ܕܐܡܝܪ. ܕܝܘܡܢܐ ܐܢ ܒܩܠܗ ܬܫܡܥܘܢ. ܠܐ ܬܩܫܘܢ
ܠܒܘܬܟܘܢ ܠܡܪܓܙܘܬܗ. 16 ܡܢܘ ܓܝܪ ܗܢܘܢ ܕܫܡܥܘ ܘܐܪܓܙܘܗܝ. ܠܐ ܟܠܗܘܢ
ܗܠܝܢ ܕܢܦܩܘ ܡܢ ܡܨܪܝܢ ܒܝܕ ܡܘܫܐ: 17 ܘܥܠ ܡܢܘ ܐܬܚܡܬ ܐܪܒܥܝܢ ܫܢܝܢ.
ܐܠܐ ܥܠ ܗܢܘܢ ܕܚܛܘ ܘܫܠܕܝܗܘܢ ܢܦܠܘ ܒܡܕܒܪܐ: 18 ܘܥܠ ܡܢܘ ܝܡܐ ܕܠܐ ܢܥܠܘܢ
ܠܢܝܚܗ. ܐܠܐ ܥܠ ܗܢܘܢ ܕܠܐ ܐܬܛܦܝܣܘ: 19 ܘܚܙܝܢ ܕܠܐ ܐܫܟܚܘ ܠܡܥܠ ܡܛܠ
Cap. iv. ܕܠܐ ܗܝܡܢܘ܀ 1 ܢܕܚܠ ܗܟܝܠ. ܕܠܡܐ ܟܕ ܩܝܡ ܡܘܠܟܢܐ ܕܡܥܠܬܐ ܕܠܢܝܚܗ:
ܢܫܬܟܚ ܐܢܫ ܡܢܟܘܢ ܕܦܐܫ ܡܢ ܠܡܥܠ. 2 ܐܦ ܠܢ ܓܝܪ ܐܣܬܒܪܢ ܐܝܟ ܕܐܦ
ܠܗܘܢ. ܐܠܐ ܠܐ ܐܘܬܪܬ ܐܢܘܢ ܠܗܘܢ ܡܠܬܐ ܕܫܡܥܘ: ܡܛܠ ܕܠܐ ܐܬܡܙܓܬ
ܒܗܝܡܢܘܬܐ ܠܗܘܢ ܕܫܡܥܘܗ. 3 ܥܐܠܝܢ ܕܝܢ ܚܢܢ ܠܢܝܚܐ ܐܝܠܝܢ ܕܗܝܡܢܢ.
ܐܝܟ ܕܐܡܪ. ܐܝܟ ܕܝܡܝܬ ܒܪܘܓܙܝ ܕܠܐ ܢܥܠܘܢ ܠܢܝܚܝ. ܗܐ ܓܝܪ ܥܒ̈ܕܘܗܝ
ܕܐܠܗܐ ܡܢ ܫܘܪܝܗ ܕܥܠܡܐ ܗܘܘ. 4 ܐܝܟ ܕܐܡܪ ܥܠ ܫܒܬܐ. ܕܐܬܢܝܚ ܐܠܗܐ
ܒܝܘܡܐ ܫܒܝܥܝܐ ܡܢ ܟܠܗܘܢ ܥܒ̈ܕܘܗܝ. 5 ܘܗܪܟܐ ܬܘܒ ܐܡܪ. ܕܠܐ ܢܥܠܘܢ
ܠܢܝܚܝ܀ 6 ܡܛܠ ܕܐܝܬ ܗܘܐ ܐܬܪܐ ܕܐܢܫ ܢܥܘܠ ܠܗ: ܘܗܢܘܢ
ܕܐܣܬܒܪܘ ܩܕܡܝܐ ܠܐ ܥܠܘ ܡܛܠ ܕܠܐ ܐܬܛܦܝܣܘ. 7 ܬܘܒ ܩܡ ܝܘܡܐ ܐܚܪܢܐ ܡܢ ܒܬܪ
ܙܒܢܐ ܣܓܝܐܐ: ܐܝܟ ܕܐܡܝܪ ܠܥܠ ܕܐܡܪ ܕܘܝܕ. ܕܝܘܡܢܐ ܐܢ ܒܩܠܗ
ܬܫܡܥܘܢ. ܠܐ ܬܩܫܘܢ ܠܒܘܬܟܘܢ. 8 ܐܠܘ ܓܝܪ ܝܫܘܥ ܒܪ ܢܘܢ ܐܢܝܚ ܗܘܐ ܐܢܘܢ.
ܠܐ ܐܡܪ ܗܘܐ ܡܢ ܒܬܪ ܗܠܝܢ ܥܠ ܝܘܡܐ ܐܚܪܢܐ. 9 ܡܕܝܢ ܩܝܡ ܗܘ ܠܡܫܒܬܘ ܠܥܡܗ
ܕܐܠܗܐ. 10 ܐܝܢܐ ܓܝܪ ܕܥܠ ܠܢܝܚܗ. ܐܦ ܗܘ ܐܬܢܝܚ ܡܢ ܥܒ̈ܕܘܗܝ: ܐܝܟ
ܕܐܠܗܐ ܡܢ ܕܝܠܗ. 11 ܢܬܚܦܛ ܗܟܝܠ ܕܢܥܘܠ ܠܗܘ ܢܝܚܐ. ܕܠܐ ܢܦܠ ܒܕܡܘܬܐ
ܕܗܢܘܢ ܕܠܐ ܐܬܛܦܝܣܘ. 12 ܚܝܐ ܗܝ ܓܝܪ ܡܠܬܗ ܕܐܠܗܐ ܘܟܠ ܡܕܡ ܥܒܕܐ. ܘܚܪܝܦܐ
ܡܢ ܣܦܣܪܐ ܕܬܪܝܢ ܦܘ̈ܡܝܗ. ܘܥܐܠܐ ܥܕܡܐ ܠܦܘܠܓܐ ܕܢܦܫܐ ܘܕܪܘܚܐ ܘܕܗܕ̈ܡܐ
ܘܕܡܘܚܐ ܘܕܓܪ̈ܡܐ. ܘܕܝܢܐ ܡܚܫܒܬܐ ܘܪ̈ܥܝܢܐ ܕܠܒܐ. 13 ܘܠܝܬ ܒܪܝܬܐ ܕܛܫܝܐ
ܡܢ ܩܕܡܘܗܝ. ܐܠܐ ܟܠ ܡܕܡ ܦܪܝܥ ܘܓܠܐ ܩܕܡ ܥܝܢ̈ܘܗܝ: ܕܠܗ ܡܘܗܒܢ
ܦܬܓܡܐ܀
14 ܡܛܠ ܕܐܝܬ ܠܢ ܗܟܝܠ ܪܒ ܟܘܡܪ̈ܐ ܪܒܐ ܝܫܘܥ ܡܫܝܚܐ ܒܪܗ ܕܐܠܗܐ: ܕܣܠܩ
ܠܫܡܝܐ. ܢܐܚܘܕ ܒܐܘܕܝܬܗ. 15 ܠܐ ܓܝܪ ܐܝܬ ܠܢ ܪܒ ܟܘܡܪ̈ܐ ܕܠܐ ܡܫܟܚ ܕܢܚܫ ܥܡ
ܟܘܪ̈ܗܢܢ. ܐܠܐ ܡܢܣܝ ܒܟܠܡܕܡ ܐܟܘܬܢ ܣܛܪ ܡܢ ܚܛܝܬܐ. 16 ܢܬܩܪܒ ܗܟܝܠ
ܒܓܠܐ ܐܦܐ ܠܟܘܪܣܝܐ ܕܛܝܒܘܬܗ. ܕܢܣܒ ܪ̈ܚܡܐ ܘܢܫܟܚ ܛܝܒܘܬܐ: ܠܥܘܕܪܢܐ
Cap. v. ܒܙܒܢܗ܀ 1 ܟܠ ܓܝܪ ܪܒ ܟܘܡܪ̈ܐ ܕܡܢ ܒܢܝ̈ ܐܢܫܐ ܗܘ: ܚܠܦ ܒܢܝ̈ ܐܢܫܐ ܩܐܡ ܥܠ

″ܐܝܠܝܢ ܕܠܐܠܗܐ ″ܐܝܟ. ܕܢܩܪܒ ܩܘܪܒܢܐ ܘܕܒܚܐ ܚܠܦ ܚܛܗܐ: 2 ″ܐܝܢܐ ܕܡܫܟܚ
ܕܢܫܘܐ ܢܦܫܗ: ܘܢܚܫ ܥܡ ″ܐܝܠܝܢ ܕܠܐ ܝܕܥܝܢ ܘܛܥܝܢ: ܡܛܠ ܕܐܦ ܗܘ ܒܟܪܝܗܘܬܐ
ܥܛܝܦ: 3 ܘܡܛܠܬܗ ܚܝܒ ܗܘ. ܕܐܝܟܢܐ ܕܚܠܦ ܥܡܐ. ܗܟܢܐ ″ܐܦ ܚܠܦ ܢܦܫܗ
ܢܩܪܒ ܚܠܦ ܚܛܗܘܗܝ. 4 ܘܠܐ ܗܘܐ ܠܢܦܫܗ ܐܢܫ ܢܣܒ ܐܝܩܪܐ. ″ܐܠܐ ″ܐܝܢܐ ܕܡܬܩܪܐ
ܡܢ ″ܐܠܗܐ· ″ܐܝܟܢܐ ܕܐܗܪܘܢ. 5 ܗܟܢܐ ″ܐܦ ܡܫܝܚܐ ܠܐ ܗܘܐ ܢܦܫܗ ܫܒܚ ܕܢܗܘܐ ܪܒ
ܟܘܡܪܐ. ″ܐܠܐ ܗܘ ܕܐܡܪ ܠܗ. ܕܒܪܝ ″ܐܢܬ: ″ܐܢܐ ܝܘܡܢܐ ܝܠܕܬܟ: 6 ″ܐܝܟ ܕܐܦ ܒܕܘܟܬܐ
″ܐܚܪܬܐ ″ܐܡܪ. ܕܐܢܬ ܗܘ ܟܘܡܪܐ ܠܥܠܡ ܐܝܟ ܛܟܣܗ ܕܡܠܟܝܙܕܩ. 7 ″ܐܦ ܗܘ ܒܝܘܡܬܐ
ܕܒܣܪܗ ܗܘܐ. ܒܥܘܬܐ ܘܐܦܝܣܐ ܒܩܥܬܐ ܚܣܝܢܬܐ ܘܕܡܥܐ ܩܪܒ ܗܘܐ ܠܗܘ
ܕܡܫܟܚ ܗܘܐ: ܡܢ ܡܘܬܐ ܕܢܚܝܘܗܝ. ܘܐܫܬܡܥ. 8 ܘܟܝ ܗܘ ܒܪܐ ܐܝܬܘܗܝ. ܡܢ
ܕܚܫܐ ܘܚܫܐ ܕܣܒܠ: ܝܠܦܗ ܠܡܫܡܥܢܘܬܐ. 9 ܘܟܕ ″ܐܫܬܡܠܝ: ܗܘܐ
ܠܟܠܗܘܢ ″ܐܝܠܝܢ ܕܡܫܬܡܥܝܢ ܠܗ· ܥܠܬܐ ܕܚܝܐ ܕܠܥܠܡ: 10 ܘܐܬܩܪܝ ܡܢ
″ܐܠܗܐ ܪܒ ܟܘܡܪܐ ܐܝܟ ܛܟܣܗ ܕܡܠܟܝܙܕܩ. 11 ܕܥܠܘܗܝ ܕܝܢ ܥܠ ܗܢܐ ܡܠܟܝܙܕܩ:
ܣܓܝܐܐ ܗܝ ܠܢ ܡܠܬܐ ܠܡܬܡܪܘ ܘܥܣܩܐ ܠܡܬܦܫܩܘܬܗ: ܡܛܠ ܕܗܘܝܬܘܢ
ܠܟܘܢ ܦܪܝܫܐ ܠܡܫܡܥܬܟܘܢ. 12 ܚܝܒܝܢ ܗܘܝܬܘܢ ܓܝܪ ܡܠܦܢܐ ܠܡܗܘܐ: ܡܛܠ
ܕܙܒܢܐ ܠܟܘܢ ܡܘܠܦܢܐ. ܗܟܝܠ ܬܘܒ ܣܢܝܩܝܢ ܐܝܬܝܟܘܢ ܕܢܐܠܦܟܘܢ: ″ܐܝܠܝܢ ″ܐܢܝܢ
ܐܣܛܘܟܣܐ ܕܪܫܝܬܐ ܕܡܠܘܗܝ ܕܐܠܗܐ. ܘܗܘܝܬܘܢ ܠܟܘܢ ܣܢܝܩܝܢ ܠܚܠܒܐ.
ܘܠܐ ܠܡܐܟܘܠܬܐ ܥܫܝܢܬܐ. 13 ܟܠܢܫ ܓܝܪ ܕܡܬܪܣܐ ܚܠܒܐ ܗܘ: ܠܐ ܡܢܣܐ
ܠܡܠܬܐ ܕܟܐܢܘܬܐ· ܡܛܠ ܕܝܠܘܕܐ ܗܘ. 14 ܕܓܡܝܪܐ ܗܝ ܕܝܢ ܡܐܟܘܠܬܐ ܥܫܝܢܬܐ:
″ܐܝܠܝܢ ܕܡܛܠ ܕܡܝܕܥܢܘܬܐ· ″ܐܠܝܦܝܢ ܪ̈ܓܫܝܗܘܢ ܠܦܘܪܫܢܐ ܛܒܬܐ ܘܒܝܫܬܐ ◊ 1 ܡܛܠ Cap. vi.
ܗܢܐ ܢܫܒܘܩ ܡܠܬܐ ܕܪܫܝܬܗ ܕܡܫܝܚܐ ܘܢܐܬܐ ܠܓܡܝܪܘܬܐ. ″ܠܐ ܬܘܒ ܫܬܐܣܬܐ
″ܐܚܪܬܐ ܡܪܡܝܢܢ. ܠܬܝܒܘܬܐ ܡܢ ܥܒܕܐ ܡܝܬܐ. ܘܠܗܝܡܢܘܬܐ ܕܠܐܠܗܐ.
2 ܘܠܡܘܠܦܢܐ ܕܡܥܡܘܕܝܬܐ ܘܣܝܡ ܐܝܕܐ. ܘܠܡܩܝܡܬܐ ܕܡܢ ܒܝܬ ܡܝܬܐ. ܘܠܕܝܢܐ
ܕܠܥܠܡ. 3 ″ܐܢ ܡܪܝܐ ܡܦܣ. ܢܥܒܕ ܗܕܐ. 4 ″ܐܠܐ ܠܐ ܡܫܟܚܝܢ ܗܢܘܢ ܕܚܕܐ ܙܒܢ
ܠܡܥܡܘܕܝܬܐ ܢܚܬܘ ܘܛܥܡܘ ܡܘܗܒܬܐ ܕܡܢ ܫܡܝܐ: ܘܢܣܒܘ ܪܘܚܐ ܕܩܘܕܫܐ:
5 ܘܛܥܡܘ ܡܠܬܐ ܛܒܬܐ ܕܐܠܗܐ: ܘܚܝܠܐ ܕܥܠܡܐ ܕܥܬܝܕ. 6 ܕܬܘܒ ܢܦܠܘ: ܕܡܢ
ܕܬܘܒ ܢܬܚܕܬܘܢ ܠܬܝܒܘܬܐ: ܘܡܢ ܕܬܘܒ ܢܙܩܦܘܢ ܠܒܪܗ ܕܐܠܗܐ ܘܢܒܙܚܘܢ. 7 ″ܐܪܥܐ
ܓܝܪ ܕܐܫܬܝܬ ܡܛܪܐ ܕܐܬܐ ܠܘܬܗ ܙܒܢܝܢ ܣܓܝ̈ܐܢ: ܘܐܘܠܕܬ ܥܣܒܐ ܕܦܩܚ ܠܗܢܘܢ
ܕܡܛܠܬܗܘܢ ܡܬܦܠܚܐ. ܡܩܒܠܐ ܒܘܪܟܬܐ ܡܢ ″ܐܠܗܐ. 8 ″ܐܢ ܗܘ ܕܝܢ ܕܡܦܩܐ
ܟܘܒܐ ܘܕܪܕܪܐ. ܗܘܝܐ ܠܗ ܡܣܬܠܝܐ ܘܠܐ ܩܪܝܒܐ ܡܢ ܠܘܛܬܐ: ″ܐܠܐ ܚܪܬܗ
ܠܡܘܩܕܐ ܗܘ ·◊·◊·

9 ܡܬܛܦܝܣܝܢܢ ܕܝܢ ܥܠܝܟܘܢ ܐܚܝ. ܐܝܠܝܢ ܕܫܦܝܪܢ ܘܩܪܝܒܢ ܠܚܝܐ. ܐܦ ܕܗܟܢܐ ܙܘܚܐ ܠܐ.
ܡܡܠܠܝܢܢ. 10 ܠܐ ܗܘܐ ܓܝܪ ܥܘܠܐ ܐܠܗܐ. ܕܢܛܥܐ ܥܒܕܝܟܘܢ. ܘܚܘܒܟܘܢ ܗܘ
ܕܚܘܝܬܘܢ ܒܫܡܗ: ܕܫܡܫܬܘܢ ܠܩܕܝܫܐ ܘܡܫܡܫܝܢ ܐܢܬܘܢ. 11 ܪܓܝܓܝܢ ܕܝܢ. ܕܐܝܫ ܐܝܫ
ܡܢܟܘܢ ܗܢܐ ܗܘ ܚܦܝܛܘܬܐ ܢܚܘܐ: ܠܡܫܘܡܠܝܘ ܕܣܒܪܟܘܢ ܥܕܡܐ ܠܚܪܬܐ. 12 ܘܠܐ
ܬܬܡܓܢܘܢ ܒܟܘܢ: ܐܠܐ ܕܬܗܘܘܢ ܡܬܕܡܝܢ ܠܗܢܘܢ ܕܒܗܝܡܢܘܬܐ ܘܒܢܓܝܪܘܬ ܪܘܚܐ ܗܘܘ
ܝܪ̈ܬܐ ܕܡܘܠܟܢܐ. 13 ܠܐܒܪܗܡ ܓܝܪ ܟܕ ܡܠܟ ܠܗ ܐܠܗܐ: ܡܛܠ ܕܠܝܬ ܗܘܐ ܠܗ
ܕܪܒ ܡܢܗ ܕܢܐܡܐ ܒܗ. ܝܡܐ ܒܢܦܫܗ: 14 ܘܐܡܪ. ܕܒܘܪܟܘ ܐܒܪܟܟ. ܘܡܣܓܝܘ
ܐܣܓܝܟ. 15 ܘܗܟܢܐ ܐܓܪ ܪܘܚܗ ܘܩܒܠ ܡܘܠܟܢܐ. 16 ܒܢܝ̈ܢܫܐ ܓܝܪ ܒܕܪܒ ܡܢܗܘܢ
ܝܡܝܢ. ܘܟܠ ܚܪܝܢܐ ܕܗܘܐ ܒܝܢܬܗܘܢ. ܡܘܡܬܐ ܫܪܪܐ ܠܡܘܡܬܐ ܗܘܬ ܠܗ.
17 ܡܛܠ ܗܢܐ ܝܬܝܪܐܝܬ ܨܒܐ ܐܠܗܐ. ܕܢܚܘܐ ܠܝܪ̈ܬܐ ܕܡܘܠܟܢܐ: ܕܡܘܬܒܗ ܠܐ
ܡܫܬܚܠܦ. ܘܐܣܪܗ ܒܡܘܡܬܐ. 18 ܕܒܬܪܬܝܢ ܨܒܘ̈ܢ ܕܠܐ ܡܫܬܚܠܦܢ: ܕܠܐ ܡܟܕܒ
ܐܠܗܐ ܒܗܝܢ ܒܘܝܐܐ: ܚܝܠܬܢܐ ܢܗܘܐ ܠܢ ܕܐܬܓܘܣܢ ܒܗ: ܘܐܚܕܢ ܣܒܪܐ
ܕܡܛܝܒ ܠܢ: 19 ܗܘ ܕܐܝܬܘܗܝ ܠܢ ܐܝܟ ܐܘܓܝܢܐ. ܕܢܦܫܢ ܕܠܐ ܬܬܙܝܥ.
ܘܡܩܝܡ ܘܥܐܠ ܠܓܘ ܡܢ ܐܦܝ ܬܪܥܐ. 20 ܠܗ ܕܩܕܡ ܥܠ ܚܠܦܝܢ ܝܫܘܥ: ܘܗܘܐ ܟܘܡܪܐ
Cap. vii. ܠܥܠܡ ܒܕܡܘܬܗ ܕܡܠܟܝܙܕܩ. 1 ܗܢܐ ܕܝܢ ܡܠܟܝܙܕܩ ܐܝܬܘܗܝ ܡܠܟܗ ܕܫܠܝܡ· ܟܘܡܪܐ
ܕܐܠܗܐ ܡܪܝܡܐ. ܘܗܘ ܐܪܥܗ ܠܐܒܪܗܡ. ܟܕ ܗܦܟ ܡܢ ܩܛܠܐ ܕܡܠܟܐ. ܘܒܪܟܗ.
2 ܘܠܗ ܦܠܓ ܐܒܪܗܡ ܡܥܣܪ̈ܐ ܡܢ ܟܠܡܕܡ ܕܐܝܬ ܗܘܐ ܥܡܗ. ܡܬܦܫܩ ܕܝܢ ܫܡܗ
ܡܠܟܐ ܕܟܐܢܘܬܐ. ܘܬܘܒ ܡܠܟܗ ܕܫܠܝܡ· ܕܐܝܬܘܗܝ ܡܠܟܐ ܕܫܠܡܐ. 3 ܕܠܐ ܐܒܘܗܝ
ܘܠܐ ܐܡܗ ܐܬܟܬܒܘ ܒܫܪ̈ܒܬܐ. ܘܠܐ ܫܘܪܝܐ ܕܝܘܡ̈ܘܗܝ ܘܠܐ ܫܘܠܡܐ ܕܚܝ̈ܘܗܝ. ܐܠܐ
ܒܕܡܘܬܐ ܕܒܪܗ ܕܐܠܗܐ· ܡܩܘܝܐ ܟܘܡܪܘܬܗ ܠܥܠܡ. 4 ܚܙܘ ܕܝܢ. ܟܡܐ ܪܒ ܗܢܐ:
ܕܐܒܪܗܡ ܪܝܫ ܐܒܗ̈ܬܐ· ܠܗ ܝܗܒ ܡܥܣܪ̈ܐ ܘܪ̈ܝܫܝܬܐ. 5 ܐܝܠܝܢ ܓܝܪ ܡܢ ܒܢܝ̈ ܠܘܝ
ܕܡܩܒܠܝܢ ܗܘܘ ܟܘܡܪܘܬܐ: ܦܘܩܕܢܐ ܐܝܬ ܗܘܐ ܠܗܘܢ. ܕܢܣܒܘܢ ܡܥܣܪ̈ܐ
ܡܢ ܥܡܐ. ܐܝܟ ܢܡܘܣܐ: ܡܢ ܐܚܝ̈ܗܘܢ· ܟܕ ܐܦ ܗܢܘܢ ܡܢ ܚܨܗ ܕܐܒܪܗܡ ܢܦܩܘ. 6 ܗܢܐ
ܕܝܢ ܕܠܐ ܡܬܝܚܣ ܡܢ ܫܪ̈ܒܬܗܘܢ. ܡܥܣܪ̈ܐ ܢܣܒ ܡܢ ܐܒܪܗܡ. ܘܒܪܟܗ ܠܗܘ ܕܩܒܠ
ܡܘܠܟܢܐ. 7 ܘܠܐ ܚܪܝܢܐ ܕܝܢ ܗܘ ܕܙܥܘܪܐ. ܡܬܒܪܟ ܡܢ ܗܘ ܕܪܒ ܡܢܗ. 8 ܘܗܪܟܐ
ܒܢܝ̈ܢܫܐ ܕܡܝܬܝܢ ܢܣܒܝܢ ܡܥܣܪ̈ܐ. ܠܗܘ ܕܝܢ ܗܘ ܕܐܣܗܕ ܥܠܘܗܝ ܟܬܒܐ: ܕܚܝ
ܗܘ. 9 ܘܐܝܟ ܕܐܢܫ ܢܐܡܪ. ܒܝܕ ܐܒܪܗܡ ܐܦ ܠܘܝ ܗܘ ܕܡܥܣܪ̈ܐ ܢܣܒ ܗܘܐ. ܐܦ ܗܘ
ܐܬܥܣܪ. 10 ܥܕܟܝܠ ܓܝܪ ܒܚܨܗ ܗܘܐ ܕܐܒܘܗܝ. ܟܕ ܐܪܥܗ ܠܡܠܟܝܙܕܩ.
11 ܐܠܘ ܗܟܝܠ ܓܡܝܪܘܬܐ ܒܝܕ ܟܘܡܪܘܬܐ ܕܒܢܝ̈ ܠܘܝ ܗܘܬ: ܕܒܗ ܣܡ ܢܡܘܣܐ
ܠܥܡܐ. ܠܡܢܐ ܡܬܒܥܐ ܗܘܐ ܟܘܡܪܐ ܐܚܪܢܐ ܕܢܩܘܡ ܒܕܡܘܬܗ ܕܡܠܟܝܙܕܩ. ܐܡܪ

ܐܝܟ ܕܛܟܣܗ ܕܐܗܪܘܢ ܢܬܐܡܪ. 12 ܡܫܬܚܠܦܐ ܓܝܪ ܕܗܘܐ ܟܘܡܪܘܬܐ. ܡܢ ܐܢܢܩܐ ܗܘܐ
ܫܘܚܠܦܐ ܐܦ ܕܢܡܘܣܐ. 13 ܗܘ ܓܝܪ ܕܐܬܐܡܪܢ ܥܠܘܗܝ ܗܠܝܢ. ܡܢ ܫܪܒܬܐ ܗܘ
ܐܚܪܬܐ ܐܫܬܘܬܦ. ܕܐܢܫ ܡܢܗܘܢ ܠܐ ܫܡܫ ܠܡܕܒܚܐ. 14 ܓܠܝܐ ܗܘ ܓܝܪ.
ܕܡܢ ܝܗܘܕܐ ܕܢܚ ܡܪܢ. ܠܗܝ ܫܪܒܬܐ ܕܠܐ ܐܡܪ ܥܠܝܗ̇ ܡܘܫܐ ܡܕܡ ܥܠ ܟܘܡܪܘܬܐ.
15 ܘܝܬܝܪܐܝܬ ܬܘܒ ܡܬܝܕܥܐ ܗܕܐ ܕܐܡܪ. ܕܒܕܡܘܬܗ ܕܡܠܟܝܙܕܩ ܩܐܡ ܟܘܡܪܐ ܐܚܪܢܐ:
16 ܗܘ ܕܠܐ ܗܘܐ ܒܢܡܘܣܐ ܕܦܘܩܕܢܐ ܦܓܪܢܝܐ ܗܘܐ: ܐܠܐ ܒܚܝܠܐ ܕܚܝܐ ܕܠܐ ܡܫܬܪܝܢ.
17 ܡܣܗܕ ܓܝܪ ܥܠܘܗܝ. ܕܐܢܬ ܗܘ ܟܘܡܪܐ ܠܥܠܡ ܒܕܡܘܬܗ ܕܡܠܟܝܙܕܩ.
18 ܫܘܒܩܢܐ ܕܝܢ ܕܗܘܐ ܠܦܘܩܕܢܐ ܩܕܡܝܐ. ܡܛܠ ܡܚܝܠܘܬܗ: ܘܕܠܐ ܝܘܬܪܢܗ ܠܝܬ ܗܘܐ
ܒܗ. 19 ܡܕܡ ܓܝܪ ܠܐ ܓܡܪ ܢܡܘܣܐ. ܥܠܠ ܕܝܢ ܒܬܪܟܢ. ܣܒܪܐ ܕܡܝܬܪ ܡܢܗ.
ܕܒܗ ܡܬܩܪܒܝܢܢ ܠܐܠܗܐ. 20 ܘܟܡܐ ܕܠܐ ܒܡܘܡܬܐ. 21 ܗܢܘܢ ܓܝܪ ܕܠܐ ܡܘܡܬܐ
ܗܘܘ ܟܘܡܪܐ. ܗܢܐ ܕܝܢ ܒܡܘܡܬܐ: ܐܝܟ ܕܐܡܪ ܠܗ ܒܝܕ ܗܘ. ܕܝܡܐ ܡܪܝܐ ܘܠܐ
ܢܬܬܘܝܐ. ܕܐܢܬ ܗܘ ܟܘܡܪܐ ܠܥܠܡ ܒܕܡܘܬܗ ܕܡܠܟܝܙܕܩ. 22 ܗܢܐ ܟܡܐ ܡܝܬܪܐ
ܕܝܬܩܐ ܗܕܐ ܕܗܘܐ ܒܗ ܥܪܒܐ ܝܫܘܥ. 23 ܘܗܢܘܢ ܗܘܘ ܟܘܡܪܐ ܣܓܝܐܐ. ܡܛܠ
ܕܡܬܟܠܝܢ ܗܘܘ: ܘܠܐ ܡܫܬܒܩܝܢ ܗܘܘ ܕܢܩܘܡܘܢ. 24 ܗܢܐ ܕܝܢ ܡܛܠ ܕܠܥܠܡ ܩܐܡ:
ܠܐ ܥܒܪܐ ܒܟܘܡܪܘܬܗ. 25 ܘܡܫܟܚ ܠܡܚܝܘ ܠܥܠܡ: ܠܐܝܠܝܢ ܕܡܬܩܪܒܝܢ ܒܐܝܕܗ
ܠܐܠܗܐ. ܚܝ ܗܘ ܓܝܪ ܒܟܠܙܒܢ ܘܡܦܝܣ ܕܒܥܘܬܐ ܚܠܦܝܗܘܢ. 26 ܕܐܝܟ ܗܢܐ ܓܝܪ
ܟܘܡܪܐ ܐܦ ܝܐܝ ܗܘܐ ܠܢ. ܚܣܝܐ. ܘܠܐ ܒܝܫܐ. ܘܠܐ ܛܘܠܫܐ. ܘܦܪܝܫ ܡܢ ܚܛܝܐ
ܘܪܡܐ ܠܥܠ ܡܢ ܫܡܝܐ: 27 ܘܠܝܬ ܠܗ ܐܘܠܨܢܐ ܒܟܠܝܘܡ ܐܝܟ ܪܒܝ ܟܘܡܪܐ:
ܕܠܘܩܕܡ ܚܠܦ ܚܛܗܝܗܘܢ ܢܩܪܒ ܕܒܚܐ ܘܗܝܕܝܢ. ܚܠܦ ܥܡܐ. ܗܕܐ ܓܝܪ ܥܒܕܗ
ܚܕܐ ܙܒܢ ܟܕ ܠܢܦܫܗ ܐܩܪܒ. 28 ܢܡܘܣܐ ܓܝܪ ܠܒܢܝܢܫܐ ܗܘ ܟܪܝܗܐ ܡܩܝܡ ܟܘܡܪܐ.
ܡܠܬܐ ܕܝܢ ܕܡܘܡܬܐ ܕܗܘܬ ܒܬܪ ܢܡܘܣܐ: ܒܪܐ ܠܓܡܝܪܐ ܠܥܠܡ ....
1 ܪܫܐ ܕܝܢ ܕܡܬܐܡܪܢ. ܐܝܬ ܠܢ ܪܒ ܟܘܡܪܐ. ܐܝܢܐ ܕܝܬܒ ܡܢ ܝܡܝܢܐ ܕܟܘܪܣܝܐ Cap. viii.
ܕܪܒܘܬܐ ܒܫܡܝܐ: 2 ܘܗܘܐ ܡܫܡܫܢܐ ܕܒܝܬ ܩܘܕܫܐ ܘܕܡܫܟܢܐ ܕܫܪܪܐ: ܗܘ ܕܩܒܥܗ ܡܣ ܒܕ.
ܡܪܝܐ ܘܠܐ ܒܪܢܫܐ. 3 ܟܠ ܪܒ ܟܘܡܪܐ ܓܝܪ ܕܩܐܡ. ܕܢܩܪܒ ܩܘܪܒܢܐ ܘܕܒܚܐ. ܡܛܠ
ܗܢܐ ܐܢܢܩܐ ܗܘܬ ܐܦ ܠܗܢܐ. ܕܢܗܘܐ ܐܝܬ ܠܗ ܡܕܡ ܕܢܩܪܒ. 4 ܘܐܠܘ ܥܠ ܐܪܥܐ ܗܘܐ.
ܐܦܠܐ ܟܘܡܪܐ ܗܘܐ ܗܘܐ: ܡܛܠ ܕܐܝܬܝܗܘܢ ܗܘܘ ܟܘܡܪܐ ܕܡܩܪܒܝܢ ܗܘܘ ܩܘܪܒܢܐ
ܐܝܟ ܕܒܢܡܘܣܐ: 5 ܗܢܘܢ ܕܡܫܡܫܝܢ ܠܕܡܘܬܐ ܘܠܛܠܠܝܬܐ ܕܗܠܝܢ ܕܒܫܡܝܐ: ܐܝܟ
ܕܐܬܐܡܪ ܠܡܘܫܐ ܟܕ ܥܬܝܕ ܗܘܐ ܠܡܫܡܠܝܘ. ܕܚܙܝ ܘܥܒܕ ܟܠܡܕܡ ܒܕܡܘܬܐ ܗܝ
ܕܐܬܚܙܝܬ ܠܟ ܒܛܘܪܐ. 6 ܗܫܐ ܕܝܢ ܐܫܟܚ ܕܡܝܬܪܐ ܡܢ ܗܝ ܡܛܠ ܬܫܡܫܬܐ ܡܫܡܫܢܐ.
ܐܝܟܢܐ ܕܡܝܬܪܐ ܐܦ ܕܕܝܬܩܐ ܗܝ ܕܡܨܥܝܐ ܗܘ ܕܥܠ ܡܘܠܟܢܐ ܕܡܝܬܪܝܢ: ܡܢ

ܕܗܘ ܐܬܬܢܡܣ. 7 ܐܠܘ ܓܝܪ ܩܕܡܝܬܐ ܗܘܬ ܡܫܡܠܝܐ ܘܠܐ ܪܘܫܡ. ܟܠܝܐ ܗܘܐ ܐܬܪܐ
ܠܐܚܪܬܐ ܕܬܬܩܝܡ. 8 ܡܥܕܠ ܠܗܘܢ ܓܝܪ ܘܐܡܪ. ܕܗܐ ܝܘܡܬܐ ܐܬܝܢ: ܐܡܪ ܡܪܝܐ. ܘܐܫܠܡ
ܥܠ ܒܝܬܐ ܕܥܡ ܐܝܣܪܐܝܠ ܘܥܠ ܒܝܬܐ ܕܥܡ ܝܗܘܕܐ ܕܝܬܩܐ ܚܕܬܐ: 9 ܠܐ ܐܝܟ ܗܝ
ܕܝܬܩܐ ܕܝܗܒܬ ܠܐܒܗܬܗܘܢ ܒܝܘܡܐ ܕܐܚܕܬ ܒܐܝܕܗܘܢ ܘܐܦܩܬ ܐܢܘܢ ܡܢ ܐܪܥܐ ܕܡܨܪܝܢ.
ܡܛܠ ܕܗܢܘܢ ܠܐ ܩܘܝܘ ܒܕܝܬܩܐ ܕܝܠܝ. ܐܦ ܐܢܐ ܒܣܠܬ ܒܗܘܢ. ܐܡܪ ܡܪܝܐ. 10 ܗܕܐ
ܕܝܢ ܕܝܬܩܐ ܕܐܬܠ ܠܒܝܬܐ ܕܥܡ ܐܝܣܪܐܝܠ. ܒܬܪ ܝܘܡܬܐ ܗܢܘܢ ܐܡܪ ܡܪܝܐ.
ܐܬܠ ܢܡܘܣܝ ܒܡܕܥܝܗܘܢ. ܘܥܠ ܠܒܘܬܗܘܢ ܐܟܬܒܝܘܗܝ. ܘܐܗܘܐ ܠܗܘܢ
ܐܢܐ ܐܠܗܐ. ܘܗܢܘܢ ܢܗܘܘܢ ܠܝ ܠܥܡܐ. 11 ܘܠܐ ܢܠܦ ܐܢܫ ܠܒܪ ܡܕܝܢܬܗ ܐܘܠܐ
ܠܐܚܘܗܝ: ܘܢܐܡܪ ܕܕܥ ܠܡܪܝܐ. ܡܛܠ ܕܟܠܗܘܢ ܢܕܥܘܢܢܝ: ܡܢ ܙܥܘܪܗܘܢ ܘܥܕܡܐ
ܠܪܒܗܘܢ. 12 ܘܐܚܣܐ ܐܢܐ ܥܠ ܥܘܠܗܘܢ. ܘܚܛܗܝܗܘܢ ܬܘܒ ܠܐ ܐܬܕܟܪ ܠܗܘܢ.
13 ܒܗܘ ܕܐܡܪ ܚܕܬܐ. ܠܩܕܡܝܬܐ ܐܥܬܩܗ. ܘܐܝܢܐ ܕܥܬܩ ܘܣܐܒ. ܩܪܝܒ
ܗܘ ܠܡܚܒܠ܀

Cap. ix. 1 ܒܩܕܡܝܬܐ ܕܝܢ ܐܝܬ ܗܘܐ ܒܗ ܦܘܩܕܢܐ ܕܬܫܡܫܬܐ ܘܒܝܬ ܩܘܕܫܐ ܥܠܡܢܝܐ.
2 ܡܫܟܢܐ ܓܝܪ ܩܕܡܝܐ ܕܐܬܥܒܕ. ܐܝܬ ܗܘܐ ܒܗ ܡܢܪܬܐ ܘܦܬܘܪܐ ܘܠܚܡ ܐܦܝܐ:
ܘܡܬܩܪܐ ܗܘܐ ܒܝܬ ܩܘܕܫܐ. 3 ܡܫܟܢܐ ܕܝܢ ܓܘܝܐ ܕܠܓܘ ܡܢ ܐܦܝ ܬܪܥܐ ܕܬܪܝܢ:
ܡܬܩܪܐ ܗܘܐ ܩܕܫ ܩܘܕܫܐ. 4 ܘܐܝܬ ܗܘܐ ܒܗ ܓܘ ܒܣܡܐ ܕܕܗܒܐ ܘܩܒܘܬܐ ܕܕܝܬܩܐ
ܕܡܚܦܝܐ ܟܠܗ ܒܕܗܒܐ. ܘܐܝܬ ܒܗ ܩܣܛܐ ܕܕܗܒܐ: ܗܝ ܕܐܝܬ ܗܘܐ ܒܗ ܡܢܢܐ ܘܫܒܛܐ
ܕܐܗܪܘܢ ܗܘ ܕܐܦܪܥ. ܘܠܘܚܐ ܕܕܝܬܩܐ. 5 ܘܠܥܠ ܡܢܗ ܟܪܘܒܐ ܕܬܫܒܘܚܬܐ ܕܡܛܠܝܢ
ܥܠ ܚܘܣܝܐ. ܠܐ ܗܘܐ ܕܝܢ ܥܕܢܐ ܗܘ. ܕܢܐܡܪ ܥܠ ܚܕܐ ܚܕܐ ܡܢ ܗܠܝܢ ܕܗܘܝܢ
ܡܬܛܝܒܢ ܗܘܝ. 6 ܘܠܡܫܟܢܐ ܒܪܝܐ ܒܟܠܙܒܢ ܥܐܠܝܢ ܗܘܘ ܟܘܡܪܐ ܘܡܫܠܡܝܢ ܗܘܘ
ܬܫܡܫܬܗܘܢ. 7 ܠܡܫܟܢܐ ܕܝܢ ܕܠܓܘ ܡܢܗ. ܚܕܐ ܗܝ ܒܫܢܬܐ ܒܠܚܘܕܘܗܝ ܥܐܠ
ܗܘܐ ܪܒ ܟܘܡܪܐ: ܟܕ ܕܡܐ ܗܘ ܕܡܩܪܒ ܗܘܐ ܚܠܦ ܢܦܫܗ ܘܚܠܦ ܣܟܠܘܬܗ ܕܥܡܐ.
8 ܒܗܕܐ ܕܝܢ ܡܘܕܥ ܗܘܐ ܪܘܚܐ ܕܩܘܕܫܐ. ܕܠܐ ܐܬܓܠܝܬ ܥܕܟܝܠ ܐܘܪܚܐ ܕܩܕܝܫܐ:
ܟܡܐ ܕܐܝܬ ܗܘܐ ܩܝܡܐ ܡܫܟܢܐ ܩܕܡܝܐ. 9 ܘܐܬܠܗܘܢ ܗܘܐ ܡܬܠܐ ܗܢܐ.
ܠܙܒܢܐ ܗܘ ܕܒܗ ܩܘܪܒܢܐ ܘܕܒܚܐ ܡܬܩܪܒܝܢ ܗܘܘ: ܐܝܠܝܢ ܕܠܐ ܡܫܟܚܝܢ ܗܘܘ
ܠܡܓܡܪܘ ܠܬܐܪܬܗ ܕܡܢ ܕܡܫܡܫ ܠܗܘܢ: 10 ܐܠܐ ܒܡܐܟܘܠܬܐ ܘܒܡܫܬܝܢܐ ܒܠܚܘܕ.
ܘܒܡܥܡܘܕܝܬܐ ܕܦܢܝܢ ܦܢܝܢ. ܕܐܬܬܣܝܡܘ ܦܘܩܕܢܐ ܕܒܣܪܐ: ܘܣܝܡܝܢ ܥܕܡܐ ܠܙܒܢܐ
ܕܬܘܪܨܐ܀ 11 ܡܫܝܚܐ ܕܝܢ ܕܐܬܐ ܗܘܐ ܪܒ ܟܘܡܪܐ ܕܛܒܬܐ ܕܥܒܕ. ܘܥܠ ܒܡܫܟܢܐ ܪܒܐ
ܘܓܡܝܪܐ ܕܠܐ ܒܐܝܕܝܢ ܐܬܥܒܕ: ܘܠܐ ܗܘܐ ܡܢ ܗܠܝܢ ܒܪܝܬܐ. 12 ܘܠܐ ܥܠ ܒܕܡܐ
ܕܬܝܫܐ ܘܕܥܓܠܐ. ܐܠܐ ܒܕܡܐ ܕܢܦܫܗ ܥܠ ܚܕܐ ܙܒܢ ܠܒܝܬ ܩܘܕܫܐ. ܘܐܫܟܚ ܦܘܪܩܢܐ

ܗܘܐ ܡܬܦܪܣ ܕܐܬܚܙܝܬ ܘܫܘܝܐ ܘܕܚܝܠܐ ܕܪܘܚܢܐ ܕܝܠܗ. [13] ܐܦ ܕܝܢ ܕܒܢܝܢܢ.
ܥܠ ܐܢܫܝܢ ܕܡܬܥܩܒܝܢ ܗܘܘ: ܘܡܬܦܝܣ ܠܗܘܢ ܒܪܘܚܐ ܕܟܡܝܪܘܬܐ. [14] ܘܡܛܠ
ܕܡܛܠ ܥܠܝܗ ܕܪܒܘܬܐ ܕܡܠܟܘܬܐ ܕܒܢܝܢܢ ܢܦܩܘ ܡܢܗ ܕܠܐ ܡܣܝܡ ܠܐܠܗܐ:
ܢܦܠ ܐܬܬܐ ܡܢ ܥܒܕܐ ܩܫܝܐ: ܕܢܦܩܘܢ ܠܐܠܗܐ ܚܝܐ. [15] ܡܛܠ ܗܢܐ ܗܘܐ ܗܘܐ ܡܬܒܥܐ
ܕܐܬܚܙܝܬ ܚܝܠܐ. ܕܒܡܫܒܠܘ ܗܘܐ ܗܘܐ ܦܘܪܫܢܐ ܠܐܢܫܝܢ ܕܒܥܘ ܥܠ ܕܫܘܝܐ ܡܥܡܕܐ:
ܘܢܦܩܘܢ ܡܘܬܒܢܐ. ܐܢܫܝܢ ܕܐܬܡܢܘ ܒܡܠܘܐܐ ܕܒܢܝܢܢ. [16] ܐܡܪܐ ܕܝܢ ܕܐܝܟ ܕܫܘܝܐ:
ܡܛܠ ܗܘ ܡܫܘܚܐ ܕܗܘ ܕܒܝܬܗ. [17] ܥܠ ܫܘܝܐ ܕܡܢ ܒܬܪܗ ܡܬܚܙܝܐ. ܡܛܠ
ܕܡܛܠ ܕܝܢ ܗܘ ܕܒܝܬܗ. ܠܟܠ ܒܢܝ ܢܦܫܗ. [18] ܡܛܠ ܗܢܐ ܐܦܠܐ ܡܬܦܫܬܐ ܕܠܐ ܕܡܛܠ
ܐܬܚܙܝܘ. [19] ܟܕ ܐܬܦܫܩ ܕܝܢ ܦܬܓܡܐ ܦܘܩܕܢܐ ܡܢ ܡܠܟܘܬܐ ܠܟܠܗܘܢ ܒܢܝ̈ ܒܝܬܐ ܒܡܕܝܢܬܐ.
ܢܦܩ ܗܘܐ ܡܠܟܐ ܕܡܛܠ ܕܐܬܚܙܝܬ. ܘܫܕܪ ܠܟܠ ܡܕܝܢܬܐ ܕܐܬܦܪܣܬ. ܘܐܬܦܠܓ. ܘܐܡܪ ܥܠ
ܟܬܒܐ ܘܥܠ ܟܠܗ ܥܡܐ ܒܝܬܗ. [20] ܘܐܡܪ ܠܗܘܢ. ܗܢܐ ܗܘ ܕܡܛܠ ܕܫܘܝܐ ܗܘ ܕܐܬܦܫܩܬ
ܠܒܢܝ ܡܢ ܐܠܗܐ. [21] ܐܦ ܥܠ ܡܫܝܚܐ. ܘܥܠ ܟܠܗܘܢ ܡܠܟܐ ܕܐܬܡܫܚܬ. ܡܛܠ
ܡܢ ܕܡܛܠ ܗܘ. [22] ܡܛܠ ܕܡܬܚܙܝܢ ܒܝܬܐ ܗܘ ܡܬܦܪܣܐ ܒܡܕܝܢܬܐ. ܘܠܐ ܡܬܦܫܩ ܕܡܛܠ
ܠܟܠ ܡܘܬܒܢܐ. [23] ܐܢܫܝܢ ܗܘܘ ܕܝܢ ܕܗܠܝܢ ܕܪܕܦܘ ܐܢܘܢ ܕܡܫܬܐܠܝܢ: ܒܗܠܝܢ
ܡܬܪܕܝܢ. ܗܠܝܢ ܕܡܢ ܡܫܬܐܠܢܘܬܐ ܒܝܫܬܐ ܕܡܬܕܟܪܝܢ ܡܢ ܗܠܝܢ ·····
[24] ܠܐ ܗܘܐ ܕܝܢ ܒܠܒܗ ܡܫܝܚܐ ܕܥܒܕ ܒܐܝܕܐ ܥܠ ܡܫܝܚܐ: ܕܐܬܚܙܝ ܕܡܛܠ ܗܘ ܕܡܫܬܐܠ ܣܛ ܒ.
ܕܗܘ ܡܬܦܪܣܐ: ܐܠܐ ܠܗ ܠܡܫܝܚܐ ܥܠ. ܕܢܬܚܙܐ ܡܢ ܦܪܘܫܗ ܕܐܠܗܐ ܚܝܠܬܢ:
[25] ܐܦܠܐ ܕܢܦܩܘܢ ܢܦܫܗ ܐܬܪܐ ܡܬܚܙܝܢܐ: ܐܝܟ ܕܥܒܕ ܗܘܐ ܐܦ ܡܘܬܒܐ: ܘܥܠ ܥܠ ܒܟܠ
ܡܢܐ ܒܠܒܗ ܡܫܝܚܐ ܒܝܫܐ ܘܠܐ ܒܥܠܗ. [26] ܘܠܐ ܠܐ ܚܙܐ ܗܘܐ. ܕܐܬܪܐ ܡܬܚܙܝܢܐ ܢܦܩ
ܡܢ ܡܘܬܒܗ ܕܥܠܡܐ. ܗܢܐ ܕܝܢ ܒܚܕܝܘܬܐ ܕܥܠܡܐ ܚܙܐ ܗܘ ܐܝܟ ܡܢܐ ܢܦܫܗ
ܒܪܘܚܐ. ܕܢܬܚܙܐ ܠܚܝܘܬܐ. [27] ܘܐܬܦܬܚ ܕܗܘܐ ܠܐܝܠܝܢ ܕܚܙܐ ܐܝܟ
ܡܫܝܚܐ: ܘܡܢ ܒܬܪ ܡܘܬܗ ܕܝܠܗ. [28] ܗܟܢܐ ܐܦ ܡܫܝܚܐ ܚܕ ܐܝܟ ܐܬܦܪܣ:
ܘܒܡܘܬܗ ܕܚܝ ܥܠܡܐ ܕܡܬܚܙܝܐ. ܕܐܬܚܙܝ ܕܡܢ ܐܒܗܬܢ ܕܠܐ ܡܬܚܙܝܢ ܡܫܝܚܐ ܠܒܢ̈ܝܢܫܐ
ܕܐܝܠܝܢ ܕܡܬܚܙܝܢ ܠܗ.

[1] ܢܥܡܘܬܐ ܕܝܢ ܡܠܟܘܬܐ ܐܝܬ ܗܘܐ ܒܗ ܕܡܬܚܙܝܐ ܕܐܠܗܐ. ܠܐ ܗܘܐ ܡܬܚܙܝܐ
ܐܢܫܝܢ ܕܪܕܦܘ. ܡܛܠ ܗܢܐ ܟܕ ܒܟܠ ܡܢܐ ܗܘܝܘ ܟܕ ܗܘܝܘ ܕܒܢܝ̈ܐ ܡܬܬܩܢܝܢ ܗܘܘ:
ܠܐ ܡܬܚܙܝܢ ܐܢܫܝܢ ܕܢܬܦܪܣܘܢ ܠܐܢܫܝܢ ܕܡܬܥܩܒܝܢ ܠܗܘܢ. [2] ܐܠܐ ܕܝܢ ܦܬܓܡܐ
ܗܘܘ. ܟܕ ܕܡܢ ܐܬܦܪܣܘ ܡܢ ܡܘܬܒܢܝܗܘܢ: ܡܛܠ ܕܠܐ ܡܬܚܙܐ ܗܘܐ ܗܘܐ ܠܗܘܢ
ܕܐܬܚܙܝܘ ܒܢܝ̈ܢܫܐ: ܠܐܢܫܝܢ ܕܚܙܐ ܐܝܟ ܐܬܦܪܣܘ ܠܗܘܢ. [3] ܐܠܐ ܠܗܘܢ ܒܢܝ̈ܐ ܡܬܚܙܝܢ
ܡܫܝܚܘܬܗܘܢ ܒܟܠ ܡܢܐ. [4] ܠܐ ܕܝܢ ܡܬܚܙܐ ܕܡܢܐ ܕܐܬܪܐ ܘܕܒܝܬܐ ܠܡܫܝܚܐ ܒܢܝ̈ܢܫܐ.

5 ܡܛܠ ܗܢܐ ܕܝܢ ܟܠܗ ܠܟܠܟܠܐ ܐܡܪ܂ ܕܝܩܪܐ ܘܡܘܬܪܬܐ ܠܐ ܝܕܥܬ܂ ܦܩܕܐ ܕܝܢ
ܐܬܦܩܕܬ܂ 6 ܘܡܬܪܐ ܡܟܬܒܐ ܕܝܠܟ ܬܗܘܐ ܠܐ ܫܐܠܬ܂ 7 ܗܘܝܢ ܐܡܪܬ܂ ܕܗܐ ܐܢܐ ܐܬܐ
ܐܢܐ ܕܬܪܝܢ ܡܠܟܐ ܡܠܟܝܢ ܒܟܠܗ܆ ܕܐܬܟܢܫ ܕܝܠܟ ܐܠܗܐ܂ 8 ܡܢ ܟܠܟܠ ܐܡܪ܂
ܘܕܝܩܪܐ ܘܡܘܬܪܬܐ ܘܡܬܪܐ ܡܟܬܒܐ ܕܝܠܟ ܬܗܘܐ ܠܐ ܝܕܥܬ܂ ܗܢܘܢ ܕܡܬܦܪܫܝܢ ܗܘܘ
ܒܢܡܘܣܐ܂ 9 ܘܟܠܗܘܢ ܐܡܪ܂ ܕܗܐ ܐܬܐ ܐܢܐ܆ ܘܐܬܟܢܫ ܕܝܠܟ ܐܠܗܐ܂ ܒܗܕܐ ܟܠܟܠ
ܠܡܬܟܫܦܐ܆ ܕܢܩܘܡ ܠܡܬܬܥܝܪ܂ 10 ܒܗܢܐ ܕܝܢ ܕܝܠܗ ܐܬܚܙܝ܆ ܒܡܘܬܪܬܐ ܘܦܩܕܗ
ܘܢܡܘܣܗ ܡܬܩܝܡܐ ܕܢܚܬ ܠܟܘܢ܂ 11 ܟܠ ܦܘ ܡܘܬܪܬܐ ܕܝܢ ܕܐܦܢ ܗܘܐ ܘܡܬܦܫܩ ܟܠܗܘܢ܆
ܗܢܘܢ ܒܗܢܘܢ ܕܝܩܪܐ ܡܬܦܪܫ ܗܘܐ܂ ܐܝܟܢ ܕܡܢ ܡܠܟܘܬ ܠܐ ܡܬܡܨܝܢ ܗܘܘ ܠܡܬܦܪܫܘ
ܬܗܘܐ܂ 12 ܗܢܐ ܕܝܢ ܚܕ ܕܝܩܪܐ ܩܕܡ ܡܠܟ ܬܗܘܐ܂ ܘܐܝܬ ܟܠ ܡܬܩܢܐ ܘܐܠܗܐ ܠܟܠܟܘܢ܂
13 ܘܡܬܡܢܐ ܡܬܩܝܠ܆ ܒܪܡܐ ܕܡܬܬܩܫܝܢ ܒܟܠܟܘܢ ܡܘܬܒܐ ܠܐܢܫܐ ܩܠܝܠܗܘܢ܂
14 ܒܚܕ ܓܝܪ ܡܘܬܪܬܐ ܕܝܢ ܠܐܠܗܐ ܕܡܬܦܪܫܝܢ ܒܗ ܒܟܠܟܘܢ܂ 15 ܡܢܗܘ ܠܟ ܕܝܢ ܐܦ
ܦܘܠܐ ܕܡܘܬܒܐ ܕܐܡܪܬ܂ 16 ܗܕܐ ܕܝܢ ܕܡܬܚܫܒܐ ܕܐܝܠܝܢ ܒܗܘܢ܆ ܡܢ ܓܒܪ ܡܩܛܠܐ ܗܢܘܢ܆
ܐܡܪ ܡܪܢܐ܂ ܐܬܚܙܝܘ ܠܢܡܘܣܐ ܠܡܬܟܫܦܢܘܢ܂ ܘܟܠ ܟܗܢܘܬܗܘܢ ܐܬܟܢܫܘ܂
17 ܘܟܠܗܘܢ ܘܡܬܚܝܢܝܢ ܠܐ ܐܬܝܕܥ ܒܗܘܢ܂ 18 ܐܝܢܐ ܕܝܢ ܕܐܝܬ ܡܘܬܒܐ ܕܬܗܘܐ܆
ܠܐ ܡܬܟܠܟܠܐ ܡܘܬܪܬܐ ܘܡܠܟ ܬܗܘܐ܀

19 ܐܝܟ ܟܠ ܗܘܝܢ ܐܡܪ܆ ܒܫܠܡܐ ܐܦܢ ܠܡܬܟܠܟܠܐ ܕܝܠܗ ܡܘܬܒܐ ܕܒܗܘܢ ܘܢܡܘܣܗ܂
20 ܘܐܬܦܢܝ ܕܚܝܠܐ ܘܚܝܠܐ ܟܠ ܗܘܝܐ܆ ܒܐܦܝ ܢܦܫܐ ܕܐܬܟܢܫܘ ܒܡܘܬܗ܂ 21 ܘܐܝܬ ܟܠ
ܡܘܬܪܬܐ ܕܐܦ ܟܠ ܕܝܠܗ ܕܐܠܗܐ܂ 22 ܢܡܘܣܐ ܗܘܝܢ ܒܟܠܗ ܡܬܪܐ ܘܡܬܚܫܒܢܐ
ܘܡܬܟܠܬܐ܆ ܕܝ ܕܡܬܩܫܝܢ ܠܟܢܘܫܬܐ܆ ܘܕܝܢ ܡܢ ܐܬܪܐ ܒܫܡܝܐ܂ ܘܡܫܡܫ ܦܩܕܐ ܠܡܠܟܐ
ܘܡܠܟܐ܂ 23 ܘܢܚܬܝܢ ܠܡܘܬܒܐ ܕܡܠܟܐ܆ ܘܠܐ ܢܬܚܙܐ܂ ܡܬܩܕܫ ܗܘܐ ܓܝܪ ܡܢ ܕܡܠܟ ܠܢ܂
24 ܘܐܣܩܘ ܚܕ ܒܢܝ܂ ܒܫܘܦܪܐ ܕܡܬܩܠ ܘܡܬܒܝܐ ܡܠܟܐ܂ 25 ܘܠܐ ܢܬܚܙܐ ܡܬܚܫܒ ܦܘܡܗ܆
ܐܝܟ ܕܐܝܬ ܒܢܝܐ ܠܐܢܫ ܐܢܫ܆ ܐܠܐ ܒܠܒܗ ܚܕ ܡܢ ܚܕ܆ ܡܬܩܪܐ ܡܠܟܐ ܕܫܠܡܘܗܝ ܕܡܬܩܕ
ܬܘܠܐ ܗܘ܂ 26 ܐܠܐ ܒܝܢ ܒܪܘܚܗ ܢܬܚܙܐ ܐܢܫ ܡܢ ܓܒܪ ܕܡܠܟ ܬܩܠܬܐ ܕܡܬܪܐ܂
ܟܠܗ ܡܬܩܠ ܕܒܪܝܐ ܕܐܬܩܪܝ ܡܠܟ ܬܗܘܐ܂ 27 ܐܠܐ ܒܠܚܘܕ ܗܘ ܕܝܢܐ ܕܫܠܐ܂ ܘܬܒܢܐ
ܕܢܬܪ ܘܐܦܠ ܠܟܠܟܠܟܠܐ܂ 28 ܐܝ ܓܝܪ ܐܝܢܐ ܕܝܕܥ ܟܠ ܢܡܘܣܐ ܘܡܬܚܫܒ܆ ܟܠ
ܦܘܡ ܠܗܘܢ ܘܐܠܗܐ ܡܬܩܕܫܝܢ ܕܠܐ ܡܬܚܫܒܝܢ ܡܢܗ܂ 29 ܡܠܐ ܡܬܒܥܝܢ ܐܝܟܘ ܡܬܩܪܝܢ
ܡܫܡܫ ܒܬܡܐ܆ ܢܦܫܗ ܐܢܫܐ ܕܝܕܥܘ ܠܟܘܢܗ ܘܐܠܗܐ܂ ܘܡܫܡܫ ܕܡܠܐ ܕܬܚܫܒܬܐ ܕܡܠܟܗ ܐܡܘ
ܕܩܕܡܘܗܝ܆ ܕܟܠ ܐܬܩܪܝ܂ ܘܡܬܢܐ ܒܗܢܘܢ ܕܡܬܟܫܦܬܐ܂ 30 ܡܬܚܫܒܢ ܒܗܘܢ ܕܐܡܪ܂ ܕܡܬܚܫܒ
ܗܘܝ ܠܡܬܚܫܒܐ ܘܐܢܐ ܐܡܪܬ܂ ܘܐܦܢ܂ ܕܝܗܒ ܡܪܢܐ ܒܡܫܝܚܗ܂ 31 ܕܡܬܚܫܒܐ ܗܘܝ ܦܬܟܐ
ܒܡܬܟܠܟܠ ܡܠܐܬܚܫܒܝܢ ܕܐܠܗܐ ܚܝܐ܀ 32 ܐܬܕܝܢ ܗܘܝܢ ܒܡܬܚܫܒܬܐ ܡܬܚܫܒܐ܂ ܗܢܘܢ

ܕܒܗܘܢ ܩܒܠܬܘܢ ܡܥܡܘܕܝܬܐ. ܘܐܓܘܢܐ ܪܒܐ ܣܝܒܪܬܘܢ ܕܚܫܐ ܒܚܣܕܐ ܘܒܐܘܠܨܢܐ:
33 ܘܗܘܝܬܘܢ ܚܙܘܐ. ܘܬܘܒ ܐܫܬܘܬܦܬܘܢ ܠܐܢܫܐ ܕܗܟܢ ܡܕܒܪܝܢ. 34 ܘܚܫܬܘܢ ܥܡܗܘܢ
ܥܠ ܐܝܠܝܢ ܕܐܣܝܪܝܢ. ܘܒܙܬܐ ܕܩܢܝܢܝܟܘܢ ܒܚܕܘܬܐ ܣܝܒܪܬܘܢ. ܡܛܠ ܕܝܕܥܝܢ
ܐܢܬܘܢ ܕܐܝܬ ܠܟܘܢ ܩܢܝܢܐ ܕܡܝܬܪ ܒܫܡܝܐ: ܘܕܡܩܘܐ ܗܘ ܘܠܐ ܥܒܪ. 35 ܠܐ ܗܟܝܠ ܬܘܒܕܘܢ
ܦܪܗܣܝܐ ܕܐܝܬ ܠܟܘܢ. ܕܐܝܬ ܠܗ ܐܓܪܐ ܣܓܝܐܐ. 36 ܡܣܝܒܪܢܘܬܐ ܗܘ ܓܝܪ
ܡܬܒܥܝܐ ܠܟܘܢ: ܕܬܥܒܕܘܢ ܨܒܝܢܗ ܕܐܠܗܐ ܘܬܣܒܘܢ ܡܘܠܟܢܐ. 37 ܡܛܠ ܕܩܠܝܠ
ܗܘ ܙܒܢܐ ܘܙܥܘܪ ܟܠܗ. ܕܐܬܐ ܗܘ ܕܐܬܐ ܘܠܐ ܢܘܚܪ. 38 ܙܕܝܩܐ ܕܝܢ ܡܢ ܗܝܡܢܘܬܐ ܕܝܠܝ
ܢܚܐ. ܘܐܢ ܢܬܡܓܢܕ ܠܐ ܨܒܝܐ ܒܗ ܢܦܫܝ. 39 ܚܢܢ ܕܝܢ ܠܐ ܗܘܝܢ ܕܡܬܗܦܟܢܘܬܐ
ܕܡܘܒܠܐ ܠܐܒܕܢܐ. ܐܠܐ ܕܗܝܡܢܘܬܐ ܕܡܩܢܝܐ ܠܢ ܢܦܫܢ ◆

Cap. xi. 1 ܐܝܬܝܗ ܕܝܢ ܗܝܡܢܘܬܐ ܦܘܫܩܐ ܥܠ ܐܝܠܝܢ ܕܐܝܬܝܗܝܢ ܒܣܒܪܐ: ܐܝܟ ܗܢܘ ܕܗܘܝܢ
ܠܗܝܢ ܒܣܘܥܪܢܐ. ܘܓܠܝܢܐ ܕܐܝܠܝܢ ܕܠܐ ܡܬܚܙܝܢ. 2 ܘܒܗܕܐ ܗܘܬ ܣܗܕܘܬܐ ܥܠ
ܩܫܝܫܐ ·◆·◆·

ܚܣܠ ܒ. 3 ܒܗܝܡܢܘܬܐ ܓܝܪ ܡܣܬܟܠܝܢܢ. ܕܐܬܬܩܢܘ ܥܠܡܐ ܒܡܠܬܗ ܕܐܠܗܐ: ܘܗܠܝܢ
ܕܡܬܚܙܝܢ ܗܘܝ ܡܢ ܐܝܠܝܢ ܕܠܐ ܡܬܚܙܝܢ ◆ 4 ܒܗܝܡܢܘܬܐ ܩܪܒ ܗܒܝܠ ܕܒܚܬܐ
ܕܡܝܬܪܐ ܛܒ ܡܢ ܕܩܐܝܢ ܠܐܠܗܐ. ܘܡܛܠܬܗ ܗܘܬ ܥܠܘܗܝ ܣܗܕܘܬܐ ܕܟܐܢܐ ܗܘ.
ܘܣܗܕ ܥܠ ܩܘܪܒܢܘܗܝ ܐܠܗܐ. ܘܡܛܠܬܗ ܐܦ ܟܕ ܡܝܬ ܡܡܠܠ ◆ 5 ܒܗܝܡܢܘܬܐ
ܐܬܬܫܢܝ ܚܢܘܟ ܘܡܘܬܐ ܠܐ ܚܙܐ. ܘܠܐ ܐܫܬܟܚ. ܡܛܠ ܕܫܢܝܗ ܐܠܗܐ. ܩܕܡ ܓܝܪ
ܕܢܫܢܝܘܗܝ: ܗܘܬ ܥܠܘܗܝ ܣܗܕܘܬܐ ܕܫܦܪ ܠܐܠܗܐ. 6 ܕܠܐ ܗܝܡܢܘܬܐ ܓܝܪ ܠܐ
ܐܢܫ ܡܫܟܚ ܕܢܫܦܪ ܠܐܠܗܐ. ܙܕܩ ܗܘ ܓܝܪ ܡܢ ܕܡܬܩܪܒ ܠܘܬ ܐܠܗܐ: ܕܢܗܝܡܢ
ܕܐܝܬܘܗܝ: ܘܠܐܝܠܝܢ ܕܒܥܝܢ ܠܗ: ܗܘܐ ܦܪܘܥܐ ◆ 7 ܒܗܝܡܢܘܬܐ ܢܘܚ ܟܕ ܐܬܡܠܟ
ܥܠܘܗܝ ܥܠ ܐܝܠܝܢ ܕܠܐ ܡܬܚܙܝܢ ܗܘܘ: ܕܚܠ ܘܥܒܕ ܠܗ ܩܒܘܬܐ ܠܚܝܐ ܕܒܢܝ
ܒܝܬܗ: ܘܒܗ ܚܝܒܗ ܠܥܠܡܐ. ܘܗܘܐ ܝܪܬܐ ܕܟܐܢܘܬܐ ܕܒܗܝܡܢܘܬܐ ◆ 8 ܒܗܝܡܢܘܬܐ
ܐܒܪܗܡ ܟܕ ܐܬܩܪܝ: ܐܫܬܡܥ ܕܢܦܘܩ ܠܐܬܪܐ ܗܘ ܕܥܬܝܕ ܗܘܐ ܕܢܣܒ ܠܝܪܬܘܬܐ. ܘܢܦܩ
ܟܕ ܠܐ ܝܕܥ ܗܘܐ ܠܐܝܟܐ ܐܙܠ ◆ 9 ܒܗܝܡܢܘܬܐ ܗܘܐ ܬܘܬܒܐ ܒܐܪܥܐ ܗܝ ܕܐܫܬܡܠܟܬ ܠܗ
ܐܝܟ ܕܒܢܘܟܪܝܬܐ. ܘܒܡܫܟܢܐ ܥܡܪ ܥܡ ܐܝܣܚܩ ܘܥܡ ܝܥܩܘܒ ܒܢܝ ܝܪܬܘܬܗ
ܕܡܘܠܟܢܐ. 10 ܡܣܟܐ ܗܘܐ ܓܝܪ ܠܡܕܝܢܬܐ ܕܫܬܐܤܬܐ ܐܝܬ ܠܗ. ܕܐܘܡܢܗ ܘܒܢܝܗ
ܐܠܗܐ ܗܘ ◆ 11 ܒܗܝܡܢܘܬܐ ܐܦ ܣܪܐ ܕܥܩܪܬܐ ܗܘܬ. ܢܣܒܬ ܚܝܠܐ ܕܬܩܒܠ ܙܪܥܐ.
ܘܠܐ ܒܙܒܢܐ ܕܫܢܝܗ ܝܠܕܬ. ܡܛܠ ܕܐܫܪܪܬ ܕܡܗܝܡܢ ܗܘ ܗܘ ܕܡܠܟܗ ܠܗ. 12 ܡܛܠ
ܗܢܐ ܡܢ ܚܕ ܕܡܝܬ ܗܘܐ ܒܣܝܒܘܬܗ: ܐܬܝܠܕܘ ܐܝܟ ܟܘܟܒܐ ܕܒܫܡܝܐ ܒܣܘܓܐܐ: ܘܐܝܟ ܚܠܐ
ܕܥܠ ܣܦܬܗ ܕܝܡܐ ܕܡܢܝܢܐ ܠܝܬ ܠܗ ◆ 13 ܒܗܝܡܢܘܬܐ ܡܝܬܘ ܗܠܝܢ ܟܠܗܘܢ. ܘܠܐ

ܫܘܘܕܝܗܘܢ. ܐܠܐ ܡܢ ܪܘܚܩܐ ܚܙܐܘܢܝ ܘܚܕܝܘ ܒܗܘܢ. ܘܐܘܕܝܘ ܕܐܟܣܢܝܐ ܐܢܘܢ
ܘܬܘܬܒܐ ܒܐܪܥܐ. 14 ܐܝܠܝܢ ܕܝܢ ܕܗܠܝܢ ܐܡܪܝܢ. ܡܚܘܝܢ ܕܠܡܕܝܢܬܗܘܢ ܒܥܝܢ.
15 ܘܐܠܘ ܠܡܕܝܢܬܐ ܗܝ ܕܢܦܩܘ ܡܢܗ ܒܥܝܢ ܗܘܘ. ܐܝܬ ܗܘܐ ܠܗܘܢ ܙܒܢܐ ܕܢܗܦܟܘܢ
ܢܬܦܢܘܢ ܠܗ. 16 ܗܫܐ ܕܝܢ ܝܕܝܥܐ. ܕܠܛܒܐ ܡܢܗ ܪܓܝܓܝܢ ܗܘܘ. ܠܗܝ
ܕܐܝܬܝܗ ܒܫܡܝܐ. ܡܛܠ ܗܢܐ ܠܐ ܒܗܬ ܐܠܗܐ. ܕܐܠܗܗܘܢ ܢܬܩܪܐ. ܛܝܒ ܠܗܘܢ ܓܝܪ
ܡܕܝܢܬܐ. 17 ܒܗܝܡܢܘܬܐ ܩܪܒ ܐܒܪܗܡ ܠܐܝܣܚܩ ܒܢܣܝܘܢܗ. ܘܠܝܚܝܕܗ ܐܣܩ
ܠܕܒܚܐ. ܗܘ ܕܡܘܠܟܢܐ ܗܘܐ ܢܣܝܒ. 18 ܐܬܐܡܪ ܗܘܐ ܠܗ ܓܝܪ. ܕܒܐܝܣܚܩ
ܢܬܩܪܐ ܠܟ ܙܪܥܐ. 19 ܘܐܬܪܥܝ ܗܘܐ ܒܢܦܫܗ. ܕܡܫܟܚܢܐ ܐܝܬܘܗܝ ܐܠܗܐ ܐܦ ܡܢ
ܒܝܬ ܡܝܬܐ ܠܡܩܡܘܬܗ. ܘܡܛܠ ܗܢܐ ܒܦܠܐܬܐ ܐܬܝܗܒ ܠܗ. 20 ܒܗܝܡܢܘܬܐ ܕܥܬܝܕܢ ܕܢܗܘܝܢ
ܗܘܐ. ܒܪܟ ܐܝܣܚܩ ܠܝܥܩܘܒ ܘܠܥܣܘ. 21 ܒܗܝܡܢܘܬܐ ܟܕ ܡܐܬ ܝܥܩܘܒ. ܒܪܟ
ܠܟܠ ܚܕ ܡܢ ܒܢܘܗܝ ܕܝܘܣܦ. ܘܣܓܕ ܥܠ ܪܝܫ ܚܘܛܪܗ. 22 ܒܗܝܡܢܘܬܐ
ܝܘܣܦ ܟܕ ܡܐܬ. ܥܠ ܡܦܩܢܐ ܕܒܢܝ ܐܝܣܪܝܠ ܐܬܕܟܪ. ܘܦܩܕ ܥܠ ܓܪܡܘܗܝ.
23 ܒܗܝܡܢܘܬܐ ܐܒܗܘܗܝ ܕܡܘܫܐ ܛܫܝܘܗܝ. ܟܕ ܐܬܝܠܕ. ܬܠܬܐ ܝܪܚܝܢ: ܕܚܙܘ ܕܫܦܝܪ
ܗܘܐ ܛܠܝܐ. ܘܠܐ ܕܚܠܘ ܡܢ ܦܘܩܕܢܐ ܕܡܠܟܐ. 24 ܒܗܝܡܢܘܬܐ ܡܘܫܐ ܟܕ ܗܘܐ ܓܒܪܐ.
ܟܦܪ. ܕܠܐ ܢܬܩܪܐ ܒܪܐ ܠܒܪܬܗ ܕܦܪܥܘܢ. 25 ܘܓܒܐ ܠܗ ܕܢܬܐܠܨ ܥܡ ܥܡܗ
ܕܐܠܗܐ ܢܗܘܐ: ܘܠܐ ܕܙܒܢ ܩܠܝܠ ܢܬܒܣܡ ܒܚܛܝܬܐ. 26 ܘܐܬܪܥܝ ܕܥܘܬܪܐ ܗܘ ܪܒܐ
ܚܣܕܗ ܕܡܫܝܚܐ. ܛܒ ܡܢ ܣܝܡܬܗ ܕܡܨܪܝܢ. ܚܐܪ ܗܘܐ ܓܝܪ ܒܦܘܪܥܢܐ ܕܐܓܪܐ.
27 ܒܗܝܡܢܘܬܐ ܫܒܩܗ ܠܡܨܪܝܢ. ܘܠܐ ܕܚܠ ܡܢ ܚܡܬܗ ܕܡܠܟܐ. ܘܡܣܝܒܪ ܐܝܟ ܗܘ
ܕܚܙܐ ܗܘܐ ܠܐܠܗܐ ܕܠܐ ܡܬܚܙܐ. 28 ܒܗܝܡܢܘܬܐ ܥܒܕ ܦܨܚܐ ܘܪܣܣ ܕܡܐ. ܕܠܐ ܢܬܩܪܒ
ܒܗܘܢ ܗܘ ܕܡܚܒܠ ܗܘܐ ܒܘܟܪܐ. 29 ܒܗܝܡܢܘܬܐ ܥܒܪܘ ܝܡܐ ܕܣܘܦ ܐܝܟ ܕܥܠ
ܐܪܥܐ ܝܒܝܫܬܐ. ܘܒܗ ܐܬܒܠܥܘ ܡܨܪܝܐ. ܟܕ ܐܡܪܚܘ ܠܡܥܒܪܗ. 30 ܒܗܝܡܢܘܬܐ
ܫܘܪܐ ܕܐܝܪܝܚܘ ܢܦܠ. ܟܕ ܐܬܟܪܟܘ ܫܒܥܐ ܝܘܡܝܢ. 31 ܒܗܝܡܢܘܬܐ ܪܚܒ ܙܢܝܬܐ
ܠܐ ܐܒܕܬ ܥܡ ܗܢܘܢ ܕܠܐ ܐܬܛܦܝܣܘ. ܡܛܠ ܕܩܒܠܬ ܠܓܫܘܫܐ ܒܫܠܡܐ. 32 ܘܡܢܐ ܬܘܒ
ܐܡܪ. ܙܥܘܪ ܗܘ ܠܝ ܓܝܪ ܙܒܢܐ. ܕܐܫܬܥܐ ܥܠ ܓܕܥܘܢ. ܘܥܠ ܒܪܩ. ܘܥܠ
ܫܡܫܘܢ. ܘܥܠ ܝܦܬܚ. ܘܥܠ ܕܘܝܕ. ܘܥܠ ܫܡܘܐܝܠ. ܘܥܠ ܫܪܟܐ ܕܢܒܝܐ.
33 ܐܝܠܝܢ ܕܒܗܝܡܢܘܬܐ ܟܒܫܘ ܡܠܟܘܬܐ. ܘܥܒܕܘ ܟܐܢܘܬܐ. ܘܩܒܠܘ ܫܘܘܕܝܐ.
ܘܣܟܪܘ ܦܘܡܐ ܕܐܪܝܘܬܐ. 34 ܘܕܥܟܘ ܚܝܠܐ ܕܢܘܪܐ. ܘܐܬܦܨܝܘ ܡܢ ܦܘܡܐ ܕܣܝܦܐ.
ܘܐܬܚܝܠܘ ܡܢ ܟܘܪܗܢܐ. ܘܗܘܘ ܚܝܠܬܢܐ ܒܩܪܒܐ. ܘܗܦܟܘ ܡܫܪܝܬܐ ܕܢܘܟܪܝܐ.
35 ܘܝܗܒܘ ܠܢܫܐ ܒܢܝܗܝܢ ܡܢ ܩܝܡܬܐ ܕܡܝܬܐ. ܘܐܚܪܢܐ ܒܫܢܕܐ ܡܝܬܘ. ܘܠܐ ܣܟܝܘ
ܠܡܬܦܪܩܘ. ܕܩܝܡܬܐ ܛܒܬܐ ܢܫܟܚܘܢ. 36 ܐܚܪܢܐ ܕܝܢ ܒܡܘܚܟܐ ܘܒܢܓܕܐ ܩܒܠܘ.

ܐܢ̈ܫܐ ܠܐܣܘܪ̈ܐ ܘܠܒܝܬ ܐܣܝܪ̈ܐ ܐܫܬܠܡܘ. 37 ܐܢ̈ܫܐ ܐܬܪܓܡܘ. ܐܢ̈ܫܐ ܐܬܢܣܪܘ. ܐܢ̈ܫܐ
ܒܦܘܡܐ ܕܣܝܦܐ ܡܝܬܘ. ܐܢ̈ܫܐ ܐܬܟܪܟܘ ܟܕ ܠܒܝܫܝܢ ܡܫܟ̈ܐ ܕܥܪ̈ܒܐ ܘܕܥܙ̈ܐ.
ܘܚܣܝܪܝܢ ܘܐܠܝܨܝܢ. ܘܡܬܛܪܦܝܢ. 38 ܐܢܫܐ ܕܠܐ ܫܘܐ ܗܘܐ ܠܗܘܢ ܥܠܡܐ. ܘܗܘܘ ܐܝܟ
ܛܥ̈ܝܐ ܒܡܕܒܪ̈ܐ. ܘܒܛܘܪ̈ܐ. ܘܒܡܥܪ̈ܐ. ܘܒܢܩ̈ܥܬܗ ܕܐܪܥܐ. 39 ܘܗܠܝܢ ܟܠܗܘܢ ܕܗܘܬ
ܠܗܘܢ ܣܗܕܘܬܐ ܥܠ ܗܝܡܢܘܬܗܘܢ. ܠܐ ܩܒܠܘ ܫܘܘܕܝܐ. 40 ܡܛܠ ܕܐܠܗܐ ܩܕܡ ܚܙܐ
ܥܘܕܪܢܢ ܕܝܠܢ: ܕܠܐ ܕܠܒܪ ܡܢܢ ܢܬܓܡܪܘܢ.

1 ܡܛܠ ܗܢܐ ܐܦ ܚܢܢ ܕܐܝܬ ܠܢ ܐܝܠܝܢ ܟܠܗܘܢ ܣܗܕ̈ܐ ܕܐܝܟ ܥܢܢܐ ܡܚܕܪܝܢ ܠܢ: Cap. xii.
ܢܫܕܐ ܡܢܢ ܟܠ ܝܘܩܪ̈ܝܢ. ܐܦ ܚܛܝܬܐ ܕܒܟܠܙܒܢ ܡܛܝܒܐ ܗܝ ܠܢ: ܘܒܡܣܝܒܪܢܘܬܐ
ܢܪܗܛ ܠܐܓܘܢܐ ܗܢܐ ܕܣܝܡ ܠܢ: 2 ܘܢܚܘܪ ܒܝܫܘܥ. ܕܗܘ ܗܘܐ ܪܫܐ ܘܡܫܡܠܝܢܐ
ܠܗܝܡܢܘܬܐ. ܕܚܠܦ ܚܕܘܬܐ ܕܐܝܬ ܗܘܐ ܠܗ ܣܝܒܪ ܙܩܝܦܐ. ܘܥܠ ܒܗܬܬܐ ܐܫܬܝܛ.
ܘܝܬܒ ܥܠ ܝܡܝܢܐ ܕܟܘܪܣܝܐ ܕܐܠܗܐ ....

3 ܚܙܘ ܗܟܝܠ ܟܡܐ ܣܝܒܪ ܡܢ ܚܛܝ̈ܐ ܗܢܘܢ: ܕܗܢܘܢ ܗܘܘ ܣܩܘܒܠܐ ܠܢܦܫܗܘܢ: ܩܢܘܢܐ ܝܘ.
ܕܠܐ ܬܡܐܢ ܒܟܘܢ. ܘܠܐ ܬܬܪܦܐ ܢܦܫܟܘܢ. 4 ܠܐ ܥܕܟܝܠ ܡܛܝܬܘܢ ܥܕܡܐ ܠܕܡܐ ܒܩܪܒܐ
ܕܠܘܩܒܠ ܚܛܝܬܐ. 5 ܘܛܥܝܬܘܢ ܠܗ ܠܡܠܦܢܘܬܐ ܕܐܝܟ ܕܠܒܢ̈ܝܐ ܐܡܪܐ ܠܟܘܢ.
ܒܪܝ: ܠܐ ܬܒܣܐ ܡܢ ܡܪܕܘܬܗ ܕܡܪܝܐ. ܘܠܐ ܬܪܦܐ ܢܦܫܟ: ܐܡܬܝ ܕܡܬܟܘܢ ܐܢܬ.
6 ܠܡܢ ܕܪܚܡ ܓܝܪ ܡܪܝܐ: ܡܪܕܐ ܠܗ. ܘܡܢܓܕ ܠܒܢ̈ܝܐ ܐܝܠܝܢ ܕܨܒܐ ܒܗܘܢ.
7 ܡܛܪܘ ܗܟܝܠ ܡܪܕܘܬܐ. ܡܛܠ ܕܐܝܟ ܠܒܢ̈ܝܐ ܡܬܩܪܒ ܠܟܘܢ ܐܠܗܐ. ܐܝܢܘ
ܓܝܪ ܒܪܐ ܕܠܐ ܪܕܐ ܠܗ ܐܒܘܗܝ. 8 ܘܐܢ ܕܠܐ ܡܪܕܘܬܐ ܐܢܬܘܢ: ܗܝ ܕܒܗ ܡܫܘܬܦܝܢ
ܟܠܗܘܢ. ܢܘܟܪ̈ܝܐ ܐܢܬܘܢ. ܘܠܐ ܒܢ̈ܝܐ. 9 ܘܐܢ ܐܒ̈ܗܝܢ ܕܒܣܪܢ ܪܕܝܢ ܗܘܘ ܠܢ
ܘܡܬܟܚܕܝܢ ܗܘܝܢ ܠܗܘܢ: ܟܡܐ ܗܟܝܠ ܝܬܝܪܐܝܬ ܢܫܬܥܒܕ ܠܐܒܐ ܕܪ̈ܘܚܢ ܘܢܚܐ.
10 ܗܢܘܢ ܓܝܪ ܠܙܒܢܐ ܐܝܟ ܕܨܒܝܢ ܗܘܘ: ܪܕܝܢ ܗܘܘ ܠܢ: ܐܠܗܐ ܕܝܢ
ܠܡܘܬܪܢܢ: ܕܢܣܒ ܡܢ ܩܕܝܫܘܬܗ. 11 ܟܠ ܡܪܕܘܬܐ ܕܝܢ ܒܙܒܢܗ ܠܐ ܡܬܚܙܝܐ: ܕܚܕܘܬܐ
ܗܝ: ܐܠܐ ܕܟܪܝܘܬܐ. ܠܚܪܬܐ ܕܝܢ ܦܐܪܐ ܕܫܝܢܐ ܘܙܕܝܩܘܬܐ ܝܗܒܐ ܠܐܝܠܝܢ ܕܒܗ ܐܬܕܪܫܘ.
12 ܡܛܠ ܗܢܐ ܐܬܪܨܘ ܐܝ̈ܕܝܟܘܢ ܡܪ̈ܦܝܬܐ. ܘܒܘܪ̈ܟܝܟܘܢ ܕܫܪܝ̈ܢ. 13 ܘܫܒ̈ܝܠܐ ܬܪ̈ܝܨܐ
ܥܒܕܘ ܠܪ̈ܓܠܝܟܘܢ. ܕܗܪܓܠܐ ܕܚܓܝܪ ܠܐ ܢܬܥܘܩ: ܐܠܐ ܢܬܐܣܐ. 14 ܗܘܘ ܪܗܛܝܢ ܒܬܪ
ܫܠܡܐ ܥܡ ܟܠ ܐܢܫ: ܘܒܬܪ ܩܕܝܫܘܬܐ ܕܒܠܥܕܝܗ ܐܢܫ ܠܐ ܚܙܐ ܠܡܪܢ. 15 ܘܗܘܘ ܙܗܝܪܝܢ.
ܕܠܡܐ ܐܢܫ ܢܬܒܨܪ ܡܢ ܛܝܒܘܬܗ ܕܐܠܗܐ. ܐܘ ܕܠܡܐ ܐܢܫ ܥܩܪܐ ܕܡܪܝܪܘܬܐ
ܢܦܪܥ ܠܥܠ ܘܢܟܪܐ ܠܟܘܢ. ܘܒܗ ܢܛܢܦܘܢ ܣܓܝ̈ܐܐ: 16 ܐܘ ܕܠܡܐ ܐܢܫ ܢܗܘܐ ܙܢܝܐ
ܘܡܣܝܒܐ. ܐܝܟ ܥܣܘ ܕܚܠܦ ܡܐܟܘܠܬܐ ܚܕܐ ܙܒܢ ܒܘܟܪܘܬܗ. 17 ܝܕܥܝܢ ܐܢܬܘܢ
ܓܝܪ ܕܐܦ ܡܢ ܒܬܪ ܗܕܐ ܨܒܐ ܗܘܐ ܕܢܐܪܬ ܒܘܪܟܬܐ. ܘܐܣܬܠܝ. ܠܐ ܐܫܟܚ ܓܝܪ ܠܬܝܒܘܬܐ

ܠܐ ܐܫܟܚ. ܟܕ ܒܕܡܥܐ ܒܥܝܗ ◆ 18 ܠܐ ܓܝܪ ܐܬܩܪܒܬܘܢ ܠܢܘܪܐ ܕܝܩܕܐ ܘܡܬܓܫܫܐ.
ܐܦܠܐ ܠܚܫܘܟܐ ܘܠܥܪܦܠܐ ܘܠܥܠܥܠܐ. 19 ܘܠܐ ܠܩܠܐ ܕܩܪܢܐ ܘܠܩܠܐ ܕܡܠܐ. ܗܘ ܕܐܝܠܝܢ
ܕܫܡܥܘܗܝ ܐܫܬܐܠܘ. ܕܠܐ ܢܬܬܘܣܦ ܢܬܡܠܠ ܥܡܗܘܢ. 20 ܠܐ ܓܝܪ ܡܣܝܒܪܝܢ
ܗܘܘ ܠܡܦܩܕܢܘܬܐ ܗܝ ܕܐܬܦܩܕܘ. ܕܐܦܢ ܚܝܘܬܐ ܬܬܩܪܒ ܠܛܘܪܐ ܬܬܪܓܡ. 21 ܘܗܟܢܐ
ܕܚܝܠ ܗܘܐ ܚܙܘܐ. ܕܡܘܫܐ ܐܡܪ. ܕܕܚܝܠ ܐܢܐ ܘܪܬܝܬ ܐܢܐ. 22 ܐܠܐ ܐܬܩܪܒܬܘܢ
ܠܛܘܪܐ ܕܨܗܝܘܢ. ܘܠܡܕܝܢܬܐ ܕܐܠܗܐ ܚܝܐ. ܠܐܘܪܫܠܡ ܕܒܫܡܝܐ. ܘܠܟܢܫܐ ܕܪܒܘܬܐ
ܕܡܠܐܟܐ. 23 ܘܠܥܕܬܐ ܕܒܘܟܪܐ ܕܡܬܟܬܒܝܢ ܒܫܡܝܐ. ܘܠܐܠܗܐ ܕܝܢܐ ܕܟܠ. ܘܠܪܘܚܐ
ܕܙܕܝܩܐ ܕܐܫܬܡܠܝܘ. 24 ܘܠܡܨܥܝܐ ܕܕܝܬܩܐ ܚܕܬܐ. ܘܠܝܫܘܥ ܘܠܕܡܗ ܕܡܡܠܠ
ܛܒ ܡܢ ܗܘ ܕܗܒܝܠ ◆ 25 ܐܙܕܗܪܘ ܗܟܝܠ. ܕܠܡܐ ܬܫܬܐܠܘܢ ܡܢ ܡܢ ܕܡܡܠܠ
ܥܡܟܘܢ. ܐܢ ܓܝܪ ܗܢܘܢ ܠܐ ܐܬܦܨܝܘ. ܕܐܫܬܐܠܘ ܡܢ ܕܡܡܠܠ ܥܡܗܘܢ ܒܐܪܥܐ:
ܟܡܐ ܝܬܝܪ ܚܢܢ. ܐܢ ܢܬܦܢܐ ܡܢ ܡܢ ܕܡܡܠܠ ܥܡܢ ܡܢ ܫܡܝܐ. 26 ܐܝܢܐ ܕܩܠܗ
ܐܪܥܐ ܐܙܝܥ. ܗܫܐ ܕܝܢ ܡܠܟ ܘܐܡܪ. ܕܬܘܒ ܚܕܐ ܙܒܢ ܐܢܐ ܡܙܝܥ. ܠܐ ܒܠܚܘܕ ܐܪܥܐ
ܐܠܐ ܐܦ ܫܡܝܐ. 27 ܗܕܐ ܕܝܢ ܕܐܡܪ ܚܕܐ ܙܒܢ: ܡܚܘܝܐ ܫܘܚܠܦܐ ܕܗܢܘܢ ܕܡܬܬܙܝܥܝܢ:
ܡܛܠ ܕܥܒܝܕܝܢ ܐܢܘܢ. ܕܢܩܘܡܘܢ ܗܢܘܢ ܕܠܐ ܡܬܬܙܝܥܝܢ ◆ 28 ܡܛܠ ܗܟܝܠ ܕܩܒܠܢ
ܡܠܟܘܬܐ ܕܠܐ ܡܬܬܙܝܥܐ. ܢܐܚܘܕ ܛܝܒܘܬܐ ܕܒܗ ܢܫܡܫ ܘܢܫܦܪ ܠܐܠܗܐ ܒܢܟܦܘܬܐ
ܘܒܕܚܠܬܐ. 29 ܐܠܗܢ ܓܝܪ ܢܘܪܐ ܗܘ ܐܟܘܠܬܐ ◆

Cap. xiii. 1 ܚܘܒܐ ܕܐܚܐ ܢܩܘܐ ܒܟܘܢ. 2 ܘܪܚܡܬܐ ܕܐܟܣܢܝܐ ܠܐ ܬܛܥܘܢ. ܒܗ ܓܝܪ ܒܗܕܐ
ܐܢܫܐ. ܕܟܕ ܠܐ ܝܕܥܝܢ ܩܒܠܘ ܡܠܐܟܐ. 3 ܐܬܕܟܪܘ ܠܐܣܝܪܐ ܕܐܣܝܪܝܢ: ܐܝܟ ܗܘ
ܕܥܡܗܘܢ ܐܣܝܪܝܢ ܐܝܬܝܟܘܢ. ܐܬܕܟܪܘ ܠܐܝܠܝܢ ܕܡܬܛܠܡܝܢ: ܐܝܟ ܐܢܫܐ ܕܒܦܓܪܐ ܠܒܝܫܝܢ
ܐܝܬܝܟܘܢ. 4 ܡܝܩܪ ܗܘ ܙܘܘܓܐ ܒܟܠ. ܘܥܪܣܗܘܢ ܕܟܝܐ ܗܘ. ܠܙܢܝܐ ܕܝܢ ܘܠܓܝܪܐ ܕܐܢ
ܐܠܗܐ. 5 ܠܐ ܗܘܐ ܪܚܡ ܟܣܦܐ ܬܪܥܝܬܟܘܢ. ܐܠܐ ܬܗܘܐ ܣܦܩ ܠܟܘܢ ܡܕܡ ܕܐܝܬ ܠܟܘܢ.
ܗܘ ܓܝܪ ܡܪܝܐ ܐܡܪ. ܕܠܐ ܐܫܒܩܟ ܘܠܐ ܐܦ ܠܐ ܐܪܦܝܟ. 6 ܘܐܡܪ ܠܢ ܕܢܐܡܪ
ܒܬܘܟܠܢܐ. ܡܪܝ ܡܥܕܪܢܝ ܠܐ ܐܕܚܠ. ܡܢܐ ܢܥܒܕ ܠܝ ܒܪܢܫܐ ◆ 7 ܗܘܝܬܘܢ ܥܗܕܝܢ
ܠܡܕܒܪܢܝܟܘܢ. ܐܝܠܝܢ ܕܡܠܠܘ ܥܡܟܘܢ ܡܠܬܐ ܕܐܠܗܐ. ܐܬܒܩܘ ܒܫܘܠܡܐ
ܕܕܘܒܪܝܗܘܢ. ܘܐܬܕܡܘ ܠܗܝܡܢܘܬܗܘܢ. 8 ܝܫܘܥ ܡܫܝܚܐ ܐܬܡܠܝ ܘܝܘܡܢܐ ܗܘܝܘ
ܘܠܥܠܡ. 9 ܒܝܘܠܦܢܐ ܢܘܟܪܝܐ ܘܡܫܚܠܦܐ ܠܐ ܬܬܕܒܪܘܢ. ܫܦܝܪ ܗܘ ܓܝܪ ܕܒܛܝܒܘܬܐ
ܢܫܪܪ ܠܒܘܬܢ. ܘܠܐ ܒܡܐܟܘܠܬܐ: ܡܛܠ ܕܠܐ ܐܬܥܕܪܘ ܐܝܠܝܢ ܕܗܠܟܘ ܒܗܝܢ ◆ 10 ܐܝܬ
ܠܢ ܕܝܢ ܡܕܒܚܐ: ܕܠܐ ܫܠܝܛ ܠܡܐܟܠ ܡܢܗ ܠܗܢܘܢ ܕܒܡܫܟܢܐ ܡܫܡܫܝܢ.
11 ܚܝܘܬܐ ܓܝܪ ܗܠܝܢ ܕܡܥܠܠ ܗܘܐ ܕܡܗܝܢ ܪܒ ܟܘܡܪܐ ܠܒܝܬ ܩܘܕܫܐ ܚܠܦ
ܚܛܗܐ. ܦܓܪܝܗܝܢ ܡܬܘܩܕ ܗܘܐ ܠܒܪ ܡܢ ܡܫܪܝܬܐ. 12 ܡܛܠ ܗܢܐ ܐܦ ܝܫܘܥ ܕܢܩܕܫ

ܠܥܡܗ ܒܕܡܗ. ܠܒܪ ܡܢ ܡܕܝܢܬܐ ܚܫ. 13 ܘܐܦ ܚܢܢ ܗܟܝܠ ܢܦܘܩ ܠܘܬܗ ܠܒܪ
ܡܢ ܡܫܪܝܬܐ. ܟܕ ܡܣܝܒܪܝܢܢ ܚܣܕܗ. 14 ܠܝܬ ܠܢ ܓܝܪ ܡܕܝܢܬܐ ܕܩܝܡܐ ܗܪܟܐ.
ܐܠܐ ܠܗܝ ܕܥܬܝܕܐ ܡܣܟܝܢܢ. 15 ܘܒܐܝܕܗ ܢܩܪܒ ܕܒܚܐ ܕܬܫܒܘܚܬܐ ܒܟܠܙܒܢ ܠܐܠܗܐ.
ܕܐܝܬܝܗ ܦܐܪܐ ܕܣܦܘܬܐ ܕܡܘܕܝܢ ܠܫܡܗ. 16 ܘܠܐ ܬܛܥܘܢ ܡܪܚܡܢܘܬܐ ܘܫܘܬܦܘܬܐ
ܕܥܡ ܡܣܟܢܐ. ܒܗܠܝܢ ܓܝܪ ܕܒܚܐ ܫܦܪ ܐܢܫ ܠܐܠܗܐ. 17 ܐܬܛܦܝܣܘ ܠܡܕܒܪܢܝܟܘܢ.
ܘܐܫܬܡܥܘ ܠܗܘܢ. ܗܢܘܢ ܓܝܪ ܫܗܪܝܢ ܚܠܦ ܢܦܫܬܟܘܢ. ܐܝܟ ܐܢܫܐ ܕܝܗܒܝܢ
ܣܘܥܪܢܗܘܢ. ܕܒܚܕܘܬܐ ܢܗܘܘܢ ܥܒܕܝܢ ܗܕܐ ܘܠܐ ܒܬܢܚܬܐ: ܡܛܠ ܕܠܐ ܦܐܕܐ ܠܟܘܢ.
18 ܨܠܘ ܥܠܝܢ. ܡܬܚܝܠܝܢܢ ܓܝܪ ܕܬܐܪܬܐ ܛܒܬܐ ܐܝܬ ܠܢ: ܕܒܟܠܡܕܡ ܨܒܝܢܢ ܕܫܦܝܪ
ܢܬܕܒܪ. 19 ܝܬܝܪܐܝܬ ܕܝܢ ܒܥܐ ܐܢܐ ܡܢܟܘܢ. ܕܬܥܒܕܘܢ ܗܕܐ: ܕܒܥܓܠ ܐܬܦܢܐ ܠܘܬܟܘܢ.
20 ܐܠܗܐ ܕܝܢ ܕܫܠܡܐ. ܗܘ ܕܐܣܩ ܡܢ ܒܝܬ ܡܝ̈ܬܐ ܠܪܥܝܐ ܪܒܐ ܕܥܢܐ ܒܕܡܐ
ܕܕܝܬܩܐ ܕܠܥܠܡ. ܕܐܝܬܘܗܝ ܡܪܢ ܝܫܘܥ ܡܫܝܚܐ: 21 ܗܘ ܢܓܡܪܟܘܢ ܒܟܠ ܥܒܕ
ܛܒ. ܕܬܥܒܕܘܢ ܨܒܝܢܗ. ܘܗܘ ܢܣܥܘܪ ܒܟܘܢ ܕܫܦܪ ܩܕܡܘܗܝ ܒܝܕ ܝܫܘܥ
ܡܫܝܚܐ. ܕܠܗ ܬܫܒܘܚܬܐ ܠܥܠܡ ܥܠܡܝܢ. ܐܡܝܢ ܀
22 ܒܥܐ ܐܢܐ ܕܝܢ ܡܢܟܘܢ ܐܚܝ̈. ܕܬܗܘܘܢ ܡܣܝܒܪܝܢ ܡܠܬܐ ܕܒܘܝܐܐ: ܡܛܠ
ܕܒܙܥܘܪܝܬܐ ܗܘ ܟܬܒܬ ܠܟܘܢ ܀ 23 ܕܥܘ ܕܝܢ ܠܐܚܘܢ ܛܝܡܬܐܘܣ ܕܐܫܬܪܝ. ܘܐܢ
ܒܥܓܠ ܢܐܬܐ ܐܚܙܝܟܘܢ ܥܡܗ. 24 ܫܐܠܘ ܒܫܠܡܐ ܕܟܠܗܘܢ ܡܕܒܪܢܝܟܘܢ: ܘܕܟܠܗܘܢ
ܩܕܝܫܐ. ܫܐܠܝܢ ܒܫܠܡܟܘܢ ܟܠܗܘܢ ܕܡܢ ܐܝܛܠܝܐ. 25 ܛܝܒܘܬܐ ܥܡ ܟܠܟܘܢ.
ܐܡܝܢ ܀܀

܀ ܫܠܡܬ ܐܓܪܬܐ ܕܠܘܬ ܥܒܪ̈ܝܐ ܕܐܬܟܬܒܬ ܡܢ ܐܝܛܠܝܐ ܀

ܐܓܪܬܐ ܕܬܪܬܝܢ ܕܦܛܪܘܣ ܫܠܝܚܐ

Cap. i. 1 ܫܡܥܘܢ ܦܛܪܘܣ ܥܒܕܐ ܘܫܠܝܚܐ ܕܝܫܘܥ ܡܫܝܚܐ. ܠܐܝܠܝܢ ܕܒܫܘܝܘܬܐ ܥܡܢ
ܠܗܝܡܢܘܬܐ ܟܠܗܘܢ ܐܫܬܘܝܘ: ܒܙܕܝܩܘܬܐ ܕܡܪܢ ܘܦܪܘܩܢ ܝܫܘܥ ܡܫܝܚܐ. 2 ܛܝܒܘܬܐ
ܘܫܠܡܐ ܢܣܓܐ ܠܟܘܢ. ܒܝܕܥܬܐ ܕܡܪܢ ܝܫܘܥ ܡܫܝܚܐ. 3 ܐܝܟ ܡܢ ܕܟܠܗܝܢ ܐܝܠܝܢ
ܕܐܝܬܝܗܝܢ ܕܚܝܠܐ ܐܠܗܝܐ: ܠܘܬ ܚܝܐ ܘܕܚܠܬ ܐܠܗܐ ܝܗܒ. ܒܝܕ ܝܕܥܬܐ ܕܗܘ ܕܩܪܐ
ܠܢ: ܒܬܫܒܘܚܬܐ ܕܝܠܗ ܘܒܚܝܠܘܬܐ. 4 ܕܒܐܝܕܝܗܘܢ ܫܘܘܕܝܐ ܪܘܪܒܐ ܘܝܩܝܪܐ ܠܟܘܢ
ܝܗܒ. ܕܒܗܘܢ ܬܗܘܘܢ ܫܘܬܦܐ ܕܟܝܢܐ ܐܠܗܝܐ: ܟܕ ܥܪܩܝܢ ܐܢܬܘܢ ܡܢ ܚܒܠܐ ܕܪܓܝܓܬܐ
ܕܒܥܠܡܐ. 5 ܘܗܕܐ ܕܝܢ ܗܘܝܐ: ܟܕ ܡܫܬܕܠܢܘܬܐ ܟܠܗ ܡܥܠܝܢ ܐܢܬܘܢ. ܐܘܣܦܘ ܥܠ
ܗܝܡܢܘܬܟܘܢ. ܡܝܬܪܘܬܐ. ܥܠ ܕܝܢ ܡܝܬܪܘܬܐ ܝܕܥܬܐ. 6 ܥܠ ܕܝܢ ܝܕܥܬܐ
ܡܚܣܢܢܘܬܐ. ܥܠ ܕܝܢ ܡܚܣܢܢܘܬܐ ܡܣܝܒܪܢܘܬܐ. ܥܠ ܕܝܢ ܡܣܝܒܪܢܘܬܐ ܕܚܠܬ
ܐܠܗܐ. 7 ܥܠ ܕܝܢ ܕܚܠܬ ܐܠܗܐ ܪܚܡܬ ܐܚܘܬܐ. ܥܠ ܕܝܢ ܪܚܡܬ ܐܚܘܬܐ ܚܘܒܐ.
8 ܗܠܝܢ ܓܝܪ ܟܕ ܡܫܬܟܚܢ ܠܟܘܢ ܘܡܣܓܝܢ: ܠܐ ܗܘܐ ܒܛܝܠܐ ܐܦܠܐ ܘܠܐ ܦܐܪ̈ܐ ܡܩܝܡܝܢ
ܠܟܘܢ: ܒܝܕܥܬܗ ܕܡܪܢ ܝܫܘܥ ܡܫܝܚܐ. 9 ܗܘ ܓܝܪ ܕܠܐ ܡܫܬܟܚܢ ܠܗ ܗܠܝܢ:
ܣܡܝܐ ܐܝܬܘܗܝ ܘܠܐ ܚܙܐ: ܛܥܝܐ ܕܕܘܟܝܐ ܕܚܛܗܘܗܝ ܥܬܝܩܐ. 10 ܘܡܛܠ ܗܘ ܝܬܝܪܐܝܬ
ܐܚܝ. ܐܬܚܦܛܘ ܕܒܥܒܕ̈ܝܟܘܢ ܛܒ̈ܐ: ܩܪܝܬܟܘܢ ܘܓܒܝܘܬܟܘܢ ܡܫܪܪܐ ܬܥܒܕܘܢ. ܟܕ
ܓܝܪ ܗܠܝܢ ܥܒܕܝܢ ܐܢܬܘܢ: ܠܐ ܡܬܬܩܠܝܢ ܐܢܬܘܢ ܐܡܬܝ. 11 ܗܟܢܐ ܓܝܪ
ܥܬܝܪܐܝܬ ܬܬܝܗܒ ܠܟܘܢ: ܡܥܠܬܐ ܕܡܠܟܘܬܐ ܕܠܥܠܡ ܕܡܪܢ ܘܦܪܘܩܢ. ܝܫܘܥ
ܡܫܝܚܐ. 12 ܡܛܠ ܗܕܐ ܠܐ ܡܬܡܗܠ ܐܢܐ. ܡܢ ܕܡܥܗܕ ܐܢܐ ܠܟܘܢ ܐܡܝܢܐܝܬ ܥܠ
ܗܠܝܢ: ܟܕ ܐܦ ܝܕܥܝܢ ܐܢܬܘܢ ܘܡܫܪܪܝܢ ܐܢܬܘܢ ܥܠ ܫܪܪܐ ܗܢܐ. 13 ܙܕܩܐ ܕܝܢ
ܡܣܬܒܪܐ ܠܝ. ܕܥܕܡܐ ܕܐܝܬܝ ܒܦܓܪܐ ܗܢܐ. ܐܥܝܪܟܘܢ ܒܥܘܗܕܢܐ. 14 ܟܕ ܝܕܥ ܐܢܐ.
ܕܫܘܢܝܐ ܕܦܓܪܝ ܒܥܓܠ ܗܘܐ: ܐܝܟܢܐ ܕܐܦ ܡܪܢ ܝܫܘܥ ܡܫܝܚܐ ܐܘܕܥܢܝ. 15 ܚܦܝܛ
ܐܢܐ ܕܝܢ. ܕܐܦ ܐܡܝܢܐܝܬ ܗܘܐ ܐܝܬ ܠܟܘܢ: ܕܐܦ ܡܢ ܒܬܪ ܡܦܩܢܐ ܕܝܠܝ. ܕܘܟܪܢܐ
ܕܗܠܝܢ ܬܗܘܘܢ ܥܒܕܝܢ. 16 ܠܐ ܗܘܐ ܓܝܪ ܒܬܪ ܡܬܠܐ ܕܡܨܒܬܝܢ ܒܐܘܡܢܘܬܐ ܐܙܠܢ:
ܐܘܕܥܢܟܘܢ ܚܝܠܗ ܘܡܐܬܝܬܗ ܕܡܪܢ ܝܫܘܥ ܡܫܝܚܐ: ܐܠܐ ܟܕ ܚܙܝܐ ܗܘܝܢ ܕܪܒܘܬܗ
ܕܝܠܗ. 17 ܟܕ ܓܝܪ ܢܣܒ ܡܢ ܐܠܗܐ ܐܒܐ ܐܝܩܪܐ ܘܫܘܒܚܐ: ܟܕ ܩܠܐ ܐܬܐ ܠܗ

ܕܐܝܟ ܗܢܐ· ܡܢ ܫܘܒܚܐ ܪܒܐ ܕܡܫܒܚܘܬܗ: ܕܗܢܘ ܒܪܝ ܗܘ ܚܒܝܒܐ ܕܒܗ ܐܨܛܒܝܬ.
18 ܐܦ ܚܢܢ ܠܗ ܠܗܢܐ ܩܠܐ ܫܡܥܢ ܡܢ ܫܡܝܐ ܕܐܬܐ ܠܗ: ܟܕ ܐܝܬܝܢ ܗܘܝܢ ܥܡܗ
ܒܛܘܪܐ ܩܕܝܫܐ. 19 ܘܐܝܬ ܠܢ· ܕܫܪܝܪܐ ܐܦ ܡܠܬܐ ܕܢܒܝܘܬܐ: ܗܝ ܕܫܦܝܪ ܥܒܕܝܢ
ܐܢܬܘܢ. ܟܕ ܒܗ ܚܝܪܝܢ ܐܢܬܘܢ. ܐܝܟ ܕܒܫܪܓܐ ܕܡܢܗܪ ܒܐܬܪܐ ܚܫܘܟܐ. ܥܕܡܐ
ܕܐܝܡܡܐ ܢܢܗܪ. ܘܟܘܟܒܐ ܢܕܢܚ ܒܠܒܘܬܟܘܢ. 20 ܟܕ ܗܕܐ ܠܘܩܕܡ ܝܕܥܝܢ ܐܢܬܘܢ:
ܕܟܠ ܢܒܝܘܬܐ ܫܪܝܐ ܕܟܬܒܐ ܕܡܢܗ ܠܐ ܗܘܬ. 21 ܠܐ ܗܘܐ ܓܝܪ ܒܨܒܝܢܐ ܕܒܪܢܫܐ. ܐܬܬ
ܡܢ ܡܬܘܡ ܢܒܝܘܬܐ. ܐܠܐ ܟܕ ܡܢ ܪܘܚܐ ܩܕܝܫܐ ܡܬܕܒܪܝܢ. ܡܠܠܘ ܩܕܝܫܐ ܒܢܝܢܫܐ
ܕܐܠܗܐ ܀

Cap. ii.

1 ܗܘܘ ܕܝܢ ܐܦ ܢܒܝܐ ܕܓܠܐ ܒܥܡܐ. ܐܝܟ ܕܐܦ ܒܟܘܢ ܢܗܘܘܢ ܡܠܦܢܐ ܕܓܠܐ·
ܐܝܠܝܢ ܕܡܥܠܝܢ ܗܪܣܝܣ ܕܐܒܕܢܐ. ܘܡܪܝܐ ܕܙܒܢ ܐܢܘܢ· ܟܦܪܝܢ. ܟܕ ܡܝܬܝܢ ܥܠ
ܢܦܫܗܘܢ ܐܒܕܢܐ ܡܣܪܗܒܐ. 2 ܘܣܓܝܐܐ ܢܐܙܠܘܢ· ܒܬܪ ܛܢܦܘܬܐ ܕܝܠܗܘܢ: ܗܢܘܢ
ܕܡܛܠܬܗܘܢ ܐܘܪܚܐ ܕܫܪܪܐ ܬܬܓܕܦ. 3 ܘܒܥܠܘܒܘܬܐ· ܘܒܡܠܐ ܕܡܝܐ ܢܬܬܓܪܘܢ ܒܟܘܢ
ܗܢܘܢ ܕܕܝܢܗܘܢ ܡܢ ܩܕܝܡ ܠܐ ܒܛܝܠ. ܘܐܒܕܢܗܘܢ ܠܐ ܢܐܡ. 4 ܐܢ ܓܝܪ ܐܠܗܐ ܥܠ
ܡܠܐܟܐ ܕܚܛܘ ܠܐ ܚܣ: ܐܠܐ ܒܫܫܠܬܐ ܕܥܡܛܢܐ ܐܚܕ ܐܢܘܢ ܒܬܚܬܝܬܐ: ܘܐܫܠܡ
ܐܢܘܢ ܕܢܬܢܛܪܘܢ ܠܕܝܢܐ ܕܫܢܕܐ. 5 ܘܥܠ ܥܠܡܐ ܩܕܡܝܐ ܠܐ ܚܣ: ܐܠܐ ܠܢܘܚ
ܘܬܡܝܢܝܐ ܟܪܘܙܐ ܕܟܐܢܘܬܐ ܢܛܪ: ܟܕ ܛܘܦܢܐ ܥܠ ܥܠܡܐ ܕܪܫܝܥܐ ܐܝܬܝ. 6 ܘܐܦ
ܠܡܕܝܢܬܐ ܕܣܕܘܡ ܘܕܥܡܘܪܐ ܐܘܩܕ: ܘܒܗܦܘܟܝܐ ܚܝܒ ܐܢܝܢ: ܟܕ ܐܚܘܝܬܐ ܠܪܫܝܥܐ
ܕܥܬܝܕܝܢ ܕܢܗܘܘܢ ܣܡ. 7 ܐܦ ܠܠܘܛ ܙܕܝܩܐ ܕܡܬܩܗܐ ܗܘܐ ܡܢ ܗܘܦܟܐ ܕܒܛܢܦܘܬܐ
ܕܗܠܝܢ ܕܠܐ ܢܡܘܣܐ ܐܬܦܨܝ ܗܘܐ· ܦܪܩ. 8 ܒܚܙܬܐ ܓܝܪ ܘܒܫܡܥܬܐ· ܟܕ ܥܡܪ
ܗܘܐ ܙܕܝܩܐ ܗܘ ܒܝܢܬܗܘܢ. ܝܘܡ ܡܢ ܝܘܡ· ܠܢܦܫܗ ܙܕܝܩܬܐ ܒܥܒܕܐ ܕܠܐ ܢܡܘܣ ܡܫܢܩ
ܗܘܐ. 9 ܝܕܥ ܗܘ ܡܪܝܐ ܕܢܦܪܘܩ ܡܢ ܢܣܝܢܐ ܠܐܝܠܝܢ ܕܕܚܠܝܢ ܠܗ. ܠܥܘܠܐ ܕܝܢ·
ܠܝܘܡܐ ܕܕܝܢܐ ܟܕ ܡܬܢܓܕܝܢ ܢܛܪ. 10 ܝܬܝܪܐܝܬ ܕܝܢ ܠܐܝܠܝܢ ܕܒܬܪ ܒܣܪܐ ܒܪܓܬܐ
ܕܛܡܐܘܬܐ ܐܙܠܝܢ: ܘܥܠ ܡܪܘܬܐ ܡܒܣܪܝܢ: ܡܪܚܢܐ ܘܡܣܬܒܪܢܐ: ܕܡܢ ܫܘܒܚܐ ܠܐ
ܪܬܝܬܝܢ ܟܕ ܡܓܕܦܝܢ. 11 ܐܝܟܐ ܕܡܠܐܟܐ ܕܚܝܠܐ ܘܒܥܘܫܢܐ ܪܘܪܒܝܢ ܐܢܘܢ: ܠܐ ܡܝܬܝܢ
ܥܠܝܗܘܢ ܡܢ ܡܪܝܐ ܕܝܢܐ ܕܓܘܕܦܐ. 12 ܗܠܝܢ ܕܝܢ ܐܝܟ ܚܝܘܬܐ ܚܪܫܬܐ ܗܘܘ ܒܟܝܢܐ
ܠܨܝܕܐ ܘܠܚܒܠܐ: ܟܕ ܒܐܝܠܝܢ ܕܠܐ ܝܕܥܝܢ ܡܓܕܦܝܢ· ܒܚܒܠܐ ܕܝܠܗܘܢ ܢܬܚܒܠܘܢ.
13 ܟܕ ܐܝܠܝܢ ܕܗܘܐ ܠܗܘܢ ܠܥܘܠܐ. ܐܓܪܐ ܕܥܘܠܐ· ܗܢܝܘܬܐ ܚܫܒܝܢ ܠܗܘܢ: ܠܒܘܣܡܐ
ܕܗܘܐ ܒܐܝܡܡܐ. ܡܘܡܐ ܘܡܠܘܬܐ ܕܒܘܣܡܐ. ܘܟܕ ܡܬܦܢܩܝܢ ܒܫܘܪܓܢܝܗܘܢ: ܡܬܦܢܩܝܢ.
14 ܟܕ ܥܝܢܐ ܐܝܬ ܠܗܘܢ· ܕܡܠܝܢ ܓܘܪܐ· ܘܚܛܝܬܐ ܕܠܐ ܡܬܦܣܩܐ. ܟܕ ܡܛܥܝܢ ܠܢܦܫܬܐ
ܕܠܐ ܡܫܬܪܪܢ. ܘܠܒܐ ܕܡܕܪܫ ܒܥܠܘܒܘܬܐ ܐܝܬ ܠܗܘܢ. ܒܢܝܐ ܕܠܘܛܬܐ. 15 ܘܟܕ ܫܒܩܘ

ܐܘܪܚܐ ܬܪܝܨܬܐ. ܛܥܘ ܘܐܙܠܘ ܒܐܘܪܚܐ ܕܒܠܥܡ ܒܪ ܒܥܘܪ: ܗܘ ܕܐܓܪܐ ܕܥܘܠܐ ܐܚܒ.
16 ܡܟܣܢܘܬܐ ܕܝܢ ܗܘܬ ܠܗ ܒܥܒܪܢܘܬܗ. ܐܬܢܐ ܕܠܐ ܡܠܐ: ܘܒܩܠܐ ܕܒܪ̈ܢܫܐ܇ ܡܠܠܬ
ܟܠܬ ܠܫܛܝܘܬܗ ܕܢܒܝܐ. 17 ܗܠܝܢ ܐܝܬܝܗܘܢ ܡܒܘ̈ܥܐ ܕܠܐ ܡ̈ܝܐ. ܥܢ̈ܢܐ ܕܡܢ ܥܠܥܠܐ
ܡܬܛܪܕܝܢ. ܗܠܝܢ ܕܥܡܛܢܐ ܕܚܫܘܟܐ ܢܛܝܪ ܠܗܘܢ. 18 ܟܕ ܓܝܪ ܫܘܒܗܪܐ ܕܣܪܝܩܘܬܐ
ܡܡܠܠܝܢ. ܡܨܝܕܝܢ ܒܪ̈ܓܝܓܬܐ ܛܢ̈ܦܬܐ ܕܒܣܪܐ. ܠܐܝܠܝܢ ܕܒܩܠܝܠ ܥܪܩܝܢ܇
ܡܢ ܐܝܠܝܢ ܕܒܛܘܥܝܘܬܐ ܡܬܗܦܟܝܢ. 19 ܘܚܐܪܘܬܐ ܠܗܘܢ ܡܫܬܘܕܝܢ: ܟܕ ܗܢܘܢ ܥܒ̈ܕܐ
ܐܝܬܝܗܘܢ ܕܚܒܠܐ. ܠܗܘ ܓܝܪ ܕܡܢܗ ܐܢܫ ܐܙܕܟܝ ܠܗ. ܠܗܢܐ ܐܦ ܡܫܬܥܒܕ. 20 ܐܢ ܓܝܪ
ܟܕ ܥܪܩܘ ܡܢ ܛܢ̈ܦܘܬܗ ܕܥܠܡܐ ܒܝܕܥܬܗ ܕܡܪܢ ܝܫܘܥ ܡܫܝܚܐ ܘܦܪܘܩܢ: ܒܗܘܢ
ܬܘܒ ܡܬܚܒܟܝܢ ܘܡܙܕܟܝܢ: ܗܘܬ ܠܗܘܢ ܚܪܬܗܘܢ ܒܝܫܬܐ ܡܢ ܩܕܡܝܬܗܘܢ.
21 ܦܩܚ ܗܘܐ ܠܗܘܢ ܓܝܪ ܕܠܐ ܢܕܥܘܢܗ̇ ܠܐܘܪܚܐ ܕܙܕܝܩܘܬܐ. ܐܘ ܕܟܕ ܐܬܝܕܥܘܗ̇܇
ܠܒܣܬܪ ܢܗܦܟܘܢ. ܡܢ ܦܘܩܕܢܐ ܩܕܝܫܐ ܕܐܫܬܠܡ ܠܗܘܢ. 22 ܓܕܫ ܠܗܘܢ ܕܝܢ ܗܠܝܢ
ܕܡܬܠܐ ܫܪܝܪܐ. ܕܟܠܒܐ ܕܗܦܟ ܥܠ ܬܝܘܒܗ. ܘܚܙܝܪܬܐ ܕܣܚܝܐ ܒܥܘܪܓܠܐ ܕܣܝܢܐ܀

Cap. iii. 1 ܗܕܐ ܕܝܢ ܗܫܐ ܚܒܝܒܝ̈. ܐܓܪܬܐ ܕܬܪܬܝܢ܇ ܟܬܒ ܐܢܐ ܠܟܘܢ. ܗܠܝܢ ܕܒܬܪ̈ܬܝܗܝܢ ܡܥܝܪ
ܐܢܐ ܠܟܘܢ ܒܥܘܗܕܢܐ ܠܪ̈ܥܝܢܝܟܘܢ ܫܦܝܐ. 2 ܕܬܬܕܟܪܘܢ ܠܡ̈ܠܐ ܕܩܕܡ ܐܬܐܡܪ ܡܢ ܢܒܝ̈ܐ
ܩܕܝ̈ܫܐ: ܘܠܦܘܩܕܢܗ ܕܡܪܢ ܘܦܪܘܩܢ ܕܒܝܕ ܫܠܝ̈ܚܐ: 3 ܟܕ ܗܕܐ ܠܘܩܕܡ ܝܕܥܝܢ
ܐܢܬܘܢ. ܕܢܐܬܘܢ ܒܚܪܬܐ ܕܝܘܡ̈ܬܐ ܡܒܙܚܢ̈ܐ ܕܒܡܒܙܚܢܘܬܐ܇ ܟܕ ܐܝܟ ܪ̈ܓܝܓܬܐ ܕܢܦܫܗܘܢ
ܡܗܠܟܝܢ 4 ܘܐܡܪܝܢ: ܕܐܝܟܐ ܐܝܬܘܗܝ ܡܘܠܟܢܐ ܕܡܐܬܝܬܗ. ܡܢ ܟܕ ܓܝܪ ܐܒ̈ܗܬܐ
ܫܟܒܘ. ܟܠܡܕܡ ܗܟܢܐ ܡܩܘܐ. ܡܢ ܫܘܪܝܗ ܕܒܪܝܬܐ. 5 ܛܥܝܐ ܠܗܘܢ ܓܝܪ ܗܕܐ܇
ܟܕ ܨܒܝܢ. ܕܫܡܝܐ ܐܝܬܝܗܘܢ ܗܘܘ ܡܢ ܩܕܝܡ ܘܐܪܥܐ. ܡܢ ܡ̈ܝܐ ܘܒܝܕ ܡ̈ܝܐ ܩܝܡܐ:
ܒܡܠܬܐ ܕܐܠܗܐ: 6 ܗܠܝܢ ܕܒܐܝܕܝܗܘܢ ܥܠܡܐ ܕܗܝܕܝܢ܇ ܟܕ ܛܒܥ ܒܡ̈ܝܐ ܘܐܒܕ. 7 ܫܡܝܐ
ܕܝܢ ܕܗܫܐ ܘܐܪܥܐ: ܒܡܠܬܐ ܕܝܠܗ ܐܣܝܢܝܢ܇ ܟܕ ܠܢܘܪܐ ܡܬܢܛܪܝܢ: ܠܝܘܡܐ ܕܕܝܢܐ
ܘܕܐܒܕܢܐ ܕܒܢܝ̈ܢܫܐ ܪ̈ܫܝܥܐ܀ 8 ܗܕܐ ܕܝܢ ܚܕܐ܇ ܠܐ ܬܛܥܝܟܘܢ ܚܒܝܒܝ̈. ܕܚܕ ܝܘܡܐ ܠܡܪܝܐ܇
ܐܝܟ ܐܠܦ ܫܢܝܢ ܐܝܬܘܗܝ: ܘܐܠܦ ܫܢܝܢ. ܐܝܟ ܝܘܡܐ ܚܕ. 9 ܠܐ ܡܫܬܘܚܪ ܡܪܝܐ
ܒܫܘܘܕܝ̈ܘܗܝ܇ ܐܝܟ ܕܐܢܫܝܢ ܫܘܘܚܪܐ ܡܚܫܒܝܢ: ܐܠܐ ܡܓܪܓ ܪܘܚܗ ܡܛܠܬܟܘܢ:
ܟܕ ܠܐ ܨܒܐ ܕܐܢܫ ܢܐܒܕ: ܐܠܐ ܕܟܠܢܫ ܠܬܝܒܘܬܐ ܢܐܬܐ. 10 ܐܬܐ ܕܝܢ ܝܘܡܗ ܕܡܪܝܐ܇ ܐܝܟ
ܓܢܒܐ. ܗܘ ܕܒܗ ܫܡܝܐ ܡܢ ܫܠܝ ܢܥܒܪܘܢ. ܐܣܛܘܟܣܐ ܕܝܢ ܟܕ ܝܩܕܝܢ܇ ܢܫܬܪܘܢ.
ܘܐܪܥܐ ܘܥܒ̈ܕܐ ܕܒܗ. ܢܬܓܠܘܢ. 11 ܟܕ ܗܟܝܠ ܗܠܝܢ ܟܠܗܘܢ ܡܫܬܪܝܢ: ܕܐܝܟ ܐܝܠܝܢ
ܙܕܩ ܠܟܘܢ ܕܬܗܘܘܢ܇ ܒܗܘܦܟ̈ܝܟܘܢ ܩܕܝ̈ܫܐ ܘܒܕܚܠܬ ܐܠܗܐ: 12 ܟܕ ܡܣܟܝܢ ܐܢܬܘܢ
ܘܡܣܪܗܒܝܢ ܐܢܬܘܢ ܠܡܐܬܝܬܗ ܕܝܘܡܗ ܕܐܠܗܐ: ܗܘ ܕܒܗ ܫܡܝܐ܇ ܟܕ ܡܬܝܩܕܝܢ ܒܢܘܪܐ
ܢܫܬܪܘܢ. ܘܐܣܛܘܟܣܐ܇ ܟܕ ܝܩܕܝܢ. ܢܬܦܫܪܘܢ. 13 ܫܡܝܐ ܕܝܢ ܚܕ̈ܬܐ ܘܐܪܥܐ ܚܕܬܐ.

ܐܝܟ ܡܘܠܟܢܐ ܕܝܠܗ. ܡܣܟܝܢܢ: ܗܠܝܢ ܕܒܗܘܢ ܟܐܢܘܬܐ ܥܡܪܐ܀ 14 ܡܛܠ ܗܢܐ
ܚܒܝܒܝ. ܟܕ ܠܗܠܝܢ ܡܣܟܝܢ ܐܢܬܘܢ. ܐܬܚܦܛܘ ܕܕܠܐ ܛܘܠܫܐ ܘܕܠܐ ܡܘܡܐ: ܠܗ
ܬܫܬܟܚܘܢ ܒܫܠܡܐ. 15 ܘܠܡܓܪܬ ܪܘܚܗ ܕܡܪܢ ܦܘܪܩܢܐ ܚܫܘܒܘ: ܐܝܟܢܐ ܕܐܦ
ܐܚܘܢ ܚܒܝܒܐ ܦܘܠܘܣ: ܐܝܟ ܚܟܡܬܐ ܕܐܬܝܗܒܬ ܠܗ. ܟܬܒ ܠܟܘܢ: 16 ܐܝܟܢܐ
ܕܒܟܠܗܘܢ ܐܓܪܬܗ ܡܡܠܠ ܒܗܘܢ ܥܠ ܗܠܝܢ. ܐܝܠܝܢ ܕܐܝܬ ܒܗܘܢ ܡܕܡ ܕܒܥܩܘܣ
ܠܡܣܬܟܠܘ. ܗܠܝܢ ܕܐܝܠܝܢ ܕܠܐ ܝܠܝܦܐ ܐܢܘܢ ܘܠܐ ܡܫܪܪܝܢ. ܡܥܩܡܝܢ ܠܗܘܢ: ܐܝܟ
ܕܐܦ ܠܟܠܗܘܢ ܟܬܒܐ ܕܫܪܪܐ. ܠܘܬ ܐܒܕܢܐ ܕܢܦܫܗܘܢ. 17 ܐܢܬܘܢ ܗܟܝܠ ܚܒܝܒܝ. ܟܕ
ܡܩܕܡ ܝܕܥܝܢ ܐܢܬܘܢ. ܛܪܘ ܢܦܫܟܘܢ. ܕܠܡܐ ܟܕ ܐܟܚܕܐ ܐܢܬܘܢ ܒܛܥܝܘܬܐ
ܕܐܝܠܝܢ ܕܠܐ ܢܡܘܣ ܐܢܘܢ: ܬܦܠܘܢ ܡܢ ܣܡܟܐ ܕܪܓܠܝܟܘܢ. 18 ܪܒܘ ܕܝܢ ܒܛܝܒܘܬܐ
ܘܒܝܕܥܬܗ ܕܡܪܢ. ܘܦܪܘܩܢ ܝܫܘܥ ܡܫܝܚܐ. ܘܕܐܠܗܐ ܐܒܐ: ܕܠܗ ܬܫܒܘܚܬܐ
ܐܦ ܗܫܐ ܘܒܟܠܗܘܢ ܝܘܡܬ ܥܠܡܐ. ܐܡܝܢ܀

܀ ܫܠܡܬ ܐܓܪܬܐ ܕܬܪܬܝܢ ܕܦܛܪܘܣ ܫܠܝܚܐ ܀

܀ ܐܓܪܬܐ ܕܬܪܬܝܢ ܕܝܘܚܢܢ ܫܠܝܚܐ ܀

1 ܩܫܝܫܐ ܠܓܒܝܬܐ ܩܘܪܝܐ ܘܠܒܢܝܗ̇: ܐܝܠܝܢ ܕܐܢܐ ܪܚܡ ܐܢܐ ܒܫܪܪܐ. ܠܐ ܗܘܐ ܕܝܢ
ܐܢܐ ܒܠܚܘܕܝ. ܐܠܐ ܟܠܗܘܢ ܐܝܠܝܢ ܕܝܕܥܘܗ̇ ܠܫܪܪܐ: 2 ܡܛܠ ܫܪܪܐ ܐܝܢܐ ܕܡܩܘܐ
ܒܢ. ܘܥܡܢ ܐܝܬܘܗܝ ܠܥܠܡ. 3 ܬܗܘܐ ܥܡܟܘܢ ܛܝܒܘܬܐ ܘܪܚܡܐ ܘܫܠܡܐ ܡܢ
ܐܠܗܐ ܐܒܐ. ܘܡܢ ܡܪܢ ܝܫܘܥ ܡܫܝܚܐ ܒܪܗ ܕܐܒܐ. ܒܫܪܪܐ ܘܒܚܘܒܐ܀
4 ܚܕܝܬ ܛܒ. ܕܐܫܟܚܬ ܡܢ ܒܢܝܟܝ ܕܡܗܠܟܝܢ ܒܫܪܪܐ: ܐܝܟܢܐ ܕܦܘܩܕܢܐ ܢܣܒܢ
ܡܢ ܐܒܐ. 5 ܘܗܫܐ ܡܬܟܫܦ ܐܢܐ ܠܟܝ ܩܘܪܝܐ. ܠܐ ܗܘܐ ܐܝܟ ܦܘܩܕܢܐ ܚܕܬܐ ܟܬܒ ܐܢܐ
ܠܟܝ. ܐܠܐ ܗܘ ܕܐܝܬ ܗܘܐ ܠܢ ܡܢ ܫܘܪܝܐ. ܕܢܚܒ ܚܕ ܠܚܕ. 6 ܘܗܢܐ ܐܝܬܘܗܝ ܚܘܒܐ.
ܕܢܗܠܟ ܐܝܟ ܦܘܩܕܢܘܗܝ. ܗܢܐ ܦܘܩܕܢܐ ܐܝܬܘܗܝ: ܐܝܟ ܡܐ ܕܫܡܥܬܘܢ ܡܢ ܫܘܪܝܐ.
ܕܒܗ ܬܗܘܘܢ ܡܗܠܟܝܢ. 7 ܡܛܠ ܕܣܓܝܐܐ ܡܛܥܝܢܐ ܢܦܩܘ ܒܗ ܒܥܠܡܐ. ܐܝܠܝܢ
ܕܠܐ ܡܘܕܝܢ ܕܝܫܘܥ ܡܫܝܚܐ ܐܬܐ ܒܒܣܪܐ. ܗܢܐ ܐܝܬܘܗܝ ܡܛܥܝܢܐ ܘܐܢܛܝܟܪܝܣܛܘܣ.
8 ܐܙܕܗܪܘ ܒܢܦܫܟܘܢ. ܕܠܐ ܬܘܒܕܘܢ ܡܕܡ ܕܦܠܚܬܘܢ: ܐܠܐ ܐܓܪܐ ܡܫܡܠܝܐ ܬܬܦܪܥܘܢ.
9 ܟܠ ܐܢܫ ܕܥܒܪ ܘܠܐ ܡܩܘܐ ܒܝܘܠܦܢܗ ܕܡܫܝܚܐ. ܐܠܗܐ ܠܝܬ ܒܗ. ܗܘ ܕܡܩܘܐ
ܒܝܘܠܦܢܗ. ܗܢܐ ܘܐܒܐ ܘܒܪܐ ܐܝܬ ܒܗ. 10 ܐܢ ܐܢܫ ܐܬܐ ܠܘܬܟܘܢ: ܘܗܢܐ ܝܘܠܦܢܐ

ܠܐ ܡܝܬܐ܂ ܠܐ ܬܩܒܠܘܢܝܗܝ ܒܒܝܬܐ܂ ܘܫܠܡ ܠܟ ܠܐ ܬܐܡܪܘܢ ܠܗ܂ 11 ܗܘ ܓܝܪ ܕܐܡܪ
ܠܗ ܫܠܡ ܠܟ܂ ܡܫܬܘܬܦ ܗܘ ܠܥܒܕܘܗܝ ܒܝܫܐ܀
12 ܟܕ ܣܓܝܐܬܐ ܐܝܬ ܗܘܐ ܠܝ ܠܡܟܬܒ ܠܟܘܢ܂ ܠܐ ܨܒܝܬ ܕܒܝܕ ܩܪܛܝܣܐ ܘܕܝܘܬܐ܂
ܐܠܐ ܡܣܒܪ ܐܢܐ ܕܐܬܐ ܠܘܬܟܘܢ܂ ܘܦܘܡܐ ܠܘܬ ܦܘܡܐ ܢܡܠܠ܃ ܕܚܕܘܬܐ ܕܝܠܟܘܢ ܬܗܘܐ
ܡܫܡܠܝܐ܂ 13 ܫܐܠܝܢ ܒܫܠܡܟܝ܂ ܒܢܝܐ ܕܚܬܟܝ ܓܒܝܬܐ ܐܡܝܢ܀

ܫܠܡܬ ܐܓܪܬܐ ܕܬܪܬܝܢ ܕܝܘܚܢܢ ܫܠܝܚܐ

ܐܓܪܬܐ ܕܬܠܬ ܕܝܘܚܢܢ ܫܠܝܚܐ

1 ܩܫܝܫܐ܂ ܠܓܐܝܘܣ ܚܒܝܒܐ܂ ܠܗܘ ܕܐܢܐ ܪܚܡ ܐܢܐ ܒܫܪܪܐ܀
2 ܚܒܝܒܐ܂ ܒܟܠܡܕܡ ܡܨܠܐ ܐܢܐ ܥܠܝܟ܂ ܕܬܨܠܚ ܘܬܗܘܐ ܚܠܝܡ܃ ܐܝܟ ܡܐ ܕܡܨܠܚܐ
ܢܦܫܟ܂ 3 ܚܕܝܬ ܓܝܪ ܛܒ܂ ܕܐܬܘ ܐܚܐ ܘܣܗܕܘ ܥܠ ܫܪܪܟ܃ ܐܝܟ ܡܐ ܕܐܢܬ
ܒܫܪܪܐ ܡܗܠܟ ܐܢܬ܂ 4 ܘܪܒܐ ܡܢ ܗܕܐ ܚܕܘܬܐ܂ ܠܝܬ ܠܝ܂ ܕܐܫܡܥ ܕܒܢܝ ܕܝܠܝ
ܒܫܪܪܐ ܡܗܠܟܝܢ܂ 5 ܚܒܝܒܐ܂ ܒܗܝܡܢܘܬܐ ܥܒܕ ܐܢܬ ܗܘ ܡܐ ܕܣܥܪ ܐܢܬ ܠܘܬ
ܐܚܐ܂ ܘܡܛܠ ܕܐܟܣܢܝܐ ܐܢܘܢ܂ 6 ܐܝܠܝܢ ܕܐܣܗܕܘ ܥܠ ܚܘܒܟ ܩܕܡ ܟܠܗ
ܥܕܬܐ܂ ܠܗܘܢ ܫܦܝܪ ܥܒܕ ܐܢܬ܂ ܕܬܠܘܐ ܐܢܘܢ܃ ܐܝܟ ܡܐ ܕܫܘܐ ܠܐܠܗܐ܂
7 ܚܠܦ ܓܝܪ ܫܡܗ ܢܦܩܘ܂ ܟܕ ܡܕܡ ܠܐ ܢܣܒܘ ܡܢ ܥܡܡܐ܂ 8 ܚܢܢ ܗܟܝܠ ܚܝܒܝܢܢ
ܠܡܩܒܠܘ ܠܐܝܟ ܗܠܝܢ܂ ܕܡܥܕܪܢܐ ܢܗܘܐ ܠܫܪܪܐ܂ 9 ܨܒܝܬ ܗܘܝܬ ܐܟܬܘܒ ܠܥܕܬܐ܂
ܐܠܐ ܗܘ ܕܪܚܡ ܕܢܗܘܐ ܪܝܫܐ ܕܝܠܗܘܢ܂ ܕܝܘܛܪܦܣ܂ ܠܐ ܡܩܒܠ ܠܢ܂ 10 ܡܛܠ
ܗܢܐ ܐܢ ܗܘ ܕܐܬܐ܂ ܐܥܗܕ ܥܒܕܘܗܝ ܗܠܝܢ ܕܥܒܕ܃ ܕܒܡܠܐ ܒܝܫܬܐ ܡܛܦܫ ܠܢ܂ ܘܟܕ ܠܐ
ܣܦܩ ܠܗ ܗܠܝܢ܂ ܠܐ ܗܘ ܡܩܒܠ ܠܐܚܐ܂ ܘܠܐܝܠܝܢ ܕܡܩܒܠܝܢ܂ ܟܠܐ ܘܡܦܩ ܡܢ ܥܕܬܐ܂
11 ܚܒܝܒܐ܂ ܠܐ ܬܬܕܡܐ ܒܒܝܫܬܐ܂ ܐܠܐ ܒܛܒܬܐ܂ ܗܘ ܕܥܒܕ ܛܒܬܐ܂ ܡܢ ܐܠܗܐ ܐܝܬܘܗܝ܂
ܗܘ ܕܥܒܕ ܒܝܫܬܐ܂ ܠܐ ܚܙܝܗܝ ܠܐܠܗܐ܂ 12 ܥܠ ܕܡܛܪܝܘܣ܂ ܐܝܬ ܗܘ ܣܗܕܘܬܐ ܡܢ
ܟܠܢܫ܂ ܘܡܢܗ ܕܫܪܪܐ܂ ܐܦ ܚܢܢ ܕܝܢ ܣܗܕܝܢܢ܂ ܘܝܕܥ ܐܢܬ ܕܣܗܕܘܬܐ
ܕܝܠܢ ܫܪܝܪܐ ܗܝ܀
13 ܣܓܝܐܬܐ ܐܝܬ ܗܘܐ ܠܝ ܠܡܟܬܒ ܠܟ܂ ܐܠܐ ܠܐ ܨܒܐ ܐܢܐ ܕܒܝܕ ܕܝܘܬܐ ܘܩܢܝܐ

ܐܟܬܘܒ ܠܟ. ¹⁴ ܡܣܒܪ ܐܢܐ ܕܝܢ. ܕܡܚܕܐ ܐܚܙܝܟ: ܘܦܘܡܐ ܠܘܬ ܦܘܡܐ
ܢܡܠܠ. ¹⁵ ܫܠܡܐ ܢܗܘܐ ܠܟ. ܫܐܠܝܢ ܫܠܡܟ ܪ̈ܚܡܝܢ. ܫܐܠ ܫܠܡܐ ܕܪ̈ܚܡܝܢ
ܕܦܫܢ ܒܫܡܗܘܢ܀

܀ ܫܠܡܬ ܐܓܪܬܐ ܕܬܠܬ ܕܝܘܚܢܢ ܫܠܝܚܐ ܀

܀ ܐܓܪܬܐ ܕܝܗܘܕܐ ܫܠܝܚܐ ܀

¹ ܝܗܘܕܐ ܥܒܕܗ ܕܝܫܘܥ ܡܫܝܚܐ: ܐܚܐ ܕܝܢ ܕܝܥܩܘܒ. ܠܩܪ̈ܝܐ ܚܒܝ̈ܒܐ
ܕܒܐܠܗܐ ܐܒܐ: ܘܒܝܫܘܥ ܡܫܝܚܐ ܢܛܝܪܝܢ. ² ܪ̈ܚܡܐ ܘܫܠܡܐ ܘܚܘܒܐ
ܢܣܓܐ ܒܟܘܢ܀

³ ܚܒܝ̈ܒܝ. ܟܕ ܟܠܗ ܝܨܝܦܘܬܐ ܥܒܕ ܐܢܐ ܠܡܟܬܒ ܠܟܘܢ. ܥܠ ܚܝ̈ܐ ܕܟܠܢ ܓܘܢܐ.
ܐܢܢܩܐ ܐܝܬ ܠܝ ܠܡܟܬܒ ܠܟܘܢ: ܟܕ ܡܦܝܣ ܐܢܐ. ܕܬܬܟܬܫܘܢ ܚܠܦ
ܗܝܡܢܘܬܐ: ܗܝ ܕܚܕܐ ܙܒܢ ܐܫܬܠܡܬ ܠܩܕܝ̈ܫܐ. ⁴ ܥܠܘ ܓܝܪ ܐܢܫܝܢ ܡܛܥܝܢܐ:
ܐܝܠܝܢ ܕܡܢ ܩܕܝܡ ܟܬܝܒ ܗܘܐ ܥܠܝܗܘܢ ܕܝܢܐ ܗܢܐ. ܐܢܫܐ ܪ̈ܘܫܥܐ. ܕܠܛܝܒܘܬܗ
ܕܐܠܗܢ ܡܗܦܟܝܢ ܠܛܢܦܘܬܐ. ܘܠܗܘ ܕܐܝܬܘܗܝ ܒܠܚܘܕܘܗܝ ܡܪܐ ܐܠܗܐ ܘܡܪܢ
ܝܫܘܥ ܡܫܝܚܐ ܟܦܪܝܢ. ⁵ ܠܡܥܗܕܢܘܬܟܘܢ ܕܝܢ ܨܒܐ ܐܢܐ: ܟܕ ܝܕܥܝܢ ܐܢܬܘܢ ܟܠܡܕܡ:
ܕܐܠܗܐ ܟܕ ܚܕܐ ܙܒܢ ܠܥܡܐ ܡܢ ܡܨܪܝܢ ܦܪܩ. ܗܘ ܕܬܘܒ ܠܐܝܠܝܢ ܕܠܐ ܗܝܡܢܘ
ܐܘܒܕ. ⁶ ܘܠܡܠܐ̈ܟܐ ܐܝܠܝܢ ܕܠܐ ܢܛܪܘ ܪܝܫܢܘܬܗܘܢ: ܐܠܐ ܫܒܩܘ ܠܡܥܡܪܐ ܕܝܠܗܘܢ.
ܠܕܝܢܐ ܕܝܘܡܐ ܪܒܐ: ܒܐܣܘܪ̈ܐ ܕܠܐ ܡܬܝܕܥܝܢ: ܬܚܝܬ ܥܡܛܢܐ ܢܛܪ. ⁷ ܐܝܟ ܣܕܘܡ
ܘܥܡܘܪܐ ܘܩܘܪ̈ܝܐ ܕܚܕܪ̈ܝܗܝܢ: ܕܒܕܡܘܬܐ ܕܗܠܝܢ ܐܦ ܗܢܝܢ ܙܢܝ ܘܐܙܠ ܒܬܪ ܒܣܪܐ
ܐܚܪܢܐ. ܣܝ̈ܡܢ ܠܚܘܝܐ ܕܢܘܪܐ ܕܠܥܠܡ: ܟܕ ܡܫܬܕܢܢ ܕܝܢܐ. ⁸ ܒܗ ܒܕܡܘܬܐ
ܐܦ ܗܠܝܢ ܕܒܚܠܡ̈ܐ ܡܬܕܓܠܝܢ: ܒܣܪܐ ܡܢ ܡܛܢܦܝܢ. ܠܡܪܘܬܐ ܕܝܢ
ܡܣܠܝܢ. ܘܥܠ ܫܘܒܚܐ ܡܓܕܦܝܢ. ⁹ ܡܝܟܐܝܠ ܕܝܢ ܪܝܫ ܡܠܐ̈ܟܐ: ܗܘ ܕܟܕ
ܐܬܕܝܢ ܥܡ ܣܛܢܐ: ܡܬܚܪܐ ܗܘܐ ܥܠ ܦܓܪܗ ܕܡܘܫܐ. ܠܐ ܐܡܪ ܕܢܝܬܐ ܥܠܘܗܝ
ܕܝܢܐ ܕܓܘܕܦܐ. ܐܠܐ ܐܡܪ: ܢܟܐܕܟ ܡܪܝܐ. ¹⁰ ܗܠܝܢ ܕܝܢ: ܥܠ ܐܝܠܝܢ ܕܠܐ ܝܕܥܝܢ.
ܡܓܕܦܝܢ. ܥܠ ܐܝܠܝܢ ܕܝܢ ܕܐܝܟ ܚܝܘܬܐ ܕܠܐ ܡܠܬܐ ܡܬܕܥܝܢ. ܒܗܝܢ ܡܬܚܒܠܝܢ.
¹¹ ܘܝ ܠܗܘܢ. ܕܒܐܘܪܚܗ ܕܩܐܝܢ ܐܙܠܘ. ܘܒܛܥܝܘܬܗ ܕܒܠܥܡ ܥܠ ܐܓܪܐ ܐܫܬܦܟܘ.
ܘܒܬܚܪܘܬܗ ܕܩܘܪܚ ܐܒܕܘ. ¹² ܗܠܝܢ ܐܢܘܢ ܐܝܠܝܢ ܕܒܚܘ̈ܒܝܗܘܢ ܟܕ ܡܬܒܣܡܝܢ:

ܡܬܕܒܪܝܢ. ܟܕ ܕܠܐ ܕܚܠܬܐ ܢܦܫܗܘܢ ܪܥܝܢ. ܥܢܢܐ ܕܠܐ ܡܛܪܐ ܕܡܢ ܪܘܚܐ ܦܪܝܚܝܢ.
ܐܝܠܢܐ ܕܐܘܦ ܐܒܗܘܢ. ܕܐܬܡܝܬܘ ܘܠܐ ܦܐܪܐ. ܘܬܪܬܝܢ ܙܒܢܝܢ ܡܝܬܘ. ܘܐܬܥܩܪܘ ܡܢ ܥܩܪܗܘܢ.
13 ܓܠܠܐ ܥܙܝܙܐ ܕܝܡܐ: ܕܪܬܚܝܢ ܙܘܥܝܗܘܢ. ܡܦܩܝܢ ܒܗܬܬܗܘܢ. ܟܘܟܒܐ ܡܫܬܢܝܢܐ.
ܠܗܠܝܢ ܕܥܡܛܢܐ ܕܚܫܘܟܐ ܠܥܠܡܝܢ ܠܗܘܢ ܢܛܝܪ. 14 ܐܬܢܒܝ ܕܝܢ ܐܦ ܥܠ ܗܠܝܢ:
ܗܘ ܕܫܒܝܥܝܗܘܢ ܕܡܢܝܢܐ ܡܢ ܐܕܡ ܚܢܘܟ ܟܕ ܐܡܪ. ܕܗܐ ܡܪܝܐ ܐܬܐ ܒܪܒܘܬܐ ܕܩܕܝܫܐ:
15 ܕܢܥܒܕ ܕܝܢܐ ܥܠ ܟܠ. ܘܠܡܟܣܘ ܠܟܠ ܢܦܫܐ: ܡܛܠ ܟܠܗܘܢ ܥܒܕܐ ܐܝܠܝܢ
ܕܐܪܫܥܘ: ܘܡܛܠ ܟܠܗܘܢ ܡܠܐ ܩܫܝܬܐ ܐܝܠܝܢ ܕܡܠܠܘ. ܚܛܝܐ ܘܪܫܝܥܐ. 16 ܗܠܝܢ
ܐܢܘܢ ܕܪܛܢܝܢ ܘܡܬܬܥܝܢ ܒܟܠ ܙܒܢ: ܟܕ ܐܝܟ ܪܓܝܓܬܐ ܕܢܦܫܗܘܢ ܡܗܠܟܝܢ.
ܘܦܘܡܗܘܢ ܡܡܠܠ ܪܘܪܒܬܐ: ܘܡܫܬܒܚܝܢ ܒܦܪܨܘܦܐ ܡܛܠ ܝܘܬܪܢܐ. 17 ܐܢܬܘܢ ܕܝܢ
ܚܒܝܒܝ. ܐܬܕܟܪܘ ܠܡܠܐ ܐܝܠܝܢ ܕܩܕܡ ܐܬܐܡܪ ܡܢ ܫܠܝܚܘܗܝ ܕܡܪܢ ܝܫܘܥ ܡܫܝܚܐ:
18 ܕܐܡܪܝܢ ܗܘܘ ܠܟܘܢ: ܕܒܚܪܬܐ ܕܙܒܢܐ ܢܗܘܘܢ ܐܢܫܝܢ ܕܡܒܙܚܝܢ: ܕܐܝܟ ܪܓܝܓܬܐ
ܕܢܦܫܗܘܢ ܐܙܠܝܢ ܒܬܪ ܪܘܫܥܐ. 19 ܗܠܝܢ ܐܝܬܝܗܘܢ ܐܝܠܝܢ ܕܡܦܪܫܝܢ. ܢܦܫܢܝܐ.
ܕܪܘܚܐ ܠܝܬ ܠܗܘܢ. 20 ܐܢܬܘܢ ܕܝܢ ܚܒܝܒܝ. ܒܗܝܡܢܘܬܐ ܕܩܘܕܫܐ ܡܬܒܢܝܢ: ܐܬܚܕܘ
ܡܢ ܕܪܘܚܐ ܩܕܝܫܬܐ ܟܕ ܡܨܠܝܢ. 21 ܢܛܪܘ ܕܝܢ ܢܦܫܟܘܢ ܒܚܘܒܗ ܕܐܠܗܐ ܟܕ ܡܣܟܝܢ
ܠܚܢܢܗ ܕܡܪܢ ܝܫܘܥ ܡܫܝܚܐ: ܠܚܝܐ ܕܠܥܠܡ ܕܥܠܡܝܢ. 22 ܘܠܚܠܨܘܗܝ ܡܢ ܡܢ ܢܘܪܐ
ܚܛܘܦܘ. 23 ܟܕ ܕܝܢ ܡܬܬܘܢ: ܐܬܪܚܡܘ ܥܠܝܗܘܢ ܒܕܚܠܬܐ: ܟܕ ܣܢܝܢ ܐܢܬܘܢ ܐܦ
ܠܟܘܬܝܢܐ ܕܡܢ ܒܣܪܐ ܕܡܬܛܘܫܐ.

24 ܠܗܘ ܕܝܢ ܕܡܫܟܚ ܕܢܛܪ ܠܟܘܢ ܕܠܐ ܡܬܬܩܠܢܐ ܘܕܠܐ ܬܘܠܥܐ: ܘܢܩܝܡ ܕܠܐ ܡܘܡܐ:
25 ܩܕܡ ܫܘܒܚܗ ܒܚܕܘܬܐ. ܠܐܠܗܐ ܒܠܚܘܕ ܦܪܘܩܢ: ܒܝܕ ܝܫܘܥ ܡܫܝܚܐ ܡܪܢ: ܫܘܒܚܐ ܘܬܫܒܘܚܬܐ:
ܠܗ ܫܘܠܛܢܐ ܘܐܘܚܕܢܐ ܘܐܝܩܪܐ ܘܪܒܘܬܐ. ܐܦ ܗܫܐ ܘܒܟܠܗܘܢ ܠܥܠܡܝܢ ܐܡܝܢ ܀

܀ ܫܠܡܬ ܐܓܪܬܐ ܕܝܗܘܕܐ ܫܠܝܚܐ ܀

ܓܠܝܢܐ ܕܝܘܚܢܢ

[¹ܓܠܝܢܐ ܕܝܫܘܥ ܡܫܝܚܐ܆ ܕܝܗܒ ܠܗ ܐܠܗܐ܆ ܠܡܚܘܝܘ ܠܥܒܕܘܗܝ. ܡܐ Cap. i.
ܕܘܠܐ ܠܡܗܘܐ ܒܥܓܠ. ܘܐܘܕܥ ܟܕ ܫܠܚ ܒܝܕ ܡܠܐܟܗ. ܠܥܒܕܗ ܝܘܚܢܢ܆ ²ܗܘ
ܕܐܣܗܕ ܠܡܠܬܐ ܕܐܠܗܐ܆ ܘܠܣܗܕܘܬܗ ܕܝܫܘܥ ܡܫܝܚܐ܆ ܟܠ ܡܐ ܕܚܙܐ. ³ܛܘܒܘܗܝ
ܠܡܢ ܕܩܪܐ. ܘܠܐܝܠܝܢ ܕܫܡܥܝܢ ܡܠܐ ܕܢܒܝܘܬܐ ܗܕܐ. ܘܢܛܪܝܢ ܐܝܠܝܢ ܕܟܬܝܒܢ ܒܗ.
ܙܒܢܐ ܓܝܪ ܩܪܝܒ܀ ⁴ܝܘܚܢܢ ܠܫܒܥ ܥܕܬܐ ܕܒܐܣܝܐ. ܛܝܒܘܬܐ ܥܡܟܘܢ ܘܫܠܡܐ. ܡܢ
ܗܘ ܕܐܝܬܘܗܝ ܘܐܝܬܘܗܝ ܗܘܐ. ܘܐܬܐ. ܘܡܢ ܫܒܥܐ ܪܘܚܐ ܐܝܠܝܢ ܕܩܕܡ ܟܘܪܣܝܗ.
⁵ܘܡܢ ܝܫܘܥ ܡܫܝܚܐ ܣܗܕܐ܆ ܡܗܝܡܢܐ܆ ܒܘܟܪܐ ܕܡܝܬܐ܆ ܘܪܫܐ ܕܡܠܟܐ ܕܐܪܥܐ܆
ܗܘ ܕܐܚܒ ܠܢ ܘܫܪܐ ܠܢ ܡܢ ܚܛܗܝܢ ܒܕܡܗ. ⁶ܘܥܒܕ ܠܢ ܡܠܟܘܬܐ ܟܘܡܪܐ
ܠܐܠܗܐ ܘܐܒܘܗܝ. ܠܗ ܫܘܒܚܐ ܘܐܘܚܕܢܐ ܠܥܠܡ ܥܠܡܝܢ ܐܡܝܢ. ⁷ܗܐ ܐܬܐ ܥܡ
ܥܢܢܐ. ܘܚܙܝܢ ܠܗ ܟܠ ܥܝܢܐ. ܘܐܦ ܐܝܠܝܢ ܕܕܩܪܘܗܝ. ܘܪܩܕܢ ܥܠܘܗܝ ܟܠ ܫܪܒܬܐ
ܕܐܪܥܐ. ܐܝܢ ܘܐܡܝܢ܀ ⁸ܐܢܐ ܐܠܦ ܘܐܘ܆ ܐܡܪ ܡܪܝܐ ܐܠܗܐ ܗܘ ܕܐܝܬܘܗܝ.
ܘܐܝܬܘܗܝ ܗܘܐ. ܘܐܬܐ܆ ܗܘ ܕܐܚܝܕ ܟܠ܀]
⁹ܐܢܐ ܝܘܚܢܢ ܐܚܘܟܘܢ ܘܒܪ ܫܘܬܦܟܘܢ ܒܐܘܠܨܢܐ ܘܒܡܣܝܒܪܢܘܬܐ ܕܒܝܫܘܥ܆ ܗܘܝܬ
ܒܓܙܪܬܐ ܕܡܬܩܪܝܐ ܦܛܡܘܣ. ܡܛܠ ܡܠܬܐ ܕܐܠܗܐ. ܘܡܛܠ ܣܗܕܘܬܐ ܕܝܫܘܥ
ܡܫܝܚܐ. ¹⁰ܘܗܘܝܬ ܒܪܘܚ ܒܝܘܡܐ ܕܡܪܝܐ. ܘܫܡܥܬ ܡܢ ܒܣܬܪܝ ܩܠܐ ܪܒܐ ܐܝܟ
ܫܝܦܘܪܐ ¹¹ܕܐܡܪ. ܐܝܠܝܢ ܕܚܙܝܬ ܟܬܘܒ ܒܟܬܒܐ. ܘܫܕܪ ܠܫܒܥ ܥܕܬܐ. ܠܐܦܣܘܣ.
ܘܠܙܡܘܪܢܐ. ܘܠܦܪܓܡܘܣ. ܘܠܬܐܘܛܝܪܐ. ܘܠܣܪܕܝܣ. ܘܠܦܝܠܕܠܦܝܐ. ܘܠܠܐܕܝܩܝܐ.
¹²ܘܐܬܦܢܝܬ ܠܡܚܙܐ ܩܠܐ ܐܝܢܐ ܕܡܠܠ ܥܡܝ. ܘܟܕ ܐܬܦܢܝܬ. ܚܙܝܬ ܫܒܥ ܡܢܪܢ
ܕܕܗܒܐ. ¹³ܘܒܡܨܥܬܐ ܕܡܢܪܬܐ ܐܝܟ ܕܡܘܬܐ ܕܒܪܢܫܐ. ܘܠܒܝܫ ܐܦܘܕܐ. ܘܐܣܝܪ ܙܢܪ
ܒܬܕܘܗܝ ܐܣܪܐ ܕܕܗܒܐ. ¹⁴ܪܫܗ ܕܝܢ ܘܣܥܪܗ ܚܘܪ ܐܝܟ ܥܡܪܐ܇ ܘܐܝܟ ܬܠܓܐ.
ܘܥܝܢܘܗܝ ܐܝܟ ܡܫܠܗܒܝܬܐ ܕܢܘܪܐ. ¹⁵ܘܪܓܠܘܗܝ ܒܕܡܘܬܐ ܕܢܚܫܐ ܠܒܢܢܐ ܕܡܢ
ܟܘܪܐ. ܘܩܠܗ ܐܝܟ ܩܠܐ ܕܡܝܐ ܣܓܝܐܐ. ¹⁶ܘܐܝܬ ܠܗ ܒܐܝܕܗ ܕܝܡܝܢܐ. ܟܘܟܒܐ
ܫܒܥܐ. ܘܡܢ ܦܘܡܗ ܢܦܩܐ ܪܘܡܚܐ ܚܪܝܦܬܐ. ܘܚܙܘܗ ܐܝܟ ܫܡܫܐ ܡܚܘܝܐ ܚܝܠܗ.
¹⁷ܘܟܕ ܚܙܝܬܗ. ܢܦܠܬ ܥܠ ܪܓܠܘܗܝ ܐܝܟ ܡܝܬܐ. ܘܣܡ ܥܠܝ ܐܝܕܗ ܕܝܡܝܢܐ

ܒܝܡܝܢܗ: ܠܐ ܬܕܚܠ. ܕܐܢܐ ܐܝܬܝ ܩܕܡܝܐ ܘܐܚܪܝܐ. 18 ܘܚܝܐ ܘܗܘܝܬ ܡܝܬܐ. ܘܗܐ
ܚܝܐ ܐܝܬܝ ܠܥܠܡ ܥܠܡܝܢ. ܘܐܝܬ ܠܝ ܩܠܝܕܐ ܕܡܘܬܐ ܘܕܫܝܘܠ. 19 ܟܬܘܒ
ܗܟܝܠ ܡܐ ܕܚܙܝܬ. ܘܐܠܝܢ ܕܐܝܬܝܗܘܢ ܘܕܥܬܝܕܝܢ ܠܡܗܘܐ ܒܬܪ ܗܠܝܢ. 20 ܐܪܙܐ
ܕܫܒܥܐ ܟܘܟܒܝܢ ܐܠܝܢ ܕܚܙܝܬ ܥܠ ܝܡܝܢܝ ܘܫܒܥ ܡܢܪܢ. ܫܒܥܐ ܟܘܟܒܝܢ. ܡܠܐܟܐ
ܕܫܒܥ ܥܕܬܐ ܐܝܬܝܗܘܢ. ܘܡܢܪܬܐ ܫܒܥ ܕܕܗܒܐ ܐܠܝܢ ܕܚܙܝܬ. ܫܒܥ ܐܢܝܢ ܥܕܬܐ ◆
Cap. ii. 1 ܘܠܡܠܐܟܐ ܕܥܕܬܐ ܕܐܦܣܘܣ ܟܬܘܒ. ܗܟܢܐ ܐܡܪ ܗܘ ܕܐܚܝܕ ܫܒܥܐ ܟܘܟܒܝܢ ܒܝܡܝܢܗ.
ܗܘ ܕܡܗܠܟ ܒܝܢܬ ܡܢܪܬܐ ܕܕܗܒܐ. 2 ܝܕܥ ܐܢܐ ܥܒܕܝܟ ܘܠܥܡܠܟ ܘܡܣܝܒܪܢܘܬܟ.
ܘܕܠܐ ܡܫܟܚ ܠܡܣܝܒܪܘ ܠܒܝܫܐ. ܘܢܣܝܬ ܠܐܠܝܢ ܕܐܡܪܝܢ ܢܦܫܗܘܢ ܕܫܠܝܚܐ ܐܝܬܝܗܘܢ
ܘܠܝܬܝܗܘܢ. ܘܐܫܟܚܬ ܐܢܘܢ ܕܓܠܐ. 3 ܘܡܣܝܒܪܢܘܬܐ ܐܝܬ ܠܟ. ܘܣܝܒܪܬ ܡܛܠ
ܫܡܝ. ܘܠܐ ܠܐܝܬ. 4 ܐܠܐ ܐܝܬ ܠܝ ܠܘܬܟ. ܕܚܘܒܟ ܩܕܡܝܐ ܫܒܩܬ. 5 ܐܬܕܟܪ ܡܢ
ܐܝܟܐ ܢܦܠܬ ܘܬܘܒ ܘܥܒܕ ܥܒܕܐ ܩܕܡܝܐ. ܘܐܠܐ ܐܬܐ ܐܢܐ ܠܟ. ܘܡܙܝܥ ܐܢܐ ܡܢܪܬܟ.
ܐܠܐ ܬܬܘܒ. 6 ܐܠܐ ܗܕܐ ܐܝܬ ܠܟ. ܕܣܢܐ ܐܢܬ ܥܒܕܐ ܕܢܝܩܘܠܐܝܛܐ. ܐܠܝܢ ܕܐܢܐ ܣܢܐ ܐܢܐ.
7 ܗܘ ܕܐܝܬ ܠܗ ܐܕܢܐ. ܢܫܡܥ ܡܢܐ ܪܘܚܐ ܡܡܠܠܐ ܠܥܕܬܐ. ܘܠܕܙܟܐ ܐܬܠ ܡܢ
ܩܝܣܐ ܕܚܝܐ ܠܡܐܟܠ. ܗܘ ܕܐܝܬܘܗܝ ܒܦܪܕܝܣܐ ܕܐܠܗܐ ◆ 8 ܘܠܡܠܐܟܐ ܕܥܕܬܐ ܕܙܡܘܪܢܐ
ܟܬܘܒ. ܗܟܢܐ ܐܡܪ ܩܕܡܝܐ ܘܐܚܪܝܐ: ܗܘ ܕܗܘܐ ܡܝܬܐ ܘܚܝܐ. 9 ܝܕܥ ܐܢܐ ܐܘܠܨܢܟ
ܘܡܣܟܢܘܬܟ: ܐܠܐ ܥܬܝܪ ܐܢܬ. ܘܓܘܕܦܐ ܕܡܢ ܐܠܝܢ ܕܐܡܪܝܢ ܢܦܫܗܘܢ ܝܗܘܕܝܐ
ܝܗܘܕܝܐ ܕܝܢ ܠܐ ܐܝܬܝܗܘܢ. ܐܠܐ ܟܢܘܫܬܐ ܕܣܛܢܐ. 10 ܡܕܡ ܠܐ ܬܕܚܠ ܡܢ ܐܠܝܢ
ܕܥܬܝܕ ܐܢܬ ܠܡܚܫ. ܗܐ ܥܬܝܕ ܐܟܠܩܪܨܐ ܕܢܪܡܐ ܡܢܟܘܢ ܒܒܝܬ ܐܣܝܪܐ ܕܬܬܢܣܘܢ.
ܘܬܗܘܐ ܠܟܘܢ ܐܘܠܨܢܐ ܝܘܡܝܢ ܥܣܪܐ. ܗܘܝ ܡܗܝܡܢܐ ܥܕܡܐ ܠܡܘܬܐ ܘܐܬܠ
ܠܟ ܟܠܝܠܐ ܕܚܝܐ. 11 ܕܐܝܬ ܠܗ ܐܕܢܐ. ܢܫܡܥ ܡܢܐ ܪܘܚܐ ܡܡܠܠܐ ܠܥܕܬܐ.
ܕܙܟܐ ܕܝܢ ܠܐ ܢܬܚܪ ܡܢ ܡܘܬܐ ܬܢܝܢܐ ◆ 12 ܘܠܡܠܐܟܐ ܕܥܕܬܐ ܕܦܪܓܡܘܣ ܟܬܘܒ. ܗܟܢܐ
ܐܡܪ ܗܘ ܕܐܝܬ ܠܗ ܚܪܒܐ ܚܪܝܦܬܐ ܕܬܪܝܢ ܦܘܡܝܗ. 13 ܝܕܥ ܐܢܐ ܐܝܟܐ ܥܡܪܬ.
ܐܬܪ ܕܟܘܪܣܝܗ ܕܣܛܢܐ. ܘܐܚܝܕ ܐܢܬ ܫܡܝ. ܘܒܗܝܡܢܘܬܝ ܠܐ ܟܦܪܬ. ܘܒܝܘܡܬܐ
ܐܢܬܝܦܐ ܣܗܕܐ ܕܝܠܝ ܡܗܝܡܢܐ. ܕܐܬܩܛܠ ܠܘܬܟܘܢ. ܐܝܟܐ
ܕܥܡܪ ܣܛܢܐ. 14 ܐܠܐ ܐܝܬ ܠܝ ܥܠܝܟ ܩܠܝܠ. ܕܐܝܬ ܠܟ ܬܡܢ ܕܐܚܝܕܝܢ
ܡܠܦܢܘܬܗ ܕܒܠܥܡ. ܗܘ ܕܐܠܦ ܠܒܠܩ ܕܢܪܡܐ ܬܘܩܠܬܐ ܩܕܡ ܒܢܝ ܐܝܣܪܝܠ. ܠܡܐܟܠ
ܕܒܚܐ ܕܦܬܟܪܐ ܘܠܡܙܢܝܘ. 15 ܗܟܢܐ ܐܝܬ ܐܦ ܠܟ ܕܐܚܝܕܝܢ ܠܡܠܦܢܘܬܐ ܕܢܝܩܘܠܐܝܛܐ
ܗܟܘܬ. 16 ܬܘܒ ܗܟܝܠ. ܘܐܠܐ ܐܬܐ ܐܢܐ ܠܟ ܥܓܠ. ܘܐܩܪܒ ܥܡܗܘܢ ܒܚܪܒܐ
ܕܦܘܡܝ. 17 ܘܕܐܝܬ ܠܗ ܐܕܢܐ. ܢܫܡܥ ܡܢܐ ܪܘܚܐ ܡܡܠܠܐ ܠܥܕܬܐ. ܘܠܕܙܟܐ ܐܬܠ
ܡܢ ܡܢܢܐ ܗܘ ܕܡܛܫܝ. ܘܐܬܠ ܠܗ ܦܣܦܣܐ ܚܘܪܐ ܘܥܠ ܦܣܦܣܐ ܫܡܐ ܚܕܬܐ ܕܟܬܝܒ.

ܕܠܐ ܐܢܫ ܝܕܥ ܐܠܐ ܗܘ ܕܢܣܒ܀ 18 ܘܠܡܠܐܟܐ ܕܥܕܬܐ ܕܒܬܐܘܛܝܪܐ ܟܬܘܒ. ܗܟܢܐ ܐܡܪ
ܒܪܗ ܕܐܠܗܐ: ܗܘ ܕܐܝܬ ܠܗ ܥܝܢܐ ܐܝܟ ܡܠܗܒܝܬܐ ܕܢܘܪܐ: ܘܪܓܠܘܗܝ ܐܝܟ ܢܚܫܐ
ܠܒܢܢܐ. 19 ܝܕܥ ܐܢܐ ܥܒܕܝܟ ܘܚܘܒܟ ܘܗܝܡܢܘܬܟ. ܘܬܫܡܫܬܟ ܘܡܣܝܒܪܢܘܬܟ.
ܘܥܒܕܝܟ ܐܚܪܝܐ ܣܓܝܐܐ ܐܢܘܢ ܡܢ ܩܕܡܝܐ. 20 ܐܠܐ ܐܝܬ ܠܝ ܥܠܝܟ ܣܓܝ. ܕܫܒܩܬ
ܠܐܝܙܒܠ ܐܢܬܬܐ: ܗܝ ܕܐܡܪܐ ܥܠ ܢܦܫܗ ܕܢܒܝܬܐ ܗܝ: ܘܡܠܦܐ ܘܡܛܥܝܐ ܠܥܒܕܝ
ܠܡܙܢܝܘ: ܘܠܡܐܟܠ ܕܒܚܝ ܦܬܟܪܐ. 21 ܘܝܗܒܬ ܠܗ ܙܒܢܐ ܠܬܝܒܘܬܐ. ܘܠܐ ܨܒܝܐ
ܠܡܬܒ ܡܢ ܙܢܝܘܬܗ. 22 ܗܐ ܪܡܐ ܐܢܐ ܠܗ ܒܥܪܣܐ. ܘܠܐܝܠܝܢ ܕܓܐܪܝܢ ܥܡܗ
ܠܐܘܠܨܢܐ ܪܒܐ. ܐܠܐ ܢܬܘܒܘܢ ܡܢ ܥܒܕܝܗܘܢ. 23 ܘܠܒܢܝܗ ܐܩܛܘܠ ܒܡܘܬܐ. ܘܢܕܥܢ
ܟܠܗܝܢ ܥܕܬܐ. ܕܐܢܐ ܐܢܐ ܒܨܐ ܟܘܠܝܬܐ ܘܠܒܐ. ܘܐܬܠ ܠܟܘܢ ܠܟܠܚܕ ܐܝܟ ܥܒܕܝܟܘܢ.
24 ܠܟܘܢ ܐܡܪ ܐܢܐ ܠܫܪܟܐ ܕܒܬܐܘܛܝܪܐ. ܟܠܗܘܢ ܐܝܠܝܢ ܕܠܝܬ ܠܗܘܢ ܝܘܠܦܢܐ ܗܢܐ.
ܐܝܠܝܢ ܕܠܐ ܝܕܥܘ ܠܥܘܡܩܘܗܝ ܕܣܛܢܐ ܐܝܟ ܕܐܡܪܝܢ. ܠܐ ܐܪܡܐ ܥܠܝܟܘܢ ܝܩܪܐ ܐܚܪܢܐ.
25 ܗܘ ܕܩܢܝܬܘܢ ܕܐܝܬ ܠܟܘܢ ܐܚܘܕܘ ܥܕܡܐ ܕܐܬܐ ܐܢܐ. 26 ܘܕܙܟܐ ܘܢܛܪ ܥܒܕܝ. ܐܬܠ
ܠܗ ܫܘܠܛܢܐ ܥܠ ܥܡܡܐ. 27 ܠܡܪܥܐ ܐܢܘܢ ܒܫܒܛܐ ܕܦܪܙܠܐ. ܘܐܝܟ ܡܐܢܝ ܦܚܪܐ
ܢܬܬܪܥܘܢ. ܗܟܢܐ ܐܦ ܐܢܐ ܢܣܒܬ ܡܢ ܐܒܝ. 28 ܘܐܬܠ ܠܗ ܟܘܟܒܐ ܕܨܦܪܐ. 29 ܕܐܝܬ
ܠܗ ܐܕܢܐ. ܢܫܡܥ ܡܢܐ ܪܘܚܐ ܡܡܠܠܐ ܠܥܕܬܐ܀ 1 ܘܠܡܠܐܟܐ ܕܥܕܬܐ ܕܒܣܪܕܝܣ Cap. iii.
ܟܬܘܒ. ܗܟܢܐ ܐܡܪ ܗܘ ܕܐܝܬ ܠܗ ܫܒܥܐ ܪܘܚܝܢ ܕܐܠܗܐ ܘܫܒܥܐ ܟܘܟܒܐ. ܝܕܥ ܐܢܐ
ܥܒܕܝܟ ܘܫܡܐ ܕܐܝܬ ܠܟ. ܕܚܝܐ ܐܝܬ ܘܡܝܬܐ ܐܝܬ. 2 ܘܗܘܝܬ ܥܝܪܐ. ܘܫܪܪ ܕܫܪܟܐ
ܕܐܝܠܝܢ ܕܥܬܝܕܝܢ ܗܘܘ ܠܡܡܬ. ܠܐ ܓܝܪ ܐܫܟܚܬ ܕܡܫܡܠܝܢ ܥܒܕܝܟ ܩܕܡ ܐܠܗܐ.
3 ܐܬܕܟܪ ܐܝܟܢ ܡܩܒܠܬ ܘܫܡܥܬ. ܐܬܕܟܪ ܘܛܪ. ܘܐܢ ܠܐ ܬܬܥܝܪ. ܐܬܐ ܐܢܐ ܥܠܝܟ
ܐܝܟ ܓܢܒܐ. ܘܠܐ ܬܕܥ ܐܝܢܐ ܫܥܬܐ ܐܬܐ ܥܠܝܟ. 4 ܐܠܐ ܐܝܬ ܠܟ ܩܠܝܠ ܫܡܗܐ
ܒܣܪܕܝܣ. ܐܝܠܝܢ ܕܠܐ ܛܢܦܘ ܡܐܢܝܗܘܢ. ܘܡܗܠܟܝܢ ܥܡܝ ܒܚܘܪܐ. ܕܫܘܝܢ ܐܢܘܢ.
5 ܕܙܟܐ ܗܟܢܐ ܡܬܥܛܦ ܡܐܢܐ ܚܘܪܐ. ܘܠܐ ܐܥܛܐ ܫܡܗ ܡܢ ܣܦܪܐ ܕܚܝܐ. ܘܐܘܕܐ ܒܫܡܗ
ܩܕܡ ܐܒܝ ܘܩܕܡ ܡܠܐܟܘܗܝ. 6 ܐܝܢܐ ܕܐܝܬ ܠܗ ܐܕܢܐ. ܢܫܡܥ ܡܢܐ ܪܘܚܐ ܡܡܠܠܐ
ܠܥܕܬܐ܀ 7 ܘܠܡܠܐܟܐ ܕܥܕܬܐ ܕܦܝܠܕܠܦܝܐ ܟܬܘܒ. ܗܟܢܐ ܐܡܪ ܩܕܝܫܐ ܫܪܝܪܐ: ܗܘ
ܕܐܝܬ ܠܗ ܩܠܝܕܐ ܕܕܘܝܕ. ܐܝܢܐ ܕܦܬܚ ܘܠܝܬ ܕܐܚܕ. ܘܐܚܕ ܘܠܝܬ ܕܦܬܚ. 8 ܝܕܥ ܐܢܐ
ܥܒܕܝܟ. ܘܗܐ ܝܗܒܬ ܩܕܡܝܟ ܬܪܥܐ ܦܬܝܚܐ. ܐܝܢܐ ܕܠܐ ܐܢܫ ܡܫܟܚ ܠܡܐܚܕܗ. ܡܛܠ
ܕܩܠܝܠ ܚܝܠܐ ܐܝܬ ܠܟ. ܘܢܛܪܬ ܡܠܬܝ. ܘܒܫܡܝ ܠܐ ܟܦܪܬ. 9 ܘܗܐ ܝܗܒ ܐܢܐ ܡܢ
ܟܢܘܫܬܐ ܕܣܛܢܐ: ܡܢ ܐܝܠܝܢ ܕܐܡܪܝܢ ܥܠ ܢܦܫܗܘܢ ܕܝܗܘܕܝܐ ܐܢܘܢ. ܘܠܐ ܐܝܬܝܗܘܢ
ܐܠܐ ܡܕܓܠܝܢ. ܗܐ ܐܥܒܕ ܠܗܘܢ ܕܢܐܬܘܢ ܘܢܣܓܕܘܢ ܩܕܡ ܪܓܠܝܟ. ܘܢܕܥܘܢ ܕܐܢܐ
ܐܚܒܬܟ. 10 ܥܠ ܕܢܛܪܬ ܡܠܬܐ ܕܡܣܝܒܪܢܘܬܝ. ܘܐܢܐ ܐܛܪܟ ܡܢ ܢܣܝܘܢܐ ܕܥܬܝܕ

ܕܬܐܬܐ ܥܠ ܟܠܗ ܬܐܒܝܠ. ܕܬܢܣܐ ܠܥܡܘܪܝ ܐܪܥܐ. 11 ܐܬܐ ܐܢܐ ܡܚܕܐ. ܐܚܘܕ ܗܘ
ܡܐ ܕܐܝܬ ܠܟ. ܕܠܐ ܐܢܫ ܢܣܒ ܟܠܝܠܟ. 12 ܘܕܙܟܐ ܐܥܒܕܝܘܗܝ ܥܡܘܕܐ ܒܗܝܟܠܐ ܕܐܠܗܐ.
ܘܠܒܪ ܠܐ ܢܦܘܩ ܬܘܒ. ܘܐܟܬܘܒ ܥܠܘܗܝ ܫܡܐ ܕܐܠܗܝ. ܘܫܡܐ ܕܡܕܝܢܬܐ ܚܕܬܐ
ܐܘܪܫܠܡ. ܐܝܕܐ ܕܢܚܬܐ ܡܢ ܐܠܗܝ. ܘܫܡܐ ܕܝܠܝ ܚܕܬܐ. 13 ܘܕܐܝܬ ܠܗ ܐܕܢܐ. ܢܫܡܥ
ܡܢܐ ܪܘܚܐ ܡܡܠܠ ܠܥܕܬܐ. 14 ܘܠܡܠܐܟܐ ܕܥܕܬܐ ܕܠܐܘܕܝܩܝܐ ܟܬܘܒ. ܗܟܢܐ ܐܡܪ
ܐܡܝܢ. ܣܗܕܐ ܡܗܝܡܢܐ ܘܫܪܝܪܐ. ܘܪܫܝܬܐ ܕܒܪܝܬܗ ܕܐܠܗܐ. 15 ܝܕܥ ܐܢܐ ܥܒܕܝܟ. ܠܐ
ܩܪܝܪܐ ܐܝܬ ܘܠܐ ܚܡܝܡܐ. ܘܠܐ ܗܘܐ ܕܐܘ ܩܪܝܪܐ ܬܗܘܐ ܐܘ ܚܡܝܡܐ. 16 ܘܐܝܟܢܐ ܦܫܘܪܐ.
ܘܠܐ ܩܪܝܪܐ ܘܠܐ ܚܡܝܡܐ. ܥܬܝܕ ܐܢܐ ܠܡܬܒܘܬܟ ܡܢ ܦܘܡܝ. 17 ܡܛܠ ܕܐܡܪܬ
ܕܥܬܝܪܐ ܐܝܬ ܘܥܬܪܬ. ܘܥܠ ܡܕܡ ܠܐ ܣܢܝܩ ܐܢܐ. ܘܠܐ ܝܕܥ ܐܝܬ ܕܐܝܬ ܗܘ ܡܚܝܠܐ
ܘܕܘܝܐ: ܘܡܣܟܢܐ ܘܥܪܛܠܝܐ. 18 ܡܠܟ ܐܢܐ ܠܟ ܕܬܙܒܢ ܡܢܝ ܕܗܒܐ ܕܒܚܝܪ ܡܢ ܢܘܪܐ
ܕܬܥܬܪ. ܘܡܐܢܐ ܚܘܪܐ ܠܡܬܟܣܝܘ. ܘܠܐ ܬܬܓܠܐ ܒܗܬܬܐ ܕܥܪܛܠܝܘܬܟ. ܘܡܫܚܐ ܟܚܘܠ
ܕܬܚܙܐ. 19 ܐܢܐ ܠܐܝܠܝܢ ܕܪܚܡ ܐܢܐ ܡܟܣ ܐܢܐ ܘܪܕܐ ܐܢܐ. ܛܢ ܗܟܝܠ ܘܬܘܒ. 20 ܗܐ
ܩܡܬ ܥܠ ܬܪܥܐ ܘܢܩܫܬ. ܐܢ ܐܢܫ ܢܫܡܥ ܩܠܝ. ܘܢܦܬܚ ܬܪܥܐ ܘܐܥܘܠ. ܘܐܚܫܡ
ܥܡܗ ܘܗܘ ܥܡܝ. 21 ܘܕܙܟܐ ܐܬܠ ܠܗ ܠܡܬܒ ܥܡܝ ܥܠ ܟܘܪܣܝܐ ܕܝܠܝ.
ܐܝܟܢܐ ܕܐܦ ܐܢܐ ܙܟܝܬ ܘܝܬܒܬ ܥܡ ܐܒܝ ܥܠ ܟܘܪܣܝܐ ܕܝܠܗ. 22 ܡܢ ܕܐܝܬ ܠܗ ܐܕܢܐ.
ܢܫܡܥ ܡܢܐ ܪܘܚܐ ܡܡܠܠ ܠܥܕܬܐ.

Cap. iv. 1 ܡܢ ܒܬܪ ܗܠܝܢ ܚܙܝܬ. ܘܗܐ ܬܪܥܐ ܦܬܝܚܐ ܒܫܡܝܐ. ܘܩܠܐ ܗܘ ܕܫܡܥܬ ܐܝܟ
ܫܝܦܘܪܐ ܡܡܠܠ ܥܡܝ ܟܕ ܐܡܪ: ܣܩ ܠܟܐ ܘܐܚܘܝܟ ܡܐ ܕܘܠܐ ܠܡܗܘܐ ܒܬܪ
ܗܠܝܢ. 2 ܘܡܚܕܐ ܗܘܝܬ ܒܪܘܚ. ܘܗܐ ܟܘܪܣܝܐ ܣܝܡ ܒܫܡܝܐ. ܘܥܠ ܟܘܪܣܝܐ ܝܬܒ.
3 ܘܕܝܬܒ. ܐܝܟ ܕܡܘܬܐ ܕܟܐܦܐ ܕܝܫܦܗ ܘܕܣܪܕܝܢ. ܘܩܫܬܐ ܕܥܢܢܐ ܕܚܕܪܐ ܠܗ
ܠܟܘܪܣܝܐ. ܕܡܘܬܗ ܚܙܘܐ ܕܙܡܪܓܕܐ. 4 ܘܚܕܪ ܟܘܪܣܝܐ ܟܘܪܣܘܬܐ ܥܣܪܝܢ ܘܐܪܒܥܐ.
ܘܥܠܝܗܘܢ ܥܠ ܟܘܪܣܘܬܐ. ܥܣܪܝܢ ܘܐܪܒܥܐ ܩܫܝܫܝܢ. ܕܝܬܒܝܢ. ܕܥܛܝܦܝܢ ܡܐܢܐ
ܚܘܪܐ. ܘܥܠ ܪܝܫܝܗܘܢ ܟܠܝܠܐ ܕܕܗܒܐ. 5 ܘܡܢ ܟܘܪܣܝܐ ܢܦܩܝܢ ܒܪܩܐ ܘܪܥܡܐ
ܘܩܠܐ. ܘܫܒܥܐ ܢܘܗܪܐ ܕܢܘܪܐ ܝܩܕܝܢ ܩܕܡܘܗܝ ܕܟܘܪܣܝܐ. ܐܝܠܝܢ ܕܐܝܬܝܗܘܢ ܫܒܥܐ ܪܘܚܝܢ
ܕܐܠܗܐ. 6 ܘܩܕܡ ܟܘܪܣܝܐ ܝܡܐ ܕܙܓܘܓܝܬܐ ܐܝܟ ܕܡܘܬܐ ܕܒܪܘܠܐ. ܘܒܡܨܥܬ ܟܘܪܣܝܐ
ܘܚܕܪܝܗܘܢ ܕܟܘܪܣܝܐ. ܐܪܒܥ ܚܝܘܢ ܕܡܠܝܢ ܥܝܢܐ ܡܢ ܩܕܡܝܗܘܢ ܘܡܢ ܒܣܬܪܗܘܢ.
7 ܚܝܘܬܐ ܩܕܡܝܬܐ ܕܡܝܐ ܠܐܪܝܐ. ܘܚܝܘܬܐ ܕܬܪܬܝܢ ܕܡܝܐ ܠܥܓܠܐ. ܘܚܝܘܬܐ ܕܬܠܬ ܐܝܬ
ܠܗ ܐܦܐ ܐܝܟ ܕܒܪܢܫܐ. ܘܚܝܘܬܐ ܕܐܪܒܥ ܕܡܝܐ ܠܢܫܪܐ ܕܦܪܚ. 8 ܘܐܪܒܥܬܝܗܝܢ ܚܝܘܬܐ
ܚܕܐ ܡܢܗܝܢ ܩܝܡܐ. ܘܐܝܬ ܠܗ ܫܬ ܓܦܝܢ ܚܕܪܢܐܝܬ.
ܘܡܢ ܠܓܘ ܡܠܝܢ ܥܝܢܐ. ܘܢܝܚܐ ܠܝܬ ܠܗܝܢ. ܐܝܡܡܐ ܘܠܠܝܐ ܠܡܐܡܪ. ܩܕܝܫ

ܩܕܝܫ ܩܕܝܫ ܡܪܝܐ ܐܠܗܐ ܐܚܝܕ ܟܠ: ܗܘ ܕܐܝܬܘܗܝ ܗܘܐ ܘܐܬܐ. ⁹ ܘܡܐ
ܕܝܗܒ ܐܪܒܥܬܝܗܘܢ ܚܝܘܬܐ: ܬܫܒܘܚܬܐ ܘܐܝܩܪܐ ܘܬܘܕܝܬܐ ܠܡܢ ܕܝܬܒ ܥܠ
ܟܘܪܣܝܐ: ܘܠܚܝܐ ܠܥܠܡ ܥܠܡܝܢ ܐܡܝܢ. ¹⁰ ܢܦܠܘܢ ܥܣܪܝܢ ܘܐܪܒܥܐ ܩܫܝܫܝܢ
ܩܕܡ ܡܢ ܕܝܬܒ ܥܠ ܟܘܪܣܝܐ. ܘܢܣܓܕܘܢ ܠܚܝܐ ܠܥܠܡ ܥܠܡܝܢ ܐܡܝܢ. ܠܥܠܡ ܕܝܢ.
ܘܢܪܡܘܢ ܟܠܝܠܝܗܘܢ ܩܕܡ ܟܘܪܣܝܐ ܟܕ ܐܡܪܝܢ. ¹¹ ܕܫܘܐ ܗܘ ܡܪܢ ܘܐܠܗܢ ܠܡܣܒ
ܬܫܒܘܚܬܐ ܘܐܝܩܪܐ ܘܚܝܠܐ. ܡܛܠ ܕܐܢܬ ܒܪܝܬ ܟܠ. ܘܡܛܠ ܨܒܝܢܟ ܗܘܘ ܘܐܬܒܪܝܘ ⁘

¹ ܘܚܙܝܬ ܥܠ ܝܡܝܢܗ ܕܗܘ ܕܝܬܒ ܥܠ ܟܘܪܣܝܐ. ܟܬܒܐ ܕܟܬܝܒ ܡܢ ܠܓܘ ܘܡܢ Cap. v.
ܠܒܪ. ܘܚܬܝܡ ܚܬܡܐ ܫܒܥܐ. ² ܘܚܙܝܬ ܐܚܪܢܐ ܡܠܐܟܐ ܚܝܠܬܢܐ ܕܡܟܪܙ ܒܩܠܐ ܪܡܐ.
ܡܢ ܗܘ ܫܘܐ ܠܡܦܬܚ ܟܬܒܐ ܘܠܡܫܪܐ ܚܬܡܘܗܝ. ³ ܘܠܝܬ ܕܐܬܡܨܝ ܒܫܡܝܐ ܘܠܐ
ܒܐܪܥܐ ܘܠܐ ܠܬܚܬ ܡܢ ܐܪܥܐ: ܠܡܦܬܚ ܠܟܬܒܐ ܘܠܡܫܪܐ ܚܬܡܘܗܝ ܘܠܡܚܙܝܗ.
⁴ ܘܒܟܐ ܗܘܝܬ ܣܓܝ: ܡܛܠ ܕܠܝܬ ܕܐܫܬܟܚ ܕܫܘܐ ܠܡܦܬܚ ܠܟܬܒܐ ܘܠܡܫܪܐ
ܚܬܡܘܗܝ. ⁵ ܘܚܕ ܡܢ ܩܫܝܫܐ ܐܡܪ ܠܝ ܠܐ ܬܒܟܐ. ܗܐ ܙܟܐ ܐܪܝܐ ܡܢ ܫܒܛܐ ܕܝܗܘܕܐ.
ܥܩܪܐ ܕܕܘܝܕ. ܢܦܬܚ ܟܬܒܐ ܘܚܬܡܘܗܝ. ⁶ ܘܚܙܝܬ ܒܡܨܥܬ ܟܘܪܣܝܐ ܘܕܐܪܒܥ
ܚܝܘܢ ܘܕܩܫܝܫܐ. ܐܡܪܐ ܕܩܐܡ ܐܝܟ ܢܟܝܣܐ. ܘܐܝܬ ܠܗ ܩܪܢܬܐ ܫܒܥ ܘܥܝܢܐ ܫܒܥ.
ܐܝܠܝܢ ܕܐܝܬܝܗܘܢ ܫܒܥ ܪܘܚܐ ܕܐܠܗܐ: ܕܡܫܬܕܪܢ ܠܟܠܗ ܐܪܥܐ. ⁷ ܘܐܬܐ ܘܢܣܒ
ܟܬܒܐ ܡܢ ܐܝܕܗ ܕܗܘ ܕܝܬܒ ܥܠ ܟܘܪܣܝܐ. ⁸ ܘܟܕ ܢܣܒܗ ܠܟܬܒܐ. ܐܪܒܥ ܚܝܘܢ
ܘܥܣܪܝܢ ܘܐܪܒܥܐ ܩܫܝܫܝܢ ܢܦܠܘ ܩܕܡܘܗܝ ܕܐܡܪܐ. ܟܕ ܐܝܬ ܠܟܠܚܕ ܚܕ ܡܢܗܘܢ:
ܩܝܬܪܐ ܘܐܓܢܐ ܕܕܗܒܐ ܕܡܠܝܢ ܒܣܡܐ: ܐܝܠܝܢ ܕܐܝܬܝܗܘܢ ܨܠܘܬܐ ܕܩܕܝܫܐ:
⁹ ܕܡܫܒܚܝܢ ܬܫܒܘܚܬܐ ܚܕܬܐ ܘܐܡܪܝܢ. ܫܘܐ ܗܘ ܠܡܣܒܝܘܗܝ ܠܟܬܒܐ ܘܠܡܫܪܐ
ܚܬܡܘܗܝ. ܥܠ ܕܐܬܢܟܣܬ ܘܙܒܢܬ ܒܕܡܟ ܠܐܠܗܐ: ܡܢ ܟܠ ܫܪܒܐ ܘܠܫܢܐ
ܘܐܡܘܬܐ. ¹⁰ ܘܥܒܕܬ ܐܢܘܢ ܠܐܠܗܢ ܡܠܟܘܬܐ ܘܟܗܢܐ ܘܡܠܟܝܢ: ܘܢܡܠܟܘܢ ܥܠ ܐܪܥܐ.
¹¹ ܘܚܙܝܬ ܘܫܡܥܬ ܐܝܟ ܩܠܐ ܕܡܠܐܟܐ ܣܓܝܐܐ ܚܕܪܝ ܟܘܪܣܝܐ. ܘܕܚܝܘܬܐ ܘܕܩܫܝܫܐ.
ܘܐܝܬܝܗܘܢ ܗܘܐ ܡܢܝܢܗܘܢ ܪܒܘ ܪܒܘܢ ܘܐܠܦܝ ܐܠܦܝܢ. ¹² ܘܐܡܪܝܢ ܒܩܠܐ ܪܡܐ. ܫܘܐ
ܗܘ ܐܡܪܐ ܕܢܟܝܣܐ: ܠܡܣܒ ܚܝܠܐ ܘܥܘܬܪܐ ܘܚܟܡܬܐ ܘܥܘܫܢܐ ܘܐܝܩܪܐ ܘܬܫܒܘܚܬܐ
ܘܒܘܪܟܬܐ. ¹³ ܘܟܠ ܒܪܝܬܐ ܕܒܫܡܝܐ ܘܒܐܪܥܐ ܘܠܬܚܬ ܡܢ ܐܪܥܐ: ܘܒܝܡܐ ܐܝܬܝܗ
ܘܟܠ ܕܒܗܘܢ. ܘܫܡܥܬ ܕܐܡܪܝܢ ܠܕܝܬܒ ܥܠ ܟܘܪܣܝܐ ܘܠܐܡܪܐ. ܕܬܘܕܝܬܐ ܘܐܝܩܪܐ
ܘܬܫܒܘܚܬܐ ܘܐܘܚܕܢܐ ܠܥܠܡ ܥܠܡܝܢ. ¹⁴ ܘܐܪܒܥ ܚܝܘܢ ܕܐܡܪܝܢ ܐܡܝܢ. ܘܩܫܝܫܐ
ܢܦܠܘ ܘܣܓܕܘ ⁘

¹ ܘܚܙܝܬ ܟܕ ܦܬܚ ܐܡܪܐ ܚܕ ܡܢ ܚܬܡܐ ܫܒܥܐ. ܘܫܡܥܬ ܠܚܕܐ ܡܢ ܐܪܒܥ Cap. vi.
ܚܝܘܢ ܕܐܡܪܐ. ܐܝܟ ܩܠܐ ܕܪܥܡܐ. ܬܐ ܘܚܙܝ. ² ܘܫܡܥܬ ܘܚܙܝܬ ܘܗܐ ܣܘܣܝܐ ܚܘܪܐ.

ܘܕܝܬܒ ܥܠܘܗܝ. ܐܝܬ ܠܗ ܩܫܬܐ. ܘܐܬܝܗܒ ܠܗ ܟܠܝܠܐ. ܘܢܦܩ ܙܟܝ ܘܕܢܙܟܐ܀
3 ܘܟܕ ܦܬܚ ܛܒܥܐ ܕܬܪܝܢ. ܫܡܥܬ ܠܚܝܘܬܐ ܕܬܪܬܝܢ ܕܐܡܪܐ ܬܐ. 4 ܘܢܦܩ ܣܘܣܝܐ
ܣܘܡܩܐ. ܘܠܕܝܬܒ ܥܠܘܗܝ. ܐܬܝܗܒ ܠܗ ܠܡܫܩܠ ܫܠܡܐ ܡܢ ܐܪܥܐ. ܕܠܚܕܕܐ
ܢܩܛܠܘܢ. ܘܐܬܝܗܒܬ ܠܗ ܣܦܣܪܐ ܪܒܬܐ܀ 5 ܘܟܕ ܐܬܦܬܚ ܛܒܥܐ ܕܬܠܬܐ. ܫܡܥܬ
ܠܚܝܘܬܐ ܕܬܠܬ ܕܐܡܪܐ ܬܐ. ܘܗܐ ܣܘܣܝܐ ܐܘܟܡܐ. ܘܕܝܬܒ ܥܠܘܗܝ ܐܝܬ ܡܐܙܢܬܐ
ܒܐܝܕܗ. 6 ܘܫܡܥܬ ܩܠܐ ܡܢ ܒܝܬ ܚܝܘܬܐ ܕܐܡܪ. ܩܒܐ ܕܚܛܐ ܒܕܝܢܪܐ. ܘܬܠܬܐ ܩܒܝܢ
ܕܣܥܪܐ ܒܕܝܢܪܐ. ܘܠܚܡܪܐ ܘܠܡܫܚܐ ܠܐ ܬܗܪܘܢ܀ 7 ܘܟܕ ܦܬܚ ܛܒܥܐ ܕܐܪܒܥܐ. ܫܡܥܬ
ܩܠܐ ܕܚܝܘܬܐ ܕܐܡܪܐ ܬܐ. 8 ܘܚܙܝܬ ܣܘܣܝܐ ܝܘܪܩܐ. ܘܫܡܗ ܕܗܘ ܕܝܬܒ ܥܠܘܗܝ
ܡܘܬܐ. ܘܫܝܘܠ ܢܩܦܐ ܠܗ. ܘܐܬܝܗܒ ܠܗ ܫܘܠܛܢܐ ܥܠ ܪܘܒܥܗ ܕܐܪܥܐ. ܕܢܩܛܘܠ
ܒܚܪܒܐ ܘܒܟܦܢܐ ܘܒܡܘܬܐ. ܘܒܚܝܘܬܐ ܕܐܪܥܐ܀ 9 ܘܟܕ ܦܬܚ ܠܛܒܥܐ ܕܚܡܫܐ. ܚܙܝܬ
ܠܬܚܬ ܡܢ ܡܕܒܚܐ. ܠܢܦܫܬܐ ܕܐܬܩܛܠܘ ܡܛܠ ܡܠܬܗ ܕܐܠܗܐ: ܘܡܛܠ ܣܗܕܘܬܐ
ܕܝܫܘܥ: ܗܝ ܕܐܝܬ ܗܘܬ ܠܗܘܢ. 10 ܘܩܥܘ ܒܩܠܐ ܪܒܐ ܘܐܡܪܝܢ. ܥܕܡܐ ܠܐܡܬܝ ܡܪܝܐ
ܩܕܝܫܐ ܘܫܪܝܪܐ: ܠܐ ܕܐܢܬ ܘܬܒܥܐ ܕܡܢ ܡܢ ܥܡܘܪܝ ܐܪܥܐ. 11 ܘܐܬܝܗܒܬ ܠܟܠܚܕ
ܡܢܗܘܢ ܐܣܛܠܐ ܚܘܪܬܐ. ܘܐܬܐܡܪ ܕܢܬܢܝܚܘܢ ܥܕ ܙܒܢ ܙܥܘܪ. ܥܕܡܐ
ܕܢܫܬܡܠܘܢ ܐܦ ܟܢܘܬܗܘܢ ܘܐܚܝܗܘܢ. ܐܝܠܝܢ ܕܥܬܝܕܝܢ ܠܡܬܩܛܠܘ ܐܝܟ ܕܐܦ
ܗܢܘܢ܀ 12 ܘܚܙܝܬ ܟܕ ܦܬܚ ܛܒܥܐ ܕܫܬܐ. ܘܙܘܥܐ ܪܒܐ ܗܘܐ. ܘܫܡܫܐ ܐܝܟ ܣܩܐ
ܕܣܥܪܐ ܐܘܟܡ ܗܘܐ. ܘܣܗܪܐ ܟܠܗ ܗܘܐ ܠܗ ܐܝܟ ܕܡܐ. 13 ܘܟܘܟܒܐ ܕܫܡܝܐ ܢܦܠܘ
ܥܠ ܐܪܥܐ. ܐܝܟ ܬܐܬܐ ܕܫܕܝܐ ܦܓܥܝܗ ܡܢ ܪܘܚܐ ܥܫܝܢܬܐ ܟܕ ܡܬܬܙܝܥܐ.
14 ܘܫܡܝܐ ܐܬܦܪܫܘ. ܐܝܟ ܟܬܒܐ ܕܡܬܥܒܪ. ܘܟܠ ܛܘܪ ܘܟܠ ܓܙܪܬܐ ܡܢ ܕܘܟܝܬܗܘܢ
ܐܬܬܙܝܥܘ. 15 ܘܡܠܟܐ ܕܐܪܥܐ ܘܪܘܪܒܢܐ ܘܩܫܝ ܐܠܦܐ ܘܥܬܝܪܐ ܘܚܝܠܬܢܐ. ܘܟܠ ܥܒܕܐ
ܘܒܪ ܚܐܪܐ. ܛܫܘ ܢܦܫܗܘܢ ܒܡܥܪܬܐ ܘܒܫܘܥܐ ܕܛܘܪܐ. 16 ܘܐܡܪܝܢ ܠܛܘܪܐ ܘܠܫܘܥܐ
ܕܦܠܘ ܥܠܝܢ. ܘܛܫܘ ܠܢ ܡܢ ܩܕܡ ܐܦܘܗܝ ܕܐܡܪܐ. 17 ܡܛܠ ܕܐܬܐ ܝܘܡܐ ܪܒܐ
ܕܪܘܓܙܗܘܢ. ܘܡܢܘ ܡܫܟܚ ܠܡܩܡ܀

Cap. vii. 1 ܘܡܢ ܒܬܪ ܗܕܐ ܚܙܝܬ. ܐܪܒܥܐ ܡܠܐܟܝܢ ܩܝܡܝܢ ܥܠ ܐܪܒܥ ܙܘܝܬܗ ܕܐܪܥܐ.
ܘܐܚܝܕܝܢ ܠܐܪܒܥ ܪܘܚܐ. ܕܠܐ ܬܢܫܒ ܪܘܚܐ ܥܠ ܐܪܥܐ ܘܠܐ ܥܠ ܝܡܐ. ܘܠܐ ܥܠ ܟܠ
ܐܝܠܢ. 2 ܘܚܙܝܬ ܐܚܪܢܐ ܡܠܐܟܐ ܕܣܠܩ ܡܢ ܡܕܢܚ ܫܡܫܐ. ܘܐܝܬ ܠܗ ܚܬܡܐ ܕܐܠܗܐ
ܚܝܐ. ܘܩܪܐ ܒܩܠܐ ܪܡܐ ܠܐܪܒܥܐ ܡܠܐܟܐ ܗܢܘܢ. ܕܐܬܝܗܒ ܠܗܘܢ ܕܢܗܪܘܢ ܠܐܪܥܐ ܘܠܝܡܐ
3 ܘܐܡܪ. ܠܐ ܬܗܪܘܢ ܠܐܪܥܐ ܘܠܐ ܠܝܡܐ ܘܐܦܠܐ ܠܐܝܠܢܐ: ܥܕܡܐ ܕܢܚܬܘܡ ܠܥܒܕܘܗܝ
ܕܐܠܗܐ. ܥܠ ܒܝܬ ܥܝܢܝܗܘܢ. 4 ܘܫܡܥܬ ܡܢܝܢܐ ܕܚܬܝܡܐ. ܡܐܐ ܘܐܪܒܥܝܢ ܘܐܪܒܥܐ
ܐܠܦܝܢ: ܡܢ ܟܠ ܫܒܛ ܕܒܢܝ ܐܝܣܪܐܝܠ. 5 ܡܢ ܫܒܛܐ ܕܝܗܘܕܐ ܬܪܥܣܪ ܐܠܦܝܢ. ܡܢ

ܫܪܒܬܗ ܕܪܘܒܝܠ. ܬܪܥܣܪ ܐܠܦܝܢ. ܡܢ ܫܪܒܬܗ ܕܓܕ. ܬܪܥܣܪ ܐܠܦܝܢ. 6 ܡܢ ܫܪܒܬܗ
ܕܐܫܝܪ. ܬܪܥܣܪ ܐܠܦܝܢ. ܡܢ ܫܪܒܬܗ ܕܢܦܬܠܝ. ܬܪܥܣܪ ܐܠܦܝܢ. ܡܢ ܫܪܒܬܗ
ܕܡܢܫܐ. ܬܪܥܣܪ ܐܠܦܝܢ. 7 ܡܢ ܫܪܒܬܗ ܕܫܡܥܘܢ. ܬܪܥܣܪ ܐܠܦܝܢ. ܡܢ ܫܪܒܬܗ
ܕܐܝܣܟܪ. ܬܪܥܣܪ ܐܠܦܝܢ. ܡܢ ܫܪܒܬܗ ܕܠܘܝ. ܬܪܥܣܪ ܐܠܦܝܢ. 8 ܡܢ ܫܪܒܬܗ
ܕܙܒܘܠܘܢ. ܬܪܥܣܪ ܐܠܦܝܢ. ܡܢ ܫܪܒܬܗ ܕܝܘܣܦ. ܬܪܥܣܪ ܐܠܦܝܢ. ܡܢ ܫܪܒܬܗ
ܕܒܢܝܡܝܢ. ܬܪܥܣܪ ܐܠܦܝܢ ܚܬܝܡܝܢ܀ 9 ܘܒܬܪܟܢ ܚܙܝܬ ܟܢܫܐ ܣܓܝܐܐ ܐܝܟܐ ܕܠܡܢܝܢܗ
ܠܝܬ ܕܡܫܟܚ ܗܘܐ. ܡܢ ܟܠ ܥܡ ܘܫܪܒܐ ܘܐܡܘܢ ܘܠܫܢܝܢ. ܕܩܝܡܝܢ ܩܕܡ ܟܘܪܣܝܐ
ܘܩܕܡ ܐܡܪܐ. ܘܡܬܟܣܝܢ ܐܣܛܠܐ ܚܘܪܬܐ. ܘܒܐܝܕܝܗܘܢ ܕܩܠܐ. 10 ܘܩܥܝܢ ܒܩܠܐ
ܪܒܐ ܘܐܡܪܝܢ. ܦܘܪܩܢܐ ܠܐܠܗܢ. ܘܠܝܬܒ ܥܠ ܟܘܪܣܝܐ ܘܠܐܡܪܐ. 11 ܘܟܠܗܘܢ ܡܠܐܟܐ
ܩܝܡܝܢ ܗܘܘ ܚܕܪܝܗܘܢ ܕܟܘܪܣܝܐ ܘܕܩܫܝܫܐ ܘܕܐܪܒܥ ܚܝܘܢ. ܘܢܦܠܘ ܩܕܡ ܟܘܪܣܝܐ
ܥܠ ܐܦܝܗܘܢ. 12 ܟܕ ܐܡܪܝܢ. ܐܡܝܢ. ܬܫܒܘܚܬܐ ܘܚܟܡܬܐ ܘܫܘܒܚܐ ܘܬܘܕܝܬܐ
ܘܐܝܩܪܐ ܘܚܝܠܐ ܘܥܘܫܢܐ ܠܐܠܗܢ. ܠܥܠܡ ܥܠܡܝܢ ܐܡܝܢ. 13 ܘܥܢܐ ܚܕ ܡܢ ܩܫܝܫܐ
ܘܐܡܪ ܠܝ. ܗܠܝܢ ܕܡܬܟܣܝܢ ܐܣܛܠܐ ܚܘܪܬܐ ܡܢ ܐܢܘܢ. ܘܡܢ ܐܝܟܐ ܐܬܘ. 14 ܘܐܡܪܬ
ܠܗ. ܡܪܝ ܐܢܬ ܝܕܥ ܐܢܬ. ܘܐܡܪ ܠܝ. ܗܠܝܢ ܐܢܘܢ ܐܝܠܝܢ ܕܐܬܘ ܡܢ ܐܘܠܨܢܐ ܪܒܐ:
ܘܚܠܠܘ ܐܣܛܠܝܗܘܢ ܘܚܘܪܘ ܐܢܝܢ ܒܕܡܐ ܕܐܡܪܐ. 15 ܡܛܠ ܗܢܐ ܐܝܬܝܗܘܢ ܩܕܡ
ܟܘܪܣܝܐ ܕܐܠܗܐ. ܘܡܫܡܫܝܢ ܠܗ ܐܝܡܡܐ ܘܠܠܝܐ ܒܗܝܟܠܗ. ܘܕܝܬܒ ܥܠ ܟܘܪܣܝܐ
ܢܓܢ ܥܠܝܗܘܢ. 16 ܠܐ ܢܟܦܢܘܢ ܘܠܐ ܢܨܗܘܢ. ܘܫܡܫܐ ܥܠܝܗܘܢ ܠܐ ܢܦܠ. ܘܠܐ ܟܠ
ܫܘܒܐ. 17 ܡܛܠ ܕܐܡܪܐ ܕܒܡܨܥܬ ܟܘܪܣܝܐ ܢܪܥܐ ܐܢܘܢ. ܘܢܕܒܪ ܐܢܘܢ ܥܠ ܡܝܐ
ܘܥܠ ܥܝܢܬܐ ܕܚܝܐ. ܘܢܠܚܐ ܟܠ ܕܡܥܐ ܡܢ ܥܝܢܝܗܘܢ܀

1 ܘܟܕ ܦܬܚ ܛܒܥܐ ܕܫܒܥܐ. ܗܘܐ ܫܠܝܐ ܒܫܡܝܐ ܐܝܟ ܦܠܓܗ ܕܫܥܬܐ܀ 2 ܘܚܙܝܬ Cap. viii.
ܠܫܒܥܐ ܡܠܐܟܝܢ ܐܝܠܝܢ ܕܩܕܡ ܐܠܗܐ ܩܝܡܝܢ ܗܘܘ. ܘܐܬܝܗܒ ܠܗܘܢ ܫܒܥܐ ܫܝܦܘܪܝܢ.
3 ܘܐܚܪܢܐ ܡܠܐܟܐ ܐܬܐ ܘܩܡ ܥܠ ܡܕܒܚܐ. ܘܐܝܬ ܠܗ ܦܝܪܡܐ ܕܕܗܒܐ. ܘܐܬܝܗܒ ܠܗ
ܒܣܡܐ ܣܓܝܐܐ ܕܢܬܠ ܒܨܠܘܬܐ ܕܟܠܗܘܢ ܩܕܝܫܐ: ܥܠ ܡܕܒܚܐ ܕܩܕܡ ܟܘܪܣܝܐ.
4 ܘܣܠܩ ܬܢܢܐ ܕܒܣܡܐ ܒܨܠܘܬܐ ܕܩܕܝܫܐ. ܡܢ ܐܝܕ ܡܠܐܟܐ ܩܕܡ ܐܠܗܐ. 5 ܘܢܣܒ
ܡܠܐܟܐ ܠܦܝܪܡܐ. ܘܡܠܝܗܝ ܡܢ ܢܘܪܐ ܕܥܠ ܡܕܒܚܐ. ܘܐܪܡܝ ܥܠ ܐܪܥܐ. ܘܗܘܘ
ܪܥܡܐ ܘܩܠܐ ܘܒܪܩܐ ܘܙܘܥܐ܀

6 ܘܫܒܥܐ ܡܠܐܟܝܢ ܕܥܡܗܘܢ ܫܒܥܐ ܫܝܦܘܪܝܢ: ܛܝܒܘ ܢܦܫܗܘܢ ܠܡܫܝܦܪܘ. 7 ܘܩܪܐ
ܩܕܡܝܐ ܐܙܥܩ. ܘܗܘܐ ܒܪܕܐ ܘܢܘܪܐ ܕܡܦܠܦܠܝܢ ܒܕܡܐ ܘܐܬܪܡܝܘ ܥܠ ܐܪܥܐ
ܘܠܬܠܬܗ ܕܐܪܥܐ ܝܩܕ. ܘܠܬܠܬܐ ܕܐܝܠܢܐ ܝܩܕ. ܘܟܠ ܥܣܒܐ ܕܐܪܥܐ ܝܩܕ܀ 8 ܘܕܬܪܝܢ
ܙܥܩ. ܘܗܘܐ ܐܝܟ ܛܘܪܐ ܪܒܐ ܕܝܩܕ ܢܦܠ ܒܝܡܐ. ܘܗܘܐ ܬܠܬܗ ܕܝܡܐ ܕܡܐ.

9 ܘܡܝܬ ܬܘܠܬܐ ܕܟܠ ܒܪܝܬܐ ܕܒܝܡܐ ܕܐܝܬ ܒܗ ܢܦܫܐ. ܘܬܘܠܬܐ ܕܐܠܦܐ ܐܬܚܒܠ܀
10 ܘܬܠܝܬܝܐ ܙܥܩ. ܘܢܦܠ ܡܢ ܫܡܝܐ ܟܘܟܒܐ ܪܒܐ ܕܝܩܕ ܐܝܟ ܠܡܦܕܐ. ܘܢܦܠ
ܥܠ ܬܘܠܬܐ ܕܢܗܪܘܬܐ ܘܥܠ ܥܝܢܬܐ ܕܡܝܐ. 11 ܘܫܡܗ ܕܟܘܟܒܐ ܡܬܐܡܪ ܐܦܣܢܬܝܢ.
ܘܗܘܐ ܬܘܠܬܗܘܢ ܕܡܝܐ ܐܝܟ ܐܦܣܢܬܝܢ. ܘܣܓܝܐܐ ܕܒܢܝܢܫܐ ܡܝܬܘ. ܡܛܠ ܕܐܬܡܪܪܘ
ܡܝܐ܀ 12 ܘܕܐܪܒܥܐ ܙܥܩ. ܘܡܚܝ ܬܘܠܬܗ ܕܫܡܫܐ ܘܬܘܠܬܗ ܕܣܗܪܐ ܘܬܘܠܬܐ
ܕܟܘܟܒܐ. ܘܚܫܟܘ ܬܘܠܬܗܘܢ. ܘܐܝܡܡܐ ܠܐ ܚܙܐ ܬܘܠܬܗ. ܘܠܠܝܐ ܗܟܘܬ. 13 ܘܫܡܥܬ
ܠܢܫܪܐ ܚܕ ܕܦܪܚ ܒܡܨܥܬ ܫܡܝܐ ܕܐܡܪ. ܘܝ ܘܝ ܘܝ ܠܥܡܘܪܝ ܐܪܥܐ ܡܢ ܩܠܐ ܕܫܝܦܘܪܐ
Cap. ix. ܕܡܠܐܟܐ ܬܠܬܐ ܕܥܬܝܕܝܢ ܠܡܙܥܩܘ܀ 1 ܘܚܡܫܝܐ ܙܥܩ. ܘܚܙܝܬ ܟܘܟܒܐ ܕܢܦܠ
ܡܢ ܫܡܝܐ ܥܠ ܐܪܥܐ. ܘܐܬܝܗܒ ܠܗ ܩܠܝܕܐ ܕܒܐܪܐ ܕܬܗܘܡܐ. 2 ܘܣܠܩ ܬܢܢܐ
ܡܢ ܒܐܪܐ. ܐܝܟ ܬܢܢܐ ܕܐܬܘܢܐ ܪܒܐ ܕܡܫܬܓܪ. ܘܚܫܟ ܫܡܫܐ ܘܐܐܪ ܡܢ ܬܢܢܐ ܕܒܐܪܐ.
3 ܘܡܢ ܬܢܢܐ ܢܦܩܘ ܩܡܨܐ ܥܠ ܐܪܥܐ. ܘܐܬܝܗܒ ܠܗܘܢ ܫܘܠܛܢܐ ܐܝܟ ܕܠܥܩܪܒܐ
ܕܐܪܥܐ. 4 ܘܐܬܐܡܪ ܠܗܘܢ ܕܠܐ ܢܗܪܘܢ ܠܥܣܒܗ ܕܐܪܥܐ. ܘܠܟܠ ܝܘܪܩ ܐܦܠܐ ܠܐܝܠܢܐ.
ܐܠܐ ܐܢ ܠܒܢܝܢܫܐ ܐܝܠܝܢ ܕܠܝܬ ܠܗܘܢ ܚܬܡܐ ܕܐܠܗܐ ܥܠ ܒܝܬ ܥܝܢܝܗܘܢ. 5 ܘܐܬܝܗܒ
ܠܗܘܢ ܕܠܐ ܢܩܛܠܘܢ ܐܢܘܢ. ܐܠܐ ܢܫܢܩܘܢ ܝܪܚܐ ܚܡܫܐ. ܘܫܘܢܩܗܘܢ ܐܝܟ ܫܘܢܩܐ
ܕܥܩܪܒܐ ܡܐ ܕܢܡܚܐ ܠܟܠ ܐܢܫ. 6 ܘܒܝܘܡܬܐ ܗܢܘܢ ܢܒܥܘܢ ܒܢܝܢܫܐ ܠܡܘܬܐ ܘܠܐ
ܢܫܟܚܘܢܝܗܝ. ܘܢܬܪܓܪܓܘܢ ܠܡܡܬ. ܘܢܥܪܘܩ ܡܘܬܐ ܡܢܗܘܢ. 7 ܘܕܡܘܬܐ ܕܩܡܨܐ
ܐܝܟ ܕܡܘܬܐ ܕܣܘܣܘܬܐ ܕܡܛܝܒܝܢ ܠܩܪܒܐ. ܘܥܠ ܪܫܝܗܘܢ ܐܝܟ ܟܠܝܠܐ ܕܕܡܘܬܐ ܕܕܗܒܐ.
ܘܐܦܝܗܘܢ ܐܝܟ ܐܦܐ ܕܒܢܝܢܫܐ. 8 ܘܣܥܪܐ ܐܝܬ ܠܗܘܢ ܐܝܟ ܣܥܪܐ ܕܢܫܐ. ܘܫܢܝܗܘܢ ܐܝܟ
ܕܐܪܝܘܬܐ. 9 ܘܐܝܬ ܗܘܐ ܠܗܘܢ ܫܪܝܢܐ ܐܝܟ ܫܪܝܢܐ ܕܦܪܙܠܐ. ܘܩܠܐ ܕܓܦܝܗܘܢ ܐܝܟ ܩܠܐ
ܕܡܪܟܒܬܐ ܕܣܘܣܘܬܐ ܣܓܝܐܐ ܕܪܗܛܝܢ ܠܩܪܒܐ. 10 ܘܐܝܬ ܠܗܘܢ ܕܘܢܒܐ ܐܝܟ ܕܡܘܬܐ
ܕܥܩܪܒܐ. ܘܥܘܩܣܐ ܐܝܬ ܒܕܘܢܒܝܗܘܢ. ܘܫܘܠܛܢܗܘܢ ܠܡܚܒܠܘ ܠܒܢܝܢܫܐ ܝܪܚܐ
ܚܡܫܐ. 11 ܘܐܝܬ ܥܠܝܗܘܢ ܡܠܟܐ ܡܠܐܟܗ ܕܬܗܘܡܐ. ܕܫܡܗ ܒܥܒܪܐܝܬ ܐܒܕܘ.
ܘܒܝܘܢܐܝܬ ܫܡܐ ܐܝܬ ܠܗ ܐܦܘܠܘܢ. 12 ܘܝ ܚܕ ܐܙܠ. ܗܐ ܬܘܒ ܐܬܝܢ ܬܪܬܝܢ ܘܝ܀
13 ܘܫܬܝܬܝܐ ܙܥܩ. ܘܫܡܥܬ ܩܠܐ ܚܕ ܡܢ ܐܪܒܥ ܩܪܢܬܗ ܕܡܕܒܚܐ
ܕܕܗܒܐ ܕܩܕܡ ܐܠܗܐ. 14 ܘܐܡܪ ܠܡܠܐܟܐ ܫܬܝܬܝܐ ܕܐܝܬ ܠܗ ܫܝܦܘܪܐ. ܫܪܝ ܠܐܪܒܥܐ
ܡܠܐܟܐ ܕܐܣܝܪܝܢ ܥܠ ܢܗܪܐ ܪܒܐ ܦܪܬ. 15 ܘܐܫܬܪܝܘ ܐܪܒܥܐ ܡܠܐܟܝܢ ܐܝܠܝܢ ܕܡܛܝܒܝܢ
ܠܫܥܬܐ ܘܠܝܘܡܐ ܘܠܝܪܚܐ. ܘܠܫܢܬܐ: ܕܢܩܛܠܘܢ ܬܘܠܬܐ ܕܒܢܝܢܫܐ. 16 ܘܡܢܝܢܐ
ܕܚܝܠܘܬܐ ܕܦܪܫܐ. ܪܒܘܬܐ ܪܒܘ ܪܒܘܢ. ܫܡܥܬ ܡܢܝܢܗܘܢ. 17 ܘܗܟܢܐ ܚܙܝܬ ܣܘܣܘܬܐ
ܒܚܙܘܐ. ܘܠܕܝܬܒܝܢ ܥܠܝܗܘܢ ܐܝܬ ܫܪܝܢܐ ܕܢܘܪܐ. ܘܣܪܓܘܢܐ ܘܕܟܒܪܝܬܐ. ܘܪܫܝܗܘܢ
ܕܣܘܣܘܬܐ. ܐܝܟ ܪܫܐ ܕܐܪܝܘܬܐ. ܘܡܢ ܦܘܡܗܘܢ ܢܦܩܐ ܢܘܪܐ ܘܟܒܪܝܬܐ. ܘܬܢܢܐ.

18 ܘܡܢ ܗܠܝܢ ܬܠܬ ܡܚ̈ܘܢ ܐܬܩܛܠܘ ܬܘܠܬܐ ܕܒܢܝ̈ܢܫܐ. ܘܡܢ ܢܘܪܐ ܘܡܢ ܟܒܪܝܬܐ
ܘܡܢ ܐܢܝܢ ܕܢܦܩܢ ܡܢ ܦܘܡܗܘܢ. 19 ܡܛܠ ܕܫܘܠܛܢܐ ܕܪ̈ܟܫܐ ܒܦܘܡܗܘܢ ܐܘܦ
ܒܕܘܢܒܝܗܘܢ. 20 ܘܫܪܟܐ ܕܒܢܝ̈ܢܫܐ ܕܠܐ ܐܬܩܛܠܘ ܒܡܚ̈ܘܬܐ ܗܠܝܢ. ܘܠܐ ܬܒܘ ܡܢ ܥܒ̈ܕܐ
ܐܝܕ̈ܝܗܘܢ: ܕܠܐ ܢܣܓܕܘܢ ܠܕ̈ܝܘܐ ܘܠܦܬܟܪ̈ܐ ܕܕܗܒܐ ܘܕܣܐܡܐ ܘܕܢܚܫܐ ܘܕܩܝܣܐ ܘܕܟܐܦܐ:
ܐܝܠܝܢ ܕܠܐ ܠܡܚܙܐ ܘܠܐ ܠܡܫܡܥ ܡܨܝܢ. ܐܘ ܠܡܗܠܟܘ. 21 ܘܠܐ ܬܒܘ ܡܢ ܩܛܠ̈ܝܗܘܢ
ܘܡܢ ܚܪ̈ܫܝܗܘܢ ܘܡܢ ܙܢܝܘܬܗܘܢ ◆

1 ܘܚܙܝܬ ܐܚܪܢܐ ܡܠܐܟܐ ܕܢܚܬ ܡܢ ܫܡܝܐ ܘܡܬܥܛܦ ܥܢܢܐ ܘܩܫܬܐ ܕܫܡܝܐ ܥܠ Cap. x.
ܪܫܗ. ܘܦܪܨܘܦܗ ܐܝܟ ܫܡܫܐ. ܘܪ̈ܓܠܘܗܝ ܐܝܟ ܠܥܡܘ̈ܕܐ ܕܢܘܪܐ. 2 ܘܐܝܬ ܠܗ ܒܐܝܕܗ
ܟܬܒܘܢܐ ܦܬܝܚܐ. ܘܣܡ ܪܓܠܗ ܕܝܡܝܢܐ ܥܠ ܝܡܐ. ܕܣܡܠܐ ܕܝܢ ܥܠ ܐܪܥܐ. 3 ܘܩܥܐ
ܒܩܠܐ ܪܒܐ ܐܝܟ ܐܪܝܐ ܕܢܗܡ. ܘܟܕ ܩܥܐ ܡܠܠܘ ܫܒܥܐ ܪ̈ܥܡܝܢ ܒܩ̈ܠܝܗܘܢ. 4 ܘܟܕ
ܡܠܠܘ ܫܒܥܐ ܪ̈ܥܡܝܢ. ܥܬܝܕ ܗܘܝܬ ܠܡܟܬܒ. ܘܫܡܥܬ ܩܠܐ ܡܢ ܫܡܝܐ ܕܡܡܠܠ
ܘܐܡܪ. ܚܬܘܡ ܗܘ ܡܐ ܕܡܠܠܘ ܫܒܥܐ ܪ̈ܥܡܝܢ ܘܠܐ ܬܟܬܒܝܘܗܝ. 5 ܘܡܠܐܟܐ ܗܘ
ܕܚܙܝܬ ܕܩܐܡ ܥܠ ܝܡܐ ܘܥܠ ܝܒܫܐ. ܐܪܝܡ ܐܝܕܗ ܠܫܡܝܐ. 6 ܘܝܡܐ ܒܗܘ ܕܚܝ
ܠܥܠܡ ܥܠܡܝܢ. ܗܘ ܕܒܪܐ ܠܫܡܝܐ ܘܕܒܗ: ܘܠܐܪܥܐ ܘܕܒܗ. ܕܙܒܢܐ ܐܚܪܢܐ ܠܐ ܢܗܘܐ.
7 ܐܠܐ ܒܝܘܡܬܐ ܕܡܠܐܟܐ ܫܒܝܥܝܐ: ܡܐ ܕܥܬܝܕ ܠܡܙܥܩܘ. ܘܡܫܬܠܡ ܐܪܙܗ ܕܐܠܗܐ:
ܗܘ ܕܣܒܪ ܠܥܒ̈ܕܘܗܝ ܢܒܝ̈ܐ. 8 ܘܩܠܐ ܫܡܥܬ ܡܢ ܫܡܝܐ ܬܘܒ ܕܡܡܠܠ ܥܡܝ
ܘܐܡܪ. ܙܠ ܣܒ ܠܟܬܒܘܢܐ ܕܦܬܝܚ ܒܐܝܕܗ ܕܡܠܐܟܐ ܕܩܐܡ ܥܠ ܝܡܐ ܘܥܠ ܝܒܫܐ.
9 ܘܐܙܠܬ ܠܘܬ ܡܠܐܟܐ ܟܕ ܐܡܪ ܐܢܐ ܠܗ ܠܡܬܠ ܠܝ ܠܟܬܒܘܢܐ. ܘܐܡܪ ܠܝ ܣܒ
ܘܐܟܘܠܝܗܝ ܘܢܡܪܪ ܠܟ ܟܪܣܟ. ܐܠܐ ܒܦܘܡܟ ܢܗܘܐ ܐܝܟ ܕܒܫܐ. 10 ܘܢܣܒܬ ܠܟܬܒܘܢܐ
ܡܢ ܐܝܕܗ ܕܡܠܐܟܐ ܘܐܟܠܬܗ. ܘܐܝܬ ܗܘܐ ܒܦܘܡܝ ܐܝܟ ܕܒܫܐ ܚܠܝܐ. ܘܟܕ ܐܟܠܬܗ
ܡܪܪ ܟܪܣܝ. 11 ܘܐܡܪ ܠܝ. ܙܕܩ ܠܟ ܬܘܒ ܠܡܬܢܒܝܘ ܥܠ ܥܡ̈ܡܐ ܘܐܘܡ̈ܘܬܐ
ܘܠܫܢ̈ܐ ܘܡܠܟ̈ܐ ܣܓܝ̈ܐܐ ◆

1 ܘܐܬܝܗܒ ܠܝ ܩܢܝܐ ܕܕܡܐ ܠܫܒܛܐ. ܘܩܐܡ ܗܘܐ ܡܠܐܟܐ ܘܐܡܪ. ܩܘܡ ܘܡܫܘܚ Cap. xi.
ܠܗܝܟܠܐ ܕܐܠܗܐ. ܘܠܡܕܒܚܐ ܘܠܐܝܠܝܢ ܕܣܓܕܝܢ ܒܗ. 2 ܘܠܕܪܬܐ ܕܠܒܪ ܡܢ ܗܝܟܠܐ.
ܐܦܩ ܡܢ ܠܒܪ ܘܠܐ ܬܡܫܚܝܗ. ܡܛܠ ܕܐܬܝܗܒܬ ܠܥܡ̈ܡܐ. ܘܠܡܕܝܢܬܐ ܩܕܝܫܬܐ
ܢܕܘܫܘܢ ܝܪ̈ܚܐ ܐܪܒܥܝܢ ܘܬܪܝܢ. 3 ܘܐܬܠ ܠܬܪܝܢ ܣܗܕ̈ܝ ܠܡܬܢܒܝܘ. ܝܘܡ̈ܬܐ ܐܠܦ
ܘܡܐܬܝܢ ܘܫܬܝܢ ܟܕ ܠܒܝܫܝܢ ܣܩ̈ܐ. 4 ܗܠܝܢ ܐܢܘܢ ܬܪܝܢ ܙܝ̈ܬܝܢ ܘܬܪ̈ܬܝܢ ܡܢܪ̈ܢ
ܕܩܕܡ ܡܪܐ ܕܐܪܥܐ ܩܝ̈ܡܝܢ. 5 ܘܡܢ ܕܨܒܐ ܕܢܗܪ ܐܢܘܢ. ܢܘܪܐ ܢܦܩܐ ܡܢ
ܦܘܡܗܘܢ ܘܐܟܠܐ ܠܒܥܠܕܒܒ̈ܝܗܘܢ. ܘܐܢܫ ܕܨܒܐ ܕܢܗܪ ܐܢܘܢ. ܗܟܢܐ ܘܠܐ ܠܗ
ܠܡܬܩܛܠܘ. 6 ܘܗܠܝܢ ܐܝܬ ܠܗܘܢ ܫܘܠܛܢܐ ܕܢܐܚܕܘܢ ܠܫܡܝܐ. ܕܠܐ ܢܚܘܬ ܡܛܪܐ

ܒܢܘܡܝܐ ܕܒܢܝ̈ܬܗܘܢ. ܘܐܬܐ ܠܘܬܗܘܢ ܡܫܒܠܢܐ ܕܢܘܒܠܘܢ ܡܛܝܐ ܠܡܨܪܝܢ. ܘܕܢܣܒܘܢ
ܠܐܪܥܐ ܕܟܢܥܢ ܡܛܠ ܕܢܪܕܘܢ. 7 ܘܡܛܠ ܕܡܫܟܚܝܢ ܗܘܘ ܡܦܠܓܝܢ ܗܘܘ. ܚܙܘܐ ܕܡܠܟܐ
ܡܢ ܫܡܐ ܐܬܚܙܝ ܠܗܘܢ ܡܢ ܫܡܝܐ ܘܐܬܐܡܪ ܐܢܘܢ ܘܐܬܓܠܝ ܠܗܘܢ. 8 ܘܟܕ ܟܢܫܘ ܟܠ
ܫܒܛܐ ܕܒܢܝ̈ ܐܝܣܪܝܠ ܐܪܥܐ. ܐܝܟ ܕܡܫܬܒܚܐ ܘܡܬܝܠܕܐ ܗܘܬ ܘܡܬܪܒܝܐ. ܐܝܟܐ ܕܡܪܗܘܢ
ܐܙܠܘ. 9 ܘܚܙܘ ܡܢ ܐܬܘܬܐ ܘܡܚܘ̈ܬܐ ܘܬܕܡܪ̈ܬܐ ܕܥܒܕ ܠܗܘܢ ܐܠܗܐ
ܒܝܕ ܡܘܫܐ. ܘܠܐ ܐܬܦܢܝܘ ܠܡܨܪܝܢ ܠܡܬܩܢܘ ܒܗ ܚܘܒܐ. 10 ܘܟܕ ܫܡܥܘ
ܦܪܥܘܢ ܘܥܒ̈ܕܘܗܝ. ܘܡܨܪ̈ܝܐ ܕܢܦܩܘ ܟܠܗܘܢ. ܘܟܕ ܥܒܪܘ ܝܡܐ ܕܣܘܦ ܒܝܒܫܐ. ܡܛܠ ܗܢܐ ܐܬܪܕܝܘ ܒܚܝ̈ܠܝܢ
ܕܡܪܝܐ ܠܡܨܪ̈ܝܐ ܘܦܪܥܘܢ. 11 ܘܡܢ ܒܬܪ ܗܠܝܢ ܐܬܐ ܡܘܫܐ ܘܥܡܗ. ܘܗܘܐ ܚܕܐ ܡܢ
ܐܠܗܐ ܥܠ ܟܠܗܘܢ. ܘܡܛܠ ܗܕܐ ܫܒܩܘ ܠܗ ܟܠ ܐܪܥܐ. ܘܗܘܐ ܕܢܗܘܐ ܥܒܕܐ ܠܟܠܗܘܢ.
ܘܐܫܟܚܘ ܐܪܥܐ ܗܘܬ ܥܠ ܐܝܠܝܢ ܕܐܬܝܢ ܠܘܬܗ. 12 ܘܡܫܟܚܝܢ ܗܘܘ ܐܪܥܐ ܡܢ ܡܨܪܝܢ
ܕܐܪܥܐ ܠܘܬܗ. ܗܢܘܢ ܕܝܢ. ܘܐܬܚܙܝ ܠܡܫܪܝܢ ܒܡܕܒܪܐ. ܘܡܬܦܠܓܝܢ ܗܘܘ ܒܟܠܗܘܢ ܥܠܡܘܗܝ.
13 ܘܡܫܟܚܐ ܗܘ ܗܘܐ ܐܘܟܠ ܐܪܥܐ. ܘܚܙܐ ܡܢ ܫܡܝܐ ܕܡܬܝܠܕܐ ܗܘܬ ܘܐܬܒܪܟܘ ܒܗ ܚܘܒܐ
ܡܛܠ ܕܒܢܝ̈ܐ ܐܬܝܘ ܡܢܗ. ܘܫܡܥܐ ܗܘܬ ܒܫܡܝܐ ܘܡܠܟܘܬܗ ܐܬܟܢܫܬ ܠܐܠܗܐ
ܕܫܡܝܐ. 14 ܗܘܐ ܕܝܢ ܗܘ ܐܢܫ ܘܗܘܐ ܗܘ ܕܐܠܗܐ ܐܬܐ ܡܚܝܐ.
15 ܘܡܛܠ ܕܡܠܟܐ ܐܡܪ. ܘܗܘܘ ܩܠܐ ܘܪܘܚܐ ܒܫܡܝܐ ܕܐܡܪܝܢ. ܗܘܐ ܡܠܟܘܬܗ
ܕܡܠܟܐ ܕܐܠܗܐ ܘܕܡܫܝܚܗ. ܘܐܡܠܟ ܠܥܠܡ ܥܠܡܝܢ. 16 ܘܟܕ ܫܡܥܘ ܥܣܪܝܢ ܘܐܪܒܥܐ ܩܫܝ̈ܫܐ
ܐܝܠܝܢ ܕܩܕܡ ܐܠܗܐ ܝܬܒܝܢ ܥܠ ܟܘܪ̈ܣܘܬܗܘܢ. ܢܦܠܘ ܥܠ ܐܦܝ̈ܗܘܢ ܘܣܓܕܘ ܠܐܠܗܐ
17 ܘܐܡܪܝܢ. ܡܘܕܝܢܢ ܠܟ ܡܪܝܐ ܐܠܗܐ ܐܚܝܕ ܟܠ. ܕܐܝܬܘܗܝ ܘܐܝܬܘܗܝ ܗܘܐ.
ܕܢܣܒܬ ܚܝܠܟ ܪܒܐ ܘܐܡܠܟܬ. 18 ܘܥܡ̈ܡܐ ܪܓܙܘ. ܘܐܬܐ ܪܘܓܙܟ ܘܙܒܢܐ ܕܡܝ̈ܬܐ
ܕܢܬܕܝܢܘܢ. ܘܬܬܠ ܐܓܪܐ ܠܥܒܕܝ̈ܟ ܢܒܝ̈ܐ. ܘܠܩܕܝ̈ܫܐ ܘܠܕܚܠܝ̈ ܫܡܟ. ܠܙܥܘܪ̈ܐ ܥܡ
ܪ̈ܘܪܒܐ. ܘܬܚܒܠ ܠܐܝܠܝܢ ܕܚܒܠܘ ܠܐܪܥܐ. 19 ܘܐܬܦܬܚ ܗܝܟܠܐ ܕܒܫܡܝܐ. ܘܐܬܚܙܝܬ ܩܒܘܬܐ
ܕܕܝܬܩܐ ܕܡܪܝܐ ܒܗܝܟܠܐ. ܘܗܘܘ ܒܪ̈ܩܐ ܘܩܠ̈ܐ ܘܪܥܡ̈ܐ ܘܙܘܥܐ ܘܒܪܕܐ ܪܒܐ ܀
Cap. xii. 1 ܘܐܬܐ ܪܒܬܐ ܐܬܚܙܝܬ ܒܫܡܝܐ. ܐܢܬܬܐ ܕܠܒܝܫܐ ܫܡܫܐ ܘܣܗܪܐ ܬܚܝܬ ܪ̈ܓܠܝܗ.
ܘܟܠܝܠܐ ܕܟܘ̈ܟܒܐ ܬܪܥܣܪ ܥܠ ܪܝܫܗ. 2 ܘܒܛܢܐ ܗܘܬ ܘܩܥܝܐ ܘܡܚܒܠܐ ܐܦ ܡܫܬܢܩܐ ܕܬܐܠܕ.
3 ܘܐܬܚܙܝܬ ܐܚܪܬܐ ܐܬܐ ܒܫܡܝܐ. ܘܗܐ ܬܢܝܢܐ ܪܒܐ ܕܢܘܪܐ. ܕܐܝܬ ܠܗ ܫܒܥܐ ܪ̈ܫܝܢ ܘܥܣܪ
ܩܪ̈ܢܢ. ܘܥܠ ܪ̈ܫܘܗܝ ܫܒܥܐ ܬܐܓܝ̈ܢ. 4 ܘܕܘܢܒܗ ܓܪܫ ܠܬܘܠܬܐ ܕܟܘܟ̈ܒܐ ܕܫܡܝܐ.
ܘܐܪܡܝ ܐܢܘܢ ܥܠ ܐܪܥܐ. ܘܬܢܝܢܐ ܩܐܡ ܗܘܐ ܩܕܡ ܐܢܬܬܐ ܕܥܬܝܕܐ ܕܬܐܠܕ. ܕܡܐ ܕܝܠܕܐ
ܢܐܟܘܠܝܗܝ ܠܒܪܗ. 5 ܘܝܠܕܬ ܒܪܐ ܕܟܪܐ ܗܘ ܕܥܬܝܕ ܠܡܪܥܐ ܠܟܠܗܘܢ ܥܡ̈ܡܐ
ܒܫܒܛܐ ܕܦܪܙܠܐ. ܘܐܬܚܛܦ ܒܪܗ ܠܘܬ ܐܠܗܐ ܘܠܘܬ ܟܘܪܣܝܗ. 6 ܘܐܢܬܬܐ ܥܪܩܬ
ܠܡܕܒܪܐ. ܐܝܟܐ ܕܐܝܬ ܗܘܐ ܠܗ ܬܡܢ ܕܘܟܬܐ ܕܡܛܝܒܐ ܡܢ ܐܠܗܐ: ܕܬܬܬܪܣܐ

ܝܘܡܝܢ ܐܠܦ ܘܡܐܬܝܢ ܘܫܬܝܢ܀ 7 ܘܗܘܐ ܩܪܒܐ ܒܫܡܝܐ. ܡܝܟܐܝܠ ܘܡܠܐܟܘܗܝ
ܡܩܪܒܝܢ ܥܡ ܬܢܝܢܐ. ܘܬܢܝܢܐ ܘܡܠܐܟܘܗܝ ܐܩܪܒܘ 8 ܘܠܐ ܐܬܡܨܝܘ. ܘܠܐ ܐܬܪܐ ܐܫܬܟܚ
ܠܗܘܢ ܒܫܡܝܐ. 9 ܘܐܬܪܡܝ ܬܢܝܢܐ ܪܒܐ ܗܘ ܚܘܝܐ: ܩܕܡܝܐ ܗܘ ܕܡܬܩܪܐ ܐܟܠܩܪܨܐ
ܘܣܛܢܐ. ܗܘ ܕܐܛܥܝ ܠܟܠܗ̇ ܐܪܥܐ ܘܐܬܪܡܝ ܥܠ ܐܪܥܐ ܘܡܠܐܟܘܗܝ ܥܡܗ ܐܬܪܡܝܘ.
10 ܘܫܡܥܬ ܩܠܐ ܪܒܐ ܡܢ ܫܡܝܐ ܕܐܡܪ. ܗܐ ܗܘܐ ܦܘܪܩܢܐ ܘܚܝܠܐ ܘܡܠܟܘܬܐ
ܕܐܠܗܢ. ܕܐܬܪܡܝ ܡܩܛܪܓܢܐ ܕܐܚܝܢ ܗܘ ܕܡܩܛܪܓ ܗܘܐ ܥܠܝܗܘܢ: ܒܐܝܡܡܐ ܘܒܠܠܝܐ
ܩܕܡ ܐܠܗܢ. 11 ܘܗܢܘܢ ܙܟܘ ܒܕܡܐ ܕܐܡܪܐ. ܘܒܝܕ ܡܠܬܐ ܕܣܗܕܘܬܗ. ܘܠܐ
ܐܚܒܘ ܢܦܫܗܘܢ ܥܕܡܐ ܠܡܘܬܐ. 12 ܡܛܠܗܢܐ ܫܡܝܐ ܐܬܦܨܚܘ ܘܐܝܠܝܢ ܕܒܗܘܢ ܫܪܝܢ.
ܘܝ ܠܐܪܥܐ ܘܠܝܡܐ: ܡܛܠ ܕܢܚܬ ܐܟܠܩܪܨܐ ܠܘܬܟܘܢ: ܕܐܝܬ ܠܗ ܚܡܬܐ ܪܒܬܐ:
ܟܕ ܝܕܥ ܕܙܒܢܐ ܩܠܝܠ ܐܝܬ ܠܗ܀ 13 ܘܟܕ ܚܙܐ ܬܢܝܢܐ ܕܐܬܪܡܝ ܥܠ ܐܪܥܐ. ܪܕܦ
ܠܐܢܬܬܐ ܐܝܕܐ ܕܝܠܕܬ ܕܟܪܐ. 14 ܘܐܬܝܗܒ ܠܐܢܬܬܐ ܬܪܬܝܢ ܓܦܝܢ ܕܢܫܪܐ ܪܒܐ. ܕܬܦܪܚ ܠܡܕܒܪܐ
ܠܕܘܟܬܗ̇: ܠܡܬܬܪܣܘ ܬܡܢ ܥܕܢ ܥܕܢܝܢ ܘܦܠܓܘܬ ܥܕܢ: ܡܢ ܩܕܡ ܐܦܘܗܝ
ܕܚܘܝܐ. 15 ܘܐܪܡܝ ܚܘܝܐ ܡܢ ܦܘܡܗ. ܒܬܪ ܐܢܬܬܐ ܡܝܐ ܐܝܟ ܢܗܪܐ. ܕܢܥܒܕܝܗ̇
ܡܝܐ ܢܕܒܪܘܢܗ̇. 16 ܘܥܕܪܬ ܐܪܥܐ ܠܐܢܬܬܐ. ܘܦܬܚܬ ܐܪܥܐ ܦܘܡܗ̇ ܘܒܠܥܬܗ ܠܢܗܪܐ
ܗܘ ܕܐܪܡܝ ܬܢܝܢܐ ܡܢ ܦܘܡܗ. 17 ܘܪܓܙ ܬܢܝܢܐ ܥܠ ܐܢܬܬܐ. ܘܐܙܠ ܠܡܥܒܕ ܩܪܒܐ
ܥܡ ܫܪܟܐ ܕܙܪܥܗ̇: ܗܠܝܢ ܕܢܛܪܝܢ ܦܘܩܕܢܘܗܝ ܕܐܠܗܐ: ܘܐܝܬ ܠܗܘܢ ܣܗܕܘܬܗ
ܕܝܫܘܥ. 1 ܘܩܡܬ ܥܠ ܚܠܐ ܕܝܡܐ܀ Cap. xiii

ܘܚܙܝܬ ܕܣܠܩܐ ܚܝܘܬܐ ܡܢ ܝܡܐ. ܕܐܝܬ ܠܗ̇ ܥܣܪ ܩܪܢܝܢ ܘܫܒܥ ܪܫܝܢ. ܘܥܠ
ܩܪܢܬܗ̇ ܥܣܪܐ ܬܐܓܝܢ. ܘܥܠ ܪܫܝܗ̇ ܫܡܐ ܕܓܘܕܦܐ. 2 ܘܚܝܘܬܐ ܗܝ ܕܚܙܝܬ.
ܕܡܝܐ ܗܘܬ ܠܢܡܪܐ. ܘܪܓܠܝܗ̇ ܐܝܟ ܕܕܒܐ. ܘܦܘܡܗ̇ ܐܝܟ ܕܐܪܝܘܬܐ. ܘܝܗܒ ܠܗ̇ ܬܢܝܢܐ
ܚܝܠܗ ܘܟܘܪܣܝܗ ܘܫܘܠܛܢܐ ܪܒܐ. 3 ܘܚܕ ܡܢ ܪܫܝܗ̇ ܐܝܟ ܩܛܝܠܐ ܠܡܘܬܐ.
ܘܡܚܘܬܐ ܕܡܘܬܗ ܐܬܐܣܝܬ. ܘܐܬܕܡܪܬ ܟܠܗ̇ ܐܪܥܐ ܒܬܪ ܚܝܘܬܐ. 4 ܘܣܓܕܘ ܠܬܢܝܢܐ
ܕܝܗܒ ܫܘܠܛܢܐ ܠܚܝܘܬܐ. ܘܣܓܕܘ ܠܚܝܘܬܐ ܟܕ ܐܡܪܝܢ. ܡܢܘ ܕܕܡܐ ܠܚܝܘܬܐ ܗܕܐ.
ܘܡܢܘ ܡܫܟܚ ܠܡܩܪܒܘ ܥܡܗ̇. 5 ܘܐܬܝܗܒ ܠܗ̇ ܦܘܡܐ ܕܡܡܠܠ ܪܘܪܒܬܐ
ܘܓܘܕܦܐ. ܘܐܬܝܗܒ ܠܗ̇ ܫܘܠܛܢܐ ܠܡܥܒܕ ܝܪܚܐ ܐܪܒܥܝܢ ܘܬܪܝܢ. 6 ܘܦܬܚܬ ܦܘܡܗ̇
ܠܡܓܕܦܘ ܩܕܡ ܐܠܗܐ. ܕܢܓܕܦ ܒܫܡܗ ܘܒܡܫܪܝܬܗ ܘܒܐܝܠܝܢ ܕܫܪܝܢ ܒܫܡܝܐ. 7 ܘܐܬܝܗܒ
ܠܗ̇ ܠܡܥܒܕ ܩܪܒܐ ܥܡ ܩܕܝܫܐ. ܘܠܡܙܟܝܘ ܐܢܘܢ. ܘܐܬܝܗܒ ܠܗ̇ ܫܘܠܛܢܐ ܥܠ
ܟܠܗܘܢ ܫܪܒܬܐ ܘܐܡܘܬܐ ܘܠܫܢܐ ܘܥܡܡܐ. 8 ܘܢܣܓܕܘܢ ܠܗ̇ ܟܠܗܘܢ ܥܡܘܪܝܗ̇
ܕܐܪܥܐ: ܗܢܘܢ ܐܝܠܝܢ ܕܠܐ ܟܬܝܒܝܢ ܒܟܬܒܐ ܕܚܝܐ: ܗܘ ܕܐܡܪܐ ܩܛܝܠܐ ܡܢ ܬܪܡܝܬܗ
ܕܥܠܡܐ. 9 ܡܢ ܕܐܝܬ ܠܗ ܐܕܢܐ ܢܫܡܥ. 10 ܡܢ ܕܒܫܒܝܐ ܡܘܒܠ: ܠܫܒܝܐ ܐܙܠ.

ܘܐܝܢܐ ܕܒܣܝܦܐ ܩܛܠ: ܒܣܝܦܐ ܢܬܩܛܠ. ܗܪܟܐ ܗܝ ܗܝܡܢܘܬܐ ܘܡܣܝܒܪܢܘܬܐ ܕܩܕܝܫܐ܀
11 ܘܚܙܝܬ ܚܝܘܬܐ ܐܚܪܬܐ ܕܣܠܩܐ ܡܢ ܐܪܥܐ. ܘܐܝܬ ܗܘܐ ܠܗ ܬܪܬܝܢ ܩܪܢܝܢ. ܘܕܡܝܐ
ܠܐܡܪܐ. ܘܡܡܠܠܐ ܗܘܬ ܐܝܟ ܬܢܝܢܐ. 12 ܘܫܘܠܛܢܐ ܕܚܝܘܬܐ ܩܕܡܝܬܐ ܟܠܗ ܥܒܕܐ
ܩܕܡܝܗ. ܘܥܒܕܐ ܠܐܪܥܐ ܘܠܕܥܡܪܝܢ ܒܗ. ܕܢܣܓܕܘܢ ܠܚܝܘܬܐ ܩܕܡܝܬܐ ܗܝ
ܕܐܬܐܣܝܬ ܡܚܘܬܐ ܕܡܘܬܗ. 13 ܘܥܒܕܐ ܐܬܘܬܐ ܪܘܪܒܬܐ. ܐܝܟܢܐ ܕܢܘܪܐ ܬܥܒܕ ܠܡܚܬ
ܡܢ ܫܡܝܐ ܥܠ ܐܪܥܐ ܩܕܡ ܒܢܝܢܫܐ. 14 ܘܡܛܥܝܐ ܠܕܥܡܪܝܢ ܥܠ ܐܪܥܐ: ܡܛܠ ܐܬܘܬܐ
ܕܐܬܝܗܒ ܠܗ ܠܡܥܒܕ ܩܕܡ ܚܝܘܬܐ. ܟܕ ܐܡܪܐ ܠܕܥܡܪܝܢ ܥܠ ܐܪܥܐ. ܠܡܥܒܕ
ܨܠܡܐ ܠܚܝܘܬܐ ܐܝܕܐ ܕܐܝܬ ܠܗ ܡܚܘܬܐ ܕܣܝܦܐ ܘܚܝܬ. 15 ܘܐܬܝܗܒ ܠܗ ܕܬܬܠ
ܪܘܚܐ ܠܨܠܡܐ ܕܚܝܘܬܐ. ܘܢܥܒܕ ܕܟܠ ܕܠܐ ܢܣܓܕܘܢ ܠܗ ܠܨܠܡܐ ܕܚܝܘܬܐ ܢܬܩܛܠܘܢ.
16 ܘܢܥܒܕ ܠܟܠܗܘܢ ܠܙܥܘܪܐ ܘܠܪܘܪܒܐ: ܠܥܬܝܪܐ ܘܠܡܣܟܢܐ: ܠܚܐܪܐ ܘܠܥܒܕܐ. ܕܢܬܝܗܒ
ܠܗܘܢ ܪܘܫܡܐ ܥܠ ܐܝܕܗܘܢ ܕܝܡܝܢܐ ܐܘ ܥܠ ܒܝܬ ܥܝܢܝܗܘܢ. 17 ܕܠܐ ܐܢܫ ܢܙܒܢ
ܐܘ ܢܙܒܢ. ܐܠܐ ܐܝܢܐ ܕܐܝܬ ܠܗܘܢ ܪܘܫܡܐ ܕܫܡܐ ܕܚܝܘܬܐ ܐܘ ܡܢܝܢܐ ܕܫܡܗ.
18 ܗܪܟܐ ܐܝܬܝܗ ܚܟܡܬܐ. ܘܕܐܝܬ ܠܗ ܗܘܢܐ. ܢܚܫܒܝܘܗܝ ܠܡܢܝܢܐ ܕܚܝܘܬܐ. ܡܢܝܢܐ
ܗܘ ܓܝܪ ܕܒܪܢܫܐ. ܫܬܡܐܐ ܘܫܬܝܢ ܘܫܬ܀

Cap. xiv. 1 ܘܚܙܝܬ ܘܗܐ ܐܡܪܐ ܩܐܡ ܥܠ ܛܘܪܐ ܕܨܗܝܘܢ. ܘܥܡܗ ܡܐܐ ܘܐܪܒܥܝܢ ܘܐܪܒܥܐ
ܐܠܦܝܢ ܕܐܝܬ ܠܗܘܢ ܫܡܗ ܘܫܡܐ ܕܐܒܘܗܝ ܟܬܝܒ ܥܠ ܒܝܬ ܥܝܢܝܗܘܢ.
2 ܘܫܡܥܬ ܩܠܐ ܡܢ ܫܡܝܐ ܐܝܟ ܩܠܐ ܕܡܝܐ ܣܓܝܐܐ. ܘܐܝܟ ܩܠܐ ܕܪܥܡܐ ܪܒܐ. ܩܠܐ ܐܝܢܐ
ܕܫܡܥܬ. ܐܝܟ ܩܝܬܪܘܕܐ ܕܢܩܫ ܒܩܝܬܪܘܗܝ. 3 ܘܡܫܒܚܝܢ ܐܝܟ ܬܫܒܘܚܬܐ ܚܕܬܐ
ܩܕܡ ܟܘܪܣܝܐ. ܘܩܕܡ ܐܪܒܥ ܚܝܘܢ. ܘܩܕܡ ܩܫܝܫܐ. ܘܠܐ ܐܢܫ ܐܫܟܚ ܠܡܐܠܦܗ
ܠܬܫܒܘܚܬܐ. ܐܠܐ ܐܢ ܡܐܐ ܘܐܪܒܥܝܢ ܘܐܪܒܥܐ ܐܠܦܝܢ ܕܙܒܝܢܝܢ ܡܢ ܐܪܥܐ. 4 ܗܠܝܢ
ܐܢܘܢ: ܐܝܠܝܢ ܕܥܡ ܢܫܐ ܠܐ ܐܬܛܘܫܘ. ܒܬܘܠܐ ܓܝܪ ܐܝܬܝܗܘܢ. ܗܠܝܢ ܕܢܩܦܝܢ
ܠܐܡܪܐ ܟܠ ܐܝܟܐ ܕܐܙܠ. ܗܠܝܢ ܐܙܕܒܢܘ ܡܢ ܐܢܫܐ. ܪܫܝܬܐ ܠܐܠܗܐ ܘܠܐܡܪܐ. 5 ܘܒܦܘܡܗܘܢ
ܠܐ ܐܫܬܟܚܬ ܕܓܠܘܬܐ. ܕܠܐ ܡܘܡ ܓܝܪ ܐܝܬܝܗܘܢ܀ 6 ܘܚܙܝܬ ܐܚܪܢܐ ܡܠܐܟܐ ܕܦܪܚ
ܒܡܨܥܬ ܫܡܝܐ. ܘܐܝܬ ܠܗ ܥܠܘܗܝ ܣܒܪܬܐ ܕܠܥܠܡ. ܠܡܣܒܪܘ ܥܠ ܝܬܒܝ
ܐܪܥܐ: ܘܥܠ ܟܠ ܥܡ ܘܫܪܒܐ ܘܠܫܢ: 7 ܟܕ ܐܡܪ ܒܩܠܐ ܪܡܐ. ܕܚܠܘ ܡܢ
ܐܠܗܐ. ܘܗܒܘ ܠܗ ܬܫܒܘܚܬܐ. ܡܛܠ ܕܐܬܬ ܫܥܬܐ ܕܕܝܢܗ. ܘܣܓܘܕܘ ܠܗ ܕܥܒܕ
ܫܡܝܐ ܘܐܪܥܐ ܘܝܡܐ ܘܡܒܘܥܐ ܕܡܝܐ. 8 ܘܐܚܪܢܐ ܬܢܝܢܐ ܢܩܦ ܗܘܐ ܠܗ ܘܐܡܪ:
ܢܦܠܬ ܢܦܠܬ ܒܒܠ ܪܒܬܐ: ܐܝܕܐ ܕܡܢ ܚܡܪܐ ܕܚܡܬܐ ܕܙܢܝܘܬܗ. ܐܫܩܝܬ ܠܟܠܗܘܢ
ܥܡܡܐ. 9 ܘܐܚܪܢܐ ܡܠܐܟܐ ܬܠܝܬܝܐ ܢܩܦ ܠܗܘܢ. ܟܕ ܐܡܪ ܒܩܠܐ ܪܡܐ. ܐܝܢܐ ܕܣܓܕ
ܠܚܝܘܬܐ ܘܠܨܠܡܗ: ܘܢܣܒ ܪܘܫܡܐ ܥܠ ܐܝܕܗ. 10 ܐܦ ܗܘ ܢܫܬܐ ܡܢ

ܣܓܝܐܐ ܕܫܡܥܗ ܕܡܪܝܐ: ܘܗܝܡܢ ܕܠܐ ܫܪܟܐ ܒܓܙܪܬܐ ܕܥܘܪܠܘܬܗ. ܘܐܬܬܘܣܦ ܠܒܝܬܐ
ܕܐܝܣܪܝܠ. ܡܢ ܟܕ ܡܬܠܩܛܐ ܩܪܝܬܐ ܘܩܡܘ ܐܚܪܢܐ. [11] ܘܐܝܟܢܐ ܕܐܬܩܪܒܘ ܠܒܢܝ ܒܒܘܩܪ
ܬܡܢ. ܘܟܕ ܚܙܘ ܗܢܘܢ ܕܩܛܠܐ ܐܢܫܐ ܘܒܢܝܢܐ: ܐܝܠܝܢ ܕܥܒܕܝܢ ܒܫܘܪܐ ܘܒܪܘܫܐ:
ܘܢܦܩܘ ܕܢܦܠܘ ܥܠ ܪܓܠܝܗܘܢ. [12] ܗܘܝܐ ܐܝܟܢ ܡܫܬܪܒܝܬܐ ܕܦܪܫܐ: ܐܝܠܝܢ
ܕܐܬܘ ܦܘܩܕܢܝܗܘܢ ܕܐܠܗܐ ܘܡܫܒܚܬܗ ܕܥܡܗ. [13] ܘܡܫܬܒܚ ܟܠܗ ܡܢ ܥܡܐ ܕܐܝܬ
ܒܓܘܗ. ܠܡܬܬܒܥܘ ܠܦܪܫܐ ܐܝܠܝܢ ܕܩܛܠܘ ܠܗܘܢ ܡܢ ܗܘܝܐ. ܐܝܟ ܐܢܫ ܕܗܘܐ.
ܡܛܠ ܕܐܬܚܝܠܘ ܡܢ ܟܠܗܘܢ ✣ [14] ܘܥܠ ܒܓܘܐ ܠܓܘ ܦܘܪܝܐ. ܘܟܠ ܒܢܝܐ ܢܫܒ
ܕܡܠܐ ܕܒܝܬܐ. ܘܐܝܬ ܠܗ ܟܠ ܩܢܘ ܡܫܢܐ ܕܪܘܚܐ. ܘܟܠ ܐܝܟܢ ܡܫܟܢܬܐ
ܡܬܢܫܝܐ. [15] ܘܐܣܬܒܪ ܡܫܟܢܐ ܢܦܩ ܡܢ ܗܘܝܐ. ܘܩܡܠ ܒܦܠܐ ܦܪܐ ܠܡܬܚܙܐ ܥܠ ܒܢܝܐ.
ܗܘ ܡܫܟܢܬܗ ܘܫܪܘ. ܡܛܠ ܕܐܬܐ ܥܒܕܐ ܒܥܠܫܪ. [16] ܘܐܦܩܘ ܗܘ ܕܢܦܩ ܥܠ
ܒܢܝܐ ܡܫܟܢܬܗ ܥܠ ܦܪܫܐ. ܘܐܬܚܙܝܬ ܦܪܫܐ. [17] ܘܐܣܬܒܪ ܡܫܟܢܐ ܢܦܩ ܡܢ
ܗܘܝܐ ܕܒܫܡܝܐ. ܘܟܠܗܘܢ ܐܝܟ ܡܫܟܢܬܐ ܡܬܢܫܝܐ. [18] ܘܐܣܬܒܪ ܡܫܟܢܐ
ܢܦܩ ܡܢ ܡܕܒܪܐ. ܕܐܝܬ ܠܗ ܡܘܠܟܢܐ ܥܠ ܢܘܪܐ. ܘܩܡܠ ܒܦܠܐ ܦܪܐ ܠܒܪܝܬ
ܠܗ ܡܫܟܢܬܐ ܡܬܢܫܝܐ. ܡܛܠ ܐܝܬ ܡܫܟܢܬܗ ܡܬܢܫܝܐ. ܘܡܛܠ ܠܫܩܝܩܠܐ ܕܒܢܝܢܐ
ܕܐܦܝܐ. ܡܛܠ ܕܩܪܒ ܠܥܒܕܘܗܝ. [19] ܘܐܦܩܘ ܡܫܟܢܐ ܡܫܟܢܬܗ ܥܠ ܐܦܝܐ. ܘܡܛܒ
ܒܒܢܝܢܗ ܕܐܦܝܐ. ܘܐܦܩܘ ܠܡܕܒܪܬܐ ܦܪܝܫܐ ܕܫܡܫܗ ܕܐܠܗܐ. [20] ܘܐܬܬܩܢܬ ܡܕܒܪܬܐ
ܒܪ ܡܢ ܡܕܝܢܬܐ. ܘܢܦܩ ܕܗܘܐ ܡܢ ܡܕܒܪܬܐ. ܒܪܘܚܐ ܠܫܩܝܩܠܐ ܕܒܢܝܐ. ܥܠ ܐܦܝ
ܘܡܬܐܡܪ ܐܦܝܗܘܢ ✣
[1] ܘܫܡܥܘ ܐܝܠܝܢ ܐܝܬܝܗܘܢ ܒܡܫܟܢܐ ܦܬܓܡܐ ܘܐܬܕܡܪܘ. ܡܛܠ ܕܗܘܐ ܠܟܠܗܘܢ ܡܫܬܘܫܐ Cap. xv.
ܥܠܝܗܘܢ ܐܝܠܝܢ: ܕܠܘܬ ܐܦܝ ܥܡܐ ܫܡܥܬܗ ܕܐܠܗܐ. [2] ܘܫܪܝܬ ܐܝܟ ܢܦܠܐ ܕܐܬܕܒܪܬܐ
ܕܒܪܝܬܐ ܒܥܠܡܐ. ܘܡܢ ܩܕܡ ܚܙܘܐ ܘܡܢ ܩܪܝܒܐ ܕܢܦܠܘ. ܕܦܠܓܝܢ
ܠܟܠ ܡܢ ܐܦܐ ܕܐܬܕܒܪܬܐ. ܘܐܝܟ ܠܟܠܗܘܢ ܦܩܕܘܗܝ ܕܐܠܗܐ. [3] ܘܡܫܬܡܥܝܢ
ܠܡܫܬܘܫܐ ܕܡܘܬܐ ܠܒܢܝܗ ܕܐܠܗܐ. ܘܐܬܡܫܚܬ ܕܐܬܪܐ ܘܐܬܪܝܢ. ܦܘܪܫܢ ܘܐܬܕܡܪܘ
ܠܒܢܝܢ ܡܢܐ ܐܠܗܐ ܐܝܬ ܟܠ: ܕܐܬܝܢ ܘܡܫܬܡܥܝܢ ܠܒܢܝܢ ܡܫܬܒܚܐ ܕܟܠܗܘܢ. [4] ܡܢ ܠܐ
ܢܦܩܠ ܠܟ ܡܢܐ. ܘܢܦܩܬ ܠܡܢܝܢ. ܡܛܠ ܕܐܝܬ ܗܘ ܒܠܒܗ ܢܦܫܐ. ܡܛܠ ܕܒܠܒܗܘܢ
ܠܡܫܬܒܚܐ ܬܐܠܗ ܘܢܦܫܗ ܡܝܬܝܢ. ܡܛܠ ܕܐܦܝ ܐܝܬ ✣ [5] ܘܡܢ ܒܬܪ ܗܠܝܢ ܫܪܝܬ:
ܘܐܬܦܬܚ ܗܘܝܐ ܕܡܫܟܢܐ ܕܡܫܬܘܫܐ ܒܡܫܟܢܐ. [6] ܘܢܦܩܘ ܡܫܟܢܐ ܡܫܬܘܫܝܢ ܡܢ ܗܘܝܐ.
ܗܘܝܢ ܕܐܝܬ ܠܟܠܗܘܢ ܡܫܟܢ ܡܫܬܘܫ. ܟܕ ܒܫܒܩܝܢ ܒܢܝܐ ܕܒܢܐ ܘܒܫܡܝܐ. ܘܐܬܩܪܝܢ
ܥܠ ܡܫܬܘܫܗܘܢ ܐܝܟܢܐ ܕܗܘܐ. [7] ܘܡܢܐ ܡܢ ܐܦܝ ܡܫܬܘܫܐ ܢܦܩܬ ܠܡܫܟܢܐ ܡܫܟܢܬܗ:
ܡܫܟ ܐܝܟܢ ܕܡܫܬܘܫ ܫܡܥܬܗ ܕܐܠܗܐ ܕܐܝܬܝܗܘܢ ܫܡܥ ܠܒܢܝܢ ܒܢܝܢܝܢ ܐܝܟܢ.

⁸ ܘܐܬܡܠܝ ܗܝܟܠܐ ܡܢ ܬܢܢܐ ܕܬܫܒܘܚܬܗ ܕܐܠܗܐ. ܘܡܢ ܚܝܠܗ. ܘܠܝܬ ܕܡܨܐ ܗܘܐ
ܠܡܥܠ ܠܗܝܟܠܐ. ܥܕܡܐ ܕܢܫܬܠܡܢ ܫܒܥ ܡܚܘܢ ܕܫܒܥܐ ܡܠܐܟܝܢ܀
Cap. xvi. 1 ܘܫܡܥܬ ܩܠܐ ܪܒܐ ܡܢ ܗܝܟܠܐ ܕܐܡܪ ܠܫܒܥܐ ܡܠܐܟܝܢ. ܐܙܠܘ ܘܐܫܘܕܘ ܫܒܥ
ܐܓܢܝܢ ܕܚܡܬܗ ܕܐܠܗܐ ܥܠ ܐܪܥܐ. 2 ܘܐܙܠ ܩܕܡܝܐ ܘܐܫܕ ܐܓܢܗ ܥܠ ܐܪܥܐ.
ܘܗܘܐ ܫܘܚܢܐ ܒܝܫܐ ܘܟܐܒܐ: ܥܠ ܐܢܫܐ ܕܐܝܬ ܠܗܘܢ ܪܘܫܡܐ ܕܚܝܘܬܐ: ܘܐܝܠܝܢ
ܕܣܓܕܝܢ ܠܨܠܡܗ܀ 3 ܘܡܠܐܟܐ ܕܬܪܝܢ ܐܫܕ ܐܓܢܗ ܒܝܡܐ. ܘܗܘܐ ܕܡܐ ܐܝܟ ܕܡܝܬܐ.
ܘܟܠ ܢܦܫܐ ܚܝܬܐ ܡܝܬܬ ܒܝܡܐ܀ 4 ܘܡܠܐܟܐ ܕܬܠܬܐ ܐܫܕ ܐܓܢܗ ܒܢܗܪܘܬܐ ܘܒܡܒܘܥܐ
ܕܡܝܐ ܘܗܘܘ ܕܡܐ. 5 ܘܫܡܥܬ ܠܡܠܐܟܐ ܕܡܝܐ ܕܐܡܪ. ܙܕܝܩ ܐܢܬ ܗܘ ܕܐܝܬܘܗܝ
ܘܐܝܬܘܗܝ ܗܘܐ: ܘܚܣܝܐ ܕܗܠܝܢ ܕܢܬ. 6 ܡܛܠ ܕܕܡܐ ܕܩܕܝܫܐ ܘܕܢܒܝܐ ܐܫܕܘ. ܘܕܡܐ
ܝܗܒܬ ܠܗܘܢ ܠܡܫܬܐ. ܫܘܝܢ ܐܢܘܢ. 7 ܘܫܡܥܬ ܠܡܕܒܚܐ ܕܐܡܪ. ܐܝܢ ܡܪܝܐ
ܐܠܗܐ ܐܚܝܕ ܟܠ. ܫܪܝܪܝܢ ܘܟܐܢܝܢ ܕܝܢܝܟ܀ 8 ܘܡܠܐܟܐ ܕܐܪܒܥܐ ܐܫܕ ܐܓܢܗ ܥܠ
ܫܡܫܐ. ܘܐܬܝܗܒ ܠܗ ܕܢܚܡ ܠܒܢܝܢܫܐ ܒܢܘܪܐ. 9 ܘܐܬܚܡܡܘ ܒܢܝܢܫܐ ܒܚܘܡܐ ܪܒܐ.
ܘܓܕܦܘ ܠܫܡܐ ܕܐܠܗܐ: ܕܐܝܬ ܠܗ ܫܘܠܛܢܐ ܥܠ ܡܚܘܬܐ ܗܠܝܢ. ܘܠܐ ܬܒܘ ܠܡܬܠ
ܠܗ ܫܘܒܚܐ܀ 10 ܘܡܠܐܟܐ ܕܚܡܫܐ ܐܫܕ ܐܓܢܗ ܥܠ ܟܘܪܣܝܐ ܕܚܝܘܬܐ. ܘܗܘܬ
ܡܠܟܘܬܗ ܚܫܘܟܬܐ. ܘܡܠܥܣܝܢ ܗܘܘ ܠܫܢܝܗܘܢ ܡܢ ܟܐܒܐ. 11 ܘܓܕܦܘ ܠܫܡܐ
ܕܐܠܗܐ ܕܫܡܝܐ: ܡܢ ܟܐܒܝܗܘܢ ܘܡܢ ܡܚܘܬܗܘܢ. ܘܠܐ ܬܒܘ ܡܢ ܥܒܕܝܗܘܢ܀
12 ܘܡܠܐܟܐ ܕܫܬܐ ܐܫܕ ܐܓܢܗ ܥܠ ܢܗܪܐ ܪܒܐ ܦܪܬ. ܘܝܒܫܘ ܡܝܘܗܝ. ܕܬܬܛܝܒ ܐܘܪܚܐ
ܕܡܠܟܐ ܡܢ ܡܕܢܚ ܫܡܫܐ. 13 ܘܚܙܝܬ ܡܢ ܦܘܡܗ ܕܬܢܝܢܐ ܘܡܢ ܦܘܡܗ ܕܚܝܘܬܐ
ܘܡܢ ܦܘܡܗ ܕܢܒܝܐ ܕܓܠܐ. ܬܠܬܐ ܪܘܚܐ ܠܐ ܕܟܝܬܐ ܐܝܟ ܐܘܩܪܕܥܐ. 14 ܐܝܬܝܗܘܢ ܓܝܪ
ܪܘܚܐ ܕܫܐܕܐ ܥܒܕܝܢ ܐܬܘܬܐ. ܕܢܦܩܝܢ ܥܠ ܡܠܟܐ ܕܬܐܒܝܠ ܠܡܟܢܫܘ ܐܢܘܢ:
ܠܩܪܒܐ ܕܝܘܡܐ ܗܘ ܪܒܐ ܕܐܠܗܐ ܐܚܝܕ ܟܠ. 15 ܗܐ ܐܬܐ ܐܝܟ ܓܢܒܐ. ܛܘܒܘܗܝ ܠܗܘ
ܕܥܝܪ ܘܢܛܪ ܡܐܢܘܗܝ: ܕܠܐ ܥܪܛܠ ܢܗܠܟ. ܘܢܚܙܘܢ ܒܗܬܬܗ. 16 ܘܟܢܫ ܐܢܘܢ ܠܐܬܪܐ
ܕܡܬܩܪܐ ܥܒܪܐܝܬ ܡܓܕܘ܀ 17 ܘܡܠܐܟܐ ܕܫܒܥܐ ܐܫܕ ܐܓܢܗ ܒܐܐܪ ܘܢܦܩ ܩܠܐ ܪܒܐ
ܡܢ ܗܝܟܠܐ ܡܢ ܩܕܡ ܟܘܪܣܝܐ ܕܐܡܪ. ܗܘܬ. 18 ܘܗܘܘ ܒܪܩܐ ܘܪܥܡܐ ܘܙܘܥܐ ܗܘܐ ܪܒܐ.
ܕܐܝܟܘܬܗ ܠܐ ܗܘܐ: ܡܢ ܕܗܘܘ ܒܢܝܢܫܐ ܥܠ ܐܪܥܐ ܕܐܝܟ ܗܢܐ ܙܘܥܐ. ܗܟܢܐ ܪܒ ܗܘܐ.
19 ܘܗܘܬ ܡܕܝܢܬܐ ܪܒܬܐ ܠܬܠܬ ܦܢܝܢ. ܘܡܕܝܢܬܐ ܕܥܡܡܐ ܢܦܠܝ. ܘܒܒܠ ܪܒܬܐ
ܐܬܕܟܪܬ ܩܕܡ ܐܠܗܐ: ܠܡܬܠ ܠܗ ܟܣܐ ܕܚܡܪܐ ܕܚܡܬܗ ܘܕܪܘܓܙܗ. 20 ܘܟܠ
ܓܙܪܬܐ ܥܪܩܬ ܘܛܘܪܐ ܠܐ ܐܫܬܟܚܘ. 21 ܘܒܪܕܐ ܪܒܐ ܐܝܟ ܟܟܪܐ ܢܚܬ ܡܢ ܫܡܝܐ ܥܠ
ܒܢܝܢܫܐ. ܘܓܕܦܘ ܒܢܝܢܫܐ ܠܐܠܗܐ ܥܠ ܡܚܘܬܐ ܕܒܪܕܐ. ܡܛܠ ܕܪܒܐ ܗܝ
ܡܚܘܬܗ ܛܒ܀

Cap. xvii. ¹ ܘܐܦ ܚܕ ܡܢ ܡܓܒܠܐ ܡܛܠܬܐ ܕܐܡܪ ܠܟܠܗܘܢ. ܡܓܕ ܐܚܕܘܗܝ. ܘܡܛܠ ܠܟܠܗ
ܠܡܩܛܠܗ. ܗܝ ܒܓܠܐ ܐܪܡܝܬ ܢܦܫܗ ܒܢܘܪܐ ܕܡܝܩܕܐ. ܟܠ ܡܛܠ ܡܢܝܚܐ. ² ܕܟܠܗܘܢ ܐܝܬܝܗ
ܡܬܒܛܠܝܢ ܕܛܘܪܢܐ: ܘܚܘܝܬ ܩܕܡܝܗܘܢ ܠܡܥܒܕܘܗܝ ܕܛܘܪܢܐ ܡܢ ܫܒܪܐ ܕܐܠܗܘܬܗ. ³ ܘܐܩܝܡܬ
ܠܒܝܬܐ ܒܢܝܟܝ. ܘܚܒܫܬ ܐܝܟ ܡܛܠܠܐ ܕܡܩܝܡܐ ܥܠ ܣܡܟܐ ܡܗܝܡܢܐ. ܕܡܟܝܢ ܦܣܩܘܬܐ
ܕܬܘܪܦܐ. ܕܐܝܟ ܠܗ ܒܢܝܐ ܡܫܒܚܐ. ܡܬܚܝܠܐ ܗܘܝܬܝ ܒܟܐܦܐ. ⁴ ܘܐܝܬܝܟܝ ܐܝܟ ܗܘܐ ܕܡܬܬܦܝܣܐ
ܐܘܟܡܬܐ ܘܐܣܘܪܬܐ ܕܡܢܚܡܢ ܒܪܘܚܐ: ܘܩܠܝܠܐ ܒܢܝܟܝ ܘܡܬܚܝܠܝܢ. ܘܐܝܟ ܠܗ ܒܗܠܐ
ܕܪܘܚܐ ܥܠ ܐܝܕܗ. ܘܡܛܠ ܠܡܫܠܡܘܬܐ. ܘܗܝܡܢܘܬܐ ܕܐܠܗܘܬܗ. ⁵ ܘܟܠ ܒܢܝܟܝ ܠܟܠܗܘܢ
ܦܠܓܝܢ ܐܪܥܐ. ܒܢܝܟܝ ܩܕܡܝܐ ܕܐܠܗܐ ܘܐܘܪܚܐ ܘܒܝܬ ܡܫܒܚܢ ܕܛܘܪܢܐ. ⁶ ܘܚܙܝܬ ܐܝܟܢܐ ܕܗܘܢܐ
ܡܢ ܕܡܐ ܕܡܪܝܡܐ ܘܡܢ ܕܡܐ ܕܡܫܬܒܚܝܢ ܕܫܡܥܘܢ. ܘܐܬܦܪܫܬ ܕܗܠܝܢ ܦܓܪܐ ܒܗ ܚܪܡܬܗ.
⁷ ܘܐܡܪ ܠܝ ܡܠܬܐ. ܠܟܠܢܐ ܐܬܦܪܫܬ. ܐܢܐ ܐܡܪ ܐܢܐ ܠܟܝ ܐܪܥܐ ܕܐܝܬܝܟܝ ܘܕܚܠܬܐ ܕܐܠܗܐ
ܠܟܝ: ܕܐܝܟ ܠܗ ܡܓܒܠܐ ܩܕܡ ܘܠܒܫ ܗܕܝܢ. ⁸ ܚܠܦܐ ܕܚܙܝܬ ܐܢܫܝܢ ܗܘܐ ܘܠܐܝܟܢ.
ܒܟܠܗ ܕܐܬܚܬܡ ܡܢ ܚܕܐ ܘܡܬܒܪܝܐ ܐܠܐ. ܘܢܬܦܪܫܘܢ ܠܒܢܝ ܟܠ ܐܪܥܐ: ܗܘܝܘ ܕܠܐ
ܒܬܒܝܢ ܦܘܠܚܢܗܘܢ ܒܫܦܝܪܐ ܕܫܡܝܐ. ܡܢ ܐܬܚܙܝܬܗ ܕܒܟܠܗ: ܕܢܦܩܝܢ ܚܙܝܬܐ ܕܐܬܚܙܝܢ
ܗܘܬ ܘܒܠܝܠܗ. ܘܩܪܒܬ. ⁹ ܗܘܦܝܠ ܗܘܢܐ ܒܐܝܟ ܠܗ ܢܬܬܡܟܐ. ܡܓܒܠܐ ܩܕܡܝܢ ܡܓܒܠܐ
ܐܢܘܢ ܠܗܘܢ: ܐܡܝܢ ܕܡܬܚܙܐ ܐܝܬܝܗ ܒܠܚܘܕܝܗ. ¹⁰ ܘܡܬܚܙܝܐ ܡܓܒܠܐ ܐܢܘܢ. ܫܡܥܐ
ܢܦܫܗ. ܘܚܕ ܐܬܚܙܝ. ܗܘ ܐܢܫܐ ܠܐ ܒܚܝܠܗ ܐܠܐ. ܘܡܢ ܕܐܬܐ. ܩܕܡ ܬܘܒ ܠܗ
ܠܡܬܒܝܐܘ. ¹¹ ܘܐܢܫܐ ܘܕܚܠܬܐ ܗܝ ܕܐܝܟܢ ܘܠܐܝܟܢ: ܘܗܝ ܕܐܬܚܙܝܐ ܘܡܢ ܡܓܒܠܐ
ܗܘܝ ܘܠܐܬܚܙܝܐ ܐܠܐ. ¹² ܘܒܚܝܢ ܩܕܡܝܢ ܕܚܙܝܬ. ܒܫܡܥܐ ܡܬܚܙܝܢ ܐܢܘܢ. ܐܝܟܢ ܕܡܬܚܙܝܐ
ܠܐ ܒܚܝܠܗ ܢܦܫܗ. ܐܠܐ ܡܬܚܙܝܢܐ ܐܝܟ ܡܬܚܙܝܐ. ܡܢ ܡܚܒܐ ܡܗܝܡܢ ܠܟܝ ܕܚܠܬܐ.
¹³ ܗܟܢ ܚܕ ܕܒܢܝܐ ܐܝܟ ܒܗܘܢ. ܘܚܝܠ ܘܡܬܚܙܝܢܐ ܕܡܠܗܘܢ: ܠܕܚܠܬܐ ܡܗܝܡܢ.
¹⁴ ܗܟܢ ܠܟܝ ܐܡܪܐ ܢܡܪܚܘܢ. ܘܐܡܪܐ ܢܬܟܠ ܐܢܘܢ. ܡܛܠ ܕܡܪܐ ܗܘ ܕܡܪܘܬܐ ܘܡܠܟܘ
ܡܬܚܙܝܐ. ܘܕܠܒܫܘ ܡܢܐ ܘܓܒܪܐ ܘܡܬܩܝܡܝܢܐ. ¹⁵ ܘܐܡܪ ܠܝ. ܡܢܐ ܕܚܙܝܬ ܕܒܚܝܠܗܘܢ
ܡܓܒܠܐ ܐܢܘܢܐ. ܠܡܬܒܝܐ ܘܒܢܝܐ ܘܐܬܚܙܝܐ ܘܒܟܝܢܐ ܐܬܚܙܝܘܢ. ¹⁶ ܘܒܚܝܢ ܡܬܚܙܝܐ ܕܚܙܝܬ
ܠܕܚܠܬܐ. ܗܟܢ ܢܬܦܠܓ ܠܐܢܘܢܐ. ܘܚܙܝܐ ܘܒܬܚܙܝܬܐ ܢܬܒܝܢܘܢ. ܘܒܗܢܘܢ ܢܬܟܠܘܢ.
ܘܢܬܡܝܩܘܢ ܠܕܚܠܬܐ. ¹⁷ ܐܟܘܬ ܒܝܫ ܗܘܐ ܠܒܢܝܐܬܗܘܢ ܕܢܬܒܝܢ ܒܚܝܠܗ ܘܢܬܒܝܢ
ܒܚܝܠܗܘܢ ܗܘ: ܘܢܬܚܙܐ ܡܬܚܙܝܢܐ ܠܕܚܠܬܐ ܗܝ: ܒܝܘܡܐ ܕܢܬܡܩܝܡܝܢ ܡܬܩܝܡܝܢ
ܘܐܬܚܙܝ. ¹⁸ ܘܐܝܬܝܟܝ ܐܝܟ ܕܚܙܝܬ. ܒܡܬܚܙܝܢܐ ܦܓܪܐ ܐܝܟ ܕܐܝܟ ܠܗ ܡܬܚܙܝܢܬܐ ܠܟܠ
ܡܓܒܠܐ ܕܐܪܥܐ܀ Cap. xviii. ¹ ܘܡܢ ܗܕܐ ܗܟܝܠ. ܚܙܝܬ ܐܚܝܢܐ ܡܛܠܬܐ ܕܚܙܝܬ ܡܢ ܥܡܠܐ.
ܕܐܝܟ ܠܗ ܡܬܚܙܝܢܐ ܦܓܪܐ. ܘܐܪܥܐ ܢܬܚܙܐ ܡܢ ܐܬܚܙܝܬܗ. ² ܘܚܠܐ ܒܚܝܠ ܦܓܪܐ. ܢܬܚܙܐ
ܢܬܚܙܐ ܒܚܝܠܗ ܦܓܪܐ. ܘܗܘܐ ܡܬܚܙܝܢܐ ܒܚܝܠܘܬܐ. ܘܐܬܚܙܝܬܐ ܒܚܠܐ ܘܗܘܢܐ ܠܐ ܕܒܚܝܠܐ

ܘܡܣܢܝܬܐ. ³ ܡܛܠ ܕܡܢ ܚܡܪܐ ܕܙܢܝܘܬܗ. ܡܙܓܬ ܠܟܠܗܘܢ ܥܡܡܐ. ܘܡܠܟܝܗ
ܕܐܪܥܐ ܥܡܗ ܙܢܝܘ. ܘܬܓܪܐ ܕܐܪܥܐ ܡܢ ܚܝܠܐ ܕܦܘܢܩܗ ܥܬܪܘ. ⁴ ܘܫܡܥܬ ܐܚܪܢܐ
ܩܠܐ ܡܢ ܫܡܝܐ ܕܐܡܪ. ܦܘܩܘ ܡܢ ܓܘܗ ܥܡܝ. ܘܠܐ ܬܫܬܘܬܦܘܢ ܠܚܛܗܝܗ. ܘܕܠܐ
ܬܣܒܘܢ ܡܢ ܡܚܘܬܗ. ⁵ ܡܛܠ ܕܕܒܩܘ ܚܛܗܝܗ ܥܕܡܐ ܠܫܡܝܐ. ܘܐܬܕܟܪ ܐܠܗܐ
ܥܘܠܝܗ. ⁶ ܦܘܪܥܘܗ ܐܝܟܢܐ ܕܐܦ ܗܝ ܦܪܥܬ. ܘܥܘܦܘ ܠܗ ܐܥܦܐ ܟܠ ܥܒܕܝܗ.
ܒܟܣܐ ܗܘ ܕܡܙܓܬ ܡܙܘܓܘ ܠܗ ܐܥܦܐ. ⁷ ܟܠ ܟܡܐ ܕܫܒܚܬ ܢܦܫܗ ܘܐܬܦܢܩܬ.
ܗܟܢܐ ܗܒܘ ܠܗ ܫܘܢܩܐ ܘܐܒܠܐ. ܡܛܠ ܕܒܠܒܗ ܐܡܪܐ. ܕܝܬܒܐ ܐܢܐ ܡܠܟܬܐ. ܘܐܪܡܠܬܐ
ܠܝܬܝ. ܘܐܒܠܐ ܠܐ ܐܚܙܐ. ⁸ ܡܛܠܗܢܐ ܒܚܕ ܝܘܡܐ ܢܐܬܝܢ ܡܚܘܬܗ ܡܘܬܐ. ܘܐܒܠܐ
ܘܟܦܢܐ. ܘܒܢܘܪܐ ܬܐܩܕ. ܡܛܠ ܕܚܝܠܬܢ ܡܪܝܐ ܕܕܢܗ. ⁹ ܘܢܒܟܘܢ ܘܢܪܩܕܘܢ ܥܠܝܗ
ܡܠܟܝܗ ܕܐܪܥܐ: ܗܢܘܢ ܕܥܡܗ ܙܢܝܘ ܘܐܫܬܒܚܘ: ܡܐ ܕܚܙܝܢ ܬܢܢܐ ܕܝܩܕܢܗ.
¹⁰ ܟܕ ܩܝܡܝܢ ܡܢ ܠܒܪ ܡܢ ܕܚܠܬܐ ܕܫܘܢܩܗ. ܘܐܡܪܝܢ: ܘܝ ܘܝ ܡܕܝܢܬܐ
ܪܒܬܐ ܒܒܝܠ ܡܕܝܢܬܐ ܚܝܠܬܢܝܬܐ. ܡܛܠ ܕܒܚܕܐ ܫܥܐ ܐܬܐ ܕܝܢܟܝ. ¹¹ ܘܬܓܪܐ ܕܐܪܥܐ
ܢܒܟܘܢ ܘܢܬܐܒܠܘܢ ܥܠܝܗ. ܘܡܬܓܘܪܬܗܘܢ ܠܝܬ ܕܙܒܢ ܬܘܒ. ¹² ܡܬܓܘܪܬܐ ܕܕܗܒܐ
ܘܕܣܐܡܐ ܘܕܟܐܦܐ ܝܩܝܪܬܐ: ܘܕܡܪܓܢܝܬܐ ܘܕܒܘܨܐ ܘܕܐܪܓܘܢܐ: ܘܕܫܐܪܝܩܝܐ ܘܕܙܚܘܪܝܬܐ:
ܘܟܠ ܩܝܣ ܕܬܐܝܢ: ܘܟܠ ܡܐܢ ܕܫܢܐ: ܘܟܠ ܡܐܢܐ ܕܩܝܣܐ ܝܩܝܪܐ ܘܕܢܚܫܐ ܘܕܦܪܙܠܐ:
ܘܫܝܫܐ ¹³ ܘܩܘܢܡܘܢ ܘܒܣܡܐ ܘܡܘܪܐ ܘܠܒܘܢܬܐ: ܘܚܡܪܐ ܘܡܫܚܐ ܘܣܡܝܕܐ:
ܘܚܛܐ ܘܒܥܝܪܐ ܘܥܢܐ: ܘܪܟܫܐ ܘܡܪܟܒܬܐ: ܘܦܓܪܐ ܘܢܦܫܬܐ ܕܒܢܝܢܫܐ. ¹⁴ ܘܐܒܐ ܪܓܬܐ ܕܢܦܫܟܝ
ܐܙܠ ܡܢܟܝ. ܘܟܠ ܕܫܡܝܢ ܘܕܫܦܝܪ ܐܙܠ ܡܢܟܝ. ܘܠܐ ܬܘܒ ܐܫܬܟܚܘ ܐܢܝܢ. ¹⁵ ܘܠܐ
ܢܫܟܚܘܢ ܐܢܝܢ. ܬܓܪܐ ܕܗܠܝܢ ܕܥܬܪܘ ܡܢܗ. ܡܢ ܠܒܪ ܢܩܘܡܘܢ ܡܢ ܕܚܠܬܐ
ܕܫܘܢܩܗ. ܟܕ ܒܟܝܢ ܘܡܬܐܒܠܝܢ ¹⁶ ܘܐܡܪܝܢ. ܘܝ ܘܝ ܡܕܝܢܬܐ ܪܒܬܐ: ܕܡܥܛܦܐ ܗܘܬ
ܒܘܨܐ ܘܐܪܓܘܢܐ ܘܙܚܘܪܝܬܐ ܘܡܕܗܒܐ ܒܕܗܒܐ ܘܟܐܦܐ ܝܩܝܪܬܐ ܘܡܪܓܢܝܬܐ. ¹⁷ ܡܛܠ ܕܒܚܕܐ
ܫܥܐ ܐܬܚܪܒ ܥܘܬܪܐ ܗܢܐ. ܘܟܠ ܡܕܒܪܢ ܐܠܦܐ. ܘܟܠ ܕܠܐܬܪܐ ܪܕܐ ܒܐܠܦܐ:
ܘܡܠܚܐ ܘܟܠ ܕܒܝܡܐ ܦܠܚܝܢ. ܡܢ ܪܘܚܩܐ ܩܡܘ ¹⁸ ܘܩܥܘ ܟܕ ܚܙܝܢ ܬܢܢܐ ܕܝܩܕܢܗ
ܘܐܡܪܝܢ. ܡܢܘ ܗܝ ܕܕܡܝܐ ܠܡܕܝܢܬܐ ܪܒܬܐ. ¹⁹ ܘܐܪܡܝܘ ܥܦܪܐ ܥܠ
ܪܫܝܗܘܢ. ܘܩܥܘ ܟܕ ܒܟܝܢ ܘܡܬܐܒܠܝܢ. ܘܝ ܘܝ ܡܕܝܢܬܐ ܪܒܬܐ. ܐܝܕܐ ܕܒܗ
ܥܬܪܘ ܟܠܗܘܢ ܕܐܝܬ ܠܗܘܢ ܐܠܦܐ ܒܝܡܐ ܡܢ ܝܩܝܪܘܬܗ. ܕܒܚܕܐ ܫܥܐ ܚܪܒܬ.
²⁰ ܐܬܦܨܚܘ ܥܠܝܗ ܫܡܝܐ ܘܩܕܝܫܐ ܘܫܠܝܚܐ ܘܢܒܝܐ. ܡܛܠ ܕܕܢ ܐܠܗܐ ܕܝܢܟܘܢ
ܡܢܗ. ²¹ ܘܫܩܠ ܚܕ ܡܢ ܡܠܐܟܐ ܚܝܠܬܢܐ ܟܐܦܐ ܐܝܟ ܪܚܝܐ. ܘܫܕܝܗ ܒܝܡܐ
ܘܐܡܪ. ܗܟܢܐ ܒܫܘܪܥܐ ܬܫܬܕܐ ܒܒܝܠ ܡܕܝܢܬܐ ܪܒܬܐ: ܘܠܐ ܬܫܬܟܚ ܬܘܒ.
²² ܘܩܠܐ ܕܩܝܬܪܘܕܐ ܘܕܡܙܡܪܢܐ ܘܕܙܡܪܐ ܘܕܩܪܢܐ. ܠܐ ܢܫܬܡܥ ܒܟܝ ܬܘܒ.

23 ܘܢܘܗܪܐ ܕܫܪܓܐ ܠܐ ܢܬܚܙܐ ܒܟܝ ܬܘܒ. ܘܩܠܐ ܕܚܬܢܐ ܘܩܠܐ ܕܟܠܬܐ ܠܐ ܢܫܬܡܥ
ܒܟܝ ܬܘܒ. ܡܛܠ ܕܬܐܓܪ̈ܝܟܝ ܐܝܬ ܗܘܘ ܪ̈ܘܪܒܢܘܗ̇ ܕܐܪܥܐ. ܡܛܠ ܕܒܚܪ̈ܫܝܟܝ
ܐܛܥܝܬܝ ܠܟܠܗܘܢ ܥܡ̈ܡܐ. 24 ܘܒܗ̇ ܐܫܬܟܚ ܕܡܐ ܕܢܒ̈ܝܐ ܘܕܩܕ̈ܝܫܐ ܘܕܡ̈ܩܛܠܝܢ
ܥܠ ܐܪܥܐ܀

1 ܘܡܢ ܒܬܪ ܗܠܝܢ. ܫܡܥܬ ܩܠܐ ܪܒܐ ܕܟܢ̈ܫܐ ܣܓܝ̈ܐܐ ܒܫܡܝܐ ܕܐܡܪܝܢ܆ ܗܠܠܘܝܐ. Cap. xix
ܦܘܪܩܢܐ ܘܬܫܒܘܚܬܐ ܘܚܝܠܐ ܠܐܠܗܢ. 2 ܡܛܠ ܕܫܪ̈ܝܪܝܢ ܘܟܐ̈ܢܝܢ ܕܝܢ̈ܘܗܝ. ܡܛܠ ܕܕܢ
ܠܙܢܝܬܐ ܪܒܬܐ ܐܝܕܐ ܕܚܒܠܬ ܠܐܪܥܐ ܒܙܢܝܘܬܗ̇. ܘܬܒܥ ܕܡܐ ܕܥܒ̈ܕܘܗܝ ܡܢ ܐܝ̈ܕܝܗ̇.
3 ܘܬܢܝܢ ܐܡܪܘ ܗܠܠܘܝܐ. ܘܬܢܢܗ̇ ܣܠܩ ܠܥܠܡ ܥܠܡܝܢ. 4 ܘܢܦܠܘ ܥܣܪ̈ܝܢ
ܘܐܪܒܥܐ ܩܫܝ̈ܫܝܢ ܘܐܪܒܥ ܚ̈ܝܘܢ. ܘܣܓܕܘ ܠܐܠܗܐ ܕܝܬܒ ܥܠ ܟܘܪܣܝܐ ܘܐܡܪܝܢ. ܐܡܝܢ
ܗܠܠܘܝܐ. 5 ܘܩܠܐ ܡܢ ܟܘܪܣܝܐ ܕܐܡܪ. ܫܒܚܘ ܠܐܠܗܢ ܟܠܗܘܢ ܥܒ̈ܕܘܗܝ ܘܕܚ̈ܠܝ
ܫܡܗ. ܙܥܘܪ̈ܐ ܥܡ ܪ̈ܘܪܒܐ. 6 ܘܫܡܥܬ ܩܠܐ ܐܝܟ ܕܟܢ̈ܫܐ ܣܓܝ̈ܐܐ. ܘܐܝܟ ܩܠܐ
ܕܡ̈ܝܐ ܣܓܝ̈ܐܐ. ܘܐܝܟ ܩܠܐ ܕܪ̈ܥܡܐ ܥܫܝ̈ܢܐ ܕܐܡܪܝܢ ܗܠܠܘܝܐ. ܡܛܠ ܕܐܡܠܟ ܡܪܝܐ
ܐܠܗܐ ܐܚܝܕ ܟܠ. 7 ܢܚܕܐ ܘܢܬܦܨܚ. ܢܬܠ ܠܗ ܬܫܒܘܚܬܐ. ܡܛܠ ܕܐܬܐ
ܡܫܬܘܬܗ ܕܐܡܪܐ. ܘܐܢܬܬܗ ܛܝܒܬ ܢܦܫܗ̇. 8 ܘܐܬܝܗܒ ܠܗ̇ ܕܬܬܟܣܐ ܒܘܨܐ ܕܟܝܐ
ܘܢܗܝܪܐ. ܒܘܨܐ ܓܝܪ ܙܕܝܩܘܬܐ ܐܝܬܝܗ̇ ܕܩܕ̈ܝܫܐ. 9 ܘܐܡܪ ܠܝ ܟܬܘܒ. ܛܘܒܝܗܘܢ ܠܐܝܠܝܢ
ܕܠܚܫܡܝܬܐ ܕܡܫܬܘܬܗ ܕܐܡܪܐ ܐܬܩܪܝܘ. ܘܐܡܪ ܠܝ. ܗܠܝܢ ܡ̈ܠܐ ܕܫܪ̈ܝܪܢ
ܕܐܠܗܐ ܐܢܝܢ. 10 ܘܢܦܠܬ ܩܕܡ ܪ̈ܓܠܘܗܝ ܘܣܓܕܬ ܠܗ. ܘܐܡܪ ܠܝ. ܠܐ ܬܗܘܐ
ܐܠܐ ܟܢܬܟ ܐܢܐ ܘܕܐܚ̈ܝܟ ܗܢܘܢ ܕܐܝܬ ܠܗܘܢ ܣܗܕܘܬܗ ܕܝܫܘܥ. ܠܐܠܗܐ ܣܓܘܕ. ܣܗܕܘܬܗ ܓܝܪ
ܕܝܫܘܥ. ܐܝܬܝܗ̇ ܪܘܚܐ ܕܢܒܝܘܬܐ܀

11 ܘܚܙܝܬ ܫܡܝܐ ܕܦܬܝܚ. ܘܗܐ ܣܘܣܝܐ ܚܘܪܐ. ܘܕܝܬܒ ܥܠܘܗܝ ܡܬܩܪܐ ܡܗܝܡܢܐ
ܘܫܪܝܪܐ. ܘܒܟܐܢܘܬܐ ܕܐܢ ܘܡܩܪܒ. 12 ܥܝ̈ܢܘܗܝ ܕܝܢ ܐܝܟ ܫܠܗܒܝܬܐ ܕܢܘܪܐ. ܘܥܠ
ܪܝܫܗ ܬܐܓ̈ܐ ܣܓܝ̈ܐܐ. ܘܐܝܬ ܠܗ ܫܡܐ ܟܬܝܒܐ. ܐܝܢܐ ܕܠܐ ܝܕܥ ܐܢܫ ܐܠܐ ܐܢ ܗܘ. 13 ܘܡܬܟܣܐ
ܡܐܢܐ ܕܨܒܝܥ ܒܕܡܐ. ܘܡܬܩܪܐ ܫܡܗ ܡܠܬܐ ܕܐܠܗܐ. 14 ܘܡܫܪ̈ܝܬܐ ܕܒܫܡܝܐ ܢܩܦܝܢ
ܗܘܘ ܠܗ ܥܠ ܪ̈ܟܫܐ ܚܘ̈ܪܐ. ܘܠܒܝܫܝܢ ܒܘܨܐ ܚܘܪܐ ܘܕܟܝܐ. 15 ܘܡܢ ܦܘܡܗ ܢܦܩܐ
ܣܝܦܐ ܚܪܝܦܬܐ. ܕܒܗ̇ ܢܡܚܐ ܠܥܡ̈ܡܐ. ܘܗܘ ܢܪܥܐ ܐܢܘܢ ܒܫܒܛܐ ܕܦܪܙܠܐ. ܘܗܘ
ܕܐܫ ܡܥܨܪܬܐ ܕܚܡܪܐ ܕܪܘܓܙܗ ܕܐܠܗܐ ܐܚܝܕ ܟܠ. 16 ܘܐܝܬ ܠܗ ܥܠ ܡܐܢ̈ܘܗܝ ܥܠ
ܝܪܟܬܗ. ܫܡܐ ܟܬܝܒܐ. ܡܠܟܐ ܕܡܠܟ̈ܐ ܘܡܪܐ ܕܡܪ̈ܘܬܐ. 17 ܘܚܙܝܬ ܐܚܪܢܐ ܡܠܐܟܐ.
ܕܩܐܡ ܒܫܡܫܐ. ܘܩܥܐ ܒܩܠܐ ܪܡܐ. ܘܐܡܪ ܠܦܪ̈ܚܬܐ ܕܦܪ̈ܚܢ ܡܨܥܬ ܫܡܝܐ. ܬܘ
ܐܬܟܢܫܘ ܠܚܫܡܝܬܐ ܪܒܬܐ ܕܐܠܗܐ. 18 ܕܬܐܟܠܘܢ ܒܣܪܐ ܕܡܠܟ̈ܐ ܘܒܣܪܐ ܕܪ̈ܝܫܝ ܐܠܦ̈ܐ.
ܘܒܣܪܐ ܕܥܫܝ̈ܢܐ. ܘܒܣܪܐ ܕܪ̈ܟܫܐ. ܘܕܐܝܠܝܢ ܕܝܬܒܝܢ ܥܠܝܗܘܢ. ܘܒܣܪܐ ܕܚܐܪ̈ܐ ܘܕܥܒ̈ܕܐ.

ܘܪܒܘܬܐ ܘܕܘܪܘܪܐ. 19 ܘܗܘܐ ܒܫܢܬܐ ܕܡܠܟܘܬܗ. ܘܡܠܟܐ ܕܐܪܥܐ ܘܠܫܘܠܛܢܗܘܢ.
ܕܡܫܬܡܥܝܢ ܠܡܠܟܐ ܡܪܝܐ. ܟܠ ܗܘ ܕܐܬܐ ܥܠ ܫܘܪܝܐ ܘܥܡ ܦܓܪܗܘܢ.
20 ܘܐܬܬܙܝܥܬ ܫܡܝܐ ܘܪܥܠܬ ܐܪܥܐ ܟܠܗ. ܗܘ ܕܒܪܐ ܐܝܟܢܐ ܡܪܟܒܬܗ: ܕܒܗܘܢ ܐܬܚܙܝ
ܠܐܢܫܝܢ ܕܢܫܒܘܢ ܪܘܚܐ ܕܫܡܝܐ. ܘܠܐܢܫܝܢ ܕܫܒܩܘ ܠܥܠܡܐ. ܘܫܠܚܘ ܠܪܘܚܗܘܢ
ܘܐܬܦܪܩܘ ܒܡܠܟܘܬܐ ܕܫܘܪܐ ܕܡܠܟܐ ܘܕܒܪܢܫܐ. 21 ܘܕܡܠܟܐ ܗܘ ܐܬܦܠܓܘ ܒܫܢܝܗܘܢ
ܕܗܘ ܕܐܬܐ ܥܠ ܫܘܪܝܐ: ܒܐܝܕܐ ܕܢܩܦܐ ܡܢ ܦܘܡܗܘܢ. ܘܟܠܗܘܢ ܗܢܐ ܡܬܟܠܝܢ
ܡܢ ܒܢܝܢܫܐ ⁘

1 ܘܗܘܐ ܒܫܢܬܐ ܬܠܝܬܝܬܐ ܕܢܚܬ ܡܢ ܫܡܝܐ ܕܐܬܐ ܠܒܝܬܗܘܢ ܡܠܐܟܐ ܕܐܬܘܬܐ. Cap. xx.
ܘܡܫܡܫܢܐ ܕܟܠܐ ܕܐܪܥܐ. 2 ܘܠܒܢܝܗ ܕܐܢܫܐ ܚܙܐ ܡܠܟܐ ܗܘ ܕܐܬܝܗܘܢ ܠܡܠܟܘܬܐ
ܘܫܘܠܛܢܐ. ܘܐܡܪܘ ܠܟܠ ܥܡܡܝܢ. 3 ܘܐܬܦܢܝܘ ܒܫܘܪܝܐ. ܘܐܝܟ ܕܐܬܐ ܠܟܠܗ ܥܠܡܐ.
ܘܠܐ ܢܗܘܐ ܢܒܝܐ ܠܡܠܟܘܬܗܘܢ ܠܡܠܟܐ. ܒܬܪ ܗܠܝܢ ܢܗܘܘܢ ܠܡܫܝܚܐ ܡܠܟܐ
ܕܥܠܡܐ. 4 ܘܗܘܐ ܡܢ ܫܪܝܐ ܘܡܠܟܘ ܠܟܠܗܘܢ. ܘܗܘܝܐ ܕܐܢܫܐ ܠܗܘܢ. ܘܢܦܩܘ
ܗܠܝܢ ܕܐܬܦܩܕܘ ܡܛܠ ܫܘܪܝܐ ܕܢܬܦܩܘܢ ܘܡܛܠ ܡܠܟܐ ܕܐܪܥܐ: ܘܕܐܝܟܢ ܕܠܐ
ܢܗܘܐ ܠܫܡܝܐ ܘܠܐ ܠܡܠܟܘܬܐ: ܘܠܐ ܢܫܒܘܢ ܪܘܚܐ ܥܠ ܒܢܝ ܐܢܫܘܬܗܘܢ. ܐܘ
ܥܠ ܕܐܬܝܗܘܢ. ܕܗܢܘ ܘܐܬܟܠܝܘ ܡܢ ܡܫܝܚܐ ܐܝܟ ܡܠܟܐ. 5 ܘܗܘܐ ܕܝܢ ܡܠܟܐ
ܡܫܝܚܐ. 6 ܕܟܠܗ ܕܝܢ ܘܡܢ ܩܕܡ ܕܐܬܐ ܠܗ ܡܠܟܐ ܕܡܫܝܚܐ ܡܫܝܚܐ. ܘܥܠ
ܗܠܝܢ ܟܠܗ ܡܬܟܠܝܢ ܠܡܠܟܘܬܐ ܕܐܢܫܐ. ܐܠܐ ܢܗܘܘܢ ܒܗܘܢ ܕܐܪܥܐ ܘܕܫܡܝܐ.
ܘܢܬܡܠܟܘܢ ܠܡܠܟܐ ܐܝܟ ܡܠܟܐ. 7 ܘܗܘܐ ܕܐܬܚܙܝ ܐܝܟ ܡܠܟܐ. ܢܦܩܘܢ ܫܘܪܝܐ ܡܢ
ܫܡܝܐ. 8 ܘܢܦܠܘܢ ܠܡܠܟܘܬܗ ܠܡܠܟܐ ܕܐܪܥܐ ܐܝܟ ܕܐܬܘ ܕܐܪܥܐ. ܒܝܘܡ
ܕܡܠܟܐ. ܘܠܡܫܝܚܐ ܐܝܟ ܠܡܠܟܐ. ܐܝܟ ܕܡܫܝܚܐ ܐܝܟ ܫܘܪܐ ܕܡܠܟܐ. 9 ܘܡܠܟܘ
ܥܠ ܦܓܪܗ ܕܐܪܥܐ. ܘܢܬܚܙܘܢ ܠܡܫܝܚܐ ܕܡܠܟܘܬܐ ܘܕܫܘܪܝܐ ܘܠܡܫܝܚܐ ܢܒܝܐ.
ܘܢܚܙܐ ܗܢܐ ܡܢ ܫܡܝܐ ܡܢ ܐܪܥܐ. ܘܐܬܟܠܝ ܐܝܟ. 10 ܘܐܬܡܠܟܘ ܡܫܝܚܘܬܗܘܢ
ܐܬܦܩܕ ܒܡܠܟܐ ܕܗܢܐ ܘܒܫܘܪܝܐ: ܐܝܟ ܕܫܡܝܐ ܘܐܪܥܐ ܟܠܗ. ܘܢܬܡܠܟܘܢ ܡܠܟܘܬܐ
ܘܫܠܡܐ ܠܥܠܡ ܥܠܡܝܢ ⁘

11 ܘܗܘܐ ܒܦܘܪܩܢܐ ܕܐܢܫܐ. ܘܠܡܫܝܚܐ ܠܟܠܗ ܥܠܡܐ. ܗܘ ܕܡܢ ܩܕܡ ܐܝܬܘܗܝ
ܒܪܐ ܐܪܥܐ ܘܫܡܝܐ. ܘܐܦ ܠܐ ܐܬܚܙܝ ܠܗܘܢ. 12 ܘܗܘܐ ܠܡܠܟܐ ܕܐܪܥܐ ܘܪܒܘܬܐ
ܕܡܠܟܐ ܡܢ ܦܘܪܩܢܐ. ܘܫܡܝܐ ܐܬܦܬܚܘ. ܘܐܬܚܙܝ ܫܡܝܐ ܐܬܦܬܚ ܕܐܬܝܗܘܢ ܕܢܚܬܐ.
ܘܐܬܦܩܕ ܡܠܟܐ ܡܢ ܐܢܫܝܢ ܕܡܬܟܠܝܢ ܠܫܡܝܐ ܐܝܟ ܠܡܫܝܚܘܬܗܘܢ. 13 ܘܢܚܬ ܡܠܟܐ
ܡܠܟܐ ܕܒܗ. ܘܡܠܟܐ ܘܫܘܪܐ ܢܚܬܘ ܡܠܟܐ ܕܐܪܥܐ. ܘܐܬܦܩܕ ܚܕ ܚܕ ܡܢܗܘܢ ܐܝܟ
ܠܡܫܝܚܘܬܗܘܢ. 14 ܘܡܠܟܐ ܘܫܘܪܐ ܐܬܦܩܕܘ ܒܡܠܟܐ ܕܗܢܐ. ܗܢܐ ܕܐܬܝܗܘܢ ܡܠܟܐ

ܬܢܝܢܐ. 15 ܘܐܝܢܐ ܕܠܐ ܐܫܬܟܚ ܕܪܫܝܡ ܒܟܬܒܐ ܕܚܝܐ. ܐܫܬܕܝ ܒܝܡܬܐ ܕܢܘܪܐ ◆
1 ܘܚܙܝܬ ܫܡܝܐ ܚܕܬܐ ܘܐܪܥܐ ܚܕܬܐ. ܫܡܝܐ ܓܝܪ ܩܕܡܝܐ. ܘܐܪܥܐ ܩܕܡܝܬܐ Cap. xxi.
ܥܒܪܘ. ܘܝܡܐ ܠܝܬܘܗܝ ܬܘܒ. 2 ܘܠܡܕܝܢܬܐ ܩܕܝܫܬܐ ܐܘܪܫܠܡ ܚܕܬܐ. ܚܙܝܬܗ ܕܢܚܬܐ
ܡܢ ܫܡܝܐ ܡܢ ܠܘܬ ܐܠܗܐ. ܕܡܛܝܒܐ ܐܝܟ ܟܠܬܐ ܡܨܒܬܐ ܠܒܥܠܗ. 3 ܘܫܡܥܬ
ܩܠܐ ܪܒܐ ܡܢ ܫܡܝܐ ܕܐܡܪ. ܗܐ ܡܫܟܢܗ ܕܐܠܗܐ ܥܡ ܒܢܝܢܫܐ. ܘܫܪܐ ܥܡܗܘܢ. ܘܗܢܘܢ
ܥܡܐ ܕܝܠܗ ܢܗܘܘܢ. ܘܗܘ ܐܠܗܐ ܥܡܗܘܢ. ܘܢܗܘܐ ܠܗܘܢ ܐܠܗܐ. 4 ܘܗܘ ܢܠܚܐ
ܟܠ ܕܡܥܐ ܡܢ ܥܝܢܝܗܘܢ. ܘܡܘܬܐ ܠܐ ܢܗܘܐ ܡܟܝܠ. ܘܠܐ ܐܒܠܐ ܘܠܐ ܥܘܠܐ. ܘܠܐ ܟܐܒܐ
ܬܘܒ ܢܗܘܐ ܠܗܠ ܐܦܝܢ. 5 ܘܐܡܪ ܠܝ ܕܝܬܒ ܥܠ ܬܪܘܢܘܣ. ܗܐ ܚܕܬܐ ܥܒܕ
ܐܢܐ ܟܠ. ܘܐܡܪ ܠܝ ܟܬܘܒ. ܕܗܠܝܢ ܡܠܐ ܡܗܝܡܢܬܐ ܘܫܪܝܪܬܐ ܐܢܝܢ. 6 ܘܐܡܪ
ܠܝ ܗܘܝ. ܐܢܐ ܐܠܦ ܘܐܢܐ ܬܘ. ܪܫܝܬܐ ܘܫܘܠܡܐ. ܠܕܨܗܐ ܐܢܐ ܐܬܠ ܡܢ ܡܥܝܢܐ
ܕܡܝܐ ܚܝܐ ܡܓܢ. 7 ܘܕܙܟܐ ܗܘ ܢܐܪܬ ܗܠܝܢ. ܘܐܗܘܐ ܠܗ ܐܠܗܐ. ܘܢܗܘܐ ܠܝ ܒܪܐ.
8 ܠܕܚܠܬܢܐ ܕܝܢ ܘܠܐ ܡܗܝܡܢܐ: ܘܛܢܦܐ ܘܩܛܘܠܐ ܘܙܢܝܐ: ܘܚܪܫܐ ܘܙܢܝܐ
ܘܦܠܚܝ ܦܬܟܪܐ ܘܟܠܗܘܢ ܕܓܠܐ. ܡܢܬܗܘܢ ܒܝܡܬܐ ܝܩܝܕܬܐ ܕܢܘܪܐ ܘܟܒܪܝܬܐ: ܐܝܕܐ
ܕܐܝܬܝܗ ܡܘܬܐ ܬܢܝܢܐ ◆ 9 ܘܐܬܐ ܚܕ ܡܢ ܫܒܥܐ ܡܠܐܟܝܢ ܐܝܠܝܢ ܕܐܝܬ ܠܘܬܗܘܢ ܫܒܥ
ܐܣܛܘܢܝܬܐ ܕܡܠܝܢ ܫܒܥ ܡܚܘܬܐ ܐܚܪܝܬܐ. ܘܡܠܠ ܥܡܝ ܟܕ ܐܡܪ. ܬܐ ܐܚܘܝܟ
ܟܠܬܐ ܐܢܬܬܗ ܕܐܡܪܐ. 10 ܘܐܘܒܠܢܝ ܒܪܘܚ ܠܛܘܪܐ ܪܒܐ ܘܪܡܐ. ܘܚܘܝܢܝ ܠܡܕܝܢܬܐ
ܩܕܝܫܬܐ ܐܘܪܫܠܡ: ܕܢܚܬܐ ܡܢ ܫܡܝܐ ܡܢ ܠܘܬ ܐܠܗܐ. 11 ܘܐܝܬ ܠܗ ܫܘܒܚܐ
ܕܐܠܗܐ. ܘܢܘܗܪܗ ܐܝܟ ܕܡܘܬܐ ܕܟܐܦܐ ܝܩܝܪܬܐ: ܐܝܟ ܟܐܦܐ ܕܝܫܦܐ ܕܩܪܘܣܛܠܠܘܣ.
12 ܘܐܝܬ ܠܗ ܫܘܪܐ ܪܒܐ ܘܪܡܐ. ܘܐܝܬ ܠܗ ܬܪܥܐ ܬܪܥܣܪ. ܘܥܠ ܬܪܥܐ ܡܠܐܟܐ ܬܪܥܣܪ.
ܘܫܡܗܐ ܟܬܝܒܐ ܕܐܝܬܝܗܘܢ ܫܡܗܐ ܕܬܪܥܣܪ ܫܒܛܐ ܕܒܢܝ ܐܝܣܪܝܠ. 13 ܡܢ
ܡܕܢܚܐ ܬܪܥܐ ܬܠܬܐ. ܘܡܢ ܓܪܒܝܐ ܬܪܥܐ ܬܠܬܐ. ܘܡܢ ܬܝܡܢܐ ܬܪܥܐ ܬܠܬܐ. ܘܡܢ
ܡܥܪܒܐ ܬܪܥܐ ܬܠܬܐ. 14 ܘܫܘܪܐ ܕܡܕܝܢܬܐ ܐܝܬ ܠܗ ܫܬܐܣܐ ܬܪܥܣܪ. ܘܥܠܝܗܘܢ
ܬܪܥܣܪ ܫܡܗܐ ܕܫܠܝܚܘܗܝ ܕܐܡܪܐ. 15 ܘܗܘ ܕܡܡܠܠ ܗܘܐ ܥܡܝ. ܐܝܬ ܗܘܐ
ܠܘܬܗ ܩܢܝܐ ܕܡܫܘܚܬܐ ܕܕܗܒܐ: ܠܡܡܫܚܗ ܠܡܕܝܢܬܐ ܘܠܬܪܥܘܗ. 16 ܘܡܕܝܢܬܐ
ܡܪܒܥܐ ܣܝܡܐ. ܘܐܘܪܟܗ ܐܝܟ ܦܬܝܗ. ܘܡܫܚܗ ܠܡܕܝܢܬܐ ܒܩܢܝܐ. ܥܠ ܬܪܥܣܪ
ܐܠܦܝܢ ܐܣܛܕܘܬܐ. ܐܘܪܟܗ ܘܦܬܝܗ ܘܪܘܡܗ ܫܘܝܢ ܐܢܘܢ. 17 ܘܡܫܚܗ ܠܫܘܪܗ ܡܐܐ
ܘܐܪܒܥܝܢ ܘܐܪܒܥ ܐܡܝܢ: ܒܡܫܘܚܬܐ ܕܒܪܢܫܐ ܐܝܟ ܕܐܝܬܝܗ ܕܡܠܐܟܐ. 18 ܘܒܢܝܢܐ
ܕܫܘܪܗ ܝܫܦܐ. ܘܡܕܝܢܬܐ ܕܕܗܒܐ ܕܟܝܐ ܕܕܡܝܐ ܠܙܓܘܓܝܬܐ ܕܟܝܬܐ. 19 ܘܫܬܐܣܐ ܕܫܘܪܐ
ܕܡܕܝܢܬܐ. ܒܟܐܦܐ ܝܩܝܪܬܐ ܡܨܒܬܝܢ. ܫܬܐܣܬܐ ܩܕܡܝܬܐ ܝܫܦܐ. ܘܕܬܪܬܝܢ ܣܦܝܠܐ.
ܘܕܬܠܬ ܟܐܠܩܕܘܢ. ܘܕܐܪܒܥ ܙܡܪܓܕܐ. 20 ܘܕܚܡܫ ܣܪܕܘܢܘܟܣ. ܘܕܫܬ ܣܪܕܝܘܢ. ܘܕܫܒܥ

ܦܬܐ ܕܗܘܠܐ. ܘܬܡܝܢܝܐ ܒܪܘܠܐ. ܘܬܫܝܥܝܐ ܛܘܦܙܝܘܢ. ܘܥܣܝܪܝܐ ܟܪܘܣܘܦܪܣܘܣ. ܘܚܕܥܣܪܝܐ
ܗܘܩܝܢܬܘܣ. ܘܬܪ̈ܬܥܣܪܝܐ ܐܡܬܘܣܛܘܣ. 21 ܘܬܪ̈ܬܥܣܪ ܬܪ̈ܥܐ ܘܬܪ̈ܬܥܣܪܐ ܡܪ̈ܓܢܝܬܐ. ܚܕܐ
ܠܚܕܐ. ܘܟܠܚܕ ܡܢ ܬܪ̈ܥܐ ܐܝܬ ܗܘܐ ܡܢ ܚܕܐ ܡܪܓܢܝܬܐ. ܘܫܘܩܐ ܕܝܢ ܕܡܕܝܢܬܐ
ܕܕܗܒܐ ܕܟܝܐ. ܐܝܟ ܙܓܘܓܝܬܐ ܐܝܬ ܒܗ. 22 ܘܗܝܟܠܐ ܠܐ ܚܙܝܬ ܒܗ. ܡܪܝܐ ܓܝܪ ܐܠܗܐ
ܐܚܝܕ ܟܠ ܗܘ ܐܝܬܘܗܝ ܗܝܟܠܗ ܘܐܡܪܐ. 23 ܘܠܡܕܝܢܬܐ ܠܐ ܡܬܒܥܝܐ ܫܡܫܐ ܘܠܐ
ܣܗܪܐ ܕܢܢܗܪܘܢ ܠܗ. ܐܝܩܪܗ ܓܝܪ ܕܐܠܗܐ ܐܢܗܪܗ. ܘܫܪܓܗ ܐܝܬܘܗܝ ܐܡܪܐ.
24 ܘܡܗܠܟܝܢ ܥܡ̈ܡܐ ܒܢܘܗܪܗ. ܘܡܠܟ̈ܐ ܕܐܪܥܐ ܡܝܬܝܢ ܠܗ ܐܝܩܪܗܘܢ. 25 ܘܬܪ̈ܥܝܗ
ܠܐ ܢܬܬܚܕܢ ܒܐܝܡܡܐ. ܒܠܠܝܐ ܓܝܪ ܠܐ ܢܗܘܐ ܬܡܢ. 26 ܘܢܝܬܘܢ ܠܗ ܐܝܩܪܗܘܢ ܘܐܝܩܪܐ
ܕܥܡ̈ܡܐ. 27 ܘܠܐ ܢܥܘܠ ܬܡܢ ܟܠ ܛܡܐ. ܘܕܥܒܕ ܡܣܠܝܢܘܬܐ ܘܕܓܠܘܬܐ. ܐܠܐ ܐܢ
ܐܝܠܝܢ ܕܟܬܝܒܝܢ ܒܟܬܒܗ ܕܐܡܪܐ. 1 ܘܚܘܝܢܝ ܢܗܪܐ ܕܡܝ̈ܐ ܚܝ̈ܐ. ܕܨܠܐ ܐܝܟ ܢܘܗܪܐ ܐܝܟ Cap. xxii.
ܓܠܝܕܐ. ܘܢܦܩ ܡܢ ܟܘܪܣܝܗ ܕܐܠܗܐ ܘܕܐܡܪܐ. 2 ܘܒܡܨܥܬ ܫܘܩܘܗ ܡܢܐ ܘܡܢܐ ܥܠ
ܢܗܪܐ. ܩܝܣܐ ܕܚܝ̈ܐ ܕܥܒܕ ܦܐܪ̈ܐ ܬܪܥܣܪ. ܘܒܟܠ ܝܪܚ ܝܪܚ ܝܗܒ ܦܐܪ̈ܘܗܝ. ܘܛܪ̈ܦܘܗܝ
ܠܐܣܝܘܬܐ ܕܥܡ̈ܡܐ. 3 ܘܟܠ ܚܪܡܐ ܠܐ ܢܗܘܐ ܬܡܢ. ܘܟܘܪܣܝܗ ܕܐܠܗܐ ܘܕܐܡܪܐ ܒܗ ܢܗܘܐ.
ܘܥܒ̈ܕܘܗܝ ܢܫܡܫܘܢܝܗܝ. 4 ܘܢܚܙܘܢ ܐܦ̈ܘܗܝ. ܘܫܡܗ ܥܠ ܒܝܬ ܥܝ̈ܢܝܗܘܢ.
5 ܘܠܠܝܐ ܠܐ ܢܗܘܐ ܬܡܢ. ܘܠܐ ܢܬܒܥܐ ܠܗܘܢ ܢܘܗܪܐ. ܕܫܪܓܐ ܘܢܘܗܪܗ ܕܫܡܫܐ.
ܡܛܠ ܕܡܪܝܐ ܐܠܗܐ ܡܢܗܪ ܥܠܝܗܘܢ. ܘܡܡܠܟܝܢ ܠܥܠܡ ܥܠܡܝܢ ✦

6 ܘܐܡܪ ܠܝ ܗܠܝܢ ܡ̈ܠܐ ܡܗܝܡ̈ܢܢ ܘܫܪ̈ܝܪܢ. ܘܡܪܝܐ ܐܠܗܐ ܕܪ̈ܘܚܐ ܕܢܒ̈ܝܐ
ܫܕܪ: ܠܡܠܐܟܗ ܠܡܚܘܝܘ ܠܥܒ̈ܕܘܗܝ: ܡܐ ܕܘܠܐ ܠܡܗܘܐ ܒܥܓܠ.
7 ܘܗܐ ܐܢܐ ܐܬܐ ܒܥܓܠ. ܛܘܒܘܗܝ ܠܡܢ ܕܢܛܪ ܡ̈ܠܐ ܕܢܒܝܘܬܐ ܕܟܬܒܐ ܗܢܐ. 8 ܐܢܐ
ܝܘܚܢܢ ܕܫܡܥ ܘܚܙܐ ܗܠܝܢ. ܘܟܕ ܫܡܥܬ ܘܚܙܝܬ. ܢܦܠܬ ܠܡܣܓܕ ܩܕܡ ܪ̈ܓܠܘܗܝ
ܕܡܠܐܟܐ ܕܡܚܘܐ ܠܝ ܗܠܝܢ. 9 ܘܐܡܪ ܠܝ ܚܙܝ. ܠܐ ܬܥܒܕ ܐܝܟܢ: ܘܕܐܚܝܟ ܢܒ̈ܝܐ:
ܘܕܐܝܠܝܢ ܕܢܛܪܝܢ ܗܠܝܢ ܡ̈ܠܐ ܕܟܬܒܐ ܗܢܐ. ܠܐܠܗܐ ܣܓܘܕ. 10 ܘܐܡܪ ܠܝ. ܠܐ ܬܚܬܘܡ
ܡ̈ܠܐ ܕܢܒܝܘܬܐ ܕܟܬܒܐ ܗܢܐ. ܙܒܢܐ ܓܝܪ ܩܪܝܒ. 11 ܘܕܡܥܘܠ ܥܘܕ ܢܥܘܠ. ܘܕܛܢܦ
ܥܘܕ ܢܬܛܢܦ. ܘܙܕܝܩܐ ܥܘܕ ܢܥܒܕ ܙܕܝܩܘܬܐ. ܘܩܕܝܫܐ ܥܘܕ ܢܬܩܕܫ. 12 ܗܐ ܐܬܐ ܐܢܐ
ܒܥܓܠ. ܘܐܓܪܝ ܥܡܝ. ܘܐܦܪܘܥ ܠܟܠܢܫ ܐܝܟ ܥܒܕܗ. 13 ܐܢܐ ܐܠܦ ܘܐܢܐ ܬܘ.
ܩܕܡܝܐ ܘܐܚܪܝܐ. ܫܘܪܝܐ ܘܫܘܠܡܐ. 14 ܛܘܒܝܗܘܢ ܠܐܝܠܝܢ ܕܥܒܕܝܢ ܦܘܩܕܢܘܗܝ. ܢܗܘܐ
ܫܘܠܛܢܗܘܢ ܥܠ ܩܝܣܐ ܕܚܝ̈ܐ. ܘܒܬܪ̈ܥܐ ܢܥܠܘܢ ܠܡܕܝܢܬܐ. 15 ܘܠܒܪ ܟܠ̈ܒܐ
ܘܚܪ̈ܫܐ ܦܬܟܪ̈ܐ ܘܙܢ̈ܝܐ. ܘܩܛܘ̈ܠܐ ܘܟܠ ܕܪܚܡ ܘܥܒܕ ܕܓܠܘܬܐ. 16 ܐܢܐ ܝܫܘܥ
ܫܕܪܬ ܠܡܠܐܟܝ ܠܡܣܗܕܘ ܒܟܘܢ ܗܠܝܢ ܥܠ ܥܕ̈ܬܐ. ܐܢܐ ܐܢܐ ܥܩܪܐ ܘܫܪܒܬܗ ܕܕܘܝܕ
ܘܟܘܟܒ ܨܦܪܐ ܢܗܝܪܐ. 17 ܘܪܘܚܐ ܘܟܠܬܐ ܐܡܪܝܢ ܬܐ. ܘܕܫܡܥ ܢܐܡܪ ܬܐ.

ܘܕܨܗܐ ܢܐܬܐ ܘܢܣܒ ܡ̈ܝܐ ܚ̈ܝܐ ܡܓܢ. [18] ܡܣܗܕ ܐܢܐ ܠܟܠ ܕܫܡܥ ܡ̈ܠܐ ܕܢܒܝܘܬܐ
ܕܟܬܒܐ ܗܢܐ. ܘܐܢܫ ܕܢܘܣܦ ܥܠܝܗܝܢ. ܢܘܣܦ ܥܠܘܗܝ ܐܠܗܐ: ܡ̈ܚܘܬܐ ܕܟܬܝܒܢ
ܒܟܬܒܐ ܗܢܐ. [19] ܘܐܢܫ ܕܡܒܨܪ ܡܢ ܡ̈ܠܐ ܕܟܬܒܐ ܕܢܒܝܘܬܐ ܗܕܐ. ܢܒܨܪ ܐܠܗܐ ܡܢܬܗ
ܡܢ ܩܝܣܐ ܕܚ̈ܝܐ: ܘܡܢ ܡܕܝܢܬܐ ܩܕܝܫܬܐ ܐܝܠܝܢ ܕܟܬܝܒܢ ܒܟܬܒܐ ܗܢܐ. [20] ܐܡܪ ܗܘ
ܕܡܣܗܕ ܗܠܝܢ. ܐܝܢ ܐܬܐ ܐܢܐ ܒܥܓܠ. ܐܝܢ ܬܐ ܡܪܝܐ ܝܫܘܥ. [21] ܛܝܒܘܬܗ ܕܡܪܢ ܝܫܘܥ
ܡܫܝܚܐ ܥܡ ܟܠܗܘܢ ܩܕܝ̈ܫܘܗܝ. ܐܡܝܢ ܀

÷ ܫܠܡ ܓܠܝܢܐ ܕܗܘܐ ܥܠ ܡܪܝܐ ܝܘܚܢܢ
ܫܠܝܚܐ ܘܐܘܢܓܠܝܣܛܐ ÷

www.ingramcontent.com/pod-product-compliance
Lightning Source LLC
Chambersburg PA
CBHW071227230426
43668CB00011B/1336